KB049317

心堂 宋相現 先生 傘壽紀念號

民事判例研究

〔XLIII〕

民事判例研究會 編

傅 英 社

Journal of Private Case Law Studies

〔XLⅢ〕

Academy of Private Case Law Studies

2021

Parkyoung Publishing & Company
Seoul, Korea

심당 송상현 국제형사재판소장 근영

소장님의 학창 시절, 사법연수원과 유학 시절의 모습

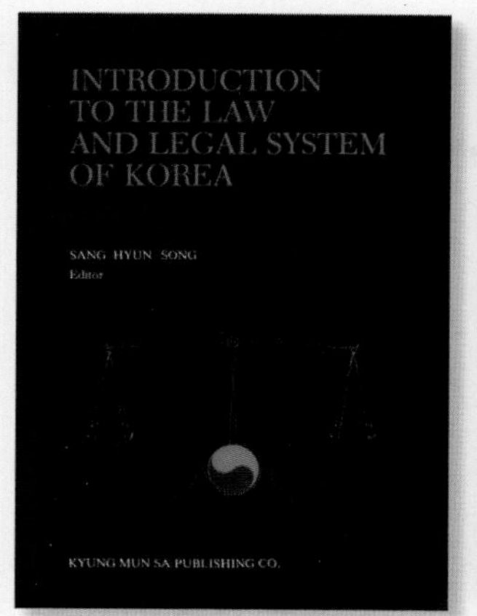
INTRODUCTION TO THE LAW AND LEGAL SYSTEM OF KOREA
SANG HYUN SONG
Editor
KYUNG MUN SA PUBLISHING CO.

KOREAN LAW IN THE GLOBAL ECONOMY
Sang-Hyun Song
Bak Young Sa

心堂宋相現先生華甲紀念論文集
二十一世紀 韓國民事法學의 課題와 展望
2002
刊行委員會

心堂宋相現先生華甲紀念論文集
二十一世紀 韓國商事法學의 課題와 展望
2002
刊行委員會

心堂 法學論集 I·II·III
Selected Works of Professor Sang Hyun Song
宋相現 著
博英社

민사소송법

The Law of Civil Procedures in Korea
新訂7版
民事訴訟法
宋相現 / 朴益煥
博英社

내 마음의 영원한 등대
송상현교수 국제형사재판소 소장 퇴임기념문집
잊지 못할 스승 송상현 선생
Recollections about my Mentor and Boss: Professor and Judge Sang-Hyun Song
박영사

제5판
해상법원론
송상현 · 김 현 공저
박영사

국제형사재판소장
송상현 회고록
고독한 도전, 정의의 길을 열다
나남

소장님의 저서들

민사판례연구회에서 활동하시던 모습

서울대학교 교수 시절 제자들과 함께하신 모습

국제형사재판소에서 활동하시던 모습

ICC 10주년 기념식

옥스퍼드 대학 연설

루코디 마을에서 피해자와의 대화

네덜란드 기사대십자훈장 수훈

머 리 말

여기에 발간하는 민사판례연구 제43권은 민사판례연구회가 2020년에 가졌던 총 10회의 월례회에서 발표된 논문들과 "의료법의 제문제"라는 주제로 개최했던 하계 심포지엄에서 발표된 논문들에 보완·수정을 가하여 묶은 것입니다.

저희 연구회를 창립하신 곽윤직 선생님의 뒤를 이어 제2대 회장으로 1990년부터 14년간 이를 이끌어 주신 송상현 선생님께서 지난해 12월에 팔순 생신을 맞이하셨습니다. 선생님의 傘壽를 축하하고 그 공덕을 기리는 뜻을 담아 이번의 제43권은 선생님의 산수기념호로 꾸몄습니다. 만수무강하셔서 저희들을 변함없이 이끌어 주시기를 기원합니다.

그리고 양창수 제3대 회장님을 이어서 제4대 회장으로 오랜 기간 연구회를 이끄셨던 윤진수 선생님께서 작년 2월에 정년을 맞이하신 것을 계기로 8월 총회에서 회장직에서 물러나셨습니다. 그로 인하여 여러 면에서 능력이 부족한 제가 회장직을 이어받게 되어 어깨가 참으로 무겁습니다. 전임 회장님들과 여러 회원들의 도움을 받아서, 민사판례연구회의 명성과 업적에 누가 되지 않도록 노력하겠습니다.

지난해 코비드19로 사회적 거리두기가 시행되고 그 강도가 계속 변동되는 상황에서, 저희 연구회는 8월의 하계 심포지엄을 온라인으로 개최한 것 외에는 정말 다행히도 2020년의 10회의 월례회 전부를 오프라인으로 개최할 수 있었습니다. 2021년의 상황은 여의치 않지만, 곧 팬데믹이 종식되고 더욱 활발한 연구와 토론이 지속되기를 기대합니다. 그럼으로써 민사판례의 연구를 통해서 한국의 법을 조금이라도 발전시키겠다는 저희 연구회의 취지가 꽃필 수 있을 것입니다.

2021년 2월

민사판례연구회 **회장 전 원 열**

心堂 宋 相 現 先生 年譜

1941	서울 도봉구 창동(옛 경기도 양주군 노해면 창동리)에서 부친 송영수와 모친 김현수의 무녀독남으로 출생
1959	경기고 졸업 및 서울대 법대 입학
1962	제14회 고등고시 행정과 합격
1963	제16회 고등고시 사법과 합격 후 서울대 법대 졸업
1964	총무처 직무분류과 제 5계장
1964	육군 법무관 복무(3년)
1966	서울대 사법대학원 법학석사
1968	미국 튤레인대학 법학석사(풀브라이트 전액장학생)
1969	영국 케임브리지대 수료(Diploma)
1970	미국 코넬대 법학박사
1970	미국 뉴욕 Haight, Gardner, Poor & Havens 로펌 근무(2년)
1971	김명신과 결혼, 1남 1녀
1972	서울대 법대 조교수 임명
1974	독일 함부르크대 법대 훔볼트 방문연구원(1년)
1975~1984	한국 법과 사회(Law and Society Group of Korea) 모임 대표
1978~1979	미국 하버드대 법대 ACLS 방문연구원
1986~1996	사단법인 한국지적소유권학회 회장
1988~1994	한국증권거래소 이사
1989	미국 플로리다대 법대 방문교수
1990	호주 멜버른 법대와 뉴질랜드 웰링턴대 법대 방문교수
1990~2004	민사판례연구회 회장
1990~1994	국제거래법학회 회장

1991~2003	하버드대학 법대 방문교수(7학기)
1992~1996	한국대학골프연맹 회장
1994~2000	세계지적재산권기구(WIPO) 중재위원회 자문위원
1994~현재	재단법인 고하 송진우(古下 宋鎭禹) 선생 기념사업회 이사
1994	미국 코넬대가 수여하는 최우수동문 표창 수상
1994~2003	미국 뉴욕대 법대 석좌교수 (Inge Rennert Distinguished Professor of Law)
1996~1998	서울대 법대 학장
1997	대한민국 국민훈장 모란장 수훈
1998	한국법률문화상 수상(대한변호사협회)
1998~2000	법무부 기업정리관련법률(회사정리법, 파산법 등) 개정특별위원회 위원장
1999~2013	학교법인 대우학원 이사
1999~2009	재단법인 한국백혈병어린이재단 이사장
1999~2005	사단법인 한국법학교수회 회장
1999~2001	유네스코한국위원회 제23대 사회과학위원
1999~2010	하나은행 사외이사
1999~2003	세계자연보전연맹 한국위원회 이사
1999~현재	법률구조법인 대한가정법률복지상담원 이사
2000~2016	아름다운재단 이사
2000~2003	서울대 21세기 세계 속의 한국법의 발전 교육연구단장
2001	하와이대 법대 방문교수
2001~2005	국무총리 청소년보호위원회 위원
2001~2008	전자거래분쟁조정위원회 위원장
2001~2017	재단법인 한빛문화재단 이사
2001~2003	사단법인 한국디지털재산법학회 회장
2003	자랑스러운 경기인상
2003~2007	코넬대 평의회 의원

2003~2006	국제형사재판소(ICC) 초대재판관 선임
2005~2006	사법개혁추진 대통령위원회 위원
2005~2007	산업자원부 무역위원회 위원장
2006	국제형사재판소 재판관 재선임
2006	자랑스러운 서울법대인 수상
2007~현재	서울대 법대 교수 정년퇴임 후 명예교수
2007~2017	사법연수원 운영위원장
2008	제10회 서울대 총동창회 관악대상 영광부문 수상
2009	국제형사재판소 소장 선임
2009	제5회 영산법률문화상 수상
2009	서울대 법대 송상현홀 헌정식
2010~2015	대법원 대법관제청자문위원장
2011	대한민국 인권상 국민훈장 무궁화장 수훈
2012~현재	유니세프한국위원회 회장
2012	법의 지배상(IBA Rule of Law Award) 수상(세계변호사협회)
2012	국제형사재판소 소장 재선임
2015	네덜란드 기사대십자훈장 수훈 (RIDDER GROOTKRUIS in de ORDE VAN ORANJE-NASSAU)
2015	국제형사재판소 소장 퇴임 후 귀국
2015~현재	The Hague Peace and Justice Project 위원
2015~현재	The International Nuremberg Principles Academy 자문위원
2015~현재	The Justice Leadership Group(JLG) 회원
2015~현재	The Wildlife Justice Commission 회원
2015~2020	중국인민대학 법학원 발전자문위원
2015~2019	국가인권위원회 정책자문위원장
2016~현재	Parliamentarians for Global Action(PGA) 자문위원
2016	영산외교인상 수상(서울국제포럼)

2017~현재	국제인권옹호 한국연맹 이사
2018	자랑스러운 서울대인상 수상
2019	제19회 자랑스런 한국인 대상(사단법인 한국언론인연합회)
2019~현재	국제형사재판소 재판관후보 심사위원회(ACN) 위원

目　次

〈附 錄〉「醫療法의 諸問題」

Contents

Case Comments

‘사실상 대표자’의 행위로 인한 법인 및 비법인사단의 불법행위책임

강 현 준*

■요 지■

민법 제35조 제1항은 “법인은 이사 기타 대표자가 그 직무에 관하여 타인에게 가한 손해를 배상할 책임이 있다.”라고 정하고 있고, 통설과 판례는 위 규정이 비법인사단에도 유추적용된다고 보고 있다. 위 규정은 민법 제756조에 따른 사용자책임과 함께 법인 및 비법인사단(이하 ‘법인’이라고 통칭한다)의 대표기관이나 피용자 등 법인과 일정한 관계에 있는 사람이 저지른 불법행위에 관하여 법인의 손해배상책임을 인정함으로써 그 상대방을 보호하는 기능을 한다.

판례는 위 ‘이사 기타 대표자’에 관하여, 종래 ‘대표권이 없는 이사’는 포함되지 않는다고 판시하여 그 범위를 좁게 해석하였으나, ‘당해 법인을 실질적으로 운영하면서 법인을 사실상 대표하여 법인의 사무를 집행하는 사람’, 즉 이른바 ‘사실상 대표자’가 포함된다고 판시한 이래 그 범위를 넓게 해석해오고 있다. 대상판결 역시 ‘사실상 대표자’에 관한 위와 같은 해석론에 기초하여, 불법행위자가 그 정당한 대표자가 아니라는 원고의 주장을 배척하였다. 판례의 위와 같은 해석론은 사실상 대표자의 불법행위로 인하여 손해를 입은 상대방을 보호하기 위하여 ‘이사 기타 대표자’라는 문언을 목적론적 확장해석한 것으로 평가할 수 있다.

그러나 위와 같은 해석론은 문언의 해석가능한 범위를 넘어서는 것이고,

* 부산지방법원 판사.

민법 제정 과정에서 확인할 수 있는 입법자의 의사에도 반하는 것으로 보인다. 또한 거래안전과 상대방의 보호를 더욱 강조하는 상법상 불법행위책임에 관한 규정의 해석에서는 오히려 이러한 논의를 찾아볼 수 없고, 사용자책임에서의 '피용자'의 해석론과는 달리 '이사 기타 대표자'를 확장해석하는 것은 더 신중을 기할 필요가 있다. 특히 이러한 해석론은 공익성을 가진 민법상 법인의 보호에 소홀한 문제가 있다. 반면 법인을 적정하게 조직하고 운영해야 한다는 내용의 주의의무를 '적법한 대표자'에 대하여 폭넓게 인정함으로써, 무리한 확장해석을 통하지 않고서도 법인의 불법행위책임을 인정하는 한편 그 책임을 적절하게 제한하여 법인 보호와 상대방 보호 사이의 조화를 꾀할 수 있을 것으로 보인다.

대상판결은 판례의 해석론이 가지는 위와 같은 문제가 잘 드러나는 사안이다. 원고는 불법행위자가 적법한 대표자가 아니라고 주장하였으나, 대법원은 불법행위자가 사실상 대표자에 해당하므로 종중이 불법행위책임을 부담한다고 봄으로써 적법한 대표자인지 여부에 관하여는 판단할 필요도 없다는 결론에 이른 것이다. 이는 판례의 해석론을 적용하지 않고 원고의 '적법한 대표자'의 주의의무를 폭넓게 인정하되, 원고의 책임을 상당부분 제한함으로써 보다 적절한 결론에 이를 수 있는 사안으로 보여 아쉬움이 남는다. 앞으로는 법인 대표자의 법인 조직과 운영에 관한 주의의무의 내용과 한계를 구체화하는 논의가 필요하다고 생각된다.

[주 제 어]
- 불법행위
- 법인
- 비법인사단
- 이사 기타 대표자
- 사실상 대표자

대상판결 : 대법원 2016. 4. 28. 선고 2015다2201(본소), 2015다2218(반소) 판결

[사안의 개요]

1. 사실관계

가. 원고(반소피고, 이하 '원고')는 ○○○씨 ○○○○공파 중 △△공 ○○○의 1자 ○○를 공동 시조로 하여 성립한 종중이다. 원고는 A 및 B부동산(이하 '이 사건 각 부동산')을 소유하고 있었으나, 그에 관한 등기는 실재하지 아니하는 ○○○씨 △△공파종중(이하 '△△공파종중') 명의로 마쳐져 있었다.

나. 甲은 2002. 12. 1.경부터 원고의 회장으로 근무하고 있었다. 甲은 피고(반소원고, 이하 '피고')들에게 이 사건 각 부동산이 실제로는 자신이 대표자로 있는 원고의 소유이고, 그 처분에 관하여 원고의 결의가 있었다고 말하면서 매수를 권유하였고, 이에 따라 피고들은 원고를 대표한 甲과 이 사건 각 부동산에 관한 매매계약(이하 '이 사건 매매계약')을 체결하였다. 당시 甲은 △△공파종중이 2006. 2. 20. 이 사건 각 부동산을 처분하기로 결의한 것처럼 회의록을 작성하여 피고들에게 제시하였다.

다. 甲은 피고들로부터 매매대금을 지급받은 후 2006. 4. 7. 피고 1에게 A부동산에 관하여, 피고 2, 3에게 B부동산 중 각 1/2 지분에 관하여 각 위 매매계약을 원인으로 하는 소유권이전등기를 마쳐주었다.

라. 원고는 피고들을 상대로 이 사건 각 부동산에 관한 소유권이전등기의 말소를 구하는 이 사건 소를 제기하였고, 이에 피고들은 원고를 상대로 지급하였던 매매대금을 부당이득으로 반환할 것을 구하는 이 사건 반소를 제기하였다.

2. 소송의 경과

가. 제1심[춘천지방법원 원주지원 2012가단3080(본소), 2012가단12695(반소)]

제1심은 본소 청구에 관하여, 이 사건 각 부동산의 처분행위는 원고 총회의 결의를 거치지 아니하여 무효라고 판단하며 이를 모두 인용하였다. 또한 반소 청구에 관하여, 다음과 같이 판단하며 이를 일부 인용하였다. ① 피고들은 매매대금을 모두 원고 명의 계좌에 입금하였다. 원고 명의 계좌에 입금된 매매대금을 甲이 임의로 사용하였다고 하더라도 이는 원고와 甲 사이의 내부적인 사정일 뿐이다. ② 앞서 본 이유로 이 사건 매매계약은 무효이므로 원고는 피고들로부터 받은 매매대금을 부당이득으로서 피고들에게 반환할 의무가 있다. ③ 다만 원고의 부당이득반환 의무는 피고들의 소유권이전등기 말소등기절차 이행의무와 동시이행관계에 있다. ④ 그런데 피고들이 위 의무의 이행을 제공하지 아니하였으므로 지연손해금 청구는 받아들이지 아니한다.

나. 원심[춘천지방법원 2013나4221(본소), 2013나4238(반소)]

원고가 제1심판결 중 반소에 관한 부분에 대하여 항소하자 피고들은 항소심에서, '설령 원고가 피고들에 대하여 매매대금 상당의 부당이득반환의무를 부담하지 않는다고 하더라도, 甲은 원고의 대표자로서 이 사건 각 부동산의 처분에 관한 적법한 절차가 없었음에도 위와 같은 절차가 마쳐져 자신에게 처분권한이 있는 것처럼 하여 이 사건 매매계약을 체결하고 피고들로부터 매매대금을 수령하였는바, 이는 원고의 대표자인 甲이 직무에 관하여 타인에게 손해를 가한 경우에 해당하므로 원고는 민법 제35조 제1항의 유추적용에 의하여 피고들에게 매매대금 상당액의 손해를 배상할 책임이 있다'고 주장하면서, 불법행위를 원인으로 한 손해배상청구를 예비적 청구로 추가하여[1] 부대항소를 제기하였다.

원심은 피고들의 부당이득반환청구에 관하여, 다음과 같이 판단하며 피고들의 주장을 배척하였다. ① 피고들은 매매대금을 '○○○씨○○종중[2] 회장 甲' 명의 계좌(이하 '이 사건 계좌')에 입금하거나, 甲에게 현금으로 지급하고 '원고 회장 甲' 명의로 작성된 영수증을 수령하였고 다음 날 같은 금액이 이 사건 계좌에 입금되었다. ② 그런데 이 사건 계좌는 甲이 개설한 후 관리·사용하여 온 점, 甲이 이 사건 계좌에 입금된 매매대금을 원고를 위하여 어느 용도로 지출하였는지 특정하지 못하고 있고, 甲은 이러한 이유 등으로 관련 형사사건에서 이 사건 각 부동산을 포함한 원고 등 소유 부동산에 관한 업무상배임죄로 유죄를 선고받고 그 판결이 확정되었던 점 등을 종합하여 보면, 이 사건 계좌에 매매대금이 입금된 사정만으로 원고가 실질적인 이

---

1) 다만 원심은 부당이득반환청구와 불법행위를 원인으로 한 손해배상청구가 서로 양립할 수 있는 관계에 있으므로 선택적 청구의 병합이고, 다만 피고들이 심판의 순서를 붙여 선택적으로 청구한 것으로 보았다.

2) 원고의 명칭 가운데 '○○○○공파'가 빠져 있는 명칭이다.

익의 귀속자가 되었다고 보기 어렵다.

다음으로 원심은 피고들의 불법행위를 원인으로 한 손해배상청구에 관하여, 다음과 같이 판단하며 이를 일부 인용하였다. ① 甲은 2002. 12. 1.자 총회에서 원고의 회장으로 선출된 이후 수년간 원고의 회장으로 재직하면서 원고의 대·내외적 업무를 집행하여왔으므로 민법 제35조 제1항의 대표자로 봄이 상당하다. ② 피고들이 甲의 이 사건 매매계약 체결행위 등이 원고의 직무에 관한 행위에 해당하지 아니함을 알았거나 중대한 과실로 인하여 알지 못하였다고 보기 어렵다. ③ 피고들은 매매대금 상당의 손해를 입었다고 할 것이나 피고들도 주의의무를 소홀히 하여 甲의 행위를 원고의 직무권한 내의 행위라고 믿었으므로, 원고의 책임을 85%로 제한한다. ④ 불법행위로 인한 손해배상채무와 피고들의 소유권이전등기 말소등기절차 이행 의무는 동시이행관계에 있지 아니하다.

3. 대상판결의 요지

[1] 민법 제35조 제1항은 "법인은 이사 기타 대표자가 그 직무에 관하여 타인에게 가한 손해를 배상할 책임이 있다."라고 규정하고 있다. 여기서 '법인의 대표자'에는 그 명칭이나 직위 또는 대표자로 등기되었는지를 불문하고 법인을 실질적으로 운영하면서 법인을 사실상 대표하여 법인의 사무를 집행하는 사람을 포함한다고 해석함이 옳다. 구체적인 사안에서 이러한 사람에 해당하는지는 법인과의 관계에서 그 지위와 역할, 법인의 사무 집행 절차와 방법, 대내적·대외적 명칭을 비롯하여 법인 내부자와 거래 상대방에게 법인의 대표행위로 인식되는지, 공부상 대표자와의 관계 및 공부상 대표자가 법인의 사무를 집행하는지 등 여러 사정을 종합적으로 고려하여 판단하여야 한다. 그리고 이러한 법리는 비법인사단에도 마찬가지로 적용된다(대법원 2011. 4. 28. 선고 2008다15438 판결 참조).

원심이 ① 甲이 원고의 대표자인 회장으로서 피고들에게 적법한 절차를 거쳐 작성되지 않은 종중의 총회 결의서 등을 교부하면서 2006. 2. 22. 및 같은 해 3. 16. 피고들과 이 사건 각 부동산에 관한 매매계약을 체결한 행위는 외형상 원고의 대표자의 직무에 관한 행위로 볼 수 있으므로, 원고는 민법 제35조 제1항에 따라 피고들이 입은 손해를 배상할 책임이 있다고 판단하고, ② '甲을 대표자로 선임한 2002. 12. 1.자 총회 결의가 상당수 종중원에 대한 소집통지를 누락한 채 소집되어 무효이므로 甲을 원고의 대표자로 볼 수 없고, 따라서 원고는 불법행위 책임을 지지 않는다'는 원고의 주장에 대하여, 甲은 위 총회에서 원고의 회장으로 선출된 이후 수년간 원고의 회장으로 재직하면서 원고의 대·내외적 업무를 집행하여 왔으므로 甲을 민법 제35조 제1항의 대표자로 볼 수 있다는 이유로 이를 배척한 것은 정당하다.

[2] 법인 또는 비법인사단의 대표자의 행위가 직무에 관한 행위에 해당하지 아니함을 피해자 자신이 알았거나 중대한 과실로 인하여 알지 못한 경우에는 그 법인 또는 비법인사단에 대하여 불법행위책임을 물을 수 없다.

원심이, ① 甲은 종중의 정관, 토지 처분에 대한 결의서 등 이 사건 각 부동산에 관하여 피고들 명의로 소유권이전등기를 마치기 위한 일체의 서류를 소지하고 있었던 점, ② 피고들은 법무사를 통하여 이 사건 각 부동산에 대한 매매계약 체결 및 이 사건 각 부동산에 대한 소유권이전등기 업무를 처리하도록 하였고, 위 법무사 또한 甲으로부터 제시받은 위와 같은 서류를 보고 이 사건 각 부동산의 처분이 적법한 절차를 거친 것인지 확인하였던 것으로 보이는 점, ③ 피고들은 외관상 원고의 업무에 사용되는 것으로 보이는 '○○○씨○○종중 회장 甲' 명의의 기업은행 계좌에 매매대금을 입금하거나 甲에게 직접 매매대금을 지급한 후에는 '원고 회장 甲' 명의로 작성된 영수증을 수령하였던 점 등 그 판시와 같은 사정을 종합하면, 피고들이 甲의 이 사건 각 부동산에 관한 매매계약 체결 행위 등이 원고의 직무에 관한 행위에 해당하지 아니함을 알았거나 중대한 과실로 인하여 알지 못하였다고 인정하기에 부족하다고 판단한 것은 정당하다.

〔研　　究〕

Ⅰ. 서　　론

민법은 '법인의 불법행위능력'이라는 표제 하에 "법인은 이사 기타 대표자가 그 직무에 관하여 타인에게 가한 손해를 배상할 책임이 있다."라는 규정을 두고 있다(제35조 제1항 전문). 본 조항에 관하여, 법인의 본질론에 관한 학설 중 의제설은 법인은 불법행위능력이 없음에도 일정한 경우에 피해자를 보호하기 위하여 기관인 자연인의 행위에 대하여 배상책임을 질 것을 정하는 특별규정으로 해석하고 있음에 반하여, 통설과 판례[3]의 입장인 실재설은 법인의 기관인 이사가 불법한 손해를 끼친 경우 법인의 불법행위능력을 인정하여 배상책임을 지도록 하는 당연규정으로 해석하고 있다고 설명된다.[4] 그러나 실제 사안 해결에 있어 두 학설이 큰 차이를 가져오는 것은 아니고, 법인과 '어떠한 관계에 있는 자연인'의 '어떠한 손해야기행위'를 법인의 것으로 귀속시켜 법인에 손해배상책임을 지울 수 있는지를 판단하는 기준을 세우는 것이 중요하다.[5] 또한 통설과 판례[6]는 비법인사단에 대하여는 본 조항을 포함하여 사단법인에 관한 민법 규정 가운데서 법인격을 전제로 하는 것을 제외하고는 이를 유추적용하여야 한다는 입장이므로, 비법인사단의 불법행위에 관하여도 같은 논의가 필요하다.[7]

그렇다면 법인은 자신과 '어떠한 관계에 있는 자연인'의 행위에 관하여 손해배상책임을 부담하는가. 기본적으로는 "법인의 대표자가 직무에 관하여 불법행위를 한 경우에는 민법 제35조 제1항에 의하여, 법인의 피용자가 사무집행에 관하여 불법행위를 한 경우에는 민법 제756조 제1항에 의하여 각 손해배상책임을 부담"[8]하는 것으로 볼 수 있다. 그런데 법

---

3) 판례는 "피고 법인의 대표자였던 위 소외 1에 의한 본건 차용행위가 원심이 인정한 바와 같은 불법행위가 된다면 이는 민법 제35조에 의하여 피고 법인 자체의 불법행위가 되는 것(대법원 1978. 3. 14. 선고 78다132 판결)"이라고 판시하여 실재설에 입각하고 있는 것으로 해석된다.

4) 편집대표 곽윤직, 민법주해 I, 박영사(2005), 589-591면(홍일표 집필부분) 참조.

5) 송호영, "법인의 불법행위책임에 관한 소고-민법 제35조의 해석론을 중심으로-", 법학논총 제25집 제4호, 한양대학교(2008), 210-211면 참조.

6) 비법인사단의 구성원이 없게 되었다 하여 막바로 그 사단이 소멸하여 소송상의 당사자능력을 상실하였다고 할 수는 없고, 청산사무가 완료되어야 비로소 그 당사자능력이 소멸하는 것이다(대법원 1992. 10. 9. 선고 92다23087 판결). 비법인사단의 대표자가 직무에 관하여 타인에게 손해를 가한 경우 그 사단은 민법 제35조 제1항의 유추적용에 의하여 그 손해를 배상할 책임이 있다(대법원 2003. 7. 25. 선고 2002다27088 판결).

7) 따라서 이하에서는 비법인사단에 관하여 특별히 논하는 부분 이외에는 법인에 관한 논의가 비법인사단에도 그대로 적용되는 것을 전제로 논하였고, 법인과 비법인사단 모두에 공통되는 논의에 관하여는 '법인'이라고만 칭하였다.

8) 대법원 2009. 11. 26. 선고 2009다57033 판결 등.

인의 대표자나 피용자가 아니면서도 법인과 상당히 밀접한 관계에 있는 자연인의 행위에 관하여 법인의 책임이 문제되는 경우가 있다. 특히 민법 제35조 제1항의 '이사 기타 대표자'에 관하여, 판례는 ① "대표권이 없는 이사는 법인의 기관이기는 하지만 대표기관은 아니기 때문에 그들의 행위로 인하여 법인의 불법행위가 성립하지 않는다."[9]라고 판시하여 그 범위를 좁게 해석하였던 반면, ② 아래서 볼 대법원 2011. 4. 28. 선고 2008다15438 판결에서 "당해 법인을 실질적으로 운영하면서 법인을 사실상 대표하여 법인의 사무를 집행하는 사람을 포함한다."라고 판시하여 그 범위를 넓게 해석한 이래, 이른바 '사실상 대표자'의 행위에 관하여도 법인의 불법행위책임을 인정하는 태도를 견지해 왔다. 대상판결 역시 위 2008다15438 판결을 인용하면서 甲이 원고의 사실상 대표자에 해당한다는 이유로 원고의 손해배상책임을 인정하였다.

그러나 '이사 기타 대표자'를 확장해석하여 사실상 대표자도 이에 포함된다고 해석하여 사실상 대표자의 행위에 관하여 법인의 불법행위책임을 인정하는 판례의 입장이 과연 타당한 것인지, 나아가 구체적인 분쟁의 해결에 있어 법인과 사실상 대표자의 행위로 인하여 피해를 입은 상대방의 이해관계를 적절하게 조율하는 것인지 의문이 있다.

아래에서는 이러한 사실상 대표자에 관한 해석론이 적용된 판례의 사안들을 살펴보고(Ⅱ), 민법 제35조 제1항의 '이사 기타 대표자'의 해석에 관한 기존 학설의 논의와 사실상 대표자의 행위에 관한 외국 이론들(Ⅲ) 및 2004년 민법개정안 마련 당시 민법 제35조에 관련된 논의를 소개한다(Ⅳ). 이러한 내용을 종합하여 사실상 대표자에 관한 판례의 해석론을 비판적으로 검토한 후(Ⅴ), 이를 바탕으로 최종적으로 대상판결의 결론에 대하여 다시 살펴보도록 한다(Ⅵ).

---

9) 대법원 2005. 12. 23. 선고 2003다30159 판결.

Ⅱ. 사실상 대표자의 행위에 관한 판례의 동향[10)]

1. 대법원 2011. 4. 28. 선고 2008다15438 판결

가. 사실관계

A 등은 아파트 건축사업을 목적으로 조합원을 모집하여 피고 1차 조합(그 법적 성질은 비법인사단이다. 이하 다른 조합도 같다) 및 피고 2차 조합에 관하여 각 설립인가를 받고, 위 조합들을 통칭하는 '피고 B조합' 명의로 조합원을 추가 모집하였다. A 등은 위 조합들에 관한 변경인가를 받는 대신 피고 1-1차 조합, 피고 2-1차 조합에 관하여 각 설립인가를 받았는데, 사업부지 약 7,800평 중 약 3,000평이 자연녹지로 지정되어 아파트 건축사업 추진에 어려움을 겪게 되었다. 이에 A는 무주택자가 아닌 일반인들을 상대로 아파트 분양모집을 하고 그 자금으로 사업부지 인근 토지를 추가로 매입하였으며, 새로운 분양대행사인 피고 3, 4회사와 조합원모집대행계약을 체결하였다. 원고들은 형식상 '피고 B조합'과 조합원가입계약을 체결하고,[11)] 분양대금을 피고 2-1차 조합 대표인 C의 개인 명의 계좌로 송금하거나 피고 3, 4회사에 현금으로 납입하였다.

나. 당사자들의 주장

원고들은 피고 2-1차 조합에 대하여 다음과 같이 주장하였다. ① 피고 2-1차 조합의 사업 진행이 불가능한 상태에 이르렀으므로 이 사건 소장 부본 송달로써 분양계약을 해제하는 바이므로, 피고 2-1차 조합은 분양계약자로서 분양대금을 반환할 의무가 있다. ② A는 피고 2-1차 조합의 실질적 조합장으로서 원고 등과 분양계약을 체결하였고, 이러한 행위는 외형상 · 객관적으로 위 조합의 직무에 관한 행위에 해당한다. 그러나 원고 등이 이 사건 각 조합의 조합원 지위를 얻지 못한 이상 A는 원고들

---

10) 이하 소개하는 내용은 대법원이 인정한 사실관계와 이에 기초한 판단을 기초로 하되 본고에서 다루는 쟁점 이외의 것은 가급적 생략하거나 단순화하였고, 대법원이 원심의 판결을 정당하다고 인정한 부분도 '대법원의 판단'으로 소개하였다.

11) 계약당사자가 피고 2-1차 조합인지 여부도 쟁점이 되었으나, 대법원은 계약당사자가 원고들과 피고 2-1차 조합이라고 판단하였다.

에게 분양대금 상당의 손해를 가하였으므로, 피고 2-1차 조합은 민법 제35조 제1항 또는 그 유추적용에 의하여 위 손해를 배상할 책임이 있다.

다. 대법원의 판단

(1) 대법원은 원고들의 분양대금반환청구에 관하여, 다음과 같이 판단하며 원고들의 주장을 배척하였다. 민법 제62조의 규정에 비추어 보면 비법인사단 대표자가 행한 타인에 대한 업무의 포괄적 위임과 그에 따른 포괄적 수임인의 대행행위는 민법 제62조의 규정에 위반된 것이어서 비법인사단에 대하여 그 효력이 미치지 아니한다(대법원 1996. 9. 6. 선고 94다18522 판결 등 참조). A가 피고 2-1차 조합의 대표자 C를 대리하여 원고들과 조합원가입계약을 체결하였다고 하더라도 C는 피고 2-1차 조합의 대표자로서의 모든 권한을 A에게 포괄적으로 위임하였으므로 그 조합원가입계약은 피고 2-1차 조합에 대하여 효력이 없다.

(2) 이어 대법원은 원고들의 손해배상청구에 관하여, 민법 제35조 제1항의 '법인의 대표자'에는 그 명칭이나 직위 여하, 또는 대표자로 등기되었는지 여부를 불문하고 당해 법인을 실질적으로 운영하면서 법인을 사실상 대표하여 법인의 사무를 집행하는 사람을 포함한다는 법리를 처음으로 밝히고, 이러한 법리는 주택조합과 같은 비법인사단에도 마찬가지로 적용된다고 설시하였다. 이어 다음과 같은 사정을 종합하여 A는 피고 2-1차 조합을 실질적으로 운영하면서 법인을 사실상 대표하여 법인의 사무를 집행하는 사람으로서 민법 제35조 소정의 '대표자'에 해당한다고 판단하며, A가 피고 2-1차 조합의 적법한 대표자 또는 대표기관이라고 볼 수 없다는 이유로 원고들의 주장을 배척하였던 원심 판결을 파기하였다.[12] ① C는 피고 2-1차 조합의 등기부상 대표자이지만 피고 2-1차 조합 설립시부터 대표자로서의 모든 권한을 A에게 일임하여 A가 피고 2-1

12) 한편 원고들은 이 사건 각 피고 조합들이 사용자책임에 의한 손해배상책임을 부담한다고도 주장하였다. 그러나 대법원은 A가 조합원을 모집함에 있어 이 사건 각 피고 조합으로부터 실질적으로 지휘·감독을 받는 관계에 있었음을 인정할 증거가 없다는 이유로 원고들의 위 주장을 배척하였다.

차 조합의 도장, C의 신분증 등을 소지하면서 조합 대표자로서 사무를 집행하였다. ② C는 A로부터 월급을 받는 직원에 지나지 아니하여 C가 A의 사무 집행에 관여할 수 있는 지위에 있지 아니하였고, 실제로도 일절 대표자로서의 사무를 집행하지 아니하였다. ③ A는 대외적으로 조합장으로 불렸고 대내적으로 사장으로 불리는 등 조합원들이나 이 사건 각 조합의 거래 상대방들도 A를 대표자로 알고 있었다. ④ A가 C의 관여 없이 피고 2-1차 조합을 대표하여 사무를 집행하는 데 아무런 지장이 없었다.

2. 대법원 2015. 3. 26. 선고 2013다49732(본소), 2013다49749(반소) 판결

가. 사실관계

원고는 ○○○씨 ○○의 후손들로 구성된 종중으로, 매년 음력 10. 15. 시제날 총회를 개최하여 종중의 대소사를 처리하여 오던 중, 1980. 6. 14. 종중임시총회를 개최하여 종중 회장으로 종전 회장이던 A를 유임하는 한편, "종원의 자격을 '독립세대주인 성인 남자'로 제한하고, 이 사건 부동산 등을 원고의 기본 재산으로 정하며, 기본 재산은 종중의 의결을 거쳐 매입처분할 수 있고 의결된 사항을 집행함에는 이사회에 위임한다."라는 내용을 포함한 종중규약을 제정하였다. 이후 원고는 1990. 5. 27.자 임시총회에서 B를 회장으로 선임하는 결의를, 2009. 12. 29.자 임시총회에서 C를 회장으로 선임하는 결의를, 2010. 12. 12.자 임시총회에서 위 2009. 12. 29.자 임시총회 결의를 추인하는 결의를 하였다.

한편 원고는 1989. 7. 23. 임시총회를 개최하여 이 사건 부동산 등을 100억 원 이상의 가격으로 처분하기로 결의하였다. 위 임시총회에서 재무이사로 선출된 D는 1997. 4.경 당시 회장이던 B에게 '이 사건 부동산 등을 피고 1에게 매도하겠다'라고 하였고, B는 1997. 4. 27.경 이 사건 부동산 등을 처분한다는 원고의 이사회 결의를 거쳐 D에게 매매계약 체결 권한 및 이 사건 부동산 등에 설정되어 있는 일체의 부담을 해결하는 권한을 위임하였다. 이에 따라 D는 1997. 5.경 B로부터 이 사건 부동산 등에 관하여 매수인을 피고 1로 기재한 원고 명의 부동산매도용 인감증명서 등을 교부받은 다음, 원고의 1989. 7. 23.자 임시총회 통지서, 1990. 5. 27.자 임시총회 의사록, 1997. 4. 27.자 이사회 결의서 등을 첨부하여 1997. 7. 9. 이 사건 부동산 등에 관하여 1997. 5. 1. 매매를 원인으로 한 소유권이전등기를 피고 1 앞으로 마쳤다.

B는 1997. 11.경 피고 1이 이 사건 부동산 등에 관한 진정한 매수자가 아님에도 소유권이전등기만 마친 것이라는 사정을 알게 되었으나, 원고는 1997. 12. 17. 이사회에서 피고 1 명의 소유권이전등기 말소 등 소송 건과 관련하여 D를 특별소송대리인으로 임명하고, 이에 관한 일체의 권한을 위임하는 내용의 결의를 하였다. 이에 따라 D는 '원고 대표자 B' 명의로 소송대리인을 선임하여 1998. 3. 9. 피고 1과 사이에 '원고는 이 사건 부동산에 관하여 피고 1과 매매계약을 체결하였으나, 1997. 7. 29.경 매매계약을 합의해제하기로 하였다'라는 내용의 신청원인으로, '피고 1은 원고에게 이 사건 부동산에 관한 소유권이전등기의 말소등기절차를 이행한다'라는 내용의 제소전화해를 성립시켰다.

그런데, 위 제소전화해에 따라 피고 1 명의 소유권이전등기가 말소되기 전에 피고 1의 채권자들이 이 사건 부동산 등을 가압류하였고, B는 피고 1 명의 소유권이전등기를 그대로 두기로 하고 D에게 그 매각을 서두르도록 독촉하였다. 이후 D와 피고 1은 1998. 11. 12.경 피고 2로부터 20억 원을, 1998. 11. 27.경 피고 3으로부터 10억 원을 각 차용하고, 이 사건 부동산 등에 관하여 각 채권최고액 40억 원 및 20억 원의 근저당권을 설정하여주는 등 피고 1을 제외한 나머지 피고들에게 근저당권설정등기 또는 소유권이전청구권가등기를 마쳐주었다.

나. 당사자들의 주장

(1) 원고는 피고 1 명의 소유권이전등기 및 이에 터잡은 피고 1을 제외한 나머지 피고들 명의 근저당권설정등기 또는 소유권이전청구권가등기가 모두 무효라고 주장하면서, 그 각 말소등기절차의 이행을 구하는

본소를 제기하였다.

(2) 피고 2, 3은 원고의 대표자에 해당하는 A 또는 B가 대표자 또는 피용자에 해당하는 D를 통하여 이 사건 부동산 등에 관하여 피고 1 명의로 소유권이전등기를 경료하도록 함으로써 허위의 외관을 만들고 이를 계속 존치시킴으로써 이 사건 부동산 등을 담보로 금원을 대여하는 손해를 입게 되었다고 주장하면서, 민법 제35조 또는 민법 제756조에 따라 손해배상을 구하는 예비적 반소를 제기하였다.

다. 대법원의 판단

(1) 대법원은 본소에 관하여, 원고의 종중규약 중 종원의 자격을 '독립세대주인 성인 남자'로 제한한 부분은 종중의 본질에 반하여 무효이고,[13] 무효인 종중규약에 따라 종원의 자격이 제한된 상태에서 개최한 1989. 7. 23.자 총회에서 이루어진 이 사건 부동산 처분에 관한 결의는 아무런 효력이 없으므로, 피고 1 명의 소유권이전등기와 이에 터 잡은 나머지 피고들 명의 근저당권설정등기 또는 소유권이전청구권가등기는 모두 원인무효라고 본 원심의 판단이 정당하다고 보았다.[14]

(2) 또한 대법원은 피고 2, 3의 예비적 반소에 관하여, 다음과 같이 판단하며 이를 일부 인용한 원심의 판단이 정당하다고 보았다. ① B는 1990. 5. 27. 이후 원고를 사실상 대표하여 원고의 사무를 집행한 사람으로 민법 제35조 제1항에서 정한 '법인의 대표자'에 해당한다. ② B는 1997. 5.경 D에게 부동산매도용 인감증명서 등을 교부하여 주어 이 사건 부동산에 관하여 피고 1 명의로 소유권이전등기를 마치도록 함으로써 허

---

13) 일부 피고들은 항소심에서 이와 같은 이유로 원고 대표자 C는 대표권이 없으므로 C가 원고를 대표하여 제기한 이 사건 소가 부적법하다는 본안전 항변을 하였다. 이에 대하여 항소심은, A가 1991. 2. 4. 사망한 이후 원고 종중원 중 연고항존자인 E와 E로부터 종중 총회 소집 동의를 받은 C가 공동으로 임시총회를 소집하여 2012. 6. 10. 종중 회장으로 C를 선출하며, C가 그 동안 원고를 대표하여 진행해온 이 사건 소송에 대한 대표행위를 추인하기로 결의한 사실을 인정하고, C에게 적법한 대표권이 있다고 판단하여 위 본안전 항변을 배척하였다.

14) 다만 항소심은 피고 1 명의 소유권이전등기 말소 청구 부분은 위 제소전화해조서의 기판력이 미쳐 부적법하다고 판단하였고, 이 부분은 그대로 확정되었다.

위의 외관을 만들고 이를 계속 존치시킨 과실이 있으므로, 원고는 피고 2, 3이 위 원인무효의 소유권이전등기를 신뢰하여 이 사건 부동산을 담보로 금원을 대여함으로써 입게 된 손해를 배상할 책임이 있다.

3. 대법원 2015. 8. 27. 선고 2014다25047 판결

가. 사실관계

피고는 고양시 일산동구 식사동에 있는 한센인 정착촌의 주민으로 구성된 비법인사단이다. 피고의 상임고문이라 칭하는 A로부터, 원고 1은 2003. 3.경 이 사건 제1토지를 평당 250만 원씩 총 37억 4,000만 원에, 원고 2는 2004. 2.경 이 사건 제2토지를 평당 350만 원씩 총 12억 3,900만 원에 각 매수하고 그 매매대금을 지급하였다. 당초 피고는 이 사건 각 토지를 원소유자들로부터 매수하여 그 소유권이전등기를 하지 않은 상태였고, 이후 원고들은 자신들 또는 제3자 명의로 이 사건 각 토지에 관한 소유권이전등기를 마쳤다.

A는 당시 이 사건 각 토지를 비롯하여 피고가 소재한 고양시 일산동구 식사동 일대의 토지에 도시개발사업을 추진하고 있던 도시개발사업 추진위원회 위원장이었는데, 위 각 매매 당시 원고들에게 추후 환지절차가 시작되면 위원장인 자신이 도시개발사업 시행사들에게 영향력을 행사하여 이 사건 각 토지가 대로변의 상업용지로 환지 인가받을 수 있도록 해주겠다고 약속하였다. 그러나 위 약속 이행이 불가능하게 되자, A는 이 사건 각 토지를 시행사들에게 평당 670만 원에 전매하여 주기로 하고, 원고 1과 사이에는 2007. 4. 12. 이 사건 제1토지 중 일부에 관하여, 원고 2와 사이에는 2007. 4. 10. 이 사건 제2토지에 관하여, 각 평당 300만 원을 초과하는 매매대금에 대한 양도소득세는 피고가 책임지기로 약정(이하 '이 사건 약정')하면서, 원고들에게 위와 같은 내용으로 '피고 상임고문 A'라는 명판 옆에 자신의 개인 인감도장을 날인한 이행각서를 각 작성·교부하였다.

원고들은 2007. 4.경 이 사건 제1, 2토지를 A가 지정하는 피고 소속

한센인들에게 평당 300만 원에 매도하여 소유권이전등기를 마쳐준 후 다시 위 한센인들로 하여금 이를 시행사들에게 매도하게 하는 방법으로 평당 670만 원에 각 매도하고, 고양세무서장에게 매매대금을 각 평당 300만 원으로 신고하여 그에 대한 양도소득세를 납부하였다.

그러나 피고가 평당 300만 원을 초과하는 매매대금에 대한 양도소득세를 대납하지 아니하여 위와 같이 매매대금을 축소신고한 것이 밝혀졌고, 고양세무서장은 2011. 4. 1.경 양도소득세로 원고 1에게 1,731,558,020원(신고 및 납부 불성실에 따른 가산세 697,985,060원 별도), 원고 2에게 1,210,644,800원(신고 및 납부 불성실에 따른 가산세 875,319,861원 별도)을 각 부과하였다.

한편 원고들은 2012. 3. 18. 이 사건 약정에 따른 피고에 대한 약정금 내지 손해배상채권 등 일체의 청구권 중 30%를 승계참가인에게 양도하고, 2012. 3. 21.경 피고에게 이를 통지하였다.

나. 당사자들의 주장

원고들 및 승계참가인은 다음과 같이 주장하였다. ① 주위적으로, 피고는 다음과 같은 이유에서 이 사건 약정에 따라 약정금을 지급할 의무가 있다. Ⓐ A는 피고의 대표자로서 이 사건 약정을 체결할 대표권이 있었다. Ⓑ 이 사건 약정 당시 A에게 피고의 대표권이 없었다고 하더라도 피고는 이 사건 각 토지의 매매와 관련된 양도소득세 납부 과정에서 A의 무권대표행위를 묵시적으로 추인하였다.[15] ② 예비적으로, A는 피고의 사실상 대표자로서 이 사건 약정을 체결함으로써 원고들로 하여금 가산세를 부과받는 손해를 입게 하였으므로, 피고는 민법 제35조 제1항에 따라 이를 배상할 책임이 있다.

다. 대법원의 판단

(1) 대법원은 주위적 청구에 관하여, 이 사건 약정 체결 당시인 2007. 4.경 피고의 대표자 회장은 B였고, 피고가 이 사건 약정을 묵시적

---

15) 원고들 및 승계참가인은, 원심에서는 표현대리 주장도 하였으나, 원심에서 위 주장이 배척된 이후 이를 상고이유로 삼지는 아니하였던 것으로 보인다.

으로 추인하였다고 인정하다고 보기 부족하다고 판단하며 원고들 및 승계참가인의 주장을 배척한 원심의 판단이 정당하다고 보았다.

(2) 반면 대법원은 예비적 청구에 관하여, 다음과 같은 사실 내지 사정을 근거로 A가 피고를 사실상 대표하여 피고의 사무를 집행하여 온 사람으로서 민법 제35조 제1항에서 정한 '대표자'에 해당한다는 이유로, 원고들 및 승계참가인의 주장을 배척한 원심 판결을 파기하였다. ① A는 2007. 10.경 회장 직함을 가지기 전까지 피고의 상임고문 내지 운영위원장 등의 직함으로 활동하였다. ② A는 피고에 사업자등록번호가 부여된 1998. 1. 1. 이래 2011. 4. 27.까지 관할 세무관서에 피고의 대표자로 등록되어 있었고, 2007. 1. 18. 고양시 소지 대지들에 관하여 경료된 피고 명의 소유권이전등기에도 피고의 대표자로 등재되어 있다. ③ A는 피고가 2001년 이래 위 도시개발사업 관련 시행사들과 협상하거나 계약을 체결할 때에 대외적으로 피고를 대표하여 왔던 것으로 보이고, 2005. 9.부터 2006. 4.까지 위 개발사업 관련하여 피고 명의 영수증을 작성하여 교부하였다. ④ A는 배임수재 혐의 등으로 인한 관련 형사사건에서 자신이 2006. 11.경부터 2010. 2.경 무렵 피고의 사실상 대표자였다고 주장하면서 피고가 받아야 할 돈을 대표자로서 수령한 것이라고 배임수재의 공소사실을 다투어 위 공소사실에 대하여 무죄를 선고받았다. ⑤ 이 사건 약정 당시 피고의 적법한 대표자이던 B가 피고를 대표하여 활동한 뚜렷한 자료가 보이지 않는다.[16]

---

16) 반면, 원심이 A가 이 사건 약정 당시 피고를 사실상 대표하였다고 보기 부족하다고 판단하며 그 근거로 든 사정들은 다음과 같다. ① 이 사건 약정 당시 A가 원고들에게 작성·교부한 각 이행각서에도 피고의 회장이 아닌 상임고문의 직함만 기재되어 있고 피고의 인장이 아닌 A 개인 인감도장만 날인되어 있다. ② 상임고문이라는 직함은 사회통념상 대표권이나 대리권을 추단할 수 있는 직함이 아니다. ③ 피고 규약에는 상임고문에 관한 규정이 있으나 그 구체적 권한 등에 관하여는 아무런 규정이 없다. ④ 피고 소속 한센인들 대부분은 A가 자신을 피고의 상임고문으로 칭하면서 피고의 대표자처럼 행세한다는 사실조차 모르고 있었다. ⑤ 이 사건 약정 당시 피고의 대표자로는 B가 활동하고 있었다.

4. 대법원 2015. 10. 15. 선고 2013다29707 판결

가. 사실관계

피고는 한국불교○○종의 발전과 복지사업을 실현하기 위한 목적 등으로 설립된 재단법인이다. 제1심 공동피고 중, A재단은 사회복지사업과 노인복지사업 수행을 목적으로 설립된 재단법인이고, B는 2006년 내지 2007년경 한국불교○○종의 총무원장이자 A재단의 대표이사 및 피고의 이사의 직위에 있었던 사람, C는 B의 동생으로 A재단의 사무국장의 직위에 있었던 사람, D는 A재단과 피고의 이사의 직위에 있었던 사람이다. E는 피고의 대표이사이다.

C는 노인병원 건물을 A재단 명의로 취득하여 완공하는 사업을 추진할 계획으로 A재단 대표이사인 B로부터 위 사업에 관한 포괄적 권한을 위임받았다. 원고 직원은 C에게, B 및 피고가 공동채무자로 등재되어야 A재단에 대한 대출이 가능하다며, 공동채무자로 하는 의결에 관한 피고의 이사회의사록 등 피고 명의로 작성된 각종 서류를 제출할 것을 요구하였다. 피고 직원 F는 피고의 법인 인감, 피고 이사들의 인감 및 인감증명서 등을 보관하고 있던 중 피고 대표이사 E의 서명 및 피고의 인감이 날인된 대출거래약정서, "A재단이 원고로부터 20억 원을 차입하는 것과 관련하여 피고를 공동채무자로 할 것을 결의한다."라는 취지가 기재되어 있는 2006. 8. 15.자 이사회의사록, 피고의 인감이 날인되고 인감증명서가 첨부된 위임장 등을 작성하였고, 위 서류들은 C를 통하여 원고에게 제출되었다.

이후 원고는 A재단과 대출원금 합계 15억 원의 각 대출거래약정(이하 '이 사건 각 대출거래약정')을 체결하고 15억 원을 대출하였다. 이 사건 각 대출거래약정서에 피고와 B는 각 공동채무자, C와 D는 각 연대채무자로 기재되어 있다.

나. 당사자들의 주장

원고는 원심에서 다음과 같이 주장하였다. ① 이 사건 각 대출거래약정은 피고의 대표자인 E로부터 권한을 구체적으로 위임받은 피고의 실질적 대표 B의 지시에 따라 체결된 것이므로 피고에 대하여 효력이 있다. ② 원고는 C 또는 F를 피고인의 대리인으로 신뢰하였으므로 피고는 민법 제126조 표현대리 법리에 따라 이 사건 각 대출거래약정에 따른 책임을 부담한다. ③ 피고에게 이 사건 각 대출거래약정상 책임이 인정되지 않을 경우 C 또는 F는 적법한 권한 없이 이 사건 각 대출거래약정서 및 이사회의사록을 작성하여 이를 신뢰한 원고로 하여금 이 사건 각 대출거래약정을 체결하게 하고, 그로 인해 위 약정에 따른 대여금 및 지연손해금 등을 변제받지 못하게 하는 손해를 입게 하였으므로, 피고는 C 또는 F의 사용자로서 원고의 위 손해를 배상할 책임이 있다. ④ 설령 B가 E로부터 피고의 업무에 관한 권한을 포괄적으로 위임받아 행사한 것이어서 민법 제62조에 위반한 것이어서 B의 권한 행사가 무효가 된다고 하더라도, 피고는 민법 제35조 제1항에 따라 실질적 대표자인 B가 그 직무에 관하여 타인에게 가한 손해를 배상할 책임이 있다.

다. 원심과 대법원의 판단

(1) 원심은 B가 E로부터 피고의 업무에 관한 권한을 포괄적으로 위임받아 피고를 실질적으로 운영하면서 피고를 사실상 대표하여 피고의 사무를 집행하여 온 사실, 이 사건 각 대출거래약정이 B의 지시에 의해 체결된 사실을 인정하고, 이를 전제로 다음과 같이 판단하였다. ① B가 E로부터 이 사건 각 대출거래약정 체결에 관한 권한을 구체적으로 위임받았다고 인정할 증거가 부족하고, B가 E로부터 피고의 업무에 관한 권한을 포괄적으로 위임받아 피고를 실질적으로 운영하면서 피고를 사실상 대표하여 체결한 이 사건 각 대출거래약정은 피고에 대하여 그 효력이 미치지 않는다. ② F가 이 사건 각 대출거래약정과 관련하여 피고를 대리하는 어떠한 행위를 하였음을 인정할 증거가 없고, C는 피고로부터 어떠한 대리권을 수여받았음을 인정할 증거가 없으므로, 표현대리에 관한 주장은 이유 없다. ③ 피고와 C 사이의 사용관계를 인정할 증거가 없고, F는 B에 의해 피고의 직원으로 고용된 이후 별다른 독자적인 권한 없이 B의 지시에 따라 이 사건 각 대출 관련 서류를 작성하였으므로 F로서는

위 각 서류 작성으로 인해 원고가 이 사건 각 대출과 관련하여 어떠한 손해를 입을 것임을 알았거나 알 수 있었다고 보기 어렵다. 따라서 사용자책임 주장은 이유 없다. ④ B는 E로부터 피고의 업무에 관한 권한을 포괄적으로 위임받았을 뿐 이 사건 각 대출거래약정 체결에 관한 구체적 권한은 위임받지 않은 채 적법한 권한 없이 원고와 이 사건 각 대출거래약정을 체결하여, 이 사건 각 대출거래약정의 효력이 피고에게 미치지 아니하게 되는 결과를 초래함으로써 원고로 하여금 이 사건 각 대출금 및 그에 대한 약정 지연손해금 상당의 손해를 입게 하였으므로, B의 위와 같은 행위는 원고에 대하여 불법행위를 구성하고, 따라서 피고는 B의 위와 같은 행위로 인하여 원고가 입은 위 손해를 배상할 의무가 있다. 다만 원고의 주의의무 위반을 고려하여 피고의 책임을 60% 범위로 제한한다.

(2) 이에 피고가 상고하였고, 대법원은 피고의 불법행위로 인한 손해배상의무를 인정한 원심의 판단이 정당하다고 보았다(다만 원심이 이 사건 각 대출 원금에 대한 약정 이자 및 약정 지연손해금까지 손해에 포함된다고 본 것은 잘못이라는 이유로, 원심판결 중 위 부분을 파기하였다).

Ⅲ. 사실상 대표자의 행위에 관한 학설과 외국에서의 논의

1. 민법 제35조 제1항의 '이사 기타 대표자'에 관한 종래 학설의 논의

가. 서 설

민법 제35조 제1항의 '이사 기타 대표자'의 해석에 관하여, 종래 학설의 논의는 ① 이사가 선임한 대리인, 특정한 행위에 관한 임의대리인(민법 제62조), 이사로부터 일정한 대리권이 수여된 지배인(상법 제10조) 등이 포함되는지 여부, ② 법인의 대표권 없는 기관인 대표권 없는 이사, 사원총회 또는 감사가 포함되는지 여부를 중심으로 이루어졌고, 사실상 대표자가 포함되는지 여부에 관하여는 별다른 논의가 이루어지지 않았던 것으로 보인다.[17)]

17) 한편, 편집대표 김용덕, 주석 민법[총칙1], 한국사법행정학회(2019), 698면(송호영 집필부분)은 "명칭에 관계없이 실질적으로 법인이나 단체를 대표하는 직책에 있는 자이면 이에 해당된다. 예컨대 판례(대법원 1976. 7. 13. 선고 75누254 판결)는 교

다만 이러한 논의에서 각 학설들의 주장을 사실상 대표자의 행위에 관한 논의에도 참고할 수 있을 것으로 보이므로, 이를 간략하게 살펴본다.

나. 이사가 선임한 대리인, 특정한 행위에 관한 임의대리인, 지배인이 포함되는지 여부

(1) 부 정 설(통설)

이들은 법인의 대표기관이 아니기 때문에, 이들의 행위에 대해서는 민법 제35조 제1항에 따라 법인의 불법행위가 성립하지 않고, 법인은 사용자로서 민법 제756조에 따라 그들 행위에 대해서 책임을 지게 된다.[18)]

(2) 긍 정 설

① 이들 행위에 관하여도 민법 제35조 제1항을 유추적용하여 법인의 불법행위책임을 긍정하여야 하며, 법인은 이와 병행하여 민법 제756조에 따른 사용자책임 내지 계약체결상의 과실책임을 진다.[19)]

② 대표권한이 있는 이사가 적법하게 선임한 대리인에게도 대외적으로는 법인을 대표(또는 대리)할 수 있는 권한이 있으므로, 이들이 그러한 대리권한을 행사함에 있어서 발생한 불법행위에 대해서는 민법 제35조 제1항이 적용될 수 있다. 그러한 경우에 사용자책임에 의하게 되면 사용자(즉 법인)의 면책가능성이 있지만, 본조에는 법인에게 면책가능성이 인정되지 않아 피해자보호에 보다 충실하게 된다.[20)]

회재단법인의 대표기관을 구성하는 목사 또는 전도사 등이 종교활동을 빙자하여 행한 불법행위는 법인의 행위로 볼 수 있다고 하였다."라고 한다. 이러한 견해를, 김선일, "민법 제35조 제1항에서 정한 '법인의 대표자'에 당해 법인을 실질적으로 운영하면서 법인을 사실상 대표하여 법인의 사무를 집행하는 사람도 포함되는지 여부", 대법원판례해설 제87호(2011 상반기), 법원도서관(2011), 29-30면은 사실상 대표자의 행위에도 민법 제35조 제1항이 적용되는 것으로 보는 '긍정설'로 소개하고 있으나, 위 견해는 어디까지나 실제로 법인이나 단체의 대표권이 있는 자에 관한 것으로 보이므로 사실상 대표자의 행위에 관한 입장을 단정하기는 어렵다고 생각된다.

18) 김기선, 한국민법총칙, 법문사(1991), 151면; 곽윤직/김재형, 민법총칙, 박영사(2013), 187면; 서광민, 민법총칙, 신론사(2007), 201면, 백태승, 민법총칙, 집현재(2016), 233면; 민법주해 I(각주 4), 597면(홍일표 집필부분); 장경학, 민법총칙, 법문사(1995), 325면.

19) 이영준, 민법총칙, 박영사(2007), 948면.

20) 주석 민법[총칙1](각주 17), 699면(송호영 집필부분).

다. 대표권이 없는 이사, 사원총회, 감사가 포함되는지 여부

(1) 부 정 설(다수설)

이들은 법인의 기관이지만 외부에 대하여 법인을 대표하는 기관이 아니기 때문에 그들의 행위로 법인의 불법행위가 성립하지 않는다.[21)]

(2) 긍 정 설

이사의 경우 비록 대외적인 대표권은 없고 대내적인 업무집행권한 밖에 없다고 하더라도 이사의 불법행위가 외형상 법인을 대표하는 행위로써 표출되었다면 민법 제35조 제1항이 적용될 수 있다. 또한 민법 제35조 제1항은 법인의 기관인이 한 행위로부터 손해를 입은 자가 법인에게 손해를 청구할 수 있도록 함으로써 피해자를 보호하려는 취지에서 둔 규정이므로, 위 조항의 책임성립을 반드시 대표기관의 행위로 국한할 필요는 없다. 이를테면 사원총회의 결의의 형식으로 특정인의 명예를 훼손하는 성명을 외부에 공표하였거나, 감사의 부적법한 감독권의 행사로 이사의 권리가 침해된 경우에는 피해자는 법인에게 책임을 물을 수 있다.[22)]

2. 사실상 대표자의 행위에 관한 외국 이론[23)]

가. 영미에서의 논의 : 사실상 지배이론(de facto control theory)

(1) 사실상 이사(de facto director)

사실상 이사란 ① 실제로 회사의 대표 업무를 수행한 자, ② 회사의 안보사항을 총괄하고 있는 자, ③ 회사 중요직의 인사권을 행사하는 자,

---

21) 김기선(각주 18), 151면; 곽윤직/김재형(각주 18), 187면; 장경학(각주 18), 325면; 이영준(각주 19), 948면. 앞서 본 대법원 2005. 12. 23. 선고 2003다30159 판결 역시 "민법 제35조에서 말하는 '이사 기타 대표자'는 법인의 대표기관을 의미하는 것이고 대표권이 없는 이사는 법인의 기관이기는 하지만 대표기관은 아니기 때문에 그들의 행위로 인하여 법인의 불법행위가 성립하지 않는다."고 판시하였다.

22) 주석 민법[총칙 1](각주 17), 699-700면(송호영 집필부분); 김용한(각주 17), 178면; 이은영, 민법총칙, 박영사(2009), 285면.

23) 이하 외국의 이론은 김선일(각주 17), 14-24면; 김영호, "주택조합의 사실상 대표의 법적 지위와 주택조합의 책임", 판례실무연구 XI(2014), 285-290면, 안성포, "사실상 대표자의 행위에 대한 비법인사단의 책임", 법학논총 제29권 제4호, 한양대학교 법학연구소(2012), 378-383면을 참조하여 정리하였다.

④ 회사의 영업업무를 총괄하고 있는 자를 말한다. 사실상 이사의 법률행위는 회사의 유효한 법률행위로 간주한다.

(2) 숨은 이사(shadow director) 제도

숨은 이사란 회사의 업무 결정에 실질적인 영향력을 행사할 수 있는 자를 말하고, 회사의 중요한 결정에 전략적 특성을 갖고 있으면 충분하며, 회사의 모든 업무 결정에 있어 실질적인 영향력을 가져야 하는 것은 아니다. 숨은 이사가 ① 이사회에 서면으로 지시하고, ② 이사회가 이를 이행하지 않은 경우에는 회사 또는(그리고) 숨은 이사에게 벌금을 지급하여야 하는 경우에, 숨은 이사의 책임이 발생한다. 숨은 이사는 ① 회사와의 자산거래에 업무지시를 하지 않는 한 이에 대한 책임을 지지 않으나, ② 회사와의 거래시 반드시 이를 이사회에 보고하여야 하고, 회사와의 자산거래시 일정 규모 이상인 경우에 주주총회의 승인을 받아야 하며, ③ 회사의 주식과 채권에 투자한 경우 이에 대하여 개시하여야 한다.

나. 독일에서의 논의[24)]

(1) 행위자책임(Handelndenhaftung)

(가) 독일 민법의 규정 및 기능

독일 민법 제54조 제2문은, 비법인사단의 이름으로 제3자와 법률행위를 한 행위자(der Handelnde)는 제3자에 대하여 인적 무한 책임을 부담하고, 공동으로 법률행위를 한 때에는 공동행위자 전부가 연대하여 책임을 부담한다고 규정하고 있다. 비법인사단은 등기에 의한 공시가 이루어지지 않았기 때문에, 거래 상대방은 행위자가 대표권자인지 아닌지를 확인할 수 없어 불측의 피해를 입을 염려가 크므로, 행위자책임은 공시제도의 불비로 불투명한 대표권자의 행위를 보상하는 기능(Ausgleichfunktion)을 가지고 있다.

---

24) 김선일(각주 17), 16면; 김영호(각주 23), 298-299면은 독일의 사실상 공동책임(faktischer Konzern) 이론도 다루고 있으나, 위 이론은 사실상 대표자의 행위에 관한 법인의 책임과는 논의의 차원을 달리 하는 것으로 보여 이를 생략하였다.

(나) 적용요건

행위자(Handelnder)는 비법인사단의 이름으로 법률행위를 행하여야 한다. 행위자가 대표권자임을 요건으로 하지 않고, 비법인사단의 구성원이어야 할 필요도 없으며, 비법인사단의 구성원이 거래의 상대방인 제3자가 될 수도 있다. 행위자책임과 무권대리인의 책임(독일 민법 제179조)이 충돌하는 경우에 행위자책임이 우선 적용된다.

(다) 행위자책임의 내용

행위자가 제3자에 대하여 지는 인적 무한 책임은 부종책임(akzessorische Haftung)이므로, 비법인사단의 채무가 일차적으로 발생하고 이에 대하여 행위자는 개인재산을 가지고 비법인사단의 채무에 대하여 합명회사의 무한책임사원과 같이 보충적으로 연대하여 책임을 부담하게 된다(독일 상법 제128조).

이때 법적 거래에 직접적으로 참여한 자만이 책임을 지고 단지 간접적으로 참가한 자는 책임을 지지 않는다. 따라서 제3자가 이사회로부터 사단의 이름으로 법률행위를 하도록 권한을 부여받았다면, 제3자가 행위자로서 책임을 부담하고 이사회에게는 책임이 발생하지 않는다. 그러나 제3자가 이사회의 대리인임을 명백히 밝힌 경우라면 이사회가 책임을 져야 할 것이다. 이사가 다수이거나 공동대표인 경우 외부적으로 사단을 위하여 계약에 참여한 자에게만 책임이 발생하는 것이고, 내부적으로 동의하거나 권한을 수여한 자에게는 책임이 발생하지 않는다.

(2) 사실상 이사(faktischer Geschaftsfuhrer)의 책임

(가) 사실상 이사의 개념 및 인정 근거

'사실상 이사'란 이사로서의 적법한 지위에 있지 않으면서 이사의 권한을 행사하는 자를 말하며, 이사로서 적법하게 선임되고 등기된 법률상의 이사와 구별되는 개념이다. 독일 회사법상 하자 있는 이사(fehlerhafter Geschaftsfuhrer)로 불리기도 한다.

사실상 이사라는 개념은 학설·판례를 통하여 발전되어 온 묵인대리(Duldungsvollmacht)와 외관대리(Anscheinungsvollmacht) 원칙의 유추적용을 통해 거래의 신뢰보호와 법적 안정성을 도모하고 구체적으로 제3자와 회사의 이익을 보호하기 위해 일정한 요건을 갖춘 자에 대해 정식으로 선임된 이사와 마찬가지로 취급해야 할 필요성에서 출발하였다. 사실상 이사를 인정하기 위한 근거로서 사원의 동의에 따라 회사업무집행 행위를 하는 경우 묵시적 계약체결, 사무관리, 신의성실 등이 제시되기도 하였으나, 회사와 사실상 이사 사이에 하자있는 계속적 법률관계에 대하여 제한적으로나마 그 효력을 인정하는 것이라는 견해가 일반적이다.

(나) 적용요건

① 이사로서의 사실상 업무집행 : 사실상 이사로 인정되기 위해서는 그 회사의 이사처럼 회사의 업무를 집행하거나, 법률상 이사의 업무집행에 영향을 미치는 행위를 할 것을 요한다. 독일 주식법 제117조 제1항에서도 "주주, 업무집행기관의 구성원, 회사 외의 제3자가 고의적으로 회사에 대한 영향력을 이용하여 이사, 감사, 지배인, 기타 대리인에 대하여 회사나 주주들의 손해가 되는 행위를 할 것을 지시한 때에는 회사에 대하여 그로 인하여 발생한 손해의 배상의무를 진다."고 규정하고 있다. 이 경우에 손해배상청구권은 사실상의 이사에 대한 회사의 청구권이다. 이 규정을 통하여 이사가 아니면서도 회사의 업무집행자에게 영향력을 미치는 행위를 하는 것도 업무집행으로 보고 있다.

② 사실상 업무지시에 대한 회사의 귀책사유 : 회사의 귀책사유로서 적어도 형식상 회사의 사실상 이사 선임행위가 존재하여야 한다고 주장하는 견해도 있으나, 다수의 견해는 사실상 이사의 선임행위를 반드시 요하는 것으로 보지는 않으며, 누군가가 이사권한을 행사하고 있음을 이사 선임기관이 인지하고 있는 것만으로 족한 것으로 보고 있다.

(다) 사실상 이사의 행위의 효과와 책임

사실상 이사의 법리에 의하면 기존의 사실관계를 존중하기 위해 사실상 이사에게는 법률상의 이사와 마찬가지의 권리와 의무가 과해지며, 사실상 이사의 행위는 대내적·대외적으로 유효하게 된다. 사실상의 이사가 법률상의 이사로 의제되는 것이므로, 업무수행에 있어 그의 책임 있는 사유로 회사 또는 제3자에게 손해가 발생한 경우 민법상 책임은 물론 상법상, 법률상 이사의 지위에 기하여 인정되는 것과 동등한 책임을 지게 된다.

사실상 이사의 법리는 어디까지나 당해 사실상의 이사의 행위를 법률상의 이사의 행위와 동일시하여 얻어지는 이익을 고려한 정책론의 범주에 속하는 것으로 보아야 한다. 따라서 사실상 이사가 바로 법률상의 이사는 아니기 때문에 사실상 이사의 업무집행을 기관(Organ)의 업무집행으로 볼 수는 없다. 즉 회사가 사실상의 이사를 통해 행동한다 하여도 그 법률효과가 직접 회사에 대해 발생하는 것은 아니다.

다. 프랑스에서의 사실상 대표자(dirigeant de fait)의 법리

(1) 사실상 대표자의 개념 및 인정 근거

사실상 대표자란 법적으로는 대표권이 없으나 실질적으로는 법인의 '법적 대표자(dirigeant de droit)'와 마찬가지의 권한을 독립적이고 자유로이 행사하는 자를 말한다. 그러한 권한의 행사는 지속적이고 규칙적이어야 하며, 법인의 지휘와 관리에 관한 적극적 행위를 하는 자를 말한다.

프랑스 법원은 사실상 대표자의 개념을 특히, 단체법에 따른 법인의 책임을 묻기가 어려운 경우, 일반법리에 근거하여 법인의 관리 및 운영에 관여한 자의 과책에 대한 제재를 위하여 적용하고 있다.

(2) 적용요건

사실상 대표자는 자격은 없으나 실질적으로 법적 대표자와 마찬가지의 권한을 행사하는 자이면 족하다. 사원총회 또는 법적 대표자로부터 권한을 수권받은 경우에도 사실상 대표자로 될 수 있으나, 권한을 수권받았다는 사실만으로 곧바로 사실상 대표자로 간주되는 것은 아니며 권한의 집중 여부가 사실상 대표자의 인정 여부를 결정짓는 기준이 된다. 비록 사원총회 등으로부터 회사를 위하여 행위할 수 있는 일체의 권한을 수권받았다 하더라도, 그러한 사정만으로는 법적 대표자로부터 더 이상 지휘를 받지 않는다는 것이 입증되지 않는 한 사실상 대표자로 취급될 수 없다.

사실상 대표자는 ① 대표로 선임되었으나 선임행위 자체가 무효인 경우의 대표자, ② 임기가 만료된 대표자 또는 행위무능력 등의 사유로 인하여 대표권이 소멸되었다고 할 수 있으나 여전히 직무를 수행하는 자, ③ 권한 없이 법인의 관리행위 등에 개입한 자 등을 모두 포함한다. 회사의 내부기관이 아닌 외부의 자도 사실상 대표자가 될 수 있고, 채권자도 회사의 경영에 영향을 미치는 경우(대표적으로 은행이 과도한 여신이나 갑작스런 거래중지를 하는 경우 등)에도 사실상 대표자로 될 수 있다고 한다.

프랑스 법원은 사실상 대표자로 인정되기 위한 핵심적인 요소는 '적극적인 지위 및 관리행위(activites positives de direction et de gestion)'라고 하면서, ① 고객과의 관계에서 회사를 관리하는 임무를 수행하거나 회사의 활동 및 운영방향을 결정하는 자, ② 사원총회에 참여하여 회사의 전략을 결정하고 특정의 회사문서에 서명한 자 등은 사실상의 대표자로 보아야 한다고 한다. 그리고 사실상 대표자라는 점에 대해서는 법적 대표자 아닌 자가 사실상 대표자일 수 있다는 것을 주장하는 자가 입증하여야 하고, 이와 관련한 증거는 이해관계인의 증언만으로는 부족하다고 판시하였다.

(3) 사실상 대표자의 효과와 책임

사실상 대표자는 적어도 세법상 또는 형법상으로는 법적 대표자와 동일시 되나,[25] 그렇다고 하여 사실상 대표자가 법인을 대표할 수 있다는 것을 의미하는 것은 아니다. 또한 사실상 대표자의 행위에 대하여 바로 민법상 법인이 책임을 지게 되는 것은 아니고, 다만 사실상 대표자임이 공시된 경우에는 표현책임을 진다.

라. 외국 이론의 도입에 관한 국내의 논의

(1) 사실상 지배이론의 직접 적용을 긍정하는 견해[26]

사실상 지배이론이란 결국 실질적인 지배력을 표면화시켜 실질적 지

---

25) 프랑스 상법은 ① 제L.241-9조, 제L.246-2조, 제L.245-16조에서 사실상 대표자의 형사적 책임을, ② 제L.651-2조, 제L.653-1조에서 회사 정리절차에서 사실상 대표자의 책임을 각 대표자와 동일한 것으로 규정하고 있다.

26) 김영호(각주 23), 300-299, 305면.

배력의 행사자를 인정하여 그 행위에 대한 책임을 인정하는 것이므로, 그 적용에 있어 회사법인이 아닌 법인에도 이를 배제할 이유가 없다. 따라서 사실상 대표자의 업무수행은 법인의 행위로서 유효하며, 그 행위는 법인에 귀속된다. 나아가 손해배상에 있어서는 상법 제401조의2의 유추적용도 가능하다.

(2) 불법행위에 관하여 한정적으로 접목할 수 있다는 견해[27)]

영미의 사실상 이사제도 등을 그대로 받아들일 경우 법인에 계약상 책임을 지울 수 있을 것으로 보이지만, 위 이론들을 입법작용 없이 해석상 바로 도입하여 우리 민법 체계에 적용하기는 어렵다. 즉, 사실상 대표자의 행위를 바로 법인의 기관의 행위로 인정하여 법인의 행위로 보는 것은 단체법의 법리와 각종 공시제도, 탈법의 우려 등에 비추어 볼 때 받아들이기 어렵고, 법인 대표자의 타인에 대한 포괄위임행위를 금지하는 민법 제62조의 규정 및 이에 관한 판례[28)]의 취지에 배치된다. 그러나 불법행위 이론에 있어서는 사실상 대표자 이론을 접목시키는 것은 충분히 가능하다.

사실상 대표자의 경우에도 법인이 실질적으로 타인을 이용하여 그 사업목적을 달성하게 되는 경우라고 볼 것인데, 이러한 경우 법인이 사실상 대표자의 유리한 행위만을 원용하고 불리한 행위에 대하여는 아무런 책임을 지지 않게 되면 법인이 위험을 지지 않고 이익만을 향유하게 되는 불합리함이 발생하게 된다. 나아가 '이사 기타 대표자'의 개념 속에 '실질적 대표자'도 포함된다고 해석하는 것이 문언적 의미를 벗어난 해석이라고 단정하기도 어렵다.

---

27) 김선일(각주 17), 23-24면, 32-33면.

28) "비법인사단에 대하여는 사단법인에 관한 민법 규정 가운데서 법인격을 전제로 하는 것을 제외하고는 이를 유추적용하여야 할 것인바, 민법 제62조의 규정에 비추어 보면, 비법인사단의 대표자는 정관 또는 총회의 결의로 금지하지 아니한 사항에 한하여 타인으로 하여금 특정한 행위를 대리하게 할 수 있을 뿐, 비법인사단의 제반 업무처리를 포괄적으로 위임할 수는 없다.", 대법원 1996. 9. 6. 선고 94다18522 판결.

Ⅳ. 2004년 민법개정안 마련 당시 민법 제35조 관련 논의[29)]

1. 개정 의견

2004년 민법개정안 마련 당시, 상법 제401조의2가 "회사에 대한 자신의 영향력을 이용하여 이사에게 업무집행을 지시한 자, 이사의 이름으로 직접 업무를 집행한 자 및 이사가 아니면서 명예회장 등 회사의 업무를 집행할 권한이 있는 것으로 인정될 만한 명칭을 사용하여 회사의 업무를 집행한 자는 상법 제399조, 제401조 및 제403조의 적용에 있어서는 이사로 본다."라고 규정하고 있으므로, 이에 따라 민법상 법인에 있어서도 이사가 아니면서 업무지시를 할 영향력이 있는 자, 혹은 이사의 이름으로 업무지시를 하는 자에게 이사와 같은 책임을 인정하자는 의견이 제시되었다. 이에 대하여 현행 민법 규정을 준용 내지 유추적용함으로써 해결할 수 있다는 의견도 있었으나, 제1소위원회에서는 명문 규정을 두기로 결정하였다.[30)]

2. 개정 가안

가. 제1차 가안

제35조(법인의 불법행위책임)
③ (신설) 이사의 업무를 사실상 지시하는 자, 또는 이사의 이름을 사용하거나 대표권한이 있는 것으로 인정될 만한 명칭을 사용하여 업무를 집행하는 자가 직무에 관하여 타인에게 손해를 가하는 경우에도 제1항을 준용한다.

나. 제2차 가안

제35조(법인의 불법행위책임)
③ (신설) 이사에게 그의 업무를 사실상 지시하는 자 또는 이사 그 밖의 대표권한이 있는 것으로 인정될 만한 명칭을 사용하여 업무를 집행하는 자에 대하여도 제1항을 준용한다.

29) 법무부, 법무자료; 제260집 민법(재산편) 개정 자료집, 법무부(2004), 49-55면을 참조하여 정리하였다.

30) 당시 이사의 이름이나 명칭을 사용한 경우에 표현대표가 성립한다는 조문을 둘 필요성이 있다는 의견도 제시되었으나, 이에 관한 규정은 두지 않기로 결정하였다.

3. 법원행정처의 의견[31]

가. 개 설

개정안 제35조 제3항은 대체로 상법 제401조의2의 규정취지에 따라 '이사에게 그의 업무를 사실상 지시하는 자' 또는 '이사 그 밖의 대표권한이 있는 것으로 인정될 만한 명칭을 사용하여 업무를 집행하는 자'(이하 '사실상 이사')의 책임을 강화하는 데에 그 목적을 두고 있는 것으로 보인다. 그러나 개정안은 비영리법인의 보호라는 법정책, 민법 제35조 제1항의 일반적인 목적 및 체계, 상법의 제반규정들과의 관련성, 외국 입법례 등에 비추어 그대로 입법된다면 이론 및 실무상 큰 혼란을 야기할 우려가 있으므로, 개정안에 반대한다.

나. 법정책상의 문제

민법상의 법인은 대부분 비영리법인으로서 어느 정도 공익성을 가지고 있는 법인이 상당수이다. 그렇다면 법인에 대하여 아무런 법적 권한도 가지고 있지 않은 사실상 이사의 전횡으로부터 법인재산을 보호하는 것이 더 중요한 일이지(민주적인 의사결정 구조의 확립 등), 그러한 사실상 이사의 행위에 대하여도, 더욱이 법인의 이사나 종업원 등의 과실이 없음에도 불구하고 법인의 재산으로 하여금 책임을 지도록 하는 것은 법정책상 적절한 것이라고 보기 어렵다.

개정안 제35조 제3항이 그대로 입법화된다면, 뒤에서 보는 바와 같이, 상법상의 회사보다도 영리성이 훨씬 약한 민법상의 법인에 대하여는 사실상 이사의 행위에 대하여도 법인 자체의 책임을 지우면서 상법상의 회사에 대하여는 그러한 책임을 지우지 않는다는 가치모순이 발생할 우려가 있다.

다. 민법 제35조 제1항의 목적 및 체계 관련 문제

민법 제35조 제1항은 '이사 그 밖의 대표자'의 불법행위가 성립하는

---

31) 2003. 8. 18. 제48차 전체회의에 관계기관의견으로 제출되었다.

것을 전제로 법인의 불법행위책임을 인정하고자 하는 데 그 목적이 있는 것이지, '이사 그 밖의 대표자' 개인에게 책임을 지우려고 하는 규정이 아니다. 즉, 이 규정은 학설상으로는 크게 법인의제설과 법인실재설로 대비되는 법인의 본질에 관한 다툼에서 나온 것으로서 어느 설에 의하든 법인의 대표자의 불법행위는 법인의 직무에 관한 것인 한, 법인도 이에 대하여 책임을 진다는 것을 규정하고 있는 것이다.

개정안 제35조 제3항은 민법 제35조 제1항이 상법 제401조와 유사한 조문이라는 전제하에 입안된 것으로 보이는데, 상법 제401조는 회사의 불법행위 책임이 인정되는 경우 이사 개인도 제3자에 대하여 책임을 진다는 내용이고, 민법 제35조 제1항은 법인의 대표자가 불법행위를 한 경우 그 불법행위는 곧 법인의 불법행위이므로 법인이 손해배상책임을 진다는 것으로서 그 목적이나 취지가 전혀 다르다. 따라서 잘못된 전제하에 개정안 제35조 제3항을 입안한 것으로 보인다.

라. 상법의 규정들 관련 문제

개정안 제35조 제3항이 상법 제401조의2를 본뜬 것임은 명백하나, 상법 제401조의2는 정식으로 이사로 선임되지 아니한 채, 이사 또는 이사회의 배후에서 자신의 영향력을 이용하여 이사에게 업무집행을 지시하거나 경영권을 사실상 행사하는 지배주주 등에 대하여 이사와 동일한 책임을 지우기 위한 규정으로서 위 상법조문이 지시하는 상법 제399조, 제401조, 제403조는 모두 이사 개인의 책임을 인정하고 있는 조문들이다. 이에 반하여 민법 제35조 제1항은 이사의 행위에 대하여 법인의 책임을 인정하는 조문으로서 개정안 제35조 제3항은 사실상 이사 개인의 행위에 대하여 법인의 책임을 인정하는 결과가 되므로 상법 규정들과는 그 취지를 완전히 달리하게 된다.

상법은 합명회사에 관한 제210조에서 "회사를 대표하는 사원이 그 업무집행으로 인하여 타인에게 손해를 가한 때에는 회사는 그 사원과 연대하여 배상할 책임이 있다"고 규정함으로써 민법 제35조 제1항과 같은 취지의 규정을 두고 있고, 주식회사에 대하여는 상법 제389조 제3항에서 위 규정을 준용하고 있다. 그러나 여기에 대하여는 개정안 제35조 제3항과 같은 사실상 이사 규정을 두고 있지 않다.

마. 입 법 례

개정안과 같은 내용의 민법 규정을 가지고 있는 나라는 없는 것으로 보인다.

4. 개정제외 결정

제58차 전체회의에서는 법원행정처의 위와 같은 의견에 대하여, ① 법원행정처의 지적이 타당하고, 개정안에 따르면 사실상의 이사에게도 개인책임을 지울 수 있는 효과가 발생하나 이는 해석으로도 가능하다는 견해, ② 개인책임과 법인책임의 문제를 고려하지 못한 오류가 있다는 견해, ③ 영리법인과 비영리법인의 차이를 고려해야 한다는 견해 등이 제시되었다. 토의 결과 전체회의에서는 개정안을 삭제하고 현행 조문을 그대로 유지하기로 결정하였다.

Ⅴ. 사실상 대표자의 행위에 관한 대법원 판례의 비판적 검토

1. 판례의 개괄적인 분석

판례는 민법 제35조 제1항의 '이사 기타 대표자'에는 그 명칭이나 직위 또는 대표자로 등기되었는지를 불문하고 법인을 실질적으로 운영하면서 법인을 사실상 대표하여 법인의 사무를 집행하는 사람을 포함된다고 전제한 다음, 사실상 대표자의 행위에 민법 제35조 제1항을 '유추적용'이 아닌 '적용'하는 입장이다. 이에 관하여 별다른 설명이 없어 그 근거를 정확히 알 수는 없으나, 사실상 대표자의 불법행위로 인하여 손해를 입은 상대방을 보호하기 위하여 '이사 기타 대표자'라는 문언을 목적론적으로 확장해석함으로써 법인의 불법행위책임을 인정하는 것으로 평가할 수 있다.

기존의 학설과 판례는 민법 제35조 제1항의 '직무에 관하여'의 의미를 이른바 외형이론에 따라 판단하는 등 적법한 대표자의 행위로 인한 법인의 불법행위책임을 폭넓게 인정해오고 있었는데, 위와 같은 목적론적 확장해석에 따라 그 인정범위는 더욱 넓어지게 되었다. 실제로, 포괄적 위임을 금지하는 민법 제62조에 따라 사실상 대표자의 대표권 또는 대리권이 부정되어 법인에 계약책임을 물을 수 없는 사안(Ⅱ-1 판결 및 이후의 Ⅱ-4 판결)에서 출발한 위와 같은 해석론은, 사실상 대표자가 무효인 등기의 외관을 만들고 이를 방치한 사실행위로 인하여 손해가 발생한 사안(Ⅱ-2 판결), 사실상 대표자가 단순히 대표권 없이 계약을 체결함에 따라 법인에 계약책임을 물을 수 없는 사안(Ⅱ-3 판결), 사실상 대표자가 종중 총회의 결의 없이 종중 재산을 처분한 사안(대상판결)에 이르기까지, 사실상 대표자가 법인을 대표 또는 대리할 권한이 없게 된 이유가 무엇인지, 사실상 대표자의 행위가 법률행위인지 사실행위인지, 법률행위인 경우에 그 효력이 법인에게 미치지 않게 되는 이유가 무엇인지를 가리지 않고 광범위하게 적용되고 있다.

한편 판례는 사실상 대표자에 해당하는지 여부는 ① 법인과의 관계에서 그 지위와 역할, ② 법인의 사무 집행 절차와 방법, ③ 대내적 · 대외적 명칭을 비롯하여 법인 내부자와 거래 상대방에게 법인의 대표행위로 인식되는지, ④ 공부상 대표자와의 관계 및 공부상 대표자가 법인의 사무를 집행하는지 등 여러 사정을 종합적으로 고려하여 판단하여야 한다고 한다. 판례가 그 판단기준으로서 예시적으로 나열한 사정들 중 '대외적 명칭 및 거래 상대방에게 법인의 대표행위로 인식되는지 여부'를 제외한 나머지는 거래 상대방의 인식 내용과는 무관한 것들로, 결국 판례는 불법행위자가 법인에 대하여 사실상 지배력을 가지는지 여부를 가장 중요한 판단기준으로 삼고 있는 것으로 평가할 수 있다.

2. 목적론적 확장해석의 한계

법인의 대표기관에는 이사(민법 제59조 제1항), 임시이사(민법 제63조), 특별대리인(민법 제64조), 청산인(민법 제82조, 제83조) 등이 있다. 이사가 선임한 대리인, 특정한 행위에 관한 임의대리인(민법 제62조), 이사로부터 일정한 대리권이 수여된 지배인(상법 제10조) 등은 대표기관에 포함되지 않는다. 따라서 민법 제35조 제1항의 '이사 기타 대표자'는 위와 같은 대표기관을 의미하는 것으로 해석하는 것이 그 문언에 가장 충실한 해석이라고 할 것이고, 이를 확장해석하여 ① 법인의 기관은 아니지만 일정한 대리권을 가지고 있는 사람(이사가 선임한 대리인, 특정한 행위에 관한 임의대리인, 지배인)이나, ② 대표권은 없는 기관(대표권 없는 이사, 사원총회, 감사)의 행위에 관하여도 민법 제35조 제1항을 적용하여 법인의 불법행위책임을 인정함으로써 피해자를 보호할 수 있는지 여부에 관하여 앞서 본 종래 학설의 논의가 있었던 것이다.

그러나 주지하다시피 다수의 학설은 '이사 기타 대표자'에 대표기관 아닌 사람이나 기관을 포함하는 것은 문리적 해석의 범위를 넘어서는 것으로 보아 위와 같은 확장해석에 반대하여 왔고, 판례 역시 같은 취지에서 '대표권이 없는 이사'는 대표기관이 아니라 그들의 행위로 인하여 법인의 불법행위가 성립하지 않는다[32]고 판단하였던 것으로 보인다.

한편 독일 민법 제31조는 "사단은, 이사회, 이사회 구성원 또는 기타 기본규약에 좇아 선임된 대리인이 그 직무의 집행에 관하여 행한 손해배상의무를 발생시키는 행위로 인하여 제3자에게 가한 손해에 대하여 책임을 진다."라고 정하여, 대표기관인 이사회(독일 민법 제26조 제1항) 이외의 대리인의 행위에 관하여도 법인의 불법행위책임의 성립을 인정하고 있다. 이를 모델로 삼은 구민법 제44조 제1항도 '이사 기타 대리인'이라고 규정하고 있었는데, 당시 일본 통설은 위 '이사 기타 대리인'은 대표기관을 의미하는 것으로 해석하고 있었고, 이러한 해석을 받아들여 민법 제35조 제1항은 구민법 제44조 제1항의 '이사 기타 대리인'을 '이사 기타 대표자'로 수정하여 제정된 것이다.[33]·[34] 이로써 추론할 수 있는 입법자의 의사에 비추

32) 앞서 본 대법원 2005. 12. 23. 선고 2003다30159 판결.

33) 민법주해 I(각주 4), 492-493면(이주흥 집필부분) 참조.

34) 한편 2006년 일본에서는, 일본 민법 제1편 제3장 법인에 관한 규정 중 제33조 내지 제37조를 제외한 나머지 조항(법인의 불법행위책임에 관한 제44조 포함)을 모두 삭제하고, 대신 비영리법인과 유사한 개념인 '일반법인'을 규율하는 「일반사단법인 및 일반재단법인에 관한 법률」(이하 '일반법인법')을 제정하였다. 일반법인법은 삭제되기 전의 일본 민법 제44조 제1항의 해석에 관한 통설의 입장에 따라,

어 보면, 문리적 해석에 충실한 다수설과 판례의 입장이 타당한 것으로 보인다.

그런데 사실상 대표자는 '대표자'라는 단어를 품고 있을 뿐이지 실제로는 법인을 대리할 권한도 없고 법인의 기관도 아니라는 점에서, 특정한 행위에 관한 임의대리인 또는 대표권은 없는 기관보다 '이사 기타 대표자'와는 훨씬 거리가 멀다. 관점을 바꾸어 표현하자면, 사실상 대표자는 불법행위책임을 부인하는 법인의 입장에서는 '대표자를 참칭하는 자'에 불과한데, '이사 기타 대표자'를 아무리 확장해석하더라도 '대표자를 참칭하는 자'가 여기에 포함된다고 보기에는 무리가 있다(사실상 대표자에 관한 판례의 해석론이 등장하기 이전에는 이에 관한 학설상 논의가 없었던 것도 확장해석의 한계에 관하여 시사하는 바가 있다고 생각된다).

심지어 판례는 A가 사회통념상 대표권이나 대리권을 추단할 수 있는 직함이 아닌 '상임고문'이라는 직함으로 활동하면서 이행각서를 작성·교부하였고, 실제 규약 상에도 상임고문의 구체적 권한 등에 관하여는 정한 바가 없는 사안에서도 A를 사실상 대표자로 보고 법인의 불법행위책임을 인정하였는바(Ⅱ-3 판결), 이러한 해석은 '이사 기타 대표자'라는 문언을 더욱 크게 벗어난 것이고, 대표권 없는 이사의 행위에 대해서도 법인의 불법행위책임을 인정하지 않았던 판례와도 모순되는 것으로 보인다.

3. 관련 규정 해석론과의 비교

가. 상법상 회사의 불법행위책임 규정

합명회사의 불법행위책임을 규정하는 상법 제210조는 "회사를 대표하는 사원이 그 업무집행으로 인하여 타인에게 손해를 가한 때에는 그 사원과 연대하여 배상할 책임이 있다."라고 정하고 있고, 위 규정은 주식

제78조에서 "대표이사 기타 대표자가 그 직무를 행함에 있어서 제3자에게 가한 손해에 대하여, 일반사단법인은 배상책임을 진다."라고 정하고, 제197조에서 이를 일반재단법인에 준용하고 있다.

회사 등 다른 형태의 회사에 준용된다. 위 상법 제210조의 '대표사원', 특히 주식회사의 경우에는 '대표이사'(이하에서는 주식회사와 대표이사를 중심으로 본다)가 민법 제35조 제1항의 '이사 기타 대표자'에 대응하는 구성요건이라고 할 것인데, 이를 확장해석하여 대표이사가 선임한 대리인에 대하여도 위 조항이 적용되는지에 관한 학설상 논의는 있으나, '사실상 대표이사'의 행위에 관하여 회사의 불법행위책임을 인정하여야 한다는 학설상 논의는 찾아보기 어렵다.[35)]

한편 대법원 2010. 4. 15. 선고 2009다95943 판결은, 피고 B(주식회사)의 사실상 1인 주주이자 법인등기부상 이사로서 실질적 대표자인 피고 A가 피고 B의 임직원들을 직접 지휘하여 그 계열사인 피고 C(주식회사)를 통하여 이른바 토지분양사기를 벌여 피해자들로부터 매매대금을 편취한 사안에서, "피고 A의 행위는 피고 B의 실질적인 대표자로서 그 직무에 관하여 행하여진 것으로 봄이 상당하므로 피고 B는 피고 A의 그 판시 불법행위로 인하여 해당 원고들이 입은 위 각 손해를 배상할 책임이 있다."고 본 원심의 판단이 정당하다고 판시하였다. 그런데 위 사안에서는 피고 B의 임직원들이 피고 A와 공모하여 불법행위에 직접 개입하였기 때문에 이를 근거로 피고 B에게 사용자책임을 물음으로써도 피고 B의 책임이 인정되는 결과에 이를 것으로 보여(피고 A는 피고 B의 임직원들과 달리 위 불법행위에 관하여 관련 형사사건에서 유죄판결을 받았는데, 이러한 사정이 원고들의 주장·입증 방향에 영향을 미친 것으로 보인다), 위 판례만을 근거로 판례가 일반적으로 사실상 대표자의 행위로 인한 회사의 불법행위책임을 인정하고 있다고 단정하기는 어려워 보이고,[36)] 이를 정면으로 다룬 판례는 보이지 않는다.

---

35) 예컨대 편집대표 정동윤, 주석 상법[회사(Ⅰ)], 한국사법행정학회(2014), 247-248면 (정동윤 집필부분).

36) 위 판례의 원심판결(서울고등법원 2009. 10. 15. 선고 2008나86869 판결)이 외형이론에 관한 법리(대법원 2004. 2. 27. 선고 2003다15280 판결 등)를 설시한 후 판시 사정들을 종합하여 피고 A의 대표자성과 그 행위의 직무관련성을 한꺼번에 판단한 부분은 의문이다.

일반적으로 상법상 회사가 형성하는 법률관계에서는 거래안전과 거래 상대방의 보호가 더욱 강조되는 경향이 있다고 여겨짐에도 불구하고, 이처럼 사실상 대표이사의 행위로 인한 회사의 불법행위책임이 문제되는 사안이 오히려 민법상 법인의 불법행위책임이 문제되는 사안보다 많지 않아 보이고, 이에 관한 논의도 없는 것은 일견 모순적이라는 인상을 주기도 한다. 여기에는 다양한 이유가 있겠지만, 무엇보다도 상법 제395조가 "사장, 부사장, 전무, 상무 기타 회사를 대표할 권한이 있는 것으로 인정될 만한 명칭을 사용한 이사의 행위에 대하여는 그 이사가 회사를 대표할 권한이 없는 경우에도 회사는 선의의 제3자에 대하여 그 책임을 진다."라고 정하고 있고, 나아가 판례가 매우 다양한 경우에 이를 확대 혹은 유추하여 적용함에 따라, 회사의 계약책임이 인정됨으로써 불법행위책임의 성립 여부가 문제되지 않았기 때문인 것으로 보인다.

즉 판례는, ① '이사가 아닌 자'가 대표이사의 명칭을 사용한 경우(유추적용),[37] ② 특히 무효·부존재 확인 또는 취소의 확정판결을 받은 주주총회 또는 이사회의 결의에 의하여 대표이사가 된 경우(유추적용),[38] ③ 표현대표이사가 자신의 명칭이 아닌 진정한 대표이사의 명칭을 사용하여 행위한 경우(확대적용),[39] ④ 공동대표이사 중 1인이 대표이사라는 명칭을 사용하는 것을 용인 또는 방임한 경우(확대적용)[40] 등에도 상법 제396조를 확대적용 또는 유추적용하여 표현대표이사의 성립 범위를 매우 넓게 인정하고 있다.[41] 상법 제395조의 표현대표이사제도는 애초에 금반언의 법리 내지 외관이론에 기초하여 외관에 대한 신뢰를 보호하기 위한 것이므로, 회사가 대표이사의 외관에 대한 신뢰를 부여하였다고 인정할 만한 사안에 이를 확대적용 또는 유추적용하는 것은 충분히 수긍할

37) 대법원 1985. 6. 11. 선고 84다카963 판결 등.
38) 대법원 1992. 9. 22. 선고 91다5365 판결 등.
39) 대법원 1979. 2. 13. 선고 77다2436 판결 등.
40) 대법원 1993. 12. 28. 선고 93다47653 판결 등.
41) 편집대표 정동윤, 주석 상법[회사(Ⅲ)], 한국사법행정학회(2014), 295-302면(권재열 집필부분)을 참조하여 정리하였다.

수 있는 부분이다. 그러나 이와 달리 금반언의 법리 내지 외관이론에서 출발한 것으로 보기는 어려운 민법 제35조 제1항의 적용에 있어는 이를 확대적용 또는 유추적용하는 것은 신중을 기할 필요가 있다.

나. 사용자책임 규정

민법 제756조 제1항에 따른 사용자책임은 민법 제35조 제1항과 함께 법인과 관련성 있는 자연인의 행위에 관하여 법인의 손해배상책임을 인정하는 두 개의 축을 이루고 있다. 즉, 앞서 본 바와 같이 "법인의 대표자가 직무에 관하여 불법행위를 한 경우에는 민법 제35조 제1항에 의하여, 법인의 피용자가 사무집행에 관하여 불법행위를 한 경우에는 민법 제756조 제1항에 의하여 각 손해배상책임을 부담"하는 것이다.

민법 제756조 제1항 본문은 '타인을 사용하여 어느 사무에 종사하게 한 자'는 '피용자'가 그 사무집행에 관하여 제3자에게 가한 손해를 배상할 책임이 있다고 정하고 있어, 법인에게 사용자책임이 성립하려면 먼저 법인과 불법행위자 사이에 사용 · 피사용의 사용관계가 있어야 한다. 사용관계는 사용자와 피용자 사이에 실질적인 지휘 · 감독관계가 있을 것을 요구하는데, 이는 고용계약에 의하여 성립하는 것이 보통이나, 그와 같은 법적인 관계없이 사실상 사용관계가 있으면 되는 것으로 해석된다. 나아가 판례는 회사가 직원이 아닌 사람의 업무수행을 묵인하였다고 볼 수 있는 경우에도 사용관계를 인정하고 있어,[42] 피용자로 '선임'하는 것이 사용관계의 필수요건인 것은 아닌 것으로 보고 있다.

사용관계에 관한 위와 같은 해석은 '사실상 피용자'의 행위에 관하여 법인의 불법행위책임을 인정하는 것으로도 이해할 수 있을 것이다. 그런데 이러한 해석에 쉽게 수긍할 수 있는 것은 민법 제756조 제1항 본문이 '타인

42) 대법원 2001. 3. 9. 선고 2000다66119 판결(증권회사의 전 지점장이 그 직을 그만두었음에도 이를 숨기고 고객들을 상대로 투자상담사로서의 업무를 계속하였고 증권회사에서도 그의 업무수행을 묵인한 사안), 대법원 2002. 10. 11. 선고 2001다71590 판결(증권회사 직원이 아닌 투자상담사에게 사무실 내에 책상, 컴퓨터 및 전화기를 제공하여 자리를 마련해 주고, 그 직원들이 평소에 팀장 등 직원으로 호칭하며, 고객과의 투자상담 및 주식매매거래 등의 업무를 위탁하도록 묵인한 사안) 등.

을 사용하여 어느 사무에 종사하게' 하는 것이라고 정하여 기본적으로 '사용'이라는 사실행위를 사용관계의 성립의 요건으로 규정하고 있기 때문이다. 이와 달리 법인의 대표자는, 이사의 경우에는 정관에 따른 선임(민법 제40조, 제5호, 사단법인이나 비법인사단의 경우에는 보통 총회의 결의), 임시이사와 특별대리인의 경우에는 이해관계인이나 검사의 청구에 의한 법원의 선임(민법 제63조, 제64조), 청산인의 경우에는 원칙적으로 정관 또는 총회의 의결에 따른 선임(민법 제82조 본문)이라는 법이 정한 선임행위에 의하여만 그 지위를 얻게 되는 것이어서, 이러한 선임행위가 없었음에도 스스로 대표자로서 행동하는 사람을 어떠한 사실행위만을 근거로 법인의 대표자와 같이 보기는 어렵다.

더군다나 민법 제35조 제1항에 따른 법인의 불법행위책임은 사용자책임과 달리 선임·감독에 관하여 과실이 없다 하더라도 법인은 면책되지 아니하는데, 이는 단순한 피용자가 제한적인 재량권 밖에 가지고 있지 아니한 것과 달리 법인의 대표기관은 법인의 조직에 깊이 관여하고 있어 법인의 힘과 신용을 배경으로 행하여진 대표기관의 행위에 대하여는 법인 자신의 책임을 광범위하게 인정할 필요가 있기 때문이다.[43] 즉, 법인은 대표자를 선임함으로써 그에게 광범위한 재량권과 독립성을 부여하여 사업목적을 달성을 추구하는 대신, 그 대표자의 행위에 관하여는 선임·감독상의 과실 유무와는 무관하게 그로 인한 책임을 부담하게 되는 것으로, 사용자책임에 있어서보다 '선임'이 갖는 의미가 훨씬 크다고 하겠다.

4. 법인 보호의 필요성

2004년 당시 개정 가안에 관하여 법원행정처가 지적한 바와 같이, 민법상 법인은 대부분 비영리법인으로서 대부분은 어느 정도 공익성을 가지고 있다고 할 것인데, 정당한 권한 없이 법인의 대표자를 참칭하여 자의적으로 법인을 운영하는 경우에 이러한 참칭 대표자의 전횡으로부터 법인재산을 보호하는 것도 거래안전이나 거래 상대방의 보호 못지않게

---

43) 편집대표 곽윤직, 민법주해 XVIII, 박영사(2005), 500면(이주흥 집필부분) 참조.

중요한 문제이다. 더군다나 민법상 법인은 상법상 회사와 달리 가격기구를 통해 위험을 분산시킬 방법이 없으므로 법인의 활동으로 인한 위험을 모두 법인이 져야 한다면 법인의 존립자체가 위협당할 우려가 있다.[44)]

판례가 사실상 대표자 여부를 판단함에 있어 불법행위자가 법인에 대하여 사실상 지배력을 가지는지 여부를 가장 중요한 기준으로 삼고 있음은 앞서 본 것과 같다. 상법상 법인 중 사단적 실체를 가지는 물적회사의 경우에는 누군가 회사의 지분을 상당부분 소유하거나 간접적으로 자신의 통제 하에 둠으로써 회사에 사실상 지배력을 가지는 것으로 볼 수 있는 경우가 많고, 이러한 사실상 지배력을 가지는 것 자체는 아무런 문제가 되지 아니한다. 그러나 이러한 방식의 물적 지배를 관념할 수 없는 민법상 법인에서는 사실상 지배력이라는 개념은 지나치게 추상적일 뿐더러, 적법한 대표자 아닌 누군가가 법인에 사실상 지배력을 가진다는 것은 곧 법인 내의 민주적 의사결정 과정에 문제가 발생하였다는 것을 의미한다. 사단법인의 경우 사실상 대표자의 전횡으로 인하여 법인이 불법행위책임을 부담하게 되면, 이는 결국 민주적 의사결정 과정에서 부당하게 배제된 사원들의 불이익으로 돌아가게 된다. Ⅱ-2 판결 사안을 보더라도, 종원의 자격을 부당하게 제한하여 무효인 정관이 제정됨에 따라 '독립세대주인 성인 남자'가 아닌 종원들은 종중의 의사결정 과정에서 처음부터 배제되었고, 위와 같이 무효인 정관에 기초하여 선임된 사실상 대표자의 불법행위로 인한 손해를 자신들의 총유재산으로 배상하게 되는 결과가 되는 것이다.

또한 사실상 대표자의 행위로 인한 법인의 불법행위책임은 대부분 사실상 대표자가 법인을 대표 또는 대리하여 행한 법률행위에 관하여 법인에 계약책임을 물을 수 없는 경우에 문제된다. 대상판결 및 Ⅱ-2 판결을 제외한 나머지 판례 사안이 그러하고, 사실상 대표자의 사실행위에 관하여 법인의 불법행위책임을 인정하였던 Ⅱ-2 판결에서도 사실상 대표자의 종중재산 처분행위에 따라 마쳐진 무효의 등기가 분쟁의 시발점이 되었다. 그

44) 한웅길, "법인의 불법행위책임", 동아대 동아법학 제2호, 동아대학교 법학연구소 (1986), 380면.

런데 적법한 대표권이 없는 자가 법인을 대표하여 한 행위에 관하여 법인은 어떠한 법률효과도 받지 아니하는 것이 원칙이다(민법 제59조 제2항에 의하여 준용되는 제114조, 제130조). 또한 민법은 제62조에서 법인 대표자의 포괄적 권한 위임을 금지하고 있고, 제276조에서 비법인사단의 총유물의 관리 및 처분을 원칙적으로 사원총회의 결의에 의하도록 하는 규정을 두고 있으며, 판례는 총유물의 처분행위에 관하여는 민법 제126조의 표현대리에 관한 규정이 준용될 여지가 없다고 보고 있다.[45] 위와 같은 민법 규정에 따라(경우에 따라서는 위 규정들이 중첩적으로 적용되어) 법인의 계약책임이 인정되지 아니함에도 쉽게 불법행위책임을 인정하여 손해배상의무를 지우게 되면, 그 부담이 계약책임 수준에 육박하는 부담을 주는 경우도 있어 위와 같은 규정들의 취지를 현실적으로 잠탈할 위험이 있다. 따라서 법인이 사실상 대표자의 행위를 가능하게 하거나 용이하게 함으로써 손해발생의 가능성을 증가시켰고, 그 결과 그에 대한 비용을 부담하는 것이 정당하다고 인정할 만한 사정이 있는 경우에 한하여 법인의 불법행위책임을 고려하는 것이 타당하다고 할 것이다.[46] 그러나 판례는 법인에 대한 사실상 지배력 여부를 중심으로 사실상 대표자 여부를 판단하고 있어, 이에 따르면 법인의 불법행위책임을 정당화할 만한 위와 같은 사정들이 없는 사안에서도 법인의 불법행위책임을 인정하게 되어, 그 범위가 지나치게 넓어질 우려가 있다.

5. 적법한 대표자의 주의의무위반을 근거로 한 법인의 불법행위책임 인정 가능성

가. 서 설

앞서 본 바와 같이 법인이 사실상 대표자의 행위를 가능하게 하거나 용이하게 함으로써 손해발생의 가능성을 증가시켰고, 그 결과 그에

45) 대법원 2002. 2. 8. 선고 2001다57679 판결 등.

46) 김형석, "사용자책임에서 사무집행관련성의 판단–비교법적 연구로부터의 시사–", 법학 제53권 제2호(통권 제163호), 서울대학교 법학연구소(2012), 397-398면의 논의를 참고하였다.

대한 비용을 부담하는 것이 정당하다고 인정할 만한 사정이 있는 경우에는, 그 상대방의 보호를 위하여 법인의 불법행위책임을 인정하여 이로 인한 손해를 배상하도록 하는 것이 타당한 것으로 보이는 사안들이 있다. 그러나 이때도 적법한 대표자의 주의의무위반을 근거로 하여 법인의 불법행위책임을 검토하되 상대방 보호를 위하여 그러한 주의의무의 내용을 폭넓게 인정하는 것이 민법 제35조 제1항의 문언에 충실한 해결이라고 할 것이다. 반면 그러한 주의의무 위반을 인정하기 어려운 사안에까지 사실상 대표자라는 개념을 끌어들여 법인의 불법행위책임을 인정하는 것은 부당하다고 생각된다.

나. 유형별 검토

(1) 적법한 대표자의 공모가 인정되는 경우

법인의 적법한 대표자가 사실상 대표자와 공모하여 불법행위를 저지른 경우에는, 사실상 대표자의 개념을 끌어들일 필요 없이 적법한 대표자의 행위를 근거로 법인의 불법행위책임을 인정하면 족하다.[47] 판례도 학교법인의 실질적인 대표이사가 형식상 대표이사로 있는 자신의 처인 A와 공모하여 이사회의 결의나 감독관청의 허가 없이 학교법인의 대표인 양하여 금전을 차용한 사안에서, "차금행위가 위 피고 법인의 차금행위로 볼 수 없다 할지라도 피고 법인은 형식적인 대표자의 지위에 있는 위 A의 직무에 관련된 불법행위로 인하여 원고에게 입힌 손해를 배상할 책임이 있다."라고 판시하여,[48] 적법한 대표자의 불법행위를 근거로 법인의 책임을 인정한 바 있다.

이러한 경우에도 사실상 대표자에 관한 판례의 해석론을 일관하자면 사실상 대표자의 행위로 인한 법인의 불법행위책임도 인정하여야 할 것인데, 그렇게 되면 오히려 적법한 대표자의 행위로 인한 법인의 불법행위책임과의 관계 및 법인이 피해자에게 손해를 배상한 경우 구상권의 행

---

47) 이와 같은 관점에서 앞서 본 상법상 회사의 불법행위책임에 관한 2009다95943 판결 사안에서는, 임직원들의 불법행위로 인한 피고 B의 사용자책임을 인정하는 것이 보다 타당하다고 생각된다.

48) 대법원 1980. 9. 9. 선고 79다1669 제3부 판결.

사 근거를 설명하기가 부자연스러워지는 문제가 있다.[49)]

(2) 포괄적 위임이 있는 경우

법인의 대표자는 민법 제62조의 취지에 따라 특정한 행위에 관한 대리인을 선임할 수 있을 뿐 자신의 사무집행을 포괄적으로 위임할 수 없다. 법인의 대표자가 대리인을 선임할 때 부담하는 이러한 주의의무는 원칙적으로 위임과 유사한 법률관계를 맺고 있는 법인에 대하여 부담하는 주의의무라고 할 것이다. 그러나 다른 한편으로는, 이에 위반하여 포괄적 위임이 있는 경우에는 그 대리인이 법인을 대리한 법률행위는 무효가 되어 상대방이 예상하지 못한 손해를 입을 염려가 있으므로, 법인의 대표자는 법인이 아닌 제3자에 대하여도 위와 같은 내용의 주의의무를 부담하는 것으로 해석하는 것이 타당하다.

나아가 법인의 대표자는 권한을 포괄적으로 위임할 당시 대리인이 앞으로 구체적 권한을 위임받지 않고 어떠한 법률행위를 할 것을 충분히 예상할 수 있었다고 할 것이므로, 대리인이 행하는 법률행위가 무효로 되는 것에 관하여 과실이 있었던 것으로 평가할 수 있다. 따라서 법인의 대표자의 포괄적 위임 행위 자체를 거래 상대방에 대한 불법행위로 인정하는 것도 충분히 가능해 보인다.

앞서 본 Ⅱ-1 판결과 Ⅱ-4 판결의 사안이 여기에 해당한다. 판례의 해석론에 따를 때 사실상 대표자는 '법인의 업무에 관한 권한을 포괄적으

---

49) 적법한 대표자의 행위로 접근하여 법인의 불법행위책임을 인정하게 되면, 적법한 대표자는 민법 제750조 및 민법 제35조 제1항 단서에 따라, 법인은 민법 제35조 제1항 본문에 따라 불법행위책임을 지고 사실상 대표자는 공동불법행위자로서 민법 제750조에 따라 불법행위책임을 지게 된다. 또한 법인이 피해자에게 배상을 하였다면, 적법한 대표자는 법인에 대하여 선량한 관리자의 주의의무(민법 제61조, 제681조)를 위반한 것으로 볼 수 있고, 법인은 진정한 대표자에게 민법 제65조를 근거로 구상권을 행사할 수 있다. 그러나 사실상 대표자의 행위로 접근하여 법인의 불법행위책임을 인정하게 되면, 오히려 적법한 대표자가 민법 제35조 제1항 단서와는 무관하게 공동불법행위자로서 불법행위책임을 지는 것으로 되고, 그에 대한 법인의 구상권 역시 단순히 공동불법행위자 간의 배상책임의 내부적 분담의 공평성에 근거하는 것으로 해석하게 되어, 자연스럽지 못한 면이 있다.

로 위임받았을 뿐 법률행위에 관한 구체적 권한은 위임받지 않은 채 적법한 권한 없이 법률행위를 하여 그 효력이 법인에 미치지 않게 하는 결과를 초래한(Ⅱ-4 판결의 원심판결이 설시한 내용이다)' 불법행위를 저질렀다. 그런데 이를 위와 같은 적법한 대표자의 주의의무 위반의 관점에서 바라보면, '법인의 업무에 관한 권한을 포괄적으로 위임하였을 뿐 법률행위에 관한 구체적 권한은 위임하지 않은 채 적법한 권한 없이 법률행위를 하게 하여 그 효력이 법인에 미치지 않게 하는 결과를 초래한 것'으로 해석할 수 있는 것이다.

그렇다면 이러한 경우에도 적법한 대표자의 불법행위에 관하여 바로 민법 제36조 제1항을 적용하여 법인에 책임을 인정할 수 있을 것이므로, 굳이 사실상 대표자의 불법행위로 인한 법인의 책임을 논할 실익이 없는 것으로 보인다.

(3) 법인의 대표자 선임이 무효인 경우

법인이 형식적으로 대표자를 선임하였으나 그 선임행위가 하자로 인하여 무효인 경우가 있다. 특히 비법인사단에서 대표자를 선임하는 총회결의에 하자가 있어 이를 둘러싼 분쟁이 자주 발생하는바, 대상판결[50)]과 Ⅱ-2 판결의 사안이 여기에 해당한다. 그런데 법인은 조직의 특성상 법인 스스로가 적재적소에 적절한 인물을 배치하여 조직을 구성할 이른바 '조직의무(Organisationspflicht)'를 부담한다고 할 것인데,[51)] 이러한 조직의무에는 적법하게 대표자를 선임할 의무, 나아가 대표자 선임행위가 하자로 인하여 무효인 경우 그러한 외관을 제거할 의무가 포함된다고 해석할 수 있을 것이다.

다만 법인이 완전무결한 상태의 조직을 유지하지 못하였다고 하여

50) 대상판결에서는 甲을 대표자로 선임한 총회 결의가 상당수 종중원에 대한 소집통지를 누락되어 무효라는 종중의 주장에 관한 판단이 이루어지지 않았다. 다만, (3)항에서는 편의를 위하여 위와 같은 종중의 주장이 인정되는 것을 전제로 논의하도록 한다.

51) 송호영, "법인의 대표자가 자신이 대표하는 법인에 대해서 불법행위를 한 경우에 법인의 인식 여부-우리나라 판례를 중심으로", 저스티스 통권 제82호, 한국법학원(2004), 109-110면 참조.

바로 조직의무를 다하지 못한 것으로 볼 수는 없는 것이므로, 어떠한 경우에 법인이 이러한 조직의무를 위반하였다고 볼 것인지를 판단할 기준이 필요하고, 나아가 이러한 의무위반을 누구를 기준으로 판단할 것인지가 문제된다. 이에 관하여는 향후 보다 자세한 논의가 이루어져야 할 것으로 보이고, 부족하게나마 그 판단기준을 제시해 보자면 다음과 같다. 우선 선임행위가 무효가 된 하자의 내용과 그 정도, 외관이 유지된 기간, 법인이 무효인 외관을 제거하기 위하여 취한 조치의 내용 등이 조직의무 위반 여부를 판단할 일응의 기준이 될 수 있을 것이다. 또한 법인의 의무위반은 민법 제35조 제1항에 따라 원칙적으로 적법한 대표자(대표자를 한 명만 두는 경우라면 무효인 선임행위 이전의 대표자가 되는 것이 통상적일 것이다)를 기준으로 판단하되, 적법한 대표자가 존재하지 아니하는 경우라면 민법 제35조 제1항을 유추적용하여 법인의 정관에 따라 대표자를 선출할 절차를 개시할 수 있는 권한을 가진 사람을 기준으로 판단하는 것이 타당하다고 생각된다.

따라서 무효인 선임행위에 따라 법인의 대표자가 된 사람이 그 직무에 관하여 타인에게 손해를 가하였고(특히 위 사람이 법인을 대표하여 법률행위를 하였다면 그 상대방은 법률행위가 유효라고 신뢰함으로 인한 손해를 입었을 것이다), 구체적인 사실관계에 따라 법인이 조직의무를 위반한 것으로 인정할 수 있는 사안이라면, 민법 제35조 제1항에 의하여 법인의 불법행위책임을 인정할 수 있을 것이다.

(4) 사실상 대표자의 행위를 방치한 경우

앞서의 유형들과는 달리 법인의 대표자임을 자처하는 사람이 적법한 대표자로부터 포괄적인 권한 위임을 받은 바 없고, 형식적으로라도 법인으로부터 대표자로 선임된 사실조차 없었다고 한다면(Ⅱ-3 판결의 사안이 이에 해당한다), 위 사람의 행위를 방치하였다고 하더라도 법인은 불법행위책임을 부담하지 않다고 보는 것이 타당하고, 이는 위 사람이 법인에 사실상 지배력을 가지고 있다고 하더라도 마찬가지이다. 이러한 사람의 행위를 법인의 행위로 볼 근거가 없고, 앞서 본 바와 같이 사용자책임에 있어서 피용인이 아닌 사람의 업무수행을 묵인한 경우에 사용관계를 인정할 여지가 있는 것과 달리 법인의 대표자에 있어서는 법이 정하는 선임의 의미가 중요하며, 법인의 조직의무를 폭넓게 해석하더라도 법인이 위와 같은 외관을 제거해야 할 주의의무까지 부담한다고 인정하기는 어려운 것으로 보이기 때문이다.

다. 판례의 해석론과 차이점

이처럼 적법한 대표자의 주의의무위반을 근거로 하여 법인의 불법행위책임을 검토하더라도 그러한 주의의무의 내용을 넓게 인정하면, 법인이 사실상 대표자의 행위를 가능하게 하거나 용이하게 하였다고 볼 수 있는 경우에는 법인의 불법행위책임을 인정함으로써 거래안전과 거래 상대방을 보호할 수 있게 된다. 그런데 이러한 해석에 따라 법인의 불법행위책임을 인정하는 경우에도, 사실상 대표자와의 공모가 인정되는 경우를 제외하고는 적법한 대표자의 과실에 의한 법인의 불법행위책임을 인정하게 된다는 것이 판례의 해석론과 가장 다른 점이다. 이로써 상대방이 주의의무를 소홀히 하여 사실상 대표자를 법인의 적법한 대표자로 믿었다는 사정도 책임제한의 근거가 될 수 있고, 특히 사실상 대표자가 상대방의 부주의를 이용하여 고의로 불법행위를 저지른 경우에도 책임제한이 가능하게 되어, 법인의 구체적인 손해배상책임을 보다 적정한 범위 내로 제한할 수 있게 된다. 나아가 이러한 법인 대표자의 주의의무에 관한 해석론이 쌓이게 되면, 일종의 구체적인 행동규범을 제시할 수 있을 것으로도 기대된다.

6. 소　　결

사실상 대표자의 행위에 관하여 민법 제35조 제1항을 적용하여 법인의 불법행위책임을 인정하는 대법원의 해석론은 문언의 한계를 벗어난 것으로 보이고, 상법상 회사의 불법행위책임 규정이나 민법의 사용자책임 규정의 해석론과의 균형도 맞지 않으며, 공익성이 있는 민법상 법인 보호에 충실하지 못하게 된다고 생각된다. 오히려 적법한 대표자의 주의의무 위반을 근거로 하여 법인의 불법행위책임을 인정하되 그러한 주의의무의 내용을 폭넓게 인정하면, 법인이 사실상 대표자의 행위를 가능하게 하거나 용이하게 하였다고 볼 수 있는 경우에 한하여 법인의 불법행위책임을 인정하면서도 그 책임을 적절하게 제한함으로써, 법인 보호와 거래상대방 보호 사이의 조화를 꾀할 수 있을 것으로 보인다.

Ⅵ. 결 론

대상판결은 사실상 대표자의 행위로 인한 따른 법인의 불법행위책임을 인정하는 판례의 해석론에 따라, 甲이 수년간 원고의 회장으로 재직하면서 원고의 대·내외적 업무를 집행하였다는 사실을 근거로 민법 제35조 제1항의 대표자에 해당한다고 판단하고, 甲을 대표자로 선임한 총회 결의가 상당수 종중원에 대한 소집통지를 누락한 채 소집되어 무효이므로 甲은 원고의 대표자로 볼 수 없고, 따라서 원고는 불법행위 책임을 부담하지 않는다는 원고의 주장을 주장 자체로 배척하였다.

그러나 적법한 대표자의 행위에 관하여만 법인의 불법행위책임을 인정하는 견해에 따르면, 甲이 원고의 적법한 대표자인지 여부가 먼저 판단되어야 한다. 만약 원고의 주장대로 甲을 대표자로 선임한 총회 결의가 무효라고 판단되어 甲을 적법한 대표자로 볼 수 없다면, 구체적인 사실관계에 따라 원고의 조직의무 위반이 인정되는 경우, 즉 원고의 적법한 대표자가 甲이 원고의 대표자라는 외관을 제거할 의무를 충분히 이행하지 못하였다고 인정되는 경우에 한하여 원고에게 불법행위책임을 물을 수 있을 것이다. 그리고 원고의 불법행위책임이 인정된다고 하더라도 이는 어디까지나 적법한 대표자의 과실에 의한 불법행위이고, 피고들이 주의의무를 소홀히 하여 甲을 적법한 대표자라고 믿었다는 사정까지 고려하면 원고의 책임은 대상판결의 원심판결이 인정한 85%보다 작은 범위에서 인정될 가능성이 크다.

이처럼 민법 제35조 제1항의 문언에 충실하면서, 관련 규정의 해석론과의 균형과 법인 보호의 관점까지 고려하여 '이사 기타 대표자'는 법인의 적법한 대표자를 의미하는 것으로 해석하되 그 주의의무를 넓게 인정하게 되면, 사실상 대표자에 관한 판례의 해석론에 따르지 않더라도 적법한 대표자의 주의의무 위반이 인정되는 경우에는 법인의 불법행위책임을 인정할 수 있고, 나아가 그 책임을 적절하게 제한할 수 있게 된다. 이러한 점에서 판례의 해석론을 그대로 받아들인 대상판결은 아쉬움이 남는다. 앞으로는 법인 대표자의 법인 조직과 운영에 관한 주의의무의 내용과 한계를 구체화하는 논의가 필요하다고 생각된다.

[Abstract]

The Liability of Corporate Entities and Unincorporated Associations Pursuant to the De Facto Representative's Conduct

Kang, Hyun Jun*

Article 35 (1) of the Civil Code prescribes that a corporation shall be liable for any damages caused to another by its directors and other representatives in the course of performance of their duties, (the **Regulation**) and legal customs and precedents view that the Regulation analogically applies to unincorporated associations. Together with the liability of employers prescribed under Article 756 of the Civil Code, the Regulation aims to protect third parties by recognizing the liability for damages compensation of a corporation or unincorporated association (collectively, the **Corporation**) arising from a tort committed by a person who is in a certain relationship with the Corporation, such as a representative or employee.

Traditionally, the Supreme Court has narrowly interpreted the scope of directors and other representatives by holding that the term does not encompass directors without the power of representation. More recently, however, the Supreme Court has been broadly interpreting the term after determining that directors and other representatives includes a person who substantively operates the Corporation and practically performs the duties of the Corporation as the de facto representative, or in short, the de facto representative. Based on the above interpretation, the subject decision also rejected the argument advanced by the Plaintiff that the tortfeasor is not a

* Judge, Busan District Court.

legitimate representative. It can be assessed that the above interpretation by the Supreme Court is an objective-driven extended interpretation of the term directors and other representatives in order to protect the injured counter-party from the tort committed by the de facto representative.

However, it appears that the above interpretation exceeds the scope of possible interpretation of the term, and also runs against the intention of the legislator, indicated in the legislative process over the enactment of the Civil Code. Second, no discussion of this context has been made in relation to the interpretation of a Corporation's tortious liability under the Commercial Code, despite the provision's tendency to focus on transactional security and protection of the counterparty. In addition, as opposed to the interpretation of employee in relation to the liability of employers, an expanded interpretation of directors and other representatives should be more cautiously approached. In particular, such theories of interpretation tend to disregard or neglect the aspect of protection of Corporations under the Civil Code, to which there are certain public interest elements. It also appears that a harmonious balance between the protection of the Corporation and protection of the counterparty may be sought, without applying an unreasonably expanded interpretation of directors and other representatives, by broadly applying the duty to appropriately organize and operate the Corporation on the 'lawful representative' of the Corporation, thereby recognizing the Corporation's tort liability while, at the same time, appropriately restricting such liability. The subject decision is a case that clearly highlights the above explained issues over the Supreme Court's interpretation. While the Plaintiff argued that the tortfeasor is not the legitimate representative, the Supreme Court concluded that there is no need to render a determination whether the tortfeasor is a legitimate representative, by deeming that the tortfeasor constitutes a de facto representative, and thus the the Plaintiff bears liability for the tort.

This outcome is disappointing as a more appropriate conclusion could have been derived, without applying the Supreme Court's interpretation, by broadly recognizing the legitimate representative's duty to appropriately organize and operate the Corporation, and at the same time, considerably restricting the Plaintiff's liability. It seems that further discussion is necessary to solidify the details and limitations of a corporate representative's duty of care over the organization and operation of the Corporation.

[Key word]

- Tort
- Corporation
- Unincorporated Association
- Directors and other representatives
- De facto representative

참고문헌

[단 행 본]

편집대표 곽윤직, 민법주해 I, 박영사(2005).

______, 민법주해 XVIII, 박영사(2005).

편집대표 김용덕, 주석 민법[총칙 1], 한국사법행정학회(2019).

편집대표 정동윤, 주석 상법[회사(Ⅰ)], 한국사법행정학회(2014).

______, 주석 상법[회사(Ⅲ)], 한국사법행정학회(2014).

곽윤직/김재형, 민법총칙, 박영사(2013).

김기선, 한국민법총칙, 법문사(1991).

백태승, 민법총칙, 집현재(2016).

법무부, 법무자료; 제260집 민법(재산편) 개정 자료집, 법무부(2004).

서광민, 민법총칙, 신론사(2007).

이영준, 민법총칙, 박영사(2007).

이은영, 민법총칙, 박영사(2009).

장경학, 민법총칙, 법문사(1995).

[논 문]

김선일, "민법 제35조 제1항에서 정한 '법인의 대표자'에 당해 법인을 실질적으로 운영하면서 법인을 사실상 대표하여 법인의 사무를 집행하는 사람도 포함되는지 여부", 대법원판례해설 제87호(2011 상반기), 법원도서관(2011).

김영호, "주택조합의 사실상 대표의 법적 지위와 주택조합의 책임", 판례실무연구 XI(2014).

김형석, "사용자책임에서 사무집행관련성의 판단-비교법적 연구로부터의 시사-", 법학 제53권 제2호(통권 제163호), 서울대학교 법학연구소(2012).

송호영, "법인의 대표자가 자신이 대표하는 법인에 대해서 불법행위를 한 경우에 법인의 인식 여부-우리나라 판례를 중심으로", 저스티스 통권 제82호, 한국법학원(2004).

______, "법인의 불법행위책임에 관한 소고-민법 제35조의 해석론을 중심으

로－", 법학논총 제25집 제4호, 한양대학교(2008).
안성포, "사실상 대표자의 행위에 대한 비법인사단의 책임", 법학논총 제29권 제4호, 한양대학교 법학연구소(2012).
한웅길, "법인의 불법행위책임", 동아대 동아법학 제2호, 동아대학교 법학연구소(1986).

동 · 리 또는 주민공동체의 분할과 비법인사단의 분열

김 영 희*

■요 지■

법원은 동 · 리라는 행정구역 안에 거주하는 주민들이 공동편익과 공동복지를 위하여 주민 전부를 구성원으로 하는 공동체를 구성하고 행정구역인 동 · 리의 명칭을 사용하면서 일정한 재산을 공부상 동 · 리의 명칭으로 소유해 온 경우에 이러한 주민공동체는 이른바 비법인사단으로서 그 재산은 동 · 리 주민의 총유에 속한다고 한다.

법원이 주민공동체로서 동 · 리의 법적 성격이 비법인사단이라고 확인한 결과, 주민공동체로서 동 · 리는 민법상 비법인사단의 총유 규정과 관련 법리들을 적용받고 있다. 그중에 비법인사단의 분열 부정 법리가 있다. 비법인사단의 분열 부정 법리는 일본의 법률가들이 일본 민법 시행 후 단체의 분열을 상정하기 어려운 특정 단체들을 전제하여 전개한 법리이다. 어떤 단체가 인적으로 분열되더라도 재산의 분할을 허용하지 않음으로써 해당 단체의 종국적 분열을 막는 것을 염두에 둔 법리인 것이다. 그런데 한국 민법상 비법인사단은 인적 분열이나 재산 분할을 허용하지 않아야 할 단체를 전제하지 않는다. 한국 민법상 비법인사단은 법인인 사단은 아닌 다양한 단체를 전제한다. 법원은 일본 민법학과 일본 실무의 영향 아래 전개된 비법인사단의 분열 부정 법리를 고수해야만 하는 것이 아니다.

비법인사단의 법리에 관한 한 법원이 관심을 더 두어 전개할 것은 일반론보다 각론이다. 모든 비법인사단은 법인인 사단이 아닌 비법인사단으로 존

---

* 연세대학교 법학전문대학원 교수, 법학박사.

재하는 각각의 이유를 가지기에 그러하다. 비법인사단에 법인인 사단의 규정이 준용된다는 점에서 비법인사단에는 일반론이라고 할 것이 이미 존재하기 때문에라도 그러하다. 그리하여 대상판결상 동·리의 분열 문제는 비법인사단의 분열 일반론보다 동·리라는 비법인사단의 분열 각론을 통해 해결을 시도할 일이다. 이때 각론은 주민공동체의 분열과 행정구역의 분할을 구분하고 조화시키는 내용을 포함하여야 한다.

[주 제 어]
- 동·리
- 주민공동체
- 비법인사단
- 총유
- 공동소유
- 비법인사단의 분열
- 행정구역의 분할
- 조선임야조사령
- 의용민법 시대

대상판결 : 대법원 2008. 1. 31. 선고 2005다60871 판결[소유권말소등기][1]

[사안의 개요]

(1) 충청남도 예산군 소재 예당저수지의 남남동쪽에 백월산이 있다. 백월산 서쪽으로 흘러내리는 두 개의 계곡을 중심에 두고 이 사건 원고인 대리, 시목1리, 시목2리 마을이 자리한다. 대리와 시목1리와 시목2리는 행정구역상 충청남도 예산군 광시면 소속이다. 이 사건 부동산은 원고 마을들이 접하고 있는 백월산의 일부 임야이다.

(2) 시목1리와 시목2리는 1975년에 시목리가 2개 마을로 분할된 것이다.

(3) 대리와 시목리가 마을로 형성된 것은 1908년 이전이다.

(4) 1908년 제97호 소송에서[2] 사건 임야가 대리와 시목리 소유라고 주장된 바 있다.

(5) 1918. 5. 1.에 시행된 조선임야조사령에 따라 1918. 12. 10.에 사건 임야가 광시면 소유로 사정되었다. 이에 대리와 시목리 주민들이 재결을 청구하였고, 1928. 1. 26.에 사건 임야가 대리와 시목리 소유라는 재결이 내려졌다.

(6) 사건 임야에는 이 사건 피고인 예산군 명의로 1974. 2. 21.자 소유권보존등기가 경료되어 있다. 예산군 명의로 소유권 등기가 경료된 것은 1949. 8. 15. 시행 지방자치법이 면 단위까지를 지방자치단체로 삼고 재산을 소유할 수 있는 것으로 규정하여, 리 단위인 대리와 시목리가 소유하던 재산이 광시면 소유로 귀속되었기 때문이다.[3] 그리고 1961. 10. 1. 시행 지방자치에관한임시조치법이 군 단위까지를 지방자치단체로 삼고 재산을 소유할 수 있는 것으로 규정하여, 면 단위인 광시면이 소유하던 재산이 예산군 소유로 귀속되었기 때문이다.[4]

(7) 원고 마을들은 사건 임야가 1961. 10. 1. 시행 지방자치에관한임시조치법에 의거 예산군 소유로 귀속되기는 하였으나, 형식적으로 그러할 뿐,[5] 실체

---

1) 대법원 2008. 1. 31. 선고 2005다60871 판결; 대전고등법원 2005. 9. 16. 선고 2004나10181 판결; 대전지방법원 홍성지원 2004. 10. 29. 선고 2003가합1325 판결.

2) 1908. 2. 29. 융희2년 제97호 산송(山訟) 고소(申訴)에 관한 건. 원고 조재명, 피고 윤창식.

3) 1949. 8. 15. 시행 지방자치법 제2조, 제3조, 제123조.

4) 1961. 10. 1. 시행 지방자치에관한임시조치법 제2조, 제8조.

5) 1961. 10. 1. 시행 지방자치에관한임시조치법은 1961. 5. 16.에 있은 5.16군사정변과 직접적으로 관련되어 있다. 동법 제1조 (목적) 본법은 혁명과업을 조속히 성취하기 위하여 지방자치행정을 더욱 능률화하고 정상화함으로써 지방자치행정의

적으로는 대리 및 시목리(사건 현재 대리, 시목1리, 시목2리) 소유라고 주장하였다. 그러면서 1974. 2. 21.자 예산군 명의 등기는 원인무효라고 주장하였다.

(8) 피고 예산군은 대리, 시목1리, 시목2리는 행정구역에 불과하여 재산을 소유할 수 없으므로, 사건 임야는 지방자치단체인 예산군 소유라고 주장하였다. 그리고 1928년 재결도 주민공동체로서 대리와 시목리에 내려졌던 것이 아니라, 행정구역으로서 대리와 시목리에 내려졌던 것이라고 주장하였다.

(9) 사건 임야의 소유와 관련하여 원고 마을들 사이에는 다툼이 없다. 대리와 시목리인 시기에는 공유였고, 대리, 시목1리, 시목2리인 시기부터는 1:1:1 공유라고 한다. 1:1:1 공유는 대리, 시목1리, 시목2리의 실거주 가구들이 참여한 합동주민총회에서 결의된 바 있다. 해당 총회에는 총 134가구가 참여하였는데, 이 134가구에는 시목리가 시목1리와 시목2리로 분할되던 1975년경부터 거주하여 온 59가구가 포함되어 있다.

(10) 대상사안에서 원고 대리, 시목1리, 시목2리는, 주위적으로 사건 임야의 공유자임을 전제로 원인무효인 피고 예산군 명의의 등기의 말소를 청구하였다. 예비적으로는 대리, 시목1리, 시목2리가 대리와 시목리로 이루어진 1개의 비법인사단에[6] 대해 가지는 소유권이전등기청구권을 보전하기 위하여 대리와 시목리로 이루어진 1개의 비법인사단을 대위하여 원인무효인 피고 예산군 명의의 등기의 말소를 청구하였다.

[원　　심]

(1) 원심은 1918년 조선임야조사령에 따라 이루어진 소유권 사정에 대해 분할 전 대리와 시목리 주민들이 이의제기한 결과인 1928년 재결은 주민공

건전한 토대를 마련함을 목적으로 한다.

6) 한국 민법 제275조를 논할 때에는 해당 규정에 들어 있는 '법인이 아닌 사단'이라는 표현을 사용하는 것이 무난할 것이다. 그러나 본 평석은 '법인이 아닌 사단'이라는 표현 대신에 '비법인사단'이라는 표현을 사용하기로 한다. 이는 순전히 시각적 편의를 위한 것이다.

'법인이 아닌 사단'과 '비법인사단'은 동의어로 사용할 수도 있고, 이의어로 사용할 수도 있다. '법인이 아닌 사단'은 법인인 사단으로서 요건을 갖추지 않은 사단 전반을 가리키는 데에, '비법인사단'은 법인이 아닌 사단 중에 비법인사단으로서 요건을 갖춘 사단을 가리키는 데에 사용할 수 있다. '법인이 아닌 사단'과 '법인격 없는 사단'과 '행위능력 없는 사단'과 '당사자능력 없는 사단'도 동의어로 사용할 수도 있고, 이의어로 사용할 수도 있다. 법인격, 행위능력, 당사자능력 등 중점을 두어 판단하는 요소에 차이가 있기에 그러하다.

동체로서 대리와 시목리에 내려진 것이라고 보았다.

(2) 원심은 분할 전 대리와 시목리는 1개의 주민공동체가 아니라, 2개의 주민공동체로서 각각 비법인사단이라고 보았다. 대리와 시목리 사이에 사건 임야에 대한 소유는 공유였고, 민법 제262조 제2항 지분균등에 의거 각 1/2 지분씩 소유하였다고 보았다. 대리에 속하는 주민들은 대리가 가지는 1/2 지분을 총유하였고, 시목리에 속하는 주민들은 시목리가 가지는 1/2 지분을 총유하였다고 보았다.

(3) 원심은 1개의 주민공동체로서 비법인사단이었던 시목리가 시목1리와 시목2리라는 2개의 주민공동체로 분할되어 2개의 비법인사단이 되었다고 보았다. 분할 전 시목리가 가지고 있던 1/2 지분은 분할 후 시목1리와 시목2리가 각 1/4 지분씩 소유한다고 보았다. 시목1리에 속하는 주민들은 시목1리가 가지는 1/4 지분을 총유하고, 시목2리에 속하는 주민들은 시목2리가 가지는 1/4 지분을 총유한다고 보았다.

(4) 원심은 대리, 시목1리, 시목2리는 각 1/2, 1/4, 1/4 지분을 가지는 공유자로서 원인무효인 예산군 명의의 등기의 말소를 구할 수 있다고 하였다.

(5) 원심은 설령 분할 전 시목리가 가지고 있던 1/2 지분이 분할 후 시목1리와 시목2리에 각 1/4 지분씩 나뉘어 귀속되지 않고 시목리에 남아 있다고 하더라도, 시목리 주민들은 주민공동체로서 비법인사단을 이루고 있었으므로 주민총회를 통해 자신들이 총유하고 있던 1/2 지분을 시목1리와 시목2리에 나누어 이전시키는 결의를 할 수 있었고, 그 결의에 의거 시목1리와 시목2리는 시목리에 대해 지분소유권이전등기청구권을 가지게 되는 바, 시목1리와 시목2리는 시목리에 대한 등기청구권을 보전하기 위하여 시목리를 대위하여 예산군을 상대로 원인무효인 예산군 명의의 등기의 말소를 구할 수 있다고 하였다.

[상 고 심]

(1) 상고심은 비법인사단의 구성원들이 집단적으로 탈퇴하여 비법인사단이 2개로 분열되고 분열 전 비법인사단의 재산이 분열된 2개의 비법인사단의 구성원들에 각각 총유적으로 귀속되는 결과를 가져오는 형태의 비법인사단 분열은 허용되지 않는다고 보았다. 그러면서 시목리가 가지고 있던 1/2 지분이 시목1리와 시목2리에 각 1/4 지분씩 나뉘어 귀속될 수는 없다고 보았다.

(2) 상고심은 그러나 해산 전 비법인사단의 구성원들이 자신들이 총유하

던 재산을 새로 설립된 비법인사단의 구성원들에게 양도하는 것은 허용된다고 보았다.

(3) 상고심은 원심의 판단이 설시에 있어서는 다소 미흡하나 결론에 있어서는 옳은 것이라고 보았다. 즉, 상고심은 대리와 시목1리와 시목2리의 예산군 명의 등기 말소 청구를 인용하였다.

[상고심 판시사항]

[1] 자연부락이 법인 아닌 사단으로서 권리능력을 갖기 위한 요건

[2] 어떤 임야가 임야조사령에 의하여 동이나 리의 명의로 사정된 경우, 그 동·리의 법적 성질(=법인 아닌 사단)

[3] 구성원들의 집단적 탈퇴로 법인 아닌 사단이 2개로 분열되고 분열 전 법인 아닌 사단의 재산이 분열된 법인 아닌 사단의 구성원들에게 총유적으로 귀속되는 형태의 분열이 허용되는지 여부(소극)

[4] 법인 아닌 사단의 구성원 중 일부가 탈퇴하여 새로운 법인 아닌 사단을 설립하거나, 법인 아닌 사단이 해산한 후 그 구성원들이 나뉘어 여러 개의 법인 아닌 사단들을 설립하는 경우, 종전의 법인 아닌 사단의 구성원들이 총유의 형태로 소유하고 있는 재산을 새로이 설립된 법인 아닌 사단의 구성원들에게 양도하는 것이 허용되는지 여부(적극)

〔研　　究〕

Ⅰ. 대상사안은 비법인사단의 분열이 문제인 사안인가

1. 동·리의 분할이 비법인사단의 분열인가

대법원 종합법률정보 사이트에서 대상판결을 검색해 보면, 4개의 판시사항으로 정리되어 있다. 판시사항 1과 2는 자연촌락인[7] 동·리의 비

7) 대상판결에는 '자연촌락'이 아니라 '자연부락'이라고 표현되어 있다. 그런데 일본에서 부락(部落)이라는 표현은 특수부락민에 대한 차별이라는 부정적 뉘앙스를 가지기도 한다. https://ja.wikipedia.org/wiki/部落問題 참조. 이 평석이 사용한 '자연촌락'이라는 표현은 1949. 8. 15.부터 시행된 한국 지방자치법 제145조에 사용된 표현이다. "… 동리의 구역은 자연촌락을 기본으로 하되 …" 한국 지방자치법상 자연촌락이라는 표현은 일본 지방자치법상 행정촌(行政村)과 자연촌(自然村)의 구분과 관련이 있다. 자연촌락이라고 하든 자연부락이라고 하든, 조심할 것은 부정적

법인사단 해당성을 말하고 있다. 판시사항 3과 4는 비법인사단의 분열을 말하고 있다. 판시사항들 사이의 연결 및 판결문 내에서 차지하고 있는 문장 양으로 보면 대상판결이 집중하고 있는 것은 판시사항 3과 4, 즉 비법인사단의 분열이다.

그런데 사실관계로 보면, 대상사안은 비법인사단의 분열을 둘러싼 다툼이 문제인 사안이 아니다. 분열한 자들(시목1리, 시목2리) 사이에 분열을 둘러싼 다툼이 전혀 없다. 분열한 자들(시목1리, 시목2리)과 분열한 자들로 인해 직접적으로 영향을 받게 되는 자(대리) 사이에도 분열을 둘러싼 다툼이 전혀 없다. 원고 마을들이 주장한 바의 기초를 보아도, 대상사안은 비법인사단의 분열이 문제인 사안이기보다 오히려 비법인사단의 통합이 문제인 사안에 가깝다. 원고 3개 마을은 도합 1개의 주민공동체로서 1개의 비법인사단인 것을 기초로 주장하고 있기 때문이다.[8] 피고 예산군의 주된 공격 지점이 원고 마을들의 분열 쪽이라고 보는 것도 마땅치 않다. 피고 예산군의 주된 공격 지점은 원고 마을들이 비법인사단으로서 권리능력을 가질 수 있는가, 그리고 비법인사단으로서 권리능력을 가졌다 하더라도 장기간 활동 부재로 권리능력 소멸에 이른 것 아닌가 쪽이다.[9] 그런 한편 피고 예산군의 소유권 주장이 원고 마을들에 있은 분열(분할)과 필연적으로 연결되어 있는 것도 아니다. 피고 예산군은 원고 마을들에 분열이 없었더라도 소유권을 주장하였을 것이다.

비법인사단의 분열을 둘러싼 다툼이 문제가 아니라고 할 대상사안을 30년 전에 있었던 행정구역의 분할 사실을 끌어와 비법인사단의 분열 문제로 열심히 논한 것은 법원이다. 왜 그랬을까. 짐작을 과장하면, 전국의 모든 마을을 행정적으로 분열(분할)시켜 놓으면 국공유인 토지가 주민공동체임을 주장하는 마을들에 의해 사유화되는 것을 막을 수 있을지 모를 일이었다.

뉘앙스다. 한국법과 일본법의 밀접성을 고려할 때, 본 평석자로서는 한국 법원이 부락이라는 표현을 굳이 사용하여야 하는가 싶다.

8) 대상판결의 제1심판결인 대전지방법원 홍성지원 2004. 10. 29. 선고 2003가합1325 판결.

9) 대상판결의 원심판결인 대전고등법원 2005. 9. 16. 선고 2004나10181 판결.

2. 법원이 분열을 허용하지 않으면 분열이 안 되었다는 것인가

대상판결문은 읽어내기가 '국어적으로' 어렵다. 판시사항 3 부분을 예로 들어 본다.[10] "구성원들의 집단적 탈퇴로 법인 아닌 사단이 2개로 분열되고 분열 전 법인 아닌 사단의 재산이 분열된 법인 아닌 사단의 구성원들에게 (각각[11]) 총유적으로 귀속되는 형태의 분열이 허용되는지 여부(소극)"이라고 되어 있다. 이 부분은 '분열 전 비법인사단'과 '분열된 비법인사단'을 모두 말하고 있다는 점에서, 본래의 비법인사단이 이미 분열되어 있는 상태임을 전제로 한다. 그런데 법원은 이미 분열되어 있는 상태임을 전제로 하면서 분열을 허용하지 않겠다고 한다. 법원이 분열을 허용하지 않을 것이면, 해당 상황을 분열이 일어나지 않은 상태를 기준으로 서술해야 하는 것 아닌가. 분열이 일어나지 않았다면 '분열된 비법인사단'이라는 표현은 쓰면 안 되는 것 아닌가. '분열된 비법인사단'이라는 표현을 예로 삼은 김에, 이 표현을 계속 얘기해 본다. 법원이 비법인사단의 분열을 허용하지 않는다고 하더라도 본래의 비법인사단은 이미 2개의 비법인사단으로 분열되어 있다. 그런즉 본래의 비법인사단은 분열된 상태의 비법인사단이다. 그런데 판결문이 말하는 분열된 비법인사단은 분열된 상태의 본래의 비법인사단이 아니다. 분열된 후 새로이 설립된 비법인사단이다. 그렇지만 새로이 설립된 비법인사단은 분열된 상태에 있지 아니하다. 법원은 분열된 상태에 있지 아니한 비법인사단을 분열된 비법인사단이라고 표현하고 있는 것이다.

3. 민법 문언상 총유는 비법인사단이 하는가 비법인사단의 구성원들이 하는가

사람들로 구성된 단체에서 사람들이 분열하는 것 자체는 법원이 어

10) '판시사항'은 판결문의 일부가 아니다. 그러나 판결문이 어렵지 않다면 담당자들이 편집해 낸 판시사항이 혼자 어렵기 어려울 것이다.

11) '각각'이라는 표현은 상고심 판결문 해당 부분에 의거하여 본 평석자가 추가한 것이다.

떻게 하지 못하는 일이다. 그러므로 법원이 허용하거나 허용하지 않을 수 있을 것은 사람들의 분열이 아니라, 단체 재산의 분열이 된다. 이는 비법인사단의 경우에도 마찬가지다.

비법인사단의 분열 문제의 핵심이 재산의 분열에 있다고 할 때, 비법인사단의 분열 문제는 비법인사단의 총유 문제와 결합하여 난제가 된다. 난제가 되는 이유는 사실 단순하다. 법이론사적으로 비법인사단은 총유를 하여야만 하는 단체가 아닌데,[12] 비법인사단은 총유를 하여야만 한다고 보기 때문이다. 그렇게 보는 근거는 민법 제275조 제1항이다.[13]

그리하여 민법 제275조 제1항 문언을 본다. "법인이 아닌 사단의 사원이 집합체로서 물건을 소유할 때에는 총유로 한다"라고 되어 있다. 제275조 제1항이 '비법인사단의 총유'를 규정하고 있는 것인지, '비법인사단 사원들의 총유'를 규정하고 있는 것인지 불분명하다. 비법인사단의 사원이 '집합체로서' 물건을 소유한다고 하고 있으니, 사원들의 집합체인 비법인사단의 총유를 규정하고 있다고 볼 수 있다. 비법인사단의 '사원이' 집합체로서 물건을 소유한다고 하고 있으니, 비법인사단 사원들의 총유를 규정하고 있다고 볼 수도 있다. 만약 비법인사단 사원들의 총유를 규정하고 있다고 본다면, 비법인사단은 어떤 소유를 하느냐는 질문이 따라 나오게 된다.

민법이 단체 제도를 두었을 때, 단체에서 재산을 소유하는 주체는 원칙적으로 그 단체 자체이다. 권리와 의무의 귀속처로서 단체 제도를 활용할 것이 아니라면 민법이 단체 제도를 둔 의미가 현저하게 감소한다. 그리하여 한국 민법이 마련해 두고 있는 단체 들을 대략 살펴보면, 법인인 사단의 경우에는 사단이 소유하고, 사단을 구성하는 사람들은 소

12) 예를 들어 독일 민법상 비법인사단은 합유하는 것으로 규정되어 있다. 엄밀하게는 독일 민법 제54조는 비법인사단이 조합과 마찬가지의 소유를 하도록 준용시키고 있다. 그러나 독일 실무는 비법인사단이 합유가 아니라, 법인인 사단과 마찬가지로 소유한다고 보고 있다. 김영희, 독일 프랑스 일본 민법상 총유와 특수지역권적 권리, 법사학연구 제59호, 한국법사학회, 2019. 4, 290면 이하.

13) 김교창, 권리주체로서의 주민공동체(자연부락), 판례연구 제22집(1), 서울지방변호사회, 2008. 8, 105면 이하.

유하지 않는 것으로 설계되어 있다.[14] 조합의 경우에는 조합이 소유하고, 조합을 구성하는 사람들은 합유하는 것으로 설계되어 있다. 그렇다면 비법인사단의 경우에는 비법인사단이 소유하고, 비법인사단을 구성하는 사람들은 총유하는 것으로 설계되어 있다고 보아야 한다.[15]

민법 제275조 비법인사단의 총유 규정과 관련하여 민법교과서 등을 살펴보면 총유 주체는 비법인사단인 것으로 서술하고 있는 경우가 상대적으로 많다.[16] 이에 비해 법원은 '비법인사단의 총유'와 '비법인사단 구성원들의 총유'라는 표현을 혼용하여 서술하고 있는 경우가 많다.[17] 그런데 법원은 '비법인사단 구성원들의 총유'라는 표현을 쓰면서도 비법인사단을 총유 주체로 보고 있다는 뉘앙스를 굳이 숨기지 않는다. 법원이 비법인사단의 구성원들을 총유 주체로 보고 있다면, 비법인사단 자체는 단독소유를 하는 것으로 본다는 것을 명확히 드러낼 일인데 좀처럼 그러지 않는다. 그리하여 총유 주체에 관한 통설과 판례는, 이론이 있기는 하지만, 비법인사단 자체인 것으로 일단 정리할 수 있다.[18]

14) 법인인 사단의 구성원들은 '사원권'을 소유하도록 설계되어 있다고 볼 수도 있을 것이다.

15) 이는 한국 민법 제정 과정에서 현재와 같은 총유 규정을 제안하였던 김증한 교수가 설계했던 구도이기도 하다. 김영희, 김증한 교수의 민법원안 공유 부분 수정 제안에 대한 검토, 동북아법연구 제13권 제3호, 전북대학교 동북아법연구소, 2020. 1, 293면. 김증한 교수의 민법원안 수정 제안에 대해서는 민사법연구회, 민법안의견서, 일조각, 1957, 99면 참조. 김증한 교수의 해당 제안은 민법안의견서에 실리기 전에 논문으로 발표되었다. 김증한, 인적결합과 공동소유, 법정 제11권 제12호, 법정사, 1956. 12, 23면 이하.

16) 곽윤직 · 김재형, 물권법 제8판, 박영사, 2014, 298면; 지원림, 민법강의 제14판, 홍문사, 2016, 627면; 민일영 집필부분/편집대표 곽윤직, 민법 제275조, 민법주해[Ⅴ], 박영사, 1992, 616면.

17) 대법원 2006. 4. 20. 선고 2004다37775 전원합의체 판결 등.

18) 정정미, 촌락공동체(자연부락)의 재산에 관한 소송, 실무연구자료 제7권, 대전지방법원, 2006, 13면. 이에 비해 이주흥, 주민공동체의 비법인사단으로서의 성립요건과 재산소유관계, 사법행정 제31권 제12호, 한국사법행정학회, 1990. 12, 78면은 총유 주체에 관한 한국의 통설 판례는 비법인사단도 아니고, 비법인사단 구성원들도 아니고, 비법인사단 구성원들의 총체라고 한다.

4. 분열 전 비법인사단의 총회 결의를 통한 재산 양도 법리

분열이 다툼 사항이 아닌 대상사안을 두고 법원은 비법인사단의 분열을 열심히 논하였다. 그러는 것이 법원으로서는 안전한 선택이기는 하였다. 총유 주체를 비법인사단 자체로 보는 시각에서는, 비법인사단의 분열 인정은 비법인사단이 소유하고 있는 재산의 분열 인정으로 직결되기 때문이다. 총유 주체를 비법인사단의 구성원들로 보는 시각에서도 비법인사단의 분열 인정은 재산의 분열 인정으로 직결된다. 비법인사단의 분열은 그냥 구성원들의 분열이 아니라, 재산을 총유하고 있는 그 구성원들의 분열이기 때문이다.

2008. 1. 31.에 대상판결이 내려질 당시에 비법인사단의 분열에 대한 법원의 태도는 부정적인 것이었다.[19] 그런데 대상사안을 보면, 시목리가 시목1리와 시목2리로 분열된 것은 30년 전이다. 그리고 그 분열 사실에 대해 당사자와 관계자들 사이에 그리고 과거에도 현재에도 아무런 다툼이 없다. 시목리라는 비법인사단의 분열을 부정하기가 마땅치 않은 상황인 것이다. 그래서인지 법원은 비법인사단의 분열을 부정하면서도, 비법인사단의 분열을 인정하는 것과 마찬가지인 판결을 냈다. 법원은 시목리라는 비법인사단이 시목1리와 시목2리라는 비법인사단으로 유효하게 분열되었다고 하는 대신에, 시목리라는 비법인사단이 해산하고 시목1리와 시목2리라는 비법인사단이 새로이 설립되었다고 하였다. 그리고 해산한 비법인사단인 시목리의 구성원들이 주민총회 결의를 통해 새로이 설립한 비법인사단인 시목1리와 시목2리의 구성원들에게 재산을 양도하였다고 하였다.

그런데 이와 같이 법리 구성을 하려면, 양도인인 '시목리 주민'과 양수인인 '시목1리 주민 및 시목2리 주민'이 그 실체에서 동일인이기 때문에, 양도인과 양수인이 나란히 존재할 수 없다는 문제를 선결하여야 한다. 시목리가 재산을 양도할 때에 양수인인 시목1리와 시목2리가 존재하

19) 대법원 2006. 4. 20. 선고 2004다37775 전원합의체 판결 등.

지 않는다는 문제와, 시목1리와 시목2리가 재산을 양수할 때에 양도인인 시목리가 존재하지 않는다는 문제를 선결하여야 하는 것이다.

이 문제를 선결하기 위해 법원은 양수인이 양수할 때에 존재하지 않은 양도인이 존재한다는 법리를 구성했다. 이 구성에 동원된 것이 해산한 법인이 청산의 목적 범위 내에서 권리와 의무를 가진다는 민법 제81조이다. 제81조를 준용하면 시목리는 시목1리와 시목2리에게 시목리가 가졌던 재산을 양도하는 일의 범위 내에서 (실은, 시목1리와 시목2리가 시목리로부터 시목리가 가졌던 재산을 양수받는 일의 범위 내에서) 계속하여 존재하는 비법인사단이 된다. 시목리라는 비법인사단의 구성원들이, 이미 해산한 다음이지만 모여서, 자신들이 소유하던 재산을 새로이 설립된 비법인사단인 시목1리와 시목2리의 구성원들에게 양도하는 것이 가능한 것이다.

그런데 민법 제81조 준용 구성은. 해산된 비법인사단을 30년 넘게 존속시키는 것을 합리화할 수 있어야 한다.[20] 민법의 법인 해산 관련 규정들이, 명문의 제한 규정은 없지만, 관련 절차가 30년을 넘어 언제까지든 진행될 수 있을 것을 염두에 두고 마련되지는 않았을 것이기 때문이다.[21]

장시간의 경과가 문제로 되는 상황과 관련하여 법원이 부득불 개발하여 놓은 법리가 있다. 비법인사단이 주민공동체인 경우에는 주민공동체로서 활동이 소멸되어 비법인사단으로서의 요건을 갖추지 못하는 상태에 이르러 있더라도 청산할 재산관계가 남아 있는 한 비법인사단으로서의 존재를 인정해야 한다는 법리가 그것이다.[22] 현재의 마을은 비법인사단으로 인정받지 못할 상태에 있지만, 과거에 비법인사단임을 인정받은 적이 있다면, 그리고 마을 재산이 남아 있다면, 그 마을은 비법인사단으

20) 시목리가 1975년에 시목1리와 시목2리로 분할되었으니 1975년 전에 분할 작업이 시작되었을 것이고, 대상사안 제1심 제소가 2003년이니, 분할된 지 대략 30년이 지났을 무렵이다.

21) 민법 법인 부분의 벌칙 규정인 제97조를 보면 '해태' 관련 내용이 상대적으로 많다. 시간에 민감하다는 방증이다.

22) 대법원 1990. 12. 7. 선고 90다카25895 판결.

로서 존재를 유지할 수 있다는 것이다.[23)]

5. 분할과 동시에 새로이 비법인사단으로서 요건을 갖추는가 – 계승 법리

대상사안에서 법원은 시목리가 행정적으로 시목1리와 시목2리로 분할된 것과 더불어 시목리라는 비법인사단인 주민공동체가 시목1리라는 비법인사단인 주민공동체와 시목2리라는 비법인사단인 주민공동체로 분열하였다고 보았다. 하지만 주민공동체의 지역적 기초를 이루는 마을이 행정적으로 분할되었다고 하여, 항상 주민공동체의 분열을 말할 수 있는 것은 아니다.[24)] 그리고 주민공동체인 마을이 분할되었을 때 분할된 주민공동체들이 바로 새로운 주민공동체를 이루는 것도 아니다.

단적으로, 시목리가 시목1리와 시목2리로 분할된 첫날을 생각해 보자. 시목1리와 시목2리 주민들은 하루 사이에 자신들이 더 이상 시목리 주민공동체에 속해있지 않게 되었다고 생각할까. 아니지 않을까. 주민들이 거주하는 리의 명칭과 리의 지역 범위가 이전과 달라지기는 하였으므로, 시목리라는 비법인사단인 주민공동체의 분할(해산)까지는 어떻게든 말할 수 있을지 모른다. 그렇다 하더라도 시목1리라는 비법인사단인 주민공동체의 설립과 시목2리라는 비법인사단인 주민공동체의 설립을 말하기는 어렵다. 마을은 법원이 설시한 비법인사단의 요건, 즉 '마을이 마을주민들을 구성원으로 하여 고유목적을 가지고 의사결정 기관과 집행 기관인 대표자를 두어 독자적인 활동을 하는 사회조직체로서 실체를 갖출 것'이라는 요건을 갖추어야만 비법인사단인 주민공동체로 존재할 수 있기 때문이다.[25)] 시목리가 시목1리와 시목2리로 분할된 첫날 또는 그 즈음을

---

23) 이 법리를 의식하여 재산의 일부를 의도적으로 남겨 놓는 경우도 생각해보아야 할 것이다. 재산 처리에 초점을 맞춘다면, 비법인사단 구성으로 처리하는 것과 비법인재단 구성으로 처리하는 것을 비교 고려해 볼 만하다.

24) 분열이란, 동시 또는 단기간 내에 비법인사단의 다수의 구성원이 탈퇴하여 해산에 준하는 상태에 이르고, 탈퇴한 사람들이 새로운 별개의 사단을 조직한 경우를 말한다. 이주홍 집필부분/편집대표 곽윤직, 제3장 법인 전론, 민법주해[I], 박영사, 1992, 530면.

기준으로 법원이 시목1리와 시목2리가 각각 주민공동체로서 비법인사단에 해당할 요건을 갖추었다고 판단하였겠는지를 생각해보면, 그렇게 판단하였을 것인지 확실하지 않다. 그렇다면 시목리라는 비법인사단의 주민들은 비법인사단의 지위를 가질 수 있을지 아니면 가질 수 없을지 확실하지 않은 시목1리 주민들과 시목2리 주민들에게 재산을 양도할 것을 결의하였던 셈이 된다.[26] 그러므로 시목1리와 시목2리가 마을 분할과 더불어 비법인사단으로 존재하며 재산을 소유할 수 있으려면 법원이 대상판결에서 설시한 비법인사단의 양도 법리보다, 비법인사단의 분열 인정 법리가 필요하게 된다. 그게 아니면, 비법인사단의 계승 법리가 필요하게 된다.[27]

동·리가 주민공동체로서 비법인사단임을 인정받고 있던 경우라면, 지방자치법을 참조하여 그 계승 법리를 전개하는 것이 가능하다. 시목리 분할이 있던 1975년경 적용되던 지방자치법 제5조 및 제145조에 따르면, 지방자치단체는 상위 단체든 하위 단체든 인구증감에 따라 폐치분합될 수 있었다. 동법 제4조 및 제145조에 따르면 동·리의 폐치분합은 시·읍·면의 조례로 하도록 되어 있었다. 지방자치법시행령 제4조에 따르면 자치단체의 폐치분합 또는 구역 변경이 있을 때 그 지역이 새로 속한 자치단체가 그 사무와 재산을 계승하도록 되어 있었다. 동령 제86조에 따르면 이 계승은 동·리의 폐치분합 또는 구역 변경이 있는 경우에도 마찬가지로 행해졌다. 그러니까 시목1리와 시목2리는 당시 지방자치법을 근거로 하여 시목리 재산을 계승할 수 있었다.

물론 1975년경 적용되던 지방자치법과 그 시행령에서 동·리는 주민공동체로서 동·리가 아니라, 면이라는 지방자치단체의 하위조직으로서

---

25) 대법원 1999. 1. 29. 선고 98다33512 판결; 대법원 1980. 1. 15. 선고 78다2364 판결 등.

26) 판결문상 대상사안의 결의가 시목리 해산 전에 행해진 것이 아니라, 시목리 해산 후에 행해진 것으로 보이기도 한다는 점에 주의할 필요가 있다.

27) 비법인사단의 분열이라는 문제를 놓고 본 평석자는 현재로서는 비법인사단의 분열을 인정해야 한다는 견해를 가지고 있다. 그러나 비법인사단인 동·리의 분할이 행정차원의 의미를 상대적으로 강하게 가지는 경우에는 비법인사단의 분열 법리보다 계승 법리가 어울린다는 생각이다.

동 · 리이다. 그렇지만 대상사안의 경우, 주민공동체로서 동 · 리와 지방자치단체의 하위조직으로서 동 · 리의 지역적 범위가 사실상 일치하고 있다. 그런 만큼 지방자치법을 참조하여 계승 법리를 전개하는 것이 가능하다. 지방자치법 관련 규정이 1975년경이나 현재나 비슷한 만큼, 계승 법리는 현재로서도 그 전개가 가능하다.

계승 법리의 전개를 위해, 민법 제80조와 상법 제530조의2 등을 참조할 수 있다. 민법 제80조에 따르면 법인인 사단은 해산하면서[28] 사원총회 결의를 통해 해산 전 법인이 소유하는 재산을 그 법인의 목적과 유사한 목적을 위하여 처분할 수 있다. 그런즉 시목리는 해산 전에 주민총회 결의를 하여 자신과 유사한 목적으로 존재하게 될 시목1리와 시목2리에 시목리가 소유하고 있던 재산을 나누어 계승시킬 수 있다. 상법 제530조의2에 따르면 분할 전 회사는 사원총회 결의를 하여 스스로 소멸하는 것과 동시에 분할 전 회사가 소유하는 재산을 분할 생성된 회사가 소유하도록 할 수 있다. 그런즉 시목리는 해산 전에 주민총회 결의를 하여 시목리를 소멸시키는 것과 동시에 시목1리와 시목2리를 분할 생성시킨 후 시목1리와 시목2리에 시목리가 소유하고 있던 재산을 나누어 계승시킬 수 있다. 여기에 앞서 서술한 민법 제81조 청산법인 법리 준용까지 합하면, 시목리는 해산 전 및 분할 전에 뿐만 아니라, 해산 후 및 분할 후에도 주민총회 결의를 하여 시목1리와 시목2리에 재산을 계승시킬 수 있다.[29]

6. 합동주민총회의 재산 양도 결의와 1/3 지분 공유 결의

본 평석자가 계승 법리를 제안하는 것은 법원이 설시한 양도 법리를 사용할 경우에 시목리라는 비법인사단의 해산과 시목1리와 시목2리라는 비법인사단의 설립 사이의 연결이 자연스럽지 않기 때문이다. 아울러 법원이 양도 법리를 사용하면서, 정작 양도인의 의사는 도외시하였기 때

28) 재산 처분을 위해서는 해산 전에 사원총회를 열어 그 처분의 결의를 하여야 한다. 해산하고 난 다음에는 원칙적으로 사원총회라는 것이 존재할 수 없기 때문이다.

29) 최기원 집필부분/편집대표 곽윤직, 민법 제80조, 민법주해[Ⅰ], 박영사, 1992, 746면 참조.

문이다. 즉, 시목리 주민들이 시목1리와 시목2리 주민들에게 재산을 양도하면서 가졌던 의사는 사건 임야를 대리와 시목1리와 시목2리가 1/3 지분씩 소유하는 것이었다. 하지만 법원은 대리와 시목1리와 시목2리가 1/2, 1/4, 1/4 지분씩 소유한다고 굳이 확인하여 주었다 (마을 사이에 없던 갈등을 법원이 조장할 수도 있을 일이다).

그런데 대리와 시목1리와 시목2리 합동주민총회에서 행해진 결의는, 법원이 설시한 양도 법리를 따른다고 하더라도, 시목리가 시목1리와 시목2리에 한 재산 양도에 관한 결의인 것만이 아니다. 대리와 시목1리와 시목2리 사이에 있은 지분 조정을 위한 재산 양도에 관한 결의이기도 하다. 이로부터 법원이 비법인사단의 사원총회에서 사원들이 결의한 내용을 일방적으로 변경하여도 되는가 하는 문제가 발생한다.

7. 비법인사단들 사이의 공유

시목리 주민들이 시목리 주민들인 상태로 총유를 하고 있었다면, 시목리 주민들이 행정적으로 분할된 결과가 시목1리 주민들과 시목2리 주민들이므로, 분할된 상태에서 시목1리 주민들과 시목2리 주민들의 생활관계가 어떤가에 따라 분할된 상태에서도 시목1리 주민들과 시목2리 주민들을 합한 총유, 즉 시목1리 주민들과 시목2리 주민들의 총유가 가능하다는 것이 본 평석자의 생각이다.[30)]

하지만 법원은 시목1리 주민들과 시목2리 주민들의 총유를 인정하지 않았다. 총유는 시목1리 주민들끼리, 시목2리 주민들끼리 한다고 하였다. 그리고 시목1리와 시목2리는 공유 관계에 있다고 하였다. 그러면서 분할 전에 대리와 시목리라는 2개 마을이 공유 관계에 있었으므로, 분할 후인 사건 현재 대리와 시목1리와 시목2리라는 3개 마을은 공유 관계에 있게 된다고 하였다.

대상판결문을 보면 법원은 시목리의 소유가 분할을 통해 시목1리와

---

30) 정정미, 2006, 26면 참조.

시목2리의 공유로 변경되는 부분을 설시하는 일에 분량을 할애하지 않았다. 양도 법리를 사용했기에 그럴 필요가 없었을 것이다. 그런데 법원이 시목1리와 시목2리 사이가 공유 관계라고 한 것은 1928년에 조선고등법원이 대리와 시목리가 공유 관계에 있다고 한 재결에 맞춘 것일 수 있다. 그리하여 이 대목에서 생각해 보아야 할 것이, 1928년 당시에는 공유와 총유의 개념 구분이 현재와 같지 않았다는 사실이다. 1928년에는 대리와 시목리의 공유라는 재결이 있었지만, 현재에는 대리와 시목리의 총유라는 판결, 나아가 대리와 시목1리와 시목2리의 총유라는 판결이 있을 수 있지 않느냐는 것이다.

그런데 법원이 총유 판결을 내리려면 3개 마을의 합에 1개의 상위 주민공동체로서 비법인사단성을 인정해주는 것이 전제되어야 한다고 생각할 수 있다. '비법인사단-총유'의 법리적 연결을 고수하는 입장에서는 그럴 수 있다. 법원으로서는 3개 마을이 1개의 상위 주민공동체를 이루는 것을 인정할 것이 아닌 한, 3개 마을이 총유 관계에 있다는 판결은 내릴 수 없게 되는 것이다.

그런데 법원이 대리와 시목1리와 시목2리라는 3개 마을이 공유 관계에 있다고 설시한 것은, 3개 마을이 1개의 상위 주민공동체를 이루는 것을 인정하는 것과 법리적으로 반드시 부딪히는 것은 아니다. 바꾸어 말하면, 법원이 3개 마을 사이가 공유 관계에 있다고 설시하였다고 하여, 3개 마을이 1개의 상위 주민공동체로서 비법인사단을 이루는 것을 인정할 것인지 여부의 문제가 안 발생하는 것은 아니다.

3개 마을이 합하여 1개의 주민공동체를 이루었다고 주장할 때에, 이 1개의 주민공동체의 비법인사단 해당성 여부는 법원이 그동안 취하여 온 비법인사단의 인정 요건에 따라 판단하여야 한다. 즉 '3개 마을 전체 주민들을 구성원으로 하여 고유목적을 가지고 의사결정 기관과 집행 기관인 대표자를 두어 독자적인 활동을 하는 사회조직체로서 실체를 갖추었다면' 3개 마을의 합에 1개의 주민공동체로서 비법인사단 해당성을 인정하여야 한다. 요컨대, 주민공동체의 통합 내지 중층적 공존을 인정하여야 한다.[31] 법원이 여러 주민공동체들의 상위에 1개의 주민공동체가 존재하는 것을 인정하지 않고, 1개의 주민공동체 하위에 여러 개의 주민공동체들이 존재하는 것을 인정하지 않는 것은, 법원이 법인인 사단의 하위에 법인인 사단과 별개인 법인인 사단이나 별개인 비법인사단이 존재하는 것을 인정하고 있는 것과 법리적으로 균형이 맞지 않는다.[32]

그런 한편 대상사안에서 법원이 3개 마을이 서로 공유 관계에 있고, 각 마을 주민들은 총유 관계에 있다고 한 것은, 실은, 법원이 3개 마을의 합에 1개 주민공동체의 존재를 부정한 것을 무색하게 만드는 면이 있다. 공유자들의 지분에 따른 공유물 사용 수익은 공유물 전체에 미치기 때문이다. 각 마을 주민들이 하고 있는 총유가 공유 관계인 3개 마을의 공유물 전체에 미치면, 3개 마을이 1개의 주민공동체로서 목적물을 총유하는 것과 별로 다르지 않은 결과가 되는 것이다.

그런데 여기서 분명하게 확인하고 갈 것이 있다. 어떤 단체의 소유를 총유로 해놓는다는 것이 그 단체의 분열을 막는 역할을 하기 어렵다는 사실이다. 이는 민법 제정 과정에서 볼 때 제275조 이하 비법인사단의 총유 규정이 비법인사단의 분열을 막을 것을 의식하여 설계된 규정이 아니라는 점에서 분명하다. 즉 김증한 교수의 설계에 따르면 제275조 이하 총유 규정에서 비법인사단은 '어느 지방의 주민, 친족단체, 그 밖의 관습상 총합체'가 아니라, '법률의 규정 또는 계약에 의하여 수인이 이룬 조합체'이다.[33] 제275조의 총유하는 비법인사단은 구성원 전원의 동의를 요구하는 강한 결속의 비법인사단이 아니라, 법인인 사단과 비슷하게 다수결에 따라 운용되는 비법인사단인 것이다.[34] 다수결로 운용되는 법인인 사단의 경우에 그 소유를 구성원에게서 아예 분리시켜 놓아도 단체에 분열이 일어나는 것은 막기 어렵듯이, 다수결로 운용되는 비법인사단의

31) 정정미, 2006, 25면.
32) 대법원 2003. 4. 11. 선고 2002다59337 판결.
33) 김영희, 2020. 1, 408면.
34) 김영희, 한국 민법상 특수지역권과 총유의 관계, 비교사법 제26권 제4호, 한국비교사법학회, 2019. 11, 301면 이하.

경우에 그 소유를 총유로 묶어 놓은들 단체에 분열이 일어나는 것은 막기 어렵다.

8. 법원은 어쩌다 비법인사단의 분열 문제를 난해하게 만들고 있는가

분열이 문제인 것은 비법인사단의 경우만 그런 것이 아니다. 어떤 단체에서든 분열은 문제이다. 민법에 분열 규정이 마련되어 있지 않기로는 비법인사단이나, 법인인 사단이나, 조합이나 마찬가지이다. 분열 문제가 심각해질 수 있기로는 분열(해산)하다가 잔여재산을 자칫 국고에 귀속당할 수도 있는 법인인 사단의 경우가 더 할 수 있다.[35)] 혹은 동업 진행 중에 탈퇴하는(분열해 나가는) 조합원에게 지분계산을 해주어야 하는 조합의 경우가 더 할 수 있다.[36)] 그런데 판결문을 보면 비법인사단의 분열 법리가 유독 난해하다. 비법인사단의 분열 법리는 어쩌다 난해한 상태에 있게 되었는가. 법원이 원인을 제공하고 있어 보이는 이유를 몇 들어 본다.

첫째, 의용민법 시대부터 이어져 오는 비법인사단의 총유 법리를 고수하려는 법원의 태도이다.[37)] 그런데 의용민법 시대 총유 개념과 한국 민법상 총유 개념은 같지 않다.[38)] 의용민법 시대 논의가 전제한 비법인사단과 한국 민법 아래 논의가 전제하는 비법인사단도 같지 않다. 그러므로 의용민법 시대에 전개된 비법인사단의 총유 법리는 물론이고 그 법리에 바탕을 둔 비법인사단의 총유 법리로 현재의 비법인사단의 총유 문제를 해결하려 하여서는 안 된다.

둘째, 법원이 가지고 있는 기존 판례에 대한 간혹 지나치기까지 한 의존 태도이다. 대상판결에서 법원은 비법인사단의 분열을 인정하는 것과 마찬가지인 결론을 내면서도 비법인사단의 분열을 부정하는

---

35) 민법 제80조 [잔여재산의 귀속].

36) 민법 제719조 [탈퇴조합원의 지분의 계산].

37) 일본법의 의용에 대해서는 김창록, 제령에 관한 연구, 법사학연구 제26호, 한국법사학회, 2002. 10, 122면 이하를 참조하고, 의용민법 시대에 대해서는 김영희, 의용민법 시대와 합유와 총유의 혼동, 민사법학 제90호, 한국민사법학회, 2020. 3, 33면 이하를 참조.

38) 김영희, 2019. 4, 319면; 김영희, 2019. 11, 300면.

기존 판례를 고수하는 태도를 분명히 하였다. 법적안정성 확보라는 점에서 기존 판례에 대한 존중은 필요하다. 그렇지만 법원은 자신이 기존 판례를 존중하는 것을 넘어 의존하고 있는 것은 아닌지 빈번히 점검해야 한다. 본 평석자는 법원이 새로운 판례를 형성하는 일에 현재보다 적극적이어야 한다고 생각한다. 사회의 변화에 맞추어 민법을 개정하는 일이 어려운 만큼, 판례를 통한 법형성이 적절하게 작동하여야 한다.[39)]

셋째, 각기 다른 비법인사단들에서 벌어지고 있는 분열 문제를 일관된 법리로 다스리고자 하는 법원의 태도이다. 여기에는 비법인사단의 분열을 인정하기를 꺼리는 법원의 태도도 포함되어 있다. 비법인사단의 분열을 인정하기를 꺼리는 법원의 태도는 의용민법 시대에 전개된 일본의 비법인사단의 총유 법리가 가지는 실무적 배경과 동일한 배경을 가진다. 의용민법 시대 일본의 비법인사단 총유 법리는 입회권의 총유 법리와 밀접하게 연결되어 있었는데, 당시 일본 사람들도 일본 법원도 일본 고유의 전통에 기반을 두는 입회권 단체의 분열을 정면으로 요구하거나 인정하기를 꺼렸었다.[40)] 그렇지만 한국 민법 아래에 있는 한국 상황은 일본의 상황과 다르고, 의용민법 아래에 있을 때의 한국 상황과도 다르다. 즉 한국 법원은 비법인사단의 분열을 인정하기를 꺼리는 것을 기본 태도로 삼아야 할 상황에 있지 아니하다. 다만, 현실적으로 비법인사단 중에 분열을 인정하기 조심스러운 단체들이 존재하기는 하다. 대표적으로 종교단체가 그러하다. 한국의 현실에서 비법인사단의 분열이 문제 되고 있는 종교단체는 주로 개신교 교회이다.[41)] 관련 사건이 상대적으로 많다 보니[42)] 법원이 비법인사단의 분열 법리를 교회의 분열 사건에 기초를 두어

39) 김영희, 주택임대차에서 사적자치와 거래비용과 사법적극주의, 법학연구 제30권 제1호, 연세대학교 법학연구원, 2020. 3, 134면.

40) 中尾英俊, 入会権における慣習, 林業経済 63(8), Forest Academic Research Institute, 2010. 11, 38면.

41) 이찬우, 총유물의 보존행위, 재판과판례, 제15집, 대구판례연구회, 2007. 1. 272면.

42) 한국 민법에 비법인사단의 총유 규정을 제안하였던 김증한 교수가 민법안이 국회를 통과한 후 일찍이 교회 분열 사건을 들어 총유를 설명한 영향도 있지 않은가 싶다. 김증한, 판례연구: 교회가 분열한 경우의 교회재산의 귀속—분열당시의

전개하고 있는 감이 없지 않을 정도이다.[43] 그렇지만 교회 관련 사건이 많다고 하여 교회가 비법인사단의 전형인 것은 아니다. 그러므로 교회의 분열 법리를 비법인사단의 분열 법리의 기초로 삼는 것은 적절하지 아니하다.[44] 비법인사단의 분열 문제는 일관된 법리로 다룰 일이 아니라, 문제되는 부류마다 그 특성을 고려하여 달리 다룰 일이다.

Ⅱ. 주민공동체의 분할, 주민공동체의 통합

1. 주민공동체의 통합 내지 중층적 병존

대상사안은 법원이 다룬 것처럼 비법인사단의 분열이 문제인 사안이기보다, 비법인사단의 통합 내지 중층적 병존이 문제인 사안이었다. 원고 마을들은 분할 전에는 대리와 시목리가 1개의 주민공동체를 이루고 있었으며, 분할 후에는 대리와 시목1리와 시목2리가 1개의 주민공동체를 이루고 있다고 주장하였다. 원고 마을들의 이 주장은 '마을 주민들을 구성원으로 하여 고유목적을 가지고 의사결정 기관과 집행 기관인 대표자를 두어 독자적인 활동을 하는 사회조직체로서 실체를 갖추고 있는 마을은 주민공동체로서 비법인사단에 해당할 수 있다'는 기존 판례를 의식한 것이었다.[45]

원고 마을들이 대리와 시목1리와 시목2리로 이루어진 1개의 주민공동체를 주장한 것은 그저 정서에 기초를 둔 것이 아니었다. 과거에 대리와 시목리를 합하여 '대동마을'이라고 불렀던 사실에 기초를 둔 것이었

교도 전원의 총유라는 것이 가능하냐－, 서울대학교 법학 제1권 제1호, 서울대학교 법학연구소, 1959. 6, 209면 이하. 그러나 교회 분열 사건에서 전개된 법리가 비법인사단 법리 일반론으로 확장되는 것은 경계하여야 한다. 한국 민법상 비법인사단의 총유 규정은 종교단체보다 종중이나 마을을 의식하여 마련된 규정이다. 명순구, 실록 대한민국 민법 2, 법문사, 2010, 248면 참조.

43) 정정미, 2006, 26면 참조. 교회의 분열 법리에 대해서는 석현수, 최근 민법학의 동향과 쟁점: 교회 분쟁과 재산귀속, 법학연구 제25권 제4호, 연세대학교 법학연구원, 2015. 12, 35면 이하와, 양형우, 교회분열에 따른 재산귀속, 재산법연구 제24권 제1호, 한국재산법학회, 2007. 6, 59면 이하를 참조.

44) 이홍렬, 자연부락의 재산귀속관계, 성균관법학 제25권 제2호, 성균관대학교 비교법연구소, 2013. 6, 58면.

45) 대법원 1999. 1. 29. 선고 98다33512 판결 등.

다.[46] 원고 마을들이 과거의 명칭까지 소환하여 주장을 한 것은, 법원이 '주민공동체로서 자연촌락은 … 명칭 역시 그 자연촌락에 고유한 명칭을 사용하며 …'라고 하여 주민공동체성을 판단할 때에 마을 명칭을 중요하게 고려하기 때문이다.[47] 그런데 법원은, 원심도 상고심도, 과거에 대리와 시목리를 합하여 대동마을이라고 불렀다는 원고 마을들의 주장에 대해 아무 말도 하지 않았다. 대동마을의 실존을 입증할 자료가 없어 원고 마을들의 주장을 믿지 못하겠다는 말조차 하지 않았다.

그러면서 법원은 원고 마을들의 1개 주민공동체 주장에 대하여 대리와 시목리는 1개의 주민공동체일 수 없고, 시목1리와 시목2리도 1개의 주민공동체일 수 없다고 하였다. 대리와 시목1리와 시목2리 또한 1개의 주민공동체일 수 없다고 하였다. 이유는 그다지 명확하지 않다. 원심은 1975년의 해당 지역의 행정구역 분할로 마을 명칭이 달라지고, 주민의 거주지역이 나뉘었으며, 대표자가 별도로 존재한다는 것을 이유로 삼기는 하였다. 그렇지만 법원은 의용민법 시대로부터 일관해서 주민공동체로서 동·리와 행정구역으로서 동·리를 개념적으로 구분하여 왔다. 이 구분에 따를 때, 원심이 든 이유는 주민공동체 측면이 아니라, 행정구역 측면이다. 법원은 주민공동체로서 동·리와 행정구역으로서 동·리를 개념적으로 구분해오고 있다고 하면서도, 동·리의 주민공동체성을 판단할 때 실은 행정구역을 주되게 고려하고 있는 셈이다.

행정구역으로서 동·리를 구획할 때에 자연촌락인 동·리를 기초로 삼는 것은 자연스러운 일이다. 그렇다보니 자연촌락을 배경으로 하는 주민공동체로서 동·리의 인적 범위 및 지역적 범위와 행정구역으로서 동·리의 인적 범위 및 지역적 범위가 일치하거나 거의 일치하는 것이 일반적이다. 그런 만큼 법원이 주민공동체성을 판단할 때에 행정구역을

46) 대상판결의 제1심 판결 대전지방법원 홍성지원 2004. 10. 29. 선고 2003가합1325 판결.

47) 그런 한편 '주민공동체로서 자연촌락은 … 명칭 역시 그 자연촌락에 고유한 명칭을 사용하며 …'라는 법원의 설시에 대상사안을 대입하였을 때, 시목'1'리와 시목'2'리가 진정 독립된 주민공동체를 구성하기에 충분한 고유한 명칭인지 의심스럽다.

고려하는 것은 당연한 일이다. 그렇지만 행정구역으로서 동 · 리가 반드시 자연촌락인 동 · 리를 기초로 삼는 것은 아니다. 그렇기에 법원도 동 · 리라는 주민공동체와 동 · 리라는 행정구역을 개념적으로 구분하고 있을 것이다. 그렇다면 주민공동체성의 판단에 행정구역을 고려하는 것을 넘어, 행정구역을 주되게 고려하는 것은 곤란하다. 법원이 주민공동체로서 동 · 리와 행정구역으로서 동 · 리를 구분하고 있다면, 주민공동체성은 행정구역을 고려하면서도 행정구역과 별개로 판단하여야 한다. 1개 행정구역인 동 · 리에 여러 개의 주민공동체가 존재하는 것을 인정하여야 하고, 여러 개 행정구역인 동 · 리들이 모여 1개의 주민공동체를 존재시키는 것도 인정하여야 한다.[48]

2. 법정리와 행정리

시목1리와 시목2리로 분할된 시목리는 법원이 설시한 것처럼 해산 후 청산의 목적 범위 내에서만 존재하는 마을이 아니다. 현실로 존재한다. 시목1리와 시목2리 주민은 마을이 분할하고 30년이 지난 현재에도 시목리 주민으로 불리기도 한다. 국내 주요 지도사이트에서 시목1리나 시목2리에 위치한 시설을 검색하면 해당 주소가 시목1리 또는 시목2리가 아니라 시목리인 것으로 뜬다.[49]

한국의 지방자치단체 구성을 보면, 면의 하위 행정구역으로 동 · 리가 있다. 동 · 리의 기본은 법정동과 법정리이다. 그런데 행정동과 행정리도 있다. 지방자치법 제4조의2 제4항을 보면 '… 동 · 리에서는 행정 능률과 주민의 편의를 위하여 그 지방자치단체의 조례로 정하는 바에 따라 하나의 동 · 리를 2개 이상의 동 · 리로 운영하거나 2개 이상의 동 · 리를 하나의 동 · 리로 운영하는 등 행정 운영상 동 · 리를 따로 둘 수 있다'라고 되어 있다. 그러니까 시목리는 법정리 명칭이고, 시목1리와 시목2리는

48) 심희기, 한국법사연구－토지소유와 공동체－, 영남대학교출판부, 1992, 330면 참조.
49) 예를 들어 황새권역마을 체험장이나 정미소 등은 그 주소가 시목리인 것으로 검색된다. https://map.naver.com; https://map.kakao.com/.

행정리 명칭이다.

법정리와 행정리의 구분은 1988년 지방자치법 전부개정으로 규정되었다. 시목1리와 시목2리가 분할된 1975년 당시에 적용되었을 1973년 지방자치법을 보면 상응 규정이 존재하지 않는다. 그렇다고 1988년 이전에 법정리와 행정리 구분 개념이 전혀 없던 것은 아니다. 리의 구역 결정은 자연촌락을 기준으로 하되 자치단체의 조례를 통해 폐치분합을 시키거나 범위 변경을 행할 수 있었다. 그런데 각 자치단체의 하위 조례를 통하는 만큼 리의 폐치분합이나 범위 변경은 리들의 관계에 복잡함과 불분명함을 남겼다. 복잡하고 불분명한 리들의 관계는 1988년에 지방자치법 법정리와 행정리의 구분이 규정되면서 어느 정도 정리되었다.

그런데 여기서 주목할 것이 리의 폐치분합이나 범위 변경이 행해지던 이유이다. 이는 한국의 행정구역의 틀이 조선총독부가 주도한 1914년의 군면통폐합에 의해 마련된 사실과 관련이 있다. 1914년의 군면통폐합은, 1912년부터 실시한 토지조사 사업으로 얻는 자료를 바탕으로 삼았는데, 일제강점기 초기의 조사이고 초기의 정책인 만큼 한국의 현실을 정확하게 반영하지 못했었다. 현실과 행정구역의 불일치는 흔한 일이었다.

현실과 행정구역의 불일치는 한국이 광복한 후로도 계속되었다. 그러므로 리의 폐치분합이나 범위 변경도 계속되었다. 그러다가 등장한 것이 대상사안과도 관련이 있는 1961. 10. 1. 시행의 지방자치에관한임시조치법이다. 1961. 5. 16. 군사정변의 주도자들이 광복 후 행해지던 지방자치제를 사실상 무실화시키며 행정기초단체를 면 단위에서 군 단위로 올려놓은 것이 동법이다. 면이 행정기초단체의 단위이었을 때에는, 면의 바로 아래 동·리가 면을 구성하는 조직으로 작동할 수 있었다. 이에 비해 군이 행정기초단체의 단위이면서는, 군의 바로 아래 읍·면이 군을 구성하는 조직으로 작동하였다. 그러면서 읍·면보다 더 아래 위치하는 동·리는 그 위상을 잃었다. 동·리가 소유하고 있던 재산도 군의 재산인 것으로 귀속되었다. 이 일을 1961년에 대리와 시목리도 겪었다.

3. 주민공동체성 판단을 행정구역에 의존하는 것에 대한 재고

일제강점기로부터 법원이 그 존재를 인정한 비법인사단으로서 동·리는 행정구역으로서 동·리가 아니라, 동·리라는 마을에 사는 주민들로 이루어진 주민공동체로서 동·리이다. 그렇다고 이것이 일본이 한국의 주민공동체성을 높이 평가하였다는 의미는 전혀 아니다. 일본이 한국에서 행정구역으로서 동·리와 주민공동체로서 동·리를 구분한 것은 그들이 통치를 위해 짜놓은 틀과 현실 사이에 차이가 있을 때에 현실을 고려하기 위한 것이었다. 일본은 시정촌(市町村)제를 실시한 후 겪었던 혼란에서 얻은 행정구역으로서 동·리와 주민공동체로서 동·리의 구분을 한국에도 적용하였다. 이 2가지 동·리 중에 중요한 것은 당연히 주민공동체로서 동·리가 아니라, 행정구역으로서 동·리였다.

사람들은 자신이 거주하고 있는 구역의 행정에 큰 영향을 받으며 살아간다. 이것이 법원이 마을의 주민공동체성을 판단할 때 행정구역을 중요하게 고려해야 하는 가장 큰 이유이다. 문제는 그 정도이다. 대상사안에서 법원은 행정구역의 분할과 주민공동체의 분할(분열)을 당연한 듯 연결시키고 있다. 그리고 주민들 사이에 주민공동체성이 존재함에도 불구하고 별개의 행정구역을 배경으로 하고 있음을 들어 3개 마을 주민들이 1개의 주민공동체로 존재하는 것을 인정하지 않는다.

이쯤 되면 법원이 행정구역으로서 동·리와 주민공동체로서 동·리의 구분을 유지하고 있다는 사실이 새삼스럽게 다가온다. 법원은 도대체 어떤 배경에서 행정구역으로서 동·리와 주민공동체로서 동·리를 구분한 것일까. 이 대목에서 법원이 주민공동체성을 인정한 동·리의 목록을 찾아보면, 주로 100여 년 전에 조선토지조사령이나 조선임야조사령에 의해 토지(임야) 소유를 인정받은 마을들이다.[50] 법원은 주민공동체성에 주목하고 있는 것이 아니라, 토지 소유에 주목하고 있는 것이라고 말하여야 할

50) 오영준, 행정구역의 분할이 동·리 명의로 사정된 임야의 소유권에 미치는 영향, 대법원판례해설 제93호, 법원도서관, 2013, 13면 이하; 김교창, 2008, 115면 이하.

정도이다. 법원이 행정구역으로서 동·리와 주민공동체로서 동·리를 구분하는 배경을 알아보기 위해 다음에서 동·리 또는 주민공동체의 토지 소유를 연대기적으로 고찰해 본다.

Ⅲ. 동·리 또는 주민공동체의 토지(임야) 소유에 관한 연대기적 고찰

1. 1898년

(1) 1898. 7. 16. 일본은 1898년에 민법을 시행하였다. 일본이 한국을 침탈하던 1900년대 초반은 민법과 실무를 어떻게 운용할지를 일본 스스로가 정돈하지 못하던 시기였다. 일본이 민법과 실무를 어느 정도 정돈한 것은 1930년대에 이르러서였다. 그러므로 한국의 의용민법 시대를 우리가 의용민법 시대 일본 실무의 태도라고 알고 있는 그 내용으로 파악하려 드는 것은 오류를 수반할 가능성이 상당하다.

(2) 1889년에 일본의 근대적 지방행정제도라고 할 시정촌(市町村)제가 실시되었다. 일본에서 시정촌제 실시는 기존 촌락들의 해체와 통합을 일으켜 촌락공동체의 파괴를 가져왔다. 그런데 소수이기는 하지만, 기존 촌락 중에 시정촌제 실시 이후로도 촌락임을 유지하는 경우가 있기는 하였다. 그리고 재산과 체계화된 조직을 가졌던 기존 촌락공동체 중에 재산구(財産区)라는 지위를 인정받아 그 공동체성을 유지하는 경우도 있기는 하였다. 이로부터 일본에 일반 촌락과 촌락공동체를 구분하는 태도가 생겼다.[51] 촌락을 행정촌(行政村)과 자연촌(自然村)으로 구분하는 태도도 생겼다. 일제강점기에 조선고등법원의 일본인 판사들이 행정구역으로서 동·리와 주민공동체로서 동·리를 구분한 것은 시정촌제 실시에 따른 일본에서의 경험이 반영된 것이었다.

(3) 1898년에 시행된 일본 민법은 강한 법인법정주의를 규정하고 있었다. 민법적으로 보면, 촌락은 공법에 의거하여 설립된 법인에 해당될

51) 石田文次郎, 土地總有權史論, 岩波書店, 1927, 573면 이하; 江渕武彦, 日本民法学の共同所有論における学説上の課題, 토지법학 제32권 제2호, 한국토지법학회, 2016, 336면.

수 있었다. 그러나 민법 시행 초기의 일본은 민법학으로 촌락을 다룰 상황에 있지 아니하였다. 일본 민법학이 촌락을 다루는 일은 1926년에 일본 민사소송법에 비법인사단 규정을 신설하는 개정을 하면서 활성화되었다.

2. 1904년

1904. 8. 22. 일본의 한국 사법 간섭이 본격화한 것은 1910. 8.29.에 강제병합 조약이 발효하면서부터가 아니라, 1904. 8. 22.의 제1차 한일협약으로 고문정치를 시작하면서부터이다.

3. 1907년

1907. 7. 24. 일본이 1907. 7. 24.의 제3차 한일협약(한일신협약, 정미7조약)으로 차관정치를 시작하면서부터 한국의 법령 제정이나 행정 처분은 일본통감의 승인을 받아야 하는 것이 되었다. 1907. 7. 24. 이후의 판결도 일본이 관리한 판결이 되었다.[52)]

4. 1908년

(1) 1908. 1. 22. 1908년 삼림법은 한국의 임야에 대해 소유자를 확정하기 위해 3년 내에 지적신고를 할 것을 규정하였다. 이때 지적신고를 할 수 있는 자격은 개인에게만 있었다. 그런데 1908년 삼림법은 1910년의 강제병합으로 제대로 시행되지 못하였다. 그렇다고 1908년 삼림법이 실효한 것은 아니었다. 오히려 1908년 삼림법 규정에 따라 지적신고를 한 것이 제대로 된 심사를 거치지 않은 채 소유권을 확정하는 근거로 삼아지고는 하였다.[53)] 그런 한편 1908년 삼림법은 한국의 임야에 입회관행

---

52) 임상혁, 동리의 당사자능력과 조선고등법원의 관습선언, 법사학연구 제28호, 한국법사학회, 2003. 10, 69면. 대한제국 말의 법 상황과 관련해서는 정긍식, 한말법률기초기관에 관한 소고, 한국법사학논총(박병호교수환갑기념논문집)Ⅱ, 박영사, 1991, 251면 이하를 참조.

53) 배병일, 마을재산의 소유권의 발생과 변동에 관한 연혁적 연구, 법학논고 제53호, 경북대학교 법학연구원, 2016. 2, 276면.

을 인정하지 않았다.

(2) 1908. 2. 29. 대상사안상 원고인 대리와 시목리의 주민들이 융희 2년 제97호 소송에서 사건 임야가 마을 소유라는 주장을 한 바 있다.

(3) 1908. 5. 일본이 한국에서 관습조사 사업을 시작하였다. 조사내용은 1910년 관습조사보고서에 수록되었다.[54]

5. 1909년

(1) 1909. 2. 5. 조선고등법원은,[55] 동·리가 소송당사자가 될 수 없음을 전제로, 동·리 주민 전체가 소송당사자가 되어야 한다고 하였다. 그러면서 동·리 주민 전체가 개개로 성명을 표기하는 대신, 동·리로 표기할 수 있다고 하였다.[56]

(2) 조선고등법원의 일본인 판사들이 한국의 동·리가 법인에 해당한다고 여겼다면, 법인에 해당하는 동·리의 이름으로 소송당사자가 되어야 한다고 하였을 것이다. 그러므로 조선고등법원의 일본인 판사들이 동·리 주민 전체가 소송당사자가 되어야 한다고 한 것은, 그들이 한국의 동·리가 법인에 해당한다고 여기지 않았다는 의미가 된다. 1909년경 일본은 일본 민법과 일본 민사 실무를 한국에 어떻게 어느 정도로 적용할 것인지 확정하지 못한 상태에 있었다.[57] 당시 일본 민법 제33조는 강한 법인법정주의를 규정하고 있었는데, 한국의 법과 관습에 익숙하지 않은 일본인 판사가 한국의 동·리가 법인에 해당한다고 인정하기는 어려

54) 임상혁, 2003, 65면.

55) 조선고등법원에 관한 연구로는 김상수, 조선고등법원과 현대 한국법－조선고등법원의 생성을 중심으로－, 법과사회 제23호, 법과사회이론학회, 2002. 2, 91면 이하를 참조.

56) 1909. 2. 5. 민상 제7호, 조선고등법원 판결록 제1권, '리민(里民) 또는 동민(洞民)을 전체의 소송당사자로서 표시함에 있어서 리(里) 또는 동(洞)으로 표기하는 것은 종래부터 시인되어 온 재판관례이다.'

1909. 5. 6. 민상 제37호, 조선고등법원판결록 제1권, '면(面)을 표시하여 소송당사자인 다수 동민(洞民)의 성명(氏名) 표시를 생략하는 것은 종래부터 시인되어 온 재판상의 관례이다.'

57) 임상혁, 2003, 72면.

웠을 것으로 보인다.[58)]

(3) 1909년에 조선고등법원은 동 · 리의 법인성을 인정하지 않으면서도 동 · 리 주민 전체가 동 · 리를 표기하여 하는 소송을 허용하였다. 그런데 이 소송 허용은 한국의 '관습'에 의거한 허용이 아니었다. 한국의 '재판상 관례'에 의거한 허용이었다. 그런 한편 조선고등법원의 일본인 판사들이 동 · 리 주민 전체에 소송을 허용했던 것은, 판결문에는 한국의 '재판상 관례'로서 허용한 것으로 되어 있으나, 일본에서 마을 주민 전체에 소송을 허용하기도 하였던 것을 참조하였을 가능성이 상당하다.[59)]

(4) 1909년에 조선고등법원이 동 · 리로 표기하여 소송할 수 있다고 한 것을 일본의 비법인사단 법리와 연결시키기는 어렵다. 일본에서 비법인사단 법리는 1920년대에 전개되기 시작하는데, 아직 1909년이므로 그러하다. 1898년에 시행된 일본 민법에 법인인 사단 규정이 들어있기에 1920년 이전의 일본에 비법인사단에 관한 관념이 전혀 없지는 않았겠으나, 당시 일본의 법률가들은 비법인사단에 주의를 돌리지 못한 상태에 있었다.[60)] 일본에서 비법인사단 법리가 1920년대에 전개되기 시작하는 것은 기르케의 단체론에 대한 관심과 독일 민법학 계수 현상이 합쳐져서이다.[61)]

(5) 1898년 민법 시행 이후 일본에 비법인사단 관련한 문제들이 쌓여갔다.[62)] 이에 일본은 1926년에 민사소송법을 개정하여 비법인사단의 당사자능력 규정을 두었다. 일본이 1926년에 민법 개정이 아닌 민사소송법 개정을 통해 비법인사단 규정을 둔 사실에 주목해야 한다. 1926년에

58) 일제강점기 한국의 관습법에 대한 재고를 위해서는 심희기, 일제강점 초기 '식민지 관습법'의 형성, 법사학연구 제28호, 한국법사학회, 2003. 10, 6면 이하를 참조.

59) 조선총독부/정긍식 역, 국역 관습조사보고서, 한국법제연구원, 1992, 115면, 138면, 165면 참조.

60) 星野英一, いわゆる「権利能力なき社団」について, 法学協会雑誌 84巻9号, 1967. 9, 1125면 이하 참조.

61) 菅原春二, 權利能力なき社團 (1)/(2), 法學論叢 9巻1号/6号, 1923, 1면 이하/42면 이하; 石田文次郎, 権利能力なき社団, 法學論叢 31巻2号, 1934, 157면 이하.

62) 비법인사단의 문제가 아니라, 해당 단체(사람들)의 문제로 해결이 시도되었다.

개정된 일본 민사소송법상 비법인사단 규정은 민법상 비법인사단 논의가 뒷받침된 규정이 아니었다. 당사자 구제라는 사회적 필요로 관철된 규정이었다.[63] 1926년에 개정된 일본 민사소송법은 1929. 10. 1.에야 한국에서 시행되었다. 이는 1930년 이전에 한국에서 내려진 비법인사단 관련 판결들에 등장하는 소송당사자능력 개념이 현재와 같은 비법인사단 개념과 현재와 같은 소송당사자능력 개념을 전제로 하는 것이 아니라는 것을 의미한다.[64]

(6) 1909년경을 배경으로 비법인사단의 총유를 말할 수는 없다.[65] 일본에서 총유는 민법에 해당 규정이 없는 개념으로, 1920년대에 이르러서야 그 논의가 시작되었다.[66]

6. 1910년

(1) 1910. 8. 29. 한국이 일본에 강제적으로 병합되었다.

(2) 1910년에 일본이 한국에서 제조한 관습조사보고서는 동·리가 '관습상 법인'이 될 수 있는 것으로 보고 있다(고 해석할 수 있다). 1910년 관습조사보고서에 정확하게 동·리가 관습상 법인이 될 수 있다는 표현이 나오지는 않는다. 그럼에도 불구하고 1910년 관습조사보고서가 동·리가 관습상 법인이 될 수 있는 것으로 보고 있다고 해석할 수 있는 것은, 관습조사 사업을 담당했던 법전조사국이 재판 관련하여 동·리가 관습상 법인이 될 수 있다고 회답하고 있기 때문이다.[67]

(3) 1910년에 조선고등법원의 일본인 판사들이 일본 민법상 법인법정주의에 맞추어 한국에 존재하는 관습(법)을 근거로 동·리의 관습상 법인성을 인정했다고 볼 수 있기는 하다. 그렇지만 일본인 판사들이 한국

63) 김민주, 일본의 법인 아닌 사단에 관한 규율의 재검토, 법학논총 제43호, 숭실대학교 법학연구소, 2019. 1, 4면; 김영희, 한국 민법 제정에 참조한 프랑스·독일·일본 민법에서 비법인사단, 저스티스 통권 제176호, 한국법학원, 2020. 2, 27면.

64) 임상혁, 2003, 72면.

65) 星野英一, 1967, 1180면, 1197면.

66) 의용민법 시대 중 상당 기간 일본 민법학에는 비법인사단의 총유 법리가 존재하지 않았다. 김영희, 2020. 3, 54면.

67) 임상혁, 2003, 67면 이하.

에 존재하는 관습(법)을 근거로 적극적으로 동 · 리의 법인성을 인정한 것은 아니라고 보아야 한다. 당시 일본인 판사들이 법인법정주의를 규정하고 있는 일본 민법 제33조 해석에 그들이 전모를 파악하기 어려운 한국의 관습(법)까지 포함시켰을 가능성은 크지 않기 때문이다. 이 대목에서 1909년에 조선고등법원이 동 · 리의 법인성을 정면으로 인정하지 않으면서도 동 · 리를 표기하여 소송을 할 수 있다고 하면서 그 근거로 '재판상 관례'를 말했다는 사실에 다시 주목할 필요가 있다. 1909년 판결문상 '재판상 관례'에 상응하는 표현이 1910년 관습조사보고서상 '관습상 법인'에 해당하는 표현인데, 1년 사이에 '관습(법)'이 형성되는 것은 생각하기 어렵기 때문이다.[68] 즉 1910년 관습조사보고서상 '관습상 법인'에 해당하는 표현은 1909년 판결문상 '재판상 관례'와 동일한 것을 나타내고 있을 가능성이 크다. 물론 '재판상 관례'가 '관습'에 바탕을 둔 것일 수도 있다.

7. 1911년

1911. 9. 1. 한국에서 1908년 삼림법이 폐지되고, 1911년 삼림령이 시행되었다. 1911년 삼림령은 임야의 개인소유만 인정하였는데, 일본은 개인소유라는 자료가 제출되지 않은 한국의 임야들을 국유화하였다. 이런 식의 국유화는 반발을 가져왔고, 이후 일본은 국유화하였던 한국 임야들의 일부를 사유화하는 정책을 폈다. 그런 한편 1911년 삼림령은, 1908년 삼림법과 달리, 제8조에서 입회관행에 따른 사용 수익을 인정하였다.

8. 1912년

(1) 1912. 3. 2. 조선고등법원은 동 · 리가 소송당사자가 될 수 있다고 하였다.[69] 그 근거는 '당원 판례가 인정하는 바'이다. 1912년 판결에서

---

68) 사실은 1년 사이가 아닐 수 있다. 1910년의 관습조사보고서는 1908년부터의 조사를 바탕으로 제조된 것이기 때문이다.

69) 1912. 3. 22. 민상 제57호, 조선고등법원 판결록 제1권, '동(洞) 또는 리(里)가 소(訴)를 제기하거나 소(訴) 제기를 받을 수 있는 자격이 있음은 당원 판례가 인정하는 바이다.'

'당원 판례'는 앞 1909년 판결에서 '재판상 관례'와 동일한 의미이다.

(2) 1912. 3. 18. 일본은 조선부동산등기령과 조선민사령을 제정하였다.[70)]

(3) 1912. 3. 26. 일본은 조선부동산등기령을 시행하였다.[71)]

(4) 1912. 3. 30. 조선고등법원은 동·리 주민 전체가 소송당사자가 되어야 하는데, 소장에 동·리 주민 개개인을 모두 표기하는 대신, 동·리로 표기하고 동장 및 이장을 소송당사자로 표기할 수 있다고 하였다.[72)] 그 근거는 '재판상 인정되고 있는 관례'이다.

(5) 1912. 4. 1. 일본은 조선민사령을 시행하였다. 조선민사령은 제10조에서 조선인 상호간의 법률행위에 대하여는 법령 중 공공질서에 관한 규정과 다른 관습이 있는 경우에 있어서는 그 관습에 의한다고 규정하였다. 이 규정으로 인해 조선에서 관습조사 사업, 토지조사 사업,[73)] 임야조사 사업[74)] 등이 진행되었다.

(6) 1912년 조선토지조사령 제15조는 토지소유자의 권리가 사정 및 재결에 의하여 확정된다고 규정하였다.

9. 1914년

일본은 1912년부터 실시한 토지조사 사업으로 얻는 자료를 바탕으로

---

70) 조선민사령에 관해서는 정긍식, 조선민사령과 한국 근대 민사법, 동북아법연구 제11권 제1호, 전북대학교 동북아법연구소, 2017. 5, 97면 이하를 참조.

71) 정연태, 대한제국 후기 부동산 등기제도의 근대화를 둘러싼 갈등과 그 귀결, 법사학연구 제16호, 한국법사학회, 1995. 12, 59면 이하.

72) 1912. 3. 30. 민상 제71호, 조선고등법원 판결록 제1권, '동민(洞民) 또는 리민(里民) 전체가 소송당사자인 경우 단지 그 동(洞) 또는 리(里)를 표시하고 다수의 리민(里民) 또는 동민(洞民) 개개인의 표시를 생략하는 것은 재판상 인정되고 있는 관례이며, 민형소송규칙 기타의 법령에 이에 저촉하는 규정은 존재하지 않는다. 따라서 소장(訴狀)에 피고인 동민(洞民)이 속하는 동(洞) 및 그 대표자인 이장(里長)을 표시한 이상 소송당사자의 표시를 흠결(欠缺)하였다고 볼 수 없다.'

73) 토지조사 사업에 대해서는 이철우, 토지조사사업과 토지소유법제의 변천, 한국법사학논총(박병호교수환갑기념논문집)Ⅱ, 박영사, 1991, 349면 이하 참조.

74) 강정원, 1910년대 일제의 조선 산림 소유와 이용에 관한 인식－공동체적 소유와 입회권을 중심으로－, 한국민족문화 제56호, 부산대학교 한국민족문화연구소, 2015. 8, 83면 이하 참조.

1914년에 한국의 군면을 통폐합하였다.[75)]

10. 1917년

1917. 10. 1. 일본은 한국에서 면제를 실시하였다. 동 · 리는 면 아래 행정구역으로 되었다. 이는 자연촌락으로서 동 · 리를 행정구역으로서 동 · 리인 것으로 편제하는 것을 의미하였다. 따라서 기존의 자연촌락으로서 동 · 리에 관한 관습은 폐지되는 것으로 인식되었다. 동 · 리에 관한 관습이 폐지되는 것으로 인식되었으므로, 1910년 관습조사보고서에 근거하여 동 · 리가 관습상 법인이 될 수 있다고 보았던 것도 이제는 되지 못한다고 보아야 할 일이었다(그러나 조선고등법원은 이후 1920년에 이르러 분명하게 동 · 리가 관습상 법인이 될 수 있다고 하였다).[76)]

11. 1918년

(1) 1918. 5. 1. 1918년 조선임야조사령 제15조는 토지소유자의 권리가 사정 및 재결에 의하여 확정된다고 규정하였다. 그리고 1918년 조선임야조사령 제10조는 1911년에 시행된 삼림령에 의해 국유화된 임야의 일부가 구소유자 또는 구소유자의 상속인에 사정되는 것을 허용하였다. 이때 (1918년 조선임야조사령 자체가 아니라) 실무는, 사정받는 구소유자로 개인뿐만 아니라 마을도 인정하였다. 그러나 마을이 소유를 인정받더라도 마을 명의로 등기할 방법이 없었다. 마을은 등기를 안 한 상태로 있거나, 마을 대표자 등에 의한 단독등기를 하거나, 복수의 마을 대표자에 의한 공유등기를 하거나, 마을 주민들 모두의 이름으로 공유등기를 하였다. 마을 명의로 등기가 가능해진 것은 1930년이 되어서였다. 이 사이에 전개된 것이 명의신탁이론이다.

(2) 1918. 12. 10. 대상사안에서 1918년 조선임야조사령에 따라 사건 임야가 대리와 시목리의 소유가 아닌, 광시면의 소유인 것으로 사정되었다. 이에

---

75) 임상혁, 2003, 73면.
76) 임상혁, 2003, 73면.

대리와 시목리 주민들이 재결을 청구하였고, 재결은 1928. 1. 26.에 내려졌다. 1928년의 재결은 사건 임야의 소유권이 대리와 시목리에 있다고 하였다.

12. 1920년

(1) 1920. 6. 18. 조선고등법원은 동·리가 법인이 될 수 있다고 하였다.[77] 1920년 판결에는 '조선 관습'과 '법인'이라는 표현이 분명하게 등장하였다. 1909년 이후 '재판상 관례'라고 표현하였던 것을 1920년에 이르러 '관습상 법인'이라고 표현하기 시작한 것이다.

(2) 1917년의 면제 실시와 더불어 동·리에 관한 관습이 폐지되었으므로, 1909년에서 1916년 사이에는 동·리가 재판 관례상 또는 관습상 법인격을 가질 수 있었을 지라도, 1917년부터는 재판 관례상 또는 관습상 법인격을 가지지 못할 일이었다. 그런데도 조선고등법원은 1920년에 동·리가 관습상 법인이 될 수 있다고 하여, 1909년부터의 판례의 기조를 유지하였다.[78] 이를 1909년 판결로부터 10년 넘게 이루어진 조선(한국)의 판결례 집적으로 설명할 수도 있다.

(3) 1920. 6. 18. 조선고등법원 판결은 대상판결을 평석하는 일에서 중요한 의미를 차지한다. 1917. 10. 1.의 면제 실시로 동·리가 자연촌락으로서가 아니라 행정구역인 동·리로 존재하게 되었는데도 1920. 6. 18.에 조선고등법원이 동·리가 관습상 법인이 될 수 있다고 판결한 것은 행정구역이 된 동·리가 자연촌락으로서 성격을 별도로 계속하여 가질 수 있다는 것을 인정한 것이기 때문이다. 즉 1920. 6. 18.에 조선고등법원이 동·리가 행정구역이면서도 관습상 법인이 될 수 있다고 판결한 것은 현재 한국 법원이 행정구역으로서 동·리와 주민공동체(마을공동체, 관

77) 1920. 6. 18. 민상 제127호, 조선고등법원 판결록 제7권, '면내(面內)의 동리(洞里)가 재산을 소유할 수 있음은 조선관습이 인정하는 바이고, 각 도(道)에서 면(面) 및 동리(洞里) 소유재산 관리규정을 만든 것은 그러한 동리 소유재산이 존재함을 인정한 것에 의하므로, 동리가 그 재산을 소유하고 재산권의 주체가 될 수 있는 범위에서 동리(洞里)는 종래로부터 법인이 될 수 있다고 인정할 수 있다.'

78) 하지만 1917년의 면제 실시로 이미 많은 수의 동·리와 동·리 소유의 재산들이 면에 편입되어버린 상황이었다.

습상 법인)로서 동 · 리를 구분하여 다루는 역사적 기초가 되고 있다고 말할 수 있다.

(4) 현재 지방자치법은, 지방자치단체는 법인으로서 재산을 소유할 수 있다고 규정하고 있다.[79] 이는 한국과 일본에서 공히 그러하다. 현재 시각에서 보면, 1920년에 조선고등법원이 동 · 리가 관습상 법인이라고 한 것의 의미는 '관습'이 아니라 '법인'에 있을 수 있다.

13. 1925년

1925. 7. 7. 조선고등법원은 동 · 리가 그 자체로 재산을 소유할 수 있으며, 관습상 법인이 될 수 있다고 하였다.[80]

14. 1926년

(1) 1926. 4. 25. 일본은 1918년에 조선임야조사령 제10조를 통해 1911년 삼림령으로 인해 국유화된 임야를 구소유자에게 사정하는 사유화를 진행하였다. 그리고 그럼에도 불구하고 여전히 존재하는 국유화에 대한 불복으로 인해 1926. 4. 25.의 조선특별연고삼림양여령을 통해 다시 사유화를 진행하였다. 이때 일부 마을이 종전 마을 재산이었던 임야를 양여받았다. 그러나 그렇게 임야를 양여받았더라도 마을은 여전히 마을 명의로 등기를 할 방법을 가지지 못하였다. 마을은 등기를 하지 않고 양여허가서를 가진 상태로 머물러 있거나, 마을 주민들의 공유인 것으로 등기를 하거나 하였다.[81]

---

79) 한국 지방자치법 제3조, 일본지방자치법 제2조.

80) 1925. 7. 7. 민상 제118호, 조선고등법원 판결록 제12권, '명치(明治) 43년(1910년) 경에 동리(洞里)가 재산을 소유할 수 있고, 그 재산의 주최가 되는 범위 내에서 법인이 된 것은 조선의 관습으로 본 법원의 판례로 이를 인정하게 되었고, 당시 관습상 동장(洞長) 이장(里長)은 그 동리(洞里)를 대표하여 다른 것과 유효하게 계약을 체결하고 또한 동리유(洞里有) 재산을 유효하게 처분할 수 있는 권한을 가지고 있어서 이 때문에 그 동리민(洞里民) 전원의 동의를 필요로 하고 또한 감독관청의 허가를 받을 것을 요하는 법령 또는 관습이 존재하지 않았다.'

81) 배병일, 2016, 281면.

(2) 일본은 1926년에 민사소송법을 개정하여 비법인사단의 소송당사자능력을 인정하는 규정을 두었다. 일본의 민사소송법 개정은 한국에 곧바로 적용되지는 않았다. 조선민사령 개정을 거쳐야 했기 때문이다. 조선민사령의 해당 개정은 1929년에 이루어졌다. 한국에서 일본의 1926년 개정 민사소송법은 1929년 말엽에서야 적용되었다.

(3) 일본이 1926년에 민사소송법을 개정하여 비법인사단의 소송당사자능력을 인정하는 규정을 두었으되 정작 민법에는 비법인사단 규정을 두지 않은 것은, 당시 일본 민법학계가 비법인사단에 대해 어떻게 법리를 구성할지 정하지 못한 상태에 있었기 때문이다. 일본에서 민법이 시행된 후 비법인사단에 속하는 단체들의 법적 처리가 문제가 되자, 일본의 법률가들은 일본 민법 제정에 참조하였던 독일 민법의 운용을 파악하는 일에 나섰었다. 그런데 독일의 실무가 애매하였다. 독일 민법은 비법인사단에 조합 규정을 준용할 것을 규정하고 있었는데, 정작 독일 실무는 비법인사단에 법인인 사단 규정을 준용하는 방향으로 나가고 있었다. 이에 일본 법학계와 실무는 비법인사단과 조합과 법인인 사단을 구분하는 일에 노력을 기울였다. 그렇지만 일본 법학계와 실무계는 비법인사단에 관한 법리를 정립하는 데에 이르지 못하였고, 이에 비법인사단에 관한 문제는 계속하여 학설과 판례에 맡겨지는 것으로 되었다.[82)]

15. 1927년

(1) 1927년에 일본에서 石田文次郎의 총유론이 나왔다. 이 총유론은 총유하는 단체로서 입회권 단체에 관한 논의를 포함하였다. 1929년에는 石田文次郎의 비법인사단론이 나왔다. 我妻榮은 石田文次郎의 이론들을 거의 그대로 받아들였다.[83)]

(2) 일본에서 별개로 진행되던 비법인사단에 관한 논의와 입회권에

82) 정종휴, 독일과 일본의 총유이론사, 법사학연구 제14호, 한국법사학회, 1993. 12, 54면; 어인의, 권리능력 없는 사단에 관한 고찰, 청주법학 제2권, 청주대학교 법학과, 1987. 2, 159면.

83) 星野英一, 1967, 1206면.

관한 논의와 총유에 관한 논의가 서로 접하게 되는 것은 1920년대 후반에 나온 石田文次郎의 총유론과 비법인사단론이 미친 영향이다.[84] 石田文次郎은 입회권 단체 중 일정 단체가 총유를 하는 것으로 이론 구성하였는데,[85] 그런 종류의 입회권 단체가 비법인사단에 해당할 수 있던 것에서 비법인사단의 총유 법리가 만들어졌다. 일본에서 비법인사단의 총유 법리가 만들어지는 과정에 비법인사단 법리, 입회권 법리, 총유 법리 각각에 대한 윤색 작업이 보태졌다. 예를 들어 비법인사단은 법인이 되지 않거나 법인이 되지 못한 인적 단체 일반을 가리켜야했으나, 1926년의 민사소송법 개정을 계기로 비법인사단으로서 나름의 요건을 갖추어야만 비법인사단으로 다루어질 수 있는 것으로 되었다. 입회권 단체는 입회지 상태나 입회 구성원들의 결정에 따라 총유뿐 아니라 다른 소유도 할 수 있었으나, 점차 총유가 원칙인 것으로 수렴되었다. 비법인사단은 본래 특정 소유를 해야 하는 단체가 아니었으나, 입회권 단체들이 비법인사단으로 다루어지면서, 점차 총유를 해야 하는 단체인 것으로 되었다. 그리하여, 요컨대, 입회권 법리 중 일부가 비법인사단의 법리로 전용되는 변화가 일어났다. 그런데 이와 같은 변화는 학문상으로 1930년대에 일어났으되, 일본 실무에 받아들여진 것은 1957년에 이르러서였다.[86] 이와 같은 시간 차이는 우리가 의용민법 시대의 실무라고 알고 있는 비법인사단의 총유 법리가 실은 의용민법 시대 당시에 일본 실무가 운용하던 비법인사단의 총유 법리가 아닐 수 있음을 의미한다.[87] 우리가 의용민법 시대의 일본 실무라고 알고 있는 비법인사단의 총유 법리는 입회권 단체를 전제로 하는 것이 분명한 입회권의 총유 법리이거나, 후대에 변용된 일본 민법학상 비법인사단의 총유 법리일 수 있다.

---

84) 김영희, 2020. 3, 64면.

85) 石田文次郎, 1927, 591면 이하.

86) 江渕武彦, 2016, 342면. 일본 최고재판소의 1957. 11. 14.자 판결에 나타나 있는 비법인사단 요건과 한국 대법원 1991. 11. 26. 선고 91다30675 판결이 설시하고 있는 비법인사단 요건을 비교해 보라.

87) 예를 들어 石田文次郎, 1934, 157면 이하는 입회권에 초점이 맞추어져 있지 아니하다.

16. 1928년

1928. 1. 26. 대상사안에서 사건 임야에 대해 광시면의 소유가 아니라 대리와 시목리의 소유인 것으로 재결이 내려졌다.

17. 1929년

비법인사단의 소송당사자능력을 규정한 1926년 개정 일본 민사소송법이 1929년에 조선민사령 개정을 통해 한국에 적용되었다.[88)]

18. 1930년

(1) 1930. 10. 23. 조선부동산등기령이 개정되면서 한국에서 비법인사단이 등기를 할 수 있게 되었다.[89)]

(2) 1930년 당시는 물론이고 현재에 이르도록 일본 부동산등기법은 비법인사단이 등기할 수 있다는 규정을 두고 있지 않다.[90)] 1930년 당시

---

88) 1926년 개정 일본 민사소송법 제46조 법인이 아닌 사단 또는 재단으로서 대표자나 관리인이 정해져 있으면 그 이름으로 소를 제기하거나 소제기의 상대방이 될 수 있다.

현행, 일본 민사소송법 제29조(법인이 아닌 사단 등의 당사자능력) 법인이 아닌 사단 또는 재단으로서 대표자나 관리인이 정해져 있으면 그 이름으로 소를 제기하거나 소제기의 상대방이 될 수 있다.

1960년, 한국 민사소송법 제48조(비법인의 당사자능력) 법인 아닌 사단이나 재단으로서 대표자 또는 관리인이 있으면 그 이름으로 당사자가 될 수 있다.

현행, 한국 민사소송법 제52조(법인이 아닌 사단 등의 당사자능력) 법인이 아닌 사단이나 재단은 대표자 또는 관리인이 있는 경우에는 그 사단이나 재단의 이름으로 당사자가 될 수 있다.

89) 1930년 개정 조선부동산등기령 제2조의4 ① 종중·문중·기타 법인에 속하지 아니하는 사단 또는 재단으로 조선총독이 정하는 것에 속하는 부동산의 등기에 대하여는 그 사단 또는 재단을 등기권리자 또는 등기의무자로 본다. ② 전항의 등기는 그 사단 또는 재단의 명으로 그 대표자 또는 관리인이 신청하여야 한다.

현행, 한국 부동산등기법 제26조(법인 아닌 사단 등의 등기신청) ① 종중, 문중, 그 밖에 대표자나 관리인이 있는 법인 아닌 사단이나 재단에 속하는 부동산의 등기에 관하여는 그 사단이나 재단을 등기권리자 또는 등기의무자로 한다. ② 제1항의 등기는 그 사단이나 재단의 명의로 그 대표자나 관리인이 신청한다.

90) 김민주, 2019, 13면.

는 물론이고 현재에 이르도록 일본 민법은 비법인사단 관련 규정을 두고 있지 않다. 총유 규정도 두고 있지 않다.[91]

19. 1931년

일본은 한국에서 1917년에 면제를 실시했던 것에 이어, 1931년에 읍 · 면제를 실시하였다. 이로 인해 한국에서 동 · 리는 그 의미를 한층 더 상실하게 되었다.

20. 1932년

1932년에 일본에서 石田文次郎의 물권법 교과서와 我妻榮의 물권법 교과서가 나왔다. 石田文次郎과 我妻榮의 교과서는 한국의 민사 실무에 일본 민법 자체 이상으로 영향을 주었다.[92]

21. 1937년

일본의 법률가들이 만든 만주 민법에 총유 규정이 들어갔다. 그런데 만주 민법상 총유 규정은 합유 규정으로 해석될 수도 있고, 총유 규정으로 해석될 수도 있다. 일본의 법률가들에게 만주 민법은 하나의 큰 실험이었다. 만주 민법에 총유 규정이 들어갔다는 것이, 이 당시 일본의 실무가 총유 개념을 보편적으로 수용하였다는 것을 의미하지는 않았다.[93]

---

91) 일본 민법에는 합유 규정도 없다. 일본 민법 제688조는 조합의 소유를 공유로 규정하고 있다. 그렇지만 일본에서 합유는 1922년 이후로 실정법상 개념이기는 하다. 일본 신탁법에 관련 규정이 있다.

1922년, 일본 (구)신탁법 제24조 ① 수탁자가 수인인 신탁에서 신탁재산은 합유로 한다.

현행, 일본 신탁법 제79조(신탁재산의 합유) 수탁자가 2인 이상인 신탁에서 신탁재산은 합유로 한다.

1961년, 한국 신탁법 제45조(공동수탁자) ① 수탁자가 수인 있는 때에는 신탁재산은 그 합유로 한다.

현행, 한국 신탁법 제50조(공동수탁자) ① 수탁자가 여럿인 경우 신탁재산은 수탁자들의 합유로 한다.

92) 김영희, 2020. 3, 58면 이하.

93) 김영희, 2019. 11, 282면 이하.

22. 1945년 한국

1945. 8. 15. 한국이 광복하였다.

23. 1947년 일본

1947. 5. 3. 일본이 지방자치법을 시행하였다. 이는 1949년의 한국 지방자치법에 큰 영향을 주었다.

24. 1949년 한국

(1) 1949. 7. 4. 1949년에 한국이 지방자치법을 시행하였다. 1949년 지방자치법의 시행으로 면이 지방자치단체의 하나로서 재산주체가 되었다. 리는 면의 말단 행정기관이 되었고, 재산주체로서의 지위를 가지지 못하였다.

(2) 대상사안에서 1928년에 대리와 시목리 소유로 재결이 이루어졌던 사건 임야는 1949년 지방자치법 실시로 다시 광시면의 소유로 귀속되었다. 다만 등기는 이루어지지 않고 있었다.

25. 1953년 한국

대법원 1953. 4. 21. 선고 4285민상162 판결 "행정법상 동리는 시·읍·면의 하나의 행정구역으로서 법률상 독립한 인격을 향유하지 못하는 것이나, 그 지역 내에 조직된 동리회는 그 지역 내에 거주하는 주민의 공동편익 및 공동복지를 위한 주민 전부의 공동체로서 주민 전부가 그 회원이 됨은 물론 타지역으로부터 입주하는 자는 입주와 동시에 당연히 그 회원이 되고 타지역에 이주하는 자는 이주와 동시에 당연히 회원의 자격을 상실하는 불특정 다수인으로 조직된 영속적 단체이므로 행정구역의 변동으로 그 단체가 자연 소멸되지 아니한다."[94]

---

94) 정정미, 2006, 7면에서 재인용.

26. 1957년 한국

한국 국회에서 민법이 제정되고 있었다.[95] 이 과정에서 김증한 교수가 총유 규정을 둘 것을 제안하였다.[96] 그런데 김증한 교수는 총유 규정을 둘 것만 제안한 것이 아니었다. 법인 부분에 비법인사단 규정을 둘 것도 제안하였었다. 김증한 교수가 설계한 비법인사단 규정 구도는 비법인사단 일반 규정을 법인 부분에 두고, 비법인사단 총유 규정을 공동소유 부분에 두는 것이었다.[97]

27. 1957년 일본

1957. 11. 14. 일본 최고재판소에서 비법인사단에 관한 유의미한 판결이 나왔다. 해당 판결을 수록하고 있는 일본 최고재판소 민집11권12호 1943면에 따르면, 법인격을 가지지 않는 사단 즉 권리능력 없는 사단에 대해서는 일본 민사소송법 제46조가 이에 대해 규정하는 외에 실정법상의 어떠한 명문도 없으나, 권리능력 없는 사단으로 부를 수 있기 위해서는, 단체로서의 조직을 마련하고, 다수결의 원칙이 행해지며, 구성원의 변경에도 불구하고 단체 그 자체가 존속하며, 그 조직에 의해 대표의 방법, 총회의 운영, 재산의 관리 기타 단체로서의 주요한 점이 확정되어 있는 것이 아니면 아니 되었다.[98]

28. 1958년 한국

대법원 1958. 2. 6. 선고 4289민상617 판결 "… 일정한 지역 내에 조직

---

95) 한국 민법 제정과정에 대해서는 양창수, 공동소유－민법 제정과정에서의 논의와 그 후의 평가를 중심으로－, 민법연구 제6권, 박영사, 2001(1999), 107면 이하와, 양창수, 민법안에 대한 국회의 심의(Ⅱ)－국회본회의의 심의－, 민법연구 제3권, 박영사, 1995(1992), 33면 이하 등을 참조. 자료로는 명순구, 실록 대한민국 민법 1/2/3, 법문사, 2008/2010/2010을 참조.

96) 김증한 교수의 공동소유론에 대해서는 정종휴, 청헌 김증한 교수의 공동소유론, 민사법학 제69호, 한국민사법학회, 2014. 12, 253면 이하 참조.

97) 김영희, 2020. 1, 392면.

98) 星野英一, 1967, 1168면 참조.

된 동은 행정법상 행정구역인 동과 그 성질이 달라 그 지역 내에 거주하는 주민이 관헌 기타에 관한 공동편익 및 복지를 위한 주민전부의 공동체로서 주민전부가 그 구성원이 됨은 물론 … 법률상 인격이 없음으로 실체법상 독립하여 재산을 소유할 수는 없고 그 재산은 결국 주민전체의 총유에 속한다."

29. 1960년 한국

1960. 1. 1. 한국 민법이 시행되었다. 한국 민법은 공동소유 부분에 총유 규정 겸 비법인사단 규정인 제275조를 두고 있다. 이 규정은 외관상으로는 김증한 교수의 제안을 전적으로 따른 것처럼 보였으나, 실제로는 그렇지 아니하였다.[99]

30. 1961년 한국

(1) 1961. 10. 1. 지방자치에관한임시조치법 제8조에 의해 읍·면의 마을 재산이 모두 군 재산으로 귀속되었다.

(2) 대상사안에서 1949년 지방자치법의 시행으로 대리와 시목리 소유의 사건 임야가 광시면 소유인 것으로 되어 있었는데, 1961년 지방자치에관한임시조치법의 시행으로 다시 예산군 소유인 것으로 되었다. 예산군은 이를 근거로 1974. 2. 21.에 예산군 명의의 소유권 보존등기를 하였다.

31. 1962년 한국

대법원 1962. 5. 10. 선고 4294행상102 판결 "… 법인 아닌 사단 또는 재단으로서 민사소송법상 당사자능력을 가질 경우에는 소송상 법인 아닌 사단 또는 재단 그 자체가 권리 의무의 주체로 취급된다 할 것이므로 만일 이와 같은 사단 또는 재단이 민사소송법상 당사자능력이 있으되 사법상 또는 공법상 권리의 주체가 될 수 없다 하면 소송법상 당사자능력을 인정할 아무런 실익이 없는 것이며 결국 당사자능력 그 자체도 부

99) 김영희, 2020. 1, 397면.

여될 수 없는 결과가 될 것이다.”

32. 1964년 한국

대법원 1964. 6. 16. 선고 63다1186 판결 “민사소송법 제48조가[100] 비법인의 당사자능력을 인정하는 것은 민법상의 권리능력이 인정되지 않는 사단 또는 재단이라 할지라도 실사회에서 대표자나 관리인을 정하는 정도로 현저한 조직을 갖추고 지속적인 활동을 하고 있을 경우에는 이에 민사소송에서의 당사자능력을 인정하려는 취지의 규정 ….”

33. 1967년 일본

1957년에 일본 최고재판소에서 비법인사단에 관한 유의미한 판결이 나온 후 비법인사단에 관한 논의가 활발해졌는데, 1967년에 비법인사단 논의들을 정리하고 새 방향을 제시하는 星野英一의 논문이 나왔다. 이 논문은 일본 민법학계 및 실무계 뿐만 아니라, 일본 민법을 비교 연구하는 한국 민법학계에도 영향을 미쳤다. 그의 비법인사단론은 비법인사단을 사단처럼 다루는 것이었다. 이는 독일 학계와 실무계의 태도이기도 하였다.[101]

34. 1969년 한국

1969. 6. 21. 국가가 고속도로 건설 사업을 하면서 토지보상금 지급과 관련하여 임야소유권이전등기등에관한특별조치법을 시행하였다. 이로 인해 그나마 남아 있던 마을 소유 임야의 상당수가 소멸하였다.

35. 1973년 한국

대상사안에서 대리와 시목리 주민들이 사건 임야의 소유권을 되찾기 위해 단체행동을 하기 시작하였다.

---

100) 장석조 집필부분/편집대표 민일영, 민사소송법 제52조, 주석 민사소송법 제8판, 한국사법행정학회, 2018, 361면 이하 참조.

101) 星野英一, 1967, 1125면 이하.

36. 1974년 한국

대상사안에서 예산군이 사건 임야에 대해 예산군 명의로 소유권 보존등기를 경료하였다.

37. 1975년 한국

대상사안에서 시목리가 시목1리와 시목2리로 분할되었다.

38. 1978년 한국

1978. 3. 1. 부동산소유권이전등기등에관한특별조치법이 시행되었다. 이 법은 마을이 소유 부동산을 매도하여 그 대금을 새마을 사업에 조달하는 것을 간편하게 해주는 역할을 하였다. 이로 인해 다시 또 상당수의 마을 소유 임야가 소멸하였다.[102)]

39. 1981년 한국

대법원 1981. 9. 8. 선고 80다2810 판결 "… 원고 ㅁㅁ면 ㅁㅁ부락은 행정구역 단위인 경남 ○○군 ○○면 ○○리의 주민을 그 구성원으로 하나 단순한 행정구역 단위와는 달리 주민의 복리증진과 부락의 번영발전이라는 고유의 목적을 가지고, 이를 달성하기 위하여 그 고유의 조직으로서 의사결정기관인 총회와 총회에서 선출하는 집행기관인 대표자를 두고 독자적인 활동을 하는 사회조직체인 비법인사단으로서 당사자능력이 있다."

40. 1990년 한국

(1) 대법원 1990. 6. 26. 선고 90다카8692 판결 "… 리의 행정구역내에 거주하는 주민들이 주민의 공동편익과 공동복지를 위하여 주민전부를

102) 배병일, 2016, 284면.

구성원으로 한 공동체를 구성하고 행정구역인 리의 명칭을 사용하면서 일정한 재산을 공부상 그 이름으로 소유해 온 경우에 이러한 공동체는 이른바 비법인사단으로서 그 재산은 리 주민의 총유에 속하고, 행정구역인 리가 지방자치법의 시행에 따라 지방자치단체인 면 또는 군의 소속기관이 되었다고 하여 리 주민의 총유인 재산이 면 또는 군의 소유로 바뀌는 것은 아니다."

(2) 대법원 1990. 12. 7. 선고 90다카25895 판결 "… 어떤 토지가 토지조사령(1912년)에 의한 사정 당시 △△동의 명의로 사정되었다면 달리 특별한 사정이 없는 한 그 △△동은 단순한 행정구역인 △△동이 아니라, 그 행정구역 내에 거주하는 주민들로 구성된 법인 아닌 사단으로서 행정구역과 같은 명칭을 사용하는 주민공동체를 가리킨다고 보아야 하고, 그 뒤 사회적 여건의 변화 등으로 그와 같은 법인 아닌 사단으로서의 주민공동체의 의사결정기관이나 업무집행기관 및 대표자가 없어져버려 법인 아닌 사단으로서의 대체로 인정할 만한 것이 현실적으로 남아있지 않게 되었다고 하더라도, 여전히 그 공동체의 명의로 특정한 재산을 소유하고 있는 것으로 토지대장에 기재되어 있다면 그 재산 관계의 청산에 관한 한 그 공동체가 그대로 법인 아닌 사단으로 존속하고 있는 것으로서 당사자능력을 가지고 있다고 보아야 한다."

41. 2008년 한국-대상판결[103)]

대법원 2008. 1. 31. 선고 2005다60871 판결 "… 어떤 임야가 임야조사령(1918년)에 의하여 동이나 리의 명의로 사정되었다면 … 그 동 · 리는 단순한 행정구역을 가리키는 것이 아니라, 그 행정구역 내에 거주하는 주민들로 구성된 법인 아닌 사단으로서 행정구역과 같은 명칭을 사용하는 주민공동체를 가리킨다고 보아야 한다 … 법인 아닌 사단의 분열은 허용되지 아니하지만 … 종전의 법인 아닌 사단에 남아있는 구성원들이 자

---

103) 대상판결 이후 판결들에 대해서는 오영준, 2013, 13면 이하 참조.

신들이 총유의 형태로 소유하고 있는 재산을 새로이 설립된 법인 아닌 사단의 구성원들에게 양도하거나, 법인 아닌 사단이 해산한 후 그 구성원들이 나뉘어 여러 개의 법인 아닌 사단들을 설립하는 경우에 해산되기 전의 법인 아닌 사단의 구성원들이 자신들이 총유의 형태로 소유하고 있던 재산을 새로이 설립된 법인 아닌 사단들의 구성원들에게 양도하는 것은 허용된다 할 것이다."

Ⅳ. 맺는 말

1. 주민공동체인 어떤 마을이 국가에 의해 일방적으로 국공유화 되어 있는 토지의 소유권을 되찾으려 한다면, 그 일은 2020년 기준으로 최소 110년 이상의 마을 역사와 한국 역사를 샅샅이 조사하는 작업을 감당할 자세로 시작하여야 한다. 법원이 1912년 토지조사령이나 1918년 임야조사령에서 마을 명의로 사정 받거나 재결 받았던 것을 거의 가장 중요한 판단 기준으로 삼고 있기 때문이다. 1912년 토지조사령이나 1918년 임야조사령에서 마을 명의로 사정 받았으려면 1912년이나 1918년보다 전부터 마을 소유여야 하니, 최소 110년 이상이라는 셈이 나오는 것이다. 그런데 그렇게 거슬러 올라간 1910년대는 일본에서조차 비법인사단 법리가 전개되지 않던 때이다. 총유 개념은 등장조차 하지 않았던 때이다. 이 시대 한국 동·리 소유의 토지 문제를 비법인사단 법리, 총유 법리, 그리고 무엇보다 비법인사단의 총유 법리로 풀어내는 것은 해당 법리를 어떻게 사용하는가에 따라 아예 타당하지 않을 수 있다.

2. 한국 민법에 들어 있는 총유 개념은 2가지이다. 그 하나는 제275조 이하 비법인사단에서 총유이다. 다른 하나는 제302조 특수지역권의 총유이다.[104)]

3. 한국 법원이 행정구역으로서 동·리와 주민공동체로서 동·리를

---

104) 김영희, 2020. 3, 78면.

구분하는 것은 시정촌제 실시 후 일본이 촌락과 촌락공동체를 구분한 것과 유관하다. 의용민법 시대에 조선고등법원이 동 · 리에 관습상 법인성을 인정한 것과도 유관하다.

4. 법원이 동 · 리를 두고 행정구역으로서 의미와 주민공동체로서 의미를 구분하고 있다면, 문제 해결을 할 때에도 이 구분을 관철시켜야 한다. 행정구역의 행정적 분할을 비법인사단의 분열로 다루는 것은 적절하지 않다.

5. 인적 단체는 이합집산을 속성으로 한다. 비법인사단이라고 하여 분열 부정을 기본으로 삼아야 하는 것은 아니다.

6. 대상판결은 비법인사단의 분열을 부정하는 기존 태도를 고수하면서, 실질적으로는 비법인사단의 분열을 인정하는 결론을 내었다고 할 수 있다. 그런데 대상사안은 비법인사단의 분열 법리를 설시하기에 적합한 사안이 아니었다. 비법인사단에 해당하지만 주민공동체인 것에 대한 고려가 더 중요한 사안이었다. 그리고 주민공동체의 분열이 아니라, 주민공동체의 통합이 문제인 사안이었다.

[Abstract]

The Division of an Association－Focusing on the Ri as a Community

Kim, Young-Hee*

The Korean court distinguishes the Ri as a community from the Ri as an administrative district. And the court acknowledges the status of an association to the Ri as a community and allows it to possess its own property. When the Ri as a community has the legal status of an association, it is subject to 'the association-collective ownership rule' under the Article 275 of the Korean civil code. Although the rule is provided in Korean civil code, it is generally known to that the rule in Korean civil code has been originated from the Japanese civil law jurisprudence.

The Korean court develops a negative theory on a problem of the division of association which possesses its own property under the title of the collective ownership. The negative theory is also generally known to have been originated from the Japanese civil law jurisprudence.

However, both the social background of the associations and the present situation of the association related provisions in Korea are quite different from those of Japan. Therefore, the association-collective ownership rule and the negative theory on the division of association under the Korean civil code should be dealt with differently from those of Japan.

The author thinks that all the individuals and associations should enjoy freedom in consolidation and division. Thus the author suggests that the Korean court should handle the problems of the division of various associa-

* Professor of Law at Yonsei University, Ph.D. in Law.

tions and their property ownership by assorting associations based on their own traits, not by straightly depending on the general theory of association which deeply rooted in the Japanese civil law jurisprudence.

In the case of 2005Da60871, the Korean court should not deny the 3-Ri-united-community's property rights under the existing association-collective ownership rule and the negative theory of division of association on the ground that the community is formally divided. Actually in the case of 2005Da60871, the 3-Ri-united-community is not divided. The fact is that the administrative authority has demarcated the boundary of the 3-Ri-united-community. In short, the court misconstrued the district demarcation as the division of association.

[Key word]

- 2005Da60871
- Article 275 of the Korean Civil Code
- Ri
- association
- division
- community
- collective ownership

참고문헌

강정원, 1910년대 일제의 조선 산림 소유와 이용에 관한 인식-공동체적 소유와 입회권을 중심으로-, 한국민족문화 제56호, 부산대학교 한국민족문화연구소, 2015. 8.

곽윤직 · 김재형, 물권법 제8판, 박영사, 2014.

김교창, 권리주체로서의 주민공동체(자연부락), 판례연구 제22집(1), 서울지방변호사회, 2008. 8.

김민주, 일본의 법인 아닌 사단에 관한 규율의 재검토, 법학논총 제43호, 숭실대학교 법학연구소, 2019. 1.

김상수, 조선고등법원과 현대 한국법－조선고등법원의 생성을 중심으로－, 법과사회 제23호, 법과사회이론학회, 2002. 2.

김영희, 주택임대차에서 사적자치와 거래비용과 사법적극주의, 법학연구 제30권 제1호, 연세대학교 법학연구원, 2020. 3.

______, 의용민법 시대와 합유와 총유의 혼동, 민사법학 제90호, 한국민사법학회, 2020. 3.

______, 한국 민법 제정에 참조한 프랑스 · 독일 · 일본 민법에서 비법인사단, 저스티스 통권 제176호, 한국법학원, 2020. 2.

______, 김증한 교수의 민법원안 공유 부분 수정 제안에 대한 검토, 동북아법연구 제13권 제3호, 전북대학교 동북아법연구소, 2020. 1.

______, 한국 민법상 특수지역권과 총유의 관계, 비교사법 제26권 제4호, 한국비교사법학회, 2019. 11.

______, 독일 프랑스 일본 민법상 총유와 특수지역권적 권리, 법사학연구 제59호, 한국법사학회, 2019. 4.

김증한, 판례연구: 교회가 분열한 경우의 교회재산의 귀속－분열당시의 교도전원의 총유라는 것이 가능하냐－, 서울대학교 법학 제1권 제1호, 서울대학교 법학연구소, 1959. 6.

______, 인적결합과 공동소유, 법정 제11권 제12호, 법정사, 1956. 12.

김창록, 제령에 관한 연구, 법사학연구 제26호, 한국법사학회, 2002. 10.

명순구, 실록 대한민국 민법 1/2/3, 법문사, 2008/2010/2010.

민사법연구회, 민법안의견서, 일조각, 1957.

민의원 법제사법위원회, 민법안심의록, 1957.

민일영 집필부분/편집대표 곽윤직, 제3장 소유권 제3절 공동소유, 민법주해[Ⅴ], 박영사, 1992.

배병일, 마을재산의 소유권의 발생과 변동에 관한 연혁적 연구, 법학논고 제53호, 경북대학교 법학연구원, 2016. 2.

석현수, 최근 민법학의 동향과 쟁점: 교회 분쟁과 재산귀속, 법학연구 제25권 제4호, 연세대학교 법학연구원, 2015. 12.

심희기, 일제강점 초기 '식민지 관습법'의 형성, 법사학연구 제28호, 한국법사학회, 2003. 10.

______, 한국법사연구－토지소유와 공동체－, 영남대학교출판부, 1992.

양창수, 공동소유－민법 제정과정에서의 논의와 그 후의 평가를 중심으로－, 민법연구 제6권, 박영사, 2001(1999).

______, 민법안에 대한 국회의 심의(Ⅱ)－국회본회의의 심의－, 민법연구 제3권, 박영사, 1995(1992).

양형우, 교회분열에 따른 재산귀속, 재산법연구 제24권 제1호, 한국재산법학회, 2007. 6.

어인의, 권리능력 없는 사단에 관한 고찰, 청주법학 제2권, 청주대학교 법학과, 1987. 2.

오영준, 행정구역의 분할이 동 · 리 명의로 사정된 임야의 소유권에 미치는 영향, 대법원판례해설 제93호, 법원도서관, 2013.

이주흥, 주민공동체의 비법인사단으로서의 성립요건과 재산소유관계, 사법행정 제31권 제12호, 한국사법행정학회, 1990. 12.

이주흥 집필부분/편집대표 곽윤직, 제3장 법인 전론, 민법주해[Ⅰ], 박영사, 1992.

이찬우, 총유물의 보존행위, 재판과판례 제15집, 대구판례연구회, 2007. 1.

이철우, 토지조사사업과 토지소유법제의 변천, 한국법사학논총(박병호교수환갑기념논문집) Ⅱ, 박영사, 1991.

이홍렬, 자연부락의 재산귀속관계, 성균관법학 제25권 제2호, 성균관대학교 비교법연구소, 2013. 6.

임상혁, 동리의 당사자능력과 조선고등법원의 관습선언, 법사학연구 제28호, 한국법사학회, 2003. 10.

장석조 집필부분/편집대표 민일영, 민사소송법 제51조~제53조, 주석 민사소송법 제8판, 한국사법행정학회, 2018.

정긍식, 조선민사령과 한국 근대 민사법, 동북아법연구 제11권 제1호, 전북대학교 동북아법연구소, 2017. 5.

______, 한말법률기초기관에 관한 소고, 한국법사학논총(박병호교수환갑기념논문집) Ⅱ, 박영사, 1991.

정연태, 대한제국 후기 부동산 등기제도의 근대화를 둘러싼 갈등과 그 귀결, 법사학연구 제16호, 한국법사학회, 1995. 12.

정정미, 촌락공동체(자연부락)의 재산에 관한 소송, 실무연구자료 제7권, 대전지방법원, 2006.

정종휴, 청헌 김증한 교수의 공동소유론, 민사법학 제69호, 한국민사법학회, 2014. 12.

______, 독일과 일본의 총유이론사, 법사학연구 제14호, 한국법사학회, 1993. 12.

조선총독부/정긍식 역, 국역 관습조사보고서, 한국법제연구원, 1992.

지원림, 민법강의 제14판, 홍문사, 2016.

최기원 집필부분/편집대표 곽윤직, 민법 제80조, 민법주해[Ⅰ], 박영사, 1992.

江渕武彦, 日本民法学の共同所有論における学説上の課題, 토지법학 제32권 제2호, 한국토지법학회, 2016.

菅原春二, 權利能力なき社團 (1)/(2), 法學論叢 9卷1号/6号, 1923.

石田文次郎, 権利能力なき社団, 法學論叢 31卷2号, 1934.

__________, 土地總有權史論, 岩波書店, 1927.

星野英一, いわゆる「権利能力なき社団」について, 法学協会雑誌 84巻9号, 1967. 9.

中尾英俊, 入会権における慣習, 林業経済 63 (8), Forest Academic Research Institute, 2010. 11.

민법 제108조 제2항의 유추적용에 관한 연구

이 재 민*

요 지

민법 제108조 제2항은 통정허위표시의 무효는 선의의 제3자에게 대항하지 못한다고 규정하여 통정허위표시의 외관을 신뢰한 상대방을 보호하고 있다. 그런데 통정허위표시의 철회 후 외관이 그대로 남아 있는 도중에 새로운 이해관계를 맺은 제3자가 있는 경우에도 위 규정이 적용될 수 있다는 것에 특별한 이견이 없는 점 등을 고려하면, 통정허위표시가 존재하지 않는 경우에도 외관의 형성에 대한 진정한 권리자의 기여 정도, 제3자의 보호필요성 등을 종합적으로 검토하여 위 규정의 취지를 그대로 유지할 수 있는 경우에는 그 유추적용을 인정할 수 있을 것이다.

유추적용의 범위에 관하여, 특히 통정허위표시의 상대방의 행위로 인하여 외부에 표출된 외형이 진정권리자의 의사를 일탈한 경우에 유추적용을 인정할 수 있을 것인지는 진정한 권리자의 행위가 통정허위표시에 따른 외관을 형성한 것과 동일한 것으로 평가되는지, 제3자의 신뢰가 통정허위표시에 따른 외관을 신뢰한 것과 동일한 것으로 평가되는지, 진정한 권리자가 형성하려고 했던 외관이 어디까지인지, 상대방의 일탈행위로 인하여 형성된 외관은 진정한 권리자가 형성하려고 했던 외관과 어떤 차이가 있는지 등이 종합적으로 검토되어 결정되어야 할 것이다.

대상판결 사안은 통정허위표시로 마쳐진 가등기의 명의인이 임의로 본등

* 서울회생법원 판사.

기를 마치고 이를 양도한 경우로, 이와 유사한 사실관계에서 민법 제126조와 같은 일본 민법 조문을 유추적용하여 선의 및 무과실의 제3자를 보호하는 판시를 한 일본 판례와 같은 견해는 대리권과 통정허위표시의 차이점 등을 고려할 때 받아들이기 어렵고, 진정한 권리자가 형성한 외관인 가등기와 그 상대방이 작출한 외관인 본등기 사이에는 본질적인 차이가 있는 점, 등기의 공신력을 인정하지 않는 우리 법제상 민법 제108조 제2항의 유추적용 범위를 확대하는 것은 주의할 필요가 있는 점 등을 종합적으로 고려하면, 위 사안에서는 민법 제108조 제2항의 유추적용을 인정하기 어렵다.

다만 통정허위표시인 가등기 명의인이 임의로 본등기를 마친 후 제3자에게 가등기를 마쳐 준 것과 같은 경우에는, 중간에 가등기 명의인의 본등기라는 진정한 권리자가 의도하지 않은 외형이 개입되기는 하였으나, 제3자가 가등기 명의인으로부터 직접 부기등기 등의 형식으로 가등기를 이전받았다면 민법 제108조 제2항의 제3자로서 보호받을 수 있었던 점 등을 고려할 때 유추적용이 가능할 것으로 보인다. 즉, 제3자가 권리를 취득하기까지의 과정에서 진정한 권리자가 의도한 외형과 실제 외형이 상이한 경우라 하더라도, 제3자가 취득하게 된 권리가 당초에 통정허위표시로 형성된 외형과 동일하거나 유사한 것이라면 유추적용이 가능할 것이다.

민법 제108조 제2항의 적용을 부정한 대상판결의 결론은 타당하나, 이유 중 원인무효의 본등기가 중간에 개재되어 있는 이상 이를 기초로 마쳐진 소유권이전등기는 통정허위표시와는 단절된 것으로 평가된다는 내용의 설시는 위와 같이 유추적용이 가능할 것으로 보이는 사안에서의 유추적용까지도 부정하는 것으로 보이므로, 다소 아쉬움이 있다.

[주 제 어]
- 민법 제108조 제2항의 유추적용
- 통정허위표시의 철회
- 민법 제126조의 유추적용
- 통정허위표시에 기한 가등기

대상판결 : 대법원 2020. 1. 30. 선고 2019다280375 판결

[사안의 개요]

1. 사실관계

A는 1998. 7. 22. 본인 소유인 이 사건 부동산[1]에 관하여 피고에게 근저당권설정등기를 마쳐 주었다.

A는 1999. 2. 23. 미국으로 이민을 가게 되면서 이 사건 부동산의 관리를 위하여 B에게 소유권이전등기청구권 가등기(이하 '이 사건 가등기'라 한다)를 마쳐 주었다.

B는 이 사건 가등기가 마쳐져 있는 것을 기화로 하여 A를 상대로 이 사건 가등기에 기한 본등기의 이행을 청구하는 소[2]를 제기하였고, 위 소는 공시송달로 진행되어 원고승소 판결이 선고된 후 항소기간이 도과하였다.

차후에 이를 알게 된 A는 추완항소를 제기하였는데, 위 판결의 항소심[3]은 이 사건 가등기의 등기원인인 매매예약이 통정허위표시에 해당하여 무효라고 판단하면서 제1심 판결을 취소하고 B의 청구를 기각하는 판결을 선고하였고, 위 판결은 그대로 확정되었다.

한편 B는 위 추완항소가 제기되기 전에 이미 제1심 판결의 송달증명원 및 확정증명원을 발급받아 두었고, 2015. 1. 8.경 이를 이용하여 이 사건 부동산에 관하여 확정판결을 원인으로 한 지분이전등기를 마쳤다.

그 후 이 사건 부동산은 C,[4] D 등을 거쳐 전전양수되었고, 원고가 2018. 2. 13. 이 사건 부동산에 관하여 2018. 2. 5. 매매를 원인으로 한 지분이전등기를 마쳤다.

원고는 피고를 상대로 피담보채무가 시효로 소멸하였음을 이유로 근저당권설정등기의 말소등기절차의 이행을 구하는 소를 제기하였는데, 원심 사건 진행 중인 2019. 5. 2. 이 사건 부동산이 수용되면서 수용보상금의 공탁 및 근저당권설정등기의 말소가 이루어졌고, 원고는 공탁금출급청구권의 양도 및 그 통지를 구하는 것으로 청구를 변경하였다.

---

1) 서울 강동구 고덕동 450-5 잡종지 1,458㎡ 중 1/3 지분.
2) 서울동부지방법원 2007. 7. 25. 선고 2007가단27411 판결.
3) 서울동부지방법원 2009. 3. 18. 선고 2008나2571 판결.
4) B의 배우자이다.

2. 소송의 경과

가. 제1심[5] 및 원심[6] 판결 : 원고 승소판결

상대방과 통정한 허위의 의사표시는 무효이고 누구든지 그 무효를 주장할 수 있는 것이 원칙이나, 허위표시의 당사자 및 포괄승계인 이외의 자로서 허위표시에 의하여 외형상 형성된 법률관계를 토대로 실질적으로 새로운 법률상 이해관계를 맺은 선의의 제3자에 대하여는 허위표시의 당사자뿐만 아니라 그 누구도 허위표시의 무효를 대항하지 못하고, 따라서 선의의 제3자에 대한 관계에 있어서는 허위표시도 그 표시된 대로 효력이 있다(대법원 1996. 4. 26. 선고 94다12074 판결 등).

당사자들이 제출한 증거만으로는 이 사건 가등기의 원인인 매매예약에 관한 통정허위표시가 취소 또는 철회되었다고 인정하기에 부족하다. 서울동부지방법원 2008나2571 판결이 확정됨에 따라 서울동부지방법원 2007가단27411 판결이 취소되기는 하였으나, B가 2015. 1. 8.경 지분이전등기를 마칠 때까지 이 사건 가등기가 말소되지 않고 있었던 이상 설사 위 통정허위표시가 철회되었다고 하더라도 그 외관이 제거되지 않고 있었던 것이므로, 피고는 선의의 제3자인 원고에 대하여 위 통정허위표시의 무효로서 대항할 수 없다.[7]

나. 대상판결의 요지: 파기 환송

이 사건 부동산에 관한 B 명의의 본등기는 A와 B 사이의 허위 가등기 설정이라는 통정한 허위의 의사표시 자체에 기한 것이 아니라, 이러한 통정한 허위의 의사표시가 철회된 이후에 B가 항소심판결에 의해 취소 확정되어 소급적으로 무효가 된 위 제1심판결에 기초하여 일방적으로 마친 원인무효의 등기라고 봄이 타당하다. 이에 따라 B 명의의 본등기를 비롯하여 그 후 원고에 이르기까지 순차적으로 마쳐진 각 지분소유권이전등기는 부동산등기에 관하여 공신력이 인정되지 아니하는 우리 법제하에서는 특별한 사정이 없는 한 무효임을 면할 수 없다.

---

5) 서울동부지방법원 2018. 12. 20. 선고 2018가단110036 판결.

6) 서울동부지방법원 2019. 9. 18. 선고 2019나20421 판결.

7) 그 밖에도 피고는 근저당권설정등기의 피담보채권의 변제기와 관련하여 소멸시효가 완성되지 않았다는 취지의 주장을 하고 있으나, 이에 대한 판단 부분은 생략하기로 한다.

나아가 A와 B가 통정한 허위의 의사표시에 기하여 마친 가등기와 C 명의의 지분소유권이전등기 사이에는 B가 일방적으로 마친 원인무효의 본등기가 중간에 개재되어 있으므로, 이를 기초로 마쳐진 C 명의의 지분소유권이전등기는 B 명의의 가등기와는 서로 단절된 것으로 평가된다. 그리고 가등기의 설정행위와 본등기의 설정행위는 엄연히 구분되는 것으로서 C 내지 그 후 지분소유권이전등기를 마친 자들에게 신뢰의 대상이 될 수 있는 '외관'은 B 명의의 가등기가 아니라 단지 B 명의의 본등기일 뿐이라는 점에서도 이들은 B 명의의 허위 가등기 자체를 기초로 하여 새로운 법률상 이해관계를 맺은 제3자의 지위에 있다고 볼 수 없다. 이는 A의 추완항소를 계기로 A와 B 사이의 통정한 허위의 의사표시가 실제적으로는 철회되었음에도 불구하고 그 외관인 가등기가 미처 제거되지 않고 잔존하는 동안에 B 명의의 본등기가 마쳐졌다고 하여 달리 볼 수 없다.

〔研　　究〕

Ⅰ. 서　　론

민법은 기본적으로 계약당사자의 진정한 의사를 기준으로 법률행위를 해석하고, 그에 따라 계약당사자 사이의 법률관계를 정하도록 하고 있다. 그러나 계약당사자 일방이 인식한 외형과 실제 권리관계에 차이가 생기는 경우, 진정한 권리자를 보호할 것인지, 그 이외의 다른 사람을 보호할 것인지의 문제는 민사 분쟁에 있어 가장 전형적으로 일어나는 사건의 유형 중 하나이다. 따라서 민법 및 기타 법률은 이러한 경우에 관한 다양한 조항[8]을 두어 계약당사자 간의 이해관계를 조정하고 있다.

그중 민법 제108조는 상대방과 통정한 허위의 의사표시를 무효로 하

8) 이 글에서 살펴보는 민법 제108조 이외에도, 비진의표시에 관한 규정인 민법 제107조, 착오에 관한 규정인 민법 제109조, 표현대리에 관한 규정인 민법 제125조, 제126조, 제129조, 동산의 선의취득에 관한 규정인 민법 제249조, 지시채권의 선의취득에 관한 규정인 민법 제514조, 채권의 준점유자에 대한 변제에 관한 규정인 민법 제470조, 영업양수인에 대한 변제에 관한 규정인 상법 제43조, 주권의 선의취득에 관한 규정인 상법 제359조, 표현대표이사에 관한 규정인 상법 제395조, 어음, 수표의 선의취득에 관한 규정인 어음법 제16조, 수표법 제21조 등이 있다.

고, 다만 그 무효는 선의의 제3자에게 대항하지 못한다고 규정하고 있다. 상대방과 통정한 허위의 의사표시, 즉 통정허위표시는 상대방과 짜고 하는 모든 의사표시에 적용될 수 있는 개념이므로, 필연적으로 실생활에 나타나는 다양한 법률관계와 연관될 수밖에 없다. 그런데 그러한 법률관계 중에는 민법 제108조가 직접 적용될 수 있는 전형적인 사안도 있겠지만, 적용될 필요성이 있음에도 일부 요건을 갖추지 못하여 직접 적용되지는 못하는 사안들이 있을 수 있다.

대상판결의 사안은 통정허위표시가 문제되는 전형적인 사안이라고 보기는 어렵다. 먼저 A와 B 사이의 통정허위표시가 이루어진 다음, 배신행위라고 할 수 있는 B의 제소에 이은 제1심 승소판결 이후에 A의 추완항소가 이루어졌으므로, 통정허위표시의 철회가 문제될 수 있다. 그 후에는 B가 A의 추완항소 이전에 받아 놓은 제1심 판결의 송달증명원 및 확정증명원을 통해 무단으로 경료한 본등기에 기초하여 그 이후의 법률관계가 형성되었는바, 이는 통정허위표시 자체로부터 제3자에게 법률관계가 이어진 것이 아니므로, 제108조가 직접 적용된다고 하기는 어렵다. 다만 이 경우에도 B 명의의 본등기가 이루어진 과정 중에 A의 관여가 일부 존재하는 점, 전형적인 통정허위표시 사안과 비교하여 제3자의 신뢰를 보호할 필요가 크게 다르지 않은 점 등을 들어, 민법 제108조 제2항의 유추적용을 통해 B 명의의 본등기 이후의 법률관계를 그 보호대상으로 삼을 수 있는지가 문제된다.

본고에서는 먼저 통정허위표시의 개념에 대하여 개관하고(Ⅱ), 통정허위표시의 철회 및 그 효력에 대하여 검토한 후 대상판결의 해당 쟁점에 관하여 분석한다(Ⅲ). 그 후 민법 제108조 제2항의 유추적용의 인정 여부를 살핀 다음(Ⅳ), 구체적 사안에 따라 유추적용의 가능 범위를 검토한다(Ⅴ). 그 다음으로 변론주의와 관련된 문제를 간단히 살펴보고(Ⅵ), 글을 마무리 짓기로 한다(Ⅶ).

Ⅱ. 통정허위표시의 개념

1. 통정허위표시의 의의[9)]

통정허위표시는 상대방과 짜고 하는 허위의 의사표시를 말한다. 민법은 표의자의 의사와 표시가 일치하지 않는 유형 중, 표의자뿐만 아니라 상대방도 그 사실을 알고 있는 통정허위표시를 제108조에서 다루고 있다. 민법 제108조 제1항은 "상대방과 통정한 허위의 의사표시는 무효로 한다."고 규정하고 있는데, 이는 표의자의 내심의 의사를 중시하는 의사표시 해석의 원칙에 비추어 당연한 것이라 할 것이다. 다만 제3자에 대하여도 모든 통정허위표시를 무효로 하게 된다면, 외형을 믿고 거래한 제3자가 불측의 손해를 입을 가능성이 생기고, 거래의 신뢰 또한 해치게 된다. 따라서 같은 조 제2항은 "전항의 의사표시의 무효는 선의의 제삼자에게 대항하지 못한다."라고 규정하여 통정허위표시임을 모르고 이에 기초하여 새로운 이해관계를 가지게 된 제3자에 대하여는 그 무효를 주장할 수 없도록 하였다.

2. 통정허위표시에 관한 입법례[10)]

독일 민법[11)]은 가장행위를 신뢰한 제3자를 보호하는 일반적인 규정을 두지 않고, 그 대신 동산, 부동산의 선의취득에 관한 규정, 가장채권

---

9) 이 부분은 곽윤직 · 김재형, 민법총칙(제9판), 박영사(2013), 310-315면; 곽윤직 편집대표, 민법주해Ⅱ, 박영사(1992), 334-389면(송덕수 집필부분); 김용덕 편집대표, 주석 민법 총칙(2), 한국사법행정학회(2019), 653-701면(윤강열 집필부분); 송덕수, 민법총칙(제5판), 박영사(2020), 264-282면; 지원림, 민법강의(제14판), 홍문사(2016), 219-230면을 참조하여 정리하였다.

10) 이 부분은 김용덕 편집대표(주 9), 656-658면(윤강열 집필부분); 윤진수, 허위표시와 제3자, 저스티스 제94호, 한국법학원(2006. 10.) 244-252면을 참조하여 정리하였다.

11) 독일 민법 제117조
① 상대방에 대한 의사표시가 상대방과의 합의에 의하여 단지 가장을 위하여서만 행하여진 경우에는 무효이다.
② 가장행위에 의하여 다른 법률행위가 숨겨져 있는 경우에는 그 숨겨진 법률행위에 대하여 적용되는 규정이 적용된다.

의 양도에 관한 규정, 대리권증서에 관한 규정 등 개별적인 규정에 의하여 가장행위를 신뢰한 선의의 제3자를 보호하고 있다.

프랑스 민법[12)]은 허위표시에 관한 일반적인 규정을 두고 있지 않으면서, 허위표시 뒤에 감추어진 실제로 의욕된 다른 행위, 이른바 은닉행위에 관한 규정을 두고 있다.

오스트리아 민법[13)]은 통정허위표시는 당사자 사이에서 무효가 되나, 그 가장행위를 신뢰하여 권리를 취득한 제3자에 대하여는 무효임을 주장할 수 없다고 규정하고 있다.

일본 민법[14)]은 은닉행위의 효력에 관하여는 규정을 두지 않으면서, 통정허위표시를 무효로 하고, 이를 제3자에게 대항할 수 없다고 규정하였다.

우리나라 민법은 일본 민법과 규정형식이 유사하고 은닉행위에 관하여 별도의 규정을 두지 않은 것도 동일하므로, 일본 민법 제94조의 영향을 받은 것으로 보인다.

3. 통정허위표시의 요건[15)]

통정허위표시가 있다고 하기 위하여는 먼저 의사표시가 있어야 하고, 표시로부터 추측·판단되는 의사와 진의가 일치하지 않아야 한다. 그

---

12) 프랑스 민법 제1321조
은닉행위는 계약당사자 사이에서만 효력을 가진다. 은닉행위는 제3자에 대해서는 어떠한 효력이 없다.

13) 오스트리아 민법 제916조
① 상대방과의 합의로 가장을 위하여 상대방에게 행하여진 의사표시는 무효이다. 위 의사표시에 다른 행위가 숨겨져 있는 경우에는 그 행위의 본래의 성질에 의하여 판단하여야 한다.
② 가장행위의 항변권은 그 의사표시를 신뢰하여 권리를 취득한 제3자에게는 주장될 수 없다.

14) 일본 민법 제94조(허위표시)
① 상대방과 통정하여 한 허위의 의사표시는 무효로 한다.
② 전항의 규정에 따른 의사표시의 무효는 이로써 선의의 제3자에게 대항할 수 없다.

15) 이 부분은 곽윤직·김재형(주 9), 311-312면; 송덕수, 허위표시의 요건과 효과, 고시계 제36권 제3호(제409호), 국가고시학회(1991. 2.), 61-64면을 참조하여 정리하였다.

리고 이와 같은 표시와 진의의 불일치를 표의자가 스스로 알고 있어야 하고, 표의자가 진의와 다른 표시를 하는 데 관하여 표의자와 상대방이 합의하여야 한다.

Ⅲ. 통정허위표시의 철회

1. 논의의 필요성

대상판결 사안에서는 A와 B 사이의 통정허위표시가 있은 후에, B가 A를 상대로 제소하여 승소판결을 받자 A가 이에 대하여 추완항소를 제기하였다. A가 추완항소를 제기한 것은 B와의 통정허위표시를 없던 것으로 하자는 내용의 의사를 표시한 것으로 해석할 수 있을 것인데, 이 사건 부동산에 관한 B 명의의 가등기 다음의 법률관계는 모두 A의 추완항소 이후에 이루어졌으므로, 통정허위표시의 철회의 개념, 인정여부 및 그 범위에 관하여 살펴볼 필요가 있다.

2. 통정허위표시의 철회의 개념 및 인정 여부

통정허위표시의 철회는 허위표시의 당사자들이 합의에 의하여 외형상의 법률행위를 해소하고 진정한 권리자에게 증서·등기 등의 권리명의를 회복케 하는 것을 말한다. 통정허위표시의 철회에 관하여, 통정허위표시는 원래 무효이기는 하지만 제3자에 대한 관계에서는 유효로 취급될 수도 있고, 하나의 의사표시가 존재하는 만큼 그것의 효력을 분명하게 제거하는 것이 불가능하지 않다고 하는 견해가 유력하다.[16] 생각건대, 통정허위표시가 당사자 사이에서 원칙적으로 무효이기는 하나 통정허위표시 이후에는 선의의 제3자에게 대항하지 못할 위험이 있으므로 진정한 권리자가 법률상 다른 지위에 있게 되는 점, 진정한 권리자가 이러한 위험을 회피하기 위하여 통정허위표시 이전의 원래 상태로 법률상 지위 및 외관을 회복하고자 하는 것을 통정허위표시의 철회 이외의 개념으로 설

16) 김용덕 편집대표(주 9), 689면(윤강열 집필부분).

명하기도 어려운 점 등에 비추어 보면, 통정허위표시의 철회라는 개념을 굳이 부정할 필요는 없을 것으로 생각한다.

3. 철회의 인정범위

통정허위표시는 상대방과 짜고 하는 허위의 의사표시를 말하는 것이므로, 그 철회 역시 그러한 의사표시의 철회로서 족할 것이고, 통정허위표시로서 행한 외관의 회복은 철회에 뒤따르는 행위일 뿐 철회라는 개념 자체에 포함되는 것은 아니라 할 것이다. 이러한 문제로 인하여 통정허위표시의 철회와 민법 제108조 제2항의 관계에 대해 논할 필요성이 있다.

통정허위표시의 철회가 있더라도 철회 이전에 이미 이해관계를 맺은 선의의 제3자가 있는 경우에는 당연히 그 제3자에 대항할 수 없다고 보아야 한다. 또한 통정허위표시의 철회 이후에 통정허위표시의 외관이 회복된 다음 새로운 이해관계를 맺은 제3자가 있는 경우 그러한 제3자에게 선의를 인정하기 어려울 것이라는 점 역시 크게 다툼이 없는 것으로 보인다. 문제가 되는 경우는 당사자 사이에 통정허위표시의 철회가 있었으나, 통정허위표시로 인하여 생긴 법률행위의 외관이 그대로 남아 있는 도중에 새로운 이해관계를 맺은 제3자가 생긴 경우이다. 당사자 사이에 통정허위표시를 없던 것으로 하는 합의가 있는 이상 통정허위표시는 더 이상 존재하지 않는 것이고, 이로 인하여 생겼던 법률행위의 외관은 아무런 근거 없이 이루어진 것으로 볼 수도 있으나, 외관이 그대로 존재하는 이상 이를 신뢰한 선의의 제3자에 대한 보호가치는 통정허위표시가 철회되기 이전과 동일한 것으로 보이는 점, 이러한 경우 민법 제108조 제2항의 적용을 부정한다면 상당수의 사건에서 진정한 권리자가 제3자의 이해관계 형성 이전에 이미 통정허위표시가 철회되었다고 주장할 위험이 있을 것으로 보이는 점 등을 고려하면, 통정허위표시로 인하여 생긴 외형까지 제거된 경우여야 민법 제108조 제2항의 적용을 피할 수 있다고 해석함이 상당하다.[17] 대법원 역시 진정한 권리자가 상대방과 사이에 통정허위표시로서 대출행위의 외형을 형성한 경우, 대출계약에 관한 의사표시를 철회하였음을 인정할 아무런 증거가 없을 뿐만 아니라 여신거래약정서 등을 회수하여 허위표시인 대출계약의 외형을 제거하는 데에까지 이르지 않은 이상, 선의의 제3자에게 대항할 수 없다고 판시한 원심에 대하여 통정허위표시의 철회에 관한 법리를 오해한 위법이 없다는 취지로 판시한 바 있다.[18)]

4. 통정허위표시의 철회와 관련된 대상판결 사안의 검토

대상판결 사안에서 A와 B 사이의 통정허위표시로 인하여 만들어진 외관인 이 사건 가등기는 B가 이 사건 가등기에 기한 본등기를 마치면서 직권말소될 때까지 말소된 바 없고, 이 사건 부동산이 이후 제3자에게 양도될 때까지 위 본등기 또한 말소된 바 없다. 따라서 A가 추완항소를 통하여 통정허위표시를 철회하고자 하는 의사표시를 하였다고 볼 수는 있겠으나, 통정허위표시로 인하여 생긴 외관인 이 사건 가등기를 따로 말소하지 않아 이로부터 본등기까지 이어진 이상, 대상판결 사안에서 위 철회로 제3자에게 대항할 수는 없다고 보아야 할 것이다. 따라서 민법 제108조 제2항의 적용 국면에 있어서는 A가 통정허위표시를 철회하는 의사표시를 처음부터 하지 않은 것과 마찬가지라 할 것이므로, 대상판결 사안에서 통정허위표시의 철회로 볼 수 있을 A의 추완항소로 인하여 제3자의 보호가 부정되지는 않을 것이다.

Ⅳ. 민법 제108조 제2항의 유추적용의 인정 여부

1. 논의의 필요성

민법 제108조 제2항은 통정허위표시의 무효를 선의의 제3자에게 대항할 수 없다고 규정하고 있으므로, 통정허위표시 자체가 존재하지 않거나 통정허위표시로 인하여 만들어진 외관 자체에서 권리관계가 제3자에게 이어진 것이 아닐 때에는 위 조항을 그대로 적용할 수 없다. 그러나

---

17) 송덕수(주 9), 279-280면; 지원림(주 9), 223면도 같은 의견이다.

18) 대법원 2016. 7. 14. 선고 2015다226991 판결 참조.

그러한 경우에도 민법 제108조 제2항의 규정취지 등을 고려하여 제3자의 권리를 보호할 필요가 있는 경우가 존재할 수 있으므로, 위 규정의 적용 범위에 관하여 생각해 볼 필요가 있다.

2. 종래의 논의

가. 일 본[19)]

(1) 서 설

일본 최고재판소는 부동산의 매수인이 본인이 아닌 다른 사람 명의로 소유권이전등기를 마쳐 둔 사안에서 부동산의 매수인은 그 명의자로부터 부동산을 매수한 선의의 제3자에게 대항할 수 없다고 하여 통정허위표시가 없는 사건에 일본 민법 제94조 제2항을 유추적용한 것을 시작으로,[20)] 제3자가 신뢰한 외형이 진정한 권리자의 행동으로 인하여 형성되어 그 귀책성이 인정되는 경우, 통정허위표시에 관한 규정을 유추적용하여 제3자를 보호하는 취지의 판시를 하고 있다.

아래에서는 통정허위표시 규정의 유추적용에 관한 일본 판례 사안을 유형별로 분류하여 보기로 한다.

(2) 일본 판례의 유형화

(가) 제1유형(권리자 주도형)[21)] · [22)]

이는 진정한 권리자가 실제 권리관계와 다른 외형을 형성하는데 적극적으로 관여한 경우로서, 일본 판례에서 가장 먼저 유추적용을 시작한 유형이다. 서설 부분에서 본 판례 이외에도, 건물을 신축한 자가 소유권이전의 의사 없이 다른 사람 명의로 소유권보존등기를 마친 후에 위 건물이 제3자에게 양수된 경우,[23)] 진정한 권리자가 부동산을 매수하면서

---

19) 이 부분은 김용덕 편집대표(주 9), 696-699면(윤강열 집필부분); 고영남, 민법 제108조 2항의 유추적용과 신뢰책임, 고려대학교 석사학위논문(1993), 43-64면을 참조하여 정리하였다.

20) 日最判 1954. 8. 20.(民集 8-8, 1505).

21) 고영남(주 19), 45면에서는 “적극적 관여”라는 표현을 사용하였다.

22) 아래에서는 이러한 유형을 단순히 ‘제1유형’이라 칭하기로 한다.

23) 日最判 1966. 3. 18.(判例タイムズ 190, 119).

본인의 장남 명의로 등기를 마쳐 두었는데, 장남이 이를 제3자에게 매도한 경우[24] 등이 이에 속한다.

(나) 제2유형(권리자 부실외관 방치형)[25)·26)]

이는 진정한 권리자의 관여 없이 허위의 외형이 형성되었는데, 그 후 진정한 권리자가 그러한 외형을 명시적 또는 묵시적으로 승인한 경우이다. 부동산의 진정한 권리자가 알지 못하는 사이에 다른 사람 명의로 소유권이전등기가 마쳐진 후, 진정한 소유자가 그 사실을 알았으나 4년여 동안 이를 방치하였고, 중간에 진정한 권리자가 대출을 받음에 있어 그 채무의 담보를 위하여 다른 사람 명의인 위 부동산에 근저당권을 설정하기도 하였던 사안에서 위 부동산이 선의의 제3자에게 양수된 경우[27] 등이 이에 속한다. 진정한 권리자가 외형을 사전에 승인한 경우(제1유형)와 사후에 승인한 경우(제2유형)를 달리 보아 선의의 제3자의 보호 정도에 차이를 둘 필요가 없다고 보고 있다.

(다) 제3유형(의사 외형 비대응형)[28)·29)]

앞에서 본 두 유형은 진정한 권리자가 관여하여 형성된 외형과 제3자가 신뢰한 외형이 동일한 경우이다. 그러나 제3유형은 외형이 진정권리자의 의사를 일탈한 것으로, 진정한 권리자가 만들어 내거나 승인한 허위의 외형과 실제로 표출된 외형에 차이가 있는 경우이다. 앞의 두 유형이 외관의 형성에 진정권리자의 관여가 직접적으로 이루어진 것이라고 한다면, 이 유형은 외관의 형성에 진정권리자의 관여가 간접적으로 이루어진 것이라고 볼 수 있을 것이다.

일본 판례는 상대방이 자기 명의의 부동산을 가지고 있지 않으면

---

24) 日最判 1970. 7. 24.(判例タイムズ 252, 149).

25) 고영남(주 19), 46면에서는 “소극적 관여”라는 표현을 사용하였다.

26) 아래에서는 이러한 유형을 단순히 ‘제2유형’이라 칭하기로 한다.

27) 日最判 1970. 9. 22.(判例タイムズ 254, 144), 위 판례에 대한 연구로 野々上敬介, 民法94条2項の類推適用, ジュリスト 別册 民法判例百選 NO. 237, 有斐閣(2018), 44-45면.

28) 고영남(주 19), 46면에서는 “간접적 관여”라는 표현을 사용하였다.

29) 아래에서는 이러한 유형을 단순히 ‘제3유형’이라 칭하기로 한다.

거래처의 신용을 얻을 수 없어 진정명의자에게 소유명의를 빌려달라고 부탁한 뒤, 매매예약을 체결한 것처럼 가장하여 소유권이전청구권보전의 가등기를 마친 후, 그 상대방이 임의로 가등기에 기한 본등기를 하여 제3자에게 양도한 경우, 진정명의자가 제3자를 상대로 소유권확인, (말소등기를 대신한) 소유권이전등기절차이행, 퇴거명도 등을 청구한 사안에서, 일본 민법 제94조 제2항, 제110조[30](민법 제126조에 해당하는 조항)의 법의에 따라, 외관존중 및 거래보호의 요청에 의하여 선의, 무과실인 제3자에 대항할 수 없다고 판시하였고,[31] 그 이외에도 진정명의자가 상대방 명의로 소유권이전청구권 보전의 가등기를 마쳐 두기로 하였는데 상대방이 제시한 소유권이전등기절차에 필요한 서류를 위 가등기절차에 필요한 서류로 오해하여 서명날인하였고, 상대방이 이를 이용하여 임의로 소유권이전등기를 마친 후 제3자에게 매도한 경우,[32] 진정명의자가 대출편의를 위하여 상대방에게 소유권이전등기를 마쳐 두기로 하였는데 상대방이 대출을 받지 못하고 있던 중 다른 사람이 상대방에게 대출을 받아 주겠다고 하면서 위 부동산에 대하여 진정명의자의 관여 없이 소유권이전등기를 마친 후 제3자에게 매도한 경우[33]에도 선의, 무과실의 제3자를 보호하고 있다. 2006년에 이르러서는 진정한 권리자가 부동산의 등기필증 및 인감증명서를 상대방에게 맡기고, 상대방에게 부동산을 매도하는 내용의 매매계약서에 그 내용 및 용도를 확인하지 않고 서명 날인한 경우, 상대방이 소유권이전등기절차를 마치고 제3자에게 부동산을 매도한 사안에서 상대방이 그와 같은 소유권이전등기절차를 마칠 수 있었던 것은 진정한 권리자의 부주의

30) 일본 민법 제110조(권한 외 행위의 표현대리)
전조(대리권수여의 표시에 의한 표현대리에 관한 규정인 일본 민법 제109조) 제1항 본문의 규정은 대리인이 그 권한 외 행위를 한 경우에 제3자가 대리인의 권한이 있다고 믿을 만한 정당한 이유가 있을 때에 이를 준용한다.

31) 日最判 1968. 10. 17.(判例タイムズ 228, 99); 위 판례에 대한 연구로 星野英一, 假裝假登記に基づきほしいままに本登記をして第三者に讓渡した場合 : 外觀上の假裝假登記義務者は善意無過失の第三者に對抗できない, 法學協會雜誌 87卷 5號, 東京大學法學協會(1970. 5.), 618-626면.

32) 日最判 1972. 11. 28.(民集 26-9, 1715).

33) 日最判 1970. 6. 2.(判例タイムズ 251, 174).

한 행위에 의한 것이고, 허위 외관이 작성된 것에 대한 진정한 권리자의 귀책성은 스스로 외관 형성에 적극적으로 관여했을 경우나 이를 알면서도 방치했을 경우와 동일시할 수 있다고 하여 진정한 권리자가 부실외관을 고의로 작출하거나 승인한 것이 아닌 경우에도 선의·무과실의 제3자에게 대항할 수 없다고 판시하였다.[34)]

나. 우리나라

(1) 학 설

선의자 보호 및 거래안전 등을 위하여 통정허위표시가 없는 경우에도 진실과 다른 외관이 형성되는 것에 진정권리자의 귀책성이 인정되고 제3자를 보호할 필요성이 있는 경우 민법 제108조 제2항을 유추적용하는 것을 긍정하는 견해가 있고,[35)] 민법 제108조 제2항이 진정한 권리자에게 귀책시킬 만한 사정이 있는 경우에 제3자를 보호하기 위한 규정이라고 볼 수는 없고, 위 규정을 넓게 유추적용하게 되면 등기에 공신력을 인정한 것과 거의 같은 결과에 도달하게 되어 민법의 기본적 입장에 배치된다는 등의 이유로 유추적용을 부정하는 견해가 있다.[36)]

(2) 판 례

우리나라의 판례는 제1유형과 같은 사안에 관하여, 진정한 권리자의 직접적 관여로 실제 권리관계와 다른 외형이 형성된 경우를 통정허위표시의 문제로 보지 않고 명의신탁의 법리에 의하여 해결하였다.[37)]·[38)] 따

---

34) 日最判 2006. 2. 23.(判例タイムズ 1205, 120); 위 판례에 대한 연구로 佐久間毅, 民法94条2項·110条の類推適用, ジュリスト 別冊 民法判例百選 NO. 237, 有斐閣(2018), 46-47면.

35) 김상용, 민법총칙(제3판), 화산미디어(2014), 471-473면; 김증한·김학동 공저, 민법총칙(제9판), 박영사(1995), 336-337면(다만, 다른 방법에 의하여는 적절한 결과에 달할 수 없는 경우에 한하여 신중히 행하여야 할 것이라고 밝히고 있다); 양형우, 통정한 허위의 의사표시에 관한 고찰, 연세법학연구 제6집 제2권(통권 제8호)(1999. 12.), 247-248면.

36) 송덕수(주 9), 281면; 백태승, 민법총칙(제7판), 집현재(2016), 390-392면.

37) 고상룡, 명의신탁과 허위표시, 고시계 제27권 제12호(제310호), 국가고시학회(1982. 11.), 67면은 이와 같은 사안에서 "일본의 경우는 108조 2항의 유추적용의 법리로 확립하였고, 우리의 경우는 명의신탁의 이론으로 확립하였다는 것은 매우 흥미 있는 일이라 하겠다."고 표현하였다.

라서 진정한 권리자의 직접적 관여로 외형적 권리를 가지게 된 상대방은 대외적으로 완전한 소유권을 가지게 되므로, 그로부터 권리를 양수한 제3자는 선의, 악의를 불문하고 보호받았다. 현재는 부동산 실권리자명의 등기에 관한 법률의 시행으로, 동법 제4조 제3항에 의하여 이러한 유형의 사안에서 권리를 취득한 제3자는 선의, 악의를 불문하고 보호받는다.

제2유형과 같은 사안에 관한 우리나라의 판례는 아직 없는 것으로 보인다.[39]

제3유형에 해당하는 판례로서 진정한 권리자가 상대방에게 부동산에 관한 담보권설정의 대리권만 수여하였는데, 상대방이 그 부동산에 관하여 자기 앞으로 소유권이전등기를 하고 이어서 제3자에게 그 소유권이전등기를 경료하여 준 경우나[40] 제3자에게 담보권설정등기를 경료하여 준 경우[41]에 민법 제108조 제2항, 제126조의 유추적용을 부정한 판례 등이 주로 언급되고 있는데,[42] 위 각 사안은 진정한 권리자가 허위의 외형을 만들기 위하여 상대방에게 권한을 수여한 것이 아니므로 제3유형의 전형적인 사례라고 보는 것에는 다소 의문이 있다.[43] 그러나 그 외에도 통정허위표시로 경료된 가등기의 명의자가 진정한 권리자의 사망 이후에 망인을 상대로 소를 제기하여 본등기를 마친 후 부동산을 양도한 경우, 제3취득자가 통정허위표시에서 보호받는 선의의 제3자라고 볼 수 없다는 취지로 판시한 원심에 대하여 심리를 거쳐 상고기각한 판례[44]가 있으므로, 제3유형에 대하여는 민

---

38) 진정한 권리자의 관여로 허위의 외관이 형성된 경우 명의신탁의 법리가 적용되기 위해서는 진정한 권리자와 명의자 사이에 묵시적으로라도 명의신탁약정이 인정되어야 할 것이지만, 실제로는 묵시적이나마 명의신탁약정이 인정되는 경우가 대부분일 것이다.

39) 지원림(주 9), 230면.

40) 대법원 1991. 12. 27. 선고 91다3208 판결.

41) 대법원 1981. 12. 22. 선고 80다1475 판결.

42) 김용덕 편집대표(주 9), 700면(윤강열 집필부분); 지원림(주 9), 230면.

43) 위 각 판례들에서 민법 제126조, 제108조 제2항을 유추적용할 수는 없다는 취지로 판시한 것은 소송당사자가 그 유추적용을 주장하였거나(주 40) 원심에서 위 각 조항을 유추적용하여 제3자를 보호하는 취지의 판시를 하였기 때문(주 41)으로 보인다.

44) 대법원 2018. 12. 27. 선고 2016다276023 판결.

법 제108조 제2항의 유추적용을 인정하지 않고 있는 것으로 보인다.

3. 유추적용의 인정 여부에 대한 검토

통정허위표시는 상대방과 짜고 하는 허위의 의사표시이므로 그 정의 자체로 다양한 법률관계의 형태로 나타날 것이 예견되어 있다. 앞에서 본 바와 같이, 통정허위표시가 철회되었으나 외관이 남아 있는 경우에도, 엄밀하게는 통정허위표시가 더 이상 없는 것이므로 이에 민법 제108조 제2항을 적용하는 것 역시 유추적용의 일종이라고 볼 수 있을 것인데, 이러한 사안에서 민법 제108조 제2항의 적용이 가능하다는 것에는 특별한 이견이 없는 것으로 보인다. 외관의 형성에 대한 진정한 권리자의 기여 정도, 제3자의 보호필요성 등을 종합적으로 검토하여 민법 제108조 제2항의 취지를 그대로 유지할 수 있는 경우라면, 그 유추적용 자체를 부인할 필요는 없다고 생각한다.

물론 앞에서 살펴본 바와 같이 계약당사자 일방이 인식한 외형과 실제 권리관계에 차이가 생기는 경우, 진정한 권리자를 보호할 것인지 그 이외의 다른 사람을 보호할 것인지의 문제는 민사분쟁에 있어 가장 전형적인 유형 중 하나이고, 각 나라의 법은 구체적인 사안에 따라 그에 따른 규정을 마련해 두고 있으므로, 어떠한 범위까지 민법 제108조 제2항을 유추적용할 수 있을지 판단하기 위하여는 이를 전체적인 법체계의 관점에서 살펴볼 필요가 있다.

결국 각 상황에서 민법 제108조 제2항의 유추적용이 가능할지는 구체적인 사안을 분석하여야 할 것인데, 이는 다음 장에서 자세히 검토하기로 한다.

V. 구체적 사안에 따른 검토

1. 검토의 방법

민법 제108조 제2항은 통정허위표시의 무효는 선의의 제3자에 대항할 수 없다고 규정하고 있다. 따라서 위 규정이 적용되기 위해서는 먼저 통정허위표시가 존재해야 하고, 통정허위표시에 따라 형성된 외관이 존재하여야 할 것이며, 그러한 외관을 진정한 것으로 믿은 제3자의 신뢰가 존재해야 한다.

민법 제108조 제2항이 적용되면 진정한 권리자는 자신의 권리를 잃게 되고, 제3자는 진정한 권리관계에서는 얻을 수 없었던 이익을 얻게 되는데, 그 규정취지 및 효과를 앞에서 본 해당 규정의 요건과 연결해서 생각해 볼 수 있다. 즉, 통정허위표시를 통하여 그에 따른 외관을 형성한 것이 진정한 권리자가 자신의 권리를 잃게 되는 근거가 되고, 제3자가 그러한 외관을 신뢰하여 새로운 이해관계를 맺은 것이 제3자가 이익을 얻게 되는 근거가 되는 것이다.

따라서 실제로 통정허위표시가 존재하지 않는 사안에서 민법 제108조 제2항의 유추적용이 가능할지 판단하기 위하여는, 그러한 사안에서 진정한 권리자의 행위가 통정허위표시에 따른 외관을 형성한 것과 법적 평가를 같이 할 정도로 판단되는지, 제3자의 신뢰가 통정허위표시에 따른 외관을 신뢰한 것과 법적 평가를 같게 할 정도로 판단되는지를 기준으로 살펴볼 필요가 있다.[45] 또한 유추적용을 인정할 경우 이와 충돌할 우려가 있는 다른 법률적 가치가 없는지 추가적으로 검토할 필요가 있다.

아래에서는 앞에서 살펴본 일본 판례의 유형별 구분을 일응의 기준으로 하여 각 유형별로 검토를 하기로 한다.

2. 제1유형(권리자 주도형)

제1유형은 진정한 권리자가 진정한 권리관계와 다른 외형을 형성하는데 주도적으로 관여한 사안이다. 민법 제108조 제2항의 유추적용을 인정할 것인지의 문제는 결국 진정한 권리자와 선의의 제3자 중 어느 쪽을 보호할 것인지의 문제라 할 것인데, 제1유형과 민법 제108조 제2항이 직

---

45) 고영남(주 19), 41면에서도 부동산의 등기를 믿고 거래한 제3자를 보호하여 거래안전을 도모하는 데 있어서 법적 불이익을 받는 당사자의 귀책성과 이익을 받는 자의 보호필요성이 검토되어야 할 것이라고 언급하고 있다.

접 적용되는 경우를 비교할 때 허위의 외형이 형성되는 것에 진정한 권리자가 관여한 정도가 유사하다고 볼 수 있는 점, 제3자의 신뢰는 통정허위표시가 실제로 존재하였던 것과 다르지 않은 점 등을 고려하면, 이 유형에는 유추적용이 가능할 것으로 생각된다.

다만 앞서 본 바와 같이 이 유형의 경우에 대부분 명의신탁약정이 인정될 것이고, 그렇다면 부동산 실권리자명의 등기에 관한 법률에 의하여 악의의 제3자까지 보호받으므로, 우리나라에서는 이 유형에서 유추적용의 여부를 따질 실익이 크지 않다.

3. 제2유형(권리자 부실외관 방치형)

제2유형은 허위의 외형이 만들어진 후 진정한 권리자가 이를 명시적 또는 묵시적으로 승인한 사안이다. 진정한 권리자가 잘못된 외형을 단순히 방치하고 있었을 뿐인 경우에는, 진정한 권리자에게 그러한 외형을 정상적으로 되돌릴 의무가 있다고 할 수 없고, 진정한 권리자의 실권을 정당화할 만한 아무런 근거가 없으므로 민법 제108조 제2항을 유추적용하기 어려울 것이다. 그러나 진정한 권리자가 허위의 외형을 명시적 또는 묵시적으로 승인하거나 허위로 형성되어 있는 외형을 이용하기에 이른 경우라면, 진정한 권리자가 그러한 외형을 직접 형성한 것과 달리 볼 필요가 없으므로 민법 제108조 제2항의 유추적용이 가능할 것이라 생각한다.

4. 제3유형(의사 외형 비대응형)

가. 서 설

민법 제108조 제2항의 유추적용이 문제될 수 있는 사안 중에서도 통정허위표시의 상대방의 행위로 인하여 외부에 표출된 외형이 진정권리자의 의사를 일탈한 경우인 제3유형은 그 발현형태가 더욱 다양하다. 이 유형의 가장 중요한 특징은 진정한 권리자가 형성하고자 하였던 외형과 실제 이루어진 외형이 서로 상이하다는 것이므로, 통정허위표시의 상대방 내지 그 이후의 이해관계인들은 이중적인 지위를 가지게 된다(예컨대 대상판결 사안에서는 B가 A와의 통정허위표시에 따라 경료한 가등기 명의자로서의 지위와 본인이 임의로 경료한 무효인 본등기 명의자의 지위를 동시에 가지게 되고,[46] 그 이후의 양수인들 역시 통정허위표시에 따른 가등기 양수인의 지위[47]와 무효인 본등기 양수인의 지위를 동시에 가지게 된다).

제3유형에 민법 제108조 제2항의 유추적용이 가능할지 검토하기 위해서는 제1, 2유형에서 검토하였던 점 이외에도 진정한 권리자가 형성하려고 했던 외관이 어디까지인지, 상대방의 일탈행위로 인하여 형성된 외관은 진정한 권리자가 형성하려고 했던 외관과 어떤 차이가 있는지가 추가로 검토되어야 할 것이다. 즉 개별 사안에 따라 진정한 권리자가 형성하려고 했던 외관과 실제로 형성된 외관의 법적 지위를 실질적으로 같은 것으로 볼 수 있다거나, 실제로 형성된 외관에 관하여 진정한 권리자의 실질적인 관여 내지 책임을 인정할 수 있는지를 추가적으로 살펴보아야 할 것이다.

따라서 제3유형은 그 유형 내에서도 개별적인 검토를 거쳐 민법 제108조 제2항의 유추적용의 가부가 결정되어야 할 것이므로, 이를 하나로 묶어 단순한 결론을 내리기는 쉽지 않다. 아래에서는 먼저 제3유형의 일례인 대상판결 사안에 대하여 자세하게 검토하여 본 후, 해당 논의가 일반적인 제3유형에 어떻게 연결될 수 있는지 살펴보도록 한다.

나. 대상판결 사안에 대한 검토

대상판결 사안과 같이 통정허위표시로 마쳐진 가등기의 명의인이 임의로 본등기를 마치고 이를 양도한 사안에서는 민법 제108조 제2항의 유추적용이 어려울 것으로 보인다. 구체적인 사유는 아래와 같다.

(1) 등기의 공신력을 인정하지 않는 법제와의 조화

공신의 원칙이란 등기 등으로 공시된 내용과 실체적 권리관계가 일치하지 않는 경우에도 공시된 내용을 신뢰하여 거래한 당사자를 보호하

46) 가등기는 본등기의 경료로 직권으로 말소되었을 것이나, 위 본등기는 B가 임의로 경료한 것으로서 무효이므로 통정허위표시에 따라 경료한 가등기의 효력을 그대로 인정할 수 있을 것이다.

47) 또는 통정허위표시에 따른 B 명의의 가등기의 이전을 청구할 수 있는 지위.

여야 한다는 원칙을 말한다. 독일, 스위스, 오스트리아 민법은 동산 뿐만 아니라 부동산에 관한 거래에 대하여도 공신의 원칙을 채택하고 있는 데 비해, 프랑스, 일본 민법은 동산에 관한 거래에는 공신의 원칙을 채택하면서 부동산에 관한 거래에 관하여는 공신의 원칙을 채택하지 않고 있다. 우리나라는 민법 제249조에서 동산에 관한 선의취득을 규정하여 동산의 거래에 있어서는 공신의 원칙을 채택하였으나, 부동산에 관하여는 이러한 조항을 두지 않았으므로 등기의 공신력을 인정하지 않은 것으로 평가된다.[48)]

민법 제108조 제2항은 외관을 믿고 거래한 제3자를 보호하는 규정이므로 결국 통정허위표시가 있다는 특정한 요건 하에서 공신의 원칙을 인정하는 것과 마찬가지의 결과를 가져온다. 민법 제108조 제2항이 부동산에 관한 거래에서 주로 활용되고 있는 이유는, 동산에 관한 거래에 이미 공신의 원칙이 적용되고 있어 민법 제108조 제2항의 적용을 필요로 하지 않기 때문이라고 볼 수 있을 것이다.

따라서 민법 제108조 제2항의 유추적용 범위를 넓히게 되면 등기의 공신력을 인정하지 않는 우리 법제와 충돌할 우려가 있다.[49)] 유추적용의 범위를 판단함에 있어서는 전체적인 법체계와의 조화도 당연히 고려되어야 할 것이므로, 특별한 근거 없이 유추적용의 범위를 넓히는 것은 주의할 필요가 있다.

(2) 민법 제126조의 유추적용에 관한 난점

민법 제108조 제2항의 유추적용이 문제될 수 있는 유형들을 살펴보면, 언뜻 표현대리의 유형과 유사하다는 점을 발견할 수 있다. 즉 민법 제108조 제2항이 직접 적용되는 경우와 대리권 있는 대리행위의 경우를 동일선상에 놓고 보면, 제1유형 및 제2유형은 실제로 통정허위표시가 없

---

48) 이상의 내용은 곽윤직 · 김재형, 물권법(제8판), 박영사(2015), 37-39면; 김용덕 편집대표, 주석 민법 물권(1), 한국사법행정학회(2019), 30-32면(손철우 집필부분)을 참조하여 정리하였다.

49) 앞에서 본 바와 같이, 이는 민법 제108조 제2항 유추적용 부정설의 중요한 논거 중 하나이다.

음에도 진정한 권리자가 통정허위표시와 같은 외관을 형성하였다는 점에서 민법 제125조의 대리권수여의 표시에 의한 표현대리와 유사한 측면이 있다. 또한 앞에서 지적한 바와 같이 통정허위표시가 철회된 후 외관이 남아 있는 경우 역시 민법 제108조 제2항이 유추적용되는 하나의 예로 볼 수 있는데, 이는 민법 제129조의 대리권소멸 후의 표현대리와 유사한 측면이 있다. 제3유형은 진정한 권리자가 의도하였던 외관을 넘어 통정허위표시의 상대방이 그 이상의 새로운 외관을 형성한 경우이므로, 제3유형을 논함에 있어 민법 제126조의 권한을 넘은 표현대리규정이 등장하는 것은 자연스러운 것이라고도 볼 수 있다.[50)] 실제로 앞에서 본 바와 같이 일본 판례의 경우에는 제3유형의 경우 통정허위표시의 제3자 보호규정과 권한 외 행위의 표현대리 규정을 유추적용하여, 선의·무과실인 제3자를 보호하는 취지의 판시를 하고 있다.

그러나 이와 같은 표현대리와 민법 제108조 제2항 유추적용 사이의 유사성에도 불구하고, 다음과 같은 점을 고려하여 보면 제3유형에 민법 제108조 제2항 및 제126조를 함께 유추적용하여 선의·무과실의 제3자를 보호하는 일본 판례와 같은 견해는 받아들이기 어렵다.

① 대리행위의 경우 거래의 주체가 본인과 제3자이므로, 대리인이 자신의 권한을 넘어 계약을 체결하더라도 그 반대급부는 본인에게 귀속하게 된다. 이에 반해 제3유형의 경우에는 통정허위표시의 상대방이 제3자와 계약을 체결하게 되면 그 상대방이 계약당사자로서 직접 권리의무의 주체가 되므로, 진정한 권리자는 아무런 보호를 받지 못한다.

② 민법 제126조의 적용에 있어서는 '정당한 이유'의 해석이 핵심적이라 할 것이고, 정당한 이유의 인정 여부는 구체적 사안에서 무권대리행위 당시에 나타난 모든 사정을 고려하여 본인과 상대방의 누구를 보호

50) 이러한 유사성이 나타나는 이유는 결국 표현대리 규정 및 통정허위표시의 제3자 보호 규정 둘 다 일정한 경우 외관을 신뢰한 제3자를 보호하여 거래의 안정 등을 도모하는 제도인데, 진정한 사실관계와 다른 외형이 형성된 것에 대하여 진정한 권리자의 귀책성을 인정할 만한 사건의 유형이 비슷하기 때문으로 보인다.

하는 것이 적절한지 이익형량을 통하여 종합적으로 판단해야 할 것인데,[51] 제3유형은 통정허위표시의 상대방이 직접 계약의 당사자로 출현할 뿐, 제3자의 입장으로서는 진정한 권리자의 존재라는 것을 상정하기 어려운 상황이므로 이와 같은 기준을 그대로 적용하기는 어렵다.

③ 대리권은 본래가 관념적인 것이어서, 어떤 외형적 존재를 가지는 것은 아니고, 대리권의 유무나 그 범위는 본인과 대리인 사이의 내부관계이어서 상대방이 이를 쉽게 또한 명확하게 알 수 있는 것이 아니다.[52] 민법 제126조는 이와 같은 대리제도에 따르는 위험을 최소한도로 막기 위한 규정일 뿐이므로, 허위표시의 상대방이 본래의 통정허위표시로 형성된 외관보다 확대된 외관을 형성한 것에 위 규정을 유추적용하기는 어렵다.

④ 앞에서 본 바와 같이 통정허위표시를 하여 그에 따른 외관을 형성한 것을 진정한 권리자가 자신의 권리를 잃게 되는 근거로 볼 수 있고, 제3자가 그러한 외관을 신뢰하여 새로운 이해관계를 맺은 것을 제3자가 이익을 얻게 되는 근거로 볼 수 있다. 그런데 위 각 근거는 서로 별개의 규정취지 및 효과와 연결되는 것이므로, 제3자 보호를 위한 요건이 선의에서 선의 · 무과실로 강화된다는 것이 진정한 권리자가 외관 형성에 관여하지도 않은 부분까지 권리를 잃게 하는 것을 정당화하는 근거가 된다고 보기는 어렵다. 민법 제108조 제2항에 제126조까지 추가적으로 유추적용하여 그 범위를 넓히게 되면, 자칫 민법의 기본원칙인 사적자치 내지 법률행위 자유의 원칙이 흔들릴 우려가 있다. 더구나 제3자가 등기를 신뢰하고 거래를 한 이상 선의의 제3자는 대부분 과실이 인정되기 어려울 것으로 보이므로, 제1, 2유형과 달리 제3자의 무과실을 추가적으로 요구하는 것에 특별한 의미가 있는 것으로 보이지도 아니한다.

---

51) 김용덕 편집대표, 주석 민법 총칙(3), 한국사법행정학회(2019), 222면(이균용 집필부분).

52) 곽윤직 · 김재형(주 9), 362면.

(3) 가등기와 본등기의 차이

(가) 가등기의 개념[53)]

가등기는 부동산 물권변동을 일어나게 할 청구권을 가지고 있는 자를 보호하기 위한 일시적·예비적 보전수단으로서 인정되는 등기이다. 우리 민법과 같이 부동산 등에 관하여 청구권의 발생과 물권의 변동 사이에 등기를 필요로 하는 법체계에서는 그 사이에 그 청구권자를 보호할 필요성이 있다. 이에 부동산등기법 제88조 내지 제93조에서는 본등기의 순위를 보전하기 위한 가등기의 대상, 신청방법 등에 관하여 구체적으로 규정하고 있다.

가등기에는 원래의 의미의 가등기 이외에도 실질적으로 담보물권으로 활용되는 담보가등기가 있으나, 이 글에서는 본래 의미의 가등기인 청구권 보전을 위한 가등기만을 논하기로 한다.

가등기에 기하여 진정한 본등기가 이루어진 경우에는, 부동산등기법 제91조에 따라 그 본등기의 순위는 가등기의 순위에 따르게 된다. 따라서 가등기 이후에 이루어진 중간처분은 위 본등기가 이루어지는 경우 모두 효력을 잃게 되거나 본등기보다 후순위가 되고, 다만 물권 변동의 시기가 가등기를 한 때로 소급되는 것은 아니다. 그러나 대상판결 사안은 진정한 본등기가 이루어진 사안이 아니므로, 본등기 이전의 가등기의 효력에 대하여 검토함으로써 B의 법적 지위에 대하여 살펴볼 필요가 있다.

(나) 본등기 전 가등기의 효력

본등기 전 가등기에 대하여, 가등기는 본등기가 이루어지는 경우 순위보전적 효력만을 가지는 것이므로 가등기 자체만으로는 아무런 실체법적 효력을 인정할 수 없다는 견해가 있고,[54)] 가등기권리자는 가등기와 본등기 사이에 이루어진 중간처분이 있는 경우 어차피 본등기 이후에 이를 말소하거나 후순위로 둘 수 있게 되므로, 가등기인 상태에서도 중간

53) 이 부분은 곽윤직·김재형(주 48), 149면; 김용덕 편집대표(주 48), 91면을 참조하여 정리하였다.

54) 김상용, 물권법(제4판), 화산미디어(2018), 200-201면; 이영준, 물권법, 박영사(2009), 248면.

처분이 가등기된 청구권을 침해하는 한도에서 효력이 없다는 견해가 있다.[55] 이러한 가등기의 청구권 보전의 효력을 인정할 것인지에 대하여, 판례는 "가등기는 그 본등기시에 본등기의 순위를 가등기의 순위에 의하도록 하는 순위보전적 효력만이 있을 뿐이고, 가등기만으로는 아무런 실체법상 효력을 갖지 아니하는 것으로서, 가사 이 사건에서와 같이 그 본등기를 명하는 판결이 확정된 경우라도 본등기를 경료하기까지는 마찬가지이다."라고 판시[56]하는 등 소극적인 입장인 것으로 보인다.

한편, 2004년 민법 개정안에서 가등기의 실체법적 효력에 관하여 제187조의2를 신설하여 "가등기 이후에 이루어진 목적물에 대한 처분은 그 가등기에 의하여 보전되는 권리를 침해하는 한도에서 효력이 없다."는 규정을 신설하기로 하였으나,[57] 위 개정안이 통과되지는 아니하였고 그 이후에는 가등기의 실체법적 효력에 대한 개정안이 논의되지 않고 있는 것으로 보인다.

생각건대, 부동산등기법 제91조에서 "가등기에 의한 본등기를 한 경우 본등기의 순위는 가등기의 순위에 따른다."고, 같은 법 제92조 제1항에서 "등기관은 가등기에 의한 본등기를 하였을 때에는 대법원규칙으로 정하는 바에 따라 가등기 이후에 된 등기로서 가등기에 의하여 보전되는 권리를 침해하는 등기를 직권으로 말소하여야 한다."고 각 규정하고 있을 뿐이고, 민법, 부동산등기법 및 기타 법률에서는 그 이외에 가등기의 효력에 관한 특별한 규정을 두고 있지는 아니한 점, 소유권이전등기청구권 가등기 이후 제3자에게 소유권이전등기가 이루어진 경우에 가등기권리자가 가등기의무자에 대하여 본등기를 청구할 수 있는 것은 가등기의 원인이 된 실체법상의 법률행위에 따른 효력인 것으로 볼 수 있는 점[58] 등을

55) 곽윤직 · 김재형(주 48), 153-154면; 박경량, 가등기의 본질과 효력, 민법학의 현대적 과제 매석 고창현 박사 화갑기념, 박영사(1987), 187면.

56) 대법원 2001. 3. 23. 선고 2000다51285 판결.

57) 법무부 민법개정자료발간팀, 2004년 법무부 민법 개정안 총칙 · 물권편(2012), 271면 이하.

58) 김상용(주 54), 201면도 같은 취지이다.

고려하면, 가등기는 현행법상 본등기가 되는 것을 조건으로 한 순위보전적 효력을 가질 뿐, 가등기 그 자체로서는 특별한 효력을 인정하기에 어려울 것으로 보인다.

(다) 검　토

진정한 권리자가 통정허위표시로서 상대방 명의로 가등기를 마쳐 둔 경우, 그 가등기를 부기등기 등의 형식으로 이전받은 선의의 제3자는 진정한 권리자에게 대항할 수 있는 지위를 가지게 될 것이다.[59] 이를 다른 관점에서 보면, 통정허위표시의 상대방은 통정허위표시로 인하여 마쳐진 가등기를 선의의 제3자에게 유효하게 이전할 수 있는 권한이 생긴 것이라고도 볼 수 있을 것이다.[60] 그러나 앞에서 본 바와 같이 가등기는 본등기가 되지 않는 한 특별한 실체법적인 효력을 가지고 있다고 보기 어려워 본등기와 본질적인 차이가 있고, 가등기에 의한 본등기절차를 밟기 위해서는 등기의무자와 등기권리자가 다시 등기를 공동으로 신청하여야 하는 등 가등기가 이루어진 것만으로 본등기가 이루어진 것과 같이 보기는 어렵다. 이러한 가등기와 본등기의 차이점에 비추어 보면, 가등기만을 유효하게 이전할 권한이 있었던 통정허위표시의 상대방으로부터 선의의 제3자가 본등기를 이전받았다고 하여 이를 유효한 것으로 보기 어렵다.

(4) 대상판결 사안보다 법적 권리의 흠결이 덜한 사안과의 비교

다음과 같은 사안을 가정하여 본다. A와 B 사이에 통정허위표시가 아니라 진정한 매매예약이 체결되었고, 이를 위한 소유권이전등기청구권 가등기가 이루어진 후, B가 임의로 위 가등기에 기한 본등기를 마치고 이를 양도하여 선의의 제3자가 소유권이전등기를 마친 경우이다. 이를 대상판결 사안과 비교하여 보면, B가 가등기를 통정허위표시로 마친 것인지 진정한 법률관계를 표상하기 위하여 마친 것인지에 차이가 있을 뿐이므로, 위 사안이 대상판결 사안보다 객관적인 사정에 있어 그 법적 권

59) 대법원 1970. 9. 29. 선고 70다466 판결은 가장매매의 매수인으로부터 매매예약에 의한 소유권이전청구권 보전을 위한 가등기를 취득한 자가 민법 제108조 제2항의 제3자에 해당한다는 취지로 판시하였다.

60) 당연히 진정한 권리자와의 관계에서 적법한 권한이 있는 것은 아니다.

리의 흠결이 덜하다 할 것이다. 그러나 위 사안에서 A는 진정한 권리관계와 다른 등기가 이루어지는 것에 관여한 바가 전혀 없으므로, 지금까지 논의한 민법 제108조 제2항의 유추적용 논의가 그대로 적용되기는 어렵다 할 것이고, 일반적인 법리에 따라 위 부동산을 양수한 제3자는 보호받을 수 없다. 따라서 대상판결 사안과 같은 경우 선의·무과실의 제3자가 민법 제108조 제2항의 유추적용으로 보호받게 된다고 하면, 법적 권리의 흠결이 덜한 권리관계에서 등기를 신뢰하고 부동산을 매수한 제3자가 오히려 불리하게 대우받는 결과가 된다.[61]

다. 소　　결

따라서 대상판결 사안에서는 부동산을 양수한 제3자를 민법 제108조 제2항의 유추적용으로 보호하기 어려울 것으로 보인다. 앞에서 살펴본 것과 같은 논리로, 진정한 권리자가 형성한 허위의 외형을 넘어 상대방이 형성한 더 큰 권리의 외형을 제3자가 신뢰한 경우에는, 민법 제108조 제2항이 유추적용되기 어렵다고 생각한다. 다만, 제3유형 중에서도 예컨대 통정허위표시인 가등기 명의인이 임의로 본등기를 마친 후 제3자에게 가등기를 마쳐 준 것과 같은 경우에는, 중간에 가등기 명의인의 본등기라는 진정한 권리자가 의도하지 않은 외형이 개입되기는 하였으나, 본등기가 되지 않은 상황에서 제3자가 통정허위표시의 상대방으로부터 직접 부기등기 등의 형식으로 가등기를 이전받았다면 민법 제108조 제2항의 제3자로서 보호받을 수 있었던 점[62] 등을 고려할 때, 민법 제108조 제2항의 유추적용이 가능할 것으로 보인다. 이와 같이 제3자가 권리를 취득하기까지의 과정에서 진정한 권리자가 의도한 외형과 실제 외형이 상이한 경우라 하더라도, 제3자가 취득하게 된 권리가 당초에 통정허위표시로 형성된 외형과 동일하거나 법적으로 유사한 것으로 볼 수 있는 경우

---

61) 조해근, 통정허위표시에 의한 가등기 등에 대한 말소청구소송, 청연논총 제6집(손기식 사법연수원장 퇴임기념), 사법연수원(2009), 115면도 같은 취지로 (주 31)의 일본 판례를 비판하고 있다.

62) 대법원 1970. 9. 29. 선고 70다466 판결(주 58) 참조.

에는 민법 제108조 제2항이 유추적용될 수 있다고 생각한다.[63)]

Ⅵ. 변론주의와 관련된 문제

대상판결 사안에서 소송당사자는 민법 제108조 제2항의 직접적용만을 주장하였을 뿐, 유추적용을 주장하고 있지는 않았던 것으로 보인다. 그렇다면 이러한 경우 법원이 당사자가 주장하지 않은 민법 제108조 제2항의 유추적용을 통하여 선의의 제3자를 보호할 수 있을지가 문제될 수 있다.

우리 민사소송법상 변론주의는 소송자료, 즉 사실과 증거의 수집·제출의 책임을 당사자에게 맡기고, 당사자가 수집하여 제출한 소송자료만을 변론에서 다루고 재판의 기초로 삼아야 한다는 입장이다.[64)] 따라서 주요사실은 당사자가 변론에서 주장하여야 하며, 당사자에 의하여 주장되지 않은 사실은 판결의 기초가 될 수 없다. 그러나 법률의 해석적용과 같은 문제는 당사자들이 주장하지 않아도 법원이 직권으로 판단할 수 있고, 민법 제108조 제2항의 유추적용에 관한 주요사실은 민법 제108조 제2항이 직접 적용되는 것과 크게 다르지 않아 당사자들이 예상치 못한 판결을 받게 된다고도 볼 수 없으므로, 이 사안에서 민법 제108조 제2항의 유추적용을 인정하려 한다면 당사자의 주장 없이도 바로 이를 적용할 수 있을 것으로 보인다.

이와 같이 대상판결에서 민법 제108조 제2항을 유추적용하고자 하였다면 피고의 보호필요성을 검토할 수 있었음에도 불구하고, 굳이 이를 언급하지 않고 민법 제108조 제2항의 적용을 부정한 것은, 적어도 대상판결 사안과 같은 사실관계에 있어서는 민법 제108조 제2항의 유추적용을 인정하지 않는 입장이기 때문으로 보인다.

---

63) 민법 제126조까지 유추적용하는 것이 아니므로 선의 외에 무과실까지 요구되지는 않을 것이다.

64) 이시윤, 신민사소송법(제14판), 박영사(2020), 326면.

Ⅶ. 결 론

민법 제108조 제2항이 직접 적용될 수 있는 경우 이외에도, 통정허위표시로 형성된 것과 마찬가지의 외형이 존재하게 된 것에 대하여 진정한 권리자의 귀책성이 인정되고, 이에 대한 제3자의 보호필요성이 있는 경우라면, 민법 제108조 제2항을 유추적용할 수 있을 것이다. 일반적으로 민법 제108조 제2항이 적용될 수 있는 것으로 보는 통정허위표시의 철회 이후 남아 있는 외관을 신뢰한 제3자가 있는 경우 역시 유추적용의 한 형태로 포섭할 수 있다.

우리나라는 민법 제108조 제2항의 유추적용이 문제될 수 있을 성질의 사안에 대하여 명의신탁이나 통정허위표시의 철회 등의 유형화를 통한 개별적인 법리구성 및 해석으로서 실질적으로 민법 제108조 제2항의 유추적용이 인정되는 것과 크게 다르지 않은 결론을 내어 왔으나, 그러한 개별적인 유형의 범위 밖의 사안에 대하여 민법 제108조 제2항의 유추적용을 인정할 것인지에 대하여는 활발한 논의가 없었던 것으로 보인다.

다만 유추적용의 범위를 어디까지 두는 것이 타당할지에 관하여, 일본에서는 우리나라의 민법 제108조 제2항, 제126조에 해당하는 조문을 함께 유추적용함으로써 제3자가 신뢰한 외형이 진정한 권리자가 관여한 것을 넘어선 범위에서 형성되어 있는 경우에도 선의 · 무과실인 제3자를 보호하는 길을 열어놓고 있으나, 앞에서 살펴본 바와 같이 대리행위에 관한 규정인 민법 제126조를 민법 제108조 제2항의 유추적용 사안에 그대로 가져와 적용시키는 어렵고, 유추적용의 범위를 확대하게 되면 부동산 거래에서 등기의 공신력을 부정하는 현행법과 충돌할 우려가 생기는 등의 문제가 있으므로, 이를 그대로 받아들이기는 어렵다고 생각한다. 즉 민법 제108조 제2항의 유추적용을 인정하더라도, 제3자가 취득할 수 있는 권리의 상한은 진정한 권리자가 관여한 외형의 범위로 한정된다 할 것이다.

대상판결 사안은 제3유형의 전형적인 예로서, 통정허위표시의 상대방이 임의로 형성한 외형이 본래의 외형보다 더 큰 사안이므로 결론적으로 원고가 보호받을 수 없다는 대상판결의 결론에는 동의한다. 대상판결에서는 당사자들이 민법 제108조 제2항의 유추적용에 관한 주장을 하지 아니하였고, 어차피 이를 받아들일 만한 사안이 아니었으므로 이에 대한 특별한 설시를 하지 않았던 것으로 보인다. 다만 대상판결은 원인무효의 본등기가 중간에 개재되어 있는 이상 이를 기초로 마쳐진 소유권이전등기는 통정허위표시에 의하여 마쳐진 가등기와는 서로 단절된 것으로 평가된다는 내용의 설시를 하여 제3유형 전부에 대하여 민법 제108조 제2항의 유추적용을 부정하는 듯한 태도를 취하였는데, 이에 관하여는 앞에서 밝힌 바와 같이 제3유형 중 일부 유추적용이 가능할 것으로 보이는 사례가 있다는 점에서 동의하기 어렵다.

민법 제108조 제2항의 유추적용이 가능할 것으로 보이는 제2유형 및 제3유형 중 일부 사안에 대하여, 차후에 그 인정 여부에 대한 판시가 이루어지길 기대해 본다.

[Abstract]

A Study of Analogical Application of Article 108 (2) of the Korean Civil Act

Lee, Jae Min*

Article 108 (2) of the Korean Civil Act stipulates that the nullity of a sham transaction cannot be set up against a third party acting in good faith. However, considering that there is no conspicuous disagreement on whether the above provision can be applied when a third party establishes new relations while the appearance remains even after the withdrawal of the sham transaction, the above provision can be inferred in certain cases. Even when there is no sham transaction, the applicability through analogy may be recognized if the purpose of the above provision can be served properly by providing full consideration to how much an authentic right holder has contributed to the formation of the appearance and how the third party needs to be protected among others.

The scope of the analogical application−especially whether the analogical application may be recognized when the appearance of the sham transaction exposed by the act of the counterparty goes against the intention of the authentic right holder−can be decided only by examining whether the act of the authentic right holder is regarded as tantamount to the formation of the appearance of the sham transaction, whether the trust of the third party is regarded as tantamount to their trust in the appearance of the sham transaction, the extent to which the authentic right holder wants to form the appearance, and the differences between the appearance

* Judge, Seoul Bankruptcy Court.

formed by the delinquent acts of the counterparty and the appearance that the authentic right holder intends to form.

The court ruling case is the case in which the holder of the provisional registration via false representation arbitrarily completed the conclusive registration and transferred it. A precedent in Japan analogically applied the provision of Japanese Civil Act, which is commensurate with Article 126 of the Korean Civil Act, to protect the third party of good faith and no fault. However, it is difficult to accept the precedent considering that there is a clear difference between the two countries on the right of attorney and sham transaction. In addition, considering that there is a fundamental difference between the provisional registration which the authentic right holder formed and the conclusive registration which is an appearance made by the counterparty, and that the registration is not recognized to have public confidence, caution is needed in expanding the analogical application of Article 108 (2) of the Korean Civil Act. Considering all of the rationales above, it is difficult to recognize the analogical application of Article 108 (2) of the Korean Civil Act to this case.

However, in cases where the title holder of the provisional registration, which represents a falsely declared intention, completes the provisional registration to a third party after he or she has arbitrarily completed the conclusive registration, Article 108 (2) of the Korean Civil Act may be analogically applied. In this case, the third party may be entitled to protection if the provisional registration has been transferred from the title holder of the provisional registration directly to the third party in the form of registration of an additional entry, despite the intermediate presence of the appearance that is not intended by the authentic right holder, which is the conclusive registration performed by the title holder to the provisional registration. In other words, the provision may be analogically applied, if the right acquired by the third party is the same as or similar to the appearance formed in the first place by dint of the sham transaction, even though the appearance as intended by the authentic right holder is at variance with the actual appearance in the process that leads to the third party's acquisition of the right.

The conclusion of the court ruling which denied the application of Article 108 (2) of the Korean Civil Act is reasonable. However, it is regrettable that the ruling seems to deny all cases to which analogical application appears possible by stating that, as long as the registration of the invalidation of the cause is involved in the middle, the registration of title transfer completed based on this shall be evaluated as disconnection from the false representation.

[Key word]

- analogical application of Article 108 (2) of the Korean Civil Act
- withdrawal of sham transaction
- analogical application of Article 126 of the Korean Civil Act
- provisional registration based on sham transaction

참고문헌

1. 단 행 본

곽윤직 · 김재형, 민법총칙(제9판), 박영사(2013).
______, 물권법(제8판), 박영사(2015).
곽윤직 편집대표, 민법주해Ⅱ, 박영사(1992).
김상용, 민법총칙(제3판), 화산미디어(2014).
______, 물권법(제4판), 화산미디어(2018).
김용덕 편집대표, 주석 민법 총칙(2), 한국사법행정학회(2019).
______, 주석 민법 총칙(3), 한국사법행정학회(2019).
______, 주석 민법 물권(1), 한국사법행정학회(2019).
김증한 · 김학동 공저, 민법총칙, 박영사(1995).
법무부 민법개정자료발간팀, 2004년 법무부 민법 개정안 총칙 · 물권편(2012).
백태승, 민법총칙(제7판), 집현재(2016).
송덕수, 민법총칙(제5판), 박영사(2020).
이시윤, 신민사소송법(제14판), 박영사(2020).
이영준, 물권법, 박영사(2009).
지원림, 민법강의(제14판), 홍문사(2016).

2. 논 문

고상룡, 명의신탁과 허위표시, 고시계 제27권 제12호(제310호), 국가고시학회(1982. 11.).

고영남, 민법 제108조 2항의 유추적용과 신뢰책임, 고려대학교 석사학위논문(1993).

박경량, 가등기의 본질과 효력, 민법학의 현대적 과제 매석 고창현 박사 화갑기념, 박영사(1987).

송덕수, 허위표시의 요건과 효과, 고시계 제36권 제3호(제409호), 국가고시학회(1991. 2.).

양형우, 통정한 허위의 의사표시에 관한 고찰, 연세법학연구 제6집 제2권(통권 제8호)(1999. 12.).

윤진수, 허위표시와 제3자, 저스티스 제94호, 한국법학원(2006. 10.).

조해근, 통정허위표시에 의한 가등기 등에 대한 말소청구소송, 청연논총 제6집(손기식 사법연수원장 퇴임기념), 사법연수원(2009).

星野英一, 假裝假登記に基づきほしいままに本登記をして第三者に讓渡した場合 : 外觀上の假裝假登記義務者は善意無過失の第三者に對抗できない, 法學協會雜誌 87卷 5號, 東京大學法學協會(1970. 5.).

野々上敬介, 民法94条2項の類推適用, ジュリスト 別冊 民法判例百選 NO. 237, 有斐閣(2018).

佐久間毅, 民法94条2項·110条の類推適用, ジュリスト 別冊 民法判例百選 NO. 237, 有斐閣(2018).

장기계속공사에 관련된 불법행위에서 손해배상청구권의 소멸시효*

이 선 희**

■요 지■

대상판결은, 총괄계약과 차수별 계약으로 구성되는 국가계약법상 장기계속공사와 관련된 불법행위에 있어서 차수별 계약체결시에 손해가 확정되므로 그 시점부터 소멸시효가 진행한다고 판시하였다. 총괄계약의 총 공사금액에 대한 내용은 각 차수별 계약을 체결하는 잠정적 기준에 불과하고, 공사대금의 구체적인 내용은 차수별 계약에 의하여 비로소 확정되어 구속력을 가진다는 대법원 2014다235189 전원합의체 판결의 논리에 따른 것이다.

필자는 대상판결의 결론을 받아들이면서도 그 논리를 비판적으로 검토하였다. 굳이 총괄계약 중 공사대금에 대한 내용이 장차 차수별 계약에 의하여 확정될 구체적인 내용에 대한 잠정적인 기준에 불과하다고 할 필요 없이, 총괄계약에 의하여 공사대금 등은 확정되고 다만 그 후 체결된 차수별 계약에 의하여 공사대금이 증액되었으므로 그에 따라 손해도 변경·확정되어 위 차수별 계약시점을 위 손해배상청구권에 있어서 장기소멸시효의 기산점으로 할 수 있다는 해석론을 제시하였다. 또한 대상판결이 포섭하지 못하는 장기공사계약과 관련된 문제로서, 예를 들어 기본 합의–개별 합의의 구조를 가지는 담합 등의 불법행위에 있어서 기본 합의의 효력이 지속되는 한, 각 개별 합의의 소멸시효가 진행하지 않도록 할 필요성을 살펴보았다. 다만, 현행 법

* 2020. 5. 18. 민사판례연구회 월례회에서 발표한 글을 수정·보완하였으며, 저스티스 제179호(2020. 8.)에 게재하였다.

** 성균관대학교 법학전문대학원 교수.

하에서는 이러한 해석에 다소 무리가 있을 것으로 보이므로, 일정한 사유가 있는 경우에 소멸시효의 진행을 정지 또는 유예하는 유럽연합의 지침(Directive 2014/104/EU)과 같은 특별 규정을 독점규제법에 두거나 민법에 일반 조항을 둘 것을 제안하였다.

[주 제 어]
- 소멸시효
- 장기계속공사계약
- 총괄계약
- 담합
- 계속적 불법행위

대상판결 : 대법원 2019. 8. 29. 선고 2017다276679 판결

[사안의 개요]

원고(국가)의 요청에 따라 2009. 9. 2. 조달청장이 공고한 포항영일만항 외곽시설 축조공사(이하 '이 사건 공사')에 관한 입찰에서, 甲회사 공동수급체는 2009. 12. 중순경 乙회사 등과 투찰률이 90%를 넘지 않는 범위 내에서 추첨을 통하여 투찰가격을 결정하기로 합의한 후, 이에 따른 투찰가격으로 투찰하여 2010. 2. 24. 낙찰자로 선정되었다. 이에 甲회사 공동수급체는 2010. 3. 24. 원고와 위 공사에 관하여 계약금액 9,266,000,000원, 준공일 2010. 8. 20. 로 하여 도급계약을 체결하였는데(이하 '이 사건 제1차 계약'), 그 계약서에 총 공사금액 192,429,000,000원, 총 공사준공일 960일을 부기하였고, 그 후 2010. 3. 30.부터 2012. 1. 13.까지 차수별로 제2차 내지 제4차 계약을 체결하여 결국 총 공사금액은 197,696,500,000원으로 변경되었다. 원고는 2010. 3. 30.부터 2012. 12. 29.까지 피고 甲회사에게 공사대금 179,253,972,150원을 지급하였고, 피고 甲회사는 2014. 7.경 이 사건 공사를 완성하였다.

그 후 공정거래위원회(이하 '공정위')는 2014. 12. 12. 甲회사 공동수급체와 乙회사 등의 행위(이하 '이 사건 공동행위')가 독점규제 및 공정거래에 관한 법률(이하 '독점규제법') 제19조 제1항 제8호의 부당한 공동행위에 해당한다는 이유로 甲회사와 乙회사 등에 시정명령 및 과징금 납부명령을 하였다.

[소송의 경과]

1. 소의 제기

원고는 위 시정명령 등에서 드러난 사실관계를 바탕으로 甲회사 등을 상대로 불법행위에 따른 손해배상으로서, 낙찰받은 계약금액과 담합이 없었을 경우에 형성되었으리라고 인정되는 계약금액인 경쟁가격의 차액에 상당하는 금액의 지급을 구하였다.[1)]

---

1) 원고는 항소심 소송계속 중 위 공사계약의 무효를 전제로 정상적인 낙찰가격과 실제 낙찰가격의 차액 상당의 부당이득금을 구하는 주위적 청구를 선택적으로 추가하여, 원심 법원은 위 불법행위에 기한 손해배상청구를 예비적 청구로 판단하였다. 이하 손해배상청구에 대해서만 논하기로 한다.

피고 甲회사 등은 원고의 손해배상채권이 총괄계약 및 제1차 계약이 체결된 때로부터 국가재정법(제96조 제1항)이 정한 5년의 소멸시효기간이 지나 소멸하였다고 항변하였고, 1심 법원[2] 및 원심 법원[3]은 위와 같은 소멸시효 항변을 받아들여 원고의 청구를 기각하였다. 이에 원고가 상고하였고, 대법원은 원고의 상고를 받아들여 원심판결을 파기환송하였다.[4]

2. 원심판결 중 피고의 소멸시효항변에 대한 판단

원심 법원은 원고의 손해배상청구권이 피고 甲회사와의 사이에 이 사건 1차분 공사계약을 체결한 2010. 3. 24.부터 국가재정법 제96조 제1항이 정한 5년의 소멸시효가 진행되고, 원고가 그로부터 5년이 지난 시점에서 이 사건 소를 제기하였으므로 시효완성으로 소멸하였다고 판단하였다.[5] 이 사건 제1차 계약을 체결할 때 총 공사준공일 및 총 공사금액이 부기된 계약서가 작성됨으로써 이 사건 공사 전체에 관한 총괄계약과 1차분 차수별 계약이 동시에 성립하였고, 위 각 계약을 통하여 피고 甲회사의 총 공사금액에 대한 권리의무가 확정됨으로써 그때 총 공사금액 전부에 관한 손해가 원고에게 현실적으로 발생하였다는 것이다.

원심 법원이 위와 같은 판단의 기초로 삼은 사정과 법리는 다음과 같다.

ⅰ) 피고들의 투찰가격 합의 등의 이 사건 공동행위와 그에 따른 피고들의 입찰 참가 및 원고 측이 피고 甲회사를 낙찰자로 지정함과 아울러 이 사건 1차분 공사계약을 체결하는 등 일련의 과정에서 피고 甲회사와 조달청을 통한 원고 사이에 이 사건 1차분 공사계약이 체결됨으로써 피고들의 위와 같은 불법행위가 종료되고, 원고가 낙찰자인 피고 甲회사에게 지급할 총 공사대금이 구체적으로 확정됨으로써 원고의 손해가 현실적으로 되었다고 볼 것이다. 비록 불법행위로 인한 손해배상청구권은 현실적으로 손해가 발생한

---

2) 서울중앙지판 2016. 11. 4. 2015가합571542. 원고가 항소심에서 선택적으로 추가한 주위적 청구에 대한 판단부분을 제외하고는 원심판결과 내용이 거의 같다.

3) 서울고판 2017. 10. 11. 2016나2083748. 대법원의 종합법률정보 사이트를 통하여 검색이 가능하다.

4) 정확하게는, 원심판결의 경쟁가격과 낙찰가격의 차액 상당 금액 청구 중 예비적 청구 부분 및 설계보상비 상당 금액 청구 부분을 각 파기·환송한 것이다.

5) 1심 법원 및 원심 법원은 판결문에 대판 2016. 4. 28. 2015다6494(뒤에서 보는 엘리베이터 담합사건) 등을 참조판결로 기재하였다.

때에 성립하는 것이라고 하더라도 현실적으로 손해가 발생하였는지 여부는 사회통념에 비추어 객관적이고 합리적으로 판단하여야 할 것인데, 일반적으로 법적 구속력이 있는 계약의 체결로 그 계약이 정한 채무를 상대방에게 현실적·확정적으로 부담하게 되었다면 위와 같은 채무의 부담은 사회통념상 현실적으로 발생한 손해라고 봄이 상당하다.

ii) 피고 甲회사가 이 사건 공동행위를 통하여 원고와 이 사건 공사계약을 체결하게 되었다는 사정만으로 피고들에게 손해배상책임이 발생함은 별론으로 하고, 이 사건 공사계약이 당연 무효 사유 등에 해당되어 그 계약 체결일부터 효력이 발생하지 않는다거나, 이 사건 공동행위가 밝혀진 후에는 소급적으로 그 효력이 상실된다고 볼 만한 법령상·계약상 근거를 발견할 수 없다.

iii) 국가계약법에 따른 입찰절차에서의 낙찰자 결정의 법적 성질은, 입찰과 낙찰행위가 있은 후에 더 나아가 본 계약을 따로 체결한다는 취지로서, 계약의 편무예약에 해당한다. 따라서 비록 국가계약법에 따른 낙찰자의 결정으로는 예약이 성립한 단계에 머물고 아직 본 계약이 성립한 것은 아니라고 하더라도, 그 계약의 목적물, 계약금액, 이행기 등 계약의 주요한 내용과 조건은 수요기관인 국가나 지방자치단체(이하 '국가 등')의 입찰공고와 최고가(또는 최저가) 입찰자의 입찰에 의하여 당사자의 의사가 합치됨으로써 국가 등이 낙찰자를 결정할 때에 이미 확정되었다 할 것이고, 국가 등이 계약의 세부사항을 조정하는 정도를 넘어서서 계약의 주요한 내용 또는 조건을 입찰공고와 달리 변경하거나 새로운 조건을 추가하는 것은 이미 성립된 예약에 대한 승낙의무에 반하는 것으로서 특별한 사정이 없는 한 허용될 수 없다(대법원 2006. 6. 29. 선고 2005다41603 판결 참조).

iv) 장기계속공사인 이 사건 공사에 관한 도급계약은 그 실질에 있어서는 하나의 목적을 위한 하나의 계약으로서 최초 계약 체결 시에 그 계약의 목적물, 계약금액, 이행기 등 전체 공사에 관한 내용과 조건이 이미 확정되어 있는 것이고, 단지 전체 공사에 대한 총예산을 확보하지 못한 제한으로 인하여 각 회계연도별로 확보한 예산의 범위 내에서 차수별 계약이 체결되는 것이므로(대법원 2000. 2. 11. 선고 98다12652 판결 참조), 이 사건 1차분 공사계약 체결을 통하여 이 사건 공사 전체에 관한 총괄계약도 체결된 것이다.

v) 비록 이 사건 1차분 공사계약 체결 당시에 그 공사계약서와 독립된

총괄계약서가 별도로 작성되지 않았더라도 그 당시에 이 사건 공사에 관하여 총괄계약 자체가 성립하지 않았다고 볼 것은 아니고, 이 사건 공사에 관한 계약의 목적물, 총 공사금액, 총 공사기간 등 총괄계약의 주요 내용과 조건은 원고 측의 입찰공고와 최저가 입찰자의 입찰에 의하여 당사자의 의사가 합치됨으로써 피고 甲회사를 낙찰자로 정할 때에 확정되었고, 그 후 이 사건 1차분 공사계약을 체결할 때 위 총 공사금액 및 총 공사준공일이 기재된 계약서가 작성됨으로써 이 사건 공사 전체에 관한 총괄계약과 1차분 차수별 계약이 동시에 성립하였다고 봄이 상당하다.

3. 대상판결의 요지

대상판결은 원심판결을 파기환송하면서 다음과 같이 판시하였다.

i) 불법행위에 기한 손해배상채권에서 민법 제766조 제2항의 소멸시효의 기산점이 되는 '불법행위를 한 날'이란 가해행위가 있었던 날이 아니라 현실적으로 손해의 결과가 발생한 날을 의미하나, 그 손해의 결과발생이 현실적인 것으로 되었다면 그 소멸시효는 피해자가 손해의 결과발생을 알았거나 예상할 수 있는지 여부에 관계없이 가해행위로 인한 손해가 현실적인 것으로 되었다고 볼 수 있는 때부터 진행한다.

ii) 구 국가를 당사자로 하는 계약에 관한 법률(2012. 3. 21. 법률 제11377호로 개정되기 전의 것) 제21조, 동법 시행령 제69조 제2항에 규정된 장기계속공사계약은 총 공사금액 및 총 공사기간에 관하여 별도의 계약을 체결하고 다시 개개의 사업연도별로 계약을 체결하는 형태가 아니라, 우선 1차 년도의 제1차 공사에 관한 계약을 체결하면서 총 공사금액과 총 공사기간을 부기하는 형태로 이루어진다. 제1차 공사에 관한 계약 체결 당시 부기된 총 공사금액 및 총 공사기간에 관한 합의를 통상 '총괄계약'이라 칭하고 있는데, 이러한 총괄계약은 그 자체로 총 공사금액이나 총 공사기간에 대한 확정적인 의사의 합치에 따른 것이 아니라 각 연차별 계약[6]의 체결에 따라 연동된다.

---

6) 국가계약법 시행령은 '연차별 계약'이라는 명칭을 사용하고 있고(제50조 제3항, 제69조 제5항 등), 기획재정부 회계예규인 공사계약 일반조건에서는 '차수별 계약'이라는 명칭을 사용하고 있다. 그런데 계약이 실제로 체결되고 이행되는 현실에서는 반드시 매년 하나의 계약만이 체결되는 것이 아니고, 연차별 계약이 한 해에 둘 이상 체결되거나, 각 연차별 계약의 계약기간이 중첩되는 경우도 종종 있으므로(뒤에서 보는 지하철공사 입찰담합사건의 경우에 1년 내에 연차별 계약이 수 회

즉, 총괄계약은 전체적인 사업의 규모나 공사금액, 공사기간 등에 관하여 잠정적으로 활용하는 기준으로서 구체적으로는 계약상대방이 각 연차별 계약을 체결할 지위에 있다는 점과 계약의 전체 규모는 총괄계약을 기준으로 한다는 점에 관한 합의라고 보아야 한다. 따라서 총괄계약의 효력은 계약상대방의 결정, 계약이행의사의 확정, 계약단가 등에만 미칠 뿐이고, 계약상대방이 이행할 급부의 구체적인 내용, 계약상대방에게 지급할 공사대금의 범위, 계약의 이행기간 등은 모두 연차별 계약을 통하여 구체적으로 확정된다고 보아야 한다.

iii) 그렇다면, 국가의 요청에 따라 조달청장이 공고한 장기계속공사에 관한 입찰에서 낙찰자로 선정된 甲회사 공동수급체가 국가와 총 공사금액 및 총 공사준공일을 부기하여 위 공사의[7] 제1차 계약을 체결과 동시에 총괄계약을 체결한 사정만으로는 국가가 甲회사에 지급할 총 공사대금이 구체적으로 확정되었다고 볼 수 없는데도, 위 사정만으로 곧바로 그때 甲회사의 총 공사금액에 대한 권리의무가 확정되었다고 보아 국가의 甲회사와 乙회사[8] 등에 대한 손해배상채권 전부의 소멸시효가 그때부터 진행하여 모두 완성되었다고 본 원심판단에는 장기계속공사계약에서 총괄계약과 차수별 계약의 관계 및 총괄계약의 효력에 관한 법리오해 등 잘못이 있다.

〔研　　究〕

Ⅰ. 序

대상판결은, 대법원 2018. 10. 30. 선고 2014다235189 전원합의체 판결의 법리를 불법행위에 기한 손해배상청구권의 장기소멸시효의 기산점에 적용한 판결이다. 위 전원합의체 판결에서는 구 국가를 당사자로 하는 계약에 관한 법률(이하 '국가계약법') 제21조에 따른 장기계속공사계약

체결된 적이 있다), '차수별 계약'이라는 명칭이 현실에 부합하는 측면이 있다. 아래에서는 주로 '차수별 계약'으로 지칭하되, 국가계약법 시행령 등의 조문을 직접 인용하거나, 대상판결의 요지를 그대로 인용할 경우에 '연차별 계약'으로 지칭하기로 한다.

7) 여기까지는 법원공보[공2019하,1796]의 판결요지 다.의 앞부분을 필자가 요약한 것이다.

8) 乙 회사는 甲 회사와의 공동불법행위자에 해당한다.

에서 예정했던 총 공사기간보다 공사기간이 길어지는 경우, 공사기간의 연장을 이유로 계약내용의 변경으로 인한 계약금액의 조정을 주장하며 연장된 공사기간에 대한 간접공사비를 청구할 수 있는지가 문제되었다. 이에 대하여 다수의견은 장기계속공사계약을 총괄계약과 차수별 계약으로 구분한 다음, 총괄계약의 총 공사금액 및 총 공사기간은 각 차수별 계약을 체결하는 잠정적 기준에 불과하여 확정적인 구속력을 인정할 수 없고, 계약상대방이 이행할 급부의 구체적인 내용이나 계약상대방에게 지급할 공사대금의 범위 및 계약의 이행기간 등이 모두 차수별 계약을 통하여 구체적으로 확정된다는 이유를 들어, 총 공사기간이 연장되었더라도 공기연장비용이 이미 차수별 계약금액에 포함되었고 그에 따라 공사가 진행되었다면, 공사기간이 변경된 것으로 볼 수 없고, 계약금액 조정을 인정할 수 없다고 판시하였다.

대상판결은 위 전원합의체 판결의 법리에 따라, 구체적인 손해액의 확정이 차수별 계약을 통하여 확정된다는 이유로 위 차수별 계약시점을 불법행위로 인한 손해배상청구권에 있어서 장기소멸시효의 기산점이 된다고 판시하였다.

대상판결과 같은 취지의 소멸시효항변에 대한 판단은 이미 지방자치단체에 의한 지하철공사 입찰담합(이하 '지하철공사 담합사건')과 관련한 손해배상사건인 대법원 2018. 12. 27. 선고 2016다43872 판결에서 판시된 바 있다. 그러나 위 전원합의체 판결에 관심과 논의가 집중되었고, 법원공보에 수록되지 않은 위 2016다43872 판결은 별다른 주목을 받지 못하였다. 그런데 필자는 위 2016다43872 판결 사안의 1심 단계에서부터 손해배상청구권의 소멸시효에 대하여 관심을 가지고 위 소송의 진행을 눈여겨보았다. 그러면서 위 사안과 유사한 것으로 보이는 엘리베이터구매 입찰담합사건(이하 '엘리베이터 담합사건')과 비교하면서 소멸시효에 관한 논문을 발표한 바 있다.[9]

9) 이선희, "독점규제법상 부당한 공동행위에 대한 손해배상청구권의 소멸시효", 민사법학 제70호(2015), 307-346면.

위 논문 발표 후 엘리베이터 담합사건의 상고심 판결과 지하철공사 담합사건인 위 2016다43872 판결의 항소심 판결, 위 전원합의체 판결, 위 2016다43872 판결이 차례로 선고되었는데, 위 사건들에 대한 상고심의 결론은 필자가 예상하였던 결론과 대체로 일치하였지만 세부적으로는 당시에 미처 파악하지 못한 부분들이 있음을 확인할 수 있었다. 이번 기회에 이와 관련한 내용을 정리하고자 한다.

Ⅱ. 장기계속공사에서 총괄계약의 효력과 소멸시효의 관계

1. 장기계속공사에서 총괄계약의 효력에 대한 대법원 전원합의체 판결의 의미

장기계속공사에서 총괄계약상의 공사대금이나 공사기간 등에 확정적인 구속력을 인정할 것인지 아니면 장차 차수별 계약에 의하여 확정될 구체적인 내용에 대한 잠정적인 기준에 불과하다고 볼 것인지에 대하여 대법원 2018. 10. 30. 선고 2014다235189 전원합의체 판결이 나오기까지 하급심에서 결론이 나뉘었고, 학설도 나뉘었으며, 위 전원합의체 판결이 선고된 후에도 위 판결에 반대하는 견해가 있다.[10] 위 판결의 결론을 긍정하는 견해도, 위 논리에 다소 의문이 있는 점은 인정하면서도 장기계속공사계약의 체결과 그 이행 과정을 현실을 인식하고 공사업체와 국가 등의 이익을 조정함으로써 그 부작용을 최소화하려는 고민의 결과라고 평가하거나,[11] 위 판결의 결론은 공사계약 일반조건의 해석에 기하여도 도출할 수 있다고 하면서 법적 안정성의 제고 및 발주자의 신뢰와 계약상대자 이익의 조화를 시도한 판결이라고 평가하기도 한다.[12]

---

10) 예를 들어 권영준, "2018년 민법 판례 동향", 법학 제60권 제1호, 서울대학교 법학연구소(2019), 317-326면.

11) 이진관, "구 국가를 당사자로 하는 계약에 관한 법률 제21조에 따른 장기계속공사계약에서 총 공사기간이 최초로 부기한 공사기간보다 연장된 경우, 공사기간이 변경된 것으로 보아 계약금액 조정을 인정할 수 있는지 여부(소극)", 대법원판례해설 제117호(2019), 340면.

12) 전재현, "장기계속공사계약에서 총 공사기간이 연장된 경우 총괄계약을 근거로 한 계약금액 조정의 인정 여부", 민사판례연구 제42권, 박영사(2020), 314면.

위 전원합의체 판결의 다수의견은 총괄계약의 존재 자체를 부정하지는 않지만, 위 총괄계약이란 국가계약법에 규정된 장기계속공사계약의 1차년도의 제1차 계약 체결 당시 부기된 총 공사금액 및 총 공사기간에 대한 합의에 불과하고, 위 부기한 내용은 각 차수별 계약을 체결함에 있어서 잠정적 기준이 될 뿐이며 총 공사금액이나 총 공사기간에 대하여 확정적인 권리의무를 발생시키거나 구속력을 갖는 것은 아니라고 해석한다. 따라서 국가 등이 입찰 당시 예정하였던 총괄계약상의 사업규모에 따른 총 공사기간이 최초로 부기한 공사기간보다 연장된 경우라도 공기연장비용이 이미 차수별 계약금액에 포함되었고 그에 따라 공사가 진행되었다면, 공사기간이 변경된 것으로 볼 수 없고, 계약금액 조정을 인정할 수 없다고 판시하였다.

2. 총괄계약의 효력과 소멸시효의 진행

총괄계약의 법적 구속력을 인정하는지 여부는 장기계속공사계약과 관련된 불법행위에 있어서 손해배상청구권의 소멸시효 기산점에 대한 논의에도 영향을 준다.[13] 필자는 위 총괄계약 중 공사기간이나 공사대금에 대한 내용이 장차 차수별 계약에 의하여 확정될 구체적인 내용에 대한 잠정적인 기준에 불과하다는 다수의견의 논리에 전적으로 찬성하지는 않지만, 소멸시효에 관련한 부분만 보면, 위 전원합의체 판결의 다수의견 논리를 따름으로써 대상판결의 판시와 같은 결론에 비교적 쉽게 도달할 수 있는 이점이 있음을 수긍한다. 즉, 제1차 계약과 동시에 총괄계약이 체결된 사정만으로 甲회사 등에게 지급할 총 공사대금이 구체적으로 확정되었다고 볼 수 없다면, 곧바로 그때 甲회사 등의 총 공사금액에 대한 권리의무가 확정되었다거나 원고의 손해가 이 시점에서 현실화되었다고 보기 어렵고, 손해의 현실화는 구간별로 공사금액이 정해지거나 또는 변경된 각 차수별 계약의 체결시가 될 것이다.

---

13) 이진관, 앞의 글(주 11), 324면.

그와 같은 견지에서, 대법원은 대상판결에서 다음과 같이 판시하였다. "이 사건 각 1차 계약 체결 시 그 계약서에 총 공사준공일 및 총 공사금액을 부기함으로써 총괄계약도 함께 체결하였다고 볼 수 있으나, 위 총괄계약의 효력은 계약상대방의 결정, 계약이행의사의 확정, 계약단가 등에만 미칠 뿐이고, 계약상대방이 이행할 급부의 구체적인 내용, 계약상대방에게 지급할 공사대금의 범위, 계약의 이행기간 등은 모두 연차별 계약을 통하여 구체적으로 확정된다. 결국 원심의 판단과 달리, 이 사건 1차 계약과 동시에 총괄계약이 체결된 사정만으로는 원고가 피고 에스케이건설에게 지급할 총 공사대금이 구체적으로 확정되었다고 볼 수 없다. 원심으로서는 이 사건 각 연차별 계약을 통해 원고가 피고들에게 지급할 각 공사대금이 구체적으로 확정되었는지를 추가로 심리한 후 연차별 계약별로 원고의 손해배상채권의 소멸시효 기산일을 각각 판단하였어야 한다. 그런데도 원심이 이 사건 각 1차 계약과 동시에 총괄계약이 체결되었다는 사정만으로 곧바로 그때 피고들의 총 공사금액에 대한 권리의무가 확정되었다고 보아 원고의 손해배상채권 전부의 소멸시효가 그때부터 진행한다고 판단한 데에는, 장기계속공사계약에서 총괄계약과 연차별 계약의 관계 및 총괄계약의 효력에 관한 법리를 오해하여 필요한 심리를 다하지 아니한 잘못이 있다."

그러나 위와 같은 결론에 이르기 위하여 반드시 총괄계약에 있어서 공사대금부분의 기재가 장차 차수별 계약에 의하여 확정될 구체적인 내용에 대한 잠정적인 기준에 불과하다고 볼 필요가 있는지는 의문이다. 총괄계약에 의하여 당사자들은 총 공사기간과 총 공사대금을 기준으로 대금지급의무 및 공사완성의무를 확정적으로 부담하고,[14] 대상판결의 사안에서와 같이 개별 차수별 계약에 따라 공사대금이 증액되었다면, 그에 따라 손해도 차수별 계약에 의하여 변경·확정되고 그때부터 위 손해배상청구권의 소멸시효가 진행된다고 보았어도 될 것이다.

14) 전재현, 앞의 논문(주 12), 364면.

그런데 혹시 차수별 계약에 의하여 종래 총괄계약에서 정한 공사대금의 액수가 변경된 경우에, 이미 종료된 차수별 계약, 즉 해당 부분의 공사가 종료되고 대금까지 지급된 차수별 계약에 해당하는 부분을 포함한 전체 손해에 대하여 위 공사대금의 액수를 변경하는 계약의 시점에서 비로소 소멸시효가 진행한다고 해석할 여지는 없을까? 만일 그와 같은 해석이 가능하다면 그 논리는 무엇일까? 이에 본고에서는 국가계약법이 적용되는 장기계속공사계약에 관한 대상판결의 논리 외에도 장기간에 걸쳐 행해지는 공사와 관련된 계약(이하 '장기공사계약')에서 손해배상청구권의 소멸시효에 대하여 몇 가지 논점을 다루고자 한다.

Ⅲ. 장기공사계약에 있어서 소멸시효기산점에 관한 선행판결과의 비교

1. 엘리베이터 담합사건 판결[15)]

가. 사안의 내용

피고 엘리베이터 제조사들이 1996. 4.경부터 2005. 11. 24.까지 입찰담합으로 각 낙찰받은 바에 따라 입찰실시자인 원고(대한주택공사)[16)]와 총 50개의 구매계약[17)]을 체결하였고, 대금은 각 계약체결일로부터 대체로 2년 이상에 걸쳐 분할지급하였다.

위 입찰담합은 엘리베이터 제조 4사가 각 회사의 회의실, 엘리베이터협회 등에서 대형 민간수요처와 원고를 포함한 관급수요처들이 발주하는 국내 엘리베이터 수주물량을 일정한 비율에 따라 배분하기로 합의하고 사전에 '순번제' 등으로 낙찰예정자를 결정하며 나머지 회사들은 들러

---

15) 이 소송에서는 단기소멸시효의 기산점, 즉 '손해 및 가해자를 안 날'이나 소멸시효항변이 신의성실의 원칙에 반하는 권리남용에 해당하는지도 다투어졌으나, 본고에서 이에 대한 상세는 생략한다.

16) 2009년 10월 1일자로 한국토지공사와 통합됨에 따라 한국토지주택공사가 소송수계하였다.

17) 제작물공급계약은 도급계약과 매매계약의 성질을 함께 가진다고 볼 수 있으나, 엘리베이터는 제작·공급뿐 아니라 설치가 중요한 의미를 가지는 부대체물로서 도급계약의 법리가 적용되므로 대상판결과 마찬가지로 공사계약의 일종으로 볼 수 있다.

리로 참가하는 방식이었다. 공정위는 2006년 무렵부터 피고들의 부당한 공동행위를 조사하여, 2008. 9. 과징금부과 등의 행정처분을 내렸다.

위 50개의 계약은 1심 소제기시(2009. 3. 13.)를 기준으로 각 최종대금지급일로부터는 10년을 경과하지 않았으나, 계약체결일로부터 기산하면 그중 9개의 계약이 이미 10년을 경과하였다.

나. 사안의 경과와 판결내용

(1) 1심 판결 : 서울남부지방법원 2013. 11. 28. 선고 2009가합5378 판결

1심 법원은, 불법행위에 기한 손해배상채권에서 민법 제766조 제2항에 의한 소멸시효의 기산점이 되는 '불법행위를 한 날'이란 가해행위가 있었던 날이 아니라 현실적으로 손해의 결과가 발생한 날을 의미하지만(대법원 1979. 12. 26. 선고 77다1894, 1895 전원합의체 판결 참조), 그 손해의 결과발생이 현실적인 것으로 되었다면 그 소멸시효는 피해자가 손해의 결과발생을 알았거나 예상할 수 있는가 여부에 관계없이 가해행위로 인한 손해가 현실적인 것으로 되었다고 볼 수 있는 때부터 진행한다(대법원 2005. 5. 13. 선고 2004다71881 판결)는 대법원 판시를 인용하였다. 그리하여 피고들의 합의, 입찰참가, 낙찰자결정 및 계약체결 등의 일련의 과정에서 낙찰자와 원고 사이에 구매계약이 체결됨으로써 피고들의 담합행위는 종료되었고, 원고가 낙찰자에게 지급할 금액이 구체적으로 확정되었으며, 이로 인하여 손해가 현실적인 것으로 되었다고 하면서, 민법 제766조 제2항에서 정하는 10년의 장기소멸시효의 기산점은 개별입찰에 따른 엘리베이터 구매계약 체결시라고 보아야 한다고 판단하였다. 그리고 입찰담합으로 인한 손해가 현실화되는 시기는 입찰담합을 한 때 또는 계약을 체결한 때가 아니라 원고가 입찰담합 사실을 알지 못한 상태에서 현실적으로 엘리베이터 대금을 지급한 이후라는 원고주장에 대해서는, 통상 엘리베이터 구매계약이 체결된 후 약 2년의 장기간에 걸쳐 대금을 분할하여 지급하는 점을 고려하면, 계약대금 중 일부에 불과한 마지막 대금의 지급일에 손해가 현실적인 것으로 되었다고 볼 수 없다고 판단하였다. 그 결과 위 소멸시효가 완성된 손해배상청구권(청구금액 57억 원)을 제외하고, 나머지 계약과 관련된 손해액 약 134억 원 상당의 이행을 명하는 판결이 선고되었다.

(2) 항소심 판결 : 서울고등법원 2014. 12. 18. 선고 2014나4899 판결

항소심 법원도 소멸시효항변에 대해서는 1심 법원과 같이 판단하였다.[18]

(3) 상고심 판결 : 대법원 2016. 4. 28. 선고 2015다6494 판결

대법원은 "피고 등의 합의, 입찰참가, 낙찰자결정 및 계약체결 등 일련의 과정에서 낙찰자와 원고 사이에 엘리베이터 구매계약이 체결됨으로써 피고들의 불법행위가 종료되고 원고가 낙찰자에게 지급할 금액이 구체적으로 확정되어 손해가 현실적인 것으로 되었고, 원고의 피고들에 대한 손해배상채권은 개별입찰에 따른 엘리베이터 구매계약이 체결된 때부터 민법 제766조 제2항에 의한 소멸시효가 진행되므로, 이 사건 소제기일부터 10년 전에 엘리베이터 구매계약이 체결된 입찰과 관련하여 발생한 원고의 피고들에 대한 손해배상채권은 소멸시효의 완성으로 소멸되었다고"한 원심 법원의 판단이 정당하다고 보았다.

2. 지하철공사 담합사건 판결

가. 사안의 개요

2004. 11. 실시된 지하철공사도급계약에 대한 4개의 입찰(701 내지 704공구)에서 담합하여 낙찰받은 피고 건설회사들이 원고(서울특별시)와 2004. 12. 30. 각 해당 공구별로 착공일 2004. 12. 31. 준공일 2005. 12. 26.인 '1차분 계약'을 우선 체결하였다. 각 1차분 계약서에는 총 공사준공일(각 2011. 3. 31.) 및 총 공사금액(701공구: 1,140억 원, 702공구: 1,570억 원, 703공구: 1,630억 원, 704공구: 1,831억 2,400만 원)이 부기되어 있었다.

그 후 피고들은 원고와 각각 2005. 9. 29.과 2005. 11. 11. 및 2005. 11. 4. 시설공사 수정도급계약(각 1차분 계약 당시 기재하였던 총 공사준공일 및 총 공사금액은 변동이 없다)을 체결하였다.[19] 그러나 실제 이 사건

18) 다만, 원고의 부대항소청구에 따라 손해배상을 명하는 금액이 87억 원 증가하였다.

각 공사가 진행되면서 물가변동 및 계약물량변경 등의 사정으로 계약금액이 여러 차례 변경되었는데, 피고들은 원고와 이 사건 각 1차 계약 체결 이후에 이 사건 공사의 완공일까지 차수별 계약(701공구는 14차, 702, 703공구는 각 10차, 704공구는 11차)을 각 체결하였고, 위 각 시설공사 수정도급계약 후에도 "각 해당 공구별로 위 총 공사기간을 변경하는 총괄계약을 포함하여 여러 번에 걸쳐 그 계약 내용을 변경하는 차수별 계약 및 총괄계약을 체결"하였다.[20] 그리하여 실제 지급된 금액은 연장된 공사기간인 2013년 초 무렵까지 701공구 130,833,800,000원, 702공구 174,181,000,000원, 703공구 185,407,000,000원, 704공구 합계 208,049,000,000원이다.

위 손해배상청구권의 장기소멸시효는 지방재정법에 의거하여 5년인데, 위 4개의 계약은 1심 소제기시(2010. 7. 23.)를 기준으로 1차분 계약 체결시부터는 모두 5년을 경과하였고, 대금지급시부터는 각 1차분 계약의 1회 지급분에 한하여 5년을 경과하였다.

나. 사안의 경과와 판결내용

(1) 1심 판결 : 서울중앙지방법원 2014. 1. 10. 선고 2011가합26204 판결

원고의 청구에 대하여 피고는, 위 소멸시효의 기산점은, ① 위 피고들이 담합행위를 한 2004. 11. 초순경이거나, ② 늦어도 원고가 공사대금 채무를 부담함으로써 위 피고들의 담합행위로 인한 손해가 현실화된 이 사건 '1차분 계약'을 체결한 2004. 12. 30.이라 할 것이고, 이 사건 소는 그로부터 5년이 지난 2010. 7. 23. 제기되었으므로, 원고의 위 피고들에 대한 손해배상청구권은 지방재정법상 5년의 소멸시효가 완성하였다고 항변하였다.

1심 법원은, 피해자인 원고가 이 사건 공사계약에 따른 공사대금을

---

19) 1심 판결은 이를 총괄계약으로 보았으나, 항소심 판결은 이를 (총괄계약의) 변경계약으로 보았다.

20) 위 따옴표를 한 부분은 위 사건의 항소심 판결문을 그대로 인용한 것인데, 차수별 계약을 체결하면서 그에 상응하는 총괄계약도 따로 체결하였다는 취지인지, 아니면 위 차수별 계약으로써 동시에 계약금액을 변경하는 총괄계약도 체결된 것으로 보는 취지를 위와 같이 기재한 것인지는 명확하지 않다. 위 항소심 법원이 총괄계약의 확정적 효력을 인정하는 입장인 것을 감안하면, 후자로 예상된다.

지급할 때까지는 위와 같은 부당입찰 부분에 대하여 무효나 취소를 주장하여 그 대금 지급을 거절할 수 있으므로, 이 사건 공사계약을 체결함으로서 공사대금 지급채무를 부담하는 것만으로는 손해가 현실화되어 소멸시효가 기산된다고 볼 수 없고, 원고가 해당 공사금액을 실제로 각 지급한 시점에야 비로소 손해가 현실화되고 소멸시효가 기산된다고 볼 것이라고 판시하였다. 만일 공사계약을 체결한 시점에 손해가 현실화되어 소멸시효가 기산된다고 본다면, 원고로서는 이 사건 공사계약을 체결하였다는 사정만으로는 아무런 현실적인 손해가 없어 부당입찰을 이유로 손해배상청구소송을 제기할 수 없음에도 그 손해배상청구권의 소멸시효는 기산된다는 불합리한 결과가 된다는 것이다.

이에 따라 대금지급시기에 초점을 맞추어서 각 차수별 계약에 따른 수 회 대금지급시기를 상세히 밝혔고, 그 결과 1차분 계약 중에서도 대금지급기일에 따라 손해배상청구권의 소멸시효 완성여부가 달랐다. 그리하여 위 소송 제기일인 2010. 7. 23.로부터 5년 전인 2005. 7. 22. 이전에 지급된 공사대금 부분(47억 원 상당)과 관련된 원고의 손해배상청구권은 소멸시효가 완성하였고, 나머지 대금지급과 관련한 손해액 316억 원 상당에 대하여는 이행판결이 선고되었다.

참고로, 1심 법원은 판결문에 제1차 계약 후 체결된 시설공사 수정도급계약을 총괄계약이라고 칭하였다. 그리고 제1차 계약 외에는 그 후의 차수별 계약에 대해서는 언급하지 않은 채 "실제 이 사건 각 공사가 진행되면서 물가변동 및 계약물량변경 등의 사정으로 계약금액이 여러 차례 변경되었다"라고만 표현하였다. 1심 법원이 총괄계약으로 본 시설공사 수정도급계약서의 작성시점은 일부 대금이 지급된 후이고, 그때로부터 소멸시효를 기산하면 손해배상청구권 전부에 대하여 소멸시효가 완성하지 않는다. 그러나 1심 법원은 스스로 총괄계약이라고 본 위 수정도급계약서에 의하여 손해가 확정되었다는 논리를 펴지도 않았다. 판결문에 참조판결로 대법원 2011. 3. 24. 선고 2010다92612 판결을 기재하였는데, 위 판결은 "소멸시효는 민법 일반 법리에 따라 객관적으로 권리가 발생하고 그 권리를 행사할 수 있는 때로부터 진행한다. 그런데 상법 제731조 제1항을 위반하여 무효인 보험계약에 따라 납부한 보험료에 대한 반환청구권은 특별한 사정이 없는 한 보험료를 납부한 때에 발생하여 행사할 수 있다고 할 것이므로, 위 보험료반환청구권의 소멸시효는 특별한 사정이 없는 한 각 보험료를 납부한 때부터 진행한다"는 내용이다. 위 참조판결의 사안은 보험계약이 무효로서, 계약 자체를 무효로 볼 근거가 없는 해당 사안과는 차이가 있는데,[21] 1심 법원이 위 판결을 참조한 것을 보면, 소멸시효의 기산점과 관련하여 차수별 계약과 총괄계약의 관계에 대해서는 별다른 의미를 부여하지 않은 것으로 보인다.

(2) 항소심 판결 : 서울고등법원 2016. 9. 8. 선고 2014나9467 판결

항소심 법원은 위 손해의 현실화시점에 대하여 1심 법원과는 판단을 달리하였다.

항소심 판결문에는 이 사건 계약이 국가계약법상의 장기계속공사계약으로서 총괄계약과 차수별 계약으로 구성된다는 사실과 총괄계약과 차수별 계약 중 어느 시점에서 손해가 확정된 것으로 볼 것인지 등이 자세히 설시되어 있다.

항소심 법원은, 비록 이 사건 각 1차 계약 당시에 위 각 1차 계약서와 독립된 총괄계약서가 별도로 작성되지 않았다고 하더라도 원고와 피고들이 이 사건 각 1차분 계약을 체결할 때 총 공사준공일 및 총 공사금액이 기재된 계약서가 작성됨으로써 이 사건 공사 전체에 관한 각 총괄계약과 1차분 차수별 계약이 동시에 성립한 것으로 보았다.[22] 그리고 위 각 1차분 계약의 체결 후 추가로 시설공사 수정도급계약(1심 법원은 이를 총괄계약으로 보았다)을 체결한 바 있으나 총 공사기간 및 총 공사대금은

---

21) 대상판결의 원심판결이 이 사건 공사계약이 무효라고 볼 근거가 없다고 한 것(본고의 312면 이하 [원심판결] 의 내용 중 ii) 부분)은 이 점을 의식한 것으로 보인다.

22) 이러한 설시는 대상판결의 원심판결과 같다. 그런데 이 부분에서 참조판결로 기재한 "대법원 2008. 7. 24.자 2008다24371 판결"은 종합법률정보를 통해서는 검색되지 않는다.

1차분 계약서상의 것과 같은 점에 비추어 이는 변경계약일 뿐이고, 이 사건 공사 전체에 관하여 최초로 체결된 총괄계약이라고 보기는 어렵다고 판단하였다. 또한 각 1차분 계약 및 그와 동시에 체결된 총괄계약, 그 이후의 차수별 계약들은 그 실질에 있어서는 하나의 목적을 위한 하나의 계약으로서 최초 계약 체결 시에 그 계약의 목적물, 계약금액, 이행기 등 전체 공사에 관한 내용과 조건이 이미 확정되어 있는 것이고, 각 1차분 계약과 동시에 체결된 총괄계약을 통하여 각 해당 공구별로 피고들의 총 공사금액에 대한 권리의무가 확정됨으로써 원고가 각 계약서에 부기된 총 공사금액을 피고들에게 지급할 법적 구속력이 있는 의무가 발생하였다고 보았다.[23)]

그리하여 1차분 계약과 동시에 체결한 총괄계약으로 피고들의 불법행위가 종료되고 원고가 피고들에게 지급할 각 공사대금이 구체적으로 확정되어 정상적인 낙찰대금과 실제 낙찰대금의 차액 상당액의 손해가 현실적으로 원고에게 발생하였다고 보아, 이 사건 각 1차 계약을 체결한 2004. 12. 30.부터 소멸시효가 진행하고, 그로부터 5년이 경과하여 제기된 이 사건 원고의 손해배상채권의 소멸시효가 모두 완성되었다고 판단하였다.

(3) 상고심 판결 : 대법원 2018. 12. 27. 선고 2016다43872 판결

대법원은 대상판결의 판시와 같은 내용으로 판시하면서, 원심판결을 파기환송하였다.

3. 위 선례들과 대상판결의 비교

가. 대상판결과 지하철공사 담합사건의 비교

대상판결은 지하철공사 담합사건과 항소심의 논리 및 상고심에서 파기환송된 점과 파기 이유가 거의 같다. 대상판결의 원심판결은 그보다 1년 여 앞서 선고된 위 지하철공사 담합사건의 항소심판결의 영향을 많이

23) 이 부분 설시도 대상판결의 원심판결과 같다.

받은 것으로 보인다. 양자 모두가 앞서 언급한 대법원 2018. 10. 30. 선고 2014다235189 전원합의체 판결의 반대의견과 마찬가지로 총괄계약의 구속력을 인정하였다.

다만, 지하철공사 담합사건은 제1차 계약과 동시에 체결된 총괄계약에 부기되었던 준공일자 후에도 차수별 계약이 체결될 정도로 공사기간이 많이 연장되었고, 증액된 공사대금도 많았다. 또한 제1차 계약체결 후 추가로 시설공사 수정도급계약을 체결한 점에서 차이가 있는데, 이를 1심 법원은 총괄계약으로 보았으나, 항소심 법원은 총 공사기간 및 총 공사대금이 1차분 계약서상의 것과 같은 점에 비추어 변경계약일 뿐이고, 이 사건 공사 전체에 관하여 최초로 체결된 총괄계약이라고 보기는 어렵다고 판시하였다. 그렇지만 시설공사 수정도급계약 후 체결된 2차 계약 이후에 공사대금이 변경되었는바, 위 항소심 판결의 논리에 의하면 이를 총괄계약의 변경으로 보아야 할 것이고, 그렇다면 제2차 계약 이후에 증액된 부분에 대해서는 각 그 차수별 계약체결시에 손해배상청구권의 시효가 진행된다고 하여, 굳이 총괄계약 중 공사대금부분 기재가 잠정적으로 활용하는 기준에 불과하다는 점을 논하지 않고도 상고심인 대상판결과 같은 결론에 도달할 수 있지 않았을까 하는 생각이 든다.

나. 대상판결과 엘리베이터 담합사건의 비교

대상판결의 원심판결은 “원고의 손해배상청구권은 피고 甲회사가 낙찰자로 선정된 후 원고와 사이에 이 사건 제1차분 공사계약을 체결한 2010. 3. 24.부터 국가재정법 제96조 제1항에 의한 소멸시효가 진행된다 할 것이고, 원고가 그로부터 5년이 경과된 후인 2015. 11. 13. 이 사건 소를 제기하였음은 기록상 분명하므로, 원고의 피고들에 대한 이 부분 손해배상청구권은 모두 국가재정법상 소멸시효 완성으로 소멸하였다”고 판단하면서 엘리베이터 담합사건의 대법원판결(위 2015다6494 판결)을 참조하였음을 밝혔다.

그러나 엘리베이터 담합사건에서 엘리베이터 구매계약은 국가계약법상의 총괄계약이나 차수별 계약이 적용되는 장기계속공사계약이 아니다.

따라서 소멸시효의 기산점을 제1차 계약과 동시에 체결되는 총괄계약시점으로 할 것인지 아니면 제1차 계약을 포함한 각 차수별 계약시점으로 할 것인지가 문제된 대상판결과는 논점을 달리 한다. 피고 엘리베이터 제조사들이 1996. 4.경부터 2005. 11. 24.까지 장기간 동안 지속되는 입찰담합으로 각 낙찰받은 바에 따라 입찰실시자인 원고와 개별계약을 체결하였을 뿐이다. 각 공사기간 자체는 그다지 길지 않았으며 대금도 각 개별계약 체결일로부터 2~3년 내에 모두 지급되었다는 점에서도 대상판결의 사안과는 차이가 있다.

엘리베이터 담합사건에서 생각할 수 있는 소멸시효의 기산점은 ⅰ) 개별입찰에 따른 엘리베이터 구매계약 체결시, ⅱ) 마지막 대금지급시인데, 위 판결에서 ⅱ)를 배척하고 ⅰ)로 보았다. 대상판결의 원심판결이 각 차수별 계약에 따른 마지막 대금지급시에 소멸시효가 진행하는 것으로 결론내리지 않은 점 외에 위 2015다6494 판결을 참조할 만한 것은 아니다. 그런데 입찰담합이라는 불법행위는 1996. 4.경부터 2005. 11. 24.까지 지속되었으므로 마지막 입찰에 따른 구매계약이 체결되고 난 후에야 비로소 전체 구매계약과 관련한 손해배상청구권의 소멸시효가 진행한다는 논리를 생각할 수도 있을 것이다. 이렇게 되면 장기공사와 관련한 불법행위의 소멸시효 기산점이 매우 뒤로 늦추어지는 결과를 낳는다. 이러한 해석의 가능성에 관하여서는 Ⅳ. 이하에서 살펴보기로 한다.

Ⅳ. 비교법적 검토

1. 계속적 불법행위의 소멸시효[24)]

우리나라에서 장기계속공사계약에 대한 논의는 위 전원합의체 판결과 같은 사안이 문제되면서 비교적 최근에 본격화되었고,[25)] 이와 관련한

24) 아래 (1) 및 (2) 부분은 이선희, 앞의 논문(주 9), 324-326면을 요약하였다.

25) 김기풍, “장기계속공사계약과 계약금액조정제도-광주지방법원 2009. 8. 28. 선고 2008가합9084 판결을 중심으로-”, 광주지방법원 재판실무연구(2011), 99-123면; 김홍준, 건설재판실무(제2판), 도서출판 유로, 2017, 128-133면; 법무법인(유한) 태평양 건설부동산팀, 주석 국가계약법, 박영사, 2017, 377-380면; 윤재윤, 건설분쟁관

불법행위의 소멸시효에 대해서는 학설상 논의가 전무한 상태였다.

그러나 이른바 계속적 불법행위에 있어서 소멸시효에 대해서는 일본에서 비교적 오래 전부터 논의된 바 있다. 통상의 불법행위가 1회적인 것이라면, 가해행위가 계속적이어서 손해의 발생 역시 계속적인 경우가 있는데, 이른바 계속적 불법행위라고 한다.[26] 우리 현행법의 것과 유사한 시효제도를 가지고 있는 일본의 경우, 계속적 불법행위의 소멸시효의 기산점에 대하여 아래와 같은 견해가 제시되었다.

가. 일본의 학설 및 판례

개별진행설은, 나날이 새로운 불법행위에 의한 손해가 발생하는 경우에는 각개의 불법행위가 집합·연결되어 있는 것이므로, 각 그 새로운 손해를 안 날로부터 각각 별개로 단기소멸시효가 진행한다는 것이다. 일본의 판례[27] 및 통설이 취하는 태도라고 한다.[28]

전부진행설은, "진행 중의 손해에 대하여는 그 진행이 정지한 때로부터 기산한다"고 규정한 일본 광업법 제115조 제2항[29]을 유추하여, 계속적 불법행위에 있어서는 손해의 진행이 정지한 때부터 전체 손해에 대하여 소멸시효가 진행한다는 설이다.[30]

계법(제7판), 박영사, 2018, 96-97면; 김태관, "공사계약일반조건상 공기연장에 따른 비용청구권에 관한 소고-채권자지체와의 비교검토를 중심으로-", 동아법학 제78호(2018), 275-305면; 박성완, "장기계속공사계약의 공기연장과 추가간접공사비에 대한 소고: 추가간접공사비 청구에 대한 하급심 판결을 중심으로", 고려법학 제89권(2018), 117-168면.

26) 이상욱, "불법행위로 인한 손해배상청구권의 시효기산점", 김형배교수 화갑기념논문집-채권법에 있어서 자유와 책임(1994), 609면은 계속적 불법행위란 불법행위 그 자체가 계속되며 그에 따른 손해도 계속적으로 발생하는 경우를 말한다고 하는데, 이는 末川 博, 「不法行爲による損害賠償請求權の時效」 民法論集, 評論社, 1959, 297면이 위와 같이 정의한 것에서 비롯된 것으로 보인다.

27) 大審院 昭和 15(1940). 12. 14. 連合部 判決(民集 19卷 24號 2325面), 最判 平成 6(1994). 1. 20.(判時 1503, 75) 등.

28) 박준서 편집대표, 주석민법, 채권각칙(8), 김홍엽 집필부분[이하 주석민법(김홍엽)], 한국사법행정학회, 2000, 629-630면; 곽윤직 편집대표, 민법주해 XIX-채권(12), 윤진수 집필부분[이하 '민법주해(윤진수)], 박영사, 2005, 377면.

29) 우리나라 광업법 제80조 제2항에 해당한다.

30) 石田穰, 民法講義 6 不法行爲 等, 有斐閣, 1977, 387-390면; 주석민법(김홍엽),

한편 분류설은, 계속적 불법행위에도 여러 가지 유형이 있으므로 그 유형에 따라 소멸시효의 기산점을 달리 인정하여야 한다는 견해이다.[31] 즉, ⅰ) 중금속 중독과 같이 건강상의 피해가 점차 진행하는 누적적 피해의 사례에서는 그것을 전체로서 파악하여 하나의 손해배상청구권을 관념하는 것에 의해 그 누적적 성질을 손해배상에 반영시키는 것이 가능하기 때문에 계속적 가해행위가 종료하는 때로부터 시효가 일률적으로 진행을 개시하고, ⅱ) 체포, 구금과 같이 가해행위의 상태가 계속 중에는 피해자의 권리행사가 사실상 억압되는 지속적 상태성의 손해 사례에서는 가해태양이 일방에 있어서는 일률적으로 지속하면서 다른 한편에 있어서는 일률적으로 진행하는 손해에 관한 피해자의 통일적 인식과 그에 기한 권리행사가 상당기간 후에 기대되므로 상당기간 후에 시효의 일률적 진행을 인정하여야 하지만, ⅲ) 점거개시 후에 권리자가 자주 반환, 명도, 퇴거를 구하는 등의 행위를 했음에도 불구하고 점거자가 실력으로 점거상태를 유지·계속하는 것과 같은 사례에서는, 가해행위를 계속하는 가해자와 권리를 주장하는 피해자와의 사실적 긴장 안에서 사태가 진행하고 있기 때문에 전체 손해에 관하여 일률적으로 시효완성의 불이익을 피해자에게 부담시키는 것은 불합리하고, 시효법상의 책임을 피해자와 가해자에게 분담시켜야 한다고 한다.[32]

나. 우리나라의 학설 및 판례

우리나라에서 계속적 불법행위의 소멸시효 기산점에 대한 논의는, 단기소멸시효에 있어서 '손해를 안 때'의 해석에 집중되어 있다. 판례는 개별진행설을 채택하고 있다.[33] 학설로는 ⅰ) 개별진행설을 기초로 하면서도 계속적인 환경침해로 인한 신체, 건강의 침해나 인근공사장의 진동

628면; 민법주해(윤진수), 378-379면.

31) 潮見佳男, 不法行爲法, 信山社出版, 1999, 289-291면; 內池慶四郎, 不法行爲責任の消滅時效, 成文堂, 平成 5(1993), 74-116면, 133-134면; 주석민법(김홍엽), 628면; 민법주해(윤진수), 378면.

32) 內池慶四郎, 앞의 책(주 31), 111-112면; 민법주해(윤진수), 378-379면.

33) 대판 1966. 6. 9. 66다615; 대판 2008. 4. 17. 2006다35865(전원합의체) 등.

에 의한 점진적인 건물의 균열 등과 같이 누적적으로 진행하여 통일적, 일체적(一切的)으로 파악하여야 할 손해에 대하여는 가해행위가 종료한 때 피해자의 인식이 있는 것으로 해석함이 상당하다는 견해,[34] ii) 분류설의 입장에서 계속적 불법행위의 여러 유형에 따라 권리행사를 현실적으로 기대할 수 있는 피해자의 인식 유무와 더불어 불법행위를 계속하는 가해자에게 시효의 원용을 허용할 정당성의 존부를 검토하여 원칙을 달리하여야 한다는 견해 등이 있다.[35]

또한 위와 같은 논의는 장기소멸시효에 있어서 손해의 발생시점과 관련하여서도 가능하다.[36] 개별진행설의 입장에서 각개의 침해행위에 있어서 시시각각 손해배상청구권이 발생한다고 보거나,[37] 광업법 규정[38]을 유추하여 손해의 진행이 종료한 때를 시효기산점으로 보는 견해, 분류설의 입장에서 손해가 누적적 내지 진행성인지의 여부나 손해가 성질상 가분적인지의 여부 등 손해의 유형과 손해의 태양에 따라 달리 보는 견해 등을 생각할 수 있을 것이다.

다. 장기공사계약의 경우에 대한 시사점

그런데 위에서 논의한 계속적 불법행위는 가해행위 자체가 계속되고 그로 인한 손해도 계속되는 경우를 말한다. 그런데 행정관청이 일괄하여 시행하는 수 개의 공사도급계약의 입찰에 사업자들이 담합하여 각각 담합한 바에 따라 낙찰받고 공사를 시행한 후 대금을 수회에 걸쳐 수령함

---

34) 김상용, 불법행위법, 법문사, 1997, 521-522면; 이상욱, 앞의 논문(주 26), 610면.

35) 이은영, 채권각론(제5판), 박영사, 2005, 816-817면.

36) 양창수, "불법행위법 개정안 의견서", 민사법학 제15호(1997), 222-223면은 제766조 제2항으로 "손해가 진행 중일 때에는 정지한 때로부터 기산한다"는 규정을 신설할 것을 입법론으로 주장하는데, 이는 단기소멸시효뿐 아니라 장기소멸시효에도 계속적 불법행위의 특별취급을 인식한 것으로 보인다.

37) 곽윤직, 채권각론(제6판), 박영사, 2003, 473면; 민법주해(윤진수), 406면.

38) 제80조(소멸시효)

① 손해배상청구권은 피해자가 손해와 배상의무자를 안 날부터 3년간 행사하지 아니하면 시효로 인하여 소멸한다. 손해가 발생한 날부터 10년이 지난 경우에도 또한 같다.

② 제1항의 기간은 진행 중인 손해에 대하여는 그 진행이 정지한 날부터 기산한다.

으로써 행정관청에 손해를 가하는 경우가 계속적 불법행위에 해당하는가? 이미 행해진 입찰담합이라는 가해행위의 효과가 지속된다는 점에서 계속적 불법행위의 일종으로 볼 여지도 있지만, 가해행위 자체는 공사도급계약의 체결로 종결되고 손해의 구체적인 확정 및 현실화가 어느 시점에서 이루어졌는지만 문제될 뿐이며, 계속적 불법행위로 볼 것은 아니라고 생각한다.[39] 대상판결의 판시를 통해서도 이 점은 명확해졌다. 또한 앞서 본 두 개의 선례에서도 그러하다.

그러나 위 손해의 현실화시점이 결국 손해배상청구권의 장기소멸시효의 기산점이 된다는 점에서 보면, 계속적 불법행위에 있어서 손해배상청구권의 장기소멸시효의 기산점의 경우와 논의의 내용이 유사해 진다. 이와 관련하여, 일본 판례는 피해자가 실제로 인식한 손해와 견련 일체를 이루는 손해로서 당시 그 발생이 예견가능한 것에 대하여는 전부 피해자에게 인식된 것으로 다루어 일률적으로 그 전체 범위에서 시효가 진행된다고 한 바 있다.[40] 학설로는, 손해를 어디까지 통일적으로 파악하는 것이 가능한지를 고려하여 하나로 모을 수 있는 것마다 시효기간의 진행이 개시하는 것으로 생각할 수 있다는 견해가 있다.[41] 우리나라에서 이에 대한 본격적인 논의는 없지만, 필자로서는 소멸시효의 기산점을 손해의 구체적인 확정 및 현실화 시점과 관련시키는 위 일본 판례의 입장에 찬성한다.

2. 기본합의-개별합의의 구조를 취하는 불법행위의 소멸시효 등에 관한 입법례 등

기본합의와 그에 기초한 개별합의의 구조를 취하는 불법행위의 대표적인 예는 앞서 본 엘리베이터 담합사건과 같이 기본 합의의 효력이 지

39) 이선희, 앞의 논문(주 9), 323, 333면; 같은 취지로는 김시철, “건물신축으로 인한 일조방해의 법적 성격과 이로 인한 불법행위 손해배상청구권의 소멸시효 기산점”, 대법원판례해설 제75호(2008 상반기), 2008, 228-229면. 末川 博, 앞의 책(주 26), 299면은 가해행위가 계속된 것과는 달리, 이 경우에 가해행위와 상당인과관계 있는 손해는 적어도 객관적으로는 확정될 수 있는 상태에 있다고 한다.

40) 앞서 본 大審院 昭和 15(1940). 12. 14. 連合部 判決의 방론 참조.

41) 潮見佳男, 앞의 책(주 31), 290면.

속되는 가운데 독점규제법에 위반한 개별적인 합의가 장기간에 걸쳐 반복하여 행해지는 경우이다. 이와 관련하여서는, 비교법적으로 볼 때, 개개의 합의별로 손해배상청구권이 소멸시효가 기산하는 것으로 해석하는 경우도 있고, 기본 합의와 이에 기초한 개별 합의들의 법위반사실이 경쟁당국의 조사 등에 의하여 뒤늦게 밝혀진 경우에 전체 손해배상청구권의 소멸시효의 진행을 늦추는 특별한 규정을 두는 입법례도 있다.

가. 미 국[42]

국가의 행정권 행사에 있어서도 기회비용을 따지는 미국에서는 담합의 적발도 국가기관에 의하기 보다는 개인이 제기하는 민사소송에 맡기는 경향이 있는데, 이를 독점규제법의 사적 집행(private enforcement)이라 칭한다.[43] 이러한 손해배상청구에 소멸시효와 유사한 출소기한 규정(statute of limitation)이 있다. 영미법상 일반적으로 출소기한은 청구권이 발생한 때－주로 피해자가 손해를 입은 때－로부터 기산한다고 규정하지만[44] 피해자가 손해 및 가해자를 발견한 때부터 개시된다는 발견주의 법리(discovery rule)에 의하여, 실질적으로 중요한 사실(material facts)이 발견되었거나, 합리적인 주의(reasonable diligence)를 하였더라면 당연히 발견되었어야 할 시점부터 제소기간(period of limitation)이 진행하는 것으로 해석한다.[45]

독점규제법 위반으로 인한 손해배상청구소송에 적용되는 클레이튼법 제4b조는 위 손해배상청구권의 출소기한을 訴因(cause of action)이 발생한 때로부터 기산하여 4년으로 규정하고,[46] 원고가 피해(injury)를 입고

---

42) 상세는 이선희, 앞의 논문(주 9), 314-315, 328-329면 참조.

43) Hovenkamp, *Federal Antitrust Policy, The Law of Competition and its Practice*(5th ed.), West Group, 2016, p. 804.

44) Marc A. Franklin, Robert L. Rabin & Michael D. Green, *Tort Law and Alternatives*(9th ed.), Foundation Press, 2011, p. 55.

45) ABA Section of Antitrust Law, *Proving Antitrust Damages: Legal and Econmic Issues*(2nd Ed), 2010, p. 67; 김제완・백경일・백태웅, "권리행사기간에 관한 쟁점과 민사개정 방안 : 소멸시효관련 논의에 부수하여", 민사법학 제50호(2010) 등.

46) 한편 미국의 반독점법집행의 다른 큰 축은 형사제소인데, 위 형사소송의 제소기간은 행위일로부터 5년이다(18 U.S.C. § 3282).

소송을 제기할 수 있을 정도로 손해(damages)를 충분히 인식할 수 있을 때부터 제소기간이 진행한다고 해석한다.47) 그런데 계속적인 위반행위에 있어서 제소기간은 손해가 최초에 발생한 시점이 아니라 원고에게 손해를 끼친 마지막 명백한(overt) 행위일로부터 진행한다고 한다.48) 공모자들의 집단이 종종 공동가격이나 생산량을 조정하여 왔다면, 각각의 새로운 모임이 새롭게 제소기간을 진행시킨다는 것이다.49) 예를 들어 카르텔이 1990년에 형성되어 1999년까지 가격과 생산량을 결정하기 위하여 매년 모여왔다고 가정할 경우에 카르텔이 그 이전에 존재하였는가의 여부를 떠나 1999년 모임만으로도 독자적으로 위법하고, 그 결과로 매년의 모임은 기산을 새로이 시작하는 새로운 침해행위라고 파악한다. 그리고 원고가 배상받을 수 있는 손해를 제소 전 4년 동안의 손해로 한정하는 것이다.50) 판례가 이와 같이 해석하는 이유는, 경쟁당국의 조사 등이 없는 상태에서 개인이 독점규제법 위반행위를 탐지하거나 그 위법성을 판단하여 민사소송을 제기하는 경우에 원고 측에서 소인의 입증은 물론 이를 다투는 피고 측으로서도 방어에 있어서 곤란이 있음을 고려한 것이 아닌가 생각된다. 기본합의-개별합의의 구조를 가지는 경우에도 특별한 취급을 하지 않는 이와 같은 입장은 앞서 본 우리나라의 엘리베이터 입찰담합사건에서 대법원 판결과 맥락이 같다.

다만, 클레이튼법 제5조 제 i 항은 국가가 독점금지법의 집행을 위하

---

47) Hovenkamp, *supra* note 43, pp. 843-844.

48) ABA, *supra* note 45, p.70.

49) Pennsylvania Dental Ass'n v. Medical Serv. Ass'n of Pa., 815 F.2d 270 (3d Cir. 1987); Klehr v. A. O. Smith Corp., 521 U.S. 179, 117 S.Ct. 1984(1997); XeChem, Inc. v. Bristol-Meyers Squibb, Inc., 372 F. 3d 899 (7th Cir. 2004).

50) Hovenkamp, *supra* note 43, p. 843. 한편, 형사소송의 공소시효에 있어서는 공모하에서 인도된 상품에 대한 마지막 대금지불이 이루어지기 전까지는 공모 전체에 대한 제소기간이 진행되지 않는다고 판시한 법원도 있다. -United States v. A-A-A Elec. Co., 788 F. 3d 242, 245(4th Cir. 1986); United States v. Therm-All Inc., 373 F. 3d 625 (5th Cir. 2004), cert. denied, 125 S.Ct. 632 (2004)에서는 "가격고정합의가 계속되고 있다는 증거는 5년의 공소시효를 저지시키기에 충분하다; 계속되는 공모의 증거는 반복된 가격설정을 포함한다."고 판시하였다.

여 제기한 민사 또는 형사절차가 계속되고 있는 중에는 제소기간의 진행이 정지되고, 정부의 행위(government action)에서 다루어진 사항에 전체적으로 또는 부분적으로 기초하고 있는 민사소송에서는 정부의 행위가 종료한 후 1년 동안 제소기간이 진행되지 않는다고 규정하고 있다.[51)]

나. 유럽연합의 경우

유럽연합 내 독점규제법의 집행은 유럽연합 차원에서 행하지만, 이와 관련한 손해배상청구는 각국의 국내법에 의한다. 그런데 EU 경쟁법 집행위원회는 유럽연합의 법질서 통일을 위하여 "회원국 및 유럽연합의 경쟁법 조항 위반행위에 관한 국내법에 따른 손해배상소송을 규율하는 특정 규칙에 관한 유럽의회 및 유럽연합이사회의 2014. 11. 26.자 지침"(Directive 2014/104/EU)[52)]으로 손해배상소송의 소멸시효에 대하여 회원국들이 다음과 같은 내용의 법규(rule)를 마련하도록 요구하였다(제10조).[53)]

–소멸시효는 경쟁법위반행위가 종료하고, 피해자가 경쟁법 위반행위 및 그 위반행위에 의하여 본인에게 손해가 발생한 사실과 위반행위자를 알았거나 알 수 있었을 것으로 합리적으로 기대되는 시점으로부터 기산되어야 한다.

–소멸시효기간은 최소 5년을 허용하여야 한다.

–경쟁당국이 의심되는 위반행위에 대하여 절차를 진행한 경우에 그 절차 내 결정이 종국적으로 행해지거나 절차가 종료된 후 최소 1년간은 그 위반행위에 관한 손해배상소송을 제기할 소멸시효가 정지(suspend)되어야 한다.

---

51) ABA, *supra* note 45, p. 81에 의하면, 여기에서 정부행위가 종료하는 시점은 불복에 따른 최종적인 판단이 내려진 때 또는 불복기간이 도과한 때를 말한다.

52) Directive 2014/104/EU of the European Parliament and of the Council of 26 November 2014 on certain rules governing actions for damages under national law for infringements of the competition law provisions of the Member States and of the European Union. (http://eur-lex.europa.eu/legal-content/EN/TXT/PDF/?uri=CELEX:32014L0104&from=EN에서 다운로드 가능. 2020. 5. 26. 최종방문.)

53) 유럽연합의 법 규범 체계상 법원이 적용할 수 있는 경쟁법의 法源을 상위의 것부터 보면, 조약(TFEU), 이사회 및 위원회 규칙(Council Regulation/Commission Regulation), 지침(Directive), 결정(Decision)으로 요약될 수 있다. 그중 지침은, 회원국에게 일정한 기간 내에 국내법규를 제정 또는 개정하도록 구속력 있는 요구를 하되, 그 내용은 최저한도에 그치고 실시형태나 수단에 관하여는 국내 기관들의 권한으로 남겨 놓는 것이다. – 조용준, "유럽연합법의 적용원리와 사법적 통제–프랑스 사례를 포함하여–", 법조 통권 제646호(2010. 7.), 6-9면 참조.

위와 같은 유럽연합의 지침(Directive 2014/104/EU)에 따라 독일은 담합행위 등을 규제하는 경쟁제한방지법(Gesetz gegen Wettbewerbsbeschränkungen, 'GWB')을 2018년 개정하면서 소멸시효의 진행에 관한 특별한 규정을 두었다.

2002년 개정 전 독일 민법 제852조 제1항은 "불법행위로 인한 손해의 배상청구권은 피해자가 손해와 배상의무자를 안 때로부터 3년, 이를 안 때와 관계없이 행위시로부터 30년으로써 시효로 소멸한다"고 하여 장기소멸시효기간이 30년이라는 점을 제외하고는 우리 민법과 같았다. 2002년 개정으로 불법행위로 인한 손해배상청구권도 총칙편의 일반소멸시효기간인 3년에 의하고, 청구권의 성립 이외에 채권자의 주관적 인식이 위 시효기산을 위한 요건에 추가되었으며(제195조, 제199조 등), 생명 침해 등을 이유로 하는 특정한 경우 외에는 채권자의 인식 여부와 상관없는 장기소멸시효기간을 10년으로 하였지만(제199조 제3항),[54] 대상판결의 사안과 같이 가해자 및 가해행위를 인식한 시점이 가해행위시로부터 10년을 경과하였다면, 손해배상청구가 인용될 수 없다는 결론은 같았다.

다만, 장애사유가 존재하는 동안에는 이미 개시된 소멸시효가 진행하지 않고 그 사유가 없어지면 다시 진행하는 계속정지제도(민법 제209조)가 있었는데,[55] 2005년 경쟁제한방지법을 개정하면서 제33조 제5항에 "경쟁당국이나 EU 위원회 또는 다른 회원국가에 의하여 경쟁법위반조사가 시작되는 경우에 손해배상청구권의 소멸시효가 정지된다"는 규정을 신설하였고, 다시 위 2014년 EU 지침에 따라 2018년 경쟁제한방지법을 개정하면서 손해배상청구권의 소멸시효에 대한 내용을 상세히 규정하였는데(제33h조)[56]

54) 양창수, 2002년판 독일민법전, 박영사, 2002, 81 내지 93면; 임건면, "소멸시효기간과 기산점", 민사법학 제47호(2009), 66면; 이상영, "독일 개정민법상 소멸시효제도", 비교사법 제9권 제2호(2002), 9-12면, 27-31면 등.

55) 우리나라의 소멸시효 정지제도(제187조 내지 제182조)가 완성유예를 의미하는 것과는 다르다. 이에 대한 상세는 안경희, "시효(소멸시효, 취득시효)의 중단·정지-시효법 개정시안과 개정안(2010년)을 중심으로-", 민사법학 제50호(2010. 9), 128면.

56) https://www.gesetze-im-internet.de/gwb/index.html, http://www.gesetze-im-internet.de/englisch_gwb/englisch_gwb.html#p0298 에서 다운로드 또는 검색가능. 2020. 5. 26. 최종방문.

그중 본고와 관련되는 내용은 다음과 같다.

−일반소멸시효기간을 5년으로 하되, 경쟁법위반행위가 종료되고 원고가 자신의 손해 및 위반행위자를 알았거나 알 수 있었던 날로부터 소멸시효가 기산한다.

−경쟁당국이 조사를 개시하거나 위반행위에 대한 절차를 개시하는 등의 사유가 있으면 시효의 진행이 정지되고, 법위반 결정이 최종 확정된 때로부터 1년이 지나야 정지된 기간이 다시 진행한다.

이에 따라 기본합의−개별합의의 구조를 가지는 담합에서, 경쟁법위반행위의 종료시점을 언제로 볼 것인지에 대해서 논란의 여지는 있겠지만, 적어도 경쟁당국이나 법원이 해당행위를 최종적으로 위법하다고 판단하기 전에 시효가 완성되는 것을 방지하게 되었다. 그리하여 앞서 본 엘리베이터 담합사건과 같은 경우에, 행정절차가 종료되거나 행정처분에 대한 법원의 최종판결이 있은 후 1년이 경과하기 전에 민사소송이 제기되었다면, 소멸시효의 완성을 막을 수 있게 되었다.

Ⅴ. 장기공사계약에 있어서 소멸시효의 기산점에 대한 사견

1. 손해의 현실화 시점에 대한 원칙−개별계약체결 시점

필자는 앞서 언급한 필자의 논문(2015)에서 "행정관청이 일괄하여 시행하는 한 개의 입찰에 사업자들이 담합하여 특정한 회사가 낙찰받은 결과로서 장기간에 걸쳐 공사가 이루어지고 대금지급도 수회에 걸쳐 행해지는 경우에 언제를 장기소멸시효의 기산점으로 삼을 것인지를 본다. 이를 가해행위의 효과가 지속된다는 점에서 계속적 불법행위의 일종으로 볼 여지도 있으나 가해행위 자체는 입찰계약의 체결로 종결되고 이후에는 손해만이 계속되는 경우로서 앞서 본 개별진행설이나 전부진행설로 설명할 것은 아니고, 언제 손해가 현실화된 것으로 볼 것이냐의 문제가 아닌가 생각된다."라고 하였다. 그리고 "생각건대, 위법행위에 기하여 일정액을 대금으로 정한 계약이 체결되었다면 비록 현실적으로 대금을 지급하기 전이라고 하더라도 위 계약체결 시에 손해가 현실적인 것으로 된다고 할 것이고, 이는 하나의 계약에 기한 대금을 수회에 걸쳐 지급하는 경우에도 마찬가지라고 할 것이다. 그런 점에서 엘리베이터 담합사건의 1심 및 항소심 판결의 태도가 이론적으로 타당하다고 생각되며, 대금지급시마다 손해가 새로이 생긴다는 지하철공사 담합사건의 (1심 법원) 판단을 일반화하기는 어려울 것이다."라고 하였다. 그러면서도 "지하철공사 담합사건은 계약체결일로부터 마지막 대금지급일까지의 기간이 8년 정도에 이르러 엘리베이터 담합사건에 비하더라도 그 기간이 현저히 장기인 점, 위와 같은 특성으로 인하여 계약당시에 물가변동 및 계약물량변경 등의 사정에 따라 계약금액을 변경할 수 있도록 정한 것으로 보이고, 법원의 사실인정에 따르면 실제로 위 공사가 진행되면서 계약금액이 여러 차례 변경된 사정이 있었다고 한다. 이와 같은 사정 하에서는-위 지하철공사 담합사건의 판결이 구체적으로 명시하지 않았지만-예외적으로 계약체결시가 아닌 구체적인 대금지급시기에 비로소 손해가 현실화되었다는 이론구성도 가능하지 않은가 생각된다."고 하였다. 그리고 위 지하철공사 담합사건은 지방재정법이 적용되어 장기소멸시효기간이 5년인바, 만약 계약체결시를 기준으로 한다면 위 소제기 당시에는 원고 주장의 모든 손해배상청구에 대하여 이미 소멸시효가 완성된다는 점에서 1심 법원이 구체적 타당성도 고려한 것으로 보인다고 덧붙였다.

위 논문 작성 당시 국가계약법상의 총괄계약과 차수별 계약에 관한 점은 전혀 고려하지 못하였다. 지하철공사 담합사건의 1심 판결문에 위 계약이 국가계약법에 기한 것이라는 점은 부각되지 않았고, 총괄계약과 1차년도의 계약체결시기만이 드러나 있을 뿐 각 차수별 계약 시기에 대해서는 언급이 없었던 탓이다. 지하철공사 담합사건에서 필자가 우려하면서도 추구하고자 하였던 구체적 타당성은 장기계속공사계약에서 총괄계약과 차수별 계약의 효력에 대한 해석으로 달성할 수 있었다.

현재로서도 담합과 그에 따른 입찰참가, 낙찰자 지정 후 계약체결과 대금지금과 같이 일련의 과정으로 일어나는 불법행위에서, 원칙적으로 계약 체결시에 손해액이 확정된다고 볼 것이라는 당초의 사견은 변함이 없다. 다만, 만약 최초에 체결된 계약의 내용이 대상판결의 경우와 같이 그 후의 차수별 계약에 의하여 변경되었다면 그 변경된 계약체결시가 손해액 확정시로서 장기소멸시효의 기산점이 된다는 해석을 덧붙이고자 한다.

이는 대상판결이나 그 선례에 해당하는 지하철 공사담합사건에 있어서 그러하고, 기본 합의-개별 합의의 구조를 가지는 엘리베이터 사건의 경우도 원칙적으로 적용되는 법리라고 할 것이다.

2. 기본 합의-개별 합의의 담합구조에서 소멸시효기산에 대한 특별취급의 가능성

앞서 본 선례 및 대상판결은 손해의 확정시기를 통하여 소멸시효의 기산점 문제를 해결하였고, 기본 합의-개별 합의의 구조를 가진 담합에서 기본합의의 효력이 지속하는 한 손해배상청구권의 소멸시효가 진행하지 않는다는 계속적 불법행위에서 전부진행설과 같은 입장을 취하지는 않았다. 그런데 만일 위 선례 및 대상판결과 같은 사안에서 각 개별 계약시점 또는 차수별 계약시로부터 기산하여 모두 소멸시효가 완성되었다고 하더라도 대법원이 같은 결론을 견지하였을까?

이때 생각할 수 있는 것은 전부진행설 유사의 입장이다. 유럽연합의 지침(Directive 2014/104/EU)은 손해배상청구에 있어서 앞서 본 전부진행설에 해당하는 내용의 입법을 제안하고 있다. 우리나라에서 손해배상청구 소송의 경우에 위 이론이 적용된 예는 없지만, 담합에 대하여 공정위가 시정명령을 내리거나 과징금부과처분을 함에 있어서는 전부진행설에 유사하게 기본합의와 개별합의로 이루어지는 담합에 있어서 기본 합의의 효력이 지속되는 한 부과제척기간에 걸리지 않는다는 논리가 사용된다(대법원 2010. 3. 11. 선고 2008두15169 판결 등). 행정청에 의한 처분의 당사자와 민사상 손해배상청구에 있어서 피고의 지위는 다르다고 볼 수도 있겠지만, 피해자 구제라는 측면에서 보면 반드시 도입하지 못할 바도 아니다. 그리고 좀 느슨하게 분류설의 입장으로 판례를 변경할 수도 있다. 그러나 유럽연합의 경우에도 입법제안을 하고 있는 바와 같이, 우리나라에 있어서도 입법에 의하지 않고는 대법원의 입장을 변경하기는 쉽지 않을 것이다.

그렇다면 엘리베이터 사건과 같은 경우에도 해석론으로서 위와 같은 특별취급을 하는 것은 어렵다고 할 것이다.

3. 입법론—소멸시효 계속정지제도의 도입

엘리베이터 담합사건의 원심판결에서 소멸시효항변이 일부 인용될 상황에 이르자 원고는 소멸시효항변이 신의칙에 위반되는 권리남용의 항변이라고 주장한 바 있다. 위 항변은 법원이 배척하였지만, 위 항변의 의미를 생각해 볼 필요는 있다.

이와 관련하여 미국에서는 "원고가 독점금지법 위반행위를 발견하기 위하여 노력하였음에도 불구하고 피고가 원고를 상대로 당해 위반행위를 사기적으로 은폐(fraudulent concealment)한 경우에는 제소기간이 진행되지 않는다"는 사기적 은폐이론을 발전시켰고,[57] 클레이튼법 제5조 제 i 항에는 제소기간의 진행을 정지 또는 차단(suspension or tolling)시킬 수 있는 경우를 규정하여 피해자가 소를 제기할 수 있는 기간이 실질적으로 연장될 수 있도록 하였다.

독일에서는 앞서 본 바와 같이, 민법에 장애사유가 존재하는 동안에 이미 기산된 소멸시효가 진행하지 않는 계속정지제도(제209조)를 두는 외에, 유럽연합의 지침(Directive 2014/104/EU)에 따라 2018년 경쟁제한방지법을 개정하면서, 경쟁당국이 조사를 개시하거나 위반행위에 대한 절차를 개시하는 등의 사유가 있으면 시효의 진행이 정지되고, 법위반 결정이 최종 확정된 때로부터 1년이 지나야 정지된 기간이 다시 진행한다는 규정을 두었다(제33h조의 6항).

우리나라에서 전부진행설을 가능하게 하는 해석론을 취하기 어렵다면, 다른 입법례를 참고하여 일정한 사유가 있는 경우에 시효의 진행을 정지 또는 유예하는 규정을 독점규제법과 같은 개별법에 두거나 또는 민

---

57) Hovenkamp, *supra* note 43, pp. 845-846; ABA, *supra* note 45, p. 74.

법에 일반조항으로 둘 것을 제안하는 바이다.

Ⅵ. 結

대상판결은 총괄계약과 차수별 계약으로 구성되는 국가계약법상 장기계속공사에 있어서, 총괄계약의 총 공사금액에 대한 내용은 각 차수별 계약을 체결하는 잠정적 기준에 불과하고, 공사대금의 구체적인 내용은 차수별 계약에 의하여 비로소 확정되어 구속력을 가진다는 대법원 2014다235189 전원합의체 판결의 논리를 사용하여, 위 계약과 관련한 불법행위에 있어서 손해액이 확정되는 위 차수별 계약체결시에 소멸시효가 기산된다고 판시하였다.

그러나 필자는 대상판결의 결론을 받아들이면서도 그 논리를 비판적으로 검토하였다. 굳이 총괄계약 중 공사대금에 대한 내용이 장차 차수별 계약에 의하여 확정될 구체적인 내용에 대한 잠정적인 기준에 불과하다고 할 필요 없이, 총괄계약에 의하여 공사대금 등은 확정되고 다만 그 후 체결된 차수별 계약에 의하여 공사대금이 증액되었으므로 그에 따라 손해도 변경·확정되어 위 차수별 계약시점을 위 손해배상청구권에 있어서 장기소멸시효의 기산점으로 한다는 해석론을 제시하였다.

또한 대상판결이 포섭하지 못하는 장기공사계약과 관련된 문제로서, 예를 들어 기본 합의-개별 합의의 구조를 가지는 담합 등의 불법행위에 있어서 기본 합의의 효력이 지속되는 한, 각 개별 합의의 소멸시효가 진행하지 않도록 할 필요성을 살펴보았다. 다만, 현행 법 하에서는 이러한 해석에 다소 무리가 있을 것으로 보았다. 그리하여 일정한 사유가 있는 경우에 소멸시효의 진행을 정지 또는 유예하는 유럽연합의 지침(Directive 2014/104/EU)과 같은 특별 규정을 독점규제법에 두거나 민법에 일반 조항을 둘 것을 제안하였다.

[Abstract]

Extinctive Prescription of the Right to Claim Damages in Illegal Acts Related to Long-Term Construction Contracts

Lee, Sun Hee*

The Supreme Court decision 2017da276679(issued on August 29, 2019) is a ruling that applies the legal principles of the Supreme Court's judgement of the 2014da235189 en banc in regards to the starting point of the extinctive prescription of the right to claim damages due to illegal acts. The ruling of the plenary session above said that, according to the National Contracts Act, the long-term continuous construction contracts are composed of a general contract and contracts for each stage, and then the total construction amount and period of the general contract are only tentative criteria for concluding contracts for each stage and the contracts for each stage have definite effects. Using this logic also in this case, the Supreme Court ruled that the time of each stage's contract becomes the starting point of the extinctive prescription on the grounds that the specific amount of damages is confirmed through each stage's contract.

While accepting the conclusion of the Supreme Court decision, this paper reviewed its logic critically. I suggested that if the construction amount was increased under each stage's contract concluded after the general contract, the conclusion of the modified contract would be the starting point for the extinctive prescription when the amount of damage was confirmed. I also looked at the possibility of interpretation in the scheme of a basic agreement and individual agreements originating from a basic agreement that the extinctive prescription of each individual agreement would not proceed

* Professor of Law in Sungkyunkwan University.

as long as the basic agreement continued to take effect in illegal activities. In this regard, I suggested it would be necessary to legislate special provisions of a suspension of prescription, such as Directive 2014/104/EU or to enact a general provision in the civil law.

[Key word]

- extinctive prescription
- long-term continuous construction contract
- general contract
- cartel
- continuous tort

참고문헌

Ⅰ. 국내문헌

1. 단 행 본

곽윤직, 채권각론(제6판), 박영사, 2003.

곽윤직 편집대표, 민법주해 XIX-채권(12), 박영사, 2005.

김상용, 불법행위법, 법문사, 1997.

김홍준, 건설재판실무(제2판), 도서출판 유로, 2017.

박준서 편집대표, 주석민법(제3판), 채권각칙(8), 한국사법행정학회, 2000.

법무법인(유한) 태평양 건설부동산팀, 주석 국가계약법, 박영사, 2017.

양창수, 2002년판 독일민법전, 박영사, 2002.

윤재윤, 건설분쟁관계법(제7판), 박영사, 2018.

이은영, 채권각론(제5판), 박영사, 2005.

2. 논 문

권영준, "2018년 민법 판례 동향", 법학 제60권 제1호, 서울대학교 법학연구소(2019).

김기풍, "장기계속공사계약과 계약금액조정제도－광주지방법원 2009. 8. 28. 선고 2008가합9084 판결을 중심으로－", 광주지방법원 재판실무연구(2011).

김시철, "건물신축으로 인한 일조방해의 법적 성격과 이로 인한 불법행위 손해배상청구권의 소멸시효 기산점", 대법원판례해설 제75호(2008 상반기)(2008).

김제완 · 백경일 · 백태웅, "권리행사기간에 관한 쟁점과 민사개정 방안 : 소멸시효 관련 논의에 부수하여", 민사법학 제50호(2010).

김태관, "공사계약일반조건상 공기연장에 따른 비용청구권에 관한 소고－채권자지체와의 비교검토를 중심으로－", 동아법학 제78호(2018).

박성완, "장기계속공사계약의 공기연장과 추가간접공사비에 대한 소고 : 추가간접공사비 청구에 대한 하급심 판결을 중심으로", 고려법학 제89권(2018).

안경희, “시효(소멸시효, 취득시효)의 중단 · 정지—시효법 개정시안과 개정안(2010년)을 중심으로—”, 민사법학 제50호(2010).

양창수, “불법행위법 개정안 의견서”, 민사법학 제15호(1997).

이상영, “독일 개정민법상 소멸시효제도”, 비교사법 제9권 제2호(2002).

이상욱, “불법행위로 인한 손해배상청구권의 시효기산점”, 김형배교수 화갑기념논문집—채권법에 있어서 자유와 책임(1994).

이선희, “독점규제법상 부당한 공동행위에 대한 손해배상청구권의 소멸시효”, 민사법학 제70호(2015).

이진관, “구 국가를 당사자로 하는 계약에 관한 법률 제21조에 따른 장기계속공사계약에서 총 공사기간이 최초로 부기한 공사기간보다 연장된 경우, 공사기간이 변경된 것으로 보아 계약금액 조정을 인정할 수 있는지 여부(소극)”, 대법원판례해설 제117호(2019).

임건면, “소멸시효기간과 기산점”, 민사법학 제47호(2009).

전재현, “장기계속공사계약에서 총 공사기간이 연장된 경우 총괄계약을 근거로 한 계약금액 조정의 인정 여부”, 민사판례연구 제42권, 박영사(2020).

조용준, “유럽연합법의 적용원리와 사법적 통제—프랑스 사례를 포함하여—”, 법조 통권 제646호(2010).

Ⅱ. 외국문헌

末川 博, 「不法行爲による損害賠償請求權の時效」 民法論集, 評論社, 1959.

石田穣, 民法講義 6 不法行爲 等, 有斐閣, 1977.

內池慶四郎, 不法行爲責任の 消滅時效, 成文堂, 1993.

潮見佳男, 不法行爲法, 信山社出版, 1999.

ABA Section of Antitrust Law, *Proving Antitrust Damages: Legal and Econmic Issues*(2nd Ed), 2010.

Hovenkamp, *Federal Antitrust Policy, The Law of Competition and its Practice*(5th ed.), West Group, 2016.

Marc A. Franklin, Robert L. Rabin & Michael D. Green, *Tort Law and Alternatives*(9th ed.), Foundation Press, 2011.

명시적 일부청구와 소멸시효의 중단*

정 소 민**

■요 지■

소송비용을 절약하고자 하는 의도에서 또는 손해액을 확정하기 어려운 상태에서 산정 가능한 일부 금액에 대해서만 우선 소송을 제기하는 경우 등 실제 일부청구가 우리 법제에서 많이 사용되고 있다. 대법원 2020. 2. 6. 선고 2019다223723 판결은 명시적 일부청구와 관련하여 소제기에 의한 소멸시효 중단의 효력은 그 일부에 관하여만 발생하나, 소장에서 청구의 대상으로 삼은 채권 중 일부만을 청구하면서 소송의 진행경과에 따라 장차 청구금액을 확장할 뜻을 표시하고 당해 소송이 종료될 때까지 실제로 청구금액을 확장한 경우에는 소제기 당시부터 채권 전부에 관하여 재판상 청구로 인한 시효중단의 효력이 발생한다고 판시하였다. 또한 명시적 일부청구를 최고로 해석하여 잔부에 대한 잠정적인 시효중단의 효과를 부여하였다.

위 대법원 판결은 일부청구의 현실적인 필요성과 권리의 시효소멸과 관련하여 채권자의 권리불행사의 상태와 채무자의 신뢰 보호 사이의 균형을 꾀하면서 기존 대법원 판례 법리의 적용 범위에 모호성이 있는 부분들을 명확히 정리하였다. 더 나아가 최고에 의한 시효중단이라는 민법 규정을 유연하게 해석하여 현실적으로 일부청구를 할 유인이 있는 채권자들을 최대한 법해석의 테두리 내에서 보호하였다는 점에서 큰 의의가 있다.

---

* 이 연구는 2017년 한양대학교 교내학술연구비(201700000003102)의 지원에 의하여 이루어진 것이다. 이 논문은 2020. 6. 22. 민사판례연구회에서 발표한 내용을 수정한 것이며, 한양대학교 법학논총 제37권 제4호(2020. 12.)에 게재되었다.

** 한양대학교 법학전문대학원 교수, 법학박사.

그러나 소멸시효의 중단에 관한 다수의 대법원 판례가 권리행사설의 입장에서 채권자가 권리불행사의 사실 상태를 깨뜨렸다고 볼 수 있는 사유가 발생하면 폭넓게 시효중단의 효력을 인정하였던 것처럼 명시적 일부청구의 경우에도 굳이 재판상 청구로 인한 시효중단의 범위를 소송물 또는 기판력의 범위에 한정할 필요 없이 채권 전부에 대하여 시효가 중단된다고 해석하는 것이 타당하다고 생각된다. 또한 입법론적 관점에서 최고 규정의 확대 해석을 통하여 명시적 일부청구와 소멸시효 중단의 문제를 해결할 것이 아니라 명시적 일부청구로 채권 전부에 대하여 시효가 중단된다는 별개의 독립된 규정을 둘 필요가 있다고 판단된다.

[주 제 어]

- 일부청구
- 소멸시효
- 시효중단
- 재판상 청구
- 최고

대상판결 : 대법원 2020. 2. 6. 선고 2019다223723 판결[공2020상, 618]

[사안의 개요]

〈사건의 진행경과〉

2008. 10. 31.	2013. 7. 30.	2013. 10. 31.	2016. 11. 8.	2017. 5. 18.
분양대금 완납	선행소송 제기	시효완성 예정	선행소송 판결 확정	본건소송 제기

1. 원고는, 피고가 시행한 공익사업으로 인해 주거용 건축물을 제공함에 따라 이주대책의 일환으로 아파트를 분양받게 되었고, 2008. 10. 31.까지 분양대금을 완납하였다.

2. 구 「공익사업을 위한 토지 등의 취득 및 보상에 관한 법률」(2007. 10. 17. 법률 제8665호로 개정되기 전의 것) 제78조 제1항 및 제4항에 따르면 공익사업의 시행자인 피고는 원고에게 이주대책의 일환으로 주택을 공급하는 경우에 피고의 비용으로 생활기본시설을 설치하여 원고에게 제공하여야 하고, 이는 강행규정으로서 당사자의 합의 또는 사업시행자의 재량에 의하여 그 적용을 배제할 수 없다.

3. 원고는 아파트 분양대금에 생활기본시설 설치비용이 포함되어 있었고 그 결과 사업시행자가 부담하여야 할 생활기본시설 설치비용을 원고가 부담하게 되었으므로 피고는 이를 부당이득금을 반환할 의무가 있다고 주장하면서 2013. 7. 30. 피고를 상대로 이 사건과 동일한 청구원인으로 소송(이하 "이 사건 선행소송"이라 한다)을 제기하였다.

4. 이 사건 선행소송의 소장에는 '일부청구'라는 제목 하에 "원고는 부당이득금반환청구권이 있다고 할 것이나 정확한 금액은 추후 피고로부터 생활기본시설 관련 자료를 받아 계산하도록 하고 우선 이 중 일부인 2,000,000원에 대하여만 청구하게 되었습니다."라고 기재되어 있다.

5. 원고는 이 사건 선행소송이 종료될 때까지 청구금액을 확장하지 아니하였고, 법원은 2016. 10. 12. '피고는 원고에게 2,000,000원 및 이에 대한 지연손해금을 지급하라'는 판결을 선고하였다. 위 판결은 2016. 11. 8. 확정되었다.[1)]

---

1) 서울중앙지방법원 2016. 10. 12. 선고 2013가단5102681 판결.

6. 원고는 2017. 5. 18. 피고를 상대로 이 사건 선행소송에서 인정된 금액을 제외한 나머지 금액 18,808,243원 및 이에 대한 지연손해금을 구하는 소(이하 "이 사건 소송"이라 한다)를 제기하였다.

7. 원고의 피고에 대한 부당이득반환청구권은 금전의 지급을 목적으로 하는 지방자치단체에 대한 권리로써 소멸시효기간이 5년이다(지방재정법 제82조 제1항).

[소송의 경과]

1. 제1심 판결(서울중앙지방법원 2018. 7. 12. 선고 2018가단5035175 판결): 원고일부승소

이 사건 소송에서 피고는 원고가 부당이득반환청구권을 행사할 수 있는 2008. 10. 31.부터 5년이 경과한 2017. 5. 18. 이 사건 소송을 제기하였으므로 시효가 완성되었다고 주장하였다. 그러나 제1심 법원은 "한 개의 채권 중 일부에 관하여만 판결을 구한다는 취지를 명백히 하여 소송을 제기한 경우에는 소제기에 의한 소멸시효중단의 효력이 그 일부에 관하여만 발생하고, 나머지 부분에는 발생하지 아니하지만 비록 그중 일부만을 청구한 경우에도 그 취지로 보아 채권 전부에 관하여 판결을 구하는 것으로 해석된다면 그 청구액을 소송물인 채권의 전부로 보아야 하고, 이러한 경우에는 그 채권의 동일성의 범위 내에서 그 전부에 관하여 시효중단의 효력이 발생한다고 해석함이 상당하다"고 판시한 후, 원고가 이 사건 선행소송의 소장에 "원고는 부당이득금반환청구권이 있다고 할 것이나 정확한 금액은 추후 피고로부터 생활기본시설 관련 자료를 받아 계산하도록 하고 우선 이 중 일부인 2,000,000원에 대하여만 청구하게 되었습니다"로 기재하였으므로 원고는 추후 확장을 전제로 부당이득반환청구권 전부에 관하여 판결을 구하는 것으로 해석되고 그 채권의 동일성의 범위 내에서 그 전부에 관하여 시효중단의 효력이 발생한다고 판시하였다. 제1심 법원은 생활기본시설 설치비용을 산정하여 부당이득금의 액수를 확정한 후 원고의 청구를 일부인용하였다.[2)]

2) 원고는 피고에 대하여 18,808243원과 그 지연손해금을 청구하였는데 원고와 피고 사이에 생활기본시설 설치비용의 액수에 관하여 다툼이 있었고 제1심 법원은 원고의 청구금액 중 17,377,743원을 일부인용하였다.

2. 제2심 판결(서울중앙지방법원 2019. 2. 20. 선고 2018나52206판결) : 원고전부패소

원심법원은 "한 개의 채권 중 일부만을 청구한 경우에도 그 취지로 보아 채권 전부에 관하여 판결을 구하는 것으로 해석되는 경우 소제기시 그 채권의 동일성의 범위 내에서 그 전부에 관하여 시효중단의 효력이 발생하고, 판결에서 청구권의 존재가 공권적 확인을 받게 된 부분에 대해서는 소멸시효기간이 새로이 진행하고, 당해 소송 종료시까지 별소가 제기되거나 청구의 확장이 되지 아니하여 판결에서 청구권의 존재가 공권적 확인을 받지 못하게 된 부분에 대해서는 당해 소송이 종료됨으로써 소멸시효중단의 효과는 처음부터 생기지 않는 것으로 된다고 보는 것이 타당하다"고 판시한 후, 원고의 부당이득반환청구권은 이 사건 선행소송이 종료된 2016. 11. 8. 소멸시효 중단의 효과가 소급적으로 소멸하였다고 판단하였다. 더 나아가 이 사건 소송이 제기된 것은 이 사건 선행소송이 종료된 때로부터 6개월이 경과된 2017. 5. 18.임이 기록상 명백하여 소멸시효 중단의 효과가 소급적으로 소멸된 원고의 부당이득반환청구권에 대해서 민법 제170조 제2항이 적용 또는 유추적용됨에 따라 이 사건 선행소송의 소제기시에 소멸시효가 중단된 것으로 볼 여지도 없다고 하였다.

3. 대상판결 : 상고기각

(1) 하나의 채권 중 일부에 관하여만 판결을 구한다는 취지를 명백히 하여 소송을 제기한 경우에는 소제기에 의한 소멸시효 중단의 효력이 그 일부에 관하여만 발생하고, 나머지 부분에는 발생하지 아니하나, 소장에서 청구의 대상으로 삼은 채권 중 일부만을 청구하면서 소송의 진행경과에 따라 장차 청구금액을 확장할 뜻을 표시하고 당해 소송이 종료될 때까지 실제로 청구금액을 확장한 경우에는 소제기 당시부터 채권 전부에 관하여 판결을 구한 것으로 해석되므로, 이러한 경우에는 소제기 당시부터 채권 전부에 관하여 재판상 청구로 인한 시효중단의 효력이 발생한다.

(2) 소장에서 청구의 대상으로 삼은 채권 중 일부만을 청구하면서 소송의 진행경과에 따라 장차 청구금액을 확장할 뜻을 표시하였으나 당해 소송이 종료될 때까지 실제로 청구금액을 확장하지 않은 경우에는 소송의 경과에 비

추어 볼 때 채권 전부에 관하여 판결을 구한 것으로 볼 수 없으므로, 나머지 부분에 대하여는 재판상 청구로 인한 시효중단의 효력이 발생하지 아니한다.

그러나 이와 같은 경우에도 소를 제기하면서 장차 청구금액을 확장할 뜻을 표시한 채권자로서는 장래에 나머지 부분을 청구할 의사를 가지고 있는 것이 일반적이라고 할 것이므로, 다른 특별한 사정이 없는 한 당해 소송이 계속 중인 동안에는 나머지 부분에 대하여 권리를 행사하겠다는 의사가 표명되어 최고에 의해 권리를 행사하고 있는 상태가 지속되고 있는 것으로 보아야 하고, 채권자는 당해 소송이 종료된 때부터 6월 내에 민법 제174조에서 정한 조치를 취함으로써 나머지 부분에 대한 소멸시효를 중단시킬 수 있다.

〔研　　究〕

Ⅰ. 서　　론

민사소송은 당사자가 기본적으로 소송의 개시·범위·종결을 자유롭게 정할 수 있는 처분권주의를 원칙으로 하고 있다. 당사자가 소송을 제기하여 반드시 승소할 것이라는 확신을 가지지 못하거나 청구할 수 있는 금액이 확정되지 않은 상황에서 소송을 제기하여야만 하는 경우에 원고로서는 권리의 전부가 아닌 일부만을 청구하여 인지대, 소송비용 등을 절약하고자 하는 유인을 가지게 된다. 이런 이유에서 실무상 불법행위로 인한 손해배상청구 등에서 일부청구가 많이 활용되고 있다.

그런데 일부청구와 관련하여서는 기판력, 중복소송, 과실상계, 상계항변 등 여러 가지 법적 쟁점들이 문제된다. 대상판결은 그 중에서도 명시적 일부청구와 소멸시효 중단의 문제를 다루고 있다. 구체적으로, 명시적 일부청구시 재판상 청구로 인한 시효중단의 범위는 채권의 일부인지 전부인지, 시효중단의 범위가 채권의 일부라면 명시적 일부청구를 최고로 해석하여 잔부에 대한 잠정적인 시효중단의 효과를 부여할 수 있는지 등이 문제된다. 대상판결은 일부청구의 현실적인 필요성과 권리의 시효소멸과 관련하여 채권자의 권리불행사의 상태와 채무자의 신뢰 보호 사이의 균형을 꾀하면서 명시적 일부청구와 소멸시효의 중단에 관한 법리를 상세히 판시하였다.

본 논문에서는 (ⅰ) 일부청구와 소멸시효 중단에 관한 기존 대법원 판결의 흐름 속에서 대상판결이 제시한 법리가 어떠한 의의를 가지는지 검토하고, (ⅱ) 비교법적으로 일본의 재판상 최고 이론과 그에 관한 일본 최고재판소 판결례의 분석을 통하여 대상판결과의 법리적 연관성을 조명한 후, (ⅲ) 마지막으로 대상판결 및 기존 대법원 판결들이 제시한 시효 중단사유로서 '최고'에 관한 법리가 우리 민법상 소멸시효 규정의 불완전성에서 기인하고 있다는 점을 논증해 보고자 한다.

Ⅱ. 일부청구

1. 의 의

일부청구란 가분 급부를 목적으로 하는 청구권을 분할하여 수량적 일부만을 청구하는 것을 말한다. 실체법상 채권을 분할하여 행사하는 것은 채권자의 자유에 맡겨져 있고 소송법상으로도 처분권주의의 관점에서 청구의 특정은 원고에게 맡겨져 있기 때문에(민사소송법 제246조) 일부청구 소송의 적법성에 관하여는 다툼이 없다.

당사자들이 전부청구 대신 일부청구를 하는 이유는 크게 세 가지 정도의 동기를 생각해 볼 수 있다. (ⅰ) 우선 인지대 등 소송비용의 부담을 절약하고자 하는 의도에서 승소의 가능성이 있는지 여부를 확인하기 위하여 일부만 청구하는 경우(시험소송형),[3] (ⅱ) 채권의 총액이 불분명하

---

3) 시험소송이란 일부청구와 관련하여 교통사고소송 또는 공해소송 등에서 배상액 인정의 예측이 곤란한 경우 거액의 소송비용 부담의 회피 또는 장기에 걸친 소송의 단축을 목적으로 하여 소액의 일부를 청구하여 시험적으로 소송을 하고 승소판결을 얻은 다음에 잔부에 관하여 소송을 하는 형태를 말한다. 이러한 시험소송의 형태는 원고에게만 유리하여 문제가 있지만 소송이 장기간 걸리고 당사자의 경제적 부담도 큰 점 때문에 무조건 부정할 수 없는 것이 현실이다. 이와 관련하여 일부청구에서 피고의 절차보장에는 세심한 주의를 기울여야 하고 위와 같은 합리성을 넘어선 소송물의 세분은 소권의 남용으로 이해하는 등의 노력을 하면서 극복책을 찾아가며 일부청구를 인정하여야 한다는 견해가 있다. 김태신, "일부청구 및 그 관련문제에 관한 고찰", 법조 통권 제556호(2003. 1.), 136면 각주 2). 특히 이와 관련하여 환경 또는 공해 등 공적 동기에 따라 신중한 쟁점설정을 한 다음 판결

여 우선 산정 가능한 금액으로 소송을 제기하는 경우, (iii) 승소하더라도 현실적인 집행가능성에 확신이 없는 경우 피고의 자력에 맞춰 금액을 청구하는 경우 등이 전형적인 일부청구 소송의 동기로 유형화된다.

2. 일부청구 후 잔부청구 인정 여부

이처럼 일부청구 자체는 적법하기 때문에 결국 문제가 되는 것은 일부청구 소송의 판결 확정 후에 그 잔부를 청구하는 것이 가능한지 여부이다.

비교법적으로, 독일에서는 원고가 가분채권의 일부청구의 소를 제기하는 경우 명시 여부에 관계없이 기판력은 일부청구부분에만 미치고, 언제나 잔부청구의 후소를 제기할 수 있다(일부청구긍정설)는 것이 통설·판례이다. 일부청구소송의 전형적인 모습이 손해배상청구소송인 점과 피고측의 방어에 의해 소송의 결과가 좌우되어 소송의 결과가 불확정적인 점 등으로 인하여 일부청구소송의 필요성이 있기 때문이다.

미국에서는 청구분할금지의 원칙(rule against splitting a cause of action or claim)에 따라 하나의 소송 원인(a single cause of action)을 여러 개의 소송으로 분할할 수 없다고 한다. 이는 여러 소송에서 동일한 쟁점이 다투어지는 것을 방지하고자 하는 것이다.[4] 따라서 미국에서는 일부청구가 원칙적으로 허용되지 않는다. 또한 미국은 소가에 관계없이 저렴한 인지정액제를 채택하고 있기 때문에 일부청구의 필요성도 낮다고 한다.[5]

가. 학　설

일부청구 후 잔부청구의 허용여부와 관련하여 우리나라의 학설은 크게 (i) 잔부 청구를 항상 허용하는 설, (ii) 잔부 청구를 원칙적으로 허

의 파급효에 의한 기준설정 내지 정책결정도 목적으로 하여 제기된 소송이 있는 바 이를 "목적테스트소송"이라고도 부른다. 호문혁, 민사소송법, 제14판, 법문사, 2020, 146면.

4) 영미법상 쟁점구속력 또는 쟁점효(issue preclusion)라고 불리며 소송물의 동일성에 관계없이 쟁점이 동일할 때에 재론을 금지하는 법리이다. 소송물이 동일할 때 재소를 금지하는 기판력(res judicata)과 차이가 있다.

5) Silberman/Stein/Wolff, Civil Procedure Theory and Practice, 3rd ed., Aspen Publisher, p. 12.

용하지 않는 설, (iii) 일부 청구임을 명시한 경우는 잔부청구를 허용하는 설로 나뉜다.

(1) 일부청구 긍정설

전소에서 일부청구가 명시되었는지 여부와 상관없이 소송물과 기판력은 청구부분에 한정되고, 동일 청구권의 잔부를 재소로써 청구할 수 있다는 견해이다. 실체법상 채권을 분할하여 행사하는 것은 채권자의 자유이고, 일부양도도 가능한 만큼 소송법에서도 이를 존중하여야 한다는 입장이다. 잔부에까지 기판력을 미치게 하면 그 부분이 전소의 소송물에 포함되는데, 원고는 일부만 청구하였으므로 잔부에까지 승소판결을 받을 가능성은 갖지 못하면서 잔부까지 확정적으로 기각될 위험을 부담하게 되고, 이는 원고에게 일방적으로 불리하고, 원고는 그가 제소로써 각오하였던 것보다 더 많은 것을 잃게 되는 문제점이 있다고 한다.[6)]

전소에서 일부청구가 있었으면 일단 잔부청구를 하는 제소는 모두 허용하고, 일부청구의 남용의 문제는 전소의 일부청구가 권리의 포기는 아닌지, 후소에 의한 잔부청구가 실체법상의 신의칙 위배가 아닌지, 또는 소송법상의 권리보호의 이익이 있는지 등을 심리하여 그 결과에 따라서 잔부청구가 허용되지 않으면 그 사유에 따라 청구기각 또는 소 각하판결을 하는 것이 타당하다고 한다.[7)]

(2) 일부청구 부정설

전부를 한 번에 청구하는 데 법적 장애가 없는 한 일부청구는 허용될 수 없다는 견해이다. 여러 번 응소하여야 하는 피고의 번거로움, 중복하여 심리하여야 할 법원의 비경제성과 비효율성을 고려하여 일부청구 후의 잔부청구는 모두 허용될 수 없다고 한다.[8)] 이로 인하여 발생하는 원고의 불이익은 한편으로는 법원이 심리 중 석명권을 적절히 행사하여 전체가 변론종결 전에 소송에 현출되도록 유도하고, 또 한편으로는 소송

---

6) 호문혁, "一部請求와 旣判力", 사법행정 제375호(1992. 3.), 72면 이하 참조.
7) 호문혁(주 6), 72면.
8) 손한기, "일부청구 허부에 관한 소고", 김홍규박사화갑기념논문집(1992), 189면.

구조제도를 확충하여 소송비용이 부족한 원고를 보호하는 것이 바람직하다고 한다.[9)]

(3) 명 시 설

다수설은 판례의 입장인 명시설과 결론을 같이 한다. 가분채권의 일부에 대한 이행청구의 소를 제기하면서 일부를 청구한다는 취지를 명시한 경우(명시적 일부청구)에 소송물은 일부청구부분에 한정되고, 그 확정판결의 기판력도 청구하고 남은 잔부청구에는 미치지 않으며, 나머지 부분을 별도로 청구할 수 있다. 그러나 일부청구라는 취지를 명시하지 아니한 경우(묵시적 일부청구)에는 그 확정판결의 기판력은 청구하고 남은 잔부청구에까지 미치고, 그 나머지 부분을 별도로 다시 청구할 수는 없다. 일부청구의 문제는 분쟁의 1회적 해결의 요청과 분할청구의 자유존중의 필요 등을 비교형량하여 결정할 사항이라고 하면서 원고가 일부청구임을 명시한 경우에는 독립의 소송물로 볼 것이나, 그렇지 않은 경우에는 전부를 소송물로 한 것으로 보아야 할 것이라고 한다.[10)]

나. 대법원 판례

(1) 대법원 판례는 일부청구에 관하여 일관되게 명시설을 취하고 있다. 가분채권의 일부에 대한 이행청구의 소를 제기하면서 그 일부를 유보하고 나머지만을 청구한다는 취지를 명시한 경우(명시적 일부청구)에 소송물은 일부청구부분에 한정되고, 그 확정판결의 기판력도 청구하고 남은 잔부청구에는 미치지 않으며, 나머지 부분을 별도로 청구할 수 있다. 그러나 일부청구라는 취지를 명시하지 아니한 경우(묵시적 일부청구)에는 그 확정판결의 기판력은 청구하고 남은 잔부청구에까지 미치고, 그 나머지 부분을 별도로 다시 청구할 수는 없다는 것이 대법원의 확립된 견해이다.[11)]

---

9) 손한기(주 8), 217면.

10) 김홍엽, 민사소송법, 박영사, 2020, 332면; 김용진, 민사소송법, 신영사, 2008, 158면; 송상현/박익환, 민사소송법(신정7판), 2014, 286면; 이시윤, 민사소송법, 박영사, 2019, 258면; 정동윤/유병현/김경욱, 민사소송법, 법문사, 2019, 295면; 정영환, 신민사소송법, 법문사, 2019, 422면; 한충수, 민사소송법, 박영사, 2018, 220면.

대법원 판례가 명시설을 취하고 있는 근거를 대법원 판결 자체에서는 명확하게 기술하고 있지 않지만, 대체로 일부청구라고 명시하면 피고는 잔부청구가 남아 있다는 것을 사전에 알 수 있기 때문에 잔부청구에 다툼이 있으면 당해 소송에서 미리 잔부채무부존재확인의 반소를 제기하여 재소에 다시 응소하여야 하는 번거로움을 피할 수 있는 데 반하여, 일부라고 명시하지 않으면 피고로서는 원고의 청구취지가 전부이고, 나머지 부분에 대하여 재소를 하지는 않을 것이라는 기대를 갖게 마련이어서 별도로 채무부존재확인의 반소제기라는 대항수단을 생각하지 않게 될 터이므로 피고의 이러한 합리적 기대를 소송절차에서 존중해 줄 필요가 있다는 배경이 있는 것으로 짐작된다.[12)]

(2) 일부청구에 관한 대법원 재판례

① 불법행위의 피해자가 일부청구임을 명시하여 그 손해의 일부만을 청구한 경우 그 일부청구에 대한 판결의 기판력은 청구의 인용 여부에 관계없이 청구의 범위에 한하여 미치는 것이고, 잔액 부분 청구에는 미치지 않고,[13)] 이 경우 일부청구임을 명시하는 방법으로는 반드시 전체 손해액을 특정하여 그 중 일부만을 청구하고 나머지 손해액에 대한 청구를 유보하는 취지임을 밝혀야 할 필요는 없고 일부 청구하는 손해의 범위를 잔부청구와 구별하여 그 심리의 범위를 특정할 수 있는 정도의 표시를 하여 전체 손해의 일부로서 우선 청구하고 있는 것임을 밝히는 것으로 족하다고 한다.[14)]

② 가분 채권의 일부에 대한 이행청구의 소를 제기하면서 나머지를 유보하고 일부만을 청구한다는 취지를 명시하지 아니한 이상 그 재판의 기판력은 청구하고 남은 잔부 청구에까지 미치는 것이므로 그 나머지 부분을 별도로 다시 청구할 수 없고,[15)] 이는 전 소송에서 청구할 수 있는

---

11) 대판 1989. 6. 27, 87다카2478; 대판 2000. 2. 11, 99다10424.
12) 한승, "一部請求에 관한 判例理論의 適用", 민사판례연구 [XXIII], 2001, 465-466면.
13) 대판 2000. 2. 11, 99다10424.
14) 대판 1986. 12. 23, 86다카536.
15) 대판 2002. 9. 23, 2000마5257.

범위를 정확히 알 수가 없었던 경우라 하더라도 마찬가지라고 한다.[16)]

Ⅲ. 명시적 일부청구와 소멸시효 중단의 범위

일부청구는 재판상 청구이므로 시효중단의 효과가 발생한다. 여기서 문제되는 점은 시효중단의 범위가 재판의 대상이 된 일부에 한정되는지 잔부에까지 미치는지 여부이다. 먼저 재판상 청구에 시효중단의 효력을 인정하는 근거를 살펴보고, 명시적 일부청구와 소멸시효 중단의 범위를 논하기로 한다.

1. 재판상 청구와 시효중단의 근거

우리 민법은 재판상 청구를 소멸시효의 중단사유 중 하나로 규율하고 있다(민법 제170조). 재판상 청구란 자기의 권리를 재판상 주장하는 것으로서 통상 소를 제기하는 것을 지칭하는데 그 소는 이행의 소, 확인의 소, 형성의 소를 불문한다.[17)]

재판상 청구로 시효중단의 효력이 인정되는 근거에 관하여 종래 일본에서 권리확정설과 권리행사설의 대립이 있었다.

가. 권리행사설

권리행사설은 시효중단의 본질은 권리자가 어떤 방법이나 형식에 의하여 그 권리를 주장함으로써 권리 위에 잠자지 않는 자임을 표명하는 한편 시효의 기초인 사실 상태의 계속을 파괴하는 데 있다고 본다. 따라서 시효중단사유인 재판상 청구는 권리자가 소송이라는 형식을 통하여 그 권리를 주장하면 족하고 반드시 그 권리가 소송물이 되어 기판력이 발생할 것을 요하지 않는다고 한다.[18)] 다만, 권리행사설에 따르면 소의 제기로 인한 소송절차에서 그 권리가 법원의 판단을 받아 확정적인 것이

16) 대판 1993. 6. 25, 92다33008.

17) 다만 형성의 소와 관련하여 그 성질상 시효중단사유가 되지 못한다고 보는 견해가 있다. 곽윤직 편집대표, 민법주해(3), 2010, 박영사, 497면(윤진수 집필부분).

18) 我妻榮, "確認訴訟と時效の中斷", 民法研究 Ⅱ, 有斐閣, 1966, 265면.

되어야 시효중단의 효력이 인정되고, 이 요건을 충족하지 못하면 뒤에서 살펴보는 재판상 최고로서 잠정적인 시효중단의 효력만 있다고 한다.[19]

나. 권리확정설

권리확정설은 시효중단의 효력이 인정되려면 권리의 존재가 공권적으로 확정되어야 하므로 시효중단사유로서의 재판상 청구는 그 청구된 권리가 판결의 주문에서 판단되어 기판력이 발생하는 소송물이어야 한다는 것이다. 이 설은 재판상의 청구에 의한 시효의 중단은 판결의 기판력의 효과라고 한다. 즉 시효의 완성 여부가 문제된 권리를 소송물로 하여 소가 제기되어 판결 주문에 의해 권리의 존재가 확정되면 시효가 중단된다고 한다.[20]

또한, 재판상의 청구가 쟁점효[21]와 결합하는 경우 재판상 청구가 시효를 중단한다는 학설이 있다. 이 설은 쟁점효가 기판력에 준한 판결의 효력이 있기 때문에 시효이익을 받는 자가 무권리자 또는 의무자임이 쟁점효로 확인된 경우에는 시효이익을 받을 사람이 무권리자 또는 의무자일 개연성이 높다고 한다.[22]

한편, 권리확정설에서도 재판상의 청구가 권리의 존재에 관한 공적인 확인행위(판결)에까지 이르지 못하면, 그 재판상의 청구는 재판상의 최고로서의 효력을 가질 뿐이라고 한다.[23]

다. 대법원 판례의 태도

대법원 판례는 권리자가 소멸시효 대상인 권리가 발생한 기본적 법률관계를 기초로 소의 형식으로 권리주장을 하여 권리 위에 잠자는 것이 아님이 표명되었다면 시효중단사유인 재판상 청구에 포함된다고 보아야

---

19) 我妻榮(주 18), 466, 265면.

20) 川島武宜編, 「注釈民法(5)」, 有斐閣, 1967, 66면; 川島武宜, 「民法総則」, 有斐閣, 1965, 473면.

21) 쟁점효란 판결이유 중의 판단이라 하여도 그것이 소송에서 중요한 쟁점이 되어 당사자가 주장 · 입증하고 법원도 그에 관하여 실질적 심리를 한 경우에는 그 쟁점에 대하여 법원의 판단에 구속력을 인정하여야 한다는 이론이다.

22) 石田穣,「民法総則」, 信山社, 2014, 1063면.

23) 川島武宜編, 「注釈民法(5)」, 有斐閣, 1967, 476면.

하고, 시효중단 사유인 재판상 청구를 기판력이 미치는 범위와 일치하여 고찰할 필요는 없다고 판시하고 있다.[24] 즉, 대법원은 아래 판결례에서 보듯이 소멸시효 중단사유로서 재판상 청구에 해당하는지 여부를 판단함에 있어서 그 범위를 폭넓게 인정하여 "권리자가 권리를 행사한 것"으로 볼 수 있을 때에는 시효중단사유로서 재판상 청구에 해당한다고 보고 있다.

(1) "소유권의 시효취득에 준용되는 시효중단 사유인 민법 제168조, 제170조에 규정된 재판상의 청구라 함은 시효취득의 대상인 목적물의 인도 내지는 소유권존부확인이나 소유권에 관한 등기청구소송은 말할 것도 없고 소유권 침해의 경우에 그 소유권을 기초로 하여 하는 방해배제 및 손해배상 혹은 부당이득반환청구소송도 이에 포함된다고 해석함이 옳은 것이다. 왜 그런고 하니 위와 같은 여러 경우는 권리자가 자기의 권리를 자각하여 재판상 그 권리를 행사하는 점에 있어 서로 다를 바 없고, 또 재판상의 청구를 기판력이 미치는 범위와 일치시켜 고찰할 필요가 없기 때문이다."[25]

(2) 대법원은 응소의 경우에도 시효중단의 효력을 인정하면서 "민법 제168조 제1호, 제170조 제1항에서 시효중단사유의 하나로 규정하고 있는 재판상의 청구라 함은, 통상적으로는 권리자가 원고로서 시효를 주장하는 자를 피고로 하여 소송물인 권리를 소의 형식으로 주장하는 경우를 가리키지만, 이와 반대로 시효를 주장하는 자가 원고가 되어 소를 제기한 데 대하여 피고로서 응소하여 그 소송에서 적극적으로 권리를 주장하

---

24) 대판 2011. 7. 14, 2011다19737. 이 판결에서 대법원은 "매매계약에 기한 소유권이전등기청구권의 소멸시효기간 만료 전에 매매계약을 원인으로 건축주명의변경을 구하는 소를 제기한 사안에서, 매매계약에 기한 소유권이전등기청구권의 시효중단 사유인 재판상 청구는 권리자가 소송이라는 형식을 통하여 권리를 주장하면 족하고 반드시 그 권리가 소송물이 되어 기판력이 발생할 것을 요하지 않으므로, 소유권이전등기청구권이 발생한 기본적 법률관계에 해당하는 매매계약을 기초로 하여 건축주명의변경을 구하는 소도 소멸시효를 중단시키는 재판상 청구에 포함된다"고 하였다.

25) 박종택, "취득시효중단사유로서의 재판상의 청구", 대법원판례해설 제1권 제1호(1979), 377면 이하.

고 그것이 받아들여진 경우도 마찬가지로 이에 포함되는 것으로 해석함이 타당하다"[26)]라고 판시하고 있다.[27)] 또한 응소행위로 인한 시효중단의 효력은 피고가 현실적으로 권리를 행사하여 응소한 때에 발생한다고 보는 것이 상당하다고 판시하고 있다.[28)]

(3) "채권양도는 구 채권자인 양도인과 신 채권자인 양수인 사이에 채권을 그 동일성을 유지하면서 전자로부터 후자에게로 이전시킬 것을 목적으로 하는 계약을 말한다 할 것이고, 채권양도에 의하여 채권은 그 동일성을 잃지 않고 양도인으로부터 양수인에게 이전되며, 이러한 법리는 채권양도의 대항요건을 갖추지 못하였다고 하더라도 마찬가지인 점, 민법 제149조의 "조건의 성취가 미정한 권리의무는 일반규정에 의하여 처분, 상속, 보존 또는 담보로 할 수 있다"는 규정은 대항요건을 갖추지 못하여 채무자에게 대항하지 못한다고 하더라도 채권양도에 의하여 채권을 이전받은 양수인의 경우에도 그대로 준용될 수 있는 점, 채무자를 상대로 재판상의 청구를 한 채권의 양수인을 '권리 위에 잠자는 자'라고 할 수 없는 점 등에 비추어 보면, 비록 대항요건을 갖추지 못하여 채무자에게 대항하지 못한다고 하더라도 채권의 양수인이 채무자를 상대로 재판상의 청구를 하였다면 이는 소멸시효 중단사유인 재판상의 청구에 해당한다고 보아야 한다"고 판시한다.

(4) 더 나아가 대법원은 이미 사망한 자를 피고로 하여 소를 제기하였다가 그 후 사실조회 등을 통하여 상속인을 피고로 하는 당사자 표시

---

26) 대판(전합) 1993. 12. 21, 92다47861.

27) 한편, 물상보증인이 그 피담보채무의 부존재 또는 소멸을 이유로 제기한 저당권설정등기 말소등기절차이행청구소송에서 채권자 겸 저당권자가 청구기각의 판결을 구하고 피담보채권의 존재를 주장하였다고 하더라도 이로써 직접 채무자에 대하여 재판상 청구를 한 것으로 볼 수는 없다고 판단하였다(대판 2004. 1. 16, 2003다30890). 즉, 채무자 이외의 자가 제기한 소송에서 채권자의 응소행위는 채무자에 대하여 재판상 청구를 한 것으로 볼 수 없어 시효중단사유로 볼 수 없다는 것이다. 담보가등기가 설정된 목적물의 제3취득자가 제기한 소송에서의 응소행위에 대해서도 동일하게 판단하고 있다(대판 2007. 1. 11, 2006다33364). 민사판례연구회 편, 2000년대 민사판례의 경향과 흐름, 박영사, 2012, 148-149면(김상중 집필부분).

28) 대판 2003. 6. 13, 2003다17927, 17934; 대판 2006. 6. 16, 2005다25632.

정정이 이루어진 경우에 흠이 있는 소제기라도 "권리자가 권리를 행사한 것"으로 볼 수 있으므로 시효중단사유로서 재판상 청구에 해당한다고 보고 있다.[29] 채권자는 비록 흠이 있지만 소를 제기함으로써 자신의 권리행사의 뜻을 외부적으로 표시하였고 따라서 일단 권리불행사의 상태는 종결되었다고 평가될 수 있기 때문이다.[30] 또한 이 판결은 소송절차에서 그 흠이 보정되면 시효중단의 효력은 당초 소를 제기한 때에 발생한다는 것을 밝혔다.

라. 소　　결

우리나라에서는 일본만큼 학설의 대립이 현저하지 않고 대체로 권리행사설과 결론을 같이 하는 경우가 많다.

원래 시효는 법률이 권리 위에 잠자는 자의 보호를 거부하고 사회생활상 영속되는 사실 상태를 존중하여 여기에 일정한 법적 효과를 부여하기 위하여 마련한 제도이므로,[31] 권리자가 자신의 권리를 주장하는 것은 권리위에 잠자는 자가 아님을 표명하는 것일 뿐만 아니라, 계속된 사실 상태와 상용할 수 없는 다른 사정이 발생한 것으로 보아야 할 것이다. 따라서 민법이 시효중단사유로서 규정한 재판상의 청구를 권리행사설의 입장에서 폭넓게 해석하더라도 시효제도의 본지에 반한다고 말할 수 없다고 판단된다. 그러나 권리행사설의 입장에서 재판상 청구의 의미와 범위를 폭넓게 해석한다고 하더라도 모든 문제를 "권리자의 권리행사 여부"라는 단일한 기준으로 해결할 수는 없고 사안에 따라 적정한 해결책을 모색하여야 할 것이다.

---

29) 대판 2011. 3. 10, 2010다99040.

30) 양창수, "흠 있는 소제기와 시효중단", 민법연구 제4권, 박영사, 2007, 91면. 다만, 민법 제170조 제1항의 규정에 의해 소의 제기로 일단 시효중단의 효력이 발생하더라도 소각하의 판결이 선고되면 소급적으로 시효중단의 효력이 없다고 볼 것이다. 또한 이미 사망한 자를 피고로 하여 제기된 소는 부적법하여 각하되어야 하는 것이 원칙이나, 법원이 이를 간과한 채 본안 판단에 나아가 판결을 하더라도 이는 당연무효이므로 애초부터 시효중단 효력이 없다(대판 2014. 2. 27, 2013다94312).

31) 대판 1979. 7. 10. 선고 79다569.

2. 일부청구와 소멸시효 중단의 효력 발생범위

가. 문제의 제기

일부청구는 권리자가 자신의 채권 중 일부를 재판상 청구한 경우이다. 권리행사설의 관점에서 보면 일부라도 자신의 권리를 행사한 경우이므로 시효중단의 효력이 발생하는 것은 명확하다고 보이지만 시효중단의 효력의 범위를 어디까지 인정할 것인지에 관해서는 다양한 견해가 있을 수 있다.

나. 우리나라의 학설

(1) 일부중단설

일부청구의 경우 명시 여부를 불문하고 청구한 일부에 대하여만 시효중단의 효력이 미치고, 청구하지 않은 부분에는 시효중단의 효력이 생기지 않다는 견해이다.[32] 시효중단의 범위를 소송물과 관련시키지 않는 경우에는 법적 안정성과 명확성을 해칠 수 있으므로 소송물에 한정시키지 않고 잔부채권에도 중단의 효력을 확장시키려는 전부중단설이나 명시설(절충설)은 부당하다고 한다.[33]

2) 전부중단설

일부청구라도 명시의 유무를 불문하고 시효중단의 효력은 채권 전부에 대해서 미친다고 한다.[34] 명시적 일부청구에 있어서도 잔부청구에 대하여 권리 위에 잠자지 않는다는 점이 나타나 있으므로 결국 명시적인가의 여부를 가리지 않고 그 권리관계의 전부에 대하여 시효중단의 효력이 미친다고 보는 것이 시효제도의 취지에 가장 충실한 결론이 된다는 입장이다.

(3) 명시설(절충설)

명시적 일부청구의 경우에는 청구한 부분만이 소송물이므로 그 부분에만 시효중단의 효력이 미치고, 일부청구임을 명시하지 아니한 경우에는

---

32) 이은영, 민법총칙, 박영사, 2009, 772면.

33) 김용진(주 10), 148면.

34) 송상현/박익환(주 10), 289면; 정동윤/유병현/김경욱(주 10), 315면; 정영환(주 10), 468면; 전병서, 일부청구와 시효중단, 법조 제69권(통권 제741호), 403면.

채권의 동일성의 범위 내에서 그 전부에 시효중단의 효력이 미친다는 견해이다.[35)]

다. 대법원 판례

판례는 일관하여 명시적 일부청구의 경우에 그 청구한 부분에 한하여 소멸시효가 중단된다는 명시설을 취한다.[36)] 다만, 대법원 판결례를 명시적 일부청구와 관련하여 청구취지가 확장되지 않은 경우와 확장된 경우를 나누어 살펴볼 필요가 있다.

(1) 명시적 일부청구에서 청구취지의 확장이 이루어진 경우

명시적 일부청구에서 청구취지의 확장이 이루어진 경우에는 확장된 나머지 부분까지 모두 소송물이 되므로 채권 전부에 대해 소멸시효 중단의 효과가 발생하게 된다. 그런데 확장된 나머지 부분에 대해 소멸시효 중단의 효과가 발생하는 시점이 소제기 시점인지 또는 청구취지 변경신청서를 법원에 제출한 시점인지 여부가 문제된다. 특히 청구취지의 확장이 나머지 부분에 대한 소멸시효가 완성된 이후의 시점에서 이루어진 경우에 상이한 결론이 도출되기 때문에 이를 검토할 필요가 있다. 가령 1억 원의 채권자가 소제기 당시에는 1,000만 원만을 청구하였다가 원래의 시효기간이 도과한 후 청구를 확장하여 잔액 9,000만 원도 아울러 청구한 경우를 생각해 보자. 소제기 당시부터 채권 전부인 1억 원에 대하여 시효가 중단되었다고 하면 채권 1억 원 전부에 대하여 소멸시효가 완성하지 않은 것이 된다. 반면, 확장된 9,000만 원에 대해서는 청구취지를 변경한 시점부터 시효중단의 효력이 발생한다고 하면 1,000만 원은 소제기 시점부터 시효가 중단되었으므로 시효가 완성되지 않지만 나머지 9,000만 원에 대한 부분은 청구취지 변경이 이루어지기 전에 시효기간이 도과하였으므로 소멸시효가 완성된 것으로 보게 된다. 이와 관련하여 대법원 판례의 흐름을 살펴볼 필요가 있다.

35) 이시윤(주 10), 298-299면; 김홍엽(주 10), 292면; 한충수(주 10), 256면.

36) 대판 1967. 5. 23, 69다529; 대판 1970. 4. 14, 69다597; 대판 1975. 2. 25, 74다1557.

① 대법원 1975. 2. 25. 선고 74다1557 판결

이 사건에서 원고는 1972. 11. 18. 양수한 건설공사 관련 납품대금채권 2,696,451원 중 우선 그 일부인 금 500,000원만의 지급을 구한다는 내용으로 소를 제기하였다가 1973. 9. 10. 채권 전액으로 그 청구를 확장하였다. 위 납품대금채권은 민법 제163조 6호나 3호의 3년의 단기소멸시효에 걸리는데 청구취지를 확장한 1973. 9. 10.은 위 납품대금채권의 지급약정기일인 1969. 11. 30.로부터 3년이 경과하고, 원고가 최고한 1972. 10. 14.부터 6개월이 경과한 시점이었다.

대법원은 "청구부분이 특정될 수 있는 경우에 있어서의 일부청구는 나머지 부분에 대한 시효중단의 효력이 발생하지 않는다고 할 것이며, 이 나머지 부분에 관하여는 소를 제기하거나 그 청구를 확장(청구의 변경)하는 서면을 법원에 제출한 때에 비로소 시효중단의 효력이 발생한다고 보는 것이 소멸시효와 그 중단에 관한 법리와 민사소송법 제238조 및 제235조 제2항의 규정취지에 부합된다"고 판시하면서[37] 이 사건 소의 제기에 의한 시효중단은 그 소제기당시의 청구금액인 금 500,000원 부분에 한하여 효력이 있고, 원판결 중 금 500,000원을 초과하여 피고에게 지급을 명한부분은 그대로 유지될 수가 없다는 이유로 이 부분을 파기환송하였다.

이 대법원 판결은 명시적 일부청구의 경우에 청구취지의 확장이 있더라도 나머지 부분에 시효중단의 효력이 발생하는 시점은 소제기 시점이 아니라 청구취지의 확장이 이루어진 시점이라고 판단하였다.[38]

---

37) 대판 1975. 2. 25, 74다1557. 이 판결이 인용하고 있는 대판 1970. 4. 14, 69다597는 청구취지 변경에 대해서 명시적으로 언급하지는 않았으나 "일부의 청구는 나머지 청구에 대한 시효중단의 효력을 발생하는 것이 아니므로 채권자가 재판상 일부의 청구를 한 후 나머지 청구를 한 경우에는 나머지 청구를 한때에 비로소 나머지 청구부분에 대하여 시효중단의 효력이 발생한다."고 판시하고 있다.

38) 이 사건에서 원고가 청구취지를 확장하기 전에 "장차 청구금액을 확장할 뜻을 표시하였는지 여부"는 판결문에 나타나지 않아 사실관계를 확인하기 어려웠다. 그런데 만약 이 사건에서 원고가 (i) 채권 중 일부만을 청구하면서 (ii) 소송의 진행경과에 따라 청구취지를 확장할 뜻을 표시하고 (iii) 당해 소송이 종료될 때까지 실제로 청구금액을 확장한 경우라면 대상판결의 판시내용에 따르면 원고의 소제기

② 대법원 1992. 4. 10. 선고 91다43695 판결

이 사건에서 원고는 불법행위를 원인으로 한 손해배상으로 금 4,000,000원의 지급을 구하는 소를 제기하였는데, 소장에 앞으로 시행될 법원의 신체감정결과에 따라 청구금액을 확장할 뜻을 명백히 표시하였다. 그 후 원고는 민법 제766조 제1항 소정의 소멸시효기간이 경과한 후에 제1심 법원에 청구금액을 확장하는 청구취지확장신청서를 제출하였다.

대법원은 "한 개의 채권 중 일부에 관하여만 판결을 구한다는 취지를 명백히 하여 소송을 제기한 경우에는 소제기에 의한 소멸시효중단의 효력이 그 일부에 관하여만 발생하고, 나머지 부분에는 발생하지 아니하지만 비록 그중 일부만을 청구한 경우에도 그 취지로 보아 채권 전부에 관하여 판결을 구하는 것으로 해석된다면 그 청구액을 소송물인 채권의 전부로 보아야 하고, 이러한 경우에는 그 채권의 동일성의 범위 내에서 그 전부에 관하여 시효중단의 효력이 발생한다고 해석함이 상당하다."고 판시하면서 "신체의 훼손으로 인한 손해의 배상을 청구하는 사건에서는 그 손해액을 확정하기 위하여 통상 법원의 신체감정을 필요로 하기 때문에, 앞으로 그러한 절차를 거친 후 그 결과에 따라 청구금액을 확장하겠다는 뜻을 소장에 객관적으로 명백히 표시한 경우에는, 그 소제기에 따른 시효중단의 효력은 소장에 기재된 일부 청구액뿐만 아니라 그 손해배상청구권 전부에 대하여 미친다…"고 판시하였다.

이 판결에 대하여 학설 중에는 대법원이 명시적 일부청구의 시효중단 범위에 대하여 예외를 인정한 것으로 보거나[39] 판례가 결국 명시적 일부청구의 경우에 전부에 대하여 시효중단의 효력을 인정한 것으로 볼 수 있다는 견해[40]가 있다. 그러나 이 판결과 그 이후 동일한 취지의 판결들[41]의 사실관계를 살펴보면, 모두 명시적 일부청구로 소를 제기한 후

시점부터 소멸시효가 중단된다고 해석해야 할 것이다.

39) 이시윤(주 10), 299면.

40) 정영환(주 10), 397면.

41) 대판 1992. 12. 8, 92다29924; 대판 2001. 9. 28, 99다72521; 대판 2006. 1. 26, 2005다60017, 60024.

청구취지를 확장하였으나 그 청구취지의 확장이 소멸시효기간이 도과한 후(또는 도과하였다고 다투어지는) 이루어진 경우이다. 이러한 사실관계 하에서 기존 1975년 대법원 판결의 법리에 따라 청구취지 변경신청서를 제출한 때를 나머지 부분에 대한 시효중단의 시기로 삼으면 원고의 채권 중 나머지 부분은 이미 시효가 완성된 것이 된다. 이 때 대법원은 명시적 일부청구만 하였더라도 청구취지를 확장한 경우에 "그 취지로 보아 채권 전부에 관하여 판결을 구하는 것"으로 해석하여 시효중단시기를 소제기 시점으로 보았다. 아마도 청구취지를 확장한 채권자인 원고를 구제해 줄 필요성이 있다고 판단한 것으로 풀이된다. 그런데 대법원의 판시 내용에서 원고의 청구취지의 확장이 있었다는 점을 명백히 밝히지 않고 "그 취지로 보아 채권 전부에 관하여 판결을 구한 것으로 해석된다"는 표현을 사용하여 어떤 경우에 명시적 일부청구를 하더라도 "그 취지로 보아 채권 전부에 관하여 판결을 구하는 것"으로 보아야 할지에 관하여 확실한 기준을 제시해 주지 못하였다. 그 결과 학설상으로 대법원이 명시적 일부청구에 대해 예외를 인정한 것이거나 채권 전부에 대하여 시효중단의 효력을 인정한 것이라는 해석을 낳았던 것이라고 생각된다.

1992년 판결과 그 이후 동일한 취지의 판결들이 명시설에 입각한 기존 대법원의 입장을 수정한 것으로 보아서는 안 되고, 위 판결들은 "명시적 일부청구소송 중에 청구취지가 채권 전부로 확장된 경우에 한하여" 그 확장된 부분에 대한 시효중단의 효력이 발생하는 시기에 관한 쟁점을 판단한 것으로 이해하여야 할 것이다. 결론적으로 명시적 일부청구소송 중에 채권 전부로 청구취지를 확장한 경우에 한하여 비로소 사후적으로 "그 취지로 보아 채권 전부에 관하여 판결을 구하는 것"으로 해석할 수 있고 1992년 판결의 법리가 적용된다고 보아야 한다. 1992년 판결이 "명시적 일부청구를 하였으나 그 취지로 보아 채권 전부에 관하여 판결을 구하는 경우"라는 다소 모호한 표현으로 채권 전부를 청구한 것으로 해석하여 소제기시에 시효가 중단된다는 결론을 내렸기 때문에 대상판결이 나오기 전까지 1992년 판결이 제시한 법리의 구체적인 적용 범위가 어디

까지인지에 대하여 의문이 존재했다고 생각된다.[42)]

③ **대법원 2020. 2. 6. 선고 2019다223723 판결(대상판결)**

대상판결은 명시적 일부청구 중에 청구취지가 확장된 경우에 시효중단의 효력이 발생하는 시점에 관한 기존 대법원 판결의 모순 또는 이론상의 모호성을 확실하게 매듭지은 것으로 판단된다. 대상판결은 "… 소장에서 청구의 대상으로 삼은 채권 중 일부만을 청구하면서 소송의 진행경과에 따라 장차 청구금액을 확장할 뜻을 표시하고 당해 소송이 종료될 때까지 실제로 청구금액을 확장한 경우에는 소제기 당시부터 채권 전부에 관하여 판결을 구한 것으로 해석되므로, 이러한 경우에는 소제기 당시부터 채권 전부에 관하여 재판상 청구로 인한 시효중단의 효력이 발생한다"고 판시하였다.

대상판결은 기존 1992년 판결 등의 모호한 판시에서 벗어나 명시적 일부청구소송 중에 청구취지가 확장된 경우 소제기 시점부터 채권 전부에 관하여 재판상 청구로 인한 시효중단의 효력이 있다는 법리를 명확히 제시하였다는 점에 의의가 있다. 따라서 소멸시효기간이 도과한 이후에 청구취지의 확장이 이루어지더라도 일부청구의 소제기 시점에 채권 전부에 대한 시효가 중단된다. 채권자가 명시적 일부청구의 소를 제기하여 자신의 권리를 행사하는 뜻을 외부적으로 표시하였고, 실제로 청구취지까지 확장되었다면 당초 일부청구의 소를 제기한 시점에 채권 전부에 대하여 시효가 중단된다고 보는 대상판결의 결론은 타당하다고 생각된다.[43)]

(2) 명시적 일부청구에서 청구취지 확장이 이루어지지 않은 경우

대법원 판례는 소장에서 청구의 대상으로 삼은 채권 중 일부만을

42) 아마도 이러한 연유로 대상판결의 제1심 법원이 청구취지의 확장이 이루어지지 않았던 이 사건 선행소송에도 1992년 판결의 법리를 적용하여 원고의 명시적 일부청구가 그 취지로 보아 채권 전부에 관하여 판결을 구하는 경우에 해당한다고 해석하고 이 사건 선행소송의 소제기시 원고의 채권 전부에 대하여 시효가 중단된 것으로 판단한 것이 아닐까 추측된다.

43) 이는 앞서 살펴본 대판 2011. 3. 10, 2010다99040(사망자를 피고로 소를 제기하였더라도 소 각하 판결이 있기 전에 그 절차 내에서 상속인으로 피고의 표시를 정정한 경우에도 시효중단의 효력은 그 소의 제기 시에 발생한다)과도 일맥상통한다고 생각된다.

청구하면서 소송의 진행경과에 따라 장차 청구금액을 확장할 뜻을 표시하였으나 당해 소송이 종료될 때까지 실제로 청구금액을 확장하지 않은 경우, 나머지 부분에 대하여는 재판상 청구로 인한 시효중단의 효력이 발생하지 않는다고 한다. 그러나 판례의 주류적인 입장인 권리행사설에 입각한다면 채권자가 주관적으로는 채권 전체를 행사할 의도로 소를 제기하였고 상대방이나 제3자도 이를 알 수 있었을 때에는 실제로 청구한 것은 일부이더라도 채권 전체에 대하여 소멸시효중단의 효력이 미친다고 보아야 할 것이다.[44] 다만, 판례는 일부청구를 나머지 부분에 대한 최고로 보아 나머지 부분에 대한 잠정적인 시효중단의 효력을 인정한다. 이에 대해서는 Ⅳ.에서 자세히 살펴보기로 한다.

Ⅳ. 명시적 일부청구와 잔부에 대한 소멸시효의 중단

명시적 일부청구가 시효중단사유 중 재판상 청구로서 소장에서 청구의 대상으로 삼은 채권 일부에 대해서만 시효중단의 효력을 발생시킨다는 대법원 판결을 살펴보았다. 그렇다면 명시적 일부청구소송에서 잔부에 대하여 재판상 청구를 한 것은 아니지만 채권자가 재판절차에서 소송의 진행경과에 따라 장차 청구금액을 확장할 의사를 표명하였으므로 채무자에게 잔부에 대한 이행을 청구하는 '최고'로서의 효력을 인정할 수 있을지 문제된다.

1. 시효중단사유로서 최고

가. 의 의

최고란 권리자가 의무자에게 의무의 이행을 청구하는 것을 말한다. 그 법률상의 성질은 "의사의 통지"를 의미한다.[45] 실무상으로는 증거 확보를 위하여 내용증명우편과 같은 방법으로 최고가 많이 이루어지지만

---

44) 곽윤직 편집대표, 민법주해(3), 505면(윤진수 집필부분).

45) 곽윤직/김재형, 민법총칙, 제9판, 박영사, 2013, 335면; 송덕수, 민법총칙, 제5판, 박영사, 2020, 488면.

원칙적으로 최고는 아무런 형식을 필요로 하지 않는다.[46] 이와 같이 재판 밖에서 이루어지는 아무런 형식을 요하지 않는 최고를 시효중단사유로 인정하는 것은 우리나라와 일본민법에 독특한 규정으로서 다른 나라의 입법례에서 찾아보기 어렵다.[47] 다만 우리 민법은 최고를 시효중단사유의 하나로 규정하면서도 그 효력은 6월 이내에 재판상의 청구, 파산절차 참가, 화해를 위한 소환, 임의출석, 압류 또는 가압류·가처분과 같은 보다 강력한 시효중단의 조치를 취해야 하는 잠정적인 것으로 규정하고 있다(민법 제174조).[48]

이처럼 아무런 형식이 요구되지 않기 때문에 어떤 경우에 최고가 있었다고 볼 것인지는 해석에 의해 결정되는데, 권리자의 보호를 위하여 넓게 해석하는 것이 타당하다.[49]

한편 채권 중 일부에 대해서만 최고를 하였거나 최고로 볼 수 있는 상계의 의사표시를 한 경우에도 학설은 일반적으로 채권 전부에 대한 청구의 의사가 있다고 보아 이를 전부에 대한 최고로 보고 채권 전부에 대하여 시효중단의 효력이 있다고 해석한다.[50] 권리행사의 주장이 있었음이 명백하기 때문이다.

최고를 여러 번 한 경우에는 6개월 이내에 보완조치가 있는 최고만 시효중단의 효력을 발생시킨다.[51] 최고는 시효기간의 만료가 임박하여 다른 강력한 중단방법을 취하려고 할 때 예비적 수단으로서 실익이 있을 뿐이다. 따라서 반복된 최고만으로는 시효중단의 효력을 가져올 수 없다고 해석된다.

나. 대법원 판례

판례 역시 최고의 범위를 폭넓게 인정하고 있다. 판례는 재판상의 청구를 하였으나 그 소의 취하로 본안판결에 이르지 못하고 끝난 경우에

46) 곽윤직 편집대표, 민법주해(3), 519면(윤진수 집필부분).
47) 곽윤직 편집대표, 민법주해(3), 518면(윤진수 집필부분).
48) 민법은 보완조치에 지급명령을 포함시키지 않았는데 이는 입법상의 잘못으로 보아야 한다는 데 이설이 없다. 송덕수(주 45), 488면.
49) 곽윤직/김재형(주 45), 335면; 송덕수(주 45), 489면.
50) 곽윤직/김재형(주 45), 335면.
51) 대판 1970. 3. 10, 69다1151, 1152; 대판 1983. 7. 12, 83다카437; 대판 1987. 12. 22, 87다카2337.

는 그로부터 6월 내에 다시 재판상의 청구를 하지 않는 한 시효중단의 효력이 없고 다만 재판외의 최고의 효력이 있다고 하고,[52] 채권자가 확정판결에 기한 채권의 실현을 위하여 채무자에 대하여 민사소송법 소정의 재산관계명시신청을 하고 그 결정이 채무자에게 송달이 된 경우[53]에 시효중단사유로서 최고의 효력을 인정하고 있다. 또한 채권자의 신청에 의한 경매개시결정에 따라 연대채무자 1인의 소유 부동산이 압류된 경우에 위 연대채무자에 대한 채권의 소멸시효는 중단되지만, 압류에 의한 시효중단의 효력은 다른 연대채무자에게 미치지 아니하므로 경매개시결정에 의한 시효중단의 효력을 다른 연대채무자에 대하여 주장할 수 없다. 그러나 채권자가 연대채무자 1인의 소유 부동산에 대하여 경매신청을 한 경우, 이는 최고로서의 효력을 가지고 있고 연대채무자에 대한 이행청구는 다른 연대채무자에게도 효력이 있으므로 채권자가 6월 내에 다른 연대채무자를 상대로 재판상 청구를 하였다면 그 다른 연대채무자에 대한 채권의 소멸시효가 중단되지만, 이로 인하여 중단된 시효는 위 경매절차가 종료된 때가 아니라 재판이 확정된 때로부터 새로 진행된다.

여기서 주목할 점은 대법원 판결이 재판상의 청구를 하였으나 그 소송이 취하된 경우에도 이를 "재판외의 최고"로서 효력을 인정하고 있는 것이다. 이와 같이 취하된 재판상 청구에 최고의 효력을 인정하는 것은 다분히 권리행사설의 입장에 따른 것이라고 판단된다. 즉 원고는 결과적으로는 소 취하에 이르렀지만 자신의 권리를 행사하고 채무의 이행을 청구하는 의사표시를 채무자인 피고에게 통지한 것으로 본 것이다. 더 나아가 대법원은 소송고지에도 최고로서의 효력을 인정하고 있다. 이와 관련하여 일본의 재판상 최고 이론을 살펴볼 필요가 있다.

52) 대판 1987. 12. 22, 87다카2337.
53) 대판 1992. 2. 11, 91다41118.

2. 비교법적 검토: 일본의 "재판상 최고" 이론

가. 개 관

일본민법상으로도 채무자에게 이행을 청구하는 채권자의 의사통지를 최고라고 하고 최고로부터 6개월 내에 재판상 청구 등 보다 강력한 시효중단의 조치가 취해져야만 완전한 시효중단의 효력이 발생한다(구 일본민법 제153조).[54] 통상적인 최고는 재판 밖에서 이루어지지만, 일본의 학설은 ① 소송물에 포함되어 있지 않은 권리를 주장한 경우와 소송 중 공격방어방법으로 권리 주장이 이루어진 경우와 같이 재판절차에서 권리행사가 있었다고 평가할 수 있는 때에(이하 "제1유형의 최고") 그 권리행사를 '재판상 최고'에 해당한다고 해석하여 최고로서의 잠정적인 시효중단의 효력을 인정하고 있다. 또한 6월의 기산점을 재판상의 최고를 한 시점을 기준으로 하지 않고 당해 사건의 계속 중에 최고가 계속하고 있다고 보고 소송이 종결된 시점을 기준으로 6개월 내에 재판상 청구 등의 절차를 취하면 시효중단의 효력이 유지된다고 한다. ② 재판상의 청구가 각하 또는 취하되는 경우(이하 "제2유형의 최고")에도 이 이론을 적용하고 있다. 소제기를 최고로 보아 그것이 각하될 때까지 계속되고 있다고 해석하여 각하 시점부터 6개월 내에 소를 제기함으로써 시효중단의 효력을 인정할 수 있다고 한다. 이와 같이 재판상 최고 이론은 재판상 청구의 외연을 보충적으로 확장하는 데 이용되고 있다. 더 나아가 재판상 최고 이론이 생명보험계약의 존재확인의 소와 보험금청구권의 소멸시효와의 관계, 일부청구와 잔부청구의 관계에 대해서도 적용되어야 한다는 주장이 있었다.[55]

나. 일본 최고재판소 판결례

일본 최고재판소는 아래와 같은 판결을 통하여 재판상 최고 이론을 채용하였다.

---

54) 본 논문에서 "구 일본민법"이라 함은 平成29年 法律 第44号에 따른 개정 전 일본민법을 말한다.

55) 我妻榮, 新訂 民法總則(1965), 467면.

(1) 주권인도청구소송에서 피고가 유치권 및 피담보채권의 존재를 항변으로 주장하고 이것이 인용된 경우에 피담보채권에 대한 재판상 최고로서 시효중단의 효력을 긍정하였다. 소송상 유치권항변은 그것이 철회되지 않는 한 당해 소송의 계속 중에 계속해서 목적물의 인도를 거부하는 효력을 갖는 것이며 해당 소송의 피담보채권의 채무자를 상대방으로 하는 경우에 그 항변의 피담보채권에 대한 권리주장도 지속적으로 이루어지고 있는 것으로 보아 시효중단의 효력도 소송계속 중에 존속한다고 해석한다. 따라서 해당 소송의 종결 후 6월 내에 다른 강력한 중단사유에 해당하는 소가 제기되면 시효중단의 효력은 유지된다고 하였다.[56]

(2) 일본에서는 재판상 청구를 하였으나 소가 각하되거나 취하되는 등 공권적 확인에 도달하지 않은 경우에도 소장이 상대방에게 송달된 경우에는 이를 최고로서의 효력은 있고 소송이 계속 중인 동안은 최고도 계속되므로 소송종결 후 6월내에 구 일본민법 153조[57] 소정의 조치를 취하면 시효중단의 효력이 유지된다고 한다.[58]

(3) 채권자의 최고에 대하여 채무자가 청구권의 존부에 대하여 조사하기 위하여 유예를 구한 경우에는 본조 소정의 6월의 기간은 채무자로부터 회답이 있기까지는 진행하지 않는다.[59]

---

56) 最(大)判昭和 38年 10月 30日(民集 17-9 1252 107); 동일한 취지의 판결로 最判昭和 43年 12月 24日(民集 93-907). 다만 이러한 권리 주장이 “재판상 최고”로 취급되는 경우와 “재판상 청구”에 준하는 것으로 취급되는 경우가 있으며 판결례가 반드시 통일되어 있지는 않다고 한다. 內田 貴, 民法 I 總則·物權總論, 第4版, 323-324면. 한편, 最(大)判昭和 38年 10月 30日(民集 17-9 1252 107)에서 소수의견으로 “이 사건 유치권 주장은 소송물의 권리를 주장하지 않은 것은 물론이지만 최소한 소송절차에서 자기에게 청구권이 있음을 주장하고 이에 대한 법원의 심리 판단을 요구하는 것이므로 소송상 심리판단과정은 소송물에 관한 권리관계에 관한 심리판단을 하는 것과 다름없기 때문에 그러한 항변의 제출은 소의 제기에 준해서 판단하여야 한다. 다수의견과 같이 단순히 최고의 효력만을 인정하는 것은 찬성할 수 없다. 따라서 법원의 심리판단을 거쳐 채권관계가 확정되어 명시된 채권에 대해서는 시효중단의 효력이 인정되듯이 항변으로 제출된 권리관계를 법원이 심리판단하여 판결주문에서 명시한 쟁점에 대해서는 민법 제174조 2항의 판결에 의해서 확정된 권리에 준하여 10년의 소멸시효기간을 인정해야 한다”는 견해가 제시되었다.

57) 민법 제174조에 대응하는 조문이다.

58) 김증한/주재광 편집대표, 주석 민법총칙(하), 1987, 703면 및 711면.

(4) 소송고지의 경우에도 소송이 계속 중인 동안은 소송고지로 인한 최고의 효력은 지속된다고 한다.[60]

다. 명시적 일부청구와 재판상 최고

일본에서는 명시적 일부청구의 소의 제기를 잔부청구에 대한 최고로 해석하여 잠정적인 시효중단효를 인정하는 판례[61]가 이어져 오다가 2013. 6. 6. 최고재판소 판결[62]에서 명시적 일부청구와 잔부에 대한 시효중단의 효력에 대하여 중요한 판단을 하였다.

(1) 사안의 개요

〈사건진행경과〉

X(망 A의 유언 집행자)는 Y에 대해 A가 사망 시에 가지고 있던 미수금 채권(이하 "본건 미수금 채권"이라고 한다)의 지급을 요구하고, Y는 2000. 6. 24. 그 채무를 승인하였다. 본건 미수금 채권은 상행위로부터 발생한 채권으로 위 채무 승인으로 인하여 승인일로부터 5년이 경과한 2005. 6. 24. 소멸시효가 완성되었다. 한편 X는 시효완성 전인 2005. 4. 16. 도달 및 내용 증명우편으로 Y에 대해 본건 미수금 채권의 지급을 최고하였다(이하 "본건 최고"라 한다).

그 후 X는 2005. 10. 14. Y를 상대로 본건 미수금 채권 중 5293만 3243엔의 지급을 요구하는 소송을 제기(이하 "별건 소송"이라 한다)하고, 별건 소송에서 본건 미수금 채권의 총액은 3억 9761만 2141엔이며, 청구금액은 그 일부임을 명시하였다. 이에 대해 Y는 본건 미수금 채권의 총

59) 주석총칙(하)(주 58), 711면.

60) 주석총칙(하)(주 58), 703.

61) 最判昭和 53年 4月 13日 訟月 24卷 6号; 高松高判平成 19. 2. 22.

62) 最高裁平 24(受)第349号 平成 25. 6. 6 第一小法廷判決.

액은 상계 의해 이미 소멸한 부분을 포함하고 있다고 주장했다(이하 “별건 상계항변”이라 한다).

오사카 고등법원은 2009. 4. 24. 별건 상계항변에 이유가 있다고 판단하고, 현존하는 미수금 채권 금액을 7528만 3243엔으로 인정하여 X의 청구를 전부 인용하는 판결(이하 “별건 판결”이라 한다)을 선고하였다. 별건 판결은 2009. 9. 18. 확정되었다.

X는 2009. 6. 30. Y에 대하여 별건 판결에 따라 현존하는 본건 미수금 채권 금액은 7528만 3243엔이며, 별건 소송에서 청구하지 않았던 잔부(이하 “본건 잔부”라 한다)의 금액은 2235만 엔이라고 주장하며 그 지급을 청구하였다. 이에 대해 Y는 본건 잔부에 대해서는 본건 최고로부터 6개월 이내에 구 일본민법 제153조 소정의 조치가 없었기 때문에 이미 소멸시효가 완성하였다고 주장하였다.

(2) 소송의 경과

① 제1심 판결[63)]

제1심은 별건 소송에서 본건 미수금 채권의 총액이 법원의 심리 판단을 거쳐 확정되어 본건 잔부의 존재가 소송물로 확정된 것과 실질적으로 동일시 할 수 있기 때문에, 별건 소송의 제기는 재판상의 청구에 준하여 본건 잔부에 대해서도 시효중단의 효력이 생긴다고 하여 X의 청구를 전부 인용하였다.

② 제2심 판결[64)]

원심은 제1심과 마찬가지로 본건 잔부가 2235만 엔임을 인정했지만, 본건 잔부는 별건 소송의 소송물이 아니므로 시효중단의 효력은 발생하지 않으며 만일 별건 소송에 의해 본건 잔부에 대한 재판상의 최고가 이루어진 것으로 볼 수 있다 해도 X는 본건 최고 이후 6개월 이내에 구 일본민법 제153조 소정의 확정적인 시효중단 절차를 가지고 있지 않기 때문에, 본건 잔부 대해서는 소멸 시효가 완성하였다고 판단하여 X의 청

63) 大阪地裁平21(ワ)第9595号 平成23. 3. 24判決

64) 大阪高裁平23(ネ)第1492号 平成 23. 11. 24判決.

구를 모두 기각하였다.

③ **최고재판소 판결**[65)]

최고재판소 판결은 세 가지 쟁점에 대하여 판시하였다.

첫째, 수량적으로 분할 가능한 채권의 일부에 대해서만 판결을 구하는 취지를 명시하고 소가 제기된 경우에 채권의 일부가 소멸하였다는 취지의 항변에 이유가 있다고 판단되어 판결에서 위 채권의 총액이 인정되었다고 하더라도, 당해 소송의 제기는 잔부에 대해서는 재판상의 청구에 준하는 것으로서 보아 소멸시효중단의 효력이 발생하지 않는다.

둘째, 명시적 일부청구의 소가 제기된 경우, 채권자가 장래에 잔부를 청구하지 않는다는 의사를 밝히는 등, 잔부에 대한 권리행사의 의사가 계속적으로 표시되고 있지 않다는 특단의 사정이 없는 한, 당해 소송의 제기는 잔부에 대하여 재판상의 최고로서 소멸시효의 중단의 효력이 발생하고, 채권자는 당해 소송에 관한 소송종료 후 6개월 이내에 구 일본민법 제153조 소정의 조치를 강구하여 잔부에 대한 소멸 시효를 확정적으로 중단할 수 있다.

셋째, 소멸시효기간이 경과한 후, 그 경과 전에 한 최고로부터 6개월 이내에 다시 최고를 하여도 제1의 최고로부터 6개월 이내에 구 일본민법 제153조 소정의 조치를 강구하지 않은 이상 제1의 최고로부터 6개월이 경과하면 소멸시효가 완성하고, 이러한 법리는 제2의 최고가 수량적으로 분할가능한 채권의 일부에 대하여 판결을 구하는 명시적 일부청구의 소의 제기에 의한 재판상 최고도 다르지 않다.

(3) 일본 최고재판소 판결의 의의와 평가

① 위 최고재판소 판결은 명시적 일부청구의 소송제기는 청구대상인 채권의 일부에 대하여 확정적인 시효중단효가 생긴다는 기존 판례의 법리를 다시 한 번 확인한 판결이다. 나아가 판결 이유에서 채권의 총액이 인증되었더라도, 이러한 법리는 달라지지 않는다는 점을 분명히 하였

---

65) 最高裁平24(受)第349号 平成 25. 6. 6 第一小法廷判決.

다. 여기서 생각해 보아야 할 점이 일부청구와 상계항변이다. 명시적 일부 청구에서의 상계 항변 취급에 대하여 일본 판례는 '외측설'의 입장을 채택하고 있다. 따라서 우선 잔부청구 부분을 포함한 채권총액을 확정하고 그 금액에서 자동채권액을 공제한 잔존액을 산정한 후 일부청구가 잔존액의 범위 내일 경우에는 청구를 인용해야 한다.[66] 이 견해에 따르면 명시적 일부청구에서 상계항변이 인용되면 채권 전부에 대한 실질적인 심리·판단이 이루어지게 된다. 또한 명시적 일부청구소송의 일부 인용·전부기각판결이 확정된 후 잔부청구가 이루어진 경우에는 잔부청구를 포함하여 채권 전액을 심리·판단이 있었음을 전제로 잔부청구에 대해 신의칙 위반이라고 평가하는 판례도 존재한다.[67] 따라서 위 판결에서도 소송물의 범위를 넘어 시효중단의 효력을 인정할 여지가 있었음에도 명시적 일부청구의 소송제기는 채권의 일부에 관한 확정적인 시효중단의 효과를 가져 올 뿐이고 판결 이유에서 채권의 총액이 인증되었더라도 마찬가지라는 점을 분명히 하였다는 점에 그 의의가 있다고 평가된다.

② 또한 위 최고재판소 판결은 명시적 일부청구의 소송이 잔부에 대한 재판에서 최고로 잠정적 시효중단의 효력을 가지는 것을 인정하면서도 반복된 최고는 시효중단의 효력이 없음을 명확히 하였다. 즉, 최고는 6개월 이내에 구 일본민법 153조 소정의 조치를 강구하여야 시효중단의 효력이 있고 최고로부터 6개월 이내에 다시 최고를 한 것에 지나지 않는 경우에는 시효중단의 효과가 없다. 만약 최고로부터 6개월 이내에 다시 최고를 한 경우에도 시효의 완성이 저지될 수 있다면, 최고가 반복되는 경우에는 언제까지나 시효가 완성되지 않아서 시효기간이 정해진 취지에 반하여 타당하지 않기 때문이다.

본 사건에서 1차 최고에 해당하는 2005. 4. 16.자 본건 최고로 6개월 간 잠정적인 시효중단의 효력이 발생하였고, 그 6개월이 경과하기 직전인 2005. 10. 14. 명시적 일부청구의 소가 제시되었다. 이 명시적 일부

66) 最判平成 8.11.22. 民集 48卷 7号 1355項.

67) 最判平成 10.6.12. 民集 52卷 4号 1147項.

청구의 소는 채권 일부에 대해서만 재판상 청구로서 확정적인 시효중단의 효력을 가져올 뿐이고, 잔부에 대해서는 재판상 최고로서의 효과밖에 인정되지 않는다. 따라서 본 사건에서 잔부에 대해서는 최고가 반복된 경우에 해당하여(1차 최고는 2005. 4. 6.자 재판외 최고, 2차 최고는 2005 10. 14. 재판상 최고) 결국 시효중단의 효력이 발생하지 않고 2005. 6. 24. 소멸시효가 완성하게 된다.

라. 일본 민법 개정과정에서의 논의

2017년 일본에서 민법(채권법)이 전면개정되었고, 시효제도에 관한 전면개정도 있었다. 현행 일본민법은 단기시효기간을 폐지하고, 시효의 중단과 정지사유를 갱신, 정지, 완성유예로 재정비하였으며, 객관적, 주관적 기산점에 의한 이원화와 같은 새로운 내용도 도입하였다. 이와 같은 개정은 시효제도에 관한 국제적 통일화의 경향에 발맞춘 것이라고 평가된다.[68)]

일본 민법 개정과정에서 우치다(内田 貴) 교수는 명시적 일부청구와 소멸시효 중단의 범위와 관련하여 일본 최고재판소 판례와는 달리, 일부청구의 취지가 명확한 경우에도 채권전부에 관하여 시효기간의 진행이 정지한다는 안을 제시하였다.[69)] 그 이유로 (ⅰ) 이는 개정된 시효제도에서는 시효중단이 아니라 진행정지의 문제로 보아야 하고, (ⅱ) 일부청구의 경우에 전부 청구하지 않는 이유가 있는 것도 드물지 않아 채권자보호의 필요성이 인정되고, (ⅲ) 일부청구인 것이 분명하다면 채무자는 나머지에 관해서 다툴 준비를 해야 할 것이라고 인식할 수 있다는 것 등을

68) 개정 일본민법(2017년)의 소멸시효제도에 관한 소개는 김성수, "개정 일본민법(2017년)의 '소멸시효'", 아주법학 통권 제34호(2018), 37면 이하 참조.

69) 민법(채권법) 개정검토위원회의 기본방침 [3.1.3.57][소의 제기 등에 의한 채권시효기간의 진행의 정지] (1) [3.1.3.56](1) 1.에 해당하는 청구 또는 신청 등을 한 때에는 그때에 채권시효기간의 진행은 정지한다.
(2) 채권의 일부에 관하여 [3.1.3.56](1) 1.에 해당하는 청구 또는 신청 등을 한 경우, 일부청구인 취지가 명백한 때에는 (1)의 효력은 채권의 전부에 대하여 생긴다.
(3) 채권의 존재가 확정되지 않은 채 절차가 종료한 때에는 그 시점부터 채권시효기간의 진행이 재개한다. 이 경우, 절차 종료시부터 [6개월/1년]이 경과하기까지 채권시효기간은 만료하지 않는다. 이 [6개월/1년] 동안에 이루어진 이행의 최고는 시효기간의 만료를 연기하는 효력이 없다.

제시하였다.[70)]

그러나 이 안은 받아들여지지 않았고 일부청구와 시효중단의 범위에 관한 문제는 일본민법에 입법되지 않았고 여전히 학설과 판례에 맡겨져 있다.

마. 일본의 재판상 최고이론에 대한 평가와 영향

(1) 우리 민법과 일본민법의 소멸시효 중단사유 규정상의 차이

민법 제170조 제1항은 "재판상의 청구는 소송의 각하, 기각 또는 취하의 경우에는 시효중단의 효력이 없다"고 규정하고, 제2항은 "전항의 경우에 6월내에 재판상의 청구, 파산절차참가, 압류 또는 가압류, 가처분을 한 때에는 시효는 최초의 재판상 청구로 인하여 중단된 것으로 본다"고 규정하고 있다. 즉, 민법은 제170조 제1항에 따라 재판상의 청구가 소송의 각하 또는 취하로 인하여 시효중단의 효과가 소멸하였더라도 동조 제2항에 따라 6월 내에 재판상의 청구 등을 한 때에는 시효는 최초의 재판상 청구로 인하여 중단된 것으로 보고 있다. 민법 제170조 제2항의 규정은 의용민법에는 없던 것인데 구 독일민법 제212조를 본받아 신설된 규정이다. 독일민법에 이 규정을 둔 이유는 권리자는 소의 제기에 의하여 권리행사를 위한 상당한 노력을 소비하였는데 그 과정에 있어서 다소 잘못이 있었다 하여도 권리자가 소송비용을 부담하는 의무 외에 권리 그 자체를 잃게 되는 것은 부당하다는 데 있다고 설명한다.[71)]

그런데 일본민법에는 민법 제170조 제2항과 같은 규정이 없기 때문에 재판상 최고의 이론이 탄생하게 되었고 일본 최고재판소도 다수의 판결에서 이 이론을 받아들이고 있다.

(2) 국내 학계의 평가

일본의 재판상 최고 이론을 국내에 소개하고 이를 우리 법에서도 원용할 수 있다는 견해를 제시한 학자도 있었으나, 우리 민법 제170조의 입법 연혁을 고려해 보거나 소장의 송달에 최고로서의 효력을 인정

---

70) 民法(債権法)改正検討委員会 編, 債權法改正の基本方針, 別册NBL126号(商事法務, 2009), 209면.

71) Mugdan I, 789. 곽윤직 편집대표, 민법주해(3), 522면(윤진수 집필부분)에서 재인용.

한다고 하더라도 소송계속 중에 최고의 효력이 지속된다는 일본의 재판상 최고이론은 우리 법의 해석론으로 무리하고, 구체적인 사안에서 법률해석이나 소멸시효의 남용이론 등에 의하여 해결될 수 있다는 비판이 있다.[72)]

앞서 언급한 바와 같이 독일민법에는 최고에 잠정적인 시효중단의 효력을 인정하는 규정을 두고 있지 않다. 우리 민법은 의용민법에서 인정하던 최고의 시효중단의 효력을 그대로 받아들였으나, 독일민법의 영향을 받아 제170조 제2항을 두게 된 연혁적인 유래가 있다. 따라서 적어도 재판상의 청구가 각하 또는 취하되는 경우에는 민법 제170조 제2항이 직접 적용되므로 이에 관해서는 일본의 재판상 최고 이론을 우리 법에 활용할 이유가 없다. 그러나 재판상 최고 이론 중 제1유형의 최고는 우리나라 대법원 판결에 사실상 많은 영향을 준 것으로 보인다.

3. 우리나라에서의 논의: 명시적 일부청구와 잔부에 대한 소멸시효의 중단

가. 명시적 일부청구의 최고로서의 효력

이미 살펴본 바와 같이 학설과 판례는 최고를 폭넓게 인정하고 "상대방에게 그 의무를 이행하라는 뜻의 통지"가 "어떤 방식으로든" 이루어졌으면 최고로 인정하고 있다. 이와 같이 최고를 해석상 넓게 인정하면 재판상 청구를 하면서 일부를 먼저 청구하고 나머지 부분에 대해서는 향후 청구할 것이라는 진술이 변론 과정에서 이루어지는 명시적 일부청구를 나머지 부분에 대한 최고로 해석할 수 있다고 판단된다.

나. 최고로 인한 시효중단효의 발생시기 및 6개월의 기산점

최고에 의하여 시효중단의 효과가 발생하는 시점은 최고가 상대방에게 도달한 때이다. 따라서 최고를 하였어도 상대방에게 도달하지 않으면 시효중단의 효과는 생기지 않는다. 민법 제174조에 따라 최고로부터 6월

---

72) 곽윤직 편집대표, 민법주해(3), 522면(윤진수 집필부분).

내에 보다 강력한 조치를 취하여야 시효중단의 효력이 지속되는데 여기서 6월의 기산점은 원칙적으로 최고가 상대방에게 도달한 때이다.[73)]

그런데 최고로 인한 시효중단효의 발생시기와 민법 제174조에 규정된 6월의 기간의 기산점은 개별 사안에 따라 유연하게 해석되기도 한다. 대법원은 특히 그 근거로서 시효중단제도의 취지에 비추어 이에 관한 기산점이나 만료점은 원권리자를 위하여 너그럽게 해석해야 한다는 점을 들고 있다.

(1) 국가배상심의회에 배상신청을 한 경우

대법원은 피해자가 국가배상심의회에 한 배상신청은 최고이고, 배상심의회가 위 신청에 대하여 심의하여 결정할 때까지는 국가가 그 이행의 유예를 구한 것에 해당하므로 민법 제174조 소정의 6개월의 기간은 위 배상심의회의 결정이 있을 때까지 진행하지 않는다고 한다.[74)]

(2) 채무자가 이행의 유예를 구한 경우

대법원은 "소멸시효제도 특히 시효중단제도는 그 제도의 취지에 비추어 볼 때 이에 관한 기산점이나 만료점은 원권리자를 위하여 너그럽게 해석하는 것이 상당하다 할 것이므로, 민법 제174조 소정의 시효중단사유로서의 최고에 있어서 채무이행을 최고 받은 채무자가 그 이행의무의 존부 등에 대하여 조사를 해 볼 필요가 있다는 이유로 채권자에 대하여 그 이행의 유예를 구한 경우에는 채권자가 그 회답을 받을 때까지는 최고의 효력이 계속된다고 보아야 하고, 따라서 같은 조에 규정된 6월의 기간은 채권자가 채무자로부터 회답을 받은 때로부터 기산되는 것이라고 해석하여야 할 것이다"라고 판시하고 있다.[75)]

---

73) 곽윤직 편집대표, 민법주해(3), 521면(윤진수 집필부분).

74) 대판 1975. 7. 8, 74다178. 이 판결에 대해 다음과 같은 비판이 있다. 국가배상심의회에 배상신청을 한 경우에는 국가가 적극적으로 유예를 구한 것이 아니므로 배상심의회의 배상결정에 재판상 화해의 효력이 인정될 수 있음에 비추어(국가배상법 제16조) 민법 제173조를 유추적용하여 배상결정 후 1월 내에 소를 제기하면 배상신청으로 인한 시효중단의 효력이 유지된다고 봄이 옳을 것이라고 한다. 곽윤직 편집대표, 민법주해(3), 522면(윤진수 집필부분). 여기서 국가배상법 제16조는 1997. 12. 13. 법률 제5433호로 개정되기 전의 것을 말한다.

(3) 소송고지의 경우

대법원은 소송고지에 의한 최고는 보통의 최고와는 달리 법원의 행위를 통하여 이루어지는 것이므로 만일 법원이 소송고지서의 송달사무를 우연한 사정으로 지체하는 바람에 소송고지서의 송달 전에 시효가 완성된다면 고지자가 예상치 못한 불이익을 입게 된다는 점 등을 고려하면, 소송고지에 의한 최고의 경우에는 민사소송법 제265조를 유추 적용하여 당사자가 소송고지서를 법원에 제출한 때에 시효중단의 효력이 발생한다고 한다.[76)]

또한 소송고지에 의하여 당해 소송진행 중 최고에 의한 시효중단의 효력이 지속된다고 하면서 그 근거로 두 가지를 제시하고 있다. 첫째, 소송고지가 보통의 최고와는 달리 법원의 행위를 통하여 이루어지는 것으로서 그 소송결과에 따라 피고지자에 대한 참가적 효력이 발생하고, 둘째, 소송고지를 통하여 당해 소송의 결과에 따라 권리를 행사하겠다는 취지의 의사를 표명한 것이므로 당해 소송이 계속 중인 동안 권리를 행사하고 있는 상태가 지속된다고 볼 수 있다는 점이다.

국내 학설 역시 소송고지를 하는 것은 자기가 패소하면 피고지자에게 청구를 할 것을 의도하는 경우이기 때문에, 이러한 경우에 소송고지에 적어도 '최고'의 효과(민법 제174조)를 인정하여야 하고, 이러한 경우 소송고지가 법원을 개입시켜 행해지는 행위인 점에 비추어 민법 제174조의 6월의 기간은 당해 계속 중인 소송이 종료한 때로부터 기산하여 6월 이내에 재판상의 청구 등 민법 소정의 절차(민법 제174조)를 밟으면 소송고지의 최고로서의 효력은 유지된다고 하는 견해가 다수이다.[77)] 또한 소송고지를 받은 채무자로서는 채권자가 당해 소송의 종료 이후에 권리를 행사하리라고 예견할 수 있으므로 채무자의 신뢰보호의 필요가 적다는 점, 만일 소송계속 중 소송고지로 인한 최고의 효력이 지속되지 않는다고 하면 채권자

---

75) 대판 1995. 5. 12, 94다24336; 대판 2006. 6. 16, 2005다25632; 대판 2010. 5. 27, 2010다9467.

76) 대판 2015. 5. 14, 2014다16494.

77) 김상원 편집대표, 주석 신민사소송법(I), 552면.

는 당해 소송을 진행하는 것과 별도로 소송고지의 피고지자를 상대로 재판상의 청구 등의 절차를 밟지 않으면 안 되는데 이는 번거롭게 이중의 절차를 요구하는 것이 된다는 점 등을 고려하면 대법원이 소송계속 중 소송고지로 인한 최고의 효력이 지속된다고 본 것은 타당하다고 한다.[78)]

(4) 명시적 일부청구의 경우

앞서 살펴본 6월의 기산점에 관한 대법원의 유연한 태도는 명시적 일부청구의 경우에도 일관되게 이어지고 있다. 대상판결은 일부청구의 소를 제기하면서 장차 청구금액을 확장할 뜻을 표시한 채권자로서는 장래에 나머지 부분을 청구할 의사를 가지고 있는 것이 일반적이라고 할 것이므로, 다른 특별한 사정이 없는 한 당해 소송이 계속 중인 동안에는 나머지 부분에 대하여 권리를 행사하겠다는 의사가 표명되어 최고에 의해 권리를 행사하고 있는 상태가 지속되고 있는 것으로 보아야 하고, 채권자는 당해 소송이 종료된 때부터 6월 내에 민법 제174조에서 정한 조치를 취함으로써 나머지 부분에 대한 소멸시효를 중단시킬 수 있다고 한다.

다. 소　　결

우리 대법원 판례는 일본에서 사용되는 "재판상 최고"라는 용어를 명시적으로 판결문에 사용하지는 않았으나 큰 틀에서 일본의 재판상 최고 이론을 도입한 것과 동일한 결론을 내리고 있다. 특히 소송고지와 일부청구와 같이 재판상 절차의 일환으로 행해지는 것에 최고로서의 효력을 부여하고 소송이 계속 중인 동안 최고에 의하여 권리를 행사하고 있는 상태가 지속되는 것으로 보아 6개월의 기간은 당해 소송이 종료된 때로부터 기산하고 있는 점이 그러하다.

대상판결은 일부청구의 현실적인 필요성과 시효제도에서 채무자와 채권자 사이의 보호의 균형성 등을 고려하여 명시적 일부청구에 잔부에 대한 '최고'로서의 효력을 부여하고 있다. 또한 최고로부터 6개월의 기산점을 정함에 있어서도 채권자 보호를 위한 관점에서 접근하여 일부청구

78) 이정민, "소멸시효 이익의 포기와 소멸시효 중단사유로서 소송고지", 민사판례연구 [XXXII], 2010, 219면.

의 소송종료시로부터 6월 내에 잔부에 대한 재판상 청구 등이 있으면 확정적으로 시효가 중단된다는 법리를 밝히고 있다. 대상판결은 최고라는 민법상 시효규정을 유연하게 해석하여 재판상 청구의 외연을 확장하고 현실적으로 일부청구를 할 유인이 있는 채권자들을 최대한 법 해석의 테두리 내에서 보호하고 있다. 그런 점에서 대상판결의 해석론은 수긍할 부분이 있다고 생각된다.

그러나 소멸시효의 중단에 관한 다수의 대법원 판례가 권리행사설의 입장에서 채권자가 권리불행사의 사실 상태를 깨뜨렸다고 볼 수 있는 사유가 발생하면 폭넓게 시효중단의 효력을 인정하였던 것처럼 명시적 일부청구의 경우에도 굳이 재판상 청구로 인한 시효중단의 범위를 소송물 또는 기판력의 범위에 한정할 필요 없이 채권 전부에 대하여 시효가 중단된다고 해석하는 것이 타당하다고 생각된다.

한편, 이미 지적한 바와 같이 최고를 시효중단사유로 규정하는 것은 입법례상 매우 특이한 예에 속하고, 명시적 일부청구, 소송고지 등과 소멸시효의 문제를 '최고' 규정의 확대 해석을 통하여 해결하려는 데에서 탈피할 필요가 있다고 생각한다. 이들 문제는 최고와는 별개의 평면에서 독립적으로 논의되어야 할 시효중단의 사유이지 최고 규정을 폭넓게 해석하여—또는 사실상 재판상 최고 개념을 도입하여—최고의 효력을 소송종료시점까지 끌고 가는 것으로 해결할 문제는 아니기 때문이다.

구체적으로 첫째, 위 국가배상심의회 배상신청에 관한 1975년 대법원 판결의 사안은 소의 허용 여부가 행정기관의 사전결정에 달려 있는 경우로서[79)] 그 사전결정의 신청은 별개의 시효중단사유로 입법되어야 한다.[80)]

---

79) 2000. 12. 29. 국가배상법이 개정되어 배상심의회에 배상신청을 하지 아니하고도 국가배상법에 따른 손해배상소송을 제기할 수 있다(국가배상법 제9조).

80) 독일민법 제204조 제1항 제12호는 소의 허용 여부가 관청의 사전결정에 좌우되는 경우에 그 결정신청의 처리 후 3개월 내에 소가 제기된 경우에는 관청에 대한 신청으로 시효가 정지된다고 규정한다. 우리 대법원이 사전결정의 신청을 시효중단 사유로 해석하는 것과 달리 독일민법상 이는 시효의 정지사유이다. 참고로 우리 민법상 소멸시효의 중단을 독일민법은 "시효의 갱신(Neubeginn der Verjährung)"이

둘째, 채무자가 이행의 유예를 구한 사안은 채권자와 채무자 사이에 청구권 또는 청구권을 발생시키는 사정에 대해서 교섭이 진행 중인 경우로서 이 또한 별개의 시효중단사유로 입법되어야 한다.[81)]

셋째, 소송고지의 경우에도 재판상 청구와 마찬가지로 권리소추로 인한 별개의 소멸시효 중단의 사유로서 규정할 필요가 있다.[82)]

넷째, 명시적 일부청구와 관련하여서는 소의 제기로 이미 채권자의 권리불행사의 사실 상태는 종료되었으므로 소제기시부터 채권 전부에 대하여 시효가 중단된다는 규정을 입법하는 것이 바람직하다고 생각한다.[83)]

이들 문제를 법리적으로 명확히 해결하기 위해서는 우리 민법상 시효제도의 현대화가 필요하다. 민법상 시효제도가 세분화·체계화되지 못하였기 때문에 대상판결이 명시적 일부청구와 소멸시효의 문제를 다루면서 현행 민법상 '최고' 규정을 최대한 유연하게 해석하여 당사자에게 구체적 타당성이 있는 판결을 내린 것이라고 판단되기 때문이다.

V. 결 론

1. 소송비용을 절약하고자 하는 의도에서 또는 손해액을 확정하기 어려운 상태에서 산정 가능한 일부 금액에 대해서만 우선 소송을 제기하는 경우 등 실제 일부청구가 우리 법제에서 많이 사용되고 있다. 대상판

란 표제 아래 갱신 사유로 채무자가 분할변제, 이자지급, 담보제공 또는 기타의 방법으로 채권자에 대하여 청구권을 승인한 경우(독일민법 제212조 제1항 제1호)와 법원이나 관청의 집행행위가 실행되거나 신청된 경우(제212조 제1항 제2호)로 규정하고 있다.

81) 독일민법 제203조 [교섭의 경우 소멸시효의 정지] 채권자와 채무자 사이에 청구권 또는 청구권을 발생시키는 사정에 대하여 교섭이 진행 중인 경우에는 소멸시효는 일방 또는 타방 당사자가 교섭의 계속을 거절하는 때까지 정지한다. 소멸시효는 정지의 종료 후 적어도 3개월이 경과하여야 완성된다.

82) 독일민법 제204조 제1항 제6호는 소송고지의 송달로 소멸시효가 정지된다고 규정한다.

83) 독일에서는 일부청구로 인한 시효중단의 효력은 그 소송물에 속하는 모든 법적 청구권에 미친다고 해석하고, 일부청구시 잔부에 대한 소멸시효도 중단된다고 해석한다. MüKoBGB/Grothe, 8. Aufl., 2018, § 204 Rn. 15, 16.

결은 명시적 일부청구와 관련하여 기존 판례 법리의 적용 범위에 모호성이 있는 부분들을 명확히 정리하고, 최고라는 민법상 시효규정을 유연하게 해석하여 현실적으로 일부청구를 할 유인이 있는 채권자들을 최대한 법 해석의 테두리 내에서 보호하였다는 점에서도 의의가 있다.

2. 2000년대 초부터 여러 국가에서 시효법 전반을 개정하기 위한 준비를 시작하였다. 독일의 경우에는 채권법현대화법에 근거한 민법 개정 시에 시효법도 함께 개정되어 2002년 1월 1일부터 시행되고 있고, 프랑스에서도 2008년에 시효법이 대폭 개정되었으며, 일본 역시 2017년 민법 개정을 통하여 시효제도의 현대화를 이루었다고 평가된다. 이러한 개정법에는 국제물품매매에 있어서 소멸시효에 관한 협약(Convention on the Limitation Period in the Sale of Goods), 유럽계약법원칙(Principles of European Contract Law) 제3편 및 국제상사계약원칙(UNIDROIT Principles of International Commercial Contracts 2004) 중 소멸시효에 관한 규정들이 큰 영향을 미쳤다. 시효법을 개정한 외국 입법례들을 살펴보면 그 현대화의 주요 내용은 시효기간의 단축, 주관주의의 도입, 사적자치의 강조, 중단사유의 축소 및 정지사유의 확대라는 공통적인 특징을 가지고 있다.[84)]

우리나라에서도 2009년부터 시효법 개정작업에 착수하였고 시효법 개정안도 마련되었으나 아직 결실을 맺지 못하고 있다. 민법 개정을 통하여 현행 시효제도를 국제적 경향에 상응하도록 현대화·체계화를 꾀할 필요가 있다고 생각된다.

---

84) 안경희, "시효(소멸시효, 취득시효)의 중단정지－시효법 개정시안과 개정안(2010년)을 중심으로－", 민사법학(2010. 9.), 123면 이하 참조.

[Abstract]

The Split Claim and Suspension of Prescription

Chung, So Min*

Split claims are widely used in the Korean legal system particularly when it is difficult to determine the exact total amount of claim or a plaintiff has an intention to save litigation costs. In relation to an explicit split claim (the "Explicit Split Claim) case where the plaintiff expresses on the complaint his intent to expand the amount of the claim in accordance with the progress of the lawsuit, the Supreme Court of Korea recently rendered an important decision (2019Da223723) that (i) if the amount of the claim is actually expanded until the lawsuit is completed, the suspension of prescription due to a lawsuit takes effect for the total amount of claims as of the filing of the lawsuit and (ii) even if the amount of the claim is not expanded until the lawsuit is completed, the prescription of the rest of the claim can be suspended by taking actions under the Article 174 of the Civil Code of Korea within 6 months after the completion of the lawsuit in respect of the Explicit Split Claim.

This Supreme Court decision is of great significance. It pursued a balance between the practical needs for the split claim and the protection of the debtor's trust in connection with the completion of the prescription of the claim. It flexibly interprets the Articles in respect of suspension of prescription under the Civil Code of Korea to better protect creditors as much as possible within possible legal interpretation.

* Professor, Hanyang University School of Law.

[Key word]

- split claim
- extinctive prescription
- suspension of prescription
- filing a lawsuit
- demand notice

참고문헌

[국내문헌]

1. 단 행 본

곽윤직 편집대표, 민법주해(3), 박영사, 1992.
곽윤직/김재형, 민법총칙, 제9판, 박영사, 2013.
김상원 편집대표, 주석 신민사소송법(I), 2003.
김용진, 민사소송법, 신영사, 2008.
김증한/주재광 편집대표, 주석 민법총칙(하), 1987.
김홍엽, 민사소송법, 박영사, 2020.
민사판례연구회 편, 2000년대 민사판례의 경향과 흐름, 박영사, 2012.
송덕수, 민법총칙, 제5판, 박영사, 2020.
송상현/박익환, 민사소송법(신정7판), 박영사, 2014.
이시윤, 민사소송법, 박영사, 2019.
이은영, 민법총칙, 박영사, 2009.
정동윤/유병현/김경욱, 민사소송법, 법문사, 2019.
한충수, 민사소송법, 박영사, 2018.
호문혁, 민사소송법, 제14판, 법문사, 2020.

2. 논　　문

김성수, "개정 일본민법(2017년)의 '소멸시효'", 아주법학 통권 제34호(2018).
김태신, "일부청구 및 그 관련문제에 관한 고찰", 법조 통권 제556호(2003. 1.).
박종택, "취득시효중단사유로서의 재판상의 청구", 대법원판례해설 제1권 제1호, 1979.
손한기, "일부청구 허부에 관한 소고", 김홍규박사화갑기념논문집(1992).
안경희, "시효(소멸시효, 취득시효)의 중단정지-시효법 개정시안과 개정안(2010년)을 중심으로-", 민사법학(2010. 9.).
양창수, "흠 있는 소제기와 시효중단", 민법연구 제4권, 박영사, 2007.
이정민, "소멸시효 이익의 포기와 소멸시효 중단사유로서 소송고지", 민사판례연구 [XXXII], 2010.

한 승, "一部請求에 관한 判例理論의 適用", 민사판례연구 [XXIII], 2001.
호문혁, "一部請求와 旣判力", 사법행정 제375호(1992. 3.).

[외국문헌]

我妻榮, "確認訴訟と時效の中斷", 民法研究 II, 有斐閣, 1966.
我妻榮, 新訂 民法總則, 1965.
川島武宜編, 「注釈民法(5)」, 有斐閣, 1967.
川島武宜, 「民法総則」, 有斐閣, 1965.
石田穰, 「民法総則」, 信山社, 2014.
內田 貴, 民法 I 總則・物權總論, 第4版, 東京大學出版會, 2008.
民法(債権法)改正検討委員会 編, 債権法改正の基本方針, 別冊NBL126号(商事法務, 2009).
Münchener Kommentar zum BGB 8. Auflage 2018("MüKoBGB/집필자"로 인용).
Silberman/Stein/Wolff, Civil Procedure Theory and Practice, 3rd ed., Aspen Publisher.

소유물방해제거청구권 행사를 위한 방해의 현존*

이 계 정**

■요 지■

본 글에서는 타인의 토지에 쓰레기를 매립한 사안에서 쓰레기매립물이 현존하더라도 토지소유자는 쓰레기를 매립한 피고에 대하여 쓰레기매립물의 제거를 구할 수 없다고 한 대법원 2019. 7. 10. 선고 2016다205540 판결을 비판적으로 고찰하였다. 그 내용을 요약하면 다음과 같다.

첫째, 방해제거청구권은 원상회복을 구하는 권리라기보다는 방해원(妨害源)의 제거를 구하는 권리라고 보아야 하며, 방해원에 해당하는 쓰레기매립물이 현존하고 있는 이상 방해의 현존성이 인정되므로 토지소유자(원고)의 방해제거청구권을 인정해야 한다.

둘째, 방해물이 부합되었다고 하더라도 이미 발생하여 존속하고 있는 방해원이 소멸하였다고 볼 수 없는 점, 방해제거청구권은 소유권을 침해하는 물건의 소유권을 가진 상대방에 한정하여 청구할 수 있는 권리가 아니고 방해원을 야기한 행위를 한 자에 대하여 책임을 묻는 권리라는 점, 민법 제217조가 토양오염에 대하여 방해제거청구권을 인정하고 있는 점 등에 비추어 원고의 토지에 쓰레기를 매립함으로써 방해원을 조성한 피고는 방해제거의무를 부담한다고 보아야 한다.

---

* 이 논문은 2020. 4. 20. 민사판례연구회에서 발표된 내용을 수정한 것이며 민사법학 제91호(2020. 6.)로 이미 발간된 논문임을 밝혀 둔다. 발표 당시 소중한 토론을 하여 주신 심승우 판사님께 감사의 뜻을 전하고 싶다.

** 서울대학교 법학전문대학원 부교수, 민법학 박사.

셋째, 대상판결 이전에 선고된 위 2009다66549 전원합의체 판결에서는 자기 소유 토지에 폐기물을 매립한 자에 대하여 그 매립한 폐기물이 현존한다는 이유로 엄격한 책임을 물어 방해제거의무를 인정한 반면, 대상판결에서는 타인 소유 토지에 무단으로 쓰레기를 매립함으로써 위 전원합의체 판결 사안보다 위법성이 중한 행위를 한 자에 대하여 방해제거의무를 부정하였는바, 대상판결은 판결이 구축해야 할 법적 통일성을 결여하고 있다. 특히 토양환경보호에 있어서 선도적인 역할을 해야 할 지방자치단체(피고)가 국민에 대한 보호의무를 저버리고 토양을 오염하였다는 점에서 피고에 대한 비난가능성이 가중되는바, 그럼에도 불구하고 원고의 방해배제청구권을 인정하지 않은 점은 구체적 타당성의 측면에서도 쉽게 납득하기 어렵다.

결론적으로 대상판결은 쓰레기매립자에 대하여 방해제거의무를 부정하였는바, 방해제거의무를 인정하는 것이 타당하다.

[주 제 어]

- 소유물방해제거청구권
- 방해
- 손해
- 토양오염
- 행위책임
- 부합

對象判決 : 大法院 2019. 7. 10. 宣告 2016다205540 判決[1)]

[事案의 槪要][2)]

1. 지방자치단체(김포시)인 피고는 1984. 4.경 김포시 양촌읍 누산리 1057-107 하천 16,296㎡(이하'이 사건 쓰레기매립지'라 한다)를 쓰레기매립장으로 사용하여 생활쓰레기 등을 매립하다가 1988. 4.경 그 사용을 종료하였다.

2. 피고는 이 사건 쓰레기매립지에 쓰레기를 매립하는 과정에서 위 매립지와 경계를 같이하는 인접 토지 중 김포시 양촌읍 누산리 ○○ 대 △△㎡(이하 '이 사건 토지'라고 한다)에도 상당한 양의 생활쓰레기를 매립하였다.

3. 이 사건 토지는 2002년경까지 밭으로 사용되다가 대지로 지목이 변경되었다. 원고가 2010. 7. 8. 이 사건 토지의 소유권을 취득하여 주택부지로 사용하고 있는데, 2014. 4.경 이 사건 토지를 굴착해 본 결과 지하 1.5~4m 지점 사이에 비닐, 목재, 폐의류, 오니류, 건축폐기물 등 각종 생활쓰레기 907.5㎥(이하 '이 사건 쓰레기매립물'이라 한다)가 일단의 층을 이루어 매립되어 있었다. 이 사건 쓰레기매립물의 주변 토양도 검게 오염되어 있었다.

[訴訟의 經過]

1. 원고의 주장

주위적으로 원고는, 피고가 이 사건 쓰레기매립지를 이용하면서 인접한 이 사건 토지에도 무단으로 쓰레기를 매립하여 이 사건 토지에 대한 원고의 소유권을 침해하고 있다고 주장하며, 이 사건 쓰레기매립물의 제거와 복토 등의 원상복구를 구하였다.

예비적으로 원고는, 피고의 원상회복이 불가능할 경우 피고는 원고에게 위와 같은 불법행위로 인하여 원고가 입은 손해로서 위 쓰레기매립물의 제거 및 복토 등의 원상복구를 하는데 소요되는 비용 상당액인 153,463,420원의 지급을 구하였다.

---

1) 공 2019하, 1528.
2) 쟁점에 관한 논의에 필요한 범위 내에서 사실관계를 소개하였다.

2. 제1심 법원의 판단(인천지방법원 부천지원 2015. 5. 15. 선고 2014가합 8003 판결) : 主位的 請求 棄却, 豫備的 請求 棄却

제1심 법원은 원고의 주위적 청구를 기각하였는데, 이 사건 토지에 발생한 현재의 쓰레기 매립 상태는 과거의 쓰레기 무단 매립으로 인하여 생긴 결과로서 원고가 입은 손해에 해당할 뿐 원고의 소유권을 현재 침해하는 것은 아니라고 판단하였다.

한편, 제1심 법원은 원고의 예비적 청구도 기각하였는데, 피고가 1988. 4. 이 사건 쓰레기매립지 사용을 종료함에 따라 이때부터 불법행위의 소멸시효가 기산되므로 원고의 불법행위로 인한 손해배상배상청구권은 시효로 소멸하였다고 판단하였다.

3. 항소심 법원의 판단(서울고등법원 2016. 1. 13. 선고 2015나2027895 판결) : 第1審 判決 取消, 主位的 請求 認容

항소심 법원은 다음과 같은 이유로 제1심 판결을 취소하고 원고의 주위적 청구를 인용하였다. 항소심 법원은, 이 사건 토지의 지하에 쓰레기가 현존함으로써 소유자의 사용, 수익 등의 지배권능이 방해받고 있는 상태가 종결되지 않고 지속되고 있으므로 이 사건 쓰레기매립물은 단순히 쓰레기매립행위에 의한 방해의 결과나 그로 인한 손해에 지나지 않는 것이 아니라, 현재에도 이 사건 토지에 대한 소유권자의 지배권능을 방해하고 있는 원인이라고 보아야 한다고 판단하였다. 이에 항소심 법원은 이 사건 쓰레기매립물의 제거와 이 사건 토지의 원상복구를 명하였다.[3)]

4. 대법원의 판단 : 破棄還送

대법원은 다음과 같이 판시하며 원고의 소유물방해제거청구권을 인용한 원심을 파기하였다.

> "이 사건 토지 지하에 매립된 생활쓰레기는 매립된 후 30년 이상 경과하였고, 그 사이 오니류와 각종 생활쓰레기가 주변 토양과 뒤섞여 토양을

---

3) 항소심 법원은 뒤에서 보는 반대행위설에 근거하여 결론을 도출하였다. 다만, 반대행위설에 의할 때 과연 이 사건 토지의 원상복구까지 명할 수 있는지에 대해서는 뒤에서 보는 바와 같이 의문이 있다.

오염시키고 토양과 사실상 분리하기 어려울 정도로 혼재되어 있다고 봄이 상당하며, 이러한 상태는 과거 피고의 위법한 쓰레기매립행위로 인하여 생긴 결과로서 토지 소유자인 원고가 입은 손해에 불과할 뿐 생활쓰레기가 현재 원고의 소유권에 대하여 별도의 침해를 지속하고 있는 것이라고 볼 수 없다. 따라서 원고의 방해배제청구는 인용될 수 없다."

〔研 究〕

Ⅰ. 문제의 제기

대상판결의 핵심 쟁점은 토지의 지하에 쓰레기매립물이 층을 이루어 존재하는 경우에 과연 토지 소유자가 방해제거청구권 행사를 통해 쓰레기매립물의 제거를 구할 수 있는지 여부이다. 원심은 이에 대하여 긍정하였으나 대법원은 부정하였다.

소유물방해제거청구권을 행사하기 위해서는 ① 소유자일 것, ② 소유권에 대한 방해가 있을 것, ③ 상대방이 방해하는 사정을 지배하는 자일 것이라는 세 가지 요건이 충족되어야 한다.[4] 이 사건에서 원고가 이 사건 토지의 소유자이므로 '소유자일 것'의 요건은 충족된다. 다음으로 '상대방이 방해하는 사정을 지배하는 자일 것'의 요건에 관하여 살펴본다. 방해가 현존한 경우에 모든 방해에 대하여 방해제거의무를 부담하는 것이 아니라 방해가 상대방에게 귀속(Zurechnung)될 수 있는 경우에 '방해하는 사정을 지배하는 자'로서 방해제거의무를 부담한다.[5] 여기서의 귀속은 손해배상에서 문제가 되는 고의, 과실이 아니라 객관적 귀속을 의미하는데, 과연 어떤 경우에 귀속이 인정되는지 문제가 된다. 그러한 귀속은 방해자의 의식적 행위에 의하여 타인의 소유권을 방해하는 경우(行爲責任이 인정되는 경우),[6] 소유권을 방해하는 상태(예를 들면, 소유권 행사

4) 곽윤직 · 김재형, 물권법, 제8판, 박영사, 2015, 233면 이하; 곽윤직 편집대표, 민법주해(Ⅴ), 물권(2), 박영사, 1999[이하 '민법주해 (5)'로 약칭한다], 241면 이하(양창수 집필); 송덕수, 물권법, 제4판, 박영사, 2019, 354면 이하.

5) Baur/Stürner, Sachenrecht, 18. Aufl., 2009, § 12 Rn. 12.

에 장애가 되는 물건이나 시설을 소유하거나 점유하는 경우)가 직접적 또는 간접적으로 방해자의 의사에 환원할 수 있는 경우(狀態責任이 인정되는 경우)에 인정된다.[7] 이 사건은 行爲責任을 논할 수 있는 사건이다. 즉, 이 사건 쓰레기매립물이 방해로 인정되는 경우를 전제로 논리를 전개하면, 피고의 의식적 행위에 의해 쓰레기가 매립되었으므로 피고에게 '방해하는 사정을 지배하는 자'로서의 지위를 인정할 수 있는 것이다.

그렇다면 이 사건에서 원고의 방해제거청구권이 인정되는지 여부는 '소유권에 대한 방해가 있을 것'의 요건의 충족 여부에 달려있다고 할 것이다. 상태책임과 구별되는 행위책임의 특징은 방해자의 의식적 행위가 종료된 경우 '방해의 현존성'이 결여되어 방해제거의무가 인정되지 않을 수 있다는 점이다.[8] 대상판결이 과거의 매립행위로 인하여 생긴 이 사건 쓰레기매립물이 원고의 소유권에 대하여 별도의 침해를 지속하고 있지 않으므로 방해에 해당하지 않는다고 판시한 것도 일응 이러한 맥락으로 이해할 수 있다.

그렇지만 대상판결을 접하면서 여러 가지 의문을 품지 않을 수 없었다. 토지의 소유권은 정당한 이익 있는 범위 내에서 지하에도 미치고(민법 제212조). 이 사건 쓰레기매립물은 지하 1.5~4m 지점 사이에 존재하므로 원고의 토지 소유권이 미치는 정당한 이익범위 내라고 할 것인바, 이 사건 쓰레기매립물이 과연 원고의 소유권을 방해하고 있지 않은가? 이 사건에서 문제가 되는 행위책임에 있어서 그 행위가 종료되더라도 그 행위에 의한 방해원(妨害源)이 남아 있으면 방해제거의무를 인정해야 하는 것이 아닌가?

---

6) 천재지변에 의하여 윗집의 토사가 아랫집의 마당에 흘러내린 경우에는 윗집 소유자의 의식적 행위가 인정되지 않으므로 방해제거의무가 인정되지 않는 것이다.

7) Baur/Stürner(주 5), § 12 Rn. 15ff; 민법주해 (5), 250면(양창수 집필); 김용덕 편집대표, 주석민법(물권 1), 제5판, 한국사법행정학회, 2019[이하 '주석민법(물권 1)'로 약칭한다], 660면(이계정 집필).

8) 상태책임의 경우 소유권을 방해하는 현재의 상태에 대한 책임이고, 소유권 행사에 장애가 되는 물건이나 시설을 현재 소유하거나 점유하는 경우에 발생하므로, 특별한 사정이 없는 한, 방해의 현존성은 문제가 되지 않는다[同旨 김형석, "소유물방해제거청구권에서 방해의 개념", 서울대학교 법학(제45권 제4호), 서울대학교 법학연구소, 2004, 408면].

대상판결의 입장이 종전에 있었던 대법원 판결과 논리적으로 일관된다고 볼 수 있는가? 특히 대법원은 2016년 전원합의체 판결[9]을 통해 토양오염 유발 행위에 대하여 엄격한 책임을 물었는데, 쓰레기 매립과 같은 토양오염 유발 행위에 대하여 방해제거청구권을 부정한 대상판결의 결론이 과연 위 전원합의체 판결과 부합하는가? 방해물이 토지에 부합된 경우에는 방해제거청구권이 인정되지 않는 것인가? 그런 결론이라면 기름 유출이 된 심각한 토양오염의 경우에도 방해제거청구권이 인정되지 않는 것인가?

이하에서는 대상판결의 법리의 적정성을 비판적으로 검토하고 앞서 본 여러 의문점을 해소하고자 다음과 같은 순서로 논의를 전개하고자 한다.

(1) 우선 소유물방해제거청구권에서 문제가 되는 '방해'의 개념을 살펴보고, (2) 대법원이 대상판결과 유사한 사안에서 어떤 결론을 취하였는지 살펴봄으로써 대상판결이 과연 종전의 대법원 판결과 논리적으로 일관되는지 검토하고, (3) 무엇을 '방해'로 보아야 하는지, 즉 '방해'와 '손해'를 어떻게 준별해야 하는지에 이론적 시도를 살펴보고, (4) 방해물이 토지에 부합된 경우에 더 이상 '방해'에 해당하지 않는 것인지 검토함으로써 대상판결의 법리의 타당성에 대하여 비판적으로 고찰하고자 한다.

Ⅱ. 방해제거청구권이 인정되기 위한 방해

1. 방해 개념의 불충분성

민법 제214조에서 규정하고 있는 '방해'를 적극적으로 개념 짓는 것은 어렵다. 이는 연혁적인 이유에 기인한다.[10]

---

9) 대법원 2016. 5. 19. 선고 2009다66549 전원합의체 판결(공 2016상, 769)(토지 소유자가 토양오염물질을 토양에 누출·유출하거나 투기·방치함으로써 토양오염을 유발하였음에도 오염토양을 정화하지 않은 상태에서 오염토양이 포함된 토지를 거래에 제공함으로써 유통되게 하거나, 토지에 폐기물을 불법으로 매립하였음에도 처리하지 않은 상태에서 토지를 거래에 제공하는 등으로 유통되게 한 경우, 거래상대방 및 토지를 전전 취득한 현재의 토지 소유자에 대한 위법행위로서 불법행위가 성립한다고 판시하였다).

10) 소유물방해제거청구권의 연혁에 대하여는 필자가 주석민법(물권 1), 645면 이하

소유물방해제거청구권은 로마법의 부인소권(actio negatoria)에서 기원하였다. 소유자는 이 부인소권을 통하여 역권(servitus)[11] 혹은 용익역권(ususfructus)[12] 기타 이와 유사하게 물건에 영향을 미치는 권리를 참칭하는 자를 상대로 자신의 소유권이 그러한 부담을 지지 않음을 확인하고 원상회복을 구하였다.[13] 이와 같이 부인소권은 소유물에 대한 법적인 방해에만 적용되었지 사실적인 방해에 대하여는 적용되지 않았다.

그러나 유스티니아누스帝法에서는 상대방이 권리를 참칭하는 경우뿐만 아니라 사실적인 침해 중 침해자의 행태가 역권의 행사라고 해석될 수 있는 한에는 이 부인소권이 인정되었다.[14] 이러한 부인소권에 대한 이해는 19세기 초까지 지속되어 모든 사실상의 침해에 대하여 부인소권이 인정되는 것이 아니고 역권의 행사로 생각될 수 있는 것인 경우에만 부인소권이 인정되는 것으로 파악하였다. 만약 이러한 부인소권이 그대로 소유물방해제거청구권으로 입법화되었다면 방해의 개념을 명확하게 확정할 수 있었을 것이다.

그러나 19세기 초에 들어와서 부인소권을 소유물반환소권과 관련하여 파악하는 견해가 등장하게 되었고, 19세기 중반에는 소유물반환소권은 전면적인 점유침해에 대한 제재이고 부인소권은 물건의 점유 이외의

에서 기술한 바 있는바, 그 내용을 보완하여 기재한 것이다.

11) 로마법상 역권(servitutes)이란 일정한 목적을 위하여 타인의 물건을 권리자의 편익에 이용하는 타물권으로, 지역권(地役權)과 인역권(人役權)으로 나누어진다. 지역권(servitutes praediales)은 타인의 토지를 권리자의 토지의 편익에 이용하는 권리이고, 인역권(servitutes personales)은 타인의 물건을 일신전속적으로 권리자의 편익에 이용하는 권리로 용익역권(ususfructus), 사용역권(usus), 거주권(habitatio), 노예노무역권(operae servorum)이 있다. 최병조, 로마법강의, 박영사, 2004, 425면 이하 참조.

12) 용익역권(ususfructus)은 타인의 재산을 사용할 권리(uti, ius utendi 사용권) 및 그 실체를 손상(가령 손괴, 감소, 악화)하지 않고 과실(fructus)을 수취할 권리(ius fruendi 수익권)를 의미한다.

13) Kaser, Das Römische Privatrecht Ⅰ, 2. Aufl., 1971, § 103 Ⅱ, § 105 Ⅵ.

14) Picker, Der negatorische Beseitigungsanspruch, 1972, S. 64. 타인의 토지에 아무런 권한 없이 물건을 적치하는 것은 사실적인 침해 중 역권의 행사로 해석되어 부인소권이 인정되는 것이다.

방법으로 행하여지는 소유권의 침해에 대한 일반적인 제재라는 이해가 보편화되었다.[15] 이러한 이해를 바탕으로 제정된 것이 독일민법, 스위스 민법이고, 우리나라도 민법 제정과정에서 이러한 이해를 전제로 소유물방해제거청구권에 관한 규정이 신설되었다.

요컨대, 원래 법적인 방해에만 적용되다가 일부 사실적 방해에 확장되어 적용되던 부인소권의 기능을 소유권에 대한 침해 전반에 확장하게 됨에 따라 소유물방해제거청구권이 인정되기 위한 '방해'의 개념이 불투명하게 된 것이다.[16] 이에 따라 통설은 '방해'는 사용 · 수익 · 처분 등 소유권의 권능이 타인의 점유 이외의 방법으로 원래의 내용대로 실현되지 않고 있는 상태라고 불충분하게 정의를 내리고 있는 것이다.[17]

2. 방해 개념의 획정 필요성

방해제거청구권이 인정되기 위해서는 방해가 과거에 이미 종결되어 버린 것이어서는 아니 되며 사실심 변론종결 당시에도 계속되고 있어야 한다(방해의 현존성).[18] 소유물방해제거청구권이 현재의 소유권침해상태를 장래에 향하여 교정하는 것을 내용으로 하므로 과거에 침해가 있었으나 이미 종결되었다면 방해제거청구권의 대상이 되지 않는다.

한편, 방해의 형태에는 법적 방해와 사실적 방해가 있다. '법적 방해'는 소유자의 법적 지위를 부정하거나 제한물권을 주장함으로써 소유자

15) 대표적으로 빈트샤이트(Windscheid)가 위와 같이 주장하였다(Windscheid/Kipp, Lehrbuch des Pandektenrechts, Bd. 1, 9. Aufl., 1906, § 198. S. 1009ff.).

16) 이런 이유로 독일에서도 소유물방해제거청구권에 대하여 현재 가장 불분명하고 논란이 심한 사법상의 주제이며, 그 정당성의 기초, 요건, 효과에 있어서 극도로 의문이 많고 논란이 심하다고 평가되고 있다(Larenz/Canaris, Lehrbuch des Schuldrechts, Band II/2, 13. Aufl., 1994, S. 675).

17) 양창수 · 권영준, 권리의 변동과 구제(민법 Ⅱ), 제3판, 박영사, 2017, 455면; 김증한 · 김학동, 물권법, 제9판, 박영사, 2004, 295면; 서광민, "물권적 청구권에 관한 일고찰", 민사법학 제17호, 한국민사법학회, 1999, 488면. 소유물방해제거청구권은 소유물반환청구권과 준별해야 하므로 소유물반환청구권이 적용되는 '점유의 침탈'은 방해에서 제외되는 것이다.

18) 이영준, 물권법, 전정신판, 박영사, 2009, 568면; 이은영, 물권법, 제4판, 박영사, 2006, 463면.

의 법적 지위를 방해하는 것을 의미한다. 대표적으로 무권리자가 아무런 권원 없이 부실등기를 경료하는 경우이다. '법적 방해'는 그 범주가 비교적 뚜렷하고 원래부터 부인소권의 대상이었다는 점에서 사실적 방해와 구별하여 취급해야 한다. 따라서 '법적 방해'로 포섭이 되면 특별한 사정이 없는 한 방해제거청구권의 대상이 된다고 보아야 할 것이다. 따라서 대상판결을 '행위책임의 경우 행위가 종료되면 방해제거의 대상이 되지 않는다'고 해석하더라도 이러한 해석론은 법적 방해에는 적용되지 않는다고 보아야 한다. 예를 들면 부실등기를 경료한 행위가 과거에 있었다고 하더라도 이는 방해제거청구권이 인정되는 방해에 해당하는 것이다.

한편, 소유자의 사용·수익·처분 권한을 사실적으로 저해하는 형태가 '사실적 방해'이다. 대표적인 사실적 방해에는 타인의 부동산에 권원 없이 수목을 식재하는 것이다. 이 경우 수목의 현존은 수목수거청구권의 대상이 되는 '방해'에 해당된다. 민법 제217조에 규정하고 있는 매연, 증기, 액체 등에 의한 생활방해도 방해제거청구권의 대상이 되는 사실적 방해에 해당된다.[19] 사실적 방해는 모호성, 확장성을 가지고 있기 때문에 모든 사실적 방해에 대하여 방해제거청구권을 인정해야 하는지 문제가 된다. 예를 들어 갑이 자신이 소유하고 있는 토지에 연못을 조성하였는데, 그 연못의 물을 범람하게 하여 을 소유의 토지가 젖도록 한 경우에 을이 물의 제거를 구할 수 있는지 검토할 필요가 있다. 을의 소유권의 권능이 원래의 내용대로 실현되지 않고 있으므로 통설의 '방해'의 정의에 따르면 방해제거청구권을 논할 수 있을 것이다. 그런데 뒤에서 보는 바와 같이 사실적 방해 전반에 대하여 방해제거청구권을 인정하면 손해배상법의 영역을 잠식하는 문제가 발생한다. 방해제거청구권의 영역에서는 귀책사유가 필요 없으나 손해배상법의 영역에서는 유책성(有責性)의 원리

19) 김재형, "소유권과 환경보호", 인권과 정의 제276호, 대한변호사협회, 1999, 40면; 김용한, 물권법론, 재전정판, 박영사, 1993, 253면; 서광민(주 17), 492면; 대법원 2007. 6. 15. 선고 2004다37904, 37911 판결(공 2007하, 1062)(건물의 소유자가 소음 피해에 대하여 소유권에 기하여 소음피해의 제거나 예방을 위한 유지청구를 할 수 있다고 판시하였다).

가 지배하는데, 妨害와 損害를 구별하지 않고 손해배상법이 적용될 사안에 방해제거청구를 인정하면 유책성의 원리가 훼손될 수 있기 때문이다.

통설이 '방해'에 대하여 사용 · 수익 · 처분 등 소유권의 권능이 타인의 점유 이외의 방법으로 원래의 내용대로 실현되지 않고 있는 상태라고 정의를 내리고 있음은 앞에서 본 바와 같다(이하 이를 '廣義의 妨害'라고 한다). 그러나 廣義의 妨害 중에는 방해제거청구권의 대상이 되지 않는 방해가 존재한다. 따라서 방해제거청구권의 대상이 되는 '방해'의 보다 정확한 정의는 「광의의 방해에서 방해제거청구권의 대상이 되지 않는 방해를 제외한 나머지 방해(=광의의 방해-방해제거청구권이 인정되지 않는 방해)」라고 보아야 할 것이다(이하 이러한 방해를 '민법 제214조 방해'라고 한다). 구체적으로 무엇이 민법 제214조 방해인지에 대하여는 뒤에서 상세히 논한다(Ⅳ. 참조).

3. 대상판결과 관련하여

대상판결의 사안은 타인의 토지에 쓰레기를 매립하여 현재 쓰레기매립물이 현존한 사안인바, 원고의 토지소유권의 권능이 원래의 내용대로 실현되고 있지 않은 '사실적 방해'에 해당한다고 볼 수 있다. 그런데 사실적 방해의 개념의 모호성, 확장성으로 말미암아 모든 사실적 방해가 방해제거청구권의 대상이 되는지 검토가 필요하다. 대상판결은 이 점에 착안하여 이 사건 쓰레기매립물의 현존은 민법 제214조 방해는 아니라고 판단하고, 불법행위법의 손해의 영역으로 판단한 것이다. 이러한 대상판결의 타당성에 관하여 목차를 바꾸어 심층적으로 검토하고자 한다.

Ⅲ. 민법 제214조 방해에 관한 대법원 판결 분석

1. 문 제 점

미국의 법철학자인 로널드 드워킨(Ronald Dworkin)은 법관의 판단에 대하여 연작소설을 쓰는 참여자(participant in writing a chain novel)에 비유한 바 있다.[20] 법관은 종전에 관련된 판결이 있는 경우에 그 판결의 흐름을 존중함과 동시에 그 흐름에서 크게 벗어나지 않는 범위에서 창조성을 발휘해야 하는 것이다. 이를 통해 법적 통일성(law as integrity)을 달성할 수 있는 것이다.[21] 대상판결은 행위책임과 사실적 방해가 문제가 되는바, 대법원이 이러한 유형에 대하여 어떠한 판단을 하였는지 살펴보고, 과연 대상판결이 법적 통일성을 구축하고 있는지 살펴보고자 한다.

2. 민법 제214조 방해에 관한 대법원 판결

(1) 대법원 2003. 3. 28. 선고 2003다5917 판결[22]

위 판결의 사실관계는 다음과 같다. 지방자치단체인 피고가 원고 소유의 토지에 피고의 관리구역에서 발생하는 연탄재 등의 쓰레기를 매립하고 복토하여 양질의 토지를 주성해 주겠다고 제의하여 원고가 이에 동의하였다. 그러나 피고가 당초의 약속과는 달리 원고 소유의 토지에 생활폐기물, 건설폐기물, 사업장 일반폐기물 등을 별도 구분 없이 매립하여 위 토지 지하에 그대로 남아 있는 사실이 밝혀졌다. 이에 원고가 소유권에 기한 방해제거청구권으로서 위 쓰레기의 수거 및 원상복구를 구하는 소를 제기하였다.

이에 대하여 대법원은 “소유권에 기한 방해배제청구권에 있어서 ‘방해’라 함은 현재에도 지속되고 있는 침해를 의미하고, 법익 침해가 과거에 일어나서 이미 종결된 경우에 해당하는 ‘손해’의 개념과는 다르다 할

---

20) Ronald Dworkin, *Law's Empire*, Hart Publishing, 1986, pp. 228-238.

21) 비유하자면 선배들이 이미 연애소설을 써 내려 온 상황에서 연작소설에 참여한 사람이 갑자기 그 소설을 공상과학소설로 바꿀 수는 없으며, 기존에 써 내려 온 연애소설의 연장선상에서 새로운 이야기를 가미할 수 있는 것이다. 드워킨의 법적 통일성에 대하여는 김도균, “우리 대법원 법해석론의 전환: 로널드 드워킨의 눈으로 읽기—법의 통일성(Law's Integrity)을 향하여”, 법철학연구 제13권 제1호, 한국법철학회, 2010, 99면 이하; 강우예, “법의 일관성 확보를 위한 개념 형태에 대한 비판적 분석—로날드 드워킨과 래리 알렉산더의 논쟁을 중심으로”, 법철학연구 제22권 제3호, 한국법철학회, 2019, 288면 이하; 공두현, “우리 대법원 법해석론의 흐름: 법실증주의, 법현실주의, 법원리론”, 법철학연구 제22권 제2호, 한국법철학회, 2019, 205면 이하.

22) 공 2003상, 1063.

것이어서, 소유권에 기한 방해배제청구권은 방해결과의 제거를 내용으로 하는 것이 되어서는 아니 되며(이는 손해배상의 영역에 해당한다 할 것이다) 현재 계속되고 있는 방해의 원인을 제거하는 것을 내용으로 한다고 할 것인데, 이 사건 토지에 원고 등이 매립에 동의하지 않은 쓰레기가 매립되어 있다 하더라도 이는 과거의 위법한 매립공사로 인하여 생긴 결과로서 원고가 입은 손해에 해당한다 할 것일 뿐, 그 쓰레기가 현재 원고의 소유권에 대하여 별도의 침해를 지속하고 있다고 볼 수 없고 따라서 소유권에 기한 방해배제청구권을 행사할 수 있는 경우에 해당하지 아니한다는 이유로 이를 배척하였는바, 기록에 비추어 살펴보면, 원심의 위와 같은 사실인정과 판단은 정당한 것으로 수긍이 되고, 거기에 상고이유에서 주장하는 바와 같이 채증법칙을 위반하여 사실을 오인하거나 소유권에 기한 방해배제청구권에 관한 법리를 오해한 위법이 있다고 할 수 없다."고 판시하였다(밑줄 - 필자).

대법원이 원고의 청구를 받아들이지 않은 원심 판단의 이유를 그대로 인용한 것이므로 선례로서의 무게가 떨어지지만, 방해행위가 종결된 경우에는 방해행위에 의해 조성된 방해물이 소유권을 방해하고 있더라도 그 방해물은 민법 제214조 방해가 아니므로 결론적으로 방해의 현존성이 결여되어 방해제거청구권이 인정되지 않는다는 취지로 읽힐 수 있다. 본 글에서 다루고 있는 대상판결의 결론을 뒷받침할 수 있는 판결이다.[23)]

(2) 대법원 2016. 5. 19. 선고 2009다66549 전원합의체 판결[24)]

피고가 피고 소유의 토지에서 약 20년간 주물제조공장을 운영하면서 토양오염물질을 누출·유출하고, 콘크리트 조각, 폐슬레이트, 폐타이어, 폐아스콘, 비닐, 연탄재 등 폐기물이 매립되도록 하였는데, 그 토지가 전전유통되어 원고가 취득한 사안이다. 이에 원고는 위 토지의 오염토 및 폐기물 등의 제거에 드는 비용 상당액에 관하여 불법행위를 원인으로 한

---

23) 다만, 대상판결은 위 2003다5917 판결을 참조판결로 인용하고 있지 않다. 대상판결의 제1심 판결은 위 2003다5917 판결을 직접 인용하며 결론을 도출하였다.
24) 공 2016상, 769.

손해배상을 구하였다.[25)]

과연 피고가 원고에 대하여 오염토 및 폐기물 제거의무를 부담하는지 여부가 문제가 되었다. 다수의견은 다음과 같이 긍정하면서 자기 소유의 토지라도 오염토양을 정화하지 않거나 폐기물을 불법으로 매립한 상황에서 거래에 제공하는 등으로 유통되게 하였다면, 토지 소유자에 대하여 불법행위가 성립할 수 있음을 명확히 하였다.

> "토지에 폐기물이 매립되면, 그것이 토지의 토사와 물리적으로 분리할 수 없을 정도로 혼합되어 토지의 일부를 구성하게 되지 않는 이상, 토지 소유자의 소유권을 방해하는 상태가 계속되며, 이에 따라 폐기물을 매립한 자는 그 폐기물이 매립된 토지의 소유자에 대하여 민법상 소유물방해제거의무의 하나로서 폐기물 처리의무를 부담할 수도 있다."[26)](밑줄 - 필자)

위 판결에서 위법성의 근거를 위와 같이 원고의 소유권에 대한 침해에서 찾고 있다는 점을 주목할 필요가 있다. 자기 소유 토지에 토양오염을 유발하거나 폐기물을 매립한 행위의 위법성은 유통행위를 통하여 그 매수인이나 전전 매수인과 같은 타인에게 미치게 되므로 유통행위 이후로는, 타인 소유 토지에 토양오염을 유발하거나 폐기물을 매립한 경우와 마찬가지로, 방해제거의무를 부담하게 되고 그 의무를 이행하지 않은 경우에는 불법행위책임을 진다고 해석할 수 있다.[27)]

---

25) 원고는 '피고가 오염토양 등을 처리해야 할 책임이 있음에도 원고가 이를 처리하여 피고가 법률상 원인 없이 처리 비용 상당의 이익을 얻고 원고가 같은 액수 상당의 손해를 입었다'는 이유로 선택적으로 부당이득반환청구를 하였다. 본 논문에서는 위 쟁점에 대하여 다루지는 않는다.

26) 다수의견은 그 외에도 구 토양환경보전법(2011. 4. 5. 법률 제10551호로 개정되기 전의 것) 10조의3 제1항(토양오염을 발생시킨 자의 토양 정화 책임)과 구 폐기물관리법(2007. 1. 19. 법률 제8260호로 개정되기 전의 것)의 취지에 비추어 피고가 원고에 대하여 오염토 및 폐기물 제거의무를 부담한다고 판시하였다.

27) 위 2009다66549 전원합의체 판결의 다수의견에 대한 대법관 김용덕의 보충의견 참조. 위 판결에 대하여 찬성하는 취지의 평석으로는 박철홍, "소유권에 기한 방해배제청구권의 행사 근거 및 행사 범위", 민사판례연구 제40권, 박영사, 2018; 정다영, "자기 소유 토지에 토양오염을 유발하고 폐기물을 매립한 자의 불법행위책임–대법원 2016. 5. 19. 선고 2009다66549 전원합의체 판결을 중심으로", 토지법학 제33권 제2호, 한국토지법학회, 2017. 위 판결에 반대하는 취지의 평석으로는 양형

대상판결이 이러한 전원합의체 판결의 취지에 부합하는 결론인지 상당한 의문이 있다. 위 전원합의체 판결은 폐기물을 매립하여 현존한 경우에 폐기물을 매립한 자는 방해제거의무를 부담할 수 있다고 판시함으로써 방해행위가 종료되었다고 하더라도 방해행위에 의해 조성된 방해물이 소유권을 방해하고 있으면 방해제거청구권이 인정될 수 있다고 해석되는 반면, 대상판결은 토지에 쓰레기가 매립되어 쓰레기매립물이 현존하더라도 민법 제214조의 방해에 해당하지 않는다고 결론을 내렸기 때문이다. 이와 같이 대상판결은 그 결론의 당부를 떠나 판결이 구축해야 할 법적 통일성의 측면에서 문제를 내포하고 있다.

다만, 위 전원합의체 판결은 폐기물이 토지의 일부를 구성하게 되는 경우에는 폐기물매립자가 폐기물처리의무를 부담하지 않는다고 판시하고 있는바, 대상판결이 이러한 논리적 흐름 속에서 도출된 것이라면 법적 통일성의 문제가 다소 해소될 수 있을 것이다.[28] 그러나 판결의 설득적 기능의 제고를 위해서는 적어도 대상판결과 위 전원합의체 판결과의 관계에 대해서는 설명을 하였어야 함에도 이를 하지 않은 점에 대한 비판을 면하기는 어려울 것이다.

3. 소 결

대상판결은 위에서 본 바와 같이 위 2003다5917 판결과는 부합할 수 있으나 위 2009다66549 전원합의체 판결과 논리적으로 일관된다고 보기 어렵다. 대상판결은 토양이 오염되고 매립된 쓰레기가 현존하더라도 방해제거청구권이 인정되기 어렵다는 점을 밝히고 있기 때문이다. 인간의 생존의 가장 기본적인 조건인 토양은 한정된 자정능력을 가지고 있어

우, “자신의 토지에 토양오염을 유발하고 폐기물을 매립한 자의 불법행위책임-대상판결: 대법원 2016. 5. 19. 선고 2009다66549 전원합의체 판결”, 홍익법학 제18권 제2호, 홍익대학교 법학연구소, 2017; 이재경, “오염된 토지의 매매에 있어서 불법행위책임-대법원 2016. 5. 19. 선고 2009다66549 전원합의체 판결”, 법학연구 제26권 제1호, 경상대학교 법학연구소, 2018.

28) 대상판결의 위와 같은 부합 관련 법리에 대한 비판은 후술한다(Ⅴ. 참조).

이를 초과하여 오염물질이 유입되면 오염상태가 지속되고 이로 인한 피해는 장기간에 걸쳐 발생한다. 위 전원합의체 판결은 이러한 환경오염의 특수성을 감안하여 자기 소유의 토지에 대한 오염에 대하여도 방해제거의무를 인정하는 등 엄격한 책임을 물은 반면, 대상판결은 타인 소유 토지에 대한 오염행위에 대하여 방해제거의무 인정에 소극적인바, 법정책학적 관점에서도 두 판결에 간극이 존재한다.

Ⅳ. 민법 제214조 방해와 손해의 준별

1. 문 제 점

불법행위는 과거에 이미 일어난 침해로 인하여 권리자가 입은 손해를 전보하기 위한 제도인 반면, 소유물방해제거청구권은 현재의 소유권침해상태를 장래에 향하여 교정하는 제도이므로 불법행위의 '손해'와 민법 제214조의 '방해'는 개념적으로 구별된다. 예를 들면 갑이 을의 토지에 무단으로 자동차를 세워 놓은 후 현재는 갑이 자동차를 다른 곳으로 옮긴 경우에 을은 방해제거청구권을 행사할 수 없으나 손해배상청구권을 행사할 수 있다.

그러나 사실적 방해의 개념이 모호하고 확장성이 있으므로 언제나 방해와 손해를 명확히 준별할 수 있는 것은 아니다. 물건의 훼손, 손상과 같은 손해상태가 발생하면 이는 거의 필연적으로 소유권의 실현이 방해되고 있는 상태의 지속을 수반하기 때문이다.[29] 앞서 든 예와 같이 갑이 자신이 소유하고 있는 토지에 연못을 조성하였는데, 갑이 그 연못의 물을 범람하게 하여 을 소유의 토지가 젖도록 한 경우에 을은 이로 인한 손해를 구할 수 있을 뿐만 아니라 을의 사용·수익권이 원래의 내용대로 실현되고 있지 않다는 이유로 방해제거청구권을 행사할 수 있다는 주장이 가능하다. 이하에서는 방해와 손해를 어떻게 준별해야 하는지에 대하여 살펴보고 대상판결에서 쓰레기매립물의 현존을 손해로 파악한 것이 타당한지 검토하고자 한다.

---

29) Baur, "Der Beseitigungsanspruch nach § 1004 BGB", AcP 160, 1961, S. 488; 김형석(주 8), 419면.

2. 방해와 손해의 준별에 대한 견해의 대립

독일의 경우 「방해」와 「손해」를 어떻게 준별해야 하는지에 대해서 논의가 활발하므로 이를 중심으로 살펴보고 우리나라의 견해에 대하여 살펴본다.[30)]

(1) 독일의 논의

(가) 재이용가능성설

재이용가능성설(Wiederbenutzbarkeitstheorie[31)])은 방해제거청구권은 방해자가 소유물에 대해 야기한 불이익한 변화 상태를 재이용이 가능하도록 원상회복시키는 것이라고 이해하여 방해제거청구권에는 원상회복도 포함된다고 주장한다.[32)] 방해제거청구권의 목적은 소유권의 내용에 부합하는 상태로 回復하는 것에 있으므로 방해원(Störungsquell, 妨害源)의 제거를 구할 수 있을 뿐만 아니라 방해원에 의하여 침해된 이용가능성의 회복을 구할 수 있다고 한다.[33)] 이에 따라 방해원에 의하여 발생한 결과가 이용가능성을 침해한 경우 또는 방해원의 제거를 위해서 불가피하게 이용가능성을 침해해야 하는 경우에는 원상회복을 구할 수 있다. 이 견해에 따르면, 갑이 자신이 소유하고 있는 토지에 연못을 조성하였는데, 그 연못의 물을 범람하게 하여 을 소유의 토지가 젖도록 한 경우에 을은 방해원의 제거, 즉 연못의 누수 방지 시설 설치 내지 연못의 제거 등을 구할 수 있을 뿐만 아니라 을 소유 토지의 원상회복(물의 제거와 복토 등)을 구할 수 있다.[34)]

---

30) 이를 소개한 국내문헌으로는 김진우, "독일법상의 소유물방해제거청구권에서의 '방해'", 재산법연구 제29권 제4호, 한국재산법학회, 2013, 49면 이하; 송상원, "소유권에 의한 방해배제청구권에서의 방해개념에 관한 연구", 박사학위논문, 한국외국어대학교, 2014, 135면 이하.

31) 재이용가능성설은 인과관계설(Kausalitätstheorie)라고도 불리는데, 침해에 대한 원인성(인과성)을 기준으로 방해자에게 방해제거의무를 부담시키기 때문이다[Larenz/Canaris(주 16), S. 694].

32) Wolf, Sachenrecht, 17. Aufl., 2001, S. 142; Wenzel, "Der Störer und seine verschuldensunabhängige Haftung im Nachbarrecht", NJW 2005, S. 241, 243.

33) Wenzel(주 32), S. 243.

독일의 판례도 이와 같은 입장에서 방해제거청구권에 의한 원상회복을 긍정하고 있다. 나무의 뿌리가 방해원이어서 나무의 뿌리를 제거해야 하는데 이를 위하여 테니스 코트의 표면층도 제거해야 한다면, 방해자는 테니스 코트를 원상복구해야 한다고 판시하였다.[35] 대상판결과 같은 토양오염 사안에서도 마찬가지이다. 유해물질인 탄화수소에 의하여 토양오염이 발생한 경우 탄화수소와 같은 물질은 계속적인 소유권의 방해 원인이 되므로 제거의 대상이 되고 이를 위하여 토지소유자는 오염된 토양의 제거와 원상회복을 구할 수 있다고 보고 있으며,[36] 유해물질인 테트라클로로에테인 등에 의해 토양오염이 발생한 경우에도 토지소유자는 오염된 토양의 제거와 복구를 구할 수 있다고 보았다.[37]

(나) 반대행위설

방해제거의무의 범위는 방해자의 행위를 기준으로 해야 한다는 '반대행위설(actus-contrarius-Theorie)'도 유력하게 주장되고 있다.[38] 방해자는 자신이 행한 방해행위에 대한 반대의 내용의 행위를 할 의무만을 부담한다는 것으로 방해원(妨害源)의 제거만이 방해자의 반대행위이고 그 밖의 결과의 제거는 손해배상법의 영역이라고 주장하는 것이다. '방해'와 '손해'를 개념적으로 획정하는 것은 어렵다는 점을 인정하여 반대행위를 수단으로 이를 획정하려는 이론적 시도로, 반대행위에 의하여 제거되어야 하는 방해원만이 '방해'에 해당하고 그 외에 소유권능을 침해하는 것은 '손

34) 방해원(연못)에 의하여 발생한 결과가 이용가능성을 침해하므로 원상회복을 구할 수 있는 것이다.

35) BGH NJW 1997, 2234. 방해원의 제거를 위해서 불가피하게 이용가능성을 침해해야 하는 경우에 해당하므로 원상회복을 구할 수 있는 것이다. 그 외의 판결로는 BGH NJW-RR 2003, 953(이웃 토지로부터 하수관을 뚫고 들어온 나무뿌리의 제거가 필요할 경우, 방해자는 하수관의 파손과 관련하여 새로운 하수관을 설치할 의무를 부담한다고 판시하였다). 위 판결은 방해원(나무뿌리)에 의하여 발생한 결과가 이용가능성을 침해한 사안이다.

36) BGH NJW 2005, 1366.

37) BGH NJW 1996, 845.

38) Baur(주 29), S. 489ff; Larenz/Canaris(주 16), S. 700f; Raff, in: Münchener Kommentar zum BGB, 8. Aufl., 2020, § 1004 Rn. 240.

해'의 영역으로 보는 것이다.

반대행위설에 따르면 갑이 자신이 소유하고 있는 토지에 연못을 조성하였는데, 그 연못의 물을 범람하게 하여 을 소유의 토지가 젖도록 한 경우에 을은 방해원의 제거, 즉 연못의 누수 방지 시설 설치 내지 연못의 제거와 같은 반대행위를 구할 수 있을 뿐이며, 물의 제거와 복토(방해원에 의해 발생한 그 밖의 결과에 해당)는 손해배상을 구할 수 있을 뿐이다.[39] 나무의 뿌리가 방해원이어서 나무의 뿌리를 제거해야 하는데 이를 위하여 테니스 코트의 표면층도 제거해야 하는 사안에 대하여 뿌리 제거는 방해제거청구권의 영역이나 테니스코트의 원상회복은 손해배상법의 영역이라고 보는 것이다.[40] 대상판결과 같이 토양오염이 있는 경우에는, 오염원의 제거는 오염행위의 반대행위이므로 쓰레기, 폐기물 등 오염원의 제거를 구할 수 있으나 원상복구나 그 외에 오염원에 의한 결과는 손해배상법으로 해결해야 하는 것이다. 이처럼 반대행위설은 적어도 행위책임의 영역에서 방해와 손해의 영역을 명확하게 준별하려는 시도로 평가할 수 있다.

(다) 권리참칭설

끝으로 권리참칭설(Usurpationstheorie)이 주장되고 있는바, 재이용가능성설, 반대행위설과 비교하여 방해의 개념을 가장 좁게 이해하려는 견해이다.[41] 소유권의 방해를 "소유권의 법적 완전성에 대한 침해" 내지 "사실상 권리참칭"의 경우로 제한해서 보는 것이다. 소유자의 법적 지위를 부정하거나 제한물권을 주장함으로써 소유자의 법적 지위를 방해하는 '법적 방해'는 당연히 '방해'에 해당하나, 사실적 방해는 그것이 '사실상 권리참칭'이라고 평가되지 않는 한 '방해'에 해당하지 않는다. 사실적 방

39) 반대행위설에 대하여 돌을 던져 타인의 창문을 깬 경우에 방해행위가 돌을 던지는 것이었으므로 방해의 배제는 반대행위인 돌의 수거행위에만 국한되고, 창문의 교체 등은 손해배상에 의하여야 한다고 설명할 수 있다[김형석(주 8), 419-420면].

40) MünchKomm/Raff, § 1004 Rn. 240.

41) Picker(주 14), S. 23ff; Gursky, in Staudinger Kommentar zum BGB, Neubearbeitung, 2013, § 1004 Rn. 139.

해 중 타인의 소유권에 속하는 권능을 사실상 행사하여 타인의 소유권을 자신의 것처럼 참칭한 경우에만 '방해'에 해당한다고 본다.[42] 예를 들면 타인의 토지에 반복적으로 자동차를 주차하는 경우에, 행위자는 자신의 주차행위로 그 토지의 사용권한을 사실상 참칭한 것으로 볼 수 있으므로 방해에 해당한다. 앞서 본 바와 같이 소유물방해제거청구권의 원형인 부인소권이 소유물에 대한 법적인 방해에만 적용되었지 사실적인 방해에 대하여는 적용되지 않았는바, 이러한 역사적 연원에 충실한 견해라고 할 수 있다.

이 견해의 특징은 방해자가 방해물에 대한 소유권을 포기하거나 방해물에 대한 소유권이 부합으로 인하여 토지소유자에게 귀속하게 되는 때에는 더는 방해로 인정하지 않는다는 점이다.[43] 권리참칭이 중지되었다고 볼 수 있기 때문이다.

대상판결과 같이 타인의 토지에 아무런 사용권한 없이 쓰레기를 매립한 경우에는 타인의 소유권에 속하는 사용권능을 부당하게 행사한 것이므로 '사실상 권리참칭'에 해당되어 방해에 해당한다. 그러나 쓰레기를 매립한 사람이 소유권을 포기한 것으로 볼 수 있거나 쓰레기가 부합된 경우에는 더는 방해에 해당하지 않는다는 결론이 도출된다. 마찬가지로 권리참칭설은 토양오염의 경우에도 유해물질이 토양에 부합된 경우에 더는 방해에 해당하지 않는다고 보게 된다.

(2) 우리나라의 논의

방해제거는 과거 상태로의 회복을 의미한다는 점, 피해자 보호의 필요성, 환경오염에 대한 적절한 대처를 위해서 방해제거청구를 넓게 인정하여야 할 필요성을 강조하며 재이용가능성설을 긍정하는 견해,[44] 소유물방해제거청구권은 방해원(妨害源, 침해원인)의 제거를 내용으로 하는 것이지 방해결과(妨害結果, 침해결과)의 전보를 내용으로 아니며 방해결과의

42) Picker(주 14), S. 50ff.

43) Picker(주 14), S. 113ff; Staudinger/Gursky, § 1004 Rn. 113.

44) 김진우(주 30), 63면 이하; 송상원(주 30), 164면.

전보는 손해배상의 영역이라는 점, 원상회복은 손해배상으로 처리할 사안으로 이를 방해제거청구권으로 확장하면 손해배상법의 유책성 원칙을 공동화(空洞化)할 수 있으므로 타당하지 않다는 점 등의 이유로 반대행위설을 긍정하는 견해[45] 등으로 나누어져 있다.

3. 검토–반대행위설을 중심으로 한 방해의 획정

독일의 재이용가능성설을 검토함에 있어 독일법과 우리법의 차이를 염두에 둘 필요가 있다. 독일은 손해배상에 관하여 금전배상이 아닌 원상회복을 원칙으로 채택하고 있고(독일민법 제249조),[46] 소유물방해제거청구권도 소멸시효의 대상이 된다(독일민법 제195조).[47] 따라서 물권적 청구권과 손해배상의 유사성이 강조될 수 있으므로 방해와 손해의 영역의 중첩을 쉽게 인정할 수 있다. 재이용가능성설의 경우 방해원에 의하여 발생한 방해결과에 대하여도 '방해'를 인정함으로써 가장 넓게 방해와 손해의 영역을 중첩적으로 인정하는 견해라고 할 수 있다. 그러나 우리 법은 손해배상에 대하여는 금전배상을 원칙으로 하고 있고, 소유물방해제거청구권과는 달리 손해배상청구권에 대해서만 소멸시효를 인정하는 입장인바,[48] 독일민법보다 엄밀한 준별을 요구한다고 할 것이어서 재이용가능성설과 같이 방해의 영역을 확장하여 손해의 영역을 잠식하는 것은 타당하지 않다.

---

45) 민법주해(5), 244-245, 265-266면(양창수 집필); 김형석(주 8), 429-430면; 박철홍(주 27), 131면 이하. 일본은 이 점에 대하여 논의가 활발한 것으로 보이지는 않으나, 토양오염과 관련하여 폐기물의 제거는 물권적 청구권을 통해 가능하다고 보아야 하고, 폐기물 투기의 결과 토지에 발생한 다른 문제는 손해배상의 문제로 해결해야 한다는 주장이 제기되고 있다. 堀田親臣, "土壌汚染と物権的請求権(二) : 近時のドイツ裁判例の動向を中心に", 広島法學 39券 3號, 広島大學法學會, 2016, 179頁.

46) 이 점에 대하여는 박수곤 · 김진우 · 가정준 · 권철, "손해배상의 방법에 대한 비교법적 고찰–원상회복과 금전배상의 개념에 대한 재고", 비교사법 제19권 제1호, 한국비교사법학회, 2012, 50면 이하.

47) 일반소멸시효기간인 3년의 소멸시효에 걸린다(MünchKomm/Raff, § 1004 Rn. 272).

48) 소유권에 기한 방해제거청구권은 소멸시효에 걸리지 않는다고 보는 것이 다수설, 판례의 입장이다[김기선, 한국물권법, 전정증보판, 법문사, 1990, 42면; 김상용, 물권법, 제2판, 화산미디어, 2013, 50면; 민법주해(5), 198면(양창수 집필); 송덕수(주 4), 35면; 이은영(주 18), 79면; 대법원 1982. 7. 27. 선고 80다2968 판결].

소유물방해제거청구권의 경우 유책성을 요구하지 않는 등 요건이 단순하면서도 근원적인 교정을 구하는 청구권으로서 그 효과는 강력한 반면, 손해배상청구권의 경우 유책성을 요구하면서도 소유물방해제거청구권보다 효과는 약하다는 점이 중시되어야 한다. 이 때문에 방해제거청구를 인정하기 위한 전제로서의 위법성과 단순히 손해배상청구권을 인정하기 위한 위법성은 달리 보아야 하고 전자의 위법성은 보다 엄격하게 인정하여야 하는 것이다.[49] 마찬가지로 '방해'로 인정되는 범위는 '손해'의 범위보다 협소하다고 보아야 하는바, 방해의 개념을 재이용가능성설과 같이 방해결과까지 확장해서 포섭하는 것은 타당하다고 보기 어렵다.

권리참칭설의 경우 방해의 영역을 최소화함으로써 방해와 손해의 영역을 명확하게 준별하려고 한다는 점에서 무시할 수 없는 의의가 있다. 그러나 현대 물질문명과 과학기술의 발전에 따라 새로운 유형의 소유권 침해가 다양하게 속출하고 있는 상황에서 '방해'라는 관념을 법적 방해 내지 사실상 권리참칭에 한정한다면 과연 소유권보호에 충실할 수 있는지 의문이 있다.[50] 소유물방해제거청구권이 이미 사실적 방해에 대한 유

49) 주석민법(물권 1), 657면(이계정 집필); 조홍식, "유지청구 허용여부에 관한 소고", 민사판례연구 제25권, 박영사, 2000, 70면 이하; 대법원 2016. 11. 10. 선고 2013다71098 판결(항공기의 비행으로 토지 소유자의 정당한 이익이 침해된다는 이유로 토지 상공을 통과하는 비행의 금지 등을 구하는 방지청구와 금전배상을 구하는 손해배상청구는 내용과 요건이 다르므로, 참을 한도를 판단하는 데 고려할 요소와 중요도에도 차이가 있을 수 있다는 전제에서 방지청구는 그것이 허용될 경우 소송당사자뿐 아니라 제3자의 이해관계에도 중대한 영향을 미칠 수 있으므로, 방해의 위법 여부를 판단할 때는 청구가 허용될 경우 토지 소유자가 받을 이익과 상대방 및 제3자가 받게 될 불이익 등을 비교·형량해 보아야 한다고 판시하였다).

50) 도시 인구 집중으로 거주 지역이 밀집되어 일조권 침해, 조망권 침해 등 다양한 형태의 소유권 침해가 문제되고, 환경오염물질에 의한 심각한 환경오염이 문제가 되는 상황에서 과연 권리참칭설이 소유권을 제대로 보호할 수 있는지 의문이 들 수밖에 없다. 권리참칭설이 이러한 새로운 유형의 소유권 침해를 예상할 수 없었던 부인소권에 의지하여 방해 개념을 설정하기 때문에 발생하는 문제라고 볼 수 있다. 특히 최근에는 포켓몬GO 게임과 같은 증강현실 기술을 기반으로 한 게임에 의한 소유권 침해가 문제가 되는바, '방해'의 개념을 다소 유연하게 설정하여 새로운 소유권 침해에 대응할 필요가 있다(이종덕, "증강현실 기술의 활용과 물권 침해-포켓몬GO 게임을 중심으로", 법학논총 제34권 제4호, 한양대학교 법학연구소, 2017, 267면 이하).

용한 구제수단으로 확립된 상황에서 굳이 '방해'의 개념을 '법적 방해'에 한정할 필요는 없을 것이다. 특히, 권리참칭설에서는 방해물에 대한 소유권을 포기하거나 방해물에 대한 소유권이 부합으로 인하여 토지소유자에게 귀속하게 되는 때에는 더는 '방해'가 인정되지 않는다고 보고 있는바(대상판결의 타당성과 직결되어 있는 논리이다), 이러한 논리에 대하여 많은 비판을 가할 수 있다. 을 소유의 토지에 갑이 쓰레기를 버려 현재에도 그 쓰레기가 존재하는 상황에서 갑이 그 쓰레기에 대한 소유권을 포기하였다고 하여 갑에 대하여 방해제거청구권을 행사할 수 없고 을로 하여금 이를 수거하게 하는 것은 법리적으로나 상식적으로나 타당하지 않다. 방해제거청구권은 적극적으로 필요한 조치를 할 것을 청구할 수 있는 행위청구권인바,[51] 위와 같이 소유권 포기에 의하여 방해제거의무를 면하게 하는 것은 우리 민법이 행위청구권으로 인정한 물권적 청구권을 인용청구권으로 전환시키는 것이므로 받아들이기 어렵다.[52]

결국 반대행위설이 방해와 손해를 준별하면서도 소유권 보호에도 소홀하지 않은 절충적인 견해라는 점에서 그 타당성을 수긍할 수 있다. 아울러 같은 물권적 청구권인 민법 제213조의 논리와 체계적으로 부합한다.[53] 즉 소유물반환청구권에서 상대방은 점유하는 물건을 반환하면 족하고 그 물건의 점유로 인하여 발생한 다른 피해에 대하여 손해배상 의무만을 부담하는 것과 마찬가지로 소유물방해제거청구권에서도 방해원이 존재하는 한 그 문언 그대로 이를 "제거"할 의무만을 부담하고 그 방해원으로 인한 다른 피해에 대하여는 손해배상 의무만을 부담하는 것이다.

그러나 반대행위설에 대하여는 반대행위가 무엇인지에 대해서 모호한 점이 있고, 행위책임에 친화적인 이론이라는 비판이 가능하다.[54] 앞서 본 바와 같이 반대행위설은 방해원과 방해결과를 분별하여 방해원의 제

51) 곽윤직 · 김재형(주 4), 31면; 김기선(주 48), 182면; 장경학, 물권법, 법문사(1987), 135면; 이영준(주 18), 48면.
52) 김형석(주 8), 428면.
53) MünchKomm/Raff, § 1004 Rn. 237 참조.
54) Medicus, in: Münchener Kommentar zum BGB, 4. Aufl., 2004, § 1004 Rn. 73 참조.

거에 초점을 맞추는 이론인바, 방해원(妨害源)의 개념을 다양한 소유권 침해의 유형에 맞게 구체화함으로써 이러한 비판을 극복할 수 있을 것으로 판단된다. 예를 들어 갑 소유의 토지에 을이 권원 없이 건축한 건물을 병이 양수한 경우에 병의 상태책임이 문제되는바, 건물이 방해원이 되고 있음을 고려하여 병에게 방해원의 제거, 즉 건물 철거를 반대행위로 구할 수 있으며, 방해자가 A 소유 토지의 배수관을 손괴하여 그 배수관에서 물이 계속 분출하여 A 소유 토지가 물에 젖은 경우에 A는 방해자에 대하여 반대행위로 누수 방지 내지 배수관의 수리를 요구할 수 있다고 볼 수 있다.[55] 이와 같이 반대행위 개념의 구체화를 통해 방해제거청구권의 적용 범위가 구체화될 수 있고, 그 적용범위를 구체화함으로써 방해 개념을 획정할 수 있다.

대상판결과 관련하여 분명한 점은 피고가 이 사건 쓰레기를 매립한 결과 전형적인 방해원에 해당하는 쓰레기매립물이 현존하고 있는바, 특별한 사정이 없는 한 방해의 현존성이 인정된다는 점이다.

Ⅴ. 부합된 방해물에 대한 소유물방해제거청구

1. 문 제 점

대상판결은 반대행위설에 따르면 충분히 방해의 현존성이 인정됨에도 이 사건 쓰레기매립물이 오염된 토양과 사실상 분리되어 어려울 정도로 혼재되었음을 이유로 원고의 방해제거청구권을 부정하였다. 위와 같은 판시를 법리상 어떻게 해석해야 할지 명확한 것은 아니지만 위 2009다66549 전원합의체 판결과 마찬가지로 부합된 방해물에 대해서는 방해제거청구권을 행사할 수 없다는 취지로 해석할 수 있다. 이 사건 쓰레기매립물이 과연 이 사건 토지에 부합된 것으로 보아야 하는지 의문이 없

55) 반대행위를 좀 더 구체화하면 타인의 토지에 반복적이고 지속적인 무단통행에 대하여는 토지에서 나가는 행위가, 등기행위에 대하여는 말소행위가, 만드는 행위에 대하여는 부수는 행위가, 방해물질을 흘리거나 심거나 묻는 행위에 대하여는 이를 수거하는 행위가 반대행위에 해당한다[박철홍(주 27), 132면].

는 것은 아니지만,[56] 일단 부합이 되었다는 전제에서 과연 방해원이 부합이 된 경우에는 방해의 현존성이 결여되어 방해제거청구가 인정되지 않는 것인지 살펴보고자 한다.

2. 견해의 대립

대법원은 부합된 방해물에 대해서는 방해제거청구권을 인정할 수 없다고 판시하여 왔다. 우선 피고의 이전소유자가 원고 소유의 토지에 동의 없이 설치한 석축과 법면(사람에 의해 생긴 경사면)에 대하여 원고가 소유물방해제거청구권을 행사한 사안에서, 대법원은 석축과 법면이 원고 토지에 부합되었다는 등의 이유로 피고의 방해제거의무를 부정하였다.[57] 그리고 위 2009다66549 판결에서도 폐기물이 원고 소유의 토지에 부합되었다면 원고가 방해제거청구권을 행사할 수 없다는 논리적 전제에서 "폐기물이 매립되면, 그것이 토지의 토사와 물리적으로 분리할 수 없을 정도로 혼합되어 토지의 일부를 구성하게 되지 않는 이상, 토지 소유자의 소유권을 방해하는 상태가 계속"된다고 판시하였다.

이러한 대법원의 입장에 대하여 반대하는 견해가 주장되고 있다. 방해물이 부합으로 인하여 자기 소유물이 되었다고 하더라도 그 방해물이 소유자에게 방해가 되는 것은 사실이므로 부합된 방해물에 대하여 방해제거청구권을 인정해야 한다는 이유로 판례를 비판하는 견해,[58] 방해물이 방해 대상물에 부합되었다는 사정은 우연한 사정에 불과하므로 이런 우연적 사정에 의하여 방해제거의무를 면하는 것은 부당하다는 점을 이

---

56) 폐기물은 이를 분리하여 처리하는 것이 오히려 사회경제적으로 이익이며 부동산의 효용이나 가치 면에서도 유리하므로, 이를 경제적인 가치를 가지는 일반적인 동산과 동일하게 취급하여 쉽게 토지와의 부합을 인정하여서는 아니 된다는 견해에 따르면 대상판결의 경우에 부합을 인정하기 어려울 것이다(위 2009다66549 전원합의체 판결의 다수의견에 대한 대법관 김용덕의 보충의견 참조).

57) 대법원 2009. 5. 14. 선고 2008다49202 판결(미간행).

58) 이병준, "인접한 토지의 경사면에 건축한 석축의 부합과 방해배제청구권", 민사법학 제54-1호, 한국민사법학회, 2011, 103면 이하; 안경희, "토지 소유자 상태책임의 헌법불합치 결정에 대한 민사법적 평가와 향후 전망", 환경법과 정책 제10권, 강원대학교 비교법학연구소, 2013, 30면.

유로 판례를 비판하는 견해[59] 등이 그것이다.

이와 달리 위 2009다66549 판결에 찬성하면서 폐기물이 원고 소유 토지에 부합되면 원고의 소유권을 현재 방해하는 것이 아니므로 부합된 폐기물에 대하여는 방해제거청구권을 행사할 수 없다는 견해도 주장되고 있다.[60] 그리고 권리참칭설에 따르면, 방해물에 대한 소유권이 부합으로 인하여 토지소유자에게 귀속하게 되는 때에는, 권리참칭이 중지되어 법적인 방해가 더는 존재하지 않으므로 방해제거청구권을 행사할 수 없게 된다.

3. 검 토

필자는 방해물이 부합이 된 경우에도, 그 방해물이 이미 토양의 자정능력에 의해 용해되어 더는 방해원이 되지 않는다는 등의 특별한 사정이 없는 한, 방해의 현존이 인정되어 방해제거청구권이 인정된다고 생각한다. 그 논거는 다음과 같다.

첫째, 방해제거청구권은 소유권을 침해하는 물건의 소유권을 가진 상대방에 한정하여 청구할 수 있는 권리가 아니라는 점이다. 앞서 본 바와 같이 방해제거청구권은 방해원의 제거를 구하는 권리이므로 그러한 방해원을 야기한 행위를 한 자(行爲責任者)나 방해원의 존재에 책임이 있는 자(狀態責任者)에 대하여 책임을 묻는 권리이다. 민법 제214조는 "소유권을 방해하는 자"라고 규정하고 있는바, 이를 '방해하는 물건을 소지하는 자'로 해석하는 것은 문언에 어긋날 뿐만 아니라 방해제거청구권의 본질에 반하는 해석이다. 대상판결과 같이 방해원을 야기한 행위를 하여 행위책임(行爲責任)에 기하여 방해제거의무를 부담하는 자가 사후적(事後的)으로 방해물이 부합되었다고 하여 책임을 면한다고 보는 것은 무리한 해석이다. 쓰레기의 경우 매립할 당시에 바로 부합이 발생하는 것이 아

59) 박철홍(주 27), 140면 이하.

60) 양형우(주 27), 400면; 정다영(주 27), 178면; 이선형, "자기 소유 토지에 토양오염을 유발하고 폐기물을 매립한 자의 민사상 불법행위책임에 관하여-대법원 2016. 5. 19. 선고 2009다66549 전원합의체 판결", 부산대학교 법학연구 제57권 제4호, 부산대학교 법학연구소, 2016, 240면.

니라 시간이 경과함에 따라 토지에 부합이 되는 것인바, 쓰레기를 매립함으로써 행위책임이 발생하는 것이고 그러한 행위책임은 쓰레기매립물이 존재하는 한 존속하는 것이며 부합이 되었다는 사정에 의하여 소멸하였다고 보기 어렵다.

둘째, 방해의 개념에는 법적 방해뿐만 아니라 사실적 방해도 포함되는데 방해물이 부합이 되었다고 하여 소유권에 대한 사실적 방해가 없어진다고 볼 수 없다. 가령 불법매립된 쓰레기가 토지소유자의 소유로 귀속되었다고 하여 쓰레기의 악취, 오염물질의 방출 등으로 인한 사실적 방해가 사라지는 것이 아니다. 부합은 소유자를 달리하는 수 개의 물건이 결합한 경우 사회경제적인 이유에 입각하여 소유권 귀속을 정한 규정이지 무엇이 방해인지를 구별하기 위한 규정은 아닌 것이다. 방해물에 대한 소유권의 귀속을 중시하는 이와 같은 주장에 대하여는 앞서 본 권리참칭설에 대한 비판을 그대로 적용할 수 있다. 타인의 토지에 쓰레기를 버리면서 그 쓰레기의 소유권을 포기하면 방해제거청구권을 행사할 수 없다는 논리도 가능하게 되는데, 매우 불합리한 결론임은 앞에서 본 바와 같다. 따라서 부합이 되었다고 하여 이미 발생하여 존속하고 있는 방해원이 소멸하였다고 볼 수 없고, 방해의 현존성이 인정된다.

셋째, 민법 제217조는 생활방해를 규정하고 있는데, 생활방해가 인정되면 소유자는 "적당한 조처"로서 방해제거청구권을 행사할 수 있듯이 부합된 방해물에 대하여도 방해제거청구권을 인정해야 한다. 민법 제217조는 액체 등에 의해 토지가 오염된 경우, 그 액체가 토지에 부합되었는지 여부와 관계없이 토지소유자에 대하여 "적당한 조처"를 구할 수 있음을 인정하고 있다. 민법 제217조가 민법 제214조와 구별되는 독자적인 의의를 띠고 있는지에 대해서 견해대립이 있지만, 민법 제217조는 생활방해가 있는 경우에 그 방해제거청구를 규정한 것으로 방해제거청구권의 기초는 민법 제214조의 방해제거청구권으로 보아야 하므로 민법 제217조는 민법 제214조를 구체화하고 보충하는 규정이라고 할 수 있다.[61] 따라서 방해물이 토지에 부합된 것으로 볼 수 있는 토양오염에 대하여 소유자의 방해제거청구권이 명문의 규정(민법 제217조)에 의해 인정된다고 볼 수 있는바, 부합물에 대해서 방해제거청구를 부인하는 해석론은 우리 민법의 체계와 맞지 않다.[62]

넷째, 방해물이 부합된 경우 소유자 입장에서는 방해물에 대한 소유권 취득을 강요당하는 것인바, 이를 이유로 소유자에게 방해제거청구권을 부정하는 불이익을 부여하는 것은 우리 법이 원칙으로 삼는 소유권보호의 취지에 반한다. 방해물의 부합은 소유자의 의사와 무관한 상태 변화에 해당할 뿐만 아니라 소유물의 경제적 가치를 저하시킨다. 대상판결과 같이 쓰레기매립물이 토지에 부합된 경우, 기름이 유출되어 토지에 부합된 경우와 마찬가지로 토지의 경제적 가치가 하락한다는 점은 명백하다. 이러한 경우에 원하지도 않은 소유권 취득을 강요당하고, 그 소유권 취득을 이유로 방해제거청구권을 부정하는 것은 소유자에게 비합리적인 희생을 강요하는 것이다.[63]

다섯째, 법경제학적 관점에서 방해물이 부합된 경우에 방해제거청구

---

61) 김재형(주 19), 40면; 민법주해 (5), 309면(유원규 집필); 주석민법(물권 1), 651면(이계정 집필); 이재목, "조망권의 법적 근거와 보호범위", 인권과 정의 제346호, 대한변호사협회, 2004, 35면. 판례도 다수설과 같이 민법 제217조의 방해 유형은 민법 제214조의 적용을 받는 것으로 보고 있는 것으로 보인다. 대학교 인접 대지 위에 건축 중인 고층아파트에 대하여 대학교측이 건축중지를 구한 사안에서 "인접 대지 위에 건축 중인 아파트가 24층까지 완공되는 경우, 대학교로서의 경관·조망이 훼손되고 조용하고 쾌적한 교육환경이 저해되며 소음의 증가 등으로 교육 및 연구 활동이 방해받게 된다면, 그 방해가 사회통념상 일반적으로 수인할 정도를 넘어선다고 인정되는 한 그것이 민법 제217조 제1항 소정의 매연, 열기체, 액체, 음향, 진동 기타 이에 유사한 것에 해당하는지 여부를 떠나 그 소유권에 기하여 그 방해의 제거나 예방을 청구할 수 있다."라고 판시하면서 아파트건축공사 금지청구를 인용하였다(밑줄-필자). 위 판결에서 방해의 태양으로 거시한 소음은 민법 제217조에 명시된 형태의 방해임에도 당연히 민법 제214조가 적용됨을 전제로 하고 있다는 점을 주목해야 한다.

62) 독일의 판례와 다수설도 기름유출로 인한 토양오염의 경우에 방해제거청구권을 인정하고 있다는 점에 대한 설명으로는 안경희(주 58), 30면.

63) 同旨 이병준(주 58), 105면. 위와 같은 경우에 소유자가 손해배상청구를 통해 경제적 가치의 하락으로 인한 손해를 전보할 수 있으나, 방해자의 고의, 과실을 입증해야 하고, 책임제한이나 과실상계가 적용되므로 손해를 전보받는다는 보장이 있는 것은 아니다.

권을 부정하는 것은 타당하지 않다. 이론적으로 소유권을 보호하는 세 가지 법적 보호수단에는 재산규칙(property rule), 책임규칙(liability rule), 양도불가규칙(inalienability rule)이 있다.[64] 재산규칙은 소유자의 의사에 의하지 아니하고 그 권리를 전혀 박탈할 수 없다는 원칙으로 오직 소유자의 자발적 의사에 기초한 교환 내지 거래를 통해서만 권리의 이전 내지 제한이 가능한 경우이다. 한편, 책임규칙은 소유자의 의사를 묻지 않고도 그 권리를 박탈 내지 침해할 수 있으나, 다만 객관적으로 결정되는 손해액을 전보하도록 하는 원칙이다. 여기서 손해액의 객관적 결정은 국가가 담당하므로 재산규칙보다 국가의 개입의 정도가 크고, 소유권 제한의 정도가 심한 권리보호방법이다. 마지막으로 양도불가규칙은 권리의 양도 내지는 교환 자체를 일정한 경우에 금지시켜 놓는 방법을 통하여 권리를 보호하려는 원칙을 말한다.

원래 소유권은 재산규칙에 의하여 보호하여야 하나, 권리이전이 자원배분의 효율성제고에 기여함에도 당사자 사이에 그 권리의 가치를 정하는 데 드는 비용(거래비용)이 너무 커서 권리이전이 발생하지 않는 경우에 책임규칙의 적용이 정당화될 수 있다.[65] 책임규칙이 적용되는 경우에 소유자의 의사에 반하여 소유권의 이전 내지 제한이 발생하므로 위와 같은 정당화 사유가 인정되는 경우에 예외적으로 책임규칙이 적용될 수 있는 것이다. 책임규칙이 적용되는 대표적인 예로는 공용수용이 있다.

그런데 대상판결과 같이 매립된 방해물이 부합이 된 경우에 책임규칙을 적용하여 소유자에게 손해배상청구권만을 인정하는 것은 법경제학적으로 정당화되기 어렵다. 타인의 토지에 쓰레기 등 방해물의 매립을 허용하는 것이 자원배분의 효율성제고에 기여한다고 보기 어렵고,[66] 타

---

64) Guido Calabresi & A. Douglas Melamed, "Property Rules, Liability Rules, and Inalienability: One View of the Cathedral", 85 Harv. L. Rev. 1089, 1972; 박세일 외 6인 공저, 법경제학, 재개정판, 박영사, 2019, 154면 이하 참조.

65) Guido Calabresi & A. Douglas Melamed(주 64), p. 1110; 박세일 외 6인 공저(주 64), 156면.

66) 토지소유자가 해당 토지의 지하를 사용할 의사가 없다면 그 토지의 지하에 방해물을 매립하게 하는 것이 자원배분의 효율성 제고에 기여할 수 있으나, 방해물이

인의 토지에 방해물을 매립하기 위해서는 당사자로 하여금 협상을 통해서 그 토지이용권을 취득하도록 하는 것이 바람직하기 때문이다. 그렇지 않으면 사인의 쓰레기 매립을 위한 사적 수용(私的 收用)이 발생하게 된다. 타인의 토지에 쓰레기를 매립하는 자는 그로 인해 발생하는 손해만을 -법원이 산정해 주는 손해만- 배상하면 된다는 생각으로 편하게(!) 타인의 토지를 무단 이용하게 되는 것이다.

결국 방해물이 부합이 된 경우에도, 그 방해물이 용해되어 더는 방해원이 되지 않는다는 특별한 사정이 없는 한, 방해의 현존이 인정되고 방해배제청구권이 인정된다고 할 것이다.

Ⅵ. 대상판결에 대한 검토

1. 대상판결에 대한 비판

(1) 대상판결의 핵심 쟁점은 토지 지하에 쓰레기매립물이 층을 이루어 존재하는 상황에서 원고가 이를 매립한 피고에게 쓰레기매립물의 제거를 구할 수 있는지 여부에 있다. 앞에서 밝힌 바와 같이 방해원이 존재하는 한 방해원을 야기한 행위가 종료되었어도 방해의 현존성을 인정할 수 있다. 이 사건에서도 피고의 쓰레기 매립행위가 과거에 종료되었어도 원고의 토지소유권의 권능의 실현을 지속적으로 방해하는 방해원인 쓰레기매립물이 현존하므로 방해의 현존성을 인정할 수 있다. 따라서 원고는 쓰레기 매립행위의 반대행위인 쓰레기 제거행위를 방해제거청구권의 행사를 통해 구할 수 있다고 보아야 한다. 그럼에도 불구하고 대상판결은 원고의 방해제거청구권을 부정하였는바 타당하다고 보기 어렵다.[67]

쓰레기매립물이 이 사건 토지에 부합되었으므로 원고가 피고에게 더

쓰레기, 폐기물인 경우에는 해당 토지의 경제적 가치를 저하하므로 효율성 제고를 주장하기 어렵게 된다.

67) 만약 이 사건 토지의 오염물질이 이웃토지로 스며든 경우에, 쓰레기매립물이 이 사건 토지에 부합된 이상 이웃토지의 소유자는 원고에게 상태책임을 물어 방해제거청구권을 행사할 수 있는바, 이러한 위험에서 벗어나기 위해서라도 원고에게 방해제거청구권을 인정해야 할 것이다.

는 쓰레기매립물의 제거를 구할 수 없는지 문제가 된다. 그러나 앞서 본 바와 같이 쓰레기매립물이 이미 토양의 자정능력에 의해 용해되어 더는 방해원이 되지 않는다는 특별한 사정이 없는 한, 쓰레기매립물이 부합되었다는 사정은 원고의 방해제거청구권을 소멸시키는 사정이 될 수 없다. 방해제거청구권은 소유권을 침해하는 물건의 소유권을 가진 상대방에 한정하여 행사할 수 있는 권리가 아니라 방해원을 야기한 행위책임자에 대하여 방해원의 제거를 구하는 권리이므로, 피고가 쓰레기매립행위를 통해 행위책임을 부담하는 이상 피고가 매립된 쓰레기에 대하여 소유권을 가지고 있지 않다는 점은 이미 성립한 방해제거청구권에 영향을 미치지 못한다.

이와 관련하여 이 사건 쓰레기매립물이 부합되어 제거해야 할 대상을 특정할 수 없는 것이 아닌지 문제가 된다. 그러나 대상판결에서 설시하였듯이 지하 1.5~4m 지점 사이에 이 사건 쓰레기매립물이 층을 이루어 매립되어 있는바 이를 특정하는 데 어려움이 있다고 할 수 없다. 특히, 지하투과레이더(ground-penetrating radar)탐사법[68]을 통해 직접 토지를 굴착하지 않아도 토양층 내의 매설물을 탐지하여 매설물을 특정할 수 있으므로 이러한 기술의 도움을 받는다면 쓰레기매립물의 특정에 지장이 없다.[69]

---

68) 지하투과레이더 탐사법은 지하로 투과되는 반복적인 전자기파를 이용, 지표면으로 반사되어 돌아오는 방출에너지를 받아 해석하는 지표지구물리탐사법의 일종이다. 사용되는 주파수는 수십 MHz 내지 수 GHz 범위의 마이크로파 대역을 사용하며, 깊이에 따른 전자기파의 감쇠가 크므로 가탐심도는 물성에 따라 차이가 있지만 대략 50m 내외이다. 토양층 내의 소규모의 이상대 또는 매설물의 탐지 등에 유용하게 이용된다[(사) 한국지구과학회 편, 지구과학사전, 북스힐, 2009, 913-914면 참조]. 주한미군 내에서 토양오염을 전문적으로 조사하는 미국동공병단 환경과 소속 전성우 박사의 설명도 참조하였음을 밝혀 둔다.

69) 대상판결의 원심은 "피고는 원고에게 김포시 양산면 김포시 양촌읍 누산리 ○○ 대 △△m² 지하 907.5m³의 쓰레기매립물을 모두 제거하여 그 토지를 원상으로 복구하라."고 선고하였는바, 집행대상이 되는 쓰레기매립물이 특정된 것인지 다소 의문이 있다. 김포시 양산면 김포시 양촌읍 누산리 ○○ 대 △△m² 중 어느 부분에 쓰레기가 매립되어 있는지를 좀 더 명확히 해야 집행에 문제가 없을 것으로 사료된다. 관련하여 동일본 대지진에 의하여 후쿠시마 제일 원자력 발전소에서 방사선

(2) 토양환경보전법은 토양오염물질을 투기하여 토양오염을 발생시킨 자에 대하여 정화의무를 인정하고 있다(동법 제10조의3). 원고가 토양환경보전법의 적용을 주장하지는 않았으나, 피고가 오니류, 건축폐기물 등을 매립하여 토양오염물질[70]에 의한 토양오염을 야기했을 가능성이 있으므로 토양환경보전법의 적용이 문제될 수 있는 사안이다.[71] 피고에 대하여 토양환경보전법이 적용되는 경우 피고는 쓰레기매립물의 제거의무를 포함하는 정화의무를 부담하게 된다.[72] 이러한 토양오염자의 의무가 국가에 대해서 부담하는 공법상 의무(公法上 義務)인지 피해자인 사인에 대하여 부담하는 사법상 의무(私法上 義務)인지에 대해서 견해대립이 있으나,[73] 어

이 누출되어 후쿠시마 현에서 논밭을 소유하고 있는 원고들의 토지가 오염되자 원고들이 위 발전소를 보유하고 있는 피고에 대하여 '원고들 소유 토지에 포함된 방사성 물질을 제거하라'는 취지의 청구를 하였다. 이에 대하여 센다이 고등법원은 "토양에서 방사성 물질만을 단독으로 제거하는 것은 현실적으로 불가능하므로, 토양에서 방사성 물질을 제거하기 위해서는, 청구취지에서 방사성 물질을 제거하기 위해 어느 정도로 항소인들의 토지에 진입할 수 있는지, 어느 정도로 그 토양에 손을 댈 수 있는지 등 타인의 소유물을 변화시킬 수 있는 범위를 명확히 해야 한다."는 이유로 원고들(항소인들)의 청구가 부적법하다고 하였다[仙台高判 平成30(2018) 3. 22. (LEX/DB 25560252)]. 이에 대하여 비판적인 입장으로는 奥田進一, "農地所有権に基づく放射性物質除去請求事件", 政治・経済・法律研究 20(1), 拓殖大学政治経済研究所, 2017, 55-57頁.

70) 토양오염물질은 테트라클로로에틸렌, 다이옥신 등의 물질을 의미한다(토양환경보전법 제2조 제2호, 동법 시행규칙 제1조의2 별표 1 참조).

71) 대상판결을 보면 "이 사건 쓰레기매립물의 주변 토양도 검게 오염되어 있다."라고 설시하고 있다.

72) "토양정화"란 생물학적 또는 물리적・화학적 처리 등의 방법으로 토양 중의 오염물질을 감소・제거하거나 토양 중의 오염물질에 의한 위해를 완화하는 것을 말한다(토양환경보전법 제2조 제5호). 오염토양의 정화방법에 대하여는 동법 시행령 제10조 제2항이 상세하게 규정하고 있으며, 오염토양을 정화할 때는 오염이 발생한 해당 부지에서 정화하여야 하며, 오염토양 반출이 원칙적으로 금지된다는 점이 특징적이다(동법 제15조의3 제3항).

73) 자세한 견해대립에 대하여는 조홍식, 환경법원론, 박영사, 2019, 557면. 한편, 김용덕 대법관은 "구 토양환경보전법 제10조의3 제1항 본문이 토양오염원인자에 대하여 오염토양에 대한 정화의무를 부담시킨 것은 바로 이러한 토양오염의 위험성을 반영한 것으로서 그 의무는 토양오염의 위험에 노출된 현재의 토지 소유자에 대하여 직접 부담하는 민사법적인 의무로 봄이 타당하다."라고 하여 토양오염자의 정화의무는 사법상 의무라고 설명한 바 있다(위 2009다66549 전원합의체 판결의 다수의견에 대한 대법관 김용덕의 보충의견 참조).

는 경우이든지 토양환경보전법에 의하여 쓰레기매립물 제거의무를 부담하는 자가 민법상으로 이러한 의무를 면하다고 보는 것은 논리정합성이 떨어진다. 한 쪽에서는 의무를 부담시키고 다른 쪽에는 그 의무를 이행할 필요가 없다고 하는 것은 쉽게 납득하기 어려운 해석이다. 결국 토양오염을 야기한 자에 대하여 민법상 방해제거의무가 인정되고, 이를 전제로 토양환경보전법이 토양오염자에게 강화된 정화책임을 부여한 것으로 이해하는 것이 논리적이다.

(3) 필자가 대상판결에 대하여 비판하는 것은 방해의 현존성이 인정됨에도 피고에 대하여 방해제거의무, 이 사건 쓰레기매립물 제거의무를 인정하지 않았다는 점에 있다. 그런데 이 사건 쓰레기매립물이 토지에 부합되었으므로, 피고가 이 사건 쓰레기매립물을 제거하기 위해서는 쓰레기가 매립된 지층의 토지 부분도 제거하는 것이 불가피한바, 피고로 하여금 쓰레기매립물 제거의무 외에도 해당 토양 제거의무까지 부담시키는 것이 타당한지 의문이 있을 수 있다.

현존하는 방해원만을 제거하는 것이 기술적으로 어려운 경우에 그 의무 이행을 위해 요구되는 확장된 의무를 누가 부담하는지의 문제이다. 위험을 어떻게 배분하느냐의 문제인바,[74] 위법한 행위를 통해 방해원을 야기한 자가 그로 인해 발생된 위험(기술적 문제에 따른 불이익)을 감수하는 것이 타당하다.[75] 당초에 방해원을 야기한 행위가 없었다면 그러한 위험이 발생하지 않았을 것이므로 피해자보다는 비난가능성이 큰 방해자가 이를 부담하는 것이 형평에 부합하기 때문이다.[76] 만약 이러한 기술

74) '위험'은 "장래의 불확실한 사건으로 인하여 발생한 불이익으로, 사건당사자의 귀책사유 없이 발생한 불이익"으로 일응 개념 지을 수 있다(위험의 개념에 대한 자세한 논의로는 권영준, "위험배분의 관점에서 본 사정변경의 원칙", 민사법학 제51호, 한국민사법학회, 2010, 225면).

75) 독일연방대법원도 "BGB 1004조 1항 1문 규정(역주 - 방해제거청구권 규정)은 방해 제거를 오로지 방해자에게 맡기면서 동시에 기술적인 여건으로 인해 그것이 순수한 방해제거 자체에 필요한 한도에서 확장된 급부를 이행해야만 하는 위험을 방해자에게 할당한다."라고 판시하며 토양오염 사안에서 방해자에게 오염물질 제거를 위한 토양제거의무를 인정하였다(BGH NJW 2005, 1366, 1368).

76) 이러한 원리는 증명책임과 관련하여 입증상의 어려움을 야기한 불법행위자에 대

적 어려움으로 인한 위험을 토지소유자인 원고에게 부담시켜 피고에게 쓰레기매립물 제거의무만 있다고 선언하는 것은 강제집행이 불가능한 판결을 양산하는 것이 된다.[77)]

따라서 대상판결에서 피고는 쓰레기매립물 제거의무뿐만 아니라 쓰레기가 매립된 지층의 토지 부분도 제거할 의무가 있다.

다만, 이 사건에서 소유권이 완전히 회복되려면 복토가 요구되는바, 앞서 본 바와 같이 방해제거청구로 원상회복을 구할 수 없으며 방해원의 제거만을 구할 수 있으므로 복토부분은 '손해'의 영역으로 손해배상법에 의하여 해결하여야 할 것이다.[78)]

2. 대상판결에 대한 비판에 대한 예상되는 반박

대상판결에 대하여 원고에게 손해배상청구권을 인정하는 것으로 충분히 권리구제가 된다는 이유로 대상판결을 지지하는 견해가 있을 수 있다. 대상판결을 파기한 대법원의 의도가 무엇인지 정확하게 알 수는 없으나 원고의 손해배상청구권이 시효로 소멸하지 않았음을 전제로 한 것

하여는 입증상의 불이익을 가해야 한다(the person whose unlawful act brings about an evidential difficulty will have that difficulty resolved against him)는 법리와 일맥상통한다. 위 법리에 대하여는 Smith, Lionel D., The Law of Tracing, Clarendon Press, 1997, p. 77; Re Hallett's Estate (1880) 13 Ch D 696, CA 참조.

77) 원고가 피고에 대한 쓰레기매립물 제거청구권만을 인정하는 판결을 받아 이를 집행권원으로 집행관에게 대체집행을 신청하는 경우, 집행관은 토지의 굴착 없이는 쓰레기매립물을 제거할 수 없음을 이유로 집행을 거부할 가능성이 크다. 이와 같이 쓰레기매립물 제거만 명하는 판결은 '베니스의 상인'에서 포셔가 한 "계약대로 안토니오의 살을 베되, 피 한 방울도 나오게 하여서는 아니 된다."는 집행불능 판결을 연상시킨다(베니스의 상인에 대한 부분은 남형두 교수의 아이디어를 차용하였다).

78) 실제 심리에 있어서는 복토비용을 별도로 계산하는 것이 요청되고, 대상판결의 제1심에서 이루어진 감정에서도 복토비용 5,484,930원을 별도로 계산하였다. 복토비용 상당의 손해는 생활쓰레기가 매립되어 있음을 인식한 때에 현실적으로 손해가 발생한 것으로 보아 그때부터 불법행위의 장기소멸시효가 진행된다고 보아야 할 것이다. 토지소유자로서는 소멸시효 문제를 피하기 위해서 자신의 비용으로 복토를 한 후 부당이득반환청구를 하는 방안도 강구할 수 있다. 한편, 대상판결의 원심은 반대행위설에 근거하여 결론을 도출하면서도 이 사건 토지의 원상복구까지 명하였는바, 위와 같은 이유로 타당하다고 보기 어렵다.

이 아닌가 추측한다. 대법원은 대상판결과 유사한 위 2009다66549 전원합의체 판결에서 민법 제766조 제2항에서 정한 소멸시효의 기산점이 되는 '불법행위를 한 날'은 현실적으로 손해의 결과가 발생된 날을 의미하고, 현실적으로 손해가 발생하였는지 여부는 사회통념에 비추어 객관적이고 합리적으로 판단하여야 한다고 하면서 토지 소유자가 오염 사실을 발견하고 이를 제거하여야 할 때부터 소멸시효가 진행한다고 보았는바, 대상판결에서도 같은 법리가 적용될 수 있기 때문이다.[79)]

그러나 원고에게 손해배상청구권이 인정된다고 하여 충분한 구제수단이 부여되는 것은 아니다. 우선 원고는 피고의 고의·과실을 입증해야 하는 입증상의 부담이 있고, 책임제한의 법리 등에 따라 원고도 손해의 일부를 부담할 수 있기 때문이다. 실제 위 2009다66549 전원합의체 판결의 원심은 피고의 책임을 70%로 제한한 바 있다.[80)] 또한, 물권적 청구권과 달리 손해배상청구권은 소멸시효의 항변의 제한을 받으므로 소멸될 위험이 존재한다. 무엇보다 손해배상청구권이 충분한 구제수단이 되지 못하는 경우는 피고에게 도산절차가 개시된 경우이다. 이 경우에 원고의 채권은 회생채권 내지 파산채권이 되므로 회생절차 내지 파산절차에 의하지 않고는 변제를 받을 수 없어 원고로서는 상당한 손해를 감내할 수 밖에 없다.[81)] 그러나 원고에게 쓰레기매립물과 쓰레기가 매립된 지층의 토지 부분에 대한 제거청구권이 인정되면 이러한 청구권은 회생채권 내

79) 대상판결의 원심판결은 원고의 불법행위로 인한 손해배상청구권이 시효로 소멸하였다고 판단하였는데, 이론적 당부를 떠나 위 2009다66549 전원합의체 판결의 판시와 맞지 않는 면이 있다. 실제로 본 판례평석이 발표된 후 선고된 파기환송심(대법원 2020. 4. 29. 선고 2019나2031502 판결)에서 서울고등법원은 "2014. 4.경 이 사건 토지에 매립된 다량의 생활쓰레기로 인하여 그 처리비용을 지출하여야 하게 됨으로써 현실적으로 손해의 결과가 발생하였다고 보는 것이 상당하다."고 판시하면서 피고의 소멸시효 항변은 이유 없다고 보고, 피고에게 생활쓰레기를 제거하고 토사를 복구하는 비용 합계 153,463,420원의 배상을 명하였다. 참고로 피고가 2020. 5. 13. 위 판결에 대하여 상고를 제기한 상태이다.

80) 서울고법 2009. 7. 16. 선고 2008나92864 판결.

81) 다만, 피고의 불법행위가 고의에 기한 것임이 밝혀진 경우에는 피고는 면책되지 않는다(채무자 회생 및 파산에 관한 법률 제566조 제3호, 제625조 제2항 제4호).

지 파산채권이 아니므로 회생절차 내지 파산절차에 따른 제한을 받지 않고 청구권의 내용을 실현할 수 있다.[82] 따라서 원고에게 손해배상청구권을 인정한다고 하여 충분한 구제수단을 인정하는 것이 아니다. 무엇보다 소유물방해제거청구권은 손해배상청구권에 비하여 수단적 우월성이 인정되는바, 원고가 수단적 우월성이 인정되는 소유물방해제거청구권을 행사하였으면 그에 따른 권리를 인정하면 되는 것인지 논리적 타당성이 의심이 되는 논리를 들어 이를 부정하는 것은 원고의 정당한 권리 행사를 부당하게 제한하는 것이다.

Ⅶ. 마치면서

본 글에서는 타인의 토지에 쓰레기를 매립한 사안에서 쓰레기매립물이 현존하더라도 소유자는 쓰레기매립물의 제거를 구할 수 없다고 한 대법원 2019. 7. 10. 선고 2016다205540 판결을 비판적으로 고찰하였는데, 그 내용을 요약하면 다음과 같다.

첫째, 방해제거청구권은 원상회복을 구하는 권리라기보다는 방해원(妨害源)의 제거를 구하는 권리라고 보아야 하며, 방해원에 해당하는 쓰레기매립물이 현존하고 있는 이상 방해의 현존성이 인정되므로 원고의 방해제거청구권을 인정해야 한다.

둘째, 방해물이 부합되었다고 하더라도 이미 발생하여 존속하고 있는 방해원이 소멸하였다고 볼 수 없는 점, 방해제거청구권은 소유권을 침해하는 물건의 소유권을 가진 상대방에 한정하여 청구할 수 있는 권리가 아니고 방해원을 야기한 행위를 한 자에 대하여 책임을 묻는 권리라는 점, 민법 제217조가 토양오염에 대하여 방해제거청구권을 인정하고

82) 물권적 청구권인 가등기말소청구권이 구 회사정리법 상의 정리채권이 아니라는 점에 대하여는 대법원 1994. 8. 12. 선고 94다25155 판결(공 1994, 2301). 대상판결 사안에서 만약 피고에게 회생절차가 개시되면 원고는 회생절차 관리인을 피고로 삼아(만약 소송수행 중에 회생절차가 개시되면 회생절차 관리인으로 하여금 소송수계를 하도록 하여) 승소판결을 받아 이를 집행권원으로 하여 집행을 하면 된다.

있는 점 등에 비추어 원고의 토지에 쓰레기를 매립함으로써 방해원을 조성한 피고는 방해제거의무를 부담한다고 보아야 한다.

셋째, 대상판결 이전에 선고된 위 2009다66549 전원합의체 판결에서는 자기 소유 토지에 폐기물을 매립한 자에 대하여 그 매립한 폐기물이 현존한다는 이유로 엄격한 책임을 물어 방해제거의무를 인정한 반면, 대상판결에서는 타인 소유 토지에 무단으로 쓰레기를 매립함으로써 위 전원합의체 판결 사안보다 위법성이 중한 행위를 한 자에 대하여 방해제거의무를 부정하였는바, 대상판결은 판결이 구축해야 할 법적 통일성을 결여하고 있다. 특히 토양환경보호에 있어서 선도적인 역할을 해야 할 지방자치단체(피고)가 국민에 대한 보호의무를 저버리고 토양을 오염하였다는 점에서 피고에 대한 비난가능성이 가중되는바, 그럼에도 불구하고 원고의 방해배제청구권을 인정하지 않은 점은 구체적 타당성의 측면에서도 쉽게 납득하기 어렵다.

토양은 인간의 삶의 가장 기본이 되는 조건인바, 토양오염이 한 번 발생하면 현 세대를 넘어 미래 세대에까지 피해가 지속되고, 감당하기 힘든 생태계 교란이 야기된다는 점에서 토양오염에 대한 적극적인 대처는 아무리 강조해도 지나치지 않는다. 거기에 토양오염으로 인하여 발생하는 지하수 오염, 자연녹지의 축소, 건강의 악화 등 금전으로 환산하기 어려운 피해를 고려할 때 토양을 오염시킨 자에 대해서는 엄중한 책임을 물어야 한다. 그럼에도 불구하고 대상판결은 쓰레기매립자에 대하여 방해제거의무를 부정하였는바, 시대의 보편적 관념과는 동떨어진 판결이 아닌지 여러모로 아쉬움이 남는다.

[Abstract]

The Presence of Disturbance for the Claim for Removal of the Disturbance

Lee, Kye Joung*

The Korean Supreme Court issued a decision ("the Decision at Issue") denying the claim for removal (Beseitigungsanspruch) in the case where the defendant buried a pile of garbage under the land and the plaintiff, who acquired the land after burial, demanded the removal of a pile of garbage based on the ownership (Supreme Court [S. Ct.], 2016Da205540, July 10, 2019(S. Kor.)). This article dealt with the Decision at Issue with a critical eye and the conclusion can be summarized as follows:

Firstly, the claim for removal is aiming at the removal of the source of the disturbance rather than the restoration to the original condition. Since a pile of garbage can be considered as the source of the disturbance and a pile of garbage has continued to exist, the presence of disturbance for the claim for removal can be affirmed in this case. Therefore, there are no difficulties affirming the claim for removal of a pile of garbage in this case.

Secondly, even though a pile of garbage has been mixed with the soil and the defendant lost the ownership over a pile of garbage, the plaintiff can still claim a right of removal given the principle that the claim for removal is a right against the person who acts for creating the source of the disturbance (Handlungsstörer). The defendant cannot deny his/her obligation to remove by asserting that he/she has lost his/her ownership of the source of the disturbance, i.e. a pile of garbage in this case. In addition, consider-

* Associate Professor, Seoul National University School of Law & Ph. D. in Civil Law.

ing the Korean Civil Code § 217 stating that the person who may disturb the neighbor's land by liquid, heat gas, and the like has a duty to take the appropriate measure, the plaintiff can claim the removal against the defendant who caused harm to the ownership by dumping the trash.

Thirdly, the Korean Supreme Court put much emphasis on the protection of the soil in the previous decision where a previous landowner sold the land after causing soil pollution by illegally burying waste (Supreme Court [S. Ct.], 2009Da66549, May 19, 2016(S. Kor.)). The Supreme Court affirmed that a previous landowner has a duty to remove waste in the decision. However, the Decision at Issue denied the claim for removal. It can be submitted that the Decision at Issue lacks in the integrity as law that Ronald Dworkin emphasized as the core of the court decisions. Given the factors that the defendant is a municipality that has a solemn duty to protect the soil for the citizen and therefore, the defendant should assume the heavy responsibility for contaminating the soil, the defendant should bear a duty to remove a pile of garbage for the plaintiff.

[Key word]

- the claim for removal
- disturbance
- damages
- soil contamination
- attachment

참고문헌

1. 국어문헌

[단 행 본]

곽윤직 편집대표, 민법주해(Ⅴ), 물권(2), 박영사, 1999.
곽윤직 · 김재형, 물권법, 제8판, 박영사, 2015.
김기선, 한국물권법, 전정증보판, 법문사, 1990.
김상용, 물권법, 제2판, 화산미디어, 2013.
김용덕 편집대표, 주석민법(물권 1), 제5판, 한국사법행정학회, 2019.
김용한, 물권법론, 재전정판, 박영사, 1993.
김증한 · 김학동, 물권법, 제9판, 박영사, 2004.
박세일 외 6인 공저, 법경제학, 재개정판, 박영사, 2019.
(사) 한국지구과학회 편, 지구과학사전, 북스힐, 2009.
송덕수, 물권법, 제4판, 박영사, 2019.
양창수 · 권영준, 권리의 변동과 구제(민법 Ⅱ), 제3판, 박영사, 2017.
이영준, 물권법, 전정신판, 박영사, 2009.
이은영, 물권법, 제4판, 박영사, 2006.
장경학, 물권법, 법문사, 1987.
조홍식, 환경법원론, 박영사, 2019.
최병조, 로마법강의, 박영사, 2004.

[논 문]

강우예, "법의 일관성 확보를 위한 개념 형태에 대한 비판적 분석-로날드 드워킨과 래리 알렉산더의 논쟁을 중심으로", 법철학연구 제22권 제3호, 한국법철학회, 2019.
공두현, "우리 대법원 법해석론의 흐름: 법실증주의, 법현실주의, 법원리론", 법철학연구 제22권 제2호, 한국법철학회, 2019.
권영준, "위험배분의 관점에서 본 사정변경의 원칙", 민사법학 제51호, 한국민사법학회, 2010.
김도균, "우리 대법원 법해석론의 전환: 로널드 드워킨의 눈으로 읽기-법의 통일성(Law's Integrity)을 향하여", 법철학연구 제13권 제1호, 한국법철학회, 2010.

김재형, "소유권과 환경보호", 인권과 정의 제276호, 대한변호사협회, 1999.

김진우, "독일법상의 소유물방해제거청구권에서의 '방해'", 재산법연구 제29권 제4호, 한국재산법학회, 2013.

김형석, "소유물방해제거청구권에서 방해의 개념", 서울대학교 법학(제45권 제4호), 서울대학교 법학연구소, 2004.

박수곤 · 김진우 · 가정준 · 권철, "손해배상의 방법에 대한 비교법적 고찰–원상회복과 금전배상의 개념에 대한 재고", 비교사법 제19권 제1호, 한국비교사법학회, 2012.

박철홍, "소유권에 기한 방해배제청구권의 행사 근거 및 행사 범위", 민사판례연구 제40권, 박영사, 2018.

서광민, "물권적 청구권에 관한 일고찰", 민사법학 제17호, 한국민사법학회, 1999.

송상원, "소유권에 의한 방해배제청구권에서의 방해개념에 관한 연구", 박사학위논문, 한국외국어대학교, 2014.

안경희, "토지 소유자 상태책임의 헌법불합치 결정에 대한 민사법적 평가와 향후 전망", 환경법과 정책 제10권, 강원대학교 비교법학연구소, 2013.

양형우, "자신의 토지에 토양오염을 유발하고 폐기물을 매립한 자의 불법행위책임–대상판결: 대법원 2016. 5. 19. 선고 2009다66549 전원합의체 판결", 홍익법학 제18권 제2호, 홍익대학교 법학연구소, 2017.

이병준, "인접한 토지의 경사면에 건축한 석축의 부합과 방해배제청구권", 민사법학 제54-1호, 한국민사법학회, 2011.

이선형, "자기 소유 토지에 토양오염을 유발하고 폐기물을 매립한 자의 민사상 불법행위책임에 관하여–대법원 2016. 5. 19. 선고 2009다66549 전원합의체 판결", 부산대학교 법학연구 제57권 제4호, 부산대학교 법학연구소, 2016.

이재경, "오염된 토지의 매매에 있어서 불법행위책임–대법원 2016. 5. 19. 선고 2009다66549 전원합의체 판결", 법학연구 제26권 제1호, 경상대학교 법학연구소, 2018.

이재목, "조망권의 법적 근거와 보호범위", 인권과 정의 제346호, 대한변호사협회, 2004.

이종덕, “증강현실 기술의 활용과 물권 침해-포켓몬GO 게임을 중심으로”, 법학논총 제34권 제4호, 한양대학교 법학연구소, 2017.

정다영, “자기 소유 토지에 토양오염을 유발하고 폐기물을 매립한 자의 불법행위책임-대법원 2016. 5. 19. 선고 2009다66549 전원합의체 판결을 중심으로”, 토지법학 제33권 제2호, 한국토지법학회, 2017.

조홍식, “유지청구 허용여부에 관한 소고”, 민사판례연구 제25권, 박영사, 2000.

2. 일본문헌

奥田進一, “農地所有権に基づく放射性物質除去請求事件”, 政治・経済・法律研究 20(1), 拓殖大学政治経済研究所, 2017.

堀田親臣, “土壌汚染と物権的請求権(二) : 近時のドイツ裁判例の動向を中心に”, 広島法學 39巻 3號, 広島大學法學會, 2016.

3. 독어문헌

Baur, “Der Beseitigungsanspruch nach § 1004 BGB”, AcP 160, 1961.

Baur/Stürner, Sachenrecht, 18. Aufl., 2009.

Kaser, Das Römische Privatrecht Ⅰ, 2. Aufl., 1971.

Larenz/Canaris, Lehrbuch des Schuldrechts, Band II/2, 13. Aufl., 1994.

Münchener Kommentar zum BGB, 4. Aufl., 2004.

Münchener Kommentar zum BGB, 8. Aufl., 2020.

Picker, Der negatorische Beseitigungsanspruch, 1972.

Staudinger Kommentar zum BGB, Neubearbeitung, 2013.

Wenzel, “Der Störer und seine verschuldensunabhängige Haftung im Nachbarrecht”, NJW 2005.

Windscheid/Kipp, Lehrbuch des Pandektenrechts, Bd. 1, 9. Aufl., 1906.

Wolf, Sachenrecht, 17. Aufl., 2001.

4. 영어문헌

Guido Calabresi & A. Douglas Melamed, “Property Rules, Liability Rules, and Inalienability: One View of the Cathedral”, 85 Harv. L. Rev. 1089, 1972.

Ronald Dworkin, Law's Empire, Hart Publishing, 1986.
Lionel D. Smith, The Law of Tracing, Clarendon Press, 1997.

소수지분권자 사이의 공유물 인도 및 방해배제 청구

한 나 라*

■요 지■

소수지분권자가 공유물의 전부 또는 일부를 다른 공유자와 협의 없이 독점적으로 점유·사용하는 경우, 다른 소수지분권자의 인도청구를 보존행위로서 인정한 것이 종전 대법원의 확립된 견해였다. 그러나 이는 보존행위의 개념을 지나치게 확대하고, 독점적으로 점유하는 소수지분권자의 지분비율에 따른 사용·수익권을 박탈하는 등의 문제가 있었다. 대상판결인 대법원 2020. 5. 21. 선고 2018다287522 전원합의체 판결은 위 견해를 변경하여 보존행위에 기한 인도청구를 부정하고, 방해배제청구를 인정하였다. 대상판결은 공유지분이 1개의 독립된 소유권의 성질을 갖고 각 공유자는 지분에 따라 공유물 전부를 사용·수익할 수 있는 구체적 권리를 갖는다는 지분권설에 기초하여, 일관된 논리로 민법 제213조, 제214조의 요건을 검토하였고, 보존행위 개념을 대법원 1995. 4. 7. 선고 93다54736 판결 및 다른 공동소유의 개념과 통일적으로 해석한 것으로 타당하다. 대상판결에서 해결방안으로 제시된 방해배제청구에 관하여 분쟁의 궁극적 해결방법이 되기 어렵다는 있으나 이는 입법적 해결이 필요한 영역이고, 방해배제청구의 구체적 모습에 관하여는 학계 및 실무의 지속적인 연구가 필요하다.

---

* 수원지방법원 판사.

[주 제 어]
• 공유
• 지분권
• 소수지분권자
• 보존행위
• 공유물 인도청구
• 공유물 방해배제청구

대상판결 : 대법원 2020. 5. 21. 선고 2018다287522 전원합의체 판결 [공2020하, 1198]

[사안의 개요 및 소송의 경과]

1. 사안의 개요

갑과 을은 이 사건 토지의 각 1/2 지분을 공유하고 있던 중 사망하였다. 원고는 을의 상속인으로서 1992. 11. 28. 이 사건 토지 중 을의 지분 1/2에 관하여 협의분할에 의한 상속을 원인으로 한 지분이전등기를 마쳤다. 피고는 갑이 1995년경 사망하자 다른 형제들과 함께 갑의 지분을 공동상속하였다. 피고는 2011년경 이 사건 토지 위에 소나무를 식재하여 이 부분 토지를 독점적으로 점유하고 있다. 이에 원고는 피고를 상대로 지상물의 수거, 점유 부분 토지의 인도 및 임료 상당의 부당이득반환을 구하였다(쟁점과 무관한 피고의 항변 부분은 생략한다. 이하 같다).

2. 제1심(의정부지방법원 2017. 11. 30. 선고 2015가단120970 판결) 및 원심 (의정부지방법원 2018. 10. 18. 선고 2017나214900 판결)

가. 제1심은 피고가 이 사건 토지 일부에 소나무를 식재하여 이를 배타적으로 점유하고 있으므로 원고는 공유물의 보존행위로서 점유 부분의 인도, 소나무 기타 시설물의 수거 및 토지 인도 완료일까지의 부당이득반환을 구할 수 있다고 보아 원고의 청구를 모두 인용하였다. 원심은 제1심의 위 청구원인에 관한 판단 부분을 그대로 인용하였다.

나. 판결이유에서 원심은 다음과 같은 확립된 판례 법리를 설시하였다. 즉, 소수지분을 소유하고 있는 공유자나 그 소수지분에 관한 소유권이전등기 청구권을 가지고 있는 사람이라 할지라도 다른 공유자와의 협의 없이는 공유물을 배타적으로 점유하여 사용·수익할 수 없으므로, 다른 공유자는 자신이 소유하고 있는 지분이 과반수에 미달되더라도 협의 없이 공유물을 점유하고 있는 소수지분공유자에 대하여 공유물의 보존행위로서 공유물의 인도를 청구할 수 있다(대법원 1994. 3. 22. 선고 93다9392, 93다9408 전원합의체 판결, 대법원 2003. 11. 13. 선고 2002다57935 판결, 대법원 2015. 11. 26. 선고 2015다206584 판결).

[대상판결의 요지]

1. 쟁점 및 대상판결의 결론

이 사건의 쟁점은 과반수에 미달하는 지분을 가진 공유자(이하 '소수지분권자'라 한다)가 다른 공유자와 협의 없이 공유물을 독점적으로 점유 · 사용하는 다른 소수지분권자를 상대로 공유물의 인도 및 방해배제를 청구할 수 있는지 여부이다.

이에 대해 공유물 인도청구를 부정하고 지분권에 기한 방해배제청구를 인정하는 다수의견(대법관 7인), 보존행위로서 공유물 인도 및 방해배제청구를 긍정하는 반대의견(대법관 5인, 이하 '반대의견1'이라 한다), 공유물 인도청구와 방해배제청구를 모두 부정하는 반대의견(대법관 1인, 이하 '반대의견2'라 한다)으로 견해가 나뉘었다.

대상판결은 결국 원심이 원고의 토지 인도청구를 받아들인 것에는 공유물의 보존행위에 관한 법리를 오해하여 판결에 영향을 미친 잘못이 있고, 원심이 원고의 지상물 수거 청구를 공유물의 보존행위로서 허용된다고 본 것은 적절하지 않지만, 원고의 지상물 수거 청구를 받아들인 결론은 정당하므로 판결 결과에 영향을 미친 잘못이 없다고 판단하고, 원심판결 중 토지 인도청구 부분 및 부당이득금반환청구 중 아직 확정적으로 발생하지 않은 원심 변론종결일 다음 날부터 토지 인도 완료일까지 금원 지급을 명한 부분을 파기환송하고 나머지 상고를 기각하였다. 이하에서 다수의견, 반대의견1, 반대의견2의 각 요지를 요약한다.

2. 다수의견

공유물의 소수지분권자가 다른 공유자와 협의 없이 공유물의 전부 또는 일부를 독점적으로 점유 · 사용하고 있는 경우 다른 소수지분권자는 공유물의 보존행위로서 그 인도를 청구할 수는 없고, 다만 자신의 지분권에 기초하여 공유물에 대한 방해 상태를 제거하거나 공동 점유를 방해하는 행위의 금지 등을 청구할 수 있다.

먼저 원고는 피고를 상대로 공유물의 인도를 청구할 수 없다. 그 이유는 ① 원고의 피고에 대한 공유물 인도청구는 공유물을 점유하는 피고의 이해와 충돌하고, 민법 제265조 단서에서 정한 보존행위라고 보기 어려운 점, ②

피고의 점유는 지분비율을 초과하는 한도에서만 위법한데, 원고의 인도청구를 허용한다면 피고의 점유를 전면적으로 배제함으로써 피고가 적법하게 보유하는 '지분비율에 따른 사용·수익권'까지 근거 없이 박탈하는 부당한 결과를 가져온다는 점, ③ 원고도 소수지분권자이므로 원고가 공유자인 피고를 전면적으로 배제하고 자신만이 단독으로 공유물을 점유하도록 인도해 달라고 청구할 권원은 없는 점, ④ 공유물에 대한 인도 판결과 그에 따른 집행의 결과는 인도 전의 위법한 상태와 다르지 않은 점, ⑤ 원고는 피고를 상대로 지분권에 기한 방해배제청구권을 행사함으로써 위법 상태를 충분히 시정할 수 있다는 점 때문이다.

다음으로, 공유자들은 공유물의 소유자로서 공유물 전부를 사용·수익할 수 있는 권리가 있고(민법 제263조), 이는 공유자들 사이에 공유물 관리에 관한 결정이 없는 경우에도 마찬가지이다. 공유자들 사이에 공유물 관리에 관한 결정이 없는 경우 비독점적인 형태로 공유물 전부를 다른 공유자와 함께 점유·사용하는 것은 자신의 지분권에 기초한 것으로 적법하다. 공유자는 자신의 지분권 행사를 방해하는 행위에 대해서 민법 제214조에 따른 방해배제청구권을 행사할 수 있고, 공유물에 대한 지분권은 공유자 개개인에게 귀속되는 것이므로 공유자 각자가 행사할 수 있다. 원고는 원고의 공동 점유를 방해하거나 방해할 염려가 있는 피고의 행위와 방해물을 구체적으로 특정하여 방해의 금지, 제거, 예방(작위·부작위의무의 이행)을 청구하는 형태로 청구취지를 구성할 수 있다. 법원은 이것이 피고의 방해 상태를 제거하기 위하여 필요하고 원고가 달성하려는 상태가 공유자들의 공동 점유 상태에 부합한다면 이를 인용할 수 있다.

3. 반대의견1

원고는 다음과 같은 이유로 보존행위로서 공유물의 인도를 청구할 수 있다.

① 소수지분권자에 불과한 피고는 공유물을 독점할 권리가 없으므로, 점유의 사실적, 불가분적 성질을 고려할 때, 피고의 점유는 전체가 위법하다. 피고가 보유하는 '지분비율에 의한 사용·수익권'이 구체적으로 특정되지 않았다면, 피고에게 공유물 전부의 인도를 명하더라도 피고의 권리를 침해한다고 볼 수 없다.

② 공유물을 공유자 한 명이 독점적으로 점유하는 위법 상태를 시정하

여 공유물의 현상을 공유자 전원이 사용·수익할 수 있는 상태로 환원시킬 목적으로 방해를 제거하거나 공유물을 회수하는 것은 공유물의 보존을 위한 행위에 해당하여, 원고는 공유물 전부의 인도를 청구할 수 있다.

③ 원고가 인도판결을 통해 취득하게 되는 점유는 모든 공유자들을 위한 것으로 보아야 하고, 공유물을 위법하게 독점하던 피고의 종전 점유와 같은 것이라고 할 수 없다. 원고의 인도청구를 보존행위로서 허용한다고 하여 그 자체로 피고의 지분에 따른 사용·수익권을 박탈한다고 할 수 없다.

④ 원고의 인도청구를 허용한 결과 종전 점유자인 피고가 일시적으로 점유에서 배제되는 현상이 나타나기는 하지만, 이는 피고의 독점적 점유를 해제하고 위법 상태를 시정하기 위한 조치로 인한 반사적 결과이다.

4. 반대의견2

민법 제263조에 근거한 공유물의 사용·수익권은 일반적·추상적 권리에 지나지 아니하므로, 공유물의 사용·수익 방법에 관하여 공유자들 사이에 과반수 지분에 의한 정함이 없는 경우에는 어느 공유자도 그 내용이 어떠하든지 간에 자신이 주장하는 바와 같은 방법으로 공유물을 사용·수익할 권리가 없다. 이유는 다음과 같다.

① 공유자들 사이에 공유물의 사용·수익 방법에 관한 결정이 이루어지지 않은 상태에서 공유자들이 가지는 '지분비율에 따른 사용·수익권'이란 일반적·추상적 권리에 불과하고 이를 소로써 청구할 수 있는 구체적인 권리라고 할 수 없다.

② 공유자들이 공유물을 사용하는 법률관계는 공유자들이 관리방법으로 결정된 특정한 방법으로 공유물을 사용·수익하거나, 그러한 결정이 없이 각자 자신이 원하는 방법으로 공유물을 사용하겠다고 주장하며 대치하는 상태로 귀결된다. 공유물의 관리에 관한 아무런 정함이 없음에도 공유자들이 특정한 방법으로 물건을 공동으로 점유·사용하는 제3의 영역은 법리적으로 존재하지 않는다.

③ 다수의견이 말하는 '공유자들이 아무런 결정 없이 공유물을 비독점적으로 공동 사용·수익하는 상태'라는 것은 관념적인 가정에 불과하다.

④ 원고 역시 소수지분권자에 불과하여 과반수 지분에 따른 결정 없이는 특정한 형태로 공유물을 사용·수익할 수 있는 구체적인 권리가 없으므

로, 토지의 인도뿐만 아니라 토지의 공동 점유·사용을 위한 방해금지를 청구하는 것도 불가능하다.

〔研　　究〕

Ⅰ. 서　　론

대상판결의 쟁점은 공유물을 독점적으로 점유·사용하는 소수지분권자에 대한 다른 소수지분권자의 공유물 전부의 인도 및 방해배제청구에 관한 것으로, 그 중 특히 공유물 인도청구 부분에 관하여는 대법원 1994. 3. 22. 선고 93다9392, 93다9408 전원합의체 판결(이하 '1994년 전원합의체 판결'이라 한다) 이후 학계에서 많이 다루어져 선행 연구가 상당히 축적된 영역이다. 즉, 대법원은 1960년경부터 여러 차례에 걸쳐 공유자 1인이 공유물을 배타적으로 점유하여 사용하는 경우에는 다른 공유자가 보존행위로서 공유물의 인도를 청구할 수 있다고 판시하였고, 1994년 전원합의체 판결에서 다수의견 7인, 반대의견 6인으로 치열한 논의 끝에 종래의 법리를 다시 확인하였는데, 이러한 대법원의 법리에 대해 학설의 많은 비판이 있었다. 대법원은 대상판결을 통해 소수지분권자 사이의 인도청구 및 방해배제청구에 관하여 보존행위설의 입장을 택하였던 기존의 판결들을 폐기하고, 지분권설을 택하여 공유자의 지분권에 기초한 민법 제213조의 소유물반환청구권 및 민법 제214조의 소유물방해제거, 방해예방청구권 인정 여부를 검토하였으며, 다양한 근거를 들어 인도청구는 불가능하나 방해배제청구가 가능하다는 점을 뒷받침하였다. 반대의견1이 인도청구 및 방해배제를 모두 긍정하는 종전의 보존행위설의 입장에서, 반대의견2가 인도청구 및 방해배제를 모두 부정하는 입장에서 각 다수의견을 반박하고 예상되는 문제점을 제시하였고, 이에 다수의견에 대한 보충의견(대법관 2인)에서 다수의견의 논거를 보충하면서 풍부한 논의를 전개하였다. 본 글에서는 소수지분권자 사이의 인도청구 및 방해배제청구에 관하여 대상판결이 언급한 근거들을 중심으로 구체적으로 분석하고자 한다.

이하에서는 우선 공유자 사이의 분쟁이 발생하는 전제로서 공유물의 이용관계(Ⅱ.1.항)에 대해 일반론을 검토하되 특히 보존행위의 개념을 중심으로 살펴본다. 그리고 공유물의 인도 및 방해배제청구의 근거 및 유형별 허용 여부(Ⅱ.2.항)를 간단히 검토한다. 다음으로 대상판결에서 문제되는 소수지분권자 사이의 공유물 인도 및 방해배제청구에 관하여 대상판결에서 깊이 다루어진 쟁점인 공유자들의 공유물에 대한 사용·수익권의 성질(Ⅲ.1.항), 인도청구의 근거로서 보존행위와 인도권원 유무(Ⅲ.2.항), 소수지분권자의 독점적 점유에 관한 위법성의 범위(Ⅲ.3.항), 인도판결 및 집행에 따른 결과가 위법한지 여부(Ⅲ.4.항), 방해금지청구의 실효성(Ⅲ.5.항) 등을 중심으로 대상판결을 검토하는 순서로 논의를 전개한다.

Ⅱ. 공유물 이용관계와 인도 및 방해배제청구 일반론

1. 공유물의 이용관계

물건이 지분에 의해 수인의 소유로 된 때 이를 공유라고 한다(민법 제262조 제1항). 지분은 각 공유자가 가지는 권리로 한 개 소유권의 분량적 일부분이고, 그 성질은 소유권과 다르지 않다고 보는 것이 다수설이다(양적분할설).[1] 공유물의 인도청구 및 방해배제청구 논의의 전제로서 대상판결의 공유에 관한 참조조문인 민법 제263조와 제265조에 대해 살펴본다.

---

1) 주석 민법 물권(2)(제5판, 2019)(최준규 집필부분), 25면. 공유의 법적 성질에 대하여 다수설인 양적분할설 이외에, 각 공유자가 하나의 소유권을 가지고, 각 소유권이 일정한 비율에 의해 서로 제한되며, 그 내용의 총화가 1개의 소유권의 내용과 동일하게 된다는 견해(다수소유권경합설)가 있으나[고상룡, 물권법, 법문사(2001), 364면, 위 주석 민법 물권(2), 8면에서 재인용], 이는 일물일권주의에 부합하지 않고 실제 결과에 있어서 양적분할설과 차이가 없어 논의의 실익이 크지 않다[박의근, "공동소유에서의 공유에 관한 해석론적·입법론적 개선 방안", 서울법학 21(3), 2014, 311면]. 한편 소유권은 분할될 수 없는 단일체이고, 지분은 하나의 소유권을 대상으로 하는 공유자들 사이의 내부적 소유비율로서 독립의 물권이 아니라는 견해[이진기, "대법원 전원합의체 판결'과 법이론의 부조화－대판 (전합) 2020. 5. 21., 2018다287522의 평석－", 민사법학(92), 2020, 10면]도 있으나, 우리 민법은 물권편 제3절 공동소유 중 제262조부터 제270조까지 공유관계에 관한 규정을 두고 있으므로 이를 물권으로 보아야 한다.

가. 민법 제263조 공유물의 사용 · 수익

공유자는 공유물 전부를 지분의 비율로 사용 · 수익할 수 있다(민법 제263조 후단). 이는 공유자가 공유물 전부를 사용 · 수익할 수 있되, 그 사용 · 수익이 지분에 의하여 제약된다는 의미이다. 공유자들은 공유물을 사용 · 수익하는 방법에 대해 협의하는 경우가 많은데, 이는 민법 제265조의 관리에 해당하여 공유지분의 과반수로 결정한다.[2] 따라서 구체적인 사용 · 수익 방법에 관하여 공유자들 사이에 특별한 합의가 없는 한 공유자 중 1인이 공유물의 특정부분을 배타적으로 사용 · 수익할 수 없다. 공유자 중 1인이 공유물을 배타적으로 사용 · 수익하면, 다른 공유자들 중 지분은 있으나 사용 · 수익은 전혀 하고 있지 않는 자들에 대하여 그 자들의 지분에 상응하는 부당이득반환의무를 부담한다.[3]

나. 민법 제265조 관리행위와 보존행위

(1) 민법 제265조 본문 관리행위

공유물의 관리행위는 공유물의 처분이나 변경에까지 이르지 아니하는 정도로 공유물을 이용 · 개량하는 행위로서, 공유물의 관리에 관한 사항은 공유자의 지분의 과반수로써 결정한다(민법 제265조 본문). 지분의 과반수이어야 하므로 지분의 1/2만으로는 관리행위를 할 수 없다. 공유자 중 1인이 과반수 지분을 가진 경우에는 그 공유자는 별도의 결정을 거치지 않고도 독자적으로 관리행위를 할 수 있다. 관리행위의 예로, 공유물을 사용 · 수익하는 구체적 방법의 결정, 공유물의 임대행위, 관리행위에 해당하는 계약의 해제, 해지 등이 있다.[4]

한편, 관리행위와 구별되는 공유물 자체의 처분 · 변경은 각 공유자가 자유로이 처분할 수 있는 지분과 달리 공유자 전원의 동의를 얻어야 할 수 있다(민법 제264조). 처분은 공유물 자체를 양도하거나 제한물권을 설정하는 행위이고, 변경은 공유물에 사실상의 물리적 변화를 가하는 것이다.[5]

2) 주석 민법 물권(2), 26면.

3) 주석 민법 물권(2), 27면. 대법원 1991. 9. 24. 선고 88다카33855 판결 등.

4) 주석 민법 물권(2), 38-40면; 민법주해[V], 물권(2), 박영사(1992), 571-573면(민일영 집필부분).

(2) 민법 제265조 단서 보존행위

공유물의 보존행위는 각 공유자가 단독으로 할 수 있다(민법 제265조 단서). 민법 제265조 문언상 보존행위는 관리행위 중 지분권자가 단독으로 할 수 있는 것이다.[6] 민법이 공유물의 "관리에 관한 사항"과 "보존행위"를 나누어 규정하고 있으므로 민법상으로는 공유물의 관리행위는 보존행위를 제외한 이용, 개량행위만을 의미하는 것으로 보아야 한다.[7]

공유물의 보존행위란 공유물의 멸실, 훼손을 방지하고 그 현상을 유지하기 위하여 하는 사실적, 법률적 행위를 말한다. 예를 들어, 공유건물의 손괴를 방지하기 위하여 수리를 하거나, 부패의 염려가 있는 물건을 매각하여 금전으로 보관하는 것 등이 있다.[8]

보존행위는 각 공유자가 단독으로 할 수 있으므로, 보존행위로서 제기하는 청구는 필요적 공동소송이 아니다. 보존행위를 각 공유자가 단독으로 할 수 있도록 한 취지는, 다른 공유자에게 해롭지 아니하고 오히려 이익이 되는 것이 보통이며 긴급을 요하는 경우가 많기 때문이다. 따라서 어느 공유자가 보존권을 행사하는 때에 그 행사의 결과가 다른 공유자의 이해와 충돌될 때에는 그 행사는 보존행위가 될 수 없다.[9]

다. 보존행위의 범위 문제

(1) 보존행위는 공유물의 일부 지분권자가 단독으로 하는 행위가 자신의 지분에 한하여서가 아니라 공유물 전부에 대하여 효력을 미칠 수

---

5) 주석 민법 물권(2), 35, 37면. 대법원 2001. 11. 27. 선고 2000다33638, 33645 판결에서는 나대지에 새로운 건물을 건축하는 것을 관리의 범위를 넘는 변경의 예로 들고 있다.

6) 이동진, "민법 중 공유에 관한 규정의 입법론적 고찰", 민사법학(78), (2017), 137면; 이현종, "집합건물 구분소유자의 보존행위에 관하여", 민사판례연구 제33-1권, 박영사(2011), 328면.

7) 이현종(주 6), 328면; 홍대식, "공유물의 보존행위: 공유물의 인도청구와 말소등기청구", 재판실무연구 제2권, 수원지방법원(1997), 184면; 김영일, "공유자상호간의 공유물의 보존행위", 한국사법행정학회, 사법행정 제26권 제6호(1985), 15면.

8) 주석 민법 물권(2), 45면; 민법주해[Ⅴ], 물권(2), 574면.

9) 주석 민법 물권(2), 45면; 민법주해[Ⅴ], 물권(2), 575면. 대법원 1995. 4. 7. 선고 93다54736 판결 참조.

있는 경우[10)]이기 때문에 그 범위가 문제된다. 보존행위에 해당하는지 문제되는 사례로 ① 공유지분에 기한 방해배제청구(소유권이전등기말소, 건물철거청구) 및 공유물인도청구, ② 공유물의 불법점유자에 대한 손해배상청구 또는 점유자에 대한 부당이득반환청구, ③ 다른 공유자에 대한 지분권 확인 등이 있다. 학설과 판례 모두 위 ②, ③ 유형을 공유지분권자의 지분에 한하여 행사할 수 있거나 효력이 생기는 것으로 보존행위라고 할 수 없다고 본다.[11)] ① 유형에 대하여, 종래 대법원 판례는 공유물에 관한 방해배제 또는 반환을 청구하는 경우와 소유권이전등기의 말소청구의 경우에도 보존행위에 해당한다고 하여, 보존행위의 개념을 확대 적용하여 왔다.

소유권이전등기 말소청구에 관하여 보건대, 판례에 의하면, 부동산의 공유자의 1인은 당해 부동산에 관하여 제3자 명의로 원인무효의 소유권이전등기가 마쳐져 있는 경우 공유물에 관한 보존행위로서 제3자에 대하여 그 등기 전부의 말소를 구할 수 있다. 그러나 그 제3자가 당해 부동산의 공유자 중의 1인인 경우에는 그 소유권이전등기는 그 공유자의 지분에 관하여는 실체관계에 부합하는 등기이므로, 그 공유자의 공유지분을 제외한 나머지 공유지분 전부에 관하여만 소유권이전등기 말소등기절차의 이행을 구할 수 있다. 한편 공유자의 지분이 등기부에 표시된 공유부동산의 경우에는 '원인무효의 등기로 인하여 그의 지분이 침해된 공유자'만이 그 등기의 말소를 구할 수 있다.[12)] 이에 대하여 공유자의 공유물에 대한 소유권이전등기 말소청구는 공유지분권의 행사로 볼 수 있고, 보존행위로 설명할 필요가 없다는 견해가 유력하다.[13)] ① 유형 중

10) 윤재식, "공유자 사이의 공유물의 보존행위", 민사재판의 제문제 제8권, 한국사법행정학회(1994), 156면.

11) 주석 민법 물권(2), 47-49면. 대법원 1991. 9. 24. 선고 91다23639 판결(부당이득 및 불법행위), 대법원 1994. 11. 11. 선고 94다35008 판결(지분권확인) 등.

12) 대법원 1988. 2. 23. 선고 87다카961 판결, 대법원 2006. 8. 24. 선고 2006다32200 판결, 대법원 2015. 4. 9. 선고 2012다2408 판결, 대법원 1991. 11. 12. 선고 91다26188 판결 등. 이현종(주 6), 331, 332면 참조.

13) 주석 민법 물권(2), 46면; 김재형, 공유물에 대한 보존행위의 범위, 민법론 I, 박

나머지 방해배제와 인도청구 부분에 관하여는 이하 2.항에서 자세히 살핀다.

(2) 이와 같이 보존행위의 범위를 넓힌 판례의 태도는 공유물에 대한 제3자의 침해가 있는 경우 공유자의 권리구제를 쉽게 해 주는 기능을 수행하였다.[14] 독일민법에 의하면 공유물을 제3자가 원인 없이 점유하고 있는 경우, 각 공유자가 제1011조, 제432조에 따라 반환청구를 할 수 있다. 우리 민법에는 독일민법 제1011조에 상응하는 규정이 없으나, 이러한 청구를 단독으로 할 수 있도록 할 필요성이 있어 공유물의 보존행위에 관한 규정으로 해결한다는 것이다.[15]

(3) 그러나 대법원 1995. 4. 7. 선고 93다54736 판결에서는, 공유자 간에 이해관계가 충돌한 경우에 보존행위의 성립을 부정하였다. 이 사건은 공유자 중 일부가 그 공유토지에 대하여 원인무효를 이유로 소유권이전등기의 말소청구를 한 경우인데, 다른 공유자인 소외 갑이 원래의 소 중 자신이 원고로 되었던 부분은 본인의 의사에 의하여 제기되지 않았다는 의사를 밝히면서 이를 취하하였고, 소송에 증인으로 나와 피고측 명의의 등기에 이의가 없음을 확실히 하고 있었다. 이 경우에 소외 갑의 태도가 공유물의 소유권을 취득하였다는 피고측의 주장이 받아들여지지 않는 경우에도 자신은 이를 인정하거나 자기의 지분을 피고측에게 새롭게 증여하여 그 현상을 유지하겠다는 취지라면, 원고들이 공유물의 보존행위로서 위 다른 공유자인 갑의 지분에 해당하는 부분까지 말소를 구하는 것은 갑의 이해와 충돌된다고 하였다.[16] 그러한 취지의

영사(2004), 231, 232면.

14) 김재형(주 13), 203, 204면.

15) 독일민법 제1011조는 "각 공유자는 소유권에 기한 청구권을 제3자에게 공유물 전부에 관하여 주장할 수 있다. 다만 반환청구권은 제432조에 따라서만 주장할 수 있다."고 규정하고, 제432조 제1항 제1문은 "수인이 불가분급부를 청구해야 하는 경우에, 채무자는 전원에 대하여 공동으로만 급부를 할 수 있으며, 또 각 채권자는 전원에 대한 급부만을 청구할 수 있다. 다만 수인이 연대채권자인 경우에는 그러하지 아니한다."고 규정한다. 김재형(주 13), 228, 229면에서 참조.

16) 김재형(주 13), 217면은 이 판결이 기존 판결(대법원 1962. 4. 4. 선고 62다1 판결, 대법원 1962. 12. 27. 선고 62다744 판결 및 1994년 전원합의체판결 등)들과

판시는 대법원 2008. 5. 29. 선고 2007다3179 판결, 대법원 2008. 12. 11. 선고 2006다83932 판결, 대법원 2015. 1. 29. 선고 2014다49425 판결 등에도 이어졌으며, 하급심 판결에서 이를 확장하여 적용하는 시도가 있다.[17)]

배치되므로 전원합의체판결로 선고되었어야 한다고 본다. 김재형(주 13), 226면은 이해관계 충돌의 경우에 보존행위를 부정하고 위 사안에서 소유권이전등기말소를 부정하는 결론은 타당하나, 위 대법원 93다54736 판결은 공유자의 제3자에 대한 말소등기 청구사건이 아니라, 공유자 상호간의 실체적 권리관계에 부합하는 등기에 관한 말소등기청구사건으로 보아야 하고, 보존행위 여부를 검토할 필요가 없다고 한다.

17) 이현종(주 6), 333-336면은 위 판결을 인용한 이후의 위 각 대법원 판결들도 모두 실체적 권리관계에 부합하는 등기에 대한 말소등기청구사건으로 구성할 수 있다고 하였고, 보존행위를 부정한 하급심 판결로 인천지방법원 부천지원 2010. 6. 15. 선고 2008가합596 판결(아파트 부지의 공유자 1인이 부지 공유지분이 없는 집합건물의 구분소유자들을 상대로 집합건물의 일부인 해당 구분소유 부분의 철거를 구한 사안에서, 철거는 집합건물의 보존에 해로운 행위이거나 다른 구분소유자인 부지 공유자들의 공동의 이익에 어긋나는 점 등에 비추어 철거청구는 다른 공유자의 이해와 충돌되어 보존행위가 아니라고 함), 서울남부지방법원 2009. 4. 21.자 2009카합116 결정(집합건물의 노후 배관 교체 공사는 대규모 공사이고, 상당한 지분을 소유하는 구분소유자가 공사에 반대하는 점 등에 비추어 긴급히 필요한 경우가 아니라면 보존행위에 해당하지 않는다고 함), 서울서부지방법원 2008. 3. 13. 선고 2007나4725 판결(아파트 구분소유자 1명이 아파트 부지에 인근 토지 소유자들이 소유한 담장과 무허가건물의 철거를 구한 사안에서, 철거 소송에 반대하는 아파트 부지 공유자들의 지분 등을 고려하여, 철거청구는 보존행위가 아니라고 함), 서울북부지방법원 2006. 11. 3. 선고 2006가합2845 판결(소수지분권자가 다른 소수지분권자로부터 공유토지를 임차하여 점유하는 임차인에게 토지인도를 청구한 사안에서, 토지인도 청구는 다른 공유자들의 지분에 관한 임대권한을 침해하여 보존행위가 아니라고 함) 등을 소개하였다.

한편, 대법원 2019. 9. 25. 선고 2015다42360 판결, 대법원 2019. 9. 26. 선고 2015다208252 판결, 대법원 2019. 10. 17. 선고 2015다221033 판결은 아파트 구분소유자가 도시가스사업자를 상대로 아파트 부지에 설치한 도시가스 정압기실의 철거와 그 부지의 인도를 구한 사안에서, 도시가스 공급에 필수적 시설인 정압기실을 철거할 경우 도시가스 공급에 지장이 생겨 원만한 주거생활이 어려운 점을 고려하면 정압기실의 철거와 부지의 인도 청구는 다른 구분소유자들의 이익에 반할 수 있고, 위 도시가스사업자가 아파트 건축 시 시행사의 사용승낙을 받아 적법하게 정압기실을 설치하였고 그 후 현재까지 정압기실이 아파트 대지에 존재하고 있어 그 철거를 구하는 것이 아파트 대지의 현상을 유지하기 위한 행위라고 보기 어려운 점에 비추어, 정압기실 철거 등 청구는 보존행위가 아니라고 판시하였다.

2. 공유물에 대한 방해배제 및 인도청구

가. 인정 근거

(1) 견해의 대립

공유자가 단독으로 공유물 전부에 대하여 물권적 청구권을 행사하는 근거에 관하여 보존행위설, 불가분채권 유추적용설, 지분권설 등으로 견해가 나뉜다.

보존행위설은 민법 제265조 단서의 공유물의 보존행위에 해당하여 각 공유자가 단독으로 공유물 전부에 대해 방해배제, 인도청구를 할 수 있다고 한다.[18]

불가분채권 유추적용설[19]은 목적물이 하나로 불가분인 점에 착안하여 민법 제409조의 불가분채권의 규정을 유추적용하여 각 공유자는 모든 공유자를 위하여 단독으로 공유물의 방해배제, 인도를 청구할 수 있다고 보는 견해이다.

지분권설[20]은 지분권의 본질에 의하여 각 공유자는 지분권에 기하여 단독으로 공유물의 방해배제, 인도청구를 할 수 있다고 하는 견해이다. 즉 지분권은 1개의 독립된 소유권인 성질을 갖고 각 공유자는 지분에 따라 공유물 전부를 사용·수익할 수 있는 권능을 가지고 있기 때문에, 공유물에 대하여 사용·수익할 권능을 침해받은 때에는 각 공유자는 지분권에 기해 공유물 전부에 대해 단독으로 방해배제 및 인도청구를 할 수 있다는 것이다.

---

18) 대법원 1966. 7. 19. 선고 66다800 판결 등. 지분은 물권이 아니므로 원칙적으로 각 공유자는 물권적 청구권을 행사할 수 없으나, 민법 제265조 단서에 의해 보존행위의 경우 예외적으로 가능하게 된 것이며, 장래를 향하여 원만한 공유상태를 실현하기 위한 물권적 청구권의 행사는 보존행위에 해당한다는 견해도 이에 해당하는 것으로 보인다. 이진기(주 1), 19, 20면.

19) 주석 민법 물권(2), 30면; 민법주해[Ⅴ], 물권(2), 563면에서는 이영준, 물권법, 박영사(2009), 590면 및 이은영, 물권법, 박영사(2006), 517면이 위 견해라고 한다.

20) 김재형(주 13), 231면; 윤재식(주 10), 161면; 홍대식(주 7) 182, 183면; 주석 민법 물권(2), 29면 등.

(2) 검 토

보존행위설은 분쟁의 실효성 있는 해결을 위하여 민법상 보존행위의 개념을 확대하여 적용하는 것이다. 그러나 아래 Ⅲ.2.항에서도 검토하는 바와 같이 공유자의 물권적 청구권의 행사가 공유물의 현상유지를 위한 것이 아니거나 공유자 사이의 이해가 충돌하는 경우에는 이를 보존행위로 볼 수 없을 것이다. 한편 불가분채권 유추적용설은 채권의 성질을 표시하고 있으나 그 발생근거를 설명하지 못하고, 제3자에 대한 관계에서가 아닌 공유자에 대한 인도청구권이나 지분에 따라 분할가능한 말소등기청구권은 불가분채권으로 보기 어렵다는 문제가 있다.[21] 지분권설에 의하면, 보존행위의 개념을 확대해석하거나 불가분채권의 내용을 유추적용할 필요 없이, 민법의 문언에 따라 소유권인 지분권에 기하여 물권적 청구가 가능하다. 즉, 지분권은 공유물 전체에 대해 미치므로 지분권에 기하여 단독으로 공유물 전부에 관한 물권적 청구를 할 수 있는 것이다. 한편 지분권설에 의할 경우 무효등기에 의한 방해를 제거하기 어렵다는 비판이 있다.[22] 그러나 무효등기의 일부만 말소된 경우, 한 공유자는 그 말소된 부분이 자기의 지분이라고 주장할 수 없기 때문에, 공유물 전체에 대한 무효등기를 말소하여야 자신의 지분권을 회복할 수 있게 되므로,[23] 결국 지분권설에 의해 해결이 가능하다. 최근 학설 대부분과 대상판결의 다수의견도 지분권설을 따르고 있다.

나. 유형별 허용 여부

(1) 제3자에 대한 청구

제3자가 공유물을 불법적으로 점유하고 있는 경우, 학설과 판례 모두 일부 공유자가 단독으로 공유물 전부에 대해 방해배제 및 인도청구를 할 수 있다고 본다. 그 근거에 대하여는 앞서 살핀 바와 같이 보존행위

21) 김재형(주 13), 230면; 윤재식(주 10), 160면.
22) 장병주, “공유자 1인의 독점적 공유물 점유와 소수지분권자의 권리-대법원 2020. 5. 21. 선고 2018다287522 전원합의체 판결을 중심으로-”, 민사법의 이론과 실무(2020), 151면.
23) 김재형(주 13), 225면.

설, 불가분채권 유추적용설, 지분권설 등으로 견해가 나뉜다. Ⅲ.6.나.항에서 살피는 바와 같이 대상판결의 다수의견을 따른다면 지분권자의 제3자에 대한 물권적 청구권의 행사를 보존행위로 보기 보다는 지분권의 행사로 보는 것이 타당하다. 소수지분권자로부터 승낙을 받고 공유물을 점유한 제3자의 경우는 Ⅲ.6.가.항에서 살피는 바와 같이 공유자 사이의 관계로 보아야 할 것이다.[24]

(2) 다른 공유자에 대한 청구

(가) 과반수지분권자와 소수지분권자의 관계

과반수의 지분을 가진 공유자는 다른 공유자와 사이에 미리 공유물의 관리방법에 관한 협의가 없었다 하더라도 공유물의 관리에 관한 사항을 단독으로 결정할 수 있으므로, 과반수의 지분을 가진 공유자가 그 공유물을 배타적으로 사용·수익하기로 정하는 것은 공유물의 관리방법으로서 적법하다.[25]

따라서 인도를 청구하는 공유자가 과반수지분권자인 경우에는 보존행위가 아니라 과반수지분권자로서 공유물의 관리방법으로 공유물을 독점적으로 점유하는 소수지분권자에게 공유물 전부의 방해배제 및 인도를 청구할 수 있다.[26] 반면, 다른 공유자는 공유물을 독점적으로 점유하는

---

24) 김황식, "공유지분권자의 타 공유자에 대한 보존행위로서의 명도청구권", 재판의 한 길 : 김용준 헌법재판소장 화갑기념, 박영사(1998), 370면; 김영란, "공유자상호간의 공유물명도청구", 사법행정 35(6) (1994), 42면; 김재형(주 13), 207면. 일본의 판례도 이를 공유자 사이의 관계로 파악한다.

25) 대법원 2001. 11. 27. 선고 2000다33638, 33645 판결, 대법원 2002. 5. 14. 선고 2002다9738 판결(과반수 지분의 공유자로부터 사용·수익을 허락받은 점유자에 대하여 소수 지분의 공유자는 그 점유자가 사용·수익하는 건물의 철거나 퇴거 등 점유배제를 구할 수 없다고 판단함).

이에 대하여, 민법 제265조에서 지분의 과반수로써 결정한다는 의미는 공유자 사이의 협의를 통한 결정을 말한다고 보아야지 이러한 절차를 전혀 생략한 채 과반수지분권자가 하는 일방적인 결정이라고 볼 수 없으므로, 과반수지분권자는 공유물의 관리방법에 관하여 협의가 미리 없었다 하더라도 공유물의 관리에 관한 사항을 단독으로 결정할 수 있다는 부분에 반대하는 견해가 있다. 윤재식(주 10), 174면 참조.

26) 대법원 1968. 11. 26. 선고 68다1675 판결, 대법원 1981. 10. 13. 선고 81다653 판결.

과반수지분권자를 상대로 방해배제 및 인도청구를 할 수 없다.[27] 다만, 과반수지분권자의 행위가 공유물의 기존의 모습에 본질적 변화를 일으켜 '관리' 아닌 '처분'이나 '변경'의 정도에 이르는 것이라면,[28] 민법 제264조에 따라 공유자 전원의 동의가 필요하므로 소수지분권자도 과반수지분권자를 상대로 방해배제 및 인도를 청구할 수 있을 것이다.

(나) 소수지분권자 사이의 관계

문제는 소수지분권자가 공유물을 독점적으로 점유하는 소수지분권자에 대해 방해배제 및 인도청구를 할 수 있는지 여부이다. 이에 대해 대상판결로 변경되기 이전의 우리나라 판례는 소수지분권자 사이의 방해배제 및 인도청구를 공유물의 보존행위로서 긍정하여 왔다. 먼저, 종전 대법원의 견해를 확립한 소수지분권자 사이의 공유물 인도청구에 관한 1994년 전원합의체 판결을 살펴보고, 이에 대한 우리나라 학설을 검토한 후, 비교법적으로 의미가 있는 일본의 판례를 검토한다.

1) 대법원 1994. 3. 22. 선고 93다9392, 93다9408 전원합의체 판결

가) 사실관계는 다음과 같다. 원고 갑은 피고와 반씩 투자하여 토지를 매수하고 지상에 건물을 신축한 후 피고에게 자신의 지분을 명의신탁하여 피고 명의로 토지에 대한 소유권이전등기 및 건물에 대한 소유권보존등기를 각 마쳤다. 이후 원고 갑과 피고는 원고 을에게 건물 중 일부를 임대하였다. 피고는 위 임대차계약 만료 무렵 원고 을에게 위 임대차보증금과 종전 차용금에 대한 변제 명목으로 위 각 부동산에 관한 피고의 지분 중 1/2을 양도하기로 약정하였다. 원고들은 피고에게 명의신탁을 해지하고 원고 갑은 1/2 지분에 관하여, 원고 을은 1/4 지분에 관하여 각 명의신탁 해지를 원인으로 한 소유권이전등기절차의 이행의 구하는 본소를 제기하였고, 피고는 원고 을을 상대로 위 점유 부분의 인도와 임대차계약 종료 후 차임상당의 부당이득을 구하는 반소를 제기하였다.

나) 쟁점은 반소 부분이었는데, 다수의견 중 6인은 원고 을과 피고의

27) 대법원 2001. 11. 27. 선고 2000다33638, 33645 판결.
28) 주석 민법 물권(2), 30면; 대법원 2001. 11. 27. 선고 2000다33638, 33645 판결.

지분을 각 1/4로 보고, 피고가 보존행위로서 원고 을에게 건물 전체의 인도를 구할 수 있다고 하였다. 다수의견 중 1인은 피고의 지분을 3/4로 판단하여 과반수지분권자로서 인도청구를 긍정하였다. 한편 반대의견 6인은 소수지분권자가 다른 소수지분권자에 대해 인도청구를 할 수 없다는 견해였다. 다수의견은 인도청구 긍정설, 반대의견은 인도청구 부정설, 보충의견2는 절충설을 취하였다. 그 내용은 아래와 같다.

다수의견은 소수지분권자가 다른 공유자와의 협의 없이 공유물을 배타적으로 사용·수익하는 것은 위법하므로, 다른 공유자는 비록 소수지분권자일지라도 공유물 전부의 인도를 청구할 수 있고, 그것은 보존행위에 해당한다고 하였다. 이에 대해 보충의견1은, 공유물에 대한 소수지분권자의 독점적 점유는 전체적으로 보아(비록 지분범위 내에서는 사용·수익권이 있으나) 법의 보호를 받을 수 없는 부적법한 것이므로, 이러한 위법상태를 시정하고 공유물의 현상을 적절한 상태로 유지·보존하기 위한 필요가 있으면, 다른 소수지분권자도 공유물 전부의 인도청구를 할 수 있다고 하였다.

반대의견은 대상판결의 다수의견과 같은 의견이다. 이는 소수지분권자의 점유는 그 지분의 비율을 초과하는 한도 내에서만 위법하고, 인도청구를 허용하면 그 소수지분권자의 '지분비율에 따른 사용·수익권'까지 근거 없이 박탈하고 역시 자신의 지분의 범위 내에서만 공유물을 점유할 권한밖에 없는 다른 소수지분권자로 하여금 공유물을 전부 점유하게 하는 부당한 결과를 가져오므로, 공유물의 보존행위에 속한다고 볼 수 없다고 보았다. 또한 인도청구를 긍정하게 되면 무의미한 소송의 반복을 피할 수 없게 된다고 하였다.

보충의견2는 공유자는 원래 당해 공유물 전부를 그 지분의 비율에 따라 사용·수익할 권리가 있는 것이므로 다른 공유자가 인도를 구하는 경우에는 일률적으로 보존행위에 해당하는지 여부를 말할 수 없고, 그 인도를 구하는 이유를 살펴서 이것이 보존행위에 해당하는지 여부를 판단하여야 한다고 하였다.

2) 견해의 대립

가) 전부 긍정설 : 공유자의 다른 공유자에 대한 공유물 전부의 방해배제 및 인도청구를 모두 긍정하는 입장으로, 대상판결로 변경되기 전 대법원 판례들과 1994년 전원합의체 판결의 다수의견에 찬성하고 있다. 1994년 전원합의체 판결 이전에는 전부 긍정설이 주류였다.[29] 다만 그 근거에 대해 불가분채권 규정을 유추적용하는 설, 보존행위로서 인도청구를 긍정하는 설이 있다.

나) 인도청구 부정설 : 보존행위에 해당하지 않아 인도청구는 불가능하고, 지분권에 기한 방해배제 청구는 가능하다는 입장이다. 인도청구를 긍정한 1994년 전원합의체 판결에 대해 비판적인 다수의 견해가 이에 해당하는 것으로 보인다.[30]

다) 전부 부정설 : 인도청구와 방해배제청구 모두 불가능하다는 입장이다. 이 견해는 공유자 사이에 사용·수익에 관한 협의가 되지 않은 상태에서는, 자신의 사용·수익권이 침해된 것에 대한 손해배상이나 그 소수지분권자의 지분의 비율을 초과하는 사용·수익에 관한 부당이득의 반환을 청구할 수 있고, 종국적으로 공유물의 분할을 청구하는 방법으로 공유관계를 해소할 수 있다고 본다. 위 인도청구 부정설의 논리 이외에

---

29) 민법주해[Ⅴ], 물권(2), 564, 565면 및 김영란(주 24), 41면은 이를 통설로 소개하였다.

한명수, "공유자 1인이 공유물을 배타적으로 점유하는 경우 다른 공유자의 명도청구에 관련된 문제", 판례월보 제291호(1994), 13, 14면; 김주수, "공유자 사이의 공유물 명도청구, (논점)민법판례연습, 물권법(1999. 1.), 삼영사, 137면; 조해근, "과반수지분권자 임의로 체결한 공유물 임대차계약의 효력", 사법연수원 논문집 제4집(2007), 93면도 1994년 전원합의체 판결의 다수의견에 찬성하는 견해이다.

한편, 보존행위를 이유로 해서가 아니라 자신의 지분의 침해를 이유로 '지분비율'만큼 인도를 청구할 수 있다는 견해도 있다. 송덕수, 물권법, 박영사(2017), 359면, 주석 민법 물권(2), 46면 각주 38)에서 재인용.

30) 1994년 전원합의체 판결의 인도청구 긍정에 대하여는 주로 비판적인 견해가 다수이다. 김재형(주 13), 216, 217면; 김영란(주 24), 46, 47면; 김영일(주 7), 12면; 홍대식(주 7) 189, 190면; 이현종(주 6), 341, 342면; 주석 민법 물권(2), 46면; 고의영, "공유자 사이의 공유물 명도청구", 민사판례연구[XVII], 박영사(1995. 4.), 32면; 박경호, "소수지분권자의 공유물보존행위", 광주지법 재판실무연구(1996), 127면 등.

소수지분권자의 청구에 의해 공유토지의 건물을 철거할 수 있게 된다면 위험부담 또는 사회적 손실이 크다는 것[31] 등을 근거로 한다.

라) 절충설 : 인도청구와 방해배제청구 가능 여부를 일률적으로 판단할 수 없고, 그 이유를 살펴 허용 여부를 판단하여야 한다는 견해로, 1994년 전원합의체판결의 보충의견2 및 일본의 판례가 이에 해당한다.

다. 일본의 논의[32]

일본은 우리나라와 법조문이 거의 동일함에도 공유물에 대한 방해배제 및 인도청구에 대해 달리 판단하고 있다. 일본 판례는 한 공유자가 다른 공유자를 상대로 인도청구를 하는 것은, 그 청구를 하는 공유자가 소수지분권자인 경우뿐만 아니라 과반수지분권자인 경우에도 불허하고 있고, 이를 인정하기 위하여는 그 공유자의 점유를 배제하여야 할 상당한 이유를 주장, 입증하여야 한다고 본다. 즉, 각 공유자는 다른 공유자와의 협의 없이 공유물을 단독으로 점유할 권원을 가지지는 않지만, 자기의 지분에 기하여 공유물의 전부를 점유·사용할 권원은 가지기 때문에, 현재 점유·사용하는 자의 점유가 바로 위법한 것이라고 말할 수 없다. 또한 점유를 하지 않고 있는 공유자도 점유하고 있는 공유자와 동등한 자격·권원밖에 가지지 않으므로, 점유하는 공유자의 점유를 배제하여야 할 상당한 이유를 주장, 입증하지 않는 한 공유물을 자기에게 인도할 것을 청구하지는 못한다. 공유물의 사용·수익에 관한 협의가 이루어지지 않은 경우 점유 또는 비점유의 공유자가 다수지분권자이든 소수지분권자이든 차이가 없다는 것이다.[33] 방해배제 청구에 관하여는, 공유물을 단독 사용하고 있는 자에 대하여 자기 지분에 기한 이용을 방해해서는 안 된다는 부작위를 구할 수는 있으나 현재 사용하고 있는 공유자의 지

31) 윤재식(주 10), 173면.

32) 김황식(주 24), 369-371면; 윤재식(주 10), 165면.

33) 일본최고재판소는 1/2 지분권자인 원고가 1/2 지분권자인 피고를 상대로 한 공유물 인도청구[1964. 2. 25. 판결(민집 제18권 제2호, 329면)]와 지분 합계 11/12을 소유한 원고들이 1/12 지분을 소유한 피고를 상대로 한 공유물 인도청구[1966. 5. 19. 판결(민집 제20권 제5호, 947면)]를 모두 기각하였다. 김황식(주 24), 369, 370면 및 김영란(주 24), 41, 43면에서 재인용.

분에 대응하는 사용 · 수익을 배제하는 것은 할 수 없다고 한다.[34)]

일본의 학설도 대체로 위와 같은 판례를 원칙적으로 지지하고 있다.

Ⅲ. 대상판결의 쟁점별 검토

1. 공유자들의 공유물에 대한 사용 · 수익권의 성질

가. 대상판결의 논의

다수의견은 공유자는 소유권의 권능으로 공유물 전부를 지분의 비율로 사용 · 수익할 수 있고(민법 제263조), 그 구체적인 방법에 관한 공유자들 지분의 과반수에 의한 결정이 없어 공유물을 독점적으로 사용 · 수익할 수 없는 일정한 제한이 있다고 하더라도, 공유자의 사용 · 수익권은 지분권에 기초하여 비독점적인 형태로 공유물 전부를 점유 · 사용할 수 있는 구체적 권리로 본다.

이에 대해 반대의견2는 민법 제263조의 공유물의 사용 · 수익권은 일반적 · 추상적 권리에 불과하다고 본다. 즉 공유물의 관리방법이 결정되지 않은 한 어느 공유자에게도 공유물에 대한 구체적인 사용 · 수익권이 없음을 전제로, 소수지분권자가 공유물을 독점하더라도 다른 소수지분권자는 자신의 사용 · 수익권을 실현하기 위하여 공유물 인도나 방해배제를 청구할 수 없다고 한다. 다만 다른 공유자들은 손해배상, 부당이득을 통해 그 사용 · 수익으로 인한 이익을 금전적으로 반환받거나, 언제든지 공유물분할을 청구하여 공유관계를 해소할 수 있다는 것이다.

나. 검　　토

다수의견과 같이 공유자의 지분비율에 따른 사용 · 수익권은 공유물 관리에 관한 결정과 무관하게 공유자로서 본질적으로 갖는 구체적 권리라고 봄이 상당하다.

공유지분권의 본질은 민법 물권편에 규정된 소유권의 분량적 일부이고, 다만 그 특수성으로 인하여 지분에 따른 일정한 제약을 받는 것에

34) 윤재식(주 10), 166면 참조.

불과하다. 소유권의 가장 본질적인 내용은 소유물을 사용, 수익, 처분할 권리이다(민법 제211조). 또한 민법 제263조는 공유자들에게 공유물 전부에 대한 지분 비율에 따른 사용·수익권이 있음을 명시하고 있다.[35] 특히 민법이 정하는 공동소유 중에서 공유가 가장 개인주의적 성격이 강하고, 각 공유자들의 목적물에 대한 지배권한은 서로 완전히 자유·독립적이다.[36] 결국 이를 일반적·추상적 권리로 보는 것은 공유지분권의 본질이 물권이라는 점이나 민법 제263조 문언에 반하고, 공유지분권의 권능을 축소할 근거가 없으며, 물권을 차임수취권으로 강등시켜 일반적인 법감정에도 반한다.[37]

2. 인도청구의 근거로서 보존행위와 인도권원 유무

가. 대상판결의 논의

다수의견은 소수지분권자가 협의 없이 공유물을 독점적으로 점유·사용하는 다른 소수지분권자를 상대로 한 공유물 인도청구는 민법 제265조 단서의 보존행위에 해당하지 않는다고 한다. 보존행위란 공유물의 멸실·훼손을 방지하고 그 현상을 유지하기 위하여 하는 사실적, 법률적 행위로서 긴급을 요하는 경우가 많고 다른 공유자에게도 이익이 되는 것이 보통이기 때문에 공유자 중 1인이 단독으로 할 수 있도록 한 것인데(대법원 93다54736 판결), 위 인도청구는 공유물을 점유하는 소수지분권자의 이해와 충돌하기 때문이다.

결국 다수의견에 의하면 소수지분권자에게 다른 공유자를 전면적으로 배제하고 자신만이 단독으로 공유물을 점유하도록 인도해 달라고 청구할 권원이 없게 된다. 즉, 원고 역시 소수지분권자로서 공유물을 독점적으로 점유·사용하고 있는 소수지분권자와 마찬가지로 소수지분에 따라 서로 제한된 권한을 가지고 있을 뿐이라는 것이다.

---

35) 장병주(주 22), 146면; 대법원 1991. 9. 24. 88다카33855 판결.

36) 장보은, "공유자간 이해의 충돌, 해결방안과 그 한계－소수지분권자의 배타적 공유물점유 사안을 중심으로—대법원 2020. 5. 21. 선고 2018다287522 전원합의체 판결－", 법조 제69권 제4호(2020), 397면.

37) 대상판결의 다수의견에 대한 보충의견 참조.

반대의견1은, 공유물에 관하여 지분을 소유하고 있는 공유자라고 할지라도 다른 공유자와의 협의 없이는 공유물을 배타적으로 점유하여 사용·수익할 수 없으므로, 이러한 위법 상태를 시정하여 공유물의 현상을 공유자 전원이 사용·수익할 수 있는 상태로 환원시킬 목적으로 방해를 제거하거나 공유물을 회수하는 것은 공유물의 보존을 위한 행위에 해당한다고 본다. 대법원 93다54736 판결과 관련하여 보존행위 여부를 판단할 때 고려해야 하는 '다른 공유자의 이해'에는 청구의 상대방이자 위법행위를 저지른 당사자인 소수지분권자가 위법한 상태를 유지하면서 누리는 이익이 포함되지 않는다고 한다. 또한 원고의 청구가 다른 공유자의 이익이나 의사에 어긋난다는 점에 대한 주장·증명책임은 이를 주장하는 자에게 있는데, 위 대법원 93다54736 사건과 달리 대상판결 사건에서는 다른 공유자들의 의사가 소송에 현출된 바 없다는 것이다.

반대의견1에 의하면, 일반적인 상황과 달리 민법 제265조 단서의 보존행위에 해당하는 경우에는 소수지분권자가 자신의 지분에 한정되지 않고 공유물 전부의 인도를 청구할 수 있고, 이와 같이 자신의 권리를 실효성 있게 보전하기 위해 자신의 권리를 넘어선 인도 또는 지급 청구를 허용하는 것은 채권자대위권, 채권자취소권 등의 행사에서도 허용된다는 것이다.

나. 검 토

(1) 공유자 사이의 인도청구는 대상판결의 다수의견과 같이 보존행위에 해당하지 않는다고 보는 것이 타당하고, 다수의 학설도 이와 같은 견해이다.

먼저, 앞서 살핀 바와 같이 보존행위는 공유자 전체를 위해 공유물의 현상을 유지하기 위하여 하는 행위이다. 그런데 공유자간의 인도청구는 대부분 공유물의 멸실, 훼손 등 처분변경과 같은 행위에 이르지 않고 내부적으로 공유자 상호간 지분권이 침해되는 문제이다.[38] 결국 인도청

38) 윤재식(주 10), 168면; 김영란(주 24), 43면; 김학동, "공유의 법률관계(1)", 고시연구 제22권 제11호(1995), 82면. 김영일(주 7), 12, 13면은 침해행위가 공유물의

구는 공유물의 현상유지를 위해 필요한 경우라고 보기 어려워 보존행위의 개념에 포섭될 수 없다.

다음으로, 어느 공유자의 다른 공유자에 대한 소송은 그 소송의 상대방인 다른 공유자에게 이익이 되는 행위가 아니고 그 공유자와의 이해가 충돌됨이 명백하다.[39] 반대의견1에 의할 경우 보존행위가 공유자 전원을 위한 것일 필요가 없고, 공유자 중 일부만을 위하여도 가능하다고 해석된다. 그러나 이 경우에 보존행위를 인정한다면, 다른 공유자에게도 이익이 되는 것이 보통이어서 공유자 중 1인이 단독으로 할 수 있게 한 보존행위의 취지에 반한다.[40] 다른 공유자와 이해가 충돌되는지 여부를 판단할 때 적법한 이익만을 고려해야 하므로 대상판결의 사안은 공유자 사이의 이해가 충돌하는 경우가 아니라고 보는 견해가 있으나,[41] 아래 3. 항에서 살피는 바와 같이 독점적 소수지분권자의 점유도 그 지분범위 내에서는 위법하지 않다는 점에서 위 견해에 따르기 어렵다.

또한 보존행위를 단독으로 가능하게 한 것은 긴급을 요하는 경우가 많기 때문이기도 한데, 소수지분권자가 공유물을 독점적으로 점유하고 있는 상황만으로는 긴급성을 인정하기도 어렵다.[42]

멸실, 훼손 등 처분변경과 같은 행위인 처분변경적 사용·수익과, 이에 이르지 않고 내부적으로 공유자상호간에 지분권의 침해에 그치는 정도인 관리사용적 사용·수익으로 구분하여, 전자의 침해행위가 있는 경우에만 공유물의 현상유지를 위한 보존행위가 성립된다고 보고 후자의 경우에는 보존행위 관념 자체가 성립되지 않는다고 한다. 장보은(주 36), 396면은 공유물을 멸실·훼손하지 않고 그 현상을 유지하면서 점유하는 경우, 공유물 자체의 보존행위를 할 수 없다는 것이다.

39) 김재형 (주 13), 225면.

40) 김영란(주 24), 43면; 김황식(주 24), 374면; 윤재식(주 10), 168면; 김재형(주 13), 229면; 이동진(주 6), 138면. 또한 장보은(주 36), 395면에서는, 공유물의 멸실·훼손을 방지하고 그 현상을 유지하기 위하여 필요한 사실적, 법률적 행위인 보존행위는 공유자가 다른 공유자들의 의사와 무관하게 할 수 있어야 하므로, 공유자의 행위가 다른 공유자의 이익이나 의사에 반할 수 있다면 이는 그 자체로 보존행위가 아니라고 한다. 즉, 각 공유자의 이익이나 의사가 중요한 행위라면 공유물에 대한 보존행위라기보다는 관리행위에 해당하여 지분의 과반수로써 결정하여야 하는 경우가 많다는 것이다.

41) 이진기(주 1), 20면.

42) 박경호(주 30), 126면; 김영란(주 24), 43면.

같은 보존행위의 개념을 합유물의 경우와 공유물의 경우에 달리 보는 것은 부당하다는 것도 근거로 들 수 있다. 합유물의 보존행위는 합유자 각자가 할 수 있다는 민법 제272조 단서, 통상사무에 관한 이의권을 규정한 민법 제706조 제3항에 비추어, 조합원이 보존행위를 단독으로 하는 경우에도 다른 조합원은 이의를 할 수 있고 보존행위에 대한 이의가 있으면 보존행위를 단독으로 하는 조합원은 이를 중단하여야 하는데, 이를 공유물의 보존행위에 적용하여 공유자의 이의권이 인정된다면, 어떤 공유자가 다른 공유자에게 보존행위에 기한 청구를 할 수는 없다고 해야 한다.[43]

(2) 결국 보존행위는 원고의 인도청구의 근거가 될 수 없으므로, 원고의 지분권에 기하여 민법 제213조에 따라 인도청구 인정여부를 검토하여야 한다. 민법 제213조에 의한 인도청구는 원고가 소유자이고 피고가 물건을 점유하고 있을 것을 요건으로 하되, 점유할 권리가 있는 경우를 그 예외로 정하고 있다.[44] 인도청구의 상대방이 된 공유자의 자기 지분에 기한 점유는 적법하므로,[45] 인도청구는 가능하지 않다. 기존 판례와 대상판결의 반대의견1은 보존행위 개념을 지나치게 확대한 것이다. 또한 대상판결은 대법원 93다54736 판결에서 밝힌 보존행위 개념을 통일적으로 적용하였다는 점에서도 타당하다.

3. 소수지분권자의 독점적 점유에 관한 위법성의 범위

가. 대상판결의 논의

다수의견은 소수지분권자의 독점적 점유는 제3자의 무단점유와 달리 그 지분비율을 초과하는 한도에서만 위법하다고 한다. 공유물 관리에 관한 협의가 없더라도 공유자는 독립된 소유권의 분량적 일부로서의 사용·수익권을 가지므로, 소수지분권자가 공유물을 독점적으로 사용하더라

43) 김재형(주 13), 218, 219면 참조.
44) 대상판결의 다수의견에 대한 보충의견 참조.
45) 김영란(주 24), 42면.

도 자신의 지분 범위에서는 공유물 전부를 점유하여 사용·수익할 권한이 있기 때문이다. 따라서 이러한 위법 상태를 시정한다는 명목으로 공유물 전부의 인도청구를 허용한다면, 공유물을 점유·사용하고 있는 소수지분권자가 가지고 있는 '지분의 비율에 따른 사용·수익권'까지 근거 없이 박탈하는 결과가 되어 부당하다는 것이다.

반면, 반대의견1에 의하면 ⅰ) 먼저 점유는 물건에 대한 사실적 지배를 의미하므로 그 성질상 분량적으로 나눌 수 없다는 성질을 고려할 때 소수지분권자의 공유물의 전부나 일부에 대한 독점적 점유는 그 전체가 위법하고, 다수의견과 같이 점유가 그의 지분 범위에서는 적법하고 이를 초과하는 한도에서만 위법하다고 나누어 볼 수 없다고 한다. 인도청구의 결과 종전의 점유자가 배제당하더라도 이는 위법 상태를 해소하기 위한 일시적인 현상에 불과하다는 것이다. ⅱ) 또한 공유자들 사이에 아무런 합의나 결정이 없어서 소수지분권자가 보유하는 '지분비율에 의한 사용·수익권'이 어떠한 내용의 것인지 구체적으로 특정되지 않았다면 독점적 소수지분권자의 사용·수익권이란 단지 관념적인 것에 불과하여 독점적 소수지분권자에게 공유물 인도청구를 명하더라도 그의 권리를 침해하지 않는다고 한다.

이에 대하여 다수의견에 대한 보충의견은, 반대의견1의 ⅱ) 논리에 의하면 원고나 다른 공유자의 사용·수익권도 관념적인 것에 불과하여 피고가 공유물을 독점하더라도 침해되지 않고, 공유물을 인도받은 공유자가 이를 다른 공유자와 공동으로 이용하기 위해 다시 제공할 이유도 없게 되어 모순된다고 지적한다.

나. 검　　토

이 부분도 다수의견이 타당하다고 본다. 다수의견에 대한 보충의견이 한 지적에 덧붙여, 물건에 대한 사실상의 지배인 점유를 지분에 따라 물리적으로 나눌 수 없더라도 그 점유가 지분 범위 내에서 보호할 만한 것인지 여부를 법적으로 평가하는 것은 별개의 문제이므로,[46] 하나의 점유 중 일부분을 적법, 나머지를 위법으로 구분하는 것은 가능하다. 그러므로 소수지분권자의 공유물의 점유가 그 지분범위를 초과하는 부분을 넘어 전체가 위법하다고 볼 근거가 없다.[47] 소수지분권자가 독점적으로 공유물 전체를 점유하는 경우 그 점유 전체가 위법하다면, 제3자의 독점적 점유와 그 위법성을 동일하게 보는 것으로 부당하다고 할 것이다. 한 공유자가 공유물을 독점적으로 점유하는 경우에 그 지분을 초과하는 부분에 대하여 부당이득반환이나 손해배상을 인정하는데, 이 역시 독점적 점유 중 일부에 대해서만 위법하다는 판단을 전제로 한 것이다.[48]

또한 위 1.항에서 본 바와 같이 공유자가 지분비율에 따라 공유물을 사용·수익할 권리는 공유물 관리에 관한 협의와 무관하게 원칙적으로 가지는 권리이다. 인도청구의 결과 종전 점유자의 자기 지분에 해당하는 권리가 침해되고, 인도받는 공유자는 자기 지분의 침해배제를 넘어 새롭게 독점적·배타적 이익을 받게 되는데, 이는 위법상태를 재편성하는 것에 불과하고,[49] 피고가 자신의 지분비율을 넘는 위법한 사용·수익을 제거당하는 것 이외에 새로운 위법상태까지도 수인하여야 한다는 것은 형평성에 어긋난다.[50]

---

46) 김황식(주 24), 375면. 이에 더하여 반대의견1이 점유를 분량적으로 나눌 수 없다고 주장하면서 인용한 대법원 2017. 1. 25. 선고 2012다72469 판결은, 점유취득시효가 문제가 된 사안에서 1동의 건물의 구분소유자들은 전유부분을 구분소유하면서 공용부분을 공유하므로 특별한 사정이 없는 한 건물의 대지 전체를 공동으로 점유한다고 판단한 것으로, 공유자의 사실상 지배인 점유 자체를 분량적으로 나눌 수 없다는 점을 판단한 것이지, 점유의 가치나 위법성에 대해 판단한 것은 아니라고 한다. 장보은(주 36), 398면.

47) 오히려 판례의 입장에 대하여, 공유부동산에 대하여 공유자의 1인이 자기의 단독명의로 소유권회복등기를 한 것이 불법하다고 하더라도 그 공유자의 지분에 관한 한은 실체관계에 부합하는 등기로서 유효하다고 판단(대법원 1965. 4. 22. 선고 64다268 판결 등)하는 데 반해, 사용·수익의 경우에만 전부가 부적법하다고 판단하는 것은 판례의 일관성이 없다고 비판하는 견해가 있다. 윤재식(주 10), 170면 참조.

48) 대법원 1979. 1. 30. 선고 78다2088 판결; 대법원 1991. 9. 24. 선고 91다23639 판결 등.

49) 김영일(주 7), 12면.

50) 윤재식(주 10), 170면.

4. 인도판결 및 집행에 따른 결과가 위법한지 여부

가. 대상판결의 논의

(1) 인도판결 및 집행의 결과가 종전의 점유와 동일한지 여부에 관하여 다수의견은 인도청구를 허용할 경우 또 다른 소수지분권자로 하여금 공유물을 독점적으로 점유하여 사용·수익하게 만드는 상태가 되어 기존의 위법한 점유상태와 다르지 않다고 본다. 소수지분권자에 의한 공유물에 대한 인도판결과 그에 따른 집행의 결과가 분쟁의 종국적 해결을 위해 판결과 집행이 달성해야 할 적법한 상태가 되지 않는다는 것이다.

다수의견에 의하면 민사집행법상 인도청구의 집행은 집행관이 채무자로부터 물건의 점유를 빼앗아 채권자에게 이를 인도하는 방법으로 하는 것이므로(민사집행법 제257조, 제258조), 집행관이 채무자를 배제하고 채권자로 하여금 물건의 현실적 점유를 취득하게 함과 동시에 집행절차가 완료되며, 채권자는 그 후 인도받은 물건을 사용·수익하는 데 집행절차상 아무런 제약을 받지 않는다. 따라서 다수의견은 공유물 보존행위에 기한 인도청구에 따른 결과가 공유물을 사실상 지배는 하되 공유자들을 위해 보관만 하고 사용·수익은 하지 않는 목적의 범위에서만 허용된다고 보는 취지의 반대의견1이 이러한 인도 집행의 결과를 간과하고 인도의 의미를 축소해석한 것이라고 본다.

반대의견1은, 보존행위로서 공유물을 인도받은 공유자의 점유는 모든 공유자를 위한 점유이고, 단독으로 점유를 취득하도록 하기 위한 것이 아니라 위법한 독점적 점유를 배제하기 위한 것이고 공유자는 인도받은 공유물을 공유자들이 공동으로 이용할 수 있도록 제공해야 하므로, 공유물을 위법하게 점유하던 독점적 소수지분권자의 종전 점유와 다르다는 것이다.

(2) 반대의견1은, 독점적 소수지분권자에게 공동 점유를 설정하라고 명하는 공동 점유 설정 청구의 소나 독점적 점유를 공유자들의 공동 점유로 대체하는 식의 강제집행은 현행 법률이나 실무상 근거가 없으므로,

보존행위의 차선책으로 인도 청구의 방법으로 독점적 소수지분권자의 점유를 해제하고 공유자들의 공동 이용에 제공하도록 하는 것이 부득이하며, 보존행위 과정에서 종전 점유자인 소수지분권자가 일시적으로 점유에서 배제되는 것은 불가피한 반사적 결과라고 한다.

이에 다수의견에 대한 보충의견은, 반대의견1은 공유자가 자신이 가진 권리(공동 점유)를 넘는 법적 상태(단독 점유)를 실현한 다음 그 초과하는 부분을 다시 임의로 다른 공유자들에게 되돌려주어 원래 실현되어야 할 상태(공동 점유)를 달성하겠다는 것인 반면, 다수의견은 '공유자의 단독 점유'라는 중간 과정 없이 곧바로 공동 점유 상태를 달성하도록 하는 것이라고 설명한다. 방해금지 등을 통해 현재의 위법 상태(피고의 단독 점유)를 최종적으로 달성해야 할 적법한 상태(공동 점유)로 곧바로 만들 수 있는데도 이를 초과한 상태를 창출할 이유가 없고, 이것은 적법한 방해배제의 범위를 초과하여 피고의 점유 권한을 침해한다는 것이다.

나. 검 토

우리 법과 소송실무상 공유자가 공유물을 인도받더라도 사용·수익을 하지 않고 보관만 한다는 물권적 지배관계를 상정하기 어렵고, 인도 청구의 목적이 배타적 사용·수익을 위한 것인지, 단순히 보관만을 위한 것인지 밝혀 청구인용 여부를 검토하고 있지 않다.[51] 또한 위 보충의견에서 밝힌 바와 같이 인도집행은 채무자의 점유를 빼앗아 채권자의 단독점유를 실현하는 데서 끝나고, 공유자인 채권자가 모든 공유자들을 위하여 공유물의 점유를 취득하고 이를 공유자들이 공동으로 이용할 수 있도록 제공하는 의무를 갖는 내용의 집행은 불가능하다. 공유자 사이에 분쟁이 생겨 소송에까지 이른 경우, 공유물을 인도받은 공유자가 다른 공유자들을 위하여 공유물을 제공한다거나 단순히 보관만 하는 경우란 현실적으로 상정하기 어렵다.[52] 결국 다수의견과 같이 인도판결 및 집행으로 인한 점유는 인도 전의 어느 공유자의 독점적 점유와 그 성질이 다르

51) 김황식(주 24), 375면; 윤재식(주 10), 171면.
52) 특히 공유자 2인이 각 1/2지분을 공유하는 경우에 그러할 것이다.

지 않으므로, 인도판결 및 집행의 결과 다른 공유자가 공유물을 독점적으로 점유하는 새로운 위법상태를 만들게 되어 부적법하다.

5. 방해금지청구의 실효성

가. 대상판결의 논의

(1) 방해배제청구권의 인정근거 유무

다수의견은 인도청구를 허용하지 않더라도 공유자는 각자의 지분권에 기하여 민법 제214조[53]의 방해배제청구권을 행사함으로써 위법한 독점적 점유와 방해 상태를 제거하고 공유물이 본래의 취지에 맞게 공유자 전원의 공동 사용·수익에 제공되도록 할 수 있다고 한다.

그러나 반대의견1, 2는 다수의견이 말하는 방해배제청구는 우리 소송, 집행 실무상 전례가 없고 법률상 근거도 없어 불가능하다고 한다. 즉, 다수의견의 '비독점적인 공유물의 공동 사용'은 현실적으로 상정하기 어렵고, 또한 반대의견1은 인도청구와 달리 방해배제청구에 관하여는 어떻게 독점적 소수지분권자의 '지분비율에 따른 사용·수익권'을 침해하지 않으면서 방해배제청구를 인용할 수 있다는 것인지 명확하지 않다고도 비판한다.

이에 대해 다수의견에 대한 보충의견은, 민법 제213조에 의한 인도청구와 민법 제214조에 의한 방해배제청구는 그 법적 근거, 요건이나 작용하는 모습이 다르므로 결론이 같아야 하는 것은 아니고, 대상판결의 사안과 같이 피고가 물건을 점유할 권리가 있지만 적법하지 않은 방법으로 이를 점유하고 있다면 원고는 방해의 제거만 청구할 수 있다고 한다. 여기서 더 나아가 원고가 토지를 자신에게 인도할 것을 청구하려면 '피고에게 점유할 권원이 없을 것'이 요구되나, 피고는 공유자로서 공유물을 공동으로 점유·사용할 권한은 있으므로, 피고에게 토지를 점유할 권원이

53) 민법 제214조(소유물방해제거, 방해예방청구권)
소유자는 소유권을 방해하는 자에 대하여 방해의 제거를 청구할 수 있고 소유권을 방해할 염려있는 행위를 하는 자에 대하여 그 예방이나 손해배상의 담보를 청구할 수 있다.

전혀 없는 것은 아니라는 것이다.

(2) 방해배제청구권의 구체적 내용

다수의견은 방해배제청구의 구체적 모습으로, 원고의 공동 점유를 방해하거나 방해할 염려가 있는 피고의 행위 또는 방해물을 구체적으로 특정하여 그 행위의 금지, 방해물의 제거, 예방(작위· 부작위의무의 이행)을 청구할 수 있다고 한다. 즉, 지상물의 철거나 수거를 청구하고 대체집행의 방법으로 강제집행을 할 수 있고, 공유 토지에 대한 출입이나 통행에 대한 방해금지를 청구하고 간접강제의 방법으로 강제집행을 할 수 있다는 것이다.

(3) 집행절차의 복잡성

반대의견1은 인도청구의 경우 직접강제가 가능하나, 방해금지청구는 간접강제만이 가능하여 집행절차가 훨씬 복잡하여 위법상태 시정이 어려워진다고 한다.

이에 대해 다수의견에 대한 보충의견은, 방해금지를 통해 피고의 독점적 점유를 해소하고 공유자인 원고와 피고가 토지를 공동으로 점유·사용할 수 있는 상태를 만들 수 있는데도, 원고의 강제집행의 편의를 위하여 토지 인도까지 허용할 수는 없다고 한다.

나. 검　토

(1) 방해배제청구 인정근거

다수의견은 공유자 사이의 방해배제청구도 보존행위에 해당하지 않는다고 보고, 지분권 침해를 이유로 이를 인정하고 있다. 방해배제청구에 대하여 보존행위가 인정되지 않는 이유를 직접적으로 제시하지는 않았으나,[54] 인도청구의 경우와 마찬가지로 공유자 사이의 이해가 충돌하는 경우에 해당하기 때문인 것으로 보인다. 공유자 사이의 방해배제청구가 보존행위에 해당하지 않다는 판단은 Ⅲ.2.항에서 검토한 것과 같은 이유로 타당하다.

---

54) 이에 대해 공유물에 대한 방해배제 근거를 보존행위에서 민법 제214조로 변경하면서 그 변경이유를 설명하지 않았다는 비판이 있다. 장병주(주 22), 148면 참조.

다수의견은 지분권설에 따라 공유자의 지분권 행사를 방해하는 행위에 대해 민법 제214조의 방해배제청구권을 행사할 수 있다고 본 것이다. 지분권에 기한 방해배제청구는 공유지분권의 본질과 공유관계의 기본 법리, 공유자들의 공유물에 대한 사용·수익권 규정(민법 제263조)에서 도출될 수 있다고 한다. 민법 제214조의 방해배제청구의 요건사실은 원고가 소유자인 사실, 피고가 위 소유권을 위법하게 방해하는 사실이다.[55] 이에 의하면 피고는 공유자로서 지분비율의 범위 내에서 점유할 권리가 있어 점유할 권원이 없을 것을 요구하는 민법 제213조의 인도청구는 인정될 수 없으나, 이는 민법 제214조의 다른 공유자의 사용·수익을 방해할 수 있는 이유가 되지 않기 때문에, 민법 제214조의 방해배제청구에 대한 적법한 항쟁이 되지 못한다고 볼 것이다.

피고의 지분비율에 의한 사용·수익권이 침해되는지에 관하여,[56] 대상판결의 다수의견에서 방해배제, 방해금지청구를 통하여 이루고자 하는 모습은 인도의 경우와 같이 피고의 사용·수익을 전면적으로 배제하겠다는 것이 아니라, 피고의 점유로 인한 방해 부분만을 제거하여 공유자들이 공동으로 점유하는 상태를 만들겠다는 것 또는 자신의 점유·사용을 방해하지 말라는 것이다.[57] 따라서 그 개념 및 법률적 평가상 인도청구 인정시 발생하는 피고의 '지분비율에 의한 사용·수익권' 침해가 문제되지 않는다고 볼 수 있다.

반대의견1은 다수의견의 방법에 의할 경우 집행절차가 훨씬 복잡하여 위법상태 시정이 어렵다고 하나, 위 보충의견이 밝힌 바와 같이 원고의 강제집행편의는 중요한 고려사항이 될 수 없고, 위 4.항에서 살핀 바

55) 대상판결 다수의견에 대한 보충의견 참조.

56) 장병주(주 22), 149면은 반대의견1과 같은 입장에서, 방해배제청구를 인용할 경우에도 인도청구와 마찬가지로 피고의 지분비율에 의한 사용·수익권이 침해된다는 이유로 다수의견을 비판한다.

57) 대상판결의 반대의견에 대한 보충의견, 주석 민법 물권(2), 47면. 한편, 이진기(주 1), 26면은 방해배제만이 허용되고 인도청구가 불가능하면 대상판결 사안에서 피고의 위법한 점유가 상태가 계속된다고 비판하나, 방해배제로 피고의 독점적 점유는 해제되는 것으로 볼 것이다.

와 같이 오히려 인도청구를 허용하면 새로운 위법상태가 발생하므로 위법이 시정된다고 볼 수 없다.

(2) 구체적 모습

그렇다면, 공유물을 다른 공유자들과 '공동으로 점유하는 상태로 만들기 위한' 방해배제나 방해금지 청구를 구체적으로 어떻게 구성할지 문제된다.[58] 1994년 대법원 전원합의체 판결 당시 대법원 및 학계에서 인도청구 인정 여부 이외 방해배제 인정 여부에 대하여는 크게 논의되지 않았고, 보충의견이 밝힌 바와 같이 이전까지는 공유자 사이의 인도청구를 허용하여 실무예가 없었다. 그러나 방해행위의 금지와 그 위반행위의 결과물에 대한 제거와 같은 작위·부작위의무의 이행을 청구하여 강제집행을 하는 모습은 우리 실무상 쉽게 찾아볼 수 있고, 앞으로 실무에서 사례의 축적을 통해 해결될 수 있다고 본다.

다수의견의 보충의견에서는 그 예로 아래와 같은 사안을 들고 있다. ① 공유 토지가 원래 나대지였는데, 피고가 그 지상에 무단으로 지상물을 설치하는 경우에, 지상물의 설치행위에 대한 중지, 설치된 지상물의 철거·수거, 지상물 설치 금지, 토지에 대한 출입 방해금지를 청구할 수 있다고 하였다. ② 또한 담장과 출입문이 설치된 공유토지를 피고가 독점적으로 점유하고 있다면, 공유물인 출입문 시정장치의 열쇠를 원고에게도 줄 것(부대체적 작위의무)과, 원고가 공유 토지에 출입하는 것을 방해하지 말 것(부작위의무)을 청구할 수 있다고 하였다. ③ 원, 피고가 각 1/2 지분을 공유하는 주택에 함께 거주하는 경우에 피고가 거실, 주방과 같은 공동 공간을 별다른 합의 없이 독점적으로 점유한다면, 원고는 피고가 거실과 주방사용을 물리적으로 방해하거나 자신의 가구를 쌓아두는 행위의 금지를 청구할 수 있다고 하였다. ④ 마지막으로 피고가 공유물인 주차장을 이용하면서 다른 공유자인 원고의 주차장 사용 자체를 방해하는 경

58) 김황식(주 24), 375면은 1994년 전원합의체 판결에서 인도청구를 부정하는 반대의견에 대해, 공동점유의 구체적 실현이 사실상 불가능하다고 비판하고, 이진기(주 1), 24면도 다수의견의 방해배제청구권의 실체, 의미와 내용이 불분명하다고 지적한다.

우, 원고는 주차장 사용을 방해하는 행위의 금지를 청구할 수 있다고 한다.

(3) 한　　계

입법론으로, 공유의 단체적 성격을 고려한 새로운 청구취지 즉, 공동점유 설정의 소가 필요할 수 있다. 앞서 살핀 바와 같이 현행법 하에서 공동점유를 만드는 형태의 청구취지를 구성할 수 있으나, 독일의 경우와 같이 포괄적으로 공동 점유를 설정하라고 하여 향후 이를 방해하는 다양한 행위를 포괄하기는 어렵고, 구체적으로 방해행위를 특정하여 청구취지를 구성하게 되므로, 결국 이에 해당하는 않은 새로운 위반행위가 있을 경우 다시 소를 제기해야 하는 문제가 있기 때문이다.[59)]

결국 지분권에 기한 방해배제 청구만으로는 공유관계 분쟁을 해소하는데 한계가 있는 것이 사실이다. 공유물의 관리방법은 당사자들이 합의하여 결정하여야 하고 법원이 이를 강제할 방법이 없다. 다만 법원은 분쟁 과정에서 인도청구를 인정하여 적극적으로 개입할 것이 아니라 방해배제를 통해 최소한의 위법상태만을 제거하고, 궁극적으로 공유물분할 등을 통해 공유관계를 해소하는 방법으로 문제를 해결해야 한다.

6. 기타 논점

아래 문제는 대상판결의 주요 쟁점은 아니나, 반대의견1에서 이를 지적하고 있어 간단히 논의한다.

가. 소수지분권자로부터 임차한 제3자에 대해 인도청구가 가능한지 여부

(1) 반대의견1은, 소수지분권자가 제3자에게 공유물을 임대(또는 사용대차)한 경우 다수의견에 의하면 소수지분권자가 스스로 점유하는 경우와 이를 임대한 경우를 달리 취급하는 모순된 결론이 도출된다고 비판한다. 즉 소수지분권자가 과반수의 결정 없이 공유물을 타인에게 임대한 경우 다른 공유자들은 제3자인 임차인을 상대로 공유물 인도를 청구할

59) 인도청구의 인용하는 종전의 견해는 피고의, 부정하는 대상판결은 원고에게 일부 불리하여, 모두 일부 적법한 부분까지의 희생을 요구하게 되고, 결국 해결방법이 법률에 의해 규정되어 있어야 한다는 견해로 김황식(주 24), 376, 377면 참조.

수 있는데, 다수의견에 의할 경우 공유자는 간접점유를 하는 소수지분권자 본인에게는 인도청구를 할 수 없고, 직접점유자인 임차인을 상대로는 인도를 구할 수 있게 된다는 것이다.

그러나 다수의견에 대한 보충의견에 의하면, 위 반대의견1의 가정과 달리, 소수지분권자는 공유물을 공동으로 점유할 권리가 있고, 임차인은 임대차계약을 통해 그 소수지분권자로부터 점유할 권리를 이전받았으므로, 다른 공유자가 공유자인 임대인에게 공유물 인도를 청구할 수 없다면 그 임차인을 상대로도 인도를 청구할 수 없다는 것이 다수의견이라고 한다.

(2) 기존 학설 중에서도 소수지분권자가 직접점유하는 경우와 제3자를 통해 간접점유하는 경우에 인도청구 부정설의 결론이 달라 모순이 생긴다면서 비판하는 견해가 있었다.[60] 그러나 보충의견이 밝힌 바와 같이, 소수지분권자가 간접점유를 하면서 제3자에게 임의로 임대 또는 사용대차를 해 준 경우에는, 점유권원이 공유자로부터 나온 것이므로 공유자 사이의 문제로 보고, 다른 소수지분권자가 직접점유자인 제3자에게 인도청구를 할 수는 없다고 보아야 한다.[61] 민법 제213조의 요건과 관련하여 점유자인 제3자에게 점유할 권원이 없다고 볼 수 없기 때문이다. 다만, 소수지분권자가 제3자에게 자신의 지분권을 넘는 범위에서 공유물을 임대할 권한은 없으므로, 다른 소수지분권자는 위 제3자를 상대로 방해배제청구를 할 수는 있을 것으로 본다.

나. 제3자의 무단점유 경우

(1) 반대의견1은, 다수의견과 같이 소수지분권자가 인도청구를 통해 독점적인 성질의 점유를 취득하게 된다면, 공유물을 공유자가 아닌 제3자가 무단으로 점유하는 경우에 방해배제를 넘어 제3자로부터 공유물을 인도받아 단독으로 점유할 권원이 있다고 보기 어렵고, 소수지분권자가 제3자와 다른 공유자로부터 공유물을 인도받아 취득하는 점유의 성질을

60) 조해근(주 29), 93면; 홍대식(주 7), 174면; 이진기(주 1), 29-31면.
61) 주석 민법 물권(2), 46면, 각주 39; 장보은(주 36), 409면도 같은 견해이다.

달리 파악할 근거를 찾기 어렵다고 한다.

이에 대해 다수의견에 대한 보충의견은, 제3자가 공유물을 무단으로 점유하는 경우 소수지분권자의 지분권은 공유물 전체에 미치므로 위 공유자는 제3자를 배제하고 자신이 점유하겠다는 인도청구를 할 수 있고, 제3자는 물건을 점유할 아무런 권원이 없어 공유자의 인도청구를 거부할 수 없다고 한다. 반면, 공유물을 소수지분권자가 독점적으로 점유하는 경우에는 공유물 관리에 관한 결정이 없는 이상, 한 공유자가 독점적 소수지분권자에 대하여 그를 배제하고 자신만이 물건을 점유하겠다고 청구할 권원이 없고, 독점적 소수지분권자도 공유자로서 물건을 점유할 권원이 있기 때문에 다른 공유자의 인도청구를 거부할 수 있다는 것이다.

(2) 보존행위가 아닌 지분권을 기초로 하여 인도청구의 근거인 민법 제213조의 요건에 따라 점유자가 점유할 권원이 없는 제3자인 경우와 점유할 권원이 있는 공유자인 경우를 구별하면, 인도청구로 인해 독점적인 점유를 취득하게 된다고 보더라도 그 결론의 차이를 설명할 수 있다.[62] 지분권의 효력이 공유물 전부에 미치므로, 지분권에 기하여 공유물 전부에 관한 공유물반환, 방해배제를 청구할 수 있는 것인데, 다만 공유자가 다른 공유자에게 공유물의 인도를 청구하는 것은 그 공유자의 사용·수익권을 박탈하기 때문에 받아들일 수 없게 되는 것이다.[63]

다. 순환소송 가능성과 기판력의 문제

(1) 다수의견은 공유물을 인도받은 소수지분권자가 자발적으로 다른 소수지분권자에게 공동 사용을 허락하지 않는다면 피고였던 소수지분권자가 다시 인도소송을 제기해야 하는 처지가 된다고 한다. 이는 1994년 전원합의체 판결에서 반대의견이 제기한 무의미한 소송의 반복을 피할

62) 이동진(주 6), 138면은 지분권자의 제3자에 대한 공유물인도청구는, 공유자간 이해가 충돌하는 경우는 아니나 인도청구가 보존 목적을 넘기 때문에, 보존행위로 볼 수 없다고 한다. 대상판결은 쟁점이 아닌 공유자의 제3자에 대한 공유물인도 및 방해배제청구를 보존행위로 볼지 여부에 관하여는 직접적으로 판단하지 않았으나, 보충의견의 논거를 볼 때 공유자의 제3자에 대한 청구 또한 보존행위가 아니라 지분권에 기한 청구로 보고 있다고 할 것이다.

63) 김재형(주 13), 231면.

수 없다는 주장과 같다.

이에 대해 반대의견1은, 보존행위로서 공유물을 인도받은 공유자가 공유물을 독점적으로 점유·사용한다면, 이는 보존행위로서 허용된 취지에 반하므로 종전의 독점적 소수지분권자는 다시 방해배제와 인도 등을 청구할 수 있고, 이러한 상황은 인도 집행을 받은 공유자가 그 본래 취지에 반하여 공유물을 독점적으로 점유·사용한다는 확정판결의 표준시 후에 발생하게 된 새로운 사유로서, 종전 인도 판결의 기판력에 반하지 않고, 순환소송의 문제도 필연적으로 뒤따른다고 볼 수 없다고 한다.

공유물 인도청구에 관한 다수의견에 대한 보충의견은, 피고가 원고를 상대로 다시 공유물의 인도를 청구하는 것은 소송법적 측면에서 종전 인도 판결의 기판력에 반하여 허용될 수 없고, 이러한 점에서도 원고의 인도청구를 허용하면 안 된다고 한다.

(2) 인도집행 이후에 공유물을 인도받은 공유자가 그 공유물을 독점적으로 점유·사용한다면 그러한 원고의 작위 또는 공유물을 공유자 전원이 사용하도록 제공하지 않은 원고의 부작위는 기판력의 표준시 후의 사유가 되어, 종전 공유물을 점유하여 인도청구의 상대방이었던 공유자가 원고가 되어 소를 제기할 수 있다고 생각된다. 또한 소송을 통해 공유물을 인도받은 공유자가 그 공유물을 공유자 전원이 사용하도록 제공할 것을 기대하기 어렵다는 점은 앞서 살핀 바와 같다. 우려와 달리 종전 판례의 태도하에서도 실무에서 순환소송이 크게 문제된 바 없다고 하나, 이는 인도집행 후에 공유물을 공유자 전원의 사용에 제공하였기 때문이라기보다는, 궁극적으로 공유물분할 또는 매도를 통해 분쟁을 해소하였기 때문인 것으로 보인다. 결국 인도판결을 인정할 경우 순환소송의 가능성은 여전히 존재한다고 생각한다.

Ⅳ. 결 론

소수지분권자의 공유물에 관한 자의적, 독점적 점유로 인한 위법을 다른 소수지분권자의 보존행위에 기한 인도청구로서 해결하여 온 대법원의 법리는 보존행위의 개념을 지나치게 확대하고, 소수지분권자의 지분범위 내에서의 사용·수익권을 침해하며, 대법원 93다54736 판결과도 조화되지 않는 등의 문제가 있었다. 결국 공유자 사이의 인도 및 방해배제청구는 보존행위에 해당하지 않는다고 보고, 지분권설에 기하여 인도청구를 부정하고 방해배제청구를 인정한 대상판결은 타당하다.

결국 공유물에 대한 독점적, 배타적 점유상태가 발생한 경우에, i) 제3자가 무단으로 점유하였다면, 각 공유자는 지분권에 기하여 공유물 전체의 인도 및 방해배제를 구할 수 있고, ii) 과반수지분권자 또는 과반수지분권자로부터 승낙받은 제3자가 점유하는 경우에는 다른 공유자는 인도 및 방해배제를 구할 수 없고, 소수지분권자 또는 소수지분권자로부터 승낙받은 제3자가 점유하는 경우에는 과반수지분권자가 자신의 과반수지분권에 기하여 인도 및 방해배제를 청구할 수 있으며, iii) 소수지분권자가 점유하는 경우 다른 소수지분권자는 지분권에 기하여 방해배제만을 구할 수 있을 것이다.

대상판결은 1994년 대법원 전원합의체 판결의 다수의견에 대한 학설의 비판을 수용하여 지분권설을 택하고, 다수의견과 반대의견, 보충의견을 통해 공유지분의 법리에 관한 충분히 논의를 전개함으로써 향후 관련 법리의 발전을 가능하게 하였다는 것에도 의의가 있다. 앞으로 공유물에 대한 원인무효 소유권이전등기의 말소등기청구 사례, 공유자의 제3자에 대한 공유물 인도 및 방해배제청구 사례에서 그 근거를 보존행위가 아니라 지분권으로 해석하는 대법원의 판결이 예상된다. 또한 소수지분권자 사이의 방해배제청구의 구체적인 모습에 대하여 추후 실무를 중심으로 한 연구가 필요하다고 본다.

[Abstract]

Claims for Delivery and Exclusive of Interference among Co-owners with Minority Share

Han, Na Ra*

In the case where a co-owner with minority share exclusively occupies or uses all or part of jointly owned property without a majority decision on how to manage the property, it was the established precedent of the Supreme Court that the claim for delivery of the jointly owned property by the other co-owner with minority share was recognized as an act of preservation. However, this precedent was criticized by the facts that it excessively expanded the concept of the act of preservation, and unfairly infringed the right to make use or take profit in proportion to his/her own share who exclusively occupies the property. Supreme Court en banc Decision 2018Da287522 Decided May 21, 2020 has changed the above precedent, denied the claim for delivery of the property as an act of preservation and only admitted the claim for exclusion interference. The en banc Decision is based on the theory of co-ownership right that the shared interest has the nature of ownership as a quantitative part, and each co-owners has the specific and realistic right to use the whole of the property in proportion to their own shares, regardless of the majority decision on how to manage the property, and it reviewed the requirements of Articles 213 and 214 of the Civil Act with a consistent logic. In addition, this Supreme Court decision should be welcomed as it interpreted the concept of an act of preservation in the same way as the Supreme Court Decision 93Da54736

* Judge, Suwon District Court.

and other concepts of joint ownership. Although the claim for exclusion interference might not be the ultimate solution of disputes regarding the joint-owners, it is thought to be an area which requires legislative solution, and finally continuous research by academia and practice is expected for the specific contents of the claim for excluding interference.

[Key word]

- Co-ownership
- Co-owned share
- Co-owner with minority share
- Act of preservation
- Claims for delivery to jointly owned property
- Claims for exclusive of interference to jointly owned property

참고문헌

[단 행 본]

곽윤직 편집대표, 민법주해[Ⅴ], 물권(2), 박영사, 1992.

김용덕 편집대표, 주석민법 물권법(2), 제5판, 2019.

[논 문]

고의영, "공유자 사이의 공유물 명도청구", 민사판례연구[XVII], 박영사, 1995.

김영란, "공유자상호간의 공유물명도청구", 사법행정 35(6), 1994.

김영일, "공유자상호간의 공유물의 보존행위", 한국사법행정학회, 사법행정 제26권 제6호, 1985.

김재형, 공유물에 대한 보존행위의 범위, 민법론Ⅰ, 박영사, 2004.

김주수, "공유자 사이의 공유물 명도청구, (논점)민법판례연습, 물권법, 삼영사, 1999.

김학동, "공유의 법률관계(1)", 고시연구 제22권 제11호, 1995.

김황식, "공유지분권자의 타 공유자에 대한 보존행위로서의 명도청구권", 재판의 한 길 : 김용준 헌법재판소장 화갑기념, 박영사, 1998.

박경호, "소수지분권자의 공유물보존행위", 광주지법 재판실무연구, 1996.

박의근, "공동소유에서의 공유에 관한 해석론적 · 입법론적 개선 방안", 서울법학 21(3), 2014.

윤재식, "공유자 사이의 공유물의 보존행위", 민사재판의 제문제 제8권, 한국사법행정학회, 1994.

이동진, "민법 중 공유에 관한 규정의 입법론적 고찰", 민사법학(78), 2017.

이진기, "대법원 전원합의체 판결'과 법이론의 부조화－대판 (전합) 2020. 5. 21., 2018다287522의 평석－", 민사법학(92), 2020.

이현종, "집합건물 구분소유자의 보존행위에 관하여", 민사판례연구 제33-1권, 박영사, 2011.

장병주, "공유자 1인의 독점적 공유물 점유와 소수지분권자의 권리－대법원 2020. 5. 21. 선고 2018다287522 전원합의체 판결을 중심으로－", 민사법의 이론과 실무, 2020.

장보은, “공유자간 이해의 충돌, 해결방안과 그 한계－소수지분권자의 배타적 공유물점유 사안을 중심으로—대법원 2020. 5. 21. 선고 2018다287522 전원합의체 판결－”, 법조 제69권 제4호, 2020.

조해근, “과반수지분권자 임의로 체결한 공유물 임대차계약의 효력”, 사법연수원 논문집 제4집, 2007.

한명수, “공유자 1인이 공유물을 배타적으로 점유하는 경우 다른 공유자의 명도청구에 관련된 문제”, 판례월보 제291호, 1994.

홍대식, “공유물의 보존행위: 공유물의 인도청구와 말소등기청구”, 재판실무연구 제2권, 수원지방법원, 1997.

채권양도금지특약과 이를 위반한 채권양도의 효력

지 선 경*

■요 지■

채권자와 채무자가 채권의 양도를 금지하는 특약을 한 경우 그 특약 및 이를 위반한 채권양도의 효력에 관하여 두 가지 견해가 대립하고 있다. 채권양도금지특약으로 채권의 양도성이 상실되어 채권양도가 무효라고 보는 '물권적 효력설'과 채권양도는 유효하고 다만 양도인은 채무자에 대하여 채권양도금지특약 위반의 책임을 부담한다는 '채권적 효력설'이 그것이다.

대법원은 그동안 물권적 효력설의 입장에서 채권양도금지특약을 위반한 채권양도는 무효이고, 악의 또는 중과실의 양수인에 대하여 채권 이전의 효과가 발생하지 않는다는 입장을 견지하여 왔다. 대상판결의 다수의견은 이러한 기존 판례의 태도를 유지하였으나, 대상판결의 반대의견은 채권적 효력설의 입장에서 이를 비판하였다.

이 글에서는 물권적 효력설과 채권적 효력설에 따른 법률적 문제와 각 견해의 타당성을 종합적으로 검토하였다. 물권적 효력설에 비하여 채권적 효력설이 채권양도금지특약에 관한 민법 제449조 제2항의 문언을 합리적으로 해석할 수 있고, 채권적 합의에 대세적 효력을 인정하지 않는 계약법의 기본원리에 보다 부합한다. 또한 채권적 효력설은 채권양도를 둘러싼 양도인, 양수인 및 채무자 등 이해관계인들의 법률관계를 논리적으로 설명할 수 있을 뿐만 아니라 양도인, 양수인 및 채무자의 이익관계를 조정하여 균형을 도모할 수 있다. 점차 재산적 가치가 강조되고 있는 채권의 양도성을 보장하고

* 서울행정법원 판사.

거래비용을 감소시켜 채권의 경제적 활용가능성을 높일 수 있다는 점에서도 채권적 효력설을 채택할 필요성이 있다. 대법원이 대상판결에서 채권적 효력설을 입법론으로 고려할 뿐 현행 민법 규정의 해석으로 채택하지 않은 것에는 아쉬움이 남는다.

[주 제 어]

- 채권양도
- 채권의 양도성
- 채권양도금지특약
- 물권적 효력설
- 채권적 효력설

대상판결 : 대법원 2019. 12. 19. 선고 2016다24284 전원합의체 판결

[사안의 개요]

1. 사실관계[1)]

가. 피고(농업협동조합중앙회)는 2009. 5. 27. 주식회사 엘드건설(이하 '엘드건설'이라 한다)과 농협 광주 농산물 종합유통센터 신축공사 중 소방공사 부분을 제외한 건축공사 부분(이하 '이 사건 공사'라 한다)에 관하여 계약금액 23,245,600,000원, 착공일 2009. 6. 1., 준공예정일 2010. 11. 30.로 정하여 도급계약(이하 '이 사건 도급계약'이라 한다)을 체결하였다.

나. 이 사건 도급계약에 포함된 공사계약 일반조건에는 다음과 같은 내용(이하 '이 사건 채권양도금지특약'이라 한다)이 들어 있다.

계약상대자인 엘드건설 등은 이 공사의 이행을 위한 목적 이외의 목적을 위하여 이 계약에 의하여 발생한 채권(공사대금청구권)을 제3자에게 양도하지 못한다(제5조 제1항). 계약상대자가 채권양도를 하고자 하는 경우에는 미리 연대보증인 또는 공사이행보증서 발급기관의 동의를 얻어 발주사무소의 서면승인을 받아야 한다(제5조 제2항).

다. 엘드건설은 2010. 10. 21. 이 사건 공사를 완료하지 못한 상태에서 부도처리되었다. 피고는 2010. 11. 25. 엘드건설에게 이 사건 도급계약에서 정한 바에 따라 부도 발생을 이유로 이 사건 도급계약을 해제한다고 통보하였고, 그 의사표시는 2010. 11. 29. 엘드건설에 도달하였다.

라. 엘드건설의 하수급업체들인 A, B, C, D는 구 하도급거래 공정화에 관한 법률[2)] 제14조 제1항 등에 근거하여 엘드건설의 부도 등의 사유로 피고에게 하도급대금의 직접지급을 구하였다.

마. 한편 엘드건설은 ① 2010. 10. 15. E에게 이 사건 도급계약에 따른 공사대금채권(이하 '이 사건 공사대금채권'이라 한다) 중 90,876,280원 부분을 양도하였고, ② 2010. 10. 22. F에게 이 사건 공사대금채권 중 499,230,000원 부분을 양도하였으며, 피고에게 위 각 양도사실을 통지하였다.

바. 엘드건설에 대하여 2010. 12. 10. 회생절차가 개시되고 2012. 4. 19. 회생계획인가결정이 내려졌다. 그러나 엘드건설은 2017. 1. 25. 회생절차폐지

---

1) 본 연구에 필요한 범위에 한하여 축소 · 요약하여 간략히 기재하였다.

2) 2011. 3. 29. 법률 제10475호로 개정되기 전의 것.

결정을 받아 2017. 3. 17. 폐지결정이 확정됨과 동시에 파산선고가 내려지고 원고가 파산관재인으로 선임되었다.

2. 소송의 경과

가. 청구의 요지

원고는, 엘드건설이 이 사건 공사를 중단할 당시까지 시공한 공사 중 4회 기성부분까지의 공사대금은 지급받았으나 5회 기성부분 공사대금 및 추가공사대금 등을 지급받지 못하였다고 주장하며, 피고에 대하여 이 사건 도급계약에 따른 미지급 공사대금 9,166,441,040원 및 이에 대한 지연손해금의 지급을 청구하였다.

나. 원심 판결의 내용(서울고등법원 2016. 4. 7. 선고 2015나4353, 4360 판결)[3)]

피고는 엘드건설의 채권자인 E, F가 공사대금채권을 양수함으로써 이에 해당하는 이 사건 공사대금채권의 일부가 위 채권자들에게 이전되었다고 주장하였다.

그러나 원심은 피고의 위 주장을 받아들이지 않았다. 채권자 E, F가 피고에 대하여 직접 권리를 행사하지 않고 있고, 피고가 위 채권자들의 권리행사에 응하여 채권액을 변제하였다는 증거도 없다는 것이다. 또한 채권자 E, F가 이 사건 양도금지특약에 대하여 선의였다고 인정할 증거가 없고 오히려 양도금지특약이 있음을 손쉽게 알 수 있었던 상태였으므로, 이 사건 채권양도금지특약에 반하여 이루어진 채권양도는 그 효력이 없고 채권자는 여전히 엘드건설이라고 보았다. 한편 이 사건 채권양도금지특약을 들어 채권양도의 효력을 부인할 수 있는(실제로 위 채권자들에 대하여 그와 같은 사유를 들어 양수금 지급을 거절할 것으로 예상되는) 피고가, 본래의 채권자인 원고에 대해서는 그 입장을 바꾸어 채권양도의 유효 내지 이에 따른 채권의 이전을 주장하는 것은 금반언의 원칙 내지 신의성실의 원칙에 반한다고 볼 여지도 있다고 하였다.

이에 따라 원심은, 피고가 원고에게 인정된 미지급 공사대금(피고의 상계항변이 인용된 부분 제외) 2,791,605,164원 및 이에 대한 지연손해금을 지급할 의무가 있다는 청구 일부 인용 판결을 하였다.

---

3) 본고의 주제와 관련 있는 주장 및 판단 부분에 한하여 기재한다.

3. 대상판결의 요지

가. 다수의견(상고기각 결론)[4)]

1) 양도금지특약을 위반하여 이루어진 채권양도는 원칙적으로 그 효력이 없다는 것이 통설이고 이와 견해를 같이하는 상당수의 대법원판결이 선고되어 재판실무가 안정적으로 운영되고 있다. 이러한 판례의 법리는 다음과 같은 이유에서 그대로 유지되어야 한다.

가) 민법 제449조 제2항 본문이 당사자가 양도를 반대하는 의사를 표시한 경우 채권을 양도하지 못한다고 규정한 것은 양도금지특약을 위반한 채권양도의 효력을 부정하는 의미라고 해석하여야 한다. 나아가 민법 제449조 제2항 단서는 본문에 의하여 양도금지특약을 위반하여 이루어진 채권양도가 무효로 됨을 전제로 하는 규정이다.

나) 지명채권은 유통성을 본질로 하는 증권적 채권과는 달리 채권자와 채무자 사이의 인격적 연결이라는 측면과 채권자의 재산이라는 측면을 동시에 지니고 있다. 민법은 이러한 지명채권의 본질과 특성을 고려하여 제449조 제1항에서는 채권양도의 자유를 원칙으로 선언하면서도 제2항 본문에서 당사자의 의사표시에 의하여 양도를 금지할 수 있다고 하고, 같은 항 단서에서 선의의 제3자에 대해서는 대항할 수 없다고 하여 거래의 안전을 보호하고 있다.

다) 채권관계에서는 사적 자치와 계약자유의 원칙이 적용되므로, 채권자와 채무자가 그들 사이에 발생한 채권의 양도를 금지하는 특약을 하였다면 이는 그 채권의 내용을 형성할 뿐만 아니라 그 속성을 이루는 것이어서 존중되어야 한다.

라) 민법에서 별도의 규정까지 두어 양도금지특약에 관하여 규율하는 것은 이러한 특약의 효력이 당사자 사이뿐만 아니라 제3자에게까지 미치도록 하는 데 그 취지가 있다.

마) 채무자는 양도통지를 받을 때까지 채권자에게 대항할 수 있는 사유로 양수인에게 대항할 수 있다(민법 제451조 제2항). 채권은 이전되더라도 본래 계약에서 정한 내용을 그대로 유지함이 원칙이고 양도금지특약도 이러한 계약의 내용에 속하므로, 원칙적으로 채무자는 지명채권의 양수인을 비롯하여 누구에게도 양도금지특약이 있음을 주장할 수 있다.

---

4) 다수의견에 대한 대법관 민유숙, 대법관 이동원의 보충의견도 제시되었다.

바) 양도금지특약이 있는 경우 채권의 양도성이 상실되어 원칙적으로 채권양도가 일어나지 않는다고 보는 것이 악의의 양수인과의 관계에서 법률관계를 보다 간명하게 처리하는 길이다. 이와 달리 채권양도 자체는 유효하되 양도인인 원래의 채권자가 채무자에 대해서 채권을 양도하지 않을 채권적 의무를 위반하였을 뿐이라고 보게 되면, 악의의 양수인에게 채권이 유효하게 양도된 것임에도 채무자는 양수인에게 이행을 거절할 수 있는 반면, 양도인은 채권의 유효한 이전으로 인해 더 이상 권리를 갖지 않게 되었음에도 여전히 채무자에게 적법하게 채무 이행을 구할 수 있다는 것이 되어, 지명채권의 귀속과 그 권리행사 가부가 서로 괴리되는 현상이 일어난다.

사) 양도금지특약이 있는 채권에 대한 압류나 전부가 허용되는 것은 양도금지특약의 법적 성질과 상관없이 민사집행법에서 압류금지재산을 열거적으로 규정한 데에 따른 반사적 결과에 불과하다. 양수인이 악의이더라도 전득자가 선의인 경우 채권을 유효하게 취득한다는 기존 판례의 입장은, 채권의 양도성을 제한하려는 당사자의 의사보다는 거래의 안전을 도모하려는 민법 제449조 제2항 단서의 취지를 중시하여 그 제3자의 범위를 넓힌 것이다.

아) 채권의 재산적 성격과 양도성을 제고하는 것이 국제적 흐름이라 하더라도 이는 대부분 제한적 범위 내에서 해석이 아닌 법규정을 통해 달성되고 있다. 민법 제449조 제2항 문언의 합리적 해석 범위를 넘어 양도금지특약을 위반한 채권양도를 원칙적으로 유효하다고 인정할 수는 없다.

2) 엘드건설이 피고의 동의 없이 이 사건 공사대금채권을 채권양수인들에게 양도한 것은 이 사건 채권양도금지특약에 위반한 채권양도로서 그 효력이 없다는 원심의 판단은 정당하고, 채권양수인들이 양도금지특약을 알지 못한 데에 중대한 과실이 있다는 원심의 판단도 결과적으로 정당하다. 따라서 원심판단에는 이 부분 상고이유 주장과 같이 판결에 영향을 미친 잘못이 없다.

나. 반대의견(파기환송 결론)[5)]

1) 채권자가 채무자와의 양도금지특약을 위반하여 채권을 양도하면 위반에 따른 채무불이행책임을 지는 것은 당연하다. 그러나 이를 넘어서 양도인과 양수인 사이의 채권양도에 따른 법률효과까지 부정할 근거가 없다. 채권양도에 따라 채권은 양도인으로부터 양수인에게 이전하는 것이고, 채권양도의 당사자가 아닌 채무자의 의사에 따라 채권양도의 효력이 좌우되지는 않는

---

5) 반대의견에 대한 대법관 김재형의 보충의견도 제시되었다.

다. 따라서 양수인이 채무자에게 채무 이행을 구할 수 있고 채무자는 양도인이 아닌 양수인에게 채무를 이행할 의무를 진다. 상세한 이유는 다음과 같다.

가) 양도금지특약의 당사자는 채권자와 채무자이므로 그 약정의 효력은 원칙적으로 채권자와 채무자만을 구속한다. 채권관계의 당사자가 반대의 의사를 표시한 경우에는 양도하지 못한다는 모호한 규정만으로는 채권의 양도성 자체를 박탈하는 근거가 될 수 없다. 양도금지특약의 효력은 당사자만을 구속하고 제3자에게 미치지 않는다는 견해가 계약법의 기본원리에 부합한다.

나) 민법 제449조 제2항 본문에서 '양도하지 못한다'라고 한 부분은 문언 그대로 당사자가 양도를 금지하는 약정을 한 경우 채권자가 그 약정에 따라 채무자에 대하여 '채권을 양도하지 않을 의무'를 부담한다는 취지로 해석함이 타당하다. 이를 양도금지특약으로 채권의 양도성이 상실되어 특약에 반하는 채권양도는 무효라고 해석하는 것은 문언의 통상적 의미를 벗어난다.

다) 민법은 채권의 양도가 가능함을 원칙으로 삼고 예외적인 경우에 한하여 이를 제한하고 있으므로, 양도금지특약은 채권양도의 자유를 침해하지 않는 범위 내에서만 인정되어야 한다. 채권의 재산적 가치는 다른 재화와 다르지 않고 사회경제적 변화에 상응하여 채권자와 채무자의 인적 결합의 정도는 더욱 희박해지고 있다. 제3자에 대한 관계에서까지 채권의 양도성을 박탈하는 합의를 인정하는 것은 채권의 양도성을 인정하는 원칙을 무의미하게 만들 수 있다.

라) 현대사회에서 채권거래의 형태가 다양해지고 그 규모와 빈도가 점진적으로 증가하면서 채권의 재산적 성격과 담보로서의 중요성이 강조되고 있다. 재산권의 귀속주체인 채권자가 이를 처분하여 투하자본의 조기회수라는 경제적 목적을 달성할 수 있도록 더욱 자유로운 양도가능성이 보장되어야 한다.

마) 채권양도금지특약에 채권적 효력만을 인정하는 것이 채권자, 채무자, 양수인 사이의 이익관계에 균형을 맞출 수 있다. 양도금지특약으로 채권의 양도성이 상실된다면, 채권자는 채권양도를 통한 자금조달수단을 상실하고 자산으로서의 채권 활용범위가 축소되는 불이익을 입는다. 양수인도 채권 자체를 취득하지 못할 법적 위험에 직면하고, 양수인으로 하여금 일일이 원래의 계약 내용을 확인하도록 하는 것은 불필요한 거래비용을 증가시킨다. 반면 채권양도금지특약에 채권적 효력만을 인정하더라도 채무자는 채권자에 대하여 특약 위반에 따른 책임을 물을 수 있고, 채권자가 변경되더라도 원래 이행하여야 할 채무를 이행하는 것이어서 불이익이 크지 않다.

바) 채권거래가 증가함에 따라 양도금지특약을 위반한 채권양도에 관하여 채권적 효력만 인정하는 입법례가 많아지고 있다. 우리 민법과 유사한 규정을 두고 있는 나라에서도 판례를 통하여 채권적 효력설을 채택하고 있다.

사) 양도금지특약을 위반한 채권양도의 효력에 대한 증명책임의 분배와 선의의 전득자 보호에 관한 판례도 채권적 효력설을 따를 때 합리적으로 설명할 수 있다. 양도금지특약에 채권적 효력만을 인정하면 특약을 위반한 채권양도도 유효하고, 다만 채무자는 민법 제449조 제2항 단서에 따라 양수인에 대해 악의 또는 중대한 과실을 이유로 채무 이행을 거절할 수 있게 된다. 양도금지특약에 채권적 효력만을 인정하면 채권은 특약과 상관없이 승계되어 유효하게 양도되므로 선의의 전득자는 당연히 보호받을 수 있다.

아) 양도금지특약이 있더라도 압류·전부명령에 따라 채권은 이전이 가능하고 압류채권자의 선의 여부는 그 효력에 영향을 미치지 못한다. 채권자가 양수인에게 집행력 있는 공정증서정본을 작성해주고 양수인이 양도금지특약이 있는 채권에 대하여 압류·전부명령을 받으면 악의의 양수인도 얼마든지 채권을 취득할 수 있으므로, 굳이 물권적 효력설을 고수할 필요가 없다.

2) 채권적 효력설을 채택할 경우 민법 제449조 제2항 단서의 해석은 다음과 같이 해결하는 것이 타당하다. 양도금지특약을 위반하여 채권양도가 이루어진 경우 민법 제449조 제2항 단서에 따라 채무자는 특약의 존재를 알고 있는 양수인에게 채무 이행을 거절할 수 있고, 악의의 양수인을 상대로 이행거절의 항변권을 행사하지 않고 채권양도의 효력을 그대로 인정할 수도 있다. 그러나 양도인은 채무자를 상대로 양도금지특약을 주장하여 채권양도의 효력을 부정하면서 자신에게 이행하라고 청구할 수 없다. 악의의 양수인도 채권자의 지위에 있게 되고 양도인은 무권리자가 되기 때문이다.

채무자가 양도인에게는 채권양도를 들어 채무 이행을 거절한 다음, 양수인을 상대로는 악의를 주장하면서 채무 이행을 거절하는 경우와 같은 교착상태가 문제될 수 있다. 그러나 채무자가 양수인에 대하여 한 이행거절의 항변이 정당한 경우에는 양도인이 채무자에 대하여 이행을 청구할 수 있고, 채무자가 양도인의 이행청구에 대하여 채권양도의 효력이 유효하다고 주장하는 경우에는 이행거절의 항변권을 포기하고 양수인에게 채무를 이행하겠다는 의사표시로 해석하여 양수인이 악의더라도 채무자에게 이행을 청구할 수 있다고 보면 된다. 채무자가 양수인과 양도인 모두에 대해 이행을 거절하는 행위는 선행행위에 모순되는 행동으로서 신의칙에 반하여 허용될 수 없다.

3) 이 사건 채권양도금지특약은 엘드건설이 피고에 대하여 채권을 양도하지 않을 의무를 부담하도록 하는 것일 뿐이므로 이에 반하는 채권양도도 유효하다. 다만 채무자인 피고는 민법 제449조 제2항 단서에 따라 채권양수인들이 양도금지특약의 존재를 알았거나 중대한 과실로 알지 못하였음을 주장하면서 채권양수인들에게 지급을 거절할 수 있다. 그런데 피고는 오히려 이 사건 공사대금채권이 채권양수인들에게 유효하게 양도되었음을 이유로 원고의 지급청구를 거절하고 있다. 이는 양도금지특약에도 불구하고 채권양도가 유효함을 전제로 양수인에게 채무를 이행하겠다는 의사표시로 해석해야 한다. 따라서 채권양수인들의 악의 또는 중과실 여부와 상관없이 이 사건 공사대금채권은 채권양수인들에게 유효하게 이전되었다고 보아야 하고, 채권양수인들에 대한 채권양도의 효력을 부정한 원심의 판단은 잘못되었다.

〔研　　究〕

Ⅰ. 서　　론

민법은 채권의 양도성과 관련하여 "채권은 양도할 수 있다."라는 원칙을 선언하면서도(제449조 제1항 본문), 채권자와 채무자 사이의 채권양도금지특약의 효력에 관하여는 "채권은 당사자가 반대의 의사를 표시한 경우에는 양도하지 못한다. 그러나 그 의사표시로써 선의의 제삼자에게 대항하지 못한다."라는 규정을 두고 있다(제449조 제2항). 채권의 양도성을 제한하려는 당사자의 의사에 어떠한 효력을 부여할지 결정하는 것은, 결국 대립되는 여러 가치와 이해관계인들의 이익 사이에서 어디에 중점을 두어 균형을 이루어야 할지를 판단하는 문제로 귀결된다.

종래 대법원 판결은 채권양도금지특약을 위반하여 이루어진 채권양도는 원칙적으로 효력이 없고, 다만 민법 제449조 제2항 단서에 따라 양수인이 보호되는 경우가 있을 뿐이라는 태도를 일관되게 견지해 왔다. 대상판결의 다수의견은 위와 같은 기존 판례 법리를 그대로 유지하였다. 그러나 대상판결의 반대의견이 적극적으로 주장하고 있는 바와 같이 채권양도금지특약은 채권자와 채무자 사이에서 양도를 금지하고 이를 위반한 채권자에게 채무불이행책임을 부담하도록 하는 효력을 가질 뿐, 양도인과 양수인 사이에 이루어진 채권양도의 효력에는 원칙적으로 영향을 미치지 않는다는 취지의 견해도 유력하게 제시되고 있다. 대상판결은 채권양도금지특약과 이를 위반한 채권양도의 효력에 관한 각 견해의 대립을 선명하게 드러내고 있으며, 입법론이 아니라 현행법의 범위 내에서 그 해석론을 변경할 수 있는 한계는 어디까지인지에 관한 의문도 던진다.

이하에서는 채권의 양도성 및 채권양도금지특약의 배경과 활용실태를 살펴보고(Ⅱ), 채권양도금지특약과 이를 위반한 채권양도의 효력에 관하여 대립되는 양 견해의 기본적 내용과 판례의 태도 및 입법례를 정리하며(Ⅲ), 각 견해에 의할 경우 채권양도에 따른 양도인, 양수인 및 채무자 등 이해관계인 사이의 법률관계가 어떻게 구성되는지 검토한다(Ⅳ). 최종적으로 각 견해 및 대상판결의 타당성을 검토하면서 현행법의 해석 내에서 타당한 방향을 제시하기로 한다(Ⅴ).

Ⅱ. 채권의 양도와 채권양도금지특약

1. 채권의 양도성

지명채권[6]은 원칙적으로 양도성을 갖는다(제449조 제1항 본문). 지명채권의 양도란 채권의 귀속주체가 양도인과 양수인 사이의 법률행위에 의하여 변경되는 것으로 이른바 준물권행위 내지 처분행위의 성질을 가진다.[7]

채권의 양도는 양도인과 양수인의 합의에 의하여 행해지는 것이지만, 민법은 채권양도에 관하여 채무자나 제3자에게 채권양도를 주장하기 위해 일정한 요건을 갖추어야 한다는 대항요건주의를 취하고 있다. 채무자에 대한 대항요건은 양도인의 통지 또는 채무자의 승낙이고(제450조 제1항), 제3자에 대한 대항요건은 확정일자 있는 증서에 의한 통지

6) 채권자가 특정되어 있는 채권을 가리키며, 증권적 채권과 구별된다. 이하 특별한 언급이 없는 경우 지명채권의 양도를 전제로 논의한다.

7) 대법원 2016. 7. 14. 선고 2015다46119 판결 참조.

또는 승낙이다(제450조 제2항).[8)·9)]

2. 양도성의 제한

과거에는 채권이 채권자와 채무자의 인적 결합관계를 바탕으로 하므로 양도성이 인정되지 않는다거나 양도성에 대한 광범위한 제한이 이루어질 수 있다는 관점이 주류였다. 그러나 20세기 후반 이후 금융경제의 발달로 채권의 재산적 가치와 채권을 자본조달 수단으로 활용할 필요성이 보다 강조되면서 양도성이 제한되는 범위를 축소하려는 시도가 늘어나고 있다.

채권의 양도가 제한되는 경우로는 채권의 성질 또는 법률에 의하여 제한되는 경우 및 당사자의 의사표시에 의하여 제한되는 경우를 들 수 있다. 채권의 성질이 양도를 허용하지 않는 경우(제449조 제1항 단서)의 예로는 ① 채권자가 변경되면 급부의 내용이 전혀 달라지는 채권, ② 임차권 등 채권자가 변경되면 권리의 행사가 크게 달라지는 채권, ③ 특정 채권자와의 사이에서 이행되어야 하는 채권, ④ 주된 채권에 대한 종된 채권 등을 들 수 있고, 판례는 매매로 인한 소유권이전등기청구권은 권리의 성질상 양도가 제한되고 그 양도에 채무자의 승낙이나 동의를 요한다고 한다.[10)] 한편 법률이 채권양도를 금지하는 경우로는 부양청구권(민법 제979조), 각종 연금청구권(공무원연금법 제32조 등), 국가배상청구권(국가배상법 제4조) 등이 있다.

채권양도의 금지[11)]는 사적자치의 원칙에 따라 단독행위 또는 계약에

8) 제450조(지명채권양도의 대항요건) ① 지명채권의 양도는 양도인이 채무자에게 통지하거나 채무자가 승낙하지 아니하면 채무자 기타 제삼자에게 대항하지 못한다. ② 전항의 통지나 승낙은 확정일자 있는 증서에 의하지 아니하면 채무자 이외의 제삼자에게 대항하지 못한다.

9) 여기에서 말하는 제3자란 양도된 채권에 관하여 양수인의 지위와 양립할 수 있는 법률상위 지위를 취득한 자를 가리키며, 채권의 이중양수인, 채권을 압류 또는 가압류한 양도인의 채권자, 양도인의 파산채권자 등을 들 수 있다.

10) 대법원 1996. 2. 9. 선고 95다49325 판결. 반면 취득시효완성으로 인한 소유권이전등기청구권의 경우에는 채권자와 채무자 사이에 아무런 계약관계나 신뢰관계가 없고 채권자가 채무자에게 반대급부로 부담하여야 하는 의무도 없으므로, 매매로 인한 소유권이전등기청구권에 관한 양도제한의 법리가 적용되지 않는다고 한다(대법원 2018. 7. 12. 선고 2015다36167 판결).

11) 양도를 금지하는 것 외에 채권자와 채무자의 합의로 일정한 조건이나 기한을 붙

의해서도 이루어질 수 있다(민법 제449조 제2항 본문). 채권의 발생 원인이 유언 등 단독 행위인 경우에는 그 행위에 포함된 양도금지의 의사표시에 의하여, 채권이 계약에 의하여 발생하는 경우에는 계약의 내용을 이루는 양도금지의 합의에 의하여 양도가 금지될 수 있고, 후자의 양도금지 합의를 채권양도금지특약이라 한다. 이하에서는 계약으로 발생하는 채권에 관한 양도금지특약을 전제로 논의한다.

3. 채권양도금지특약의 체결

가. 특약의 이유[12)]

채권양도금지특약으로 인하여 채권자는 채권을 자유롭게 처분할 권리에 제한을 받게 될 뿐 특별한 이익을 얻는다고 보기 어렵다. 반면 채무자는 채권양도를 금지함으로써 다음과 같은 다양한 이점을 누릴 수 있다.

① 채무자는 착오 지급으로 인한 이중변제의 위험을 방지할 수 있다. 채무자는 양도통지를 간과하고 양도인에게 변제할 위험이 있고, 다수의 양수인이 권리를 주장하는 경우에는 채권양도의 유효성과 양수인들 사이의 우열관계를 판단하여야 하는 위험을 부담하게 된다.

② 계속적 거래관계에 있는 채무자는 채권자에 대한 반대채권으로 상계의 이익을 확보할 수 있다. 채무자도 채권자에 대하여 채권을 가지고 있는 경우 해당 채권을 자동채권으로 하여 상계함으로써 채권자의 자력이 불충분한 경우에도 변제를 받는 것과 동일한 이익을 기대할 수 있다. 따라서 채무자는 채권양도를 제한하여 이미 가지고 있는 자동채권이나 계속적 거래관계에서 장래 발생할 수 있는 자동채권에 의한 상계이익을 확보할 필요가 있다.

이는 등 양도에 일정한 제한을 둘 수도 있다.

12) 윤철홍, "채권양도의 금지특약에 관한 소고", 법조 제651호(2010. 12.), 10면; 최수정, "지명채권의 양도금지특약 재고", 민사법학 제38호(2007), 137-138면; 고용, "채권양도금지특약의 실효성에 관한 연구—건설공사하도급대금을 중심으로", 단국대학교 행정법무대학원 석사학위논문(2012), 15-18면.

③ 도급계약 등에서 수급인의 성실한 채무이행을 확보할 수단이 필요하다. 도급계약은 수급인과의 인적관계를 바탕으로 체결되고 채무이행에 장기간이 소요된다. 수급인이 도급인에 대한 공사대금채권 등을 양도할 경우 도급인 입장에서는 수급인이 남아 있는 채무를 충실하게 이행할 것인지 장담하지 못하게 된다. 도급인이 공사 속행을 위해 부득이하게 하수급인에게 직접 공사대금을 지급하고 공사대금채권의 양수인에 대하여 이중지급의 위험을 부담하게 될 우려도 있다.

④ 채권양도가 국제적인 거래 요소를 포함하는 경우에는 재판관할이나 준거법이 달라져 불리하게 되거나 법률관계가 복잡하게 되는 것을 방지할 필요가 있다.

⑤ 그밖에 금융기관 등 대량의 거래에 관한 사무를 수행해야 하는 채무자로서는 채권양도에 따른 업무량과 거래비용의 증가 등 거래에서의 번거로움을 회피하고자 채권양도를 금지할 필요성이 있을 수 있다.

나. 특약의 실태

위와 같이 채권양도금지특약이 주로 채무자의 이익을 위해 계약에 포함되는 까닭에, 거래의 실제에서는 사회경제적 지위가 보다 우월한 채무자의 뜻에 따라 약정이 이루어지는 경우가 많고, 표준계약서나 약관의 형태로 채권양도금지특약이 이루어지는 경우도 다수이다.

공정거래위원회의 예금거래기본약관 표준약관은 "거래처(예금주)가 예금을 양도하거나 질권 설정하려면 사전에 은행에 통지하고 동의를 받아야 한다."라는 조항을 포함하고 있다(제12조 제1항 본문).[13] 공정거래위원회의 건설업종 표준하도급계약서에는 "원사업자와 수급사업자는 이 계약으로부터 발생하는 권리 또는 의무를 제3자에게 양도하거나 담보로 제공하지 아니한다. 다만 상대방의 서면에 의한 승낙(보증인이 있으면 그의 승낙도 필요하다)을 받았을 때에는 그러하지 아니하다."라는 조항이 있다(제41조).[14] 민간건설공사 표준도급계약서의 일반조건도 "수급인은 이 공사의 이행

13) 표준약관 제10012호(2016. 10. 7. 개정).

14) 하도급거래 공정화에 관한 법률 제3조의2 참조, 2019. 11. 18. 개정.

을 위한 목적 이외에는 이 계약에 의하여 발생한 채권(공사대금 청구권)을 제3자에게 양도하지 못한다. 수급인이 채권양도를 하고자 하는 경우에는 미리 보증기관(연대보증인이 있는 경우 연대보증인을 포함한다)의 동의를 얻어 도급인의 서면승인을 받아야 한다."라는 내용을 포함하고 있다(제38조 제1항, 제2항).[15)]

Ⅲ. 채권양도금지특약의 효력에 관한 논의

1. 견해의 대립[16)]

채권양도금지특약과 이를 위반한 채권양도가 어떠한 효력을 가지는가에 관해서는 크게 두 가지 입장이 대립한다. 채권양도금지특약이 절대적 효력을 가지므로 이를 위반하여 이루어진 채권양도 자체가 효력이 없다는 물권적 효력설과, 채권양도금지특약은 채권자와 채무자 사이에만 효력이 있을 뿐 양수인에 대한 채권양도 자체의 효력을 좌우하지 못한다는 채권적 효력설이 그것이다.[17)]

가. 물권적 효력설[18)]

물권적 효력설은 채권양도금지특약에 의하여 채권의 양도성이 상실된다고 본다. 채권양도금지특약에 절대적인 형성력을 인정하므로 채

15) 민간건설공사 표준도급계약서[국토교통부 고시 제2019-220호(2019. 5. 7. 개정)].

16) 윤철홍(주 12), 13-14면 등 참조, 정리. 종래 물권적 효력설이 다수설적 견해였으나, 최근에는 채권적 효력설이 보다 유력하게 주장되고 있는 것으로 보인다.

17) 채권양도금지특약이 채권자와 채무자 이외의 제3자에게 영향을 미치는 효력이 있는지에 따라 견해가 나뉘므로 '물권적 효력설', '채권적 효력설'이라는 용어보다 '절대적 효력설', '상대적 효력설'이라는 용어가 적절하다는 견해도 있으나[지원림, "지명채권양도에서 양수인의 지위", 비교사법 제24권 제3호(2017), 972면], 대상판결의 사용례와 같이 이하에서는 '물권적 효력설', '채권적 효력설'이라는 용어를 사용하기로 한다.

18) 서민, "양도금지특약 있는 채권의 양도에 대한 사후승낙의 효력", 민사판례연구 제23권(2001), 310면; 오수원, "채권양도금지특약의 법적 성질과 양도금지채권양도의 사후승낙의 소급효", 인권과정의 제465호(2017. 5.), 465면; 김동훈, "채권양도금지특약에 반한 채권양도의 효력", 법률신문사(2020. 4. 5.), 13면; 이창현, "채권양도금지특약의 효력: －대법원 2019. 12. 19. 선고 2016다24284 전원합의체 판결을 중심으로－", 서울대학교 법학 제61권 제4호(2020), 221-281면 등.

권양도는 효력이 없고, 원칙적으로 누구든지 무효를 주장할 수 있다. 채무자는 채권양도에도 불구하고 여전히 채권자인 양도인에게 변제하여야 한다.

다만 민법 제449조 제2항 단서는 예외적으로 선의의 양수인을 보호하기 위해 채권양도를 유효하다고 보아 채권 이전의 효과가 발생하도록 하고, 채권양도금지특약의 효력 범위를 악의의 양수인으로 제한하는 규정이라고 본다. 따라서 논리를 일관하면 채무자가 양도금지특약의 존재에 대한 주장·증명책임을 부담하고, 예외적인 규정의 적용을 받고자 하는 양수인이 양도금지특약에 관한 선의의 주장·증명책임을 부담하게 된다.[19] 채무자는 무효인 양도행위를 사후적으로 승낙하여 무효행위를 추인함으로써 채권양도를 유효하게 할 수 있다.[20]

나. 채권적 효력설[21]

채권적 효력설은 채권양도금지특약에 채권자가 채무자에 대한 관계에서 채권을 양도하지 않을 의무를 부담하도록 하는 효력이 있을 뿐, 이는 채권자와 양수인 사이의 채권양도의 효력에는 영향을 미치지 못하므로 채권양도금지특약을 위반한 채권양도도 유효하다고 본다.

다만 민법 제449조 제2항 단서는 예외적으로 채무자에게 악의의 양

---

19) 다만 물권적 효력설에서도 채무자에게 양수인의 악의 또는 중과실의 주장·증명책임을 부담시킨다. 이는 채권양도금지특약이 예외적인 사정이므로 양수인은 선의로 추정되고, 증명책임의 원칙상 이에 반하는 사실 인정으로 인하여 이익을 얻으려는 채무자가 증명책임을 부담해야한다는 점, 양수인이 양도금지특약을 알지 못했다는 사실을 적극적으로 증명하는 것이 현실적으로 곤란하다는 점 등을 근거로 한다.

20) 아래에서 보는 바와 같이 판례는 채무자의 사후 승낙에 소급효가 없다는 입장이지만, 물권적 효력설 중에서도 승낙하는 채무자의 진의는 채권양도를 당초부터 유효하게 하려는 데 있으므로 소급효가 있다는 견해도 존재한다.

21) 윤철홍(주 12), 15-17면; 지원림(주 17), 973-974면; 최수정(주 12), 159면; 전원열, "채권양도금지 특약의 효력", 민사법학 제75호(2016. 6.), 197면; 전우정, "채권양도금지특약에 대한 비교법적 연구 및 법경제학적 분석", 비교사법 제26권 제2호(2019. 5.), 122면; 권영준, "2019년 민법 판례 동향", 서울대학교 법학 제61권 제1호(2020), 571-582면; 윤진수, "채권양도 금지특약의 효력: 대법원 2019. 12. 19. 선고 2016다24284 판결", 민법기본판례(2020), 370-373면 등.

수인에 대한 항변권을 부여함으로써 채무자를 보호하려는 규정으로, 악의의 양수인은 채권을 유효하게 양수하지만 채무자는 채권양도금지특약으로 양수인에게 대항할 수 있다. 논리를 일관하면 위 규정의 적용으로 이익을 받고자 하는 채무자가 양도금지특약의 존재 및 양수인의 악의에 대한 주장·증명책임을 부담한다. 채무자의 항변권이 인정되더라도 양도인과 양수인, 양도인과 양수인의 채권자 등 채무자 외의 이해관계자 사이에서는 여전히 채권양도가 유효하므로 채권은 양수인의 책임재산으로 귀속되며, 양수인은 채권을 처분하여 환가할 수도 있다. 채무자가 채권양도금지특약에 반하여 이루어진 채권양도를 승낙하는 것은, 채무자가 악의의 양수인에 대하여 가질 수 있는 항변권을 포기한다는 의미이고 이로써 채권양도를 저지하던 양도금지특약이 해소된다. 이 경우 채권양도는 당초부터 유효하므로 채무자의 승낙에 소급효가 문제될 여지가 없다.

2. 판례의 태도

가. 원칙적으로 물권적 효력설의 입장

판례는 "당사자의 양도금지의 의사표시로써 채권은 양도성을 상실하며 양도금지의 특약에 위반해서 채권을 제3자에게 양도한 경우에 악의 또는 중과실의 채권양수인에 대하여는 채권 이전의 효과가 생기지 아니한다."라고 판시하여 왔다.[22] 이는 채권양도금지특약으로 채권의 성질인 양도성 자체가 상실된다는 것이어서 기본적으로 물권적 효력설의 입장을 취하고 있다고 해석된다.[23] 또한 민법 제449조 제2항 단서의 해석에 관해서 양수인이 악의 또는 중과실인 경우 채권 이전의 효력 자체가 발생하지 않는다고 판시하는 점에서도 물권적 효력설의 입장을 취하고 있다

---

22) 대법원 2000. 4. 7. 선고 99다52817 판결, 대법원 2009. 10. 29. 선고 2009다47685 판결.

23) 최수정(주 12), 141은 판례가 때로 양도금지특약에도 불구하고 채권 자체가 여전히 양도성을 갖는다고 한 점에서 채권적 효력설을 취하기도 한다는 입장이나, 그 근거로 들고 있는 판례들의 내용을 구체적으로 살펴보면 양도금지특약의 존재 자체가 인정되지 않거나, 양도 대상인 권리의 특수한 지위가 문제된 사안이어서 그러한 취지라고 보기 어렵다. 같은 견해로 전원열(주 21), 170면.

고 보인다.[24)]

나. 민법 제449조 제2항 단서에 의하여 보호되는 제3자의 범위

판례는 민법 제449조 제2항 단서에서 규정한 '선의의 제3자'의 범위에 관하여, 제3자의 중대한 과실은 악의와 같이 취급되어야 한다는 견지에서 "채무자는 제3자가 채권자로부터 채권을 양수한 경우 채권양도금지 특약의 존재를 알고 있는 양수인이나 그 특약의 존재를 알지 못함에 중대한 과실이 있는 양수인에게 그 특약으로써 대항할 수 있고, 여기서 말하는 중과실이란 통상인에게 요구되는 정도의 상당한 주의를 하지 않더라도 약간의 주의를 한다면 손쉽게 그 특약의 존재를 알 수 있음에도 불구하고 그러한 주의조차 기울이지 아니하여 특약의 존재를 알지 못한 것을 말한다."라고 하면서, 악의 내지 중과실의 주장·증명책임의 소재에 관하여 "제3자의 악의 내지 중과실은 채권양도금지의 특약으로 양수인에게 대항하려는 자가 이를 주장·증명하여야 한다."라고 판시하여 양수인에게 대항하려는 자, 즉 채무자에게 주장·증명책임이 있다고 한다.[25)]

이때 민법 제449조 제2항 단서에서 채권양도금지특약으로 대항할 수 없다고 규정한 선의의 제3자는 채권자로부터 채권을 직접 양수한 자만으로 한정되지 않고, "악의의 양수인으로부터 다시 선의로 양수한 전득자도 위 조항에서의 선의의 제3자에 해당하고, 선의의 양수인을 보호하고자 하는 위 조항의 입법취지에 비추어 볼 때 이러한 선의의 양수인으로부터 다시 채권을 양수한 전득자도 그 선의·악의를 불문하고 채권을 유효하게 취득한다."라는 입장이다.[26)]

다. 채권양도금지특약을 위반한 채권양도에 대한 채무자의 추인

판례는 "양수인이 악의 또는 중과실로 채권양수를 받은 후 채무자가 그 양도에 대하여 승낙을 한 때에는 채무자의 사후승낙에 의하여 무

---

24) 대법원 2000. 12. 22. 선고 2000다55904 판결.

25) 대법원 1999. 12. 28. 선고 99다8834 판결, 대법원 2010. 5. 13. 선고 2010다8310 판결.

26) 대법원 2015. 4. 9. 선고 2012다118020 판결.

효인 채권양도행위가 추인되어 유효하게 되며 이 경우 다른 약정이 없는 한 소급효가 인정되지 않고 양도의 효과는 승낙 시부터 발생한다."라고 하여 채무자의 사후적인 승낙 내지 추인으로 채권양도를 유효하게 할 수 있는 가능성을 열어두고 있다.[27] 채무자는 양도금지특약을 위반한 채권양도에 대하여 조건을 붙여 승낙을 할 수도 있고,[28] 양도금지특약 있는 집합채권의 양도인 경우 일부 개별 채권을 특정하여 추인할 수도 있다.[29]

3. 각국의 입법례

가. 일 본

우리나라 민법 제449조는 1958년 제정될 당시 일본 민법 제466조를 그대로 계수한 것이다. 일본 민법 제466조는 채권양도의 가능성을 인정하는 원칙을 선언하면서도(제1항), 당사자의 특약으로 양도성을 배제할 수 있다는 규정(제1항 본문)을 두었고, 제2항 단서에서는 "다만 그 의사표시는 이로써 선의의 제3자에게 대항할 수 없다."라고 규정하여 균형을 꾀하였다. 그 입법 과정에서 채권양도금지특약에 반하는 양도의 효력에 대해 입법자가 직접적으로 입장을 표명하지는 않았다.[30] 일본 민법 제466조 제2항의 해석과 관련하여 일본의 다수설과 판례는 양도금지특약이 물권적 효력을 가져 채권양도를 무효로 한다는 입장이었으나, 채권의 양도성을 중시하는 입장에서 채권적 효력설도 유력하게 주장되었다.[31]

그러나 2015년 국회를 통과하여 2020년 4월부터 시행된 일본 개정 민법은 상세한 조문(제466조 제1항 내지 제4항, 제466조의2 내지 제466조의5)을 두어 채권양도금지특약을 둘러

27) 대법원 2000. 4. 7. 선고 99다52817 판결. 판례는 채무자의 승낙에 소급효가 인정되지 않는다고 하지만, 채무자의 의사는 양도성 상실의 흠을 제거하여 양수인이 처음부터 유효하게 채권을 취득하도록 하려는 것이므로 제3자의 이익을 해치지 않는 범위에서 소급효를 인정해야 한다는 견해도 있다. 지원림(주 17), 976면.

28) 대법원 1989. 7. 11. 선고 88다카20866 판결.

29) 대법원 2009. 10. 29. 선고 2009다47685 판결.

30) 최수정(주 12), 146면.

31) 윤철홍(주 12), 28-31면.

싼 문제를 입법적으로 해결하고자 하였다.[32)·33)] 제466조 제2항은 "당사자가 채권의 양도를 금지하거나 제한하는 취지의 의사표시를 하였을 때라도 채권의 양도는 그 효력을 방해받지 않는다."라고 규정하여 채권적 효력설을 명시적으로 채택하였다. 제466조 제3항은 "양도제한의 의사표시가 있음을 알거나 또는 중대한 과실로 알 수 없었던 양수인 기타 제3자에 대해서는 채무자는 그 채무의 이행을 거절할 수 있고, 또한 양도인에 대한 변제 기타의 채무를 소멸시키는 사유로써 그 제3자에게 대항할 수 있다."라고 하여, 악의 또는 중과실의 제3자에 대하여 채무자가 양도금지특약을 주장하여 이행을 거절할 수 있다고 규정하였다.[34)] 제466조 제4항은 "전항의 규정은 채무자가 채무를 이행하지 않는 경우에 동항에 규정하는 제3자가 상당한 기간을 정하여 양도인에 대해 이행의 최고를 하고 그 기간 안에 이행이 없을 때에는 그 채무자에 대해서는 적용하지 아니한다."라고 규정하여, 악의 또는 중과실의 양수인이더라도 채무자로 하여금 양도인에게 채무를 이행할 것을 최고하고 이를 이행하지 않을 경우 채무자가 양수인에게 대항하지 못하도록 함으로써, 채무자가 양도인 및 악의 또는 중과실의 양수인 모두에 대하여 채무의 이행을 거절하는 교착상태의 해결방안을 입법화하였다.

그 밖에 양도금지특약 있는 금전채권이 양도된 경우 채무자가 양수인의 선·악의 및 과실 유무에 관계없이 공탁을 할 수 있도록 하고 그 환급청구권은 양수인에게 귀속하며(제466조의2),[35)] 양도인이 파산절차개시결정

32) 전우정(주 21), 129면.

33) 이하 일본 개정 민법에 관하여 박정기, "일본민법개정법안상의 채권양도규정", 법학논고 제58집(2017. 5), 214-217면, 226-227면 참조.

34) 일본 최고재판소는 2009. 3. 27. '채권양도금지특약을 이유로 한 채권양도의 무효는 채무자만이 주장할 수 있고, 특단의 사정이 없는 한 스스로 채권양도금지특약에 반하여 채권을 양도한 채권자는 채권양도의 무효를 주장할 수 없다.'라는 판결을 하였고[日本最高裁判所 平成19年(受)第1280号], 이는 개정 민법 제466조 제3항에 반영되었다. 전우정(주 21), 129-130면.

35) 일본 민법 제466조의2(양도제한의 의사표시가 있는 채권에 관한 채무자의 공탁) ① 채무자는 양도제한의 의사표시가 있는 금전의 급부를 목적으로 하는 채권이 양도된 때는 그 채권의 전액에 상당하는 금전을 채무의 이행지(채무의 이행지가

을 받은 경우에는 악의 또는 중과실의 양수인도 제3자에 대한 대항요건을 갖춘 경우 채무자에게 공탁을 할 것을 청구할 수 있도록 하였다(제466조의3).[36)]양도금지특약이 있더라도 해당 채권에 강제집행을 한 압류채권자에게 대항할 수 없지만, 압류채권자가 악의·중과실의 양수인의 채권자인 경우에는 채무자가 이행을 거절할 수 있고 양도인에 대한 변제 등 채무 소멸사유로 대항할 수도 있다(제466조의4).[37)]한편 예금채권 등에 관해서는 기존의 물권적 효력설에 따른 규정을 적용하는 특칙을 두어, 원칙적으로 양도인이 채권자이고 채무자인 은행은 악의·중과실의 양수인 기타 제3자에게 양도금지특약으로 대항할 수 있지만 예금채권 등에 대한 강제집행을 한 압류채권자에게는 대항할 수 없다(제466조의5).[38)]이처럼 일본 개정 민법은 채권적 효력설의 입장을 취함으로써 파생되는 여러 문제에 관하여 상세한

채권자의 현재의 주소에 따라 정해진 경우에는 양도인의 현재의 주소를 포함한다, 다음 조도 동일)의 공탁소에 공탁할 수 있다. ② 전항의 규정에 의하여 공탁을 한 채무자는 지체 없이 양도인 및 양수인에게 공탁의 통지를 하여야 한다. ③ 제1항의 규정에 의하여 공탁한 금전은 양수인에 한하여 환급을 청구할 수 있다.

36) 일본 민법 제466조의3(양도제한의 의사표시가 있는 채권에 관한 채무자의 공탁) 전조 제1항에 규정하는 경우에 양도인에 대하여 파산절차개시의 결정이 있는 때에는 양수인(동항의 채권 전액을 양수한 자로서 그 채권의 양도를 채무자 기타 제3자에게 대항할 수 있는 자에 한한다)은 양도 제한의 의사표시가 된 것을 알거나 중대한 과실로 알지 못했던 경우라도 채무자에게 그 채권의 전액에 상당하는 금전을 채무의 이행지의 공탁소에 공탁하게 할 수 있다. 이 경우에는 동조 제2항 및 제3항의 규정을 준용한다.

37) 일본 민법 제466조의4(양도제한의 의사표시가 된 채권의 압류) ① 제466조 제3항의 규정은 양도제한의 의사표시가 된 채권에 대한 강제집행을 한 압류채권자에 대하여는 적용하지 아니한다. ② 전항의 규정에 불구하고 양수인 기타 제3자가 양도제한의 의사표시가 된 것을 알거나 또는 중대한 과실로 알지 못했던 경우에 그 채권자가 동항의 채권에 대한 강제집행을 한 때에는 채무자는 그 채무의 이행을 거절할 수 있고 또한 양도인에 대한 변제 기타의 채무를 소멸시키는 사유를 가지고 압류채권자에게 대항할 수 있다.

38) 일본 민법 제466조의5(예금채권 또는 저금채권에 관한 양도제한의 의사표시의 효력) ① 예금계좌 또는 저금계좌에 관한 예금 또는 저금에 관한 채권(이하 '예저금채권'이라 한다)에 대하여 당사자가 한 양도제한의 의사표시는 제466조 제2항의 규정에 불구하고 그 양도제한의 의사표시가 된 것을 알거나, 또는 중대한 과실로 알지 못했던 양수인 기타 제3자에게 대항할 수 있다. ② 전항의 규정은 양도제한의 의사표시가 된 예저금채권에 대한 강제집행을 한 압류채권자에 대하여는 적용하지 아니한다.

조문을 두어 입법적 해결을 의도하였다는 특징이 있다.

나. 독　　일[39)]

개정 전 일본 민법 제466조는 독일 민법 제399조의 영향을 받았다. 독일 민법 제399조는 "채권은 내용을 변경하지 아니하고는 원래 채권자 이외의 자에게 급부를 할 수 없는 경우 또는 채무자와의 약정에 의하여 양도가 금지된 경우에는 이를 양도할 수 없다."[40)]라고 규정하는데, 다수설은 양도금지특약이 채권으로부터 양도성을 박탈하고 특약에 반하는 누구에 대한 관계에서도 채권양도는 무효가 된다고 보아 위 규정이 물권적 효력설을 취한 것이라고 평가한다.[41)] 독일 민법 제405조는 채권양도금지특약이 있는 경우 채무자가 악의 또는 과실 있는 양수인에게 대항할 수 있도록 규정하고 있다.[42)]

한편 독일 상법은 1994년 상거래에서의 채권양도금지특약에 관한 새로운 규정을 도입하여, 일정한 적용범위(양 당사자의 상행위성 및 금전채권) 내에서 이루어진 양도금지특약에 반하는 채권양도의 효력을 인정하

---

39) 윤철홍(주 12), 31면; 전우정(주 21), 133-134, 137-139면; 류창원, "금전채권의 국제적 양도에 관한 연구−채권양도금지특약을 중심으로", 무역상무연구 제71권 (2016. 8.), 71-73면.

40) 이하 독일 민법의 규정에 관하여 양창수, 독일민법전(총칙, 채권, 물권), 박영사 (2018), 58-61, 242-245면 참조.

41) 양도인의 권리를 적극 실현하고 양수인을 보호하면서도 채무자에게 불이익을 주지 않는다는 근거에서 특약에 반하는 채권양도가 채무자에 대한 관계에서만 무효가 된다는 상대적 무효설의 관점에서 비판하는 견해도 있다. 최수정(주 12), 147-149면. 한편 다수의 견해는 독일 민법 제137조의 "양도할 수 있는 권리를 처분하는 권한은 법률행위에 의하여 이를 배제하거나 제한할 수 없다. 그러한 권리를 처분하지 아니하기로 하는 의무는 이 규정에 의하여 그 효력에 영향을 받지 아니한다."라는 규정과의 관계에서, 제399조를 제137조의 원칙에 대한 예외로 파악하여 양도금지특약에 의해 채권의 내용적 변화가 생기고 양도성 자체가 배제되기 때문에 특약에 반하는 채권양도는 무효라고 하는바, 물권적 효력설의 기본 관념은 여기에서 유래한 것으로 보인다.

42) 독일 민법 제405조: 채무자가 채무에 관한 증서를 교부하였던 경우에 채권양도가 그 증서를 제시하여 행하여진 때에는, 채무자는 채무의 부담 또는 승인이 가장으로 행하여졌음을 또는 양도인과의 약정에 의하여 양도가 금지되었음을 양수인에 대하여 대항할 수 없다. 그러나 양수인이 양도 당시 그 사실을 알았거나 알아야 했던 때에는 그러하지 아니하다.

고 있다(제354a조 제1항). 하지만 채무자에게는 여전히 양도인에게 유효하게 급부할 수 있는 특권이 주어지기 때문에(제354a조 제2항), 위 적용범위 내에서 유효한 채권양도이더라도 채무자에 대한 관계에서는 효력을 갖지 못한다. 따라서 독일 상법상 양도금지특약을 위반한 채권양도에 관한 규정은 채권적 효력설에 가까운 것으로 평가된다.[43]

다. 미　　국[44]

미국통일상법전(UCC, Uniform Commercial Code)은 채권의 양도성을 원칙적으로 승인한다(제2-210조 (a)). 당사자 간의 합의로 채권양도를 금지하거나 제한하더라도 양도의 효력에는 영향이 없으며(제2A-303조(2), 제9-401조(b)), 거래유형에 따라서는 그러한 합의 자체도 무효가 된다고 규정한다(제9-406조(d), 제9-407조(a), 제9-408조(a)). 위와 같이 채권양도금지특약을 위반한 채권양도의 효력을 인정하는 규정들은 범위에 일정한 제한이 있기는 하지만 일반적인 채권양도에도 적용된다(제9-109조).

라. 유럽민사법 공통기준안[45]

유럽민사법 공통기준안(DCFR, Draft Common Frame of Reference)은 유럽 민법 전반의 법통일을 시도하기 위해 유럽민법전연구회와 EC사법연구단이 성안한 국제모델규정으로, 2009년 최종본이 발표되었다. 이에 따르면 채권양도금지특약은 채권의 양도성에 영향을 미치지 않아 채권양도는 유효하고(DCFR Ⅲ. 제5:108조 제1항), 채권양도금지특약이 있는 채권이 양도되더라도 채무자는 양도인에게 이행할 수 있고 그로써 면책되며, 채무자는 양도인에 대하여 상계할 수 있는 모든 권리를 보유한다(DCFR Ⅲ. 제5:108조 제2항). 양도인은 채무자로부터 변제받은 경우 부당이득으로 양수인에게 반환하여야 하는데, 변제금이 양도인의 일반재산과 분리되어 특정 가능하면 양수인은 양도인의 다른 채권자에 대하여 우선권을 갖는다(DCFR Ⅲ. 제5:122조). 단, 채무자가 채권양도에 동의하거나, 채무자가 양수인으로 하여금 합리적인 근거에 기하여 채권양

43) 최수정(주 12), 153면.
44) 류창원(주 39), 74-76면; 전우정(주 21), 139면; 최수정(주 12), 152면.
45) 전우정(주 21), 135-137면.

도금지 또는 제한이 없다고 믿게 만들거나, 양도된 채권이 물품이나 용역의 공급에 관한 이행을 구할 수 있는 권리인 경우에는 제2항이 적용되지 않고 채무자는 양수인에게 이행해야 면책된다(DCFR Ⅲ. 제5:108조 제3항).

Ⅳ. 물권적 효력설과 채권적 효력설에 따른 법률관계의 검토

1. 채무자의 채무 이행을 둘러싼 문제들

가. 양수인의 선 · 악의 여부에 따른 변제의 효력

양수인이 선의인 경우[46] 채무자가 양수인에게 채무를 변제해야 하는 것은 물권적 효력설 및 채권적 효력설에서 동일하다. 양수인이 악의인 경우[47] 물권적 효력설에 의하면 채권양도는 효력이 없으므로 채무자는 양도인에게 채무를 변제해야 하고 양수인은 양도인에게 채무불이행 책임을 물을 수 있을 뿐 변제금 자체에 대한 권리는 갖지 못한다. 채권적 효력설에 의하면 채권양도는 유효하지만 채권자는 악의의 양수인에게 대항할 수 있으므로 양도인에게 적법하게 변제함으로써 채무를 소멸시킬 수 있고,[48] 양수인은 양도인에 대하여 그 변제금을 부당이득으로 반환할 것을 청구할 수 있지만 양도인이 파산하는 경우에는 일반 채권자의 지위에 놓이게 된다.

그러나 채권양도 통지를 받은 채무자의 입장에서는 양수인의 선 · 악의 여부를 명확히 알기 어렵다. 특히 판례는 보호되는 양수인의 요건으로 채권양도금지특약을 알지 못하였을 뿐만 아니라 알지 못한 데 중과실이 없을 것까지 요구하고 있음에도, 중과실 여부의 판단기준에 관하여는 명확한 기준을 정립하고 있지 않아 예측가능성을 제시하는 기능이 매우 떨어진다.[49] 따라서 채무자로서는 최종적으로 유효한 채권양도로 판단될

---

46) 판례의 태도에 따라, 양수인이 채권양도금지특약의 존재를 알지 못하였고 이에 중대한 과실이 없는 경우를 말한다. 이하 같다.

47) 판례의 태도에 따라, 양수인이 채권양도금지특약의 존재를 알았거나 그 존재를 알지 못한 데 중대한 과실이 있는 경우를 말한다. 이하 같다.

48) 최수정(주 12), 161면은 이 경우 채권의 준점유자에 대한 변제 규정(민법 제470조)이 유추적용될 수 있다고 한다.

것인지 여부를 확정하기 곤란하고, 양도인 또는 양수인 중 어느 한쪽에 잘못 변제할 우려가 있다.

물권적 효력설에 의할 경우, ① 양수인이 선의임에도 채무자가 양도인에게 변제하는 경우 양도인은 변제를 수령할 권한이 없어 채무자는 양도인에게 부당이득반환을 구할 수 있고 양수인에게 다시 변제하여야 하므로 이 경우 채무자는 이중변제의 위험을 부담하게 된다. ② 양수인이 악의인 경우 채무자가 양도통지를 받고 채권양도가 유효하다고 신뢰하여 양수인에게 변제하였다면 민법 제452조 제1항[50]에 따라 양수인에 대한 변제의 효력을 양도인에게 주장할 수 있다. 이때 양도인은 양수인에게 부당이득반환을 청구하여야 할 것이다. 채무자는 더 이상 채권자가 아니라고 믿은 양도인의 청구에 대해 이행을 거절할 수도 있다.[51] 만약 채무자가 선의가 아님에도 양수인에게 변제하였다면 이는 악의의 양수인에 대한 항변권을 포기하고 무효인 채권양도행위를 사후적으로 승낙하는 의미로 해석될 수 있다.

채권적 효력설에 의할 경우, ① 양수인이 선의임에도 채무자가 양도인에게 변제하는 경우에는 적법한 변제가 될 수 없어 위와 마찬가지로 채무자는 양수인에게 다시 변제해야 하고 이중변제의 위험을 부담하게 된다. ② 양수인이 악의임에도 채무자가 양수인에게 변제하였다면, 채권양도 자체는 유효하므로 민법 제452조 제1항은 적용될 수 없다. 더 이상 채권자의 지위에 있지 않은 양도인이 채무자에게 이행을 청구하거나 유효하게 채권을 이전받은 양수인에게 변제금의 반환을 구할 수도 없다. 결국 채무자는 악의의 양수인에 대한 항변권을 포기함으로써 유효하게 채권을 양수받은 채권자에게 적법하게 변제한 것이 된다.

---

49) 김동훈, "채권양도금지특약에 관한 민법 규정의 운용방향", 법학논총 제29권 제1호(2016. 6.), 48-50면.

50) 제452조(양도통지와 금반언) ① 양도인이 채무자에게 채권양도를 통지한 때에는 아직 양도하지 아니하였거나 그 양도가 무효인 경우에도 선의인 채무자는 양수인에게 대항할 수 있는 사유로 양도인에게 대항할 수 있다.

51) 한국사법행정학회, 주석 민법 채권총칙[Ⅲ](2020), 612-614면.

나. 채권자 불확지 변제공탁의 가능성

채권양도의 통지를 받은 채무자는 양수인의 선·악의 여부를 정확히 알기 어렵고, 향후 분쟁 과정에서 양수인의 악의 또는 중과실이 증명될 수 있을지 예측하거나 판단하기 곤란하여 이중변제의 위험에 빠질 수 있다. 특히 채무자가 악의의 양수인에 대해서 이행거절의 항변권을 행사하고 양도인에게 변제하고자 할 경우가 문제된다. 예를 들어 공사대금채권이 양도된 경우 채무자인 도급인은 공사를 속행하기 위해 하수급인에게 직접 대금을 지급할 유인을 가지지만, 추후에 이행을 청구하는 양수인의 악의 또는 중과실을 증명하지 못할 경우 양수인에 대해 다시 변제를 해야 할 상황에 놓일 수 있다.

판례는 양도금지의 특약이 붙은 채권이 양도된 경우에 채무자로서는 양수인의 선의 등의 여부를 알 수 없어 과연 채권이 적법하게 양도된 것인지에 관하여 의문이 제기될 여지가 충분히 있으므로 특별한 사정이 없는 한 민법 제487조 후단[52]의 채권자 불확지를 원인으로 하여 변제공탁을 할 수 있다는 입장이다.[53] 위 규정의 '변제자가 과실 없이 채권자를 알 수 없는 경우'라 함은 객관적으로 채권자 또는 변제수령권자가 존재하고 있으나 채무자가 선량한 관리자의 주의를 다하여도 채권자가 누구인지를 알 수 없는 경우를 말하는데, 특약으로 금지된 채권양도의 경우 채무자가 위와 같은 상황에 놓인다고 본 것이다.

이에 관하여 채권적 효력설에 따를 경우 채권양도는 원칙적으로 유효하고 채권은 양수인에게 귀속하기 때문에 '채권자를 알 수 없는 경우'에 해당되지 않아 채권자 불확지 변제공탁의 요건이 충족되지 않는다는 비판이 있다.[54] 채권적 효력설에 의하더라도 양수인의 선·악의 여부에

---

52) 제487조(변제공탁의 요건, 효과) 채권자가 변제를 받지 아니하거나 받을 수 없는 때에는 변제자는 채권자를 위하여 변제의 목적물을 공탁하여 그 채무를 면할 수 있다. 변제자가 과실 없이 채권자를 알 수 없는 경우에도 같다.

53) 대법원 2000. 12. 22. 선고 2000다55904 판결. 이 판결에서는 '채무자가 채권양도를 추인하여 양수인이 채권자로 확정되었으므로 변제공탁으로서의 효력이 없다.'라는 원고의 주장에 대하여, 채무자가 채권양도행위를 추인하였음을 인정하지 아니하고 변제공탁으로써 채무가 소멸하였다고 보았다.

따라 채무자가 부담하는 이중변제의 위험은 해소되지 않는 반면, 채무자가 그러한 위험으로부터 벗어날 수 있는 변제공탁의 방법은 더 이상 이용할 수 없게 된다는 것이다. 그러나 채권적 효력설에 의하더라도 채무자는 채권자 불확지 변제공탁을 할 수 있다고 볼 수 있으므로 위와 같은 비판은 타당하지 않다. 사실상 또는 법률상의 이유로 과실 없이 채권자를 알지 못한 채무자를 채무의 구속으로부터 벗어날 수 있도록 하려는 채권자 불확지 변제공탁의 취지에 비추어 그 요건을 반드시 엄격히 제한적으로 해석해야 하는 것은 아니고,[55] 양도인과 양수인 사이에서 채권양도가 유효하다고 하더라도 채무자로서는 양수인의 선·악의 여부에 따라 이행거절 권능의 유무가 달라지는 이상 확정적으로 변제수령 권한 있는 채권자를 특정할 수 없기 때문이다.

다. 양도인과 악의의 양수인 모두에 대한 채무자의 이행거절의 문제

채권적 효력설에 의하면 채권은 양수인에게 귀속되므로 채무자는 채권양도를 이유로 양도인에 대하여 이행을 거절할 수 있고, 그 후 양수인이 채무자에게 이행을 청구하는 경우 채무자는 양수인의 악의 또는 중과실을 이유로 양수인에 대해서도 이행을 거절할 수 있어, 결국 채무자가 양도인과 양수인 모두에 대하여 채무 이행을 거절하는 상태가 발생할 수 있다. 물권적 효력설에서도 양수인의 악의 또는 중과실 증명 여부에 따라 위와 같은 상황이 발생할 수는 있으나, 이는 채권양도가 유효한 채권적 효력설의 경우에 더욱 문제된다.

이와 같이 양도인과 양수인 양자에 대해 이행을 거절함으로써 채무자가 부당한 이익을 얻는 것을 방지하기 위하여, 채권적 효력설에서는 다음과 같은 해결방안들이 제시된다. ① 양도인이 양수인의 악의 또는 중과실을 증명하고 채무자가 양수인에게 대항할 수 있음을 주장하며 채무자에 대하여 이행을 청구할 수 있고, 채무자는 양도인에게 변제하여야 하며, 다만 양도인은 양수인에 대한 관계에서 채권양도계약에 따라 채권

54) 대상판결의 다수의견에 대한 보충의견 참조.
55) 송덕수, 신민법강의(제12판), 999면.

자로서의 권리를 실현하게 하여줄 의무를 부담한다는 견해이다. 이 견해에 따른다면 양도인과 채무자 사이에서는 채권양도가 유효하지 않게 된다.[56] ② 또는 채무자가 양수인에게 정당하게 이행거절의 항변을 한 경우 양도인이 채무자에 대하여 이행을 청구할 수 있고, 양도인에게 채권양도의 유효를 주장하며 이행을 거절한 경우에는 양수인에 대해 항변권을 포기하고 채무를 이행하겠다는 의사표시로 보아 양수인이 이행을 청구할 수 있으며, 양도인과 양수인 모두에 대해 이행을 거절하는 것은 선행행위에 모순되는 행동으로 신의칙에 반하여 허용될 수 없다는 견해이다.[57] 그러나 어떤 해결방안을 택하든 채권적 효력설의 논리를 일관하면 양수인이 채권을 이전받았음에도 양도인이 채무자의 변제를 수령할 권한을 가지는 현상을 설명하기 어렵다는 난점이 있다.

2. 채권양도금지특약 위반에 따른 양도인의 손해배상책임

채권양도금지특약은 채권자와 채무자 사이의 합의이므로 채권자가 이를 위반하여 채권을 양도할 경우 채무자는 채권자에게 채무불이행을 이유로 손해배상책임을 물을 수 있다(민법 제390조). 양도인의 손해배상책임은 물권적 효력설과 채권적 효력설 중 어느 견해를 따르더라도 모두 성립할 수 있지만, 원칙적으로 채권양도가 유효하다고 보는 채권적 효력설의 경우에 채무자의 이익을 보호하기 위한 손해배상책임의 역할이 보다 중요할 수밖에 없다.[58]

그렇다면 채권양도금지특약 위반으로 인하여 채권자가 부담하는 손해배상책임의 내용은 무엇인가. 앞서 본 바와 같이 채무자가 채권양도금

---

56) 전원열(주 21), 194면.

57) 대상판결의 반대의견이 취한 입장이다.

58) 판례가 취하고 있는 물권적 효력설의 입장 하에서 실무상 채권양도금지특약 위반으로 인한 손해배상책임이 문제된 사례를 찾아보기 어렵다. 채무자가 양수인이 제기한 소송에 대한 비용지출의 손해와 양수인의 가압류집행으로 인한 손해를 주장하였으나 손해의 발생이나 상당인과관계를 인정하지 않은 사례로 서울고등법원 1999. 12. 28. 선고 99나7079 판결, 채권양도금지특약을 위반할 경우의 손해배상금을 미리 약정한 사례로 대전고등법원 2019. 7. 17. 선고 2018나13040 판결 참조.

지특약을 체결하게 되는 이유 또는 특약으로 얻는 이익은 다양하지만, 그중에서 전체적인 거래비용의 증가, 사무처리의 복잡, 수급인의 채무이행 확보 등은 거래의 편의를 위한 사실적 이익의 측면이 강해서 법률상 인정되는 금전적인 손해를 상정하기 어렵다. 이중지급의 위험을 부담할 수 있다는 우려는 앞서 본 채권자 불확지 변제공탁 등의 방안이 인정된다면 역시 손해배상책임의 내용에 포함된다고 보기 어렵다. 그러나 채무자가 양도인에 대한 상계의 이익을 상실하여 반대채권의 만족을 얻지 못하는 경우, 채권양도로 생긴 양수인과의 법률관계에서 분쟁이 발생하는 등의 이유로 채무자가 채무의 이행에 추가적인 비용을 지출하게 된 경우, 채권양도로 인하여 채무자가 부담하는 채무의 내용에 금전적 불이익이 발생하는 경우 등에는 채권자가 이로 인한 채무자의 손해를 배상하여야 할 책임을 부담할 수 있다. 만약 채권적 효력설을 취할 경우, 채권양도금지특약 위반으로 인한 손해배상책임이 문제될 경우를 대비하여 구체적인 손해액 산정의 어려움을 피하기 위해 채권자와 채무자가 채권양도금지특약을 하면서 미리 특약 위반으로 인한 손해배상액을 예정하여 약정을 두는 경우도 늘어날 것으로 보인다. 이렇게 함으로써 채무자는 채권자가 채권양도금지특약을 준수할 유인을 제공하게 된다.

3. 채권양도의 대항요건과의 관계

가. 채무자에 대한 통지 또는 승낙의 의미

채권양도금지특약을 위반하여 이루어진 채권양도의 경우에도 대항요건이 갖추어져야 하는 것은 동일하다. 양도인이 채무자에게 채권양도 통지를 하였더라도, 양도인의 일방적인 통지만으로 법률관계가 달라질 이유는 없기 때문에, 악의의 양수인은 민법 제449조 제2항 단서의 적용을 받지 못하는 이상 채무자에게 대항할 수 없다.[59] 한편 채무자가 채권양도

59) 채권의 성질상 또는 당사자의 의사표시에 의하여 권리의 양도가 제한되어 그 양도에 채무자의 동의를 얻어야 하는 경우에는 통상의 채권양도와 달리 양도인의 채무자에 대한 통지만으로는 채무자에 대한 대항력이 생기지 않으며 반드시 채무자

를 승낙한 경우, 이는 채권양도의 대항요건으로서의 의미를 가지는 것에 더하여 물권적 효력설에서는 채권의 양도성을 회복하도록 하는 의사표시로서의 의미를, 채권적 효력설에서는 채무자가 악의의 양수인에 대한 항변권을 포기한다는 의미를 가지는 것으로 해석될 수 있다.

나. 채권의 이중양도의 경우

1) 판례에 따르면, 이중양도에서 양수인들이 모두 확정일자 없는 통지나 승낙만 갖춘 경우 먼저 채무자에 대한 통지나 채무자의 승낙이 있었던 제1양수인이 우선하고,[60] 양수인 중 하나만이 확정일자 있는 증서에 의한 통지나 승낙을 갖춘 경우에는 해당 양수인이 유일한 채권자가 되어 채무자에게 이행을 청구할 수 있으며,[61] 모든 양수인들이 확정일자 있는 증서에 의한 통지 또는 승낙을 갖춘 경우에는 채무자에게 양도통지가 도달한 일시 또는 승낙의 일시의 선후에 의해 우열이 결정된다.[62]

2) 양도금지특약 있는 채권의 이중양수인이 모두 선의인 경우에는 물권적 효력설과 채권적 효력설 중 어떤 견해에 의하더라도 위에서 본 기준이 그대로 적용되어 대항요건 구비의 선후관계에 따라 우열이 결정된다. 이중양수인이 모두 악의인 경우에는, 물권적 효력설에 의할 경우 이중의 채권양도 모두 무효이고 양수인들은 다른 양수인에 대하여 채권양도가 무효임을 주장할 수 있다. 채권적 효력설에 의할 경우 채무자가 이중양수인 모두에게 이행거절의 항변권을 행사하면 이중양수인 모두 채무자에게 대항할 수 없지만, 악의의 양수인들 사이에서는 대항요건 구비의 선후관계에 따라 채권이 누구에게 귀속하는지가 결정될 것이다.

의 동의를 얻어야 대항력이 생긴다(대법원 1996. 2. 9. 선고 95다49325 판결). 해당 판결은 개인적인 요소가 강하여 양도가 성질상 제한되는 권리에 관하여 계약상 권리양도에 상대방의 동의를 얻도록 명시적으로 약정한 경우에, 양수인이 채권자로 하여금 채무자에게 권리양도의 통지를 할 것을 구하는 청구는 아무런 법률상 권리보호이익이 없어 부적법하다고 보았다.

60) 대법원 1971. 12. 28. 선고 71다2048 판결. 채무자가 양수인 중의 한 사람을 임의로 선택하여 변제할 수 있다는 견해도 있다.

61) 대법원 2013. 6. 28. 선고 2011다83110 판결.

62) 대법원 1994. 4. 26. 선고 93다24223 전원합의체 판결.

이중양수인 중 일방이 선의이고 다른 양수인이 악의인 경우에는, 물권적 효력설에 의할 경우 선의인 양수인이 다른 양수인의 악의를 증명할 경우 선의의 양수인만이 채권을 유효하게 양수받은 채권자가 된다. 채권적 효력설에 의하면 보다 문제가 복잡해지는데, 확정일자에 의한 우열관계에서 선의 양수인이 선순위인 경우에는 해당 양수인이 채권을 유효하게 취득하고 채무자에 대해서도 채권을 주장할 수 있으나, 악의의 양수인이 선순위인 경우에는 비록 채무자에게 대항할 수 없더라도 악의 양수인에게 채권이 귀속되는 반면 채무자에 대한 관계에서는 선의의 양수인만이 채권의 이행을 청구할 수 있게 되어 채권의 귀속과 행사 사이에 괴리가 발생하게 된다. 그러나 이러한 괴리는 채권양도에 관하여 민법이 대항요건주의를 취함으로써 '채권은 유효하게 취득하지만 채무자나 제3자에게 그 취득으로 대항하지 못하는' 상태를 이미 예정하고 있는 이상 새삼 발생하는 문제적 상황이라고 보기는 어렵다.

다. 양도인의 채권자가 양도채권을 압류하는 경우[63]

채권양도금지특약에 관하여 집행채권자가 선의인지 악의인지 여부는 압류 · 전부명령의 효력에 영향을 미치지 못한다.[64] 양수인이 악의인 경우, 물권적 효력설에 의하면 압류채권자도 양수인의 악의 또는 중과실을 증명하여 채권양도가 무효임을 주장할 수 있다. 반면 채권적 효력설에 의하면, 악의인 양수인이 압류채권자보다 먼저 확정일자에 의한 대항요건을 갖추었다면 압류채권자에 우선하여 채권을 취득하지만 채무자에 대하여는 대항할 수 없으므로, 채무자는 압류채권자에게 변제하여야 하고 압류채권자는 악의의 양수인에게 이를 반환해야 할 것이다. 양수인이 선의인 경우에는 물권적 효력설 및 채권적 효력설 모두 대항요건 구비의 선후에 따라 채권양수인과 압류채권자 사이의 우열관계가 결정된다.

---

63) 채권양도인이 파산선고를 받은 경우 채권양수인이 제3자에 해당하는 파산관재인에 대하여 대항할 수 있는지 여부의 문제도 마찬가지이다. 최수정(주 12), 162-163면.

64) 대법원 2002. 8. 27. 선고 2001다71699 판결.

4. 양수인 · 양도인의 각 채권자에 대한 관계

물권적 효력설에 의하면, 양수인이 선의인 경우 채권양도가 유효하므로 채권은 양수인의 책임재산으로 귀속되어 양수인의 채권자가 해당 채권에 강제집행을 할 수 있다. 양수인이 악의인 경우에는 채권양도의 효력이 없으므로 원칙적으로 채권은 양도인의 책임재산으로 취급되어야 하고 양도인의 채권자가 그 채권에 대하여 강제집행을 할 수 있다. 문제는 악의인 양수인에 대한 채권자의 경우이다. 판례는 '악의의 양수인으로부터 다시 선의로 양수한 전득자도 민법 제449조 제2항 단서에서의 선의의 제3자에 해당한다.'라는 입장이므로,[65] 최소한 양수인의 채권자 중 선의인 경우에는 채권에 대하여 강제집행을 하여 유효하게 채권을 취득하고 채무자에게 대항할 수 있다. 그렇다면 채권양도금지특약 있는 채권에 대하여 강제집행을 한 양도인의 채권자와 양수인의 채권자가 경합할 수 있다. 이 경우 양도인의 채권자가 채권양도금지특약을 들어 채권양도의 무효를 주장하면 양수인의 채권자는 민법 제449조 제2항 단서에 따라 항변할 수 있으므로, 양도인의 채권자가 양수인의 채권자의 악의 또는 중과실을 증명하는지 여부에 따라 채권의 귀속이 달라지는 결과가 된다.[66]

한편 채권적 효력설에 의하면, 양수인의 선 · 악의와 관계없이 채권양도는 유효하므로 채권은 양수인의 책임재산으로 귀속되고, 양수인의 채권자는 해당 채권에 강제집행을 할 수 있으며, 양수인이 악의인 경우에도 양도인의 채권자는 해당 채권에 강제집행을 할 수 없다.

---

65) 대법원 2015. 4. 9. 선고 2012다1108020 판결.

66) 한편 양수인의 채권자가 악의인 경우에는 견해가 나뉠 수 있는데, ① 2단계의 악의자 대항을 거쳐서 채무자가 악의의 압류채권자에게 대항할 수 있다는 견해와, ② 사인의 의사표시로 압류금지재산을 만들어내서는 안 된다는 점을 중시하여 채무자가 악의인 압류채권자에게 대항할 수 없다는 견해가 있을 수 있다는 취지로 전원열(주 21), 195-196면.

V. 대상판결의 다수의견 및 반대의견에 대한 검토

1. 물권적 효력설과 채권적 효력설에 관한 검토

가. 민법 제449조 제2항 문언의 해석

민법 제449조 제2항 본문은 채권은 당사자가 반대의 의사를 표시한 경우에는 '양도하지 못한다'고 규정하고 있다. 물권적 효력설의 입장에 선 대상판결의 다수의견은 위 규정이 채권양도금지특약을 위반한 채권양도의 효력을 부정한다는 의미이고 채권을 '양도할 수 있다'고 해석하는 것은 위 규정의 문언에 반한다고 보았다. 그러나 채권적 효력설의 입장을 취한 대상판결의 반대의견은 위 규정이 채권자가 채무자에 대하여 채권을 양도하지 않을 의무를 부담한다는 취지에 불과하고, 이를 채권의 양도성이 상실되어 채권양도가 무효로 된다고 해석하는 것은 문언의 통상적 의미를 벗어난다고 주장하였다.

어떠한 금지 규정이 단순히 당사자에게 금지의무를 부과하는 것인지 아니면 금지된 행위의 효력을 부정하는 취지인지 일률적으로 단언할 수는 없으나, 적어도 위 규정은 민법에서 다수 사용되고 있는 '효력이 없다'라는 표현 대신 '~하지 못한다'라는 표현이 사용되었다.[67] 또한 민법은 임차권의 양도 제한에 관하여도 '권리를 양도하지 못한다'라는 표현을 사용하고 있는데, 임차권은 임대인과 임차인 간의 특별한 결합관계로 인해 양도가 제한되지만(제629조 제1항),[68] 임대인의 동의 없는 양도도 당연히 무효가 되는 것은 아니고 양도행위 자체는 유효하다.[69] 따라서 물권적 효력설의

67) 민법 제107조 제1항, 제108조 제1항에서는 직접적으로 의사표시의 효력에 관하여 유·무효를 규정하고 있다.

68) 제629조(임차권의 양도, 전대의 제한) ① 임차인은 임대인의 동의 없이 그 권리를 양도하거나 임차물을 전대하지 못한다. ② 임차인이 전항의 규정에 위반한 때에는 임대인은 계약을 해지할 수 있다.

69) 따라서 임대인의 해지 시까지(제629조 제2항) 양수인은 양도인과의 관계에서 유효하게 임차권을 취득하고 목적물을 사용·수익할 수 있다. 다만 양수인은 임대인에 대해 임차권을 주장할 수 없을 뿐이고, 임차권 양도가 임대차를 더 이상 지속시키기 어려울 정도로 당사자 간의 신뢰관계를 파괴하는 배신행위가 아니라고 인정되는 특별한 사정이 있으면 임대인은 임대차계약을 해지할 수 없으며 양수인은

입장과 같이 민법 제449조 제2항 본문의 문언을 채권의 양도성 자체가 상실되어 채권양도가 무효라는 의미로 해석하는 것은 문언의 통상적인 해석 범위를 벗어난 것으로 보인다.

또한 민법 제449조 제2항 단서는 채권양도금지의 의사표시로 '선의의 제3자에게 대항하지 못한다'라는 표현을 사용하고 있다. 물권적 효력설은 양수인의 선·악의 여부에 따라 채권양도의 유·무효 자체가 달라진다고 해석하는데, 이는 채권양도의 효력이 아니라 상대적인 대항력을 규정한 위 조항의 문언에 부합한다고 보기 어렵다. 반면 채권적 효력설은 위 규정을 채무자에게 선의 아닌 제3자에 대한 항변권을 부여하는 의미라고 해석하므로 보다 문언의 본래 의미에 가까운 해석이라고 볼 수 있다.

나. 계약법의 기본 원리 부합 여부

물권적 효력설은 채권자와 채무자 사이의 채권적 합의에 불과한 채권양도금지특약에 절대적·대세적인 효력을 인정하는 근거를 충분히 제시하지 못한다.[70] 채권자와 채무자의 합의로 채권의 본질적 속성인 양도성 자체가 박탈·상실되고 그것이 채권의 내용을 이루게 된다면, 양도성이 상실된 채권이 선의의 전득자에게 이전되거나, 무효인 채권양도를 채무자가 승낙 내지 추인함으로써 다시 유효로 할 수 있는 근거가 논리적으로 설명되지 않는다.

반면 채권적 효력설은 채권자와 채무자, 양도인과 양수인 사이의 법률관계를 상대적으로 파악하여 논리적으로 일관된 설명이 가능하다. 채권자와 채무자 사이의 약정이 그 특약의 당사자가 아닌 양도인과 양수인

임차권 이전을 임대인에 대해 대항할 수 있다(대법원 1993. 4. 13. 선고 92다24950 판결).; 최수정(주 12), 157면.

70) 전세권의 양도는 설정행위로 금지할 수 있지만, 이러한 특약은 등기를 하여야 제3자에게 대항할 수 있다(민법 제306조, 부동산등기법 제139조 제1항). 채권양도에서 채무자의 인식을 통한 채권의 귀속과 내용의 공시라는 상대적으로 불완전한 공시방법에, 등기를 통해 공시된 때 비로소 대세적인 효력을 갖는 전세권 양도금지특약과 동일한 지위를 부여하여 양도금지특약에 대세적 효력을 인정하는 것은 타당하지 않다는 견해로 최수정(주 12), 154-155면.

사이의 채권양도 효력까지 좌우할 수는 없다는 점에서 이는 계약법의 기본원리에 부합하는 해석이다. 특히 민법이 채권양도에 관하여 대항요건주의를 취하는 이상 채권양도에 따른 채권의 귀속 국면과 채무자에 대한 관계에서 채권을 행사하는 국면이 서로 분리되는 것을 예정하고 있으므로, 채권적 효력설의 관점을 취하더라도 법률관계를 부당하게 복잡하게 만든다고 볼 수 없다.

다. 채권자, 채무자 및 양수인 사이의 법률관계 설명가능성

앞서 검토한 바와 같이, 물권적 효력설과 채권적 효력설 모두 일관성에 기초하여 채권자와 채무자 및 양수인 사이의 법률관계를 합리적으로 설명할 수 있다. 특히 물권적 효력설과 채권적 효력설 중 어느 견해에 따르더라도, 민법 제449조 제2항 단서의 선의의 제3자 보호규정과 채무자에게 제3자의 악의 또는 중과실의 주장·증명책임을 부과하는 판례 등에 따라 법률관계의 구성은 일부 달리하더라도 결론적으로 큰 차이가 없는 부분이 다수 존재하기는 한다.[71)]

다만 채권적 효력설에 의하면 채무자가 악의 또는 중과실의 양수인에 대해 이행거절의 항변을 하면서도 채권양도금지특약의 당사자인 양도인에 대하여 채권의 양도를 들어 마찬가지로 이행을 거절하는 경우가 발생할 우려가 있음은 부정할 수 없다. 이에 대하여 채권적 효력설에서는 양도인이 양수인의 악의 또는 중과실을 증명하여 채무자에게 이행을 청구하거나, 채무자가 양수인에 대하여 이행거절의 항변을 하거나, 양수인이 채무자에게 양도인에 대한 이행을 최고할 권리를 부여하는 등 경우에 따라 채무자에 대한 관계에서 양도인의 변제수령권을 인정하는 여러 가지 해결방안을 제시하고 있다. 이는 결국 채권양도를 금지하는 약정을 하였던 채무자의 의사에 반하는 행위를 어느 범위까지 허용할 수 있는지

71) 민법 제449조 제2항 단서에 따라 선의의 양수인을 보호하는 이상 결과적으로 물권적 효력설과 채권적 효력설 사이에 그다지 차이가 없다는 견해로 민법주해 X, 채권(3), 568면(이상훈 집필부분). 이에 대한 비판으로 전원열(주 21), 170면; 지원림(주 17), 973면.

에 관한 문제로서, 이해관계의 조정이라는 측면에서 하나의 해결방안을 선택하여 법률관계에 대한 예측가능성을 보장함으로써 해결될 수 있다고 본다. 이러한 점에서 대상판결의 반대의견이 양도인과 악의의 양수인의 이행청구의 선후에 따라 법률관계를 구성하면서, 채무자가 양도인과 양수인 모두에 대하여 이행을 거절하는 것은 선행행위에 모순되는 행동으로서 신의칙에 반하여 허용될 수 없다고 해석한 것은 합리적인 해석으로 타당하고, 일반조항인 신의칙을 청구권원으로 지나치게 확대한 것이라고까지 보기는 어렵다.

라. 채권의 양도성 보장 필요성

대상판결의 다수의견과 같이 물권적 효력설은 채권에서 채권자와 채무자의 인격적 연결이라는 측면을 강조하면서 채권의 양도를 금지하고자 하는 채권자와 채무자의 의사를 존중해야 한다고 주장한다. 그러나 채권의 본질적 속성으로 양도성이 인정되고 민법이 이러한 원칙을 명문화하고 있음에도, 당사자들의 의사만으로 양도성 자체를 배제할 수 있다는 것은 원칙에 대하여 과도한 예외를 인정하는 것이다.

현대사회에서는 채권, 특히 각종 금전채권의 재산적 성격과 활용가치가 보다 중요해지고 있고, 채권자와 채무자의 인적 결합관계가 강조되어야 할 필요성은 줄어들고 있다. 특히 상거래에서의 금전채권 등의 경우 채권의 양도성을 제한할 필요성을 찾기 어렵다. 채권은 채권자의 중요한 자산을 이룬다. 기업의 경우 다수의 거래에서 자산 가치 있는 채권을 취득하여 보유하고 있는 경우 이를 활용하여 원활하게 자금을 조달할 필요가 크다. 이러한 채권의 재산적 가치를 금융수단으로 활용하는 형태로 채권양도담보와 자산유동화 거래가 이루어지고 있다.[72] 채권양도담보는 법형식적으로는 채권양도에 의하지만 당사자들이 이를 통해 달성하고자 하는 경제적인 목적은 채권의 담보이다. 그러나 채권양도담보의 법적 성질을 신탁적 양도로 이해하고 부종성도 인정하지 않는 한, 채권양도금

---

72) 한국사법행정학회, 주석 민법 채권총칙[Ⅲ](2020), 494-495면.

지특약에 반하는 양도담보의 효력은 채권양도의 경우와 동일하다.[73] 자산유동화는 현금흐름을 창출하는 자산을 유가증권의 형태로 가공하여 쉽게 유통될 수 있는 형태로 전환하여 현금화하는 것이다. 자산유동화에 관한 법률은 유동화의 대상이 되는 유동화자산을 채권·부동산 기타의 재산권으로 정하고 있는데(제2조 제3호), 우리나라에서 이루어지는 유동화거래의 대부분은 채권 자산의 유동화이다.[74] 그런데 자산유동화에 관한 법률은 채권양도의 대항요건을 간이화하는 특례를 마련하고 있는 것(제7조)과 달리, 채권양도금지특약이 있는 채권의 양도에 관해서는 특별규정을 두고 있지 않아, 민법상 채권양도에 관한 법리의 적용이 모두 배제되는 것이 아니다. 따라서 채권양도금지특약의 효력에 관한 해석론은 채권의 자산적 가치의 활용도를 높이는 방향으로 전개되어야 할 현실적 필요성이 있다.[75]

앞서 본 바와 같이 다수의 입법례에서도 원칙적으로 채권양도의 유효성을 인정함으로써 채권의 양도성을 확대하려는 흐름을 찾아볼 수 있다. 또한 유엔국제거래법위원회(UNICITRAL)의 '국제채권양도협약'에서도 국제적 채권의 양도 및 채권의 국제적 양도에 관하여 계약상 금전채권의 양도의 경우 채권양도제한약정이 있더라도 채권양도는 유효하다고 정하고 있고(제9조 제1항),[76] 사법통일국제연구소(UNIDROIT)가 마련한 '국제거래에서의 채권양도에 관한 협약'에서도 이른바 거래채권(trade receivables)에 관

---

73) 한편 동산 · 채권 등의 담보에 관한 법률은 채권담보제도를 창설하여 자산유동화의 활성화를 통해 자금조달의 편의를 제공하기 위한 규정을 두고 있다. 법인 등이 금전의 지급을 목적으로 하는 지명채권을 담보로 제공하는 경우 담보등기부에 등기를 할 수 있도록 하였고, 집합채권이더라도 특정 가능한 경우에는 이를 목적으로 한 담보등기를 할 수 있으며(제34조 제1항, 제2항), 담보등기를 하면 제3자에게 담보권의 득실변경을 대항할 수 있다(제35조 제1항)고 규정하였다.

74) 전원열, "자산유동화 거래와 채권의 양도성 보장", 법학논총 제36집 제1호(2016), 606면.

75) 현행 동산채권담보법제 하에서는 등기에 의한 집합채권담보권 설정이 가능한데, 물권적 효력설에 따르면 양도금지특약이 부가된 채권담보권 설정은 원칙적으로 무효가 되어, 공시되지 않는 양도금지특약이 등기로 공시되는 채권담보권의 효력을 뒤집는 부당한 결과를 초래한다는 지적으로 권영준(주 21), 73-74면.

76) 김재형, "유엔채권양도협약의 국내법적 수용문제", 국제거래법연구 제15집 제1호(2006), 68-70, 72-73면.

하여 채권양도를 제한하는 합의에도 불구하고 채권양도가 유효하다는 점을 명시하고 있다(제9조 제1항).[77]

마. 채권양도금지특약을 둘러싼 이익관계의 조화와 균형

양도금지특약으로 채권의 양도성이 상실된다고 보면 채권자는 자금조달수단을 잃고 자산인 채권의 활용범위가 축소되는 불이익을 입지만 이는 채권양도를 금지하는 약정을 스스로 체결한 데 따른 결과라고 볼 여지도 있는 반면, 양수인은 채권 자체를 취득하지 못할 법적 위험에 직면하게 된다. 제3자인 양수인은 현실적으로 채권양도금지특약의 존재를 확인하는 데 어려움이 있을 수밖에 없는데다가, 판례도 양수인의 중과실 여부에 관하여 명확한 판단기준을 제시하지 못하고 있다. 판례는 '채권양도금지특약이 기재된 채권증서(계약서 등)가 양도인으로부터 양수인에게 수수되어 양수인이 특약의 존재를 알 수 있는 상태에 있었고 특약도 쉽게 눈에 띄는 곳에 알아보기 좋은 형태로 기재되어 있어 간단한 검토만으로 쉽게 그 존재와 내용을 알아차릴 수 있었다는 등의 특별한 사정이 인정되지 않는 한, 양도금지특약이 기재된 채권증서의 존재만으로 곧바로 그 특약의 존재에 관한 양수인의 악의나 중과실을 추단할 수는 없다.'[78] 라고 하여 양수인의 중과실을 엄격하게 인정하는 경우가 있는 반면, '임대차계약상의 양도금지특약이 그 규정형식으로 보아 특별히 어려운 해석 없이 한 번만 읽어보아도 쉽게 인식할 수 있을 정도로 단순 명료하게 규정되어 있으므로, 양수인이 그 임대차계약서를 교부받았다면 얼마든지 이를 알 수 있는 상태에 있었다고 보이고 사서증서 인증을 받는 과정에서 충분히 검토할 여유도 있었다고 보인다.'[79]라고 판시하기도 하여, 채권양도금지특약의 존재 여부에 관하여 양수인이 어느 정도의 주의를 기울여야 하는지 그 기준을 일의적으로 명확히 제시하고 있지 않다. 결국 양수

77) 최수정(주 12), 150면.

78) 대법원 2000. 4. 25. 선고 99다67482 판결.

79) 대법원 2010. 5. 13. 선고 2010다8310 판결. 해당 판결의 원심은 임대차계약서가 6면에 걸쳐 30개의 조문으로 구성되어 있었다는 점 등의 이유를 들어 양수인의 악의나 중과실을 인정하지 아니하였다.

인의 악의 또는 중과실 여부가 개별 사건에서 법원에 의해 판단되어야 할 문제라면, 분쟁이 발생하고 판단이 이루어질 때까지 채권양도의 효력이 불분명한 상태로 두는 것은 적절하지 않다. 양도인에 대한 관계에서 채권양도가 원칙적으로 유효하다면 양수인은 채권양도금지특약의 존재 여부를 조사하는 거래비용을 적게 들이게 될 것이고, 양도인도 특약의 존재 여부와 그에 대한 양수인의 선·악의 여부에 의해 결정되는 채권양도 효력의 불확실성이 제거되어 양도하려는 채권의 가치가 보다 높게 평가될 것이므로 모두 경제적으로 이익을 얻을 수 있다.

반면 채무자는 채권이 양도되더라도 기본적으로 원래 이행하여야 할 채무를 이행하는 것이고, 채권양도금지특약 위반으로 발생하는 추가적인 손해는 채권자와의 관계에서 손해배상으로 전보될 수 있으며, 이중변제의 위험으로부터 채무자를 보호할 변제공탁 등의 수단도 마련되어 있으므로 그 불이익이 크다고 보기 어렵다. 채무자의 채권자에 대한 상계이익 확보와 관련해서도, 채무자는 양도통지를 받거나 이의를 보류한 승낙을 한 때, 또는 이의를 보류하지 않고 승낙을 하였더라도 양수인이 악의 또는 중과실인 경우에는 승낙 당시까지 양도인에 대하여 가지고 있던 상계의 항변으로 양수인에게 대항할 수 있다. 판례는 통지 또는 승낙 당시 채무자가 이미 양도인에 대하여 가지고 있던 반대채권에 관하여 그 후에 상계적상이 생기면 양수인에 대하여 상계로 대항할 수 있다는 입장을 취하고 있으므로,[80] 채권양도로 인하여 채무자가 상실하는 상계이익의 범위가 그다지 크지 않다. 또한 계속적 거래관계에서 채권자의 성실한 채무이행을 확보하려는 이익은 채무자가 지체상금 약정이나 채무불이행 책임의 구체화로 미리 대비할 수 있으며 오히려 그와 같은 방안이 채권양도의 효력을 제한하는 것보다 실효적이다. 따라서 대상판결의 반대의견이 지적하고 있는 바와 같이, 채권적 효력설이 채권자, 채무자, 양수인 사이의 이익관계에 균형을 맞출 수 있다.

---

80) 대법원 1999. 8. 20. 선고 99다18039 판결.

바. 판례의 태도에 대한 설명가능성

채권적 효력설에 의할 때 판례의 태도 중 채무자에게 양수인 등 제3자의 악의 또는 중과실에 대한 증명책임을 부담시키는 점, 양수인이 악의인 경우에도 전득자가 선의라면 채권양도가 유효한 점 등을 보다 논리적으로 설명할 수 있다. 다만 판례가 채권의 양도성 상실에도 불구하고 양도금지특약 있는 채권에 대한 압류·전부가 허용된다고 보는 것은 민사집행법에서 압류금지재산을 열거적으로 규정하여 사적으로 압류금지재산을 창설하는 것이 허용되지 않기 때문이므로, 이를 들어 물권적 효력설과 채권적 효력설 중 어느 하나가 타당하다는 직접적 근거로 삼기는 어렵다.

사. 검　　토

위와 같은 여러 측면에서 볼 때, 물권적 효력설에 비하여 채권적 효력설이 민법 규정의 문언 및 계약법의 기본 원리에 보다 부합하고, 채권양도를 둘러싼 이해관계인들의 법률관계를 설명하는 데에 특별한 난점을 보이지 않을 뿐만 아니라 오히려 상호간의 이익관계에서 조정과 균형을 도모할 수 있으며, 채권의 양도성을 보장하고 확대한다는 방향성에서도 타당하다. 대상판결의 다수의견에서는 채권적 효력설의 개념과 내용이 다의적이고 그에 따라 파생되는 법률적인 문제 역시 복잡하게 나타날 수 있다고 비판하였으나, 이는 해결방안을 찾아야 할 문제일 뿐 어느 견해를 채택하기 어려울 정도의 논리적 난점이 드러나는 경우라고 볼 수는 없다.

2. 대상판결의 결론에 대한 검토

가. 판례변경의 필요성

종래 대법원은 물권적 효력설의 입장에서, 채권양도금지특약으로 채권이 양도성을 상실하고 이를 위반하여 악의 또는 중과실의 양수인에게 한 채권양도는 효력이 없다는 태도를 견지해 왔다. 따라서 대법원이 채권적 효력설의 견해를 채택할 경우 위와 같은 판례를 변경할 필요가 있었다.

대상판결의 다수의견은 판례변경을 반대하는 입장에서 '상당수의 대법원판결로 재판실무가 안정적으로 운영되고 있으므로 이러한 판례 법리가 그대로 유지되어야 한다.'라는 정책적 논거를 제시하였다. 다수의견에 대한 보충의견은 '채권적 효력설을 취하기 위해서는 파생적으로 발생할 수 있는 제반 법률적인 문제들에 대한 충분한 인식과 해결방안을 고심한 다음 관련 법령과 제도의 통일적 정비에 나서는 것이 바람직하다.'라는 견해를 밝히기도 하였다. 거래 당사자에게 자신의 행위의 법률효과에 대한 예측가능성을 제시한다는 점에서 다수의견이 중시한 법적 안정성도 중요한 가치로 평가될 수 있다. 법정책적 필요성이 높다고 하더라도 과도한 법형성 기능을 추구하여 법률해석을 통해 입법의 영역을 침범하는 것은 허용되지 않는다. 반면 현행 실정법의 해석으로 가능한 범위 내에서 법원칙에 부합하고 변화하는 사회상에 맞게 적시에 합리적인 해석을 전개하는 것도 대법원의 역할이고, 대상판결의 반대의견에 대한 보충의견에서 밝힌 바와 같이 해석을 통하여 충분히 해결할 수 있는 문제인데도 막연히 입법적 조치를 기다리는 것도 바람직하지 않다.[81)]

판례에 따르면 양도인이 양수인에게 집행력 있는 공정증서정본을 작성해주고 양수인이 이에 기하여 채권에 대한 압류·전부명령을 받으면 악의의 양수인도 채권을 취득할 수 있다.[82)] 물권적 효력설을 취하더라도

81) 법무부 민법개정위원회의 2013년 민법 개정시안 제449조의2에서는 "채권양도를 금지하거나 제한하는 약정은 그에 반하여 행해진 채권양도의 효력에 영향을 미치지 아니한다. 다만, 양수인이 그 약정이 있음을 안 경우에는 양수인에게 대항할 수 있다."라고 규정하여, 채권의 양도성을 제고하기 위해 채권적 효력설을 채택하였으나 입법으로 이어지지 못하였다.

82) 당사자 사이에 양도금지의 특약이 있는 채권이라도 압류 및 전부명령에 따라 이전될 수 있고, 양도금지의 특약이 있는 사실에 관하여 압류채권자가 선의인가 악의인가는 전부명령의 효력에 영향이 없다(대법원 2002. 8. 27. 선고 2001다71699 판결). 양도금지특약부 채권에 대한 전부명령이 유효한 이상, 그 전부채권자로부터 다시 그 채권을 양수한 자가 그 특약의 존재를 알았거나 중대한 과실로 알지 못하였다고 하더라도 채무자는 위 특약을 근거로 삼아 채권양도의 무효를 주장할 수 없다(대법원 2003. 12. 11. 선고 2001다3771 판결).

현재 채권양도금지특약을 합법적으로 우회하여 채권을 완전하게 취득할 수 있는 방법이 존재한다. 채권양도금지특약에 절대적인 효력을 인정하고 채무자를 보호하려는 물권적 효력설의 관점에 실효성이 담보되지 않는데도 법적 안정성에 가치를 두어 이를 유지할 필요성을 인정하기 어렵다.

나. 각 견해에 따른 사안의 결론

대상판결은 채무자인 피고가 당초 채권자이자 양도인인 엘드건설의 파산관재인인 원고에 대하여, 채권양도금지특약을 위반한 채권양도의 효력이 유효하다고 주장하며 이행을 거절하는 사안이라는 특징이 있다. 이로써 채권양도금지특약에 합의한 계약당사자인 채무자라고 하더라도 분쟁의 양상이나 이해관계에 따라 채권양도의 효력을 긍정할 유인이 있는 경우가 충분히 존재함을 알 수 있다.

대상판결의 다수의견에 따르면 양수인들에게 중대한 과실이 인정되는 이상 양도금지특약을 위반한 채권양도는 무효이다. 피고는 원고에게 공사대금 지급채무를 이행하여야 하며 이와 같은 결론을 내린 원심의 판단은 결과적으로 정당하게 된다. 그러나 대상판결의 반대의견에 따르면, 양수인들에게 중대한 과실이 인정된다고 하더라도 공사대금채권의 양도는 유효하고, 채권은 양수인들에게 유효하게 이전되었다. 피고는 이 사건에서 원고에 대하여 채권양도 사실을 들어 이행을 거절할 수 있으므로 원고의 청구는 기각되어야 하지만, 한편으로는 피고가 양수인들에 대하여 항변권을 포기하고 채무를 이행하겠다는 의사를 표시한 것으로 평가할 수 있다. 따라서 향후 양수인들이 피고에 대하여 채무의 이행을 구할 경우 피고는 양수인들에게 중과실이 있음을 들어 이행거절의 항변권을 행사할 수 없고(항변권의 행사는 선행행위에 모순되는 행동으로서 신의칙에 반한다는 것이 반대의견의 입장이다), 양수인들에게 공사대금 지급채무를 이행해야 할 것이다.

대상판결의 사안은 물권적 효력설과 채권적 효력설의 각 견해를 취할 경우 결론이 달라지고, 채권적 효력설에 따르더라도 법률관계의 구성이나 문제의 해결방안에 대한 견해가 나뉠 여지가 있었다. 대상판결이 채권양도금지특약 및 이를 위반한 채권양도의 효력에 관한 기존의 견해를 채권적 효력설에 따라 변경하였다면, 각 견해의 차이점과 판례변경의 실효성을 선명하게 부각하면서도 향후 재판 현장과 실무에서 제기될 수 있는 문제에 대한 해결방안을 제시할 수 있었다는 점에서 아쉬움이 남는다.

Ⅵ. 결 론

대상판결에서는 다수의견과 반대의견, 각 견해의 보충의견을 통해 채권양도금지특약과 이를 위반한 채권양도의 효력에 관하여 물권적 효력설과 채권적 효력설의 입장에서 치열한 논증이 이루어졌다. 대상판결의 다수의견은 채권양도금지특약과 이를 위반한 채권양도의 효력에 관하여 물권적 효력설에 기초한 기존의 판례를 유지하였다. 다수의견은 민법 제449조 제2항이 채권양도금지특약의 효력이 당사자뿐만 아니라 제3자에게까지 미치도록 하려는 취지에서 특약을 위반한 채권양도가 무효임을 규정한 것이라고 해석하였고, 채권의 인격적 연결 측면과 사적 자치의 원칙에 근거하여 채권의 양도성이 상실되는 이유를 설명하였다.

그러나 이상에서 살펴본 것과 같이 채권양도금지특약과 이를 위반한 채권양도의 효력에 관하여는 채권적 효력설을 채택함이 타당하다. 민법 제449조 제2항의 문언 자체로 물권적 효력설에 부합하는 일의적 해석만이 가능하다고 볼 수 없으므로 채권적 효력설을 취하더라도 위 규정 문언의 합리적 해석 범위를 넘는 것이라고 보이지 않는다. 오히려 위 규정이 마련될 당시의 채권양도에 대한 관념 및 경제적 상황과 현재 채권양도의 경제적 활용 실태를 비교하여 보면 현재의 시점에서 다른 해석을 채택할 필요성을 충분히 인정할 수 있다. 채권양도금지특약이 활용되는 실태나 이를 둘러싼 이해관계를 종합적으로 검토하면, 채권양도금지특약이 반드시 대세적으로 채권의 양도성을 상실시키려는 당사자들의 의사에 근거한 것인지도 의문이 든다. 따라서 대상판결에서 위와 같은 이유를 들어 채권적 효력설을 비판하고 채택하지 않은 것에는 찬성하기 어렵다.

채권적 효력설을 단순히 입법론으로 고려할 것이 아니라 현행 민법 규정의 해석 범위 내에서도 충분히 법리를 구성하여 채택할 수 있었다는 점에서 대상판결에 대하여 아쉬움이 남지만, 다수의견이 지적한 문제점을 해결할 수 있도록 앞으로 채권적 효력설에 따른 법률적인 문제를 종합적으로 검토함으로써 완결적으로 정리한 논의가 이어지기를 기대하여 본다.

[Abstract]

The Effect of Anti-assignment Clause and Assignment of Receivable in Violation of the Clause

Chi, Sun Kyung*

There are two opposing opinions on the effect of anti-assignment clause and assignment of receivable in violation of the clause. The Absolute effect opinion denies assignability of receivable and thus interprets the assignment invalid. The Relative effect opinion interprets assignment valid but deems creditor liable for violation of the clause.

The Supreme Court has placed importance on the Absolute effect opinion and has ruled assignments against anti-assignment clause as invalid whether the acceptance by assignee was deliberate or inadvertent. The majority of the Supreme Court has remained on similar viewpoints, but the opposite side has criticized such decisions on the basis of the Relative effect opinion.

In this paper, legal issues derived from the Absolute effect opinion and the Relative effect opinion and adequacy of the two opinions were studied. The Relative effect opinion provides better interpretation on anti-assignment regarding Civil Code article 449 paragraph 2, and is more accordant to the law of contract that does not acknowledge the obligation *erga omnes* taking effect by agreements involving receivables. Furthermore, the Relative effect opinion better represents individual legal stances of creditor, assignee, and debtor on the assignment of receivables, and can coordinate the interests of each parties. Considering the increasing recognition of receivables as assets, and to assure its economic value by allowing adequate transactions, more

* Judge, Seoul Administrative Court.

emphasis should be made on the Relative effect opinion. It is inappropriate that the Supreme Court considered the Relative effect opinion only as legislation and refused to adopt the opinion as interpretation of the current law.

[Key word]

- Assignment of receivable
- Assignability of receivable
- Anti-assignment Clause
- Absolute effect opinion
- Relative effect opinion

참고문헌

1. 단 행 본

민법주해[Ⅹ], 채권(3).

송덕수, 신민법강의(제12판), 박영사(2019).

양창수, 독일민법전(총칙, 채권, 물권), 박영사(2018).

지원림, 민법강의(제14판), 홍문사(2015).

한국사법행정학회, 주석 민법 채권총칙[Ⅲ], [Ⅳ](제5판)(2020).

2. 논문 및 평석

권순희, "채권매입업(팩토링)에 의한 자금조달에 관한 연구", 상사법연구 제33권 제1호(2014), 한국상사법학회.

고 용, "채권양도금지특약의 실효성에 관한 연구–건설공사하도급대금을 중심으로", 단국대학교 행정법무대학원 석사학위논문(2012).

권영준, "2019년 민법 판례 동향", 서울대학교 법학 제61권 제1호(2020), 서울대학교 법학연구소.

김동훈, "채권양도금지특약에 관한 민법 규정의 운용방향", 법학논총 제29권 제1호(2016. 6.), 국민대학교 법학연구소.

______, "채권양도금지특약에 반한 채권양도의 효력", 법률신문사(2020. 4. 5.).

김재형, "유엔채권양도협약의 국내법적 수용문제", 국제거래법연구 제15집 제1호(2006).

류창원, "금전채권의 국제적 양도에 관한 연구–채권양도금지특약을 중심으로", 무역상무연구 제71권(2016. 8.).

박정기, "일본민법개정법안상의 채권양도규정", 법학논고 제58집(2017. 5.), 경북대학교 법학연구원.

서 민, "양도금지특약 있는 채권의 양도에 대한 사후승낙의 효력", 민사판례연구 제23권(2001), 박영사.

오수원, "채권양도금지특약의 법적 성질과 양도금지채권양도의 사후승낙의 소급효", 인권과정의 제465호(2017. 5.).

윤진수, “채권양도 금지특약의 효력: 대법원 2019. 12. 19. 선고 2016다24284 판결”, 민법기본판례(2020), 홍문사.

윤철홍, “채권양도의 금지특약에 관한 소고”, 법조 제651호(2010. 12.), 법조협회.

이창현, “채권양도금지특약의 효력: −대법원 2019. 12. 19. 선고 2016다24284 전원합의체 판결을 중심으로−”, 서울대학교 법학 제61권 제4호(2020), 서울대학교 법학연구소.

전우정, “채권양도금지 특약에 대한 비교법적 연구 및 법경제학적 분석”, 비교사법 제26권 제2호(2019. 5.), 한국비교사법학회.

전원열, “자산유동화 거래와 채권의 양도성 보장”, 법학논총 제36집 제1호(2016), 전남대학교 법학연구소.

______, “채권양도금지 특약의 효력”, 민사법학 제75호(2016. 6.), 한국사법행정학회.

지원림, “지명채권양도에서 양수인의 지위”, 비교사법 제24권 제3호(2017), 한국비교사법학회.

최수정, “지명채권의 양도금지특약 재고”, 민사법학 제38호(2007), 한국사법행정학회.

추신영, “채권양도금지특약과 전부명령”, 영남법학 제43집(2016. 12.), 영남대학교 법학연구소.

황순현, “채권양도금지특약에 있어 서면동의가 필요한 제3자 해당 여부”, 대법원판례해설 제103호(2015년 상), 법원도서관.

제척기간이 경과한 채권을 자동채권으로 한 상계*

이 창 현**

■요　지■

민법 제495조는 상계제도의 취지와 공평의 원칙에 근거하여 인정되는데, 이 규정은 그 자체로 상당한 시간이 흘러 시효가 완성된 자동채권의 존부와 내용에 관한 심리를 허용한다는 점에서 시효제도의 취지에 반한다. 민법 제495조를 유추적용하여 제척기간 경과 후의 채권을 자동채권으로 한 상계를 허용하는 경우 제척기간의 취지에 반할 우려가 있다. 개별 사안별로 제척기간의 취지를 명확하게 살펴 민법 제495조의 유추적용 여부를 판단하여야 하나, 일응 절대적 제척기간과 상대적 제척기간으로 구분하여 검토하는 것이 유용하다. 제척기간의 준수를 위하여 재판상 청구가 요구되는 절대적 제척기간의 경우에는 민법 제495조가 유추적용되지 않는다. 따라서 채무자는 제척기간 내에 소송상 상계항변을 하여야 한다. 다만 상법 제881조와 같이 일방당사자가 제척기간을 준수하여 소송계속이 있는 경우에는 타방 당사자가 예외적으로 제척기간이 경과한 후에도 소송상 상계항변을 할 수 있다. 제척기간의 준수를 위하여 재판상 청구가 요구되지 않는 상대적 제척기간의 경우에는 견련관계가 있는 채권 상호간에 한하여 민법 제495조의 유추적용이 허용되어야 한다. 상계가능성에 대한 보호가치가 큰 경우에 한하여 상계를 허용

* 본고는 민사판례연구회 제427회(2020. 1. 20.)의 발표문을 수정·보완한 것이며, 법조 통권 제738호(2019. 12.)에 게재되었다. 유익한 지적을 해 주신 조병구 부장판사님(토론자), 양창수 교수님께 감사드린다.

** 서강대학교 법학전문대학원 교수, 법학박사.

한다면 상계의 허용범위가 대폭 축소되므로 제척기간의 취지가 크게 훼손되지 않을 것이다. 하자담보책임의 권리행사기간은 재판상 청구가 요구되지 않는 상대적 제척기간이므로, 자동채권과 수동채권의 견련관계가 인정되는 경우에 한하여 민법 제495조를 유추적용하여 상계를 허용하는 것이 타당하다. 대상판결의 이유에 의하면 수동채권이 자동채권과 견련관계 있는 채권으로 제한되지 않았으므로 향후 대법원 판례를 통하여 견련관계에 있는 채권 상호간에 한하여 상계를 허용하는 것으로 명확하게 정리되어야 한다. 하자로 인한 손해배상채권 산정시 제척기간 경과 후의 상계라는 사정을 고려한 것은 잘못이다. 이러한 사정을 감안하여 감액한다면 공평의 원칙에 입각하여 예외적으로 상계를 허용한 취지가 반감되기 때문이다. 채무자가 제척기간이 경과한 채권을 자동채권으로 하는 상계를 양수인에게 주장할 수 있다. 왜냐하면 채권양도를 통하여 채무자의 법적 지위가 악화되어서는 안 되기 때문이다.

[주제어]
- 제척기간
- 민법 제495조의 유추적용
- 공평
- 상계
- 견련관계

대상판결 : 대법원 2019. 3. 14. 선고 2018다255648 판결

[사안의 개요]

1. 사실관계

원고는 2012. 4.경 피고에게 폐기물파쇄기와 1호 분쇄기를 제작 · 설치하기로 하고 수개월 내에 그 제작 · 설치를 마쳤고, 2013. 4.경 피고에게 2호 분쇄기를 추가로 공급하기로 하고 수개월 내에 그 제작 · 설치를 마쳤다. 원고가 2015. 3. 23. 피고를 상대로 미지급 대금(66,100,000원)의 지급을 구하는 소를 제기하자, 피고는 2015. 5. 11.자 답변서를 통해서 원고에게 위 도급계약에 따른 하자담보책임을 주장하는 한편 2018. 1. 9.자 준비서면을 통해서 원고가 제작 · 설치한 이 사건 폐기물파쇄기와 1, 2호 분쇄기의 하자로 인한 손해배상채권을 원고의 위 미지급 대금채권과 상계한다고 주장하였다.[1)]

2. 소송의 경과

가. 1심 법원은 제척기간이 경과한 손해배상청구권을 자동채권으로 하여 물품대금채권과 상계하는 것은 허용된다고 판단하였다.[2)] 왜냐하면 양자의 채권은 동일한 법률관계에서 발생한 채권이고 위 물품대금채권과 손해배상채권이 대등액의 범위에서 상계되어 소멸한다는 신뢰를 갖게 되므로 민법 제495조를 유추적용하여 상계를 허용하는 것이 공평의 원칙에 부합하기 때문이다. 1심 법원은 미지급대금 66,100,000원에서 1호 분쇄기의 하자로 인한 손해배상채권액인 11,350,000원을 상계하고 54,750,000원의 한도에서 원고의 청구를 인용하였다.

나. 원심 법원은 민법 제495조는 채권채무관계의 정산 소멸에 관한 당사자의 신뢰를 보호하기 위함인데, 제척기간의 경우에도 당사자의 신뢰를 보호하는 것이 공평의 원칙에 부합하고 통상의 거래관념에 부합하며, 상대방의 제척기간의 경과라는 사정을 악용하여 권리행사하는 것은 신의칙에 반할 우려가 있으므로 민법 제495조가 유추적용되어야 한다고 판단하였다.[3)] 원심 법

---

1) 피고가 원고로부터 1, 2호 분쇄기를 인도받은 날부터 1년 내에 원고에게 하자보수나 손해배상을 요구했다고 볼 만한 자료는 없다.

2) 고양지판 2016. 10. 26, 2015가단74629(미간행).

3) 의정부지판 2018. 7. 13, 2016나60489(미간행).

원은 ① 감정촉탁의 결과와 감정인의 감정결과를 토대로 수리비를 총 72,838,970원(1호 분쇄기 수리비 20,508,970원, 2호 분쇄기 수리비 24,530,000원, 수리예정비 27,800,000원)으로 인정하고, ② 하자의 경위가 명확하게 밝혀지지 아니한 점(제작상 잘못으로 발생한 부분과 자연발생적 노화현상으로 인한 부분을 엄격하게 구분하기 어렵고, 관리상 잘못으로 하자가 확대되었을 가능성이 존재함), 물건의 인도일로부터 수년 동안 하자보수 또는 손해배상을 요구하지 아니한 점, 제척기간이 경과하였으나 예외적으로 상계를 허용하는 점을 고려하여 공평의 원칙 또는 신의성실의 원칙에 따라 손해배상액을 72,838,970원의 50%로 감액하였다. 원심 법원은 미지급대금 66,100,000원에서 하자로 인한 손해배상채권액인 36,419,485원을 상계하고 36,419,485원의 한도에서 원고의 청구를 인용하였다.

다. 대법원은 다음의 판결요지와 같은 이유로 상고를 기각하였다.

대법원은 매도인의 담보책임을 기초로 한 매수인의 손해배상채권 또는 수급인의 담보책임을 기초로 한 도급인의 손해배상채권이 각각 상대방의 채권과 상계적상에 있는 경우에 당사자들은 채권·채무관계가 이미 정산되었거나 정산될 것으로 기대하는 것이 일반적이므로, 그 신뢰를 보호할 필요가 있다. 이러한 손해배상채권의 제척기간이 지난 경우에도 그 기간이 지나기 전에 상대방에 대한 채권·채무관계의 정산 소멸에 대한 신뢰를 보호할 필요성이 있다는 점은 소멸시효가 완성된 채권의 경우와 아무런 차이가 없다. 따라서 매도인이나 수급인의 담보책임을 기초로 한 손해배상채권의 제척기간이 지난 경우에도 제척기간이 지나기 전 상대방의 채권과 상계할 수 있었던 경우에는 매수인이나 도급인은 민법 제495조를 유추적용해서 위 손해배상채권을 자동채권으로 해서 상대방의 채권과 상계할 수 있다고 판단하였다. 대법원은 민법 제495조를 유추적용하여 제척기간이 경과한 채권을 자동채권으로 한 상계를 허용한 원심 판결이 타당하고 원심 판결이 감정결과에 대하여 자유심증주의 한계를 위반하지 않았다고 보아 상고를 기각하였다.

〔研 究〕

Ⅰ. 문제의 제기

대법원은 대상판결을 통하여 채권채무관계의 정산소멸에 대한 신뢰보호의 관점에서 제척기간이 경과한 채권(하자담보책임에 기한 손해배상채권)을 자동채권으로 한 상계를 허용하는 최초의 판단을 내렸다. 민법 제495조는 상계제도의 취지와 소멸시효제도의 취지가 충돌하는 상황에서 공평의 원칙에 입각하여 전자에 우위를 둔 것이다. 제척기간에서 민법 제495조를 유추적용하는 국면에서는 상계제도의 취지와 제척기간제도의 취지가 충돌하는 문제가 발생하게 된다. 판례와 학설은 법률관계를 조속하게 확정하려는 제척기간의 취지를 강조하여 제척기간이 경과한 채권의 효력을 당사자의 원용이 없더라도 무효로 보고 있는데, 이러한 취지를 감안한다면 제척기간의 경우에 민법 제495조를 유추적용하는 것을 주저할 수 있다. 그럼에도 불구하고 판례는 제척기간의 경우에 민법 제495조의 유추적용을 긍정하고 있는데, 판례의 취지가 ① 제척기간의 준수를 위하여 재판상 청구가 요구되는 절대적 제척기간의 경우에도 적용될 수 있는지, ② 제척기간의 준수를 위하여 재판상 청구가 요구되지 않는 상대적 제척기간의 경우에는 수동채권이 자동채권과 견련관계가 없는 경우에도 민법 제495조가 유추적용된다는 것인지 명확하게 살펴보아야 한다. 민법 제495조의 유추적용의 범위를 명확하게 분석하기 위해서는 우선 민법 제495조의 입법취지를 살펴보아야 한다. 국내의 논의에 의하면 민법 제495조를 통하여 시효완성된 채권의 존부와 내용에 관한 심리가 허용되어 법적 불확실성이 발생한다는 점에 대한 고려가 부족하였다. 민법 제495조의 제정에 참고된 입법례는 독일민법, 스위스채무법, 일본민법인데,[4] 특히 독일의 입법례는 스위스와 일본의 민법 개정에서도 참고되었

4) 민의원 법제사법위원회, 『민법안심의록 상권』, (1957), 291면 하단.

는바, 독일민법 제정 당시의 논의를 자세하게 검토할 필요가 있다. 외국의 논의는 ① 시효완성된 채권을 자동채권으로 하는 상계를 허용하는 이유, ② 분쟁의 신속한 종결을 위하여 단기의 권리행사기간을 정한 하자담보책임의 법률관계(하자로 인한 손해배상채권)에서 상계가 허용되는지 여부, ③ 제척기간이 경과한 채권을 자동채권으로 한 상계가 허용되는지 여부를 중심으로 살펴본다. 또한 원심 법원은 하자로 인한 손해배상청구권을 하자의 경위의 불명확성, 제척기간 경과 후의 상계라는 사정을 감안하여 50% 감액하였고, 대법원은 이러한 원심 법원의 판단을 긍인하였다. 제척기간 경과 후의 상계라는 사정에 기하여 손해배상청구권을 감액하는 것이 타당한지도 검토되어야 할 것이다. 아울러 대상판결이 선고되기 전 제척기간이 경과한 채권을 자동채권으로 한 상계의 효력에 관하여 하급심 판례에서 문제된 쟁점도 살펴볼 필요가 있다. 우선 상법 제881조와 같이 제척기간의 준수를 위하여 재판상 청구가 요구되는 경우에도 민법 제495조가 유추적용될 수 있는지가 문제된다.[5)] 민법 제451조 제2항의 해석과 관련하여 채무자는 민법 제495조의 유추적용을 주장하여 상계할 수 있는지가 문제된다.[6)]

Ⅱ. 국내의 논의

1. 민법 제495조 해석론

민법 제495조는 "소멸시효가 완성된 채권이 그 완성 전에 상계할 수 있었던 것이면 그 채권자는 상계할 수 있다."라고 정하고 있다. 이는 당사자 쌍방의 채권이 상계적상에 있었던 경우에 당사자들은 채권·채무관계가 이미 정산되어 소멸하였거나 추후에 정산될 것이라고 생각하는 것

---

5) 부산지판 2003. 8. 20, 2002가합11918(확정)(각공 2003, 305). 이 사건에서는 원고의 손해배상청구의 소는 제척기간이 준수되었으나, 피고의 상계항변은 제척기간이 도과한 경우에 민법 제495조의 유추적용을 통하여 소송상 상계항변이 허용될 수 있는지가 문제되었다.

6) 부산고판 1988. 12. 7, 88나2298(확정)(하집 1988, 55). 이 사건에서는 잔대금채권의 양수인에게 매수인이 하자에 기한 손해배상채권으로 상계를 주장하였다.

이 일반적이라는 점을 고려하여 당사자의 신뢰를 보호하기 위한 것이라고 한다.[7)]

2. 제척기간의 경과와 민법 제495조의 유추적용

가. 판 례

(1) 대법원 판례

제척기간이 경과한 채권을 자동채권으로 한 상계에 대하여 이를 긍정하는 하급심 판결례가 있었으나, 이에 관한 대법원 판례가 없다가 대상판결을 통하여 대법원은 제척기간이 경과한 채권을 자동채권으로 하는 상계를 민법 제495조를 유추적용하여 긍정하였다.[8)] 상계적상에 있는 채권 상호간의 정산 소멸에 대한 당사자의 신뢰보호의 요청이 제척기간의 경우에도 관철되어야 한다고 한다.

(2) 하급심 판례

① 부산고판 1988. 12. 7, 88나2298(확정)

3인이 공동으로 아파트를 신축하여 피고들에게 분양한 후 잔대금을 지급받지 못하고 있던 중 원고에게 잔대금 채권을 양도하고 그 무렵 피고들에게 그 각 통지까지 마쳤다. 원고의 양수금청구에 대하여 피고들은 분양자인 양도인에 대하여 그 하자보수비 상당액의 손해배상채권이 있으므로 이로써 위 각 아파트 잔대금 채권과 대등액에서 상계한다고 주장한다. 법원은 매매목적물의 하자로 인한 손해배상청구권에 대하여도 민법 제495조가 유추적용되어야 한다고 하면서 손해배상청구권과 잔대금채권

---

7) 대판 2019. 3. 14, 2018다255648(공 2019, 846); 대판 2016. 11. 25, 2016다211309(공 2017, 22); 곽윤직 편집대표, 『민법주해[XI], 채권(4)』, 박영사(1995), 404면(윤용섭); 김용담 편집대표, 『주석 민법, 채권총칙(4)(제4판)』, 한국사법행정학회(2014), 613면(조용구); 곽윤직, 『채권총론(제6판)』, 박영사(2004), 281면; 김기환, 『상계』, 서울대학교 법학연구총서 74, 경인문화사(2018), 61면; 김상용, 『채권총론(제2판)』, 화산미디어(2014), 495면; 김준호, 『채권법(제10판)』, 법문사(2019), 308면; 김증한/김학동, 『채권총론(제6판)』, 박영사(2007), 396면; 양창수/김재형, 『계약법(제2판)』, 박영사(2016), 339면; 손태원, "소멸시효가 완성된 차임채권과 임대차보증금반환채권 사이의 상계 내지 공제 가부", 민사판례연구(40), 박영사(2018), 468면.

8) 대판 2019. 3. 14, 2018다255648(공 2019, 846).

의 상계를 허용하였다.[9] 법원은 민법 제451조 제2항을 적용하여 제척기간이 경과한 채권의 상계를 양수인에 대하여 허용하였다.

② 부산지판 2003. 8. 20, 2002가합11918(확정)

항해상 과실이 경합하여 선박 충돌 사고가 2000. 7. 1. 발생하였고, 원고가 2002. 6. 29. 선박충돌사고로 인한 손해배상청구의 소를 제기하자, 피고가 2002. 10. 25. 자신의 손해배상채권으로 상계를 주장하였다. 이에 대하여 원고는 피고의 손해배상채권은 제척기간이 경과하였으므로 상계할 수 없다고 반박하였다. 법원은 ① 상계적상에 있는 채권채무관계의 정산소멸에 대한 당사자의 신뢰를 보호하기 위한 민법 제495조의 규정이 공평의 원칙에 비추어 제척기간의 경우에도 유추적용되어야 하고, ② 선박충돌로 인한 상호간의 손해배상채권은 실질적, 경제적 평등관계를 유지하는 기능이 있으며, ③ 쌍방 과실로 인한 선박충돌시의 손해배상방법에 대한 공평한 해결을 위하여 민법 제495조의 유추적용이 필요하다고 판단하였다.[10] 2001. 7. 24. 개정되기 전의 상법 제848조(현행 제881조) 본문은 선박의 충돌로 인하여 생긴 손해배상의 청구권은 그 충돌이 있은 날부터 2년 내에 재판상 청구가 없으면 소멸한다고 규정하는데, 위 기간은 제척기간으로 해석된다.[11]

나. 학 설

(1) 긍 정 설

제척기간이 경과한 경우에도 민법 제495조가 유추적용되어야 한다.[12] 손해배상청구권은 보수채권을 감액하여 실질적으로 등가관계를 실

9) 부산고판 1988. 12. 7, 88나2298(확정)(하집 1988, 55).

10) 부산지판 2003. 8. 20, 2002가합11918(각공 2003, 305). 법원은 6 : 4의 비율로 과실상계를 하여 원고의 손해배상액을 18,071.90달러, 피고의 손해배상액을 21,026.26달러로 확정한 후 피고의 상계항변을 받아들여 원고의 청구를 기각하였다. 다만 항소심은 피고들이 연대하여 원고에게 500만 원을 지급하는 내용의 강제조정으로 종결되었다.

11) 정동윤 편집대표, 『주석 상법, 해상(제2판)』, 한국사법행정학회(2015), 881면(김현).

12) 곽윤직 편집대표, 『민법주해[Ⅲ], 총칙(3)』, 박영사(1992), 400-401면(윤진수); 김용담 편집대표, 『주석 민법, 총칙(3)(제4판)』, 한국사법행정학회(2010), 508면(이연갑); 곽윤직, 『채권총론(제6판)』, 박영사(2004), 282면; 김증한/김학동, 『채권총론(제

현시키는 기능을 수행하므로 공평의 견지에서 상계를 허용하는 것이 타당하다고 한다.[13] 다만 유력설은 자동채권과 수동채권 사이에 견련관계가 있는 경우에 한하여 유추적용이 가능하다고 명확하게 지적한다.[14]

(2) 부 정 설

제척기간이 도과하였다면 제척기간의 취지에 비추어 민법 제495조의 유추적용을 부정한다.[15] 제척기간은 권리의 소멸이 아닌 권리의 발생과 관계되어 있으므로 소멸시효와 본질적 차이가 있어 민법 제495조가 유추적용될 수 없다고 한다.[16]

3. 소 결

제척기간이 도과한 채권을 자동채권으로 한 상계를 허용하는 견해가 압도적으로 다수이나, 민법 제495조의 유추적용의 허용범위에 대하여는 불명확성이 존재한다. 대법원판례와 하급심판례는 견련관계에 있는 채권 상호간에 상계를 허용한 사안이어서 이를 넘어서서 상계를 허용하는 것인지에 대하여는 다툼의 여지가 있다. 판례의 문언에 의하면 하자로 인한 손해배상청구권을 자동채권으로 하여 대금채권이 아닌 다른 채권(가령 대여금채권 등)에 대하여 상계할 수 있다고 볼 여지가 충분하므로, 이 부

6판)』, 박영사(2007), 396면; 김상용, 『채권총론(제2판)』, 박영사(2014), 496면; 송덕수, 『채권법총론(제4판)』, 박영사(2018), 496면; 강재철, "아파트 하자발생에 따른 하자담보책임", 부동산소송 실무자료(4집), (2010), 42면; 윤인태, "집합건물 분양자의 하자담보책임", 판례연구(12), (2001), 202-203면; 이은영, 『채권총론(제4판)』, 박영사(2009), 752면; 이상태, "수급인의 담보책임론", 이영준 화갑기념 논문집, 2001, 900면; 장재현, "상계에서의 몇 가지 문제", 경북대 법학논고(제28집), (2008. 6.), 509면. 박영규, "사법상의 권리행사기간-소멸시효기간과 제척기간을 둘러싼 몇 가지 쟁점들", 민사법학(18), (2000), 313면에 의하면 손해배상청구권에 관하여 민법 제582조의 기간은 소멸시효기간이므로 민법 제495조가 적용된다고 한다.

13) 이상태, 앞의 논문(주 12), 900면.

14) 곽윤직 편집대표, 『민법주해[XI], 채권(4)』, 박영사(1995), 408면(윤용섭). 이에 반하여 긍정설은 대체로 이 점을 명확히 밝히지 않고 있다.

15) 김기환, 앞의 책(주 7), 75면; 이동진, "하자담보책임의 제척기간이 도과한 뒤 한 상계의 효력", 법조(제736호), (2019. 8.), 276-278면.

16) 이동진, 앞의 논문(주 15), 276-277면.

분에 관하여 외국의 논의를 참고하여 비판적으로 고찰할 필요가 있다.

Ⅲ. 외국의 논의

1. 서 설

민법 제495조는 제정과정에서 외국의 입법례로 일본민법 제508조, 독일민법 제390조, 스위스채무법 제120조 제3항, 중국민법 제337조, 만주국민법 제483조가 참조되었다.[17] 특히 스위스채무법은 독일 민법을 참고하여 제120조 제3항을 신설하였는바,[18] 판례평석을 위하여 필요한 한도에서 독일과 일본의 논의로 한정하여 살펴보기로 한다.

2. 독일의 논의

가. 서 설

시효완성된 채권의 상계를 허용하는 2002년 대개정 전 민법 제390조 제2문은 실무상으로 타당성이 증명되었다는 이유로 현행 민법 제215조로 그대로 유지되었고,[19] 이는 공평의 원칙에 비추어 상계를 긍정한다.[20]

나. 2002년 대개정 전 민법 제390조 제2문의 제정 경위

2002년 대개정 전 민법 제390조 제2문은 제2초안 제334조 제2문에서 유래하는데, 이는 제2위원회의 논의에서 비로소 제안된 것이다. 예비초안[21]과 제1초안[22]에서는 ① 시효완성된 채권은 법적으로 관철될 수 없

---

17) 민의원 법제사법위원회, 『민법안심의록(상권)』, (1957), 291면 하단.

18) 1881년의 채무법에는 시효완성된 채권을 자동채권으로 하는 상계를 허용하는 규정이 없었으나, 1910년 채권법 개정 작업에서 독일의 입법례(당시 민법 제390조 제2문)를 참고하여 공평의 원칙에 입각하여 시효완성된 채권을 자동채권으로 한 상계를 허용하였다(Amtliches stenographisches Bülletin der schweizerischen Bundesversammlung Ständerat 1910, 183; Amtliches stenographisches Bülletin der schweizerischen Bundesversammlung Nationalrat 1910, 336).

19) BT-Drucksache 14/6040, 122.

20) MunchKommBGB/Grothe, 8. Aufl. 2018, § 215, Rn. 2; Planck/Siber, BGB, 4. Aufl. 1914, § 390, Anm. 2; Staudinger/Gursky, 2000, § 390, Rn. 32; Gernhuber, Die Erfüllung und ihre Surrogate, 2. Aufl. 1994, § 12 Ⅷ 7(S. 299); Grunsky, Ausschlußfristen und Verjährung, Festschrift für Kissel, 1994, S. 293.

21) 채권편의 예비초안은 퀴벨(Kübel)이 담당하였는데, 상계편 부분초안은 6개의 조

고, ② 상계가능성만으로 소멸시효를 중단시키지 않으며, ③ 상계를 허용하는 것은 사실상 단기소멸시효를 배제하는 결과를 초래한다는 이유로 시효완성된 채권을 자동채권으로 한 상계가 부정되어 별도의 규율이 인정되지 않았다.[23) 그러나 제2위원회에서 제1초안 제281조 제2항에 제2문을 추가하여 시효완성된 채권의 상계를 허용하는 제안에 대하여 다수의견은 ① 현행법과 판례에 일치하며, 이는 공평과 합목적성에 근거하며, ② 상계를 허용하더라도 법적 안정성을 위협하거나 시효제도의 취지를 몰각하지 않는 이유로 찬성하였다.[24)]

다. 매매와 도급의 특례

2002년 대개정 전 민법 제479조 제1문은 매수인이 시효완성 전에 제478조에 정하여진 행위 중의 하나를 한 경우에만 시효완성 후에도 손해배상청구권을 자동채권으로 상계할 수 있다고 규정하고, 2002년 대개정 전 민법 제639조 제1항은 제638조에 정하여진 도급인의 청구권의 소멸시효에 관하여는 매수인의 청구권의 소멸시효에 관한 제477조 제2항, 제3항과 제478조, 제479조의 규정이 준용된다고 규정한다.[25)] 이는 하자담

문으로 구성된다. 제1조는 상계의 정의를 규정하고, 제2조는 상계의 의사표시를 요구하며, 제3조는 상계채권의 선택을 규정하며, 제4조는 이행지가 다른 채권의 상계를 규정하고, 제5조는 무단점유로 인한 채권과 압류금지채권에 대한 상계금지를 규정하고, 제6조는 국가에 대한 채권에 대한 상계를 규정한다(v. Kübel, Vorentwürfe der Redaktoren zum BGB, Schuldrecht Ⅰ, 1980, S. 1073).

22) 제1초안 제281조 제2항은 항변권의 대항을 받는 채권으로는 상계할 수 없다고 규정할 뿐이다.

23) v. Kübel, 앞의 책(주 21), S. 1087-1088; Mugdan, Die gesamten Materialien zum BGB für das deutsche Reich, Band Ⅰ, 1899, S. 541; Mugdan, Die gesamten Materialien zum BGB für das deutsche Reich, Band Ⅱ, 1899, S. 58.

24) Mugdan, Band Ⅰ(주 23), S. 560-561. 제1초안 제281조 제2문은 제2초안 제334조 제2문으로 이동하였고, 결국 민법 제390조 제2문으로 되었다. 소수의견은 시효제도의 약화를 초래하고 단기소멸시효를 박탈하는 결과를 초래한다는 이유로 새로운 제안에 반대하였다(Mugdan, Band Ⅰ(주 23), 1899, S. 560).

25) 제1초안 제397조 제1항은 소멸시효가 완성된 후에는 항변권도 소멸한다고 규정하였으나(Motive zu dem Entwurfe eines Bürgerlichen Gesetzbuches für das Deutsche Reich, Band Ⅱ, 1888, S. 240), 제2위원회는 보통독일상법 제349조 제3항에 따라 항변권을 존속시키기로 결정하였다(Protokolle der Kommission für die zweite Lesung des Entwurfs des BGB, Band Ⅰ, 1897, S. 681).

보책임으로 인한 법률관계를 신속하게 종결하기 위함이다.[26] 매수인이 대금을 지급하지 아니한 경우에 소송을 제기한 유인이 없다는 점이 중요한 요소로 고려되었고, 매도인의 이익을 고려하여 하자의 통지 등이 요구되었다.[27] 2002년 대개정 전 민법 제479조와 제639조에 대한 해석론은 2002년 대개정 전 민법 제390조 제2문에 의한 상계가능성을 하자의 통지와 수동채권이라는 2가지 국면에서 제한하고 있다.[28] 2002년 채권법 개정으로 하자통지절차는 폐지되었다.[29] 채권법개정으로 소멸시효기간이 2년으로 연장되면서 하자통지규정의 의미가 상실되었다고 한다. 왜냐하면 매도인이 2년이 넘는 기간 동안 매매대금을 청구하지 않는 것은 매우 드물기 때문이다. 다른 한편으로 2년의 기간이 경과한 후에 하자를 다투면서 매매대금채권에 대한 이의가 인정되지 않을 것이라는 매도인의 신뢰가 과거의 6월의 기간 보다 더욱 강력하게 보장된다고 한다.[30] 채권법개정으로 2002년 대개정 전 민법 제478조 제1항 제1문의 통지절차가 폐지되고 2002년 대개정 전 민법 제478조와의 관련성이 부정되면서 수동채권의 제한이 소멸되어 2002년 대개정 전 민법 제479조에 대한 해석론이 그대로 유지되기는 어렵다.[31] 결국 현행 민법의 해석론에서는 2002년 대개정 전 민법상 적용되는 2가지 제한이 폐지되었다.

라. 제척기간이 경과한 채권을 자동채권으로 하는 상계

독일에서 제척기간이 경과한 채권의 상계라는 문제는 주로 근로관계에서 문제된다.[32] 연방대법원은 초기에는 소멸시효와 제척기간이 본질적

---

26) Larenz, Lehrbuch des Schuldrechts, Band Ⅱ/1, 13. Aufl, 1986, S. 65.

27) Staudinger/Honsell, 13. Aufl. 1995, § 478, Rn. 1.

28) v. Olshausen, Einrede- und Aufrechungsbefugnisse bei verjährten Sachmängelansprüchen, JZ 2002, S. 388.

29) BT-Drucksache 14/6040, S. 230.

30) v. Olshausen, 앞의 논문(주 28), S. 387.

31) Bamberger/Roth/Faust, 3. Aufl. 2012, § 438, Rn. 56; Staudinger/Matusche-Beckmann, 2014, § 438, Rn. 125; Staudinger/Peters/Jacoby, 2014, BGB § 215, Rn. 2; v. Olshausen, 앞의 논문(주 28), S. 388. 다만 공식적인 입법이유서에 의하면 2002년 대개정 전 민법 제479조에 의한 상계의 제한에 대하여 명시적 지적이 없다.

32) 제척기간은 다음과 같이 정해진다. 근로관계로 인한 모든 청구권은 변제기로부

으로 유사하다고 보면서 공평의 원칙에 비추어 상계가 허용된다고 보았으나,[33] 연방노동법원의 판례[34]에 따르기로 하면서 종전의 판례를 변경하였다.[35] 통설이 변경된 판례에 찬동하면서 이 문제에 대한 논란이 종결되었다.[36] 판례와 학설은 소멸시효와 제척기간의 본질적 차이를 강조하면서 민법 제215조의 예외규정의 성격을 감안하여 유추적용을 부정하였다.

마. 소 결

시효완성된 채권을 자동채권으로 한 상계는 부분초안과 제1초안에서는 부정되었으나, 제2위원회의 논의에서 비로소 공평과 합목적성을 이유로 도입되었다. 2002년 대개정 전 민법 제390조 제2문은 실무상으로 타당성이 증명되어 현행 민법 제215조로 그대로 유지되었다. 매매와 도급에 관한 하자담보책임의 규율에서는 법률관계의 조속한 확정을 위하여 2

터 6주 내에 서면으로 최고되어야 하고, 상대방이 이행을 거부하는 경우 그로부터 4주 내에 제소되어야 한다(Matthiessen, Arbeitsvertragliche Ausschlussfristen, 2007, S. 19).

33) BGHZ 26, S. 304-309.

34) 연방노동법원은 소멸시효와 제척기간 사이에 존재하는 법률효과상의 차이가 본질적이므로 2002년 대개정 전 민법 제390조 제2문이 유추적용될 수 없으며, 당사자는 제척기간에 관한 규정을 알 수 있었거나 알았어야 하기 때문에 상계를 부정하더라도 부당하지 않다고 판시한다(BAG NJW 1968, S. 814).

35) BGH DB 1974, S. 586. '연방최고법원의 판례의 통일을 위한 법률'에 따라 연방노동법원이 '제청 결정(Vorlagebeschluß)'을 하면서 논거를 제시하였는데, 연방대법원 제7민사부가 단체협약이라는 노동법적 관점을 특별히 고려할 때 연방노동법원이 제청 결정에서 제시한 논거가 연방대법원 제7민사부가 제시한 논거보다 우월하다고 인정하고 기존의 판례(BGHZ 26, S. 304)를 폐기하였다.

36) MunchKommBGB/Grothe, 8. Aufl. 2018, § 215, Rn. 5; RGRK-BGB/Weber, 12. Aufl. 1976, § 390 aF, Rn. 13; Staudinger/Peters/Jacoby, 2014, § 215 nF, Rn. 15; Gernhuber, 앞의 책(주 20), § 12 Ⅶ 4(S. 290); Bötticher, Die "Selbstexekution" im Wege der Aufrechnung und die Sicherungsfunktion des Aufrechnungsrechts, Festschrift für Schima, 1969, S. 103; Diekhoff, Aufrechnung mit Forderungen noch nach Ablauf einer tarifvertraglichen Ausschluβfrist?, BB 1958, S. 1056. 특히 Stahlhacke, Aufrechnung und tarifliche Verfallfristen, BB 1967, S. 761에 의하면 단체협약의 당사자가 소멸시효와 구별되는 제척기간을 명시적으로 선택하였는데, 법원이 공평의 원칙에 기하여 사적 자치를 부정하는 것은 타당하지 않으며, 단체협약에 의하여 쌍방 당사자의 채권이 모두 규율되고 있는데, 근로자가 사회적 약자라는 점을 들어 차별적으로 법률을 적용하는 것은 타당하지 않다고 한다.

가지 제한(하자의 통지 및 수동채권의 제한)이 적용되었으나, 민법 개정을 통하여 소멸시효기간이 6월에서 2년으로 변경되고 하자통지절차가 폐지되면서 종래의 해석론이 그대로 유지될 수 없게 되었다. 그러나 법률관계의 조속한 확정의 정도가 강력한 제척기간의 경우에는 소멸시효제도와의 본질적 차이가 강조되어 예외규정인 민법 제215조가 유추적용되지 않는다.

3. 일본의 논의

가. 서 설

일본민법 제508조는 시효완성된 채권을 자동채권으로 한 상계를 허용하고 있는데, 이 규정이 제척기간의 경우에도 유추적용될 수 있는지가 문제 된다. 이와 관련하여 일본 법원의 판례가 변경되었고, 이와 관련한 학설의 대응도 소개할 필요가 있다. 더 나아가 하자담보책임에 관한 민법 개정으로 인하여 상계에 관한 해석론이 변경될 것인지도 살펴볼 필요가 있다.

나. 시효완성된 채권을 자동채권으로 한 상계

제508조는 시효로 인하여 소멸한 채권이 그 소멸 이전에 상계에 적합하게 되어 있었던 경우에는 그 채권자는 상계할 수 있다고 규정한다. 이 규정은 구민법에 없었으나, 현행 민법에서 채권자의 청구에 대응하여 상계하고 쌍방의 채무가 대립하는 경우에 대등액에서 소멸하는 것으로 신뢰하는 것이 통상적이며 상계를 주장하지 않는 것이 의무의 해태로 볼 수 없어 시효 완성 후에도 상계를 허용하는 것이 공평하다는 고려에 의하여 신설되었다.[37] 채권법 개정 작업에서 채권자는 채무자가 시효를 원용할 때까지 시효기간이 만료된 채권을 자동채권으로 하여 상계를 허용하는 민법 개정안은 채택되지 못하였고, 현행 민법 제508조는 그대로 유지되었다.[38]

---

37) 廣中俊雄 編, 民法修正案(前三編)の理由書, 1987, 483-484.

38) 民法(債權関係)の改正に関する中間試案の補足説明, 2013, 304.

다. 제척기간이 경과한 채권을 자동채권으로 한 상계

(1) 판　　례

전나무판자의 견본매매에서 매도인의 대금청구에 대하여 원고 승소 판결이 확정된 후 위 판결을 집행권원으로 하여 강제집행을 신청하자, 매수인이 하자담보책임에 기한 손해배상청구권으로 상계항변을 하면서 매도인의 강제집행에 대하여 청구이의의 소를 제기하였다. 원심 법원은 하자발견 후 수년이 지나서 한 상계는 이미 소멸한 채권을 자동채권으로 하여 한 것이어서 아무런 효력이 없다고 판단하였고, 이에 대하여 원고는 원심 판결은 민법 제508조를 적용하지 아니한 위법이 있다고 상고하였다. 대심원은 민법 제508조는 소멸시효에 관한 규정이므로 제척기간에는 적용이 없다고 판시하면서 상고를 기각하였다.[39] 그러나 최고재판소는 1976년 3월 4일 판결을 통하여 대심원 판례를 변경하였다.[40] 원고가 학원 교재의 인쇄대금을 청구하자, 피고는 교재의 하자로 인한 손해배상청구권을 자동채권으로 상계하였고, 원고는 하자로 인한 손해배상청구권은 제척기간이 경과한 채권이어서 상계는 무효라고 재항변하였다. 1심 법원은 원고의 청구를 전부 인용하였으나, 원심 법원은 피고의 상계항변을 받아들여 원고의 청구를 일부 인용하였다. 이에 원고는 상고하였고, 최고재판소는 도급인의 하자에 기한 손해배상청구권과 수급인의 보수채권은 대가관계에 있어 제척기간의 경과를 이유로 상계를 불허하는 것은 가혹하다는 이유로 제척기간이 경과한 채권을 자동채권으로 한 상계를 민법 제508조를 유추적용하여 긍정하였다.[41]

---

39) 日大判 1928. 12. 12(民集 7, 1,071). 유력설은 매수인을 보호할 필요가 없다는 판단에 영향을 받아 판결이 선고되었을 것이라고 지적한다(坂本 武憲, 民法六三七条の期間経過後の請負契約上の債権の相殺と民法五〇八条の類推適用, ジュリスト 別冊 78号, 1982, 150-151).

40) 日最判 1976. 3. 4(民集 30-2, 48).

41) 최고재판소 판례해설에 의하면 대가관계에 있는 채권 상호간에 한하여 상계를 허용하는 것은 당사자의 신뢰와 공평의 요청이 강력하여 민법 제508조의 유추적용이 정당화된다고 한다(柴田 保幸, 民法六三七条所定の期間の経過した請負契約の目的物の瑕疵修補に代わる損害賠償請求権を自働債権とし請負人の報酬請求権を受働債権としてする相殺と同法五〇八条, 曹時 30巻 9号, 1978, 171).

(2) 학　설

① 긍 정 설

상계적상에 있는 채권에 대한 신뢰보호를 위하여 공평의 원칙에 따라 민법 제508조는 제척기간이 경과한 경우에도 유추적용된다고 한다.[42] 이 판결을 통하여 권리관계를 조속하게 확정하려는 요청과 매수인이나 도급인의 권리보호의 요청을 적정하게 조정할 수 있다고 한다.[43] 권리자가 제척기간이 경과하기 전에 하자의 통지 또는 하자보수청구를 한 경우에만 상계가 가능하다는 견해도 있으나, 그러한 요건을 추가로 부가하지 않는 견해도 있다.[44] 다만 유력설은 판례가 자동채권과 수동채권의 견련관계가 인정되는 경우에 한하여 유추적용을 허용하는 것이라고 지적한다.[45]

② 부 정 설

권리관계를 조속하게 확정하려는 제척기간의 취지에 비추어 민법 제508조는 제척기간의 경우에 유추적용될 수 없다.[46] 소멸시효와 제척기간의 준별론, 제508조의 예외적 규정의 의미를 고려할 때 민법 제508조가 유추적용될 수 없다고 한다.[47]

라. 민법 개정에 따른 해석론

담보책임에 관한 민법 개정이 최고재판소의 판례에 어떠한 영향을

42) 潮見 佳男, 債權総論, 제5판, 2018, 423; 注釈 民法(14), 1966, 제570조, 282(柚木・高木); 新注釈 民法(14), 2018, 제637조, 221(笠井 修); 川井 健, 民法概論 3: 債権総論, 第2版補正版, 2009, 353; 田山 輝明, 債権総論, 제3판, 2011, 255; 柚木 馨, 売主瑕疵担保責任の研究, 1963, 360; 淡路 剛久, 債権総論, 2002, 594.

43) 中井 美雄, 民法637条所定の期間の経過した請負契約の目的物の瑕疵修補に代わる損害賠償請求権を自働債権とし請負人の報酬請求権を受働債権としてする相殺と同法508条, 民商法雑誌 75巻 6号, 1977, 979.

44) 山崎 敏彦, 民法 六三七条所定の期間の経過した請負契約の目的物の瑕疵修補に代わる損害賠償請求権を自働債権とし請負人の報酬請求権を受働債権としてする相殺と同法五〇八条, 法学(東北大学) 42巻 2号, 1979, 244.

45) 平野 裕之, 債権総論, 第2版補正版, 1996, 120; 注解 判例民法, 債権法Ⅰ, 1987, 341(榎本 巧=宮崎 英一); 高木 多喜男, 判評 231号, 1978, 20; 柴田 保幸, 앞의 논문(주 40), 171.

46) 我妻 榮, 債権総論, 新訂版, 1964, 326.

47) 岡松 参太郎, 相殺論, 內外論叢, 3巻 1号, 1904, 63.

미칠 것인지 문제된다. 개정 민법 제566조는 매수인이 목적물에 대한 종류 또는 품질의 부적합성을 통지하지 아니한 경우에 매수인은 매도인에게 하자담보책임을 추궁할 수 없다고 규정하고, 민법 제647조는 도급에 관하여 마찬가지의 규정을 두고 있다.[48] 개정 민법은 하자담보책임에 관한 특별한 기간 제한을 그대로 유지하기로 하였는데, 이는 목적물의 인도로 채무가 이행되었다는 매도인의 신뢰를 보호하고 시간의 경과에 따라 목적물의 부적합성을 판단하기 어렵다는 점에서 법률관계를 조기에 안정하기 위한 것이다.[49] 다만 현행법에서는 담보책임을 묻는 의사를 명확하게 표명하여야 하나, 개정 민법에서는 목적물의 부적합성을 통지하는 것으로 족하다.[50] 민법개정의 취지가 매수인을 보호하기 위하여 현행법을 일부 개선하는 것에 불과하므로 최고재판소의 판례는 그대로 유지될 것으로 보인다.[51]

---

48) 일본 민법의 채권관련규정이 120년 만에 개정되어 2020년 4월 1일부터 시행되고 있다.

<table>
<tr><th>현 행 법</th><th>개 정 법</th></tr>
<tr><td>제566조 제3항
전 2항의 경우에 계약의 해제 또는 손해배상의 청구는 매수인이 사실을 안 때로부터 1년 이내에 행사하지 않으면 안 된다.</td><td rowspan="2">제566조
매도인이 종류 또는 품질에 관하여 계약의 내용에 적합하지 않은 목적물을 매수인에게 인도한 경우에, 매수인이 그 부적합을 안 때로부터 1년 이내에 그 취지를 매도인에게 통지하지 않은 때에는 매수인은 그 부적합을 이유로 하는 이행의 추완의 청구, 대금의 감액의 청구, 손해배상의 청구 및 계약의 해제를 할 수 없다. 다만 매도인이 인도 시에 그 부적합을 알았거나 중대한 과실로 알지 못했을 때에는 그러하지 아니하다.</td></tr>
<tr><td>제570조
매매의 목적물에 숨겨진 하자가 있는 때에는 제566조의 규정을 준용한다. 다만 강제경매의 경우에는 그러하지 아니하다.</td></tr>
</table>

49) 山本 敬三, “売主の「担保責任」に関する日本民法の改正”, 전남대 법학논총(제36권 제1호), (2016), 215면. 다만 하자담보책임에 관하여 채무불이행책임설을 취하여 채무불이행의 일반원칙에 따라 소멸시효의 일반 원칙으로 해결하자는 주장은 법률관계를 조속하게 확정하고자 하는 취지에서 받아들여지지 않았다.

50) 山本 敬三, 앞의 논문(주 49), 215-216면. 개정 민법은 1년의 기간이 단기라는 비판에 대하여는 권리보존의 요건을 완화하는 방식(권리행사→부적합의 통지)으로 해결하고자 하였다(法制審議会民法(債権関係) 部会資料75 A, 23-25).

51) 민법 개정으로 최고재판소의 판례가 유지될 수 없다는 견해도 있다[이동진, 앞의 논문(주 15), 279면].

마. 소 결

판례와 다수설은 소멸시효와 제척기간의 본질적 차이에도 불구하고 민법 제508조의 유추적용을 긍정한다. 다만 최고재판소의 판례를 견련관계 있는 채권 상호간에 한하여 상계를 허용하는 것으로 해석하는 견해가 유력하다. 아울러 권리행사를 하자통지로 변경한 민법개정의 취지가 현행법의 상황을 일부 개선한 것에 불과하므로 최고재판소의 판례는 그대로 유지될 것으로 보인다.

4. 소 결

시효완성된 채권을 자동채권으로 한 상계의 허용 여부는 독일민법의 제정과정에서 상당한 논란이 있었고, 시효제도의 취지와 관련하여 해석론적 논란이 있다. 특히 하자담보책임관계의 조속한 종결을 위하여 하자의 통지가 요구되고 수동채권은 당해 계약으로 인한 채권으로 한정되었으나, 소멸시효기간이 6월에서 2년으로 변경되면서 2가지 제한(통지규정과 수동채권의 제한)이 사라지게 되었다. 하자의 존부와 내용에 관한 분쟁의 특수성을 고려하여 시효완성된 채권을 자동채권으로 한 상계에 대하여 제한을 가하였으나, 통지절차의 포기 및 기간 연장을 통하여 그러한 제한을 포기하였다. 제척기간이 경과한 채권을 자동채권으로 상계할 수 있는지에 관하여 독일은 제척기간의 취지를 강조하여 상계를 부정하고 있는데, 이러한 판단의 근거에는 공평의 원칙보다 법률관계를 조속하게 확정하려는 제척기간의 취지를 강조한 것이다. 다른 한편으로 공평의 원칙에 기하여 상당한 시일이 지난 후에 상계를 허용하는 규정의 예외적 성격에 비추어 유추적용을 엄격하게 판단한 것이다. 하자담보책임에 관한 일본의 판례는 우리의 법상황과 매우 유사하여 상당히 시사적이다. 시효완성된 채권의 상계를 허용하는 규정을 제척기간의 경우에 유추적용하는 발생하는 불합리를 최소화하기 위하여 견련관계 있는 채권 상호간으로 한정하고 있다. 기간준수를 위하여 필요한 행위만을 변경한 개정 민법에 의하여 상계 자체를 배제하는 것으로 보기 어려우므로 제척기간이 경과한 채권을 자동채권으로 한 상계를 허용한 일본 최고재판소의 판례는 그대로 유지될 것으로 보인다.

Ⅳ. 대상판결에 대한 분석

1. 서 설

대상판결은 매수인의 손해배상채권 또는 도급인의 손해배상채권이 각각 상대방의 채권과 상계적상이 있는 경우에 채권·채무관계의 정산 소멸에 대한 신뢰를 보호할 필요가 있다고 지적하고 있을 뿐이므로 자동채권과 수동채권의 견련관계가 요구되지 않는다고 해석할 여지가 있다. 이하에서 제척기간의 경우에 민법 제495조의 유추적용으로 인하여 제기될 수 있는 여러 가지 문제를 차례대로 살펴보기로 한다.

2. 민법 제495조의 성격

민법 제495조는 소멸시효 완성 전에 상계할 수 있었던 경우에는 소멸시효 완성 후에도 상계할 수 있다고 규정한다. 상계가 유효하기 위해서는 상계권을 행사할 때에 상계적상이 요구되나, 자동채권의 소멸시효가 완성된 경우에는 소멸시효 완성 전의 상계적상에 대한 신뢰를 보호하기 위한 예외규정이다. 동 규정은 상대방이 소멸시효를 원용하였느냐에 따라 결론을 달라지지 않는다. 독일의 논의에서 알 수 있는 바와 같이 상계의 방법으로 자신의 권리를 쉽게 행사할 수 있었음에도 불구하고 이를 행사하지 아니한 잘못이 있으며, 시효완성된 채권의 상계를 허용하는 경우 상당한 시간이 흐른 후에 채권의 존부와 내용에 대한 심리를 다시 한다는 점에서 시효제도의 취지에 배치되는 흠이 있다. 더 나아가 자동채권과 수동채권의 견련관계가 요구되지 않는다는 점에서 상계가능성의 범위가 상당히 넓다. 다른 한편으로 채무자가 대금채무를 이행하지 아니한 상황에서 선제적으로 하자에 기한 손해배상청구권을 행사하기는 사실상 어렵다는 측면도 있다. 채권자가 이러한 상황을 악용하여 하자에 기한 손해배상청구권의 제척기간이 경과한 후에 대금을 청구하는 경우에 채무자의 상계를 받아들이지 않고 채권자의 청구를 전부 인용하는 것은 공평의 원칙에 반할 우려가 있다. 결국 민법 제495조는 공평의 원칙과 상계제도의 취지에 근거하여 마련된 예외조항이라는 점에서 민법 제495조의 유추적용 여부 및 유추적용의 범위는 엄격하게 판단되어야 한다.

3. 제척기간과 민법 제495조의 유추적용

가. 제척기간에 대한 규율 양상

제척기간은 재산법상의 권리뿐만 아니라 가족법상의 권리도 규율하고 있으며, 기간준수를 위하여 재판상 청구가 요구되는 경우도 있고 그렇지 않은 경우도 있다. 제척기간별로 법률관계의 조속한 확정의 정도가 상당한 편차를 보인다.[52] 따라서 제척기간이 경과한 채권을 자동채권으로 하여 상계를 허용할 것인지 여부의 판단에 있어서도 절대적 제척기간과 상대적 제척기간의 구분이 유용할 것으로 생각된다.[53] 절대적 제척기간은 제척기간의 준수를 위하여 재판상 청구가 요구되나,[54] 상대적 제척기간은 제척기간의 준수를 위하여 재판상 청구가 요구되지 않는다.[55]

나. 제척기간과 민법 제495조의 유추적용 여부

제척기간이 경과한 채권을 자동채권으로 하는 상계를 민법 제495조

52) 이창현, "제척기간과 사적 자치", 한양대 법학논총(제35집 제2호), (2018. 6.), 139면.

53) 필자는 제척기간과 사적 자치의 원칙의 관계를 규명하는 논문에서 처음으로 절대적 제척기간과 상대적 제척기간의 구분법을 제시하였다[이창현, 앞의 논문(주 52), 133면 이하].

54) 민법상 절대적 제척기간에 해당하는 것으로 제204조 제3항 및 제205조 제3항(점유보호청구권), 제 406조 제2항(채권자취소권), 제591조(환매기간), 제819조 및 제823조(혼인취소청구권), 제839조의2 제3항(재산분할청구권), 제841조 및 제842조(이혼청구권), 제847조(친생부인의 소), 제861조(인지의 취소), 제862조(인지에 대한 이의의 소), 제864조(부모의 사망과 인지청구의 소), 제865조 제2항(친생자관계존부확인의 소), 제891조 내지 제896조(입양 취소 청구권), 제907조(파양 청구권), 제999조(상속회복청구권)가 있다.

55) 민법상 상대적 제척기간에 해당하는 것으로 제146조(취소권), 제250조(도품, 유실물에 대한 반환청구권), 제253조(유실물의 소유권취득), 제254조(매장물의 소유권취득), 제556조 제2항(증여의 해제권), 제573조 및 제575조 제2항(매도인의 담보책임), 제582조(매도인의 하자담보책임), 제617조(사용대차와 손해배상, 비용상환청구), 제670조 및 제671조 제2항(수급인의 담보책임)이 있다.

를 유추적용하여 허용할 것이냐의 문제에 있어 1차적인 걸림돌은 제척기간이 경과한 채권이 상대방이 원용하지 않더라도 곧바로 소멸한다는 점이다. 제척기간이 경과한 채권의 효력에 관한 해석은 법률관계를 조속하게 확정하는 제척기간의 취지를 고려한 것인데, 제척기간의 취지는 상당한 편차를 보인다는 점에서 제척기간이 경과한 채권을 자동채권으로 한 상계를 일률적으로 부정할 수도 없다. 다른 한편으로 제척기간 경과의 효력에 대하여 소급효가 인정되지 않으므로 제척기간이 경과한 채권은 경과시 이후에 소멸하는 것으로 처리된다. 그렇다면 상계가능성에 대한 신뢰가 존재하므로 민법 제495조의 유추적용을 위한 요건을 일응 충족한다고 볼 수 있다. 다만 제척기간이 경과한 채권을 상계의 대상으로 삼는 것은 제척기간의 취지와 충돌할 수 있고, 민법 제495조의 예외조항의 성격에 배치될 수 있다는 점에서 보다 세밀한 검토가 필요하다.[56] 제척기간의 경우에 민법 제495조가 유추적용되기 위하여는 공평과 상계제도의 취지에 부합하여야 하고, 제척기간의 취지를 현저하게 훼손해서는 안 된다. 유력설은 하자의 통지 및 주장을 권리발생요건으로 삼는 제척기간과 변제 기타 만족으로 인한 소멸가능성을 고려한 소멸시효의 취지가 전혀 다르므로 민법 제495조의 유추적용을 부정한다.[57] 그러나 유력설의 주장에 찬성하기 어렵다. 우선 제척기간을 권리발생요건으로 삼고 있다는 전제가 타당한지 의문이다. 하자담보책임은 하자로 인한 손해가 발생한 때에 성립하는 것이고, 주관적 체계에 따라 기산점이 하자의 인식시로 처리되는 것이다. 가령 매수인이 물건의 하자를 안 날로부터 6월 내에 행사할 수 있는데, 6개월의 단기제척기간이라는 점을 고려하여 주관적 체계(하자의 인식)를 채택한 것이다. 아울러 상계의 국면에서 제척기간과 소멸시효의 본질적 차이를 긍정할 수 있을지 의문이다. 제척기간 경과로

---

56) 이하의 라항과 마항에서 보는 바와 같이 절대적 제척기간과 상대적 제척기간의 구분 그리고 상대적 제척기간의 경우 견련관계가 요구될 것인지가 세밀하게 검토되어야 한다.

57) 이동진, 앞의 논문(주 15), 276-277면.

인하여 채권이 곧바로 소멸한다고 하더라도 공평의 원칙에 입각하여 예외적으로 민법 제495조를 유추적용하는 것이 가능할 수 있기 때문이다. 결국 제척기간의 경우에 민법 제495조를 유추적용하는 문제는 당해 제척기간의 취지를 어떻게 파악하느냐에 달려 있다. 제척기간의 취지는 개별적으로 파악하여야 할 것이나, 민법 제495조의 유추적용의 국면에서도 일응 절대적 제척기간과 상대적 제척기간으로 구분하여 검토하는 것이 유용하다.[58)]

다. 절대적 제척기간과 민법 제495조의 유추적용 여부

제척기간의 준수에 재판상 청구가 요구되는 절대적 제척기간의 경우에는 법률관계의 조속한 확정의 정도가 매우 강력하므로 제척기간 경과 후의 상계가 허용되지 않는다. 상법 제881조는 선박충돌로 인한 손해배상청구권의 청구권은 선박충돌일로부터 2년 내에 재판상 청구가 없으면 소멸한다고 규정하고 있는바, 선박충돌로 인한 손해배상청구권은 절대적 제척기간이다. 선박충돌일로부터 2년 내에 재판상 청구가 없으면 손해배상청구권이 소멸하므로 이 권리에 기하여 상계할 수 없다. 따라서 채무자는 선박충돌일로부터 2년 내에 소송상 상계항변을 하여야 한다. 하나의 사건으로 2개의 청구권이 상호 발생하는 상법 제881조의 특수성을 감안하여 일방 당사자가 절대적 제척기간을 준수한 경우에 타방 당사자가 사실심 변론 종결 전에 소송상 상계항변을 하였다면 공평의 원칙에 입각하여 예외를 인정하는 것이 타당하다. 견련관계가 있는 선박충돌사고로 인한 손해배상청구권 상호간에 상계를 인정하더라도 절대적 제척기간의 취지가 크게 훼손된다고 보기 어렵다. 왜냐하면 일방당사자가 제척기간을 준수하였고, 상계가 허용되는 범위가 견련관계 있는 채권으로 한정되기 때문이다. 따라서 원고가 적법하게 선박충돌로 인한 손해배상소송을 제기한 경우 피고가 선박충돌일로부터 2년이 지나 제기된 상계항변을 받아들인 하급법원의 판결례는 타당하다.[59)]

---

58) 이창현, 앞의 논문(주 52), 138면.

59) 이동진, 앞의 논문(주 15), 273면, 각주 32에 의하면 단일 사고로 상호간의 손해

라. 상대적 제척기간과 민법 제495조의 유추적용 여부

제척기간의 준수를 위하여 재판상 청구가 요구되지 않는 상대적 제척기간의 경우 공평의 원칙에 입각하여 견련관계 있는 채권 상호간에 한하여 민법 제495조의 유추적용의 가능성을 열어 두는 것이 타당하다. 견련관계 있는 채권은 동시이행항변권의 당연효에 의하여 상계가능성에 대한 보호가치가 크고 상계가 허용되는 범위가 대폭 제한되므로 제척기간의 취지를 크게 훼손한다고 보기 어렵기 때문이다. 금전채권 사이에서 민법 제495조의 유추적용이 문제되는 국면에서는 상대적 제척기간의 규율대상이 금전채권인 경우로 한정되므로 상대적 제척기간의 규율대상이 형성권인 경우에 비하여 법률관계의 조속한 확정의 정도가 강력한 것은 아니다.[60] 민법 제495조의 유추적용이 될 수 있는 상대적 제척기간의 예로는 담보책임으로 인한 손해배상청구권과 사용대차로 인한 손해배상청구권과 비용상환청구권이 상정될 수 있는데, 이러한 경우들은 모두 견련관계 있는 채권 상호간에 상계를 허용하더라도 법률관계의 조속한 확정의 정도를 크게 해치지 않으면서 공평의 원칙에 부합할 수 있다. 상대적 제척기간 경과 후의 상계를 전면적으로 허용하지 않는다면 제척기간이 적용되는 일방 당사자만 불리하게 취급하는 것이다. 왜냐하면 소멸시효가 적용되는 타방 당사자는 민법 제495조를 원용하여 상계를 주장할 수 있기 때문이다. 따라서 계약당사자의 채권에 대하여 제척기간과 소멸시효가 교차하여 적용되는 경우에 발생하는 불합리를 최소화하기 위하여 공평의 원칙에 비추어 상계를 허용하는 것이 타당하다. 다만 민법 제495조는 공평의 원칙에 입각한 예외조항이므로 민법 제495조의 유추적용으로 인한 불합리를 최소화하기 위하여 견련관계 있는 채권 상호간에 한하여 상계를 허용하는 것이 타당하다. 여기서 견련관계는 쌍무계약상의 고

배상청구권이 문제된 사안이므로 일방의 적법한 권리행사에 대하여 타방의 상계가 허용되어야 한다고 한다.

60) 이에 반하여 제척기간의 규율대상이 형성권인 경우에는 형성권의 행사로 인하여 청구권이 발생하므로 법률관계의 조속한 확정의 정도가 보다 강력하게 요구된다.

유의 대가관계 있는 채무상호간 뿐만 아니라 기능적 견련관계가 인정되는 채무 상호간에도 인정된다.[61] 민법 제495조의 유추적용에 있어 자동채권과 수동채권의 견련관계를 요구하는 것은 동시이행항변권의 당연효에 의하여 상계적상에 대한 보호가치가 크고 상계의 허용범위가 대폭 축소되므로 제척기간의 취지를 크게 훼손하지 않기 때문이다.[62] 다른 한편으로 매수인이나 도급인이 대금을 지급하여 스스로 동시이행의 항변권을 포기한 경우에는 제척기간 내에 권리를 행사하는 것이 제척기간의 취지에 부합하고, 동시이행의 항변권을 포기하여 상계가능성에 대한 보호가치가 작은 상황에서 공평의 원칙에 입각하여 상계를 허용하는 것은 제척기간의 취지에 비추어 타당하지 않다. 판례가 민법 제495조를 유추적용하여 임대인이 보증금반환채권에서 소멸시효가 완성된 차임채권을 공제한 것도 보증금반환채권과 차임채권의 견련관계에서 이해할 수 있다.[63]

마. 하자담보책임에 기한 손해배상청구권과 민법 제495조의 유추적용 여부

하자담보책임에 대하여 단기의 제척기간을 둔 것은 하자로 인한 법률적 분쟁을 조속하게 종결하고자 하는 것이다.[64] 특히 물건의 인도시에

---

61) 대판 2007. 6. 14, 2007다3285(공 2007, 1050); 곽윤직 편집대표, 『민법주해[XIII], 채권(6)』, 박영사(1997), 24면(최병조); 김용담 편집대표, 『주석 민법, 채권각칙(1)(제4판)』, 한국사법행정학회(2016), 356면(한동수).

62) 판례는 민법 제498조의 해석에 있어서도 자동채권과 수동채권의 견련관계를 무겁게 고려하고 있다. 즉, 압류명령이 제3채무자에게 송달되어 압류의 효력이 생긴 후에 자동채권이 발생하였다고 하더라도 자동채권과 수동채권이 동시이행의 관계에 있다면 동시이행항변권의 당연효에 의하여 상계권자는 상대방에 대하여 지체책임을 지지 않으며 자동채권이 발생한 기초가 되는 원인은 수동채권이 압류되기 전에 이미 성립하여 존재하고 있었던 것이므로, 그 자동채권은 민법 제498조의 '지급을 금지하는 명령을 받은 제3채무자가 그 후에 취득한 채권'에 해당하지 않는다고 해석한다[(대판 2010. 3. 25, 2007다35152(공 2010상, 785); 대판 2001. 3. 27, 2000다43819(집 49-1, 민 264)].

63) 판례는 임대차보증금반환채권과 차임채권 상호 간에는 소멸시효 완성 전의 상계적상이라는 요건을 충족하지 아니하여 민법 제495조의 유추적용을 상정하기 어려운 측면을 인정하면서도 보증금을 수수한 당사자의 합리적 의사 및 신뢰 보호를 위하여 민법 제495조의 유추적용을 긍정하였다[대판 2016. 11. 25, 2016다211309(공 2017상, 22)].

64) 곽윤직 편집대표, 『민법주해[XIV], 채권(7)』, 박영사(1997), 557면(남효순); 김용담

하자가 존재하였는지 아니면 사용상의 부주의로 하자가 발생하였는지를 밝히는 것이 시간의 경과에 따라 더욱 어려워진다. 권리행사의 의미에 대하여 판례와 다수설은 권리행사기간이 매우 단기여서 매수인을 보호하기 위하여 권리행사요건을 완화하는 것이 필요하다고 보아 재판외 권리행사로도 충분하다고 해석한다.[65] 따라서 하자담보책임의 제척기간은 상대적 제척기간에 해당한다.[66] 우선 제척기간 경과 전에 상계적상에 있어야 한다. 학설과 판례는 법률관계의 조속한 확정을 위한 제척기간의 취지를 강조하여 당사자의 주장과 관계없이 제척기간이 경과한 채권의 효력을 부정하나, 제척기간이 경과한 채권의 효력은 제척기간이 경과한 때로부터 발생한다.[67] 가령 매매로 인한 하자담보책임의 경우 매도인의 대금채권과 매수인의 하자로 인한 손해배상청구권은 상계적상에 있다가 제척기간의 경과로 인하여 상계적상이 소멸하게 된다. 따라서 상계적상으로 인한 정산소멸에 대한 신뢰가 존재하므로 민법 제495조의 유추적용을 위한 첫 번째 요건은 충족된다. 제척기간 경과 후의 채권의 효력이 당사자의 주장이 없더라도 당연히 소멸된다고 하여 곧바로 상계가 부정된다고 보기는 어렵다. 오히려 매수인이 매매대금을 지급하지 아니한 상황에서 하자로 인한 손해배상청구권이 제척기간의 경과로 소멸한 경우에 매매대금채권과 손해배상채권 상호간의 견련관계로 인하여 동시이행항변권

편집대표, 『주석 민법, 채권각칙(3)(제4판)』, 한국사법행정학회(2016), 213면(김대정); 김용담 편집대표, 『주석 민법, 채권각칙(4)(제4판)』, 한국사법행정학회(2016), 362면(이준형). 도급의 경우에는 매매의 경우보다 기간을 연장하고 하자 입증의 어려움을 감안하여 동산과 부동산 구별하여 도급인의 이익이 고려되었다고 한다.

65) 대판 2003. 6. 27, 2003다20190(공 2003, 1621); 곽윤직 편집대표, 『민법주해[XIV], 채권(7)』, 박영사(1997), 559면(남효순); 김용담 편집대표, 『주석 민법, 채권각칙(3)(제4판)』, 한국사법행정학회(2016), 215-216면(김대정).

66) 외국의 입법례에 의하면 물건의 하자로 인한 손해배상청구권은 소멸시효로 처리되고 있으며 시효 완성 후의 상계가 허용된다는 점을 고려하면 우리법상 물건의 하자로 인한 손해배상청구권이 제척기간으로 규율되고 있다고 하여 상계가능성을 전면적으로 배제하는 것은 타당하지 않다(독일민법 제438조, 스위스채무법 제210조, 오스트리아민법 제933조 등).

67) 김용담 편집대표, 『주석 민법, 총칙(3)(제4판)』, 한국사법행정학회(2010), 499면(이연갑); 이창현, 앞의 논문(주 52), 133면.

의 당연효에 의하여 상계가능성에 대한 보호가치가 크다는 점에서 매도인의 대금청구에 대하여 매수인의 상계를 허용하지 아니하는 것은 공평의 원칙에 배치될 우려가 있다. 다른 한편으로 이미 매매대금을 지급한 매수인은 하자의 인식시로부터 6월을 경과하기 전에 권리를 행사하여야 하고, 동시이행의 항변권을 스스로 포기한 자에게 공평의 원칙에 입각하여 예외적으로 상계를 허용하는 것은 타당하지 않다. 왜냐하면 동시이행의 항변권을 스스로 포기하여 상계가능성에 대한 보호가치가 낮은 경우까지 상계를 허용하는 것은 제척기간의 취지에 배치되기 때문이다.

4. 소멸시효의 중첩적용의 문제

하자로 인한 손해배상청구권이 민법의 규정(제582조, 제670조)에 따라 제척기간의 적용을 받는다고 하더라도 일반적인 소멸시효가 중첩적용되는지에 관하여 이에 관한 대법원 판례가 선고되기 전에는 논의가 세밀하게 전개되지는 않았다.[68] 판례는 숨은 하자(지하에 매립된 폐기물)로 인한 손해배상청구권에 대하여 제척기간에 관한 규정으로 인하여 소멸시효 규정의 적용이 배제된다고 보기 어렵다는 이유로 제척기간과 소멸시효의 중첩 적용을 긍정한다.[69] 이는 제척기간의 규정으로 일반적인 소멸시효규정이 완전히 배제된다고 보기 어렵고 숨은 하자의 경우에 제척기간이 경과되지 않아 장기간 법률관계가 방치될 수 있다는 위험에 대처하기 위하여 소멸시효제도의 중첩 적용이 필요하며, 다른 한편으로 무과실의 하자담보책임이 장기간 존속한다고 하는 것은 매도인 등에게 가혹할 수 있기 때문이다.[70] 명백한 하자의 경우에는 제척기간을 통하여 법률관계 확정의 요청에 충분히 대처할 수 있으므로 소멸시효를 원용할 필요성은 없다.

68) 김현태 교수가 선구적으로 긍정설을 주장하였고[김현태, 『신고 채권법각론』, 일조각(1969), 121면], 최근에 김진우 교수가 부정설을 주장하였을 뿐이다[김진우, "청구권에 관한 제척기간과 소멸시효", 재산법연구(제26권 제3호), (2010. 2.), 22면].

69) 대판 2011. 10. 13, 2011다10266(공2011하, 2339); 대판 2012. 11. 15, 2011다56491(공2012하, 2027).

70) 정승규, "하자담보에 기한 매수인의 손해배상청구권이 소멸시효의 대상이 되는지 여부 및 소멸시효의 기산점", 대법원판례해설(제89호), (2012. 6.), 30면.

왜냐하면 명백한 하자의 경우 제척기간의 경과가 소멸시효의 완성을 앞서기 때문이다. 그렇다면 위 판례는 숨은 하자의 경우에 제척기간과 소멸시효의 중첩적용을 선언한 것으로 해석되어야 한다. 이러한 해석에 의하면 명백한 하자의 경우에는 제척기간의 경과로 인하여 민법 제495조의 유추적용의 문제만이 제기될 수 있다. 이에 반하여 숨은 하자의 경우에는 제척기간과 소멸시효의 중첩 적용으로 인한 문제가 제기될 수 있다. ① 제척기간은 경과하지 않고 소멸시효만 경과한 사안에서는 민법 제495조의 적용이 문제되고, ② 제척기간은 경과하고 소멸시효가 경과하지 않은 사안에서는 민법 제495조의 유추적용이 문제되고, ③ 제척기간과 소멸시효가 모두 경과한 사안에서는 민법 제495조의 적용이 문제된다.

5. 제척기간의 경과 후의 상계와 손해배상액의 감액

원심 법원은 제척기간의 경과 후의 상계라는 사정을 감안하여 손해배상액을 감액하였고, 대법원은 원심 법원의 판단을 긍인하였다. 그러나 예외적으로 엄격한 요건을 충족하여 상계가 허용되는 사안에서 제척기간의 경과라는 사정을 감안하여 손해배상액을 감액하는 것은 타당하지 않다. 공평의 원칙에 입각하여 예외적으로 상계를 허용하는 취지가 반감될 수 있기 때문이다. 하자로 인한 손해배상채권을 증명한 당사자에게 또 다른 불이익을 부과하는 것은 타당하지 않다. 법원이 하자감정결과를 통하여 손해배상액을 확정했음에도 불구하고 하자 경위의 불명확성과 제척기간 경과의 사정을 들어 손해배상액을 50%나 감액한 것은 부당하다.

6. 민법 제451조 제2항과 상계

민법 제451조 제2항은 채권양도인이 양도통지를 한 경우 채무자는 그 통지를 받은 때까지 양도인에 대하여 생긴 사유로써 양수인에게 대항할 수 있다. 채무자가 상계를 하기 위하여 양도통지시에 상계적상의 요건을 갖추어야 하는지에 대하여 학설은 대립한다. 판례와 다수설은 상계적상의 요건을 갖추지 않더라도 채무자의 상계는 허용된다고 한다.[71] 소수설은 양도통지시를 기준으로 상계적상의 요건을 갖추거나 최소한 자동채권의 변제기가 수동채권의 변제기가 같아야 한다고 주장한다.[72] 채권의 동일성이 유지된 채 채권의 귀속만이 변경되는 채권양도에 있어서 채무자의 상계가능성은 그대로 양수인에게 주장할 수 있다고 보아야 한다.[73] 채권자의 양도행위로 인하여 채무자의 상계기대가 침해되어서는 안 되고, 채권양도의 국면에서는 상계의 담보적 기능이 작용할 여지는 없다.[74] 채무자는 양수인에 대하여 민법 제495조를 원용할 수 있는지가 문제된다. 구체적으로 ① 시효완성된 채권을 자동채권으로 하여 상계하거나(민법 제495조의 적용), ② 제척기간이 경과한 채권을 자동채권으로 하여 상계하는 것(민법 제495조의 유추적용)이 문제된다. 채무자는 민법 제451조 제2항에 따라 양도인에 대한 사유로써 민법 제495조를 원용하여 시효완성된 채권을 자동채권으로 상계할 수 있다고 보아야 한다. 채권양도에 의하여 채무자의 법적 지위가 악화되어서는 안되기 때문이다. 아울러 채무자는 민법 제451조 제2항에 따라 양도인에 대한 사유로써 민법 제495조를 유추적용하여 제척기간이 경과한 채권을 자동채권으로 하여 상계할 수 있다고 보아야 한다. 부산고등법원은 잔대금채권을 양도받은 자의 양수금청구에 대하여 수분양자가 제척기간이 경과한 하자보수액 상당의 손해배상채권을 자동채권으로 한 상계를 허용하였는데,[75] 이는 타당하다.

---

71) 대판 2019. 6. 27, 2017다222962(2019하, 1453); 대판 1999. 8. 20, 99다18039(99, 1878); 곽윤직 편집대표, 『민법주해[X], 채권(3)』, 박영사(1995), 593면(이상훈); 곽윤직, 『채권총론(제6판)』, 박영사(2004), 218면.

72) 김용담 편집대표, 『주석 민법, 채권총칙(3)(제4판)』, 한국사법행정학회(2014), 395면(최수정); 홍준호, "지명채권양도에 대한 이의보류 없는 승낙의 효과와 상계항변의 단절 여부", 민사판례연구(23), 박영사(2001), 292면.

73) 독일 민법 제406조 본문은 채무자는 양도인에 대하여 가지는 채권으로 양수인에 대하여도 상계할 수 있다고 규정하는데, 이는 채무자의 법적 지위가 채권양도를 통하여 악화되어서는 안된다는 이념에 기초한 것이라고 한다(Historisch-kritischer Kommentar zum BGB/Zimmermann, Band Ⅱ/2, §§ 387-396. Aufrechnung, 2007, Rn. 42).

74) 이에 반하여 채권압류의 국면에서는 상계의 담보적 기능이 작용하므로 상계기대의 합리성이 요구되므로 상계적상의 요건을 갖추어야 한다.

75) 부산고판 1988. 12. 7, 88나2298(확정)(하집 1988, 55).

7. 상법 제69조와의 관계

상법 제69조는 상인간의 매매에 있어서 목적물에 대한 검사·통지의무를 규정하고 있는데, 이는 민법상 하자담보책임에 대한 특칙이다.[76] 이는 매도인으로 하여금 인도 당시의 목적물의 하자에 대한 조사를 강제하고 전매의 기회를 보장하는 것이며 매도인의 위험으로 매수인이 투기하는 것을 막고자 한 것이다.[77] 하자통지의무를 위반한 경우에는 하자담보책임에 의한 권리가 상실된다.[78] 이러한 책무는 상인인 경우에 한하여 기대될 수 있다고 한다.[79] 매수인이 귀책사유 없이 즉시 또는 6월 내에 하자를 발견하여 통지하지 못한 경우에도 상법 제69조가 적용된다는 점에서 상사매매를 신속하게 종결하려는 취지는 매우 강력하다.[80] 따라서 매도인의 대금청구에 대하여 하자를 통지하지 아니한 매수인이 하자에 기한 손해배상청구권으로 상계하는 것은 인정되지 않는다. 그러나 상사

---

76) 곽윤직 편집대표, 『민법주해[XIV], 채권(7)』, 박영사(1997), 560면(남효순); 김용담 편집대표, 『주석 민법, 채권각칙(3)(제4판)』, 한국사법행정학회(2016), 217면(김대정); 정동윤 편집대표, 『주석 상법, 총칙·상행위(1)(제4판)』, 한국사법행정학회(2013), 448면(김연미). 상법 제69조는 독일 상법 제377조를 참조하여 제정되었다. 독일 상법 제377조는 상인간의 매매가 아니더라도 송부매매에 대하여 적용되는 보통독일상법전(ADHGB) 제347조에서 유래하는데, 상법 제377조는 상인간의 매매로 한정하면서 매매의 유형을 '송부매매(Versendungskauf)'로 제한하지 않았다(Huber, Wandlungen im Recht des Handelskaufs, ZHR 161, 1997, S. 184).

77) 대판 1987. 7. 21, 86다카2446(집 35-2, 민 289); 정동윤 편집대표, 『주석 상법, 총칙·상행위(1)(제4판)』, 한국사법행정학회(2013), 448면(김연미).

78) 정동윤 편집대표, 『주석 상법, 총칙·상행위(1)(제4판)』, 한국사법행정학회(2013), 451면(김연미); 진상범, "상법 제69조 제1항이 불완전이행으로 인한 손해배상청구에 적용되는지 여부", 대법원판례해설(제103호), (2015. 12.), 87면, 각주 4). 상법 제69조의 연원이 되는 독일상법 제377조의 해석론도 마찬가지이다. 하자를 통지하지 않으면 목적물이 적합한 것으로 승인한 것이 되므로 하자담보책임에 기한 권리가 인정되지 않는다(MunchKommHGB/Grunewald, 4. Aufl. 2018, § 377, Rn. 97).

79) MunchKommHGB/Grunewald, 4. Aufl. 2018, § 377, Rn. 3. 독일민법 제정과정에서도 보통독일상법전 제347조에 상응하는 규율을 도입하는 것에 대하여 논의되었으나, 결국 하자통지의무를 민법에 규율하는 것은 거부되었다(Protokolle der Kommission für die zweite Lesung des Entwurfs des BGB, Band Ⅰ, 1897, S. 691).

80) 대판 1999. 1. 29, 98다1584(공 1999, 364); 정동윤 편집대표, 『주석 상법, 총칙·상행위(1)(제4판)』, 한국사법행정학회(2013), 452면(김연미).

매매의 경우에 한하여 매수인에게 하자를 통지할 책무를 인정한 것이므로 다른 한편으로 민법상의 하자담보책임에 있어서 매수인이나 도급인에게 하자를 통지할 책무를 인정하기 어렵다. 결국 매수인과 도급인의 상계권은 공평의 원칙에 근거하여 제척기간의 경과 후에도 견련관계 있는 채권 상호간에 인정되어야 한다.

8. 소 결

민법 제495조는 공평의 원칙에 입각한 예외조항이므로 엄격해석이 요구되는데, 제척기간의 경우에 민법 제495조의 유추적용 여부는 보다 어려운 문제를 제기한다. 왜냐하면 제척기간은 다양한 권리를 다양한 방식으로 규율하고 있어 일률적으로 판단하기 어렵기 때문이다. 민법 제495조의 유추적용의 국면에서도 절대적 제척기간과 상대적 제척기간의 구분법이 유용하다. 제척기간의 준수를 위하여 재판상 청구가 요구되는 절대적 제척기간의 경우에는 민법 제495조의 유추적용이 허용되지 않는 것이 원칙이다. 다만 상법 제881조의 경우에는 선박충돌로 인하여 2개의 청구권이 발생하는 특수성이 있으므로 일방 당사자가 절대적 제척기간을 준수하여 소송이 계속 중인 경우에는 타방 당사자의 소송상 상계항변은 공평의 원칙에 비추어 허용되어야 한다. 제척기간의 준수를 위하여 재판상 청구가 요구되지 않는 상대적 제척기간의 경우에는 견련관계가 있는 채권 상호간에 한하여 민법 제495조의 유추적용이 허용되어야 한다. 동시이행항변권의 당연효에 의하여 상계가능성에 대한 보호가치가 큰 견련관계가 있는 채권 상호간에 한하여 민법 제495조를 유추적용한다면 제척기간의 취지가 크게 훼손되지 않을 것이다. 민법 제495조의 유추적용이 고려될 수 있는 상대적 제척기간은 금전채권이 문제되는 담보책임사안과 사용대차(민법 제617조)의 경우로 한정될 것이다. 제척기간 경과라는 사정을 하자에 기한 손해배상채권을 산정함에 있어 고려되어서는 안 된다. 왜냐하면 하자로 인한 손해배상청구권을 증명한 당사자에게 또 다른 불이익을 부과하는 것이며, 이는 공평의 원칙에 입각하여 상계를 허용하는 취지를 반감시킬 수 있기 때문이다. 채무자는 제척기간이 경과한 채권을 자동채권으로 하는 상계를 양수인에 대하여도 주장할 수 있다. 왜냐하면 채권의 동일성이 유지된 채 채권의 귀속이 변경되는 채권의 양도에 있어서 양도인과 양수인의 계약에 의하여 채무자의 법적 지위를 악화해서는 안 되기 때문이다.

V. 결 론

대상판결은 하자담보책임의 제척기간이 경과한 손해배상채권을 자동채권으로 한 상계를 허용한 최초의 대법원 판결이라는 점에서 커다란 의미를 가진다. 그러나 다양한 권리를 다양한 방식으로 규율하는 제척기간의 양상과 상계제도의 취지와 공평의 원칙에 근거하여 예외적으로 허용된 민법 제495조의 성격에 비추어 민법 제495조의 유추적용 여부의 판단에 있어 신중한 접근이 요구된다. 본 논문에서는 절대적 제척기간과 상대적 제척기간으로 구분하여 민법 제495조의 유추적용 여부를 검토하였다. 제척기간의 준수를 위하여 재판상 청구가 요구되는 절대적 제척기간의 경우에는 민법 제495조가 유추적용되지 않는다. 따라서 채무자는 제척기간 내에 소송상 상계항변을 하여야 한다. 다만 상법 제881조와 같이 일방 당사자가 제척기간을 준수하여 소송계속이 있는 경우에는 타방 당사자가 예외적으로 제척기간이 경과한 후에도 소송상 상계항변을 할 수 있다고 하는 것이 공평의 원칙에 부합한다. 제척기간의 준수를 위하여 재판상 청구가 요구되지 않는 상대적 제척기간에 있어서는 상계가능성에 대한 보호가치가 큰 견련관계가 인정되는 채권 상호 간에 한하여 민법 제495조의 유추적용을 허용되어야 한다. 그렇게 해석한다면 민법 제495조의 유추적용의 범위가 상당히 제한되어 제척기간의 취지가 크게 훼손되지 않기 때문이다. 금전채권 사이에서 민법 제495조의 유추적용이 문제되는 국면을 고려한다면 상대적 제척기간인 사용대차로 인한 손해배상청구권과 비용상환청구권(민법 제617조)의 경우에도 마찬가지로 해석되어야 한다. 상사매매의 경우에 한하여 매수인에게 하자를 통지할 책무를 인정한 것이므로 민법상의 하자담보책임에 있어서 매수인이나 도급인에게 하자를 통지할 책무를 인정하기 어렵고 매수인과 도급인의 상계권은 공평의 원칙에 근거하여 상대적 제척기간의 경과 후에도 인정되어야 한다. 대상판결의 이유에 의하면 수동채권이 자동채권과 견련관계 있는 것으로 제한되지 않았으므로 민법 제495조의 유추적용의 범위가 명확하지 않다. 향후 대법원 판례를 통하여 자동채권과 수동채권의 견련관계가 인정되는 경우에 한하여 상계가 허용되는 것으로 명확하게 정리되어야 한다. 하자로 인한 손해배상채권을 확정함에 있어 제척기간 경과 후의 상계라는 사정을 고려한 것은 잘못이다. 하자로 인한 손해배상채권을 증명한 당사자에게 또 다른 불이익을 부과하는 것이고 공평의 원칙에 입각하여 상계를 허용하는 취지가 반감될 것이기 때문이다. 채무자가 상대적 제척기간이 경과한 채권을 자동채권으로 하는 상계를 양수인에게 주장할 수 있다. 왜냐하면 채무자의 법적 지위(상계가능성)가 채권양도를 통하여 악화되어서는 안 되기 때문이다. 민법 제451조 제2항의 대항 사유에 민법 제495조의 유추적용도 포함되어야 한다.

[Abstract]

Die Aufrechenbarkeit mit Forderungen nach Ausschlussfristablauf

－Oberstes Gericht 14. 3. 2019, 2018da255648 Urteil－

Lee, Chang Hyun*

§ 495 KBGB ist aus Gründen der Billigkeit und Zweckmäßigkeit eingefügt worden, was den Verjährungszwecken insofern zuwiderläuft, als die Prüfung der Gegenforderung mit erheblicher Zeit verbunden ist. Es besteht die Gefahr, dass die analoge Anwendung des § 495 KBGB zuwiderlaufen den Ausschlussfristszwecke würde. Bei der Aufrechenbarkeit des Gewährleistungsanspruchs nach Ausschlussfristablauf, die Klassifizierung zwischen eine absolute Ausschlussfrist und relative Ausschlussfrist ist sinnvoll. Im Fall der absoluten Ausschlussfrist, für die eine Klageerhebung erforderlich ist, um die Einhaltung der Frist zu gewährleisten, ist die analoge Anwendung des § 495 KBGB unzulässig. Wenn eine Partei gemäß § 881 KHGB eine Klage einreicht, kann die andere Partei ausnahmsweise auch nach Ausschlussfristablauf Prozeßaufrechnung einreichen. Für den Fall der relativen Ausschlussfrist, für die keine Klage erforderlich ist, um die Einhaltung der Frist zu gewährleisten, ist die analoge Anwendung des § 495 KBGB zulässig. Wenn die analoge Anwendung nur bei konnexen Foderungen zulässig ist, die Ausschlussfristszwecke wird nicht wesentlich beeinträchtigt. Da die Gewährleistungsfrist ist eine relative Ausschlussfrist, der abgelaufene Schadensersatzanspruch nur gegen konnexen Foderungen aufgerechnet werden kann. Der Oberste Gerichtshof hat die Aufrechenbarkeit nicht auf auf konnexen Foderungen begrenzt und dies sol-

* Professor, Sogang University School of Law.

lte durch zukünftige Fälle des Obersten Gerichtshofs geklärt werden. Bei Berechnung des Schadenersatzes, ein Umstand des Ausschlussfristablaufs ist nicht zu berücksichtigen. Im Falle einer Abtretung der Schuldner dem Zessionar gegenüber mit dem abgelaufenen Schadensersatzanspruch gegen Zedenten aufrechnen kann. Sie beruht auf dem Gedanken, dass die Rechtstellung des Schuldners durch Abtretung nicht verschlechtert werden soll.

[Key word]

- Ausschlussfrist
- die analoge Anwendung des § 495 KBGB
- Billigkeit
- Aufrechnung
- Konnexität

참고문헌

1. 국내문헌

[단 행 본]

곽윤직, 『채권총론(제6판)』, 박영사(2004).
곽윤직 편집대표, 『민법주해[Ⅲ], 총칙(3)』, 박영사(1992).
______, 『민법주해[Ⅹ], 채권(3)』, 박영사(1995).
______, 『민법주해[XI], 채권(4)』, 박영사(1995).
______, 『민법주해[XⅢ], 채권(6)』, 박영사(1997).
______, 『민법주해[XⅣ], 채권(7)』, 박영사(1997).
김기환, 『상계』, 서울대학교 법학연구총서 74, 경인문화사(2018).
김상용, 『채권총론(제2판)』, 화산미디어(2014).
김용담 편집대표, 『주석 민법, 총칙(3)(제4판)』, 한국사법행정학회(2010).
______, 『주석 민법, 채권총칙(3)(제4판)』, 한국사법행정학회(2014).
______, 편집대표, 『주석 민법, 채권총칙(4)(제4판)』, 한국사법행정학회(2014).
______, 편집대표, 『주석 민법, 채권각칙(1)(제4판)』, 한국사법행정학회(2016).
______, 편집대표, 『주석 민법, 채권각칙(3)(제4판)』, 한국사법행정학회(2016).
______, 편집대표, 『주석 민법, 채권각칙(4)(제4판)』, 한국사법행정학회(2016).
김준호, 『채권법(제10판)』, 법문사(2019).
김증한/김학동, 『채권총론(제6판)』, 박영사(2007).
김현태, 신고 채권법각론, 일조각(1969).
민의원 법제사법위원회, 『민법안심의록 상권』, (1957).
송덕수, 『채권법총론(제4판)』, 박영사(2018).
양창수/김재형, 『계약법(제2판)』, 박영사(2016).
이은영, 『채권총론(제4판)』, 박영사(2009).
정동윤 편집대표, 『주석 상법, 총칙 · 상행위(1)(제4판)』, 한국사법행정학회(2013).
______, 『주석 상법, 해상(제2판)』, 한국사법행정학회(2015).

[논　　문]

강재철, “아파트 하자발생에 따른 하자담보책임”, 부동산소송 실무자료(제4

집), (2010).

김진우, "청구권에 관한 제척기간과 소멸시효", 재산법연구(제26권 제3호), (2010. 2.).

박영규, "사법상의 권리행사기간-소멸시효기간과 제척기간을 둘러싼 몇 가지 쟁점들", 민사법학(18), (2000).

손태원, "소멸시효가 완성된 차임채권과 임대차보증금반환채권 사이의 상계 내지 공제 가부", 민사판례연구(40), 박영사(2018).

윤인태, "집합건물 분양자의 하자담보책임", 판례연구(12), (2001).

이동진, "하자담보책임의 제척기간이 도과한 뒤 한 상계의 효력", 법조(통권 제736호), (2019. 8.).

이상태, "수급인의 담보책임론", 이영준 화갑기념 논문집, (2001).

이창현, "제척기간과 사적 자치", 한양대 법학논총(제35집 제2호), (2018. 6.).

장재현, "상계에서의 몇 가지 문제", 경북대 법학논고(제28집), (2008. 6).

정승규, "하자담보에 기한 매수인의 손해배상청구권이 소멸시효의 대상이 되는지 여부 및 소멸시효의 기산점", 대법원판례해설(제89호), (2012. 6.).

진상범, "상법 제69조 제1항이 불완전이행으로 인한 손해배상청구에 적용되는지 여부", 대법원판례해설(제103호), (2015. 12.).

홍준호, "지명채권양도에 대한 이의보류 없는 승낙의 효과와 상계항변의 단절 여부", 민사판례연구(23), 박영사(2001).

2. 외국문헌

[단 행 본]

我妻 榮, 債權総論, 新訂版, 1964.

淡路 剛久, 債権総論, 2002.

川井 健, 民法概論 3: 債権総論, 第2版補正版, 2009.

潮見 佳男, 債権総論, 제5판, 2018.

新注釈 民法(14), 2018, 제637조(笠井 修).

注釈 民法(14), 1966, 제570조(柚木 · 高木).

注解 判例民法, 債権法 I, 1987, 제508조(榎本 巧=宮崎 英一).

田山 輝明, 債権総論, 제3판, 2011.

平野 裕之, 債権総論, 第2版補正版, 1996.

廣中 俊雄 編, 民法修正案(前三編)の理由書, 1987.

柚木 馨, 売主瑕疵担保責任の研究, 1963.

Bamberger/Roth/Faust, Kommentar zum Bürgerlichen Gesetzbuch, 3. Aufl. 2012, § 438.

Gernhuber, Die Erfüllung und ihre Surrogate, 2. Aufl. 1994.

Historisch-kritischer Kommentar zum BGB/Zimmermann, Band Ⅱ/2, 2007.

v. Kübel, Vorentwürfe der Redaktoren zum BGB, Schuldrecht Ⅰ, 1980.

Larenz, Lehrbuch des Schuldrechts, Band Ⅱ/1, 13. Aufl, 1986.

Matthiessen, Arbeitsvertragliche Ausschlussfristen, 2007.

Motive zu dem Entwurfe eines Bürgerlichen Gesetzbuches für das Deutsche Reich, Band Ⅱ, 1888.

Mugdan, Die gesamten Materialien zum BGB für das deutsche Reich, Band Ⅰ, 1899.

______, Die gesamten Materialien zum BGB für das deutsche Reich, Band Ⅱ, 1899.

MunchKommBGB/Gorthe, 8. Aufl. 2018, § 215.

MunchKommHGB/Grunewald, 4. Aufl. 2018, § 377.

Planck/Siber, BGB, 4. Aufl. 1914, § 390.

Protokolle der Kommission für die zweite Lesung des Entwurfs des BGB, Band Ⅰ, 1897.

RGRK-BGB/Weber, 12. Aufl. 1976, § 390.

Staudinger/Gursky, 2000, § 390.

Staudinger/Honsell, 13. Aufl. 1995, § 478.

Staudinger/Matusche-Beckmann, 2014, § 438.

Staudinger/Peters/Jacoby, 2014, § 215.

[논 문]

岡松 参太郎, 相殺論, 内外論叢, 3巻 1号, 1904.

坂本 武憲, 民法六三七条の期間経過後の請負契約上の債権の相殺と民法五〇八条の類推適用, ジュリスト別冊 78号, 1982.

柴田 保幸, 民法六三七条所定の期間の経過した請負契約の目的物の瑕疵修補に代わる損害賠償請求権を自働債権とし請負人の報酬請求権を受働債権としてする相殺と同法五〇八条, 曹時 30巻 9号, 1978.
高木 多喜男, 判評 231号(判時 880号), 1978.
中井 美雄, 民法637条所定の期間の経過した請負契約の目的物の瑕疵修補に代わる損害賠償請求権を自働債権とし請負人の報酬請求権を受働債権としてする相殺と同法508条, 民商法雑誌 75巻 6号, 1977.
山崎 敏彦, 民法 六三七条所定の期間の経過した請負契約の目的物の瑕疵修補に代わる損害賠償請求権を自働債権とし請負人の報酬請求権を受働債権としてする相殺と同法五〇八条, 法学(東北大学) 42巻 2号, 1979.
山本 敬三, "売主の「担保責任」に関する日本民法の改正", 전남대 법학논총 제36권 제1호, 2016.

Bötticher, Die "Selbstexekution" im Wege der Aufrechnung und die Sicherungsfunktion des Aufrechnungsrechts, Festschrift für Schima, 1969.
P. Bydlinski, Aufrechnung mit verjährten Forderungen, AcP 196, 1996.
Diekhoff, Aufrechnung mit Forderungen noch nach Ablauf einer tarifvertraglichen Ausschlußfrist?, BB 1958.
Grunsky, Ausschlußfristen und Verjährung, Festschrift für Kissel, 1994.
Huber, Wandlungen im Recht des Handelskaufs, ZHR 161, 1997.
v. Olshausen, Einrede-und Aufrechungsbefugnisse bei verjährten Sachmängelansprüchen, JZ 2002.
Stahlhacke, Aufrechnung und tarifliche Verfallfristen, BB 1967.

[기타 자료]
法制審議会民法(債権関係) 部会資料 75A.
民法(債権関係)の改正に関する中間試案の補足説明, 2013.

Bundestag-Drucksache 14/6040.

임대주택의 보증금반환채권에 대하여 압류 및 추심명령이 있는 경우 임대차계약의 갱신에 관한 문제*

노 재 호**

■요 지■

대상판결은 국민임대주택에 관한 임대차 사안에서, 임차인의 보증금반환채권에 대하여 임차인의 채권자가 압류 및 추심명령을 얻어 임대인에게 보증금의 반환을 청구하였더라도, 임대인은 임대의무기간의 범위에서는 임차인의 임대차계약 갱신 요구를 거절할 수 없다고 판단하였다. 그리고 여기에는 임대차계약의 갱신으로 추심채권자에게 대항할 수 있다는 취지가 함축되어 있다.

임대인의 갱신 거절에 제한이 없는 일반적인 임대차계약에 관하여는, 대법원 1989. 4. 25. 선고 88다카4253, 4260 판결에 따라 보증금반환채권이 양도된 경우 그 통지가 있은 후의 임대차계약 갱신으로 양수인에게 대항할 수 없다는 법리가 확립되어 있다. 이는 양수인의 정당한 신뢰를 보호하기 위한 것으로서 여전히 타당하다. 그리고 이러한 법리는 보증금반환채권을 목적으로 질권이 설정된 경우에도 마찬가지이고, 보증금반환채권에 대하여 압류 및 추심·전부명령이 있는 경우에도 압류의 처분금지효력에 따라 같은 결론이

---

* 필자는 민사판례연구회 2020년 11월 월례회에서 이 글의 초고를 발표한 후 대법원 민사집행법연구회 2020년도 세미나에서 같은 내용으로 발표를 하였다. 이 글에서는 지면관계상 기존의 발표문 일부를 삭제하거나 요약하였는데, 보다 상세한 내용은 민사집행법연구회 발표문이 게재된 법원도서관 간행 재판자료집 제141집(민사집행법실무연구)을 참조하기 바란다.

** 광주지방법원 부장판사.

도출된다.

하지만 임대주택, 그중에서도 특히 공공성이 높은 영구임대주택, 국민임대주택 등의 경우에는 달리 보아야 한다. 임대주택에 관한 임대차는 일반적인 임대차와 달리 임대의무기간 동안 임차권의 존속이 보장되어 있으므로 그 보증금반환채권에는 임대차계약이 갱신될 수 있다는 제한이 내재되어 있다고 할 것이고, 이러한 보증금반환채권에 대하여 채권양도, 질권설정, 압류 및 추심·전부명령 등 이해관계를 맺는 제3자는 임대차계약의 갱신을 충분히 예상하였다고 보아야 하기 때문이다. 이러한 해석이 국민의 주거권을 보장하기 위한 임대주택 관련 법령의 입법취지에도 부합한다. 따라서 대상판결의 태도는 타당하다고 생각한다.

다만 중산층을 포괄하는 보편적 주거 복지 개념으로 공공임대주택의 목적이 확장되는 등 임대주택의 유형이 점점 다양해지고 있는 상황에서, 대상판결의 태도가 공공성이 비교적 낮은 다른 임대주택, 나아가 임차인의 계약갱신요구권이 인정되고 있는 '임대주택이 아닌 주택'의 임대차나 '상가건물'의 임대차에도 적용될 수 있는지는 앞으로 보다 심도 있는 연구가 필요하다.

[주 제 어]
- 가압류의 처분제한효력
- 기초적 계약관계에 관한 처분
- 임대인의 갱신거절 제한
- 임대주택, 임대차계약의 갱신
- 임대차보증금반환채권의 양도
- 임차권의 존속보장, 압류의 처분금지효력
- 주거권

대상판결 : 대법원 2020. 5. 28. 선고 2020다202371 판결

[대상판결의 내용]

1. 사안의 개요

가. 원고(=한국토지주택공사)는 2014. 12. 31. 피고와 다음과 같이 구 임대주택법(2015. 8. 28. 법률 제13499호로 「민간임대주택에 관한 특별법」으로 전부개정되기 전의 것, 다음부터 대상판결에 관하여 서술할 때는 같다)상 공공건설임대주택(그중 국민임대주택,[1] 임대의무기간 30년)인 아파트(다음부터 '이 사건 아파트'라 함)를 임대하는 임대차계약을 체결하고(다음부터 '이 사건 임대차계약'이라 함), 같은 날 피고에게 이 사건 아파트를 인도하였다.

○ 임대차 목적물: 광주 북구 주공아파트 ㅁㅁㅁ동 △△△△호(상세주소 생략)

○ 임대차 보증금: 24,446,000원 ○ 월 임대료: 81,520원

○ 임대차 기간: 2015. 1. 1.부터 2016. 12. 31.까지

나. 원고와 피고는 이 사건 임대차계약을 체결하면서 구 임대주택법 제32조에 따라 같은 법 시행규칙(2015. 12. 29. 국토교통부령 제270호로 「민간임대주택에 관한 특별법 시행규칙」으로 전부개정되기 전의 것) 제21조, 별지 제20호 서식이 정한 표준임대차계약서 서식을 참조하여 다음과 같은 내용이 포함된 임대차계약서를 작성하였다.

5. 계약일반조건

제10조(임대차계약의 해제 및 해지)

① 임차인이 아래 각 호에 해당하는 행위를 한 경우에는 임대인은 이 계약을 해제 또는 해지하거나 임대차계약의 갱신을 거절할 수 있다.

1. 거짓이나 그 밖의 부정한 방법으로 임대주택을 임대받은 경우
2. 임대주택법 제19조를 위반하여 임대주택의 임차권을 타인에게 양도하거나 임대주택을 전대한 경우
3. 임대차계약기간이 시작된 날부터 3개월 이내에 입주하지 않은 경우. 다만, 임대사업자의 귀책사유로 입주가 지연된 경우에는 그러하지 아니하다.
4. 임대료를 3개월 이상 연속하여 연체한 경우

---

1) 구 임대주택법상 국민임대주택이란 국가·지방자치단체·한국토지주택공사 또는 지방공사가 건설하는 건설임대주택 중 국가나 지방자치단체의 재정과 주택도시기금의 자금을 지원받아 건설되는 임대주택(임대의무기간 30년)을 말한다[구 주택공급에 관한 규칙(2015. 12. 29. 국토교통부령 제268호로 전부개정되기 전의 것) 제32조 제1항]. 현행 공공주택 특별법상 국민임대주택도 같다.

5. 임대주택 및 그 부대시설을 임대사업자의 동의를 받지 않고 개축·증축 또는 변경하거나 본래의 용도가 아닌 용도로 사용하는 경우
6. 임대주택 및 그 부대시설을 고의로 파손 또는 멸실한 경우
7. 주택법 제16조에 따라 사업계획의 승인을 받아 건설한 공공건설임대주택의 임대차 계약기간 중 다른 주택을 소유하게 된 경우. 다만, 상속·판결 또는 혼인 등 그 밖의 부득이한 사유로 다른 주택을 소유하게 되어 부적격자로 통보받은 날부터 6개월 이내에 해당 주택을 처분하는 경우와 해당 임대주택의 입주자 모집 당시 입주자를 선정하고 남은 임대주택의 임차권을 선착순의 방법으로 취득한 경우는 제외한다.
8. 임차인이 해당 주택에서 퇴거하거나 다른 임대주택에 당첨되어 입주하는 경우
9. 그 밖에 이 임대차계약서상 의무를 위반한 경우

6. 계약특수조건

제1조(임대차계약의 갱신)

① 임대인은 국민임대주택의 입주자격(무주택세대구성원, 자산보유기준, 소득기준, 단독세대주의 주택규모 제한 등)을 유지하고 있는 임차인과 2년 단위로 임대차계약을 갱신할 수 있다. 이 경우 임차인은 임대인이 정한 임대보증금 및 임대료 등의 임대조건을 수락하고 임대차계약 기간 종료일 1개월 전까지 임대인에게 임대차계약 갱신의사를 통보하여야 한다.

다. 파산채무자 주식회사 A저축은행의 파산관재인 예금보험공사는 피고에 대한 집행력 있는 판결 정본에 기초하여 2015. 11. 13. 광주지방법원 2015타채 32694 사건으로 피고가 원고에 대하여 가지는 임대차보증금반환채권에 관하여 압류 및 추심명령을 받았고, 위 결정 정본이 2015. 11. 16. 제3채무자인 원고에게 송달되었다. 예금보험공사는 2016. 1. 22. 원고에게 위 채권압류 및 추심명령을 이유로 앞으로 이 사건 임대차계약을 갱신하지 말도록 요청하였다.

라. 이 사건 임대차계약 기간은 2016. 12. 31.까지인데, 그 이전부터 피고는 여러 차례 원고에게 임대차계약 갱신을 요구하였으나 원고가 이를 거절하였다.

마. 2018. 7. 무렵 원고는 피고에게 '갱신계약 부적격 등의 사유로 임대차계약이 해지되었으니 이 사건 아파트를 인도하라'는 통지를 한 후, 피고를 상대로 이 사건 아파트의 인도를 구하는 소를 제기하였다.

2. 당사자들의 주장

가. 원고의 주장 요지

예금보험공사가 피고의 원고에 대한 임대차보증금반환채권에 관하여 압류 및 추심명령을 받은 채권자로서 원고에게 피고와 사이의 이 사건 임대차

계약에 관하여 갱신 중지 요청을 한 이상, 원고는 임대차계약 갱신으로 예금보험공사에 대항할 수 없다. 그렇다면, 이 사건 임대차계약은 2016. 12. 31. 기간만료로 종료되었으므로, 피고는 원고에게 임대차계약 목적물인 이 사건 아파트를 인도할 의무가 있다.

나. 피고의 주장 요지

피고는 원고에게 이 사건 임대차계약의 갱신을 요구하였고, 원고가 주장하는 사유는 갱신거절의 정당한 사유가 될 수 없으므로, 이 사건 임대차계약은 종전과 동일한 조건으로 갱신되어 유효하게 존속한다.

3. 제1심 및 항소심 법원의 판단(=원고 청구 기각, 항소 기각)

제1심은 원고의 청구를 기각하였고, 항소심도 다음과 같은 이유로 원고와 피고 사이의 이 사건 임대차계약은 갱신되었다고 판단하고, 원고의 청구는 이유 없다고 하여 원고의 항소를 기각하였다.

① 대법원 2005. 4. 29. 선고 2005다8002 판결에 의하면 구 임대주택법의 적용을 받는 임대주택에 관해서는 표준임대차계약서 제10조 제1항 각 호 중 하나에 해당하는 사유가 있는 경우라야 임대인이 그 임대차계약을 해지하거나 임대차계약의 갱신을 거절할 수 있다. 원고가 주장하는 사유는 표준임대차계약서(=이 사건 임대차계약서 5. 계약일반조건) 제10조 제1항에 정해진 임대인이 갱신을 거절할 수 있는 사유에 해당하지 아니함이 명백하므로, 원고는 이를 이유로 임대차계약 갱신을 거절할 수 없다.

② 이 사건 아파트는 공공건설임대주택으로서 원고는 30년의 임대의무기간이 지나기 전에는 매각할 수 없고(구 임대주택법 제16조 제1항 제2호), 계약일반조건 제10조 제1항에 해당하는 사유가 없는 이상 임대차계약 갱신을 거절할 수 없다. 이에 따라 피고는 국민임대주택의 입주자격을 유지한 상태에서 위와 같이 정해진 갱신거절 사유가 없는 이상 임대차계약의 갱신을 주장할 수 있었다. 이러한 임대주택에 관한 임대차계약 갱신의 특수성에 따른 임대차계약기간, 국민의 주거생활 안정을 목적으로 하는 임대주택법의 취지 등을 고려할 때, 임대주택에 관한 보증금반환채권에 관하여 압류 및 추심명령을 받은 예금보험공사 역시 계약기간이 단기로 정해진 일반적인 임대차계약과 달리 갱신거절사유가 없는 한 임대의무기간 내에서 임대차계약이 2년마다 갱신되는 것을 전제로 한 계약에 따른 임대차보증금반환채권에 관하여 추

심권한을 부여받은 것으로 보아야 한다.

4. 원고의 상고 이유

원고의 갱신거절은 다음과 같은 이유로 정당하므로 이 사건 임대차계약은 2016. 12. 31. 기간만료로 종료되었다고 보아야 한다.

① 원심이 인용한 대법원 2005. 4. 29. 선고 2005다8002 판결에 따르더라도, '특별한 사정이 있는 경우'에는 표준임대차계약서 제10조 제1항 각 호의 사유가 없더라도 임대차계약의 갱신을 거절할 수 있다. 예금보험공사가 피고의 임대차보증금반환채권에 관하여 압류 및 추심명령을 받은 다음 이 사건 임대차계약의 갱신 중지를 요청하였다는 사유는 '특별한 사정'에 해당한다.

② 피고의 임대차보증금반환채권에 관하여 압류 및 추심명령이 있었다는 사정만으로 이 사건 임대차계약이 갱신되지 않는 것은 아니지만, 그 집행채권자가 갱신의 중지를 요청한 경우에는 원고와 피고가 갱신을 이유로 집행채권자에게 대항하지 못하므로, 이 사건 임대차계약은 갱신되지 않았다고 보아야 한다.

③ 원심의 결론대로라면, 금융기관이 임대주택에 관한 보증금반환채권을 담보로 대출을 꺼리게 되므로, 오히려 임대주택 임차인들이 대출을 잘 받지 못하는 피해를 입게 될 우려가 있다.

5. 대법원의 판단(= 원고 상고 기각)

대법원은 다음과 같은 이유로 원심의 판단에 상고이유 주장과 같이 임대차계약 갱신에 관한 법리를 오해한 잘못이 없다고 판단하고 원고의 상고를 기각하였다.

가. 구 임대주택법 제32조 제1, 3항에 의하면 임대주택에 대한 임대차계약을 체결하려는 자는 국토교통부령으로 정하는 표준임대차계약서를 사용하여야 하고, 임대사업자와 임차인은 위 표준임대차계약서를 사용하여 체결된 임대차계약을 지켜야 한다. 위 조항에 따라 제정된 표준임대차계약서(같은 법 시행규칙 제21조, 서식 제20호) 제10조 제1항은 임차인이 같은 항 각 호의 어느 하나에 해당하는 행위를 한 경우에는 임대인은 당해 임대차계약을 해제 또는 해지하거나 임대차계약의 갱신을 거절할 수 있다고 규정하고 있으므로, 구 임대주택법의 적용을 받는 임대주택에 관해서는 표준임대차계약서 제10조 제1항 각 호 중 하나에 해당하는 사유가 있는 경우라야 임대인이 그

임대차계약을 해제 또는 해지하거나 임대차계약의 갱신을 거절할 수 있고, 그렇지 아니한 경우에는 임차인이 임대차계약의 갱신을 원하는 이상 특별한 사정이 없는 한 임대인이 임대차계약의 갱신을 거절할 수 없다고 보아야 한다(대법원 2005. 4. 29. 선고 2005다8002 판결, 대법원 2018. 2. 8. 선고 2016다241805, 241812 판결 등 참조).

나. 그리고 다음과 같은 사정을 모두 고려할 때 임차인의 채권자로부터 보증금반환채권에 대한 압류 및 추심명령이 발령되었다는 사정은 임대인이 임대차계약의 갱신을 거절할 수 있는 특별한 사정에 해당한다고 보기 어렵다.

① 임대주택법이 적용되는 임대주택의 경우 임대의무기간 동안에는 매각이 제한되므로, 앞서 본 바와 같이 임대인은 임대의무기간 동안에는 임차인이 임대차계약의 갱신을 원하는 한 임대차계약을 해제, 해지하거나 또는 임대차계약의 갱신을 거절할 수 없음이 원칙이다.

② 판례는 구 임대주택건설촉진법 시행 당시, "임대주택건설촉진법의 적용을 받는 임대주택의 임대인은 같은 법 시행규칙 제9조 각 호 소정의 사유가 있는 경우라야 그 임대차계약을 해지하거나 계약의 갱신을 거절할 수 있고, 그렇지 아니한 경우에는 특별한 사정이 없는 한 임차인이 임대차계약의 갱신을 원하는 때에는 임대인은 임대차계약의 갱신을 거절할 수 없고 당해 임대차계약은 갱신되는 것으로 보아야 한다."라고 판단하여(대법원 1991. 10. 22. 선고 91다22902 판결 등 참조) 갱신거절 사유를 예시가 아닌 제한적 열거규정으로 엄격하게 해석하였고, 임대인이 임차인의 임대차계약 갱신요구를 거절할 수 없는 것은 임대주택이 분양제한 기간 내에 있는 경우로 한정하여(대법원 1994. 1. 11. 선고 93다27161 판결 등 참조) 법률상 제한을 받는 임대인의 권리와 조화를 꾀하였으며, 이후 2008. 3. 21. 법률 제8966호로 개정된 구 임대주택법에 이르기까지 그와 같은 태도를 유지하고 있다(대법원 2005. 4. 29. 선고 2005다8002 판결, 대법원 2018. 2. 8. 선고 2016다241805, 241812 판결 등 참조).

③ 국민임대주택의 최초의 임대보증금은 국토교통부장관이 정하여 고시하는 표준임대보증금을 초과할 수 없어 비교적 소액이므로, 그러한 임대보증금에 대한 반환채권은 채권으로서의 재산적 성격과 담보로서의 중요성이 미미하여 자금조달수단 기능과 가치를 보장하여야 할 필요성이 크다고 보기 어렵다. 한편 민사집행법 제246조 제1항 제6호에 의해 비교적 소액인 임대차보증금반환채권의 전부 내지 상당 부분이 압류금지채권에 해당할 경우가 적지 않을 것이어서 그러한 경우에는 압류 및 추심명령의 효력이 인정될 수도 없다.

〔研　　究〕

Ⅰ. 서　　론

대상판결은 구 임대주택법이 적용되는 임대주택 중 국민임대주택에 관한 임대차에서, 임차인의 보증금반환채권에 대하여 임차인의 채권자가 압류 및 추심명령을 얻어 임대인인 한국토지주택공사(LH)에 계약갱신의 중지를 요청하자, 임대차기간이 만료한 후 임대인이 임차인의 계약갱신 요구를 거절하고 임차인을 상대로 임대차목적물인 아파트의 인도를 청구한 사안을 다루고 있다.

임대주택[2]에 관한 임대차의 보증금반환채권에 대하여 압류 및 추심명령이 있는 경우, 대상판결 이전의 재판실무에서는 그 후에 임대차계약이 갱신되더라도 이는 임대인과 임차인 사이에서만 유효하고, 이로써 추심채권자에게 대항하지 못하며, 추심채권자가 임대인에게 임대차 종료를 원인으로 보증금반환청구 등을 하면 임대인과 임차인 사이에서도 임대차가 종료한다고 해석하는 것이 일반적이었다. 여기에는 뒤에서 살펴볼 대법원 1989. 4. 25. 선고 88다카4253, 4260 판결(이하 '종전의 판례 법리'라 할 때는 이를 말한다)이 결정적인 영향을 미쳤다고 보인다.

그런데 대상판결의 원심은 종전의 주류적인 실무례와 다르게 국민의 주거생활 안정을 목적으로 하는 구 임대주택법의 취지와 임대주택에 관한 임대차의 특성, 즉 일반적인 임대차계약과 달리 '갱신거절사유가 없는 한 임대의무기간 내에서 임대차계약이 2년마다 갱신되는 것을 전제로 한 계약'이라는 점에 주목하였다. 그리하여 결론적으로 추심채권자가 임대인에게 갱신 중지를 요청하였더라도 임대차계약은 갱신되어야 하므로 임대

2) 이 글에서 다루는 임대주택이란 임대주택 관련 법령에 따른 임대주택을 말한다. 현행법을 기준으로 하면 「공공주택 특별법」 제2조 제1호 가목에 따른 공공임대주택과 「민간임대주택에 관한 특별법」 제2조 제1호에 따른 민간임대주택을 말한다(주택법 제2조 제8호). 그러므로 임대사업자 등록을 하지 않은 사인이 임대차계약을 체결한 주택은 이에 해당하지 않는다.

차가 기간만료로 종료되었음을 원인으로 하는 임대인의 인도청구는 이유 없다고 판단하였다.

이러한 원심판결에 대하여 대상판결은 '임차인의 채권자로부터 보증금반환채권에 대한 압류 및 추심명령이 발령되었다는 사정은 임대인이 임대차계약의 갱신을 거절할 수 있는 특별한 사정에 해당한다고 보기 어렵다.'고 판시하면서 원심의 판단이 정당하다고 하였다. 다만 대상판결은 이 사건이 임대인과 임차인 사이의 분쟁임을 고려하여 임대차계약의 갱신이 추심채권자에게 효력이 있는지에 관하여는 직접 판시하지 않았다. 그렇지만 추심채권자가 임대인에게 갱신 중지를 요청하였는데도 결론적으로 임대차계약의 갱신을 인정한 점에서, 임대차계약의 갱신이 추심채권자에게도 효력이 있다는 점을 전제로 하였다고 평가할 수 있다.[3] 이는 대상판결 이후에 선고된 대법원 2020. 7. 9. 선고 2020다223781 판결[4]을 보면 더욱 분명해진다. 이로써 적어도 저소득 서민의 주거안정을 위하여 30년 이상 장기간 임대를 목적으로 공급하는 국민임대주택의 경우에는 임차권의 존속보장이 보증금반환채권에 대한 압류·추심채권자, 질권자 등의 이익보다 우선되어야 한다는 원칙이 확립되었다고 평가할 수 있다.

필자는 위와 같은 판례의 태도는 타당하다고 생각한다. 다만 대상판결이나 위 후속판결 모두 종전의 판례 법리와 어떠한 관계가 있는지 분명하게 밝히지 않고 있다. 이에 이 글에서는 일반적인 임대차의 경우에는 여전히 종전의 판례 법리가 타당하나, 임대의무기간 동안 임차권의 존속이 보장되어 있는 임대주택에 관한 임대차의 경우에는 달리 취급하여야 한다는 점을 밝히고자 한다.

---

3) 이는 대상판결이 이유 중 하나로 '국민임대주택의 최초의 임대차보증금은 비교적 소액이므로, 그러한 임대차보증금에 대한 반환채권은 채권으로서의 재산적 성격과 담보로서의 중요성이 미미하여 자금조달수단 기능과 가치를 보장하여야 할 필요성이 크다고 보기 어렵다'는 점을 들고 있는 것을 보아도 알 수 있다. 보증금반환채권의 재산적 활용이 제한될 수 있다는 사정에 대한 고려는 임대차계약의 갱신이 추심채권자에게 효력이 있다고 할 때 의미가 있기 때문이다.

4) 뒤의 Ⅲ-2-나 부분에서 살펴본다.

Ⅱ. 임대차계약의 갱신

임대차계약의 갱신이란 임대차기간이 만료될 때 당사자의 의사나 법률의 규정에 근거하여 임대차기간을 연장하는 제도를 말한다. 이 중 법률의 규정에 근거한 갱신으로서, 민법은 묵시적 갱신(제639조)을 규정하고 있고, 주택임대차보호법은 묵시적 갱신(제6조, 제6조의2)과 임차인의 계약갱신요구에 의한 갱신(제6조의3)[5]을 규정하고 있으며, 상가건물 임대차보호법도 묵시적 갱신(제10조 제4항, 제5항)과 임차인의 계약갱신요구에 의한 갱신(제10조 제1항 내지 제3항)을 규정하고 있다. 묵시적 갱신은 일정한 요건이 갖추어질 때 당사자의 의사를 묻지 않고 법률의 규정에 따라 갱신이 간주되는 것이므로 '법정갱신'이라고 한다.[6] 이 글에서는 법률의 문언에 따라 원칙적으로 '묵시적 갱신'이라는 표현을 사용하되, 다만 문맥상 합의갱신과 구별할 필요가 있을 때에는 법정갱신이라는 표현도 함께 사용한다.

임대차계약의 갱신에 관한 사항 중 이 글의 주제와 관련하여 특히 강조하고자 하는 점은 다음과 같다.

첫째, 임대차에서 보증금계약은 임대차계약의 종된 계약으로서 보증금반환채권이 양도, 압류되는 등의 사정이 있더라도 임대차계약을 갱신할 수 있는 지위는 여전히 임차인에게 남아 있다.

둘째, 임대차계약이 갱신되면 임대차기간이 연장되어 부수적으로 보증금반환채권의 변제기가 연장되는 결과가 발생하지만 통상적으로 그것이 임대차계약 갱신의 목적은 아니다. 임대차계약의 갱신은 임대차기간을 연장함으로써 임차인은 목적물을 계속 사용·수익하고 임대인은 차임을 계속 지급받기 위해 하는 것이다.

셋째, 뒤에서 보듯이 임대주택의 경우에는 임대의무기간 또는 최대

---

5) 주택임대차보호법이 2020. 7. 31. 법률 제17470호로 개정되면서 신설된 조항이다. 이는 개정법 시행 당시 존속 중인 임대차에 대하여도 적용한다(부칙 제2조 제1항).

6) 양창수, "임대보증금반환채권의 양도와 임대차계약의 묵시적 갱신", 민법연구 제2권(1991), 304-306쪽.

거주기간[7] 동안 갱신거절 사유가 없는 한 임차권의 존속이 보장되어 있다. 따라서 임대의무기간 또는 최대거주기간이 실질적인 임대차기간에 해당하고, 2년마다 갱신을 하는 것은 월 임대료, 보증금 등 임대차의 조건을 조정하는 단위일 뿐이라고 이해하는 것이 그 실체에 부합한다.

Ⅲ. 일반적인 임대차계약[8]에서 보증금반환채권에 대하여 이해관계를 가진 제3자가 생긴 경우 임대차계약의 갱신에 관한 문제

임대차보증금은 임대차관계가 종료되어 목적물을 반환하는 때까지 그 임대차관계에서 발생하는 임차인의 모든 채무를 담보하므로,[9] 임대차 존속 중에 보증금반환채권에 대하여 채권양도, 질권설정 또는 가압류, 압류, 추심·전부명령 등이 있는 경우 채권양수인 등 해당 제3자는 임대차의 종료시기가 늦어질수록 보증금반환채권으로부터 만족을 얻기 어려워진다. 이러한 맥락에서, 임대차보증금반환채권에 대하여 위와 같은 이해관계를 가진 제3자가 생긴 경우 그 뒤에 있은 임대차계약의 갱신이 채권양수인 등 해당 제3자에 대하여 효력이 있는지 살펴볼 필요가 있다.

1. 임대차보증금반환채권이 양도된 경우

가. 지명채권의 양도와 채무자의 항변 제한

지명채권의 양도에서 양도인이 채무자에게 양도통지만을 한 때에는 채무자는 그 '통지를 받은 때까지 양도인에 대하여 생긴 사유'로써 양수인에게 대항할 수 있다(민법 제451조 제2항). 채권이 양도되었다고 하여 양도양수의 당사자가 아닌 채무자가 법률적으로 더 불리한 지위에 놓여서는 안 되므로 양도통지를 받은 때까지 생긴 사유로 채무자가 양수인에게 대항할 수

---

7) 공공임대주택 중 행복주택은 임대의무기간은 30년이나(공공주택 특별법 시행령 제54조 제1항 제3호), 입주자의 특성에 따라 최대거주기간(예컨대 자녀가 없는 신혼부부는 6년)의 제한이 있다(공공주택 특별법 시행규칙 제17조 제2항).

8) 임대인의 갱신 거절에 법령상 아무런 제약이 없는 경우를 말한다.

9) 대법원 1987. 6. 23. 선고 87다카98 판결, 대법원 2002. 12. 10. 선고 2002다52657 판결 등 참조.

있도록 하되,[10] 양수인의 신뢰 보호 및 거래의 안전을 위하여 양도통지를 받은 뒤에 생긴 사유로는 양수인이 대항 받지 않도록 한 것이다. 이러한 취지에 비추어 대항사유 자체는 통지 뒤에 생겼더라도 그 '사유 발생의 기초가 되는 원인'이 통지 전에 이미 존재하였다면 그 대항사유로써 양수인에게 대항할 수 있다.[11]

나. 임대차보증금반환채권의 양도통지가 있은 후에 임대차계약이 갱신된 경우

(1) 판례의 태도

이 쟁점에 관하여는 대법원 1989. 4. 25. 선고 88다카4253, 4260 판결이 대표적인 판례이다. 위 판결은, 임대인이 보증금반환채권의 양도통지를 받은 후에는 임대인과 임차인 사이에 임대차계약의 갱신 합의가 있더라도 그 합의의 효과는 보증금반환채권의 양수인에 대하여는 미치지 않으므로, 그 양수인은 임대인에게 보증금반환을 청구할 수 있고, 나아가 임대인을 대위하여 임차인에게 목적물의 인도를 청구할 수 있다고 판시하였다(=종전의 판례 법리).

(2) 학설의 논의

학설은 법정갱신이든 합의갱신이든 양도통지 후의 임대차계약의 갱신은 양수인에게 효력이 없다는 태도를 취하고 있다. 다만 그 근거에 관하여는 ▶임대차계약의 갱신은 임대인이 양도통지를 받은 뒤에 생긴 사유에 해당하므로 임대인은 그러한 사유로써 양수인에게 대항할 수 없고, 보증금반환채권 양수인의 정당한 신뢰를 보호해야 하기 때문이라는 견해,[12] ▶채권양도의 원인관계에서 양도인인 임차인은 양수인에 대하여

10) 양창수/권영준, 권리의 변동과 구제(제2판), 박영사(2015), 198쪽.

11) 양창수, "임대보증금반환채권의 양도와 임대차계약의 묵시적 갱신", 민법연구 제2권(1991), 318쪽. 예컨대 쌍무계약으로부터 생긴 일방당사자의 채권이 양도되고 통지가 이루어진 경우 해제원인(양도인의 반대채무 불이행) 그 자체는 통지 후에 발생하였더라도 그 기초, 즉 양도인의 반대채무가 미이행된 상태는 통지 당시 이미 존재하였기 때문에 채무자는 법정해제로써 양수인에게 대항할 수 있다. 그 밖에 대법원 2015. 4. 9. 선고 2014다80945 판결도 참조.

12) 양창수, "임대보증금반환채권의 양도와 임대차계약의 묵시적 갱신", 민법연구 제2

조건부권리인 보증금반환채권의 실현을 위하여 협력할 의무를 부담하고 있으므로 명시적이든 묵시적이든 계약을 갱신하여 보증금반환채권의 조건성취를 막지 아니할 신의칙상의 의무가 있고, 임대인은 양도통지를 받은 이상 임차인과 사이에 계약갱신을 하는 것은 양수인의 보증금반환채권의 조건성취를 방해하는 것이 되어 이로써 양수인에게 대항할 수 없기 때문이라는 견해[13] 등이 있다.

(3) 검토(=갱신으로 채권양수인에게 대항할 수 없음)[14]

채권양도에서 양도인은 채권양도의 원인이 되는 매매나 담보제공 등에 관한 채권계약에 기초하여 양수인으로 하여금 그 원인계약의 목적이나 의미에 상응하는 이익을 방해 없이 온전하게 누릴 수 있도록 하게 할 계약상 의무가 있다.[15] 따라서 양도인인 임차인은 양수인에 대하여 채권양도의 원인계약에 따른 신의칙상 의무로 임대차기간이 만료하면 양수인이 보증금반환채권을 행사하는 데 협력할 의무, 예컨대 법정갱신이든 합의갱신이든 계약을 갱신하여 보증금반환채권의 조건성취를 막지 아니할 의무가 있다고 보아야 한다.

또한, 보증금반환채권이 양도되었다고 하여 채권양도의 당사자가 아닌 임대인의 법률상 지위가 불리해져서는 안 되지만, 이는 양도통지를

권(1991), 318-322쪽. 그 밖에 이 논문은 이러한 해석이 임차인이 보증금반환채권을 양도하거나 담보로 제공하여 금융을 얻는 등 이미 투하한 자본을 효율적으로 운용하는 데 도움이 될 것이라는 취지로 주장한다(320-321쪽).

13) 한기택, "임차보증금반환채권을 양수한 자의 임대인의 임차인에 대한 목적물명도청구권의 대위행사", 민사판례연구 제12권(1990), 43-45쪽.

14) 한편, 임대차기간의 정함이 없는 때에는 양수인이 어떻게 임대차계약을 종료시킬 수 있는지가 문제 된다. 채권양도의 원인관계에서 양도인인 임차인은 양수인에 대하여 조건부권리인 보증금반환채권의 실현을 위하여 협력할 의무를 부담하고 있으므로, 양수인은 이러한 협력의무 이행청구권을 피보전권리로 하여 임차인의 해지권(민법 제635조 제1항)을 대위행사할 수 있고, 이 경우에는 임차인의 무자력이 요구되지 않는다고 하는 견해가 있는데[한기택, "임차보증금반환채권을 양수한 자의 임대인의 임차인에 대한 목적물명도청구권의 대위행사", 민사판례연구 제12권(1990), 42-43쪽], 타당하다고 생각한다.

15) 대법원 2011. 1. 20. 선고 2008도10479 전원합의체 판결에서 반대의견에 대한 대법관 안대희, 대법관 양창수, 대법관 민일영의 보충의견 참조.

받은 때까지 양도인인 임차인에게 생긴 사유로써 양수인에게 대항할 수 있도록 하는 것으로 충분하다. 그런데 임대차계약의 갱신은 법정갱신이든 합의갱신이든 임대차기간이 만료할 때 별도의 요건에 따라 성립하는 것이므로 그 기초가 되는 원인이 양도통지 전에 이미 존재하였다고 할 수 없다.[16] 따라서 임대인이 임대차계약의 갱신으로 양수인에게 대항하지 못한다고 해석하더라도, 이로써 임대인에게 주어지는 불이익은 임차인과 계약을 갱신하고자 하는 주관적 희망이 좌절되는 것에 불과하다. 임대차기간이 만료하면 보증금반환채권을 행사할 수 있을 것이라고 믿은 양수인의 정당한 신뢰와 비교하면, 임대인의 주관적 희망보다는 양수인의 정당한 신뢰를 더 보호하는 것이 타당하다.

그러므로 임차인이 보증금반환채권을 양도하고 그 사실을 임대인에게 통지한 후에는 임대차계약이 갱신되더라도 임대인과 임차인 모두 이로써 양수인에게 대항할 수 없다고 보아야 한다. 결론적으로 종전의 판례 법리는 여전히 타당하다.

2. 임대차보증금반환채권을 질권의 목적으로 한 경우

가. 채권질권의 설정과 설정자의 처분 제한 및 제3채무자의 항변 제한

권리질권에서 '질권설정자'는 질권자의 동의 없이 질권의 목적된 권리를 소멸하게 하거나 질권자의 이익을 해하는 변경을 할 수 없다(민법 제352조). 이는 질권자가 질권의 목적인 채권의 교환가치에 대하여 가지는 배타적 지배권능을 보호하기 위한 것으로서, 질권설정자가 채권의 추심, 변제의 수령, 면제, 상계 등 질권자의 이익을 해하는 행위를 하였더라도 이는 질권자에 대한 관계에서는 무효이다.[17] 그 밖에 제한되는 권리변경행위의 예는 입질채권에 대한 변제기의 연장, 이율 감소 등이 있다.[18] 판례는 특

16) 임대차계약이 존재하고 있는 것 자체를 그 갱신의 '기초'라고 하기는 어렵다. 양창수, "임대보증금반환채권의 양도와 임대차계약의 묵시적 갱신", 민법연구 제2권(1991), 321쪽.

17) 대법원 1997. 11. 11. 선고 97다35375 판결 참조.

18) 편집대표 김용덕, 제5판 주석 민법(물권 3), 한국사법행정학회(2019), 709쪽.

별한 사정이 없는 한 질권설정자와 제3채무자가 질권의 목적인 권리를 발생시키는 기초적 계약관계를 해제하거나 해지하는 것은 가능하다고 하나,[19] 이는 보다 세밀한 검토를 요한다.

한편 민법 제352조는 '제3채무자'에 대한 구속력을 규정하고 있지 않으나, 질권설정의 대항요건이 갖추어진 경우에는 제3채무자도 일정한 제한을 받는다. 예컨대 지명채권을 목적으로 질권을 설정하는 경우, 설정자가 제3채무자에게 질권설정 사실을 통지한 때에는 제3채무자는 그 '통지를 받은 때까지 설정자에 대하여 생긴 사유'로만 질권자에게 대항할 수 있다(민법 제349조 제2항, 제451조 제2항). 이에 관하여는 앞서 본 채권양도에 관한 설명이 대체로 그대로 적용된다.[20]

나. 임대차보증금반환채권을 목적으로 질권이 설정된 후에 임대차계약이 갱신된 경우

(1) 판례의 태도

이 쟁점에 관하여는 대상판결 이후에 선고된 대법원 2020. 7. 9. 선고 2020다223781 판결을 주목할 필요가 있다. 이 판결은 국민임대주택 임차인의 보증금반환채권을 목적으로 보증금대출기관의 질권이 설정된 뒤에 임대차기간이 만료되자 질권자(=원고)가 임대인을 대위하여 임차인(=피고)을 상대로 목적물인 아파트의 인도를 구한 데 대하여 임차인이 주택임대차보호법 제6조에 따라 임대차계약이 묵시적으로 갱신되었다고 다툰 사안에서, 임대인이 갱신거절을 하지 아니함에 따라 임대차계약이 묵시적으로 갱신되는 결과가 발생하는 것은 민법 제352조의 제한을 받지 않는다고 판시하였다. 그러면서 그 근거로 '질권의 목적인 임대차보증금

19) 대법원 2010. 8. 26. 선고 2010도4613 판결. 이 판결은 참조 판례로 (가)압류의 처분금지효에 관한 대법원 2001. 6. 1. 선고 98다17930 판결, 대법원 2006. 1. 26. 선고 2003다29456 판결을 인용하고 있다.

20) 대법원 2016. 4. 29. 선고 2015도5665 판결(제3채무자가 질권자의 동의 없이 질권의 목적인 채무를 변제하더라도 이로써 질권자에게 대항할 수 없다), 대법원 2018. 12. 27. 선고 2016다265689 판결(제3채무자가 질권자의 동의 없이 질권설정자와 상계합의를 함으로써 질권의 목적인 채무를 소멸하게 한 경우 질권자에게 대항할 수 없다) 등 참조.

반환채권 자체가 아니라 이를 발생시키는 기본적 계약관계에 관한 사유에 속할 뿐만 아니라, 질권설정자인 임차인이 위 채권 자체의 소멸을 목적으로 하거나 질권자의 이익을 해하는 변경을 한 것으로도 볼 수 없다.'는 점을 들었다. 이에 따라 이 판결은 묵시적 갱신에 의하여 임대차가 종료하지 않았다는 이유로 원고의 청구를 기각하였다. 특히 이 판결의 사안에서는 근질권설정계약서에 '임대차계약의 갱신의 경우에는 반드시 질권자의 사전 동의를 얻어야 효력이 발생한다'는 내용이 포함되어 있었는데, 대법원은 채권자대위권 행사 시 채권자는 채무자 자신이 주장할 수 있는 사유의 범위 내에서 주장할 수 있을 뿐, 자기와 제3채무자 사이의 독자적인 사정에 기한 사유를 주장할 수는 없다는 이유를 들어 원고는 위와 같은 특약을 근거로 임대차계약 갱신의 효력을 다툴 수 없다고 판단하였다.

(2) **검토(=갱신으로 질권자에게 대항할 수 없음)**

질권설정자는 질권설정계약에 따라 질권자에 대하여 질권의 목적인 채권의 담보가치를 유지·보전하고 질권자의 질권 실행에 협조할 의무 등을 부담한다. 따라서 임대차보증금반환채권을 목적으로 질권이 설정된 경우, 질권설정자인 임차인은 질권자에 대하여 임대차기간이 만료하면 질권자가 질권을 행사하는 데 협력할 의무, 즉 질권자의 동의가 없으면 법정갱신이든 합의갱신이든 임대차계약을 갱신하여 보증금반환채권의 조건 성취를 막지 않을 의무가 있다고 보아야 한다. 또한, 임대차계약의 갱신은 법정갱신이든 합의갱신이든 임대차기간이 만료할 때 별도의 요건에 따라 성립하는 것이므로 그 기초가 되는 원인이 질권설정통지 전에 이미 존재하였다고 할 수 없다. 그러므로 임차인이 보증금반환채권에 대하여 질권을 설정하고 그 사실을 임대인에게 통지한 후에는 임대차계약이 갱신되더라도 임대인과 임차인 모두 이로써 질권자에게 대항할 수 없다고 보아야 한다.

한편, 위 판결은 대상판결의 연장선상에서 국민임대주택의 보증금반환채권에 대한 질권자의 신속한 질권 실행보다 묵시적 갱신에 따른 임차인의 주거생활의 안정을 우선함으로써 임대주택 임차인의 주거권을 보장하는 결론을 취하였다는 점에서 결과적으로 타당하다. 하지만 그 이유 중 민법 제352조 관련 판시는 일부 적절하지 않은 면이 있다.

먼저 위 판시 중 '임대인이 별도로 갱신거절을 하지 아니함에 따라 임대차계약이 묵시적으로 갱신되는 결과가 발생하는 것은 … 질권설정자인 임차인이 질권자의 이익을 해하는 변경을 한 것으로 볼 수 없다.'는 부분은 민법 제352조의 해석으로 수긍할 수 있다. 임대차계약이 묵시적으로 갱신되는 결과가 발생하는 것을 가리켜 질권설정자인 임차인이 질권자의 이익을 해하는 '변경행위'를 하였다고 평가하기는 어렵기 때문이다.[21)]

하지만 임대차계약의 묵시적 갱신이 '질권의 목적인 임대차보증금반환채권 자체가 아니라 이를 발생시키는 기본적 계약관계에 관한 사유에 속한다'는 논거는 적절하지 않다. 임대차계약의 갱신이 기본적 계약관계에 관한 사유에 속하는 것은 맞지만, 기본적 계약관계에 관한 사유라고 하여 곧바로 민법 제352조의 제한을 받지 않는다고 할 수는 없기 때문이다. 질권설정자의 어떠한 법률행위가 기본적 계약관계에 관한 사유에 속하더라도 그것으로 말미암아 질권의 목적인 권리에 관하여 '질권자의 이익을 해하는 변경'이 생기면 민법 제352조의 제한을 받을 여지가 있다고 보아야 한다(예컨대 기본적 계약관계의 합의해제). 위 논거는 '특별한 사정이 없는 한 질권설정자와 제3채무자가 질권의 목적인 권리를 발생시키는 기본적 계약관계를 해제하거나 해지하는 것은 가능하다.'고 한 대법원 2010. 8. 26. 선고 2010도4613 판결(미간행)[22)]에 따른 것으로 생각되나, 그 판결은 부동산 처분신탁의 수익권을 목적으로 질권이 설정된 특수한

---

21) 주택임대차보호법 제6조에 따른 묵시적 갱신은 임차인의 주도로 이루어지는 것이 아니라 임대인이 갱신거절의 통지를 하지 아니하여야 성립할 수 있다. 또한 이는 임차인의 법률행위에 의한 것이 아니라 일정한 요건이 충족되면 법률상 당연히 발생하는 효과이다.

22) 대법원 2010. 8. 26. 선고 2010도4613 판결. 참조 판례로 가압류 · 압류의 처분금지효력에 관한 대법원 2001. 6. 1. 선고 98다17930 판결, 대법원 2006. 1. 26. 선고 2003다29456 판결을 인용하고 있다.

사안에 관한 것이고,[23)] 질권자를 피해자로 하는 배임죄의 성립을 인정함으로써 결과적으로 질권자를 보호하려는 판결이었다는 점에서 질권 일반에 그대로 적용할 수 있을지 의문이다.[24)] 또한, 위 2020다223781 판결의 논리대로라면 임차인이 질권자의 동의 없이 임대차계약의 합의갱신을 하더라도 이는 기본적 계약관계에 관한 사유에 속하므로 민법 제352조에 위배되지 않는다는 결론이 되는데, 이는 질권자의 정당한 신뢰를 훼손하는 것이고 질권설정계약에 따른 설정자의 의무와도 조화되지 않는다.

나아가 설령 임대차계약의 갱신이 민법 제352조의 제한을 받지 않는다 하더라도 그것으로 끝이 아니다. 민법 제352조는 질권설정자와 질권자의 관계에 관한 것일 뿐이고, 제3채무자와 질권자의 관계는 민법 제352조와 별도로 민법 제349조 제2항, 제451조의 관점에서도 검토해야 한다. 그런데 앞서 보았듯이 임대차계약의 갱신은 합의갱신이든 법정갱신이든 '질권설정의 통지를 받은 뒤에 질권설정자에 대하여 생긴 사유'에 해당한다. 그러므로 제3채무자인 임대인은 질권설정통지 후의 임대차계약의 갱신으로써 질권자에게 대항하지 못한다.

요컨대 임대주택에 관한 임대차가 아닌 일반적인 임대차계약에서는 갱신으로 질권자에게 대항할 수 없다고 보아야 한다. 이 경우 당사자 간의 이익형량은 채권양도의 경우와 다르지 않다. 다만 위 2020다223781 판결의 사안과 같이 임대주택에 관한 임대차의 경우에는 질권의 목적인

23) 신탁계약의 유지는 그 계약당사자인 신탁자의 의사에 달려있을 뿐 수익권에 대한 질권자로서는 이에 대한 영향을 미치거나 신탁자의 행위의 효력을 부인할 수 없는 입장이었다는 특수성이 있었다. 임혜진, "전세보증금반환채권에 권리질권을 설정하고 질권자에게 대항력까지 갖추어 준 임차인이 전세보증금을 직접 반환받은 경우, 배임죄의 성립 여부", 대법원판례해설(2016년 상), 408쪽.

24) 근본적으로 위 2010도4613 판결의 법리는 가압류·압류의 처분금지효력에 관한 판례들을 인용하여 기본적 계약관계의 합의해지도 민법 제352조에 의해 제한되지 않는다는 취지를 담고 있는데, 가압류·압류의 경우와 달리 질권설정자는 질권설정계약에 따라 질권자에 대하여 질권의 목적인 권리의 담보가치를 유지·보전할 의무 등을 부담하기 때문에 가압류·압류에 관한 판례를 질권에 그대로 원용하는 것은 적절하지 않다.

보증금반환채권에 원래부터 '임대의무기간 동안 임차권의 존속이 법률적으로 보장되어 있다'는 내적 제한이 있다고 볼 수 있으므로, 임대차계약의 갱신이 질권자에게 효력이 있다고 할 수 있다. 이 점에 관하여는 뒤의 Ⅵ.항에서 다시 살펴본다. 결론적으로 위 판결은 결론은 타당하나 이유 제시에 다소 아쉬움이 있다.

3. 임대차보증금반환채권이 채권자대위권의 목적이 된 경우

가. 채권자대위권 행사와 채무자의 처분제한

채권자가 채무자를 대위하여 보전행위 이외의 권리를 행사한 때에는 채무자에게 통지하여야 하고(민법 제405조 제1항), 채무자가 그 통지를 받은 후(채권자의 대위권 행사 사실을 다른 방법으로 알게 된 경우도 포함[25])에는 그 권리를 '처분'하여도 이로써 채권자에게 대항하지 못한다(같은 조 제2항). 이 경우 제3채무자 역시 채무자의 위 처분으로 인하여 생긴 사유로 채권자에게 대항할 수 없다고 해석된다.[26] 위 조항의 취지는 채무자가 채권자에 의한 대위권 행사를 방해하지 못하도록 하는 데에 있다.[27]

판례는 채무자가 채권자대위권행사의 통지를 받은 후에 자신의 채무를 불이행함으로써 제3채무자가 그 기초가 되는 계약을 해제한 경우 제3채무자는 그 계약해제로써 대위권을 행사하는 채권자에게 대항할 수 있다고 한다.[28] 반면 채무자가 채권자대위권 행사 사실을 알게 된 후에 매

25) 대법원 1993. 4. 27. 선고 92다44350 판결 등 참조.

26) 대법원 2016. 8. 29. 선고 2015다236547 판결 참조. 대위권행사의 상대방은 제3채무자이므로 채무자가 한 처분행위의 효력을 제3채무자가 주장할 수 있다면 민법 제405조 제2항의 처분제한 규정은 유명무실하게 되기 때문이다. 이은영, "채권자대위권행사에 의한 처분금지효에서 '처분'의 의미", 법학논고 제40집(2012. 10.), 경북대학교 법학연구원, 453쪽.

27) 대법원 1990. 4. 27. 선고 88다카25274, 25281 판결, 대법원 2012. 5. 17. 선고 2011다87235 전원합의체 판결 등 참조.

28) 대법원 2012. 5. 17. 선고 2011다87235 전원합의체 판결. 이 판결에 대한 평석으로는 심승우, "채권자대위권 행사로 제한되는 채무자의 처분행위", 민사판례연구 제36권(2014), 365쪽 이하 참조. 이 논문은 이 판결의 결론을 찬성하면서, '제3채무자의 채무불이행으로 인한 채무자의 법정해제'는 채권자대위권의 행사에 의해 제한되는 채무자의 처분행위에 원칙적으로 해당하지 않는다고 주장한다(400-405쪽).

매계약을 합의해제함으로써 채권자대위권의 객체인 소유권이전등기청구권을 소멸시킨 경우에는 이로써 채권자에게 대항할 수 없고, 그 결과 제3채무자 또한 그 계약해제로써 채권자에게 대항할 수 없다고 한다.[29] 학설도 대체적으로 채권의 발생원인인 계약의 합의해제는 그 채권을 소멸시키기로 하는 채무자의 의사표시가 포함되어 있다는 이유로 원칙적으로 이에 찬성한다.[30] 필자는 단지 채권자대위권이 행사되었다고 하여 피대위권리의 발생원인인 계약에 대한 당사자의 처분의 자유를 전면적으로 제한하는 것에는 의문을 가지고 있으나, 이 글에서는 상론하지 않는다.

나. 임대차보증금반환채권을 목적으로 채권자대위권 행사가 통지된 후 임대차계약이 갱신된 경우(=갱신으로 대위채권자에게 대항할 수 있음)

대위권 행사를 방해할 목적으로 임대차계약이 갱신되었다는 등의 특별한 사정이 없는 한 원칙적으로 임대차계약의 갱신은 제한되는 처분행위에 해당하지 않는다고 봄이 타당하다. 구체적 이유는 다음과 같다.

① 임대차계약의 갱신은 보증금반환채권 자체에 대한 법률행위가 아니라 그 발생원인인 임대차계약에 관한 법률행위이다. 임대차계약에 관한 법률행위가 장래의 보증금반환채권의 내용에 영향을 미치더라도 이를 곧바로 보증금반환채권 자체의 처분이라 하기는 어렵다. ② 임대차계약을 갱신하더라도 보증금반환채권이 곧바로 소멸 또는 감소하는 것은 아니다. 임차인의 채권자는 장래에 임대차계약이 종료할 때 보증금반환

양창수/김형석, 권리의 보전과 담보(제2판), 박영사(2015), 179쪽도 같은 취지이다.

29) 대법원 2007. 6. 28. 선고 2006다85921 판결. 그 이전의 대법원 1993. 4. 27. 선고 92다44350 판결도 같은 태도를 전제로 한 것이다.

30) 오종근, "합의해제의 효과", 민사법학 제59호(2012. 6.), 267-268쪽; 심승우, "채권자대위권 행사로 제한되는 채무자의 처분행위", 민사판례연구 제36권(2014), 405-412쪽. 특히 후자의 논문은 ① 제3채무자가 법정해제를 할 수 있는 객관적 기초가 이미 존재하였음에도 법률관계를 간편하게 정리하기 위해 합의해제를 선택한 경우 또는 ② 만약 합의해제를 하지 않았더라면 여전히 법정해제를 할 수 있거나 최고 등 절차만 거치면 앞으로 법정해제를 할 수 있을 개연성이 상당히 높은 경우와 같은 특별한 사정이 있음을 제3채무자가 주장·증명한 때에는 예외적으로 합의해제로써 대위채권자에게 대항할 수 있다고 주장한다.

채권을 다시 대위행사할 기회가 있다. 비록 임대차보증금의 특성상 그 사이 연체차임 등이 발생하면 보증금반환채권이 감소할 위험성이 있으나, 그 경우 임대인의 법정해지권을 대위행사하는 방법으로 대응할 길이 있다. ③ 임차인의 채권자가 보증금반환채권을 대위행사한다고 하여 제3채무자인 임대인이 채무자인 임차인과 임대차계약을 갱신할 수 있는 자유를 쉽게 제한하여서는 안 된다. 임대인과 임차인 사이에 목적물의 사용·수익에 관한 특별한 이해관계 내지 신뢰관계가 존재하거나, 다른 임차인을 쉽게 구하기 어려운 경우에는 더욱 그러하다. ④ 앞서 본 채권양도나 질권설정과 달리 채권자대위권 행사의 경우에는 채무자인 임차인이 대위채권자에게 임대차계약의 종료에 관한 어떠한 신뢰도 부여하지 않았다. ⑤ 채권자대위권의 행사는 가압류·압류와 달리 법원의 결정 없이채권자가 사적으로 하는 것이므로 제3채무자로서는 그것이 적법한지(예컨대 피보전권리는 존재하는지, 채무자는무자력인지 등) 판단하기 곤란하다. 그럼에도 임대차계약의 갱신을 민법 제405조 제2항에 의해 제한되는 처분으로 본다면 채권자대위권이 행사된 경우에는 일단 임대인과 임차인이 임대차계약의 갱신을 주저하게 될 수 있고, 이는 임대차목적물의 효율적인 활용을 저해할 위험이 있다. ⑥ 대위채권자의 지위를 압류 및 추심명령을 받은 채권자와 같이 보기는 어렵다.[31] 압류 및 추심명령은 채무자를 배제하고 채무자의 재산을 강제적으로 현금화하기 위한 강제집행수단임에 비하여, 채권자대위권은 채무자가 자신의 권리를 행사하지 않고 있음으로 인하여 대위채권자로 하여금 이를 채무자의 책임재산으로 일단 확보하도록 하는 권능을 부여함에 그치는 것이기 때문이다.

---

31) 이와 달리 이재찬, "채권자대위소송과 민사집행법상 금전채권에 대한 강제집행제도의 선후관계에 관한 연구", 사법논집 제63집, 법원도서관(2017), 176-180쪽은 직접청구형 채권자대위의 소를 제기한 채권자의 지위는 추심의 소를 제기한 추심채권자의 지위에 준한다고 주장하나, 이는 찬성하기 어렵다. 이계정, "채권자대위권의 행사와 전부명령의 효력", 법조(2018. 4.), 595-609쪽; 편집대표 민일영, 제4판 주석 민사집행법(Ⅴ), 한국사법행정학회(2018), 379-381쪽(노재호 집필 부분).

4. 임대차보증금반환채권이 가압류, 압류된 경우

가. 채권에 대한 가압류, 압류와 채무자의 처분제한

(1) 채권압류의 처분금지효력

(가) 의 의

채권이 압류되면 집행채무자는 채권을 처분하거나 그 변제를 수령하여서는 안 되는 실체법적 구속력이 발생한다. 그 취지는, 압류를 한 뒤에는 강제적인 현금화 절차로 진행되기 때문에 채무자의 재산을 신속하고 적정하게 현금화하여 채권자가 금전적 만족을 얻는 데 장애가 되는 일체의 행위를 금지하려는 것이다. 압류의 처분금지효력에 반하는 처분행위는 그 당사자 사이에서는 유효하나 압류채권자에 대한 관계에서는 무효로 된다.[32]

한편, 우리나라 민사집행법은 채권압류의 경우 채무자의 집행절차 협력의무에 관한 일반적 규정을 두고 있지 않으나,[33] 집행절차가 개시된 경우 채무자는 채권자가 집행절차를 통해 채권의 만족을 얻는 데 협력하여야 할 일반적인 의무가 있다고 해석된다.[34]

(나) 금지되는 '처분'의 범위

1) 채무자는 압류된 채권의 처분과 영수를 하여서는 아니 된다(민사집행법 제227조 제1항). 그중 처분은 채권 그 자체를 이전하거나(예: 양도), 담보의 목적물로 제공하거나(예: 질권설정), 소멸시키는 행위(예: 포기, 면제, 상계), 채권의 가치를 감소시키는 행위(예: 지급의 유예), 조건성취를 방해하는 행위 등 채권을 신속하고 적정하게 현금화하여 채권자의 만족을 얻게 하는 데 장애가 되는 일체의 행위를 말한다.[35]

---

32) 정성윤, "가압류와 압류의 효력-처분금지효와 개별상대효를 중심으로", 법학논총 제30권 제1호(2013), 한양대학교 법학연구소, 253쪽 참조.

33) 다만, 민사집행법 제234조 제1항은 채권압류의 효과의 하나로 채무자의 압류채권자에 대한 채권증서 인도의무에 관하여 규정하고 있다.

34) 윤진수, "전부명령의 요건과 효력", 김기수화갑기념논문집(1992), 1048쪽; 편집대표 민일영, 제4판 주석 민사집행법(Ⅴ), 한국사법행정학회(2018), 662쪽(노재호 집필 부분) 참조.

35) 양창수, "債權假押留 후 債務者와 第3債務者 간의 契約關係 消滅에 관한 合意의

2) 채권의 발생원인인 법률관계에 대한 처분의 경우

가) 채권이 압류되었다고 하여 채권의 발생원인인 법률관계에 대한 채무자와 제3채무자의 처분까지도 구속하는 효력은 없다. 일반적으로 피압류채권이 어떠한 기초적 계약관계 또는 법률관계로부터 발생한 권리인 경우에 압류가 있었다고 하여 그 기초적 법률관계 자체를 전혀 어찌할 수 없다고 하는 것은 채무자의 자유에 대한 지나친 제약이 될 수 있다.[36] 판례도, "채권의 압류는 … 채권의 발생원인인 법률관계에 대한 채무자의 처분까지도 구속하는 효력은 없다."라는 일반론을 확고하게 취하고 있다.[37] 다만, 여기서 핵심적 문제는 압류채권자의 채권만족 확보의 이익과 채무자의 행동의 자유라는 이익 사이의 형량이다. 위와 같은 법률론은 채권의 성질이나 처분의 내용, 종류 등에 비추어 구체적으로 타당성이 음미되어야 한다.[38]

나) 지분적 권리가 압류된 경우

일반적으로 지분적 권리가 압류되었다고 해서 기본적 권리에 대한 채무자의 처분이 제한된다고 할 수는 없다.[39] 이 점에 관하여는 학설상 별다른 이견이 없다. 판례도 임차인의 차임연체로 임대인이 해지권을 갖게 된 후 임대인의 차임채권이 압류되었다고 임대인의 해지권 행사가 제한될 수 없다고 판시하였다.[40]

다) 일회적 급부의 법률관계에서 채권이 압류된 경우

판례는, 앞서 본 법률론을 전제로 하여 일회적 급부를 내용으로 하

效力", 민법연구 제5권(1999. 6.), 451쪽; 편집대표 민일영, 제4판 주석 민사집행법(Ⅴ), 한국사법행정학회(2018), 486-487쪽(노재호 집필 부분). 특히 전자의 논문은 기한유예는 권리의 '감소'에 해당한다고 설명한다.

36) 양창수, "債權假押留 후 債務者와 第3債務者 간의 契約關係 消滅에 관한 合意의 效力", 민법연구 제5권(1999. 6.), 451-452쪽.

37) 대법원 2015. 5. 14. 선고 2012다41359 판결.

38) 양창수, "債權假押留 후 債務者와 第3債務者 간의 契約關係 消滅에 관한 合意의 效力", 민법연구 제5권(1999. 6.), 451쪽.

39) 양창수, "債權假押留 후 債務者와 第3債務者 간의 契約關係 消滅에 관한 合意의 效力", 민법연구 제5권(1999. 6.), 452쪽.

40) 대법원 2004. 12. 23. 선고 2004다56554 등 판결.

는 계약관계에서 주채권이 압류된 경우에도 채무자나 제3채무자는 해제권 또는 해지권을 행사할 수 있다고 한다.[41] 뿐만 아니라 판례는 채무자와 제3채무자가 합의하여 기초적 법률관계를 소멸시키는 것도 허용하고 있다.[42]

이에 반하여 학설은 채무자나 제3채무자에게 기초적 법률관계에 관한 취소권, (법정·약정)해제·해지권 등이 있어서 그 권리를 행사한 경우에는 이로써 압류채권자에게 대항할 수 있지만, 그러한 권리가 없는데도[43] 합의하여 기초적 법률관계를 해제·해지하는 것은 원칙적으로 허용되지 않는다고 하는 견해가 일반적이다. 취소권이나 (법정·약정)해제·해지권 등 채무자나 제3채무자의 형성권은 압류 당시에 이미 존재하거나 존재할 가능성이 있는 권리로서 압류채권자는 이러한 부담을 안고 있는 채권을 압류한 것으로 보아야 하기 때문에 이러한 권리의 행사는 압류에 의하여 영향을 받지 않아야 할 것이나,[44] 합의에 의한 해제·해지는 피

41) 대법원 2000. 4. 11. 선고 99다51685 판결(소유권이전등기청구권이 압류된 경우에도 제3채무자인 매도인은 채무자인 매수인의 채무불이행을 이유로 매매계약 자체를 해제할 수 있다). 또한, 보험계약자의 보험금채권에 대한 압류가 행하여지더라도 채무자나 제3채무자는 보험계약 자체를 해지할 수 있고, 보험계약이 해지되면 그 계약에 의하여 발생한 보험금채권은 소멸하게 되므로 이를 대상으로 한 압류명령은 실효된다는 것으로는 대법원 2013. 7. 12. 선고 2012다105161 판결(미간행), 대법원 2017. 4. 28. 선고 2016다239840 판결 참조. 이에 대하여 일정한 경우 해지권 행사를 제한하여야 한다는 견해로는 전한덕, "보험계약에 대한 압류시 보험계약자와 제3채무자의 보험계약해지 가부에 관한 소고", 외법논집 제41권 제4호(2017. 11.), 한국외국어대학교 법학연구소, 358-363쪽.

42) 대법원 1997. 4. 25. 선고 96다10867 판결(임대인의 임대차보증금 잔금채권에 대하여 압류가 행하여지더라도 임차인과 임대인은 그 채권을 발생시킨 계약관계인 임대차계약 자체를 해지할 수 있다), 대법원 2006. 1. 26. 선고 2003다29456 판결(공사수급인의 보수채권에 대한 압류가 행하여지더라도 채무자나 제3채무자는 기초적 계약관계인 공사도급계약 자체를 합의해지할 수 있다).

43) 매매계약을 해제할 권리가 발생할 객관적 기초(가령 채무불이행 등)가 존재하기는 하나 당사자들이 그 법률관계를 간편하게 정리하기 위한 방편으로 다른 절차를 밟지 않고 바로 합의해제를 한 경우에는 예외적으로 합의해제도 압류의 효력에 반하지 않는다고 한다. 양창수, "債權假押留 후 債務者와 第3債務者 간의 契約關係 消滅에 관한 合意의 效力", 민법연구 제5권(1999. 6.), 454-455쪽.

44) 오종근, "합의해제의 효과", 민사법학 제59호(2012. 6.), 267쪽; 김동훈, "채권압류 후 기초적 계약관계의 처분의 효력", 민사법학 제61호(2012. 12.), 148쪽; 김송, "채

압류채권의 소멸에 관한 채무자의 승낙이 포함되게 된다는 점에서 '채권 자체에 대한 처분'의 성질도 함께 가지고 있기 때문에 피압류채권의 소멸에 관한 합의와 다를 것이 없다는 점 등을 근거로 한다.[45]

생각건대, 채권이 압류되면 이제 곧 현금화절차가 진행되고, 집행절차가 개시된 경우 채무자는 채권자가 집행절차를 통해 채권의 만족을 얻는 데 협력하여야 할 일반적인 의무가 있으므로, 집행의 실효성 확보를 위하여 채권의 발생원인인 법률관계에 대하여도 채무자의 처분을 일정 정도 제한할 필요가 있다. 이러한 관점에서 보면, 일회적 급부를 내용으로 하는 계약관계에서는 합의해제·해지는 곧 합의에 의하여 채권을 소멸 또는 감소시키는 것과 같으므로, (법정·약정)해제·해지를 할 수 있는 객관적 기초가 이미 존재하였음에도 법률관계를 간편하게 정리하기 위해 합의해제·해지를 선택한 경우 등과 같은 특별한 사정이 없는 한 합의해제·해지는 압류의 처분금지효력에 저촉된다고 봄이 타당하다.[46]

(2) 채권가압류의 처분제한효력

(가) 의 의

채권이 가압류된 것만으로는 가압류채무자에게 채권을 처분하여서는 안 되는 실체법적 구속력이 발생하는 것은 아니다. 판례도 가압류된 채권은 이를 양도하는데 아무런 제한이 없다고 한다.[47] 다만 가압류는 집행보전의 효력을 본질로 하므로 채무자가 가압류된 채권에 관하여 가압

권압류 후 계약인수에 의한 채권양도의 효력", 재산법연구 제33권 제3호(2016. 11.), 37쪽.

45) 양창수, "債權假押留 후 債務者와 第3債務者 간의 契約關係 消滅에 관한 合意의 效力", 민법연구 제5권(1999. 6.), 454-455쪽; 김동훈, "채권압류 후 기초적 계약관계의 처분의 효력", 민사법학 제61호(2012. 12.), 163쪽; 김송, "채권압류 후 계약인수에 의한 채권양도의 효력", 재산법연구 제33권 제3호(2016. 11.), 37쪽; 손흥수, 채권집행, 한국사법행정학회(2017), 217쪽 참조.

46) 나아가 계약관계 밖에 있는 압류채권자가 채무자와 제3채무자 사이의 기초적 계약관계에 관한 사정을 밝혀내어 증명하는 것은 현실적으로 어려울 것이므로 위와 같은 특별한 사정은 합의해제·해지로써 압류채권자에게 대항하려는 채무자 또는 제3채무자가 주장·증명하여야 할 것이다. 김송, "채권압류 후 계약인수에 의한 채권양도의 효력", 재산법연구 제33권 제3호(2016. 11.), 37-38쪽.

47) 대법원 2000. 4. 11. 선고 99다23888 판결 참조.

류에 저촉되는 처분을 하더라도 가압류채권자가 집행권원을 얻어 본집행을 할 때 채무자나 제3채무자는 이로써 대항하지 못한다. 이러한 의미에서는 채권가압류에도 처분을 제한하는 효력이 있다고 할 수 있고, 통설[48]과 판례[49]는 이를 처분금지효력이라 하고 있다.

다만, 채권가압류의 처분금지효력은 압류의 처분금지효력과는 달리 본안소송에서 가압류채권자가 승소하여 집행권원을 얻는 등으로 피보전권리의 존재가 확정되는 것을 조건으로 하여 발생한다.[50] 또한, 가압류가 된 것만으로는 아직 현실적인 집행절차가 개시되지 않은 상황이므로 가압류의 처분제한효력이 미치는 범위는 압류의 처분금지효력이 미치는 범위보다 좁을 수 있다.[51] 다시 말하면 압류가 되어 집행절차가 개시된 후에는 금지되는 행위라도 아직 가압류만 된 단계에서는 허용되는 행위가 있을 수 있다.[52]

(나) 제한되는 '처분'의 범위

1) 채권의 가압류는 장래의 집행보전을 목적으로 하므로 가압류채무자가 채권 그 자체를 이전하거나(예: 양도), 담보의 목적물로 제공하거나(예: 질권설정), 소멸시키는 행위(예: 포기, 면제, 상계) 등을 하더라도 이와 같은 사실을 가지고 장차 본집행을 하는 가압류채권자에게 대항할 수 없다. 변제기의 유예도 제한되는 처분에 속한다고 설명하는 경우도 있으나,[53] 뒤에서 보듯이 압류와 달리 가압류의 경우에는 변제기의 유예가

48) 편집대표 민일영, 제4판 주석 민사집행법(Ⅶ), 한국사법행정학회(2018), 435쪽, 576-577쪽(박영호 집필 부분) 등 다수.

49) 대법원 1987. 6. 9. 선고 86다카2570 판결, 대법원 1994. 11. 29.자 94마417 결정 등 참조.

50) 대법원 2002. 4. 26. 선고 2001다59033 판결 등 참조.

51) 판례는 점유의 이전으로 인한 유치권의 취득은 부동산 압류의 처분금지효력에 저촉되지만 부동산 가압류의 처분제한효력에는 저촉되지 않는다고 한다(대법원 2011. 11. 24. 선고 2009다19246 판결 참조).

52) 뒤에서 보듯이 필자는 목적인 채권의 '변제기의 유예'는 압류의 처분금지효력에는 저촉되지만 가압류의 처분제한효력에는 저촉되지 않고, 채권의 '발생원인인 법률관계의 합의해제 · 해지' 및 '임대차계약의 갱신'은 압류의 처분금지효력에는 원칙적으로 저촉되지만 가압류의 처분제한효력에는 원칙적으로 저촉되지 않는다고 봄이 타당하다고 생각한다.

제한되지 않는다고 보아야 한다.

2) 하지만 채권압류의 효력과 마찬가지로 채권가압류도 채권의 발생원인인 법률관계에 대한 채무자의 처분까지 구속하는 효력은 없다.[54] 이에 관하여는 앞서 본 채권압류에 관한 설명이 대체로 그대로 적용된다.

3) 일회적 급부의 법률관계에서 합의해제의 가부

판례는, "채무자와 제3채무자가 아무런 합리적 이유 없이 채권의 소멸만을 목적으로 계약관계를 합의해제한다는 등의 특별한 경우를 제외하고는, 제3채무자는 채권에 대한 가압류가 있은 후라고 하더라도 채권의 발생원인인 법률관계를 합의해제하고 이로 인하여 가압류채권이 소멸되었다는 사유를 들어 가압류채권자에 대항할 수 있다."라고 판시하여 채권가압류의 경우에 합의해제는 원칙적으로 제한되지 않는다는 태도를 밝히고 있다.[55]

이에 반하여 다수의 학설은 앞서 채권압류에 관하여 본 것과 마찬가지로 합의해제는 원칙적으로 제한된다는 견해를 취하고 있다.[56]

생각건대, 채권가압류의 경우에는 채권압류에 비하여 채권의 발생원인인 법률관계에 대한 처분이 보다 폭넓게 허용된다고 보아야 한다. 그 이유는 다음과 같다. ① 채권이 압류되면 곧바로 처분금지효력이 발생하지만(민사집행법 제227조 제1항에 따라 압류명령의 주문에도 명시된다), 채권이 가압류된 것만으로는 아직 처분금지효력이 발생하지 않는다(민사집행법 제296조 제3항은 채권가압류의 경우에는 처분금지명령을 하여서는 안 된다는 취지를 담고 있다). ② 채권압류의 경우에는 곧이어 현금화절차가

---

53) 주기동, "가압류의 처분금지적 효력", 재판자료 제45집(1989), 377쪽.

54) 편집대표 민일영, 제4판 주석 민사집행법(Ⅶ), 한국사법행정학회(2018), 440쪽, 대법원 2001. 6. 1. 선고 98다17930 판결 등.

55) 대법원 1991. 11. 12. 선고 91다29736 판결, 대법원 1998. 1. 23. 선고 96다53192 판결, 대법원 2001. 6. 1. 선고 98다17930 판결 등 참조.

56) 김동훈, "채권압류 후 기초적 계약관계의 처분의 효력", 민사법학 제61호(2012. 12.), 163쪽(다만 합의해제의 형식에도 불구하고 실질적으로 해제권의 행사에 준하는 것으로 판단되는 경우는 예외로 할 것이고 그에 대한 입증책임은 채무자에게 있다); 김송, "채권압류 후 계약인수에 의한 채권양도의 효력", 재산법연구 제33권 제3호(2016. 11.), 37쪽; 손흥수, 채권집행, 한국사법행정학회(2017), 217쪽 참조.

진행되어야 하므로 집행의 실효성 확보를 위하여 신속하고 적정한 현금화에 장애가 되는 행위를 폭넓게 금지할 필요가 있지만(기본적 법률관계에 관한 처분이라도 이로써 채권 자체가 소멸 또는 감소되는 등의 결과가 된다면 원칙적으로 금지하여야 한다), 채권가압류의 경우에는 아직 본격적인 집행절차가 개시되지 않은 상황이고 장차 가압류에 기초한 본집행이 이루어질지도 확실하지 않으므로 채무자의 처분의 자유를 보다 중시할 필요가 있다(기본적 법률관계에 관한 처분은 오로지 채권 자체의 소멸 또는 감소 등을 목적으로 하는 것이 아닌 한 원칙적으로 허용되어야 한다). ③ 채권압류의 경우 채무자는 채권자가 집행절차를 통해 채권의 만족을 얻는 데 협력하여야 할 일반적인 의무가 있다고 할 수 있으나, 채권가압류의 경우에는 채무자가 가압류채권자에 대하여 일정한 협력의무를 진다고 할 근거가 없다.

따라서 채권이 가압류되더라도 채무자와 제3채무자는 채권의 발생원인인 법률관계를 합의해제하고 이로써 가압류채권자에게 대항할 수 있음이 원칙이고, 예외적으로 객관적으로 합리적 이유 없이 채권의 소멸만을 목적으로 합의해제를 하는 등의 특별한 사정이 있는 경우에만 이를 채권 자체에 대한 소멸행위와 같은 것으로 보아 이로써 가압류채권자에게 대항할 수 없다고 하여야 한다.

나. 임대차보증금반환채권이 가압류, 압류된 후 임대차계약이 갱신된 경우

(1) 판례와 학설

이 쟁점을 직접 다룬 대법원 판례는 보이지 않고, 학설상 논의도 활발하지 않다. 다만 ▶임대차보증금반환채권이 압류된 경우에 임대차계약의 당사자가 그 계약을 갱신하거나 그 기간을 연장하는 것은 '조건 성취의 방해'로서 넓은 의미의 '처분'에 해당하므로 압류채권자에게 대항할 수 없다고 하는 견해,[57] ▶가압류·압류채권자가 가압류·압류된 채권을 행

57) 양창수, "債權假押留 후 債務者와 第3債務者 간의 契約關係 消滅에 관한 合意의 效力", 민법연구 제5권(1999. 6.), 455쪽. 특별히 가압류와 압류를 구별하여 서술하

사하는 데 부담을 주거나 제한하는 효과가 있는 계약관계의 변경도 채무자와 제3채무자의 합의 또는 채무자의 동의가 포함되게 되므로 채무자의 '채권 자체에 대한 처분'의 성질도 함께 가지고 있고, 따라서 가압류 · 압류 후 계약기간 연장 등에 관한 합의가 있더라도 그 합의의 효력으로써 가압류 · 압류채권자에게 대항할 수 없다고 봄이 타당하다는 견해[58]가 있다.

(2) 검　토

앞서 보았듯이 압류의 처분금지효력과 가압류의 처분제한효력은 그 범위가 반드시 일치하는 것은 아니므로 양자를 나누어 살펴볼 필요가 있다.

(가) 임대차보증금반환채권이 '압류'된 경우(=임대차계약 갱신 금지)

다음과 같은 이유로 임대차계약의 갱신은, 법령이나 약정에 의해 당사자에게 갱신요구권이 있는 등의 특별한 사정이 없는 한, 압류의 처분금지효력에 저촉되는 보증금반환채권의 처분행위에 해당한다고 해석함이 타당하다.

1) 일반적으로 '변제기의 연장'은 채권압류의 처분금지효력에 위배됨

채권이 압류된 경우에는 압류된 채권을 신속하고 적정하게 현금화하여 채권자의 만족을 얻게 하는 데 장애가 되는 일체의 행위가 금지된다. 비록 변제기의 유예는 채권을 소멸시키거나 직접적으로 채권을 감소시키는 것은 아니지만 이로 말미암아 채권에 대한 집행절차에서 현금화가 지연되거나 현금화가격이 저감될 수 있다. 예를 들어 압류채권자가 '추심명령'을 받을 경우 압류된 채권을 추심할 수 있는 시기가 늦어지므로 현금화가 지연되고, '전부명령'은 유예된 변제기까지 사이에 제3채무자의 재산상태가 변화될 수 있으므로 압류채권자가 이를 기피할 가능성이 높다. 물론 이러한 경우에 대비하여 민사집행법 제241조는 매각명령, 양도명령 등 특별한 현금화방법을 두고 있으나, 법원은 그 신청을 허가하는 결정

고 있지는 않다.

58) 김송, "채권압류 후 계약인수에 의한 채권양도의 효력", 재산법연구 제33권 제3호 (2016. 11.), 38쪽.

을 하기 전에 채무자를 심문하여야 함이 원칙이고(민사집행법 제241조 제2항), 양도명령의 경우에는 채권의 평가 절차(민사집행규칙 제163조)에 상당한 시간이 걸릴 수 있으며, 이러한 절차를 거쳐 특별현금화명령을 하더라도 그 결정은 확정되어야 효력을 가지기 때문에(민사집행법 제241조 제4항) 채무자가 즉시항고(민사집행법 제241조 제3항)를 하면 특별현금화명령이 확정될 때까지 오랜 시간이 소요된다. 또한, 유예된 변제기까지 사이에 채권의 회수 가능성이 변화될 위험이 있으므로 액면가격보다 낮은 가격으로 현금화되는 경우가 많다. 따라서 채권이 압류된 후에 채무자와 제3채무자가 압류된 채권의 변제기를 연장하는 것을 인정하게 되면 집행에 착수한 채권자가 조속히 채권의 만족을 얻는 것을 방해하는 결과를 초래하고, 궁극적으로 집행절차의 법적 안정성과 채권집행절차에 대한 신뢰를 중대하게 훼손하므로, 변제기의 연장은 압류의 처분금지효력에 저촉되는 처분행위로 보아야 한다.

2) 임대차계약의 갱신은 보증금반환채권의 변제기 연장 효과를 가짐

임대차계약의 갱신은 기본적으로 보증금반환채권 자체에 대한 법률행위가 아니라 그 발생원인인 계약에 관한 법률행위이지만, 필연적으로 보증금반환채권의 변제기를 연장하는 것과 같은 결과를 가져온다. 특히 합의갱신에는 이러한 결과에 관한 임차인의 동의가 포함되어 있고, 법정갱신의 경우에도 임차인이 별도로 갱신거절을 하지 아니함에 따라 임대차계약이 갱신되는 결과가 발생하는 것은 임차인의 동의가 있는 경우에 준하여 볼 수 있다.

3) 임대차계약의 갱신은 보증금반환채권 감소 위험성을 증가시킴

보증금반환채권에 대한 압류의 효력은 임대차관계 종료 후 그 목적물이 인도되기까지 사이에 발생한 임대인의 채권을 공제한 잔액에 관하여서만 유효하므로,[59] 임대차계약이 갱신되어 잔여 임대차기간이 늘어나면 압류의 목적인 보증금반환채권의 가치가 감소할 위험성이 증가한다. 더군다나 보증금반환채권이 압류될 정도의 임차인이라면 이후 차임을 연

59) 대법원 1998. 10. 20. 선고 98다31905 판결 참조.

체하게 될 가능성도 높을 것이다.

4) 채무자와 제3채무자에게 과도한 불이익을 주는 것이 아님

집행절차가 개시된 경우 채무자는 채권자가 집행절차를 통해 채권의 만족을 얻는 데 협력하여야 할 의무가 있으므로 보증금반환채권의 신속하고 적정한 강제현금화를 위하여 임대차계약의 갱신을 제한하는 것은 채무자인 임차인이 이를 수인하여야 한다.

또한, 제3채무자는 채권집행절차의 직접적인 당사자가 아니고 순전히 타의에 의하여 다른 사람들 사이의 분쟁에 편입되었지만, 채권집행절차가 개시된 이상 집행절차의 운영에 협력할 필요가 있다.[60] 당초의 임대차기간이 만료한 이상 임대차계약의 갱신이 문제되는 단계에서는 보증금반환채권에 대한 집행의 실효성 확보를 위하여 임대차계약을 갱신하지 못하는 정도의 불이익은 제3채무자도 받아들여야 한다.

(나) 임대차보증금반환채권이 '가압류'된 경우(=임대차계약 갱신 허용)

반면 다음과 같은 이유로 임대차계약의 갱신은 가압류의 처분제한효력에 저촉되는 보증금반환채권의 처분행위에 해당하지 않는다고 해석함이 타당하다.

1) 일반적으로 '변제기의 연장'은 채권가압류에 의해 제한되지 않음

제3채무자의 자력이 점점 악화되고 있다는 등의 특별한 사정이 없는 한 변제기의 유예만으로 채권의 가치가 감소한다고 단정하기는 어렵다. 그리고 가압류의 경우에는 아직 집행절차가 개시되지 않았을 뿐만 아니라 과연 앞으로 집행권원을 얻어 본집행을 하게 될 것인지조차 불확실하다. 그럼에도 불구하고 변제기의 연장까지 제한하는 것은 가압류채무자의 자유에 대한 과도한 제한이라 할 수 있다.[61] 따라서 일반적으로 '변제기의 연장'은 채권가압류에 의해 제한되지 않는다고 보아야 한다.

60) 채권집행절차에서 제3채무자의 지위에 관한 상세한 설명은, 손흥수, "채권집행절차와 제3채무자", 법조 제729호(2018. 6.), 296-336쪽 참조.

61) 가압류의 효력은 종된 권리인 가압류의 효력이 발생한 뒤에 생기는 이자에도 당연히 미치므로, 가압류된 채권에 고이율의 이자가 붙어 있는 경우에는 변제기를 연장하는 것이 가압류채권자에게도 유리할 수 있다.

2) 임대차계약의 갱신은 기본적으로 채권의 발생원인인 법률관계에 관한 처분임

임대차계약의 갱신으로 말미암아 보증금반환채권의 변제기가 연장되는 것과 같은 결과가 발생하더라도, 이는 기본적으로 보증금반환채권 자체에 대한 법률행위가 아니라 그 발생원인인 계약에 관한 법률행위이다. 앞서 보았듯이 채권가압류의 경우에는 채권압류에 비하여 채권의 발생원인인 법률관계에 대한 처분을 보다 폭넓게 허용하여야 한다.

3) 임대차보증금반환채권 감소의 위험성은 가압류채권자가 수인 가능함

보증금반환채권의 특성상 가압류 후에 임대차계약이 갱신되면 이후 임차인의 차임 연체 등으로 말미암아 보증금반환채권의 액수가 감소할 위험이 있는 것은 사실이다. 그러나 가압류채권자는 장차 집행권원을 얻어 본집행을 하여야 보증금반환채권을 현금화할 수 있는 지위에 있었기 때문에 그 사이 임차인의 차임 연체 등으로 말미암아 임대차보증금반환채권의 액수가 감소될 수 있다는 사정은 원래부터 충분히 예견 가능한 것이었다.

4) 임대차계약 갱신 제한은 채무자와 제3채무자에게 과도한 불이익을 줌

압류에 의하여 집행절차가 개시된 경우와 달리 가압류만으로는 가압류채무자에게 가압류채권자를 위한 어떠한 의무가 발생하지 않는다. 더욱이 채무자인 임차인뿐 아니라 제3채무자인 임대인도 임대차계약을 갱신할 합리적인 이유가 충분히 있을 수 있는데도, 앞으로 실제 본집행이 이루어질 것인지 확실하지도 않은 가압류 때문에 임대차계약의 갱신까지 제한하는 것은 그들에게 과도한 불이익을 주는 것이다. 이에 대하여는 갱신을 제한하는 견해에 의하더라도 채권자가 집행권원을 얻어 본집행을 할 때까지는 갱신에 따른 임대차가 존속할 수 있기 때문에 임차인과 임대인의 불이익이 크지 않다는 반론이 제기될 수 있으나, 이러한 경우에는 갱신을 하더라도 임차인과 임대인은 언제 임대차가 종료할지 모르는 불안정한 지위에 놓이게 되므로, 결국 가압류로 인한 리스크 때문에 그들이 원하는 방향의 거래가 좌절될 수 있고, 이는 경제적 효율의 관점에서 바람직하지 않다.

5. 임대차보증금반환채권에 대하여 추심명령 또는 전부명령이 있는 경우

가. 문제의 소재

앞서 보았듯이 임대차계약의 갱신이 압류의 처분금지효력에 저촉되는 보증금반환채권의 처분행위에 해당한다고 해석하면, 압류채권자가 추심명령 또는 전부명령을 받아 제3채무자인 임대인에게 임대차보증금의 반환을 청구할 때 임대인은 '압류명령을 송달받은 뒤'에 있은 임대차계약의 갱신으로는 추심ㆍ전부채권자에게 대항하지 못함이 당연하다.

한편, 이와 달리 임대차계약의 갱신이 압류의 처분금지효력에 저촉되는 보증금반환채권의 처분행위에 해당하지 않는다고 해석하더라도, 압류채권자가 나아가 추심명령 또는 전부명령을 받은 경우에는 그 효과로써 압류채권자에게 보증금반환채권의 추심권이나 그 채권 자체가 이전하기 때문에, 앞서 채권양도에서 논의한 것과 마찬가지로 제3채무자인 임대인은 '추심명령이나 전부명령을 송달받은 뒤'에 있은 임대차계약의 갱신으로써 추심ㆍ전부채권자에게 대항할 수 없다고 할 것인지 살펴볼 필요가 있다.

나. 판례의 태도

이 쟁점에 관하여 직접적으로 판시한 판례는 아직 없으나, 재판실무에서는 임대차보증금반환채권의 양도에 관한 대법원 1989. 4. 25. 선고 88다카4253, 4260 판결의 법리를 그대로 적용하는 경향으로 파악된다. 즉, 임대차보증금반환채권에 대하여 압류 및 추심명령 또는 압류 및 전부명령이 있는 경우에는 채무자인 임차인과 제3채무자인 임대인 사이에 임대차계약의 갱신이 있다고 하여도 이로써 보증금반환채권에 대한 추심ㆍ전부채권자에게 대항할 수 없다는 것이다.[62] 다만 집행실무에서 추심명령 또는 전부명령은 대부분 압류명령과 함께 신청되고 발령되고 있

62) 서울고등법원 2013. 2. 1. 선고 2012나57752 판결 등 다수의 하급심 재판례가 있다.

기 때문에 그러한 결론이 압류의 처분금지효력을 근거로 한 것인지 아니면 추심명령 또는 전부명령에 따른 추심권 또는 피압류채권의 이전을 근거로 한 것인지는 분명히 파악하기 어렵다.

다. 학설의 논의

(1) 전부명령이 확정되면 제3채무자에게 송달된 때에 소급하여 압류된 채권은 지급에 갈음하여 압류채권자에게 이전되므로(민사집행법 제229조 제3항, 제7항, 제231조), 압류채권자가 전부명령을 받은 경우에는 채권양도에 관한 대법원 1989. 4. 25. 선고 88다카4253, 4260 판결의 법리가 그대로 적용된다는 데 이견이 없다.[63] 즉 압류 및 전부명령이 제3채무자에게 송달된 뒤의 임대차계약의 갱신으로는 전부채권자에게 대항하지 못한다는 것이다. 다만, 그 근거에 관하여는 전부명령의 기초가 되는 압류명령의 효력에서 찾는 견해[64]와 임차인이 집행채권자에 대한 관계에 있어서는 보증금반환채권의 실현에 협력하여야 할 의무를 부담하기 때문이라고 하는 견해[65]가 있다.

(2) 또한, 압류채권자가 추심명령을 받아 그것이 제3채무자에게 송달되면 비록 압류된 채권이 압류채권자에게 이전하는 것은 아니지만 압류채권자가 일종의 추심기관으로서 추심권을 취득하게 되고(민사집행법 제229조 제2항), 채무자는 추심권을 상실하게 되므로,[66] 그 결과는 비슷하다는 것이 일반

63) 김종대, "임차보증금의 법적 성질과 그 전부에 따른 실무상 문제점", 사법논집 제18집(1987), 141쪽; 조무제, "임차보증금반환채권 이전의 법률관계", 사법논집 제18집(1987), 112-113쪽; 양창수, "임대보증금반환채권의 양도와 임대차계약의 묵시적 갱신", 민법연구 제2권(1991), 323쪽; 윤진수, "전부명령의 요건과 효력", 석하 김기수 교수 화갑기념 논문집(1992), 1048쪽; 최승록, "임차보증금반환채권에 대한 전부명령의 효력", 재판자료 제71집(1996), 425-426쪽; 권혁재, "전부금 청구의 요건사실", 민사집행법연구 7권(2011. 2.), 187쪽; 편집대표 민일영, 제4판 주석 민사집행법(Ⅴ), 한국사법행정학회(2018), 620쪽(노재호 집필 부분).

64) 김종대, "임차보증금의 법적 성질과 그 전부에 따른 실무상 문제점", 사법논집 제18집(1987), 141쪽; 조무제, "임차보증금반환채권이전의 법률관계", 사법논집 제18집(1987), 112-113쪽.

65) 윤진수, "전부명령의 요건과 효력", 석하 김기수 교수 화갑기념 논문집(1992), 1048쪽.

66) 견해의 대립은 있지만 통설과 판례의 태도이다. 편집대표 민일영, 제4판 주석 민사집행법(Ⅴ), 한국사법행정학회(2018), 642쪽(노재호 집필 부분) 및 대법원 2000. 4. 11. 선고 99다23888 판결 등 참조.

적인 견해로 보인다.[67)]

라. 검토(=갱신으로 추심 · 전부채권자에게 대항할 수 없음)

(1) 앞서 보았듯이 임대차계약의 갱신은 압류의 처분금지효력에 저촉되는 보증금반환채권의 처분행위에 해당한다고 보아야 하므로, 채무자인 임차인과 제3채무자인 임대인은 '압류명령이 제3채무자에게 송달된 뒤'에 있은 임대차계약의 갱신으로는 추심 · 전부채권자에게 대항하지 못한다.

(2) 나아가 추심명령이나 전부명령이 제3채무자에게 송달된 뒤에는 다음과 같은 이유에서도 임대차계약의 갱신이 제한된다고 보아야 한다.

강제집행이 개시된 경우 채무자는 채권자가 강제집행절차를 통해 채권의 만족을 얻는 데 협력하여야 할 일반적인 의무가 있다. 압류의 효력으로 채권증서 인도의무를 규정하고 있는 민사집행법 제234조는 이를 주의적으로 규정한 것으로 볼 수 있다.[68)] 판례도 조건부채권이나 기한부채권 등 장래의 채권에 대한 전부명령이 확정된 경우 채무자가 집행채권자에 대하여 피압류채권의 조건 성취나 기한 도래를 방해하지 않을 의무가 있다는 취지로 판시한 바 있다.[69)] 따라서 현금화절차에 해당하는 추심명령이나 전부명령이 있으면 채무자는 압류채권자가 곧바로 채권을 추심하여 현금화에 성공할 수 있도록 협력해야 할 의무가 있다고 보아야 한다.[70)]

그렇다면, 임대차보증금반환채권에 대하여 추심명령 또는 전부명령이 있는 경우에는 채무자인 임차인은 임대차가 종료하면 곧바로 추심 ·

---

67) 이재성, "임차보증금반환청구채권의 양도와 그 추심", 성헌 황적인 박사 화갑기념 논문집(1990), 761-762쪽.

68) 윤진수, "전부명령의 요건과 효력", 석하 김기수 교수 화갑기념 논문집(1992), 1048쪽.

69) 대법원 2002. 1. 25. 선고 99다53902 판결.

70) 윤진수, "전부명령의 요건과 효력", 석하 김기수 교수 화갑기념 논문집(1992), 1048쪽은, 집행채무자는 전부채권자가 피전부채권을 실효 있게 회수할 수 있도록 협력하여야 할 이른바 사후적인 성실의무가 있다고 한다. 이에 반하여 전부명령에 따라 피전부채권이 이전됨으로써 집행채권이 이미 소멸하였는데 그 이후에 과연 채무자에게 그와 같은 의무를 법률상 인정할 수 있는지 의문을 제기하는 견해도 있다[손진홍, 채권집행의 이론과 실무, 법률정보센터(2016), 741쪽].

전부채권자가 임대차보증금을 반환받을 수 있도록 협력해야 할 의무가 있으므로, 추심·전부채권자에 대하여 임대차계약을 갱신하지 않을 의무가 있다. 그리고 추심명령 또는 전부명령의 송달을 받은 제3채무자인 임대인으로서도 그와 같은 사정을 알 수 있을 것이므로, 그 송달 후에 임차인과 임대인 사이에 임대차계약의 갱신 합의가 있었다 하더라도 임대인은 추심명령 또는 전부명령 후에 발생한 그와 같은 사유를 이유로 추심·전부채권자에게 대항할 수 없다고 보아야 한다.[71]

Ⅳ. 임대주택에서 임차권의 존속보장에 관한 법리

1. 임대주택 제도의 의의

넓은 의미에서 임대주택은 임대의 목적으로 제공된 모든 주택[72]을 말하나, 이 글에서 다루는 임대주택이란 임대를 목적으로 하는 주택으로서, 공공주택 특별법 제2조 제1호 가목에 따른 공공임대주택과 민간임대주택에 관한 특별법 제2조 제1호에 따른 민간임대주택을 말한다(주택법 제2조 제8호). 그러므로 임대사업자 등록을 하지 않은 사인이 임대차계약을 체결한 주택은 이에 해당하지 않는다.

국가는 주택개발정책 등을 통하여 모든 국민이 쾌적한 주거생활을 할 수 있도록 노력하여야 한다(헌법 제35조 제3항). 주거는 인간다운 생활을 함에 있어 필수적인 요소이므로, 국가는 양질의 임대주택을 제공하는 등 적절한 방법으로 국민의 쾌적한 주거생활을 확보함으로써 국민의 인간다운 생활을 보장할 의무가 있고, 임대주택 관련 법률은 위와 같은 국가의 의무를 실현하기 위한 것이다.[73] 2015. 6. 22. 법률 제13378호로 제정된 주거기본법은 “국민은 관계 법령 및 조례로 정하는 바에 따라 물리적·사

71) 윤진수, “전부명령의 요건과 효력”, 석하 김기수 교수 화갑기념 논문집(1992), 1048쪽.

72) ‘주택’이란 세대의 구성원이 장기간 독립된 주거생활을 할 수 있는 구조로 된 건축물의 전부 또는 일부 및 그 부속토지를 말하며, 단독주택과 공동주택으로 구분한다(주택법 제2조 제1호).

73) 헌법재판소 2015. 11. 26. 선고 2014헌바416 결정.

회적 위험으로부터 벗어나 쾌적하고 안정적인 주거환경에서 인간다운 주거생활을 할 권리를 갖는다."라고 규정하여(제2조) 주거권을 구체적 권리로 인정하는 한편, 국가 및 지방자치단체가 국민의 주거권을 보장하기 위하여 수립·시행할 주거정책의 기본원칙 중 하나로 '주거복지 수요에 따른 임대주택의 우선공급 및 주거비의 우선지원을 통하여 장애인·고령자·저소득층·신혼부부·청년층·지원대상아동 등 주거지원이 필요한 계층의 주거수준이 향상되도록 할 것'을 규정하였다(제3조 제2호).

현재 임대주택 제도는 주로 「공공주택 특별법」과 「민간임대주택에 관한 특별법」에 따라 규율되고 있다.[74] 공공임대주택 및 민간임대주택 중 공공지원민간임대주택은 임차인 자격이 무주택세대구성원[75]으로 제한되어 있는바, 그 입법 목적은 주거 문제를 스스로의 경제력에 의해 해결하기 곤란한 경제적 약자 계층에게 생활에 필수적이고 기본적인 조건인 주거기반을 제공하여 주거생활을 안정시키기 위한 것으로 볼 수 있다.[76]

2. 현행법상 임대주택 제도의 개관

가. 임대주택의 분류

현행법상 임대주택은 공급주체에 따라 크게 '공공임대주택'과 '민간임대주택'으로 나누어진다. 각각에 적용되는 법률도 공공주택 특별법과 민간임대주택에 관한 특별법으로 구분된다.

'공공임대주택'이란 공공주택사업자[77]가 국가 또는 지방자치단체의

74) 1984. 12. 31. 법률 제3783호로 제정된 「임대주택건설촉진법」이 1993. 12. 27. 법률 제4629호로 「임대주택법」으로 개정된 후 20년 이상 지속되어 오던 중, 기존의 「공공주택건설 등에 관한 특별법」이 2015. 8. 28. 법률 제13498호로 전부개정되어 공공주택의 공급·관리 등에 관한 사항을 포함하여 「공공주택 특별법」으로 변경되었고(2015. 12. 29. 시행), 아울러 「임대주택법」이 2015. 8. 28. 법률 제13499호로 전부개정되어 「민간임대주택에 관한 특별법」으로 변경되면서 종전의 공공임대주택에 관한 규정은 공공주택 특별법으로 이관하였다(2015. 12. 29. 시행).

75) 세대원 전원이 주택을 소유하고 있지 않은 세대의 구성원을 말한다(주택공급에 관한 규칙 제2조 제4호).

76) 헌법재판소 2015. 11. 26. 선고 2014헌바416 결정 참조.

재정이나 주택도시기금을 지원받아 건설, 매입 또는 임차하여 공급하는 주택으로서, 임대 또는 임대한 후 분양전환을 할 목적으로 공급하는 주택을 말한다(공공주택 특별법 제2조 제1호 가목). 취득 원인에 따라 '공공건설임대주택'과 '공공매입임대주택'으로 구분된다. 공공주택사업자는 임대의무기간이 지나지 아니하면 원칙적으로 그 주택을 매각할 수 없다(공공주택 특별법 제50조의2 제1항). 공공주택 특별법 시행령은 제2조에서 공공임대주택의 세부 유형을 정하고(공공임대주택 유형별 특징은 별지 표 참조) 제54조 제1항에서 각각의 임대의무기간을 정하고 있다. 예를 들어 대상판결에서 문제 된 국민임대주택은, 국가나 지방자치단체의 재정이나 주택도시기금의 자금을 지원받아 저소득 서민의 주거안정을 위하여 30년 이상 장기간 임대를 목적으로 공급하는 공공임대주택으로서(시행령 제2조 제2호) 임대의무기간은 30년이다(시행령 제54조 제1항 제2호).

'민간임대주택'이란 임대 목적으로 제공하는 주택으로서 임대사업자[78]가 등록한 주택을 말한다(민간임대주택에 관한 특별법 제2조 제1호). 민간임대주택의 필수 개념요소는 '임대사업자가 등록한 주택'이라는 점이다. 취득 원인에 따라 '민간건설임대주택'과 '민간매입임대주택'으로 구분된다. 세부 유형은 종래 세 종류였으나, 민간임대주택에 관한 특별법이 2020. 8. 18. 법률 제17482호로 개정되면서 공공지원민간임대주택[79]과 장기일반민간임대주택[80] 두 종류로 단순화되었다. 현재 임대의무기간은 모두 10년이므로, 임대사업자는 10년의 기간 동안 민간임대주택을 계속 임대하여야 하며, 그 기간이 지나지 아니하면 이를 양도할 수 없음이 원칙이다(민간임대주택에 관한 특별법 제43조 제1항).

77) 공공주택 특별법 제4조(공공주택사업자) 참조. 국가, 지방자치단체, 한국토지주택공사, 주택사업을 목적으로 설립된 지방공사 등이 대표적이다.

78) '임대사업자'란 공공주택 특별법 제4조 제1항에 따른 공공주택사업자가 아닌 자로서 1호 이상의 민간임대주택을 취득하여 임대하는 사업을 할 목적으로 등록한 자를 말한다(민간임대주택에 관한 특별법 제2조 제7호).

79) 임대사업자가 공공의 지원을 받은 민간임대주택을 10년 이상 임대할 목적으로 취득하여 민간임대주택에 관한 특별법에 따른 임대료 및 임차인의 자격 제한 등을 받아 임대하는 민간임대주택을 말한다(민간임대주택에 관한 특별법 제2조 제4호).

80) 임대사업자가 공공지원민간임대주택이 아닌 주택을 10년 이상 임대할 목적으로 취득하여 임대하는 민간임대주택(아파트를 임대하는 민간매입임대주택은 제외한다)을 말한다(민간임대주택에 관한 특별법 제2조 제5호).

나. 임대주택에 관한 임대차계약의 특징

공공임대주택이든 민간임대주택이든 임대주택에 관한 임대차계약은 해당 법률에 따라 ① 임차인의 자격, 선정 방법 제한,[81] ② 임차권의 존속보장,[82] ③ 최초 임대료(임대보증금 및 월 임대료를 말한다)의 상한 제한,[83] ④ 임대료 상승률 제한,[84] ⑤ 표준계약서 사용의무,[85] ⑥ 임차권의 양도, 전대 제한,[86] ⑦ 임차인의 우선 분양전환권[87] 등 광범위한 내용통제를 받는다. 이른바 규제된 계약에 해당하는 것이다.[88]

3. 임대주택에서 임대차계약 갱신[89]거절 사유 제한

가. 개　　관

임대주택은 공공임대주택이든 민간임대주택이든 일정한 임대의무기간 동안에는 매각 등 양도가 제한된다. 임대주택의 임대의무기간 관련 규정은 임대주택 관련 법제의 핵심적인 내용으로서 강행법규에 해당하므로 이를 위반한 사법상 행위는 무효이다.[90] 또한, 공공주택사업자나 임대사업자는 임차인이 의무를 위반하거나 임대차를 계속하기 어려운 경우

---

81) 공공주택 특별법 제48조, 민간임대주택에 관한 특별법 제42조 제1항 제1호 참조. 다만 '장기일반민간임대주택'은 임대사업자가 임차인 자격과 선정 방법을 정하는 데 제한이 없다.

82) 공공주택 특별법 제49조의3 제1항, 민간임대주택에 관한 특별법 제45조 제1항 참조.

83) 공공주택 특별법 제49조 제1항, 시행령 제44조, 민간임대주택에 관한 특별법 제44조 제1항 제1호 참조. 다만, '장기일반민간임대주택'은 임대사업자가 최초 임대료를 정하는 데 원칙적으로 제한이 없다.

84) 공공주택 특별법 제49조 제2항, 민간임대주택에 관한 특별법 제44조 제2항, 제3항 참조.

85) 공공주택 특별법 제49조의2, 민간임대주택에 관한 특별법 제47조 참조.

86) 공공주택 특별법 제49조의4 참조. 민간임대주택은 이에 관한 제한이 없다.

87) 공공주택 특별법 제50조의3 참조. 민간임대주택은 이에 관한 제한이 없다.

88) 이동진, "무효인 보증금·차임 전환약정과 증액된 차임의 연체를 이유로 한 임대차계약 해지", 인권과정의(2017. 8.), 144-145쪽.

89) 공공주택 특별법과 민간임대주택에 관한 특별법은 '갱신' 대신 '재계약'이라는 용어를 사용하고 있으나, 이 글에서는 법문을 인용하는 경우를 제외하고는 통상적인 용례에 따라 '갱신'이라고 표현한다.

90) 대법원 2005. 6. 9. 선고 2005다11046 판결.

등 일정한 사유가 있어야만 임대차계약을 해제 또는 해지하거나 재계약을 거절할 수 있다(공공주택 특별법 제49조의3 제1항, 민간임대주택에 관한 특별법 제45조 제1항). 이로써 공공임대주택이든 민간임대주택이든 임대의무기간 또는 최대거주기간(행복주택의 경우, 이하에서는 따로 구분하지 않는다) 동안 임차권의 존속이 보장된다. 결국 임대주택의 경우에는 임대의무기간이 실질적인 임대차기간에 해당하고, 2년마다 갱신을 하는 것은 차임, 보증금 등 임대차의 조건을 조정하는 단위일 뿐이라고 할 수 있다. 아래에서는 이러한 법리의 형성 과정을 살펴본다.

나. 구 임대주택건설촉진법 시행 당시

구 임대주택건설촉진법 시행규칙 제9조는 "임차인이 다음 각 호의 1에 해당하는 경우에는 임대인은 당해 임대계약을 해지하거나 임대계약의 갱신을 거절할 수 있다."라고 규정하여 임대인이 계약을 해지하거나 갱신을 거절할 수 있는 사유를 임차인에게 귀책사유가 있는 경우로 제한하고 있었다.

위 규정의 해석에 관하여 대법원 1991. 10. 22. 선고 91다22902 판결은 "임대주택건설촉진법의 적용을 받는 임대주택은 그 중의 하나에 해당하는 사유가 있는 경우라야 임대인이 그 임대계약을 해지하거나 임대계약의 갱신을 거절할 수 있고, 그렇지 아니한 경우에는 특별한 사정이 없는 한 임차인이 임대차계약의 갱신을 원하는 때에는 임대인은 임대계약의 갱신을 거절할 수 없고, 당해 임대차계약은 갱신되는 것으로 보아야 할 것이다."라고 판시하여 임대주택에서 임대인의 갱신거절 제한의 법리를 최초로 선언하였다.[91] 다만, 이러한 법리는 임대주택이 분양제한기간 내에 있거나 임대인이 임대주택의 분양제한기간이 만료되었음에도 임대주택을 분양하지 아니하고 계속하여 임대하는 것을 희망하는 경우에

91) 이 판결은 그 밖에도, 임차인이 임대료를 3개월 이상 연체한 경우라도 임대인이 해지권 또는 갱신거절권을 행사하지 아니하고 당해 임대료를 이의 없이 수령한 경우에는 그 이후에 있어서는 이를 이유로 하여 임대차계약의 해지나 임대계약의 갱신을 거절할 수 없다고 판시하였다.

한하여 적용되었다.[92)]

다. 구 임대주택법 시행 당시(2008년 개정 전)

구 임대주택건설촉진법이 1993. 12. 27. 법률 제4629호로 구 임대주택법으로 전부개정되면서 종전에 시행규칙에 있던 임대인의 해지, 갱신거절 제한 규정이 삭제되었다. 대신 구 임대주택법 제18조는 제1항에서 "임대주택에 대한 임대차계약을 체결하고자 하는 자는 건설부령이 정하는 표준임대차계약서를 사용하여야 한다.", 제3항에서 "임대사업자와 임차인은 제1항의 규정에 의한 표준임대차계약서를 사용하여 체결된 임대차계약을 준수하여야 한다."라고 규정하였다. 그리고 표준임대차계약서의 서식은 시행규칙에서 정하였는데, 표준임대차계약서 제10조 제1항은 "임차인이 다음 각 호[93)]의 어느 하나에 해당하는 행위를 한 경우에는 임대인은 이 계약을 해제 또는 해지하거나 임대차계약의 갱신을 거절할 수 있다."라고 되어 있었다.

구 임대주택건설촉진법 시행 당시와 달리 법령에서 직접 임대인의 해제, 해지 또는 갱신거절 사유를 제한하지 않았기 때문에 종래의 판례가 유지될 수 있을지 논란이 있었으나, 대법원 2005. 4. 29. 선고 2005다8002 판결은 "임대주택법의 적용을 받는 임대주택에 관해서는 위 표준임대차계약서 제10조 제1항 각 호 중 하나에 해당하는 사유가 있는 경우라야 임대인이 그 임대차계약을 해지하거나 임대계약의 갱신을 거절할 수 있고, 그렇지 아니한 경우에는 임차인이 임대차계약의 갱신을 원하는 이상 특별한 사정이 없는 한 임대인이 임대차계약의 갱신을 거절할 수 없다고 보아야 한다."라고 판시하면서, 임대주택법 및 그 법이 준용하는 주택

92) 대법원 1994. 1. 11. 선고 93다27161 판결.

93) 구 임대주택건설촉진법 시행규칙 제9조가 정한 사유 외에 '그 밖에 이 표준임대차계약서상의 의무를 위반한 경우' 등 몇 가지가 추가되었다. 한편, 표준임대차계약서 제10조 제1항 제4호에는 임차인이 임대료를 '3월 이상' 연속하여 연체한 경우가 그 해지 등의 사유의 하나로 규정되어 있는데, 대법원 2016. 11. 18. 선고 2013다42236 전원합의체 판결은 매월 임대료 중 일부씩을 3개월 이상 연속하여 연체한 때에도 전체 연체액 합계가 3개월분 임대료 이상이 되는 경우에는 그 해지사유에 해당한다고 판시하였다.

임대차보호법 자체에 갱신거절을 제한하는 규정이 없다는 이유만으로 임대인의 갱신거절 통지가 적법하다고 판단한 원심판결을 파기환송하였다.

그리고 갱신거절 사유로 추가된 '그 밖에 이 표준임대차계약서상의 의무를 위반한 경우'의 해석과 관련하여, 대법원 2005. 7. 22. 선고 2004다45998 판결은 "임대주택법의 적용을 받는 임대주택의 임차인이 임대사업자의 일방적인 임대조건 변경에 동의하지 아니하여 그에 따른 임대사업자의 재계약체결 요구에 응하지 않은 경우, 표준임대차계약상의 의무를 위반한 것으로 볼 수 없다."고 판시하였다.[94)]

라. 2008년 개정 후 구 임대주택법 시행 당시

2008. 3. 21. 법률 제8966호로 전부개정된 구 임대주택법은 기존의 표준임대차계약서 등에 관한 규정을 그대로 두면서, 추가로 제27조 제1항에서 "임대사업자는 해당 임대주택에 거주 중인 임차인이 거짓이나 그 밖의 부정한 방법으로 임대주택을 임대받는 등 대통령령으로 정하는 사항에 해당하는 경우에는 임대차계약을 해제 또는 해지하거나 임대차계약의 갱신을 거절할 수 있다."라고 규정하고, 시행령에서 그 사유로 앞서 본 표준임대차계약서 제10조 제1항의 임대차계약 해제, 해지 또는 갱신거절 사유와 동일한 사유를 규정함으로써(시행령 제26조 제1항), 임대주택에서 임대차계약의 해제, 해지 또는 갱신거절 제한에 관한 논란을 상당 부분 입법적으로 해결하였다.[95)]

마. 2015년 '공공주택 특별법'과 '민간임대주택에 관한 특별법'으로 개편된 이후

공공주택특별법은 제49조의2, 제49조의3에서, 민간임대주택에 관한

---

94) 나아가 비록 임차인이 임대인의 변경된 임대조건에 따른 재계약체결 요구에 응하지 않았다고 하더라도, 임차인이 스스로 임대차계약의 갱신을 거절하는 의사표시를 하거나 표준임대차계약서상의 의무를 위반하지 아니한 이상, 주택임대차보호법에 따라 임대차계약이 묵시적으로 갱신되었다고 보아야 한다고 판단하였다.

95) 갱신거절 사유 중 '표준임대차계약서상의 의무를 위반한 경우'(시행령 제26조 제1항 제8호)의 해석에 관하여는 윤병철, "임대주택법이 적용되는 임대주택에서 임대인이 임대차계약을 해제, 해지 또는 갱신거절할 수 있는 사유", 청연논총(2009), 사법연수원, 73-84쪽 참조.

특별법은 제45조, 제47조에서 각각 표준임대차계약서 사용의무와 임대인의 해제, 해지 또는 재계약 거절 사유 제한을 규정하고 있다. 그 거절사유의 범위가 다소 넓어졌으나 모두 임차인의 의무 위반으로 볼 수 있는 경우라는 점은 변함이 없다.

Ⅴ. 대상판결의 검토 : 임대주택의 보증금반환채권에 대하여 압류 및 추심명령이 있는 경우 임대차계약의 갱신에 관한 문제

1. 전제적 논점: 임대차보증금반환채권에 대한 압류의 효력 범위

민사집행법 제246조 제1항 제6호에 의하면 주택 임차인의 보증금반환채권 중 '주택임대차보호법 제8조, 같은 법 시행령의 규정에 따라 우선변제를 받을 수 있는 금액'은 압류하지 못한다. 이른바 소액임차인에 대하여 최우선변제권이 인정되는 부분을 압류금지채권으로 정한 것이다.

이 사건으로 돌아와 보면, 원고와 피고 사이의 약정 임대차보증금은 24,446,000원이고, 이 사건 아파트가 위치한 광주광역시의 경우 2014. 1. 1. 이후 소액임차인의 기준은 6,000만 원(주택임대차보호법 시행령 제11조 제3호), 최우선변제액은 2,000만 원(같은 시행령 제10조 제1항 제3호)이다. 그렇다면 피고는 소액임차인에 해당하고, 피고의 임대차보증금반환채권 중 2,000만 원 부분은 압류금지채권에 해당하므로, 예금보험공사가 받은 압류 및 추심명령은 나머지 4,446,000원 범위에서만 효력이 있다.[96)]

2. 문제의 소재: 채권집행의 실효성 vs 임차권의 존속 보장

앞서 보았듯이 일반적인 임대차계약에서 보증금반환채권에 대하여 압류 및 추심명령이 있으면 그 이후에 임대차계약을 갱신하더라도 이로

96) 만약 압류 및 추심명령이 제3채무자인 원고에게 송달된 후에 피고가 월 임대료를 연체하여 이를 공제할 경우 보증금 잔액이 2,000만 원 이하가 될 경우에는 압류가 무효로 된다는 견해가 있다[손흥수, 채권집행, 한국사법행정학회(2017), 63쪽]. 다만, 이 사건의 경우에는 위와 같은 사정이 있었던 것으로 보이지 않으므로 일단 위 4,446,000원 범위에서는 예금보험공사의 압류 및 추심명령이 유효한 것임을 전제로 살펴본다.

써 집행채권자에게 대항할 수 없다. 그 경우 임대차계약의 갱신은 집행의 목적물인 보증금반환채권의 신속하고 적정한 현금화를 방해하므로 압류의 처분금지효력에 저촉된다고 보아야 하기 때문이다.

그런데 대상판결의 사안과 같이 임대주택의 경우에는 2년 단위로 임대차계약을 갱신하기는 하지만 저소득층 등의 주거생활의 안정을 위하여 임대인의 갱신거절 사유가 법령상 엄격하게 제한되어 있기 때문에 임대의무기간 동안 임차권의 존속이 보장되어 있다. 그러므로 임대주택의 보증금반환채권에 대하여 압류 및 추심명령이 있는 경우에도 일반적인 임대차계약에서의 법리가 그대로 적용될 수 있는지 문제가 된다. 이는 보증금반환채권에 대한 집행의 실효성 확보와 임대주택 임차인의 주거생활 안정의 이익형량의 문제라 할 수 있다.

3. 대상판결 이전 재판례

대상판결 이전에 하급심에서는 ① 임대인이 갱신을 거절할 수 있다고 한 사례,[97] ② 임대인은 갱신을 거절할 수 없으나, 임대인과 임차인은 임대차계약의 갱신으로 집행채권자에게 대항할 수 없다고 한 사례,[98] ③ 임대인은 갱신을 거절할 수 없고, 임대인과 임차인은 임대차계약의 갱신으로 집행채권자에게 대항할 수 있다고 한 사례[99]가 모두 있었으나, 광주고등법원 2005. 12. 30. 선고 2005나6715 판결(심리불속행기각)을 필두로 하여 주류적인 재판례는 ②와 같은 견해를 취하여 추심채권자가 임대인에게 임대차 종료를 원인으로 보증금반환청구 등을 하면 임대인과 임차인 사이에서도 임대차가 종료한다는 태도를 취하고 있었다.

97) 의정부지방법원 고양지원 2018. 7. 13. 선고 2018가단71959 판결(항소기각, 심리불속행기각).

98) 서울동부지방법원 2006. 8. 23. 선고 2005나7216 판결(확정), 서울중앙지방법원 2007. 6. 14. 선고 2006나26327 판결(확정), 서울중앙지방법원 2020. 6. 12. 선고 2020가합507309 판결(확정) 등 다수.

99) 서울남부지방법원 2014. 2. 6. 선고 2013나51785 판결(확정).

4. 검　토

가. 임대차계약의 갱신 가부(= 긍정)

임차인이 스스로 임대차계약의 갱신을 거절하지 않는 이상 임대인은 보증금반환채권에 대하여 압류 및 추심명령이 있다는 이유로 갱신을 거절할 수 없다고 하여야 한다. 이에 따라 임대인과 임차인 사이에서 갱신계약을 체결하거나 묵시적 갱신이 성립할 수 있다. 그 이유는 다음과 같다.

(1) 임대인의 갱신거절 사유에 해당하지 않음

이 사건 임대차계약은 2014. 12. 무렵 체결되었으므로 2008년 개정 후 구 임대주택법이 적용된다. 구 임대주택법 제27조 제1항은 "임대사업자는 해당 임대주택에 거주 중인 임차인이 거짓이나 그 밖의 부정한 방법으로 임대주택을 임대받는 등 대통령령으로 정하는 사항에 해당하는 경우에는 임대차계약을 해제 또는 해지하거나 임대차계약의 갱신을 거절할 수 있다."라고 규정하고 있었고, 같은 법 시행령 제26조 제1항은 갱신거절 사유를 대상판결의 사실관계에서 본 이 사건 임대차계약 계약일반조건(=표준임대차계약서) 제10조 제1항과 대동소이하게[100] 정하고 있었다.

그런데 임차인의 보증금반환채권에 대하여 압류 및 추심명령이 있다는 사유는 임대인이 갱신을 거절할 수 있는 사유 중 어디에도 해당하지 않는다. 따라서 임차인인 피고가 임대차계약의 갱신을 원하는 이상 특별한 사정이 없는 한 임대인인 원고는 임대차계약의 갱신을 거절할 수 없다.

(2) 임대차계약의 기초가 되는 신뢰관계를 깨뜨리지 않음

실제로도 임대차계약의 갱신을 거절하지 못한다고 하여 임대인에게 어떠한 불이익이 생기는 것은 아니다. 보증금반환채권에 대하여 압류 및 추심명령이 있더라도 임대인은 임대차계약 종료 후에 임차인이 목적물을

---

100) 시행령에서는 그 밖에도 법 제19조의3에 따라 임차인이 제18조의3에 따른 임대주택에 중복하여 입주 또는 계약한 것으로 확인된 경우(2호의2), 분납임대주택의 분납금을 3개월 이상 연체한 경우(4호의2), 임차인이 법 제32조 제5항에 따른 분양전환신청기간 이내에 분양전환신청을 하지 않는 경우(10호)를 정하고 있으나, 이 사건과는 무관하다.

반환할 때까지 그 임대차관계에서 발생하는 임차인의 모든 채무를 공제한 나머지 보증금만 추심채권자에게 지급하면 되기 때문이다.[101] 그리고 만약 갱신 후에 임차인이 월 임대료를 3개월 이상 연속하여 연체하는 등 임차인의 의무를 위반하면 임대인은 표준임대차계약서에 따라 임대차계약을 해지할 수도 있다. 그러므로 보증금반환채권에 대하여 압류 및 추심명령이 있다는 사정만으로 임대인의 임차인에 대한 신뢰의 기초가 깨어졌다고 할 수 없다. 더군다나 임대주택은 원래 저소득층 등 주거지원 필요계층의 주거생활 안정을 보호하기 위한 것이므로 임차인의 경제적 능력이나 신용 상태가 임대차계약의 기초를 이룬다고 보기도 어렵다.

나. 집행채권자에게 대항 가부(=긍정)

일반적인 임대차와 달리 임대주택에 관한 임대차에서는 보증금반환채권에 대하여 압류 및 추심명령이 있더라도 임대인과 임차인은 그 이후에 있은 임대차계약의 갱신으로써 집행채권자에게 대항할 수 있다고 하여야 한다. 구체적인 이유는 다음과 같다.

(1) 임대주택 제도의 목적 측면: 임차인의 주거생활 안정을 우위에 두어야 함

임대주택에 관한 임대차에서 가장 중요한 가치는 임차인의 주거생활 안정이라 할 수 있다. 헌법 제35조 제3항은 국가에게 주택개발정책 등을 통하여 모든 국민이 쾌적한 주거생활을 할 수 있도록 노력하여야 할 의무를 부여하고 있고, 주거기본법 제2조는 국민이 쾌적하고 안정적인 주거환경에서 인간다운 주거생활을 할 권리를 보장하고 있다. 임대주택 관련 법률은 바로 위와 같은 국가의 의무를 실현하고 국민의 주거권을 보장하기 위하여, 주거 문제를 스스로의 경제력에 의해 해결하기 곤란한 경제적 약자 계층에게 생활에 필수적이고 기본적인 조건인 주거기반을 제공하여 주거생활을 안정시키는 것을 목적으로 마련되었다. 따라서 임대주택에 관한 임대차에서 이해관계자들의 이익이 충돌할 때에는 임차인

101) 대법원 1988. 1. 19. 선고 87다카1315 판결 등 참조.

의 주거생활 안정을 가장 우위에 두어야 한다.[102)]

(2) 집행채권자 측면

(가) 강제집행은 다른 공익을 위하여 제한될 수 있음

강제집행은 국가가 강제력을 행사함으로써 사법상 청구권의 실현을 도모하는 절차이나, 국가는 강제집행절차를 마련함에 있어서도 강제집행의 대상이 되는 사회적 약자인 채무자의 생존기반을 보장하기 위한 배려를 하여야 할 의무를 진다. 입법자는 채무자의 인간다운 생활을 보장하고 사회보장·사회복지를 증진하기 위하여 필요한 경우에는 헌법 제37조 제2항이 정하는 기본권 제한의 입법적 한계를 벗어나지 않는 한도 내에서 강제집행을 제한할 수 있다.[103)]

(나) 집행채권자는 임대차계약의 갱신을 충분히 예상할 수 있음

보증금반환채권에 대하여 압류 및 추심명령을 받은 채권자의 이익 역시 보호가치가 있음은 분명하다.[104)] 하지만 채권자가 집행을 할 수 있는 범위는 채무자가 가진 해당 재산의 내적인 한계를 벗어날 수 없다. 예를 들어 판례는 임대차보증금반환채권에 대하여 전부명령이 있는 경우에 제3채무자인 임대인은 전부명령을 송달받아 그 효력이 생긴 뒤에 발생한 연체차임 등 임차인에 대한 채권도 보증금에서 공제할 수 있다는

---

102) 다만 임차인의 주거생활 안정을 얼마만큼 강력하게 보호할 것인지는 임대주택의 유형에 따라 차이가 있을 수 있다. 크게 보면 서민의 주거안정을 목표로 하는 공공임대주택의 임차인을 일반 국민의 주거안정을 목표로 하는 민간임대주택의 임차인보다 더 보호할 필요가 있고, 공공임대주택 중에서도 최저소득 계층의 주거안정을 목표로 하는 영구임대주택, 저소득 서민의 주거안정을 목표로 하는 국민임대주택, 대학생·사회초년생·신혼부부 등 젊은 층의 주거안정을 목표로 하는 행복주택의 순서로 임차인 보호의 필요성이 더 크다고 볼 수 있다. 대상판결의 사안은 '국민임대주택'인 경우였으므로 임차인의 주거생활의 안정이 특히 더 보호되어야 함은 분명하다.

103) 소액임차인의 최우선변제액 범위에서 임대차보증금반환채권을 압류금지채권으로 정한 민사집행법 제246조 제1항 제6호가 합헌이라고 한 헌법재판소 2019. 12. 27. 선고 2018헌마825 결정 등 참조.

104) 판례는 학설상 많은 논란에도 불구하고 장래의 조건부 권리의 성격을 가진 임대차보증금반환채권에 대하여 전부명령을 허용하는 등 임대차보증금반환채권을 목적으로 한 집행을 널리 허용하여 왔다. 최승록, "임차보증금반환채권에 대한 전부명령의 효력", 재판자료 제71집(1996), 416쪽 참조.

태도를 확고하게 취하고 있는데,[105] 이는 보증금반환채권은 원래부터 임대인의 채권이 발생하는 것을 해제조건으로 하는 속성을 가지고 있고, 집행채권자도 충분히 이를 예상할 수 있다고 보기 때문이다. 이러한 관점에서 보면, 임대주택에 관한 임대차에서 집행채권자는 임대차계약의 갱신을 충분히 예상하였다고 보아야 한다. 임대주택의 경우 임대의무기간 동안 임대인의 갱신거절 사유가 없는 한 임대차계약이 2년마다 갱신되는 것이 당연한 전제로 되어 있기 때문이다.

(다) 집행채권자는 임차인의 차임연체 시 임대차계약을 종료시킬 수 있음

임대차보증금반환채권에 대하여 압류 및 추심명령이 있은 후에도 임대차계약의 갱신으로 집행채권자에게 대항할 수 있다고 하면, 갱신 후에 임차인이 고의적으로 차임을 연체할 경우 보증금반환채권의 액수가 감소하는 문제가 발생할 수 있다. 하지만 임차인이 월 임대료를 3개월 이상 연속하여 연체한 경우[106]에는 임대인이 임대차계약을 해지할 수 있도록 임대주택 관련 법령과 표준임대차계약서에 규정되어 있으므로, 임대인이 해지권을 행사하지 않으면 보증금반환채권에 대하여 압류 및 추심명령을 받은 채권자가 임대인에 대한 추심금청구권을 피보전권리로 하여 임대인의 해지권을 대위행사할 수 있다.[107]

(라) 집행채권자는 특별현금화절차를 선택할 수 있음

임대차보증금반환채권에 대하여 압류 및 추심명령이 있은 후에도 임대차계약의 갱신으로 집행채권자에게 대항할 수 있다고 하면, 집행채권자는 갱신된 임대차가 종료할 때까지 임대인에게 임대차보증금의 반환을 청구할 수 없고, 이러한 추심 지연 상황은 임대의무기간이 만료될 때까

105) 대법원 1988. 1. 19. 선고 87다카1315 판결 등 참조.

106) 매월 임대료 중 일부씩을 3개월 이상 연속하여 연체한 때에도 전체 연체액 합계가 3개월분 임대료 이상이 되는 경우에는 그 해지사유에 해당한다(대법원 2016. 11. 18. 선고 2013다42236 전원합의체 판결 참조).

107) 이 경우에는 임대인이 해지권을 행사하지 않음으로써 추심채권자의 추심금청구권이 계속 감소하는 상황에 있으므로 추심채권자가 임대인의 해지권을 대위하여 행사하는 것이 자기 채권의 현실적 이행을 유효·적절하게 확보하는 데 꼭 필요하다. 그러므로 임대인이 무자력이 아니라도 보전의 필요성을 인정하여야 한다.

지 오랫동안 지속될 수 있다. 하지만 그렇다고 하여 집행채권자가 그때까지 무작정 기다려야만 하는 것은 아니다. 민사집행법 제241조는 압류된 채권이 조건 또는 기한이 있는 등의 이유로 추심하기 곤란할 때에 대비하여 채권의 현금화방법으로 추심명령, 전부명령 외에도 특별현금화명령을 규정하고 있으므로 이를 활용할 수 있다.[108)]

(마) 특히 이 사건은 압류의 효력이 미치는 범위가 미미함

앞서 보았듯이 이 사건에서 예금보험공사가 받은 보증금반환채권에 대한 압류 및 추심명령은 압류금지 부분을 제외한 나머지 4,446,000원 범위에서만 효력이 있다. 통상적으로 보증금의 액수가 많지 않은 국민임대주택의 보증금반환채권에 대하여 압류 및 추심명령이 있는 경우에는 다른 사례들도 사정이 크게 다르지 않을 것이다. 이러한 소액의 집행을 이유로 임대차계약의 갱신을 좌절시키는 것은 임대주택의 임차인에게 지나치게 가혹한 결과를 낳을 가능성이 크다.

(3) 임대인 측면

보증금반환채권에 대하여 압류 및 추심명령이 있은 후에 임대차계약의 갱신을 인정하더라도 임대인에게 특별한 불이익이 없다. 임대주택의 임대인은 임대의무기간 동안은 임차인 자격을 갖춘 누군가에게 임대를 하여야 한다. 임차인이 임대주택 관련 법령이 정한 임차인 자격을 갖추고 있는 이상 그러한 사람에게 계속 임대하는 것은 법의 취지에도 부합한다.

(4) 임대차보증금반환채권의 재산적 활용 측면

우리나라에서 보증금반환채권은 임차인에게 상당히 중요한 재산인 경우가 많다. 그리하여 임차인은 보증금반환채권을 양도하거나 담보로 제공하여 투하자본을 회수하거나 자금을 조달하기도 한다. 근래에는 보증금을 처음 조달할 때부터 금융기관이나 대부업자로부터 보증금반환채

---

108) 비록 채무자의 심문을 거쳐야 하고(민사집행법 제241조 제2항), 채권의 평가 절차가 필요할 수도 있으며(민사집행규칙 제163조), 확정되어야 효력을 가지는(민사집행법 제241조 제4항) 등의 단점이 있기는 하지만, 집행채권자가 가급적 신속하게 현금화를 하고자 할 때에는 충분히 선택할 수 있는 방법이다.

권을 담보로 그 80~90%에 해당하는 돈을 빌리는 경우도 흔하다. 그런데 임대주택의 보증금반환채권에 대하여 압류 및 추심명령을 얻은 채권자에게 그 후에 있은 임대차계약의 갱신으로 대항할 수 있다고 하면 채권양수인이나 질권자 등 담보권자의 관계에서도 같은 결론으로 이어질 수 있기 때문에[109] 앞으로 임차인이 보증금반환채권을 양도하거나 담보로 제공하는 데 부정적인 영향을 미칠 수 있다.

하지만 대상판결이 설시하고 있듯이 임대주택의 보증금은 비교적 소액인 경우가 많고 그중에서도 소액임차인의 최우선변제권이 미치는 범위는 압류금지채권에 해당하므로, 그러한 임대차보증금에 대한 반환채권은 채권으로서의 재산적 성격과 담보로서의 중요성이 적어 자금조달수단 기능과 가치를 보장하여야 할 필요성이 크다고 보기 어렵다.

다만 근래에는 중산층을 포괄하는 보편적 주거 복지 개념으로 공공임대주택의 목적이 확장되는 등 임대주택의 유형이 다양해져 보증금반환채권의 자금조달수단 기능과 가치를 일률적으로 위와 같이 평가하기는 어렵다. 공공임대주택 중 영구임대주택, 국민임대주택, 행복주택 등은 대체로 위와 같은 설명이 타당하나,[110] 공공임대주택 중 장기전세주택, 분양전환공공임대주택이나 민간임대주택은 보증금이 수억 원에 이르는 경우도 있다. 특히 민간임대주택 중 장기일반민간임대주택은 최초의 임대차보증금에 대하여 그 상한 규제가 없으므로 임대사업자가 시세에 따라 자율로 정할 수 있음이 원칙이다(민간임대주택에 관한 특별법 제44조 제1항 제2호).

대상판결의 사안은 임대차보증금이 24,446,000원인 국민임대주택인 경우였으므로 보증금반환채권의 재산적 성격과 담보로서의 중요성이 미미하다고 할 수 있으나, 그렇지 않은 사안의 경우에는 임차인의 주거안

---

109) 앞서 보았듯이 대상판결 이후에 선고된 대법원 2020. 7. 9. 선고 2020다223781 판결은 임대차보증금 조달을 위해 그 보증금반환채권을 목적으로 질권을 설정한 사안에서 임대인과 임차인은 묵시적 갱신으로써 질권자에게 대항할 수 있다고 판시하였다.

110) SH서울주택도시공사 홈페이지 자료에 따르면 평균 임대차보증금이 영구임대주택은 1,900,000원, 국민임대주택은 37,000,000원이라 한다.

정을 더 보호하는 해석이 보증금반환채권의 재산적 활용에 부정적 영향을 줄 것임은 분명하다. 임대주택의 보증금반환채권은 임대의무기간이 만료할 때까지 행사할 수 없는 위험이 내재되어 있는 것이 되기 때문에 이를 양수하는 자나 이를 담보로 금융을 제공하는 자는 그러한 리스크를 반영하여 보증금반환채권의 재산적 가치를 평가하게 될 것이다. 예컨대 임대주택의 임차인에게 돈을 빌려주고 보증금반환채권을 담보로 취득하는 자는 보증금 대비 대출금 비율을 현행보다 낮출 가능성이 있다. 하지만 이 정도의 사정을 들어 임대주택 임차인의 주거안정에 역행하는 해석을 택하는 것은 옳지 않다. 임차인의 주거생활 안정이라는 근본적인 가치를 위해서라면 이에 따라 발생하는 위와 같은 정도의 부정적 영향은 불가피하다고 생각된다.

Ⅵ. 대상판결의 논의 확장: 임대주택의 보증금반환채권에 대하여 채권양도, 질권설정이 있는 경우[111)·112)]

앞에서 살펴 본 임대주택 임차인과 보증금반환채권에 대한 집행채권자 사이의 이익형량은 임차인이 보증금반환채권을 양도하거나 이를 목적으로 질권을 설정한 경우에도 대체로 그대로 적용될 수 있다. 따라서 임대주택의 임대인과 임차인은 보증금반환채권의 양도나 질권설정 통지가 있은 뒤에도 임대차계약을 갱신할 수 있고, 이로써 양수인과 질권자에게 대항할 수 있다고 보아야 한다. 이를 민법의 해석론의 관점에서 보면, 임대주택에 관한 임대차의 경우에는 임대의무기간 내에서 임차권의 존속이 법률상 보장되어 있으므로 '임대차계약 갱신의 기초가 되는 원인'이

---

111) 앞서 가압류나 채권자대위권의 경우에는 일반적인 임대차에서도 계약의 갱신으로써 가압류채권자나 대위채권자에게 대항할 수 있다고 보았기 때문에 여기서 더 논의하지 않는다.

112) 대상판결의 논리가 임차인에게 계약갱신요구권이 인정되는 '임대주택 아닌 주택'이나 '상가건물'의 임대차에도 적용될 수 있는지 문제 되나, 필자는 긍정적으로 생각하고 있다. 이 점에 관하여는 각주 1)에서 언급한 법원도서관 간행 재판자료집 제141집(민사집행법실무연구) 참조.

양도통지나 질권설정통지가 있기 전에 이미 존재하였고(민법 제451조 제2항, 제349조 제2항 관련), 또 임대차계약의 갱신이 질권자의 이익을 해하는 변경에 해당하지 않는다(민법 제352조 관련)고 설명할 수 있다.

무엇보다도 임대주택에 관한 임대차에서 보증금반환채권에 대한 양수인이나 질권자는 임대의무기간 내에서 임대차계약이 계속 갱신될 수 있음을 충분히 예상할 수 있기 때문에 설령 임대차기간이 만료하면 곧바로 보증금반환채권을 행사할 수 있을 것이라 믿었더라도 이를 보호가치 있는 정당한 신뢰라고 평가하기 어렵다. 이는 채권양도나 질권설정 당시 양수인·질권자가 임차인과 사이에 '임차인은 양수인·질권자의 동의 없이 임대차계약의 갱신을 하지 않기로' 특약을 하였더라도 마찬가지라고 보아야 한다. 임대의무기간 동안 임차권의 존속을 보장하는 규정은 임차인의 주거생활의 안정을 목표로 하는 임대주택 관련 법령의 가장 핵심적이고 근본적인 내용이므로, 그에 위배되는 약정은 양수인·질권자와 임차인 사이에서 일정한 효력이 있음은 별론으로 하더라도 이에 따른 양수인·질권자의 신뢰가 법질서 전체의 관점에서 보호가치가 크다고 할 수는 없기 때문이다.[113] 또한 위와 같은 특약은 양수인·질권자와 임차인 사이에서 이루어진 것이어서 임대인에게는 효력이 없으므로 양수인·질권자가 임대인을 상대로 보증금의 반환을 청구하거나, 임대인을 대위하여 임차인에게 목적물의 반환을 청구할 때에는 위와 같은 특약을 원용할 수도 없다. 대상판결 이후에 선고된 대법원 2020. 7. 9. 선고 2020다223781 판결도, 국민임대주택의 보증금반환채권에 대한 질권자가 임대인을 대위하여 임차인에게 임대차기간 만료를 원인으로 목적물의 반환을 청구한 것에 대하여 임차인이 묵시적 갱신을 주장하자 위와 같은 특약을 들어 갱신의 효력을 다툰 사안에서, 그 특약에도 불구하고 임차인은 임대차계

113) 판례는 구 임대주택법(2008. 2. 29. 법률 제8852호로 개정되기 전의 것)에서 공공건설임대주택의 임대보증금과 임대료의 상한을 정한 규정은 그 법령 제정의 목적과 입법 취지 등에 비추어 그에 위반되는 약정의 사법적 효력을 제한하는 효력규정으로 보아야 한다고 판시하였다(대법원 2016. 11. 18. 선고 2013다42236 전원합의체 판결).

약의 갱신으로써 질권자에게 대항할 수 있다는 취지로 판단하였다.

Ⅶ. 결 론

일반적인 임대차계약에서, 보증금반환채권이 양도된 경우 그 통지가 있은 후의 임대차계약 갱신으로 양수인에게 대항할 수 없다고 한 종전의 판례 법리는 양수인의 정당한 신뢰를 보호하기 위한 것으로서 여전히 타당하다. 이는 보증금반환채권을 목적으로 질권이 설정된 경우에도 마찬가지이고, 보증금반환채권에 대하여 압류 및 추심·전부명령이 있는 경우에도 압류의 처분금지효력에 따라 같은 결론이 도출된다.

하지만 종전의 판례 법리는 임대주택, 그중에서도 특히 공공성이 높은 영구임대주택, 국민임대주택 등의 경우에는 적용되지 않는다고 보아야 한다. 임대주택 관련 법령은 국민의 주거권을 보장하기 위한 것으로 임대주택에 관한 임대차는 일반적인 임대차와 달리 임대의무기간 동안 임차권의 존속이 보장되어 있으므로 그 보증금반환채권에는 임대차계약이 갱신될 수 있다는 제한이 내재되어 있다고 할 것이고, 이러한 보증금반환채권에 대하여 채권양도, 질권설정, 압류 및 추심·전부명령 등 이해관계를 맺는 제3자는 임대차계약의 갱신을 충분히 예상하였다고 보아야 하기 때문이다. 이러한 점에서 대상판결의 태도는 타당하다고 생각한다.

다만 중산층을 포괄하는 보편적 주거 복지 개념으로 공공임대주택의 목적이 확장되는 등 임대주택의 유형 및 임차인의 자격조건(소득, 자산 등)이 점점 다양해지고 있는 상황에서, 대상판결의 태도가 공공성이 비교적 낮은 다른 임대주택, 나아가 임차인의 계약갱신요구권이 인정되고 있는 '임대주택이 아닌 주택'의 임대차나 '상가건물'의 임대차에도 적용될 수 있는지는 앞으로 보다 심도 있는 연구가 필요할 것이다.

[별　　지]

공공임대주택 유형별 특징

구분		영구임대	국민임대	장기전세	공공임대 (5년/10년/분납)	행복주택
① 임대기간		50년	30년	20년	5년/10년	30년 (입주계층에 따라 거주기간 상이)
② 공급조건		보증금+임대료 (시세 30% 수준)	보증금+임대료 (시세 60~80% 수준)	전세금 (시세 80% 수준)	보증금+임대료 (시세 90% 수준)	보증금+임대료 (시세 60~80% 수준)
③ 공급규모		40㎡ 이하	85㎡ 이하 (통상 60㎡ 이하)	85㎡ 이하 (통상 60㎡ 이하)	85㎡ 이하	60㎡ 이하
④ 공급대상		생계급여 또는 의료급여 수급자 등 [소득 1분위]	무주택세대구성원 [소득 2~4분위]	무주택세대구성원 [소득 3~4분위]	무주택세대구성원 [소득 3~5분위]	무주택세대구성원/무주택자 [소득 2~5분위]
⑤ 자산 기준	적용대상	-	모든 공급유형	모든 공급유형	모든 공급유형 [단, 기타특별 제외]	모든 공급유형
	금액기준	-	총자산: 28,800만원 이하 자동차: 2,468만원 이하	부동산: 21,550만원 이하 자동차: 2,764만원 이하	부동산: 21,550만원 이하 자동차: 2,764만원 이하	총자산: 28,800만원 이하 자동차: 2,468만원 이하
⑥ 소득 기준	적용대상	-	모든 공급유형	모든 공급유형	신혼, 생애최초, 다자녀, 노부모 일반(60㎡ 이하)	모든 공급유형 (단, 주거급여수급자 제외)
	금액기준	-	60㎡ 이하: 70% 이하 85㎡ 이하: 100% 이하	60㎡ 이하: 100% 이하 85㎡ 이하: 120% 이하	신혼, 생애, 일반: 100% 이하 다자녀, 노부모: 120% 이하	100% 이하 (사회초년생: 본인 80% 이하, 세대 100% 이하)
⑦ 공급 유형	일반	• 일반 공급 - (자격) 생계급여 또는 의료급여 수급자, 국가유공자 등 - (선정) 지자체의 추천을 받은 자	• 일반 공급 - (자격) 해당지역 거주 무주택세대구성원 - (선정) 순위, 자녀수, 배점 등에 따라 선정 ※ 50㎡ 이하: 지역으로 순위 구분 ※ 50㎡ 초과: 주택청약종합저축으로 순위 구분		• 일반 공급 - (자격) 해당지역 거주 무주택세대구성원 - (선정) 입주자저축(청약저축, 주택청약종합저축) 순위·순차	• 일반 공급 - (자격) 대학생(취준생 포함), 사회초년생(재취준생 포함), 신혼부부(예비신혼부부, 대학생·취준생 신혼부부 포함), 고령자, 주거급여수급자, 산업단지 근로자 - (선정) 추첨으로 선정
	특별·우선	• 수급자 선정기준의 소득인정액 이하인 국가유공자 등 • 귀환국군포로 • 수급자 신혼부부 -	• 3자녀 이상 가구 - (자격) 미성년 자녀 3명 이상인 자 - (선정) 배점기준에 따라 점수가 높은 자 • 국가유공자 - (자격) 국가유공자 - (선정) 국가보훈처의 추천 • 영구임대 입주자 - (자격) 영구임대 거주자 - (선정) 배점기준에 따라 점수가 높은 자 • 비닐간이공작물 거주자 - (자격) 비닐하우스 거주자 등 - (선정) 배점기준에 따라 점수가 높은 자 • 신혼부부 - (자격) 혼인기간 5년 이내 - (선정) 순위 경쟁시 주택건설지역 거주자, 자녀수가 많은 자 순 • 사업지구 철거민 - (자격) 사업지구내 철거 주택 소유자 또는 세입자 등 - (선정) 사업주체, 지자체 등의 추천 • 기타 공급대상 - (자격) 고령자, 노부모부양자, 장애인, 파독근로자 등 - (선정) 배점기준에 따라 점수가 높은 자		• 3자녀 특별 - (자격) 미성년 자녀 3명 이상인 자 - (선정) 3자녀 배점기준에 따라 점수가 높은 자 • 신혼부부 특별 - (자격) 혼인기간 5년 이내 신혼부부 - (선정) 자녀수가 많은 자(이후 추첨) • 생애최초 특별 - (자격) 최초로 주택을 구입하는 자 - (선정) 추첨 • 노부모부양 특별 - (자격) 65세 이상 노부모 3년 이상 부양 - (선정) 순위·순차 • 국가유공자 특별 - (자격) 국가유공자 - (선정) 국가보훈처의 추천 • 기타 특별 - (자격) 장애인, 철거민 등 - (선정) 관계기관의 추천	• 대학생(취준생 포함) - (자격) 해당지역 대학교 재학생 등 - (선정) 지역, 배점 등 • 사회초년생(재취준생 포함) - (자격) 소득활동합산기간 5년 이내 해당지역 소득활동 중인 자 - (선정) 지역, 배점 등 • 신혼부부(예비신혼부부, 대학생·취준생신혼부부 포함) - (자격) 혼인합산기간 7년 이내 해당지역 소득활동 중인 신혼부부 등 - (선정) 지역, 배점 등 • 고령자 - (자격) 만 65세 이상 무주택세대구성원 - (선정) 지역, 배점 등 • 주거급여수급자 - (자격) 무주택세대구성원인 수급권자 또는 수급자 - (선정) 지역, 배점 등 • 산업단지근로자 - (자격) 해당 지역 산업단지 입주 기업 및 교육, 연구기관 재직자 등 - (선정) 지역, 배점 등

출처 : https://www.myhome.go.kr/hws/portal/cont/selectContRentalView.do#guide=RH101
(마이홈포털 임대주택 소개, 2020. 12. 31. 최종 방문)

[Abstract]

Renewability of Lease Agreement Where Lessee's Deposit Claim Is Subject to an Order for Seizure and Collection

Roh, Jae Ho*

The judgment of the Supreme Court for the study concluded that even if there is a seizure and collection order for the deposit refund claim in the lease for rental housing, the lessor and the lessee can renew the lease agreement, thereby confronting the execution creditor.

In the case of a general lease agreement, the previous Supreme Court's case law is that if the deposit refund claim is transferred and it is notified to the lessor, after that, even if the lessor and the lessee renew the lease agreement, it has no effect on the transferee. This case law is still valid because it is intended to protect the legitimate trust of the transferee. This is the same even when a pledge is set for the deposit refund claim. In addition, when there is a seizure and collection/assignment order for the deposit refund claim, the same conclusion is drawn according to the prohibition effect of seizure, that is, if the claim is seized, the debtor cannot dispose of the seized claim.

However, this previous case law should not apply to rental housing, especially permanent rental housing and national rental housing, which are highly public. Rental housing-related laws and regulations are intended to secure the right of residence for the people who do not own a home, and unlike general leasing, leasing related to rental housing guarantees the con-

* Presiding Judge, Gwangju District Court.

tinuation of the lease right during the mandatory rental period. Therefore, in the deposit refund claim of the lease for rental housing, there is an inherent restriction that the lease agreement will be renewed within the mandatory rental period unless there is a legitimate reason for refusal of renewal, and those who have transferred, pledged, or seized these deposit refund claims are fully expected the renewal of lease agreement. For these reasons, I think the conclusion of the Supreme Court decision for the study is correct.

[Key word]

- disposition of the contract that is the cause of the claim
- prohibition of disposal due to seizure
- renewal of lease agreement
- rental housing
- restriction of disposal due to provisional seizure
- restriction of refusal to renew lease agreement
- transfer of the deposit refund claim
- housing rights

참고문헌

[단 행 본]

편집대표 김용덕, 제5판 주석 민법(물권 3), 한국사법행정학회(2019).

편집대표 민일영, 제4판 주석 민사집행법(Ⅴ), 한국사법행정학회(2018).

______, 제4판 주석 민사집행법(Ⅶ), 한국사법행정학회(2018).

박준의, 신채권집행실무, 유로(2016).

법원행정처, 사법보좌관 실무편람 Ⅱ (2015).

손진홍, 채권집행의 이론과 실무, 법률정보센터(2016).

손흥수, 채권집행, 한국사법행정학회(2017).

양창수/권영준, 권리의 변동과 구제(제2판), 박영사(2015).

이시윤, 신민사집행법, 박영사(2016).

임진욱, 임대주택 관련법 해설, 북랩(2018).

[논문 등]

권혁재, "전부금 청구의 요건사실", 민사집행법연구 제7권(2011. 2.).

김동훈, "채권압류 후 기초적 계약관계의 처분의 효력", 민사법학 제61호 (2012. 12.).

김성배, "10월 1일 부동산대책 중 임대주택정책과 관련 법제도에 대한 검토", 토지공법연구 제89집(2020. 2.).

김 송, "채권압류 후 계약인수에 의한 채권양도의 효력", 재산법연구 제33권 제3호(2016. 11).

김영두, "점포임차인의 영업보호에 관한 연구", 민사법학 70호(2015. 3.).

김제완, "상가건물임대차보호법의 문제점", 비교사법 제9권 제1호, 한국비교사법학회(2002).

김종대, "임차보증금의 법적 성질과 그 전부에 따른 실무상 문제점", 사법논집 제18집(1987).

노재호, "민사집행절차와 소멸시효중단", 민법논고(윤진수 교수 정년기념 논문집), 박영사(2020).

손흥수, "채권집행절차와 제3채무자", 법조 제729호(2018. 6.).

송인권, "가압류의 처분금지 효력에 관한 몇 가지 문제", 법조 제55권 제12호(2006. 12.).

심승우, "채권자대위권 행사로 제한되는 채무자의 처분행위", 민사판례연구 제36권(2014).

양창수, "임대보증금반환채권의 양도와 임대차계약의 묵시적 갱신", 민법연구 제2권(1991).

______, "債權假押留 후 債務者와 第3債務者 간의 契約關係 消滅에 관한 合意의 效力", 민법연구 제5권(1999. 6.).

오종근, "합의해제의 효과", 민사법학 제59호(2012. 6.).

윤병철, "임대주택법이 적용되는 임대주택에서 임대인이 임대차계약을 해제, 해지 또는 갱신거절할 수 있는 사유", 청연논총(2009), 사법연수원.

윤진수, "전부명령의 요건과 효력", 김기수화갑기념논문집(1992).

이계정, "채권자대위권의 행사와 전부명령의 효력", 법조(2018. 4.).

이동진, "무효인 보증금·차임 전환약정과 증액된 차임의 연체를 이유로 한 임대차계약 해지", 인권과정의(2017. 8.).

이무상, "부동산 가압류의 처분제한적 효력", 법학논총 제31권 제2호(2007. 12.), 단국대학교.

이은영, "채권자대위권행사에 의한 처분금지효에서 '처분'의 의미", 법학논고 제40집(2012. 10.), 경북대학교 법학연구원.

이재성, "임차보증금반환청구채권의 양도와 그 추심", 성헌 황적인 박사 화갑기념 논문집(1990).

이재찬, "채권자대위소송과 민사집행법상 금전채권에 대한 강제집행제도의 선후관계에 관한 연구", 사법논집 제63집, 법원도서관(2017).

임혜진, "전세보증금반환채권에 권리질권을 설정하고 질권자에게 대항력까지 갖추어 준 임차인이 전세보증금을 직접 반환받은 경우, 배임죄의 성립 여부", 대법원판례해설(2016년 상).

전한덕, "보험계약에 대한 압류시 보험계약자와 제3채무자의 보험계약해지 가부에 관한 소고", 외법논집 제41권 제4호(2017. 11.), 한국외국어대학교 법학연구소.

정성윤, "가압류와 압류의 효력-처분금지효와 개별상대효를 중심으로", 법학논총 제30권 제1호(2013), 한양대학교 법학연구소.

조무제, "임차보증금반환채권 이전의 법률관계", 사법논집 제18집(1987).

주기동, "가압류의 처분금지적 효력", 재판자료 제45집(1989).
최명규, "전부명령의 효력", 서울지방변호사회 판례연구 제4집(1991).
최승록, "임차보증금반환채권에 대한 전부명령의 효력", 재판자료 제71집(1996).
하상혁, "가압류 후에 성립한 유치권으로 가압류채권자에게 대항할 수 있는지 가부", 대법원판례해설 제89호.
한기택, "임차보증금반환채권을 양수한 자의 임대인의 임차인에 대한 목적물 명도청구권의 대위행사", 민사판례연구 제12권(1990).

[웹사이트]
https://www.myhome.go.kr/hws/portal/cont/selectContRentalView.do#guide=RH101 (마이홈포털 임대주택 소개, 2020. 12. 31. 최종 방문)

상가건물의 임대차에 있어 계약갱신요구권과 권리금 회수기회 보호규정 사이의 관계

황 용 남*

■요 지■

1970년대 이후 산업화에 따른 인구의 도시집중화 현상, 상업용 건물의 공급 부족 등으로 인해 대한민국 특유의 권리금 관행이 확립되었다. 이에 따라 상가건물의 임대차에 있어 대부분의 임차인들은 신규임차인이 되려는 자에게 자신이 집적한 유·무형 자산을 넘겨주고, 권리금 명목으로 일정한 대가를 지불받음으로써 영업적 이익을 회수하고 있다. 그런데 종전까지 위와 같은 관행을 뒷받침할 만한 제도적 장치는 존재하지 않았다. 상가건물 임대차보호법이 상가임차인으로 하여금 계약갱신요구권을 행사하도록 함으로써 임대차 존속기간을 보장하고 있었지만, 그것만으로는 상가임차인을 보호하기에 충분하지 않다는 비판이 끊이지 않았다. 이에 국회는 권리금 회수기회를 보호하는 형태로 상가건물 임대차보호법을 개정하였다.

권리금 회수기회 보호규정은 2015. 5. 13.부터 시행되었다. 하지만 상당수의 하급심 판결은 전체 임대차기간이 5년의 존속기간 이내인 경우에만 임대인이 권리금 회수기회를 보호할 의무를 부담한다고 판시하였다. 사회 각계 각층에서 그와 같은 해석론이 상가임차인을 보호하는 데 지장을 초래한다는 등의 비판이 터져 나왔다. 결국 대법원은 대상판결에서 전체 임대차기간이 5년의 존속기간을 경과한 경우에도 임대인은 여전히 권리금 회수기회를 보호

---

* 대구지방법원 서부지원 판사.

할 의무를 부담한다고 판단하였다. 이로써 상가건물의 임대차에 있어 계약갱신요구권과 권리금 회수기회 보호규정 사이의 관계에 관한 혼란은 명료하게 정리되었다.

본 논문은 권리금의 개념, 상가건물 임대차보호법의 연혁과 내용, 외국의 입법례 등을 두루 살펴보았다. 그런 다음 법률의 문언과 입법 취지, 상가임차인 보호의 필요성을 토대로 축소해석의 가능성이 있는지, 계약갱신요구권만으로 상가임차인이 충분히 보호된다고 볼 수 있는지, 임대인의 사용·수익권이 제한되는 문제는 어떻게 바라볼 것인지 등을 검토하였다. 그 결과 대상판결은 타당하며, 계약갱신요구권의 행사 기간이 10년으로 연장된 현재의 법제 아래에서도 동일하게 적용되어야 한다는 결론에 이르렀다. 다만, 지금의 권리금 회수기회 보호규정은 여러 가지 부작용을 야기할 위험을 내재하고 있으므로, 향후 적절한 입법을 통하여 상가건물 임대차보호법의 체계를 정리할 필요가 있다고 생각한다.

[주 제 어]
• 상가임차인의 보호
• 권리금
• 임대차 존속기간

대상판결 : 대법원 2019. 5. 16. 선고 2017다225312, 2017다225329 판결

[사실관계 및 판결의 요지]

Ⅰ. 사실관계

1. 임대차계약의 체결 및 갱신

원고(반소피고, 이하 '원고'라 한다)는 2010. 10. 1. 피고(반소원고, 이하 '피고'라 한다)와의 사이에, 원고가 피고로부터 피고 소유의 3층 건물 중 지층 73.38㎡와 1층 60.42㎡(이하 '이 사건 상가'라 한다)를 임대차보증금 70,000,000원, 월 차임 2,350,000원(부가가치세 별도, 월세는 후불로 지급), 임대차기간 2010. 10. 8.부터 2012. 10. 7.까지로 정하여 임차하는 내용의 임대차계약(이하 '이 사건 임대차계약'이라 한다)을 체결하고, 그 무렵 피고에게 임대차보증금을 지급한 다음 이 사건 상가를 인도받아 그곳에서 음식점을 운영하여 왔다. 이후 원고와 피고는 2012. 10. 7. 이 사건 임대차계약의 차임을 월 2,550,000원으로, 계약기간을 2014. 10. 7.까지로 변경하는 외에는 동일한 조건으로 이 사건 임대차계약을 갱신하였고, 2014. 10.경 동일한 조건으로 1년간 이 사건 임대차계약을 갱신하였다.

2. 원고의 권리금 계약 체결 및 피고의 임대차계약 체결 거절

원고는 임대차기간이 만료되기 전인 2015. 7. 16.경 소외인과의 사이에, 원고가 신규임차인이 되려는 자인 소외인에게 이 사건 상가에서의 영업시설, 비품 일체를 권리금 145,000,000원에 양도하기로 하는 내용의 권리금 계약을 체결하였다. 원고는 피고에게 소외인과 새로운 임대차계약을 체결하여 줄 것을 요청하였으나, 피고는 노후화된 건물을 재건축 또는 대수선을 할 계획을 가지고 있다는 등의 이유를 들어 소외인과 새로운 임대차계약을 체결하지 않았다.

3. 이 사건 소의 제기[1)]

원고는 '피고가 원고가 주선한 자로서 신규임차인이 되려는 소외인과의

---

1) 본 사안에서 원고는 본소로서 임대차보증금 반환청구 및 권리금 회수 방해로 인한 손해배상청구를 제기하였으며, 피고는 반소로서 임대차목적물 인도청구 및 차임 상당의 부당이득금 반환청구를 제기하였다. 이하에서는 그중 대상판결에서 쟁점으로 삼은 사항(본소청구 중 권리금 회수 방해로 인한 손해배상청구 부분)에 국한하여 검토하기로 한다.

사이에 임대차계약을 체결하는 것을 거절함으로써, 원고가 소외인과의 권리금 계약에 따라 권리금을 받는 것을 방해하였다'고 주장하면서, 피고를 상대로 구 상가건물 임대차보호법(2018. 10. 16. 법률 제15791호로 개정되기 전의 것, 이하 위 법률의 명칭을 '상가임대차법'으로 약칭하며, 필요한 경우 2018. 10. 16. 법률 제15791호로 개정되기 이전의 상가임대차법을 '구 상가임대차법'으로, 2018. 10. 16. 법률 제15791호로 개정된 이후의 상가임대차법을 '현행 상가임대차법'으로 각 구분하여 표시하기로 한다) 제10조의4 제1, 3항에 따라 권리금 회수 방해로 인한 손해배상을 청구하는 취지의 소송을 제기하였다.

Ⅱ. 소송의 경과

1. 제1심판결[2)]

제1심법원은 피고가 이 사건 임대차계약의 종료를 앞둔 시점에 소외인과의 임대차계약 체결을 거부하였으므로, 특별한 사정이 없는 한 원고에게 구 상가임대차법 제10조의4 제3항에 따라 손해를 배상할 책임이 있다고 판단하였다.

이에 대하여 피고는 소외인과의 임대차계약 체결을 거절한 것이 구 상가임대차법 제10조의4 제1항 제4호 소정의 '정당한 사유'가 있다고 항변하였으며, 제1심법원은 이러한 피고의 항변을 받아들였다. 제1심법원이 든 주요 논거는 ① 원고가 '신규임차인이 되려는 소외인의 보증금 및 차임을 지급할 자력 또는 그 밖에 임차인으로서의 의무를 이행할 의사 및 능력'에 관한 정보를 전혀 제시하지 아니하였고, 이를 피고에게 별도로 고지한 바도 없는 점, ② 소외인이 이 사건 상가에서 영업을 하기 위한 구체적인 계획을 세우거나 피고와 임대차계약의 조건을 모색하기 위한 노력을 전혀 하지 않은 점 및 ③ 구 상가임대차법 제10조의4 제5항의 규정이다.

결국 제1심법원은 본소청구 중 권리금 회수 방해로 인한 손해배상청구를 받아들이지 않았다. 원고는 2016. 10. 24. 위 판결에 불복하여 항소하였다.

---

2) 서울남부지방법원 2016. 10. 13. 선고 2016가합104853, 2016가합104860 판결.

2. 원심판결[3)]

원심법원은 구 상가임대차법 제10조의4 제1항 단서에 의하여 임대인이 임차인의 계약갱신요구를 거절할 수 있거나 임차인이 임대인에게 계약갱신요구권을 행사할 수 없는 경우에는 구 상가임대차법 제10조의4 제1항 본문이 적용되지 않는다고 전제하였다.

원심법원이 든 주요 논거는 ① 구 상가임대차법 제10조의4가 2015. 5. 13. 법률 제13284호로 개정되면서 신설된 조항으로 임차인은 임차목적물을 중심으로 형성한 영업적 이익을 보호받게 된 반면, 임대인은 자신이 원하는 임차인과 계약을 체결하거나 자신이 원하는 방식으로 임대차목적물을 활용할 자유에 일정한 제한을 받을 수밖에 없게 되었는데, 오히려 이로 인해 임대인이 상가건물의 임대차계약을 체결할 때 위와 같은 제한을 보상받을 수 있는 조건을 제시하게 되고 이로 인하여 결국 임차인의 지위가 불안정해질 수 있는 위험성을 배제할 수 없어, 위 조항의 신설로 오히려 상가임대차법의 본래의 입법 취지에 반하게 될 우려가 있는 점, ② 구 상가임대차법 제10조 제1항, 제2항의 전체적인 취지상 상가임대차법이 예정한 임차인의 영업이익의 보호를 위한 최대한의 기간은 5년이라고 보아야 할 것이고, 구 상가임대차법 제10조의4 역시 임차인의 영업이익의 보호를 위한 규정으로서 그 기간을 당초에 규정되어 있던 구 상가임대차법 제10조 제1, 2항과 달리 볼 근거가 없는 점, ③ '임차인이 계약갱신요구권이 있음에도 불구하고 임대인이 구 상가임대차법 제10조 제1항 각 호의 사유를 들어 갱신요구를 거절할 수 있는 경우'와 '임차인이 5년의 임대차기간을 채워 더 이상 계약갱신요구권을 가지고 있지 않는 경우' 중 후자를 전자보다 더 두텁게 보호하여 줄 합리적인 근거를 찾기도 어려운 점, ④ 임차인이 임대차계약의 갱신을 통하여 5년의 기간을 보장받은 경우 임대인은 임차인에 대하여 더 이상 계약갱신을 하여 줄 의무가 없음에도 불구하고, 위 경우에도 구 상가임대차법 제10조의4 제1항 본문이 적용된다고 보아, 임차인이 주선한 신규임차인과의 계약 체결을 정당한 사유 없이는 거절할 수 없다고 한다면, 임대인으로서는 사실상 구 상가임대차법 제10조 제2항이 정한 계약갱신의무를 면할 수 있는 자유를 행사할 수 없는 결과가 되어, 임대인의 사용, 수익권한의 과도한 제한을 막기 위하여

3) 서울고등법원 2017. 4. 12. 선고 2016나2074621, 2016나2074638 판결.

구 상가임대차법 제10조 제2항을 둔 취지가 몰각되는 점이다.

이에 따라 원심법원은, 원고가 소외인과 권리금 계약을 체결한 당시에는 구 상가임대차법 제10조 제2항에 의하여 더 이상 피고에 대하여 임대차계약의 갱신을 요구할 수 없었던 상황이었으므로 피고가 구 상가임대차법 제10조의4 제1항에 의하여 원고의 권리금 회수기회 보호의무를 부담하는 경우에 해당하지 않는다고 판단하였다. 아울러 원심법원은 가사 이와 달리 보더라도, 원고가 2016. 8.초 이 사건 상가에서 사용하던 영업시설, 비품을 이 사건 상가 바로 인근의 점포로 이전하여 같은 상호로 음식점을 개업하여 장사를 계속하고 있는 사실이 인정되며, 기존의 영업시설, 거래처, 상권, 지리적 조건 등과 거의 유사한 상태로 영업을 계속함으로써 권리금의 취득에 상응하는 영업상의 이익을 상실하지는 않은 것으로 보이므로 피고의 행위로 인하여 원고에게 손해가 발생하였다고 보기도 어렵다고 판단하였다.

결론적으로 원심법원 역시 본소청구 중 권리금 회수 방해로 인한 손해배상청구를 받아들이지 않았다. 원고는 2017. 4. 27. 위 판결에 불복하여 상고하였다.

3. 대상판결

대법원은 2019. 5. 16. "구 상가임대차법 제10조의4의 문언과 내용, 입법 취지에 비추어 보면, 구 상가임대차법 제10조 제2항에 따라 최초의 임대차기간을 포함한 전체 임대차기간이 5년을 초과하여 임차인이 계약갱신요구권을 행사할 수 없는 경우에도 임대인은 같은 법 제10조의4 제1항에 따른 권리금 회수기회 보호의무를 부담한다고 보아야 한다."라는 법리[4]를 설시하면서, "원고가 구 상가임대차법 제10조의4 제1항에 따라 임대차기간이 끝나기 3개월 전부터 임대차 종료 시까지 신규임차인을 주선하였으므로, 피고는 정당한 사유 없이 신규임차인과 임대차계약 체결을 거절해서는 안 되고, 이는 원고와 피고 사이의 전체 임대차기간이 5년을 지난 경우에도 마찬가지인데도, 원고가 소외인과 권리금 계약을 체결할 당시 더 이상 임대차계약의 갱신을 요구할 수 없었던 상황이었으므로 피고가 권리금 회수기회 보호의무를 부담하지

4) 대상판결의 논거는 이유 제2의 나.항 이하에서 상술되어 있다. 대상판결에 관한 구체적인 해설로는 이지영, "상가건물 임차인의 계약갱신요구권 행사기간이 지난 경우에도 임대인 이 권리금 회수기회 보호의무를 부담하는지 여부", 대법원판례해설 제119호(2019), 227-236면 참조.

않는다고 본 원심판단에 법리오해의 잘못이 있다."라고 판단하였다.

대법원은 원심판결을 파기하고, 본 사건을 서울고등법원에 환송하였다.

〔研　究〕

Ⅰ. 권리금의 개념 및 권리금 계약의 법률관계

1. 권리금의 의의

권리금은 일반적으로 부동산의 임대차, 전대차 또는 임차권의 양도에 부수하여 임차인이 임대인에게, 전차인이 전대인에게, 임차권의 양수인이 양도인에게 지급하는 보증금 및 차임 이외의 금전 기타 유가물을 의미한다.[5] 권리금의 수수는 영업용 부동산의 임대차에서 주로 행하여지고, 그중에서 임차권의 양도 시에 양수인이 양도인에게 지급하는 것이 일반적이다.[6]

권리금이라는 개념은 일제강점기에 발생하였는데, 당시에는 권리금의 성질을 주로 ① 조작(造作, 비품이나 설비), ② 지상권(장소적 이익), ③ 노포료(老鋪料, 단골 고객이나 신용)의 대가라고 보았다.[7] 그러나 해방 후 귀속재산을 권원 없이 사실상 점유하여 사용하던 자가 그 사용권을 양도하는 경우, 귀속재산·국유재산을 국가로부터 임차한 자가 그 임차권

---

5) 곽윤직 편집대표, 민법주해(XV), 박영사(1999), 192면(민일영 집필부분); 김상용, 채권각론(제3판), 화산미디어(2016), 324면; 김영일, "임대차에 있어서 권리금을 둘러싼 제문제", 재판자료 제32집, 법원도서관(1986), 321-322면; 배병일, "영업용 건물의 권리금에 관한 관습법의 변경과 권리금의 법적성질 및 반환", 외법논집 제36권 제1호(2012), 178면.

6) 김상용(주 5), 324면. 여기서 말하는 '임차권의 양도'는 '임대차기간이 만료될 무렵 임차인이 임대인에게 신규임차인이 되려는 자를 소개하여 그들로 하여금 새로운 임대차계약을 체결하는 기회를 제공하고, 신규임차인이 되려는 자에게 해당 임대차 목적물에 화체되어 있는 유·무형의 이익을 제공하는 행위'로 정리할 수 있다. 그런데 민법 제629조 제1항에서 말하는 '임차권의 양도'는 '임대차기간 중에 제3자에게 동일성을 유지하면서 임차권을 이전하는 행위'를 의미한다(대법원 2010. 6. 10. 선고 2009다101275 판결 참조). 그러므로 두 개념은 구별하여 이해할 필요가 있다.

7) 다무라 후미노리, "한일간 상가임대차권리금의 법적·사회적 인식차이", 석사학위 논문, 서울대학교(2013), 23-24면.

혹은 사용권을 양도하는 경우, 아파트입주권이 보장된 철거대상 무허가건물의 소유권을 양도하는 경우에 그 대가로서 권리금이라는 명칭의 금원이 수수되는 경우가 적지 않았다.[8] 이에 따라 광복 이후에는 권리금의 성격이 일제강점기 시절과 달라졌으며, 특히 1970년대 이후부터는 산업화에 따른 인구의 도시집중화 현상, 상업용 건물의 공급 부족 등으로 인해 대한민국 특유의 권리금 관행이 형성되기에 이르렀다.[9]

2. 권리금의 유형

가. 분　　류

과거의 문헌은 권리금의 유형을 장소적 이익의 대가로서의 권리금(일명 '지역권리금' 내지 '바닥권리금'), 시설비 명목의 권리금(일명 '시설권리금'), 노포 기타 명성 등의 대가인 권리금(일명 '영업권리금'), 허가권 등 이익의 대가인 권리금(일명 '허가권리금'), 임료의 전불적 성격의 권리금(일명 '전불적 권리금'), 임차권의 양도성을 부여하는 대가인 권리금,[10] 여러 이익의 복합적 요소의 대가인 권리금 등으로 분류하였다.[11] 한편, 대법원은 상가임대차법상에 권리금에 관한 조항이 신설되기 이전에 권리금의 성질을 '영업시설 · 비품 등 유형물이나 거래처, 신용, 영업상의 노우하우(know-how) 또는 점포 위치에 따른 영업상의 이점 등 무형의 재산적 가치의 양도 또는 일정 기간 동안의 이용대가'라고 판시한 바 있다.[12]

---

8) 곽윤직, 채권각론(재전정중판), 박영사(1992), 356-357면.

9) 신옥영, "상가건물임대차보호법의 권리금 회수기회 보호에 관한 연구", 석사학위논문, 서울대학교(2017), 5면; 하양명, "임차권의 승계에 따른 권리금의 지급실태-상가의 실태조사를 중심으로-", 재판자료 제7집, 법원도서관(1980), 10면.

10) 임대차에 수반하는 권리금의 수수에 있어서는 임대인이 고액의 권리금을 받음으로써 임차권의 양도할 권능을 임차인에게 준 것으로 새기는 것이 적당하다는 견해[곽윤직 편집대표(주 5), 357면(민일영 집필부분); 김주수, 채권각론(제2판), 삼영사(1997), 324-325면] 역시 본문과 같은 유형의 권리금이 거래계에 존재한다는 취지로 읽힌다.

11) 김영일(주 5), 326-327면; 배병일(주 5), 183-184면; 윤철홍, 채권각론(전정2판), 법원사(2015), 307-308면.

12) 대법원 2001. 4. 10. 선고 2000다59050 판결, 대법원 2013. 5. 9. 선고 2012다115120 판결.

상가임대차법 제10조의3 제1항은 위와 같은 판례를 기초로 하여 권리금을 '임대차 목적물인 상가건물에서 영업을 하는 자 또는 영업을 하려는 자가 영업시설 · 비품, 거래처, 신용, 영업상의 노하우, 상가건물의 위치에 따른 영업상의 이점 등 유형 · 무형의 재산적 가치의 양도 또는 이용대가로서 임대인, 임차인에게 보증금과 차임 이외에 지급하는 금전 등의 대가'라고 정의하고 있다. 위 조항은 권리금의 유형에 관하여 시설권리금, 영업권리금, 지역권리금 이외에 다른 유형의 권리금이 존재할 가능성을 인정하고 있다. 하지만 실무상 시설권리금, 영업권리금, 지역권리금 외의 권리금이 문제되는 사건을 찾아보기 어렵고, 그로 인해 권리금에 대한 감정평가에서 권리금을 시설권리금, 영업권리금, 지역권리금의 합계액으로 평가하는 것이 통상적이다.[13] 그러므로 이하에서는 시설권리금, 영업권리금, 지역권리금을 위주로 살펴본다.

나. 시설권리금

시설권리금은 임대차 목적물의 개수(改修) · 구조변경 비용 또는 내부에 설치한 진열장, 냉난방설비, 전기 전자제품, 전화 등의 통신시설, 수도, 가스과 같은 생활편의시설 등에 대한 대가로서 수수되는 권리금(시설적 이익)을 의미한다.[14]

임차인은 민법상 비용상환청구권, 부속물매수청구권을 통하여 임대인으로부터 영업의 유형적 요소에 대한 투자금을 회수하려고 시도할 수도 있다. 그러나 대법원은 당사자 사이의 특약으로 필요비나 유익비의 상환청구권을 포기하거나 제한하는 것이 가능하다고 본다.[15] 사전에 임대차계약에 필요비나 유익비의 상환청구권을 배제하는 특약을 마련해 두는 경우가 대부분이기 때문에,[16] 임차인이 민법상 비용상환청구권을 행

13) 양기철, "권리금 감정평가의 문제점 및 개선방안", 감정평가학 논집 제18권 제2호(2019), 62면; 허승, "상가건물임대차보호법상 권리금 보호 규정에 관한 고찰－손해배상의 범위를 중심으로－", 저스티스 통권 제162호(2017), 85면.

14) 곽윤직 편집대표(주 5), 194면(민일영 집필부분); 배병일(주 5), 183면.

15) 대법원 1994. 9. 30. 선고 94다20389, 20396 판결, 대법원 1995. 6. 30. 선고 95다12927 판결.

16) 김영두, "점포임차인의 영업보호에 관한 연구", 민사법학 제70호(2015), 631면.

사할 수 있는 사안은 매우 제한적이다. 또한, 대법원은 '건물의 사용에 객관적인 편익을 가져오게 하는 물건'만이 민법 제646조 소정의 부속물에 해당하고, '오로지 임차인의 특수목적에 사용하기 위하여 부속된 것일 때'에는 이에 해당하지 않는다고 판시하였다.[17] 임차인이 자신의 영업을 위하여 상가건물을 개조하거나 어떠한 비품을 설치하는 등의 행위를 하였다면, 그 물건은 위에서 말한 '임차인의 특수목적에 사용하기 위하여 부속된 것'으로 해석될 여지가 많다.

이로한 제약으로 인해 임차인은 통상 권리금의 형식을 빌려 신규임차인이 되려는 자로부터 시설적 이익에 대한 대가를 지급받고 있다. 신규임차인이 되려는 자의 입장에서도 새로운 영업설비를 설치하고 각종 새로운 비품 및 집기류를 구입하는 것보다 기존의 설비 및 비품을 이용하는 것이 경제적 비용절감 효과를 볼 수 있고, 점포를 준비하는 시간도 단축할 수 있다는 이점이 있다.[18]

다. 지역권리금

지역권리금은 영업용 건물이 위치한 장소에 따른 영업상의 이익 등 상업권 내의 특수한 장소적 환경 때문에 발생하는 무형의 재산적 가치(장소적 이익)를 의미한다.[19] 권리금이 법제화되기 이전에는 지역권리금의 기초가 되는 장소적 이익과 관련하여 임대인인 건물소유자가 토지나 건물의 소유권에 기하여 가지는 이익으로서 임차인이 누릴 수 있는 이익이 아니라고 설명하는 견해가 있었다.[20] 그러나 권리금이 법제화된 이후에는 상가임대차법 제10조의3 제1항이 권리금의 유형 중 하나로 '상가건물의 위치에 따른 영업상의 이점 등 무형의 재산적 가치'를 명시하고 있으므로, 지역권리금이 원천적으로 권리금의 유형에서 배제되어야 한다는 입론은 불가능하게 되었다.

17) 대법원 1993. 10. 8. 선고 93다25738, 93다25745 판결.
18) 신옥영(주 9), 26면.
19) 배병일(주 5), 183면.
20) 배병일(주 5), 183면.

다만, 지역권리금이 표상하는 장소적 이익은 부동산의 입지에 따른 장소적 이점을 다르게 표현한 것에 불과하고, 임차인의 영업 활동과 무관하게 상권 활성화 등 외부적 요인에 의하여 형성되었을 가능성이 결코 적지 않은 점에 비추어 볼 때, 그와 같은 장소적 이익이 상가임대차법 제10조의3 제1항에서 말하는 권리금의 개념에 포섭된다고 일반화할 수 있는지, 특히 상가임대차법 제10조의4 제2항 소정의 손해를 산정함에 있어 지역권리금 중 임차인의 영업 활동과 무관하게 형성된 부분은 제외되어야 하는 것이 아닌지 등의 쟁점은 여전히 논의할 실익이 있다.

라. 영업권리금

영업권리금은 장기간의 영업활동으로 인해 확보한 단골손님, 매스컴 등의 이용으로 얻은 상가의 명성 또는 영업상의 노하우, 신용, 거래처 등에 대한 대가로서 무형의 재산적 가치(영업적 이익)를 의미한다.[21] 이미 체결된 프랜차이즈 계약을 인수하거나, 영업을 위한 허가를 이전해 주는 대가로 지급되는 권리금도 영업권리금이라고 할 수 있다.[22]

3. 권리금 계약의 법률관계

권리금 계약은 '영업시설, 비품, 거래처, 신용, 영업상의 노하우, 상가건물의 위치에 따른 영업상의 이점 등을 양도하거나 이용하도록 하고, 그에 대한 대가로 권리금을 지급하는 계약'으로 이해할 수 있다.[23] 임차인과 신규임차인이 되려는 자 사이에 체결되는 권리금 계약은 임대인과 신규임차인이 되려는 자 사이에 체결되는 임대차계약과는 별개의 계약이며, 그 성립 및 소멸 역시 별개로 보아야 한다.[24] 통상적으로 임차인과 신규임차인이 되려는 자는 신규임차인이 되려는 자의 임차권 취득을 조

21) 허승(주 13), 85-86면.
22) 김영두 · 위계찬, "상가점포의 권리금에 관한 연구"[2009년도 법무부 연구용역 과제보고서], 66면.
23) 김영두, "권리금계약의 의의와 법률관계", 재산법연구 제35권 제4호(2019), 4면.
24) 박동규, "상가건물 임대차보호법상 권리금 회수방해에 의한 손해배상에 관한 소고", 법조 통권 제725권(2017), 97면.

건으로 하여 권리금 계약을 체결할 것이며,[25] 상가임대차법 제10조의3 제2항의 정의 규정 역시 그러한 상황을 전제로 하고 있다.[26]

권리금 계약이 체결됨에 따라 신규임차인이 되려는 자는 임차인에게 권리금을 지급할 의무를 부담하고, 임차인은 신규임차인이 되려는 자에게 영업 또는 그 영업을 구성하는 요소를 양도하거나 신규임차인이 되려는 자로 하여금 영업 또는 그 영업을 구성하려는 요소를 일정 기간 이용하게 할 의무를 부담한다.[27] 임차인의 위 의무에는 신규임차인이 되려는 자에 대하여 그가 권리금 계약의 약정 내용대로 임차권자의 지위를 취득할 수 있도록 협력할 의무도 포함된다.[28] 만약 임차인이 신규임차인이 되려는 자에게 권리금의 대가로 기능적 재산으로서의 영업 일체를 양도한다면, 권리금 계약은 상법상 영업양도에 해당한다.[29]

---

25) 박동규(주 24), 99면. 이와 관련하여 소상공인진흥원이 2010년에 실시한 실태조사에서는 1,000명의 임차인 중 931명의 임차인이 종전 임차인에게 권리금을 지급하였다고 응답하였다[소상공인진흥원, "소상공인 권리금 실태조사 및 정책방안 연구보고서", (2010), 47-48면].

26) 상가임대차법 제10조의3 제2항은 그 문언상 ① 임차인이 임대인에게 권리금을 지급하는 경우, ② 임차권 양수인 또는 전차인이 임차권 양도인 또는 전대인에게 권리금을 지급하는 경우를 염두에 두고 있지 않다[위 ②의 사안에서 말하는 '임차권의 양도'는 민법 제629조 제1항 소정의 개념을 의미한다(각주 6번 참조)]. 후술하는 바와 같이 권리금 회수기회 보호규정은 임차인과 신규임차인이 되려는 자 사이에 권리금 계약이 체결된 경우 내지 임대인의 확정적인 갱신거절로 인해 주선행위 자체가 무의미한 경우(대법원 2019. 7. 4. 선고 2018다284226 판결, 대법원 2019. 7. 25. 선고 2018다252823, 252830 판결)를 적용의 대상으로 삼고 있는데, 이는 상가임대차법 제10조의3 제2항이 권리금 회수기회 보호규정에서 말하는 '권리금 계약'의 의미를 정의하고 있기 때문에 발생하는 현상이다. 한편, 위 ①의 사안에서는 임차인이 기존에 확립된 법리에 따라 예외적으로 임대인으로부터 권리금을 반환받을 수 있으므로(대법원 2000. 9. 22. 선고 2000다26326 판결, 대법원 2001. 4. 10. 선고 2000다59050 판결 등 참조), 추가적인 입법의 필요성은 적다고 볼 수 있다. 그리고 위 ②의 사안에서는 원칙적으로 임차권 양도나 전대에 임대인의 동의가 필요한 이상(민법 제629조 제1항), 임대인이 동의하지 않았음에도 불구하고 임차인이 임차권 양도나 전대를 통해 권리금을 회수할 수 있다고 보는 것은 전체 법질서에 부합하지 않는다[김현선, "상가건물임대차보호법상 권리금 법제화에 대한 소고-임대인의 방해행위에 따른 손해배상과 관련하여-", 안암법학 통권 제48호(2015), 211면].

27) 박동규(주 24), 99면.

28) 박동규(주 24), 99면; 김증한 편집대표, 주석 채권각칙(Ⅱ)(1987), 272면(박준서 집필부분).

Ⅱ. 상가임대차법상 계약갱신요구권 및 권리금 회수기회 보호규정의 연혁과 내용

1. 연 혁

가. 상가임대차법 제정 당시의 논의

제15대 국회에서는 권리금에 관하여 두 개의 법률안이 제출되었으나, 2000. 5. 29. 모두 제15대 국회의 회기 만료로 자동 폐기되었다. 제16대 국회에서는 초기부터 상가건물 임대차의 보호 방안에 관하여 활발히 논의되었으며, 그 과정에서 4건의 법률안과 1건의 입법청원이 제출되었다. 법제사법위원회의 법안심사 제1소위원회는 총 다섯 차례에 걸쳐 위 법률안 및 입법청원을 심사한 다음, 2001. 12. 5. 이를 모두 폐기하고 하나의 법률안으로 입안하여 위원회 대안으로 제안하기로 의결하였다. 이러한 과정을 거쳐 법제사법위원장이 2001. 12. 6. 발의한 상가건물임대차보호법안(대안)(의안번호 161294)은 2001. 12. 7. 제225회 국회(정기회) 제21차 본회의에서 그대로 가결되었으며, 2001. 12. 29. 공포되었다. 이러한 경과를 거쳐 제정된 상가임대차법은 계약갱신요구권에 의하여 최대 5년간의 임대차기간 존속을 보장하였으나(제10조 제2항), 권리금 자체를 보호하는 규정을 두고 있지는 않았다.

나. 권리금 회수기회 보호규정의 신설

민병두 의원 등이 2014. 1. 23. 발의한 상가권리금 보호에 관한 특별법안(의안번호 1909139)은 상가건물에 관한 권리금을 직접적으로 규율하는 내용을 담고 있었다. 서기호 의원 등은 2014. 3. 31. 발의한 상가건물 임대차보호법 일부개정법률안(의안번호 1909966)은 임차권의 양도를 원칙적으로 허용하되, 임대인이 일정한 사유가 있는 경우에 한하여 거절할 수 있다고 규정하고 있었다(제9조의 2). 한편, 대한민국 정부는 2014. 2. 25. 대통령 담화의 형식으로 「경제혁신 3개년 계획」을 발표하였으며, 2014. 3. 5. 「경제혁신 3개년 계획」의 세부 실행과제를 공표하였는데, 그 내용 중에는 상가 권리금

29) 김영두(주 23), 4면.

에 관하여 보호 제도를 마련하겠다는 내용이 포함되어 있었다.[30] 법무부는 2014. 9. 24. 민·관합동 TF의 논의 및 연구용역을 통하여 상가임대차법의 개정안을 마련하였으며,[31] 당·정 협의 끝에 김진태 의원 등이 2014. 11. 7. 위 개정안(의안번호 1912371)을 발의하였다.

법제사법위원회 법안심사 제1소위원회는 총 세 차례에 걸쳐 위 법률안을 심사한 다음, 2015. 5. 4. 이를 모두 폐기하고 하나의 법률안으로 입안하여 위원회 대안으로 제안하기로 의결하였다. 이러한 과정을 거쳐 법제사법위원장이 2015. 5. 6. 발의한 상가건물 임대차보호법 일부개정법률안(대안)(의안번호 1915014)은 2015. 5. 12. 제333회(임시회) 제1차 본회의에서 재석 244인 중 찬성 239인으로 가결되었으며, 2015. 5. 13. 공포되었다. 이로써 상가임대차법에 최초로 권리금 회수기회 보호규정이 도입되었다.

다. 권리금 회수기회 보호규정 등의 개정

상가임대차법 제10조의5는 권리금 회수기회 보호규정의 적용 범위에서 제외되는 대상을 정하고 있는데, 그 내용에 관한 논란이 끊이지 않았다. 백재현 의원 등은 2016. 5. 30. 전통시장 및 상점가 육성을 위한 특별법 제2조 제1호에 의한 전통시장을 권리금 회수기회 보호규정의 적용 범위에 포함하는 내용이 담긴 상가건물 임대차보호법 일부개정법률안(의안번호 2000047)을, 정성호 의원 등은 2016. 12. 27. 상가임대차법 제10조의5를 전부 삭제하는 내용이 담긴 상가건물 임대차보호법 일부개정법률안(의안번호 2004640)을 각 발의하였다.

법제사법위원회의 법안심사 제1소위원회는 위 법률안과 함께 계약갱신요구권을 강화하고 재건축시 임차인에 대한 보상 방안을 마련하는 등의 내용이 담긴 입법청원[32]을 심사한 다음, 2018. 9. 20. 이를 모두 폐기하고 하나의 법률안으로 입안하여 위원회 대안으로 제안하기로 의결하였

30) 기획재정부 보도자료, "「경제혁신 3개년 계획」 담화문 참고자료", 종합정책과(2014. 2. 25.), 10-11면; 기획재정부 보도자료, "「경제혁신 3개년 계획」 세부 실행과제 확정·발표", 종합정책과(2014. 3. 6.), 18-20면.

31) 법무부 보도자료, "상가건물임대차보호법 개정안 마련", 대변인실(2014. 9. 24.).

32) 경제정의실천시민연합, "젠트리피케이션 방지를 위한 상가임대차법 개정", 경제정의실천시민연합 홈페이지, http://ccej.or.kr/36932(2020. 12. 20. 확인).

다. 이러한 과정을 거쳐 법제사법위원장이 2018. 9. 20. 발의한 상가건물 임대차보호법 일부개정법률안(대안)(의안번호 2015704)은 2018. 9. 20. 제364회(정기회) 제6차 본회의에서 재석 195인 중 찬성 168인으로 가결되었으며, 2018. 10. 16. 공포되었다.

2. 계약갱신요구권에 따른 임대차기간의 보장

가. 임차인의 계약갱신요구권

상가건물을 임차할 때 임차인이 고액의 시설투자비용이나 권리금 등을 지출하는 경우가 많아 이러한 비용을 회수할 수 있도록 하는 방안이 필요하다.[33] 이에 상가임대차법은 제정 당시부터 일정한 계약기간을 보장함으로써 간접적으로 권리금이나 시설투자비 등을 회수할 수 있도록 하기 위하여 임차인에게 임대차계약의 갱신을 요구할 수 있도록 하는 내용의 계약갱신요구권을 부여하고 있다.

이에 따라 임차인은 임대차기간이 만료되기 6개월 전부터 1개월 전까지 계약갱신을 요구할 수 있으며, 임대인은 정당한 사유 없이 이를 거절하지 못한다(상가임대차법 제10조 제1항). 계약갱신요구권은 종래 '최초의 임대차기간을 포함한 전체 임대차기간이 5년을 초과하지 않는 범위 내'에서만 행사할 수 있었으나(구 상가임대차법 제10조 제2항), 2018. 10. 16. 이후 최초로 체결되거나 갱신되는 임대차에 대해서는 '최초의 임대차기간을 포함한 전체 임대차기간이 10년을 초과하지 아니하는 범위'에서만 행사할 수 있게 되었다(현행 상가임대차법 제10조 제2항, 부칙 〈제15791호, 2018. 10. 16.〉 제3조). 임차인의 갱신요구에 따라 임대차계약이 갱신된 경우, 종전 임대차와 동일한 조건으로 다시 계약된 것으로 본다(상가임대차법 제10조 제3항 본문). 다만, 차임과 보증금은 상가임대차법 제11조에 따른 범위에서 증감할 수 있다(상가임대차법 제10조 제3항 단서).

나. 임대인의 계약갱신 거절사유

상가임대차법 제10조 제1항 단서는 임대인이 임차인의 계약갱신 요구를 거절할 수 있는 사유를 명시하고 있다. 대표적인 사유로는 임차인

---

33) 헌법재판소 2014. 8. 28. 선고 2013헌바76 전원재판부 결정.

이 3기의 차임액에 해당하는 금액에 이르도록 차임을 연체한 사실이 있는 경우(같은 항 제1호), 임차인이 거짓이나 그 밖의 부정한 방법으로 임차한 경우(같은 항 제2호), 서로 합의하여 임대인이 임차인에게 상당한 보상을 제공한 경우(같은 항 제3호), 임차인이 임대인의 동의 없이 목적 건물의 전부 또는 일부를 전대한 경우(같은 항 제4호) 등이 있다. 위와 같은 사유의 존부에 관한 증명책임은 임대인에게 있다.[34]

3. 권리금 회수기회의 보호

가. 입법 취지

임차인은 수익을 거두기 위하여 상가건물에 자신이 지닌 역량을 총동원한다. 그 과정에서 영업시설, 설비 등의 유형적 요소와 거래처, 신용, 영업상의 노하우 등의 무형적 요소가 상가건물을 중심으로 결합하여 유기적 일체로서의 기능적 재산을 이루게 된다.[35] 임차인은 영업의 주체로서 영업 그 자체를 양도하거나 담보로 제공할 수 있는 지위에 있으며, 임대차계약이 종료되는 때에는 관행적으로 신규임차인이 되려는 자로부터 권리금을 수수하여 영업적 이익을 회수할 수 있을 것이라고 기대한다.[36]

문제는 임차인과 신규임차인이 되려는 자 사이에 형성될 것이라고 기대하였던 거래의 순환 고리[37]가 예상하지 못했던 이유로 단절될 수 있다는 점이다. 임차인의 영업적 이익은 임대인의 계약 해지 및 갱신 거절에 의해 침해될 수 있을 뿐 아니라, 그러한 사정 자체가 임대인과의 관계에 있어서 임차인의 교섭상의 지위를 약화시키는 조건이 된다.[38] 그런데 임대인이 임차인이나 신규임차인이 되려는 자에게 차임이나 보증금의 인상을 무리하게 요구하는 경우, 임대인이 직접 해당 상가건물에 동종의

---

34) 김용담 편집대표, 주석 민법 채권각칙(Ⅲ)(2016), 963면(최준규 집필부분).

35) 김영두(주 16), 625면.

36) 김영두(주 16), 626면.

37) 박정화, "상가권리금 법제화에 따른 권리금 보상평가", 토지보상법연구 제15집(2015), 82면.

38) 헌법재판소 2014. 3. 27. 선고 2013헌바198 전원재판부 결정.

영업 활동을 하려고 하는 경우, 소위 '무권리화' 작업을 통해 임차인으로 하여금 권리금을 받지 못하게 만들어 보증금과 차임을 대폭 증액시키는 경우, 임대인이 상가건물의 업종을 임의로 변경하는 경우[39]와 같이 임대인이 임차인과의 임대차계약을 갱신하지 않으면서 동시에 권리금의 수수를 용인하지 않는 태도를 취한다면, 임차인의 입장에서는 영업적 이익을 회수하지 못한 채 상가건물에서 쫓겨나는 운명에 처하게 된다.

상가임대차법은 제정 당시부터 일정한 임대차기간을 보장함으로써 임차인으로 하여금 간접적으로 권리금이나 시설투자비 등을 회수할 수 있도록 하였다.[40] 그러나 계약갱신요구권은 말 그대로 일정한 기간 동안 임대차계약의 존속을 보장할 수 있을 뿐이고, 그것만으로 임차인이 형성한 영업적 이익을 온전하게 회수할 수 있을 것이라고 기대하기 어렵다. 영업이라는 재산에서 중요한 부분을 차지하고 있는 무형적 요소는 유형적 요소와는 달리 시간이 흐름에 따라 그 가치가 높아질 개연성도 적지 않기 때문이다.[41] 또한, 한국감정원이 2015. 8. 실시한 「서울특별시 상가임대차 정보 및 권리금 실태조사」에서는 정상적인 영업 행위를 통하여 권리금을 통상적으로 회수했다고 볼 수 있는 기간이 서울 전체를 기준으로 평균 2.7년(도심 2.5년, 강남 1.8년, 신촌 · 마포 4.0년, 기타 2.7년)으로 조사되었으며,[42] 중소기업벤처부가 2018. 10. 22.부터 2018. 11. 28.까지 실시한 「2018년 상가건물임대차 실태조사」에서는 사업장의 투자금을 회수하는 데 걸리는 기간이 전국 평균 3.7년(서울 4.3년, 과밀억제권역 3.8년, 광역시 3.0년, 기타 3.7년)으로 조사되었는데,[43] 이러한 상황에서 권리금의

39) 김민아 · 강정규, "젠트리피케이션 지역의 상가권리금 분쟁에 관한 연구", 주거환경 제17권 제1호(2019), 269면; 신옥영(주 9), 49-50면; 전재호, "[高임대료의 역습] ① 무권리화로 권리금까지 뜯겨…임차인 빠지고 상권 죽는 공멸 전주곡", 조선비즈 홈페이지, http://biz.chosun.com/site/data/html_dir/2016/05/08/2016050800557.html(2020. 12. 20. 확인).

40) 헌법재판소 2014. 8. 28. 선고 2013헌바76 전원재판부 결정.

41) 김영두, "권리금 회수기회 보호와 영업보상 및 임대차기간보장의 관계", 법조 통권 제725호(2017), 67면.

42) 서울특별시, "서울시 15년 상가임대정보 및 권리금 실태조사 결과 발표", 서울특별시 홈페이지, http://news.seoul.go.kr/economy/archives/62487(2020. 12. 20. 확인).

회수기회를 부여하지 않은 채 임차인의 노력으로 형성되어 상가건물에 결합된 영업적 이익을 소멸시켜야 한다면, 사회적 약자의 지위에 있는 임차인이 그로 인한 손실을 오롯이 떠안을 수밖에 없다.

결국 권리금 회수기회 보호규정이 직접적으로 보호하고자 하는 대상은 임차인이 임대차계약에 따라 형성한 영업적 이익이라고 보아야 한다. 그리고 위 규정은 임대인에게 임차인의 권리금 회수에 협력할 의무를 부여함에 따라 임대인의 갱신 거절에 대한 유인을 줄어들게 만들 수 있으므로, 간접적으로는 임차권의 존속을 보장하는 데에도 기여한다.[44)]

나. 임대인이 부담하는 권리금 회수기회 보호의무

임대인은 임대차기간이 끝나기 6개월 전부터[45)] 임대차 종료 시까지 권리금의 회수를 방해하는 행위를 함으로써 권리금 계약에 따라 임차인이 주선한 신규임차인이 되려는 자로부터 권리금을 지급받는 것을 방해하여서는 아니 된다(상가임대차법 제10조의4 제1항 본문). 이때 금지되는 행위의 유형으로는 ① 임차인이 주선한 신규임차인이 되려는 자에게 권리금을 요구하거나 임차인이 주선한 신규임차인이 되려는 자로부터 권리금을 수수하는 행위(같은 항 제1호), ② 임차인이 주선한 신규임차인이 되려는 자로 하여금 임차인에게 권리금을 지급하지 못하게 하는 행위(같은 항 제2호), ③ 임차인이 주선한 신규임차인이 되려는 자에게 상가건물에 관한 조세, 공과금, 주변 상가건물의 차임 및 보증금, 그 밖의 부담에 따른 금액에 비추어 현저히 고액의 차임과 보증금을 요구하는 행위(같은 항 제3호), ④ 그 밖에 정당한 사유 없이 임대인이 임차인이 주선한 신규임차인이 되려는 자와 임대차계약의 체결을 거절하는 행위(같은 항 제4호)가 있다.

다. 임대인의 권리금 회수기회 보호의무가 발생하지 않는 경우

임차인의 계약갱신요구를 거절할 수 있는 정당한 사유가 있는 경우, 임

---

43) 중소벤처기업부, 2018년도 상가건물임대차 실태조사(2019), 62-63면.

44) 김영두, “영국의 점포임차인 보호법제의 변천이 주는 시사점”, 법학연구 제25권 제1호(2015), 234-235면.

45) 신설 당시에는 ‘임대차기간이 끝나기 3개월 전부터’로 규정되어 있었으나, 임차인의 권리금 회수기회 기간이 지나치게 짧다는 지적에 따라 현재와 같이 개정되었다.

대인은 권리금 회수기회 보호의무를 부담하지 않는다(상가임대차법 제10조의4 제1항 단서, 제10조 제1항 제1 내지 8호). 또한, 임차인이 주선한 신규임차인이 되려는 자가 보증금 또는 차임을 지급할 자력이 없는 경우(상가임대차법 제10호 제2항 제1호), 임차인이 주선한 신규임차인이 되려는 자가 임차인으로서의 의무를 위반할 우려가 있거나 그 밖에 임대차를 유지하기 어려운 상당한 사유가 있는 경우(같은 항 제2호), 임대차 목적물인 상가건물을 1년 6개월 이상 영리목적으로 사용하지 아니한 경우(같은 항 제3호), 임대인이 선택한 신규임차인이 임차인과 권리금 계약을 체결하고 그 권리금을 지급한 경우(같은 항 제4호)에는 임대인이 임차인이 주선한 신규임차인이 되려는 자와 임대차계약의 체결을 거절할 수 있는 정당한 사유가 있는 것으로 간주된다.

라. 권리금 회수기회 보호규정의 적용이 배제되는 경우

임대차 목적물인 상가건물이 유통산업발전법 제2조에 따른 대규모점포 또는 준대규모점포의 일부인 경우(상가임대차법 제10조의5 제1호, 다만, 전통시장 및 상점가 육성을 위한 특별법 제2조제1호에 따른 전통시장은 제외한다), 임대차 목적물인 상가건물이 국유재산법에 따른 국유재산 또는 공유재산 및 물품 관리법에 따른 공유재산인 경우(같은 조 제2호)에는 권리금 회수기회 보호규정이 적용되지 않는다.

마. 권리금 회수기회 보호의무의 위반에 따른 손해배상책임

(1) 법률의 규정

임대인이 권리금 회수기회 보호의무를 위반하여 임차인에게 손해를 발생하게 한 때에는 그 손해를 배상할 책임이 있다(상가임대차법 제10조의4 제3항 전문). 이 경우 그 손해배상액은 신규임차인이 임차인에게 지급하기로 한 권리금과 임대차 종료 당시의 권리금 중 낮은 금액을 넘지 못한다(상가임대차법 제10조의4 제3항 후문). 위 손해배상청구권은 임대차가 종료한 날부터 3년 이내에 행사하지 아니하면 시효의 완성으로 소멸한다(상가임대차법 제10조의4 제4항).

(2) 손해배상책임의 법적 성격

(가) 학설 및 판례

상가임대차법 제10조의4 제3항 소정의 손해배상책임의 법적 성격에 관하여 ① 불법행위책임으로 보는 견해,[46] ② 채무불이행책임으로 보는

견해,[47] ③ 법정책임으로 보는 견해[48]가 존재한다.

대법원에서 이에 관하여 명시적으로 판단한 사례는 없는 것으로 보인다. 다만, 하급심 판결 중에는 위 손해배상책임이 법정책임에 해당한다고 하면서, 그 손해배상채무가 기한의 정함이 없는 채무에 해당한다고 판단한 사례,[49] 임대인이 권리금 회수기회 보호의무를 위반하였다고 하여 곧바로 불법행위책임이 성립된다고 볼 수 없다고 판단한 사례,[50] 그 손해배상채권이 상계의 수동채권이 될 수 있다고 판단한 사례[51] 등이 존재한다.

(나) 검　토

상가임대차법 제10조의4 제3항 소정의 손해배상책임을 불법행위책임이나 채무불이행책임으로 보기 위해서는 위 조항이 없었더라도 그와 유사한 책임을 인정할 수 있었다는 점이 논증될 수 있어야 하나, 그러한 해석이 가능한지 의문이다.[52]·[53]

---

46) 김현선(주 26), 222-224면.

47) 김영두, "권리금 회수기회 보호에 관한 고찰", 법조 통권 제707호(2015), 153-154면.

48) 이상용, "개정 상가건물임대차보호법과 바람직한 임차인 보호방안 존속보장과 영업보상", 민사법학 제73호(2015), 83-84면.

49) 서울중앙지방법원 2018. 5. 29. 선고 2016나48197 판결(확정, 대법원 2018. 10. 11.자 2018다28327 심리불속행 판결의 원심판결), 광주지방법원 2018. 7. 20. 선고 2017나65165 판결(확정, 대법원 2019. 5. 30. 선고 2018다261124 판결의 원심판결), 대전지방법원 2017. 5. 19. 선고 2016나108951 판결(확정, 대법원 2019. 6. 13. 선고 2017다236039 판결의 원심판결). 만약 위 손해배상책임이 불법행위책임에 해당한다고 보았다면, 지연손해금의 기산일은 불법행위 성립일 내지 손해발생 시점이 되었을 것이다(대법원 2012. 2. 23. 선고 2010다97426 판결, 대법원 2013. 6. 27. 선고 2012다102940 판결).

50) 서울중앙지방법원 2017. 9. 15. 선고 2015가단5399533 판결(확정, 대법원 2019. 7. 10. 선고 2018다239608 판결의 제1심판결), 전주지방법원 2017. 10. 18. 선고 2016가단31642 판결(확정). 한편, 서울중앙지방법원 2020. 5. 8. 선고 2019가합549499 판결(확정)은 상가임대차법 제10조의4 제3항 소정의 손해배상책임이 법정책임의 성격을 갖는다고 하면서, 민법 제750조의 적용이 완전히 배제된다고 볼 수는 없으므로 민법상 불법행위책임이 별도로 성립할 여지도 있다고 판시하였다.

51) 서울고등법원 2018. 10. 11. 선고 2018나2034870 판결(확정). 만약 위 손해배상책임이 불법행위책임에 해당한다고 보았다면, 그 손해배상채권은 민법 제496조에 따라 상계의 수동채권으로 삼을 수 없을 것이다.

52) 김용담 편집대표(주 34), 984면(최준규 집필부분).

53) 앞서 본 바와 같이 상가임대차법 제10조의4 제2항 제3호는 '임대차 목적물인 상가건물을 1년 6개월 이상 영리목적으로 사용하지 아니한 경우'에 같은 조 제1항

아울러 채무불이행책임으로 보는 견해의 경우, 권리금 계약이 임대차계약과는 별개의 계약이어서 임대인과 임차인 사이의 합의가 없는 한 임대차계약의 내용에 포함될 수 없는 점, 임대차계약에 "권리금은 인정하지 않는다."와 같은 특약이 명시되는 것이 통례임에도[54] 곧바로 임대차계약의 부수적 의무로서 임대인의 권리금 회수기회 보호의무를 도출할 수 있다거나 임대인이 임차인의 권리금을 보호해야 한다는 법률효과를 의욕하였다고 보는 것은 무리인 점 등을 고려할 때, 위 견해는 받아들이기 어렵다.[55]

또한, 불법행위책임으로 보는 견해의 경우, 임대인이 임차인이 주선한 자와의 임대차계약 체결을 거부하는 것 자체는 재산권 행사의 일환이

제4호 소정의 '정당한 사유'가 있는 것으로 보아 임대인이 임차인이 주선한 신규임차인이 되려는 자와 임대차계약의 체결을 거절할 수 있다고 규정하고 있다. 만약 위 규정의 의미를 '임대인이 임대차 목적물인 상가건물을 임대차 종료 후 1년 6개월 이상 영리목적으로 사용하지 아니하는 경우'로 해석한다면(대상판결의 환송 후 원심판결인 서울고등법원 2019. 10. 16. 선고 2019나2022195, 2022201 판결은 이러한 해석론에 따라 재차 본소청구 중 권리금 회수 방해로 인한 손해배상청구를 받아들이지 않았다), 위 규정의 취지는 곧 임대인이 그 기간에 상가건물을 통하여 별다른 수익을 얻지 못하였음에도 권리금 회수기회 보호의무를 부담하는 것이 지나치다는 고려를 반영하는 것으로 이해할 수 있다. 상가임대차법 제10조의4 제3항 소정의 손해배상책임의 법적 성격을 채무불이행책임이나 불법행위책임으로 보는 입장에서는 위 규정의 취지를 그와 같이 설명할 수 없을 것이다. 반면에 위 규정의 의미를 '임차인이 임대차 목적물인 상가건물을 1년 6개월 이상 영리목적으로 사용하지 아니한 경우'로 해석한다면[광주지방법원 2018. 7. 20. 선고 2017나65165, 65172 판결(확정, 대법원 2019. 5. 30. 선고 2018다261124, 2018다261131 판결의 원심판결), 서울북부지방법원 2020. 8. 27. 선고 2019나37869 판결(확정), 서울북부지방법원 2020. 10. 22. 선고 2019나39995 판결(확정) 등이 취한 입장이다], 이러한 방식의 논증을 할 수 없게 된다. 현재 위 규정의 의미에 관한 사건들은 현재 심리불속행 기간이 경과한 채로 대법원에 계류되어 있는데(대상판결의 사안 역시 대법원 2019다285257, 2019다285264호로 계속 중이다), 위 규정이 입법 단계에서 전자의 해석론과 같이 이해되었을 뿐만 아니라[제19대 국회 제332회(임시회) 제1차, "법제사법위원회회의록(법안심사제1소위원회)", (2015. 4. 24.), 37-41쪽], 대부분의 문헌이 같은 태도였던 것[김영두(주 41), 85쪽; 김용담 편집대표(주 34), 981-982면(최준규 집필부분); 김현선(주 26) 228-229쪽; 박동규(주 24), 107, 118면; 신옥영(주 9), 188-189, 221면; 이상용(주 48), 81, 91면]에 비추어 볼 때, 대법원의 판단이 거래계에 상당한 파장을 일으킬 것으로 예상된다. 향후 귀추가 주목된다.

54) 물론 이러한 특약은 강행규정인 상가임대차법 제15조, 제10조의4에 반하여 효력이 없다.

55) 박동규(주 24), 106면; 허승(주 13), 91면.

어서 이를 위법하다고 평가할 수 없는 점,[56] 제3자의 채권침해로 법리를 구성한다면 상가임대차법 제10조의4 제3항이 명문으로 정한 요건 외에도 '채권침해의 위법성이 인정되는 경우'임이 주장 · 입증되어야 한다는 결론[57]에 이르게 되는데, 그와 같이 임차인에게 입증의 난도를 높이는 것은 상가임대차법 제10조의4 제3항의 입법 취지에 부합하지 않는 점 등을 고려할 때, 위 견해 역시 받아들일 수 없다.

(3) 손해의 범위

(가) 상가임대차법 제10조의4 제3항 후문에 관한 해석

권리금 계약이 미리 체결되어 있는 경우에는 '신규임차인이 임차인에게 지급하기로 한 권리금'이 권리금 계약의 내용으로 정해져 있으므로, '신규임차인이 임차인에게 지급하기로 한 권리금'과 '임대차 종료 당시의 권리금' 중 낮은 금액이 손해배상액으로 산정된다. 그런데 객관적인 영업가치에 대하여 시장에서 정확히 산정된 바도 없고, 통상 임차인으로서는 자신이 이미 투자한 금액 이상의 금원을 받으려고 할 것이므로, 상당수의 사안에서는 '신규임차인이 임차인에게 지급하기로 한 권리금'이 '임대차 종료 당시의 권리금'보다 더 클 것이다.[58] 임차인과 신규임차인이 되려는 자 사이에 권리금 계약이 미리 체결되어 있지 않은 경우[59]에는 '신규임차인이 임차인에게 지급하기로 한 권리금'을 상정할 수 없기 때문에 '임대차 종료 당시의 권리금'이 손해배상액으로 산정될 것이다.

만약 임대인이 손해의 범위를 다툰다면, 임차인으로서는 어느 경우에도 '임대차 종료 당시의 권리금'을 주장 · 입증하여야 하며, 입증 활동은

---

56) 박동규(주 24), 106-107면.

57) 대법원 2003. 3. 14. 선고 2000다32437 판결, 대법원 2007. 9. 6. 선고 2005다25021 판결.

58) 박동규(주 24), 126면.

59) 임차인이 임대차기간 만료 전 임대인에게 신규임차인이 되려는 자와 임대차계약을 체결하여 줄 것을 요청하였으나 임대인이 상가를 인도받은 후 직접 사용할 계획이라고 답변하였고, 이에 임차인이 신규임차인 물색을 중단하고 임대차기간 만료일에 임대인에게 상가를 인도한 후 임대인을 상대로 권리금 회수 방해로 인한 손해배상을 구한 사례가 대표적이다(대법원 2019. 7. 4. 선고 2018다284226 판결, 대법원 2019. 7. 25. 선고 2018다252823, 252830 판결).

궁극적으로 감정평가를 통해 이루어질 수밖에 없다.

(나) 권리금의 유형별 고찰

① 시설권리금

감정평가 실무기준(국토교통부 고시) [670-4.1] 제2항은 시설권리금이 표상하는 이익을 유형재산이라고 표현하면서, 그 개념을 '영업을 하는 자 또는 영업을 하려고 하는 자가 영업활동에 사용하는 영업시설, 비품, 재고자산 등 물리적·구체적 형태를 갖춘 재산'으로 정의하고 있다. 시설권리금의 경우에는 시설비를 투여한 자가 그 이익을 향유해야 하며, 장기간에 걸친 상가건물의 임대차에 있어 시설비는 대부분 영업의 주체인 임차인에 의하여 투여될 것이므로, 예외적인 사정이 없는 한 시설권리금 상당의 이익은 임차인에게 귀속되어야 한다.[60] 따라서 상가임대차법 제10조의4 제3항에서 말하는 '임대차 종료 당시의 권리금'에는 시설권리금 상당의 이익이 포함된다. 다만, 임차인이 그 시설을 이미 수거하였다거나 쉽게 분리하여 수거할 수 있다면, 이와 달리 보아야 할 것이다.[61]

감정평가 실무기준 [670-4.3.2]는 유형재산을 감정평가할 때 원가법을 적용하되, 원가법을 적용하는 것이 곤란하거나 부적절한 경우에는 거래사례비교법 등으로 감정평가할 수 있다고 규정하고 있다. 실무상 내용연수는 5~12년 사이에서 물건의 성격에 따라 정해지고 있으며, 주로 정액법에 의한 감가상각을 하고 있다.[62]

② 영업권리금, 지역권리금

감정평가 실무기준 [670-4.1] 제3항은 지역권리금과 영업권리금이 표상하는 이익을 통틀어 무형재산이라고 표현하면서, 그 개념을 '영업을 하는 자 또는 영업을 하려고 하는 자가 영업활동에 사용하는 거래처, 신용, 영업상의 노하우, 건물의 위치에 따른 영업상의 이점 등 물리적·구체적 형태를 갖추지 않은 재산'으로 정의하고 있다. 지역권리금 및 영업권리금

60) 이상용(주 48), 54면.
61) 허승(주 13), 101면.
62) 양기철(주 13), 68면.

은 식별이 불가능하고, 영업이익의 형태로 나타나지만 얼마가 지역권리금에 속하는 금액이고 얼마가 영업권리금에 속하는 금액인지를 구분하기 불가능한 특징이 있기 때문이다.[63] 감정평가 실무기준 [670-4.3.3.1]은 무형재산을 감정평가할 때 수익환원법을 적용하되, 수익환원법을 적용하는 것이 곤란하거나 부적절한 경우에는 거래사례비교법이나 원가법 등으로 감정평가할 수 있다고 규정하고 있다.

영업권리금이 표상하는 이익은 임차인이 행한 영업활동과 직접 관련되어 있으므로, 권리금 회수기회 보호규정의 보호 대상에 속한다는 것에 특별한 이견이 없다. 하지만 상가임대차법 제10조의3 제1항이 권리금의 개념에 명문으로 '상가건물의 위치에 따른 영업상의 이점'을 포함시키고 있음에도, 상가임대차법 제10조의4 제3항 소정의 '임대차 종료 당시의 권리금'을 산정함에 있어 지역권리금과 관련된 부분을 제외할 수 있는지에 대해서는 논란이 있다. 일부 견해는 영업권리금과 지역권리금을 구분하지 않는 거래계의 관행, 감정평가 실무기준의 태도 및 권리금 회수기회 보호규정의 입법 과정에서 권리금의 개념에 '상가건물의 영업상 이점 중 임차인에 의하여 형성되지 아니한 것의 대가에 해당하는 금액'을 제외하자는 의견이 받아들여지지 않게 된 경위 등을 논거로 들면서 모든 형태의 지역권리금이 상가임대차법 제10조의4 제3항 소정의 손해에 포함되어야 한다는 취지로 주장한다.[64]

생각건대, 임대차계약이 종료됨에 따라 임차인은 더 이상 종전의 지위를 누릴 수 없고 임대인에게 상가건물을 반환할 수밖에 없기 때문에, 그 이후의 장소적 이익은 원칙적으로 임대인(상가건물의 소유자)에게 귀속된다. 이로 인해 임차인은 신규임차인이 되려는 자에게 임대차기간 종료 이후의 장소적 이익을 인수시켜 줄 수 없다. 권리금 계약에 있어 권리금은 임차인이 신규임차인이 되려는 자에게 제공하는 각종 급부에 대한 대가이므로, 장소적 이익에 대한 권리금은 원칙적으로 상가임대차법 제10조

63) 양기철(주 13), 62면.
64) 신옥영(주 9), 218면; 허승(주 13), 98면.

의4 제3항 소정의 '임대차 종료 당시의 권리금'에 포함되지 않아야 한다. 이와 관련하여 입법 과정에서의 논의를 살펴보면, 법제사법위원회 전문위원은 권리금의 개념에서 '상가건물의 영업상 이점 중 임차인에 의하여 형성되지 아니한 것의 대가에 해당하는 금액'을 제외할 필요가 있다는 의견을 여러 차례 피력하였으나, 법안심사에 참여한 국회의원들은 '일단 권리금의 개념을 넓게 규정하되 개별적인 분쟁이 생길 경우 어떠한 요소를 보호 대상에서 제외할지 여부는 법원의 해석에 맡기는 것이 불가피하다'는 방향으로 논의를 정리하였다.[65] 입법 과정에서도 모든 형태의 지역권리금이 상가임대차법 제10조의4 제3항 소정의 '임대차 종료 당시의 권리금'에 포함된다고 확정되지 않은 것이다.

다만, 임대인이 최초의 임차인과 임대차계약을 체결할 당시부터 장소적 이익에 대한 대가로 차임 외에 별도로 권리금을 수수하였고, 그 권리금 상당액이 순차적으로 다음 임차인으로부터 회수된 경우와 같이 임대인이 임차인들로 하여금 장소적 이익의 대가를 수수하도록 용인한 경우에는 장소적 이익에 대한 권리금이 예외적으로 상가임대차법 제10조의4 제3항 소정의 '임대차 종료 당시의 권리금'에 포함된다고 볼 필요가 있다.[66] 또한, 앞서 본 권리금 회수기회 보호규정의 입법 취지를 고려할 때, 임차인이 영업활동을 통하여 임대차계약이 체결되기 전보다 상가건물의 장소적 이익을 월등히 고양시켰고, 임대차기간이 종료된 이후에도 그와 같이 고양된 장소적 이익이 잔존하고 있다고 평가할 수 있으며, 임대차계약을 둘러싼 여러 사정에 비추어 임대차계약이 종료되었다는 이유만으로 임대인에게 장소적 이익 일체를 고스란히 귀속시키는 것이 현저히 부당하다고 평가할 수 있다면, 그 장소적 이익은 상가임대차법 제10조의4 제3항 소정의 '임대차 종료 당시의 권리금'에 포함될 수 있다. 이때 감정평가 결과에서 무형재산의 세부 요소가 구분되어 있는 경우에는 이를 토대로 용이하게 지역권리금 중 임차인과 무관한 장소적 이익을 배제할 수

65) 제19대 국회 제332회(임시회) 제1차(주 53), 42-44면.
66) 김용담 편집대표(주 34), 985면(최준규 집필부분).

있으나, 그렇지 않다면 민사소송법 제202조의2에 따라 간접사실을 종합하여 구체적인 액수를 정할 수 있을 것이다. 한편, 하급심 판결 중에는 '장소적 이익 내지 지역권리금은 임차인이 영업과정에서 형성하였다고 보기 어렵다'고 판시하면서, 손해의 공평·타당한 분담이라는 손해배상법의 이념을 적용하여 공평의 원칙에 따라 임대인의 책임을 일부 제한하는 방법으로 지역권리금 중 임차인과 무관한 장소적 이익을 배제한 사례가 존재한다.[67)]

Ⅲ. 임차권의 존속보장 및 영업적 이익의 회수와 관련된 외국의 입법례

1. 영 국

가. 1927년 임대차법(Landlord and Tenant Act 1927)

1927년 임대차법에 의하면 임대차계약이 종료되는 경우에 개량으로 인하여 임차목적물의 가치가 증가하였다면, 임차인은 임대인에게 개량에 의한 가치 증가분의 범위 내에서 보상을 청구할 수 있으며, 임차인이 임대차계약에 의하여 부담하는 수선비용은 보상금액에서 공제되어야 한다(위 법률 제1조 제1항).[68)] 또한, 임대차기간이 만료되면, 임차인은 임대인에게 영업권(goodwill)에 대한 보상을 청구할 수 있지만(위 법률 제4조 제1항), 임차인이나 종전 임차인이 5년 이상 영업을 하였을 것, 임차인이 형성한 영업권에 의해서 임대인이 더 높은 차임으로 임대차 목적물을 임대할 수 있을 것이라는 요건이 충족되어야 한다.[69)] 임차인이 영업권에 대한 보상을 청구할 수 있더라도, 그 보상금액이 임차인의 영업 상실 및 새로운 장소에서 영업하기 위한 비용에

---

67) 전주지방법원 2019. 7. 26. 선고 2018나6108, 6115 판결(확정, 대법원 2019. 11. 15.자 2019다259746 판결의 원심판결), 서울고등법원 2018. 10. 11. 선고 2018나2034870 판결(확정), 춘천지방법원 2020. 6. 18. 선고 2019나52529 판결(확정, 대법원 2019. 7. 10. 선고 2019다210321 판결의 환송 후 원심판결), 부산지방법원 2018. 2. 7. 선고 2016가단355175 판결(확정, 대법원 2019. 8. 14. 선고 2018다297048 판결의 제1심판결).

68) 김영두·박수곤, "점포임차인의 영업보호 관련 선진입법례(영국, 프랑스) 및 운용사례 연구" [2014년도 법무부 연구용역 과제보고서], 법무부(2014), 71-72면.

69) 김영두·박수곤(주 68), 73-74면.

대한 보상으로 충분하지 않은 경우에는 임대인에게 그 보상 대신에 새로운 임차권을 신청할 수 있다(위 법률 제5조 제1항).[70]

그러나 위 법률에 의한 보호는 한정적이었다. 우선 5년 미만의 점유밖에 하지 않은 자 또는 건물을 사무소로서 이용하고 있던 자는 영업권의 손실에 대한 보상도, 새로운 임차권의 신청도 모두 가능하지 않았다. 그리고 보호의 중심은 보상이며, 임대차의 계속은 조금밖에 인정되지 않았다. 아울러 임차인은 '영업권이 임대차 목적물에 부착되어 있다는 점', '부착된 영업권에 의하여 임대인이 그 임대차 목적물로부터 얻을 수 있었던 차임보다 더 높은 차임을 얻게 되었다는 점'을 입증해야만 임대인으로부터 보상을 받을 수 있었는데, 그와 같은 입증 활동이 쉽지 않았다.[71]

나. 1954년 임대차법(Landlord and Tenant Act 1954)

1954년 임대차법에 의하면, 임차권은 원칙적으로 법에 의하여 소멸하는 경우를 제외하면 소멸하지 않으며, 임대인이 임대차기간이 만료하는 시점에 임차권의 소멸을 통지하거나 임차인이 임대인에게 새로운 임차권을 요구하였음에도 임대인이 이를 거절한 경우에는 임차인은 법원에 새로운 임차권을 신청할 수 있으며(위 법률 제24조 제1항), 법원은 원칙적으로 새로운 임차권을 승인해야 한다(위 법률 29조 제1항).[72]

다만, 임대인은 ① 임차인의 수선의무를 위반한 경우, ② 차임이 연체된 경우, ③ 임차인이 임차목적물의 사용이나 관리와 사용에 관하여 중대한 계약 위반을 한 경우, ④ 대체점포를 제공한 경우, ⑤ 전차인의 임차권 신청과 관련하여 임대인이 임차목적물 전부를 임대하려고 하는 경우, ⑥ 철거나 재건축을 하려고 하는 경우, ⑦ 임대인이 스스로 점유하고자 하는 경우에는 새로운 임차권의 신청을 반대할 수 있고(위 법률 30조 제1항), 이러한 사유가 있다면 법원은 새로운 임차권을 승인할 수 없다(위 법률 제31조 제1항, 제1A항).[73] 그

70) 김영두 · 박수곤(주 68), 75면.

71) 김영두 · 박수곤(주 68), 53-55면; 김영두(주 16), 650면; 법무부 법무실, "각국의 영업용건물 임대차 법제", 법무부(1996), 6-7면.

72) 김영두 · 박수곤(주 68), 77-84면.

73) 김영두 · 박수곤(주 68), 84-89면.

러나 법원이 그중 위 ⑤ 내지 ⑦항의 사유 중 어느 하나 이상의 사유를 근거로 새로운 임차권을 승인하지 않는다면, 임대인은 임차인에게 일정한 보상을 하여야 하며(위 법률 제37조 제1항, 제1A항), 이때 보상금액은 임차권에 포함된 재산(holding)의 과세표준가액(rateable value)에 일정한 승수(multiplier)를 곱하여 산출한다(위 법률 제37조 제2항(b)).[74] 보상액은 건물의 과세표준가액(ratable value)의 2배가 원칙이지만, 그 임차인이 임대차 조항에 의거하여 과거 14년 이상 계속해서 그 건물을 점유하여 온 경우에는 과세표준가액의 4.5배가 된다고 한다.[75]

다. 1969년 재산법(Law of Property Act 1969)

1954년 임대차법에 따를 경우, 임대차기간이 종료되는 경우에 임차권의 갱신 여부를 떠나 기존의 임대차기간이 만료된 이후에도 종전의 차임이 유지됨으로써 임차인이 이익을 얻을 수 있으며, 임차인이 고의로 소송을 지연시킬 수 있었다. 이에 1969년 재산법에서는 임시차임(Interim Rent)에 관한 절차가 도입되었다.[76] 또한, 1969년 재산법에서는 법원이 새로운 임차권을 승인하는 경우에 차임을 조정할 수 있다는 내용의 조항이 명문화되었다.[77]

1969년 재산법에 따라 1954년 임대차법 제38조 제4항이 신설되었는데, 임대인과 임차인은 위 조항을 근거로 1954년 임대차법의 적용을 배제하는 합의의 승인을 법원에 신청할 수 있다.[78] 그와 같은 승인을 신청하기 위해서는 임대차계약이 확정기한으로 체결되어야 한다.[79]

라. 2003년 잉글랜드와 웨일즈의 영업용 임대차에 관한 규제 개혁 명령 [The Regulatory Reform (Business Tenancies) (England and Wales) Order 2003]

2003년 잉글랜드와 웨일즈의 영업용 임대차에 관한 규제 개혁 명령

---

74) 김영두 · 박수곤(주 68), 89-90면
75) 법무부 법무실(주 71), 23면.
76) 소성규 외 4인, "주택 및 상가건물임대차 관련 선진국의 주요 법적 규율과 그에 대한 사회 · 문화적 배경 등에 대한 연구" [2017년 법무부 용역과제 보고서], 법무부(2017), 169면.
77) 소성규 외 4인(주 76), 169-170면.
78) 소성규 외 4인(주 76), 170면.
79) 김영두 · 박수곤(주 68), 92-93면.

은 1969년 재산법에서 한 걸음 더 나아가 법원의 승인이 없더라도 당사자가 1954년 임대차법의 적용을 배제하는 합의를 할 수 있도록 허용하였다.[80] 그러한 합의를 유효하게 하기 위해서는 임대인은 법정된 양식에 따라 임차인에게 통지를 하여야 하며, 임차인은 법정된 양식에 따라 '1954년 임대차법의 적용을 받지 않는다는 점', '임대인으로부터 통지를 받았으며 그러한 통지를 읽었다는 점'이 포함된 선언을 하여야 하고, 임대인의 통지 및 임차인의 선언은 임대차계약에 포함되거나 기입되어야 한다.[81]

2. 프 랑 스

가. 개 관

프랑스의 경우, 상가건물의 임대차에 관한 법제가 상업, 산업 또는 가내수공업 용도건물 또는 점포의 임대차계약 갱신 관련 임대인 및 임차인 간의 관계를 규정하는 1953. 9. 30.자 제53-960호 데크레(Décret n°53-960 du 30 septembre 1953 réglant les rapports entre bailleurs et locataires en ce qui concerne le renouvellement des baux à loyer d'immeubles ou de locaux à usage commercial, industriel ou artisanal)에 규정되기 시작하였으며, 이를 필두로 현재는 상법(Code de commerce)에서 주요 사항을 규정하고 있다.[82] 프랑스 상법은 제1권 제4편에 영업(Du fonds de commerce)을, 그 중 제5장은 상사 임대차(Du bail commercial)를 각 규정하고 있으며, 영업을 독립된 재산권으로 파악하고 있다.[83] 영업의 대표적인 예로는 상표, 상호, 임차권, 영업이익, 지리적 특성을 들 수 있으며, 그 외에도 고객을 유인하기 위하여 사용되는 모든 수단의 총체가 영업에 포함된다.[84]

---

80) 김영두 · 박수곤(주 68), 93면.
81) 김영두 · 박수곤(주 68), 93-94면.
82) 소성규 외 4인(주 76), 192면.
83) 김영두 · 박수곤(주 68), 99면; 박수곤, "프랑스법상 권리금의 구성요소와 보호방법", 법조 통권 725호(2017), 10면.
84) 박수곤(주 83), 12면.

나. 주요 내용

1) 임대차기간

임대차계약의 기간은 원칙적으로 9년 미만으로 할 수 없다(프랑스 상법 제L145-4조 제1항). 다만, 반대의 약정이 없는 한 임차인은 3년 주기가 만료되는 시점에 맞추어 해지통고를 할 수 있다(같은 조 제2항).[85] 해지통고에는 사유를 붙일 필요가 없다.[86] 또한, 임대차기간이 3년 미만이고 특약으로 상사 임대차에 관한 규정의 적용을 배제한 임대차계약,[87] 1년 중 몇 개월을 단위로 하여 체결된 임대차계약에 대해서는 상사 임대차에 관한 규정의 적용이 배제될 수 있다고 한다(프랑스 상법 제L145-5 제1 내지 4항).[88]

2) 임대차계약의 갱신청구 및 그 거절에 따른 효과

임대차계약이 종료하면, 영업권자인 임차인은 임대인을 상대로 임대차계약의 갱신을 청구할 수 있는데(프랑스 상법 제L145-8조 제1항), 그 전제조건으로서 최근 3년간 영업이 실질적으로 운용되었을 것이 요구된다(같은 조 제2항).[89] 임차인의 갱신요청을 거절할지 여부는 전적으로 임대인의 자유의사에 맡겨져 있다.[90] 임대차계약이 갱신되는 경우에 당사자 사이에 합의가 없다면, 임대료는 시장의 차임에 따라 정해진다(프랑스 상법 제L145-33조).[91]

임대인은 갱신의 거절을 정당화할 수 있는 사정이 있거나 임차인에게 갱신청구권이 인정되지 않는 경우를 제외하고는 임대차계약의 갱신을 거절함에 따라 임차인이 입을 손해를 배상할 책임을 지는데, 이를 퇴거보상(Indemnité d'éviction)이라고 부른다.[92] 이로 인하여 임대인은 임대차계약의 갱신을 간접적으로 강제당하게 된다.[93] 임대인은 원칙적으로 영

---

85) 소성규 외 4인(주 76), 193면.
86) 법무부 법무실(주 71), 67면.
87) 2014년 개정에 따라 최소 기간이 '2년 미만'에서 '3년 미만'으로 상향되었다고 한다[김영두 · 박수곤(주 68), 121면].
88) 김영두 · 박수곤(주 68), 121-3면.
89) 김영두 · 박수곤(주 68), 125면.
90) 법무부 법무실(주 71), 76-77면.
91) 김영두(주 16), 656면.
92) 박수곤(주 61), 29면.
93) 김영두 · 박수곤(주 68), 131면.

업의 시장가치(valeur marchande du fonds de commerce)에 상응하는 손해, 즉 대체보상금(indemnité de remplacement) 상당의 손해를 배상할 의무가 있다. 대체보상금이 인정되는 영업은 임대차계약에서 상정한 합법적인 영업이어야 하며, 영업의 시장가치는 거래계의 관행에 따라 결정되어야 한다.[94] 그러나 임대차계약의 갱신이 거절된 임차인이 기존의 고객을 잃지 않으면서도 다른 곳에서 계속하여 영업을 할 수 있다면, 영업의 시장가치에 대한 손해가 없었으므로 퇴거보상금은 영업장소의 이전으로 인한 손해인 이전보상금(indemnitè de dèplacement)에 국한된다.[95] 한편, 퇴거보상금에는 통상적인 이사비용 및 재정착비용, 그리고 동등한 가치를 지닌 영업재산을 매수하는 데 소요되는 비용과 세금이 포함되며, 그 외에도 임차인은 자신이 입은 손해를 증명함으로써 그에 대한 보상을 청구할 수 있다.[96]

다. 일　　본[97]

1) 임차권의 존속보장

일본에서 영업용 부동산에 관한 임대차계약 관계는 일본 민법 및 차지차가법(借地借家法)이 규율하고 있다. 일본 민법은 기간의 정함이 있는 임대차계약의 경우에는 그 기간의 만료에 의하여, 기간의 정함이 없는 임대차계약의 경우에는 해약 신청(解約の申入)에 의하여 종료한다고 규정하고 있다(제617조 제1항).

차지차가법은 법정갱신 제도를 인정하면서 갱신의 거절에 정당한 사유가 필요한 것으로 정하고 있다. 건물의 임대차에 대하여 기간의 약정이 있는 경우에 당사자가 기간이 끝나기 1년 전부터 6개월 전까지의 기간에 상대방에게 갱신거절의 통지 또는 조건을 변경하여야만 갱신을 한

---

94) 박수곤(주 61), 31-32면.

95) 박수곤(주 61), 34-35면.

96) 김영두 · 박수곤(주 68), 133면.

97) 차지차가법의 내용은 법제처 세계법제정보센터의 번역본을 토대로 작성하였다 [법제처, "차지차가법(借地借家法)", 세계법제정보센터, http://world.moleg.go.kr/web/wli/lgslInfoReadPage.do?CTS_SEQ=11473&AST_SEQ=2601&(2020. 12. 20. 확인)].

다는 뜻의 통지를 아니한 때에는 종전 계약과 동일한 조건으로 계약을 갱신한 것으로 본다(차지차가법 제26조 제1항). 위와 같은 통지를 한 경우라도 건물의 임대차 기간이 만료한 후 임차인이 사용을 계속하는 경우에 임대인이 지체 없이 이의를 제기하지 않은 때에도 동일하다(같은 법 제26조 제2항). 그리고 임대인이 임대차 해약 신청을 한 경우에는 건물의 임대차는 해약 신청일로부터 6개월이 경과함에 따라 종료한다(같은 법 제27조 제1항). 위와 같은 임대인의 통지 또는 임대차 해약 신청은 건물 사용을 필요로 하는 사정 외에 건물의 임대차에 관한 지금까지의 경과, 건물의 이용상황 및 건물의 현황, 임대인이 건물을 명도하는 조건으로 또는 건물의 명도와 바꾸어 임차인에게 재산상 급부한다는 뜻의 신청을 한 경우의 그 신청을 고려하여 정당한 사유가 있다고 인정되는 경우에만 가능하다(같은 법 제28조). 한편, 기간을 1년 미만으로 하는 건물의 임대차는 기간의 약정이 없는 건물의 임대차로 본다(같은 법 제29조 제1항). 차지차가법 제3장 제1절(제26조 내지 제29조)을 위반한 특약으로서 임차인에게 불리한 것은 무효로 한다(같은 법 제30조).

다만, 차지차가법은 일정한 요건 하에 건물의 임대차 중 계약의 갱신이 없는 예외를 규정하고 있다. 기간의 약정이 있는 건물의 임대차를 하는 경우에는 공정증서에 따르는 등 서면으로 계약을 하는 때로 한정하여 계약의 갱신이 없는 것으로 한다고 정할 수 있다(차지차가법 제38조 제1항). 위와 같은 임대차를 하려는 때에는 임대인은 사전에 임차인에게 위와 같은 임대차는 계약의 갱신 없이 기간 만료에 따라 종료한다는 뜻을 기재한 서면을 교부하여 설명하여야 한다(같은 법 제38조 제2항). 그러한 설명을 하지 않은 때에는 계약의 갱신이 없는 것으로 하는 약정은 무효로 한다(같은 법 제38조 제3항). 그 임대차는 기간이 1년 이상인 경우에 임대인은 기간 만료 1년 전부터 6개월 전까지 사이에 임차인에게 기간 만료에 따라 건물의 임대차가 종료한다는 뜻의 통지를 하여야만 그 종료를 임차인에게 대항할 수 있다(같은 법 제38조 제4항 본문). 다만, 임대인이 통지기간의 경과 후 임차인에게 그 통지를 한 경우에는 통지일로부터 6개월이 경과한 후에는 그렇지 않다(같은 법 제38조 제4항 단서). 차지차가법 제38조 제4항을 위반한 특약으로서 임차인에게 불리한 것은 무효로 한다(같은 법 제38조 제6항).

2) 퇴거비용의 보상

차지차가법은 정당한 사유가 있는 경우에 한하여 임대인의 갱신 거절을 허용하고 있다. 그런데 그 사유가 정당한 정도에 이르지 않았더라도, 상당한 정도로는 인정할 수 있는 경우가 있다. 이때 임대인은 임차인에게 퇴거비용을 보상함으로써 갱신 거절이 허용받기 위한 부족분을 채울 수 있으며, 차지차가법은 정당한 사유의 판단 기준 중 하나로 '임대인이 건물을 명도하는 조건으로 또는 건물의 명도와 바꾸어 건물의 임차인에게 재산상 급부한다는 뜻의 신청을 한 경우의 그 신청'을 들고 있다. 이에 따라 현재는 퇴거비용의 제공과 상환으로 명도판결을 하는 방향이 정착되었다고 한다.[98] 퇴거비용의 보상에는 이전에 필요한 경비, 퇴거로 인해 소멸하는 임차권의 가격, 이전을 함에 따라 발생하는 영업이익의 손실 보상 등이 포함된다.[99]

3) 조작매취(造作買取)청구권과 비용상환청구권

일본 민법과 차지차가법은 우리 민법에서의 부속물매수청구권 및 비용상환청구권과 같이 조작매취청구권 및 비용상환청구권에 관한 규정을 두고 있다. 임대인의 동의를 얻어 건물에 부가한 다다미, 창호, 그 밖의 조작이 있는 경우에는 임차인은 건물의 임대차기간 만료 또는 해약 신청에 따라 임대차계약이 종료하는 때에 임대인에게 그 조작을 시가로 매입할 것을 청구할 수 있다(차지차가법 제33조 제1항 전문). 임대인으로부터 매입한 조작에 대하여도 같다(차지차가법 제33조 제1항 후문). 임차인은 임대차 목적물에 대하여 지출한 필요비를 청구할 수 있고, 유익비를 지출하여 그 가액이 현존하는 경우에는 지출액 또는 증가액을 청구할 수 있다(일본 민법 제608조).

4) 권리금에 관한 규율

일본에서도 권리금이라는 용어가 사용되고 있는데, 임대차관계에서

98) 법무부 법무실(주 71), 187면.

99) 김제완 외 3인, "상가건물임대차 분쟁사례와 분쟁해결 방안 연구－상가건물 임대차보호 국내외 사례 조사－" [2014~2015년도 서울특별시 연구용역보고서], 고려대학교 산학협력단(2015), 116면.

정기적으로 지급된 임료와 임대차보증금인 부금(敷金) 이외에 입주 시 일괄적으로 지급된 대가를 의미한다.[100] 일본에서는 1939년 제1차 지대가임통제령(地代家賃統制令)이 제정되어 기존의 지대 및 가임이 1938. 8. 4. 부로 동결되었고, 1940년 제2차 지대가임통제령이 시행됨에 따라 지대 및 가임이 후생대신이 정한 적정표준을 초과하지 말아야 할 뿐만 아니라 가임의 통제를 면하기 위해 권리금을 비롯한 다른 명목으로 금원을 수수하는 것도 금지되었다.[101] 그런데 거래계에서는 위와 같이 동결된 지대 및 가임과 인플레이션에 따라 단기간에 높아진 지대 및 가임 사이의 차이를 메꾸기 위하여 반환되지 않는 형태의 부금(敷金)이 수수되었다.[102] 제2차 세계대전이 종결된 이후의 시점인 1948년에 제정된 제3차 지대가임통제령도 "임대인은 어떠한 명의로도 임차인으로부터 차지권리금 혹은 차가권리금을 수령할 수 없다"라고 규정하였다가, 1950년에 개정이 이루어짐에 따라 일시적인 이용을 위한 건물, 1950. 7. 11. 이후에 신축된 건물, 각종 영업용 건물은 지대가임통제령의 적용 대상에서 제외되었다.[103] 이로 인해 권리금 수수가 자유롭게 이루어질 수 있는 환경이 조성되었으며, 1986년 말에 지대가임통제령 자체가 폐지된 이후에는 권리금 수수가 부동산 임대차계약 시에 수반되는 상관행으로 남아 있다.[104]

그런데 일본에서의 권리금은 상가건물의 임대차와 관련하여 임차인이 임대인에게 보증금 외에 지급하는 금전 기타 유가물을 총칭하는 것에 반해, 우리나라에서의 권리금은 주로 상가건물의 임대차와 관련하여 신규임차인이 되려는 자가 임차인에게 지급하는 금전 기타 유가물을 의미하므로, 양자는 개념상 구별된다. 결국 권리금의 반환 가능성에 관한 일본의 논의는 우리나라에서의 권리금에 대하여 그대로 적용될 수 없다.

---

100) 다무라 후미노리(주 7), 13면; 하양명(주 9), 11-12면.
101) 다무라 후미노리(주 7), 40면.
102) 법무부 법무실(주 71), 200-201면.
103) 다무라 후미노리(주 7), 41면.
104) 다무라 후미노리(주 7), 42면.

라. 그 밖의 국가

이탈리아, 네덜란드 및 오스트레일리아 대부분의 주에서는 상가건물의 임대차가 5년(네덜란드 및 오스트레일리아 대부분의 주) 또는 6년(이탈리아) 동안 보장된다고 한다.[105] 미국이나 독일의 경우, 상가건물의 임차인을 보호하기 위한 법제를 별도로 갖고 있지 않으며, 임차인은 임대차계약의 종료로 인한 불이익을 스스로 회피해야 한다.[106]

마. 비　　교

상가임대차법은 10년의 임대차기간을 보장하는 한편, 권리금 회수기회 보호규정을 통하여 임차인으로 하여금 영업적 이익을 금전적으로 회수할 수 있도록 규정하고 있다. 그중 권리금 회수기회 보호규정은 우리나라 특유의 권리금 관행을 법제화한 것이므로, 요건 · 효과에 있어 다른 입법례와 상당한 차이를 드러낸다. 다만, 일정 기간 임대차기간을 보장하고, 그 이후에 임대인이 갱신을 거절하는 경우에는 임차인이 임대차 과정에서 집적된 각종 이익을 회수할 수 있다는 측면에서 보면, 위와 같은 상가임대차법의 내용은 프랑스의 입법례와 유사하다고 볼 수 있다.[107] 그러나 프랑스의 입법례와 비교할 때, 상가임대차법은 임대차기간을 더 장기로 보장하고 있으며, 단기 임대차에 대하여 '일시사용을 위한 임대차임이 명백한 경우' 외에는 별도의 예외를 두고 있지 않다는 점(상가임대차법 제16조)에서 차이가 있다. 그리고 임차인이 상가임대차법에 따라 영업적 이익을 회수하기 위해서는 '임대인이 권리금 회수기회 보호의무를 부담함에도 그 의무를 위반하였다'는 점을 스스로 주장 · 입증하여야 한다. 프랑스의 입법례에 비해 영업적 이익의 회수 요건을 보다 까다롭게 설정하려는 의도가 반영한 것으로 보인다.

105) 김영두(주 41), 56면.
106) 김영두(주 16), 660면.
107) 김영두(주 41), 55면.

Ⅳ. 계약갱신요구권과 권리금 회수기회 보호규정 사이의 관계

1. 개 관

구 상가임대차법 제10조 제1항 각 호의 어느 하나에 해당하는 사유가 있어 임차인이 계약갱신요구권을 행사할 수 없는 경우, 구 상가임대차법 제10조의4 제1항 단서는 임대인에게 권리금 회수기회 보호의무가 발생하지 않는다고 규정하고 있다. 그런데 대상판결이 선고되기 전까지 구 상가임대차법 제10조 제2항 소정의 기간인 5년이 경과하여 임차인이 더 이상 계약갱신요구권을 행사할 수 없는 사안에서 임대인에게 권리금 회수기회 보호의무가 발생하지 않는 것인지에 관하여 하급심의 판단은 엇갈리고 있었다.

2. 하급심 판결의 동향

상당수의 하급심 판결은 전체 임대차기간이 5년 이내인 경우에만 임대인의 권리금 회수기회 보호의무가 인정된다는 취지로 판시하였다.[108] 대체적인 논거는 본 사건의 원심판결에서 본 것과 대동소이하다.

이에 반해 일부 하급심 판결은 전체 임대차기간이 5년을 초과하는 경우에도 임대인의 권리금 회수기회 보호의무가 인정된다는 취지로 판시하였다.[109] 그 논거로는 ① 구 상가임대차법 제10조의4가 명시적으로 구

---

108) 서울서부지방법원 2016. 5. 26. 선고 2015가합37405 판결(확정), 수원지방법원 안산지원 2016. 10. 20. 선고 2016가합5037, 2016가합5044 판결(확정), 수원지방법원 2018. 9. 5. 선고 2017나86002 판결(파기환송, 대법원 2019. 5. 30. 선고 2018다270371, 2018다270388 판결의 환송 전 원심판결), 서울중앙지방법원 2017. 8. 11. 선고 2017나13051 판결(파기환송, 대법원 2019. 6. 13. 선고 2017다258497 판결의 환송 전 원심판결), 서울북부지방법원 2017. 6. 30. 선고 2016나36612, 2016나6734 판결(파기환송, 대법원 2019. 6. 13. 선고 2017다249233, 2017다249240 판결의 환송 전 원심판결).

109) 서울서부지방법원 2017. 8. 10. 선고 2016나35981 판결(확정), 대전지방법원 2018. 11. 27. 선고 2017나115444, 2017나115451 판결(확정, 대법원 2019. 5. 30. 선고 2018다302605, 2018다302612 판결의 원심판결), 대전지방법원 2017. 5. 19. 선고 2016나108951, 2016나108968 판결(확정, 대법원 2019. 6. 13. 선고 2017다236039 판결의 원심판결), 광주지방법원 2018. 7. 20. 선고 2017나65165, 2017나

상가임대차법 제10조 제2항을 준용하고 있지 않은 점, ② 구 상가임대차법 제10조의4와 구 상가임대차법 제10조 제1항은 입법 취지를 달리하는 점, ③ 구 상가임대차법 제10조 제2항을 준용하지 않더라도 임대인의 사용·수익권을 과도하게 제한한다고 볼 수 없는 점, ④ 입법 과정에서의 논의에서 계약갱신요구권이 인정되는 경우에만 권리금 회수기회를 보호하겠다는 입법자의 의도를 추단할 만한 자료를 찾을 수 없는 점 등이 제시되었다.

3. 검　토

가. 법률의 문언

법률의 해석에서는 법률의 문언에 따라 해석하는 것이 원칙이며, 이로 인해 문언의 가능한 의미가 무엇인지, 문맥상 문언이 어떠한 의미를 갖는지를 탐색하는 작업은 매우 중요한 의미를 갖는다.[110] 그렇지만 법률에 어떠한 흠결이 있는 경우와 같이 문언의 해석만으로 사안을 해결할 수 없다면, 비로소 입법자의 의도나 법률의 목적을 추가적으로 고려하는 등의 방법으로 법률을 해석하여야 한다.[111] 대법원 역시 "법률 해석의 목표는 어디까지나 법적 안정성을 저해하지 않는 범위 내에서 구체적 타당성을 찾는 데 있으며, 그 과정에서 가능한 한 법률에 사용된 문언의 통상적인 의미에

65172 판결(확정, 대법원 2019. 5. 30. 선고 2018다261124, 2018다261131 판결의 원심판결), 부산지방법원 2018. 11. 16. 선고 2018나44159 판결(확정, 대법원 2019. 8. 14. 선고 2018다297048 판결의 원심판결).

110) 김재형, "황금들녘의 아름다움: 법해석의 한 단면−임대주택법상의 임차인에 관한 해석 문제−", 국가와 헌법 Ⅱ(2018), 87-88면.

111) 김재형(주 110), 88면. 법률의 흠결에는 명시적 흠결과 은폐된 흠결이 있는데, 명시적 흠결은 '입법자가 자신의 계획에 상응하는 규율을 했더라면 현재의 구성요건 외에도 추가적인 상황에 상응하는 규율 역시 하였을 것으로 보임에도 그에 대한 규율을 빠뜨린 경우'를 의미하며, 은폐된 흠결은 '입법자가 자신의 계획에 상응하는 규율을 했더라면 현재의 구성요건에 속하는 사안들 중 일부를 해당 법률효과의 귀속 범위에서 제외시켰을 것으로 보이는데도, 자신의 계획에 반하여 그에 대한 규율을 빠뜨린 경우'를 의미한다[손승온, "전체 임대차기간이 5년을 초과한 상가건물 임차인은 권리금 회수기회 보호에서 배제되는지 여부-상가건물임대차보호법 제10조의4 제1항에 같은 법 제10조 제2항을 적용하여 목적론적 축소를 할 수 있는지 여부", 재판과 판례 제26집(2017), 112면].

충실하게 해석하는 것을 우선하여야 하고, 다만 문언의 통상적 의미를 벗어나지 아니하는 범위 내에서는 법률의 입법 취지와 목적, 제·개정 연혁, 법질서 전체와의 조화, 다른 법령과의 관계 등을 고려하는 체계적·논리적 해석방법을 추가적으로 활용할 수 있다."라고 판시한 바 있다.[112)]

문제가 된 구 상가임대차법의 규정에 위와 같은 기준을 적용해본다. 구 상가임대차법 제10조의4 제1항은 임대인의 권리금 회수기회 보호의무가 발생하지 않는 사유로서 구 상가임대차법 제10조 제1항 각 호 중 어느 하나의 사유가 있는 경우를 들고 있을 뿐, 구 상가임대차법 제10조 제2항 소정의 기간이 경과한 경우에 대해서는 별도로 언급하고 있지 않다. 그리고 구 상가임대차법 제10조 제1항 각 호 중 어느 하나의 사유가 있는 경우와 구 상가임대차법 제10조 제2항 소정의 기간이 경과한 경우는 내용 면에서 궤를 달리한다. 나아가 앞서 본 바와 같이 계약갱신요구권에 관한 규정은 상가건물의 임대차에서 법정된 존속기간을 보장하는 데 초점이 맞춰져 있는 것에 비해, 권리금 회수기회 보호규정은 임대차계약의 종료 이후에 임차권의 존속을 간접적으로 유도하는 데 초점이 맞춰져 있으므로, 양 규정은 어디까지나 요건·효과를 달리하는 별개의 제도를 규율하고 있다. 따라서 권리금 회수기회 보호규정이 계약갱신요구권에 관한 규정 중 일부를 준용하는 점을 감안하더라도, 임차인에게 계약갱신요구권이 존재하는지 여부가 권리금 회수기회 보호규정의 요건에서 추가적으로 고려되어야 한다고 볼 논리적 필연성은 존재하지 않는다.[113)] 요컨대, 특정 사유가 임대인으로 하여금 임차인의 계약갱신요구를 거절할 수 있도록 할 뿐만 아니라 권리금 회수기회 보호의무를 회피할 수 있게 만든다고 볼 수 있으나, 그로부터 '계약갱신요구권이 존재하지 않기 때문에 권리금 회수기회 보호규정도 적용되지 않는다'는 결론을 도출할 수는 없는 것이다.

---

112) 대법원 2009. 4. 23. 선고 2006다81035 판결, 대법원 2017. 12. 22. 선고 2014다223025 판결.

113) 김영두(주 41), 64면; 박동규(주 24), 123면; 손승온(주 111), 134-136면; 신옥영(주 9), 121-122면.

그럼에도 계약갱신요구권의 행사 기간이 경과한 경우에 해당한다는 이유로 임대인이 권리금 회수기회 보호의무를 부담하지 않는다는 결론을 내리는 것은 법률의 문언과 조화를 이루지 못한다.

나. 입법 경과 및 입법 취지

원심판결을 비롯한 상당수의 하급심 판결은 임차인이 구 상가임대차법이 보장하는 임대차의 존속기간 동안 영업을 함으로써 영업적 이익을 회수할 기회를 충분히 보장받았다고 보았다. 이는 곧 계약갱신요구권의 행사기간으로 법정된 5년(구 상가임대차법)이 상가건물의 임대차관계에 있어 법률이 예정한 최대한의 존속기간임을 전제로 한다. 그러나 그와 같이 볼 뚜렷한 사실적·법적 근거는 확인되지 않는다. 오히려 계약갱신요구권은 임차인에게 권리금이나 시설투자비 등을 회수할 수 있는 최소한의 기간을 확보하기 위하여 만들어진 권리에 가까우며, 앞서 본 입법 경과에 비추어 볼 때 입법자는 계약갱신요구권에 관한 규정만으로 임차인의 권익이 매우 불충분하게 보호된다고 평가하였기 때문에 권리금 회수기회 보호규정을 새롭게 도입하였다. 입법자의 이러한 의도는 권리금 회수기회 보호규정이 신설될 당시에 제시된 제안이유에서도 여과 없이 드러난다.

법제사법위원장이 발의한 상가건물 임대차보호법 일부개정법률안(대안)(의안번호 1915014)의 제안이유 중 권리금 회수기회 보호규정에 관한 부분은 "현행법은 임차인이 투자한 비용이나 영업활동의 결과로 형성된 지명도나 신용 등의 경제적 이익이 임대인의 계약해지 및 갱신거절에 의해 침해되는 것을 그대로 방치하고 있음. 그 결과 임대인은 새로운 임대차계약을 체결하면서 직접 권리금을 받거나 임차인이 형성한 영업적 가치를 아무런 제한 없이 이용할 수 있게 되지만 임차인은 다시 시설비를 투자하고 신용확보와 지명도 형성을 위해 상당기간 영업 손실을 감당하여야 하는 문제점이 발생하고 있음. 이러한 문제점을 해결하기 위하여 임차인에게는 권리금 회수기회를 보장하고, 임대인에게는 정당한 사유 없이 임대차 계약의 체결을 방해할 수 없도록 방해금지의무를 부과하는 등 권리금에 관한 법적근거를 마련하려는 것임."으로 기재되어 있다.[114] 계약갱신요구권에 따라 보장되는 임대차 존속기간 내에서는 원칙적으로 임대인의 갱신거절이 허용되지 않으므로, 위 법률안은 곧 임대차계약의 종료를 앞두고 임차인이 더 이상 계약갱신요구권을 행사할 수 없는 상황을 주된 적용 대상으로 삼고 있는 것이다.

임차인에게 임대차 과정에서 집적된 각종 이익을 회수할 수 있는 기회를 제공한다는 측면을 고려하면, 계약갱신요구권에 관한 규정과 권리금 회수기회 보호규정은 일견 입법 취지가 중첩된다고 볼 여지가 있으나, 앞서 설명한 것처럼 권리금 회수기회 보호규정에는 임대차기간의 종료 이후에 임차권의 존속을 간접적으로 유도하려는 의도도 담겨 있으므로 이러한 관점에서는 반드시 입법 취지가 동일하다고 볼 수 없다. 즉, 양 규정은 상가건물의 임차인을 보호하기 위하여 공존하는 별개의 제도인 것이다.[115] 따라서 구 상가임대차법 제10조의4 제1항 단서와 같은 명문의 연결고리가 없음에도, 구 상가임대차법 제10조 제2항을 끌어들여 권리금 회수기회 보호규정의 적용 대상을 제한하는 것은 권리금 회수기회 보호규정의 입법 경과 및 입법 취지에 부합하지 않는다.

다. 임차인 보호의 필요성

영업적 이익의 요체는 고객을 끌어들이는 상인의 수완[116]이라고 할 수 있다. 영업의 존속 기간이 길어질수록 영업적 이익은 비약적으로 증대되기 마련이다. 같은 이유에서 영국의 1954년 임대차법은 임차인이 과거 14년 이상 계속해서 그 건물을 점유하여 온 경우에 영업보상의 금액을 과세표준가액의 2배에서 4.5배로 증액시키고 있다. 이때 임차인은 단순히 영업적 이익만을 회수하기 위해 영업활동을 하지 않는다는 점에 유의할 필요가 있다. 누구나 자신이 투하한 자본보다 더 많은 수익을 거두

114) 법제사법위원장 발의, "상가건물 임대차보호법 일부개정법률안", 1915014,(2015. 5. 6.), 2면.

115) 손승온(주 111), 128-129, 138-140면.

116) 프랑스 파기원은 장소적 특성으로 인한 고객 흡인력(achalandage)과 상인의 수완 발휘에 의한 고객 흡인력(clientéle)을 별개의 개념으로 인정한다고 하는데[박수곤(주 86), 18면], 상가건물의 임차인이 보유한 고유의 영업적 이익은 그중 후자에 해당한다.

기를 희망하며, 임차인이 회수에만 무려 평균 2~4년이 소요되는 비용을 기꺼이 투자하는 이유도 바로 그와 같은 바람이 실현되리라고 믿어 의심치 않기 때문이다. 그럼에도 임차인이 상가건물에서 일정 기간 영업을 함으로써 그 영업의 시장 가치 전부를 회수할 수 있고 적어도 손실은 입지 않는다고 예상하는 것은 현실을 도외시하였다는 비판에 직면할 소지가 매우 크다.

계약갱신요구권에 따라 보장되는 임대차 존속기간이 5년(구 상가임대차법) 또는 10년(현행 상가임대차법)으로 법정되어 있는 이상, 임차인은 다른 사정이 없다면 그 기간만큼 영업활동을 이어나가려고 할 것이다. 더욱이 계약갱신요구권에 관한 규정은 환산보증금의 제약을 받지 않으므로(상가임대차법 제2조 제3항), 상가임대차법은 모든 형태의 상가임대차에 대하여 계약갱신요구권의 행사기간만큼 존속할 가능성을 열어두고 있으며, 임차인이 성공적인 영업활동을 영위하고 있다면 그 존속기간만큼 영업을 계속하는 양상이 일반적일 것으로 보인다. 그런데 계약갱신요구권의 행사기간이 경과하였다는 이유로 권리금 회수기회 보호규정의 적용을 배제한다면, 임차인으로서는 그 존속기간이 만료하기 전에 임대차 과정에서 집적된 각종 이익을 회수하기 위하여 임대차계약을 종료하는 선택지가 최선의 행태일 수밖에 없다. 이러한 결과는 상가임대차법이 계약갱신요구권을 통하여 임차권의 기간을 보장함과 동시에 권리금 회수기회 보호규정을 통하여 각종 이익을 회수하고 임차권의 존속을 간접적으로 유도하려고 했던 의도에 배치된다.

라. 임대인이 입을 불이익과의 비교형량

권리금 회수기회 보호규정이 상가건물에 대한 임대인의 사용·수익권을 제한하는 것은 명확하다. 임대인은 여전히 손해배상책임을 부담하지 않기 위해서는 기존의 임대차관계를 유지하거나 임차인이 주선한 자와 적정한 보증금 및 차임의 범위 내에서 신규 임대차계약을 체결하여야 하기 때문이다. 하지만 임대인이 임차인이 주선한 신규임차인이 되려는 자와 임대차계약을 체결하는 방법 또는 임차인에게 손해배상을 한 후 다른 사람과 임대차계약을 체결하는 방법 등으로 상가건물을 활용할 수 있으므로, 권리금 회수기회 보호규정에도 불구하고 임대인이 상가건물로써 아무런 수익도 거둘 수 없는 것은 아니다. 아울러 상가임대차법은 권리금 회수기회 보호의무가 발생하지 않는 예외적인 사유를 비교적 광범위하게 규정하고 있으므로, 임대인으로서는 그러한 한도 내에서 권리금 회수기회 보호의무로부터 벗어날 기회가 마련되어 있다. 또한, 앞서 본 바와 같이 해석을 통하여 상가임대차법 제10조의4 제3항 소정의 손해배상액의 범위를 임차인의 영업적 이익과 관련된 영역에 국한시킨다면, 임대인이 과도하게 손해를 배상할 우려도 상당 부분 불식시킬 수 있다. 따라서 대상판결과 같은 사안에서 임대인이 권리금 회수기회 보호의무를 부담한다고 하더라도, 그것이 임대인의 사용·수익권을 과도하게 제한하는 결과를 야기한다고 평가할 수 없다.

마. 권리금 회수기회 보호규정의 장·단점

임차인과 신규임차인이 되려는 자 사이에 권리금의 수수를 법적으로 보장하는 것은 임차인을 직·간접적으로 보호할 뿐만 아니라 신규임차인이 되려는 자에게도 향후에 영업적 이익을 회수할 수 있는 기회를 제공함으로써 상가건물의 임대차에 내재된 불안 요소를 제거한다는 장점이 있다. 반면, 이러한 제도는 대체적으로 임차인의 투자 유인을 높이지만, 사회적으로 과잉투자를 야기할 수 있고,[117] 임대인에게는 임대차계약이 종료한 이후에 손해배상책임을 부담하는 상황을 대비하여 차임을 인상할 유인을 제공할 수 있다. 만약 차임이 인상된다면, 임차인에게 그로 인하여 줄어든 영업이익을 보완하고자 또 다시 권리금을 인상할 유인도 존재한다. 이러한 과정을 거쳐 권리금이 인상된다면, 궁극적으로 신규임차인이 되려는 자는 임차인에게 과도한 수준의 권리금을 제공하고 나서야 비로소 상가건물을 임차하여 영업활동을 개시할 수 있으므로, 사회경제적으로 낭비가 초래될 위험이 적지 않다. 이처럼 권리금 회수기회 보호규정은 다양한 부작용을 낳을 가능성이 있다.

---

117) 김정욱, "권리금에 대한 법경제학적 접근", 한국개발연구원(2011), 44면.

그러나 앞서 본 바와 같이 법원으로서는 법률의 문언이 법률의 목적이나 법질서 전체의 목적이나 원칙에 맞지 않는 등의 극히 예외적인 사유가 없는 한 법률의 문언을 넘는 해석이나 법률의 문언에 반하는 해석을 할 수 없다. 입법자는 위와 같은 부작용을 무릅쓰고 상가임대차법을 개정하였으며, 그 문언이 본래의 입법 목적에 부합할 뿐만 아니라 법질서 전체의 목적이나 원칙에 위배된다고 보기는 어렵다. 그러므로 구 상가임대차법 제10조의4의 적용 범위를 원심판결과 같이 축소시키는 것은 법률 해석으로서 허용된다고 볼 수 없으며, 향후 권리금 회수기회 보호규정으로 인해 실제로 어떠한 부작용이 발생한다면 법률 해석이 아니라 정교한 입법으로 대응하여야 한다고 생각한다.

사. 소 결

이상의 논의를 종합하면, 구 상가임대차법 제10조 제2항 소정의 기간인 5년이 경과하여 임차인이 더 이상 계약갱신요구권을 행사할 수 없는 사안에서도 임대인에게 권리금 회수기회 보호의무가 발생한다고 보아야 한다. 그리고 계약갱신요구권에 따라 보장되는 임대차 존속기간이 10년으로 연장된 현행 상가임대차법에서도 그와 달리 해석할 법적 근거는 존재하지 않는다.

Ⅴ. 결 론

권리금이라는 개념 자체는 이미 일제강점기에 발생하였다. 1970년대 이후부터 우리나라 특유의 권리금 관행이 형성되었으나, 권리금의 법제화는 2015년에서야 이루어졌다. 우리나라는 전체 취업자 중에서 자영업자의 비중이 매우 높은 국가인데,[118] 권리금에 관한 분쟁은 주로 영세한 자영업자에게 발생하므로, 권리금 회수기회 보호규정은 신설 당시부터 많

118) OECD에 따르면, 2018년 기준 국내 자영업자 비중은 25.1%로 OECD 회원국 38개국 가운데 공동 7위를 기록하고 있다고 한다[박상돈, "한국 자영업자 비중 25.1%… OECD 7위", 연합뉴스 홈페이지, https://www.yna.co.kr/view/AKR20200609159300030(2020. 12. 20. 확인)].

은 주목을 받았다. 그런데 권리금 회수기회 보호규정은 전례를 찾아볼 수 없는 내용이었기에 해석상 논란이 끊이지 않았다. 특히 전체 임대차 기간이 구 상가임대차법 제10조 제2항 소정의 기간인 5년을 초과하여 임차인이 더 이상 계약갱신요구권을 행사할 수 없는 경우에 임대인이 구 상가임대차법 제10조의4 제1항 소정의 권리금 회수기회 보호의무를 부담하는지 여부에 관하여 하급심의 판단이 엇갈리고 있었다.

대상판결은 구 상가임대차법 제10조의4의 문언과 내용 및 입법 취지, 다른 갱신 거절 사유와의 구별, 임대인의 사용·수익권에 미치는 영향 등을 고려한 다음, 그와 같은 경우에도 임대인이 여전히 권리금 회수기회 보호의무를 부담한다고 판단하였다. 기본적으로 현재의 법제 아래에서 대상판결의 판시는 타당하며, 이러한 결론은 계약갱신요구권에 따라 보장되는 임대차 존속기간이 10년으로 연장된 현행 상가임대차법에서도 마찬가지라고 생각한다. 원심판결을 비롯하여 대상판결과 반대되는 결론을 내린 상당수의 하급심 판결은 구 상가임대차법 제10조의4의 문언을 뛰어넘는 해석 방식을 택하였는바, 권리금 회수기회 보호규정의 입법 경과 및 입법 취지에 부합하지 않을 뿐만 아니라 임차인 보호의 필요성을 다소 가볍게 여긴 점 등에 비추어 볼 때 받아들이기 어렵다. 권리금 회수기회 보호규정이 다양한 부작용을 낳을 가능성은 없지 않으며, 상당수의 하급심 판결은 이를 우려하였던 것으로 짐작된다. 그러나 법률의 해석은 극히 예외적인 사유가 없는 한 문언에 반하는 방향으로 이루어질 수 없으며, 권리금 관행과 관련된 여러 사정을 감안하더라도 권리금 회수기회 보호규정에 상가임대차법 제10조 제2항을 준용할 필요가 있다고 볼 정도의 사유가 존재한다고 보기 어렵다. 따라서 현재의 법제 하에서 권리금 회수기회 보호규정에 관하여 문언을 뛰어넘는 해석을 하는 것은 무리라고 생각한다.

마지막으로 장래에 권리금 회수기회 보호규정 자체에 대한 입법적 일신이 필요하다는 의견을 덧붙이고 싶다. 권리금 회수기회 보호규정이 그 형식상 국내·외에서 유래를 찾기 어려운 것은 앞서 본 바와 같고,

요건 및 효과에서 모두 불확정적인 개념이 많은 탓에 실무상 적지 않은 혼란을 야기하고 있다. 벌써 권리금 회수기회 보호규정이 시행된 때로부터 5년이 경과하였다. 지금의 시점이라면, 권리금 관행을 제도권 내로 편입시킨 결정이 옳았는지, 권리금 회수기회 보호규정이 일으킨 부작용은 없는지, 불확정적인 개념 중 보완이 가능한 부분은 무엇인지 등을 차근차근 되짚어 볼 수 있다고 생각한다. 향후 적절한 입법을 통하여 상가임대차법이 더욱 임차인의 눈물을 닦아 줄 수 있는 법률로 거듭나기를 기원하며 본 논문을 마친다.

[Abstract]

The Relationship between the Right to Request Contract Renewal and the Provisions for the Protection of Rights to Recover Premium Payments in the Commercial Building

Hwang, Yong Nam*

South Korea's unique practice of premium payments ("key money") was established because of the urban concentration of the population following industrialization since the 1970s and a short supply of commercial buildings. Thus, most commercial building tenants hand over their accumulated tangible and intangible assets to those who want to become new tenants in return for a certain amount of premium payment. However, this practice does not have any legal basis. The Commercial Building Lease Protection Act guarantees the duration of the lease by allowing the commercial tenant to exercise their rights to request contract renewal, despite ongoing criticism that this alone is not enough to protect commercial building tenants. Accordingly, the National Assembly revised the act so as to permit the tenants to make up for premium payments.

The provision protecting the opportunity to collect premium payments was enacted on May 13, 2015. However, many lower court rulings judged that the lessor is obligated to protect the opportunity to recover premium payments only when the entire lease period is within the duration enforced by the Commercial Building Lease Protection Act. Criticisms have emerged from all levels of society that such interpretations pose obstacles to the protection of commercial building tenants. Ultimately, the Supreme Court ruled

* Judge, Western Branch of Daegu District Court.

that the lessor still bears the obligation to protect the opportunity even if the entire lease period has passed the duration. As a result, the confusion over the relationship between the right to request contract renewal and the provisions for the protection of rights to recover premium payments in the commercial building lease was finally cleared up.

This paper examined the concept and status of premium payments, the history and provisions of the Commercial Building Lease Protection Act and foreign legislation. Then, it reviewed how to approach the following: whether a restrictive interpretation is possible along with the text of the law, the purpose of the legislation, and the need for protection of commercial tenants; whether the right to request contract renewal alone sufficiently protects commercial building tenants; and how to look at the problem of limited use and beneficiary rights of the lessor. As a result, it was concluded that the ruling is valid and that the same should be applied under the current legal system in which the exercise period of the right to request contract renewal has been extended to 10 years. However, since the current provisions for the protection of the rights to recover premium payments pose risks of side effects, it is necessary to reorganize the law through appropriate legislation in the future after carefully analyzing the impact on the market.

[Key word]

- Commercial lease protection
- Premium payments
- Lease duration

참고문헌

[단 행 본]

곽윤직, 채권각론(재전정증판), 박영사(1992).
곽윤직 편집대표, 민법주해(XV), 박영사(1999).
김상용, 채권각론(제3판), 화산미디어(2016).
김용담 편집대표, 주석 민법 채권각칙(Ⅲ)(2016).
김정욱, "권리금에 대한 법경제학적 접근", 한국개발연구원(2011).
김주수, 채권각론(제2판), 삼영사(1997).
김증한 편집대표, 주석 채권각칙(Ⅱ)(1987).
법무부 법무실, "각국의 영업용건물 임대차 법제", 법무부(1996).
소상공인진흥원, "소상공인 권리금 실태조사 및 정책방안 연구보고서", (2010).
윤철홍, 채권각론(전정2판), 법원사(2015).
중소벤처기업부, 2018년도 상가건물임대차 실태조사(2019).

[논문 및 용역보고서]

김민아 · 강정규, "젠트리피케이션 지역의 상가권리금 분쟁에 관한 연구", 주거환경 제17권 제1호(2019).
김영두, "권리금계약의 의의와 법률관계", 재산법연구 제35권 제4호(2019).
______, "권리금 회수기회 보호와 영업보상 및 임대차기간보장의 관계", 법조통권 제725호(2017).
______, "권리금 회수기회 보호에 관한 고찰", 법조 통권 제707호(2015).
______, "영국의 점포임차인 보호법제의 변천이 주는 시사점", 법학연구 제25권 제1호(2015).
______, "점포임차인의 영업보호에 관한 연구", 민사법학 제70호(2015).
김영두 · 박수곤, "점포임차인의 영업보호 관련 선진입법례(영국, 프랑스) 및 운용사례 연구" [2014년도 법무부 연구용역 과제보고서], 법무부(2014).
김영두 · 위계찬, "상가점포의 권리금에 관한 연구" [2009년도 법무부 연구용역 과제보고서].
김영일, "임대차에 있어서 권리금을 둘러싼 제문제", 재판자료 제32집, 법원도서관(1986).
김재형, "황금들녘의 아름다움: 법해석의 한 단면－임대주택법상의 임차인에 관한 해석 문제－", 국가와 헌법 Ⅱ(2018).
김제완 외 3인, "상가건물임대차 분쟁사례와 분쟁해결 방안 연구－상가건물 임대차보호 국내외 사례 조사－" [2014~2015년도 서울특별시 연구용역 보고서], 고려대학교 산학협력단(2015).
김현선, "상가건물임대차보호법상 권리금 법제화에 대한 소고－임대인의 방해행위에 따른 손해배상과 관련하여－", 안암법학 통권 제48호(2015).
다무라 후미노리, "한일간 상가임대차권리금의 법적 · 사회적 인식차이", 석사학위 논문, 서울대학교(2013).
박동규, "상가건물 임대차보호법상 권리금 회수방해에 의한 손해배상에 관한 소고", 법조 통권 제725권(2017).
박수곤, "프랑스법상 권리금의 구성요소와 보호방법", 법조 통권 제725호(2017).
박정화, "상가권리금 법제화에 따른 권리금 보상평가", 토지보상법연구 제15집(2015).
배병일, "영업용 건물의 권리금에 관한 관습법의 변경과 권리금의 법적 성질 및 반환", 외법논집 제36권 제1호(2012).
소성규 외 4인, "주택 및 상가건물임대차 관련 선진국의 주요 법적 규율과 그에 대한 사회 · 문화적 배경 등에 대한 연구" [2017년 법무부 용역과제 보고서], 법무부(2017).
손승온, "전체 임대차기간이 5년을 초과한 상가건물 임차인은 권리금 회수기회 보호에서 배제되는지 여부－상가건물임대차보호법 제10조의4 제1항에 같은 법 제10조 제2항을 적용하여 목적론적 축소를 할 수 있는지 여부", 재판과 판례 제26집(2017).
신옥영, "상가건물임대차보호법의 권리금 회수기회 보호에 관한 연구", 석사학위 논문, 서울대학교(2017).
양기철, "권리금 감정평가의 문제점 및 개선방안", 감정평가학 논집 제18권 제2호(2019).
이상용, "개정 상가건물임대차보호법과 바람직한 임차인 보호방안 존속보장과 영업보상", 민사법학 제73호(2015).
이지영, "상가건물 임차인의 계약갱신요구권 행사기간이 지난 경우에도 임대인이 권리금 회수기회 보호의무를 부담하는지 여부", 대법원판례해설 제119호(2019).

하양명, "임차권의 승계에 따른 권리금의 지급실태－상가의 실태조사를 중심으로－", 재판자료 제7집, 법원도서관(1980).

허 승, "상가건물임대차보호법상 권리금 보호 규정에 관한 고찰－손해배상의 범위를 중심으로－", 저스티스 통권 제162호(2017).

[디지털 문헌]

경제정의실천시민연합, "젠트리피케이션 방지를 위한 상가임대차법 개정", 경제정의실천시민연합 홈페이지, http://ccej.or.kr/36932(2020. 12. 20. 확인).

박상돈, "한국 자영업자 비중 25.1%…OECD 7위", 연합뉴스 홈페이지, https://www.yna.co.kr/view/AKR20200609159300030(2020. 12. 20. 확인).

법제처, "차지차가법(借地借家法)", 세계법제정보센터, http://world.moleg.go.kr/web/wli/lgslInfoReadPage.do?CTS_SEQ=11473&AST_SEQ=2601&(2020. 12. 20. 확인)

서울특별시, "서울시 15년 상가임대정보 및 권리금 실태조사 결과 발표", 서울특별시 홈페이지, http://news.seoul.go.kr/economy/archives/62487(2020. 12. 20. 확인).

전재호, "[高임대료의 역습] ① 무권리화로 권리금까지 뜯겨…차인 빠지고 상권 죽는 공멸 전주곡", 조선비즈 홈페이지, http://biz.chosun.com/site/data/html_dir/2016/05/08/2016050800557.html(2020. 12. 20. 확인).

[보도자료]

기획재정부 보도자료, "「경제혁신 3개년 계획」 담화문 참고자료", 종합정책과(2014. 2. 25.).

기획재정부 보도자료, "「경제혁신 3개년 계획」 세부 실행과제 확정 · 발표", 종합정책과(2014. 3. 6.).

법무부 보도자료, "상가건물임대차보호법 개정안 마련", 대변인실(2014. 9. 24.).

[입법 자료]
법제사법위원장 발의, "상가건물 임대차보호법 일부개정법률안", 1915014, (2015. 5. 6.).
제19대 국회 제332회(임시회) 제1차, "법제사법위원회회의록(법안심사제1소위원회)", (2015. 4. 24.).

배당이의하지 아니한 일반채권자의 부당이득반환청구권에 대한 소고

박 종 원*

■요 지■

대법원은 최근 전원합의체 판결을 선고하면서 종래 태도를 유지하여 배당기일에서 이의하지 아니한 채권자가 다른 채권자를 상대로 그 채권액 안분비율을 넘어 수령한 배당금에 대하여 부당이득 반환을 청구할 수 있음을 재확인하였다. 그 논거로 한 쪽으로는 구체적 배당수령권이라는 개념을 매개로 하여 이루어진 배당이의의 소 제기에 관한 민사집행법 제155조와 부당이득에 관한 민법 제741조의 해석이 제시되고, 다른 한 쪽으로는 현행 배당이의소송제도가 채권자 보호에 충분하지 않다는 문제점을 부당이득반환 청구를 허용함으로써 해결할 수 있다는 정책적 고려가 제시된다.

그러나 민사집행법 제155조는 배당과정의 불복수단인 배당기일의 이의 및 배당이의의 소에 관한 절차적 규율에 지나지 아니하므로 그 해석만으로 배당이의하지 아니한 일반채권자의 부당이득반환 청구가 인정되는지 가늠하기에 부족하다. 판례를 통해 나타난 구체적 배당수령권이란 개념은 배당절차에서 집행법원이 보관하는 매각대금을 분배하기 위한 절차적인 권리에 지나지 아니하고, 그 자체로 새로이 실질적인 법익의 귀속을 달리하는 데 관련있는 권리가 아니므로 그 침해를 부당이득의 요건인 손해에 해당한다고 보기 어렵다.

결국 전혀 권리가 없는 사람이 허위로 채권을 주장하면서 또는 진정채권자가 자신의 채권액을 넘어서 배당요구하여 배당받은 경우가 아닌 이상, 배

* 청주지방법원 판사.

당절차 안에서 안분비율에 따른 배당이 이루어지지 않았다는 점만으로는 어느 채권자도 손해를 입은 바 없기에 부당이득반환 청구를 인정할 수 없다. 이 경우 부당이득반환 청구를 인정하려는 정책적인 논거도 모두 채권자취소 등 다른 제도의 문제점을 근본적으로 해결할 수 없어서 임시방편을 택한다는 내용에 지나지 아니하여 기존의 태도를 이론적으로 뒷받침하기에는 부족하다.

[주 제 어]
• 배당이의
• 부당이득
• 일반채권자
• 구체적 배당수령권
• 집행절차

대상판결 : 대법원 2019. 7. 18. 선고 2014다206983 전원합의체 판결

[사안의 개요][1)]

1. 소외인 B 소유인 이 사건 부동산에 대하여 1995. 5. 25. 채권자 A 앞으로 채권최고액 2억 원, 채무자 C의 이 사건 근저당권(이하 '이 사건 근저당권'이라 한다)이 설정되었다.

2. A의 신청에 따라 2011. 10. 13. 이 사건 부동산에 대하여 이 사건 경매가 개시되었다.

3. 원고는 2011. 11. 1. B, C 등에 대한 집행권원을 가진 채권자로서 위 경매 절차에서 배당요구를 하였다. 피고 역시 2011. 11. 18. B에 대한 집행권원으로 배당요구를 하여 위 경매 절차의 배당기일 전에 일반채권자로서 배당을 받는 데 필요한 절차를 마쳤다.

4. 이 사건 경매 절차에서 2012. 8. 17. 배당기일이 열렸는데, 경매신청채권자인 A에게 2순위로 148,417,809원이 배당되고(이하 '이 사건 배당'이라 하고, 위 배당금은 '이 사건 배당금'이라 한다. 1순위 채권자부터 5순위 채권자까지는 배당요구한 채권액 전부가 배당되었다), 일반채권자인 원고와 피고 등에게는 6순위로 채권금액 중 일정금액(배당비율 0.53%)이 배당되었다.

5. 피고는 2012. 8. 17. 배당기일에 출석하여 A를 상대로 이의하였고, 같은 날 그를 상대로 배당이의의 소를 제기하였다. 피고는 이 사건 근저당권의 피담보채권이 시효로 소멸하였다고 주장하였는데, A는 피고의 청구를 인낙하는 준비서면을 제출하였고, 이에 따라 이 사건 배당금을 모두 피고에게 배당하는 내용으로 배당표를 경정한다는 화해권고결정이 이루어졌다. 위 화해권고결정은 2012. 11. 23. 확정되었고, 피고는 2012. 12. 13. 경정된 배당표에 따라 이 사건 배당금을 전액 수령하였다.

6. 원고는 2012. 8. 17. 배당기일에 출석하였으나, 이의하지 아니하였다. 원고는 위 화해권고결정이 확정된 이후인 2013. 2. 28. 피고를 상대로 이 사건 배당금에 대한 6순위 채권자들의 채권액 비율에 따른 안분액 중 원고

---

1) 이 글의 쟁점과 직접 관련이 없는 근저당권 및 근저당권부 채권의 이전 경위는 생략하였다.

의 몫인 99,733,514원에 대하여 부당이득반환을 구하는 이 사건 소를 제기하였다.

[소송의 경과]

1. 제1심 법원의 판단(대전지방법원 2013. 9. 12. 선고 2013가단203205 판결) : 원고 청구 인용

피고는 다음과 같이 부당이득의 요건인 '손해'와 '법률상 원인의 결여'를 모두 다투었으나, 제1심 법원은 그에 관한 피고의 주장을 모두 물리쳤다.[2)]

가. 손 해

피고는 이 사건 배당금을 자신이 전액 수령하더라도 원고에게 아무런 손해가 발생하지 않는다고 주장하였다. ① 이 사건 경매는 이 사건 근저당권에 기하여 개시되었는데, 위 근저당권의 피담보채권이 시효로 소멸하였음에도 이 사건 부동산의 소유자 B 또는 채무자 C 등이 아무런 이의를 제기하지 않음으로써 시효의 이익을 포기하였다(대법원 2001. 6. 12. 선고 2001다3580 판결 등 참조). 따라서 이 사건 근저당권의 피담보채권이 이 사건 배당 당시 소멸하였다고 볼 수 없으므로 이 사건 배당금이 6순위 채권자들에게 당연히 귀속될 것은 아니다. ② 원고 또한 이 사건 경매의 배당기일에서 근저당권자 A의 배당액에 아무런 이의를 제기하지 아니함으로써 소멸시효 이익의 원용권을 포기하였으므로 이 사건 배당으로 인하여 원고가 손해를 입었다고 볼 수 없다.

이러한 피고의 주장에 대하여 제1심 법원은 ① 시효기간이 완성되면 이 사건 근저당권의 피담보채권이 당연히 소멸하고, 부종성에 따라 이 사건 근저당권도 당연히 소멸하여 이 사건 배당금은 채무자 C의 책임재산으로 돌아가야 하는 점, ② 일반채권자인 원고가 채무자의 책임재산에 대하여 가진 잠재적, 추상적인 권리는 배당절차에 참여함에 따라 특정재산에 대한 권리로 구체화된 이상, 피고가 채무자의 정당한 책임재산인 이 사건 배당액을 모두 수령함으로써 원고는 위 배당액에 관한 자신의 구체적 권리를 침해당하였다고 보이는 점, ③ 근저당권자 A 앞으로 된 배당표가 확정되지 아니하였으므로 채무자 C가 그에 대한 시효의 이익을 포기하였다고 단정할 수 없는 점, ④ 원고가 배당기일에서 이의하지 아니하였더라도 근저당권자 A에 대한

2) 피고는 원고의 부당이득반환청구가 신의성실의 원칙에도 어긋난다고 주장하였으나, 이 부분은 생략하였다.

시효의 이익을 포기하였다고 볼 수 없는 점 등을 근거로 피고의 주장이 이유 없다고 판단하였다.

나. 법률상 원인의 결여

피고는 다음과 같은 사정이 그가 이 사건 배당금을 수령한 데 대한 법률상 원인이 될 수 있다고 주장하였다. ① 피고는 근저당권자 A를 상대로 별도로 배당이의의 소를 제기하여 이 사건 배당금을 수령하였다. 원고의 부당이득반환청구를 인정하면 '급여의 상대방이 아닌(이 부분은 필자가 추가하였다)' 제3자에게 부당이득반환의무를 부담하게 하는 이른바 전용물소권을 인정하는 결과가 되어 부당하다. ② 피고와 근저당권자 A 사이의 배당이의소송에서 창설적 효력을 가지는 화해권고결정이 성립하였다. ③ 피고와 근저당권자 A 사이에 별도의 합의가 존재하고, 피고가 얻은 이익은 위 별도의 합의에 따른 것이다.

이에 대하여 제1심 법원은 ① 배당이의소송의 효력은 그 소송의 당사자 사이에만 미치므로 그와 무관한 원고에 대하여 법률상 원인이 있다고 볼 수 없고, 피고가 이 사건 배당금을 수령할 '법률상 원인'은 피고에 대한 관계에서 배당순위에 따라 판단하여야 하는데, 채권액에 따른 안분액을 벗어난 범위에서는 피고에게 위와 같은 법률상 원인이 없다는 점, ② 화해권고결정에 따른 창설적 효력은 당사자가 양보하여 확정하기로 합의한 사항에만 미치므로(대법원 2001. 4. 27. 선고 99다17319 판결 등 참조) 피고와 근저당권자 A 사이에서 이 사건 배당금의 귀속에 관하여만 화해권고결정의 창설적 효력이 미치고, 그 전제가 되는 이 사건 근저당권에 기한 배당에 대하여는 아무런 효력이 미치지 않는다는 점, ③ 피고와 근저당권자 A 사이에서 피고가 주장하는 합의가 존재하였다고 인정할 만한 증거가 없는 점 등을 들어 피고의 주장이 이유 없다고 보았다.

2. 항소심 법원의 판단(대전지방법원 2014. 2. 11. 선고 2013나103573 판결) : 항소 기각

원심법원은 민사소송법 제420조 본문에 따라 제1심 판결의 이유를 인용하는 이외에 피고가 추가한 주장(근저당권자 A가 이 사건 부동산에 관하여 별도의 가압류 결정을 받았고, 이로써 이 사건 근저당권의 피담보채권은 소멸시효가 중단되었다는 취지)이 이유 없다고 판단하면서 피고의 항소를 기각하였다.

3. 대법원의 판단: 상고 기각

가. 법정의견

법정의견은 이 사건의 쟁점이 '배당절차에 참가한 채권자가 배당기일에 출석하고도 이의하지 아니하여 배당표가 확정된 후에도 그 배당절차에서 배당금을 수령한 다른 채권자를 상대로 부당이득반환청구를 할 수 있는지 여부'라고 언급하면서 상고를 기각하였는데, 그 근거는 크게 ① 종래 대법원 판례의 추이와 민사집행법 제155조의 입법연혁, ② 배당이의의 소가 구제수단으로서 부족한 한계와 채권자취소권이 배당이의수단으로서 가진 문제를 보완할 필요성, ③ 현행 배당절차의 제도적, 실무적 한계 등으로 나누어 볼 수 있다.

1) 종래 대법원 판례의 추이와 민사집행법 제155조의 입법연혁

대법원은 확고하게 배당이의하지 아니한 채권자도 배당절차 종료 후 다른 채권자를 상대로 부당이득반환을 구할 수 있다고 인정하여 왔다. 그 근거는 그것이 실체법 질서에 부합하는 데에 있다.

즉, 부당이득의 요건은 '이득의 취득과 그로 인한 손해의 발생', '이득에 대한 법률상 원인의 결여'인데, 배당단계의 채권자들은 한정된 매각대금을 나눠가지는 이해관계를 가지고, 배당요구를 통해 배당절차에 참가한 채권자는 배당요구의 종기가 지나면 특정 금액의 배당금을 자신에게 귀속시킬 수 있는 구체적인 권리를 가지게 되므로 매각대금이 잘못 배당되어 배당받을 권리 있는 채권자가 배당받을 몫을 받지 못하고 그로 인해 권리 없는 다른 채권자가 그 몫을 배당받은 경우에는 배당금을 수령한 다른 채권자는 배당받을 수 있었던 채권자의 권리를 침해하여 이득을 얻은 것으로서 부당이득의 요건('이득', '손해', '인과관계')이 갖추어진다. 한편, 배당절차를 비롯한 집행절차는 실체적 권리를 실현하는 수단에 지나지 아니하므로 그 결과로서 확정된 배당표에 따라 배당이 실시되었다는 사정만으로는 배당표 기재대로 배당금을 수령한 다른 채권자가 이를 보유할 '법률상 원인'이 있다고 평가할 수 없다.

그 밖에 부당이득반환 청구의 성립과 관련된 세부적인 논거나, 민사집행법 제155조의 입법연혁과 관련된 논거는 대체로 뒤에서 보는 적극설의 그것과 같다.

2) 배당이의의 소가 가진 한계와 채권자취소권의 문제를 보완할 필요성

민사집행법이 배당절차에서 채권자의 불복수단으로 배당기일에 출석하여 이의한 뒤 배당이의의 소를 제기하여 다투도록 예정하고 있지만, 제소기간이 1주일로서 지극히 단기간이고, 제소권자 역시 이의를 진술한 채권자로 한정된다. 따라서 잘못된 배당으로 인한 결과를 실체법적 권리관계에 부합하도록 교정할 수 있는 기회가 충분하지 아니하고, 이를 교정할 수 있는 마지막 수단으로서 부당이득반환 청구를 인정할 필요가 있다.

그뿐만 아니라 대법원은 배당이의의 소를 심리하는 법원이 '배당이의를 하지 않은 다른 채권자의 채권을 참작할 필요 없이' 피고가 배당받을 수 없게 된 금액을 원고의 채권액에 도달할 때까지 배당하는 내용으로 배당표를 경정하도록 하는 법리를 형성하였다(이른바 '흡수설'). 이에 따른 결과는 배당이의의 소를 제기한 채권자에게 지나치게 유리하여 집행절차에 전반적으로 적용되는 원칙 중 하나인 채권자평등주의에 어긋날 가능성이 있지만, 부당이득반환 청구를 허용하면 다른 채권자의 채권까지 참작하여 부당이득의 범위를 결정할 수 있으므로 이러한 문제를 교정할 수 있다.

한편, 근저당권이 설정된 부동산에 대한 집행절차에서 충분히 채권의 만족을 얻지 못한 채권자가 근저당권자를 상대로 해당 근저당권설정행위가 사해행위임을 주장하여 가액반환을 명하는 판결을 구하는 소를 제기할 수 있는데, 이러한 절차를 거쳐 회복된 배당금에 대하여 취소채권자는 실체법적으로 우선권을 가지지 아니함에도 실제로는 채무자에게 회복된 배당금을 반환할 채무와 채무자에 대한 자신의 채권을 상계하는 등의 방법으로 우선변제를 받을 수 있으므로 채권자평등주의에 위반된다는 점이 지적되어 왔다. 이 경우 취소채권자를 상대로 부당이득반환을 청구할 수 있도록 허용한다면 채권자평등주의에 어긋나는 문제를 일부 해결할 수 있다.

3) 집행절차의 제도적, 실무적 한계

현재 민사집행법이 운용되는 실무는 채권자가 배당절차에 참가하기 어렵게 만든다. 배당기일의 통지는 등기부상 주소나 채권자가 신고한 주소로 우편송달하였다가, 송달불능이 되면 이른바 발송송달하고, 채권자의 주소를 알기 어려운 경우에는 직권으로 공시송달을 하므로 채권자가 배당기일에 출석하여 이의할 권리가 충실히 보장되지 아니한다. 특히 가압류채권자는 집행법원의 촉탁으로 마쳐진 가압류등기 이후 변경된 주소를 별도로 신고할 방법이 없기도 하다.

사법보좌관이 작성한 배당표를 배당기일 3일 전에 법원에 비치하여 열람하게 하는데, 이는 앞서 본 1주일의 배당이의 제소기간과 마찬가지로 집행절차에 참여한 채권자가 배당표를 검토하여 이의 여부를 결정하기에는 지나치게 짧은 기간이다.

채무자는 채권이 없음에도 배당받은 채권자를 상대로 또는 채권의 범위를 초과하여 배당받은 채권자를 상대로 부당이득반환을 청구할 수 있는데, 이의하지 아니한 채권자가 다른 채권자에게 직접 부당이득반환을 청구할 수 없다고 보더라도 여전히 채무자의 위와 같은 부당이득반환 청구권을 대위하여 행사할 수 있으므로 그로써 도모하는 절차의 안정이 확보된다고 보기도 어렵다.

나. 반대의견

반대의견은 같은 쟁점에 관하여 민사집행법의 개정연혁과 민사집행법 제155조를 비롯한 전체적인 법률의 취지에 비추어 볼 때 민사집행법 제155조는 '이의한 채권자'만이 배당절차 종료 후 소로써 그 권리를 주장할 수 있도록 허용한 것이고, 반대로 배당기일에 출석하여 이의하지 아니한 채권자는 소로써 그 권리를 행사할 수 없다는 결론이다.

1) 민사집행법 제155조 및 민사집행법의 전체적인 취지

민사집행법이 제정되기 이전의 구 민사소송법(2002. 1. 26. 법률 제6626호로 전문 개정되기 전의 것)은 이른바 '평등주의'를 바탕으로 경매에 참여하는 채권자들이 매각결정기일까지 배당요구를 할 수 있도록 허용하였다. 그 결과 선순위 담보권이 매각기일 후에 소멸되어 후순위 용익물권 등이 예기치 않게 매수인에게 인수되거나, 매각기일 후 우선변제권 있는 자의 배당요구에 의해 남을 가망이 없게 되어 경매절차가 취소되는 등 경매절차의 불안정을 초래하는 폐단이 있다는 지적이 많았다. 이에 따라 민사집행법은 집행법원이 첫 매각기일 이전의 적당한 날로 배당요구의 종기를 정할 수 있게 하여 재산발견을 위한 압류채권자의 노력이 무시될 수 있는 '평등주의' 법제의 단점을 완화하면서 경매절차의 불안정을 제거하고자 하였다. 이를 비롯하여 민사집행법은 배당절차의 조속한 확정과 집행제도의 안정을 도모하였으므로 이러한 가치들을 민사집행법의 해석에서 충분히 고려하여야 한다. 특히 독일은 "우리나라와 달리 우선주의를 바탕으로 배당절차에서 압류채권자의 우선적 권리를 인정하는 강제집행법 체계를 취하고 있으므로 … 독일의 이론이나 실무를 그대로 받아들여서는 안 된다."

이에 대한 한층 세부적인 논거는 대체로 뒤에서 보는 소극설의 그것과 같다. 한편, 배당받을 수 있었던 몫보다 많은 금액을 배당받은 채권자도 "자기 채권의 범위에서 배당금을 수령한 것이므로 이를 법률상 원인이 없는 부당이득이라고 할 수도 없다."

2) 부당이득반환 청구소송의 문제점 : 배당이의의 소가 가지는 한계의 인정

법정의견에서는 배당이의의 소가 구제수단으로서 부족한 한계를 부당이득반환 청구를 허용함으로써 보완할 수 있다고 보았으나, 오히려 부당이득반환 청구를 허용하면 다른 문제점이 나타난다. 이의하지 아니한 채권자는 통상 10년에 이르는 채권의 소멸시효가 완성되기 전까지 언제든 부당이득반환을 청구할 수 있는데, 민사집행사건기록의 보존기간은 '배당의 실시(지급 또는 공탁)가 완료된 때부터 3년'이므로(재판서 · 사건기록 등의 보존에 관한 예규 제2조 바목 및 별표)[3)] 기록보존기간이 경과한 이후에 부당이득반환 청구가 이루어지는 경우 소송당사자들은 모두 불충분한 증거와 그로 인한 불명확한 법률관계를 감수하여야 한다.

또한 배당이의의 소가 구제수단으로 부족한 점이 있더라도 이는 법정의견이 설시하는 만큼 감수하기 어려운 정도에 이르는 것은 아니다. "실체적 배당금 수령권의 존부는 최종적으로 배당이의소송 등을 통해 판단될 수밖에 없고, 집행절차 내에서는 아무리 충분한 시간과 정보를 제공하더라도 그 확인에 한계가 있을 수밖에 없으므로" 이의하지 아니한 채권자의 부당이득반환 청구를 부인하는 데에는 이러한 사정이 큰 장애가 된다고 볼 수 없다. 또한 배당받을 수 있었던 몫보다 적은 금액을 배당받은 채권자도 여전히 남아 있는 채권으로 채무자의 다른 재산으로부터 만족을 얻을 수 있으므로 실체법적으로 부당한 희생을 강요당하는 것도 아니다.

한편, 반대의견은 부당이득반환 청구가 배당이의수단으로서 활용된 사해행위취소의 문제점을 보완할 수 있다는 데에 대하여는 비판을 삼가고 있다.

3) 집행절차의 제도적, 실무적 한계에 대한 응답

뒤에서 보는 소극설의 일반적인 태도와 마찬가지로 배당기일에서 이의하지 아니한 채권자의 부당이득반환 청구가 제한되는 것은 이의할 수 있는 절차적 보장이 이루어진 것을 전제로 하므로 "채권자가 적법한 배당기일 통지

---

3) 재판서 · 사건기록 등의 보존에 관한 예규
제2조(용어의 정의) 이 예규에서 사용하는 용어의 정의는 다음 각 호와 같다.
3. "사건의 완결"이라 함은 다음 각목에 해당하는 때를 말한다.
바. 배당으로 집행절차가 종료되는 사건 : 배당의 실시(지급 · 공탁)가 완료된 때
[별표] 사건기록 및 장부의 보존기간
【3년】 2. 민사집행사건 기록

를 받지 못하였거나, 다른 채권자의 기망이나 강박에 의하여 이의하지 못한 경우 또는 채권자가 책임을 질 수 없는 사유로 배당기일에 출석할 수 없었던 경우에는" 여전히 채권자의 부당이득반환 청구가 허용된다.

〔硏　　究〕

Ⅰ. 문제의 소재

민사집행법 제155조는 배당기일에 출석하여 이의한 채권자가 법정기간 내에 배당이의의 소를 제기하였음을 증명하지 못하더라도 소로써 우선권 및 그 밖의 권리를 주장하는 데 아무런 장애가 없다고 정하였다. 이로부터 이의하지 아니한 채권자도 배당절차가 종료한 뒤 다른 채권자를 상대로 부당이득반환을 청구할 수 있는지 견해의 대립이 계속되었다. 배당절차에서 이의하지 아니하였음에도 정당한 만족을 얻지 못하였다고 생각한 채권자가 부당이득이라는 실체법 질서 최후의 교정수단을 여전히 활용할 수 있는지가 문제된 것이다. 이를 긍정한다면 마치 배당절차에 관한 법규범의 요청이나, 그에 대한 이해관계인들의 신뢰에 어긋나는 듯한 결과에 이를 수 있기 때문이다.

이 문제는 이의하지 아니한 채권자를 위하여 실체법적으로 부당이득반환청구권이 성립하는지 여부와 민사집행법 제155조를 비롯한 관련 법령에서 위 청구권의 행사를 허용하는지 여부가 모두 검토되어야 답변할 수 있다. 대법원은 대상판결에 이르기까지 부당이득반환청구를 긍정하는 태도를 유지하여 왔는데, 그 이유에 관하여는 스스로 민사집행법 제155조의 해석이 쟁점이라고 하면서, 동시에 배당결과가 실체법 질서 또는 실체법적 권리관계[4]에 들어맞는지 여부에 따라 부당이득반환의 허부가

---

4) 이러한 표현은 법정의견이나 반대의견 모두 채택하고 있지만, 그 규범적인 의미는 명확하지 않다. 뒤에서 다시 그 문제를 중점적으로 다룰 때까지 '실체법적 권리관계'란 민법, 상법 등 그 밖의 구체적인 금전채권의 발생·변동·소멸을 직접 다루는 법규범을 통하여 형성되는 <u>집행절차 밖의</u> 재산법적 권리관계를 가리키는 것으로 전제한다. 뒤에서 보는 대로 이는 배당요구 등을 통하여 집행절차에 나타

결정된다고 한다.

그런데 배당결과를 비추어 보아야 한다는 실체법 질서 또는 실체법적 권리관계란 무엇인가? 또한 다툼의 중심에 있는 민사집행법 제155조는 '이의한 채권자'로 적용범위를 한정하는 한편, 그 개정연혁을 보면 '우선권'을 '우선권 및 그 밖의 권리'로 넓혀오기도 하였는데, 권리주체는 한정하면서도 권리의 내용은 넓혀가는 입법자의 의사는 부당이득반환청구의 허부에 어떠한 시사점을 주는가? 대법원의 태도를 한층 명료하게 이해하고자 뒤에서는 표면에 드러난 이 두 가지 문제를 주로 검토하였다.

본격적인 논의에 앞서 이러한 질문의 한층 두꺼운 이면을 보자면 그곳에는 실체법적 권리관계와 집행절차 사이의 관계라는 문제가 숨어 있다. 채권자는 실체법 질서에 따라 권리를 가지지만, 권리를 인정하는 법문의 선언만으로는 아무 것도 가질 수 없다. 집행절차에 이르러 비로소 채권자는 그가 가진 권리에 맞는 결과를 손에 넣게 된다. 집행절차가 끝나고 난 뒤 나타난 현실이 실체법적 권리관계와 일치하면 권리의 가능성이 실현된 것이지만, 일치하지 않으면 법과 권리는 그 불일치를 바로잡기를 요구한다. 그런데 문제는 집행절차를 마무리하고 나타난 현실을 비춰볼 실체법적 권리관계가 무엇인지부터가 도대체 명확하지 않다는 데 있다. 법문으로써 선언한 실체법적 권리관계는 보전절차, 본안절차, 집행절차의 관문을 지날 때마다 각 단계의 목적과 요청에 따라 다르게 파악되는데, 그 결과 집행절차를 거쳐 나타난 현실을 어느 단계에서 드러난 권리관계에 비춰볼 것인지 서로 다른 태도가 나타날 수 있기 때문이다. 그 결단은 본래 정책적인 것이고, 입법을 거쳐 결단이 드러날 것으로 기대하지만, 어떤 결단은 입법이 이루어진 뒤에도 미처 내려지지 않는다. 그 경우 법은 법원의 권위와 결단에 기댄다. 법원이 할 일은 그나마 합당한 길을 제시하는 것뿐이다.

일반채권자가 특정재산에 관한 집행절차가 마무리 된 뒤, 배당받은

난 권리관계와 구분되어야 한다.

다른 채권자를 상대로 부당이득반환을 청구할 수 있는지의 문제가 이와 같다. 사법질서 안에서 집행절차가 수행할 역할을 무엇으로 보느냐에 따라 문제의 결론은 달라지는데, 그 본질에 대하여는 명확한 결단이 내려지지 않았다. 대상판결을 비롯하여 대법원이 그간 밝힌 태도나, 학계의 논의에서도 이 지점에 관한 결단을 위하여 여러 정책적인 논거를 제시하고 검토하여 왔다. 이 글에서도 기존의 논거를 살펴 한층 합당한 논거를 발견하고자 노력하였다.

Ⅱ. 민사집행법 제155조에 관한 기존의 논의

1. 서　　설

금전채권의 집행절차는 주로 이를 변제하지 아니하는 채무자의 재산을 압류하여 강제로 매각하고 그 대금을 알려진 채권자들 사이에서 분배하는 과정으로 진행된다. 집행절차가 채권자의 의사에 따라 개시된다는 점과 만족을 바라는 채권자들이 그 권리를 밝히며 배당을 요구하여야 한다는 점 등에서 사적 자치의 원칙이 지배하는 반면,[5] 국가가 압류된 특정재산을 경매한다는 점과 집행절차에 여러 채권자들이 참여하고, 그들 사이에서 합의가 이루어지지 않으면 그 우선순위 및 채권액을 고려하여 작성한 배당표에 따라 일괄하여 매각대금을 분배한다는 점에서 일종의 강제성을 나타낸다.

민사집행법은 집행절차의 마지막 단계인 배당절차에서 채권자가 자신의 권리를 주장할 수 있는 길을 배당이의로서 마련하였다. 법원은 배당기일을 정하여 그로부터 적어도 3일 전까지 배당표를 작성하여 공시하는데(민사집행법 제149조 제1항), 이를 확인한 채권자는 배당기일에 출석하여 말로써 이의할 수 있다. 배당에 대한 이의는 결국 자신이 더 많은 배당금을 지급받아야 한다는 내용이므로 이의할 수 있는 상대방은 우선순위가 앞서는 채권자 또는 우선순위가 뒤지는 채권자 중 이의채권자의 배당금을 증가시

5) 이시윤, 신민사집행법(제6보정판), 박영사(2014), 44쪽: 민사집행의 처분권주의.

키는 데 보탬이 되는 사람으로 한정된다.[6)] 배당표의 형식과 실질에 관한 하자를 모두 주장할 수 있는데, 형식에 관한 하자는 이유가 있다면 그에 따라 배당표를 정정하거나, 추가로 배당기일을 정하여 배당을 실시하면 충분하다. 반면, 배당표의 실질, 즉 채권의 우선순위나 채권액이 제대로 반영되지 않은 하자가 있다면 해당 부분을 제외한 나머지 부분의 배당표만이 확정되고, 집행법원은 그에 따라 배당금을 지급한다(민사집행법 제152조 제3항). 배당기일에서 이의한 채권자는 1주일 이내에 배당이의의 소를 제기하고, 그 소 제기 사실을 집행법원에 증명하여야 한다(민사집행법 제154조)[7)]

그런데 민사집행법 제155조는 "이의한 채권자가 제154조 제3항의 기간을 지키지 아니한 경우에도 배당표에 따른 배당을 받은 채권자에 대하여 소로 우선권 및 그 밖의 권리를 행사하는 데 영향을 미치지 아니한다."라고 정하였다. 이에 따라 이의한 채권자가 배당이의의 소를 제기하지 아니한 때에도 배당표의 내용이 실체법적 권리관계와 다른 경우 그로써 이익을 얻은 다른 채권자에게 부당이득반환을 청구할 수 있음은 널리 받아들여지고 있다. 다만, 배당기일에 출석하지 아니하였거나, 출석하였으나 이의하지 아니한 채권자가 마찬가지로 다른 채권자에게 부당이득반환을 청구할 수 있는지가 논란이 되어 왔다. 사실 민사집행법 제155조는 '이의한 채권자'라고 적용범위를 한정하고 있으므로 적어도 문언상으로는 이 점에 관하여 침묵하고 있다. 그럼에도 기존의 논의는 민사집행법 제155조를 출발점으로 삼아 민사집행법 전체의 태도를 가늠하여 이 문제를 해결하고자 시도하였다.[8)]

---

6) 법원행정처, 법원실무제요: 민사집행(2)(2014), 623, 624쪽. 이 책은 이하 '실무제요'라고 인용한다.

7) 형식에 관한 이의에 대하여는 실무제요, 619, 620쪽; 실질에 관한 이의에 대하여는 실무제요, 625-627쪽.

8) 과거에는 한 단계 앞서 배당요구조차 하지 아니한 채권자가 배당절차 종료 후 배당받은 다른 채권자를 상대로 부당이득반환을 구할 수 있는지 여부와 본문과 같이 배당요구는 하였으나 배당이의하지 아니한 채권자가 배당절차 종료 후 다른 채권자를 상대로 부당이득반환을 구할 수 있는지 여부를 구분하지 아니한 채 논의가 전개되었다[예컨대, 서기석, "배당절차 종료 후 채권자의 부당이득반환청구", 판례실무연구 제1권(1997), 709-727쪽; 정동윤, "배당절차종료 후의 부당이득반환청구에

2. 학　　설

가. 적 극 설

이 견해는 본질적으로 채권을 만족시키는 도구적인 역할을 하는 데에 그치는 집행절차에 관한 민사집행법의 규율이 실체법적 권리관계에 영향을 줄 수 없음을 전제로 이러한 논리를 관철하고자 한다. 따라서 집행절차에서 확보된 매각대금은 그에 참여한 채권자들 사이에서 실체법적 권리관계에 따라 분배되어야 하고, 그와 달리 배당된 경우 이로써 배당받을 수 있었던 금액을 지급받지 못한 채권자는 배당받았어야 할 금액보다 더 많이 지급받은 채권자를 상대로 그 차액을 부당이득으로서 반환받을 수 있다고 본다.[9] 배당표의 작성과정이 실체법적 권리관계를 확인할 수 있는 엄밀한 변론절차가 아니기 때문에 그 과정에서 적극적으로 이의하지 아니하였다는 이유만으로는 실체법상 권리를 행사할 수 없다는 결과를 인정하기 곤란하다는 것이다.[10] 배당표에 대하여 이의하지 아니하면 그에 따르려는 자주적인 의사표시가 있다는 소극설과 달리 채권자가 배당표에 적극 이의하지 아니하더라도 그 의사는 '배당표에 의한' 배당이

관하여", 판례실무연구 제1권(1997), 602-609쪽]. 이는 집행절차의 결론에 따라 실체법적 권리관계가 영향받는지 여부가 공통적으로 문제되는 한편, 배당요구라는 법적 사건이 어떤 중요성을 가지는지 여부가 미처 쟁점으로 부각되지 아니하였기 때문이라고 보인다. 실제로 배당요구하지 않은 채권자는 부당이득반환을 청구할 수 없다는 대법원의 태도가 명확해짐에 따라 배당요구하지 아니한 채권자가 부당이득반환을 청구할 수 있는지에 관한 논의는 이를 부정하는 방향으로 수렴한 것으로 보인다. 여기서는 배당이의하지 아니한 채권자에 한정하여 본다.

9) 채영수, "배당이의와 부당이득반환청구", 대법원 판례해설 제10호(1989), 100, 101쪽; 이주흥, "배당절차와 관련된 부당이득반환청구", 판례실무연구 제1권(1997), 579, 580쪽; 김정환, "배당이의의 소와 부당이득반환청구의 소", 홍익법학 제12권 제2호(2011), 93, 94쪽.

10) 이주흥, 같은 논문, 579, 580쪽; 정동윤, 같은 논문, 604, 608쪽에서도 문제의 본질을 배당표의 확정을 비롯한 집행절차가 실체법적 권리관계에 영향을 미치는지 여부라고 보아 논리적으로는 "배당표가 작성되는 절차나 과정이 판결절차에서 채권의 존부를 확정하는 경우처럼 엄격하게 구성되어 있지 않으므로" "실체상의 권리를 확정하는 효력은 없다"고 하면서도 뒤에서 보듯 법정책적인 이유에서 부당이득반환 청구를 부정함이 옳다고 한다.

라는 집행절차에 동의한다는 수준을 넘어설 수 없고, 따라서 이의하지 아니한 채권자를 고려함이 없이 배당절차를 속행할 수 있다는 것을 넘어선 불이익을 부과할 수 없다고도 한다.[11] 부당이득반환 청구의 구성요건의 측면에서 보면 실체법적 권리관계와 달리 분배된 배당금을 보유할 '법률상 원인'이 결여된 것에 초점을 맞춘 것으로 볼 수 있다.[12]

이 견해는 위와 같은 실체법적 권리관계와 집행절차 사이의 구도를 뒷받침하고자 특히 민사집행법 제155조의 입법연혁과 그 해석론을 강한 근거로 내세운다. 민사집행법 제155조는 "이의한 채권자가 제154조 제3항의 기간을 지키지 아니한 경우에도 배당표에 따른 배당을 받은 채권자에 대하여 소로 우선권 및 그 밖의 권리를 행사하는 데 영향을 미치지 아니한다."라고 정하는데, 이는 1963. 12. 13. 법률 제1499호로 일부 개정된 구 민사소송법 제593조에서 정한 내용을 그대로 물려받은 것이고, 이는 다시 1960. 4. 4. 법률 제547호로 제정된 구 민사소송법 제593조에서 "이의를 당한 채권자가 전조의 기간을 해태한 경우에도 배당표에 의한 배당을 받은 채권자에 대하여 소로 우선권을 주장하는 권리를 영향을 받지 아니한다."라고 정하던 내용 중 '이의를 당한' 부분과 '우선권' 부분만을 개정한 것이다.

위 구 민사소송법 및 민사집행법 조문은 의용 민사소송법 제634조를 통하여(현행 일본 민사소송법은 해당 조문을 삭제하였다) 독일 구 민사소송법 제764조 제2항(현행 독일 민사소송법 제878조 제2항[13])을 받아들인 것인데, 해당 조문의 취지

11) 이주흥, 같은 곳; 김정환, 같은 논문, 94쪽은 특히 이의하지 아니한 채권자의 의사를 어떻게 해석할 것인지에 집중하여 정상적인 사람이라면 채권액이나 우선순위에 오류가 있음을 알면서도 배당표에 이의하지 아니할 것을 기대하기 어려운 만큼, 배당표에 이의하지 아니한 채권자는 그 기재가 실체법적 권리관계와 들어맞으리라는 점을 신뢰하였다고 보아야 하고, 따라서 배당표 기재 상 채권액이나 우선순위에 오류가 있어 실체법적 권리관계와 들어맞지 않는 점이 있다면, 이의하지 아니한 채권자에게 구제수단이 인정되어야 한다고 주장한다.

12) 양창수, "부당이득과 부당이득반환청구", 판례실무연구 제1권(1997), 612, 613쪽.

13) ZPO § 878 (1) Der widersprechende Gläubiger muss ohne vorherige Aufforderung binnen einer Frist von einem Monat, die mit dem Terminstag beginnt, dem Gericht nachweisen, dass er gegen die beteiligten Gläubiger Klage erhoben habe.

는 집행절차가 실체법상의 권리까지 결정하려는 것은 아니므로 배당이의의 소를 제기하지 아니한 채권자가 단지 그 이유만으로 실체법상 권리를 주장할 수 없게 되지 아니함을 확인하는 규정이라고 한다.[14] 이에 따라 독일의 통설과 판례는 배당기일에 출석하여 이의하였으나, 배당이의의 소를 제기하지 아니한 채권자는 물론, 배당기일에 출석하지 아니하였거나, 출석하였으나 이의하지 아니한 채권자도 모두 다른 채권자를 상대로 우선권(ein besseres Recht)을 행사할 권리, 즉 부당이득반환청구권을 가진다고 해석한다는 것이다.[15] 이에 따르면 한국 민사소송법 및 민사집행법이 개정을 거쳐 독일과 달리 '우선권 및 그 밖의 권리'를 행사할 수 있다고 정하게 된 것은 우선변제권이 없는 일반채권자도 부당이득반환 청구를 할 수 있음을 한층 명확히 밝히고자 하는 취지라고 한다.[16]

나. 소 극 설

이 견해는 대부분 민사집행법이 배당절차와 그 불복수단에 관한 규정을 상세히 정하고, 엄격한 제소기간까지 마련한 취지에 비추어 이를 따르지 아니한 채권자에게 별도로 실체법상 권리를 행사하도록 허용할 수 없다고 서술한다. 다시 말해 집행절차의 결론에 따라 실체법적 권리관계에 변동이 일어나지 아니함은 인정하면서도 정해진 절차를 따르지 않는다면 그 권리를 행사할 수 없다고 보아야 하고, 이와 달리 본다면 여러 이해관계인의 참여 아래 진행된 배당절차가 무용한 것으로 전락한

Nach fruchtlosem Ablauf dieser Frist wird die Ausführung des Planes ohne Rücksicht auf den Widerspruch angeordnet.

(2) Die Befugnis des Gläubigers, der dem Plan widersprochen hat, ein besseres Recht gegen den Gläubiger, der einen Geldbetrag nach dem Plan erhalten hat, im Wege der Klage geltend zu machen, wird durch die Versäumung der Frist und durch die Ausführung des Planes nicht ausgeschlossen.

14) 유남석, "독일법상 집행채권자의 청구금액 확장 여부와 강제집행절차에서의 배당 후 부당이득반환청구", 판례실무연구 제1권(1997), 616, 617쪽; 양창수, 같은 논문, 611, 612쪽.

15) 양창수, 같은 논문, 612쪽.

16) 양창수, 같은 곳. 여기서는 나아가 해당 조문은 이른바 과오배당 사안에 대하여 부당이득에 관한 일반규정을 전면적으로 적용함이 당연한 전제가 된다고 추론한다.

다는 것이다.[17] 한층 실체법적인 논거로는 채권자들 사이의 합의만으로 배당표 내용을 결정할 수 있으므로 배당절차의 결과는 반드시 실체법적 권리관계와 일치할 것이 요구되지 않는다는 점,[18] 배당표는 채권자들 사이의 이의 및 그 인정 여부의 진술과 배당이의의 소를 거쳐 확정되므로 그 내용은 실체적·절차적 정당성을 확보하고 있다는 점뿐만 아니라 배당을 받은 채권자로 하여금 다른 채권자로부터 적어도 일반민사채권의 소멸시효 기간인 10년 동안 언제든지 부당이득반환 청구를 받을 수 있는 위험에 노출시키는 결과가 된다는 점, 부당이득반환을 청구하는 소송마다 당사자가 달라져 그 판결 사이의 모순·저촉을 피할 수 없다

17) 민일영·오종윤, "배당 후의 부당이득반환청구에 대한 의견서", 판례실무연구 제1권(1997), 593-595쪽; 정동윤, 같은 논문, 608쪽; 민일영, "체납처분과 배당요구, 그리고 부당이득반환청구", 민사재판의 제문제 제10권, 2000, 847쪽에서는 다른 채권자가 배당요구를 한 때부터 권리관계를 조사하여 배당의 당부를 따질 수 있는 것이고, 정녕 시간이 부족하면 배당이의의 소로 나아가 권리관계를 판단받으면 충분하므로 절차가 지나치게 엄격한 것도 아니라고 한다; 저당권자에 관하여도 절차보장을 전제로 부당이득반환 청구를 부정하는 입장으로 김태관, "민사집행절차에서 저당권자의 지위: 절차보장과 실권의 관점에서", 법조 제729호(2018), 225-231쪽. 이에 대하여 반대 견해로서는 부당이득반환을 긍정하더라도 과오배당을 받은 채권자의 자력에 따라 실제로 부당이득반환의 가능성이 달라질 수 있으므로 집행절차가 완전히 그 의미를 잃는 것은 아니라고 반박한다. 마츠모토 히로유키(松本博之), "配当期日に配当異議の申出をしなかった一般債権者が配当を受けた他の債権者に対して不当利得返還請求をすることの可否", 私法判例リマークス 第19号(1999), 147面; 이무상, "과오배당에 대하여 이의하지 아니한 채권자의 부당이득반환청구", 법조 제627호(2008), 131쪽. 다만, 본래 소극설에서 집행절차가 무용하게 된다고 지적하는 바는 배당요구 및 배당표의 작성과 그에 따른 배당이라는 과정에서 형성된 결과가 집행절차 안에서 예정되지 아니한 불복수단으로 인하여 바뀐다는 점이므로(즉, 배당절차와 무관한 원인으로 배당금의 귀속이 달라짐이 부당하다는 것이다) 그와 다른 차원에서 이의하지 아니한 채권자가 만족을 얻지 못할 가능성을 지적하고 있는(이는 배당절차 밖에서 실체법적 권리관계에 불만족이 있을 수 있음을 가리킬 뿐이다) 이러한 비판이 충분하다고 보이지는 않는다.

18) 그러므로 배당절차가 진행 중임을 알면서도 적극적으로 이의하지 아니하였다면, 그 결과인 배당표 기재에 동의한다는 의사를 소극적으로 표시한 것으로 평가할 수 있다고 한다. 민일영·오종윤, 같은 논문, 593쪽. 이 논문, 596쪽에서는 대법원 1996. 12. 20. 선고 95다28304 판결(판례공보 1997상, 342쪽)에서 배당요구조차 하지 아니한 채권자는 부당이득반환을 청구할 수 없다고 판시하였음을 추기(追記)하였고, 이후 민일영, 같은 논문, 847쪽 등에서는 배당요구하지 아니한 채권자에 대하여 부당이득반환을 부정한다면 배당이의하지 아니한 채권자를 달리 볼 이유가 없음을 강하게 주장한다.

는 점을 든다.[19)]

이러한 논증은 대개 채권자가 배당절차에 참여하여 언제든 그 결과에 이의할 수 있었다는 가능성을 바탕으로 하므로 배당에 대한 절차적 권리가 제대로 보장되지 아니한 채권자는 여전히 과오배당을 받은 다른 채권자를 상대로 부당이득반환을 청구할 수 있다는 보완책으로 이어진다. 예컨대, 채권자가 적법하게 배당기일을 통지받지 못한 경우, 그가 책임질 수 없는 사유로 배당기일에 출석하지 못한 경우가 대표적이다.[20)] 이와 달리 실체적인 사유로서 실제로 채권이 없는 채권자가 배당을 받은 경우,[21)] 채권자가 정당하게 배당요구를 하였음에도 집행법원의 잘못으로 정당한 배당금을 지급받지 못한 경우,[22)] 사기 · 강박으로 인하여 이의하지 못한 경우[23)]에도 부당이득반환 청구를 인정하기도 한다.

결국 이 견해는 집행절차가 실체법적 권리관계에 영향을 미치지 못하더라도 법이 정한 구제수단을 활용하지 않은 데 따른 절차적인 제약을 인정하고,[24)] 이와 저촉되는 부당이득반환을 청구하는 것은 금반언의 법

19) 민일영 · 오종윤, 같은 논문, 594쪽. 더 나아가 배당기일에 출석하여 이의하였다가 배당이의의 소를 제기하지 않은 채권자라 할지라도 법이 마련한 구제수단을 따르지 않은 데 지나지 아니한 이상 굳이 구제수단을 남겨둔 이유를 이해할 수 없다는 점에서 민사집행법 제155조를 폐지함이 옳다는 입법론을 제시한다.

20) 정동윤, 같은 곳; 이무상, 같은 논문, 159-161쪽에서는 '절차적 기본권'이라고까지 표현하는데, 배당기일을 통지받을 이익이 기본권에 이르는 것인지는 의문스럽다. 만일 그와 같이 본다면 대상판결의 법정의견이 지적한 대로 배당기일의 통지를 발송송달, 공시송달 등으로 다수 처리하는 지금 실무는 도무지 정당화되기 어려울 것이다.

21) 정동윤, 같은 곳. 독특하게도 적법하게 배당이의의 소를 제기하여 법정 기간 안에 이를 증명한 채권자로 한정할 것이라고 한다.

22) 정동윤, 같은 곳.

23) 소극설이 일본의 통설이라고 한다(이주흥, 같은 논문, 577쪽). 대상판결의 반대의견이 지지한 태도이기도 하다. 그런데 사기 · 강박으로 절차상 권리를 행사하는 데 장애가 있었더라도 이미 절차가 종료된 경우에는 부당이득반환 청구를 허용할 것인지 논의할 필요 없이 사기 · 강박과 관련된 사람을 상대로 불법행위로 인한 손해배상책임을 묻는 것이 정당하다고 보인다. 여기에 대하여는 미국의 경우 법원이 관여하는 저당권 실행 절차에서 매각대금을 배당하는 수탁자나, 법원의 관여 없이 강제집행절차에서 매각대금을 배당하는 집행관을 상대로 배당이 잘못된 데 따른 손해배상을 구함이 일반적이라는 이성호, "미국법상 담보권실행 및 강제집행절차와 채권자의 청구금액 확장에 관한 문제", 판례실무연구 제1권(1997), 655쪽 참조.

리 등에 비추어 허용되지 아니한다는 내용으로 정리된다. 최근에는 이러한 논증을 따르더라도 실권의 근거가 무엇인지, 실효되는 대상이 무엇인지가 명확하지 않다는 문제의식을 가지고, 이를 밝히려는 시도가 있었다.[25] 이에 따르면 집행절차, 그 중에서도 가장 마지막에 나타나는 배당절차는 금전채권의 내용을 실현하기 위한 종국적인 단계이므로 배당절차에서 발생한 분쟁을 또 다른 본안소송절차와 집행절차를 거쳐 해결하기보다는 해당 배당절차에 관하여 마련된 특수한 구제수단인 배당이의의 소로써 해결함이 합리적이므로 이를 거치지 아니한 채권자에 대하여는 일정한 실권효를 인정함이 타당하다고 한다. 그 실권효의 내용은 집행 및 배당과정에 결부된 절차적 권리인 배당에 이의할 권리와 배당이의의 소를 제기할 권리에 국한되지만, 실체법상 금전채권에 포함된 구체적 배당수령권능은 집행절차를 떠나서는 존재할 수 없으므로 궁극적으로 이의하지 아니한 채권자의 금전채권 중 배당수령권능은 배당절차가 종료됨과 함께 소멸하여 더는 당해 집행절차에서 배당받을 권리가 남아있지 않은 결과가 된다고 설명한다.[26]·[27]

---

24) 예컨대 민일영·오종윤, 같은 논문, 594쪽: "절차법에 의하여 실체법상의 권리행사가 제한되는 예는 배당절차 외에도 얼마든지 있다. 기판력이 그 전형적인 예이며, 소취하 후의 재소 금지, 각종의 제소기간, 상소기간의 제한도 마찬가지이다."; 정태윤, "과오배당과 부당이득 반환청구에 관한 비교법적 검토", 법학논집 제20권 제2호(이화여자대학교 법학연구소, 2015), 55, 56쪽: "부정설을 취한다고 하더라도 이는 피고가 이득의 보유를 정당화하는 법적인 원인을 가지고 있기 때문이 아니라, 원고가 자신의 권리를 실권하였기 때문이다."; 이무상, 같은 논문, 148, 149쪽.

25) 이무상, 같은 논문, 130, 131쪽.

26) 이무상, 같은 논문, 152-159쪽.

27) 그 밖에도 현행법의 해석은 보류하고 입법정책적으로 소극설을 지지하면서 배당표 작성 과정의 절차적 불비를 보완하고, 배당이의의 소 제기 사실을 증명할 기간이 연장되어야 한다는 견해로 정태윤, 같은 논문, 57쪽. 그에 따르면 일본의 나카노 테이치로(中野貞一朗), "債券又は優先権を有しないのに配当を受けた債権者に対する抵当権者からの不当利得返還請求の可否", 私法判例リマークス(上)(1992), 157, 158面에서 부정설을 지지하면서도 위와 같은 절차적인 문제를 들어 채권자들이 자주적으로 태도를 결정할 수 없는 한계를 자인한다고 한다(나카노는 일본 민사집행법 제정 당시에 위 문제를 해결하려는 논의가 이루어졌으나, 결국 해결되지 못하고 과거의 태도를 그대로 따르게 되었다고 설명한다). 반대로 같은 문제를 들어 배당에 이의하지 아니한 채권자도 부당이득반환 청구를 포기한다고 볼 수 없다는 견해

다. 이분설 또는 절충설

문헌을 정리하여 보면 서로 다른 내용의 절충설이 소개되는데, 첫 번째는 이분설로도 불리는 견해로서 담보채권자와 일반채권자를 나누어 담보채권자는 배당기일에서 이의하지 아니하더라도 부당이득반환을 청구할 수 있지만, 일반채권자는 이를 청구할 수 없다는 내용이다.[28] 민사집행법 제155조에서 문언상 '우선권'을 강조하였음을 들어 집행절차에서 우선변제받을 권리가 있는 담보채권자 등은 이의하지 아니하였더라도 우선변제권이 침해당한 데 대하여 부당이득반환을 청구할 수 있지만, 일반채권자는 배당에 이의한 경우에만 부당이득반환 청구를 인정할 수 있다고 한다.[29] 이론적으로는 담보채권자는 집행 대상이 되는 목적물의 교환가치를 실체법적으로 파악한 것인데, 그가 이의하지 아니한 채 집행절차가 종료되어 담보권이 소멸한다면 우선변제받을 수 있었던 범위 안에서 그보다 후순위인 채권자들이 위 담보채권자의 손해에 기하여 법률상 원인 없는 이득을 얻은 것으로 설명한다.[30] 반면, 일반채권자는 해당 집행절차의 목적물로부터 우선변제를 받을 실체적 권리가 없기 때문에 아무런 손해를 입지 않았다는 것이다.[31] 일본의 판례가 이러한 태도라고 평가되고 있다.[32]

다음으로 이미 배당을 받은 다른 채권자가 다시 집행으로 나아갈 수 있다면 그를 상대로 부당이득반환을 청구할 수 있다는 견해가 있다. 이에 따르면 이미 채권증서를 파기한 경우, 담보물을 반환한 경우, 또는 채권이 시효로 소멸된 경우에는 다시 집행으로 나아갈 수 없는데다가,

---

로는 마츠모토, 같은 논문, 146, 147쪽.

28) 소액임차인의 우선변제권을 담보물권과 유사한 것으로 보고 배당요구하지 아니한 경우에도 부당이득반환 청구를 인정해야 한다는 윤홍근, "경매절차에서 배당요구를 하지 않은 소액임차인의 지위", 민사판례연구 제13권(1991), 267쪽[오종윤, "배당이의와 부당이득반환청구", 사법논집 제26집(1995), 316쪽에서 이를 이분설과 같은 취지로 평가한다].

29) 이시윤, 같은 책, 374, 375쪽.

30) 민일영 · 오종윤, 같은 논문, 589쪽.

31) 이시윤, 같은 곳.

32) 서기석, 같은 논문, 714, 715쪽.

우선변제권이 있는 채권자로부터 배당이의 등의 방법으로 미처 경고를 받은 것도 아닌 채권자는 배당절차가 정당한 것으로 신뢰하고 배당받게 되므로 그를 상대로 한 부당이득반환은 부정한다고 한다.[33)]

3. 판　　례

이 점에 대하여 구 경매법에 의한 임의경매절차에서는 강제경매절차의 배당절차에 관한 규정이 준용되지 아니하므로 배당표에 대한 이의가 있을 수 없고, 당연히 채권자들 사이에서 부당이득반환 청구를 허용한다는 것이 대법원의 판례였다고 한다.[34)] 구 경매법이 폐지되고, 임의경매절차에도 강제경매절차에 관한 제반 규정이 준용되면서 임의경매절차에서도 배당표에 대하여 이의할 가능성이 열렸다. 그럼에도 대법원은 강제경매와 임의경매 절차 모두에서 대상판결과 같이 부당이득반환 청구를 허용하는 태도를 확고하게 유지하고 있다.

4. 검토 : 민사집행법 제155조 해석론의 한계

배당기일에 출석하지 아니하거나, 출석하고도 이의하지 아니한 채권자가 집행절차 종료 후 다른 채권자를 상대로 부당이득반환을 청구할 수 있는지 여부를 민사집행법이 명시적으로 정하지 아니하여 결론은 해석론에 미루어지게 되었다.[35)] 기존의 논의는 민사집행법 제155조를 비롯한 배당절차 및 구제수단에 관한 규정을 토대로 민사집행법 전반의 규정이 부당이득반환을 허용하는지를 판단하려 하지만, 그 논거는 대부분 실체법적 권리를 실권시키는 것이 집행절차와 관련된 제도의 취지상 타당한지 여부에 관한 것으로 다소 정책적인 성격이 있다고 보인다. 그 문제가 집

33) 오종윤, 같은 논문, 318쪽; 이시다 미노리(石田穣), "抵当不動産の競売代金が民法391条の優先権者に優先償還されずに抵当権者に交付された場合と不当利得の可否(最判昭和48.7.12.)", 法學協會雜誌 第92券 第3号(1975), 364面.

34) 서기석, 같은 논문, 712, 715쪽.

35) 조정래, "배당이의와 부당이득 반환청구", 판례연구 제1권(부산판례연구회, 1991), 420쪽.

행절차와 실체법적 권리관계 사이의 관계라는 입법정책적인 영역에 걸쳐 있기 때문이다. 이를 위하여 집행절차 전반이 실체법적 권리관계에서는 어떤 의미를 가지는지 살필 필요가 있는데, 이는 뒤에서 본격적으로 검토하고, 여기서는 개별 조문에 집중하여 민사집행법 제155조의 해석만으로 부당이득반환 청구를 차단할 수 있는지 여부를 짚어 본다.

민사집행법 제155조는 그 입법연혁을 두고 보면 집행절차에 관한 규정이 실체법적 권리관계에 영향을 주지 아니한다는 것이 그 취지이다. 본안절차는 실체법 규범에 따라 관념적으로 형성된 권리관계를 확인하는 과정으로서 공개법정에서 당사자 변론을 거쳐 신중하게 판단에 이르는 반면, 집행절차는 본안절차를 거쳐 확인된 실체법적 권리관계의 만족을 가져오는 것이 주된 목적이다. 그렇기 때문에 관념적인 권리관계가 변동되기 전에 이를 사실로서 고착시키기 위해 집행절차에서는 신속성이 요청될 뿐만 아니라 이를 위하여 집행권원·집행문 등의 형식적인 요건만을 요구하기도 한다.[36] 이러한 점에서 집행절차는 먼저 확정된 실체법적 권리관계에 만족을 가져오거나, 가져오지 못하는 범위에서만 영향을 미치고, 이와 달리 실체법적 권리관계 자체를 관념적으로 형성한다고 보기는 어려우므로 위와 같은 입법취지는 본안절차와 집행절차를 구분한 현행 제도 안에서 합당한 태도로 보인다. 그러나 이와 같은 입법취지를 고려한다면 오히려 그 조문의 효과도 실체법적 권리관계를 재확인한 지점에서 멈춘다고 보아야 하고,[37] 민사집행법 제155조 스스로는 배당에 이의

36) 이시윤, 같은 책, 25, 26쪽.

37) 민사집행법 제155조를 논거로 이의하지 아니한 채권자의 부당이득반환 청구를 긍정하는 견해에서도 위 조문의 역할은 실체법적 권리관계에 변동이 없음을 확인하는 데에 있다고 본다. 이무상, 같은 논문, 158쪽에서는 한발 더 나아가 집행절차가 종료되면 금전채권 중 그때까지 만족을 얻지 못한 부분에 대하여는 해당 집행절차에서 변제를 수령할 권능이 사라진다는 전제 아래 민사집행법 제155조는 "(이의한 채권자는) 실체법상의 구체적 우선변제권이나 채권의 집행력에 기초한 변제수령권을 배당절차의 종료로 잃지 않고 후일 부당이득반환청구의 소를 통하여 권리를 행사할 수 있는 길을 열어 놓은 … 규범 창설적 기능을 하게 되는 것"이라고까지 평가한다. 그러나 '영향을 미치지 않는다는' 법문으로 미루어 보나, 입법연혁 및 취지에 비추어 볼 때나, 집행절차에 관한 나머지 규정이 실체법적 권리관계를

하지 않은 채권자는 물론, 배당에 이의한 채권자가 부당이득반환을 청구할 수 있는지에 대하여 어떠한 답을 내놓을 수 없다. 그 답은 집행절차 밖의 (특히 부당이득에 관한) 실체법적 권리관계가 어떻게 형성되는지를 다루는 실체법 규범의 해석으로 나타날 것이다.

민사집행법 제155조의 해석에 천착하여도 명확한 답을 얻을 수 없다는 점은 다음과 같은 고려에서 한층 분명해진다.[38] 문언을 두고 보면 민사집행법 제155조는 대상판결의 반대의견이 지적하는 대로 적용대상을 '이의한 채권자'로 한정하여 이의하지 아니한 채권자에 대한 보호를 거절하는 것처럼 보인다. 한편, 적극설이 언급한 대로 배당이의의 소를 제기하지 아니한 채권자가 주장할 수 있는 권리의 범위를 종전의 '우선권'에서 더 나아가 '우선권 또는 그 밖의 권리'로 확장하여 실체법상 우선권을 가지지 아니한 일반채권자의 부당이득반환 청구를 명시적으로 긍정하는 방향으로 나아간 것처럼 보이기도 한다.[39] 이처럼 민사집행법 제155조의 개정연혁에서 배당받지 못한 채권자의 권리 주장을 확대할 것인지 제한할 것인지에 대하여는 서로 다른 방향으로 입법자의 의사가 충돌하는 것처럼 보인다. 그런데 위 문언들을 각각 다른 방향으로 해석하는 것은 사실 서로 다른 명제를 전제하는 것이므로 어떤 해석을 지지하려거든 그 전제들을 먼저 판단하여야 한다. 적극설의 시각에서 본다면 부당이득반환 청구가 허용될 것인지는 이미 집행절차 밖의 실체법적 권리관계에 따라 결정되는 일이고, 민사집행법 제155조는 배당이의의 소와 관련된 절

고려하지 아니한 채 채권을 만족시키는 방법에 주로 초점을 맞추고 있는 점을 볼 때나 해당 조문에 그와 같은 역할을 부여하기는 곤란하다. 뒤에서 보는 대로 배당받은 사람이 사실은 아무런 채권이 없거나, 채권의 범위를 넘어서 배당받은 경우 등 예외적으로 부당이득반환을 인정할 경우를 염두에 둔 것으로서 여전히 확인적 규정이라고 볼 일이다.

38) 물론 어느 견해도 민사집행법 제155조가 배당에 이의하지 아니한 채권자에게 부당이득반환을 인정할 직접적이고 명시적인 근거라고 보지 않지만, 대부분의 견해들이 민사집행법이 이를 긍정하거나 부정하는 태도라고 이해하면서 해당 조문을 가장 중심적인 위치에 놓고 있는 것도 사실이다. 이 단락에서는 그러한 해석체계의 어려움을 언급하고자 한다.

39) 이러한 시각이 가장 적극적으로 나타난 것이 위 각주 37)의 견해일 것이다.

차적 사항을 규율하는 조문으로서 이때 '이의한 채권자'라는 문언은 해당 조문이 적용되는 장면, 즉 이미 배당기일에 출석하여 '이의한 채권자'가 배당이의의 소를 제기하였음을 법정 기간 내에 증명하지 못한 상황을 가리키는 서술적인 의미를 가지는 데 지나지 아니하여 부당이득반환을 청구할 수 있는 채권자의 범위를 제한하는 것은 아니다. 소극설의 시각에서 본다면 '우선권 또는 그 밖의 권리'라는 표현은 배당이의의 소 제기를 증명하지 아니한 채권자가 별소로써 주장할 수 있는 '권리'의 범위가 배당순위에 관한 우선권으로 한정되지 않는다는 의미에 지나지 아니하고, 이를 주장할 수 있는 '주체'의 범위에 아예 이의조차 하지 않은 채권자까지 포함한다고 보아야 할 근거는 되지 못한다. 결국 민사집행법 제155조의 문언에 관한 기존의 해석론은 이미 다른 고려에 따라 내려진 결론이 문언의 한계를 벗어나지 않는지를 검증하는 의미를 가질 뿐이다.[40)]

한편, '우선권'이라는 문언에 집중한 이분설에 대하여는 이론적인 차원에서 담보채권자도 그 담보물의 교환가치를 실현하기 위하여는 법정절차를 따라야 한다는 절차법적 제약이 있는 점과 일반채권자도 집행절차에 참여하여 적법하게 배당요구를 하고난 뒤에는 목적물의 매각대금에서 일정한 비율을 수령할 수 있는 구체적 배당수령권을 가지게 된다는 점을 고려할 때 담보채권자와 일반채권자를 달리 취급하는 데 합리적인 이유가 없다는 비판이 제기되었다.[41)] 이러한 비판은 주로 적극설의 입장에서 이분설이 일반채권자에게 부당이득반환 청구를 긍정하지 않는 데 대하여 제기되는데, 뒤에서 보는 대로 적극설에서 일반채권자가 가진다고 주장하는 구체적 배당수령권의 내용이 명확하지 아니하고, 이로써 채권자들이 가지는 부당이득반환 청구권의 법리적 구성을 알 수 없게 된다는 점에서

---

40) 전원열, "민사집행법상 배당요구 · 배당이의와 부당이득반환청구권", 저스티스 통권 제178호(2020), 229쪽.

41) 마츠모토, 같은 글, 147쪽; 특히 일반채권자에 관한 뒷부분 논거에 대하여는 카지야마 타마카(梶山玉香), "手続終了後の実体的調整に関する一試論(2)", 同志社法學 第46券 第5号(1995), 844面에서 손해를 따질 때 문제되는 것은 매각대금에 대한 지배력인데, 일반채권자 역시 압류를 거쳐 집행목적물의 처분을 금지하는 등 그 매각대금에 대하여 일종의 물권적 지위를 가지게 된다고 설명한다.

충분한 비판이 되지 못한다(다만, 여기서는 일반채권자의 부당이득반환 청구가 허용되는지가 주된 쟁점이므로 이분설의 당부에 대하여는 상론하지 아니한다).

이처럼 어느 견해를 따르더라도 민사집행법의 문언에 어긋나는 것은 아니다. 오히려 민사집행법 제155조는 배당이의의 소 제기 사실을 증명하여야 하는 기간을 미리 정한 뒤, 이는 집행절차 안에서 그 결과를 다투는 불복절차에 관한 규율에 지나지 아니하여 이를 지키지 못한 경우에도 실질적인 이익 귀속에 관한 실체법 질서의 적용에 어떠한 영향을 주지는 않는다는 취지로 보인다.[42] 결국 이의하지 아니한 채권자에게 부당이득반환 청구를 허용할 것인지에 대한 의문은 실체법적 권리관계에 대한 해석론으로 눈을 돌리게 된다. 이어서는 배당기일에 이의하지 아니한 채권자가 실체법적으로 어떠한 권리를 가지는지를 바탕으로 부당이득반환의 요건이 충족되는지를 살핀 다음, 이를 허용하는 것이 정책적으로 바람직한지에 대하여 검토한다.

Ⅲ. 실체법적으로 부당이득반환 청구가 인정되는지 여부

1. 서 설

일부 타당한 지적이 있는 바와 같이[43] 기존의 논의는 주로 배당표의 확정 또는 배당절차의 종료라는 사건에 실권효를 인정할 것인지 여부에 집중되었고, 정작 부당이득반환의 요건이 충족되었는지에 대하여는 충분한 관심이 모아지지 않았다. 대상판결에 이르기까지 대법원이 반복한 판시도 "확정된 배당표에 의하여 배당을 실시하는 것은 실체법상의 권리를 확정하는 것이 아니"[44]며 "경매목적물의 매각대금이 잘못 배당되어 배

42) 전원열, 같은 논문, 218쪽; 배당이의에 대하여도 절차적 의미만을 인정하는 전원열, 같은 논문, 227쪽.

43) 대표적으로는 앞서 본 양창수, 같은 논문, 613쪽: "부당배당을 받은 채권자에게 과연 「이득」이 있다고 할 수 있는가, 배당을 받지 못한 채권자에게 과연 「손실」이 있다고 할 수 있는가."

44) 대법원 2007. 3. 29. 선고 2006다49130 판결(공보불게재); 대법원 2000. 10. 10.

당받을 권리 있는 채권자가 배당받을 몫을 받지 못하고 그로 인해 권리 없는 다른 채권자가 그 몫을 배당받은 경우에는, 배당금을 수령한 다른 채권자는 배당받을 수 있었던 채권자의 권리를 침해하여 이득을 얻은 것이 된다"[45]는 것에 머물렀다.

민법은 부당이득반환의 성립요건에 대하여 '법률상 원인 없이' 타인의 '손해에 기하여' 이익을 얻은 경우라는 요건만을 정하였다(제741조). 구체적으로 어떠한 사례군에서 부당이득반환 청구가 허용될 것인지 판단하기 어렵기 때문에 이를 이른바 침해부당이득, 급여(또는 급부)부당이득, 비용부당이득 등의 유형으로 나누어 각각 달리 고찰함이 유용하다는 제안이 널리 받아들여지고 있다.[46] 집행절차에서 실체법적 권리관계와 달리 배당이 이루어진 경우에는 정당한 권리자에게 귀속되어야 할 이익이 다른 사람에게 돌아간 것이 아닌지가 문제된다는 점에서 이른바 침해부당이득에 해당하는지가 주로 검토되어야 할 것이고,[47] 그 중에서도 특히 이의하지 아니한 채권자에게 '손해'가 있는지가 주된 관심사로 나타난다.[48]

선고 99다53230 판결; 대법원 2001. 3. 13. 선고 99다26948 판결(특히 일반채권자의 경우).

45) 대상판결.

46) 대표적으로 양창수, "일반부당이득법의 연구", 서울대학교 법학박사학위논문, 1987; '급여부당이득' 또는 '급부부당이득'이라는 용어에 관하여는 윤진수, "부당이득법의 경제적 분석", 서울대학교 법학 제55권 제3호(2014), 108, 109쪽 참조.

47) 이러한 전제는 배당받았어야 하는 사람이 배당받지 못한 손해가 있다는 대법원의 판시에서 볼 수 있듯이 과오배당 사안에서 널리 받아들여지는 듯하다. 이는 채권자 사이의 관계에서 부당이득이 성립하는지 묻는 것으로서 채무자와 채권자 사이에서 부당이득이 성립하는지 묻는 경우와 구분되어야 하고, 후자의 경우는 본문과 달리 급여부당이득이 우선 검토되어야 할 것이다. 마츠오카 히사카즈(松岡久和), "差押債権者の実体法上の地位(上): 過誤配当と不当利得および対抗の問題を手掛りに", 金融法務事情 第42券 第25号, 통권 제1399호(1994), 24面도 배당이 잘못된 경우는 침해부당이득에 해당하는지를 논의할 여지가 있는데, 다만 채권자 전원의 합의로 실체법적 권리관계와 일치하지 아니하는 배당이 이루어진 경우에는 급여부당이득이 문제될 수 있다고 한다.

48) 마츠오카, 같은 곳: "ここでの「損失」は, 財貨帰属に対する客観的侵害である … わが国の民事執行法はドイツ法のように執行債権者に優先権を付与する規定を持たないため, 執行手続への参加によって一般債権者に新たに執行目的財産の価値が割り当てられると考えない限り, そこには担保権者のような「損失」は生じず, 不当利得は成立しない."

2. 학 설

가. 적 극 설

앞서 본 대로 적극설은 정상적인 사고를 하는 채권자라면 실체법적 권리관계와 달리 작성된 배당표 기재에 동의할 리 없다거나, 배당표 기재에 이의하지 아니한 채권자의 의사는 배당표 기재대로 배당이 이루어진다는 집행절차에 동의한다는 단계를 넘어서지 아니한다는 이유로 배당표의 확정이나 배당절차의 종료와 같은 집행절차의 사건이 부당이득반환청구를 저지하는 '법률상 원인'이 될 수 없음에 주목한다.[49]

한층 더 근본적으로는 일반채권자는 본래 채무자의 책임재산 전부로부터 만족을 얻을 수 있다는 추상적인 가능성만을 가질 뿐이지만, 일단 집행절차가 개시되어 배당요구 등으로 이에 참여한 채권자는 절차법적 규정에 따라 집행목적인 재산에 대하여 물권적 지위에 가까운 지배권을 가지거나,[50] 일단 배당요구의 종기가 지나 배당을 받을 채권자의 범위가 확정되면 해당 집행절차에서 확보할 매각대금 중 일정 비율에 해당하는 '특정액의 배당금'을 지급받을 수 있다는 구체적 배당수령권이 생기게 되는데,[51] 그와 다른 내용의 배당표 기재대로 배당이 이루어진다면 정당한

---

49) 양창수(각주 12), 612쪽; 김정환, 같은 논문, 93, 94쪽; 이주흥, 같은 곳.

50) 카지야마, 같은 곳; 이무상, 같은 논문, 163쪽: "배당수령자에게 교부된 금전이 반환청구자에게 귀속해야 하는 것이라고 평가할 것인가가 손해를 인정할 것인가를 판단하는 포인트로서, 그것은 집행목적물의 매각대금에 대한 지배력의 문제이다."; 마츠모토, 같은 논문, 147쪽에서도 배당요구, 처분금지 등의 제한이 있는 집행절차에 일단 참여하면 매각대금으로부터 적정한 배당을 받을 지위가 법률상 보장되고, 이러한 채권자의 시각에서 본다면 부당한 배당은 단순히 절차적인 문제가 아니라 법적으로 보장된 실체적 지위를 침해하여 손해를 발생시킨 것으로 보아야 한다며 같은 취지로 지적하고 있다.

51) 이우재, "사해행위취소의 효력과 배당절차에서의 취급", 민사집행법연구 제5권(2009), 210, 211쪽; 오영준, "사해행위취소권과 채권자평등주의", 사법논집 제32집(2001), 221쪽; 권성우, "배당절차 종료 후 부당이득반환청구권의 성립요건에 관한 검토", 재판과 판례 제12집(대구판례연구회, 2004), 383-385쪽; 김현석, "부동산 경매절차에서 배당요구를 하지 아니한 임금채권자의 지위", 민사판례연구 제20권(1998), 236쪽.

채권자는 위 지배권 또는 구체적 배당수령권을 침해당하는 손해를 입는다고 설명한다. 이에 대응하여 배당받을 수 없었을 돈을 배당받은 채권자는 당연히 이득을 얻은 것으로 여겨지는데, 배당으로써 채권이 만족되어 소멸하더라도 '현실적으로 금전을 수령'한 경우에는 이득을 얻는다는 설명과[52] 대법원 판결례를 들어 배당금이 현실적으로 지급되기 전이라도 배당표의 확정에 의하여 배당금지급청구권을 부당이득하는 것이 된다는 설명이 뒤따른다.[53]

나. 소 극 설

앞서 본 대로 소극설의 입장에서는 배당표 기재가 반드시 실체법적 권리관계와 일치하여야 하는 것은 아니고, 채권자들의 자주적인 의사결정으로 이루어진 합의가 있는 경우 오히려 실체법적 권리관계와 달리 그 합의에 따라 배당하여야 한다는 점을 근거로 배당절차가 진행 중임을 알면서도 이의하지 아니한 채권자는 해당 배당표 기재에 동의한 것으로 볼 수 있으므로 배당표의 확정 및 배당절차의 종료라는 법적 사건이 그 자체로 '법률상 원인'이 된다고 설명하거나,[54] 집행절차가 종료함에 따라 해당 집행절차에서 금전채권에 기하여 만족을 얻을 구체적 변제수령권이 소멸되므로 다른 채권자가 배당을 수령하더라도 이는 "실체법적으로도 실권된 자의 권리에 우선하여 배당받을 권리가 있는" 것으로서 그 다른 채권자가 채권의 변제로서 수령한 이상은 법률상 원인이 있는 것이라고 설명하기도 한다.[55]

---

52) 이무상, 같은 논문, 164쪽(카지야마, 같은 논문, 847쪽을 언급한다).

53) 이무상, 같은 곳(대법원 2001. 3. 13. 선고 99다26948 판결: "피고가 아직 배당금을 출급하지 아니하였으므로 청구취지 기재 금원 상당을 부당이득한 것은 아니라는 이유로" 배당금지급청구권이 부당이득으로서 반환되어야 한다고 판시한 사례).

54) 민일영 · 오종윤, 같은 논문, 593쪽.

55) 이무상, 같은 논문, 166쪽. 다만, 이 견해는 우선순위와 달리 배당받은 경우를 사례로 들어 설명하는데, 일반채권자 사이에서도 달리 볼 일은 아니다; 마츠오카, 같은 논문, 24쪽에서는 과오배당으로 인한 부당이득의 문제는 배당받지 못한 채권자에게 '손해'가 있는지가 주된 문제라고 하면서, 집행절차 밖의 권리관계에 비추어 보건대 채권의 범위 안에서 배당받았으나, 일반채권자 사이의 채권액 비율에 따라 안분배당이 이루어지지 않은 데 그치는 경우에는 과다배당을 받은 채권자를

한층 더 근본적인 태도로는 이른바 과오배당이 부당이득반환의 요건인 손해에 해당하지 않는다는 지적이 있다. 잘못된 배당에 이의하지 아니한 채권자가 반환을 청구하는 부당이득은 제안되는 유형론 중 침해부당이득에 해당하여야 한다는 전제 아래, 법원이 침해부당이득을 반환하여야 한다고 인정하기 위하여는 권리자에게 권리의 내용으로 부여되는 일정한 '배타적 이익'이 권리자 아닌 다른 사람의 행위로 인하여 권리자의 동의 없이 그 다른 사람에게 돌아간 경우에 해당하여야 하는데, "채권은 그 귀속 자체를 제외하고는 그와 같은 '배타적 이익'이 '할당(zuweisen)'되어 있지 아니"할 뿐만 아니라, 배당이 잘못된 경우는 법원이 배당표를 잘못 작성하였기 때문이므로 더 많이 배당받은 다른 채권자가 어떤 행위를 하였다고 보기도 어려운 점에서 침해부당이득의 특징적인 요소들이 나타나지 않기 때문이라고 한다.[56]

3. 검 토

구체적으로 배당에 따라 손해 및 그로 인한 이득이 인정되는지 살피기에 앞서 집행절차에 따른 채권의 만족이 집행절차 밖에서 채무자의 임의변제를 통해 이루어지는 채권의 만족과 다른 점을 간략히 살핀다. 대상판결을 비롯하여 앞서 Ⅱ.에서 살핀 기존의 논의는 배당절차가 실체법적 권리관계에 영향을 주지 않는다고 말하는데, 위 제2항에서 살핀 최근의 논의에 이르면 배당절차의 잘못으로 부당이득반환청구권이 발생하

상대로 부당이득반환을 청구할 수 없다고 한다. 비록 과다배당이라 하더라도 이는 채권의 변제로서 지급받은 것이고, 그 변제의 효과를 다툴 수 있는 수단으로서 민법이 허용한 채권자취소권이나, 생각해볼 수 있는 또 다른 구제수단인 불법행위책임(제3자 채권침해)에 비하여 부당이득반환이 현저히 손쉬운 구제수단이 되므로 (과다배당받은 사람의 주관적 사정이나, 채무자의 채무초과 상태가 요구되지 아니하는 점) 이를 인정할 경우 민사실체법의 균형을 깨뜨리기 때문이다.

56) 윤윤수, "우선변제청구권자의 부당이득반환청구", 판례연구 제6집(부산판례연구회, 1996), 580-582쪽 참조. 다만, 위 견해는 '부당이득에서의 법률상 원인의 흠결'이라는 표제 아래 이러한 내용을 논의하고 있는데, 그 실질은 이어지는 본문에서 보는 대로 '배타적 이익'의 내용을 다룬 것으로서 오히려 부당이득의 또 다른 요건인 손해와 이득을 논증하였다고 이해함이 옳은 듯하다.

는 것처럼 설명하고 있으므로 집행절차와 그에 선재한 실체법적 권리관계 사이에서 어떤 영향을 주고받는지 그 관계를 관찰할 필요가 있다.

가. 집행절차에서 나타나는 공평의 고려

실체법적으로 보면 집행절차는 변제와 마찬가지로 채권을 그 내용대로 만족시켜 소멸하게 하는 과정이다. 변제가 이루어져 채권을 만족시키는 범위 안에서 실체법적 권리관계의 채권은 소멸하고, 그 범위 안에서 집행절차는 실체법적 권리관계에 영향을 미친다. 그런데 집행법원은 채권을 만족시키는 마지막 배당 단계에서 채무자가 임의로 변제하는 경우와는 달리 일정한 제약을 받는다. 채무자가 임의로 변제하면서 여러 일반채권자들 사이에서 각 채권액에 따라 안분하여 변제하지 아니하더라도, 안분하여 변제하였더라면 더 많이 지급받았을 채권자가 손해를 입었다고 주장하며 실제로 더 많이 지급받은 채권자를 상대로 부당이득반환을 청구할 수는 없을 것이다.[57] 사적 자치의 원칙 또는 계약 자유의 원칙에

---

57) 사적 자치의 원칙의 일부로서 계약 이행의 자유, 또는 동일한 채권자에 대하여 여러 채무를 변제하는 경우 변제자가 변제의 제공을 충당할 채무를 지정할 수 있다는 민법 제476조 제1항의 유추. 채무초과 상태의 채무자가 서로 다른 채권자 중 어느 한 사람에게만 그 채권의 내용대로 변제하더라도 다른 채권자에 대하여 사해행위라고 볼 수 없다는 대법원 2005. 3. 25. 선고 2004다10985, 10992 판결 등도 이와 같이 자유로운 변제를 인정하는 태도의 연장선상에 있다. 만약 민법 제476조 제1항의 유추를 근거로 삼는다면, 이어지는 본문의 논의와 달리 매각대금이 채무액에 안분하여 충당되어야 하는 까닭은 채무자가 이를 어느 채권자에 대한 변제에 충당할지 지정하지 아니하였기 때문에 공평의 관점에서 요구되는 결론이라고 생각할 수도 있다. 그렇다고 하더라도 이어지는 본문 다음 단락의 논지가 달라지지 않는 것은, 배당의 결과가 그러한 공평의 요청과 어울리지 않게 나타났더라도 이는 집행법원이 배당표에 따른 배당을 실시함으로써 그 내용대로 (채무자를 대신하여) 변제의 충당을 지정한 것으로, 또는 적어도 집행절차 안에서는 공평의 요청이 반영되었음에도 이후 다른 이유로 결과가 조정된 것으로 이해할 수 있기 때문이다; 도쿄고등재판소 平成 2(1990). 5. 30. 判決[平2(ネ) 37号, 判例時報 1353-136]은 본문과 같은 이유로 임의경매 절차에서 배당이의하지 아니한 일반채권자가 배당절차 종료 후 다른 채권자를 상대로 부당이득반환을 청구할 수 없다고 보았다(서기석, 같은 논문, 715쪽의 평가 참조). 시오자키 츠토무(塩崎勤), "一般債権者が配当異議の申立をしなかった境遇と不当利得返還請求の可否", 判例タイムズ 第762号(1991), 98面 이하는 해당 판결이 종래의 논의에서 찾아볼 수 없는 논거를 제시한 점이 독특한데, 이에 대하여 한층 깊은 검토가 필요하다고 평가하였다. 과연 여기에 대하여 배당은 임의변제와 같이 볼 수 없다는 반론이 가능한데(예컨대, 마츠모토, 같

따라 계약의 당사자는 그가 바라는 대로 이를 체결할 뿐만 아니라 이행할 수도 있으므로 이것이 여러 채권자가 등장하는 법률관계를 해결하는 원칙적인 모습이다. 이와 달리 집행법원은 민사집행법 제145조 제2항이 정한 대로 '민법 · 상법, 그 밖의 법률에 의한 우선순위에 따라 배당하여야' 하므로 채무자와 같이 임의로 변제에 충당할 채무나 이를 수령할 채권자를 지정할 수는 없고, 특히 여러 일반채권자들 사이에서는 그 채권액에 따라 안분하여 배당하여야 한다. 이러한 제약은 집행법원으로 대표되는 국가가 채권자들을 대신하여 채권의 만족에 필요한 강제력을 대신 행사하되, 여러 채권자들과 관련 있는 경우 그들의 이해관계를 공평하게 고려하여야 한다는 요청에 기인한다.[58]

문제는 이러한 요청이 채무자와 여러 채권자들 사이의 권리관계 중 어느 단계에까지 요구되는지 여부이다. 이는 민사집행법 제145조 제2항의 적용범위를 획정하는 것이기도 하다. 실체법적 권리관계와 집행절차를 포괄하는 재산법 질서에 강제력을 가진 국가(집행법원)가 개입하는 것은 채무자의 의사에 기하지 아니한 책임재산의 매각 및 변제 등 불가피한 영역에 한정됨이 타당하다. 집행절차가 종료된 뒤의 권리관계는 다시 사적 자치의 원칙이 지배하는 실체법 질서에 따라 규율되어야 하기 때문이다.[59] 마찬가지로 집행절차에 관련 있는 여러 채권자를 공평하게 고려하여야 한다는 요청이나, 그에 따라 집행목적물의 매각대금을 일반채권자

은 논문, 147쪽; 마츠오카, 같은 논문, 23쪽 참조), 우선변제권이 침해된 경우는 별론으로 하고, 일단 일반채권자 사이에서는 지정과 달리 수령된 변제의 문제로 이해할 수 있을 것이다. 그 경우에도 지정과 달리 급여를 수령한 채권자가 채권에 포함된 변제수령권능에 기하여 여전히 이를 보유할 수 있으므로 부당이득으로 반환할 의무가 없다고 볼 일이다. 집행절차에서 집행법원은 채무자를 대신하여 책임재산을 매각하고 이로써 변제하는 역할을 수행한다는 점도 고려되어야 한다.

58) 물론 이는 정책적인 결단의 문제이다. 국가가 먼저 집행에 착수한 채권자를 우대한다면, 그만큼 사적 자치의 요청을 존중한 것이다. 거꾸로 민사집행법이 먼저 집행에 착수한 채권자에게 배당의 우선권을 인정하지 않는 점에서 이러한 공평의 고려를 반영한 '평등주의' 법제를 채택하였다고 평가되는 것이다.

59) 이주흥, 같은 논문, 580쪽. 다만, 이 견해는 그러한 점을 들어 실체법적 권리관계가 제대로 만족되지 않은 경우 부당이득반환 청구를 허용함이 옳다고 한다.

들 사이에서 안분하여 배당하여야 한다는 요청은 불가피하게 사적 영역에 등장한 집행법원을 기속하는 제약으로서 집행법원이 주도하는 집행절차에까지만 요구되는 것으로 보아야 한다. 일단 예정된 집행절차가 종료되었을 때 그로부터 영향받은 실체법적 권리관계의 문제로서 남아 있는 채권자들 사이의 이익 조정은 다시 실체법 질서에 따라 해결되어야 하고, 이 단계에 이르면 집행법원이 더는 관여하지 않기 때문에 집행절차 중과 같은 공평의 고려가 요청되지 않는다.

나. 고려하여야 할 채권의 범위

한편, 이해관계인들을 공평하게 고려해야 한다는 요청에도 불구하고 집행법원이 집행절차 밖에 있는 실체법적 권리관계 전부를 고려할 수는 없다. 집행법원이라 하더라도 집행목적물 이외의 채무자의 재산상태를 알 수 없고, 배당요구 등을 통하여 알려진 채권자들 사이의 관계를 넘어선 권리관계를 알 수 없기 때문이다.[60] 따라서 부당이득이 성립하는지 판단하기 위하여 고려할 사정은 배당요구 등을 통하여 집행절차에 나타난 채권뿐이다. 대법원의 판시 역시 집행절차가 실체법적 권리관계에 영향을 미칠 수 없는 것과 별개로 '배당받아야 할' 사람이 배당받지 못한 것을 손해로, '배당받을 수 없었던' 사람이 배당받은 것을 법률상 원인 없는 이득으로 보고 있는데, 이는 집행절차 밖의 실체법적 권리관계 그대로가 아니라 배당절차 내부의 사정만을 고려하여, 배당절차에 나타난 범위 안에서 실체법적 권리관계를 고려하여 부당이득의 성립요건을 판단하고 있는 것이다. 이제까지 논의에서 많은 견해들이 부당이득반환 청구의 당부를 판단하고자 배당표 기재가 집행절차 밖의 실체법적 권리관계와 일치하는지를 비교하였지만,[61] 배당표 기재와 비교되어야 하는 것은 집행절차 밖의 실체법적 권리관계가 아니라, 공평의 요청을 받는 집행법원

---

60) 채권자가 배당요구의 종기까지 배당요구조차 하지 아니한 경우 해당 배당절차에서 아무런 배당을 받지 못하였더라도 부당이득반환을 청구할 수 없다는 점까지 고려하면 더욱 그러하다. 앞서 본 각주 8) 참조.

61) 그렇기에 종래 배당요구하지 아니한 채권자가 부당이득반환을 청구할 수 있는지가 쟁점이 되었던 것이다.

이 집행절차 안에 나타난 채권들을 '민법 · 상법, 그 밖의 법률에 의한 우선순위에 따라(민사집행법 제145조 제2항)' 고려한 결과이다.[62)]

다. 손해의 존재 여부

종래의 논의는 집행절차 중 일반채권자가 배당표에 이의하지 아니하여 배당표가 확정되고, 그에 따라 배당이 이루어졌다는 사정이 실체법적 권리관계와[63)] 다른 배당을 보유하게 할 '법률상 원인'이 되는지를 중심으로 이루어졌다. 그러나 앞서 본 대로 민사집행법 제155조에 관한 입법자의 의사는 채권자의 이의 여부나, 이의한 채권자의 배당이의의 소 제기 여부와 같은 집행과정의 불복절차에 관한 사정이 실질적인 이익 귀속에 관한 실체법 질서의 적용에 영향을 미치지 않는다는 것이다. 따라서 배당표에 이의하지 않았다는 사정이 부당이득반환 청구를 좌절시키는 '법률상 원인'이 된다고 보기는 어렵고, 부당이득 성립에 관한 실체법적 논의는 '손해'의 존재 여부에 집중되어야 한다.

1) 구체적 배당수령권 개념의 실질적 공허함

집행법원은 배당요구 등으로 집행절차에 나타난 채권들을 민법 · 상법, 그 밖의 법률에 의한 우선순위에 따라 고려하여 매각대금을 채권자들에게 분배하는데, 실제로 매각대금을 배당금으로 지급하기에 앞서 일단 배당표를 작성하여 공람하게 한다. 채권자들이 배당표 기재에 이의하지 아니하거나, 이의가 제기된 부분에 대하여 관계인이 이를 정당하다고 인

---

62) 이하에서는 배당요구 등을 통해 집행절차에 나타난 권리관계를 '실체법적 권리관계'라고 하고, 집행절차 밖의 실체법적 권리관계는 '집행절차 밖의 권리관계'라고 하여 구분한다. 다만, 이하의 논의는 배당받은 채권자가 자신이 집행절차 밖에서 채무자에 대하여 가진 채권의 범위 안에서 배당받은 경우만을 언급한다. 채권이 없거나 채권의 범위를 벗어나 배당받은 사람은 집행절차 밖의 권리관계에서 이를 보유할 아무런 법률상 원인이 없고, 집행절차에 참가한 채권자들이 특정재산에 관하여 향유하는 지위를 침해함으로써 손해를 입히고, 그에 기하여 이득을 얻었으므로 당연히 이를 반환할 의무를 부담한다.

63) 사실 기존의 논의는 집행절차에 나타난 실체법적 권리관계와 집행절차 밖의 권리관계를 구분하지 아니한 채 이루어져 왔다. 그러나 민사집행법 제155조는 이어지는 본문의 논의와 같이 부당이득을 비롯한 권리관계의 성립에 어떤 영향을 미치려는 취지의 조문이 아니므로 실체법적 권리관계와 집행절차 밖의 권리관계 어느 면에 대하여서든 이의 여부 등이 영향을 미칠 수 없다.

정하거나, 다른 방법으로 합의한 때에는 배당표는 확정 또는 경정되고 집행법원은 그 기재대로 배당금을 지급한다. 배당기일에 출석한 채권자가 이의하였는데, 이의가 정당하다고 인정되지도 아니하고, 다른 방법으로 합의가 이루어지지도 아니하여 이의가 완결되지 아니하면 집행법원은 이의가 없는 부분에 한하여만 배당을 실시하고, 이의한 채권자는 이후 배당이의의 소를 제기하여 이를 다툰다. 배당이의의 소가 제기되지 아니하거나, 제기되었다가 취하되거나, 첫 변론기일에 원고가 출석하지 아니하여 취하된 것으로 간주되면 배당표는 당초 기재대로 확정된다. 배당이의의 소의 소송물 및 법적 성질에 대하여는 구체적 배당수령권의 존부를 다투는 집행법상의 특수한 형성소송이라는 것이 통설적 견해이다.[64)] 즉, 배당이의의 소를 통하여 다투어지고 법원이 판단하는 대상은 해당 집행절차의 매각대금에서 이의한 채권자가 배당받을 수 있는 구체적 배당수령권이고, 배당표 기재 중 배당이의의 소를 제기함으로써 다투기에 이른 부분은 그 판결이 선고·확정됨에 따라 배당표가 변경되어야 비로소 확정된다. 배당절차를 끝으로 해당 집행목적물에 대한 개별 집행절차는 마무리되는데, 배당절차는 위와 같은 과정을 거쳐 배당표가 확정될 때 종료된다.[65)]

위와 같이 확정된 배당표 기재가 집행절차에 나타난 실체법적 권리

---

64) 이시윤, 같은 책, 368쪽: '배당표의 변경을 목적으로 하는 소송상 형성의 소'; 전병서, 민사집행법, 박영사(2019), 309쪽. 확인소송설, 구제소송설 등 세부적인 학설의 소개와 평가에 대하여는 오종윤, "배당이의의 소의 성질과 기판력", 인권과 정의 제287호(2000), 107-110쪽 참조; 적어도 소송물이 구체적 배당수령권의 존부와 관련이 있다는 점은 대법원 2000. 1. 21. 선고 99다3501 판결 등 참조(배당이의의 소에서 패소한 당사자가 다시 부당이득반환을 청구한 경우 기판력이 미친다는 판단): "채권자가 제기한 배당이의의 소의 본안판결이 확정된 때에는 이의가 있었던 배당액에 관한 실체적 배당수령권의 존부의 판단에 기판력이 생긴다고 할 것이고 ⋯."

65) 김민수, "근저당권설정계약이 사해행위로 취소되고 원상회복으로 배당금지급채권에 대한 양도가 이루어진 경우 취소채권자가 채권의 만족을 얻는 방법", 민사판례연구 제32권(2009), 445, 446쪽; 박성호, "배당기일에 불출석한 채권자에 대한 배당액이 공탁된 후 그 채권이 소멸한 것으로 밝혀진 경우 공탁된 배당금의 처리방법(=추가배당)", 대법원 판례해설 제38호(2002), 353쪽.

관계와 들어맞지 않는 부분을 손해로 평가할 수 있어야 비로소 부당이득을 인정할 수 있다. 적극설에 어울리는 설명 중 일반채권자가 압류를 통하여 집행목적물에 대한 물권적 지위 또는 매각대금에 대한 지배력을 가진다는 내용은 일반채권자 사이에서 과오배당으로 인하여 손해가 발생한다는 점을 뒷받침하기에는 부족하다. 이는 압류를 통해 발생하는 처분금지효 등을 통하여 일반채권자가 본래 채무자의 책임재산 전부로부터 만족을 얻을 수 있다는 추상적인 지위에서 한 발 나아가 집행절차의 목적물이 된 개별재산의 매각대금을 지배하고, 그로부터 채권의 만족을 얻을 수 있다는 구체적인 지위로 발전한 것을 가리킨다. 이러한 설명은 일반채권자가 담보권자와 차이가 없다는 점을 논증하는 데는 충분할 수 있겠으나, 집행절차에 참여한 모든 채권자가 공동으로 매각대금을 지배하여 우선순위 및 채권액 등에 따라 이를 나누어 배당받는 경우를 설명하기에는 적절하지 않다. 집행절차에 참여한 일반채권자는 그렇지 못한 일반채권자보다는 집행목적물에 대하여 더 지배적인 위치에 있지만,[66] 일단 집행절차에 참여한 일반채권자들 사이에서는 어떤 지배력의 차이를 발견할 근거가 없다.

구체적 배당수령권의 침해를 손해로 보는 견해는 그보다 한층 세밀하고, 일반채권자들 사이의 이해관계를 잘 반영한 설명이다. 그러나 이러한 설명도 구체적 배당수령권의 실체가 무엇인지 엄밀히 밝히지 못한 한계가 있고, 이를 탐구하다보면 결국 일반채권자들 사이에서 과오배당이 이루어진 사례에서는 구체적 배당수령권이 침해되었다고 보기 어렵다는 결론에 이른다. 이러한 견해에서는 구체적 배당수령권이란 배당요구한 채권자가 배당요구의 종기가 지남에 따라 매각대금 중 일정 비율에 해당

66) 각주 50)의 마츠모토, 같은 곳 참조. 바로 이러한 점에서 실제로 채권이 없거나, 채권의 범위를 넘어서서 배당을 받은 사람을 상대로 채권자들이 부당이득반환을 청구할 수 있음을 설명하는 논거가 될 수 있다. 한편, 배당요구는 평등주의 법제에서 배당할 채권자의 범위를 결정하기 위한 절차적 수단에 지나지 아니하므로 이로부터 어떤 실체법적 효과를 인정할 수 없다는 전원열, 같은 논문, 225, 226쪽 참조.

하는 '특정액의 배당금을 자신에게 귀속시킬 수 있는 구체적 권리'[67]라고 설명하고, 그 근거로는 배당요구의 종기가 지나면 배당받을 채권자의 범위와 채권액이 명확해진다는 점을 든다.[68] 이 설명대로라면 구체적 배당수령권이란 배당요구의 종기까지 배당절차에 나타난 채권액의 비율에 따라 집행목적물의 교환가치를 안분한 금액을, 위 교환가치 전부를 보관·관리하는 집행법원을 상대로 배당표의 확정 이후 또는 배당기일 이후 지급하여 줄 것을 구할 수 있는 권리이다. 그런데 배당요구의 종기가 지나더라도 배당요구한 일반채권자의 지위가 배당요구하지 아니한 일반채권자의 그것과 절차법적으로 차이가 난다는 점은 명확하지만, 그 내용이 부당이득을 통한 교정이 필요할 만큼 견고한 재산적 이익의 배타적 귀속에 이르렀다고 보기는 어렵다. 배당요구의 종기가 매각기일 이전이므로 집행목적물의 매각대금이 어느 정도일지를 예측하기 어렵고(나아가서는 과연 매각이 이루어질지, 채권자 중 어느 순위까지 배당받을 수 있을지조차 예견할 수 없다), 배당요구의 종기가 지나더라도 채권자들은 각자의 사정에 따라 언제든지 배당요구를 철회하여 집행절차를 벗어날 수 있다. 채권자는 배당표가 확정된 뒤에야 그 기재에 따른 배당금을 집행법원으로부터 지급받을 수 있는데, 배당표는 배당기일의 이의나 배당이의의 소 등으로 다투어지는 경우 해당 절차가 모두 마무리된 뒤에야 확정되므로 그 시기 또한 예측하기 어렵다.[69]

구체적 배당수령권의 의미를 두고 배당절차의 종료를 조건으로 하여 배당요구 종기 당시의 집행목적물의 시가를 집행절차에 참여한 채권자들의 채권액 비율에 따라 안분한 금액의 배당금을 지급받을 수 있는 권리라고 말할 수도 있을 것이다. 그런데 이 구체적 배당수령권은 집행절차

67) 이우재, 같은 곳; 오영준, 같은 곳.

68) 이우재, 같은 곳; 권성우, 같은 논문, 384쪽; 김현석, 같은 논문, 236쪽.

69) 마츠오카, 같은 논문, 25쪽에서는 일반채권자가 배당받을 수 있었던 금액이란 압류나 배당요구 등을 통하여 집행절차에 참가한 채권자들의 채권액에 따라 우연히 결정되는 불확실한 것이어서 "이득채무자(=문제되는 부당이득 관계에서 이득을 얻은 사람을 말한다)의 주관적 태양에 관계없이(번역은 필자)" 이득의 객관적 귀속을 조정하는 부당이득 제도로서 보호할 수 없는 것이라고 한다.

밖의 권리관계에 의존함은 사실이지만 오로지 집행절차의 진행 과정에서만 나타나는 도구적인 개념이다.[70] 집행법원은 배당요구된 채권들을 실체법상 우선순위에 따라 고려하여 채권자들 사이에서 매각대금을 분배하는데, 이에 대응하여 집행절차에 참여한 채권자들이 가지는 권리가 구체적 배당수령권이다. 이때 집행법원은 채권의 존부나 범위에 대하여 실질적으로 심리할 수 없고, 오직 배당요구할 자격이 있는지만을 살필 따름이며, 배당요구할 자격 있는 채권자가 주장하는 내용을 그대로 고려하여 배당하므로 매각대금을 배당한 결과란 소극설의 지적대로 채권자들 사이에서 합의가 이루어지는 경우는 물론이고, 그렇지 않은 경우에도 집행절차 밖의 권리관계와 차이를 보일 수 있는 형식적인 성질의 것이다. 이를 직접 다툴 수 있는 방법은 배당기일의 이의와 뒤따르는 배당이의의 소뿐이고,[71] 이로써 다투어지지 아니하면 배당표는 확정되며, 그 기재에 따라 배당금이 지급됨으로써 배당수령권은 소멸한다. 그렇다면 구체적 배당수령권은 집행법원이 보관하는 매각대금의 분배에 관한 집행절차상의 권리로 봄이 타당하고, 과오배당으로 인하여 그 실현이 방해받았다고 하더라도 부당이득의 성립요건으로 요구되는 손해, 즉 재산적 이익의 배타적 귀속이 침해되었다고 평가하기는 곤란하다.[72]

2) 집행절차 이후에 미칠 수 없는 공평의 고려

대상판결과 같이 일반채권자 중 어느 한 사람이 배당이의의 소를 거쳐 자신에게 유리하게 배당표를 경정한 후, 나머지 일반채권자들이 그를 상대로 부당이득반환을 청구할 때에 더욱 손해를 인정하기 어렵다.

---

70) 배당금지급금지가처분 등의 외부적 요인으로 배당표가 확정되었음에도 지급되지 않는 예외적인 기간이 있을 수 있으나, 집행절차 안의 실체법적 권리관계와 배당표 기재 사이의 차이가 핵심인 이 글의 문제 상황과는 관계가 없다.

71) 배당기일에 출석하여 이의하였을 때 그 이의사유가 배당요구한 채권의 실체법적 하자와 관련이 있다면 배당이의의 소로써 다투게 한 구조는 이처럼 집행절차 및 배당절차 안에서는 배당요구한 채권을 형식적으로 살필 수밖에 없기 때문이다.

72) 결과적으로 부당이득의 목적 및 요건으로서 '손해'의 의미에 주목한 각주 69)의 마츠오카, 같은 곳과 같은 취지이고, 배당절차의 문제는 집행법이 정한 불복수단으로만 다툴 수 있다는 이시윤, 같은 책, 374, 375쪽이나 민일영 · 오종윤, 같은 논문, 593쪽의 지적이 실질적으로는 이러한 의미로 이해된다고 생각한다.

이의하지 아니한 채권자들에 대하여 배당표가 확정됨에 따라 배당절차가 종료되었고, 배당이의의 소의 원고와 피고 사이에서는 그 판결의 선고·확정 등을 거쳐 배당표가 경정되었으며, 이에 따라 배당절차는 종료되었다. 앞서 본 대로 집행법원을 향한 공평의 고려는 집행절차가 끝날 때까지만 요청되므로 일단 이의하지 아니한 채권자들이 배당절차가 종료될 당시까지 나타난 각자의 채권액에 비례하여 안분하여 배당받았다면 이로써 공평의 고려는 충족된 것이다.[73] 이후 배당이의의 소를 거쳐 같은 순위의 일반채권자 중 어느 한 사람이 자신에게 유리하게 배당표를 경정하고 추가로 배당을 받더라도, 이는 배당절차가 끝난 뒤의 일로서 그 귀속에 더는 어떤 공평의 고려가 요청되지 않는다.[74] 앞서 본 대로 구체적 배당수령권이 손해의 근거가 되기 어려운 이상 집행절차가 모두 끝난 시점에서 부당이득을 통하여 이를 교정할 것인지 여부는 집행절차 밖의 권리관계를 고려하여 판단할 문제인데, 집행절차 밖에서 매각대금의 분배에 관한 공평의 고려가 없다면 집행절차 밖의 권리관계는 집행절차로부터

73) 마츠오카, 같은 논문, 24쪽에서도 각자의 (집행절차 밖의) 채권액 범위 안에서 배당받았으나, 채권액에 비례하여 안분한 범위만을 넘어선 경우에 부당이득을 인정할 것인지는 결국 이른바 채권자평등원칙을 어디까지 관철할 것인지의 문제라고 한다.

74) 종래 배당이의의 소에서 청구를 인용하는 경우 다른 채권자를 고려하여 판단할 것인지를 두고 이른바 안분설, 흡수설 등이 대립하였고, 법원은 다른 채권자를 고려함이 없이 배당이의의 소의 원고가 가지는 채권액의 한도 내에서 구하는 바에 따라 원고의 배당액으로 경정하여야 한다고 보아 흡수설을 채택하였는데(대법원 1998. 5. 22. 선고 98다3818 판결 등 참조), 이는 배당이의의 소는 소송구조상 이를 제기한 원고 이외의 다른 채권자를 고려할 수 없다는 점뿐만 아니라 집행법원이 아닌 한낱 채권자인 원고에게 공평의 고려를 요청할 수 없다는 점에서도 타당하다. 종래 학설의 소개와 검토에 대하여는 박효관, "채권자가 제기한 배당이의 소송에서 피고 채권의 부존재가 인정된 경우, 계쟁 배당부분의 처리방법", 판례연구 제13집(부산판례연구회, 2002), 892-895쪽; 서정원, "경매절차에서 근저당권설정계약이 사해행위로 취소되는 경우, 수익자인 근저당권자에 대한 배당액의 처리 문제", 민사판례연구 제34권(2012), 283, 284쪽 참조. 한편, 서정원, 같은 논문, 286쪽에서는 배당이의의 소에서 "배제된 다른 채권자와의 관계를 조정한다는 의미에서" 배당절차 종료 후 부당이득반환 청구를 긍정함이 타당하다고 하는데, 이는 배당절차가 일단 종료된 후에는 채권자들 사이에서 어떤 공평의 고려가 요청된다고 보기 어려운 점을 간과한 것이다.

만족을 얻었을 뿐이므로(그에 따라 배당받지 못한 채권자에게는 그 범위에서 채무자에 대한 채권이 여전히 남아 있으므로) 어떤 손해가 있다고 보기 어렵다.[75)·76)]

3) 부당이득의 완전한 부정: 소극설이 제시한 보완책의 거절

소극설 중에는 이의하지 아니한 채권자의 부당이득반환 청구가 실체법적으로는 인정되어야 함에도 집행절차를 따르지 아니한 데에 대한 결과로서 이를 실권하게 되는 것이라고 보아 집행기일 통지가 제대로 이루어지지 아니한 경우 등 절차적 보장이 부족한 때에는 부당이득반환 청구를 허용하여야 한다는 견해가 있다.[77)] 특히 대상판결의 법정의견에서 배당기일이 발송송달, 공시송달 등으로 처리되는 실무에 비추어 부당이득반환 청구를 긍정하여야 한다고 한다. 그런데 앞서 본 대로 집행절차에 참여한 일반채권자들이 그 배당요구한 채권액 범위 안에서 배당받은 것이

---

75) 채권자들이 권리 범위 안에서 배당받은 경우 채권액에 안분하지 아니하였더라도 부당이득을 부정한 마츠오카, 같은 논문, 24쪽(각주 55) 참조; 김정환, 같은 논문, 101쪽과 같이 적극설 중에서도 배당이의의 소를 거쳐 자신의 배당금을 확보한 채권자를 상대로 한 다른 채권자의 부당이득반환 청구는 부정하여야 한다는 견해가 있다. 이 견해는 이 경우 배당이의의 소가 별개의 법률상 원인이 될 뿐만 아니라, 이러한 부당이득반환 청구를 인정하는 것은 해석상 인정되지 아니하는 전용물소권을 인정하는 결과가 된다고 비판한다. 그런데 전용물소권이란 계약상 급부가 제3자에게 이득이 되었을 때 그 제3자를 상대로 직접 부당이득반환을 청구할 수 있는지가 문제되는 사례군을 가리키는 표현으로서(예컨대 대법원 2013. 6. 27. 선고 2011다17106 판결; 대법원 2011. 11. 10. 선고 2011다48568 판결 등 참조) 계약의 위험을 누가 부담하는지의 문제가 중요한 고려요소가 되므로 대상판결의 사안과 같이 계약과 무관한 배당의 문제와는 고려하는 이해관계가 다를 수밖에 없다.

76) 이러한 결론에도 불구하고 여전히 집행절차 밖의 권리관계에서 아무런 채권도 가지지 않았음에도 허위 채권으로 배당요구하는 등의 방법으로 집행절차에 참여하여 배당을 받은 사람을 상대로는 진정채권자들이 집행절차의 개시로 지배력을 확보한 집행목적물에 대한 권리를 침해당하였음을 주장하면서 채무자를 대위하여 또는 직접 부당이득반환을 청구할 수 있다(각주 66). 민사집행법 제155조는 이러한 경우 집행절차 밖의 실체법적 권리관계를 교정하기 위한 부당이득반환 청구 등을 배척하지 아니한다는 의미로 읽을 수 있으므로 여전히 그 의미를 잃지 않는다. 한편, 허위채권으로 배당받은 사람을 상대로는 불법행위로 인한 손해배상도 구할 수 있으리라는 견해로 이재환, "제5회 세미나 토론요지", 판례실무연구 제1권(1997), 685쪽 참조.

77) 정동윤, 같은 논문, 608쪽.

라면 채권액에 비례하여 안분한 범위를 벗어나더라도 실체법적으로 교정되어야 할 손해가 발생하지 아니하므로 부당이득을 인정할 여지가 없게 된다. 변론절차와 달리 집행절차에서 배당기일을 통지받지 못한 데 따른 절차상 불이익을 회복할 방법이 없는 셈인데, 이는 당사자의 주장과 증거를 충실히 심리하여 집행절차 밖의 진정한 권리관계를 발견하고자 하는 변론절차와 다른 목적, 즉 집행절차에 참여할 자격이 있는지를 형식적으로 판단하여 신속하게 권리를 만족시킨다는 목적을 추구하는 배당절차의 특성을 고려하여 입법자가 다소 간이하게 절차를 마련한 것이라고 볼 수밖에 없다.[78]

Ⅳ. 정책적인 논거의 검토

대법원이 확고하게 배당기일에 출석하여 이의하지 아니한 일반채권자도 다른 채권자를 상대로 부당이득반환을 청구할 수 있다는 태도를 유지하여 온 이상 이와 다른 의견을 밝히는 것은 판례 변경의 문제가 되므로 과연 종전과 달리 판단하는 것이 바람직한지에 관한 법정책적인 논의가 뒤따르게 된다. 대상판결의 법정의견 스스로도 판례를 변경할 수 없는 여러 정책적인 논거를 제시하였는데, 장차 대법원이 판례를 변경하고자 할 경우 종래 제시하여 온 정책적인 논거의 타당성이 검토되어야 한다.[79]

---

78) 입법론으로는 프랑스나 미국의 사례로 소개되는 바와 같이 채권자단이 배당표를 집단적으로 작성하거나, 법원의 재판을 거쳐 집행절차 종료 후 배당표 기재와 다른 주장을 차단하는 방향으로 검토되어야 할 것이다. 프랑스 제도에 관하여는 이재환, "프랑스법상 부동산 압류절차 및 배당절차", 판례실무연구 제1권(1997), 623-626쪽과 정태윤, 같은 논문, 40-43쪽 참조; 미국 제도에 관하여는 이성호, 같은 논문, 654, 655쪽 참조.

79) 윤진수, "판례의 무게: 판례의 변경은 얼마나 어려워야 하는가?", 법철학연구 제21권 제3호(2018), 181-187쪽에서는 판례 변경으로 인한 손실이 그로 인한 이익보다 크다는 점은 판례 변경을 반대하는 견해에서 논증하여야 한다고 보았다. 다만, 여전히 판례 변경을 주장하기 위하여 그 필요성도 당연히 논증되어야 하는데, 그 중에는 정책적인 논거에 대한 검토를 피할 수 없으리라 생각한다.

1. 채무자의 부당이득반환 청구와 사이의 균형

먼저 법정의견은 채권이 없음에도 또는 채권의 범위를 초과하여 배당받은 사람에 대하여는 이의하지 아니한 채권자가 부당이득반환을 청구할 수 없다고 보더라도 여전히 채무자를 대위하여 부당이득반환을 청구할 수 있으므로 절차의 안정을 도모하기 위하여 판례를 변경할 실익이 없다고 보았다. 이러한 법정의견의 지적은 타당하지만,[80] 그 범위는 제한적이다. 법정의견이 스스로 밝힌 대로 '채권이 없음에도 또는 채권의 범위를 초과하여' 배당받은 사람에 대하여는 적어도 채무자를 대위하여서라도 부당이득반환 청구가 허용되어야 할 것이지만, 그 밖의 경우로서 일반채권자 중 일부가 채권액에 비례하여 안분 배당받을 때보다 많은 금액을 배당받은 경우 또는 대상판결과 같이 일반채권자 중 일부가 배당이의의 소로써 배당금을 증액하도록 배당표를 경정하였는데, 뒤늦게 다른 일반채권자들로부터 부당이득반환 청구를 당하게 되는 경우에는 집행절차 밖의 권리관계에 따라 변제받았다고 신뢰한 채권자의 이익을 침해하게 되므로 두 사례군은 동등하게 평가할 처지가 아니다.

한편, 채권자들을 모두 만족시킬 때까지는 배당재단인 매각대금이 채무자에게 돌아가지 아니하므로 배당이의의 소를 포함한 배당절차에서는 채권자가 매각대금에 대하여 확실히 우선적인 지배력을 가지지만, 채권자가 채무자의 부당이득반환 청구를 대위하는 경우에는 채무자가 먼저 권리를 행사하지 아니하여야 하는 등 독자적인 제약이 따르므로 오히려 채무자가 채권자에게 앞서는 결과가 되어 제대로 배당받지 못한 채권자의 구제수단으로는 부적절한 면이 있다.

---

80) 추가로 채권이 없음에도 또는 채권의 범위를 초과하여 배당받은 사람 X를 상대로 어느 채권자 A는 배당기일에 출석하여 X를 상대로 이의한 뒤 배당이의의 소를 제기하고, 다른 채권자 B는 이의하지 아니하고 X를 상대로 부당이득반환을 청구하는 경우, A가 배당이의의 소에서 승소하여 X의 배당금을 흡수하여 간다면, 그 범위 안에서 배당표가 정정됨에 따라 X는 이익을 받은 적이 없게 되므로 B는 그 범위에서 부당이득반환을 청구할 수 없다고 볼 일이다.

2. 채권자취소권 행사 후 가액배상의 문제점

다음으로 법정의견은 채권 전액의 만족을 얻지 못한 채권자가 사해행위취소소송을 진행하면서 원상회복 방법으로 가액배상을 청구한 뒤, 회복된 책임재산을 채무자에게 반환할 채무와 채무자에 대한 기존의 채권을 상계하여 사실상 우선변제받는 문제점을 부당이득반환 청구를 허용함으로써 완화할 수 있다고 한다. 정책적으로 유효한 점이 있으나, 마찬가지로 그 타당한 범위가 사해행위취소가 결합되는 영역으로 제한적이다. 그뿐만 아니라 배당이의의 소와 사해행위취소의 소를 병합하여 진행하는 경우 배당표를 다투는 수단으로 채권자취소권을 행사한 것으로 이해되는데, 그에 따라 사해행위취소를 거쳐 원상회복하는 공동담보를 민법 제407조에서 말하는 '모든 채권자'보다 좁은 범위의 '적법한 배당요구를 한 특정채권자' 사이에서만 분배한다는 의미로 해석하는 것은[81] 배당이의의 구조에 따라 사해행위취소의 효력을 수정한 것으로서 논리적으로도 타당하지만, 반대로 대상판결이 제시하는 논거와 같이 사해행위취소라는 수단에 나타나는 문제점을 집행절차 이후의 부당이득반환 청구를 허용함으로써 완화한다는 것은 임시방편을 유지한다는 의미일 뿐이다.

3. 배당절차 및 배당이의의 소의 문제점

대상판결은 이의하지 아니한 채권자에게 부당이득반환 청구를 허용하면 배당이의의 소의 심리에서 흡수설을 채택함에 따라 채권자평등주의에 어긋나는 문제점을 교정할 수 있다고 한다. 그런데 특히 배당이의의 소를 심리하면서 흡수설을 채택함에 따라 생기는 문제점은 앞서 본 대로 배당절차에서 공평의 고려가 요청되는 시간범위나, 배당이의의 소의 소송구조에 따라 나타나는 자연스러운 결론이다. 이를 문제라고 생각한다면, 문제된 배당금에 이해관계가 있는 채권자들이 모두 성실하게 이의한 다

81) 대법원 2002. 9. 24. 선고 2002다33069 판결; 오영준, "사해행위취소의 효력이 미치는 채권자의 범위", 민사판례연구 제26권(2004), 177-179쪽.

음 공동으로 또는 동시에 배당이의의 소를 제기하도록 하여 교정함이 타당하다. 부당이득반환 청구를 허용하더라도 소송당사자는 결국 이의하지 아니한 채권자와 배당을 받은 다른 채권자로 한정되므로 같은 순위의 채권자 전부의 채권이 정당하게 심리되리라고 확언할 수도 없다.[82] 무엇보다도 부당이득반환 청구를 허용한다면 채권자들에게 집행절차에 성실히 참여할 유인이 없어진다는 것이 가장 큰 문제다.

V. 마 침

집행절차를 통하여 그 밖에 있던 실체법적 권리관계는 비로소 실현된다. 집행절차의 내용은 독자적이지 아니하고, 외부의 권리관계에 의존하여 형성된다. 집행절차는 그 자체로서 어떤 목적을 가지는 것은 아니고, 외부의 권리관계에 만족을 가져오는 범위 안에서 실질적인 영향력을 가진다. 부당이득에 관한 실체법적 규정은 종국적인 재산적 이익의 배타적 귀속을 합당하게 조정하려는 것이므로 그 인정 여부는 집행절차 밖의 실체법적 권리관계에 따라 판단하여야 한다. 그렇다면 배당표에 집행절차 밖의 실체법적 권리관계와 들어맞지 않는 하자가 있는 경우를 모두 동일하게 평가할 수는 없고, 적어도 몇 가지 사례군으로 나누어 검토할 필요가 있다.

대상판결의 사안은 피고가 배당이의의 소를 통하여 실제로는 채권이 없는 A로부터[83] 배당금을 흡수하였는바, 원고와 피고 사이의 관계는 진

---

82) 이는 서로 다른 당사자 사이에서 부당이득반환 소송의 결과가 합일되지 아니한다는 종래의 지적과 궤를 같이한다. 민일영 · 오종윤, 같은 논문, 594쪽 참조.

83) A는 이 사건 근저당권부 채권이 시효로 소멸됨에 따라 피고가 소를 제기한 배당이의소송에서 패소하였는데, 실제로 시효로 채권이 소멸한 채권자를 완전히 허위채권으로 배당받은 경우와 동일하게 볼 수 있는지는 소멸시효의 법적 성질을 비롯한 다른 쟁점을 고려하여 또 다른 연구가 필요하다. 일단 강제경매 사안에서 선박저당권을 가진 원고가 지급명령을 가지고 배당절차에 참가한 피고를 상대로 그 지급명령상의 채권을 시효로써 다툴 수 없다고 본 독일의 판결례가 있다[Josef Dörndorfer, in: Wolfgang Krüger u. Thomas Rauscher(Hrsg.), *Münchner Kommentar zur Zivilprozessordnung* Bd. 2(5. Aufl.), C. H. Beck, 2016, §878 Rn. 21(NJW 1974, 2284) 참조].

정한 채권자들이 각자 채권액에 비례하여 안분한 몫을 넘어서 배당받은 경우에 해당한다고 평가할 수 있다. 이러한 경우 집행목적물의 매각대금을 같은 순위의 채권자들 사이에서 안분하여 배당한다는 것은 집행절차를 진행하는 집행법원에게 요청되는 공평의 고려 때문이므로 집행절차가 끝난 뒤의 실체법적 권리관계에서도 같은 고려를 요청할 수는 없다. 배당요구 등을 통하여 집행절차에 나타난 채권 사이의 관계는 실제로 배당표가 확정되어 배당금이 지급되기 전까지는 불확정적이어서 부당이득으로 보호될 이익의 기초가 된다고 보기 어려울 뿐만 아니라, 그 기대대로 배당이 이루어지지 아니하였더라도 집행절차 밖의 실체법적 권리관계에 어떤 영향을 미치지 못하므로 부당이득을 통하여 교정될 대상이라고 볼 수 없다.

이러한 시각에서 보면 대상판결이 원고와 같은 순위의 일반채권자인 피고가 배당이의의 소를 통하여 실제로는 채권이 없는 A로부터 배당금을 흡수함으로써 이의하지 아니한 채권자인 원고에게 재산상 손해를 입게 하였다고 판단한 점은 부당하다. 같은 순위의 일반채권자인 원고와 피고 사이에는 집행절차에서 어떤 실체법적 권리로 인정할 만한 이익관계가 나타나지 아니하고, 피고가 A를 상대로 배당이의소송을 거쳐 배당금을 흡수하였다는 사정은 집행절차가 종료한 뒤의 것으로서 더는 원고와 피고를 공평하게 고려하여야 한다는 요청에 어긋나는 것이 아니기 때문이다. 이 점을 충분히 지적하지 못한 점에서 대상판결의 반대의견도 아쉬운 부분이 있다. 반대의견은 채권자가 자신의 채권 범위 안에서 수령한 이상 이를 법률상 원인이 없는 것으로 볼 수 없다고 평가하였는데, 채권자들 사이에서 부당이득이 성립할 것인지 여부는 궁극적으로 위와 같은 공평의 고려가 재산법 질서에서 어느 단계에까지 관철되어야 하는지를 판단하여야 비로소 답할 수 있는 것이므로 이를 다루지 아니한 채 채권의 변제로서 수령하였다는 점만으로는 법률상 원인이 존재하는지 명확히 답변할 수 없기 때문이다. 마지막으로 대상판결의 법정의견은 집행절차의 제도적, 실무적 한계를 지적하였는데, 반대의견이 밝힌 대로 이는 수긍할 수밖에 없는 문제점이며, 현실적으로 집행절차에서 채권자가 배당에 빠짐없이 관여할 수 있도록 절차적으로 보장하지 못하고 있는 배당이의의 소 제기 증명기간이나, 배당기일의 통지와 관련된 부분은 입법적 개선이 필요하다.

[Zusammenfassung]

Ungerechtfertigte Bereicherung der im Verteilungsverfahren nicht widersprechenden Gläubiger

(Aufsatz zum Urteil des Großen Senats vom 18. Juli 2019 - 2014Da206983)

Park, Jongwon*

Supreme Court Südkoreas hat kürzlich nochmals festgestellt, dass beteiligte Gläubiger ohne Grundpfandrecht bzw. ähnliches sachenrechtlich vorrangiges Recht** noch ihre Klage zur ungerechtfertigten Bereicherung nicht verlieren sollen, auch wenn sie im Verteilungsverfahren nicht widergesprochen haben, wenn die anderen Gläubiger mehr erhalten haben als wenn das Verteilungsplan widergesprochen worden wäre. Das Urteil hat das Gericht mit einigen Gründen begründet, besonders durch die mit einem Konzept des „konkreten Anteil im Verteilungsplan" zugefügte Auslegung des koreanischen ZVG § 155, das die Klage zum Widerspruch vorschreibt.

Die Regeln betreffend Verteilungsverfahren sind prozessual an sich, schließen nicht die sachlichen Klagen aus. Dennoch hat der „konkreten Anteil" auch nur prozessualen Sinn selbst, weist den beteiligten Gläubigern keinen gesonderten Rechtsgut zu, und kann deswegen nicht die Klage zur ungerechtfertigte Bereicherung begründen. Davon ist noch das Bestandteil „Kosten" entfallen.

Das Gericht übrigens gibt einige rechtspolitische Gründe vor, aber es

---

* Judge, Cheongju District Court.

** Unter dem koreanischen Zivilrecht haben die Gläubiger kein sachenrechtlich vorrangiges Recht, auch wenn sie zur Beschlagnahme der Immobilien des Schuldnern geführt haben.

scheint klar, dass Rechtspolitik allein niemals den Bedarf der vernünftigen Auslegung überwiegt.

[Stichwort]

- Widerspruch
- ungerechtfertigte Bereicherung
- ungesicherte Gläubiger
- konkreter Anteil im Verteilungsplan
- Zwangsversteigerung
- Zwangsverwaltung

참고문헌

법원행정처, 법원실무제요 : 민사집행(2), 2014.
양창수, "일반부당이득법의 연구", 서울대학교 법학박사학위논문, 1987.
이시윤, 신민사집행법(제6보정판), 박영사, 2014.
전병서, 민사집행법, 박영사, 2019.

권성우, "배당절차 종료 후 부당이득반환청구권의 성립요건에 관한 검토", 재판과 판례 제12집(대구판례연구회, 2004).
김민수, "근저당권설정계약이 사해행위로 취소되고 원상회복으로 배당금지급채권에 대한 양도가 이루어진 경우 취소채권자가 채권의 만족을 얻는 방법", 민사판례연구 제32권(2009).
김정환, "배당이의의 소와 부당이득반환청구의 소", 홍익법학 제12권 제2호(2011).
김태관, "민사집행절차에서 저당권자의 지위: 절차보장과 실권의 관점에서", 법조 제729호(2018).
김현석, "부동산 경매절차에서 배당요구를 하지 아니한 임금채권자의 지위", 민사판례연구 제20권(1998).
민일영, "체납처분과 배당요구, 그리고 부당이득반환청구", 민사재판의 제문제 제10권(2000).
민일영 · 오종윤, "배당 후의 부당이득반환청구에 대한 의견서", 판례실무연구 제1권(1997).
박성호, "배당기일에 불출석한 채권자에 대한 배당액이 공탁된 후 그 채권이 소멸한 것으로 밝혀진 경우 공탁된 배당금의 처리방법(=추가배당)", 대법원 판례해설 제38호(2002).
박효관, "채권자가 제기한 배당이의 소송에서 피고 채권의 부존재가 인정된 경우, 계쟁 배당부분의 처리방법", 판례연구 제13집(부산판례연구회, 2002).
서기석, "배당절차 종료 후 채권자의 부당이득반환청구", 판례실무연구 제1권(1997).

서정원, “경매절차에서 근저당권설정계약이 사해행위로 취소되는 경우, 수익자인 근저당권자에 대한 배당액의 처리 문제”, 민사판례연구 제34권(2012).

양창수, “부당이득과 부당이득반환청구”, 판례실무연구 제1권(1997).

오영준, “사해행위취소권과 채권자평등주의”, 사법논집 제32집(2001).

______, “사해행위취소의 효력이 미치는 채권자의 범위”, 민사판례연구 제26권(2004).

오종윤, “배당이의와 부당이득반환청구”, 사법논집 제26집(1995).

______, “배당이의의 소의 성질과 기판력”, 인권과 정의 제287호(2000).

유남석, “독일법상 집행채권자의 청구금액 확장 여부와 강제집행절차에서의 배당 후 부당이득반환청구”, 판례실무연구 제1권(1997).

윤윤수, “우선변제청구권자의 부당이득반환청구”, 판례연구 제6집(부산판례연구회, 1996).

윤진수, “판례의 무게: 판례의 변경은 얼마나 어려워야 하는가?”, 법철학연구 제21권 제3호(2018).

______, “부당이득법의 경제적 분석”, 서울대학교 법학 제55권 제3호(2014).

윤홍근, “경매절차에서 배당요구를 하지 않은 소액임차인의 지위”, 민사판례연구 제13권(1991).

이무상, “과오배당에 대하여 이의하지 아니한 채권자의 부당이득반환청구”, 법조 제627호(2008).

이성호, “미국법상 담보권실행 및 강제집행절차와 채권자의 청구금액 확장에 관한 문제”, 판례실무연구 제1권(1997).

이우재, “사해행위취소의 효력과 배당절차에서의 취급”, 민사집행법연구 제5권(2009).

이재환, “프랑스법상 부동산 압류절차 및 배당절차”, 판례실무연구 제1권(1997).

이주흥, “배당절차와 관련된 부당이득반환청구”, 판례실무연구 제1권(1997).

전원열, “민사집행법상 배당요구·배당이의와 부당이득반환청구권”, 저스티스 통권 제178호(2020).

정동윤, “배당절차종료 후의 부당이득반환청구에 관하여”, 판례실무연구 제1권(1997).

정태윤, “과오배당과 부당이득 반환청구에 관한 비교법적 검토”, 법학논집 제

20권 제2호(이화여자대학교 법학연구소, 2015).
조정래, "배당이의와 부당이득 반환청구", 판례연구 제1권(부산판례연구회, 1991).
채영수, "배당이의와 부당이득반환청구", 대법원 판례해설 제10호(1989).

Wolfgang Krüger u. Thomas Rauscher, *Münchner Kommentar zur Zivilprozessordnung* Bd. 2(5. Aufl.), C. H. Beck, 2016.

石田穣, "抵当不動産の競売代金が民法391条の優先権者に優先償還されずに抵当権者に交付された場合と不当利得の可否(最判昭和48.7.12.)", 法學協會雜誌 第92巻 第3号(1975).
梶山玉香, "手続終了後の実体的調整に関する一試論(2)", 同志社法學 第46巻 第5号(1995).
塩崎勤, "一般債権者が配当異議の申立をしなかった境遇と不当利得返還請求の可否", 判例タイムズ 第762号(1991).
中野貞一朗, "債券又は優先権を有しないのに配当を受けた債権者に対する抵当権者からの不当利得返還請求の可否", 私法判例リマークス(上)(1992).
松岡久和, "差押債権者の実体法上の地位(上): 過誤配当と不当利得および対抗の問題を手掛りに", 金融法務事情 第42巻 第25号 · 통권 제1399호(1994).
松本博之, "配当期日に配当異議の申出をしなかった一般債権者が配当を受けた他の債権者に対して不当利得返還請求をすることの可否", 私法判例リマークス 第19号(1999).

자동차 파손 시 가치하락손해에 관한 연구

신 세 희*

■요 지■

국토교통부 자동차 이전등록 통계에 따르면 현재 국내 중고차시장은 거래 대수를 기준으로 신차 시장의 두 배 수준에 이른다. 중고자동차 시장에서는 사고차량의 교환가치가 무사고차량보다 12~15% 낮게 평가되고 있음에도 현행 자동차보험약관상 자동차의 가치하락손해는 제한적으로만 보상되고 있다. 이에 따라 최근 하급심에서는 자동차가 일부 파손된 경우 수리가 이루어졌음에도 사고 이전보다 그 가치가 하락하여 발생하는 손해, 즉 가치하락손해의 배상을 청구하는 사건이 증가하고 있다.

대법원은 불법행위로 인하여 소유물이 훼손되었을 때 수리 후 일부 수리 불가능한 부분이 남아 있는 경우에는 수리비 외에 수리 불능으로 인한 교환가치 감소액도 통상의 손해에 해당한다는 법리를 전제로 가치하락손해를 통상손해로 인정하였으나, "수리 불가능한 부분이 남아 있는 경우"에 관해서는 별다른 판단기준을 제시하지 않았고, 가치하락손해를 특별손해로 인정한 판례도 존재하여 가치하락손해의 성격이나 그 인정요건에 관하여 하급심에서 통일적인 판단이 이루어지지 못하였다.

대상판결은 "자동차의 주요 골격 부위가 파손되는 등의 사유로 중대한 손상이 있는 사고가 발생한 경우"에는 잠재적 장애가 존재할 개연성이 있기 때문에 수리 불가능한 부분이 남아 있다고 보는 것이 경험칙에 부합하고, 따라서 그로 인한 가치하락손해는 통상손해에 해당한다고 판단함으로써 "수리 불가능한 부분이 남아 있는 경우"에 관한 판단기준을 제시하였을 뿐만 아니

---

* 서울서부지방법원 판사.

라 이를 통하여 가치하락손해의 배상범위를 확대하였다.

다만 대상판결은 가치하락손해액의 산정 방법에 대한 판단을 유보하고 있고, 가치하락손해를 특별손해로 인정하였던 기존 판례를 변경하지 않음으로써 자동차에 중대한 손상이 있는 경우가 아니라면 가치하락손해는 특별손해에 해당한다는 입장을 취한 것으로 볼 수 있다. 그런데 경미한 손상이 있는 경우의 가치하락손해를 특별손해로 인정하는 대법원의 입장은 거래현실과 괴리되어 있을 뿐만 아니라 파손의 정도 등 객관적인 사정에 의하여 파악할 수밖에 없는 가치하락손해를 피해자의 특수한 사정으로 생긴 손해로 보아 가해자의 예견가능성에 따라 배상하도록 하는 것이어서 타당하지 않다. 또한 합리적인 가치하락손해액의 산정 기준을 정립하여 하급심에서 통일된 기준 없이 예측 불가능한 판단이 이루어지는 것을 방지하고, 손해의 공평, 타당한 분담이 이루어질 수 있도록 하는 것이 필요하다.

본고는 대상판결 및 가치하락손해에 관한 기존 법리의 이론적 분석에서 나아가 가치하락손해에 관한 비교법적 검토, 대상판결에서 다루어지지 않은 경미한 손상으로 인한 가치하락손해와 가치하락손해의 산정 기준 등에 관하여 검토함으로써 가치하락손해배상 사건의 실무적 운용방안을 연구하였다.

[주 제 어]

• 가치하락손해
• 통상손해
• 특별손해
• 자동차사고
• 교환가치

대상판결 : 대법원 2017. 5. 17. 선고 2016다248806 판결

[사안의 개요]

1. 사실관계

가. 피고 2는 2014. 7. 20. 경남 청양군 정산면 충의로 청양IC 삼거리에서 덤프트럭(이하 '피고 차량'이라 한다)을 운전하던 중 중앙선을 침범하여 운전한 과실로 원고 소유의 관광버스(이하 '원고 차량'이라 한다)를 충격하였다(이하 '이 사건 사고'라 한다).

나. 원고 차량은 2012. 6. 1. 등록된 차량으로 이 사건 사고 당시 시세는 약 145,000,000원 정도였고, 이 사건 사고로 인하여 좌우 프론트 휀더, 루프 패널, 좌우 프론트 사이드멤버 등이 심하게 훼손되었다.

다. 원고는 피고 차량에 관하여 자동차보험계약을 체결한 보험자인 피고 회사와 피고 차량의 운전자인 피고 2를 상대로 이 사건 사고로 인한 손해배상을 청구하면서 수리한 이후에도 이 사건 사고로 인하여 원고 차량의 평가금액이 감소하였으므로 피고들은 원고에게 가치하락손해를 배상할 의무가 있다고 주장하였다.

2. 소송의 경과

가. 제 1 심[1)]

제1심은 원고 차량의 경과 연수, 원고 차량의 출고가액에서 수리비용이 차지하는 비율(다만 제1심은 원고 차량의 출고가액을 131,145,455원, 수리비용을 56,836,780원으로 보아 출고가액의 40%를 초과하는 것으로 판단하였다), 중고자동차 시장에서의 사고이력으로 인한 감가 등을 고려하여 원고 차량에 대한 가치하락손해가 발생하였음을 인정하고, 이는 특별손해로서 피고들에 그와 같은 사정에 대한 예견가능성이 있었다고 판단하였다. 나아가 가치하락손해액은 피고 회사 보험약관상 시세 하락손해 규정을 원용하여 수리비용의 10% 한도에서 제반사정을 종합적으로 고려하여 5,000,000원으로 정하였다.

나. 원　　심[2)]

항소심은 수리가 가능한 경우 그 수리비 이외에 교환가치의 하락으로 인

1) 창원지방법원 마산지원 2015. 11. 12. 선고 2014가단16893 판결.

2) 창원지방법원 2016. 8. 24. 선고 2015나36710 판결.

한 손해는 특별손해에 해당하는데, 원고 차량이 수리 후 정상 사용 중인 이상 달리 위 차량이 수리 후에도 수리가 불가능한 부분이 있거나, 당연히 교환가치가 감소된다고 할 수 없고(이 사건 사고 당시 원고 차량의 시세는 145,000,000원, 수리비용은 22,000,000원으로 인정하였다) 수리비 이외에 교환가치 하락으로 인한 손해가 있음을 인정할 만한 증거가 없다고 판단하여 원고의 청구 중 가치하락손해 부분을 기각하였다.

3. 대상판결의 요지

가. 불법행위로 인하여 물건이 훼손되었을 때 통상의 손해액은 수리가 가능한 경우에는 그 수리비, 수리가 불가능한 경우에는 교환가치의 감소액이 되고, 수리를 한 후에도 일부 수리가 불가능한 부분이 남아 있는 경우에는 수리비 외에 수리불능으로 인한 교환가치의 감소액도 통상의 손해에 해당한다(대법원 1992. 2. 11. 선고 91다28719 판결, 대법원 2001. 11. 13. 선고 2001다52889 판결 참조).

한편 자동차가 사고로 인하여 엔진이나 차체의 주요 골격 부위 등이 파손되는 중대한 손상을 입은 경우에는, 이를 수리하여 차량의 외관이나 평소의 운행을 위한 기능적 · 기술적인 복구를 마친다고 하더라도, 그로써 완전한 원상회복이 되었다고 보기 어려운 경우가 생긴다. 사고의 정도와 파손 부위 등에 따라서는 수리 후에도 외부의 충격을 흡수 · 분산하는 안정성이나 부식에 견디는 내식성이 저하되고, 차체 강도의 약화나 수리 부위의 부식 또는 소음 · 진동의 생성 등으로 사용기간이 단축되거나 고장발생률이 높아지는 등 사용상의 결함이나 장애가 잔존 · 잠복되어 있을 개연성이 있기 때문이다. 자동차관리법에서도 자동차매매업자가 자동차를 매매 또는 매매 알선을 하는 경우에는 자동차성능 · 상태점검자가 해당 자동차의 구조 · 장치 등의 성능 · 상태를 점검한 내용 등을 그 자동차의 매수인에게 서면으로 고지하도록 하고 있고(제58조 제1항), 그에 따라 발급하는 중고자동차성능 · 상태점검기록부에는 사고 유무를 표시하되, 단순수리(후드, 프론트 휀더, 도어, 트렁크리드 등 외판 부위 및 범퍼에 대한 판금, 용접수리 및 교환 포함)가 아니라 주요 골격 부위의 판금, 용접수리 및 교환이 있는 경우(쿼터패널, 루프패널, 사이드실패널 부위는 절단, 용접 시에만 해당)에는 사고전력이 있다는 사실 및 그 수리 부위 등을 반드시 표시하도록 하고 있다(자동차관리법 시행규칙 제120

조 제1항, 별지 제82호 서식).

그러므로 자동차의 주요 골격 부위가 파손되는 등의 사유로 중대한 손상이 있는 사고가 발생한 경우에는, 기술적으로 가능한 수리를 마치더라도 특별한 사정이 없는 한 원상회복이 안 되는 수리 불가능한 부분이 남는다고 보는 것이 경험칙에 부합하고, 그로 인한 자동차 가격 하락의 손해는 통상의 손해에 해당한다고 보아야 한다. 이 경우 그처럼 잠재적 장애가 남는 정도의 중대한 손상이 있는 사고에 해당하는지 여부는 사고의 경위 및 정도, 파손 부위 및 경중, 수리방법, 자동차의 연식 및 주행거리, 사고 당시 자동차 가액에서 수리비가 차지하는 비율, 중고자동차 성능·상태점검기록부에 사고 이력으로 기재할 대상이 되는 정도의 수리가 있었는지 여부 등의 사정을 종합적으로 고려하여, 사회일반의 거래관념과 경험칙에 따라 객관적·합리적으로 판단하여야 하고, 이는 중대한 손상이라고 주장하는 당사자가 주장·증명하여야 한다.

나. 원심판결 이유 및 기록에 의하면, ① 원고 차량은 2012. 6. 1. 신차 등록이 된 후 약 2년 정도 경과한 후에 이 사건 사고가 발생하였고, 사고 당시 원고 차량의 시세는 약 145,000,000원 정도였던 사실, ② 이 사건 사고로 원고 차량은 좌우 프론트 휀더, 루프패널, 좌우 프론트 사이드멤버 등이 심하게 파손되어, 수리 후 시운전 결과 기존 부품에 하자가 생겨 새로 부품을 발주하여 수리하였고, 그 수리비로 22,000,000원이 지급된 사실, ③ 이 사건 사고로 인한 사고이력은 중고자동차 성능·상태점검기록부의 기재 대상에도 해당하는 사실 등을 알 수 있다.

이러한 사실관계를 앞에서 본 법리에 비추어 살펴보면, 원고 차량의 연식과 파손 부위 및 정도, 수리에 소요된 비용의 액수 등을 고려할 때 원고 차량은 이 사건 사고로 물리적·기술적인 수리는 가능할지 몰라도 완벽하게 원상복구를 하는 것은 불가능할 정도로 중대한 손상을 입었다고 볼 여지가 있고, 이러한 복구불능의 손상으로 말미암아 교환가치 감소의 손해가 발생하였다면 이는 통상의 손해에 포함된다고 할 것이다.

4. 환송 후 원심[3)]

파기환송심에서는 감정인의 감정의견(가치하락손해액을 무사고차량 대비 약 1,000~2,000만 원가량), 원고가 제출한 한국시세평가원의 감정평가서상 가

3) 창원지방법원 2017나53344.

치하락손해 700~800만 원, 자동차보험약관 조항을 참작해서 원고 차량의 교환가치 감소액을 감정인의 감정결과 중 최저금액인 1,000만 원으로 인정하였고 2018. 1. 10. 화해권고결정으로 종결되었다.

〔研　究〕

Ⅰ. 서　론

가치하락손해란 자동차가 일부 파손된 경우 수리가 이루어졌음에도 사고 이전보다 그 가치가 하락하여 발생하는 손해[4]로 '자동차시세하락손해', '감가손해' 등으로도 부른다.

최근 하급심에서는 위와 같은 가치하락손해의 배상을 청구하는 사건이 증가하고 있다. 이는 중고자동차 시장에서 사고차량의 교환가치가 낮게 평가되고 있음에도 현행 자동차보험약관은 자동차의 시세하락손해를 출고 후 연수 및 수리비용의 정도에 따라 제한적으로만 보상하고 있어 사고차량 소유자인 피해자와 보험회사 사이에 보상범위에 관한 합의가 이루어지지 못하였기 때문인 것으로 보인다.

기존 대법원 판례는 불법행위로 인하여 소유물이 훼손되었을 때의 통상의 손해액은 수리가 가능한 경우에는 그 수리비, 수리가 불가능한 경우에는 교환가치 감소액이 되고, 수리 후 일부 수리 불가능한 부분이 남아 있는 경우에는 수리비 외에 수리 불능으로 인한 교환가치의 감소액도 통상의 손해에 해당한다고 판시하면서도 자동차 수리 후에도 남아 있는 교환가치 하락으로 인한 손해를 특별손해로 취급하기도 하고, 통상손해로 취급하기도 하여 가치하락손해를 통상손해, 특별손해 중 어느 범주의 손해에 포함시켜야 하는 것인지 혼란이 있어 왔다.

그런데 대법원은 대상판결을 통하여 '중대한 손상'을 기준으로 가치하락손해가 통상손해에 해당하고, 중대한 손상이 있는 사고에 해당하는지

---

4) 김남덕 · 이정한 · 오재건 · 권순익, "한국과 일본의 자동차보험 보상환경 비교 및 고찰", 손해사정연구 제9권 제2호, 한국손해사정학회(2017), 76면.

판단할 수 있는 구체적인 지표를 제시하여 가치하락손해에 관한 입장을 비교적 명확히 하였다.

우리 민법 제393조는 제1항에서 채무불이행으로 인한 손해배상은 통상의 손해를 그 한도로 한다고 규정하고 제2항에서 특별한 사정으로 인한 손해는 채무자가 그 사정을 알았거나 알 수 있었을 때에 한하여 배상의 책임이 있다고 규정하고 있으며, 위 규정은 민법 제763조에 의해서 불법행위로 인한 손해배상에도 준용된다. 우리 민법은 위와 같이 손해배상의 범위에 관해서 추상적인 규정만 두고 있어 결국 어느 범위에서 손해배상을 인정할 것인지, 즉 통상손해와 특별손해의 구별은 법적용자에게 맡겨져 있다.

이러한 법체계 하에서 손해의 공평·타당한 분담이라는 손해배상제도의 취지에 비추어 대상판결의 타당성을 검토하기 위해서는 손해배상제도 전반에 대한 검토가 필요할 것으로 보이므로, 이하에서는 손해의 개념과 범위, 특히 통상손해와 특별손해에 관하여 살펴본 다음 가치하락손해에 관한 외국과 우리나라의 논의를 살펴보고, 대상판결에 대하여 검토해보고자 한다.

Ⅱ. 손해의 개념과 범위

1. 손해의 개념

손해란 채무불이행 또는 불법행위로 발생한 재산상 불이익으로 통설은 차액설에 기초하여 손해의 개념을 설명한다. 차액설에 의하면 손해란 법익에 관하여 받은 불이익으로서 가해원인(채무불이행 또는 불법행위)이 없었다면 존재하였을 이익상태와 가해가 있는 현재의 이익상태와의 차이를 의미하게 된다.[5)]

판례 역시 "손해란 위법한 가해행위로 인하여 발생한 재산상의 불이익, 즉 그 위법행위가 없었더라면 존재하였을 재산상태와 그 위법행위가

5) 서광민, "손해의 개념", 서강법학연구 제6권, 서강대학교 법학연구소(2000), 123-124면.

있은 후의 재산상태의 차이"라고 판시하는 등[6] 기본적으로 차액설의 입장에서 손해의 개념을 정의한다. 다만 신체훼손에도 불구하고 종전과 같은 직장에서 종전과 다름없는 보수를 지급받고 있는 경우에는 차액설로 일실이익을 산정하는 것이 불가능하고 평가설에 따라 일실이익을 산정하는 것이 합리적이며 정의와 형평에 부합하는 것으로 보아 차액설에 따른 손해액 산정의 예외를 인정하기도 하였다.[7]

2. 상당인과관계론

가. 그런데 차액설에 의한 손해에는 우연적이거나 특수한 사정에 의하여 발생한 손해도 포함될 수 있으므로 그 손해를 전부 채무자에게 배상하도록 한다면 채무자의 입장에서 지나치게 가혹할 수 있다.[8]

독일 민법 제249조는 배상의무자는 '배상의무를 야기한 사정이 없으면 존재하였을 상태'를 회복시켜야 한다고 규정하여 손해배상에 있어 완전배상주의를 취하고 있는바, 그 배상범위를 합리적으로 제한하기 위해서 상당인과관계론이 제시되었다.[9] 위 이론에 의하면 결과발생의 개연성이 높아 어떤 원인이 있으면 그러한 결과가 발생하는 것이 일반적인 경우에만 원인과 결과 간에 상당한 인과관계(adäquater Kausalzusammenhang)가 있고, 그 경우에만 손해배상책임을 인정한다.[10] 그리고 상당성(Adäquanz)은 기본적으로 통계적 빈도가 높다는 의미의 개연성이 있을 때 인정되지만,[11] 그에 관한 판단은 사실판단이 아닌 가치판단으로 이해되고 있다.[12]

상당인과관계론은 다시 어느 범위의 사정을 상당성의 판단기준으로

6) 대법원 2011. 7. 28. 선고 2010다76368 판결, 대법원 2018. 6. 15. 선고 2016다212272 판결 등.

7) 대법원 1990. 11. 23. 선고 90다카21022 판결 등.

8) 편집대표 김용담, 「주석 민법」 채권총칙(1), 제4판(2014), 829면.

9) 박동진, "채무불이행에 의한 손해배상의 범위결정구조", 연세법학연구 제8집 제1권, 연세법학회(2001), 35-36면.

10) 박영규, "통상손해의 범위", 서울법학 제19권 제3호, 서울시립대 법학연구소(2012), 76면.

11) 박동진, 앞의 논문, 44면.

12) 편집대표 곽윤직, 「민법주해 Ⅸ」, 2013, 501면.

삼느냐에 따라 주관적 상당인과관계설(채무자가 채무불이행 당시 인식한 사정을 기초로 판단하는 견해), 객관적 상당인과관계설(법관이 사후적 관점에서 일반적 지식을 동원하여 알 수 있는 모든 사정을 기초로 판단하는 견해), 절충설(채무불이행 당시 평균인이 인식할 수 있었던 사정과 채무자가 특별히 알고 있었던 사정을 모두 고려하여 판단하는 견해)로 나눌 수 있다.

나. 우리나라 판례는 불법행위로 인한 손해배상의 범위를 정함에 있어서는 불법행위와 손해 사이에 자연적 또는 사실적 인과관계가 존재하는 것만으로는 부족하고 이념적 또는 법률적 인과관계, 즉 상당인과관계가 있어야 한다고[13] 판시하여 상당인과관계 있는 손해만을 손해배상의 대상으로 삼고 있으며, 상당인과관계의 유무는 결과발생의 개연성, 위배된 법의 입법목적과 보호법익, 법령 위배행위의 모습 및 피침해이익의 성질 등을 종합적으로 고려하여 판단하고 있다.[14] 나아가 통설은 민법 제393조를 상당인과관계론에 관한 규정으로 설명한다. 즉 민법 제393조는 상당성 판단기준으로 제1항에서 평균인이 객관적으로 알 수 있었던 사정을, 제2항에서 채무자가 알았거나 알 수 있었던 사정을 규정하여 상당인과관계론 중 절충설에 입각하고 있다고 한다.[15] 이러한 견해와 상당인과관계 유무를 판단함에 있어서 규범적 요소를 고려하는 대법원의 입장을 종합하면 통상손해인지 특별손해인지 역시 규범적 요소를 고려하여 판단하여야 한다.[16]

그러나 이에 대하여 사실판단에 해당하는 인과관계 문제와 법적 평가에 해당하는 손해배상 범위의 문제는 구별되어야 하고, 완전배상주의를 취하는 독일과 달리 우리 민법은 손해배상 범위에 관하여 명문으로 정하고 있으므로 상당인과관계라는 개념은 필요하지 않다고 비판하는 견해가 있다.[17)·18)]

13) 대법원 2010. 6. 10. 선고 2010다15363, 15370 판결.
14) 대법원 1995. 1. 12. 선고 94다21320 판결 등.
15) 편집대표 김용담, 「주석 민법」 채권총칙(1), 제4판(2014), 832면.
16) 편집대표 곽윤직, 「민법주해 Ⅸ」, 2013, 535면.
17) 박영규, 앞의 논문, 108면.

3. 통상손해와 특별손해

가. 통상손해는 어떤 가해행위에 의한 손해 중 우연적이고 특수한 사정에 기한 것을 제외하고, 필연적인 손해를 가려내기 위하여 사용된 개념으로, "당해 가해행위(채무불이행 또는 불법행위)의 결과 사회일반인(평균인 또는 합리적 인간)의 관념에 따라 일반적(통상적)으로 발생될 것이라고 인정(예견)되는 손해"로 정의할 수 있다.[19] 그리고 특별손해는 통상손해에서 제외된 특별한 사정으로 인하여 발생한 손해로서 보통의 경우에는 발생하지 않을 우연적 손해를 의미한다. 통상손해와 특별손해는 애초부터 법을 해석, 적용하는 자에게 그 내용결정이 위임된 사항으로, 그 구별은 거래당사자의 직업, 거래의 형태, 목적물의 종류, 거래관행 등을 고려할 때 당사자들이 손해의 발생을 어느 정도 예견할 수 있었는가에 달려있다. 즉 당사자들이 일반적 · 객관적으로 당연히 그 채무불이행으로부터 발생하리라고 예상하였어야 할 손해라면 배상의 범위 내에 포함되고, 그러한 정도로까지 예상되는 것이 아니라면 채무자가 그 손해를 일으키는 사정을 알았거나 알 수 있었을 것을 채권자가 입증함으로써 배상의 범위에 포함된다.[20]

나. 통상손해와 특별손해의 구별 실익은 채권자의 증명책임 정도와 법관의 개별 · 구체적인 판단이 가능한지 여부에 있다. 통상손해의 경우 가해행위와 인과관계 있는 손해만을 증명하면 배상을 받을 수 있는 반면에 특별손해의 경우 채권자가 인과관계 있는 손해 및 채무자의 예견가능성까지 증명하여야 배상을 받을 수 있는데 채무자의 예견가능성을 증명하는 것이 쉽지 않기 때문에 채권자에게는 상당한 부담이 될 수 있다. 또한 통상손해로 인정될 경우 법관이 개별 사건에서 손해 인정 여부를 달리 판단할 여지가 없는 반면에 특별손해로 인정될 경우

18) 편집대표 김용담, 「주석 민법」 채권총칙(1), 제4판(2014), 834면.
19) 양삼승, "통상손해와 특별손해", 민사판례연구 제13권, 박영사(1991), 87면.
20) 편집대표 곽윤직, 「민법주해Ⅸ」, 2013, 533, 543면.

예견가능성에 대한 법관의 개별·구체적인 판단에 따라 인용 여부가 결정되어 특별손해의 영역에서 법관의 구체적인 판단의 여지가 더 커진다.[21)]

Ⅲ. 자동차 파손 시 가치하락손해에 관한 논의

1. 문제의 소재

사고 후 수리를 받은 차량은 중고차시장에서 사고 이력이 없는 차량보다 낮은 가격에 거래되는 것이 현실이다.[22)] 위와 같이 가격이 하락하는 이유는 자동차의 경우 여러 부품으로 구성된 조립체이므로 사고로 인하여 파손 부위 이외의 부분에 충격이 가해졌을 가능성이 있을 뿐만 아니라 수리의 기술상 한계 때문에 수리를 하더라도 사고 이전의 상태로 원상복구된다고 보기 어려운 객관적 측면과 중고차 구매자의 입장에서 사고 전력이 있는 차량을 선호하지 않는 거래관념 등 주관적 측면에서 기인한 것으로 볼 수 있다.

특히 중고시장이 활성화되어 있는 자동차에 있어서는 이러한 거래현실을 반영하여 법적으로도 가치하락손해의 배상을 인정할 필요가 있을 것이다. 다만 가치하락손해의 배상을 인정하기 위해서는 가치하락손해의 발생 요건 및 손해액 산정에 관한 기준이 적립되어야 할 것이므로 이하에서는 그 전제로서 외국과 우리나라에서의 가치하락손해에 관한 기존 논의를 살펴보기로 한다.

---

21) 박동진, 앞의 논문, 57면.

22) 복원수리가 행하여진 차량은 그 교환가격이 중고차시장에서 수리하지 않은 다른 차량의 가격에 비하여 10~20% 정도 저감된 가격으로 거래되고, 특히 엔진 부위에 수리가 행하여진 경우에는 많게는 30% 정도의 가격하락을 가져오는 경우도 있다; 신신호, “자동차의 일부파손으로 인한 수리 후 가격하락과 손해배상의 범위”, 법조 제53권 제12호, 법조협회(2004), 240면 참조.

2. 비교법적 검토

가. 독　일[23)]

(1) 손해의 성격

독일민법 제251조 제1항은 "원상회복이 불가능하거나 채권자의 전보에 충분하지 아니한 경우에는 배상의무자는 금전으로 배상하여야 한다." 라고 규정하여 독일민법 제249조에서 정한 원상회복의 원칙에 대한 예외로서 금전배상이 가능하도록 규정하고 있다. 다만 실무상 원상회복은 거의 이루어지지 않고, 대부분 제251조 제1항에 의하여 손해배상이 이루어지고 있는데 자동차를 수리한 후에도 교환가치가 하락한 경우에는 위 조항에 따라 가치하락손해의 배상을 청구할 수 있다.[24)]

학설은 가치하락손해를 피침해이익에 따라 기술적인 가치감소(technische Wertminderung)와 거래상의 가치감소(merkantile Wertminderung)로 나누어 설명한다.[25)] 전자는 자동차의 기능, 차량의 수명 등의 하자로 인한 가치감소로서 사용가치의 침해를 의미하는 것이고, 후자는 고객들의 심리적 기피현상으로 인한 거래상 가치감소로서 교환가치의 침해를 의미한다. 독일 판례[26)] 중에는 기술적인 가치감소를 적극적 손해로, 거래상의 가치감소를 소극적 손해로 보아 거래상 가치감소의 경우 매각이 예정되어 있었던 사정과 그 합리성이 입증되어야 이를 청구할 수 있다고 판단한 경우도 있으나, 각 가치감소는 불가분의 관계에 있을 뿐만 아니라 거래상 가치감소도 재산적 가치에 대한 보상에 해당한다는 비판에 따라 오늘날 판례

---

23) 강신웅, "사고차량의 평가손에 관한 사례 연구", 기업법연구 제20권 제2호(통권 제25호), 한국기업법학회 (2006), 331-340면; 신신호, 앞의 논문, 244-246면을 참조하여 정리.

24) 박수곤 등 앞의 논문, 50-52면.

25) Darkow Klaus, "Der Minderwert von Kraftfahrzeugen nach Unfällen und seine Ermittlung", VersR 1975, 207; Wedl Friedrich, "Technischer und merkantiler Minderwert bei unfallbeschädigten Kraftfahrzeugen", ÖJZ 1958, 597 참조; 신신호, 앞의 논문, 245면 재인용.

26) OLG Nürnberg, Urt. v. 21. 1. 1954, NJW 1954, 601.

및 학설은 가치하락손해를 적극적 손해로 일체화시키고 있다고 한다.[27)]

(2) 손해배상 요건

가치하락손해는 자동차에 중대한 손상이 있을 것을 요건으로 하여 인정되고, 사소한 손해(Bagatellschaden)만 발생한 경우에는 손해배상책임이 인정되지 않는다.[28)] 하급심에서는 대체로 수리비가 차량구입가격의 10%를 넘지 않는 경우이거나[29)] 1,000 DM를 넘지 않는 경우[30)] 등 수리비를 기준으로 사소한 손해 해당 여부를 판단하고 있다. 위와 같이 중대한 손상이 있으면 수리 후 하자가 겉으로 드러나지 않는 경우에도 추상적으로 가치하락손해를 파악하여 인정한다.[31)]

또한 가치하락손해는 사고차량을 처분하였는지 여부와 관계없이 인정된다.[32)] 당초 독일 연방대법원은 원고가 가치하락손해에 관한 이행의 소 및 확인의 소[33)]를 제기한 사안에서 사고로 인한 차량의 가치하락손해

---

27) 田上富信, 田上富信, “車輛損害の 賠…償をめぐる諸問題(上)－西ドイツおよびオ-ストリアの法狀況と對比して－”, 判例評論 337호, 153-154면; 신신호, 앞의 논문, 245면 재인용.

28) MunchKomm/Oeteker, BGB. zu § 249. 4. Aufl., Rdn. 53; 강신웅, 앞의 논문, 332면 재인용.

29) Palandt/Heinrichs, BGB zu § 251, Rdn. 23; AG Karlsruhe ZfS 1988, 13; AG Raststt VersR 1998, 650f; AG RegensburgZfS 1996, 134. 강신웅, 앞의 논문, 332면 재인용.

30) Notthoff, M, aaO.; 강신웅, 앞의 논문, 332면 재인용.

31) 강신웅, 앞의 논문, 332면.

32) Geigel, R., Der Haptpflichtprozeß, 24.Aufl., Rdn. 55; Notthoff, M., Nebenkosten im Rahmen der Unfallschadensregulierung, VersR 1995, 1399. 강신웅, 앞의 논문, 332면 재인용.

33) 독일 민법 제287조
① 손해가 발생했는지의 여부 손해액 또는 배상해야 할 이익의 액수에 관하여 당사자 간에 다툼이 있는 경우에는 법원은 이에 관하여 모든 사정을 평가하여 자유심증으로 재판한다. 신청이 있는 증거조사 또는 감정인의 감정을 명할 것인가의 여부 및 그 범위에 관하여는 법원의 재량으로 이를 정한다. 법원은 손해 또는 이익에 관하여 거증자를 신문할 수 있다. 제452조 제1항 제1문, 내지 제2항 내지 제4항의 규정을 준용한다.
② 당사자 간에 채권액에 대한 다툼이 있고 이의 기준이 되는 일체의 사정에 대한 완전한 해명이 채권의 다툼이 있는 부분의 가치에 상응하지 않는 곤란을 수반하는 한, 제1항 제1문과 제2문의 규정은 재산권에 대한 다툼이 있는 다른 경우에도 이를 준용한다.

는 차량을 처분함으로써 현실화된다고 보아 가치하락손해에 관한 확인의 소만을 인용하였다.[34] 그러나 1967년 종래의 태도와 달리 차액설의 견지에서 판단하면 차량의 소유자는 수리 후에도 사고차량에 존재하는 장해가 언제 현실화될지 알 수 있는 위험을 부담하여 경제적인 입장에서 무사고차량 소유자에 비해서 불리한 입장에 있다고 판단하여 차량을 처분하지 않고 계속 사용하는 경우에도 가치하락손해를 인정하였다.[35]

그러나 사고차량이 너무 오래되거나 주행실적이 많은 때에는 가치하락손해가 인정되지 않는데 보통 연식이 5년 이상이고 주행실적이 10만㎞ 이상이면 가치하락손해가 인정되지 않는다. 다만 독일 연방대법원은 10만㎞의 주행실적을 가치하락손해의 상한선으로 판단한 것이 법원의 통일적인 기준으로 확정된 것은 아니므로 정비기술을 참작하여 상한선을 결정하여야 한다고 판시한 바 있다.[36]

(3) 손해배상액의 산정

가치하락손해액은 수리비, 사고 전의 차량 가격이 기준이 되고, 그 외에 차량의 연식·주행실적·전매 경력·과거 사고경력·차량의 보존상태 등을 고려하여 결정하되 차량의 가격이 낮을수록 가치하락손해도 저렴해진다. 주행거리가 1,000km 이내로서 사고차량이 거의 신차에 가까운 경우에는 신차의 기본가격을 배상액으로 산정하는 것이 판례의 입장이다.[37]

가치하락손해액의 산정 기준시점에 관해서는 배상금 지급시 또는 사실심 변론종결시설과 수리완료시설의 견해가 대립되었으나, 독일 연방대법원은 가해자에게 배상금 지급 시 또는 사실심 변론종결 시까지의 배상금 지급 지연 또는 의무의 해태로 인하여 손해액이 감소되는 이익을 주게 되는 것은 부당하다는 이유로 수리 완료시설을 취하였다.[38]

---

34) BGH, Urt. v. 29. 4. 1958; BGHZ 27, 181.
35) BGH, Urt. v. 3. 3. 10. 1967, BGHZ 35, 396.
36) BGHZ 161, 151-161 (2004.11.23. 민사 제6부 판결)=NJW 2005, 277.
37) BGH, Urt. v. 4. 3. 1976, NJW 1976, 1202.
38) BGH, Urt. v. 2. 12. 1966 JZ 1967, 360.

독일의 보험실무는 차량의 연수에 따라서 가치하락손해액을 산정하는데, 수리비가 500 DM 이상 소요된 경우에 한하여, 운행개시 후 1년 이내에는 수리비의 25%, 2년 이내에는 수리비의 20%, 3년 이내에는 수리비의 15%, 4년 이내에는 수리비의 10%를 보험금으로 산정하며, 5년 이상인 경우에는 가치하락손해를 부정하고 있다.[39)]

나. 일　본[40)]

(1) 손해배상 인정 여부

사고차량에 대한 수리가 충분히 이루어진 뒤에도 차량가격이 사고 전 차량가격을 하회하는 경우 사고 전 차량가격과 수리 후 차량가격의 차이를 평가손으로 정의한다.[41)] 일본의 주류학설은 평가손의 배상을 긍정하나, 부정하는 견해도 존재한다. 가치하락손해의 배상을 긍정하는 견해는 ① 사고로 차량에 발생하는 손해는 사고 전, 후의 교환가치 차액이고, ② 불법행위로 인한 일실이익 손해가 사고 시에 발생한다고 평가하는 것처럼 가치하락손해도 사고 시에 발생하는 것이며, ③ 사고차량은 수리 후에도 숨은 하자가 존재할 수 있고, 거래계에서도 사고 없는 차량을 선호하는 것이 일반적인 경향임을 근거로 한다. 반면 부정하는 견해는 ① 수리가 완료된 이상 객관적인 가치하락이 있다고 보기 어렵고, ② 적어도 자동차를 실제로 처분하여 교환가치 감소가 현실화된 경우에만 인정할 수 있다고 한다.

가치하락손해에 관한 명시적인 최고재판소 판례는 존재하지 않는다. 다만 1974. 4. 15. 최고재판소는 사고차량의 소유자가 사고차량을 매각한 다음 사고 당시의 가격과 매각대금의 차액을 손해배상으로 청구한 사안에서, 피해차량이 사고로 인하여 물리적 또는 경제적으로 수리불능한 상

---

39) Kötz, Deliktsrecht, 3. Aufl, 1983, S, 220; 신신호, 앞의 논문, 246면 재인용.

40) 강신웅, 앞의 논문, 328-331면; 신신호, 앞의 논문, 246-248면; 김남덕 · 이정한 · 오재건 · 권순익, 앞의 논문, 81면; 김성흠, “교통사고로 자동차가 일부 파손됨으로써 발생하는 가격하락 손해의 인정 여부 및 범위”, 민사법연구 제26호, 대한민사법학회(2018), 100-103면을 참조하여 정리.

41) 길전수문, 염기 근 편, 민사교통 · 노동재해소송법, 동경, 청림서원, 1985, 242면; 강신웅, 앞의 논문, 329면 재인용.

태일 뿐 아니라 프레임(frame) 등 차체의 본질적 구성부분에 중대한 손상이 있음이 객관적으로 인정되어 소유자의 입장에서도 그 차량을 매각하고 다른 차를 구입하는 것이 사회통념상 상당하다고 인정될 수 있어야 위 손해배상을 인정할 수 있다고 판단한 바 있다.

하급심에서는 가치하락손해배상을 긍정하는 판례와 부정하는 판례가 혼재되어 있었으나, 최근에는 일반론으로 가치하락손해의 배상을 인정하면서 개별 사안에 따라 인정 여부를 달리 판단하고 있다. 연식이 오래되거나 주행거리가 많은 차량에 대한 가치하락손해를 부정하는 경향이 있고, 사고로 차량에 중대한 손상이 발생하는 것을 요건으로 하지 않고 가치하락손해를 인정하는 판결이 증가하는 추세라고 한다.

일본의 보험실무는 자동차보험약관에 가치하락손해에 관한 규정을 두지 않고 원칙적으로 가치하락손해의 보상을 부정하는 입장이다. 일본 손해보험회사는 가치하락손해의 보상을 부정하는 이유로 첫째, 자동차는 교통수단이므로 가치하락의 대상이 아니고, 둘째, 현재 발달된 수리기술로 원상회복이 가능하며, 셋째, 시세하락손해는 입증이 곤란하다는 점을 들고 있다.

(2) 손해배상액 산정

실무상 손해배상액 산정 방식은 다음과 같이 다양하게 나타나고 있다.

① 사고 당시 교환가격과 수리 후 교환가격의 차액으로 한 것, ② 사고 당시 시가와 실제 매각가격의 차액으로 한 것, ③ 수리 후에 존재하는 하자를 평가한 것, ④ 사고 당시 가격의 1할로 정한 것, ⑤ 수리비의 일정비율을 공지의 사실, 경험칙으로 인정한 것(수리비의 10% 내지 50%) 등이 있는데, 수리비가 클수록 사고로 인한 손상이 크고, 가치하락 정도도 크다는 점을 감안하여 수리비의 10~30%로 정하는 경우가 가장 많다. 그러나 낮은 수리비를 들여 수리한 경우보다 높은 수리비를 들여 충실하게 수리한 경우에 가치하락이 적을 수 있으므로 단순히 수리비만을 기준으로 할 것이 아니라 손상 및 수리의 내용, 사고 당시 교환가치, 기능, 미관상의 장애 유무 및 내용, 당해차종의 시장에서의 인기 등을 종합하

여 산정하여야 한다는 견해가 있다.[42)]

다. 미 국[43)]

Restatement of Torts § 928은 동산의 가치가 완전히 소멸될 정도에 이르지 아니한 손해에 대한 전보는 손해발생 전·후의 동산의 가치 차이를 포함하거나 청구인의 선택에 의해 동산에 대한 합리적인 수리비 또는 원래의 가치와 수리 후 가치의 차이를 적절하게 고려한 원상회복, 그 동산을 사용하지 못함으로 인한 손실을 포함한다고 규정하고 있다. 위 조항을 기초로 가치하락손해 배상에 관한 법원의 해결사례를 정리하면 차량의 수리가 불가능하면 교환가치를 배상하고, 수리가 가능하면 수리비를 배상하되 수리를 한 결과 교환가치의 증감이 발생할 경우 위 전보의 수정이 이루어지며 이러한 손해의 전보방법으로도 충분하지 아니한 경우에는 피해자에게 수리비와 교환가치 중 선택하게 할 수 있다. 즉 수리가 가능하여 수리를 하였음에도 자동차의 교환가치가 하락한 경우에는 합리적인 수리비용(replacement cost and repairs)에 수리 후 발생한 가격 하락분을 합한 금액으로 배상하게 된다.[44)]

3. 우리나라에서의 논의

가. 견해의 대립

학계보다는 주로 문제가 되는 실무상에서 가치하락손해에 관한 논의가 이루어지고 있으며 가치하락손해의 성격에 관하여 통상손해로 보는 견해와 특별손해로 보는 견해의 대립이 있다.

통상손해로 보는 견해는 자동차 수리 기술의 한계, 중고자동차 거래 현황, 손해배상법의 이념 등에 비추어 수리 후에 기능상 장해가 남게 되거나 중요부품이 교체되는 등으로 중대한 파손이 있는 경우에는 사회일

---

42) 小林和明, "車輛損害", 裁判實務大系8-民事交通·勞働災害訴訟法, 青林書院(東京), 1985, 244면; 신신호, 앞의 논문, 247면 재인용.

43) 강신웅, 앞의 논문, 341-345면; 신신호, 앞의 논문, 241-244면을 참조하여 정리.

44) Dan B. Dobbs, Law of Remidies(Damages-Equity-Restruction), Second Edition, Handbook Series, 1993, 545-547면; 신신호, 앞의 논문, 242면 재인용.

반적 관점에서 통상 가치하락손해가 발생한 것으로 여길 것이고,[45] 자동차가 대파된 경우에는 수리를 통한 사용가치 회복에도 불구하고 교환가치가 하락할 수 있으며 이는 일반인이 쉽게 알 수 있는 사회현상으로 특히 수시로 매각이 이루어지는 중고자동차 시장의 현실에서 이러한 현상을 외면하는 것은 손해의 공평, 타당한 분담이라는 손해배상제도의 취지에 반한다고 한다.[46] 나아가 가치하락손해를 특별손해로 볼 경우 예견가능성을 기준으로 배상 여부를 판단하게 되는데, 그 기준이 주관적, 자의적일 뿐만 아니라 예견가능성은 결국 수리비, 파손의 정도 등의 결과를 가지고 의제할 수밖에 없으므로 부당하다고 한다.[47]

반면 특별손해로 보는 견해는 수리가 가능한 경우 언제나 교환가치 감소현상이 나타나거나 그 손해를 통상 예견할 수 있는 것으로 보기는 어렵다고 한다.[48]

중대한 파손이 있었던 경우에 가치하락손해를 통상손해로 보는 견해가 주류의 입장이지만 통상손해로 보는 견해에서도 수리가 가능한 사소한 파손 내지 경미한 손상이 있는 경우를 어떻게 취급할 것인지에 관해서는 견해 대립이 있다. 범퍼 수리 등 경미한 손상이 발생한 차량은 수리 후 자동차의 안정성에 문제가 없고 거래관념상으로도 교환가치 감소가 발생한다고 보기 어려우므로 손해배상의 범위에서 제외하여야 한다는 견해,[49] 파손이 경미한 경우에는 가격감소가 있었다고 하더라도 이는 특별손해로서 그 사정 및 예견가능성에 대한 주장, 입증이 있어야 배상을 받을 수 있다는 견해,[50] 독일과 같이 수리비가 자동차 가격의 10%에 미

45) 신신호, 앞의 논문, 251면.
46) 우성만, "불법행위로 인하여 물건이 훼손된 경우 통상의 손해의 범위", 판례연구Ⅲ, 부산판례연구회(1993), 327-328면.
47) 이동기, "사고차량의 교환가치 감소로 인한 손해배상청구", 재판실무연구, 광주지방법원(2014), 176면.
48) 정연욱, "불법행위로 인하여 물건이 훼손된 경우 통상의 손해의 범위", 대법원판례해설 제15호, 법원도서관(1992), 364면.
49) 김성흠, 앞의 논문, 118면.
50) 신신호, 앞의 논문, 251면.

치지 못하는 사소한 파손은 손해배상 범위에서 제외하고, 그 이상의 수리비가 소요되는 파손의 경우에는 중대한 파손인지 여부를 불문하고 모두 통상손해로 보아야 한다는 견해[51] 등이 있다.

나. 기존 대법원 판례

(1) 자동차 이외의 경우

(가) 대법원 1991. 6. 11. 선고 90다20206 판결

피고의 지하굴착공사로 인하여 원고 소유의 건물이 파손, 균열된 사안에서 원고가 입은 통상의 재산상 손해를 건물의 수리비와 보수 후 예상되는 건물시가하락상당액을 합산한 금액으로 판단한 원심에 대하여 “불법행위로 인하여 물건이 훼손된 경우 그 손해는 수리가 가능하면 그 수리비가, 수리가 불가능하면 그 교환가치의 감소가 통상의 손해에 해당한다고 할 것인바, 원고가 수리가 가능함을 전제로 하여 건물의 교환가치 감소액의 지급을 구하는 것은 특별사정으로 인한 손해라 할 것인데, 특별사정의 존재 및 그 사정을 피고가 알았거나 알 수 있었다고 인정할 만한 아무런 증거가 없다.”고 판단하여 건물 보수 후 가치하락손해를 특별손해에 해당한다고 하면서 손해배상을 부정하였다.

(나) 대법원 1991. 7. 23. 선고 90다9070 판결

피고의 성토작업으로 원고의 건물이 훼손된 사안에서, “건물이 훼손된 경우에 있어 그 수리비 외에 언제나 상당한 교환가치의 감소가 따른다는 경험칙이 있다거나 이러한 손해를 통상 예견할 수 있는 것이라고 볼 수는 없다 할 것이다.”라고 판시하여 가치하락손해 발생 자체를 인정하기 어려울 뿐만 아니라 손해가 발생했다고 하더라도 특별손해에 해당한다는 취지로 판단하였다.

(다) 대법원 1979. 2. 27. 선고 78다1820 판결

선박이 훼손된 사안에서 “원고가 사고로 경미한 손해를 입어서 수리를 한 선박가격의 100분의1 상당의 교환가치 감소액의 지급을 구하는 것

51) 이동기, 앞의 논문, 176면.

은 특별손해라고 할 것인데 특별사정의 존재와 그 사정을 피고가 알았거나 알 수 있었다는 주장·입증이 없고, 선박이 충돌로 인하여 경미한 손상을 입어 수리가 가능한 경우 수리 후에도 언제나 선령이 단축되어 교환가치가 감소된다는 경험칙이 있다고 볼 수 없다."고 판단하였다.

(2) 자동차의 경우

(가) 특별손해로 본 판결

① 대법원 1982. 6. 22. 선고 81다8 판결

원고 회사의 버스가 사고로 손해를 입어서 이를 수리한 사안에서, "원고가 위 버스의 10분의 1 상당의 교환가치 감소액의 지급을 구하는 것은 특별한 손해라 할 것인데 특별 사정의 존재와 그 사정을 피고가 알았거나 알 수 있었다는 주장 입증이 없고, 버스가 충돌로 인하여 손상을 입어 수리가 가능한 경우 그 수리비 외에도 언제나 상당한 교환가치의 감소가 따른다는 경험칙이 있다거나 이러한 손해는 통상 예견할 수 있는 것이라고도 볼 수 없다."라고 판시하여 가치하락손해가 특별손해에 해당할 수 있으나, 손해의 발생 자체를 인정하기 어려울 뿐만 아니라 특별한 사정도 인정하기 어렵다고 판단하였다.

② 대법원 1992. 3. 10. 선고 91다42883 판결

원고 자동차가 사고로 훼손되어 수리비 4,289,800원을 들여 수리가 이루어진 사안에서, 원심은 수리비 외에 교환가치의 감소가 있었다는 특별한 사정에 관한 증거가 없다는 이유로 가치하락손해의 배상을 부정하였으나, 대법원은 "갑 제7호증(견적서)에 기재된 원고 자동차의 수리를 요하는 부위나 부속품에 관한 내용과, 갑 제9호증의 1, 2(사진)에 나타난 원고 자동차의 파손부위를 살펴보고 원고 자동차의 수리에 소요된 비용의 액수에 비추어 보면, 원고 자동차의 파손부위를 수리한다고 하여도 그 교환가치의 감소가 있을 것으로 보여지고, 이 사건과 같은 정도의 사고로 인한 자동차의 파손이 있는 경우에는 그 교환가치가 감소되리라는 것은 이를 알 수 있다고 보는 것이 오히려 경험법칙에 합치된다고 할 것이다."라고 판단하여 특별손해로서 가치하락손해의 배상을 인정하였다.

(나) 통상손해로 본 판결

① 대법원 1992. 2. 11. 선고 91다28719 판결

"수리를 한 후에도 일부 수리 불가능한 부분이 남아 있는 경우에는 수리비 외에 수리 불능으로 인한 교환가치의 감소액도 통상의 손해에 해당한다고 보아야 할 것이다."라는 법리를 최초로 설시하면서 "원고 소유의 승용차는 사고로 인하여 차체의 뒷바닥 및 구재(한자 생략)가 심하게 찌그러지고 문의 여닫이의 불량, 지붕의 왜곡, 일체구조로 된 차체의 전체가 비틀려지는 손상을 입어 완벽한 원상복구의 수리는 불가능하고 위와 같은 원상복구불능의 손상으로 말미암아 사용기간의 단축, 기능 및 미관상의 장애 등과 사고전력이 남아 있게 되어 그 가격의 감소나 평가의 하락에 상당하는 손해가 생겼다는 것이므로, 원심이 이 사건 사고로 인한 통상의 손해에 위 차량의 수리비 외에 위 가격하락으로 인한 손해도 포함된다고 판단하였음은 정당하다."고 판시하여 수리비 외의 가치하락손해를 통상손해로 인정하였다.

나아가 위 승용차의 가격 하락으로 인한 손해액을 차량시가평가서, 양도증명서, 각 승용차매각의뢰 및 견적서 및 증인들의 증언을 종합하여 사고전의 평가액인 21,200,000원에서 수리 후 피해현상에 따른 평가액(실제매도액)인 금 13,500,000원을 뺀 차액인 금 7,700,000원 상당이라고 인정한 원심의 판단을 수긍하였다.

② 대법원 2001. 11. 13. 선고 2001다52889 판결

1999. 6. 7. 출고되어 약 4,000km 정도밖에 주행하지 아니한 새 차로서 중고차 시장에서 적어도 금 38,700,000원 이상의 매매가격이 형성되어 있던 이 사건 승용차가 뒷범퍼 및 트렁크로부터 앞좌석 사이에 이르는 광범위한 부분이 수리비 합계 금 6,110,000원이 소요되도록 파손되었고, 수리를 한 후에도 엔진에서 소음이 심하게 나고 핸들이 떨리는 등 이상이 나타나 원고가 4차례에 걸쳐 정비를 받았음에도 원상복구가 불가능하여 결국 원고가 1999. 12. 20. 이 사건 승용차를 21,000,000원에 매도한 사안에서, "위와 같이 수리를 한 후에도 일부 수리가 불가능한 부분이

남아 있는 경우에는 수리비 외에 수리불능으로 인한 교환가치의 감소액도 통상의 손해에 해당한다고 할 것이므로, 피고는 원고에게 위 수리불능으로 인한 교환가치 감소액인 금 17,700,000원(금 38,700,000원 - 21,000,000원)의 손해를 배상할 책임이 있다."고 판단하여 가치하락손해를 통상손해로 인정하였고 그 손해액을 사고 당시 시가에서 실제 매도가격의 차액으로 산정하였다.

다. 기존 대법원 판례에 대한 분석

대법원은 일관되게 불법행위로 인하여 물건이 훼손된 경우 그 손해는 수리가 가능하면 그 수리비, 수리가 불가능하면 교환가치 감소액이 통상손해에 해당한다고 판시해왔다.[52] 수리불능에는 물리적 수리불능뿐만 아니라 수리비용이 사고 당시의 피해차량의 교환가격을 현저하게 웃도는 경제적 수리불능이 포함된다.[53]·[54]

대법원은 건물이나 선박이 파손되어 수리가 이루어진 경우 경험칙상 교환가치 하락이 발생한다고 보기 어렵고, 발생하였다고 하더라도 이는 특별손해에 해당한다고 판단하였으며, 자동차가 파손된 경우에도 동일하게 판단해 오다가(대법원 81다8 판결) 자동차에 관한 사안에서 "수리를 한 후에도 일부 수리 불가능한 부분이 남아 있는 경우"를 새롭게 제시한 다음 교환가치 하락액, 즉 가치하락손해를 통상손해로 인정하였다(대법원 91다28719 판결).[55] 수리 가능한 부분과 불가능한 부분을 분리하여 기존 법리에 부합하면서도 가치하락손해를 통상손해에 포함시킬 수 있는 길을 연 것이다. 다만 위

52) 대법원 1991. 6. 11. 선고 90다20206 판결 등 다수.

53) 대법원 1990. 8. 14. 선고 90다카7569 판결.

54) 경제적 수리불능 여부를 판단함에 있어서는 수리비 외에 가치하락손해까지도 고려해야 할 것이므로 수리비와 가치하락손해를 합하여 교환가치를 초과하는 경우에는 교환가치가 손해액이 될 것이다. 차한성, "불법행위로 인한 차량파손 시 손해배상의 범위", 민사판례연구 제13권, 박영사(1991), 131면.

55) 대법원 91다28719 판결에서 설시한 위 법리가 자동차 이외의 사안에서 적용된 경우는 없는데, 이에 대해서 자동차의 경우만 가치하락손해를 통상손해로 인정하여 다른 물건과 달리 취급한 것이라는 해석과(김성흠, 앞의 논문, 107, 109면) 이는 불법행위로 물건이 훼손된 경우에 공통적으로 적용될 사항이라는 해석이 있다(우성만, 앞의 논문, 314면).

대법원 91다28719 판결과 같은 취지로 판단한 대법원 2001다52889 판결은 외관상 장애가 남아 있거나 재차 정비를 받아도 수리가 되지 않아 결국 사고차량을 매각한 사안으로 모두 수리 불가능한 부분이 남아 있음이 명백한 경우이고, 수리 불가능한 부분이 잠재적으로만 남아 있는 사안은 아니었다.

위와 같은 대법원의 입장에 관하여 가치하락손해를 특별손해로 보던 종전 판례와 배치되므로 전원합의체 판결로 변경하였어야 한다는 견해도 있으나[56] 기존 판례 사안이 수리 불가능한 부분이 남아 있는 경우였다고 단정할 수 없고, 오히려 대법원은 수리 불가능한 부분이 발생하는 파손과 수리를 통한 원상회복이 가능한 파손으로 나누어 전자의 경우에는 가치하락손해를 통상손해로 평가하고, 후자의 경우에는 가치하락손해의 발생 자체를 인정하기 어렵거나 손해 발생이 인정되더라도 특별손해에 해당한다고 판단하여 전원합의체 판결을 거치지 않은 것으로 보인다.[57] 위 대법원 91다28719 판결 선고 이후에 대법원 91다42883 판결이 선고되어 사고차량의 앞·뒤 범퍼, 트렁크, 연료뱅크, 후레임 등 75개 항목이 파손된 사안에서 파손부위, 수리비용의 액수에 비추어 특별손해로서의 가치하락손해 배상을 인정하였는데 이를 수리로 원상회복이 가능한 파손이 있었던 사안으로 판단하였다면 위 91다42883 판결 역시 기존 판례와 배치되지 않는 것으로 볼 수 있다.

Ⅳ. 대상판결에 대한 평가

1. 대상판결의 내용 및 의의

가. 잠재적으로 존재하는 수리 불가능 부분을 인정

대상판결은 "자동차의 주요 골격 부위가 파손되는 등의 사유로 중대한 손상이 있는 사고가 발생한 경우"에는 잠재적 장애가 존재할 개연성이 있기 때문에 "수리 불가능한 부분이 남아 있다."고 보는 것이 경험칙

56) 우성만, 앞의 논문, 330면.

57) 이동기, 앞의 논문, 176면.

에 부합하고, 따라서 그로 인한 가치하락손해는 통상손해에 해당한다고 판단하였다.

즉 중대한 손상이라는 개념을 새로이 상정하여 중대한 손상이 있으면 수리 불가능한 부분이 남아 있다고 보아 가치하락손해를 통상손해로 배상받을 수 있다는 것인데, 이전 판결과 달리 수리 불가능한 부분이 남아 있는지 여부가 명백하지 않고 잠재적으로만 존재하여 그 입증이 곤란한 경우에도 중대한 손상이 있었음을 입증하여 가치하락손해를 배상받을 수 있게 함으로써 가치하락손해 배상의 범위를 확대한 것으로 볼 수 있다. 또한 중대한 손상이 있는 차량의 가치하락분을 통상손해로 명시하여 중대한 손상에 이르지 못한 차량의 가치하락분을 특별손해로 보았던 기존 판례와의 관계를 더 명확히 한 것으로 보인다.

나. 중대한 손상의 판단기준 제시

나아가 대상판결은 중대한 손상이 있는 사고에 해당하는지 여부는 ① 사고의 경위 및 정도, ② 파손 부위 및 경중, ③ 수리방법, 자동차의 연식 및 주행거리, ④ 사고 당시 자동차 가액에서 수리비가 차지하는 비율, ⑤ 중고자동차 성능 · 상태점검기록부에 사고 이력으로 기재할 대상이 되는 정도의 수리가 있었는지 여부 등의 사정을 종합하여 판단해야 한다고 하여 그 판단의 기준을 제시하였다.

중대한 손상으로 판단하기 위해서는[58] 파손 부위가 자동차관리법 시행규칙 제120조 제1항과 별지 82호 서식에 따라 중고차동차 성능 · 상태점검기록부에 사고이력으로 기재할 대상이 되는 11개의 주요 골격 부위 및 외판 부위[59] 등이어야 하고, 수리방법으로 주요골격 부위에 대한 판금, 용접, 수리, 교환과 외판 부위의 절단과 용접 등이 사용되었는지가 고려된다. 또한 오래되거나 주행거리가 많은 차량은 교환가치 감소를 인

58) 김성흠, 앞의 논문, 118-120면을 참조하여 정리.

59) 외판 부위: 쿼터패널, 루프패널, 사이드실 패널 등.
주요골격 부위: 프론트패널, 크로스멤버, 인사이드패널, 사이드멤버, 휠하우스, 필러패널, 대쉬패널, 플로어패널, 트렁크플로어, 리어패널, 패키지트레이.

정하기 어렵거나 낮게 평가될 수 있고, 차량이 많이 훼손되어 수리비가 많이 들수록 가치하락손해액도 커질 수 있으므로 수리비가 사고 전의 차량 가격에서 차지하는 비율을 고려하며, 기존 차량의 사고이력이나 유지상태 등도 고려대상이 된다.

다. 손해액 산정 방법에 관한 판단 유보

다만 대상판결은 가치하락손해액 산정 방법에 관해서는 명시적으로 판시하지 아니하였는데 손해액 산정은 사실심의 전권 사항으로 각 사고차량의 사정에 따라 합리적인 교환가치 감소액 산정 방법이 달라질 수 있음을 고려하여 구체적인 판단을 유보한 것으로 보인다.[60)]

2. 대상판결의 타당성

가. 중대한 손상으로 인한 가치하락손해

차액설에 의하면 사고로 자동차가 파손된 경우 그 손해액은 사고 전의 자동차를 보유한 재산상태에서 사고 후의 자동차를 보유한 재산상태의 차이이다. 만약 자동차가 수리 후 완전하게 사고 전의 상태로 원상회복된다면 수리비의 배상만으로도 손해가 전보될 것이지만 수리 후 사고 전의 상태로 원상회복되지 않는다면 그러한 상태를 사고 전의 재산상태와 동일하게 평가하기는 어려울 것이다. 특히나 우리나라의 차량 정비실무 관점에서 차량의 주요 골격을 교정하기 위한 판금, 용접 작업 등이 이루어지는 경우에 그 방식이 최초 제작방식과 달라 차량은 사고 이전과 비교하여 강도와 내구성 등이 떨어지게 되고, 주요 부품의 교체나 수리가 필요한 경우에도 품질이 떨어지는 중고부품이나 재생부품이 사용되는 등 완벽한 원상복구는 사실상 기대하기 어렵다.[61)] 즉 사고로 자동차에 중대한 손상이 가해진 경우에는 수리를 통한 원상복구가 어렵다는

60) 김성흠, 앞의 논문, 120면.

61) 조성규, 김명규, "판례를 통해 본 자동차사고와 자동차시세하락손해(감가손해)에 대한 고찰", 보험법연구 제11권 제2호, (사)한국보험법학회(2017), 208면 및 신신호, 앞의 논문, 238면.

것이다.

위와 같이 중고자동차성능·상태점검기록부에 사고 유무를 표시하여야 하는 중대한 손상이 발생한 사고가 있었던 차량이 중고차 시장에서 무사고차량보다 낮은 가격에 거래되는 것은 널리 알려진 거래행태로 사회일반인들도 통상적으로 가격이 하락된다고 인식하고 있다. 따라서 이러한 경우 사회일반인들 입장에서 가치하락손해의 발생을 용이하게 예견할 수 있다고 할 것이다. 또한 자동차 사고로 인한 손해배상책임은 불법행위로 인한 손해배상책임으로서 채무자와 채권자 사이에 아무런 접점이 없고 우발적으로 발생하는 경우가 대부분이어서 채무자의 예견가능성을 요건으로 하는 특별손해는 배상받기 어렵다고 할 것인데[62], 손해의 공평·타당한 분담이라는 손해배상제도의 취지 등 규범적인 관점에서도 자동차 전체가 수리불능인 경우에는 교환가치 하락분을 배상받을 수 있는 반면, 일부 수리불능인 경우에는 교환가치 하락분을 피해자가 부담하도록 하는 것은 부당하다.

따라서 중대한 손상이 있는 경우에 자동차에 일부 수리 불가능한 부분이 남아 있다고 보고, 일부 수리 불가능한 부분으로 인한 교환가치 하락을 통상손해로 판단한 대상판결의 태도는 타당하다고 생각한다.

나. 경미한 손상으로 인한 가치하락손해

대법원은 중대한 손상으로 발생하는 가치하락손해는 통상손해라고 판시하였으나, 그에 이르지 않은 경미한 손상으로 인한 가치하락손해의 성격에 관해서 명시적으로 판단하지 않고 있다. 다만 앞서 살펴 본 바와 같이 대상판결 이전의 기존 판례 법리를 수리를 통한 원상회복이 가능한 파손, 즉 경미한 손상으로 발생한 가치하락손해에 관한 것으로 해석한다면 대법원은 자동차에 경미한 손상이 있는 경우에는 교환가치 감소라는 손해 발생사실 자체를 인정하기 어렵거나 손해 발생사실이 인정되더라도 특별손해에 해당한다는 입장을 취한 것으로 볼 수 있다.

---

62) 신신호, 앞의 논문, 241면.

그러나 위와 같은 대법원의 입장은 다음과 같은 이유에서 타당하지 않다.

먼저 경미한 손상의 경우 경험칙상 가치하락손해의 발생을 인정하기 어려운가에 관하여 살피건대, 중고자동차 시장의 통계에 의하면 기본적으로 수리가 이루어진 차량은 무사고차보다 15.56% 정도 가격이 하락하고, 범퍼, 후드, 프론트휀더, 도어패널, 트렁크리드가 손상되는 등 손상 정도가 가장 경미한 경우 평균 감가율은 12.02%, 라디에이터 패널, 프론트패널, 백패널, 리어휀더, 사이드패널, 트렁크플로어, 사이드실이 손상되는 등 손상 정도가 중간 정도인 경우에도 평균 감가율은 15.62%라고 한다.[63] 실제 거래현실에서는 중대한 손상에 이르지 않더라도 자동차의 교환가치 하락이 발생하는 것이다. 나아가 중고자동차 성능·상태점검기록부상 기재대상이 아닌 자동차 보험사고 이력도 카-히스토리 사이트에 차대번호를 입력하면 누구나 조회할 수 있다.

따라서 기술적 측면의 교환가치 감소가 발생하는지는 별론으로 하고, 적어도 중고차 매수인들의 심리적 기피현상에 따른 거래상 교환가치 감소가 발생할 가능성이 높다. 그럼에도 거래현실을 외면하고 중대한 손상의 요건에 해당하지 않으면 가치하락손해가 발생조차 하지 않는다고 보는 것은 타당하지 않다. 물론 아주 가벼운 접촉사고로 발생한 손상에 의해서까지 자동차의 교환가치가 감소한다고 단정할 수는 없을 것이므로 손상을 3단계로 나누어 아주 가벼운 접촉사고로 발생한 손상과 중대한 손상 사이에 위치한 경미한 손상의 경우에는 당사자의 증명으로 가치하락손해 발생사실을 인정할 수 있다고 보는 것이 타당할 것이다.

또한 경미한 손상으로 발생한 가치하락손해의 성격에 관하여 살피건대, 자동차 사고로 인한 가치하락손해 발생 여부는 손상의 정도를 불문하고 결국 차량의 파손 부위, 정도, 수리비 액수 등을 고려하여 사회일반의 거래관념에 따라 객관적, 합리적으로 판단할 수밖에 없는 것이다. 그

63) 김성흠, 앞의 논문, 122-123면.

런데 경미한 손상으로 인한 가치하락손해를 특별손해로 취급한다면 그 예견가능성을 객관적 사정에 의하여 의제하는 방식으로 판단할 수밖에 없어 부당하고, 경미한 손상으로 인한 가치하락손해는 피해자의 특수한 사정으로 생긴 손해라는 특별손해의 개념에도 부합하지 않는다. 따라서 경미한 손상으로 발생한 가치하락손해도 통상손해로 취급하는 것이 타당할 것이다.

Ⅴ. 합리적인 가치하락손해액 산정을 위한 논의

1. 보험실무

자동차보험표준약관은 2001. 8. 1. 처음으로 대물배상 지급항목에 시세하락손해를 포함시켜 "사고일 현재 피해차량이 출고일로부터 1년 이내 차량으로서 피해차량의 실제 수리비가 차량가액의 30%를 초과하는 경우 수리비의 10%를 지급한다."고 정하였다.

2006. 4. 1. 위 약관이 "사고로 인한 자동차(출고 후 2년 이하인 자동차에 한함)의 수리비용이 사고 직전 자동차 가액의 20%를 초과하는 경우 출고 후 1년 이하인 자동차는 수리비용의 15%를 지급하고, 출고 후 1년 초과~2년 이하인 자동차는 수리비용의 10%를 지급한다."로 개정되어 그 보상대상(차령 1년 → 2년)과 보상금액(수리비의 10% → 15%)이 확대되었다.

그런데 위 약관상 차령이 2년 이상인 경우에는 시세하락손해를 보상받지 못하고, 보상금액도 실제 시세하락손해를 보상하는데 미흡하다는 비판이 제기되어 2019. 4. 24. 자동차보험표준약관은 다음과 같이 그 보상대상을 5년까지 확대하고, 보상금액을 5%씩 상향하는 것으로 개정되었다.[64] 다만 위 개정 표준약관은 가해자가 2019. 5. 1. 이후 자동차보험에 신규가입하거나 갱신한 경우에 적용된다.

---

64) 금융감독원, "자동차보험 취업가능연한 및 시세하락손해 등 보상기준 개선", 보도자료(2019. 4. 30.), 3-4면 참조.

별표 2 대물배상 지급기준

항 목	지급기준
6. 자동차시세 하락손해	가. 지급대상 사고로 인한 자동차(출고 후 5년 이하인 자동차에 한함)의 수리비용이 사고 직전 자동차가액이 20%를 초과하는 경우 나. 인정기준액 (1) 출고 후 1년 이하인 자동차 : 수리비용의 20% (2) 출고 후 1년 초과 2년 이하인 자동차: 수리비용의 15% (3) 출고 후 2년 초과 5년 이하인 자동차: 수리비용의 10%

[참고] 시세하락손해 보상대상 및 금액 개정안[65)]

구 분		현 행	개 정 안
지급대상		출고 후 2년 이하의 차량	출고 후 5년 이하의 차량
파손 정도		수리비가 사고 직전 차량 가액의 20% 초과	
지급금액	출고 후 1년 이하	수리비의 15%	수리비의 20%
	1년 초과 2년 이하	수리비의 10%	수리비의 15%
	2년 초과 5년 이하	보상 없음	수리비의 10%

〈예 시〉

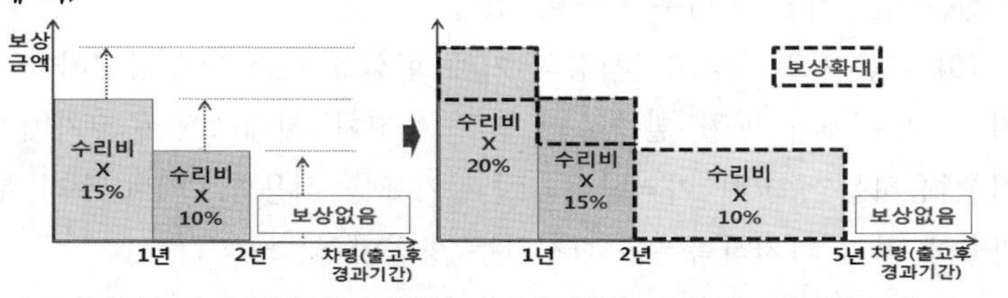

※ 출고 후 1년 차량(수리비 2천만 원) 보상금액: (현행) 300만 원 vs (개선) 400만 원
출고 후 4년 차량(수리비 1천만 원) 보상금액: (현행) 보상 없음 vs (개선) 100만 원

2. 사고차진단평가서[66)]

가. 의 의

사고차진단평가서란 국가공인 민간자격으로 자동차 가치 산정 업무

65) 금융감독원, "자동차보험 취업가능연한 및 시세하락손해 등 보상기준 개선", 보도자료(2019. 4. 30.), 4면 참조.

66) 정영하, "자동차 사고로 인한 가치하락 손해", 광주지방법원 재판실무연구(2014. 1.), 36-37면; 이동기, 앞의 논문, 171-172면.

를 주로 수행하는 자동차진단평가사가 소송 외에서 의뢰를 받아 작성하는 일종의 사감정서다.

나. 평가 방법

(1) 자동차진단평가사는 다음과 같은 방법으로 자동차의 가치하락분을 평가하고 있다.

(2) 먼저 사단법인 중고자동차매매사업조합연합회에서 발간하는 중고차 표준시세표에 주행거리 표준감가표를 적용하여 시세를 산출한 다음 한국자동차진단보증협회에서 정한 승용차계 기준표에 따른 예상 수리비 계수와 외판가치감점 및 수리이력감점표에 의한 수리예상액을 대입하여 가치하락분을 산정하는 방법이 있다.

위 방법은 그 평가기준의 근거를 알기 어렵고, 수리비 계수는 자동차 제작사에서 수리하는 경우를 상정하여 정한 것인데, 우리나라 정비실무상으로는 공업사에서 수리가 이루어지는 것이 일반적이며, 예상수리액 역시 실제 수리액과 상이한 경우가 많아 평가 방법으로서의 객관성 및 신뢰성을 인정하기 어려운 측면이 있다.

(3) 다음으로는 중고차시장의 거래 현실을 반영하여 중고차 시세 전문지 '카마트'에서 매월 발행하는 전국 중고차 시세표에 중고차매매업자들이 사용하는 중고차 가격산정 표준감가표를 적용함으로써 수리 부위별 감가율에 따라 가치하락분을 산정하는 방법이 있다.

위 방법은 수리비 계수와 예상수리액을 대입하여 가치하락분을 산정하는 방식보다는 높게 산정되는 것이 보통인데, 수리 부위 항목이 제한적이고 감가율의 폭 또한 넓어 위 방법보다 신뢰성이 더 떨어지는 측면이 있다.

3. 소 결

사고차량의 교환가치 하락액은 사고 이전의 자동차 시가에서 수리 이후의 자동차 시가를 공제한 금액이 될 것이고, 그 전제로 수리 이후의 자동차 시가를 제대로 산정하는 것이 필요하다. 법원의 감정을 통하여 사고차량의 교환가치 하락분을 산정하는 것이 비교적 객관적이고 공정한 방법이라 할 것이나, 가치하락손해는 그 손해액이 소액인 경우가 대부분이어서 고가의 비용이 소요되는 감정이 이루어지기 어려운 것이 현실이고, 이를 감정할 전문가를 선정하기도 어려운 측면이 있다. 이에 당사자들은 감정보다 적은 금액을 지급하고, 자동차진단평가사로부터 사고차진단평가서를 발급받아 이를 법원에 제출하고 있으나 사고차진단평가서는 당사자 일방의 의뢰를 받아 작성된 것일 뿐만 아니라 그 평가방법도 앞서 본 바와 같이 객관성과 신빙성이 담보되지 않아 이를 근거로 가치하락손해액을 산정하는 것은 무리가 있다.

이에 따라 현재 가치하락손해액 산정은 재산적 손해의 발생사실이 인정되나 구체적인 손해의 액수를 입증하는 것이 사안의 성질상 곤란한 경우에 해당하여 민사소송법 제202조의2나 대법원 2014. 7. 10. 선고 2013다65710 판결 법리에 따라 법원이 제반사정을 종합하여 그 수액을 적절히 정할 수밖에 없다는 견해[67]와 수리비용이 많을수록 훼손의 정도가 크고, 그 훼손의 정도에 비례하여 교환가치가 감소하므로 수리비를 중심으로 일정 비율의 금액을 가치하락손해액으로 산정하는 타당하다는 견해가 있다.[68]

대법원은[69] "중고차가 타인의 불법행위로 훼손된 경우 그 자동차의 불법행위 당시의 교환가격은 원칙적으로 그것과 동일한 차종, 연식, 형, 같은 정도의 사용상태 및 주행거리 등의 자동차를 중고차시장에서 취득하는데 드는 가액에 의하여 정하여야 할 것이다."라고 판시한 바 있다. 사고차량의 수리 후 교환가격 역시 위와 같은 다양한 요소를 고려하여 산정할 수밖에 없고, 현재로서는 객관적인 가치하락손해액 산정 방법을 찾기 어려운 상황이므로 개별 사안에서 법관이 적절히 판단할 수밖에 없

67) 김성흠, 앞의 논문127-128면; 이동기, 앞의 논문, 181면.

68) 신신호, 앞의 논문, 251-252면, 물론 수리비 외에 사고의 정도, 부위, 사고 당시의 차량상태, 수리 후 차량의 상태 등을 종합적으로 고려해야 한다고 한다.

69) 대법원 1991. 7. 12. 선고 91다5150 판결.

다고 생각한다.

다만 손해액 산정을 개별 법관에게 전적으로 맡긴다면 법원의 통일적인 판단을 기대하기는 어려운 측면이 있으므로 법원 내부적으로 어느 정도의 손상을 아주 사소한 손상으로 보아 손해배상 범위에서 제외할 것인지, 수리비의 액수에 따라 손해액을 산정한다면 어느 정도 비율을 적용할 것인지, 연식이나 주행거리를 어떤 방식으로 손해액 산정에서 고려할 것인지, 사고차진단평가서상 금액을 고려할 것인지 등에 관한 기준을 확립하고 그 기준을 거래계의 현실을 반영하여 개선해 나가야 할 것이다. 더 나아가 법원에 중고자동차의 가격을 평가할 수 있는 전문심리위원을 두어 낮은 비용으로 신속하게 간이감정이 이루어질 수 있도록 하는 방법도 고려할 수 있을 것이다.

Ⅵ. 결 론

국토교통부 자동차 이전등록 통계에 따르면 2018년 377만여 대의 중고차가 거래되었다. 현재 국내 중고차시장은 거래 대수를 기준으로 신차 시장의 두 배 수준에 이른다. 이러한 중고차시장의 상황을 고려하여 중대한 손상으로 인한 가치하락손해를 통상손해로 인정한 대상판결의 태도는 타당한 것으로 보이나, 중대한 손상 외의 경미한 손상으로 인한 가치하락손해는 그 발생 여부나 손해의 성격에 관해서 기존 판례의 입장을 재검토해야 할 필요성이 있어 보인다. 그리고 대상판결에서 판단을 유보한 가치하락손해액 산정 방법에 관해서 아직 기준이 정립되지 않아 하급심에서도 통일된 기준 없이 다양한 판단이 이루어지고 있다. 따라서 법원 내부에서 합리적인 손해액 산정 기준을 마련하여 가치하락손해의 공평, 타당한 분담이 이루어질 수 있도록 노력해야 할 것이다.

[Abstract]

A Study on Depreciation of Vehicles After Damage

Shin, Se Hee*

According to the Ministry of Land, Infrastructure and Transportation's statistics on the transfer of vehicle ownership, the domestic used car market currently doubles the market of new cars based on the number of dealings. In the used car market, the exchange value of damaged vehicles is 12-15% lower than that of accident-free vehicles, but the current auto insurance policy conditions provide limited compensation for the depreciation of vehicles. As a result, the lower court has recently seen a rise of compensation claims for damages caused by a decline of value, i.e. depreciation on partially damaged vehicles even after repair.

The Supreme Court has recognized depreciation as general damage on the premise that if the property is damaged by illegal acts and has non-repairable parts after a repair, there is a decline in the exchangeable value due to non-repairable parts; however, it did not provide any criteria of judgement regarding "if non-repairable parts remain." Also, there has been a case where depreciation was recognized as special damage, thus the lower court does not have a unifying agreement on the characteristics of depreciation and accreditation requirements.

The subject decision states that "in the event of an accident with significant damage such as damage to the main skeleton part of a vehicle", it will have parts that are impossible to repair due to the probability for potential disability, as consistent with the rules of experience; therefore, the

* Judge, Seoul Western District Court.

scope of compensation for depreciation was expanded based on the criteria of judgement for “if non-repairable parts remain” by recognizing depreciation as general damage.

However, the decision withholds judgement on the calculation method for depreciation and does not change existing precedent that recognizes depreciation as special damage, so it can be seen that depreciation is considered special damage if there is no significant damage to the vehicle.

The Supreme Court’s position to recognize depreciation as special damage for minor damage is irrelevant to the reality of dealing. Additionally, it is unreasonable to consider depreciation that can only be identified through personal circumstances, such as the degree of damage, as having been caused by the victim’s special circumstance and to compensate based on the perpetrator’s foresight possibility. It is necessary to establish a standard for calculating reasonable depreciation to prevent unpredictable decisions in the lower court due to the absence of unified criteria and to ensure a fair share of damages.

In addition to the theoretical analysis of existing legal principles on the subject court decisions and depreciation, this research also examined comparative legal reviews, depreciation caused by minor damage, and criteria for calculating depreciation to study practical operation plans for depreciation cases.

[Key word]

- depreciation of vehicles
- general damage
- special damage
- car accident
- exchange value

참고문헌

[단 행 본]

편집대표 곽윤직, 민법주해 Ⅸ, 박영사(2013).
편집대표 김용담, 주석민법[채권총칙(1)], 한국사법행정학회(2014).

[논 문]

강신웅, "사고차량의 평가손에 관한 사례 연구", 기업법연구 제20권 제2호(통권 제25호), 한국기업법학회(2006).

김남덕 · 이정한 · 오재건 · 권순익, "한국과 일본의 자동차보험 보상환경 비교 및 고찰", 손해사정연구 제9권 제2호, 한국손해사정학회(2017).

김성흠, "교통사고로 자동차가 일부 파손됨으로써 발생하는 가격하락 손해의 인정 여부 및 범위", 민사법연구 제26호, 대한민사법학회(2018).

박동진, "채무불이행에 의한 손해배상의 범위결정구조", 연세법학연구 제8집 제1권, 연세법학회(2001).

박영규, "통상손해의 범위", 서울법학 제19권 제3호, 서울시립대 법학연구소(2012).

서광민, "손해의 개념", 서강법학연구 제6권, 서강대학교 법학연구소(2004).

신신호, "자동차의 일부파손으로 인한 수리 후 가격하락과 손해배상의 범위", 법조 제53권 제12호, 법조협회(2004).

양삼승, "통상손해와 특별손해", 민사판례연구 제13권, 박영사(1991).

우성만, "불법행위로 인하여 물건이 훼손된 경우 통상의 손해의 범위", 판례연구Ⅲ, 부산판례연구회(1993).

이동기, "사고차량의 교환가치 감소로 인한 손해배상청구", 재판실무연구, 광주지방법원(2014).

정연욱, "불법행위로 인하여 물건이 훼손된 경우 통상의 손해의 범위", 대법원판례해설 제15호, 법원도서관(1992).

정영하, "자동차 사고로 인한 가치하락 손해", 재판실무연구, 광주지방법원(2014).

조성규 · 김명규, "판례를 통해 본 자동차사고와 자동차시세하락손해(감가손해)에 대한 고찰", 보험법연구 제11권 제2호, (사)한국보험법학회(2017).

차한성, "불법행위로 인한 차량파손 시 손해배상의 범위", 민사판례연구 제13권, 박영사(1991).

인격표지에 기초한 재산적 이익의 보호에 관한 연구

장 선 종*

■요 지■

연예인이나 스포츠 선수와 같은 유명인들의 초상이나 성명을 무단으로 이용하는 사례는 오래전부터 빈번하게 발생하여 왔다. 비교적 이른 시기부터 광고산업이 발달한 미국에서는 1953년 프라이버시권과 구별되는 퍼블리시티권을 인정하고 이를 재산권으로서 보호해 왔다. 반면, 우리나라에서는 위 사안을 인격권 침해로 인한 손해배상을 인정함으로써 해결해 오다가 1995년 이휘소 사건에서 하급심 법원이 최초로 퍼블리시티권을 언급한 이래 실무에서는 퍼블리시티권의 인정 여부, 양도성 및 상속성 인정 여부, 손해배상의 범위 등에 관하여 서로 다른 결론을 내리고 있다.

퍼블리시티권을 둘러싼 혼란을 종식하기 위한 입법적 시도는 오래전부터 꾸준히 있어 왔으나 성공하지 못하였고, 그러던 중 2013년 새로운 유형의 부정경쟁행위를 규율하기 위하여 보충적 일반조항으로서 부정경쟁방지법 제2조 제1호 (카)목이 신설되었다.

대상결정은 부정경쟁방지법 제2조 제1호 (카)목의 구성요건에 관하여 판시한 최초의 판례로 그 의미가 있고, 유명 연예인의 인격표지에 성립한 고객흡인력 등을 무단으로 이용하는 행위에 관하여 위 (카)목의 부정경쟁행위가 인정될 수 있음을 인정하였다. 또한 인격주체가 아닌 이용권한을 가지는 제3자의 직접 청구권을 인정했다는 점에서도 의의가 있다.

* 광주지방법원 순천지원 판사.

퍼블리시티권에 관한 분쟁들 중 상당부분이 위 (카)목의 적용대상이 될 것으로 보이지만, 위 조항은 적용범위가 불명확하고, 퍼블리시티권의 양도성 및 상속성 등에 관하여 아무런 해결책을 제시하고 있지 않으므로, 퍼블리시티권에 관한 쟁점은 여전히 문제가 된다.

부정경쟁방지법 제2조 제1호 (카)목은 독립된 재산권으로서의 퍼블리시티권을 인정하는 법률상 근거가 될 수는 없다. 또한 퍼블리시티권을 인정하는 법률이나 관습법도 존재하지 않으므로, 우리나라에서 독립된 재산권으로서 퍼블리시티권은 인정되지 않는다. 따라서 인격표지에 관한 재산적 이익은 인격권의 한 내용으로 보호되어야 한다. 인격권설의 입장에서, 인격표지를 영리적으로 이용할 권리의 양도성은 부정하고, 상속성은 인정하는 것이 타당하다. 또한 인격권 침해로 인한 손해배상의 범위와 관련하여 특별한 사정이 없는 한 재산적 손해와 정신적 손해가 모두 인정되는 것이 타당하다.

마지막으로, 퍼블리시티권을 둘러싼 혼란이 계속되고 있는 상황에서, 대법원이 퍼블리시티권에 대해 명확히 판단하여 혼란이 종식될 수 있기를 기대해 본다.

[주 제 어]
- 퍼블리시티권
- 부정경쟁방지법
- 인격권
- 규범적 손해
- 비재산적 손해
- 양도성
- 상속성

대상판결 : 대법원 2020. 3. 26.자 2019마6525 결정

[사안의 개요]

○ 채권자는 2005년에 설립된 이래 연예인 매니지먼트, 음반 제작, 공연 기획 등 엔터테인먼트 사업을 하는 회사이고, 채무자는 연예인들의 사진, 기사 등을 주요 내용으로 하는 〈스타포커스〉 등의 잡지를 제작·판매하는 회사이다.

○ 채권자는 2011년 오디션을 통해 7명을 선발하여 방탄소년단을 구성하였고, 2012. 6. 12.경 위 구성원들과 구성원들의 성명, 사진, 초상, 필적, 음성, 기타 구성원들의 동일성을 나타내는 일체의 것에 대한 독점적 이용권을 부여받기로 하는 등의 내용을 담은 이 사건 전속계약을 체결한 후 구성원 전체의 공연과 광고 촬영 및 방송 출연을 비롯한 대중문화예술인으로서의 활동 전반을 기획해왔다. 또한 채권자는 방탄소년단에 관한 콘텐츠의 기획, 제작, 유통 및 판매를 담당해오면서 방탄소년단 구성원의 사진이 포함된 화보집을 제작·판매하고 있다.

○ 방탄소년단은 2018. 5.경까지 합계 약 730만 장의 앨범을 판매하였고, 그 수록곡이 국내외의 주요 음반 순위에서 1위를 기록하기도 하였으며, 그 뮤직비디오는 유튜브에서 1억 회 이상 재생되는 등 국내외에서 수요자들에게 널리 알려져 왔다.

○ 채권자는 방탄소년단의 앨범, 공식 화보집 등을 상업적으로 제작·판매하고 있고, 방탄소년단의 인기를 바탕으로 다수의 기업들과 광고계약을 체결하기도 하였다.

○ 한편, 채무자는 2018. 11. 22. 채무자의 홈페이지에 '2018. 12. 3. 방탄소년단 데뷔 2,000일을 기념하여 〈BTS History 심층취재판〉을 발행할 예정이고 여기에는 2013년 방탄소년단의 풋풋한 데뷔 쇼케이스 현장부터 각종 행사와 무대, 비하인드 컷들이 다양하게 수록될 예정'이라는 취지의 소개글을 게시하였다. 또한 채무자는 그 무렵 위 〈BTS History 심층취재판〉에 관한 상품소개서를 영문판으로도 제작·배포하였다.

○ 이에 채무자가 〈BTS Limited Magazine〉이라는 명칭의 화보집과 〈BTS History 심층취재판〉이라는 부록을 제작하여 발매할 예정이라는 소식을 접한 채권자는 2018. 11. 24. 채무자를 상대로 도서출판금지 등 가처분신청을 하

여 2018. 11. 30. 이 사건 가처분결정을 받았다. 채무자의 이의로 가처분이의 사건 계속 중 채무자는 2019. 1. 17.경부터 〈스타포커스 특별판〉을 발매하면서 방탄소년단 구성원들의 사진이 포함된 포토카드를 포함시켰다(이하 위 부록과 포토카드를 포함하여 '이 사건 특별 부록'이라 한다).

[소송의 경과]

Ⅰ. 당사자의 주장

1. 채권자의 주장

방탄소년단의 이미지와 명성은 채권자의 상당한 투자와 노력으로 만들어진 것인데, 채무자는 정당한 권원 없이 방탄소년단 명칭과 그 구성원의 이름(예명, 본명, 영문명을 포함), 사진을 사용하여 이 사건 특별 부록을 발행하였는바, 채무자의 행위는 부정경쟁방지 및 영업비밀보호에 관한 법률(이하 '부정경쟁방지법'이라고 한다) 제2조 제1호 (차)목의 부정경쟁행위 또는 민법상 불법행위에 해당한다.

2. 채무자의 주장

이 사건 특별 부록을 발행하는 것은 단순한 상업적인 화보집이 아니라 대중의 알 권리를 충족시키기 위한 언론보도에 해당하고, 공정한 상거래 관행이나 경쟁질서에 반하는 방법으로 신청인의 경제적 이익을 침해하는 행위로 볼 수 없다. 재산권으로서의 퍼블리시티권은 인정될 수 없어 채무자가 이 사건 특별 부록에서 방탄소년단 명칭과 그 구성원의 이름, 사진을 사용한 것으로 인하여 채권자에게 어떠한 재산적 손해가 발생하였다고 보기 어렵다.

Ⅱ. 소송의 경과 및 판단

1. 제1심 결정

가. 서울남부지방법원 2018. 11. 30.자 2018카합20578 결정

제1심 재판부는 이 사건 화보집을 출판하는 행위가 방탄소년단 또는 멤버들의 고객흡인력을 무단으로 이용하여 채권자가 얻을 이익을 부당하게 침해한다고 판단하여 채무자의 행위가 부정경쟁방지법 제2조 제1호 (차)목에서 정하고 있는 부정경쟁행위이거나 민법상 불법행위에 해당할 개연성이 있다고

보아 채권자의 피보전권리를 인정하고, 보전의 필요성도 인정된다는 이유로 채권자의 가처분 신청을 전부 인용하였다.

나. 서울남부지방법원 2019. 5. 2.자 2019카합20050 결정

채무자는 자신의 행위가 부정경쟁행위에 해당하지 않고, 재산권으로서 퍼블리시티권이 인정될 수 없으므로 채권자에게 재산적 손해가 발생하지 않는다고 주장하며 이 사건 가처분 결정에 대하여 이의를 하였다. 가처분이의 사건 재판부는 채권자의 피보전권리가 부정경쟁행위법상 금지 및 예방청구권이라는 점을 명확히 하면서 채무자의 행위가 부정경쟁방지법 제2조 제1호 (차)목의 부정경쟁행위에 해당한다고 보아 이 사건 가처분 결정을 인가하였다.

2. 원심결정 : 서울고등법원 2019. 9. 18.자 2019라20535 결정

원심은 제1심 가처분 결정에서의 판단을 대부분 그대로 인용하였다. 다만, 금지의 범위에 관하여 이 사건 특별 부록 외 나머지 부분[1]에 대한 금지청구에 대하여는 채무자가 통상적인 잡지의 보도 범위 내지 언론·출판 및 표현의 자유의 보호 범위 내에서는 연예인의 초상, 이름 등이 포함된 상품을 부록으로 제공할 수 있고, 방탄소년단의 명칭, 그 구성원의 이름, 초상, 사진 등도 위와 같은 통상적인 보도 범위 내에서는 그 이용이 허용된다고 볼 수 있으며, 채권자가 제출한 소명자료만으로 채무자가 향후 제작·판매할 일체의 상품이 위와 같은 통상적인 보도 범위를 넘을 것이라고 단정하기 어렵다고 보아 이 부분 가처분 신청은 기각하였다.

3. 대상결정 : 대법원 2020. 3. 26.자 2019마6525 결정

가. 원심결정에 대하여 채권자[2]와 채무자가 모두 재항고하였으나, 대법원은 재항고를 모두 기각하였다.

대상결정은 이 사건에 대하여 판단하기에 앞서 다음과 같이 부정경쟁방

---

1) 향후 방탄소년단 구성원들의 초상, 예명, 본명, 영문명을 포함한 문구, 방탄소년단의 각 명칭 및 표지를 사용한 상품 일체를 지칭한다.

2) 채권자는 원심결정에서 기각된 부분(향후 제작·판매할 일체의 상품 등)에 관하여 재항고하였으나, 부정경쟁방지법의 관계 규정을 위반하여 언론·출판의 자유와 보전의 필요성에 대한 법리를 오해하거나 필요한 심리를 다하지 아니하는 등으로 재판에 영향을 미친 잘못이 없다는 이유로 이를 받아들이지 않았다.

지법 제2조 제1호 (차)목의 입법배경과 취지를 설명하면서 최초로 (차)목의 구성요건에 관하여 판단기준을 제시하였다.

> 부정경쟁방지법 제2조 제1호 (차)목[2018. 4. 1. 법률 제15580호로 개정된 부정경쟁방지법에서 위 (차)목은 (카)목으로 변경되었다. 이하 '(카)목'이라고 한다]은 그 보호대상인 '성과 등'의 유형에 제한을 두고 있지 않으므로, 유형물뿐만 아니라 무형물도 이에 포함되고, 종래 지식재산권법에 의해 보호받기 어려웠던 새로운 형태의 결과물도 포함될 수 있다. '성과 등'을 판단할 때에는 위와 같은 결과물이 갖게 된 명성이나 경제적 가치, 결과물에 화체된 고객흡인력, 해당 사업 분야에서 결과물이 차지하는 비중과 경쟁력 등을 종합적으로 고려해야 한다.
>
> 이러한 성과 등이 '상당한 투자나 노력으로 만들어진' 것인지 여부는 권리자가 투입한 투자나 노력의 내용과 정도를 그 성과 등이 속한 산업분야의 관행이나 실태에 비추어 구체적, 개별적으로 판단하되, 성과 등을 무단으로 사용함으로써 침해된 경제적 이익이 누구나 자유롭게 이용할 수 있는 공공영역에 속하지 않는다고 평가할 수 있어야 한다. 또한 (카)목이 규정하는 '공정한 상거래 관행이나 경쟁질서에 반하는 방법으로 자신의 영업을 위하여 무단으로 사용'한 경우에 해당하기 위해서는 권리자와 침해자가 경쟁 관계에 있거나 가까운 장래에 경쟁관계에 놓일 가능성이 있는지, 권리자가 주장하는 성과 등이 포함된 산업분야의 상거래 관행이나 경쟁질서의 내용과 그 내용이 공정한지 여부, 위와 같은 성과 등이 침해자의 상품이나 서비스에 의해 시장에서 대체될 가능성, 수요자나 거래자들에게 성과 등이 어느 정도 알려졌는지, 수요자나 거래자들의 혼동가능성 등을 종합적으로 고려해야 한다.

나. 그리고 이 사건에서 채무자가 이 사건 특별 부록을 제작·판매하는 행위는 공정한 상거래 관행이나 경쟁질서에 반하는 방법으로 자신의 영업을 위하여 채권자의 성과 등을 무단으로 사용하는 행위에 해당한다고 보아 원심의 조치가 결론에 있어서 정당하다고 판단하였다. 그 이유는 다음과 같다.

"채권자는 방탄소년단이라는 이름의 그룹을 결성하기로 하고, 구성원을 선발하여 전속계약을 체결한 후, 훈련을 통해 구성원들의 능력을 향상시켰다. 채권자는 이 사건 전속계약에 따라 방탄소년단의 음악, 공연, 방송, 출연 등을 기획하고, 음원, 영상 등의 콘텐츠를 제작·유통시키는 등 방탄소년단의 활동에 상당한 투자와 노력을 하였다. 그로 인해 방탄소년단과 관련하여 쌓인 명성·신용·고객흡인력이 상당한 수준에 이르렀다. 이는 '상당한 투자나 노력으로 만들어진 성과 등'으로 평가할 수 있고, 누구나 자유롭게 이용할 수 있는 공공영역에 속한다고 볼 수 없으므로, 타인이 무단으로 위의 표지를 사용하면 채권자의 경제적 이익을 침해하게 된다.

연예인의 이름과 사진 등을 상품이나 광고 등에 사용하기 위해서는 연예인이나 그 소속사의 허락을 받거나 일정한 대가를 지급하는 것이 엔터테인먼트 산업분야의 상거래 관행인 점을 감안해 보면, 통상적인 정보제공의 범위를 넘어 특정 연예인에 대한 특집 기사나 사진을 대량으로 수록한 별도의 책자나 DVD 등을 제작하면서 연예인이나 소속사의 허락을 받지 않거나 대가를 지급하지 않는다면, 상거래 관행이나 공정한 거래질서에 반한다고 볼 수 있다. 채무자가 발매한 이 사건 특별 부록은 채권자가 발행하는 방탄소년단의 화보집과 관계에서 상대적으로 가격이 낮은 편이고 수요자도 일부 중복되며, 위 화보집의 수요를 대체할 가능성이 충분하므로, 채권자와의 관계에서 경쟁관계를 인정할 수 있다. 따라서 채무자가 이 사건 특별 부록을 제작·판매하는 행위는 공정한 상거래 관행이나 경쟁질서에 반하는 방법으로 자신의 영업을 위하여 채권자의 성과 등을 무단으로 사용하는 행위에 해당한다."

〔研　　究〕

Ⅰ. 서　　론

대상결정에서는 유명 연예인인 방탄소년단 및 소속사의 허락 없이 방탄소년단의 사진, 성명 등을 영리적으로 이용한 행위가 문제되었다. 연예인이나 스포츠 선수와 같이 유명인들의 초상이나 성명(이하 사람의 동일성을 나타내는 초상, 성명 등을 총칭하여 '인격표지'라고 한다)을 무단으로 이용하는 사례는 오래전부터 빈번하게 발생하여 왔는데, 이러한 무단 이용 행위에 대해서 종래 법원은 인격권 침해로 보아 불법행위책임을 인정하였다.

한편, 비교적 이른 시기부터 광고산업이 발달한 미국에서는 1953년 프라이버시권과 구별되는 퍼블리시티권을 인정하고 이를 재산권으로서 보호해 왔다. 그리고 미국의 퍼블리시티권 개념이 우리나라에 소개된 이후, 1995년 이휘소 사건에서 '퍼블리시티권이라 함은 재산적 가치가 있는 유명인의 성명, 초상 등 프라이버시에 속하는 사항을 상업적으로 이용한 권리'라고 언급함으로써 국내에서도 인격권과 구별되는 재산권으로서 퍼블리시티권이 인정되는지에 관하여 논의가 이루어지기 시작하였다. 이로부터 25년이 지난 현재, 퍼블리시티권의 인정 여부, 양도성 및 상속성 인정 여부 등에 관하여 여러 학자들의 다양한 견해가 주장되고 있고, 하급심 판결 또한 퍼블리시티권 인정 여부 및 손해배상의 범위에 관하여 각각 다른 결론을 내림으로써 혼란이 지속되고 있다.

퍼블리시티권을 둘러싼 혼란을 종식하기 위한 입법적인 노력은 오래전부터 꾸준히 있어 왔다. 저작권법 개정안, 민법 개정안, 부정경쟁방지법 개정안 등 퍼블리시티권을 입법화하는 내용이 여러 차례 발의되었으나 결국 국회의 문턱을 넘지 못하였다. 그러던 중 2013년 새로운 유형의 부정경쟁행위를 규율하기 위하여 보충적 일반조항으로서 부정경쟁방지법 제2조 제1호 (차)목이 신설되었고[2018. 4. 1. 법률 제15580호로 개정된 부정경쟁방지법에서 위 (차)목은 (카)목으로 변경되었는바, 이하 '(카)목'이라고 한다], 종래 퍼블리시티권이 문제되었던 사안들에 위 조항이 적용될 수 있을지 주목되었다.

그리고 대상결정은 최초로 위 (카)목의 구성요건에 대하여 자세히 설시하면서 상당한 투자나 노력으로 만들어진 연예인과 관련된 명성·신용·고객흡인력을 허락 없이 무단으로 이용하는 행위를 위 (카)목의 부정경쟁행위에 해당한다고 보았는데, 이로써 퍼블리시티권에 관한 분쟁들 중 상당부분이 위 (카)목의 적용대상이 될 것으로 보인다. 그러나 위 (카)목은 추상적이고 불명확한 개념들을 구성요건으로 하고 있어 신설된 직후부터 그 적용범위가 문제되어 왔고, 부정경쟁방지법이 행위규제형 입법형식을 취함으로써 퍼블리시티권에 관한 양도성 및 상속성 등에 관하여 아무런 규정이 없는바, 여전히 퍼블리시티권에 관한 문제가 완전히 해결되었다고 볼 수 없다.

따라서 본 연구에서는 대상결정에서 문제되었던 인격표지에 성립한 재산적 이익에 대한 부당한 침해를 어떻게 보호할 것인지에 관해 살펴볼 것이다. 먼저, ① 퍼블리시티권의 탄생배경과 외국에서의 논의를 살펴보고, ② 우리나라 하급심 판결을 분석함으로써 퍼블리시티권에 관한 판결이 어떻게 발전 또는 변경되어 왔는지를 살펴본다. 다음으로, ③ 우리나라에서 인격권과 독립된 재산권으로서 퍼블리시티권을 인정할 수 있는지, 특히 위 (카)목이 재산권으로서의 퍼블리시티권을 인정하는 법률상 근거가 될 수 있는지 살펴보고, ④ 위 (카)목의 구성요건을 검토함으로써 적용범위에 관하여 살펴본다. 마지막으로, ⑤ 퍼블리시티권에 관한 제반쟁점 즉, 양도성, 상속성, 구제수단 등을 차례로 검토해 본다.

Ⅱ. 외국에서의 퍼블리시티권 논의 개관

1. 미국에서의 논의[3]

가. 퍼블리시티권의 등장 배경

(1) 사람의 초상, 성명을 상업적으로 이용할 권리인 이른바 퍼블리시티권은 미국에서 최초로 인정되었다. 그러나 미국에서도 위와 같은 권리가 처음부터 인정된 것은 아니었다. 퍼블리시티권이 인정되기 전에는 타인의 초상 등을 허락 없이 상업적으로 이용하는 행위에 대하여 프라이버시권 침해의 문제로 다루었다.

(2) 한편, 초상 등 인격표지를 허락 없이 상업적으로 이용한 행위에 대하여 법원은 이를 프라이버시권 침해 여부로 다루면서 상반된 결론을 내기도 하였다. 즉, 뉴욕주 대법원은 1902년 원고가 자신의 사진이 피고의 밀가루 광고에 허락 없이 이용되었음을 이유로 금지명령과 손해배상을 구한 사건[4]에서, 선례가 없으므로 프라이버시권이 인정되지 않는다고 판단하였다. 반면, 조지아주 대법원은 1905년 예술가인 원고가 자신의 사진이 허락 없이 피고 보험회사의 광고에 이용되었다는 이유로 손해배상을 구한 사건[5]에서, 프라이버시권을 자연법으로부터 도출된 권리로 인정하면서 최초로 프라이버시권을 승인하고 그 침해를 인정하였다.

---

3) 이하의 논의는 권태상, "미국법상 퍼블리시티권", 비교사법 제23권 제1호(2016), 67-75면을 참고하여 작성하였다.

4) Roberson v. Rochester Folding Box Co., 171 N.Y. 538, 64 N.E. 442 (1902).

5) Pavesich v. New England Life Insurance Co., 122 Ga.190,50 S.E.68 (1905).

(3) 그러나 산업화가 진행되고 광고산업이 고도로 성장함에 따라 유명인이 가지는 상품성 등 경제적 가치가 주목받기 시작하였고, 자신의 초상 등 인격표지가 가지는 경제적인 가치를 통제하고 관리하려는 움직임이 늘어났으며, 이와 비례하여 유명한 스타들의 초상 등이 가지는 경제적 가치에 편승하여 부당하게 영업적 이익을 누리려는 행위 또한 증가하였다. 그러나 위와 같은 부당한 편승행위에 대하여 종래 프라이버시권의 개념으로는 충분한 보호가 이루어질 수 없는 문제점이 있었다. 프라이버시권은 초기 '특정 법익이 타인으로부터 방해받지 않고 혼자 있을 권리'로서 그 개념이 출발하였기 때문에, 소극적·방어적인 성격의 권리로 이해되었고, 이미 널리 공개된 유명인의 초상 등을 프라이버시권의 보호범위에 포섭시킬 것인지의 문제가 필연적으로 발생하였다. 이러한 문제점이 수면 위로 드러난 단적인 사례가 1941년 선고된 연방 제5고등법원의 '오브라이언(O'Brien) 판결'[6]이다. 이 사건에서 원고는 유명한 미식축구 선수였는데, 자신의 사진이 무단으로 맥주광고에 이용되었음을 이유로 프라이버시권 침해를 주장하며 손해배상을 청구하였다. 이에 위 판결에서는 '원고가 사인(私人)이 아니며 자신이 알려지기를 추구해 왔으므로, 프라이버시권 침해가 아니다'라는 취지로 판시하였다. 이처럼 다양한 산업의 발달로 사회가 급격히 변화하면서 유명인들의 초상 등이 가지는 경제적 가치의 보호 필요성이 증대됨에도 불구하고 이를 프라이버시권을 통해 보호받지 못하는 사례가 발생하자, 개인의 개성 및 존엄성을 보호하기 위한 권리도 인격적 측면과 재산적 측면으로 구분하려는 시도가 있었다. 그리고 마침내 1953년 법원에서 프라이버시권과 별도로 자신의 공표가치에 대한 권리 즉, 퍼블리시티권으로 명명된 권리가 인정되기에 이른다.

나. 퍼블리시티권을 최초로 인정한 Haelan 판결

1953년 연방 제2고등법원은 Haelan 판결[7]에서 퍼블리시티권을 공식

---

6) O'Brien v. Pabst Sales Co., 124 F.2d 167 (5th Cir. 1941).

7) Haelan Laboratories, Inc. v. Topps Chewing Gum, Inc., 202 F. 2d 866(2d Cir.

적으로 인정하였다. 즉, 프라이버시권에 추가적으로 그리고 프라이버시권과 독립적으로, 사람은 자신의 사진의 공표가치(publicity value)에 대한 권리 즉 그의 사진을 공표할 배타적 특권을 부여할 권리를 가지며, 그러한 권리를 '퍼블리시티권'이라고 부를 수 있다고 하였다. 그리고 그 이유에 대하여 '많은 유명인들이 외형의 공표에 의하여 감정에 상처를 입는 것이 아니라 광고를 허락함에 대한 대가를 받지 못하면 심한 박탈감을 받게 될 것'이라는 점을 들었다. 위 판결에서는 퍼블리시티권의 본질에 대하여 프라이버시권과 별도의 독립된 권리라는 점, 보호대상이 인격적 이익(정신적 고통)이 아니라 재산적 이익(광고의 대가 상실로 인한 박탈감)이라는 점을 분명히 하였다.

다. 퍼블리시티권에 관한 논의의 발전

(1) 이후 Nimmer 교수는 1954년 "The Right of Publicity"라는 논문을 발표하면서 퍼블리시티권을 '사진이 스스로 창조하였거나 타인으로부터 매수한 공표가치를 통제하고 그로부터 이익을 얻을 수 있는 권리'라고 정의하였고, 퍼블리시티권을 양도가능한 권리로 모든 일반인들에게 인정되어야 한다고 주장하였다.

(2) 한편, 불법행위법의 대가인 William Prosser 교수는 1960년 "Privacy"라는 제목의 논문을 발표하면서 프라이버시권에 대한 침해행위를 '사적 영역에 대한 침입, 사생활의 공개, 공중에게 잘못된 인식을 심어주는 행위, 도용'으로 분류하고, 그 중 자신의 이익을 위하여 타인의 허락 없이 타인의 이름이나 외형을 사용하는 행위를 '도용'에 해당한다고 보았다. 그리고 Prosser 교수의 프라이버시권 분류이론은 1977년 제2차 불법행위 리스테이트먼트에 그대로 채택되어 미국에서 초상, 성명의 상업적 이용이 프라이버시권의 침해에 해당하는 것으로 인정되었다.[8)]

1953), cert denied, 346 U. S. 816(1953). 이 사건은 유명 야구선수의 사진을 자신의 영업에 독점적으로 사용할 권한을 가지는 원고가 경쟁사인 피고가 원고의 계약에 대해 알면서도 동일한 야구선수의 사진을 이용하여 제품을 판매하자 이를 금지하는 소송을 제기한 사건이다.

8) 한위수, "퍼블리서티권-성명 · 초상 등의 상업적 이용에 관한 권리-의 침해와

(3) 한편, 미국 연방대법원에서 퍼블리시티권을 언급한 것은 1977년 Zacchini 판결[9]에서였다. 위 사건의 원고는 인간 포탄 공연자로, 원고의 공연을 피고가 원고의 허락 없이 녹화하였고, 뉴스 프로그램에서 위와 같이 녹화한 영상 중 일부를 방송한 사건에서, 원고의 퍼블리시티권을 언급하면서 퍼블리시티권 보호의 근거에 대하여 부당이득금지와 경제적 유인의 제공의 측면을 들었다.

(4) 연방대법원에서 퍼블리시티권을 인정한 이후 퍼블리시티권을 인정하는 판결이 계속 증가하였고, 그 논의도 더욱 활발하게 진행되었다.[10] 퍼블리시티권의 보호주체(일반인, 법인 등 단체 포함 여부), 보호범위(예명, 필명, 역할 및 캐릭터, 목소리, 물건 등이 포함 여부), 양도성 및 상속성, 강제집행가능성 등에 관하여 수많은 판례와 논문이 쏟아져 나왔다.[11]

(5) 현재 미국에서는 퍼블리시티권에 대한 연방 법률은 제정되지 않은 상태로 각 주의 보통법 및 성문법으로 규율되고 있다. 각 주마다 퍼블리시티권의 내용이나 범위에 관하여는 다른 입장을 취하기도 하지만, 현재 38개 주에서 퍼블리시티권을 인정하고 있는 것으로 파악된다.[12] 위와 같이 미국에서 퍼블리시티권은 그 권리를 최초로 인정한 이래 60여년의 기간 동안 많은 수많은 판례가 축적되면서 퍼블리시티권의 개념과 내용, 보호범위가 어느 정도 자리를 잡았다고 볼 수 있다.

민사책임", 민사재판의 제문제 제9권(1997), 553면.

9) Zacchini v. Scripps-Howard Broadcasting Co.,433 U.S. 562, 97S. Ct. 2849, 53 L. Ed. 2d. 965, 2 Media L. Rep. 2089, 205 U.S.P.Q (BNA) 741 (1977).

10) 이에 McCarthy 교수는 퍼블리시티권을 인정할 것인지 여부에 관한 논의는 불필요하다고 하면서 오히려 관심사는 그 권리의 외연을 정제하는 데 있다고 평가하기도 하였다. 이에 대해서는 남형두, "세계시장 관점에서 본 퍼블리시티권", 저스티스 제86호(2005), 94면 참조.

11) 위와 같은 퍼블리시티권의 제반쟁점에 관한 논의는 후술하면서 미국의 논의를 간략히 소개하도록 한다.

12) 권영준, "퍼블리시티권 입법화에 관한 연구", 법무부용역보고서(2016), 7면을 재인용.

2. 독일에서의 논의

독일은 우리나라와 같은 성문법제를 취하고 있는 국가로 퍼블리시티권과 관련된 인격권에 관하여 그 개념을 독자적으로 발전시켜 나가면서 인격권을 폭넓게 인정하고 있는 국가이다. 독일에서는 미국에서처럼 인격권과 독립한 재산권으로서의 퍼블리시티권이라는 권리의 존재를 인정하지 않는다. 다만, 인격권의 보호범위에 인격표지에 관한 재산적 이익을 포함시켜 인격권의 한 내용으로서 보호하려는 입장을 취해 왔다.

인격권은 권리주체의 자유로운 인격발현과 직접적으로 관련되어 있는 이익을 보호내용으로 하고 있는 권리로 파악된다.[13] 독일에서는 민법을 제정하면서 제12조에서 성명권에 관한 규정을 둔 것 외에 포괄적인 개념으로서 일반적 인격권을 인정하는 조항이 존재하지 않았고, 민법 제823조 제1항[14]에서 불법행위책임을 규정하면서 인격적 법익 중 생명, 신체, 건강, 자유라는 법익만을 열거하였다. 따라서 독일에서는 독일 민법에 열거된 개별적 인격권 외에 포괄적인 권리로서 일반적 인격권을 인정할 것인지 논란이 있었다. 그러던 중 독일 연방대법원은 1954년 이른바 '독자투고' 판결에서 일반적 인격권의 존재를 처음으로 인정하였고 이후에 이어진 판례에서도 그와 같은 견해가 유지되면서 일반적 인격권은 사법상의 권리이며, 민법 제823조 제1항에 언급된 '그 밖의 권리'에서 일반적 인격권이 도출됨을 확인하였다.[15]

한편, 독일에서는 일반적 인격권을 인정할 것인지, 그리고 인격권 침해시 정신적 손해의 금전배상을 허용할 것인지를 중심으로 논의가 이루어졌고, 인격권의 부분으로서 인격표지가 갖는 재산적 이익을 어떻게

13) 안병하, "독일의 퍼블리시티권 관련 논의 개관", 비교사법 제23권 제1호(2016), 112면.

14) 독일민법 제823조 제1항, "고의 또는 과실로 타인의 생명, 신체, 건강, 자유, 소유권 또는 그 밖의 권리를 위법하게 침해한 자는 그 타인에게 그로 인한 손해를 배상할 의무를 진다."

15) 제철웅, "민사법에 의한 인격보호의 역사적 전개: 특히 독일법을 중심으로", 법학논문집 제24집 제1호(2000), 286-287면.

보호할 것인지에 관하여는 크게 다루어지지 않았다. 그러던 중 1999년 선고된 연방대법원의 '마를레네 디트리히(Marlene Dietrich) 판결에서 인격표지에 관한 재산적 이익에 대하여 정면으로 판단이 되었다. 위 사건은 유명 배우인 마를레네(Marlene)가 사망한 이후 그녀의 삶을 내용으로 하는 뮤지컬을 제작한 제작사가 자동차 회사에서 마를레네 이름을 사용하는 것을 허락하고 화장품 광고에 그녀의 모습을 사용하는 것을 허락하였을 뿐만 아니라 그녀의 초상이 담긴 상품들을 판매하자, 마를레네의 딸로서 유일한 상속인인 원고가 피고를 상대로 부작위청구와 손해배상의무의 확인 등을 구한 사건이었다. 연방대법원은 위 판결에서 일반적 인격권 및 개별적 인격권이 비재산적 이익을 보호하는데 그치지 않고 재산적 이익 또한 보호한다는 점을 분명히 하였다. 나아가 그러한 인격권의 보호대상으로서 재산적 가치가 있는 부분은 비재산적 부분에 비하여 인격주체와의 결합정도가 강하지 않고, 인격주체의 사망 이후 재산적 부분의 보호필요성이 크다는 이유로 인격주체가 사망하면 상속인들에게 상속이 가능하다고 판시하였다. 결국 이 사안에서 피고의 행위가 원고에게 상속된 마를레네 인격권의 재산적 구성부분을 침해하였다고 보아 피고의 손해배상책임을 인정하였다.[16]

위 마를레네 판결 이후 독일 학계에서는 인격권의 재산적 구성부분을 인격권의 내용으로 파악할 것인지(일원주의), 아니면 인격권과 별개로 독립적인 무체재산권의 성립을 인정할 것인지(이원주의)에 관하여 견해가 대립되었다. 일원주의는 독일의 저작권법이 기초하고 있는 특유의 일원주의에서 모티브를 따온 것이며, 이원주의는 미국에서 인격권인 프라이버시권과 재산권인 퍼블리시티권이 명확하게 구별되는 것으로부터 영감을 얻은 것인데, 현재까지 일원주의를 취하는 견해가 더 우세하다.[17]

위와 같이 독일에서는 우리나라에서와 같이 퍼블리시티권을 인정하

16) 이후 독일연방헌법재판소는 2006년 위와 같은 연방대법원의 법리가 기본법적으로 문제가 되지 않는다고 판시하였다.

17) 안병하(주 13), 122-123면.

는 법규정이 존재하지 않은 상황에서 인격표지가 갖는 재산적 이익을 인격권의 재산적 구성부분으로서 이해하고, 나아가 이를 거래대상으로 삼기 위한 거래형태의 제안,[18] 상속성 인정 여부 등과 관련된 논의가 활발히 진행되고 있다.

3. 일본에서의 논의[19]

메이지유신 이후 일본은 프랑스의 민법 등을 그대로 받아들였고, 그렇게 탄생한 일본의 법률은 일제강점기 과정에서 우리나라에 그대로 흡수되었다. 일본은 1960년대 퍼블리시티권의 개념을 받아들인 이래로 최고재판소 판례를 통해 명시적으로 퍼블리시티권을 인정하기도 하면서, 나름 독자적인 법리를 구축하여 퍼블리시티권의 외연을 정립해가고 있다.

일본 최고재판소는 2012년 '핑크레이디 사건'에서 그동안 하급심에서 인정되었던 퍼블리시티권을 명시적으로 인정하였고, 그 법적 성질과 침해의 판단기준을 자세히 제시였다. 이 사건에서는 피고가 1970년대 활동하였던 '핑크레이디'라는 인기 여성 아이돌 구성원의 흑백사진을 이용하여 잡지를 발간한 행위가 문제되었다. 최고재판소는 먼저 퍼블리시티권의 법적 성질과 근거에 관하여 "초상 등은 상품의 판매 등을 촉진하는 고객흡인력을 갖는 경우가 있고 이러한 고객흡인력을 배타적으로 이용할 권리는 초상 등 그 자체의 상업적 가치에 근거한 것이기 때문에, 인격권에

18) 종래 인격권은 주체의 자유로운 인격발현과 관련 있는 권리로서, 양도가 불가능하고 포기 내지 처분할 수 없는 권리로 여겨져 왔다. 그런데 마를레네(Marlene) 판결에서 인격권의 재산적 구성부분과 상속성을 인정하자, 인격권의 재산적 구성부분에 대한 양도성에 관하여 활발한 논의가 이루어졌고 재산적 구성부분의 거래형태에 관하여 채권적 이용허락, 설정적 물권적 양도, 이전적 물권적 양도의 형태가 제시되었으나, 현재까지 인격권의 재산적 구성부분이 양도가 가능한지에 관하여 정식으로 다룬 판례는 확인되지 않는다. 이에 대한 자세한 내용으로 안병하(주 19), 130면 이하 참조.

19) 이하의 논의는 윤태영, "일본법에서의 퍼블리시티권", 비교사법 제23권 제1호(2016). 161-181면; 신지혜, "표현의 자유와 퍼블리시티권의 보호범위: 서적에 관한 일본 및 국내 판결에 대한 분석을 중심으로", 저스티스 제50호(2015), 86-100면을 참고하여 작성하였다.

서 유래하는 권리의 한 내용을 구성한다고 할 수 있다"고 설시하였다. 그리고 퍼블리시티권 침해의 판단기준에 관하여, 퍼블리시티권이 정당한 표현행위에 의해 제한됨을 전제로 '① 초상 등 그 자체를 독립한 감상의 대상으로 하는 상품 등으로 사용하는 경우, ② 상품 등 차별화를 할 목적으로 초상 등을 상품 등에 부착하는 경우, ③ 초상 등을 상품 등의 광고로서 사용하는 등 오로지 초상 등이 가진 고객흡인력의 이용을 목적으로 하는 경우'에는 퍼블리시티권 침해로서 위법한 행위에 해당한다고 설시한 후, 해당 사건에서 1심, 항소심에서와 같이 퍼블리시티권 침해를 인정하지 않았다.

Ⅲ. 퍼블리시티권에 관한 국내 판결의 분석

1. 들어가며

국내에서는 1995년 이휘소 사건 판결에서 퍼블리시티권의 개념을 최초로 인정한 이래, 퍼블리시티권을 정면으로 인정한 하급심의 판결이 있는가 하면 이를 인정하지 않는 판례도 선고되는 등 상당한 혼선을 빚어 왔다. 이는 퍼블리시티권을 정면으로 다룬 대법원 판결이 선고되지 않았기 때문이기도 하다. 한편, 퍼블리시티권을 인정하지 않은 판결들도 인격표지의 재산적 이익을 인격권의 한 내용으로서 포함시켜 인격권 침해의 문제로 다룸으로써 퍼블리시티권 인정 여부와 관계없이 인격표지의 재산적 이익을 보호해야 한다는 시각은 일치하는 듯하다. 다만, 구제수단으로서 손해배상에 있어 재산상 손해를 배상할 것인지 정신적 손해를 배상할 것인지, 양도성을 인정할 것인지 등에 관하여 차이를 보일 뿐이다.

아래에서는 먼저 퍼블리시티권에 대하여 판단한 하급심 판례를 시기적으로 구분하여 살펴본다.[20] 25년이라는 기간 동안 하급심 판결은 '리딩

20) 권태상, "퍼블리시티권의 이론적 구성에 관한 연구: 인격권에 의한 보호를 중심으로", 서울대학교 법학박사학위논문(2012), 145-202면; 권영준(주 12), 53-76면; 남형두, "퍼블리시티권의 입법적 보호 방안 연구", 문화체육관광부(2011)에서도 동일

판결(Leading Case)'[21]의 출현에 따라 또는 그 시대적인 분위기에 따라 퍼블리시티권을 인정하는 방향으로 쏠리거나 또 인정하지 않는 방향으로 쏠리는 경향을 보이는바, 이를 반영하여 구체적으로 ① 1995년 이전 판결 : 이휘소 판결 이전, ② 1995~2000년 : 퍼블리시티권 개념의 등장과 발전, ③ 2001~2005년 : 퍼블리시티권에 대한 문제제기, ④ 2006~2013년 : 퍼블리시티권과 인격권 사이의 혼란, ⑤ 2014년 이후 현재 : 인격권으로 보호하는 입장의 우세라는 표제하에 구분하여 살펴본다.

2. 판례의 동향

가. 1995년 이전 판결[22] : 이휘소 판결 이전

미국의 퍼블리시티권의 개념이 국내에 처음 소개된 것은 1987년이다.[23] 그리고 1995년 이휘소 판결에서 퍼블리시티권의 개념이 언급되기 전까지 초상, 성명 등을 그 주체의 허락 없이 영업적으로 이용하는 행위에 대해서는 인격권 침해의 문제로서 다루어졌다.

대표적인 사건으로는 최애숙 사건을 들 수 있다. 피고가 광고계약 기간이 만료된 이후에도 원고가 출연한 광고를 계속하여 방영한 사건에서, 법원은 "모델 등과 같이 대중과의 접촉을 직업으로 하는 사람은 자기가 얻은 명성으로 인하여 자신의 성명이나 초상을 대가를 얻고 제3자에게 전속적으로 이용하게 할 수 있는 경제적 이익 또한 함께 가지고 있다"고 설시하여 초상권 및 성명권 침해를 인정하였고, 이를 침해하는 행위에 대하여 재산상 손해 및 정신적 손해를 모두 인정하였다.

한 접근방식을 취하고 있다.

21) '리딩 판결(Leading Case)'의 예를 들자면, 국내 판결로는 뒤에서 언급할 이휘소 사건, 제임스 딘 Ⅵ 사건, 이영애 사건, 정진운 등 사건, 이민호 사건 등의 판결이 이에 해당되고, 외국 판결로는 일본 최고재판소의 핑크레이디 판결을 들 수 있다.

22) 한혜숙 사건(서울고등법원 1989. 1. 23. 선고 88나38770 판결), 최애숙 사건(서울민사지방법원 1991. 7. 25. 선고 90가합76280 판결).

23) 송영직 등, 지적소유권법, 육법사(1987), 800-801면에서 사진저작물과 관련하여 퍼블리시티권을 소개하면서 퍼블리시티권에 대하여 "결국 인격권의 재산적 측면의 승인이라고 생각된다"고 평가하였다. 이는 권태상(주 20), 203면에서 재인용하였다.

나. 1995~2000년 : 퍼블리시티권 개념의 등장과 발전

(1) 퍼블리시티권에 근거하여 판단한 판례

(가) 이휘소 사건(서울지방법원 1995. 6. 23. 선고 94카합9230 판결)

사망한 물리학자 이휘소 이휘소를 모델로 한 소설들을 출판한 피신청인들을 상대로 신청인들이 퍼블리시티권 침해 등을 주장한 사건에서, 법원은 "퍼블리시티권이라 함은 재산적 가치가 있는 유명인의 성명, 초상 등 프라이버시에 속하는 사항을 상업적으로 이용한 권리"라고 설시한 후 문학작품인 위 소설에서 위 이휘소의 성명, 사진 등을 사용하였다고 하더라도 이를 상업적으로 이용했다고 볼 수는 없다는 이유로 퍼블리시티권 침해를 인정하지 않았다.[24] 위 판결은 우리나라에서 퍼블리시티권을 최초로 개념 정의하고 침해 여부를 판단하였다는 점에서 의의가 있다.

(나) 제임스딘 Ⅰ~Ⅲ 사건[25]

제임스딘 재단의 수탁자라고 주장하는 원고가 우리나라에서 미국 영화배우 제임스딘의 성명을 이용한 표장들을 상표로 등록하고, 이를 사용한 의류를 제조하여 판매한 회사 등을 상대로 퍼블리시티권 침해를 주장한 사건에 관한 판결이 다수 선고되었다.

법원은 제임스딘 Ⅰ 사건에서 기존의 인격권과 구별되는 재산적 권리로서의 특성을 가지는 퍼블리시티권의 성립가능성에 대하여 ① 저명한 영화배우, 연예인, 운동선수 등의 성명, 초상 등을 상업적으로 이용하는 경향이 보편화된 점, ② 위와 같은 영화배우 등의 성명, 초상이 무단으로 사용되는 경우 그 손해는 정신적 고통이라기보다 오히려 자신들이 정당한 사용계약을 체결하였을 경우 받을 수 있었던 경제적인 이익의 박탈이라고 파악하는 것이 현실에 부합하는 해석론인 점, ③ 미국의 경우 성문

---

24) 이와 유사한 판시로는 최종림 사건(서울지방법원 1996. 9. 6. 선고 95가합72771 판결)이 있다. 이 사건에서도 법원은 예술적 저작물인 만화에서 원고의 성명 등을 사용하였다고 하더라도 이를 상업적으로 이용하였다고 보기는 어렵다는 이유로 퍼블리시티권 침해를 인정하지 않았다.

25) 제임스딘 Ⅰ(서울지방법원 서부지원 1997. 8. 29. 94가합13831 판결), 제임스딘 Ⅱ 사건(서울지방법원 1997. 11. 21. 선고 97가합5560 판결), 제임스딘 Ⅲ 사건(특허법원 1998. 9. 24. 선고 98허171 판결).

법과 판례가 퍼블리시티권의 존재를 인정하고 있는 점, ④ 국내에서도 퍼블리시티권의 성립을 전제로 하는 판결이 선고된 점을 근거로 퍼블리시티권을 인정하였다.[26] 한편, 제임스딘 Ⅰ 사건에서는 퍼블리시티권의 상속성이 인정되지 않았으나, 제임스딘 Ⅲ 사건에서는 법원은 퍼블리시티권의 상속성과 양도성이 인정됨을 전제로 제임스딘의 퍼블리시티권이 현재 제임스딘 재단에 귀속되었다는 점을 밝히기도 하였다.

(다) 그 밖의 사건[27]

앞서 언급한 사건 이외에 법원은 퍼블리시티권을 프라이버시에 속하는 사항이 상업적으로 이용됨으로써 인격과 분리되어 독자적으로 고객흡인력을 가지는 경우 보호되는 권리로 정의하기도 하였고(멀티미디어 디지털 교과서 사건), 퍼블리시티권이 일종의 재산권으로서 제3자에게 양도될 수 있다고 설시하여 퍼블리시티권의 양도성을 긍정하기도 하였다(비달사순 사건).

(2) 인격권에 근거하여 판단한 판례[28]

이 시기에 초상권 등 인격권 침해의 관점에서 손해배상책임을 인정한 대표적인 판결로는 황인정 사건을 들 수 있다. 위 사건에서 법원은 피고가 원고의 동의를 얻지 아니한 채 계약기간이 지난 이후에도 광고물을 계속 상영한 것은 원고의 '상업적 초상권'을 침해하였다고 인정하였고, 재산적 손해의 발생을 인정하였다. 한편, 이 사건에서 원고의 정신적 손해배상은 인정되지 않았는데, 법원은 특별한 사정이 없는 한 그 재산상 손해 외에 정신적 손해가 발생한다고 보기 어렵고, 설령 원고에게 정신

---

26) 이 사건에서 법원은 퍼블리시티권의 성립가능성을 인정하면서도 상속성을 부정하였고, 결국 원고의 청구를 기각하였다. 상속성을 부정하는 주요 근거로는 '퍼블리시티권이 그 당사자의 인격과 완전히 분리된 독립된 권리 또는 무체재산권과 유사한 권리라고 보기 어려운 점'을 들었다.

27) 멀티미디어 디지털 교과서 사건(서울지방법원 1999. 7. 30. 선고 99가합13985 판결), 비달사순 사건(서울고등법원 2000. 2. 2. 선고 99나26339 판결).

28) 임꺽정 사건(서울지방법원 1997. 8. 1. 선고 97가합16508 판결), HOT 사건(서울지방법원 1997. 11. 7. 선고 97가합20064 판결), 황인정 사건(서울고등법원 1998. 3. 27. 선고 97나29686 판결).

적 손해가 발생하였다고 하더라도 재산상 손해의 배상에 의하여 정신적 고통 역시 회복된다고 보아야 한다는 이유로 원고의 위자료 청구를 기각하였다.

다. 2001~2005년 : 퍼블리시티권에 대한 문제제기

1995년부터 2000년까지 섭외적 사건을 필두로 퍼블리시티권의 개념이 구체화되었다면, 이 시기에는 명시적으로 독립된 재산권으로서 퍼블리시티권을 인정할 수 없다는 판결이 선고되기도 하였다. 즉, 성문법 국가인 우리나라에서 법률적 근거 없이 물권과 유사한 독점적·배타적 성격인 퍼블리시티권을 인정하는 것에 대하여 문제의식을 드러내는 판결이 수차례 선고되었고, 동시에 여전히 퍼블리시티권을 인정하고 그 침해 여부를 판단한 판결들도 다수 선고되었다.

(1) 퍼블리시티권을 부정한 판례(제임스딘 Ⅳ 사건[29])

원고는 제임스딘의 퍼블리시티권을 전전 양수한 자라고 주장하며 피고들을 상대로 퍼블리시티권 침해를 이유로 제임스딘의 성명이 기재된 제품의 판매 등의 금지를 구하였다.

이 사건에서 법원은, "연예, 스포츠 산업 및 광고산업의 급격한 발달로 유명인의 성명이나 초상 등을 광고에 이용하게 됨으로써 그에 따른 분쟁이 적지 않게 일어나고 있으므로 이를 규율하기 위하여 퍼블리시티권이라는 새로운 권리 개념을 인정할 필요성은 수긍할 수 있다"고 하면서도, "성문법주의를 취하고 있는 우리나라에서 법률, 조약 등 실정법이나 확립된 관심법 등의 근거 없이 필요성이 있다는 사정만으로 물권과 유사한 독점·배타적 재산권인 퍼블리시티권을 인정하기는 어렵다"며, "퍼블리시티권의 성립요건, 양도·상속성, 보호대상과 존속기간, 침해가 있는 경우의 구제수단 등을 구체적으로 규정하는 법률적인 근거가 마련되어야만 비로소 원고가 주장하는 바와 같은 퍼블리시티권을 인정할 수 있다"라고 판시하여 재산권으로서 퍼블리시티권을 인정할 수 없다는 판

29) 서울고등법원 2002. 4. 16. 선고 2000나42061 판결.

례가 최초로 선고되었다. 그리고 위와 같은 판시는 김민희 사건,[30] 은지원 사건[31]에서도 그대로 인용되었다.

(2) 독립된 재산권으로서 퍼블리시티권을 인정한 판례

앞에서 본 제임스딘 Ⅳ 사건에서 법률상 근거가 없음을 이유로 퍼블리시티권을 인정할 수 없다는 판결이 선고되었으나, 여전히 이 시기 하급심 판례는 퍼블리시티권을 인정한 판례가 다수를 차지하였다.

법원은 시나위 사건[32]에서 초상영리권을 퍼블리시티권으로 정의하면서 유명인의 경우 특별한 사정이 있는 경우에만 초상권이 침해된다고 설시하기도 하였고, 장정 사건[33]에서 초상권을 인격권으로서의 초상권과 상업적 권리로의 퍼블리시티권을 구별하여 전자의 경우 양도가 불가능하고, 후자의 경우 양도가 가능한 권리로 파악하여 퍼블리시티권의 양도성을 인정하기도 하였다. 또한 법원은 허브좌훈 사건[34]에서 유명인이 아닌 일반인의 퍼블리시티권을 인정하기도 하였다.

한편, 이영애 사건[35]에서 서울고등법원은 퍼블리시티권을 '자신의 성

30) 서울중앙지방법원 2004. 10. 1. 선고 2002가단254093 판결. 이 사건에서 김민희와 전속계약을 체결한 원고가 초상권 및 퍼블리시티권의 침해를 주장하며 손해배상을 구하였는데, 법원은 피고의 포상권 침해를 인정하고 원고가 김민희로부터 손해배상청구권을 양도받았음을 이유로 피고가 원고에게 위자료를 지급할 의무가 있다고도 판시하였다.

31) 수원지방법원 2005. 1. 13. 선고 2004가단20834 판결. 법원은 퍼블리시티권을 인정하지 않고, 초상권 침해만 인정하여 위자료 지급을 명하였다.

32) 서울지방법원 2001. 10. 24. 선고 2001나30680 판결. 피고가 이용을 허락받은 음악저작물을 판매하면서 인터넷 사이트에 그 실연자인 록그룹 시나위의 구성원인 원고들의 사진 등을 게재하자, 원고들이 초상권 침해를 주장하며 손해배상을 구한 사건이다.

33) 수원지방법원 성남지원 2002. 8. 30. 선고 2001가합5032 판결. 유명 프로골퍼인 원고가 자신의 사진을 무단으로 광고에 이용한 피고를 상대로 초상권 침해를 이유로 재산상 손해배상을 구한 사건이다.

34) 서울동부지방법원 2004. 2. 12. 선고 2002가합3370 판결. 피고가 홈쇼핑광고에서 일반인 A가 출연한 TV 프로그램의 녹화화면을 이용하자, 원고가 A로부터 퍼블리시티권을 양수받았다며 퍼블리시티권 등이 침해를 이유로 손해배상을 구한 사건이다.

35) 서울고등법원 2005. 6. 22. 선고 2005나9168 판결. 피고가 유명 연예인인 원고와 광고모델 계약기간 만료 이후에 원고의 사진이 포함된 책자를 제3자에게 넘겨주었고 이를 다시 양수한 사람이 원고의 사진을 이용하여 광고를 하여 원고가 퍼블리시티권 등의 침해를 주장하며 손해배상을 구한 사건이다.

명, 초상 등의 상업적 이용에 대하여 배타적으로 지배할 수 있는 권리'로 정의하고 이를 인격으로부터 파생된 것이기는 하나 인격권과는 독립된 별개의 재산권으로 보았고, 그 인정근거에 관하여 일본과 우리나라에서도 퍼블리시티권을 인정한 하급심 판결을 다수 찾을 수 있고, 원고의 성명, 초상 등에 대하여 형성된 경제적 가치를 침해하는 행위가 민법상의 불법행위를 구성한다는 점을 들었다. 이처럼 서울고등법원에서 2002년경 제임스딘 Ⅳ 사건에서 법률상 근거가 없어 퍼블리시티권을 인정하기 어렵다고 판시하였다가 2005년경 이영애 사건에서는 법률상 근거가 없지만 그 침해행위가 민법상 불법행위에 해당하므로 해석상 퍼블리시티권을 인정할 수 있다는 취지로 판시하여 상반된 모습을 보임으로써 향후 퍼블리시티권을 인정 여부와 관련하여 하급심 판례가 혼란을 겪게 되었다.

라. 2006~2013년 : 퍼블리시티권과 인격권 사이의 혼란

2006년부터 퍼블리시티권 침해와 관련된 소송이 크게 증가하였다. 퍼블리시티권을 인정하면서 인정근거를 자세히 설시하기도 하고 양도성, 상속성을 인정한 판결도 선고되기도 한 반면, 여전히 제임스딘 Ⅳ 사건에서와 같이 퍼블리시티권을 인정할 수 없다는 판례도 동시에 선고되기도 하였다. 이 시기에는 퍼블리시티권을 인정한 판례가 다수였다가 2013년을 기점으로 점차 퍼블리시티권을 인정할 수 없다고 판시한 판례가 다수를 차지하고 있는 것을 확인할 수 있다.

(1) 독립된 재산권으로서 퍼블리시티권을 인정한 판례

이 시기에 법원은 전·현직 프로야구선수의 허락 없이 성명(이니셜 포함), 개인기록 등을 이용하여 야구게임을 제작한 사건,[36] 소설가 이효

---

36) 프로야구선수 Ⅰ 사건(서울중앙지방법원 2006. 4. 19. 선고 2005가합80450 판결), 프로야구선수 Ⅱ 사건(서울남부지방법원 2009. 12. 17.자 2009카합1108 결정), 프로야구선수 Ⅲ 사건(서울서부지방법원 2010. 4. 21.자 2010카합245 결정), 프로야구선수 Ⅳ 사건(서울서부지방법원 2010. 4. 22.자 2009카합2612 결정), 프로야구선수 Ⅴ 사건(서울동부지방법원 2011. 2. 16. 선고 2010가합8226 판결)이 있다. 한편, 2016년경 프로야구선수 Ⅵ 사건(서울동부지방법원 2016. 4. 27. 선고 2013가합18880 판결)에 관한 판결이 선고되었는데, 프로야구선수 Ⅴ 사건과 동일하게 판단하였다.

석의 초상 및 서명 등을 이용하여 문화상품권을 발행한 사건,[37] 유명 연예인이 출연한 뮤직비디오를 제작한 후 뮤직비디오를 수록한 DVD와 껌을 함께 넣은 상품을 일본에 판매하면서 연예인의 사진을 게시하거나 영상화보집을 제작하여 판매한 사건,[38] 사망한 사람을 이용한 TV 드라마나 그 예명으로 상품을 판매한 사건,[39] 배우들과 광고모델계약을 체결한 후 계약기간이 만료 내지 계약이 해지된 이후에도 계속하여 배우의 초상 등을 이용하여 광고에 이용한 사건,[40] 피고가 원고들(원고 배용준 및 소속사)의 허락 없이 여행상품의 판매를 위하여 원고 배용준의 성명 내지 예명(욘사마)을 사용하고, 관광정보제공을 하면서 원고 배용준의 초상을 사용한 사건,[41] 피고가 자신이 운영하는 병원을 홍보하기 위하여 유명한 연예인의 사진, 예명 등을 무단으로 블로그, 홈페이지 등에 게재한 사건[42] 등에서 독립된 재산권으로서 퍼블리시티권을 인정하였다.

특히 법원은 프로야구선수 V 사건에서 퍼블리시티권의 인정근거에

37) 이효석 사건(서울동부지방법원 2006. 12. 21. 선고 2006가합6780 판결).

38) 류시원 사건(서울중앙지방법원 2007. 1. 25. 선고 2005가합111590 판결), 김석훈 등 사건(서울중앙지방법원 2007. 1. 25. 선고 2005가합101005 판결), 배용준 등 사건(서울중앙지방법원 2007. 1. 31. 선고 2005가합51001 판결).

39) 김두한 사건(서울북부지방법원 2007. 7. 20. 선고 2006가합7284 판결), 본 더치 사건(서울북부지방법원 2008. 11. 27. 선고 2008가합3187).

40) 심형래 사건(서울중앙지방법원 2007. 10. 24. 선고 2006가합63759 판결), 박주봉 사건(2007. 11. 28. 선고 2007가합2393 판결, 항소심에서 조정성립), 채시라 사건(서울중앙지방법원 2009. 9. 30. 선고 2009가합49341 판결), 최진실 사건(서울고등법원 2010. 2. 9. 선고 2009나47458 판결, 대법원에서 심리불속행 기각으로 확정), 이의정 사건(서울동부지방법원 2010. 7. 14. 선고 2009가합16764 판결, 확정).

41) 욘사마 사건(서울중앙지방법원 2010. 9. 3. 선고 2009가합137637 판결, 항소심에서 조정성립).

42) 민효린 Ⅰ 사건(서울중앙지방법원 2012. 10. 9. 선고 2012가단64664 판결, 확정), 백지영 등 사건(서울중앙지방법원 2013. 6. 20. 선고 2012가단335540 판결, 확정), 백지영 Ⅰ 사건(서울중앙지방법원 2013. 7. 12. 선고 2013가단30439 판결, 확정), 민효린 Ⅱ 사건(서울중앙지방법원 2013. 8. 22. 선고 2013가단6597, 확정), 신은경 사건(서울고등법원 2013. 8. 22. 선고 2012나105675 판결, 확정), 민효린 · 유이 사건(서울중앙지방법원 2014. 5. 14. 선고 2013나46305 판결), 최시원 등 사건(서울중앙지방법원 2013. 9. 13. 선고 2013가합7344 판결, 확정), 송혜교 등 사건(서울중앙지방법원 2013. 9. 26. 선고 2013가합11701 판결, 항소심에서 조정성립), 민효린 Ⅲ 사건(서울중앙지방법원 2013. 9. 2. 선고 2012가단348867 판결, 확정) 외 다수가 있다.

관하여 자세히 설시하고, 이를 제3자에게 양도하거나 권리행사를 포괄적·개별적으로 위임할 수도 있다[43]고 판시하기도 하였고, 이효석 사건, 김두한 사건, 본더치 사건에서는 퍼블리시티권의 상속성을 인정하기도 하였다. 또한 욘사마 사건에서는 퍼블리시티권의 침해기준으로 고객흡인력을 사용자의 영업수익으로 직접 전환되었다고 볼 수 있을 정도로 이용해야 한다고 판시하기도 하였고, 일부 사건에서는 일본 최고재판소의 '핑크레이디 사건'에서의 법리를 인용하기도 하였다.

한편, 손해배상의 범위와 관련하여 대부분의 사건에서 재산상 손해로 초상 등의 사용을 승낙할 경우 지급받을 수 있는 대가 상당액으로 보고 손해배상액수를 정하였으나 재산상 손해가 입증되지 않았다는 이유로 손해배상청구가 기각되기도 하였다. 그리고 정신적 손해에 대해서는 이를 인정한 판결과 인정하지 않은 판결로 상반된 입장을 보였다.

(2) 독립된 재산권으로서 퍼블리시티권을 인정하지 않고 인격권 침해로 본 판례

병원의 블로그 등에 사진, 성명을 게재함으로써 광고에 이용한 사건,[44] 연예인들이 착용한 상품과 유사한 상품을 쇼핑몰에서 판매하면서 사진, 성명 등을 게시한 사건[45]에 대해서 퍼블리시티권을 인정한 판결도 있었으나 제임스딘 Ⅳ 사건에서의 법리를 인용하여 퍼블리시티권을 인정하지 않고 초상권 등 인격권 침해를 인정한 판결이 점차 다수를 차지하였다. 특히 유이 Ⅰ 사건 등 다수의 판결에서 일본 최고재판소가 '핑크레

43) 다만, 공시방법이 없는 퍼블리시티권의 특성 등을 고려하여 양도계약서를 작성한 경우에만 손해배상채권의 양도를 인정하였고, 피고의 소송신탁 주장에 대해서도 다수 당사자가 권리를 행사하는 불편함을 없애고 채권의 효율적인 회수를 목적으로 한 것이라는 이유로 이 주장을 배척하였다.

44) 수애 등 사건(서울중앙지방법원 2013. 8. 16. 선고 2012가합105722 판결, 항소심에서 조정성립), 유이 Ⅰ 사건(서울중앙지방법원 2013. 8. 27. 선고 2013가단53906 판결, 확정), 백지영 Ⅱ 사건(서울중앙지방법원 2013. 8. 27. 선고 2012가단348881 판결, 확정) 등 다수가 있다.

45) 전도연 등 사건(서울중앙지방법원 2013. 10. 16. 선고 2013가단104484 판결, 항소심에서 화해권고결정으로 종결)이 이에 해당한다.

이디 판결'에서 설시한 퍼블리시티권에 관한 법리를 그대로 인용하여 이를 인격권 침해의 판단기준으로 제시하기도 하였다. 또한, 손해배상의 범위에 관하여, 대부분의 사건에서 원고에게 구체적인 금전적 수익의 감소가 없었다고 하더라도 원고가 받을 수 있었던 대가 상당액이 재산적 손해라고 하면서도 이를 인정할 증거가 없다는 이유로 기각하고, 정신적 손해만 인정하였다. 또한 물건에 관한 퍼블리시티권을 주장한 사건에서 이를 인정하지 않은 판결도 확인할 수 있다.[46]

마. 2014년 이후 현재 : 인격권으로 보호하는 입장의 우세

2013년 후반부터 바뀌기 시작한 판례의 흐름은 2014년 이후에는 더욱 분명하게 나타났다. 이 시기에 퍼블리시티권을 인정하는 판례는 극소수에 불과하고 대다수의 사건에서 인격권 침해를 인정하여 재산적 또는 정신적 손해배상을 인정하였다. 특히 서울고등법원에서 수차례 인격권 침해로 인한 재산적 손해배상을 인정하였는데, 이는 하급심이 별도의 재산권 창설 없이 인격표지에 관한 경제적 이익을 기존의 인격권의 테두리 안에서 충분히 보호할 수 있다는 것을 보여 주는 것으로 생각된다.

(1) 독립된 재산권으로서 퍼블리시티권을 인정하지 않고 인격권 침해로 본 판례

구 분	사 안	판시내용
병원의 블로그 등에 초상 등을 게재함으로써 광고에 이용한 사건,[47] 연예인들이 착용한 상품과 유사한 상품을 판매하면서 성명, 사진 등을 게시한 사건[48]	피고가 운영하는 병원을 홍보하기 위하여 유명한 연예인인 원고들의 사진, 예명 등을 무단으로 블로그, 홈페이지 등에 게재하거나 연예인들이 착용한 상품과 유사한 상품을 판매하면서 연예인의 사진과 성명을 이용한 사건	○ 퍼블리시티권을 인정하지 않고 인격권 침해 여부에 대해 판단함. ○ 대부분의 사건에서 인격권 침해를 인정하였지만, 사용방법 등에 비추어 인격권 침해를 인정하지 않은 판결도 존재(이지아 사건 등). ○ 손해배상과 관련하여 대부분 사건에서 정신적 손해배상만 인정하였으나 재산적 손해와 정신적 손해를 모두 인정하기도 함(김선아 사건).

46) 동아일보 사건(서울서부지방법원 2012. 7. 26. 선고 2012나284 판결, 확정).

협찬 사진을 상품 광고에 이용한 사건[49]	피고가 연예인인 원고들에게 의류 등을 협찬한 후 그 착용 사진을 받아 이를 상품의 광고에 사용한 사건	○ 퍼블리시티권을 인정하지 않고 인격권 침해만을 인정하면서 정신적 손해배상을 명함. ○ 한편, 정솔미 등 사건에서는 피고의 행위로 다른 업체에 위약금을 지급한 소속사도 손해배상을 청구하였는데, 피고의 손해배상책임을 인정하고, 소속사가 지급한 위약금을 특별손해로서 인정함.[50]
정진운 등 사건 (서울고등법원 2015. 1. 9. 선고 2014나6802 판결, 확정)	피고가 운영하는 병원의 홍보 블로그에 원고들의 사진과 성명이 포함된 게시물을 게재한 행위에 대하여 원고들이 주위적으로 퍼블리시티권 침해로 인한 재산상 손해배상을, 예비적으로 초상권, 성명권 침해를 이유로 한 정신적 손해배상을 구한 사건	○ 제임스딘 Ⅳ 사건과 달리 별도로 퍼블리시티권이라는 개념을 인정할 필요성도 인정하지 아니함. ○ 초상권, 성명권 침해의 경우 특별한 사정이 없는 한[51] 불법행위가 없었던 상태는 '초상, 성명이 사용되지 아니한 상태'이므로 원고들에게 불법행위로 인한 소극적 손해가 없다고 판시. ○ 유명인의 성명권, 초상권 침해의 판단기준 제시하면서 영리적 사용의 경우에도 언론·출판의 자유나 학문·예술의 자유와의 관계에서 불법행위가 성립되지 않는 경우도 있다고 판시.
인터넷 키워드 사건 [52]	웹 사이트와 블로그를 통해 의류와 액세서리를 판매하는 광고주들이 자신의 상품 판매 사이트를 홍보할 목적으로 피고들로부터 유명한 연예인인 원고들의 성명(예명 또는 실명)과 상품명 등을 조합한 문구를 키워드로 등록한 광고서비스를 구입하여, 사람들이 네이버 홈페이지 검색창에 원고들의 성명과 해당 상품명을 입력하면 자신의 사이트 주소와 광고문구가 노출되도록 하는 등 무단으로 원고들의 성명을 이용한 사건	○ 정진운 등 사건의 법리를 인용하면서 퍼블리시티권이 인정되지 않고 소극적 손해도 인정되지 않는다고 설시함. ○ 피고들의 성명권 침해에 대해서는, 피고들이 원고들의 성명을 검색어로 사용하는 키워드 검색광고로 이득을 얻는 것이 원고들의 성명권을 침해하는 상업적 사용이라고 할 수 없다는 이유로 배척함. ○ 피고들의 광고주들과의 공동불법행위 내지 방조책임과 관련하여, 광고주들의 성명권 침해 여부에 대해서도 판단하였는데, 성명권 침해를 '성명 그 자체를 독립하여 상품 등으로서 사용하거나 상품 등을 차별화할 목적으로 성명을 상품에 붙이거나 성명을 상품의 광고로써 사용하는 등 성명이 가지고 있는 고객흡인력을 이용하는 행위'로 정의하고, 이 사건에서 광고주들의 이용이 상업적 이용에 해당하지 않는다는 등의 이유로 광고주들의 성명권 침해를 인정하지 않음.

와이지 사건 (서울중앙지방법원 2015. 9. 9. 선고 2015나16636 판결, 확정)	연예기획사인 원고가 소속 연예인들의 퍼블리시티권을 양도 내지 이용할 권한이 있음을 이유로 박재상과 유사한 인형을 판매하고, 권지용의 사진과 성명(예명 : GD)이 이용된 티셔츠 등을 판매한 회사들을 상대로 퍼블리시티권 및 인격권 침해, 불법행위로 인한 손해배상을 구한 사건	○ 정진운 등 사건에서의 법리를 인용하여 퍼블리시티권을 인정하지 않음. ○ 권지용의 성명, 초상 등을 상업적으로 이용할 수 있는 권리의 침해를 인정하고, 이를 양도받은 원고의 재산적 손해배상청구를 인정. ○ 다만, 정신적 손해에 대해서는 유명인의 인격권 침해의 경우 재산상 손해가 발생하는 경우 그 외에 정신적 손해가 발생한다고 보기 어렵고, 원고가 소속 연예인들로부터 인격권의 재산권적인 측면뿐만 아니라 그 침해로 인한 정신적 손해배상청구권까지 양도받았음을 인정하기 어렵다는 이유로 받아들이지 않음.
이민호 사건 (서울고등법원 2017. 6. 9. 선고 2016나2057657 판결, 확정)	원고는 피고 4가 제작하는 드라마에 출연하였는데, 피고4가 원고와 초상권 사용에 대한 협의 없이 피고 1, 2, 3으로 하여금 원고의 사진이 부착된 마스크팩을 제조 · 판매하게 한 사건	○ 제임스딘 Ⅳ 사건의 법리를 인용하여 퍼블리시티권을 인정하지 아니함. ○ 초상권 침해 여부에 대해서는, 피고 1, 2, 3의 표현대리 주장을 배척한 후 피고들이 원고의 '초상을 상업적으로 이용할 권리'로서의 초상권을 침해하였다며 원고의 정신적 손해 뿐만 아니라 재산적 손해에 대하여도 배상할 책임이 있다고 판단함. ○ 재산적 손해를 일실손해로 파악하여 '동의를 얻었다면 지급해야 할 대가 상당액'이라고 보았고, 기존에 재산상 손해배상을 명하면서 유명인의 정신적 손해의 발생에 관하여 제한적으로 인정하였던 것과는 달리, 별다른 언급 없이 원고의 정신적 손해도 인정함.[53]
황정음 사건 [서울남부지방법원 2017. 6. 29. 선고 2016가합3219(본소), 2017가합103451 (반소) 판결, 항소심에서 강제조정으로 종결]	원고가 계약기간이 만료된 이후에도 피고 황정음의 사진, 성명을 이용하여 반소로써 원고에게, 피고 황정음은 초상권, 퍼블리시티권 침해를 이유로 재산상 손해배상을 구하였고, 소속사인 피고 회사는 원고가 피고 회사에게 지급하였을 광고모델료 상당의 부당이득의 반환을 구한 사건	○ 피고 황정음의 청구 : 초상 · 성명을 상업적으로 이용할 권리로서의 초상권 · 성명권을 침해하였다고 판단하여 재산적 손해 인정. ○ 피고 회사의 부당이득반환청구 : 원고가 피고 황정음의 소속사로서 피고 황정음의 초상권 및 성명권 사용에 대한 대가를 지급받을 권한이 있는 피고 회사에게 손해를 가하였다고 보아 원고의 부당이득반환책임을 인정함.

김보성 사건 [서울고등법원 2018. 11. 8. 선고 2018나2003098(본소), 2018나2003104(반소) 판결, 심리불속행기각으로 확정]	원고는 김보성이라는 예명으로 활동하는 연예인으로, 피고와 피고가 판매하는 양념육 홍보 등과 관련하여 김보성과 관련된 로고 및 이미지 등을 사용하기로 하는 김보성 브랜드 사용계약을 체결하였는데, 피고는 위 계약이 종료되었음에도 계속하여 원고의 초상, 예명이 표시된 양념육 제품을 사용하여 원고가 피고를 상대로 퍼블리시티권 침해 등을 주장한 사건	○ 성명(예명 포함)과 초상(본인으로서 동일성이 인식될 수 있는 그림, 이미지, 캐릭터 포함) 등 대중에게 널리 알려진 유명인의 개성은 고객흡인력이 있어 독립한 경제적 가치를 가지므로, 이러한 초상권 및 성명권에 대한 부당한 침해는 불법행위를 구성한다고 설시. ○ 원고의 예명은 원고의 성명에 해당하고, 원고의 선글라스 이미지는 원고의 초상에 해당하여 성명권, 초상권 침해를 인정함. ○ 재산적 손해에 관련하여 재량적 손해배상액 산정규정(민사소송법 제202조의2)과 책임제한의 원리를 근거로 비교적 소액(150만 원)만 인정함.

47) 이지아 사건(서울중앙지방법원 2015. 5. 22. 선고 2014나12095 판결, 확정), 김민희 · 손담비 사건(서울중앙지방법원 2014. 4. 29. 선고 2013가단281848 판결, 확정), 신세경 등 사건(서울중앙지방법원 2014. 8. 14. 선고 2013가단222214 판결, 확정), 한가인 등 사건(서울중앙지방법원 2015. 4. 30. 선고 2014가단65128 판결, 항소심에서 화해권고결정으로 종결), 김선아 사건(2015. 6. 19. 선고 2014나2028495 판결, 확정) 등이 있다.

48) 류승범 등 사건(서울중앙지방법원 2014. 1. 8. 선고 2013가단136856 판결, 확정), 공효진 사건(서울중앙지방법원 2014. 8. 14. 선고 2014가단4376 판결, 확정), 송혜교 Ⅰ 사건(서울중앙지방법원 2014. 10. 28. 선고 2014나23064 판결, 상고기각으로 확정), 송혜교 Ⅱ 사건(서울중앙지방법원 2014. 12. 4. 선고 2014나4681 판결, 상고기각으로 확정), 송혜교 Ⅲ 사건(서울중앙지방법원 2015. 6. 23. 선고 2015나5278 판결, 확정) 외 다수가 있다.

49) 박소진 등 사건(서울중앙지방법원 2014. 6. 10. 선고 2013가단267743 판결, 확정), 정솔미 등 사건(서울중앙지방법원 2014. 11. 26. 선고 2013가단5029182 판결, 항소기각으로 확정).

50) 채권침해로 인한 불법행위책임의 성립을 인정한 것으로 생각된다.

51) 이 판결에서는 다른 사람과 초상, 성명 사용계약을 체결하지 못하였거나 해지되었다는 등의 사정을 들었다.

52) 다음 키워드 사건(제주지방법원 2014. 7. 10. 선고 2013가합5196, 확정), 네이트 키워드 사건(서울서부지방법원 2014. 7. 24. 선고 2013가합32048 판결, 확정), 네이버 키워드 사건(2015. 1. 30. 선고 2014나2006129 판결, 확정). 판시내용은 네이버 키워드 사건을 중심으로 기재하였다.

53) 왕석현 사건(서울고등법원 2019. 12. 18. 선고 2019나2037296 판결, 확정)에서도 같은 취지로 재산적 손해와 정신적 손해가 모두 인정되었다.

(2) 독립된 재산권으로서 퍼블리시티권을 인정한 판례

2014년 이후에는 타인의 초상·성명 등을 그 주체의 허락 없이 영리적으로 이용한 행위에 대해 퍼블리시티권이 아닌 인격권으로서 그 권리를 보호하는 입장이 우세하다. 그렇지만 전술한 바와 같이 2014년 이후에도 여전히 퍼블리시티권 침해를 인정한 판례도 확인된다. 병원 홍보에 사진 등을 이용한 경우[54]나 광고모델계약이 종료되었음에도 계속하여 사용한 경우[55]에 퍼블리시티권 침해를 인정한 판례가 있고, 프로야구선수 Ⅵ 사건[56] 또한 이와 같은 경우에 해당한다. 다만, 위 하급심 판례에서는 퍼블리시티권 인정근거에 관하여 새롭게 법리를 제시하지 않았고 항소가 제기되지 않아 그대로 확정되었는데, 만약 항소가 제기되었다면 항소심에서 달리 판단했을 가능성도 높아 보인다.

Ⅳ. 퍼블리시티권 인정 여부

1. 퍼블리시티권의 개념

우리나라에서 퍼블리시티권에 관한 개념을 정의하는 법률은 존재하지 않기 때문에 퍼블리시티권의 주체, 보호대상, 범위 등에 관하여 보는 시각에 따라 그 개념은 학자들마다 다를 수밖에 없다. 일반적으로 퍼블리시티권의 개념은 '사람의 초상, 성명 등 그 사람 자체를 가리키는 것(identity)을 광고, 상품 등에 상업적으로 이용하여 경제적 이익을 얻을 수 있는 권리,'[57] '자신의 성명, 초상, 목소리, 서명, 이미지 등을 상업적으로 이용하거나 그 이용을 허락할 수 있는 권리'[58] 등으로 정의된다. 다양한 정의 가운데 사람의 동일성을 나타내는 초상, 성명, 음성 등 인격표지에 관한 권리라는 점과 그것을 상업적 내지 영리적으로 이용하는 권리라는

---

54) 유이 Ⅱ 사건(서울중앙지방법원 2014. 1. 24. 선고 2013가단120936 판결).

55) 김민정 사건(서울서부지방법원 2017. 4. 27. 선고 2016가합33974 판결, 확정), 최여진 사건(대전지방법원 2018. 6. 21. 선고 2017가단216780 판결, 확정).

56) 서울동부지방법원 2015. 2. 13. 선고 2013가합554789 판결(항소취하로 확정).

57) 한위수(주 8), 527면.

58) 정상조, 지적재산권법, 홍문사(2004), 636면.

점, 그리고 제3자에게도 주장할 수 있는 배타적인 권리라는 점에서는 일치하는 듯하다. 우리나라 학계에서는 이와 같은 권리 내지 인격표지의 재산적 이익을 인격권과 독립된 독자적인 재산권으로 보호할 것인지, 아니면 인격권에 의해서 보호할 것인지로 입장이 나뉜다.

2. 학설의 논의[59)]

가. 인격권과 독립된 재산권으로서 퍼블리시티권을 인정하는 견해(퍼블리시티권설)

이 견해는 인격표지에 관한 재산적 이익에 성립하는 권리를 인격권과 독립된 재산권으로서 퍼블리시티권으로 인정할 수 있다고 주장한다.

구체적인 근거에 대해서는 주로 정책적인 근거를 제시한다. 즉, 퍼블리시티권이 한류 문화산업의 발전을 뒷받침하기 위해 거래가능하고 양도성이 있는 퍼블리시티권을 인정해야 한다는 것이다.[60)] 또한 종래 인격권 개념을 통해서는 퍼블리시티권 주체가 침해행위로부터 충분히 보호되지 못하고, 영리행위로부터 소극적으로 간섭 당하지 않을 지위가 아닌 적극적으로 초상·성명 등을 사용하여 영리행위를 벌일 지위까지 인격권 안에 포함시키 것은 자칫 인격권의 본질을 훼손하는 자기부정일 수 있다고도 한다.[61)] 그리고 법률상 근거가 없다는 비판에는 최근 개정된 부정경쟁방지법 제2호 제1호 (카)목이 법률상 근거가 될 수 있다고 한다.[62)]

나. 인격권에 의해 보호될 수 있다는 견해(인격권설)

이 견해는 인격표지의 재산적 이익을 인격권의 내용에 포함시켜 보호할 수 있다고 주장한다. 구체적인 근거로는, ① 퍼블리시티권은 물권에 준하는 독점적·배타적인 권리이므로 물권법정주의가 유추적용될 수 있

---

59) 이하 학설의 논의는 대체로 권태상(주 20), 205면 이하를 참고하여 요약·정리하였다.

60) 남형두(주 10), 120면; 박준석, “인격권과 구별된 퍼블리시티권을 인정할지에 관한 고찰: 최근의 비판론에 대한 논리적 재반박을 중심으로”, 서울대학교 법학 제56권 제4호(2015), 124-127면.

61) 박준석(주 60), 114면.

62) 박준석(주 60), 91-94면.

는데, 현재 퍼블리시티권을 인정하는 성문법이나 확립된 관습법을 찾기 어렵다는 점,[63] ② 사람의 인격표지에 재산적 가치가 성립하고 주체에게 독점적으로 귀속될 수 있는 것은 인격권이라는 권리의 작용이라는 점,[64] ③ 인격권으로 보호하더라도 재산상 손해와 정신적 손해를 모두 인정함으로써 충분한 법적 구제가 이루어 질 수 있다는 점,[65] ④ 인격표지에 성립한 재산적 가치를 순수 재산권의 대상으로만 인식된다면 그 한도 내에서 자본의 논리만을 따르게 되어 결국 인격주체의 자유로운 인격의 발현을 저해할 수도 있는 점[66] 등을 제시한다.

3. 구체적 검토

가. 인격표지의 재산적 이익의 보호 필요성

퍼블리시티권설이나 인격권설 모두 인격표지가 일정한 재산적 가치를 가질 수 있음을 인정하고 이를 부당한 침해행위로부터 보호해야 한다는 보호필요성에 대해서는 크게 이견이 없는 것으로 보인다. 두 학설은 그러한 보호의 근거를 어디서 찾을 수 있는 것인지에 대해서 달리 설명하고 있을 뿐이다. 퍼블리시티권설은 독립한 재산권으로서, 인격권설은 인격권으로서 보호를 받아야 한다고 주장하고 있다.

그런데 제임스딘 Ⅳ 사건이나 인격권설에서 독립된 재산권으로서의 퍼블리시티권설을 비판하는 주요 논거는 우리나라에 이를 인정하는 법률의 규정이 존재하지 아니하고 관습법으로도 인정되지 않는다는 것인데, 이 논거는 꽤나 설득력이 있다. 헌법 제23조 제1항에서는 "재산권의 내용과 그 한계는 법률로 정한다."고 명시하고 있으므로, 재산권을 인정하기 위해서는 법률에 근거가 있어야 하고, 민법 제185조에서도 "물권은 법률 또는 관습법에 의하는 외에는 임의로 창설하지 못한다."고 규정하여 물권

63) 권태상(주 20), 229-233면.

64) 안병하, "인격권의 재산권적 성격: 퍼블리시티권 비판 서론", 민사법학, 제45권 제1호(2009), 82면.

65) 권태상, "인격권 침해로 인한 재산적 손해", 법조 제69권 제1호(2020), 158면.

66) 안병하(주 64), 114-115면.

법정주의를 채택하고 있기 때문이다. 물론 독립된 재산권으로서의 퍼블리시티권은 물건을 대상으로 하는 권리가 아니라는 점에서 물권법정주의가 직접 적용된다고 보기는 어려우나, 독점성·배타성을 지닌 재산권이라는 측면에서 물권에 준하는 권리로서 물권법정주의가 유추적용되어야 하므로,[67] 결국 퍼블리시티권을 독립된 재산권으로 인정할 수 있는가의 문제는 퍼블리시티권의 법률상 근거가 있는지에서부터 출발해야 한다.

나. 퍼블리시티권을 인정하는 실정법이 존재하는지

퍼블리시티권에 관한 실정법상 근거가 존재하지 않는다는 점은 일반적으로 인정되어 왔다.[68] 다만, 최근 퍼블리시티권의 법률상 근거로서 2013년 개정되어 보충적 일반조항으로 신설된 부정경쟁방지법 제2조 제1호 (카)목이 그 충분한 근거가 될 수 있다는 주장이 제기되고 있다. 그러나 이는 다음과 같은 이유로 받아들이기 어렵다.

(1) 2013년 부정경쟁방지법 개정을 통해 제2조 제1호 (카)목을 신설하여 '그 밖에 타인의 상당한 투자나 노력으로 만들어진 성과 등을 공정한 상거래 관행이나 경쟁질서에 반하는 방법으로 자신의 영업을 위하여 무단으로 사용함으로써 타인의 경제적 이익을 침해하는 행위'를 부정경쟁행위로 규정하였다. 이는 기술의 변화 등으로 나타나는 새롭고 다양한 유형의 부정경쟁행위에 적절하게 대응하기 위하여 종래 부정경쟁행위에 대하여 정의하고 있던 부정경쟁방지법 제2조 제1호 각 목에서의 개별적 부정경쟁행위에 해당하지 않는 행위라고 할지라도 법원이 새로운 유형의 부정경쟁행위를 판단할 수 있는 유연성을 제공하기 위한 데서 비롯되었다.

이와 같이 부정경쟁방지법 제2조 제1호 (카)목이 신설됨으로써 기존에 열거된 부정경쟁행위에 해당하기 어려웠던 타인의 성명, 초상 등을 무단으로 이용하는 행위에 대해서도 위 (카)목을 적용하여 동법에 따른

67) 권태상(주 20), 230-231면. 한편, 퍼블리시티권설에 입장에서 퍼블리시티권에 물권법정주의가 유추적용될 수 있음을 인정한 입장으로 박준석(주 60), 85-86면 참조.

68) 권태상(주 20), 230면.

금지청구나 손해배상을 청구할 수 있는 가능성이 열리게 되었다. 그러나 동법 제1조에서는 부정경쟁행위와 타인의 영업비밀을 침해하는 행위를 규제하여 소비자의 오인, 혼동을 방지하고 건전한 거래질서를 유지함을 목적으로 한다고 목적을 밝히고 있고, 그 아래에 부정경쟁행위와 영업비밀 침해행위를 구체적으로 정의하여 어떠한 행위가 이에 해당하는 경우 그에 따른 제재를 가하는 행위규제를 통한 보호체계를 취하고 있다.

이러한 입법형식은 저작권, 상표법, 특허법 등 다른 지적재산권법에서 개인에게 저작권이나 상표권, 특허권 등 배타적인 독점권을 명시적으로 부여하고 있다는 점에서 확연히 차이가 난다.[69] 즉, 부정경쟁방지법은 권리의 정의, 내용, 구제수단을 총 망라하여 규정하고 있는 권리창설적 입법형식이 아닌 공정한 경쟁질서를 침해하는 부정경쟁행위를 규정해 놓고 이를 규제함으로써 그 이익을 침해당한 사람을 보호하고 있을 뿐이다. 이러한 입법형식은 권리의 주체에 초점이 있는 것이 아니라 침해자의 행위에 초점이 맞추어져 있는 것으로, 부정경쟁행위를 규제함으로서 개인이 보호가 되는 결과가 반드시 그 개인에게 물권 유사 배타적인 독점권이 인정된다는 것으로 연결되지는 않는다.

또한 종래에도 타인의 초상, 성명 등을 무단으로 이용하는 행위에 대해서는 퍼블리시티권 침해이든 인격권 침해이든 민법 제750조의 불법행위에 해당한다는 이유로 재산상 또는 정신적 손해배상이 인정되어 왔다. 민법 제750조에서는 "고의 또는 과실로 인한 위법행위로 타인에게 손해를 가한 자는 그 손해를 배상할 책임이 있다."고 규정하여 행위규제를 통하여 타인의 법익을 보호하고 있다. 그리고 부정경쟁방지법은 사회정책적인 관점에서 민법상 불법행위로 인정되는 전형적인 행위유형을 별도의 법률로 규율하여 특별한 보호를 하고 있는 것이다. 종래 일부 판결에서도 퍼블리시티권을 인정하는 근거로 타인의 초상, 성명 등을 무단으로 이용하는 행위가 민법 제750조의 불법행위에 해당한다는 점을 들기도 하

69) 박준석(주 60), 100면.

였다. 그러나 민법 제750조에서 권리침해를 불법행위의 요건으로서 규정하고 있지 않다는 점에서 '불법행위=권리인정'이라는 도식이 반드시 논리적으로 연결되는 것은 아니다.

(2) 한편, 행위규제 형식을 취하였기 때문에 저작권법 등에서와 같이 권리를 정면으로 인정한 것은 아니지만 그러한 보호가 주어지는 것을 근거로 물권법정주의의 위반을 회피할 수 있는 최소한의 법률상 근거는 되지 않는가 하는 의문이 제기된다.

물권법정주의는 ① 개개인이 법률이 정하는 것과 다른 물권을 새롭게 만드는 것을 금지하고(종류 강제) ② 법률이 정한 물권의 내용을 임의로 변경하는 것을 허용하지 않는다(내용 강제)[70]는 것을 그 내용으로 하고 있다. 그러나 법률에서 어느 정도로 정하고 있어야만 물권 내지 이와 유사한 권리가 법률적 근거를 가지고 있다고 할 수 있는지에 대해서는 명확하지 않다. 물권법정주의의 의미를 엄격하게 관철해야 한다는 입장에서는 저작권법, 상표법 등에서와 같이 권리를 정의하고, 권리의 내용과 구제수단, 공시방법 등이 명확히 규정되어 있어야 법률상 근거가 있다고 할 것이고, 반대로 물권법정주의의 의미를 완화해서 해석하는 입장에서는 법률상 보호가 주어지면 권리의 법률상 근거가 존재하는 것이라고 주장할 수 있을 것이다.

최초로 퍼블리시티권의 인정 여부에 관하여 문제를 제기한 제임스딘 Ⅳ 사건에서는 '퍼블리시티권의 성립요건, 양도성·상속성, 보호대상과 존속기간, 침해가 있는 경우의 구제수단 등'이 구체적으로 규정되어 있어야 퍼블리시티권을 인정할 수 있을 것이라고 판시하여 물권법정주의를 엄격하게 관철하는 입장을 취하고 있는 듯하다.

이렇듯 대립하는 관점 속에서 어느 입장을 취할 것인가는 결국 우리 민법이 물권법정주의를 선언하고 있는 취지가 무엇인지로 돌아가서 생각해보아야 한다. 물권법정주의를 인정하고 있는 취지는 물권이 배타

70) 김용덕 대표편집, "주석민법 물권(1)", 한국사법행정학회(2019), 169면.

적인 권리로서 제3자에게도 주장할 수 있기 때문에 물권의 성립 여부나 그 변동을 외부에서 인식할 수 있도록 하지 않으면 제3자가 예측하지 못한 손해를 입을 우려가 있고, 거래의 안전과 신속이 저해된다는 데 있다.[71] 그렇다면 적어도 물권과 유사한 권리로서 법률상 근거가 있다고 인정하기 위해서는 거래의 안전을 도모하기 위하여 권리의 내용, 대상이 명확하게 규정되어 있고, 아울러 양도성, 공시방법 등이 규정되어 있어야만 법률상 근거가 있다고 할 수 있다.[72]

(3) 또한 부정경쟁방지법 제2조 제1호 (카)목이 보호하는 것은 상당한 투자나 노력에 의해 발생된 성과 등에 기초한 '경제적 이익'이다. 그러나 경제적 이익은 반드시 재산권에 의해서만 발생하는 것이 아니고, 비재산권에 근거하여서도 발생할 수 있다. 재산권과 비재산권을 구별하는 기준은 그 목적이 경제적 이익을 추구하는지의 여부에 달려있는 것이 아니라, 어떠한 권리가 인격이나 가족관계를 떠나서 존재할 수 있는지의 여부에 있기 때문이다. 뒤에서 보는 바와 같이 인격표지의 경제적 이익을 인격권의 내용으로서 파악한다면, 타인의 인격표지를 허락 없이 영리적으로 이용하는 행위는 위 (카)목의 부정경쟁행위로 판단되어 타인의 경제적 이익이 보호된다 하더라도, 이는 비재산권인 '인격권'에 근거한 경제적 이익을 의미하는 것이지 '재산권'에 근거한 경제적 이익을 의미하지는 않는다. 따라서 위 (카)목에 의해서 보호되는 권리가 반드시 '재산권'이라고 볼 근거가 없다.

(4) 나아가, 부정경쟁방지법 제2조 제1호 (카)목이 인격표지에 성립한 재산적 이익의 보호를 명시적으로 정의한 것도 아니다. 위 (카)목은 보충적 일반조항으로서 '타인의 상당한 투자나 노력으로 만들어진 성과 등'을 '공정한 상거래 관행이나 경쟁질서에 반하는 방법'으로 '자신의 영업을 위하여' 무단으로 사용함으로써 '타인의 경제적 이익'을 침해하는 행위를 부정경쟁행위로 규율하고 있다. 위 (카)목에 해당하는 사례로는 인

71) 김용덕(주 70), 170면.
72) 이는 제임스딘 Ⅳ 사건의 판결이 취하고 있는 입장이기도 하다.

격표지를 무단으로 사용하는 경우만이 아닌 골프장 이미지, 프로그램, 가방형태, 아바타, 게임아이템 등을 이용하는 경우가 문제될 수 있다. 즉, 타인의 인격표지를 영리적으로 이용하는 행위는 (카)목에서 규정하는 부정경쟁행위 중의 일부에 불과하다.

또한 위 (카)목이 타인의 인격표지를 무단으로 이용하는 모든 경우에 있어서 적용된다고 단정하기 어렵다. 뒤에서 살펴보겠지만, '상당한 투자나 노력'이 무엇을 의미하는지, '경쟁관계'가 존재해야 하는지, 유명인이 아닌 일반인의 인격표지를 이용한 경우도 위 (카)목의 부정경쟁행위에 해당하는지 등에 따라 퍼블리시티권이 문제되는 여러 사안 중 일부 행위 유형만이 위 (카)목의 부정경쟁행위에 해당할 수도 있다. 그렇다면, 타인의 인격표지를 무단으로 이용하는 행위가 위 (카)목의 부정경쟁행위에 해당하는 경우에는 부정경쟁방지법에 의한 보호를 받지만, 그렇지 않은 경우에는 여전히 민법상 불법행위규정에 의한 보호를 받게 될 것인데, 위 (카)목이 퍼블리시티권의 법률상 근거라면 부정경쟁방지법이 적용되지 아니하는 사안에 있어서도 법률상 근거가 되는 것인지 명확하지 않다.

(5) 따라서 부정경쟁방지법 제2조 제1호 (카)목의 규정이 독립된 재산권으로서 퍼블리시티권을 인정할 충분한 법률적 근거가 된다고 보기 어렵다.

다. 관습법상 인정되는지

퍼블리시티권을 인정할 실정법이 존재하지 않는다고 하더라도 그러한 권리를 인정하는 관습법이 존재하는 경우에는 허용될 수 있다. 관습법이란 사회의 거듭된 관행으로 생성된 사회생활규범이 사회의 법적 확신과 인식에 의하여 법적 규범으로 승인·강행되기에 이른 것을 말한다.[73] 관습법이 성립했다고 볼 수 있으려면, 관행이 존재하고, 그러한 관행이 법규범이라고 일반에 의식될 정도에 이르러야 한다. 즉, 독점적 배타적인 권리로서 인격권과 독립된 권리로서의 퍼블리시티권을 인정하기

73) 대법원 2005. 7. 21. 선고 2002다1178 전원합의체 판결.

위해서는 그러한 권리를 인정하는 관행이 존재하고, 일반 사회에서 법적 확신과 인식에 의해서 법적 규범으로 승인되어야 한다.

거래현실에서 유명 연예인 등의 초상·성명이 경제적인 가치가 있고 이를 이용하는 경우가 있으나 그러한 사실만으로 곧바로 독점적이고 배타적인 재산권으로서의 퍼블리시티권을 인정하고 있고, 그것이 관행이라고 보기 어렵다. 또한 퍼블리시티권을 인정한 하급심 판결이 존재하나 이를 두고 퍼블리시티권이 사회 일반에서의 법적 확신 내지 법적 규범으로 승인된 것으로 판단하기는 어렵고, 독자적 재산권으로서의 퍼블리시티권을 인정하는 견해에서도 그 내용에 관한 통일적인 견해가 도출되지 아니한 이상, 그러한 권리가 관습법으로 성립되었다고 볼 수는 없다고 생각된다.[74)]

라. 인격권 내용으로서의 보호가능성

(1) 인격표지에 성립한 재산적 이익을 보호해야 한다는 점에 대한 별다른 이견이 없음은 앞서 살펴본 바와 같다. 독립된 재산권으로서 퍼블리시티권을 인정할 수 없다면, 기존의 법제에서 이를 어떻게 보호해야 하는 것이 합리적이고 법체계의 정합성에 부합하는지를 살펴보아야 한다.

인격표지는 그 자체는 인간의 동일성을 나타내는 초상, 성명, 음성 등이기 때문에 그 특성상 주체와 분리가 될 수 없다. 그리고 인격표지는 인간 그 자체를 나타내는 것이기에 필연적으로 인간의 존엄과 가치를 그 바탕으로 하고, 인격표지를 이용하는 행위는 인격 발현의 한 모습으로도 분류할 수 있다. 또한 인격표지의 재산적 이익은 일응 인격주체에게 귀속되는 것이 타당하고, 그러한 이익을 침해하는 경우 인간의 자유로운 인격의 실현을 침해하는 행위로서 누구에게나 그 보호를 관철시킬 수 있어야 한다. 그렇다면 인격표지의 재산적 이익의 보호에 관한 문제도 인격주체와 밀접한 관련이 있고, 헌법 제10조의 인간의 존엄과 가치를 바탕으로 하며, 누구에게나 주장가능한 절대권적인 성격을 가지는 것으로

---

74) 실제로 판례에 의하여 인정된 관습상의 물권으로는 분묘기지권과 관습상의 법정지상권뿐이다.

파악되는 인격권의 내용에 포함시켜 보호할 수 있는 것은 아닌지 우선적으로 생각해볼 수 있다.

(2) 인격권으로서 인격표지에 성립한 재산적 이익을 보호하는 것이 가능한지에 대해서는 먼저 인격권의 개념과 특성을 이해하는 것에서부터 출발해야 한다. 우리 민법에는 인격권을 정의하는 규정이 존재하지 않는다. 그러나 인격권에 관하여 명시적으로 우리나라 학설은 대체로 인격권이라는 개념을 긍정하고 있지만,[75] 인격권의 개념 정의에 대해서는 학자들마다 의견이 다양하다. '권리의 주체와 분리할 수 없는 인격적 이익을 누리는 것을 내용으로 하는 권리'[76]라거나 '인격에 관한 권리로서 사람이 자기 자신에 대하여 갖는 권리'[77]라거나 '인간으로서의 존엄성 보장과 인격적 속성의 자유로운 발전을 위하여 그에 대한 침해로부터 보호되어야 할 모든 권리와 이익들의 총체,'[78] '인격의 자유로운 발현을 위한 권리'[79] 등으로 정의된다.

퍼블리시티권에 관한 개념 정의가 그러하듯 인격권에 대한 개념 정의도 결국 인격권의 보호범위를 어디까지 설정하는지와 필연적으로 관련이 있다. 그런데 인격권은 매우 포괄적인 권리로 이해되고 그 보호범위가 추상적이며 명확하게 설정되지 아니한 특징이 있다. 인격권의 이러한 특성으로 인하여 어떠한 경우에 인격권으로 보호되는지 여부가 불명확하여 법의 예측가능성이나 법적 안정성이라는 요청을 충족시키지 못한다는 문제점이 지적되기도 한다.[80] 그러나 이러한 인격권의 열린 개념으로 인하여 오히려 정보화, 기술발전 등 다양한 요인에 따라 끊임없이 변화되는 사회에서 법의 사각지대에 놓인 많은 문제들을 해결해 왔다. 구체적으로 대법원은 명예, 프라이버시, 환경, 개명, 태아성별정보에 대한 접근,

75) 김재형, 언론과 인격권, 박영사(2012), 399면.
76) 곽윤직, 민법총칙, 박영사(2009), 51면.
77) 김재형(주 75), 177면.
78) 곽윤직 編, 민법주해 XIX, 박영사(2005), 416면(이재홍 집필 부분).
79) 권태상(주 20), 281면.
80) 김재형(주 75), 15면.

한센인에 대한 산아제한 정책과 낙태수술 및 정관절제수술의 위법성, 의료행위를 선택할 권리 등 다양한 국면에서 인격권을 탄력적으로 해석하여 인간의 존엄과 가치를 보장해 주는 역할을 하고 있다.[81] 이처럼 인격권의 테두리 안에는 다양한 권리들이 자리하고 있어, 서로 다른 권리들을 사람의 인격적 속성이라는 끈으로 묶어놓은 권리의 다발(bundle of right)라고 인격권을 표현하기도 한다.[82]

(3) 그렇다면 인격표지에 성립한 재산적 이익이 인격권의 한 내용으로서 보호될 수 있을까? 인간의 인격적 이익이 인격권에 의해서 보호된다는 점에 관하여는 반박의 여지가 없다. 그런데 인격표지에 성립한 재산적 이익을 인격권으로 보호하기가 주저되는 것은 인격권이 비재산권으로 분류되기 때문이다. 그러나 민법상 재산권과 비재산권을 구별하는 기준은 권리의 목적이 경제적 이익을 누리는 것인지 여부에 따라 달라지는 것이 아니라 어떠한 권리가 권리자의 인격이나 가족관계를 떠나서 존재할 수 있는지 여부에 의해 판단된다고 설명된다.[83] 즉, 인격권이 비재산권의 성질을 가진다는 것만으로 인격표지에 성립한 재산적 이익이 인격권에 의해 보호될 수 없다는 것을 의미하지는 않는다. 오히려 그러한 이익이 인격의 자유로운 발현이 작용한 결과임을 감안하면 인격권의 비재산권의 성격에 부합하는 것이기도 하다.

(4) 나아가 대법원에서의 판시를 통해서도 인격표지의 재산적 이익을 인격권으로서 보호할 수 있는 가능성을 찾아볼 수 있다. 대법원은 대표적인 인격표지인 초상에 관한 침해사안에서, 초상권을 '사람은 누구나 자신의 얼굴 기타 사회통념상 특정인임을 식별할 수 있는 신체적 특징에 관하여 함부로 촬영 또는 그림 묘사되거나 공표되지 아니하며 영리적으로 이용당하지 않을 권리'라고 판시한바 있는데,[84] 이 판결에서 '영리적으

81) 장태영, "디지털 시대의 초상권 침해 양상과 가상의 사례와 국내외 판례로 본 법리 적용", 언론중재위원회(2018), 54-55면.

82) 권영준(주 12), 110면.

83) 곽윤직(주 78), 49-50면.

84) 대법원 2006. 10. 13. 선고 2004다16280 판결.

로 이용당하지 않을 권리'라고만 표현하여 적극적으로 초상을 영리적으로 이용할 권리를 인정한 것인지는 명확하지 않지만 적어도 초상권과 영리적 목적의 이용을 결합시켰다는 면에서 초상을 영리적으로 이용할 권리를 초상권의 한 내용으로 구성할 수 있는 단초를 제공하는 것으로 평가할 수 있다.[85)]

또한 인격권에 소극적인 권리가 아니라 적극적인 권리까지 포함된 것으로 본 판시도 존재한다. 대법원은 군 정보기관이 민간인에 대한 정보를 비밀리에 수집·관리한 사건에서, '개인은 사생활 활동이 타인으로부터 침해되거나 사생활이 함부로 공개되지 아니할 소극적인 권리는 물론, 오늘날 고도로 정보화된 현대사회에서 자신에 대한 정보를 자율적으로 통제할 수 있는 적극적인 권리도 가진다.'는 취지로 판시하였다. 이 판례에서 언급하는 '자율적으로 통제할 수 있는 적극적인 권리'가 상업적으로 이용할 적극적인 권리로 해석되는지는 불명확하지만 인격권을 단순히 소극적이고 방어적인 권리로서가 아니라 적극적인 권리로 파악될 수 있는 가능성을 열어 두었다는 점에서 그 의미가 있다고 볼 수 있다.

(5) 따라서, 위에서 본 논의를 종합하면, 결국 인격표지에 성립한 재산적 이익은 인격의 자유로운 발현의 결과물일 뿐만 아니라 인격주체와 밀접한 관련이 있고, 인격권의 내용에 영리성, 적극성을 포함시킬 수 있으므로, 인격권에 의하여 규율되어야 할 것으로 보인다.[86)]

4. 소 결 론

인격표지의 재산적 이익은 인격권의 보호범위에 포함되므로 인격권에 의하여 규율되어야 함은 앞에서 보았다. 아래에서는 인격권설의 입장

85) 권영준, "초상권 및 사생활의 비밀과 자유, 그리고 이익형량을 통한 위법성 판단", 민사판례연구 제31권(2009), 531-532면.

86) 실제로 2014년 이후 대다수의 하급심 판결에서 '자신의 성명, 초상 등을 상업적으로 이용하고 통제할 수 있는 권리는 성명권, 초상권에 당연히 포함되어 있다'거나 '초상을 상업적으로 이용할 권리로서의 초상권이 침해되었다'고 판시하여 인격권으로서 보호하고 있는 입장을 취하고 있다.

에서 인격표지의 영리적 이용과 관하여 그동안 논의되었던 쟁점, 즉 보호범위, 양도성, 상속성, 구제수단 등에 관하여 차례로 살필 것이다. 특히 손해배상의 범위와 관련하여 기존 하급심 판결은 재산적 손해, 정신적 손해를 인정함에 있어 통일되지 않은 모습을 보이는데, 그 이유를 분석하여 인격표지의 재산적 이익이 침해당한 경우 인정되어야 할 손해배상의 범위에 관하여 살피는 것은 의미가 있다.

다만, 이러한 논의에 앞서 부정경쟁방지법 제2조 제1호 (카)목이 신설됨에 따라 인격표지의 재산적 이익을 무단으로 이용하는 행위가 부정경쟁행위에 해당할 수 있다면, 그러한 경우 동법에서 규정하는 금지청구, 손해배상액 추정 등을 통하여 강력한 보호를 받을 수 있으므로, 인격표지를 영리적으로 이용할 권리와 관련한 제반쟁점을 다루기 전에 부정경쟁방지법 제2조 제1호 (카)목에 의한 보호가 가능한지에 관하여 본다.

Ⅴ. 부정경쟁방지법 제2조 제1호 (카)목에 의한 인격표지의 재산적 이익 보호가능성

1. 부정경쟁방지법 제2조 제1호 (카)목의 신설배경 및 법적 성격

종래 부정경쟁방지법은 부정경쟁행위에 관하여 열거주의를 채택하여 국내에 널리 알려진 타인의 상표나 상호 등을 부정하는 경우에만 부정경쟁행위로 규율하였다. 그런데 과학기술의 발전으로 인해 부정경쟁행위의 방법이나 수단, 침해대상이 종래 부정경쟁방지법 제정당시 예측하지 못한 형태로 나타나게 되고 그러한 경우에도 공정한 거래질서를 해친다는 점에서 부정경쟁방지법으로 규율할 필요성이 대두되었다.

한편, 종래 부정경쟁행위에 해당하지 않는 경우에도 대법원은 민법상 불법행위책임을 인정함으로써 규율해 왔다. 즉, 대법원은 네이버 광고방해사건에서 “경쟁자가 상당한 노력과 투자에 의하여 구축한 성과물을 상도덕이나 공정한 경쟁질서에 반하여 자신의 영업을 위하여 무단으로 이용함으로써 경쟁자의 노력과 투자에 편승하여 부당하게 이익을 얻고 경쟁자의 법률상 보호할 가치가 있는 이익을 침해하는 행위는 부정한 경쟁행위로서 민법상 불법행위에 해당하는바, 위와 같은 무단이용 상태가 계속되어 금전배상을 명하는 것만으로는 피해자 구제의 실효성을 기대하기 어렵고 무단이용의 금지로 인하여 보호되는 피해자의 이익과 그로 인한 가해자의 불이익을 비교·교량할 때 피해자의 이익이 더 큰 경우에는 그 행위의 금지 또는 예방을 청구할 수 있다고 할 것이다."고 판시[87]하여 불법행위책임을 인정하였을 뿐만 아니라 기존에 인격권 침해로 인한 경우에만 인정되었던 금지청구까지 인용하였다.

그러나 이 판결에 대해서 명문의 규정 없이 불법행위법리에 기하여 금지청구를 인정한 것이 타당한지에 관하여 많은 논란이 있었고, 민법상 불법행위의 법리만으로는 새로운 형태의 부정경쟁행위를 규율하기 어려워 부정경쟁방지법상 일반조항의 입법필요성이 제기되어 부정경쟁방지법 제2조 제1호 (카)목이 신설되었다. 위 (카)목은 (가)목 내지 (차)목에 해당하는 개별 부정경쟁행위와의 관계에서 보충적, 택일적으로 적용되는 조항으로 이해하는 것이 통설이다.[88]

2. 부정경쟁방지법 제2조 제1호 (카)목의 구성요건

가. 보호대상

부정경쟁방지법 제2조 제1호 (카)목의 보호대상은 '타인의 상당한 투자나 노력으로 만들어진 성과 등'이다.

(1) 여기서 '타인'은 타인의 부당한 무임승차 행위로부터 보호를 주장할 수 있는 자를 의미하므로, 그 형태와 관계없이 경제적 이익을 향유할 수 있는 주체라면 자연인뿐만 아니라 법인도 포함된다.[89] 다만, 타인이 경쟁자에 국한되어야 하는지에 관하여는 다툼이 있다. 위 일반조항에

---

87) 대법원 2010. 8. 25.자 2008마1541 결정.

88) 강동세 "부정경쟁방지법상 일반조항을 둘러싼 법적 문제에 대한 소고", 특별법연구 제15권(2018), 292면; 최정열·이규호, 부정경쟁방지법, 진원사(2017), 210면; 문선영, "부정경쟁행위 일반조항에 관한 주요 법적 쟁점 연구", 과학기술법연구 제22집 제1호(2016), 85면 등.

89) 유영운, "부정경쟁방지법 일반조항의 적용범위에 관한 고찰", 서울대학교 법학석사학위논문(2015), 30면.

는 '타인'이라고 기재되어 있을 뿐 법문상 '경쟁자'라는 용어를 사용하고 있지 않다는 이유로 경쟁자에 한정되지 않는다는 견해도 있기는 하나,[90] 위 일반조항이 신설된 계기가 되었던 대법원 2008마1541 판결에서 부정한 경쟁행위의 불법행위 성립요건에 관하여 '경쟁자가 상당한 노력과 투자에 의하여 구축한 성과물'이라고 판시하여 침해자와 권리자가 경쟁관계에 있을 것을 요구하고 있는 점, 부정경쟁행위는 주로 경쟁자 사이에 일어나는 것이 대부분인 점, 위 일반조항에서는 타인의 성과 등을 '공정한 상거래 관행이나 경쟁질서에 반하는 방법'으로 침해할 것을 요건으로 하는데, 결국 위 침해행위를 판단하는 기준으로 동종업계 내에서 대체가능성, 수요자의 혼동가능성을 주요 판단기준으로 삼을 수밖에 없을 것이라는 점에서 경쟁관계를 전제로 하고 있는 점 등을 종합하면, '타인'과 침해자는 경쟁관계에 있어야 한다고 봄이 타당하다. 다만, 경쟁관계가 현실적으로 존재하지 않더라도 가까운 장래에 경쟁관계에 놓일 가능성만으로도 충분하므로, 실제 사건에서 경쟁관계가 존재하지 않는다고 판단되는 사례는 드물 것으로 생각된다.

(2) 또한 '상당한 투자나 노력으로 만들어진 성과 등'이 일반조항의 보호대상이 된다. 위 조항에서 보호대상을 한정하고 있지 아니하므로, 위 '성과 등'은 영업을 위하여 사용할 수 있는 것으로서 경제적 가치가 있고, 구체적인 유형물로 화체화될 수 있는 것뿐만 아니라 무형물도 일반조항의 보호대상인 성과에 해당한다.[91]

(3) 한편, 이러한 '성과 등'은 상당한 투자나 노력에 의하여 만들어져야 한다. 상당한 투자나 노력에 의하여 만들어지지 않은 성과 등은 일반조항의 보호범위에서 제외된다. 이와 관련하여 어느 정도의 투자나 노력이 투입되어야 상당한 투자나 노력으로 만들어진 것으로 볼 수 있는지가 문제가 될 것이나, 이를 일률적으로 판단할 수는 없고 개별적인 사건

90) 강동세(주 88), 297면; 유영운(주 89), 56-57면.

91) 박정희, "부정경쟁방지법 제2조 제1호 차목의 적용범위", 특허소송연구 특별호(2018), 835-836면.

에서 판례가 축적됨으로써 그 기준이 확립되어야 할 것으로 보인다. 다만 일반조항이 보충적인 성격을 갖는다는 점을 감안하면, 적어도 부정경쟁방지법 제1호 (가)목 내지 (차)목의 부정경쟁행위의 보호법익에 대한 투자나 노력에 상응하는 정도의 투자나 노력에 의하여 만들어진 것이어야 할 것이다.[92)]

(4) 판례에서 일반조항의 보호대상으로 본 대표적인 사례로는 유명 연예인의 성명, 사진 등,[93)] 버킨 백, 켈리백 형태,[94)] 골프장 이미지[95)]를 들 수 있고, 보호대상으로 인정되지 않은 사례로는 기관에서 사용하고 있는 색채심리 분석방법 등,[96)] 여성용 이지웨어에 사용하고 있는 상품표지,[97)] 단순히 소프트 아이스크림과 토핑으로서의 벌집채꿀을 조합한 제품의 결합방식이나 판매방식에 관한 아이디어,[98)] 게임규칙[99)] 등을 들 수 있다.

나. 침해방법

(1) 일반조항의 부정경쟁행위에 해당하기 위해서는 '공정한 관행이나 경쟁질서에 반하는 방법으로 자신의 영업을 위하여 무단으로 사용'하여야 한다. 그러므로 타인의 성과를 이용하는 것이 해당 분야의 상거래 관행에 반하지 않는다거나 그러한 이용이 특별히 경쟁질서에 반하는 것이 아니고 오히려 정당한 경쟁을 촉진하는 것인 경우에는 부정경쟁행위라고 할 수 없다.[100)] 한편, '공정한 관행이나 경쟁질서에 반하는 방법'은 일반조항의 입법계기가 되었던 대법원 2008마1541 결정에서 부정한 경쟁행위에 대한 불법행위의 요건으로 제시한 '상도덕이나 공정한 경쟁질서에 반

92) 최정열 · 이규호(주 88), 211면.
93) 대상결정.
94) 대법원 2020. 7. 9. 선고 2017다217847 판결.
95) 대법원 2020. 3. 26. 선고 2016다276467 판결.
96) 서울고등법원 2015. 4. 30. 선고 2014나2018733 판결.
97) 서울고등법원 2016. 1. 12.자 2015라20710 결정.
98) 서울고등법원 2015. 9. 10. 선고 2014나2052436 판결.
99) 서울고등법원 2017. 1. 12. 선고 2015나2063761 판결.
100) 최정열 · 이규호(주 88), 212면.

할 것'을 입법화한 것으로 보이는데, 이는 민법 제750조의 위법성 요건을 구체화한 것으로서 이에 해당하는지 여부는 결국 개별적인 사건에서 이익형량의 과정을 통하여 결정되어야 한다. 또한 '자신의 영업을 위하여 무단으로 이용하는 경우'여야 하므로, 자신의 영업이 아니라 공익을 위해서 사용하거나 영업 이외의 다른 목적으로 사용하는 경우에는 이에 해당하지 않는다.[101)]

(2) 대상결정은 침해방법에 관하여 "권리자와 침해자가 경쟁 관계에 있거나 가까운 장래에 경쟁관계에 놓일 가능성이 있는지, 권리자가 주장하는 '성과 등'이 포함된 산업분야의 상거래 관행이나 경쟁질서의 내용과 그 내용이 공정한지 여부, 위와 같은 '성과 등'이 침해자의 상품이나 서비스에 의해 시장에서 대체될 가능성, 수요자나 거래자들에게 '성과 등'이 어느 정도 알려졌는지, 수요자나 거래자들의 혼동가능성 등을 종합적으로 고려해야 한다."고 판시하여 그 구체적인 판단기준을 제시하면서 경쟁관계를 전제로 하여 상거래 관행, 대체가능성, 수요자의 혼동가능성 등을 그 주요기준으로 삼았다.

다. 타인의 경제적 이익의 침해

일반조항의 부정경쟁행위로 인정되기 위해서는 타인의 '경제적 이익'을 침해해야 한다. 타인의 경제적 이익을 침해한다는 것은 결국 타인에게 경제적 손해를 입게 한다는 것이므로, 정신적 손해만 발생한 경우에는 원칙적으로 일반조항이 적용되지 않는다.[102)] 또한 경제적 이익은 사업자가 그 영업활동을 수행하여 얻는 유형 또는 무형의 경제적 가치나 이익을 의미하여 금전과 같은 유형적인 이익 외에 명성, 신용, 고객흡인력, 영업가치, 기술상 또는 영업상 정보의 가치와 같은 무형의 이익도 포함된다.[103)]

한편, 부정경쟁방지법상 권리를 행사하기 위한 자로서 경제적 이익

---

101) 최정열 · 이규호(주 88), 212면.
102) 최정열 · 이규호(주 88), 213면.
103) 김병일, "부정경쟁행위로 인한 금지청구권", 법학연구 제1권(1999), 11면.

을 침해당하는 자의 범위에 관하여 문제가 되기도 한다. 즉, 상당한 투자나 노력을 투입하여 '성과 등'을 만든 주체와 그 성과와 관련된 모든 권리나 법률상 지위를 승계한 자는 이에 해당한다고 보는데 큰 이견이 없다. 문제가 되는 것은 '성과 등'의 귀속 주체가 있고, 그 귀속 주체로부터 이를 영업상 이용할 권리만을 취득한 제3자가 직접 부정경쟁방지법상 권리를 행사 할 수 있는지이다. 이에 대해서는 다른 지식재산법과 형평을 고려하여 성과를 독점적으로 이용할 권한을 부여받은 자는 직접 부정경쟁방지법상 권리를 행사할 수 있지만, 비독점적인 권한만 있는 자는 이를 직접 행사할 수 없다고 보는 것이 타당하다.[104)]

3. 인격표지의 재산적 이익 보호가능성에 관한 논의

가. 학계의 논의

타인의 인격표지를 무단으로 이용하는 행위에 관하여 퍼블리시티권을 인정하는 판결과 인정하지 않은 판결이 동시에 선고되는 등 실무에서의 혼란이 이어지자, 이를 입법을 통해 해결해야 한다는 주장이 힘을 얻게 되었다. 그리고 종래 퍼블리시티권설에서 그와 같은 행위가 일종의 부정경쟁행위에 해당한다고 보는 견해에서는 부정경쟁방지법의 개정을 통해 퍼블리시티권의 내용을 담아야 한다고 주장하기도 하였다. 이러한 상황에서 새로운 유형의 부정경쟁행위를 규율하기 위해 보충적 일반조항으로서 (카)목이 신설되었고, 이에 (카)목의 일반조항의 내용으로 인격표지에 성립한 재산적 이익을 무단으로 이용하는 행위를 보호할 수 있을지에 관하여 논의가 있다.

학설로는 부정경쟁행위 일반조항이 퍼블리시티권의 법률적 근거가 되므로 독립된 퍼블리시티권을 인정할 수 있다는 견해,[105)] 현행법상 부정경쟁행위 일반조항에 의해서 퍼블리시티권의 보호가 가능하다는 견해,[106)]

---

104) 강동세(주 88), 310면에 의하면, 특허권에 대해서도 비독점적 통상실시권자가 특허권자의 금지청구권을 가지지 않는다는 점에 대해서 견해가 일치한다고 한다.
105) 박준석(주 60), 91-106면.

퍼블리시티권은 저작권법적 요소, 인격권적 요소, 상표법·부정경쟁방지법적 요소 등이 들어있고, 그 밖에 표현의 자유 등 매우 다양한 법영역에 걸쳐 존재하므로 일반조항의 신설에도 불구하고 별도의 입법 필요성이 사라지거나 감소하지 않는다는 견해,[107] 퍼블리시티권의 보호방안으로서 일반조항이 의미가 있기는 하나 적용범위가 제한적인 점을 들어 인격표지의 재산적 이익을 보호하기 위한 궁극적인 해결책이 될 수 없다는 견해[108] 등이 주장된다. 위와 같은 학설의 논의를 살펴보면, 적용범위에 있어 견해가 일치하지는 않으나 일정한 경우 즉, 오랜 기간 활동한 유명 연예인의 인격표지가 가지는 재산적 이익을 무단으로 이용하는 행위에 대한 일반조항의 적용가능성에 대해서는 크게 다툼이 없어 보인다.

나. 대상결정 이전 판례

(1) 박상민 모방가수 사건(서울고등법원 2008. 6. 19. 선고 2008노108 판결, 상고기각)

모창가수가 유명가수 박상민의 특징적인 외양과 행동을 모방하여 나이트클럽에서 공연한 사건에서, 박상민의 성명 및 외양 등이 부정경쟁방지법 제2조 제1호 (나)목 '국내에 널리 알려진 영업표지'에 해당하는지가 문제가 되었다. 이 사건에서 법원은 박상민의 성명은 국내에 널리 알려진 영업표지에 해당하나, 박상민의 외양과 독특한 행동은 위 '영업표지'에 해당하지 않는다고 판시하였다.

(2) 네이버 키워드 사건

키워드 검색광고를 허용한 인터넷 포털사이트의 행위에 관하여, 법원은 "피고들의 행위가 부정경쟁방지법에 위반되었다고 하더라도, 퍼블리시티권을 인정할 수 없어 성명권은 인격권으로 파악되므로, 피고들이 원고들의 경제적 이익을 침해하였다고 할 수 없다. 또 아래에서 보는 바와 같이, 키워드 검색광고는 인터넷 검색 포털사이트에서 일반적으로 사용되

106) 박준우, 퍼블리시티권의 이해, 커뮤니케이션북스(2015), 84면.
107) 남형두, "퍼블리시티권에 관한 해외 사례 연구", 한국저작권위원회(2012), 83-84면.
108) 한지영, "부정경쟁방지법에 의한 퍼블리시티권 보호방안에 대한 비판적 검토", 홍익법학 제17권 제3호(2016), 652-656면.

는 사업방식으로, 키워드 검색광고의 알고리즘 자체가 부정경쟁방지법 제2조 제1호 (카)목에서 규정한 공정한 상거래 관행이나 경쟁질서에 반하는 방법이라고 인정하기 어렵다."고 설시하여 원고들의 이익이 경제적 이익에 해당하지 않고, 침해방법도 위법하지 않다고 판단하였다. 또한 이 판결에서는 인격권 침해에 대해 판단하면서 "원고들의 성명이 고객흡인력을 획득한 것은 원고들의 노력과 투자도 있으나, 피고들을 포함한 인터넷 검색 포털사이트 및 일반 대중이 부여한 인지도와 저명성에서 비롯된 것이다. 따라서 고객흡인력을 가지는 원고들의 성명으로 인한 이득을 원고들만이 독점하여야 한다고 할 수 없다."라는 논거를 제시하였는데, 이는 유명 연예인의 성명이 가지는 재산적인 이익을 일종의 공공영역에 해당하는 것으로 파악한 것으로 생각된다.

다. 대상결정의 검토 및 의의

(1) 일반조항의 보호대상인 '성과 등'에는 유형의 제한이 없으므로, 연예인 등의 인격표지가 가지는 고객흡인력 또한 '성과 등'에 포함될 수 있다. 그리고 이 사건 사실관계를 보면, 채권자는 수년에 걸쳐 방탄소년단의 발굴부터 방탄소년단가 명성 등을 얻기까지 상당한 투자와 노력을 한 것으로 평가 할 수 있고, 그러한 결과 형성된 방탄소년단과 관련된 고객흡인력을 누구나 자유롭게 이용할 수 있는 공공영역에 속하는 이익이라고 볼 수는 없으므로, 이 사건에서 방탄소년단이 가지는 고객흡인력은 '상당한 투자나 노력으로 만들어진 성과 등'에 해당한다고 봄이 타당하다.

그리고 채무자가 이를 '공정한 상거래 관행이나 경쟁질서에 반하는 방법'으로 사용했는지 여부가 문제가 되는데, 특히 이 사건에서는 채무자가 연예잡지를 발행하는 출판사로서 통상적인 보도의 범위 내에서 방탄소년단의 사진, 성명 등을 이용하는 행위는 언론·출판의 자유를 누리기 때문이다. 그러나 이 사건 특별부록은 통상적인 보도의 범위를 넘어선 실질적으로 화보집에 가까웠고, 채권자가 발행하는 화보집을 대체할 수 있을 뿐만 아니라 소비자들의 입장에서도 채무자가 채권자의 승낙을 얻어 출간하는 행위로 오인할 수 있는 가능성도 존재하였기 때문에, 채권자나 방탄소년단의 허락 없이 이 사건 특별부록을 제작·판매하는 행위는 경쟁관계에 있는 채권자의 경제적 이익을 침해하는 행위로서 '공정한 상거래 관행이나 경쟁질서에 반하는 방법으로 자신의 영업을 위하여 채권자의 성과 등을 무단으로 사용하는 행위'에 해당한다. 따라서 대상결정의 결론은 타당하다.

(2) 대상결정은 불명확한 개념의 일반조항의 구성요건에 관하여 '성과 등', '상당한 투자나 노력', '공정한 상거래 관행이나 경쟁질서에 반하는 방법'에 관하여 이를 판단하기 위한 구체적인 기준을 최초로 제시하였다는 점에서 의미가 있다. 또한 초상, 성명 등 인격표지에 성립한 재산적 이익을 무단으로 이용하는 행위에 관하여 일반조항을 적용하여 부정경쟁행위로 인정한 최초의 사례이기도 하다.

인격표지에 성립한 재산적 이익을 일반조항의 보호대상에 포함시켜 이를 무단으로 이용하는 행위를 부정경쟁행위로 볼 수 있다면, 민사상 구제수단으로 침해금지, 침해예방청구를 청구할 수 있을 뿐만 아니라(동법 제4조) 나아가 손해배상과 관련하여 침해자가 침해행위에 의하여 얻은 이익이나 침해된 표장 등에 관한 사용료 상당액 등을 손해액으로 보아 그 배상을 구할 수 있다(동법 제14조의2). 따라서 부정경쟁행위에 해당하는 경우 그동안 논의 되었던 퍼블리시티권설에 의할 때 금지청구를 인정할 것인지, 인격권설에 의할 때 재산적 손해를 어떻게 산정할 것인지 등에 관한 문제가 상당부분 해소가 될 것으로 보인다.

또한 대상결정은 인격표지의 주체가 아닌 인격표지의 재산적 이익의 성립과정에 참여하였던 제3자의 금지청구를 인정함으로써 인격표지에 관한 독점적인 이용권을 가지고 영업행위를 함으로써 재산적 이익 발생에 기여한 자의 권리구제가 가능하게 되었다. 종래 연예인과 전속계약을 체결한 소속사를 원고로 하여 제기된 손해배상사건에서, 법원은 소속사의 경우 직접적인 청구권이 없다거나(욘사마 사건), 계약서의 내용을 해석하여 손해배상청구권을 양도받은 것으로 해석하여(김민희 사건) 간접적으로 보호했다면, 인격표지의 재산적 이익 형성에 직접 관여하고 그 결과 연예인의 명성·신용·고객흡인력이 상당한 수준에 이르는 경우 소속사가 직접 부정경쟁방지법상 구제수단을 행사할 수 있게 되어 종전보다 훨씬 두텁게 보호받을 수 있다.[109)]

그러나 일반조항만으로 인격표지에 성립한 재산적 이익에 관한 제반 문제가 모두 해결된다고 보기 어렵다. 일반조항은 '상당한 투자나 노력으로 만들어진 성과 등'을 구성요건으로 하기 때문에 인격표지를 무단으로 이용하는 모든 사안에 있어서 적용된다고 볼 수 없다. 예컨대, 우연한 기회에 유명인사가 되었다거나 갑자기 스타가 된 경우에도 상당한 고객흡인력을 가질 수 있는데 이 경우에는 상당한 투자나 노력이 존재하지 않기 때문에 일반조항이 적용되지 않는다.[110)] 또한 유명인이라고 하더라도 어느 정도 수준에 이르러야 '성과 등'으로 평가할 수 있는 '상당한 고객흡인력'에 해당하는지 모호하고, 일반인의 경우에는 애초에 상당한 고객흡인력이 있다고 인정되기 어려워 애초에 일반조항의 적용범위에서 제외된다. 따라서 이러한 경우에는 종전과 같이 민법상 불법행위에 의하여 규율될 것이다.

나아가 부정경쟁방지법은 행위규제형 입법형식을 취함으로써 기존의 퍼블리시티권과 관련하여 제기되었던 양도성, 상속성, 존속기간 등에 관하여 아무런 해답을 제시하지 못한다는 점에서, 여전히 퍼블리시티권을 둘러싼 제반 쟁점을 검토할 필요가 있다. 따라서 아래에서는 퍼블리시티권에 관한 쟁점 중 가장 문제가 되는 양도성 및 상속성 인정 여부, 구제수단에 대하여 살피도록 한다.

---

109) 유명 연예인이 상당한 수준의 고객흡인력을 취득하게 되기까지 소속사가 유명 연예인의 인지도 등을 높이기 위하여 상당한 투자나 노력을 투입하는 것이 일반적일 것이므로, 유명 연예인의 인격표지를 무단으로 이용하는 행위에 대하여 소속사가 직접 부정경쟁방지법상 금지청구나 손해배상청구를 하는 것이 가능할 것으로 보인다.

110) 한지영(주 108), 656면.

Ⅵ. 퍼블리시티권에 관한 제반 쟁점의 검토

1. 양도성 내지 이용허락

가. 양도성 인정 여부

(1) 학설의 논의

인격표지를 영리적으로 이용할 권리의 법적 성질을 '독립된 재산권으로서 볼 것인지 아니면 인격권으로 이해할 것인지'에 대한 가장 큰 논의의 실익을 가지는 부분은 양도성을 인정할 것인지이다. 인격표지를 영리적으로 이용할 권리를 독립된 재산권으로 이해하는 견해에서는 재산권의 속성상 양도성을 인정하는 입장을 취할 가능성이 높고, 인격권의 입장에서 이해하는 견해에서는 인격권의 본질상 인격주체에 일신전속하는 권리이기 때문에 양도성을 부인하는 입장을 취할 가능성이 높다. 아래에서는 각각의 견해와 논거를 살펴본다.

가) 양도성을 인정하는 견해

독립된 재산권으로서 퍼블리시티권을 인정하는 입장에서는 대체로 퍼블리시티권의 양도성을 인정한다. 그리고 그 근거로 ① 개인이 다른 사람에게 그 이용이나 개발을 위하여 권리를 일부 또는 전부를 양도할 수 없다면 권리로서의 존재 이유가 없어지게 된다는 점,[111] ② 우리 사회에서 실제로 퍼블리시티권을 양도하는 계약이 빈번하게 체결되고 있어 양도의 필요성이 있는 점,[112] ③ 퍼블리시티권의 권리대상으로 논의되는 것은 인격 그 자체가 아니라 인격의 발전물에 지나지 않는다는 점,[113] ④ 연예인이 퍼블리시티권을 연예기획사 등 전문회사에 맡기는 경우 더욱 효율적인 관리·이용이 가능하다는 점에서 퍼블리시티권의 양도를 인정하는 것이 그 주체에게도 이롭다는 점,[114] ⑤ 퍼블리시티권이 독립된

---

111) 서태환, "퍼블리시티권(Right of Publicity)의 의미와 그 양도성 및 상속성", 청주법률논단 제1집(1999), 484면.

112) 이한주, "퍼블리시티권에 관하여", 사법논집 제39집(2004), 386면; 남형두(주 20), 70면.

113) 이한주(주 112), 386면.

배타적 재산권임을 인정하는 이상 민법의 대원칙인 계약자유의 원칙에 비추어 그 양도성을 인정함이 타당하고, 그로 인한 문제점은 퍼블리시티권 양도의 범위 및 효과에 관한 당사자 의사표시의 합리적 해석과 민법 제103조, 제104조의 규정 등을 통해 통제할 수 있는 점[115)] 등을 제시한다.

한편, 인격권설에 입장에 있으면서도 저작권이 저작인격권과 저작재산권으로 분리되어 저작재산권은 양도되더라도 저작인격권은 저작자가 그대로 보유하고 있는 것에 착안하여 기존의 초상권 개념으로도 양도성을 인정하지 못할 것은 아니라는 견해[116)]도 있다.

나) 양도성을 인정하지 않는 견해

인격권설의 입장에서는 대체로 인격표지를 영리적으로 이용할 권리의 양도성을 인정하지 않는다. 그 근거로는 ① 인격권의 경제적 가치로서의 초상·성명영리권은 그 재산권적 성질을 고려한다고 하더라도 이는 일신전속적인 인격권 중 하나의 모습에 지나지 않는 점,[117)] ② 인격권 중 재산적 이익을 보호하는 부분이 양도되고 이것이 자유롭게 유통된다면 결과적으로 권리자의 인격발현을 제한하는 결과를 초래하여 인간의 존엄성 측면에서 문제를 야기할 수 있는 점, ③ 인격주체가 퍼블리시티권을 타인에게 양도한 경우 해당하는 초상, 성명 등의 징표 부분에 관해서는 더 이상 통제할 수 있는 지위를 완전히 상실하게 되어 인격의 상품화 등의 문제가 심각해 질 수 있는 점[118)] 등이 제시한다.

한편, 독립된 재산권으로서의 퍼블리시티권을 인정하는 견해에서도 퍼블리시티권의 양도성을 인정하지 않는 견해가 있다. 이러한 견해들의 논거로는 ① 퍼블리시티권이 재산권이라 하여 당연히 양도할 수 있는 것

114) 남형두(주 20), 57면.

115) 이미선, "퍼블리시티권(Right of Publicity)에 관한 고찰: 그 범위와 한계 및 입법화 방안과 관련하여", LAW & TECHNOLOGY 제6권 제2호(2010), 114면.

116) 정경석, "초상권의 침해요건과 구제방법", 저스티스 제98호(2007), 127면.

117) 김영훈, "하급심 판결례의 퍼블리시티권(Right of Publicity) 인정에 대한 비판적 고찰", 사법논집 제44집(2007), 374면.

118) 안병하(주 64), 115면.

이라고 보기 어렵고, 퍼블리시티권이 인격과 완전히 단절될 수 있는 것이라고 하기 어렵다는 점,[119] ② 퍼블리시티권도 인격으로 파생하는 권리로서 그 사용은 인격주체가 통제할 수 있어야 한다는 점;[120] ③ 자신의 동일성을 표상하는 성명·초상 등의 양도는 선량한 풍속 기타 사회질서에 위반된다는 점[121] 등을 제시한다.

(2) 판　　례

하급심 판결 중 퍼블리시티권을 인정하는 판결에서는 대체로 양도성을 인정하는 입장인 것으로 보인다.[122]

한편, 퍼블리시티권을 인정하지 않은 판결 중에서[123] 초상권과 성명권이 양도나 상속의 대상이 되지 않는다고 판단한 경우도 있었다. 연예인과 전속계약을 체결한 원고가 소속 연예인의 전 소속사와 광고모델계약을 체결한 피고를 상대로, 채무불이행 내지 퍼블리시티권, 인격권 침해의 불법행위로 인한 손해배상을 구한 사건에서, 법원은 "제3자가 무단으로 연예인의 초상이나 성명을 상업적으로 이용했다면 그 연예인의 '초상·성명을 상업적으로 이용할 권리'로서의 초상권·성명권을 침해하였다고 할 것이고, 그렇다면 연예인의 초상권·성명권을 침해한 자는 그 침해로 인하여 연예인이 입은 재산상 손해에 대하여 배상할 책임이 있다." 고 설시하면서, "인격권으로서의 초상권과 성명권은 일신전속적 권리로서 양도나 상속의 대상이 되지 아니하므로, 김지영(예명 한채영)의 초상권과 성명권은 김지영 본인에게 귀속될 뿐이므로, 소속사에 불과한 원고에 대하여 직접 불법행위를 구성한다고 할 수 없다."고 판시하여 명시적으로 양도성을 부정하였다.[124]

---

119) 한위수(주 8), 114면.

120) 구재군, "퍼블리시티권에 관한 연구", 외법논집(한국외국어대학교 법학연구소) 제30집(2008), 219-220면.

121) 이상정, "퍼블리시티권에 관한 소고", 아세아여성법학 제4호(2001), 318면.

122) 비달사순 사건, 장정 사건, 프로야구선수 V 사건 등.

123) 한채영 사건(서울중앙지방법원 2018. 12. 21. 선고 2016가합566967 판결, 확정).

124) 나아가 이 사건에서는 전속계약의 내용에 의하여 소속 연예인의 인격권 침해로 인한 손해배상 청구권을 원고가 행사하기로 약정하였다 하더라도, 초상권이 일신

(3) 검　토

인격권을 다양한 권리가 모여 있는 권리의 다발(bundle of right)로 생각한다면, 그중 인격주체와의 분리가능성이 인정되는 부분에 관하여 양도가 가능하다는 해석이 불가능한 것은 아니다. 해석론적으로 양도를 인정할 것인지는 현실적으로 그러한 해석이 필요한지와 그로 인하여 어떠한 문제점들이 파생될 것인지 등을 종합적으로 고려해서 판단해야 한다.

널리 사용되고 있는 공정거래위원회가 고시한 표준전속계약서에 의하면, 퍼블리시티권이라는 표제하에 제9조에서 "① 갑은 계약기간에 한하여 본명, 예명, 애칭을 포함하여 을의 모든 성명, 사진, 초상, 필적, 음성, 기타 을의 동일성(identity)을 나타내는 일체의 것을 을의 연예활동 또는 갑의 업무와 관련하여 이용할 수 있는 권한을 가지며, 계약기간이 종료되면 그 이용권한은 즉시 소멸된다."고 기재되어 있어 사실상 양도보다는 독점적인 이용권 부여의 형태로 계약이 체결되고 있다. 이처럼 거래현실에서 독점적 이용허락의 형태로 계약이 체결되고 있는 이상, 더 나아가 양도까지 인정할 현실적인 필요성이 있다고 보기는 어렵다.

또한 인격표지를 영리적으로 이용할 권리의 완전한 양도를 인정하더라도 인격주체의 인격권과의 충돌문제가 발생할 수 있다. 예컨대, 초상권의 경우, 주체에게 촬영거절권, 공표거절권, 초상영리권이 있다고 하면, 그중 인격주체가 초상영리권을 양도하였다고 하더라도 여전히 촬영거절권과 공표거절권을 가지고 있기 때문이다.[125] 그리고 구체적인 사안에서 이익형량의 과정에서 인격적 이익이 경제적 이익보다 더 우월하다고 판단될 가능성이 높으므로, 결국 초상영리권을 양도하였다고 하더라도 인격주체의 의사에 반하는 권리행사의 범위는 좁아지게 된다. 그렇다면 결국 양도성을 부정하면서 이용허락을 인정하는 것과 결과가 크게 다르지 않다.

전속적 권리인 이상 원고가 위와 같은 계약 조건으로써 피고에 대하여 김지영의 손해배상 청구권을 주장할 수는 없다고 판시하기도 하였다.

125) 인격표지를 영리적으로 이용할 권리를 타인에게 양도하였다고 하여 주체의 촬영거절권이나 공표거절권을 항구적으로 포기한 것이라 보는 것은 인간의 존엄과 가치에 근본적으로 반하는 것으로서 허용될 수 없을 것이다.

나아가 인격표지의 효율적인 관리·이용이 반드시 양도의 형태로 이루어져야만 가능한 것이 아니라 독점적인 이용허락의 형태로도 충분히 그 목적을 달성할 수 있는 점, 양도를 인정하게 될 경우 공시방법이 사실상 존재하지 아니하여 거래 안전을 훼손할 수 있는 점, 이용허락을 받은 자에 대해서도 부정경쟁방지법 제2조 제1호 (카)목의 적용가능성이 인정되어 강력한 보호가 가능해졌다는 점 등을 감안하면, 인격표지를 영리적으로 이용할 권리를 인격권에서 따로 떼어내어 제3자에게 귀속시키는 형태의 양도는 인정되지 않는다고 봄이 타당하다.

나. 이용허락을 받은 자의 보호방법

인격표지를 영리적으로 이용할 권리를 제3자에게 완전히 양도하는 것은 가능하지 않더라도 타인으로 하여금 자신의 인격표지를 이용할 권한을 부여하는 것은 가능하다. 그러나 이러한 경우 이용허락을 받은 이용권자는 단순히 채권을 보유하고 있는데 그치므로 제3자에 의한 권리침해가 발생할 경우 이용권자를 어떻게 보호할 것인지가 문제된다.

우선, 이용권자는 부정경쟁방지법상 구제수단을 활용할 수 있다. 대상결정에서와 같이 연예인과 전속계약을 체결하고 상당한 노력을 투자한 경우에 있어서 이용권자는 제3자를 상대로 부정경쟁방지법 제2조 제1호 (카)목의 부정경쟁행위를 주장하며 금지청구, 손해배상청구를 할 수 있다. 현실적으로 유명 연예인과 관련하여 발생하는 대부분의 사건들은 위 조항에 의하여 규율될 것으로 생각된다.

다음으로, 제3자의 행위가 '제3자에 의한 채권침해'에 해당하는 경우 불법행위로 인한 손해배상을 청구할 수 있다. 채권침해가 위법한지 여부는 침해되는 채권의 내용, 침해행위의 태양, 침해자의 고의 내지 해의의 유무 등을 참작하여 판단하는데,[126] 표준전속계약서가 널리 사용되고 있는 현실을 감안하면, 소속사가 존재하는 연예인의 초상 등을 무단으로 이용한 행위에 대해서는 위법성이 인정될 가능성이 높아 보인다.[127] 또

126) 대법원 2003. 3. 14. 선고 2000다32437 판결 등 참조.

127) 정솔미 사건에서, 법원은 소속사의 손해배상청구에 관하여 "피고의 행위가 협찬

한 이용권자가 손해배상청구권을 양도받아 권리를 행사하거나 부당이득 반환청구권을 행사하는 것도 가능해 보인다.

2. 상 속 성

유명스타 A에게 대가를 지급하고 A의 초상을 광고 등에 이용한 회사가 있다고 가정해보도록 하겠다. 만약 A가 갑자기 사망한다면, 그 회사는 A의 사망 이후부터 아무런 대가를 지불하지 않고 A의 초상을 사용할 수 있는 것인가. 사안을 바꾸어서 유명스타 A가 사망한 후 일반인들의 A에 대한 추모감정에 착안하여 유가족의 동의 없이 A가 활발히 활동하였던 시기의 모습을 담은 화보집을 제작·판매하여 수익을 얻는 것은 가능한가.

퍼블리시티권이 인정되는 미국이나 우리나라에서 퍼블리시티권을 독립된 재산권으로 인정하는 견해에 의하면 퍼블리시티권의 상속성이 인정되기 때문에 상속인들이 퍼블리시티권 침해를 이유로 금지와 손해배상청구를 할 수 있다. 한편, 퍼블리시티권을 독립된 재산권으로 인정하지 않고, 인격표지의 재산적 이익을 인격권으로서 보호한다면, 위와 같은 행위를 어떻게 규율해야 할 것인지가 문제된다.

인격권설의 입장에서는 이러한 문제를 인격표지를 영리적으로 이용할 권리의 상속성을 인정함으로써 해결해야 한다고 주장하는 견해가 다수인 것으로 보이는데, 상속성이 인정되기 위해서는 우선 사자(死者)가 사망 후에도 인격권을 가지고 있음이 전제가 되어야 하므로, 아래에서는 '사자(死者)의 인격권이 인정되는지'의 문제를 검토하고, 만약 사자의 인격권이 인정된다면, 그러한 권리가 상속이 가능한지에 관하여 검토해 본다.

가. 사자(死者)의 인격권 인정 여부

사자(死者)의 인격권을 인정할 수 있을지에 대해서 이를 인정하는 견해와 부정하는 견해가 주장되어 왔다. 그러한 상황에서 대법원 2008.

사진을 제공받은 목적의 범위를 벗어나는 위법한 광고행위에 해당하고, 원고들이 케이투코리아와 이 사건 모델계약을 체결하여 전속모델인 사실을 알았거나 알 수 있었다."고 판시하여 채권침해에 의한 불법행위책임을 인정한 것으로 보인다.

11. 20. 선고 2007다27670 전원합의체 판결[128]에서는 다수의견에 대한 보충의견과 반대의견에 대한 보충의견으로 사자의 인격권을 인정할 수 있는지에 관하여 상세하게 논리를 전개하며 의견을 밝혔다.

(1) 다수의견의 보충의견은, 실정법에서 망인의 인격권에 관한 보호 규정을 두고 있지 않은 경우에 망인의 인격권을 일반적으로 인정할 수 있는지에 관하여는 신중한 접근이 필요하다는 전제하에 "사람은 생존하는 동안 권리와 의무의 주체가 되는 것이므로(민법 제3조), 사망한 후에는 그 주체가 될 수 없다. 또한, 인격권은 일신전속권으로서 그 주체의 인격에 전속하여 그 주체와 분리될 수 없는 것이므로, 재산권과는 달리 양도나 상속의 대상이 될 수 없고, 따라서 법률에 특별한 규정이 없는 한 그 귀속주체가 사망함에 따라 소멸한다고 보아야 한다."고 설시하였다.

(2) 한편, 반대의견에 대한 보충의견은, "인간의 존엄성을 보호해야 할 국가의 의무는 사후(死後)에도 계속 존재하는 것이다. 그리고 만약 사람의 사후에 그 인격이 비하된다면 인간의 존엄과 가치는 훼손되고 살아있는 동안의 인간의 존엄성 보장조차 유지될 수 없다. 이는 인간의 존엄성에 기초한 우리 헌법의 기본 정신과 헌법 제10조에 근거한 개인의 인격권 보장의 이념에 반하는 것으로 받아들일 수 없다.[129] 그렇다고 한다

128) 이 사건은 망인의 유체·유골의 승계권자 및 피상속인이 생전행위 또는 유언으로 자신의 유체·유골의 처분 방법을 정하거나 매장장소를 지정한 경우 그 효력이 문제가 된 사건이다.

129) 최근 위 전원합의체 판결의 반대의견에 대한 보충의견과 유사한 취지로 사망한 자의 인격적 이익을 보호할 필요성을 설시한 대법원 판결이 선고되기도 하였다(대법원 2018. 5. 11. 선고 2018도2844). 구 의료법(2016. 5. 29. 법률 제14220호로 개정되기 전의 것) 제19조에서 "의료인은 이 법이나 다른 법령에 특별히 규정된 경우 외에는 의료·조산 또는 간호를 하면서 알게 된 다른 사람의 비밀을 누설하거나 발표하지 못한다."고 규정하고 있었는데, 위 구 의료법 제19조에서 정한 '다른 사람'에 이미 사망한 사람이 포함되는지 여부가 문제된 사건에서, 대법원은 "개인의 인격적 이익을 보호할 필요성은 그의 사망으로 없어지는 것이 아니다. 사람의 사망 후에 사적 영역이 무분별하게 폭로되고 그의 생활상이 왜곡된다면 살아있는 동안 인간의 존엄과 가치를 보장하는 것이 무의미해질 수 있다. 사람은 적어도 사망 후에 인격이 중대하게 훼손되거나 자신의 생활상이 심각하게 왜곡되지 않을 것이라고 신뢰하고 그러한 기대 속에서 살 수 있는 경우에만 인간으로서의 존엄과 가치가 실효성 있게 보장되고 있다고 말할 수 있다."라고 판시하면서 구 의료법

면, 실정법에 명문의 규정이 있는지 여부를 불문하고 사람의 명예와 같은 일반적 인격권은 사후에도 보장되어야 하고, 그러한 범위 내에서 사자도 인격권의 주체가 된다. 즉, 사자의 권리는 사망 후 단순한 사체로서는 주체성을 인정하기 어렵다 할지라도 사자가 생존시에 이루어 놓은 명예, 인격과 의사표시 등에 대하여는 당연히 헌법상 보장의 대상이 된다. 다만, 사자의 인격권은 영원히 보장되는 것이 아니라 망인에 대한 기억이 희미해져가고 시간이 흐름에 따라 그 보호의 필요성은 그만큼 사라져 가는 것이다."라고 설시하였다.

(3) 생각건대, 민법 제3조에서 "사람은 생존한 동안 권리와 의무의 주체가 된다"라고 규정하고 있기는 하다. 그러나 저작권법 제14조,[130] 상표법 제7조 제1항,[131] 언론중재 및 피해구제 등에 관한 법률 제5조의2에서 사망한 자의 인격을 그 보호대상으로 삼고 있기도 하다. 이와 같은 입법은 개인의 인격적 이익의 보호필요성이 사망으로 없어지는 것이 아니라는 점을 방증한다. 또한 유족 고유의 인격권 보호를 통해 사자의 인격권을 간접적으로 보호하는 형태로는 사자의 인격을 보호하기에 충분하지 않을 뿐만 아니라 인격과 관련된 개별적인 이익의 경우 생존하는 경우와 사망 직후가 그 보호필요성이 크게 다르지 않다. 그렇다면 인간의 존엄과 가치를 기반으로 하는 인격권은 제한되는 범위 안에서 사자에게도 인정되어야 할 것이다.

나. 인격권의 재산적 부분의 상속성 인정 여부

(1) 한편, 사자의 인격권을 인정한다고 하더라도 그것이 일신전속적인 권리라면 상속의 대상이 될 수 없다(민법 제1005조 단서). 그리고 일반적으로

19조에서 정한 '다른 사람'에 이미 사망한 사람도 포함된다고 보았다.

130) 저작권법 제14조 제1항에서는 "저작인격권은 저작자 일신에 전속한다."고 규정하고 있고, 제2항에서는 "저작자의 사망 후에 그의 저작물을 이용하는 자는 저작자가 생존하였더라면 그 저작인격권의 침해가 될 행위를 하여서는 아니된다."고 규정하고 있다.

131) 상표법은 제7조 제1항 제1호에서는 '종교 또는 저명한 고인과의 관계를 허위로 표시하거나 이들을 비방 또는 모욕하거나 이들에 대하여 나쁜 평판을 받게 할 염려가 있는 상표에 대하여 상표등록을 받을 수 없다'고 규정하고 있다.

인격권은 비재산권적인 성격으로서 일신전속적인 권리로 이해되기 때문에 인격표지에 성립한 재산적 이익을 인격권의 한 내용으로 보는 한 이 또한 선불리 상속성을 인정하기 어렵다.

이에 대하여 일반적으로 인격권에 의하여 인격표지의 재산적 이익을 보호하는 견해에서도 주체의 사망 이후에는 재산권으로서의 성격을 더 강하게 가진다거나 사망자의 노력에 의해 취득한 이익을 상속인에게 귀속시키는 것이 타당하다는 등의 이유로 상속성이 인정되어야 한다는 견해가 다수인 것으로 보인다.[132)]

(2) 미국에서는 퍼블리시티권을 인정하는 주의 대부분은 보통법 혹은 성문법을 통하여 퍼블리시티권의 상속성을 인정하고 있다.[133)] 독일에서는 인격표지의 재산적 이익을 인격권의 내용으로 구성하여 보호하는 입장을 취하고 있다. 종래 독일에서의 학설과 판례는 인격표지의 재산적 이익의 상속을 인정하지 않았지만, 독일 연방대법원이 '마를레네 디트리히(Marlene Dietrich) 판결'에서 인격권을 비재산적 구성부분과 재산적 구성부분으로 나누고 후자는 상속이 가능하다고 판시하여 상속성을 인정하였다.

우리나라의 하급심 판결은 퍼블리시티권을 인정하는 입장에서는 상속성을 대체로 인정한다.[134)] 그러나 인격표지의 재산적 이익을 인격권 침해로 구성하는 관점에서는 앞서 한채영 사건에서 초상권 · 성명권에 '초상 · 성명을 상업적으로 이용할 권리'가 포함되어 있다고 보면서도 인격권으로서의 초상권과 성명권은 일신전속적 권리로서 양도나 상속의 대상이 되지 않는다고 판시하여 상속성을 부정하고 있다.

(3) 생각건대, 인격권은 인격적 가치와 경제적 가치를 겸유한 권리

---

132) 상속성이 인정되어야 한다는 견해로는, 권태상(주 20), 268면; 최형구, "퍼블리시티권의 사후존속", 산업재산권 제34호(2011), 354면; 김상중, "'퍼블리시티권'에 관한 국내 논의의 현황과 비교법적 고찰을 통한 법리적 제언", 비교사법 제23권 제1호(2016), 39면 등이 있다.

133) 권영준(주 12), 20면.

134) 제임스딘 Ⅲ, 이효석 사건, 김두한 사건, 본 더치 사건.

이다. 그리고 실제로 인격표지에 성립된 재산적 이익은 주체의 사망 후에도 상당기간 존속하고 있다. 한편, 인격권이 종래 일신전속적인 권리로서 상속의 대상이 되지 않는다고 여겨져 왔던 것은 인격권이 인격적 이익만을 보호한다고 생각했기 때문이다. 그러나 앞서 살펴보았듯이 인격권이 단순히 인격적 이익만을 보호하는 것이 아니라 재산적 이익을 보호한다고 한다면, 인격권의 내용 전부를 일신전속적인 권리라고 평가할 필요는 없다. 즉, 보호필요성이 있고 그것이 법해석적으로 불가능하지 않다면, 충분히 상속성을 인정할 수도 있다고 생각한다.

인격권은 이른바 권리의 다발로서 다양한 권리의 집합체이다. 그 속에는 인격주체와 따로 떼어내서 성립할 수 있는 권리가 있는가 하면, 상대적으로 일신전속성이 약한 권리도 있다.[135] 그리고 그러한 일신전속성은 인격주체가 사망하면 더욱 그 연결고리가 약화된다. 따라서 인격권이 일신전속적인 권리라고 하여도 일신전속성이 약한 부분에 대해서까지 상속이 불가능하다고 볼 필요는 없다.

또한 인격표지에서 파생된 경제적 이익을 누구에게 귀속시키는 것이 합당한지 생각해 볼 필요가 있다. 보통 유명 연예인의 인격표지가 가지는 고객흡인력은 연예인 본인의 노력뿐만 아니라 일반 대중의 관심, 지지 등에 의하여 발생되지만 이를 누구나 자유롭게 이용할 수 있는 공공영역에 속한다고 볼 수는 없다. 그렇다면 주체의 사망이라는 우연적인 요소로 인하여 종래 보호되어왔던 인격주체의 재산적 이익을 곧바로 공공영역으로 환원시킬 필연적 이유는 없으므로, 그 재산적 이익을 일정기간 상속인들에게 귀속시키는 것이 타당하다.

다만, 위 전원합의체 판결에서 반대의견의 보충의견이 밝힌 바와 같이 '사자의 인격권은 영원히 보장되는 것이 아니라 망인에 대한 기억이 희미해져가고 시간이 흐름에 따라 그 보호의 필요성은 그만큼 사라져가는 것이'기 때문에 그러한 재산적 이익의 보호필요성도 시간이 지남에 따

135) 권영준(주 12), 143면.

라 흐려질 수 있다. 따라서 상속성을 인정하는 경우 존속기한을 정해야 하는 문제가 발생하나, 이는 해석론적으로 이끌어내기에 한계가 있으므로 결국 입법을 통하여 해결해야 할 문제라고 생각한다.

3. 구제수단

가. 손해배상청구

(1) 판례의 동향

인격표지의 재산적 이익을 침해하는 사안에 있어 구제수단으로 가장 많이 활용되는 것은 손해배상청구이다. 그런데 그동안의 하급심 판결에서는 동일한 유형의 사안에서도 손해배상의 범위를 달리 인정해 왔다. 구체적으로 하급심 판결의 유형을 분류하면,[136] ① 퍼블리시티권을 인정하고 재산적 손해에 대한 배상을 인정한 판결,[137] ② 퍼블리시티권을 인정하고 정신적 손해에 대한 배상을 인정한 판결,[138] ③ 퍼블리시티권을 부정하고 정신적 손해에 대한 배상을 인정한 판결,[139] ④ 퍼블리시티권을 부정하고 재산적 손해에 대한 배상을 인정한 판결,[140] ⑤ 퍼블리시티권을 부정하고 재산적 손해와 정신적 손해를 모두 인정한 판결[141]로 나누어 볼 수 있다. 그리고 최근 하급심(서울고등법원)의 경향은 재산적 손해와 정신적 손해를 모두 인정하는 입장을 취한 것으로 보인다.

(2) 재산적 손해 인정 여부

가) 인격권을 인격적 이익만을 보호하는 권리라고 본다면 인격권 침해로 인한 재산적 손해를 인정하는 것은 굉장히 어색할 수 있다. 그러나

136) 이러한 분류방법에 대해서는 권영준(주 12), 71면을 참고하였다.

137) 장정 사건, 이영애 사건, 프로야구선수 Ⅰ 사건, 류시원 사건, 욘사마 사건, 최여진 사건 등 다수.

138) 민효린 Ⅲ 사건, 유이 Ⅱ 사건.

139) 류승범 등 사건. 김민희 · 손담비 사건, 송혜교 Ⅰ 사건, 송혜교 Ⅲ 사건, 수애 등 사건, 백지영 Ⅱ 판결 등.

140) 황정음 사건, 백지현 사건(서울중앙지방법원 2017. 5. 23. 선고 2016가단5156399 판결, 확정), 김보성 사건.

141) 김선아 사건, 이민호 사건, 왕석현 사건.

인격권은 인격적 이익과 재산적 이익을 겸유하는 권리로서 인격권 침해행위는 인격적 이익의 침해뿐만 아니라 재산적 이익의 침해의 결과를 낳을 수 있다. 그렇다면 인격권의 주체는 재산적 이익의 침해로 인한 손해의 배상을 청구할 수 있다고 봄이 타당하다. 그런데, 타인의 인격표지에 성립한 재산적 이익을 허락 없이 영리적으로 이용하는 경우에 있어서 인격주체에게 발생한 손해가 무엇인지가 문제된다. 즉, 인격표지 내지 인격표지가 가지는 재산적 이익은 그것이 무단으로 이용되었다고 하더라도 현실적으로 재산적 가치가 감소가 되었다고 보기는 어렵기 때문에[142] 불법행위로 인한 손해배상에 있어서 전통적으로 인정되어 왔던 차액설의 관점에서 보면, 인격주체의 재산적 손해가 없는 것이 아닌가 하는 의문이 들 수 있기 때문이다. 따라서 결국 인격표지의 재산적 이익을 침해하는 행위로 인한 재산적 손해의 문제는 결국 손해의 개념을 어떻게 파악해야 하는지와 맞닿아 있다.

나) 손해란 법익의 침해로 피해자가 입은 불이익을 의미한다. 손해에 대한 개념으로는 차액설과 구체적 손해설이 있는데, 그 중 차액설은 손해를 자연적·사실적 측면에서 파악하는 것으로 '불법행위가 없었더라면 피해자가 현재 가지고 있었을 이익상태와 불법행위로 인하여 피해자가 현재 가지고 있는 이익상태 사이의 차이'를 손해라고 한다.[143] 대법원[144]도 불법행위로 인한 손해의 개념에 관하여 "불법행위로 인한 재산상 손해는 위법한 가해행위로 인하여 발생한 재산상 불이익, 즉 그 위법행위가 없었더라면 존재하였을 재산상태와 그 위법행위가 가해진 현재의 재산상태의 차이를 말하는 것"이라고 하여 차액설의 입장을 취하고 있다.

한편, 차액설에 따르면 가해행위 전후에 총재산가액에 변동이 없는 경우에는 손해가 있다고 할 수 없기 때문에 이러한 경우 배상을 인정하

142) 물론, 인격표지의 재산적 이익의 직접 감소를 초래하는 행위에 대해서는 재산적 손해가 발생한다.
143) 곽윤직 編, 민법주해 Ⅸ, 채권 2, 박영사(2006), 465-466면(지원림 집필부분).
144) 대법원 1992. 6. 23. 선고 91다33070 전원합의체 판결 등.

기 위해 손해를 법적 가치평가를 통해 규범적으로 파악해야 한다는 견해가 주장되었고, 이를 규범적 손해개념라고 한다.[145)]

다) 타인의 인격표지를 허락 없이 영리적으로 이용하는 행위로 인하여 인격주체에게 발생하는 손해는 그러한 행위로 인격주체의 직접적인 재산의 감소가 일어나지 않으므로, 보통 소극적 손해로 설명된다. 하급심 판례 중 재산적 손해를 인정한 대부분의 판례가 그 손해를 '성명권 또는 초상권 주체가 자신의 성명 또는 초상의 사용을 승낙할 경우에 지급받을 수 있는 대가 상당액'으로 파악하고 있는 것도 같은 맥락이다.

그러나 이러한 손해의 인정은 차액설의 관점에서 보면 상당한 의문이 제기될 수 있다. 소극적 손해란 장래 얻을 수 있었던 이익을 얻지 못하는 손해인데, 인격주체가 타인과의 초상·사용계약을 체결하지 못하게 되었거나 기존의 사용계약이 해지되었다는 사정이 인정되지 않는 한 침해 당시를 기준으로 피해자가 장래 얻을 수 있었던 이익이 존재하지 않기 때문이다. 실제로 이러한 고민을 나타내는 하급심 판결이 선고되기도 하였는데, 이 판결에서는 '초상권, 성명권 침해의 경우 소극적 손해는 그 침해로 상실된 경제적 가치, 즉 유명인 초상과 성명의 경제적 가치인 저명성에 의한 신뢰와 희소성의 상실이다. 초상권, 성명권 침해로 다른 사람과 초상, 성명 사용계약을 체결하지 못하였거나 해지되었다는 등의 사정이 인정되지 아니하는 한, 불법행위가 없었던 상태는 초상, 성명이 사용되지 아니한 상태이고, 유명인이 대가를 얻는 것은 타인과 계약을 맺는 새로운 법률행위가 있어야 가능하다'는 취지로 판시하여 소극적 손해를 인정하지 않았다.

라) 생각건대, 타인의 인격표지를 허락 없이 영리적으로 이용하는 경우에 인격주체에게 발생하는 손해는 차액설의 관점에서 보면 해결하기 어렵다. 그러나 이러한 유형에서 손해를 판단함에 있어서 반드시 차액설의 관점에서 접근할 것이 아니라 규범적으로 접근할 필요가 있다. 타인

---

145) 박동진, "채무불이행에 있어서 손해와 확정", Jurist plus 제411호(2006), 297면.

의 인격표지를 허락 없이 영리적으로 이용하는 행위를 불법행위로 판단되는 이유는 '동의 없는' 사용이 문제되는 것이지 '사용' 그 자체에 비난가능성이 있는 것은 아니기 때문이다. 그리고 그러한 재산적 이익이 저작권과 유사하게 인격주체에게 배타적으로 귀속되는 것이라는 점을 감안하면, 저작권 침해시 이용료 상당액을 손해배상으로 청구할 수 있는 것과 같이 인격표지의 재산적 이익을 침해하는 경우에도 그 이용료 상당액을 손해로 청구할 수 있다고 봄이 타당하다.[146] 물론, 위와 같이 손해를 이용료 상당액 또는 사용승낙시 얻을 수 있었던 보수상당액으로 보더라도 구체적인 사안에서 손해를 입증하기는 쉽지 않을 것으로 보이고, 이 경우 재량적 손해배상을 인정한 민사소송법 제202조의2를 적용하여 적정한 손해액을 산정해야 할 것이다.

(3) 정신적 손해 인정 여부

가) 인격표지를 허락 없이 영리적으로 이용하는 행위를 인격권 침해로 본다면 인격주체에게 정신적 손해가 발생한다고 봄이 타당하다. 대법원도 같은 사안에서 "사람은 누구나 자신의 얼굴 기타 사회통념상 특정인임을 식별할 수 있는 신체적 특징에 관하여 함부로 촬영 또는 그림 묘사되거나 공표되지 아니하며 영리적으로 이용당하지 않을 권리를 가지는데, 이러한 초상권은 우리 헌법 제10조 제1문에 의하여 헌법적으로 보장되는 권리이다. 따라서 이에 대한 부당한 침해는 불법행위를 구성하고, 그 침해를 당한 사람에게는 특별한 사정이 없는 한 정신적 고통이 수반된다고 봄이 상당하다."고 판시한 바 있고,[147] 대체로 하급심 판결도 위 대법원 판결을 기초로 정신적 손해의 발생을 인정하는 것으로 보인다.

나) 그런데, 일부 하급심 판결 중에서 인격권 침해를 인정하면서도 유명인의 경우 정신적 손해를 인정하지 않은 판시도 확인된다. 그 논거로는 ① '다만, 연예인 등의 직업을 선택한 사람은 직업의 특성상 자신의

146) 같은 취지로 권태상(주 65), 153면.

147) 대법원 2012. 1. 27. 2010다39277 판결. 이 사건은 피고가 연예인인 원고의 초상을 촬영한 광고물의 사용범위에 관하여 협의가 이루어지지 않은 상태에서 원고의 동의 없이 피고의 홈페이지 등에 게재 내지 방영한 행위가 문제되었다.

초상과 성명이 대중 앞에 공개되는 것을 포괄적으로 허락한 것이므로 이와 같은 인격적 이익의 보호 범위는 일반인보다 제한된다고 보는 것이 타당하다. 그러므로 연예인 등이 자기의 초상과 성명이 권한 없이 사용됨으로써 정신적 고통을 입었다는 이유로 손해배상을 청구하기 위해서는 그 사용의 방법, 태양, 목적 등에 비추어 그 연예인 등에 대한 평가, 명성, 인상이 훼손·저하된 경우이거나, 그 밖에 자신의 초상과 성명이 상품선전 등에 이용됨으로써 정신적 고통을 입었다고 인정될 만한 특별한 사정이 존재하여야 한다.'거나 ② '광고모델 등 연예인의 성명이나 초상 등을 상업적으로 이용할 수 있는 권리는 일반인들의 그것과는 달리 일종의 재산권으로서 보호의 대상이 되므로 타인의 불법행위로 말미암아 그 성명이나 초상 등을 이용할 수 있는 권리가 침해된 경우에는 특별한 사정이 없는 한 그 재산상 손해 외에 정신상 손해가 발생한다고 보기 어렵고, 설령 그러한 정신상 손해가 발생하였다고 하더라도 위에서 인정한 재산상 손해의 배상에 의하여 정신적 고통 역시 회복된다.'는 점을 들고 있다.

다) 생각건대, 정신적 손해 유무를 판단함에 있어 유명인과 비유명인을 달리 볼 이유는 없다고 생각한다.

먼저, 위 ②번 판시는 인격권 침해를 인정하면서도 정신적 손해와 관련하여서는 '일종의 재산권으로서 보호의 대상'이 된다고 판시하였다는 점에서 수긍할 수 없다. 또한 인격표지의 재산적 이익에 관한 부분을 침해하였다고 인정된다면, 가령 초상권의 경우 초상권의 내용으로서 공표권과 영리적으로 이용당하지 않을 권리를 동시에 침해당함으로써 인격적 이익에 대한 침해를 수반하는데, 인격적 이익의 침해와 재산적 이익의 침해는 엄연히 구별된다는 점에서 어느 한 이익에 대한 배상이 다른 이익에 대한 배상을 갈음한다고 볼 수 없다.[148)]

다음으로, ①번 판시는 공적인 인물이 초상, 성명 등의 공표를 어느

148) 신체 침해로 인한 손해배상의 경우 정신적 손해와 재산적 손해가 모두 인정되는 것이 일반적이다.

정도 수인하여야 한다고 하더라도, 자신의 인격표지가 무단으로 영리적 목적에 이용되는 것까지 그대로 수인하여야 한다고 볼 수는 없다는 점에서 타당하지 않다. 또한 이와 같은 공적인 인물의 수인 여부는 인격권 침해 여부를 판단하는 과정에서 '위법성' 판단기준으로서 작용할 수 있을지는 몰라도, 일단 '위법한' 침해로 인정되는 이상, 그와 같은 특별한 사정이 있는 경우에만 정신적 손해가 인정된다고 보는 것은 타당하지 않다. 그리고 인격표지를 허락 없이 영리적으로 이용하는 경우는 대부분 위 판시에서 특별한 사정으로 들고 있는 '그 밖에 자신의 초상과 성명이 상품선전 등에 이용되는 경우'에 해당할 것이기에 굳이 위와 같은 판시를 할 필요성이 있는지도 의문이다.

따라서 유명인의 경우 특별한 사정이 있는 경우에만 정신적 손해가 인정된다거나 재산적 손해로 정신적 손해가 회복된다고 보는 것은 타당하지 않으므로, 유명인의 경우에도 인격권 침해가 인정되는 이상 특별한 사정이 없는 한 정신적 손해가 인정되어야 한다.

나. 금지청구 및 부당이득반환청구

(1) 우리나라 판례는 인격권 침해에 있어서 금지청구를 인정하고 있으므로,[149] 인격표지의 재산적 이익의 침해된 경우 인격권 침해를 이유로 금지청구를 할 수 있다. 나아가 인격주체로부터 인격표지를 이용할 권한을 취득한 사람도, 부정경쟁방지법 제2조 제1호 (カ)목의 구성요건을 갖춘다면, 침해자를 상대로 직접 금지청구를 할 수 있다.

(2) 부당이득반환청구는 인격표지를 상업적으로 무단 사용하는 문제에 있어서 구제수단으로 잘 활용되지 않은 것으로 보인다. 다만, 피해자의 손해에 초점을 맞추기보다 가해자의 이익에 초점을 맞추는 제재 및 구제수단이 필요하므로 부당이득제도를 활용하여 침해자로부터 객관적 이용대가인 통상의 라이센스료의 반환을 구할 수 있다는 견해도 주장되고 있으나,[150] 현실적으로 손실과 이익 사이의 인과관계의 입증이 어려울

149) 대법원 1997. 10. 24. 선고 96다17851 판결, 대법원 2005. 1. 17.자 2003마1477 결정 등.

뿐만 아니라 가해자의 이익이 경미한 경우도 대부분이므로 여전히 손해배상청구가 주요 구제수단으로 활용될 것으로 생각된다.

Ⅵ. 결 론

이상에서는 퍼블리시티권에 관한 일반적인 논의를 살펴보고 그 속에서 대상결정이 가지는 의의와 한계에 대해 알아본 후, 여전히 문제되고 있는 퍼블리시티권을 둘러싼 쟁점에 대한 개인적인 의견을 미약하게나마 개진하였다. 앞에서 서술한 내용을 간략히 요약하면 다음과 같다.

① 우리나라에서 법률상 근거가 없는 한 독립된 재산권으로서 퍼블리시티권은 인정될 수 없고, 부정경쟁방지법 제2조 제1호 (카)목이 신설되어 인격표지의 재산적 이익을 보호하는 구제수단으로 활용될 것으로 보이나 독립된 재산권으로서의 퍼블리시티권을 인정하는 법률상 근거가 될 수는 없다. 따라서 인격표지에 성립한 재산적 이익은 인격권의 한 내용으로서 보호되어야 한다.

② 대상결정은 부정경쟁방지법 제2조 제1호 (카)목의 구성요건에 관하여 판시한 최초의 판례로 그 의미가 있고, 유명 연예인의 인격표지에 성립한 고객흡인력 등을 무단으로 이용하는 행위에 관하여 위 (카)목의 부정경쟁행위가 인정될 수 있음을 인정하였다. 또한 인격주체가 아닌 이용권한을 가지는 제3자의 직접 청구권을 인정했다는 점에서도 의의가 있다.

③ 그러나, 위 (카)목은 인격표지의 재산적 이익이 문제되는 모든 사안에 있어 적용되는 것이 아닐 뿐만 아니라 보호대상, 양도성, 상속성 등에 관하여 해결방법을 제시하지 못하는 문제가 있다. 그러므로 퍼블리시티권을 둘러싼 제반쟁점은 여전히 문제가 될 것이다.

④ 인격권설의 입장에서, 인격표지를 영리적으로 이용할 권리 내지 인격표지의 재산적 이익의 양도성은 부정하는 것이 타당하고, 상속성은 인정하되, 입법을 통해 정리되는 것이 바람직하다. 나아가 손해배상의 범

150) 안병하, “인격권 침해와 부당이득반환: 침해구제의 측면에서 본 퍼블리시티권 도입 불필요성”, 민사법학 제68호(2014), 518면.

위와 관련하여 하급심 판결은 정신적 손해만 인정하는 판결, 재산적 손해만 인정하는 판결, 재산적 손해와 정신적 손해를 모두 인정하는 판결이 모두 선고되고 있으나, 동일한 유형의 사안에서 이와 같이 서로 다른 결론의 판결이 선고되는 것은 바람직하지 않고, 구체적인 사안에서 증명의 정도에 따라 다를 것으로 보이나 재산적 손해와 정신적 손해가 모두 인정되는 방향이 타당하다.

⑤ 마지막으로 퍼블리시티권을 둘러싼 하급심의 혼란은 결정적으로 이에 대한 대법원 판결이 선고되지 않은 점을 간과할 수 없다. 궁극적으로는 입법을 통해서도 해결될 수 있을 것이나 입법과정의 험난한 여정을 생각하면, 단시일 내에 그러한 입법이 되지 않을 가능성이 높다. 그렇다면, 하루빨리 대법원 판결이 선고되어 이러한 혼란이 종식될 수 있기를 기대해 본다.

[Abstract]

A Study on the Protection of Property Interests Based on Individual Identity

Jang, Sun Jong*

The use of portraits or names of celebrities without authorization has long been a frequent occurrence. In the United States, where the advertising industry developed early on, the right of publicity was recognized as property rights distinct from privacy rights in 1953. In South Korea, since the Seoul District Court first mentioned the right of publicity in the case of Lee Whi-soh in 1995, different conclusions have been made on whether the right of publicity is recognized, whether transferability or inheritance of the right of publicity is recognized, and the scope of compensation for damages.

Legislative efforts to end the confusion surrounding the right of publicity have long been steady, but have not been successful. Meanwhile, in 2013, in order to regulate new types of unfair competition behavior, Item (Ka) of Subparagraph 1 of Article 2 of the Unfair Competition Prevention Act("§ 2(1)(Ka)") was newly established as a supplementary general provision.

The decision was the first case of judgment on the components of § 2(1)(Ka), and it was accepted that unauthorized use of celebrities' property interests about their identity, such as ability to attract customers, could be an unfair competition behavior under the § 2(1)(Ka). Also it is meaningful in that it recognized the direct claim of a third party who has the authority to use the identity of a celebrity.

Most disputes over the right of publicity are expected to be applied to § 2(1)(Ka). However, § 2(1)(Ka) is unclear in the scope of application and

* Judge, Suncheon Branch Court of Gwangju District Court.

does not provide any solution to the transferability and inheritance of the right of publicity. Thus, the issue of the right of publicity is still a problem.

§ 2(1)(Ka) cannot be a legal basis for recognizing the right of publicity as independent property rights. Also, since there are no laws or common laws that recognize the right of publicity, the right of publicity is not recognized as independent property rights in South Korea. Therefore, the property interests related to individual identity should be protected by personal rights. From the view of personal rights, it is resonable to deny transferability of the right to commercial use of individual's identity and to recognize its inheritability, and to recognize both property and mental damage unless there are special circumstances regarding the scope of compensation for violation of personal rights.

Finally, I hope that the Supreme Court of South Korea will present clear criteria for judging the right of publicity, so that the current confusion over the right of publicity will end as soon as possible.

[Key word]

- Right of publicity
- Unfair Competition Prevention Act
- Personal rights
- Normative Damages
- non-pecuniary loss
- Transferability
- Inheritance

참고문헌

1. 단 행 본

곽윤직 편집대표, 민법주해 Ⅸ, 채권(2) 박영사(2006).

______, 민법주해 XIX, 채권(12), 박영사(2005).

곽윤직, 민법총칙, 박영사(2009).

김용덕 편집대표, 주석민법 물권(1), 한국사법행정학회(2019).

김재형, 언론과 인격권, 박영사(2012).

박준우, 퍼블리시티권의 이해, 커뮤니케이션북스(2015).

송영직 등, 지적소유권법, 육법사(1987).

정상조, 지적재산권법, 홍문사(2004).

최정열 · 이규호, 부정경쟁방지법, 진원사(2017).

2. 논　　문

강동세, "부정경쟁방지법상 일반조항을 둘러싼 법적 문제에 대한 소고", 특별법연구 제15권, 사법발전재단(2018).

구재군, "퍼블리시티권에 관한 연구", 외법논집 제30집, 한국외국어대학교 법학연구소(2008).

권영준, "초상권 및 사생활의 비밀과 자유, 그리고 이익형량을 통한 위법성 판단", 민사판례연구 제31권, 박영사(2009).

______, "퍼블리시티권 입법화에 관한 연구", 법무부용역보고서(2016).

권태상, "미국법상 퍼블리시티권", 비교사법 제23권 제1호, 한국비교사법학회(2016).

______, "인격권 침해로 인한 재산적 손해", 법조 제69권 제1호, 법조협회(2020).

______, "퍼블리시티권의 이론적 구성에 관한 연구: 인격권에 의한 보호를 중심으로", 서울대학교 법학박사학위논문(2012).

김병일, "부정경쟁행위로 인한 금지청구권", 법학연구 제1권, 인하대학교 법학연구소(1999).

김상중, "퍼블리시티권에 관한 국내 논의의 현황과 비교법적 고찰을 통한 법리적 제언", 비교사법 제23권 제1호, 한국비교사법학회(2016).

김영훈, "하급심 판결례의 퍼블리시티권(Right of Publicity) 인정에 대한 비판적 고찰", 사법논집 제44집, 법원도서관(2007).

남형두, "세계시장 관점에서 본 퍼블리시티권", 저스티스 제86호, 한국법학원(2005).

______, "퍼블리시티권에 관한 해외 사례 연구", 한국저작권위원회(2012).

______, "퍼블리시티권의 입법적 보호방안 연구", 문화체육관광부(2011).

문선영, "부정경쟁행위 일반조항에 관한 주요 법적 쟁점 연구", 과학기술법연구 제22집 제1호, 한남대학교 과학기술법연구원(2016).

박동진, "채무불이행에 있어서 손해와 확정," Jurist plus 제411호, 청림출판(2006).

박정희, "부정경쟁방지법 제2조 제1호 차목의 적용범위", 특허소송연구 특별호, 특허법원(2018).

박준석, "인격권과 구별된 퍼블리시티권을 인정할지에 관한 고찰: 최근의 비판론에 대한 논리적 재반박을 중심으로", 서울대학교 법학 제56권 제4호, 서울대학교 법학연구소(2015).

서태환, "퍼블리시티권(Right of Publicity)의 의미와 그 양도성 및 상속성", 청주법률논단 제1집, 충북법률실무연구회(1999).

신지혜, "표현의 자유와 퍼블리시티권의 보호범위: 서적에 관한 일본 및 국내 판결에 대한 분석을 중심으로", 저스티스 제50호, 한국법학원(2015).

안병하, "독일의 퍼블리시티권 관련 논의 개관", 비교사법 제23권 제1호, 한국비교사법학회(2016).

______, "인격권의 재산권적 성격: 퍼블리시티권 비판 서론", 민사법학, 제45권 제1호, 한국민사법학회(2009).

______, "인격권 침해와 부당이득반환: 침해구제의 측면에서 본 퍼블리시티권 도입 불필요성", 민사법학 제68호, 한국민사법학회(2014).

유영운, "부정경쟁방지법 일반조항의 적용범위에 관한 고찰", 서울대학교 법학석사학위논문(2015).

윤태영, "일본법에서의 퍼블리시티권", 비교사법 제23권 제1호, 한국비교사법학회(2016).

이미선, "퍼블리시티권(Right of Publicity)에 관한 고찰: 그 범위와 한계 및 입법화 방안과 관련하여", LAW&TECHNOLOGY 제6권 제2호, 서울대학교 기술과법센터(2010).

이상정, "퍼블리시티권에 관한 소고", 아세아여성법학 제4호, 아세아여성법학 연구소(2001).

이한주, "퍼블리시티권에 관하여", 사법논집 제39집, 법원도서관(2004).

장태영, "디지털 시대의 초상권 침해 양상과 가상의 사례와 국내외 판례로 본 법리 적용", 언론중재위원회(2018).

정경석, "초상권의 침해요건과 구제방법", 저스티스 제98호, 한국법학원(2007).

제철웅, "민사법에 의한 인격보호의 역사적 전개: 특히 독일법을 중심으로", 법학논문집 제24집 제1호, 중앙대학교 법학연구소(2000).

최형구, "퍼블리시티권의 사후존속", 산업재산권 제34호, 한국산업재산권 법학회(2011).

한위수, "퍼블리서티권-성명 · 초상 등의 상업적 이용에 관한 권리-의 침해와 민사책임", 민사재판의 제문제 제9권, 민사실무연구회(1997).

한지영, "부정경쟁방지법에 의한 퍼블리시티권 보호방안에 대한 비판적 검토", 홍익법학 제17권 제3호, 홍익대학교 법학연구소(2016).

민법 제758조의 공작물책임에 관한 법경제학적 논의-핸드 공식을 중심으로

이 재 찬*

■요 지■

대상판결은 민법 제758조 제1항의 공작물책임 규정과 관련하여 공작물의 설치·보존상의 하자 여부를 판단함에 있어서, 미국 연방법원 판사 러니드 핸드(Learned Hand)가 불법행위책임에서 요구되는 과실 여부 판단기준으로 제시한 B<P·L 공식을 적용할 수 있다는 취지의 견해를 밝혔고, 이는 우리 대법원이 법경제학적 논증을 명시적으로 언급한 케이스로 앞으로 불법행위법 관련 사건에 대하여 시사하는 바가 매우 크다.

법학에서의 법경제학적 논증의 지위에 관하여는 다양한 견해가 있는바, 본고에서는 핸드 공식을 논하기 위한 전제로서, 법경제학적 논증은 사회·경제적 효율(efficiency)을 최대화하는 방향의 논증으로 수리·통계적인 방법으로 검증 가능한 것이고, 그 효율은 대체적으로 칼도-힉스 기준을 따르는 것으로 이해하였다.

핸드 공식은 리차드 포즈너 판사의 해석론에 따라 이해하는 것이 바람직한데, 결국 핸드 공식은 당사자의 최적 주의의무 수준을 한계 비용 계산에 의해 산정하는 공식이라고 할 것이다. 우리 민법 제758조 제1항에 따른 공작물의 설치·보존상의 하자는 위험책임설, 객관설에 따라 공작물 자체의 객관적 성질에 따라 그 하자 여부를 판단하여야 하고, 공작물책임은 무과실책임으로서의 성격을 유지하여야 한다. 이러한 점에서, 미국의 불법행위법상 과

* 서울고등법원 춘천재판부 판사.

실책임 판단기준으로 발전하여 온 핸드 공식을 우리 공작물책임의 하자 판단기준으로 그대로 쓰기는 어렵다고 보인다. 경제학 분석이나 현실적으로나 공작물의 하자에 관한 '상태의 흠'과 '행위의 흠'을 구분하기 어렵다고 하더라도 과실책임과 무과실책임의 경계까지 허물 수는 없기 때문이다.

이러한 관점에서, 대상판결은 민법 제758조 제1항에 따른 공작물책임에 관하여 핸드 공식을 그대로 적용하였는바, 이에 대하여는 비판의 여지가 있다고 보인다. 또한 대상판결은 핸드 공식을 적용함에 있어서 한계 비용 개념을 그대로 적용한 것으로 보기는 어렵고, 오히려 총비용 개념을 일부 사용하고 있는 점에서도 받아들이기 어렵다.

한편, 우리 법원이 불법행위법상 일반 과실책임을 판단함에 있어서 핸드 공식을 사용하였는지 여부를 살펴보기 위해, 간략한 통계적 검정을 실시하였고, 그 결과 우리 법원이 핸드 공식을 사용하였다는 실증적 결과를 얻기는 어려웠다.

대상판결은 법경제학적 논증을 명시적으로 긍정한 사례로서 매우 큰 의미를 가진 판결이고, 앞으로 향후 법경제학이 우리 법원의 판단에 적극적인 역할을 할 수 있는지에 관하여 구체적인 논의가 이루어졌으면 하는 바람이다.

[주 제 어]
- 법경제학
- 핸드 공식
- 민법 제758조
- 공작물책임
- 무과실책임
- 위험책임
- 공작물의 설치·보존상의 하자
- 사회·경제적 효율
- 한계 비용
- 비용·편익분석
- 균형접근법
- 수리통계학
- t-검정
- P값

對象判決： 대법원 2019. 11. 28. 선고 2017다14895 판결

[事案의 槪要]

○ 원고 1, 2는 부부이자 원고 3, 4의 부모들이다.

○ 피고는 서울특별시 성동구청장이 지정하는 체육시설의 관리 및 운영 등을 목적으로 하여 지방공기업법에 따라 설립된 법인으로 야외수영장(이하 '이 사건 수영장'이라 한다)을 관리 · 운영하고 있다.

○ 이 사건 수영장의 운영 현황

가. 피고는 매년 하절기에 이 사건 수영장을 개장하는데, 2013년도에는 6. 22.부터 8. 25.까지 사이에 평일은 10:00부터 18:00까지, 주말 및 공휴일은 10:00부터 19:00까지 일반인들이 유료(성인 4,000원, 어린이 2,000원)로 이 사건 수영장을 이용할 수 있도록 하였다.

나. 이 사건 수영장의 수영조(水泳槽)는 바닥면적이 882㎡(=42m×21m)인데, 그중 절반은 깊이 1.2m의 성인용 풀(pool)이고, 나머지 절반은 깊이 0.8m의 어린이용 풀이며, 어린이용 풀 옆에 미끄럼틀이 설치되어 있다.

다. 성인용 풀와 어린이용 풀은 수면 위에 떠 있는 코스로프(course rope)로 구분되어 있는데, 코스로프의 양쪽 끝부분에는 감시탑이 하나씩 세워져 있고, 수심을 나타내기 위해 어린이용 풀의 테두리 부분에 "0.8m", 성인용 풀의 테두리 부분에 "1.2m"라고 각 표시되어 있으며, 그 앞에는 '키 재기 판'이 하나씩 세워져 있어 키가 130㎝ 미만인 어린이의 경우 보호자와 함께 입수하지 않는 한 성인용 풀에 들어갈 수 없도록 하였다.

라. 피고는 2013. 6.경 인명구조자격증 소지자들을 수상안전요원으로 채용하여 위 각 감시탑에 1명씩, 본부석(수영조로부터 3~4m가량 떨어져 수영장 전체를 바라볼 수 있는 위치에 설치되어 있음) 쪽에 1명, 성인용 풀의 옆 부분에 1명, 미끄럼틀 부분에 2명을 각 배치하였다.

마. 피고는 매시 정각에 아래와 같은 내용이 포함된 1~2분간의 안내방송 후 안전요원의 호루라기 소리에 따라 이용객들이 수영조에 입수하도록 하고, 매시 45~50분경 휴식시간임을 알리는 안내방송 후 안전요원의 호루라기 소리에 따라 이용객들을 수영조 밖으로 나오도록 하여 수영조를 점검하였다.

> • 수상안전요원은 정위치하여 주시기 바랍니다.
> • 초등학교 이하 영, 유아를 동반하신 부모님께서는 아이가 혼자 수영하지 않도록 하여 주시기 바랍니다.
> • 음식물 등을 드시고 바로 수영장에 입장시 위험하오니, 충분히 휴식시간을 갖고 천천히 입장해 주시기 바랍니다.

○ 원고 4의 익수사고 발생

가. 원고 4는 2013. 7. 6. 15:30경 어머니인 원고 2와 누나인 원고 3, 그리고 이모와 함께 이 사건 수영장에 입장하였다. 원고 4는 2006. 11. 28.생으로 당시 만 6세 7개월 남짓 되었고, 키는 113㎝ 정도였다.

나. 원고 4는 원고 2, 3과 함께 어린이용 풀에서 물놀이를 하다가 16:45경 수영조 밖으로 나와 간식을 먹으면서 쉰 다음, 17:00경 다시 물놀이를 하기 위해 혼자서 이 사건 수영장 쪽으로 뛰어갔다.

다. 17:00경 이 사건 수영장의 본부석에 배치되어 있는 총괄안전요원 甲이 위와 같은 안내방송을 한 후 17:01~17:02경 안전요원들의 호루라기 소리에 따라 이용객들이 입수하였고, 원고 4도 그 무렵 입수하였다.

라. 성명불상의 이용객은 17:05경 튜브 없이 성인용 풀에 빠져 의식을 잃은 원고 4를 발견하여 원고 4를 안고 성인용 풀 밖으로 나왔고, 이를 본 다른 이용객 乙이 곧바로 원고 4에 대한 심폐소생술을 실시하였다(이하 위 사고를 '이 사건 사고'라 한다).

○ 이후의 경과

가. 17:06경 신고를 접수한 119구조대는 17:15경 이 사건 수영장에 도착하였고, 원고 4는 17:22경 한양대학교병원 응급실로 이송되었다.

나. 원고 4는 익수로 인한 무산소성 뇌손상을 입었고, 이후 지속적인 치료를 받았으나, 현재 사지마비, 양안실명 등의 상태이다.

[訴訟의 經過]

1. 1심(서울동부지방법원 2015. 6. 25. 선고 2013가합18859 판결)

가. 원고들 주장의 요지

원고들은 피고의 안전관리의무위반으로 인한 불법행위책임과 안전요원들의 주의의무위반으로 인한 사용자책임을 주장하며 피고에 대하여 손해배상금의 지급을 구하였다.

나. 제1심법원의 판단 : 원고들 청구 기각

제1심법원은 다음과 같은 이유로 원고들의 청구를 기각하였다.

1) 먼저, 피고의 안전관리의무 위반 여부에 관하여, 당시 이 사건 수영장에는 인명구조자격증 소지자들로 구성된 총 9명의 안전요원과 이들을 돕는 3명의 보조요원, 그리고 1명의 간호조무사가 근무하였고, 대부분 이 사건 수영장의 곳곳에 배치되어 근무하고 있었던 점, 이 사건 수영장의 규모에 비추어 위와 같이 배치된 안전요원의 수는 서울의 다른 야외 수영장과 비교해보더라도 적지 않은 수준인 점, 피고가 사고예방을 위한 안내방송, 표지판 설치 등을 하고 적절한 수의 안전요원을 배치하는 것을 넘어 모든 이용객들이 안전수칙을 준수하고 있는지를 일일이 확인하고 보호할 의무가 있다고 보기는 어려운 점, 원고 4가 어린이용 풀에서 물놀이를 하다가 의식을 잃고 물속에 가라앉은 상태에서 성인용 풀로 흘러들어갔을 가능성을 배제할 수 없는 등 원고 4가 어떠한 경위로 성인용 풀에서 익수상태로 발견된 것인지 밝혀지지 않은 점, 일반적으로 수영장 이용객의 수에 비해 안전요원의 수는 적을 수밖에 없고, 익수사고가 발생하였을 때 바로 옆에 있는 다른 이용객이 다소 멀리 떨어져 있는 안전요원보다 먼저 이를 발견할 수도 있는 것인 점 등에 비추어 볼 때, 원고 4가 성인용 풀에서 익수상태로 있다가 피고의 직원이 아닌 수영장 이용객에게 먼저 발견되어 그 이용객에 의하여 수영장 밖으로 옮겨진 사실만으로는 피고가 안전요원을 적절히 배치하지 않는 등 이 사건 수영장에 필요한 안전조치를 다하지 아니하였다고 인정하기에 부족하고, 달리 이를 인정할 증거가 없다고 판단하였다.

2) 피고의 사용자책임 유무에 관하여, 당시 감시탑에 배치된 안전요원이 17:02경 감시탑에서 내려와 17:05경 원고 4의 익수사고를 인지할 때까지 감시탑 아래에 있었던 사실은 인정되나, 위 안전요원은 당시 감시탑 위에서 이용객들의 상황을 살피다가 어린이용 풀에 이용객들이 많이 몰리자 감시탑을 내려와 안전지도를 하였는데, 익수사고가 발생한 사실을 알게 되자 즉시 원고 4가 눕혀져 있는 곳으로 달려갔던 점, 안전요원들에게 모든 수영장 이용객들의 용태를 하나하나 주시해야 할 의무가 있다고 볼 수는 없고, 안전요원들이 원고 4의 익수사고를 즉시 발견하지 못하였다고 하더라도 안전요원들이 주의의무를 해태하였다고 단정하기 어려운 점, 원고 4가 물 밖으로 옮겨지고 사고 발생 사실이 알려지자, 안전요원들도 즉시 원고 4가 있는 곳으로 모였고, 119구조대에 신고를 하는 등의 필요한 조치를 한 점, 원고 2는 당시 이

사건 수영장의 안전요원으로 근무하던 자들을 모두 업무상과실치상죄로 형사 고소하였으나, 일부만이 기소되었고, 그들마저도 2015. 6. 4. 무죄판결을 선고받은 점 등에 비추어 볼 때, 이 사건 수영장의 안전요원들이 안전요원으로서의 업무상 주의의무를 게을리 하였다고 보기 어렵다고 판단하였다.

2. 원심(서울고등법원 2017. 2. 8. 선고 2015나24241 판결)

가. 원고들 추가 주장의 요지

원고들은 원심에 이르러 이 사건 수영장에 어린이용 풀과 성인용 풀을 표시하는 표지판이 설치되어 있지 않았고, 이 사건 수영장의 성인용 풀에 '어린이 진입금지 표지판'도 설치되어 있지 않아 원고 4의 익수사고가 발생한 것이므로 제1심에서 주장한 나머지 사정들과 함께 피고의 안전관리의무 위반에 따른 민법 제750조의 불법행위를 구성한다는 취지의 주장과 함께, 아래와 같은 4개 사유를 들면서 이 사건 수영장에 설치·보존상의 하자가 있고 그로 인하여 이 사건 사고가 발생하였으므로 피고에게 민법 제758조에 기한 손해배상책임이 있다는 취지의 주장을 추가하였다.

나. 원심법원의 판단 : 항소 기각

원심법원은 다음과 같은 이유로 원고의 항소를 기각하였다.

1) 원고들의 민법 제750조 불법행위 주장에 관하여는, 제1심법원이 든 사실 및 사정 등에다가 원고 4는 당사자 본인신문에서 이 사건 사고 전에도 수영장을 가 본 적이 있고, 구명조끼를 입고 성인용 풀에서 수영을 해 본 적이 있다고 진술하였으므로, 성인용 풀의 경우 자신의 키를 넘는 깊이일 수도 있다는 점을 알았던 것으로 보이는 점 등을 종합하면 원고들 주장의 사정만으로 피고가 이 사건 수영장에 필요한 안전관리의무를 다하지 못한 잘못이 있다거나 그로 인하여 이 사건 사고가 발생한 것이라고 인정하기 부족하다고 판단하였다.

2) 원고들의 민법 758조 공작물 책임 주장에 관하여는 다음과 같이 판단하였다.

가) 이 사건 수영장의 성인용 풀에 '어린이 진입금지 표지판'을 설치하지 않았다는 주장에 대하여 : 비록 이 사건 수영장의 성인용 풀 앞에 '어린이 진입금지 표지판'이 설치되지 않았다 하더라도 그와 유사한 효과를 가질 수 있는 여러 조치가 이루어진 점(성인용 풀과 어린이용 풀을 코스로프로 구분

하고, 수영장 테두리 부분에 수심 표시를 하였으며, 안전수칙 표지판도 3곳에 두어 수심표시를 하였고, 각 풀 앞에 130cm 높이의 키 재기 판을 둔 점 등)에 비추어 그것만으로 이 사건 수영장이 사회통념상 그 용도에 따라 통상 갖추어야 할 안전성을 갖추지 못하였다고 보기 어렵다.

나) 어린이용 풀과 성인용 풀을 구분하여 설치하지 아니하고 같은 수영조에 설치하였다는 주장에 대하여 : 어린이용 풀(80cm)과 성인용 풀(120cm)의 높이 차이는 40cm 정도로 아주 큰 차이는 아닌 점, 성인용 풀과 어린이용 풀을 반드시 물리적으로 구분하여 설치하여야 한다는 관련 규정도 존재하지 아니하는 점 등에 비추어 구분 설치를 하지 않은 점이 이 사건 수영장의 설치·보존상의 하자가 된다고 볼 수는 없다.

다) 어린이용 풀에서 성인용 풀로 어린이들이 쉽게 넘나들거나 흘러가는 것을 방지하거나 위 경사로에 미끄러짐을 방지하기 위한 적절한 안전시설을 설치하지 아니하였다는 주장에 대하여 : 이 부분 주장은 원고 4가 당초 어린이용 풀에 입수하였는데 성인용 풀로 들어가게 되어 이 사건 사고가 발생하였다는 것을 전제로 한 것인데, 원고들이 제출한 증거들만으로 이를 인정하기 부족하고 달리 이를 인정할 증거가 없고, 제출된 증거들에 의하면 원고 4가 당초 성인용 풀로 입수했다가 이 사건 사고를 당했을 여지가 더 높아 보이므로 이와 다른 전제에 있는 원고들 주장은 이유 없다.

라) 체육시설 설치·이용에 관한 법률 시행규칙 [별표 4]에 의하면 성인용 풀의 물의 깊이는 0.9m 이상 2.7m 이하로 하고, 수영조의 벽면에 수심 표시를 하여야 하는데, 이 사건 수영장은 같은 수영조에 성인용 풀(1.2m)과 어린이용 풀(0.8m)을 함께 두어 위 수심기준을 위반하였고, 수영조의 벽면에 수심 표시를 하지 않았다는 주장에 대하여 : 이 사건 수영장은 성인용 풀과 어린이용 풀이 같은 수영조에 설치되었고, 체육시설 설치·이용에 관한 법률 시행규칙 [별표 4]에 의한 수심기준은 어린이용 풀에는 해당되지 않는 점, 성인용 풀과 어린이용 풀을 같은 수영조에 설치하는 것을 금지하는 규정도 없는 점 등에 비추어 성인용 풀과 같은 수영조에 수심 0.8m의 어린이용 풀을 두었다는 사정만으로 이 사건 수영장에 위 별표의 기준을 위반한 설치·보존상의 하자가 있다고 볼 수 없고, 설령 이 사건 수영조의 벽면에 수심 표시가 되어 있지 않았다 하더라도 원고 4가 당초 입수한 곳이 어린이용 풀인지, 성인용 풀인지 여부, 입수 시 상태 및 사고경위 등을 구체적으로 알 수 없는 이 사건에서 이 사건 수영조의 벽면에 수심 표시가 되어 있지 않다는 것과

이 사건 사고 발생과 사이에 상당인과관계가 있다고 보기도 어렵다.

[對象判決의 要旨]

대법원은 아래와 같은 이유로 원심판결을 파기하고 원심에 환송하였다.

1. 민법 제758조 제1항은 "공작물의 설치 또는 보존상의 하자로 인하여 타인에게 손해를 가한 때에는 공작물점유자가 손해를 배상할 책임이 있다. 그러나 점유자가 손해의 방지에 필요한 주의를 해태하지 아니한 때에는 그 소유자가 손해를 배상할 책임이 있다."라고 규정하고 있다. 위 규정의 입법취지는 공작물의 관리자는 위험의 방지에 필요한 주의를 다하여야 하고, 만일에 위험이 현실화하여 손해가 발생한 경우에는 그들에게 배상책임을 부담시키는 것이 공평하다는 데 있다. 따라서 '공작물의 설치·보존상의 하자'란 공작물이 그 용도에 따라 통상 갖추어야 할 안전성을 갖추지 못한 상태에 있음을 말하고, 위와 같은 안전성의 구비 여부를 판단할 때에는 그 공작물을 설치·보존하는 자가 그 공작물의 위험성에 비례하여 사회통념상 일반적으로 요구되는 정도로 위험방지조치를 다하였는지 여부를 기준으로 판단하여야 한다(대법원 2018. 7. 12. 선고 2015다68348 판결 등 참조). 하자의 존재에 관한 증명책임은 피해자에게 있으나, 일단 하자가 있음이 인정되고 그 하자가 사고의 공동원인이 되는 이상, 그 사고가 위와 같은 하자가 없었더라도 불가피한 것이었다는 점이 공작물의 소유자나 점유자에 의하여 증명되지 않는다면 그 손해는 공작물의 설치 또는 보존의 하자에 의하여 발생한 것으로 해석함이 타당하다(대법원 2015. 8. 27. 선고 2012다42284 판결, 2005. 4. 29. 선고 2004다66476 판결 등 참조).

이 경우 하자 여부를 판단할 때에는 위험의 현실화 가능성의 정도, 위험이 현실화하여 사고가 발생하였을 때 침해되는 법익의 중대성과 피해의 정도, 사고 방지를 위한 사전조치에 드는 비용이나 위험방지조치를 함으로써 희생되는 이익 등을 종합적으로 고려하여야 한다(대법원 1995. 8. 25. 선고 94다47803 판결 참조).

이러한 법리는 '불합리한 손해의 위험'을 최소화하기 위한 조치로서 위험으로 인한 손해를 위험을 회피하기 위한 부담과 비교할 것을 요구한다는 측면에서 법경제학에서의 비용·편익 분석임과 동시에 균형접근법에 해당한다. 법관이 법을 만들어나가는 속성을 지닌 불법행위법에서 법관이 수행해야 할 균형 설정의 역할이 중요함에도 불구하고, 이러한 균형 설정은 구체적 사안과의 관련성 속에서 비로소 실질적인 내용을 가지는 것이므로, 미리 세세한 기준을 작성하여 제시하기는 어려운 것이 현실이다. 이때는 이른바 'Hand Rule'을 참고하여, 사고 방지를 위한 사전조치를 하는 데 드는 비용(B)과 사고가 발생할 확률(P) 및 사고가 발생할 경우 피해의 정도(L)를 살펴, 'B＜P · L'인 경우에는 공작물의 위험성에 비하여 사회통념상 요구되는 위험방지조치를 다하지 않은 것으로 보아 공작물의 점유자에게 불법행위책임을 인정하는 접근 방식도 고려할 수 있다.

2. 이러한 법리에 비추어 원심의 판단을 살펴본다.

가. 먼저, 체육시설 관련 법령에서 성인용 구역과 어린이용 구역을 같은 수영조에 설치하는 것을 금지하는 규정이 없다는 이유로, 설치 · 보존상의 하자를 당연히 부정할 수는 없다. 이 사건 수영장의 시설이 체육시설법상 시설기준 등 안전 관련 법령을 위반하였다면 특별한 사정이 없는 한 이는 불법행위법상으로도 공작물 설치 · 보존상의 하자나 업무상 주의의무 위반을 인정하는 근거가 될 수 있음을 물론이지만(대법원 2010. 2. 11. 선고 2008다61615 판결 등 참조), 그러한 법령 위반이 없다고 하여 공작물이 그 용도에 따라 통상 갖추어야 할 안전성을 갖추어 불법행위법상 공작물 설치 · 보존상의 하자 등이 없다고 단정할 수 있는 것은 아니다(대법원 2007. 6. 28. 선고 2007다10139 판결 참조).

체육시설법 시행규칙 제8조 [별표 4] 제2호 자목에서도, 운동시설인 수영장 물의 깊이는 0.9미터 이상 2.7미터 이하로 하고, 수영조의 벽면에 일정한 거리 및 수심 표시를 하여야 하며, 다만 어린이용 수영조에 대해서는 이 기준에 따르지 않을 수 있다고 정하고 있고, 임의시설 중 편의시설로서 물미끄럼대, 유아 및 어린이용 수영조를 설치할 수 있다고 정하고 있을 뿐, 체육시설 법령 어디에도 운동시설인 수영장과 편의시설인 어린이용 수영조를 함께 설치할 수 있다고 규정하고 있지 않다. 오히려 관련 규정의 내용 및 체계를 살펴보면, 운동시설인 수영장과 편의시설인 물 미끄럼대, 유아 및 어린이용 수영조는 구분하여 설치하는 것을 전제로 하고 있음을 알 수 있다.

하나의 수영조에 깊이를 달리하는 성인용 구역과 어린이용 구역이 함께 있는 경우 성인용 수영조와 어린이용 수영조가 분리되어 있는 수영장에 비해서 어린이가 보다 쉽게 성인용 구역에 접근할 수 있게 되고, 이로 인하여 성인용 구역에 어린이가 혼자 들어가 물에 빠지는 사고가 발생할 가능성은 더욱 높아지게 된다. 어린이는 성인에 비해 사리분별능력이나 주의능력이 미약하여 수심을 잘 살피지 않고 들뜬 마음에 사고 발생의 위험성을 깊이 인식하지 못한 채 성인용 구역에 혼자 들어가는 등 충동적으로 행동하기 쉽기 때문이다. 이러한 점을 감안하면 성인용 수영조와 어린이용 수영조를 물리적으로 분리함으로써 성인용 수영조에 어린이 혼자 들어감으로 인하여 발생할 사고 위험을 차단할 필요가 있다.

나. 최근 질병관리본부에서 발표한 자료에 따르면, 2010~2016년까지 물에 빠지는 사고로 응급실에 내원한 환자들의 사고 발생장소 중 수영장 시설에서의 사고 발생 확률은 12세 이하 어린이의 경우 32.5%, 성인의 경우 12.9%로 어린이 사고의 비중이 성인 사고의 2.5배 이상이다(2018. 7. 19 발표). 2012~2017년까지 물에 빠지는 사고로 응급실에 내원한 전체 환자 958명 중 9세 이하의 어린이는 287명으로 전체 환자 수의 30%에 해당하여 다른 연령대에 비하여 높은 비중을 차지한다(2019. 6. 20. 발표). 이러한 자료에 의하면, 수영장을 관리·운영하는 자는 수영장에서의 물놀이 사고, 특히 어린이가 물에 빠지는 사고가 발생하지 않도록 적절한 안전기준을 갖추고 위험방지조치를 취하는 데에 최대한의 노력을 기울여야 함은 물론이다.

위와 같은 사정을 기초로 살펴볼 때, 수영장 시설에서 성인용 구역과 어린이용 구역을 분리하지 아니함으로 인하여 어린이가 물에 빠지는 사고가 발생할 가능성과 그와 같은 사고로 인하여 예상되는 피해의 정도를 성인용 구역과 어린이용 구역을 분리하여 설치하는 데 추가로 소요되는 비용 내지 이미 설치된 기존시설을 위와 같이 분리하는 데 소요되는 비용과 비교하면, 전자가 훨씬 더 클 것임을 충분히 예상할 수 있다. 이러한 관점에서도 이 사건 수영장에는 설치·보존상의 하자가 있다고 볼 수 있어, 수영장 관리자로서 위와 같은 조치를 취하지 아니한 피고에게 공작물 관리자로서의 책임이 없다고 할 수는 없다.

다. 다음으로, 원심은 이 사건 수영조의 벽면에 수심표시가 되어 있지 않았더라도 원고 4가 수영조에 들어간 곳이 어느 지점인지를 비롯하여 사고 경위 등을 구체적으로 알 수 없는 이상 그러한 잘못과 이 사건 사고 발생과 사이에 상당인과관계가 있다고 보기도 어렵다고 보았다. 그러나 이 부분 역시 수긍하기 어렵다. 원심 판결이유에 의하더라도, 이 사건 수영장에는 체육시설업의 시설 기준을 위반한 하자가 있다는 것인데, 수심표시를 수영조의 벽면에 제대로 하지 않은 잘못 등을 인정하면서도 수영장에서 키 113cm 정도의 어린이가 1.2m 깊이의 성인용 구역에서 물에 빠진 사고를 심리하면서 위와 같은 하자가 없었더라도 그러한 사고가 발생하는 것은 불가피한 것이었다는 점이 밝혀지지 않았는데도, 하자와 이 사건 사고 사이에 상당인과관계가 없다고 판단한 것은 옳지 않다.

결국 이 사건 수영장은 성인용 구역과 어린이용 구역을 동일한 수영조에 두었다는 점과 수심표시를 제대로 하지 않은 점 등의 하자가 있고, 이러한 하자로 인하여 이 사건 사고가 발생하였다고 볼 수 있는 이상 피고에게 책임이 없다고 볼 수 없다.

라. 한편, 이 사건에서 원고 4에 대하여 보호감독의무를 부담하는 원고 2 등의 주의의무 위반이 이 사건 사고의 발생에 공동 원인이 되었더라도 이것이 피고에게 이 사건 수영장의 설치·보존상의 하자로 인한 책임을 인정하는 데 장애가 되지는 않는다(대법원 2010. 4. 29. 선고 2009다101343 판결 등 참조).

3. 그런데도 원심은 피고의 공작물책임에 관한 원고의 주장을 배척하였으니, 이러한 원심 판단에는 이 사건 수영장의 설치·보존상 하자에 관하여 필요한 심리를 다하지 않은 채 논리와 경험의 법칙에 반하여 자유심증주의의 한계를 벗어나거나 공작물책임에 관한 법리를 오해하여 판결에 영향을 미친 잘못이 있다.

〔研　　究〕

Ⅰ. 서　　론

대상판결은 민법 제758조 제1항의 공작물책임 규정과 관련하여 공작물의 설치·보존상의 하자 여부를 판단함에 있어서, 미국 연방법원 판사 러니드 핸드(Learned Hand)[1)]가 불법행위책임에서 요구되는 과실 여부 판단기준으로 제시한 B<P·L 공식을 적용할 수 있다는 취지의 견해를 밝

1) Learned Hand는 1909. 4. 26.부터 1924. 12. 29.까지 미국 뉴욕 남부 연방지방법원에서 판사로 재직하였고, 1924. 12. 20.부터 1961. 8. 18.까지 미국 제2 순회 연방항소법원에서 판사로 재직하였다. https://en.wikipedia.org/wiki/Learned_Hand 참조.

혔다. 이는 우리 대법원이 법경제학적 논증을 명시적으로 언급한 케이스로 앞으로 불법행위법 관련 사건에 대하여 시사하는 바가 매우 크다고 할 것이다. 법경제학적 논증에 대한 논의는 과거부터 미국 등 영미법 국가에서 활발하게 이루어져 왔고, 우리나라에서도 2000년대 이후 영미법의 영향을 받아 법경제학적 논증에 대한 논의가 본격적으로 시작되었다. 그러나 법관이 재판을 함에 있어서 법경제학적 논증을 충분히 활용하고 있었는지(또는 할 수 있는지)에 관하여는 아직 회의적인 견해도 많다. 이에 따라 일반적인 관점에서, 법관이 재판을 함에 있어 법경제학적 논증의 지위에 관하여 논의할 필요성이 제기되고, 구체적으로는 대상판결이 제시한 핸드 공식(Hand Formula)을 우리 불법행위법 영역으로 끌어들여 이를 판단논거로 삼을 수 있을지 논의가 필요하다.

본고에서는 미국을 중심으로 발전해 온 핸드 공식을 과연 우리 민법 제758조에 따른 공작물의 설치·보존상의 하자 판단에 적용할 수 있을 것인지를 핵심적인 논제로 하고, 이와 관련한 부수적인 문제도 검토하고자 한다. 아래 Ⅱ. 부분에서는 핸드 공식에 관한 구체적인 논의에 들어가기 앞서 일반적인 법경제학적 논의가 법학 영역에서 어떤 위치에 있는지에 관한 다양한 견해를 소개하고 이를 검토한다. 아래 Ⅲ. 부분에서는 미국 불법행위법상 과실책임에 관하여 발전하여 온 법경제학적 논의를 소개하고 특히 리차드 포즈너(Richard Posner) 판사[2)]의 핸드 공식 해석론을 구체적으로 살펴보면서 이에 대한 비판론도 아울러 검토한다. 아래 Ⅳ. 부분에서는 민법 제758조의 공작물책임에 관하여 전반적으로 검토하고 특히 공작물의 설치·보존상 하자 개념에 대하여 구체적으로 검토한다. 공작물책임과 관련한 미국, 독일 및 일본의 입법례에 대하여도 검토하고, 이를 바탕으로 핸드 공식을 우리나라 불법행위법에서 문제되는 공작물 설치·보존상의 하자 판단에 있어서 활용할 수 있을지 논의하며, 나아가 우리나라 민법상 일반적인 과실 여부 판단에 있어서 이를 활용할

2) Richard Posner는 1981. 12. 1.부터 2017. 9. 2.까지 제7 순회 연방항소법원에서 근무하였다. https://en.wikipedia.org/wiki/Richard_Posner 참조.

수 있을지에 관하여도 검토하기로 한다. 아래 Ⅴ. 부분에서는 위와 같은 논의를 바탕으로 대상판결의 판시에 관하여 구체적인 검토를 한다. 아래 Ⅵ. 부분은 보충적 논의로서 우리 법원이 과실책임인 민법상 일반 불법행위책임에 관한 사안과, 무과실책임인 소유자의 공작물책임 및 국가배상법상 영조물책임에 관한 사안을 처리하면서 실제로(또는 무의식적으로나마) 핸드 공식을 적용하고 있는지 여부에 관하여 간단한 통계적 검정을 해보기로 한다. 아래 Ⅶ. 부분은 결론 부분에 해당한다.

Ⅱ. 법학에 있어서 법경제학적 논증의 지위

1. 들어가면서

민법 제758조에 따른 공작물책임에 핸드 공식을 적용할 수 있을 것인지 검토하기 이전에 그 전제로서 법경제학적 논증이 법학에 있어서 어떤 위치에 있는지(또는 어떤 역할을 하는지)에 관하여 논의할 필요성이 있다. 일반적으로 핸드 공식은 법경제학적 논증의 하나로 이해되고 있기 때문이다(다만, 미국에서는 이에 대하여는 반대 견해도 있는바, 이는 뒤에서 보기로 한다). 법경제학적 논증의 역할론은 결국 법경제학적 논증이 실증적(descriptive or positive)인 것을 넘어서 규범적(normative)이어야 하는가의 문제로 귀착된다.

2. 우리나라의 논의

가. 법경제학적 논증이란 무엇인가

법경제학은 사회·경제적 효율을 추구하는 학문이라고 정의하는 것이 일반적인 것으로 보이고, 법경제학적 논증이란 법률적 판단이 필요한 과정에서 사회·경제적 효율을 법학 논증의 방법 내지 준거로 삼는다는 것으로 표현할 수 있을 것이다. 그런데 법경제학에는 매우 다양한 분야가 있을 뿐만 아니라,[3] 이를 연구하는 학자마다 사회·경제적 효율 내지

3) 미국에서 신법경제학의 경향은 1960년대 이후 1990년대로 오면서 더욱 확대 발전하면서 소위 신제도학파(Neo-institutionalism)의 주요부분을 형성하고 있는데, 신

그에 따른 법경제학적 논증에 관한 개념 정의가 다르고, 이러한 개별적인 개념 정의에 따라 법경제학적 논증의 역할에 관한 논의도 달라지는 것으로 보인다. 아래에서는 우리나라에서 논의되고 있는 법경제학적 논증의 역할에 관한 다양한 견해를 살펴보고, 위 각 견해에서 설명하는 법경제학적 논증의 구체적인 개념을 확인한 후에 법경제학적 논증의 다양한 역할론에 관한 논거를 살펴보기로 한다.

나. 법경제학적 논증의 적극적인 역할을 인정하는 견해

1) 먼저, 우리나라의 논의 중에 법경제학적 논증의 적극적인 역할을 강조하는 견해에 관하여 본다. 이 견해는 법경제학을 법적 정의와 경제적 효율간의 관계를 연구대상으로 하는 학문으로 정의하면서, 경제적 효율은 '적어도 어떠한 사람을 불행하게 하지 않고는 다른 사람을 더 이상 행복하게 할 수 없는 상태'에 도달함을 의미하는 파레토 효율(pareto efficiency)를 말하는 것으로 파레토 효율이 사회 전체적으로 달성되기 위해서는 교환에서의 효율성(exchange efficiency), 생산에서의 효율성(production efficiency) 및 총체적 효율성(overall efficiency)이 함께 충족되

법경제학은 재산권학파(Property Right School), 거래비용경제학(Transaction Cost Economics), 신경제사학(New Economic History), 법의 경제분석(Economic Analysis of Law), 법과 공공선택(Law and Public Choice), 헌법적 정치경제학(Constitutional Political Economy) 등의 여러 흐름으로 나누어 볼 수 있다고 한다. 재산권학파는 재산권구조와 유인구조 그리고 경제적 행위간의 상호관계를 연구하는데 주된 관심을 두는 학문이고, 거래비용경제학은 코즈(Coase)의 거래비용 개념을 발전시킨 학문이며, 신경제사학은 경제의 역사 내지 경제발전의 역사의 동인을 법제도, 특히 재산권제도의 변화 속에서 찾으려 하는 학문이라고 한다. 또한 법의 경제분석은 영미법(common law)의 근저에 효율의 증대라는 논리가 근저에 흐르고 있고 그에 내재하는 경제적 논리를 정확히 이해하지 아니하고는 기존 법의 이해와 해석이 완전할 수 없다고 보는 입장이고, 법의 공공선택 분야는 공공선택이론을 적용하는 학문으로 입법행위와 행정행위가 가지는 법적 정당성의 전제는 그 행위가 공익의 실현을 위한 행위라는 입장에 있으며, 나아가 종래의 경제학이 항상 일정한 제약조건 속에서의 선택을 연구대상으로 하여 왔음에 비하여 헌법적 정치경제학은 제약조건 자체의 선택의 문제를 연구대상으로 하는 학문이라고 한다. 박세일, 법경제학(개정판), 박영사(2000), pp. 35-39. 이와 같이 미국에서 발전한 법경제학의 분야는 매우 다양하며 각 분야에서 말하는 '효율'의 개념은 학문마다 그 의미를 달리하고 있는 것으로 보인다. 한편, 해외의 법경제학 발전에 관한 구체적인 역사에 대하여는 위 책, pp. 10-41 참조.

어야 한다고 한다.[4] 나아가 법적 정의에는 교환적 정의와 배분적 정의가 있는데, 그중 교환적 정의는 경제적 효율의 전제조건, 즉 파레토 효율성 확보를 위한 전제조건 내지 필요조건이 되는 것이고(다만, 교환적 정의는 파레토 효율성의 충분조건은 아니라고 한다), 배분적 정의는 경쟁적 시장기구가 작동하는 경우에 그 시장적 결과인 소득분배에 대하여는 그 시장적 결과 또는 소득분배가 어떠한 내용이든지 배분적 정의에 반한다고 주장할 수 없고, 경쟁적 시장기구가 작동하지 않는 경우에는 절대 평등(시장 자체가 성립할 수 없는 경우, 예를 들어 개인의 신체나, 인격 생명 등) 내지 사회적 최저수준의 보장(시장이 성립하지만 정상적 시장기능이 작동하지 않는 경우, 예를 들어 최저임금 등)을 통해 효율성을 확보할 수 있다는 취지의 견해를 밝히고 있다.[5]·[6]

2) 법경제학적 논증의 역할론을 강조하는 또 다른 견해는 법경제학적 논증은 법의 해석과 적용에 있어서 경제적 효율을 고려하여야 하는 것이고, 그러한 효율의 개념은 1차적으로 배분적 효율(allocative efficiency)을 의미하며, 이에 더하여 생산적 효율(productive efficiency)도 고려할 수 있다고 한다.[7] 구체적으로 배분적 효율은 한정된 자원의 효용을 극대화한다는 의미이고, 생산적 효율은 특정의 목적을 달성함에 있어서 어떻게 하면 가장 자원을 절약하면서 목적을 달성할 수 있는가, 또는 일정한 자원을 투입하여 어떻게 최대의 목적을 달성할 수 있는가에 관한 것이라고

---

4) 박세일, 전게서, pp. 92-93. 한편, 위 책은 교환에서의 효율성이란 생산된 재화를 당사자들의 원하는 방향으로 원하는 양을 서로 교환하여 당사자들의 효용이 극대화된 상태를, 생산에서의 효율성이란 주어진 생산요소들의 최선의 결합을 통하여 생산량이 극대화된 상태를, 총체적 효율성이란 효율적으로 생산해 낸 것들이 소비자들의 효용을 극대화시킬 수 있는 상태를 각 의미한다고 한다.

5) 박세일, 전게서, pp. 86-111.

6) 한편, 법해석과 입법에서 후생(welfare) 이외에 다른 요소, 가령 정의·형평과 같은 요소를 고려하는 것이 불가능하다는 견해로는 Kaplow와 Shavell의 견해가 있는데, 이에 관한 구체적인 내용은 이동진, 정의·형평과 효율: 민사법의 경제분석에 국한하여, 법경제학연구 제17권 제1호(2020), pp. 1-13 참조.

7) 윤진수, 법의 해석과 적용에서 경제적 효율의 고려는 가능한가?, 서울대 법학 제50권 제1호(2009), pp. 40-41.

설명하면서, 법이 규범적으로 배분적 효율을 추구하여야 하는가의 문제로 초점을 맞추고 있다.[8)] 나아가 배분적 효율의 경우에는 어느 한 사람이라도 불리하게 되지 않고서는 현재의 재화 배분 상태를 변경시킬 수 없는 파레토 최적을 달성하여야 한다는 파레토 기준(Pareto criterion)과 재화배분의 변경으로 인한 이익이 그로 인한 손실보다 크다면 그러한 손실을 감수하고서라도 재화 배분의 변경을 허용하여야 한다는 칼도-힉스 기준(Karldo-Hicks criterion)이 있는데, 사법관계에서는 일반적으로 파레토 기준이 우월하다고 한다(즉, 보상이 뒤따르는 재화 배분의 거래비용이 작을 때에는 파레토 기준이 바람직하다는 것이다).[9)]

위 견해는 효율은 법에서 고려되어야 할 중요한 요소로서 법이 특별히 효율을 고려하지 말라고 명하지 않는 한 항상 효율을 고려하여야 한다는 견해, 즉 효율을 고려하여야 한다는 것은 일종의 임의규정이라고 한다.[10)] 그러나 이 견해도 효율이 법에서 고려되어야 할 유일한 가치라고 보기는 어렵다고 하면서 공정의 가치고 법의 제정 및 적용 과정에서 고려하여야 할 중요한 요소라고 한다.[11)·12)]

8) 윤진수, 전게논문(각주 7), p. 40.

9) 윤진수, 전게논문(각주 7), pp. 41-42.

10) 윤진수, 전게논문(각주 7), pp. 42-43.

11) 윤진수, 전게논문(각주 7), p. 42. 한편, 위 논문은 독일에서의 아이덴뮐러(Eidenmüller) 및 얀존(Janson)의 법경제학적 논증의 효용성에 관한 논의를 소개하고 있는데, 아이덴뮐러는, 독일에서는 성문법이 중심이 되는 점, 경제적 효율이 법의 정책일 때에는 민사법을 적용함에 있어 경제적 효율을 고려하는 것에는 아무런 문제가 없지만, 채권법이나 물권법의 경우에는 경쟁법이나 상법과 달리 입법자가 경제적 효율을 목적으로 하는 경우가 별로 없기 때문에 이러한 주장이 적용될 여지가 없는 점, 경제적 효율은 민사법에서도 의미를 가지는 포괄적인 법 원리는 아닌 점, 법관이 경제적인 효율을 고려하여 재판을 하는 것은 정당화될 수 없는 점 등을 근거로 입법과정에서는 법경제학이 도움이 될 수 있지만 독일의 법관은 효율을 증진할 수 있는 사람이 될 수 없다고 한다. 이에 반하여 얀존은, 법관이 어려운 사건을 재판할 때에는 법의 발견이 항상 어느 정도 법의 정립의 성격을 가지는 점, 경제적 효율은 근래의 발전에 따라 국부적 원리에서 포괄적 원리로 격상된 점, 법관은 일상적 이론 내지 생활경험, 기존의 연구결과에 의존하거나 당사자들로 하여금 자료를 제출하게 함으로써 정보문제 등을 해결할 수 있는 점 등을 근거로 법경제학적 이론이 법관에게도 법률의 해석이나 일반조항의 구체화 및 법의 형성에서 의미를 가진다고 한다. 위 논문, pp. 43-50 참조.

다. 법경제학적 논증의 소극적인 역할만을 인정하는 견해

1) 이에 반하여 법적 판단에서 사용되는 경제학적 논증의 개념을 정의하기는 지난하다고 하면서, 법실무에서 경제학적 논증에 의지하게 되는 것은 법적 추론이 한계를 보이고 도덕적 판단 또한 관련당사자들의 교감을 얻는데 실패하는 경우, 즉 보충적 방법론 머문다고 보는 견해가 있다.[13] 그러한 경제학적 논증은 공리주의에 기초하고 있는 것인데, 이는 사회적 선택의 기초를 사회에서의 쾌락의 총합을 최대화하는 행동을 선택하는 것으로 보면서, 당사자들 사이에 시장에서 어떤 거래가 성립되었다면 이 거래는 당사자 모두가 이를 원해서 이루어진 것이고 그 결과 사회 전체도 더 행복해졌다고 이야기할 수 있는 것이므로, 결국 시장에서의 거래행위로 인해 자연스레 일어날 질서, 즉 자생적 질서를 미리 그 사회의 규칙으로 정립한다면 이 규칙 역시 사회 전체의 행복을 증진시켜 준다는 의미에서 '시장모방적 규칙(market-simulating rules of law)'이 모색된다고 한다.[14] 따라서 경제학적 논증방식을 완결적 개념으로 정의하기는 어렵지만 적어도 ① 경제학적 추론은 "어떤 해결방식 혹은 법규칙을 고안해내는 것이 경제적 효율(또는 사회적 후생)의 극대화에 도움이 되는가"를 고민한다는 점, ② 그런 해결방식 혹은 법규칙을 고안해 냄에 있어 시장의 자생적 질서를 모방한다는 점의 공통적 요소를 가지고 있다고 한다.[15]

이 견해는 법경제학적 논증을 시장의 자생적 질서를 모방한다는 기준을 제시하고 있고, 그러한 시장모방적 규칙이 사회적 부 내지 효율을

12) 한편, 법경제학의 방법론적 토대를 제공하는 경제학적 관점에 관하여 ① 사람들이 한정된 자원 아래에서 자신의 효용(utility)을 극대화시키는 방향으로 행동하고 더 넓게는 유인(incentive)체계에 반응한다고 전제하고, ② 효율(efficiency)을 중요한 가치의 하나로 명시적으로 고려하며, ③ 반증 가능한 가설이나 객관적 가치판단이 가능한 가설에 관심을 두고, ④ 원인-결과나 목적-수단의 틀로 사회현상을 설명하려는 것 등이 포함된다고 설명하는 견해도 있다. 고학수, 법경제학적 관점에서 본 판례의 변경, 민사판례연구 제36권(2015), p. 1016.

13) 조홍식, 경제학적 논증의 법적 지위-배제적 실증주의의 관점에서, 서울대 법학 제48권 제4호(2007), p. 126.

14) 조홍식, 전게논문(각주 13), pp. 126-130.

15) 조홍식, 전게논문(각주 13), p. 130.

최대화하는 것을 전제한 것으로 보이나, 더 나아가 구체적으로 경제적 효율을 증대시키는 것이 어떠한 기준에 따르는 것인지 등에 대하여는 특별한 설명이 없는 것으로 보인다. 대신에 정유회사들이 군납유류 입찰과정에서 담합행위를 하여 국가에 끼친 손해를 산정함에 있어 법원이 채택한 '계량경제학상의 중회귀분석을 통한 이중차분법에 의한 손해액 산정'에 관하여,[16] 법원이 적어도 결과적으로는 시장의 상태를 기준점으로 삼았다는 점에서 시장모방적 규칙을 모색했다고 볼 수 있으나, 위와 같은 산정방식이 그 사건에서 법적 효력을 인정받은 것을 넘어 우리 법원이 귀납추론적 손해액 산정방식을 채택해 온 이상 이를 일반화하기는 어렵다는 의견을 밝히고 있다.[17]

이 견해는 위의 논의를 구체화하여, 사적 영역에서는 민사법이 발전시켜 온 가치체계(민사정의 등)를 수호하기 위해 경제학적 논증은 법적 논증이 한계를 보일 때 한해 사용되는 보충적인 역할에 머물러야 하며, 경제학적 논증이 사용되는 경우에도 규범적 통제를 늦출 수는 없다고 한다.[18] 나아가 공적 영역에서도 경제학적 논증은 입법자의 선택이 불확실하고 불확정적인 경우에 한해 보충적으로 사용되어야 하는데, 입법목표가 경제적 효율임이 명백한 경우 또는 비록 다른 입법목표를 가진 입법의 경우에도 비용효과적인 수단을 선택할 것을 주문하는 경우에 경제학적 논증이 사용될 수 있을 것이라고 한다.[19]

---

16) 서울중앙지방법원 2007. 1. 23. 선고 2001가합10682 판결. 위 판결의 항소심은 손해액 산정에 있어서 중회귀분석을 통한 이중차분법이 아닌 MOPS(Means of Platt's Singapore) 기준가격으로 손해액을 산정하여야 한다고 판시하였으나(서울고등법원 2009. 12. 30. 선고 2007나25157 판결), 상고심은 MOPS 기준가격은 완전경쟁시장에 가까운 싱가포르 현물시장을 전제로 한다는 등의 이유로 합리적인 손해액 산정방법이 아니라고 보았다(대법원 2011. 7. 28. 선고 2010다18850 판결).

17) 조홍식, 전게논문(각주 13), pp. 135-136, 165-169. 한편, 하트(Hart)와 라즈(Raz)의 배제적 법실증주의 및 원천테제, 드워킨(Dworkin)의 정합성 테제 등에 관한 자세한 논의는 위 논문, p. 147 이하 참조.

18) 조홍식, 경제학적 논증의 영역－드워킨의 견해에 대한 비판을 중심으로 하여, 민사판례연구 제30권(2008), pp. 739-746.

19) 조홍식, 전게논문(각주 18), pp. 743-746. 위 견해는, 자원평등설을 바탕으로 사적 영역에서 개인들 사이에 추상적 권리들이 충돌하는 경우, 예를 들어 과실에 의

2) 또 다른 견해로는 학자들 사이에 경제학이라는 용어를 다르게 사용함으로써 법경제학적 논증의 효용성에 대한 견해도 달라질 수 있다는 것을 전제하면서, 법경제학을 이해하는 핵심개념은 "인센티브, 사전적(ex-ante), 사회적 효율(efficiency)"이라고 볼 수 있는데, 민법, 형법과 같이 역사적으로 오랜 세월에 걸쳐 독자적으로 형성된 법 영역에 있어서는 법경제학은 법을 이해하는 새로운 시각을 제시하는 것에 그치고 그것을 가지고 법리를 변경하거나 문제를 해결하는 것에는 한계를 가진다는 것이다.[20] 민법과 같은 분야에서 사전적 인센티브를 말하는 경제학과 사후적 이해조정을 도모하는 법학이 서로 갈등을 일으키는 경우 경제학적 주장이 실제로 채택되기는 어렵다고 하면서, 채무불이행의 경우를 예로 들어 법은 채무불이행과 같은 특정 사건이 벌어진 이후의 법률효과를 정하고 있다는 점에서 사후적 성격을 가지지만, 당사자들은 이러한 규칙의 적용을 염두에 두고 채무불이행에 관한 의사결정을 한다는 점에서 이 규칙은 사전적 인센티브 효과를 가질 수 있다고 한다.[21] 나아가 법경제학에서 말하는 효율은 사회의 부 전체 크기에만 관심을 가진다는 의미로 이해하여야 하고 그 부를 누가 얼마나 가지는지, 즉 분배(distribution)의 문제는 원칙적으로 법경제학의 관심사가 아니라고 한다(즉 칼도-힉스 기준을 채택한 것이라고 한다).[22] 특히 법경제학은 최소한의 비용으로 최대한의 산출을 얻는다는 사후적 효율(ex-post efficiency, 자원배분의 효율 또는 정태적 효율)보다는 당사자의 사전적 인센티브까지 고려한 사전적 효율(ex-ante efficiency, 동태적 효율)을 그 기준으로 삼는데, 코즈(Ronald Coase) 정리는

한 불법행위(negligence)와 상린관계에서의 불법방해(nuisance)의 경우에 경제학적 논증을 사용할 수 있고, 공적 영역은 추상적 권리들의 충돌 문제가 아니라 입법자의 정책적 문제이므로 경제학적 논증을 사용하기 부적절하다는 드워킨의 주장 및 독점규제법, 지적재산권법, 경제규제법을 의문의 여지 없이 경제학적 논증이 필요한 영역이라는 미국 연방대법관 스티븐 브라이어(Stephen Breyer)의 주장을 비판적으로 분석하면서 위와 같은 결론에 이르고 있다.

20) 송옥렬, 법경제학적 방법론의 유용성과 한계에 관한 소고, 서울대 법학 제55권 제3호(2014), pp. 2-4.

21) 송옥렬, 전게논문, pp. 7-9.

22) 송옥렬, 전게논문, pp. 13-14.

사후적 효율에 관한 것이라는 점에서 법경제학에서는 오히려 예외적인 내용이라고 한다.[23] 결국 경제학적 사고방식은 법제도란 개인의 사전적 인센티브를 사회적 관점에서 효율적으로 유도하는, 즉 사회적 비용을 내부화하는 메커니즘(이 견해는 사전적 효율과 사후적 효율을 동시에 달성할 수 있는 가장 좋은 방법은 사회적 비용을 야기한 자에게 그 비용을 내부화하도록 하는 것이라고 본다)이라고 할 수 있고, 사후적 관점을 중시하는 법적 판단에서는 사전적 관점을 중시하는 경제적 판단을 받아들이기 힘든 경우도 있다고 한다.[24]

3. 미국의 논의

미국에서는 다양한 법경제학적 논의가 이루어져 왔고 대체적으로 법경제학적 논증의 적극적인 역할을 강조하고 있는 것으로 보인다. 여기에서는 포즈너의 견해를 간략히 살펴보기로 한다.[25]

포즈너는 먼저, 경제학에서는 사람들을 자기만족의 합리적인 최대화하고자 한다(rational maximizer)고 전제한 다음, 경제학의 기본개념으로 공급의 법칙, 기회비용의 개념, 자발적인 시장 교환 등이 법경제학적 분석의 기본 원리가 되어야 한다고 한다.[26] 효율(efficiency)의 개념과 관련하여서는, 효율을 공리주의적(utilitarianism) 관점으로 해석할 경우, 각 개인마다 행복 또는 자기만족의 기준이 다른 점, 사람들이 느끼는 효용(utility)을 합한 것을 효율의 기준으로 삼을 경우 각 개인을 사회의 부품으로만 취급하는 것인 점, 공리주의의 경계를 설정하기 어려운 점(동물들

23) 송옥렬, 전게논문, pp. 14-15.

24) 송옥렬, 전게논문, pp. 22-23. 위 견해는 징벌적 손해배상 및 법원의 판단오류를 예로 들어 법경제학적 판단과 법적 판단의 결과가 달라질 수 있는 것을 설명하고 있다. 자세한 내용은 위 논문, p. 23 이하.

25) 포즈너의 견해가 미국의 일반적인 법경제학에 대한 논의를 대표한다고 단정하기는 어려우나, 뒤에서 보는 바와 같이 핸드 공식을 포즈너가 해석한 방식을 중심으로 분석하고자 하므로, 포즈너의 일반적인 법경제학에 관한 관점을 간략히 알아보고자 한다.

26) Richard A. Posner, Economic Analysis of Law, 7th Edition, Aspen publishers(2007), pp. 3-10.

이 느끼는 고통을 인간의 고통과 동일시할 수 있는지의 문제 등) 등의 문제가 있으므로, 결국 많은 경제학자들이 효율의 개념을 자발적인 교환에 따른 결과라는 관점에서 이를 정의하게 되었다고 한다.[27] 효율의 기준과 관련하여서는 경제학자들이 효율을 설명할 때 십중팔구는 칼도-힉스 기준을 말하는 것이라고 하면서, 그 이유로 파레토 기준은 사람들의 자유로운 선택을 억지할 여지가 있고, 현실에서 이루어지는 대부분의 거래는 제3자에 대하여도 영향을 끼치게 마련인데 거래 당사자가 그 제3자에 대하여 보상해주지 않는 이상 파레토 최적이 달성되기 어렵고 결국 현실에서 파레토 최적을 가져오기 어렵다는 점을 들고 있다.[28]

포즈너는 법경제학이 실증적일 뿐만 아니라 규범적이라고 보면서, 특히 영미법(common law)에 있어서 사법적 판단이 명시적으로 경제학적 논증을 하는 경우는 매우 드물지만 사실 그 근저를 분석해보면 영미법은 사회의 부를 최대화하는 시스템으로 설명될 수 있다고 한다(efficiency theory of the common law).[29] 다만, 위와 같은 견해는 영미법이 칼도-힉스 기준의 사회적 효율을 최대화하는 시스템이라는 것을 주장하는 것인데, 더 넓은 의미의 일반적인 법경제학(economic theory of law)은 법학을 경제학적 방법을 통해 설명하려는 것으로서 반드시 사회적 효율을 최대화하는 것을 강조하지는 않는다고 하면서 그 학문적 분야를 구분하고 있다.[30]

---

27) Posner, 전게서(각주 26), pp. 10-12. 한편, 위 글은 경제적 가치(value)는 사람들이 그 물건에 대하여 얼마만큼 지불할 용의가 있는지에 따라 평가되는 것이고, 효용(utility)는 각 개인의 위험선호도에 따라 평가가 달라지는 것이라고 한다. 즉, 100만 달러를 지급받는 것과 50%의 확률로 200만 달러를 지급받는 것 사이에 그 경제적 가치는 차이가 없지만 위험회피적인 사람에게는 전자가 더 효용이 크다는 것이다.

28) Posner, 전게서(각주 26), pp. 12-13.

29) Posner, 전게서(각주 26), pp. 24-25.

30) Posner, 전게서(각주 26), p. 26, 한편, 포즈너는 미국의 법경제학 역사와 관련하여, 1960년대 이전에는 주로 법경제학이 반독점규제와 관련하여 논의가 되었지만, 1960년 이후 불법행위에 관한 칼레브레시(Guido Calebresi)의 글과 사회적 비용에 관한 코즈의 글을 계기로 법학 전반에 관하여 법경제학의 논의가 이루어지게 되었다고 설명하고 있다. 위 책, pp. 23-24.

4. 검　토

가. 본고에서 위와 같은 다양한 견해를 아우를 수 있는 법경제학적 논증의 일반적인 정의를 내리는 것은 불가능한 것으로 판단된다. 다만, 앞으로 살펴 볼 핸드 공식을 법경제학적 논증의 하나로 이해하는 이상 후속 논의에 필요한 정도로만 법경제학의 의미를 이해하기로 한다. 앞서 본 여러 견해는 법경제학을 비교적 좁게 또는 넓게 그 의미를 파악하고 있으나, 법경제학을 넓은 의미에서 파악할 경우에는 합리적인 논증 정도로 이해하거나 공평의 여집합 정도로 이해하게 될 수 있어 결국 민법의 일반적인 논증과 차별을 둘 수 없게 된다.[31] 따라서 본고에서는 비교적 좁은 의미로 법경제학적 논증의 의미를 제한하기로 하고, 결국 법경제학적 논증은 사회·경제적 효율(efficiency)을 최대화하는 방향의 논증으로 수리·통계적인 방법으로 검증 가능함을 전제로 하는 것이고, 그 효율은 대체적으로 칼도-힉스 기준을 따르는 것으로 이해하고자 한다.

나. 대체적으로 칼도-힉스 기준을 채택하는 이유는, 파레토 기준이 사회 구성원 개개인의 효용을 고려하는 것이므로 이상적인 기준이기는 하나, 앞서 본 포즈너의 견해와 같이 현실적으로 파레토 최적을 실현하는 것은 매우 어려운 점, 본고가 파악하는 좁은 의미의 법경제학적 논증은 사회적 효율을 최대화하는 것인데, 파레토 기준에 의하면 사회 전체적인 효율을 최대화하는 것을 넘어 결국 자원의 최종적인 분배(distribution)에 관여하게 될 여지가 있고,[32] 이는 결국 사회적 효율의 최대화라는 기준뿐만 아니라 그 밖의 여러 다양한 가치판단이 포함되게 되어 법경제학적 논증의 핵심적인 개념에서 이탈하고 일반적인 민법 이론으로 변질될 가능성이 큰 점, 포즈너는 거래의 승자가 손해를 본 사람에게 보상을 하여 줄

31) 송옥렬, 전게논문, p. 6.

32) 송옥렬, 전게논문, pp. 13-14. 한편, 포즈너는 사회적 비용이 발생하는 것은 사회 전체적인 부를 감소시키지만 개인적인 비용이 발생하는 것은 사회 전체적인 부를 변화시키는 것은 아니고 부의 분배를 재조정시킬 뿐이라고 한다. Posner, 전게서(각주 26), p. 6.

가능성이 있으므로 (실제로 보상이 이루어지는지는 불문하고) 칼도-힉스 기준을 '잠재적인 파레토 기준'이라고 보고 있고,[33] 앞서 본 바와 같이 보상이 뒤따르는 재화 배분의 거래비용이 작을 때에는 파레토 기준이 바람직하다는 견해[34]도 이와 같은 취지인 것으로 판단되는바, 이와 같이 파레토 기준이 이상적인 기준이라고 하더라도 칼도-힉스 기준이 파레토 기준의 실현을 위한 전제가 되는 것으로 보이는 점 등을 그 근거로 한다. 핸드 공식도 사고비용을 누가 최종적으로 부담할 것인가에 관한 문제를 해결하기 보다는 사회 전체적인 부를 최대화하는 관점에서 과실 여부를 판단하고 있으므로 이는 칼도-힉스 기준을 채택한 것으로 보인다.[35]

다. 법경제학적 논증이 실증적인가 하는 문제는 법원의 판결에서 나타난 결과가 사회·경제적 효율을 증대시키는 결과를 나타낸 것인지, 또는 그러한 판결 결과로 인해 당사자들에 대하여 효율을 증대시키도록 하는 인센티브를 준 것인지 여부를 검증하는 것에 있다고 할 것이다. 이와 같은 검증은 효율이라는 개념을 계량화하여 수리·통계적인 방법으로 검증하는 것이 타당하다고 생각된다. 이미 경제학의 주류는 수리·통계적인 방법을 사용하여 경제학적 개념을 설명하고 있는 것으로 보이므로, 법경제학도 이와 같은 방법론을 따르는 것이 타당하고, 법경제학을 단순한 직관 또는 대충의 짐작을 통해 설명하는 것은 기존에 활용되고 있던 민법이론과의 차별성을 가지기 어렵게 될 것이다.

한편, 법원이 민법 영역의 사건을 판단함에 있어서 특별히 법경제학적 논증을 명시하거나 고려하지 않았다고 하더라도, 특별한 사정이 없는 한 법원이 사회적 효율 낮추는 방향으로 법을 해석하지 않을 것이기 때

---

33) Posner, 전게서(각주 26), p. 13.

34) 윤진수, 전게논문(각주 7), pp. 41-42.

35) 이에 대하여 칼도-힉스 효율은, 파레토 효율 쪽이 규범적 및 방법론적으로는 더 논란의 소지가 적지만 이 기준을 쓸 수 있는 경우가 적고 그러한 경우에도 효율적인지 여부를 가리기 위한 차선의 기준은 필요하기 때문에 보충적으로 쓰이는 것이고, 거래비용이 높을 수밖에 없는 사고법(accident law)에서는 칼도-힉스 효율 개념이 기준이 되긴 하지만 계약과 재산권 주제는 대부분 거래비용이 낮은 경우를 파레토 효율 관점에서 분석되고 있다는 지적이 있었다(이동진 교수님).

문에 결과적으로 법경제학적 논증에 따른 결과와 동일하게 되는 경우가 많을 것이다.[36] 이와 같은 경우에 법경제학적 논증이 실증적이라고 이야기할 수는 있겠지만 향후에 법원이 규범적으로 법경제학적 논증을 활용하여야 한다는 문제와는 별개의 문제이다.

라. 결국 법경제학적 논증이 규범적이어야 하는가의 문제를 검토하여야 하는바, 이는 법의 해석에 있어서 법관이 이를 명시적인 논거로서 활용하고, 이에 따라 당사자들로 하여금 사회적 부를 증대하는 방향으로 행동하도록 인센티브를 주도록 하여야 할 것인가의 문제이다. 이에 관하여 앞서 본 바와 같이 민법 영역 전반에 있어서 법경제학적 논증이 규범적이어야 한다는 견해와, 일부 한정된 영역에서만 활용되어야 한다는 견해 등의 다양한 견해가 있다. 본고에서는 위 견해들 중 어떠한 견해가 타당하다고 단정하기는 어렵다고 판단되고, 또한 현재까지 우리 법원은 민법 영역에 있어서 명시적으로 법경제학적 논증을 채택한 것은 비교적 드문 일이었지만, 법관들이 향후 민법 영역에 있어서 법경제학적 논증을 적극적으로 활용하는 것을 굳이 반대할 필요는 없다고 생각된다. 대상판결 또한 민법 영역에서 법경제학적 논증을 적극적으로 활용하고자 하는 시도 중 하나라고 평가할 수 있다. 이하에서는 일반적인 법경제학적 논증의 효용성이 인정됨을 전제로 대상판결이 민법상 공작물책임에 핸드공식을 적용한 것이 타당한 것인지 구체적으로 살펴보기로 한다.

Ⅲ. 미국의 불법행위법상 과실책임에 대한 법경제학적 논의의 전개

1. 미국의 불법행위법상 과실책임(Negligence) 일반론

미국의 불법행위법상 과실책임[37]·[38]이 성립하기 위한 요건으로 보

---

36) 송옥렬, 전게논문, p. 7.

37) Restatement of the Law(Third) Torts-Liability for Physical and Emotional Harm, The American Law Institute(2010), p. 68에 의하면, 이와 같은 과실책임을 합리화하는 근거로는 교정적 정의(corrective justice, 가해자는 자신의 이익을 우선하여 피해자에게 손해를 가하였으므로 평등 취급에 관한 윤리적 고려에 의하여 배상을 하여야 한다는 관점)와 인센티브적 관점(행위자에게 적절한 예방조치를 취하도록

통 5개 요건을 들고 있는데, 그 요건에는 의무(duty), 의무의 위반(breach), 사실적 인과관계(cuase in fact), 상당인과관계(proximate cause), 피해사실(harm)이 포함된다.[39] 특히 의무의 위반이 성립하기 위하여는 그 사람이 합리적인 주의의무를 다하였는지 여부를 기준(reasonable care/due care standard)으로 판단하고, 이는 합리적인 사람(a reasonable person, a reasonably careful/prudent person)을 주체로 한다.[40] 미국의 불법행위법 리스테이트먼트 제3판에 의하면, 과실 여부를 판단함에 있어서 위험·편익 테스트(risk-benefit test) 또는 비용·편익 테스트(cost-benefit test)를 제안하고 있는데, 위험 또는 비용이란 행위자의 행동으로 인해 예상되는

인센티브를 줌으로써 전체적인 사회 후생을 개선하도록 하는 관점)에 있다고 한다. 이와 관련하여 불법행위법의 사상적 기초로서 인센티브적 관점의 예방 패러다임과 교정적 정의를 바탕으로 한 회복 패러다임에 관한 구체적인 논의에 관하여는 권영준, 불법행위법의 사상적 기초와 그 시사점－예방과 회복의 패러다임을 중심으로, 저스티스 제109호(2009) p. 73 이하 참조. 위 논문에서는 핸드 공식이 비용·편익 분석에 기초하여 가장 효율적인 주의의무의 정도를 제시한 공식으로 예방 패러다임의 특징을 가지고 있음과 동시에, 행위자는 비용과 편익을 분석함에 있어서 자신과 타인의 이익을 공평하게 교량하도록 요구되어 회복 패러다임의 특징을 보여 준다는 점에서 예방과 회복 패러다임의 중첩현상을 잘 보여 준다고 한다. 위 논문, pp. 93-94.

38) 한편, 미국 불법행위법에 관하여 법경제학적 논의를 도입한 것으로 평가되는 칼레브레시(각주 30 참조)는 불법행위에 따른 손해배상책임을 그 사고를 발생시킨 기업이 과실 여부를 불문하고 책임진다는 기업책임 법제(enterprise liability)에 관하여 그 법경제학적 논거로써 자원의 분배(the allocation of resources justification), 손해의 분산(the spreading of losses justification), 딥포켓 이론(the deep pocket justification)을 분석하면서, 손해의 분산 및 딥포켓 이론은 불법행위법상 기업책임 법제보다는 사회적 보험이 더 효율적인 시스템을 제공하는 결론에 이르므로 기업책임 법제의 근거이론으로 보기에는 부족하다고 보기는 하나, 결국 위 세 근거를 종합하여 기업책임 법제를 설명할 수 있다고 보고 있다. 이에 대한 자세한 내용은 Guido Calebresi, Some Thoughts on Risk and the Law of Torts, 70 The Yale Law Journal 4(1961), p. 499 이하 참조.

39) David G. Owen, The Five Elements of Negligence, 35 Hofstra L. Rev. 1671(2007), pp. 1674-1686. 한편, 위 논문에서는 의무위반 부분과 관련하여 핸드 공식을 적용할 수 있을지 문제가 된다고 하면서 관습, 기대, 재산권과 다른 권리 및 도덕이 사람들에게 어떻게 행동하여야 하는지에 관하여 구체적인 가이드를 제시해주지 않는 경우에만 핸드 공식이 결정적인 역할을 할 수 있을 것이라고 주장한다. 위 논문, p. 1679. 이는 앞서 본 법경제학적 논증에 관한 견해 중 법경제학이 민사법 영역에서 보충적으로만 활용되어야 한다는 견해와 유사한 것으로 보인다.

40) Owen, 전게논문, p. 1677 / Restatement of the Law(Third) Torts(각주 37), p. 29.

위험의 전체적인 수준 내지 비용을, 편익이란 그 행위자나 다른 사람들이 예방조치를 취하지 않음으로써 얻게 되는 이익이라고 정의하고 있다.[41] 이는 위험의 정도가 예방조치를 하지 않을 경우 얻게 되는 편익을 넘는 경우에 과실이 있다고 판단하는 것이므로 균형접근법(balancing approach)으로 분류할 수 있고, 위험의 정도에는 피해가 발생할 가능성과 예상되는 피해의 정도를 모두 포함한다고 한다. 나아가 예방조치의 부담은 다양한 형태로 나타날 수 있는데 대부분의 경우 행위자의 비용 부담 형태로 나타나고(그 비용이 행위자의 고객에게 전가되더라도 상관없다고 한다), 어떤 특정한 예방조치를 취함으로서 다른 위험이 증대되는 경우 그러한 위험도 예방조치의 부담에 포함시킬 수 있다고 한다.[42] 이러한 설명은, 핸드 공식과 매우 유사한 설명이라고 볼 수 있고 이에 따라 핸드 공식은 위 리스테이트먼트의 비용·편익 테스트와 동일한 테스트라고 이해하는 견해(대상판결도 그와 같은 견해에 따른 것으로 보인다)도 있는 반면 포즈너와 같이 이를 다른 테스트라고 보는 견해도 있는바, 이에 대하여는 뒤에서 자세히 살펴보기로 한다.

한편, 미국 불법행위법에는 행위자의 귀책사유를 요구하는 과실책임과 달리 행위자의 귀책사유를 요구하지 않는 엄격책임(strict liability)이 존재한다. 과실책임과 달리 엄격책임은 일반적인 규칙이나 이론은 존재하지 않고 엄격책임이 인정되는 각 영역에서 고유의 법리가 발전하였다고 한다. 미국 불법행위법상 엄격책임이 인정되는 경우로는 제조물책임(products liability), 사용자책임(respondeat superior) 및 전통적인 엄격책임 분야로 인정되어 왔던 비정상적으로 위험한 행위(abnormally dangerous activities) 등이 있다고 한다.[43] 일반적으로 엄격책임에 관하여는 앞서 본

41) Restatement of the Law(Third) Torts(각주 37), pp. 30-31.

42) Restatement of the Law(Third) Torts(각주 37), p. 31.

43) Restatement of the Law(Third) Torts(각주 37), pp. 228-229. 위 책(§ 20 Abnormally Dangerous Activities)에 의하면 비정상적으로 위험한 행위는 그 행위가 합리적인 주의를 기울이는 경우에도 예상가능하고 매우 심각한 위험을 일으킬 것과, 그 행위가 통상적인 행위가 아닐 것을 요구한다고 한다.

비용·편익 테스트나 핸드 공식이 적용하지 않으나, 다만 제조물책임과 관련하여 제조물의 하자 판단에 대해 이를 적용할 수 있을지 논의가 있다. 이에 대하여도 뒤에서 살펴보기로 한다.

2. 핸드 공식에 관한 논의의 전개

가. Carroll Towing 판결[44]

위 판결은 "Carrol" 예인선이 항구에서 예인작업을 하던 중 "Anna C" 바지선에 묶여져 있던 밧줄이 풀어지면서 "Anna C"바지선이 다른 바지선들과 함께 표류하게 되었고 그 과정에서 위 "Anna C" 바지선이 탱크선의 프로펠라에 충격하면서 하부에 구멍이 발생하게 됨에 따라 싣고 있던 밀가루와 함께 물에 가라앉게 된 사안에 관한 것이었다. 위와 같은 "Carroll" 예인선의 과실에 따라, "Anna C" 바지선은 충격에 의해 하부에 구멍이 발생한 피해(collision damages)는 전부 보상받을 수 있었으나, 쟁점은 당시 "Anna C" 바지선에 선원이 탑승하지 않은 관계로 하부에 구멍이 발생하였음을 알리지 못한 "Anna C" 소유주의 과실로 배가 가라앉게 되어 그로 인한 피해(sinking damages)는 일부만을 보상받을 수 있는지 여부였다. 이에 대하여 핸드 판사는 여러 선례를 들면서, 바지선에 선원이 없었던 경우에 그 바지선이 떠나려가서 다른 배를 충격하게 하는 경우 바지선 소유주에게 과실이 인정되는지에 관하여 일반적인 법리는 없으나, 이 사건의 경우 바지선이 떠나려 갈 가능성을 P, 그로 인해 피해의 정도를 L, 적절한 예방조치 부담을 B로 보아 대수함수로서 B>P·L인 경우에 바지선 소유주의 과실을 인정할 수 있다고 하였다. 이 사안에서는 사고가 발생할 당시 "Anna C" 바지선의 선원이 바지선을 떠난 지 21시간이나 흘렀고 위 사고는 작업시간인 오후 2시 정도에 발생하였던 점, 선원의 부재에 대한 적절한 변명이나 이유(excuse)를 찾을 수 없었던 점, 당시는 1월로 낮 시간이 매우 짧았고 항구는 배들로 복잡하였던 점 등을

44) United States et al., v. Carroll Towing Co., Inc., et al., 159 F. 2d 169(1947).

근거로 "Anna C" 바지선의 소유주(the Conners Company)도 위 사고에 대한 과실이 있다고 판단하였다.

나. 포즈너의 해석론

미국 판례법에 의해 발전하여 온 불법행위책임 법리는 19세기 무렵 무과실책임으로 인정되던 것이 산업화 시대를 거쳐 과실책임으로 변모하였는데, 그와 같은 과실책임으로의 전환에 대하여 미국의 전통적인 견해는 산업화 시대의 확장, 비난가능성이 없는 사람에게 책임을 전가하는 것은 부당하다는 공감대의 형성 등을 그 근거로 들고 있다. 이에 대하여 포즈너는 과실책임과 산업화 시대의 연관성이 모호한 점, 전통적인 견해는 불법행위법의 지배적인 목적이 피해자에 대한 손해배상이라고 보고 있으나 오히려 불법행위법의 목적을 규제 또는 인센티브의 제공이라고 보는 경우에도 피해자에 대한 손해배상이 있어야 피해자가 소송을 제기할 인센티브가 있게 되는 것이므로 결국 손해배상이 그 지배적인 목적이라고 보기는 어려운 점, 전통적인 견해는 불법행위책임에 대하여 도덕적인 관점으로 접근하고 있으나 과실 여부는 객관적인 기준으로 판단하는 것이므로 도덕적 기준은 이에 대한 도움이 될 수 없는 점 등을 근거로 전통적인 견해를 비판하며, 오히려 미국 불법행위법에 따른 과실책임은 경제적인 관점에서 사회가 더 효율적으로 변화되는 것을 목적으로 하는 것이고, 핸드 공식은 그 이전부터 미국 판례법 근저에 형성되어 있던 위와 같은 과실책임의 기준을 구체화한 것이라고 보았다.[45] 즉, 미국 불법행위법상 과실책임 시스템의 지배적인 역할은 사고와 안전의 효율적인 레벨을 결정하는데 있다고 한다. 포즈너는 1875년부터 1905년까지의 미국 항소법원의 판례를 분석하고 그에 따른 과실책임에 관하여 발전해 온 여러 법리가 법경제학적인 사고에 기초하고 있음을 밝히고 있다.[46]

---

45) Richard A. Posner, A Theory of Negligence, 1 The Journal of Legal Studies 1(1972), pp. 29-33.

46) Posner, 전게논문(각주 45), p. 34 이하. 포즈너는 과실의 경합(contributory negligence), 사용자책임(respondeat superior), 산업재해 법리(industrial-accident doctrine), 위험의 용인(assumption of risk) 등의 다양한 과실책임 법리를 핸드 공식과

나아가 포즈너는 효율적인 불법행위법 모델에 관하여 다음과 같은 수식을 제시하고 있다.[47] 먼저, 사람들은 위험에 대하여 중립적이라는 것을 전제[48]한 후 원고(피해자) A와 피고(가해자) B가 어떤 사고와 관련하여 발생할 수 있는 사회적 효용의 합계를 다음과 같은 수식 1로 표현한다.

[수식 1] $\bar{U}^a+\bar{U}^b=I^a+I^b-pD-A(x)-B(y)$[49]

[$\bar{U}$는 효용, I는 소득, p는 총 사고발생확률, D는 사고비용, x, y는 주의의무의 정도, A(x), B(x)는 총 주의의무 내지 예방조치비용을 뜻함]

같은 법경제학적 원리로 설명하고 있다. 한편, 포즈너는, 미국 판례법상 법률을 위반하는 행위는 그 자체로(per se) 과실이 있는 행위로 평가되는 것에 관하여 이는 입법적 판단이 사법적 판단 보다 우선하여 적용되는 것인데 입법부가 핸드 공식과 같은 법경제학적 원리를 바탕으로 하는 경우가 있지만 입법부에 그러한 기대를 하기는 어려운 경우가 많다고 하면서, 특히 어떤 사건이 발생하는 경우 입법부는 대중의 감정적인 충격에 쉽게 영향을 받지만 법관은 그러한 영향을 덜 받는 점에 있어서도 그러한 차이가 있다고 한다. 위 논문, p. 39, 61. 나아가 이러한 포즈너의 견해 중 주목할 만한 점은 위와 같이 분석한 판례 중에 그 시대에 업계 전반적으로 사용하지 않고 있던 안전장치를 하지 않았다고 하여 과실을 긍정한 사례는 없다고 하면서 이와 같은 영미법의 과실책임 법리가 새롭고 혁신적인 안전장치를 도입하는 것에는 특별히 도움이 되지 않는다고 보고 있다는 것이다. 포즈너는 업계 그 자체로 시장의 원리에 따라 새로운 장비를 도입하여 비용을 낮추고 소비자를 늘리는 등의 인센티브가 있기 때문에 새로운 안전장치가 도입이 된다고 하면서 법원이 새로운 기술의 도입이라는 자원의 효율적인 배분에 대해 한계를 가지고 있는 것은 직접 가격을 지불하는 시장의 직접 참여자들보다 단지 주장을 통해서 시장가격을 평가하는 소송 당사자들의 주장을 신뢰하기 어려운 경우가 많기 때문이라고 한다. 위 논문, pp. 74-77 참조.

47) Richard A. Posner, William M. Landes, The Positive Economic Theroy of Tort Law, 15 Georgia Law Review 851(1980), p. 864 이하를 요약한 것이다.

48) 아래 도표 1과 같이 어떤 사람이 위험중립적인 경우에 그 사람의 효용은 1차 방정식이므로 $U=a+bI(a\geq0,\ b>0$, I는 소득을 의미하고 결국 소득의 증가에 따른 한계효용은 언제나 동일함)로 표현할 수 있는데, a=0, b=1로 가정하여 결국 U=I로 전제한다. Posner, Landes, 전게논문, p. 866.

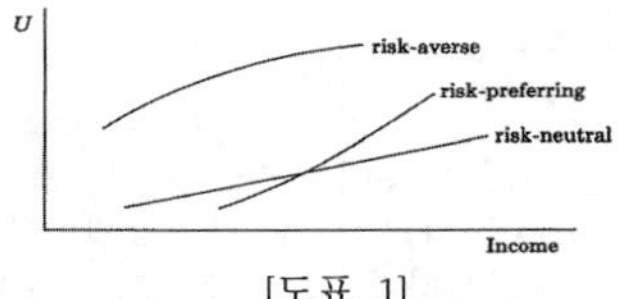

[도표 1]

49) $\bar{U}^a=p(I^a-D-A(x))+(1-p)(I^a-A(x))=I^a-pD-A(x)$

$\bar{U}^b=p(I^b-B(y))+(1-p)(I^b-B(y))=I^b-B(y)$

위 수식 1에서 사회적 복지 또는 효용이 최대화되기 위하여는 $\bar{U}a+\bar{U}b$를 최대화되어야 하고, 이를 위하여는 아래 수식 2와 같이 표현되는 사고 총비용이 최소화되어야 한다고 한다(왜냐하면 I^a+I^b는 고정된 것으로 보기 때문이다).

[수식 2] L(x, y)=p(x, y)D+A(x)+B(y)

이에 의하면, L(x, y)는 사고가 발생하는 경우 발생하는 사회적 비용이라고 할 것이고, 결국 L(x, y)가 최소화되는 경우는 아래 수식 3과 같은 조건을 만족하는 경우라고 한다[p(x, y)가 총 사고발생확률, A(x), B(x)가 총 예방조치비용을 뜻하는 것이라면, p_x, p_y는 한계 사고발생확률, Ax 및 By는 한계 예방조치비용을 뜻하는 것이다].50)·51)

[수식 3] $Ax=-p_xD$

$By=-p_yD$

또한, A와 B의 주의의무 내지 예방조치 비용이 모두 양수(positive)인 경우와 같이 가해자 및 피해자 모두 주의의무를 기울여야 최적 상태에

50) 이와 같은 이유는 p는 한계 사고발생확률을 뜻하는 것으로 음수(negative)를 나타내지만(즉, 예방조치를 투입할수록 사고발생확률은 줄어듦) 그 한계 확률은 예방조치를 투입하면 할수록 줄어드는 경향을 보이고, A 내지 B는 한계 예방조치비용으로 양수(positive)를 나타내지만 그 한계 비용은 예방조치를 투입할수록 증가한다. 이는 아래와 같은 도표 2, 3을 통해 확인할 수 있다. Posner, Landes, 전게논문(각주 47), p. 870. 이는 한계효용 체감의 법칙을 예방조치비용 및 사고발생확률에 적용한 것이라고 판단된다.

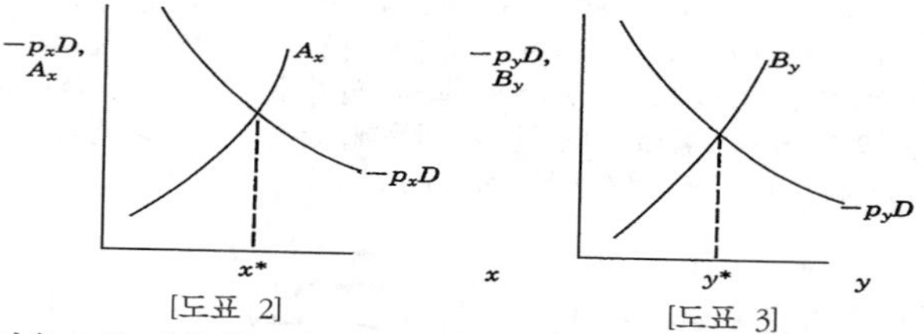

[도표 2] [도표 3]

51) 사고비용 D의 경우에는 한계 비용이 아닌 총 비용을 의미하는 것인바, 한계 예방조치비용을 투입하는 정도에 따라 한계 사고발생확률만 감소하는 것을 전제할 뿐 사고 자체는 발생하거나 발생하지 않는 것이고 사고비용이 줄어들거나 하지는 않는 것을 전제하기 때문에 총 비용 개념을 계속 사용하는 것으로 보인다. 결국 $-p_xD$ 내지 $-p_yD$는 한계 기대사고비용이라고 해석하는 것이 타당하다.

이를 수 있는 경우(즉, 각주 50의 도표 2, 3에서 x*, y* 부분을 말한다)를 연대 주의의무 상황(joint care case)이라고 하고, A 또는 B 누구나 혼자서 주의의무를 이행할 경우 최적 상태에 이를 수 있는 경우를 대체 주의의무 상황(alternative care case)이라고 부르면서, 엄격책임(strict liability)의 경우에 대체 주의의무 상황에서 피해자는 어떠한 주의의무도 기울이지 않을 것이지만(x=0) 가해자가 피해자보다 더욱 효율적인 사고 회피자(the more efficient accident avoider)이므로 $By=-p_yD$ 지점에서 가해자는 최적 상태의 주의의무를 이행하게 될 것인 반면, 연대 주의의무 상황에서는 마찬가지로 피해자가 아무런 주의의무를 이행하지 않게 되는 것은 동일하나, 피해자와 가해자의 주의의무가 서로 일부분 대체 가능하다고 가정하면 결국 가해자는 최적 상태의 주의의무 보다 더 많은 수준의 주의의무 내지 예방조치를 이행하게 되어(y>y*) 비효율적인 결과를 가져오게 된다고 한다.[52] 결국 대체 주의의무 상황(즉, x=0, y=y*) 및 피해자와 가해자의 주의의무가 대체가능하지 않은 연대 주의의무 상황에서는 엄격책임이든 과실책임이든 가해자가 최적의 주의의무를 이행하는 것에는 별다른 차이가 없지만, 다음과 같은 두 부분에서 중요한 차이가 발생한다고 한다. 먼저, ① 과실책임 법제에서는 가해자의 주의의무의 최적 수준이 어디에 있는지 탐색하는 정보비용(information cost)이 더 많이 발생하는 반면, 엄격책임 법제에서는 소송을 통해 피해자가 가해자에 대하여 손해배상을 구하는 절차에 수반하는 소송비용(claim cost)이 더 많이 발생한다고 하면서, 앞서 본 바와 같이 미국의 불법행위법이 엄격책임에서 과실책임으로 변모한 것은 시대가 발전함에 따라 기술의 발전으로 정보비용이 감소하게 되면서 나타나는 결과로 볼 수 있다는 것이다.[53] 다음으로,

52) Posner, Landes, 전게논문(각주 47), p. 873. 한편, 가해자가 전혀 책임을 지지 않는 법제하에서는 위 엄격책임의 경우와 정반대의 결과를 나타낼 것이지만, 다른 점은 엄격책임 법제하에서는 피해자가 가해자에게 소송을 제기하는 경우가 많을 것이므로 그러한 소송과 관련된 행정비용이 더 많이 발생하게 되는 차이점이 있다고 한다.

53) Posner, Landes, 전게논문(각주 47), pp. 874-875.

② 가해자가 주의의무를 이행하기 위하여는 더욱 높은 단계의 예방조치를 이행하는 것뿐만 아니라 그와 관련된 행위 자체를 줄이는 방법도 가능한데, 엄격책임 법제에서는 가해자가 강화된 주의의무를 이행하기 보다는 행위 자체를 줄이는 방향으로 사고를 방지할 인센티브를 준다고 한다. 이에 반하여 과실책임 법제에서는 가해자가 아닌 피해자가 자신의 행위 수준을 줄일 인센티브가 발생한다고 하면서, 결국 엄격책임 법제를 택할지 과실책임 법제를 택할지 여부에 관하여는, 가해자의 행위수준을 조절하는 것이 가장 효율적인 방법인 경우에 엄격책임 법제를 선택하는 것이 타당하다고 한다.[54)·55)]

---

54) Posner, Landes, 전게논문(각주 47), pp. 874-875. 위 논문 p. 904 이하에서는 영미법이 가해자의 행위 수준을 조절하는 것이 가장 효율적인 방법이 되는 경우에 엄격책임을 채택해왔다고 보면서 그에 관한 구체적인 예(가축소유주의 책임, 비정상적으로 위험한 행위 등)를 들고 있다.

55) 한편, Posner, Landes, 전게논문(각주 47), pp. 880-883에 의하면, 연대 주의의무 상황(joint care case)을 전제로 기여과실의 법리(contributory negligence, 영미법상 피해자에게 과실이 있는 경우에는 손해배상을 받을 수 없다는 법리임)를 적용하는 경우에 피해자와 가해자는 각자 최적의 주의의무를 취하게 된다는 것을 수식으로 증명하고 있다. 이에 대한 직관적인 설명은, 각 당사자는 자신이 주의의무를 다하지 않으면 다른 당사자가 주의의무를 다함으로써 전적인 책임이 자신에게 올 것이라는 사실을 알고 있으므로, 즉 다른 당사자가 주의의무를 다할 것을 알고 있으므로 자신도 책임을 회피하기 위해 최적의 주의의무를 이행할 것이라는 것이다.

Richard A. Posner, William M. Landes, Joint and Multiple Tortfeasors: An Economic Analysis, 9 The Journal of Legal Studies 3(1980), p. 539에 의하면, 비교과실의 법리(comparative negligence, 영미법상 피해자에게 과실이 있는 경우 그 과실 비율에 따라 책임을 부담하는 법리로 이는 우리나라의 과실상계 내지 책임제한의 법리와 같음)의 경우에도 동일한 결과를 가져온다고 하면서 다음과 같은 수식을 통해 증명하고 있다. s와 (1−s)를 A와 B의 과실비율이라고 보는 경우에 당사자들이 모두 과실이 있는 행위를 하기 위해서는 아래 수식 4와 같이 최적의 예방조치를 취했을 경우보다 당사자들에게 이해관계가 있는 경우이어야 한다.

[수식 4] $p(x_0, y_0)sD + A(x_0) < A(x^*)$; $p(x_0, y_0)(1-s)D + B(y_0) < B(y^*)$

그런데 위 두 수식이 양립하기 위하여는 아래 수식 5가 성립하여야 하는데, 양 당사자가 최적의 예방조치의무를 이행하였을 경우로서 가장 비용이 적게 되는 수준이어서 이는 결국 성립하지 않게 되므로 적어도 양 당사자 중 한 명은 최적의 예방조치의무를 이행하고 있다는 것이 된다.

[수식 5] $p(x_0, y_0)D + A(x_0) + B(y_0) < A(x^*) + B(y^*)$

그렇다면 B가 최적의 예방조치의무를 이행하고 있다고 가정해 보면 상대방인 A는 자신이 부담하여야 할 비용은 pD+A(x)를 최소화하게 될 것이고 결국 그것은 A의 최적의 예방조치의무 이행이 된다. 반대의 경우로 해석하는 경우에도 마찬가지이다.

이러한 논의를 전제로 핸드 공식에 관하여는 B는 By로, P·L은 $-p_yD$로 표현할 수 있다고 하면서 결국 핸드 공식은 $By < -p_yD$로 표현할 수 있는데 이는 가해자의 최적 주의의무 수준인 y^* 이하로 주의의무를 이행할 경우에 과실이 인정된다는 것으로 동일한 법경제학적 의미를 가지고 있다고 한다.[56] 다만, 핸드 공식에 의하더라도 기여과실(contributory negligence) 법리에 있어서 피해자의 주의의무에 대한 특별한 언급은 없으나 피해자의 경우에도 가해자와 동일하게 핸드 공식을 적용하는 것으로 해석할 수 있다고 한다. 나아가 핸드 공식에서 말하는 비용이 한계비용을 의미하는지 또는 총 비용을 의미하는지에 관하여도 구체적인 언급은 없으나, 미국 판례법[57]을 보면 이는 총 비용을 의미하는 것이기 보다는 한계 비용을 의미하는 것이라고 한다.[58]

다. 포즈너의 해석론에 대한 다양한 반론

1) 앞서 본 바와 같이 미국의 불법행위법 리스테이트먼트 제3판은 불법행위에 따른 과실책임의 판단기준으로 합리적인 사람 기준을 들고 있는데, 핸드 공식은 위와 같은 합리적인 사람 기준의 구체적인 판단기준의 한 형태로 보아야 한다고 하면서, 포즈너가 핸드 공식을 법경제학적 관점에서 각 요소를 비용화하여 보는 것에 반대하는 견해가 있다.[59] 합리적인 사람 기준과 핸드 공식의 관계에 관하여는, 두 기준이 서로 배척하는 관계에 있다는 입장, 핸드 공식은 합리적인 사람 기준의 하나의 판단기준으로 서로 결합되어 사용되어야 한다는 입장, 합리적인 사람 기

---

56) Posner, Landes, 전게논문(각주 47), pp. 884-885.

57) 포즈너는 영국의 판례인 Blyth v. Birmingham Waterworks Co., 11 Exch. 781, 156 Eng. Rep. 1047(1856)을 보면 주의의무 내지 예방조치 비용이 총 비용을 뜻하는 것이 아니라 한계 비용을 뜻한다고 한다. Posner, Landes, 전게논문(각주 47), pp. 895-896.

58) Posner, Landes, 전게논문(각주 47), pp. 885-903.

59) Stephen G. Gilles, On Determining Negligence: Hand Formula Balancing, the Reasonable Person Standard, and the Jury, 54 Vand. L. Rev. 813(2001), p. 813 이하. 위 논문은 미국 불법행위법 리스테이트먼트 제1판[Restatement(First) of Torts(1934)]에 기술된 과실책임 기준을 설명하고 있으나, 앞서 본 미국 불법행위법 리스테이트먼트 제3판의 기술내용(균형접근법, 비용·편익 분석)과 거의 일치한다.

준과 핸드 공식은 서로 별개의 영역에서 적용되는 것으로 서로 대체할 수 있는 기준으로 보는 입장 등이 있다고 하고, 나아가 핸드 공식은 수식의 각 요소(B, P, L)에 대한 사실 확인절차와 확인된 사실에 대한 평가절차로 나누어지는데, 그 평가절차 내지 기준에 관하여는 여러 가지 학설이 존재한다고 한다.[60] 미국의 불법행위법 리스테이트먼트 제1판이 과실책임 판단기준으로 들고 있는 균형접근법에 따른 위험·편익 분석(risk-utility test) 내지 비용·편익 분석(cost-utility test)은 핸드 공식이 나오기 이전부터 리스테이트먼트가 취하고 있던 태도인데, 이러한 비용·편익 분석은 결국 합리적인 사람 기준의 판단기준 중 하나로 포섭되는 것으로서 합리적인 사람이 객관적인 위험·편익의 균형자로서의 역할을 한다는 입장을 밝히고 있다. 구체적으로는 합리적인 사람이 제3자의 관점에서 위험·편익을 분석하는 것이 아니라(the free-standing approach, 이러한 접근법은 사람들이 합리적으로 행동할 것이라는 것을 전제하는 법경제학적 사고의 한 형태라고 한다), 합리적인 사람이 자신 스스로의 판단으로 그러한 균형을 해야 한다는 것을 의미한다고 한다(the inside-the-head approach).[61] 나아가 이 견해는, 현대의 미국 과실책임 법리를 제시한 테리(Henry T. Terry)가 합리적인 사람이 위험·편익 분석을 함에 있어서 비합리적인 위험에 관하여 5개의 판단기준, 즉 피해의 가능성(핸드 공식의 P와 동일함), 피해 정도(핸드 공식의 L과 동일함), 행위자의 목적, 그 목적을 달성하기 위한 행동의 유용성, 그 목적을 달성하는데 있어 행위의 필요성(이상 핸드 공식의 B와 동일함)을 제시하였는데 리스테이트먼트는 위와 같은 태도를 채택한 것으로 볼 수 있고, 결국 핸드 공식은 이를 구체화한 것이라고 한다.[62] 나아가 리스테이트먼트는 합리적인 사람 기준을 적용함에 있어서 사회적 가치(social value)와 공공의 의견(public opinion)을 활용하도

---

60) Gilles, 전게논문, pp. 817-820. 그러한 견해에는 the willingness-to-pay approach (포즈너의 견해라고 한다), the utilitarian aproach, the social contract approach, the egalitarian approach, the virtue-based approach 등이 있다고 한다.

61) Gilles, 전게논문, pp. 822-823.

62) Gilles, 전게논문, pp. 826-827.

록 하고 있다면서 도덕적 요소도 그 판단기준으로 포함시킬 것을 주장하고 있다.[63)]

결국 이 견해는 핸드 공식이 리스테이트먼트의 합리적인 사람 기준에 포섭되는 것으로서 여러 사회적 가치가 포함된 가치 판단이 수반되는 평가방법이라고 해석하면서 포즈너가 주장하는 바와 같이 사회적 부의 최대화를 위한 공식은 아니라고 한다. 그와 함께 포즈너가 법경제학적 분석의 전형이라고 보고 있는 Carroll Towing 판결이 일반적인 과실책임이 문제되는 사건과 달리 배심재판이 이루어지지 않는 해상사건이라는 것과 단지 재산적 피해만이 문제된 사건이라는 것을 지적하고 있다.[64)]

2) 또한 과실책임에 관한 미국의 판례법을 경제적 효율이라는 관점에서 바라보는 포즈너의 견해를 비판하면서 과실책임의 유무는 다양한 가치를 교량하는데 있다고 하면서 그러한 가치에는 경제적 효율성뿐만 아니라 교정적 정의, 실용주의 및 그에 더하여 동시대의 문화적, 정치적, 사회적 태도 등도 모두 포함하는 것이라는 견해가 있다.[65)] 이 견해는 1900년 무렵 미국의 신체 상해에 관한 과실책임 판례를 분석하였는데, 포즈너의 주장과 달리 이때는 법경제학적 위험·편익 분석이 주된 판단기준이 아니었고 오히려 합리적인 주의의무(reasonable care) 기준이 대세적인 판단기준이었다고 한다.[66)] 당시 미국 법원에서는 주의의무의 정도나 경과실 및 중과실을 구분하여 판단기준을 달리하고 있었는데 법경제학적 위험·편익 분석 또는 핸드 공식을 적용하는 것이라면 단지 예상되는 위험과 예방조치의 부담만을 비교하면 되는 것이므로 경과실 및 중과

---

63) Gilles, 전게논문, pp. 827-828, 831. 이 견해는 위와 같이 핸드 공식이 합리적인 사람 기준의 하나로 보고 있음을 전제로, 미국의 법원들이 배심원들에게 합리적인 사람 기준만을 설명하고 핸드 공식에 대하여는 별다른 설명이 없다고 하면서, 배심원들에게도 핸드 공식의 내용도 설명하여야 한다고 주장한다.

64) Gilles, 전게논문, pp. 848-849. 이 견해는 핸드 판사도 Levine 사건[United States v. Levine, 83 F.2d 156, 157(2d Cir. 1936)]에서 '사회적 또는 개인적 가치(social or personal values)'를 고려하여야 한다고 판시하였다고 한다.

65) Michael D. Green, Negligence=Economic Efficiency: Doubts >, 75 Tex. L. Rev. 1605(1996~1997), p. 1643.

66) Green, 전게논문, p. 1617.

실을 구분할 필요성이 없었고, 오히려 새롭게 등장하여 사람들의 통제가 불가능하거나 어려운 기술(철도 등)에 대하여 불법행위법이 적대적인 태도를 취한 것이거나 그러한 기술로 인해 수익을 얻는 기업에 대해 사고비용을 부담시키려는 생각이 반영된 것이라고 한다.[67] 나아가 미국 불법행위법 리스테이트먼트 제1판을 작성한 볼렌(Francis H. Bohlen)은 위험·편익 분석을 주장하기는 하였으나 포즈너가 주장하는 바와 같은 경제학적인 위험·편익 분석은 아니었고 오히려 사회적 가치를 반영하여야 한다는 태도를 취하였으며, 핸드 판사는 볼렌의 영향을 받아서 핸드 공식을 만든 것이라고 한다.[68]

한편, 미국의 제조물책임에 관한 소송에서 제조물의 하자를 판단함에 있어서 일반적으로 고객 기대 분석(consumer-expectations test)보다는 위험·편익 기준(risk-benefit standard)이 적용되는데 이는 핸드 공식이 적용된다고 보는 것이 일반적인 견해이나, 제조물책임과 관련하여 보통 인정되는 위험·편익 기준은 그 제품의 전체적인 효용 등을 따지는 것으로 포즈너의 해석과 같이 한계비용에 근거한 핸드 공식이 적용되는 것이 아니라고 한다.[69] 나아가 실질적으로 소송당사자들이 핸드 공식을 실제 소송에서 주장하기는 어려운데 그것은 핸드 공식의 각 요소에 관한 비용을 정확하게 계산할 수 없을 뿐만 아니라 통약불가능성 문제(incommensurability problem)가 있기 때문이라고 한다.[70]

---

67) Green, 전게논문, pp. 1621-1622.

68) Green, 전게논문, pp. 1623-1630. 한편, 볼렌은 앞서 본 테리(Henry T. Terry)의 위험·편익 분석의 영향을 받은 것이라고 하면서 테리는 위험·편익 분석은 기업의 활동에만 적용되고 비기업적 활동에는 위험·편익 분석 대신에 합리적인 행위 분석(reasonable conduct test)이 적용된다고 하였다. 위 논문, pp. 1627-1628.

69) Green, 전게논문, pp. 1631-1634. 제조물 하자에 관한 웨이드(John W. Wade)의 7개 요소 균형 분석은 ① 제품의 유용성, ② 제품의 안전성, ③ 대체제품의 활용가능성, ④ 제조사가 제조물의 유용성을 해치거나 많은 비용을 소요하지 않고 위험한 부분을 제거할 수 있는 가능성, ⑤ 사용자가 위험을 피할 수 있는 가능성, ⑥ 사용자의 위험성에 대한 인식가능성, ⑦ 제조사가 제품의 가격이나 보험을 통해 손해를 분산시킬 가능성 등을 고려하는 것이라고 한다. 위 논문, p. 1633.

70) Green, 전게논문, pp. 1639-1641. 통약불가능성 문제와 관련하여 특히 사람의 생명을 비용으로 환산하는 것은 Ford Pinto 사건[Grimshaw v. Ford Motor Co., 174

3) 나아가 핸드 공식 또는 포즈너의 견해를 집합적 위험 · 편익 분석(the aggregate risk-utility test)으로 보면서 핸드나 포즈너의 실제 판결을 분석하여 핸드나 포즈너가 집합적 위험 · 편익 분석을 실제로 적용하거나 계산하지 않았다고 보는 견해도 있다.[71] 오히려 핸드나 포즈너는 실제 판결에서 사회적으로 매우 유용한 행동에 수반하는 위험이 비교적 적은 경우에 그러한 위험 발생은 합리적이라고 보는 비균형적, 과다비용 분석(the non-balancing, prohibitory-cost test)을 적용한 것이라면서, 미국 법관들이 핸드 공식을 인용하는 경우에도 대부분 실제로 핸드 공식에 따른 계산을 하지는 않을 뿐만 아니라 이는 방론(dicta)에 불과하거나 통상적인 문구에 불과하다고 한다.[72]

3. 검　토

미국에서 핸드 공식이 과연 구체적으로 어떠한 의미를 지니고 있는 것인지 견해의 대립이 있음은 앞서 본 바와 같다. 사견으로는 핸드 공식에 관한 포즈너의 해석이 타당하다고 생각된다. 즉, 핸드 공식은 한계 예방조치비용(By)과 총 사고비용(D) 및 한계 사고발생확률(p_y) 간의 관계에 따라서 최적의 주의의무 수준을 찾는 것으로 해석하는 것이 타당하고, 일부 견해와 같이 총 예방조치비용과 총 사고비용 및 총 사고발생확률을 비교하는 것이라는 해석은 타당하지 않다.[73] 미국 불법행위법 리스테이트먼트에서 말하는 비용 · 편익 테스트는 행위자의 행동으로 인해 예상되는 위험의 전체적인 수준 내지 비용과 그 행위자나 다른 사람들이 예방조치를 취하지 않음으로써 얻게 되는 이익을 비교하는 것으로서 한계 비용 개념을 사용하는 것으로 보이지 않으므로 결국 위 리스테이트먼트의 비용 · 편익 테스트는 핸드 공식과는 다른 개념이라고 보아야 할 것이다.

Cal. Rptr. 348(Ct. App. 1981)]과 같이 대중들의 강력한 비난을 불러올 수 있다고 한다.

71) Richard W. Wright, Hand, Posner, and the Myth of the "Hand Formula", in Symposium, Negligence in the Law, 4 Theoretical Inq. L. 145(2003), p. 146 이하.

72) Wright, 전게논문, p. 192, 273.

73) 윤진수, 공작물책임의 경제적 분석－하자 개념과 핸드 공식(Hand Formula), 법경제학연구 제17권 제1호(2020), p. 225.

결국 예방조치비용과 사고발생확률도 한계 효용체감의 법칙이 적용된다고 한다면 사회적 효율이 극대화되는 것은 포즈너가 해석하는 것과 같이 $B_y=-p_yD$가 될 때라고 할 것이다. 이와 같은 것은 아래 예를 통해 확인할 수 있다. 사고비용은 1,500이라고 가정을 한다.

주의수준	총 예방조치비용(한계 비용)	총 사고발생확률(한계 확률)	총 기대사고비용(한계 비용)	총 비용	비고
0	0	30%	450	450	
1	50(+50)	20%(−10%)	300(150)	350	
2	150(+100)	15%(−5%)	225(75)	375	
3	300(+150)	12.5%(−2.5%)	187.5(37.5)	487.5	

위 사례에서 한계 비용 내지 확률이 아닌 총 비용 내지 확률을 비교해보자. 핸드 공식을 적용한다면 최적 주의의무 수준은 주의수준 2 부근에서 최적 주의의무 수준이 정해질 것이다(주의수준 2에서도 총 예방조치비용 150은 총 기대사고비용 225보다 적기 때문이다). 그러나 주의수준 2는 총 비용이 375가 소요되므로 이는 사회 전체적으로 가장 효율적인 상태라고 보기는 어렵다. 이와 달리 한계비용을 이용하여 핸드 공식을 적용한다면 주의의무 1 수준에서 최적 주의의무 수준이 정해질 것이고(주의수준 1에서 한계 예방조치비용 50은 한계 기대사고비용 150보다 적으나, 주의수준 2에서는 한계 예방조치비용 100은 한계 기대사고비용 75보다 많기 때문이다), 이는 결국 사회 전체적으로 350의 비용이 소요되는 것이기 때문에 가장 효율적인 결과를 가져오게 된다. 이와 같이 핸드 공식이 사회적 부 내지 효율을 최대한 증가시키려는 목적에 의한 것이라면 한계비용을 비교하는 포즈너의 해석이 타당하고, 오히려 핸드 공식을 총 비용만을 고려하는 비용·편익 테스트의 일종이라고 하는 경우에 행위자에 대하여 사회적 효율을 최대한 증대시킬 인센티브를 주는 것이라기보다는 행위자가 예방조치를 취할 경우에 드는 총 비용과 사고가 발생하였을 경우 드는 총 비용을 단순히 비교하도록 하여 보다 적은 비용을 부담하는

방향으로 선택하는 것을 비난할 수 없다는 것, 즉 기대가능성의 문제로 귀결될 가능성이 높아 보인다.

한편, 포즈너는 엄격책임의 경우에도, 특히 대체의무 상황이나 서로 대체되지 않는 연대의무 상황에서 행위자가 모든 사고비용을 부담하게 되어 피해자는 아무런 주의의무를 이행하지 않음에도 행위자가 최적 주의의무 상황에 이를 것이라고 보고 있음은 앞서 본 바와 같은바, 이는 행위자에 대하여 모든 비용이 '내부화'되는 것이므로 행위자는 가장 비용이 적게 드는 최적 주의의무 수준에 이를 것임은 직관적으로도 이해할 수 있다. 이에 대하여 미국의 논의 중에서는 과실책임은 행위자에 대하여 위험에 대한 지식(knowledge)과 위험 회피(risk prevention)를 요구하는 것인데 엄격책임은 그중 행위자에 대하여 위험에 대한 지식이 없었다는 점을 행위자의 면책수단으로 삼지 못하게 하는 것이므로 결국 엄격책임에 있어서는 축소된 핸드 공식인 B-BK(Burden of Knowledge)＜P · L이 적용되어야 한다는 견해가 있다.[74] 그러나 핸드 공식을 사회적 효율을 최대화하기 위한 한계 비용에 관한 공식이라고 이해하는 이상 엄격책임의 경우에도 최적 주의의무 수준은 과실책임 법제와는 다를 이유가 없고 따라서 위와 같은 변형된 공식을 적용하기는 어려울 것이라고 판단된다.

아래에서는 이와 같은 포즈너의 해석론에 따른 핸드 공식을 전제로 이를 민법상 공작물책임에 적용할 수 있을 것인지 살펴보기로 한다.

---

74) Thomas C. Jr. Galligan, Strict Liability in Action: The Truncated Learned Hand Formula, 52 La. L. Rev. 323(1991), pp. 330-334. 루이지애나주 민법 제2317조는 사물의 관리자(custodian)는 그 사물로 인해 발생한 피해에 대하여 엄격책임을 부담한다고 규정하고 있어 우리나라의 민법의 공작물책임과 유사한 조항을 두고 있는데 루이지애나 법원은 이에 대하여 위험 · 편익 테스트를 적용한다고 한다. 위와 같은 엄격책임의 정당화 근거는 소송에서 당사자들이 위험에 대한 지식(risk knowledge)을 입증하지 않아도 되는 측면에서 행정비용을 절감하는 효율성에 있지만, 법원은 엄격책임 소송에서 피고가 B<P · L을 입증하면 면책해 주는 것으로 변모하고 있고 BK가 0인 경우가 있어 결국 과실책임과 동일하게 취급되는 경우가 많은 점, 원고들이 엄격책임에 편승하여(rent seeking) 행정비용을 과도하게 증가시킬 수 있는 점, 소송에서 과실책임 소송을 함께 제기하여 결국 행정비용 절감의 효과가 없어지는 점(루이지애나 제조물책임법은 엄격책임 소송에 있어서 과실책임 청구는 하지 못하도록 한다고 한다) 등을 고려하여야 한다고 한다. 위 논문 pp. 339-362.

Ⅳ. 민법 제758조의 공작물책임과 법경제학적 논증 – 핸드 공식을 중심으로

1. 민법 제758조의 공작물책임 일반론

가. 들어가면서

민법 제758조 제1항은 ‘공작물의 설치 또는 보존의 하자로 인하여 타인에게 손해를 가한 때에는 공작물점유자가 손해를 배상할 책임이 있다. 그러나 점유자가 손해의 방지에 필요한 주의를 해태하지 아니한 때에는 그 소유자가 손해를 배상할 책임이 있다’고 규정하고 있다. 이러한 공작물책임은 위와 같이 일반 불법행위와 달리 점유자에 대하여는 과실의 증명책임이 전환된 중간적 책임을, 소유자에 대하여는 무과실책임을 부과하여 그 책임을 가중하고 있는 것이고, 이는 위험성이 많은 공작물을 관리·소유하는 자는 위험의 방지에 필요한 주의를 다하여야 하고, 만일에 위험이 현실화하여 손해가 발생한 경우에는 그들에게 배상책임을 부담시키는 것이 공평하다는 위험책임 법리에 근거한 것이라고 보는 것이 통설 및 판례의 태도이다.[75)]·[76)] 대상판결은 이러한 공작물책임 중 공작물의 설치·보존상의 하자 개념과 관련하여 핸드 공식을 적용할 수 있음을 판시하고 있는바, 아래에서는 공작물의 설치·보존상의 하자 개념을 해외 입법례와 함께 구체적으로 살펴본다.

나. 공작물의 설치·보존상의 하자에 관한 학설 및 판례

1) 학　설

통설은 공작물의 설치·보존상의 하자에 대하여 공작물이 그 용도

---

75) 곽윤직 편집대표, 민법주해[XIX] 채권(12), 박영사(2005), p. 11(유원규 집필 부분), 곽윤직, 채권각론(민법강의 IV), 박영사(2001), p. 520, 송덕수, 채권법각론 제4판, 박영사(2019), p. 547 / 대법원 2018. 8. 1. 선고 2015다246810 판결 등.

76) 통설인 위험책임설에 대하여, 자기의 이익을 수행하는 자는 이에 수반되는 위험을 부담하여야 한다는 것을 주된 내용으로 하는 보상책임설, 보상책임설과 위험책임설의 절충적인 입장은 절충설, 일반적 원인책임주의와 제한적 원인책임주의로 대별되는 원인책임설, 공평이 손해배상책임의 원인 또는 근거라는 입장의 구체적 공평설 등이 있다고 한다. 김성필, 공작물책임의 입법론적 검토, 법과 정책연구 제5집 제2호, 한국법정책학회(2005), pp. 864-867.

에 따라 통상 갖추어야 할 안전성을 결여한 것을 말하고 그 하자가 배상책임자의 고의·과실에 의하여 초래된 것인지의 여부를 묻지 않는다고 한다.[77] 그 증명책임은 피해자에게 있는데 판례에 따라서는 하자의 존재를 추정하기도 한다.[78] 이에 대하여 위 견해를 객관설이라고 보면서 공작물의 관리자가 공작물의 안전을 위하여 부담하는 작위 또는 부작위의무를 위반하는 것이 하자라고 보는 주관설 또는 의무위반설도 존재한다.[79]

2) 판　　례

가) 일 반 론

대상판결에서도 설시하고 있는 바와 같이 대법원은 "민법 제758조 제1항은 '공작물의 설치·보존상의 하자로 인하여 타인에게 손해를 가한 때에는 공작물의 점유자가 손해를 배상할 책임이 있으나, 그 점유자가 손해의 방지에 필요한 주의를 해태하지 아니한 때에는 그 소유자가 손해를 배상할 책임이 있다'고 규정하고 있고, 여기에서 말하는 공작물의 설치·보존상의 하자라 함은 공작물이 그 용도에 따라 통상 갖추어야 할 안전성을 갖추지 못한 상태에 있음을 말하는 것으로서, 이와 같은 안전성의 구비 여부를 판단함에 있어서는 당해 공작물의 설치·보존자가 그 공작물의 위험성에 비례하여 사회통념상 일반적으로 요구되는 정도의 방호조치의무를 다하였는지의 여부를 기준으로 판단하여야 한다"는 취지로 판시하고 있다.[80] 일부의 판례는 객관설에 따라 공작물 자체가 통상 갖

77) 민법주해[XIX] 채권(12), p. 5(유원규 집필 부분), 곽윤직, 전게서, p. 521, 송덕수, 전게서, p. 548.

78) 송덕수, 전게서, p. 548.

79) 이인재, 공작물책임에서의 하자, 민사재판의 제문제 제7권(1993), p. 159.

80) 대법원 2019. 7. 10. 선고 2019다222522 판결(구체적인 발화원인이 밝혀지지 않은 차량화재사건에서 차량의 소유자가 차량을 정상적으로 주차하였고 달리 차량 정비, 점검 당시 특이한 사항이 없었다면 차량 소유자가 차량에 관하여 사회통념상 일반적으로 요구되는 정도의 방호조치의무를 다하지 않았다고 보기 어렵다고 판단한 사안. 대법원 2013. 5. 23. 선고 2013다1921 판결도 비슷한 취지의 판단을 한 바 있다), 대법원 2015. 8. 27. 선고 2012다42284 판결(통신주의 존재로 인하여 원고 주택에 일반적인 경우보다 많은 빗물이 유입되어 침수 피해가 확대될 수 있음이 확인된 이상 이 사건 통신주는 그 바로 앞에 있는 원고 주택에 대한 관계에서 사회통념상 요구되는 안전성을 갖추지 못한 상태에 있었다고 할 수 있고, 비록

이러한 상태가 이 사건 통신주 설치 이후에 생긴 주위의 자연적 또는 인위적 환경변화 등에 의하여 발생되었다 하더라도 그 후에 생긴 침수 피해에 관하여 달리 볼 것은 아니라고 판단한 사안), 대법원 2015. 2. 12. 선고 2013다61602 판결(건물의 외벽 등이 내화구조로 되어 있지 않고 건물에 자동소화장치 등 화재의 확산을 방지하기 위한 시설이 갖추어져 있지 않는 등 설치 또는 보존상의 하자가 있다고 판단한 사안), 대법원 2014. 5. 29. 선고 2012다107259 판결(피고로서는 이 사건 창고에 누전 차단기를 설치하고 분말 소화기 등을 비치함으로써 공작물인 이 사건 창고의 위험성에 비례하여 사회통념상 일반적으로 요구되는 정도의 방호조치의무를 다하였다고 봄이 상당하고, 단지 이 사건 창고의 구조와 재질이 천막이라거나 창고 외부에 인화성 고체에 해당하지 아니하는 산업용 고무원판 등을 쌓아두었다고 하여 방화벽이나 방화차단 시설 등을 설치하여야 할 방호조치의무까지 사회통념상 요구된다고 보기는 어렵다고 할 것이므로, 이 사건 화재의 발생이나 연소로 인한 원고 건물과 내부 기계의 소훼와 관련하여 이 사건 창고에 통상적인 안전성을 갖추지 못한 설치 또는 보존상의 하자가 있다고 단정할 수는 없다고 한 사안), 대법원 2013. 3. 28. 선고 2010다71318 판결(피고 공장은 공장건물의 외벽 등을 내화구조로 하거나 공장 내부에 스프링클러와 같은 자동소화장치를 설치하는 등 화재 확산을 방지하기 위한 조치가 되어 있었어야 함에도 불구하고, 가연성 물질인 우레탄폼으로 채워져 있어 화재 발생 시 연소가 급격히 확대될 가능성이 높은 샌드위치 패널로 외벽을 설치하고, 스프링클러 등의 시설도 설치하지 아니한 설치·보존상의 하자가 있었다고 판단한 사안), 대법원 2011. 7. 14. 선고 2011다21501 판결(이 사건 전기레인지는 온도조절기를 작동시켰을 때 주변 가연물질에 불이 옮겨 붙게 할 위험성이 있는 공작물로서, 피고가 평상시 그 전원을 차단하지 않은 채 열판 위에 찻잔과 티백 등을 올려두는 방식으로 사용하는 등 화기의 위험이 있는 공작물을 취급하면서 그 위험성에 비례하여 사회통념상 일반적으로 요구되는 정도의 방호조치의무를 다하였다고 보기 어렵다고 판단한 사안), 대법원 2010. 12. 9. 선고 2010다68961 판결(피고 회사 직원이 이 사건 자동차의 적재함에 화재에 취약한 시너 등이 적재된 상태로 이 사건 자동차를 지하 1층 주차장에 주차해 놓고 외출하였던 점, '이 사건 자동차 하부에 설치된 배터리 양극 단자에서 분기되는 전기배선 및 엔진룸으로 가는 전기배선 중 전기적 용단흔이 관찰되는데, 위 전기적 용단흔에서 최초 발화하였을 것으로 추정된다'는 취지의 분석결과가 있는 점 등을 종합하여 이 사건 자동차 소유자에 대하여 이 사건 자동차의 보존상 하자를 인정한 사안), 대법원 2010. 4. 29. 선고 2009다101343 판결(병원 옥상은 질병으로 인하여 정신적·육체적 건강 상태가 일반인과 동일하지 아니한 환자나 정상적인 정신능력이나 인지적 판단 능력이 부족한 정신과 환자도 이용하는 시설물임에 분명하고, 이 사건 옥상의 장소적 환경과 특히 난간 돌출부의 구조·모양과 면적 등에 비추어 보면 정신과적 질환을 가진 환자 등 옥상 이용자 중에서는 호기심이나 그 밖의 충동적 동기로 이 사건 옥상의 돌출부에 올라가거나 이를 이용하여 이상행동을 할 수도 있다는 것을 병원이 전혀 예상할 수 없었다고는 보이지 않으며, 그럼에도 병원이 이러한 행동에 제약을 가할 수 있는 보호시설이나 그 밖의 방호조치를 취하지 아니하였다면 이 사건 옥상에 관하여 사회통념상 일반적으로 요구되는 정도의 방호조치 의무를 다하였다고 볼 수 없다는 취지로 판단한 사안), 대법원 2010. 2. 11. 선고 2008다61615 판결(망인이 추락한 부분의 난간 높추어야 할 안전성에 결함이 있는 상태만을 언급할 뿐 손해회피의무 위반에 대하여는 언급이 없으나, 근래에는 방호조치의무를 언급하고 있고 이러한 표현의 차이는 하자 판단 여부의 결과에도 차이가 발생하는 것으로 보인다는 견해가 있다.[81)]

나아가 대법원은 주로 환경소송과 관련하여, "공작물의 설치 · 보존의 하자는 해당 공작물이 그 용도에 따라 갖추어야 할 안전성을 갖추지 못한 상태에 있다는 것을 의미하고, 여기에서 안전성을 갖추지 못한 상태, 즉 타인에게 위해를 끼칠 위험성이 있는 상태라 함은 해당 공작물을 구성하는 물적 시설 그 자체에 물리적 · 외형적 결함이 있거나 필요한 물적 시설이 갖추어져 있지 않아 이용자에게 위해를 끼칠 위험성이 있는 경우뿐만 아니라, 그 공작물을 본래의 목적 등으로 이용하는 과정에서 일정한 한도를 초과하여 제3자에게 사회통념상 참을 한도를 넘는 피해를 입히는 경우까지 포함되며, 이 경우 참을 한도를 넘는 피해가 발생하였는지 여부는 구체적으로 피해의 성질과 정도, 피해이익의 공공성, 가해행위의 종류와 태양, 가해행위의 공공성, 가해자의 방지조치 또는 손해 회피의 가능성, 공법상 규제기준의 위반 여부, 토지가 있는 지역의 특성과 용도, 토지이용의 선후 관계 등 모든 사정을 종합적으로 고려하여 판단하여야 한다"는 취지로 판시하였다.[82)]

이는 가장 높은 곳이 99cm이고, 가장 낮은 곳은 76cm에 불과하여 위 건축법령상 기준에 현저히 미달할 뿐만 아니라, 이 사건 난간 외에는 아무런 방호장치가 없었기 때문에 이 사건 계단 및 그 난간은 망인과 같은 평균적 체격의 성인 남자를 추락하지 않도록 방호할 수 있는 통상의 안전성을 갖추지 못한 것이라서 그 설치 · 보존에 하자가 있었다고 판단한 사안) 등.

81) 윤진수, 전게논문(각주 73), pp. 220-221.

82) 대법원 2019. 11. 28. 선고 2016다233538, 233545 판결(원고가 설치 · 관리하는 고속도로에서 발생한 매연과 원고가 살포한 제설제의 염화물 성분 등이 피고가 운영하는 과수원에 도달함으로써, 과수가 고사하거나 성장과 결실이 부족하고 상품 판매율이 떨어지는 피해가 발생하였을 뿐만 아니라, 이는 통상의 참을 한도를 넘는 것이어서 위법성이 인정된다고 판단한 사안), 대법원 2017. 2. 15. 선고 2015다23321 판결(원고가 이 사건 농장에서 한우를 사육하고 있던 중 피고 공단이 건설한 이 사건 철로에서 발생한 소음 · 진동으로 말미암아 위 한우에 피해가 발생하였다고 볼 수 있고, 피고들은 연대하여 원고에게 그 손해를 배상할 책임이 있다고

나) 법령 위반의 경우

대법원은 “공작물이 관계 법령이 정한 시설기준 등에 부적합한 것이라면 특별한 사정이 없는 한 이러한 사유는 공작물의 설치 · 보존상의 하자에 해당한다고 볼 수 있다”는 취지로 판시[83]함에 따라 관계 법령에서 정한 기준에 위배되는 경우 그 자체로 공작물의 설치 · 보존상의 하자를 인정하고 있다. 하지만 대상판결의 판시와 같이 대법원은 반대로 관계 법령을 준수하였다고 하여 공작물의 설치 · 보존상의 하자가 없다고 단정할 수 없고, 단지 그러한 하자 유무를 판단하는 일응의 참작기준이 될 수 있을 뿐이라고 판시하였다.[84]

판단한 사안), 대법원 2011. 11. 10. 선고 2010다98863, 2010다98870(병합) 판결(원심이 이 사건 구간 철도의 구조상의 결함도 이 사건 소음 발생의 하나의 원인이 되었음을 인정하는 전제에서, 이 사건 구간 철도의 설치 · 관리자인 원고 한국철도시설공단으로서는 철도를 건설할 당시 그 주변 지역에 사회통념상 수인할 것이 기대되는 한도를 넘는 소음피해가 발생하지 않도록 하여야 할 주의의무가 있음은 물론, 철도를 건설한 후에도 이를 관리하면서 계속적으로 철도 운행으로 인하여 사회통념상 수인할 것이 기대되는 한도를 넘는 소음피해가 발생하지 않도록 하여야 할 주의의무가 있다고 할 것이므로, 이러한 주의의무를 다하지 아니하여 이 사건 구간 철도로부터 사회통념상 수인할 것이 기대되는 한도를 넘는 소음피해가 발생하는 경우에는 그로 인한 손해를 배상할 책임이 있다고 판단한 사안), 대법원 2007. 6. 15. 선고 2004다37904, 37911 판결(이 사건 빌라의 각 주택의 소음과 관련하여 환경정책기본법상 소음환경기준인 65㏈ 이상의 소음이 발생하는 경우에는 사회생활상 통상의 수인한도를 넘는 것으로서 위법하다고 판단한 사안) 등.

83) 대법원 2010. 2. 11. 선고 2008다61615 판결, 대법원 1994. 10. 28. 선고 94다16328 판결(가스사용시설 중의 하나인 가스보일러(연소기)의 시설기준 및 기술기준에 위반하여, 반밀폐식, 자연배기식으로 된 가스보일러의 폐가스 배기시설인 연통을 위 보일러 상단에 직립부 없이 알루미늄 주름관을 굽혀 위 아파트 벽면에 설치된 공동배기구에 연결하면서, 위 보일러본체와 연통 및 연통과 공동배기구와의 각 연결부위를 확실하게 접속시키지 않고, 또 위 연통을 통하여 배기가스가 역류되지 않도록 하기 위한 장치도 설치하지 아니하여 하자가 인정된 사안), 대법원 1997. 10. 10. 선고 97다27022 판결(관계 법령에 의하면 교통사고의 방지를 위하여 필요하다고 인정하는 경우에는 충격흡수시설 등의 교통안전 시설을 설치하여야 한다고 규정되어 있음에도 시선 유도 표지를 하거나 위 돌출 옹벽이 시작하는 앞부위의 옹벽 앞에 페타이어나 모래주머니 등의 충격흡수시설은 하지 아니하였고, 사고 당시에는 위 점멸등도 작동되지 않은 상태이었음을 이유로 도로의 설치 · 관리상의 하자를 인정한 사안) 등.

84) 대법원 2007. 6. 28. 선고 2007다10139 판결(일반 주민은 물론 이사작업을 담당하는 사람들로 하여금 이 사건 전선의 존재와 위험성에 대하여 쉽게 알고 경각심을 가질 수 있도록 이 사건 전선이나 그 지주물에 위험표지를 설치하였어야 하는

미국의 경우에도 법령이 어떠한 사고를 예방하기 위한 목적을 가지고 있고 피해자도 그러한 법령의 보호범위 내에 있는 경우에 그 법령 위반은 면책사유(excuse)가 없는 한 그 자체로 과실책임을 인정하는 법리(statutory violations as negligence per se)가 존재한다.[85] 다만 법령 준수가 과실이 없음을 인정하는 중요한 근거가 되지만 결정적인 것은 아니고, 그 법령에서 추가적인 안전조치의무를 부과하는 경우, 그 법령이 안전문제와 관련한 규제가 아닌 경우, 법령이 최소한의 안전기준만을 제시한 경우 등에는 추가적인 안전조치의무가 부과될 수 있다고 한다.[86]

다) 사용 당시 상태 또는 사고 발생 당시의 안정성

대법원은 "공작물이 본래 갖추어야 할 안전성은 그 공작물 자체만의 용도에 한정된 안전성만이 아니라 그 공작물이 현실적으로 설치되어 사용되고 있는 상황에서 요구되는 안전성을 뜻한다"고 한다.[87] 한편, 법령

데, 피고가 이러한 사고방지를 위한 조치 또는 시설을 전혀 하지 아니한 상황에서 이 사건 전선의 설치 당시 법정 이격거리 등을 준수하였다거나 이삿짐업체에 대하여 감전사고의 위험성을 알리는 공문을 발송하였다는 것만으로써는, 피고의 소유 내지 점유관리 하에 있는 이 사건 전선에 관하여 사람에게 위해를 입히지 않도록 통상 갖추어야 할 안전성을 갖추도록 설치·보존상의 책임을 다하였다고 볼 수 없다고 판단한 사안) 등.

85) Restatement of the Law(Third) Torts(각주 37), p. 154 이하. 한편, 법령 위반의 경우에도 과실이 인정되지 않는 면책사유로서, ① 가해자의 미성년, 신체적 장애로 인해 법령 위반이 합리적으로 받아들여지는 경우, ② 가해자가 법령을 준수하기 위해 합리적인 주의의무를 이행한 경우, ③ 가해자가 법령이 적용되는 사실관계를 몰랐거나 알았어야 하는 경우가 아닌 경우, ④ 가해자의 법령위반이 대중들에게 법령의 요건이 잘못 알려진 것으로 인한 경우, ⑤ 가해자의 법령 준수가 가해자 또는 제3자에게 더 큰 피해를 가져오는 경우 등을 들고 있다. 위 책, p. 168 이하.

86) Restatement of the Law(Third) Torts(각주 37), pp. 175-177.

87) 대법원 2017. 8. 29. 선고 2017다227103 판결(이 사건 건물의 1층 천장 겸 2층 바닥으로 사용되는 콘크리트 슬래브에 매설된 상수도 배관이 부식되어 파열되면서 누수가 발생하여 이 사건 건물 1층에 입점하고 있던 의류 및 스포츠용품 점포의 시설과 재고자산 등이 침수피해를 입은 사안에서, 이 사건 건물 1층의 천장이 유수를 차단할 정도의 안전성을 갖추지 못하였다고 판단한 사안), 대법원 1992. 10. 27. 선고 92다21050 판결(맨홀은 현실적으로 유류주입구로도 사용되고 있었다고 보이므로 위 맨홀은 본래의 용도인 유류탱크 내부의 청소나 점검을 위한 안전성뿐만 아니라 유류주입구로서의 안전성도 갖추었어야 한다고 판단한 사안) 등.

의 기준에 따라 설치한 공작물이어도 그 설치 이후에 생긴 주위의 자연적·인위적 환경변화 등의 상황에 합당한 사고예방 조처를 강구할 의무까지 면제되는 것은 아니라는 취지로 판시하였는바,[88] 이는 공작물의 설치·보존상의 하자 존부를 사고 발생시를 기준으로 판단하여야 한다는 입장인 것으로 이해된다. 아래에서 보는 바와 같이 일본 판례의 경우에도 그와 같은 취지로 판시한 바 있다.

라) 인과관계 내지 보호법익 관련성 등

공작물의 설치·보존상의 하자와 손해 사이의 인과관계에 관하여 대법원은 "공작물의 설치·보존상의 하자로 인한 사고는 공작물의 설치·보존상의 하자만이 손해발생의 원인이 되는 경우만을 말하는 것이 아니고, 공작물의 설치·보존상의 하자가 사고의 공동원인 중 하나가 되는 이상 사고로 인한 손해는 공작물의 설치·보존상의 하자로 생긴 것이라고 보아야 한다"는 취지로 판시하였다.[89] 그리고 최근에는 "공작물책임 규정의 내용과 입법 취지, '공작물의 설치·보존상의 하자'의 판단 기준 등에 비추어 보면, 공작물의 하자로 인해 어떠한 손해가 발생하였다고 하더라도, 그 손해가 공작물의 하자와 관련한 위험이 현실화되어 발생한 것이 아니라면 이는 '공작물의 설치 또는 보존상의 하자로 인하여 발생한 손해'라고 볼 수 없다"는 취지로 판시하면서 공작물인 임시물막이가 물막이로서의 효용을 다하지 못한 결과 그 상류의 수위가 낮아졌고 이로 인하여 지자체 등이 수돗물을 공급할 적극적 급부의무를 다하지 못함으로써 발생한 사안에서 그러한 손해는 공작물책임으로 보호하고자 하는 법익과 관련된 손해라고 보기 어렵다고 판시한 바 있다.[90]·[91]

---

88) 대법원 2007. 6. 28. 선고 2007다10139 판결 등.

89) 대법원 2017. 8. 29. 선고 2017다227103 판결 대법원 2015. 2. 12. 선고 2013다61602 판결(화재가 공작물의 설치 또는 보존상의 하자가 아닌 다른 원인으로 발생하였거나 화재의 발생원인이 밝혀지지 않은 경우에도 공작물의 설치 또는 보존상의 하자로 인하여 화재가 확산되어 손해가 발생하였다면 공작물의 설치 또는 보존상의 하자는 화재사고의 공동원인의 하나가 되었다고 볼 수 있다고 한 사안) 등.

90) 대법원 2018. 8. 1. 선고 2015다246810 판결, 대법원 2018. 7. 12. 선고 2015다68348 판결, 대법원 2018. 7. 12. 선고 2015다246834 판결, 대법원 2018. 7. 12. 선

다. 해외의 공작물책임 법제 검토

1) 미　　국

미국의 경우에는 우리나라와 같이 별도의 공작물책임에 관한 법제가 있는 것은 아니고, 과실책임의 일반적인 법리를 적용한다. 그러한 공작물의 사용이 비정상적으로 위험한 행위(abnormally dangerous activities)에 해당할 경우에는 앞서 본 바와 같이 엄격책임의 법리가 적용되는 경우도 있을 것이다.[92)]

한편, 미국의 불법행위법과 관련하여서는 토지 소유자의 책임(duty of land possessors)이 별도로 논의되고 있다.[93)] 전통적으로 미국 법원은 토지 소유자는 무단침입자에 대하여는 별다른 의무를 부담하지 않는 반면 정당한 권한에 의해 그 토지에 들어간 사람들에 대하여는 합리적인 주의의무를 부담한다는 견해(the status-based duty)였는데, 최근에 상당수

고 2015다249147 판결 등.

91) 한편, 공작물책임과 개정 실화책임법과의 관계에 관하여, 개정 실화책임법은 구 실화책임법과 달리 손해배상액의 경감에 관한 특례 규정만을 두었을 뿐 손해배상의무의 성립을 제한하는 규정을 두고 있지 아니하므로, 공작물의 점유자 또는 소유자가 공작물의 설치·보존상의 하자로 인하여 생긴 화재에 대하여 손해배상책임을 지는지 여부는 다른 법률에 달리 정함이 없는 한 일반 민법의 규정에 의하여 판단하여야 하고, 따라서 공작물의 설치·보존상의 하자에 의하여 직접 발생한 화재로 인한 손해배상책임뿐만 아니라 그 화재로부터 연소한 부분에 대한 손해배상책임에 관하여도 공작물의 설치·보존상의 하자와 그 손해 사이에 상당인과관계가 있는 경우에는 민법 제758조 제1항이 적용되고, 실화가 중대한 과실로 인한 것이 아닌 한 그 화재로부터 연소한 부분에 대한 손해의 배상의무자는 개정 실화책임법 제3조에 의하여 손해배상액의 경감을 받을 수 있다고 판시하고 있다(대법원 2013. 3. 28. 선고 2010다71318 판결 등).

92) 미국의 엄격책임이 비롯된 것으로 평가되는 영국 판례 Rylands v. Fletcher는 피고가 자신의 토지 위에 저수지를 만들었으나 그 저수지의 바닥으로부터 인근 토지로 물이 스며드는 피해를 발생시킨 사안이었는데, 이에 대하여 항소심법원의 Blackburn 판사는 원고의 청구를 인용하면서 자신의 목적을 위해 유출시 위해를 가할 수 있는 것을 자신의 토지에 저장한 사람은 그에 대하여 책임을 부담하여야 한다는 취지로 판시하였다. 이에 대하여 상고심법원의 Cairns 판사는 원고의 청구를 인용하는데 대하여 입장을 같이 하였지만 자연스럽지 않은 사용(a non-natural use) 기준을 제시하기도 하였다. Restatement of the Law(Third) Torts(각주 37), pp. 232-233.

93) Restatement of the Law(Third) Torts - Liability for Physical and Emotional Harm vol. 2 § 37 to 65, The American Law Institute(2012), p. 242 이하.

의 주법원에서 피해자의 지위 여부를 불문하고 모든 피해자들에 대하여 동일한 합리적인 주의의무를 부담한다는 견해(the unitary duty for land possessors)로 변경하였고, 이에 따라 미국 불법행위법 리스테이트먼트 제3판도 후자의 견해에 따라 이를 기술하고 있다.[94] 즉, 토지소유자[95]는 그 행동, 인공적인 환경, 자연적인 환경이 그 토지에 들어온 사람들에 대하여 위험이 되는 경우 그들에 대하여 합리적인 주의의무를 부담한다고 규정하고 있고, 다만, 범죄를 목적으로 침입한 사람들과 같이 '명백한(flagrant)' 침입자들에 대하여는 그 침입자가 스스로 자신을 보호할 능력이 없는 경우 이외에는 별다른 의무를 부담하지 않는다고 한다.[96] 결국 미국 불법행위법에 의하면 대상판결과 같이 수영장에서 일어나는 사고에 대하여는 일반적인 과실책임 법리가 적용되어 수영장의 점유자·소유자의 책임은 일반적인 합리적인 주의의무 기준에 따라 결정될 것으로 보인다.

2) 일　　본

일본민법 제717조는 우리 민법의 공작물책임과 거의 동일한 토지공작물책임 규정을 두고 있다.[97] 우리나라와 마찬가지로, 일본의 통설은 토

94) Restatement of the Law(Third) Torts(각주 93), pp. 242-243.

95) 여기서 말하는 토지소유자에는 토지에서 발생할 수 있는 위험을 방지할 조치를 취할 수 있는 자를 뜻하는 것으로 보이고, 이에 따라 점유자도 이에 포함될 수 있을 것으로 보인다. Restatement of the Law(Third) Torts(각주 93), p. 224 이하 참조.

96) Restatement of the Law(Third) Torts(각주 93), p. 242, 304. 한편, 토지소유자는 그 토지에 입장한 자들에 대하여 뿐만 아니라 그 토지 인근 거주자 등 토지에 입장하지 않는 자들에 대하여 그 토지의 위험성으로 인해 피해를 입은 경우에도 합리적인 주의의무를 행하지 않는 경우 과실책임을 부담하는 것으로 보고 있는데, 다만 그것은 토지소유자의 행동 및 인공적 조건에 의해 발생하는 경우로 한정되고, 자연적 조건에 의하여 토지에 입장하지 않은 사람들에 피해가 발생하는 경우에는 그 토지가 상업용으로 이용되거나 그러한 위험을 토지소유자가 인식하고 있었거나 그 위험이 명백한 경우가 아닌 이상 별다른 책임을 부담하지 않는다고 한다. 위 책, p. 350 이하.

97) 일본민법 제717조(토지의 공작물 등의 점유자 및 소유자의 책임)

① 토지의 공작물의 설치 또는 보존에 하자가 있는 것에 의해 타인에 손해를 발생시킨 때는, 그 공작물의 소유자는 피해자에 대하여 그 손해를 배상할 책임을 부담한다. 단, 점유자가 손해의 발생을 방지하는데 필요한 주의를 한 때는 소유자가 그 손해를 배상하지 않으면 안 된다.

지공작물책임의 근거를 위험책임설로 보고 있고,[98] 한편 다른 학설로는 이에 더하여 보상책임의 성격도 있다는 견해와 소유자의 지배하에 있는 물건에 관하여 위험에 수반하는 하자가 발생하지 않도록 부단한 주의를 환기시키는 예방적 · 정책적 배려에 근거한다는 견해가 있다고 한다.[99]

우리 민법 제758조와 다른 점은, 우리 민법의 경우 단순히 공작물을 규정하고 있는 반면, 일본민법의 경우 '토지공작물'이라고 규정하고 있다는 점이다. 일본에서는 '토지공작물'의 개념을 토지에 접착하여 인공적 작업을 거쳐 성립한 것이라고 정의하고 있으나, 일본 법원은 비교적 이를 넓게 보아 토지에의 정착성을 완화하여 해석하면서, 건물 내의 기계설비 등도 토지공작물로 인정하고 있을 뿐만 아니라 골프코스, 스키장과 같이 토지 그 자체에 인공적 작업이 가하여진 것도 토지공작물로 인정하고 있다고 한다.[100] 더 나아가 개별적인 설비와 기계 그 자체는 각각 토지공작물이 아니라고 보는 경우에도 그 시설 전체를 토지공작물로 판단한 사안도 있는데, 일본 최고재판소는 무인의 철도교차로에 차단기와 경보기 등 안전시설을 설치하지 않은 사안에서 철도시설을 안전시설과 일체로 고찰하여 안전시설의 결여가 철도시설의 설치에 하자가 있다고 판단하였다.[101]

한편, 토지공작물의 설치 · 보존상의 하자는 통상 예상되는 위험에 대하여 통상 갖추어야 할 안정성을 결여한 것을 의미하는 객관설이 통설

---

② 전항의 규정은 죽목의 식재 또는 지지에 하자가 있는 경우에 준용한다.
③ 전 2항의 경우에 있어서 손해의 원인에 관하여 달리 그 책임을 부담하는 자가 있는 때는 점유자 또는 소유자는 그 자에 대하여 구상권을 행사할 수 있다.

98) 我妻榮, 有泉亨, 清水誠, 田山輝明, 我妻 · 有泉コンメンタール民法-總則 · 物權 · 債券-第5版, 日本評論社(2018), p. 1526.

99) 能見善久, 加藤新太郎, 論点体系 判例民法8 不法行爲II 第2版, 第一法規(2013), p. 394.

100) 能見善久 등, 전게서, p. 395. 그 밖에 건물에 설치된 엘리베이터, 에스컬레이터, 도로, 다리, 터널, 전신주, 수영장 등이 널리 토지공작물로 인정된다고 한다. 한편, 일본 최고재판소 판례 중에는 공장 내에 설치된 기계로 인해 공원이 부상을 입은 경우에 그 기계는 토지공작물이 아니라고 판시한 사안도 있다고 하나, 비교적 크기가 큰 기계의 경우에는 공장의 건물과의 일체를 이루어 공작물로서 볼 수 있는 경우가 많을 것이라고 한다. 我妻榮 등, 전게서, p. 1528.

101) 能見善久 등, 전게서, p. 396 / 最判昭和 46 · 4 · 23 民集 25卷 351頁.

이나, 설치·보존상의 하자를 점유자 내지 소유자의 안전확보의무를 위반하는 것으로 보아야 한다는 의무위반설도 있다. 일본판례도 토지공작물이 통상 갖추어야 할 성상 내지 설비, 즉 안전성을 결여한 것이라고 하면서 그 판단은 당해 공작물의 구조, 용도, 장소적 환경 또는 이용상황 등의 사정을 총합적으로 고려하여야 하고, 통상 예상되는 위험의 발생을 방지하기 충분한가 여부는 구체적, 개별적으로 판단되어야 한다고 판시하였다. 나아가 일본 최고재판소는 하자의 유무는 사고시의 과학기술의 수준으로 판단되어야 한다고 판시하였다.[102] 한편, 학설은 하자의 존재에 대하여 원고에게 입증책임이 있지만 공작물로부터 손해가 발생하는 경우에는 사고의 발생 자체로부터 하자의 존재를 추정할 수 있다고 한다.[103]

일본민법의 토지공작물책임은 우리나라의 공작물책임과 동일하게 점유자에 대하여는 중간책임이, 소유자에 대하여는 무과실책임이 각 인정된다고 한다. 소유자의 책임과 관련하여 토지공작물의 하자가 전 소유자의 소유 중에 발생하였다고 하더라도 손해가 현재 소유자의 소유 중에 발생한 경우에는 현재 소유자가 책임을 면할 수 없다고 한다.[104] 또한 토지

---

102) 能見善久 등, 전게서, pp. 397-398. 한편, 망인이 1970년부터 근무하던 건물의 벽면에 석면이 부착되어 있었고 2002년 악성흉막중피증이라는 진단을 받고 그 후 사망에 이른 사안에서, 1심 및 원심은 토지공작물의 설치·보존상의 하자는 객관적으로 정하여지는 것으로 예견가능성, 회피가능성의 유무를 불문하고 그 하자를 인정할 수 있다고 하면서 망인이 근무를 시작한 1970년부터 위 건물에 하자가 있었다고 판단한 반면, 일본 최고재판소는 과학적 지식 및 이에 따른 일반인들의 인식 등에 따라 행정법규 등이 변화하는 것을 전제로 건축물이 통상 가지고 있는 안전성을 결여하였다고 평가할 수 있는 어떤 시점을 확정하여야 하고 그 시점 이후에 건축물의 벽면에 부착된 석면으로 인해 망인의 질환이 발현되었는지 심리가 필요하다는 이유로 원심을 파기하였다(위 판결에서는 하자의 판단 기준시점으로 행정법규에서 규제조치를 도입한 1995년이나 2005년을 제시하고 있다. 最二小判平成 25·7·12 判タ 1394号 130頁). 위 판결의 파기환송심판결은 환경청, 후생성이 지방정부에 대하여 석면의 위험성을 인정하고 건물소유자에 대하여 적절한 조치를 취하도록 지도를 구하는 통지를 발송한 1988년경부터 위 건물의 하자를 인정하였고 결국 원고의 청구를 일부 인용하였다(大阪高裁平成 26·2·27 判タ 1406号 115頁). 이에 대한 자세한 내용은 田中宏, 吹きつけアスベスト露出建物と工作物責任, 法學セミナ速報判例解說 vol. 17(2015), p. 79 이하 참조.

103) 能見善久 등, 전게서, p. 398.

104) 我妻榮 등, 전게서, p. 1529. / 大判昭和 3·6·7 民集 7巻 443頁.

공작물의 소유자가 제3자에게 그 소유권을 양도하였으나 이전등기 등의 대항요건이 구비되지 않은 사이에 사고가 발생한 경우에, 불법행위에는 일본민법 제177조가 적용되지 않으므로 새로운 소유자(양수인)만이 책임을 부담한다는 설과 피해자의 이익을 고려하여 양도인, 양수인에게 모두 책임을 추급할 수 있다는 설이 있다고 한다.[105)]

3) 독 일

독일민법(Bürgerliches Gesetzbuch, BGB) 제836조 내지 제838조는 우리나라의 공작물 책임과 유사한 건물책임(die Gebäudehaftung)에 관하여 규정하고 있다.[106)] 그러나 위 규정은 과실의 입증책임만을 전환하고 있을 뿐 건물 등 점유자의 무과실책임을 규정한 것은 아니다. 독일민법 제836조는 일반적인 불법행위책임을 구체화한 것이기는 하나, 그 입증책임이 피해자에서 점유자로 넘어간 것에 그 의미가 있다고 한다.[107)] 위 규정은 결국 건물 등 점유자(Besitzer)의 과실책임에 관한 규정으로(위 점유자에는 임대인 등 간접점유자도 포함되는 것이므로 결국 소유자에 대하여도 과실책임을 물을 수 있을 것으로 보인다[108)]) 우리나라 민법의 공작물책임과는 다른 구조로 규정되어 있기는 하나, 우리 법을 해석하는 데 있어서 참고사항이 될 수 있으므로 살펴보기로 한다.[109)]

독일민법 제836조 제1항은 건물 등의 붕괴(Einsturz) 또는 분리(Ablösung)를 요구하는데 물리적인 변형이 없는 단순한 오작동(예를 들어 수로가 막

105) 能見善久 등, 전게서, p. 402. 다만, 이는 물권변동에 있어서 의사주의를 취하는 일본민법의 태도에 따라 발생한 논의인 것으로 보이므로 우리 민법 논의에 그대로 적용할 수는 없는 것으로 보인다.

106) 한편, 스위스채무법은 무과실책임을 인정하면서도 그 책임자는 건물 등의 공작물 소유자로 한정하고 있고(스위스채무법 제58조), 프랑스민법은 동산의 점유자 및 건조물의 소유자에 관하여 무과실책임을 규정하고 있는데 학설 및 판례는 기업가의 무과실책임 또는 자동차점유자의 무과실책임을 인정하는 근거로 삼고 있다고 한다. 我妻榮 등, 전게서, pp. 1526-1527.

107) Münchener Kommentar zum BGB Band 6, Schuldrecht Besonderer Teil IV, 7. Auflage(2017), p. 2271.

108) Münchener Kommentar zum BGB Band 6, p. 2281.

109) 한편, 독일민법 제833조 제1항은 불법행위책임 중 동물소유자책임(Tierhalterhaftung)에 관하여 위험책임(Gefährdungshaftung)으로 규정하고 있다.

히는 사고가 발생하는 경우 등), 기계의 부적절한 조작, 집에 화재가 발생하는 경우 등에는 독일민법 제836조 제1항이 적용될 수 없고 일반 불법행위 조항인 독일민법 제823조를 적용할 수 있다고 한다.[110)]

독일민법 제836조 제1항 제1문의 설치·보존상의 하자(Fehlerhafte Errichtung oder Mangel in der Unterhaltung)라는 개념은 제2문의 거래상 필요한 주의(die im Verkehr erforderliche Sorgfalt) 개념과의 관계가 문제가 된다고 하면서, 독일의 판례는 피해자가 건물의 '객관적인 하자 상태'를 입증하면 충분하고 점유자의 귀책사유를 입증할 필요는 없으며, 건물 등의 붕괴 또는 분리가 적절한 예방조치로 인해 피할 수 있었는지 여부 또는 그 예방조치가 발생될 위험에 비교하여 적절한 것인가 여부는 제2문에 따른 책임면제와 관련하여 판단할 문제라고 한다. 나아가 이러한 건물책임(Gebäudehaftung)은 독일의 제조물책임과 유사하나, 다만 제조물책임과 달리 건물 등의 설치·보존상의 하자는 그 건물이 만들어질 때가 아닌 건물 등의 붕괴 또는 분리 당시의 안전기준에 부합하는지 여부로 판단하는 것이므로 제조물책임보다 더 객관화된 기준을 적용하여 입증도 더 용이하다고 한다.[111)] 나아가 정상적으로 유지, 관리된 건축물의 경우 보통 붕괴, 분리되지는 않을 것이므로 그러한 상태만으로도 일응 건축물의 하자 상태를 나타내는 것이므로, 독일연방대법원도 건물의 하자상태에 관하여 일응의 증명(Anscheinsbeweis, Prima-Facie-Beweis)에 의해 만약 다른 건축설계나 보존방법에 의해 붕괴 또는 분리를 피할 수 있었다면 그 하자가 증명된 것으로 보는 것이 통상이라고 한다.[112)] 이러한 일응의 증명은 하자뿐만 아니라 인과관계에도 적용이 되고, 이에 따라 붕괴 또는 분리가 건축 또는 보존의 하자로부터 기인하였는지는 문제가 되지 않는다고 한다. 또한 그러한 건축이 법규를 준수하였는지 여부는 문제가 되

---

110) Münchener Kommentar zum BGB Band 6, p. 2275. 이에 의하면 대상판결과 같이 수영장 하자에 따른 손해배상책임은 독일민법상 건물책임을 적용할 수는 없을 것으로 보인다.

111) Münchener Kommentar zum BGB Band 6, p. 2276.

112) Münchener Kommentar zum BGB Band 6, p. 2276.

지 않으며 법규를 준수하였다고 하더라도 하자가 있다고 판단할 수 있다고 한다.[113] 건축물의 흠결이 유일한 원인이 될 필요는 없고, 통상적으로 건축물의 설치·보존상의 하자를 부정하기는 어렵지만 비정상적인 자연현상이나 제3자의 행위가 개입되는 경우에는 그러한 설치·보존상의 하자가 부정될 수 있다고 한다.[114]

나아가 독일연방대법원은 독일민법 제836조의 건축물책임을 움직이는 물체(bewegend wirkenden Kraft)에 직접적으로 피해를 입는 경우에만 적용함으로써 건축물책임의 범위를 축소하여 왔으나, 최근에는 그 적용범위를 점점 확장하는 경향이나 위와 같은 적용범위의 제한을 적용하는 경우도 있다고 한다.[115]·[116]

라. 검 토

민법 제758조의 공작물책임을 위험책임설로 보는 입장에 의하면, 공

---

113) Münchener Kommentar zum BGB Band 6, p. 2276. 나아가 독일민법 제836조 제1항 제2문에 규정된 건물 등 점유자가 주의의무를 다하는 경우 면책되는 것을 규정하고 있음은 앞서 본 바와 같은바, 행정법규와 민사법 사이의 엄격한 연결관계를 인정하기 어려운 점 등에 따라 건물 등 점유자의 주의의무 존부를 판단하는 데 있어서도 관련 법규명령을 준수한 것이 절대적인 판단기준이 되는 것은 아니라고 한다. 위 책, p. 2279.

114) Münchener Kommentar zum BGB Band 6, pp. 2276-2277.

115) Münchener Kommentar zum BGB Band 6, pp. 2277-2278.

116) 한편, 독일 불법행위법에 있어서 법경제학적인 논의는 미국의 논의를 받아들여 1980년대부터 시작되었다고 하는데, 그 논의내용은 앞서 본 미국의 논의내용과 유사한 것으로 보인다. 즉, 불법행위법에 있어서 가해자의 최적 주의의무 수준, 피해자의 주의의무 수준, 최적의 행동레벨, 효율적인 위험배분, 행정비용의 관점에서 논의를 하고 있고, 이에 대한 비판으로는 효과적이지 않은 인센티브의 제공, 정보불균형의 문제, 비현실적인 합리성 가정, 민법의 기본이념과의 충돌문제 등을 들고 있다. 독일법원이 불법행위법에 있어서 완전무결성을 요구하는 것이 아니라 기대가능성과 합리성 기준을 채택함으로써 법경제학적인 인센티브를 고려하고 있다는 기술도 있다. 이에 대한 구체적인 내용은 Münchener Kommentar zum BGB Band 6, pp. 1625-1634 참조.
한편, 독일연방대법원은 도로에서 야생동물과 부딪친 사고와 관련하여 도로 관리자에게 위험 표지를 세우는 것을 넘어 야생동물 보호 울타리를 세워야할 의무까지는 없다고 판단한 1989. 7. 13. 판결(NJW 1989, 2808)은 핸드 공식을 적용한 사례로 평가되고, 이에 대한 설명 및 비판 등에 대한 자세한 내용은 윤진수, 전게논문(각주 73), pp. 229-232 참조.

작물의 설치·보존상의 하자는 객관적인 관점에서 판단하는 것이 타당하다. 즉, 공작물의 설치·보존상의 하자를 판단함에 있어서 공작물 점유자 및 소유자의 고의 내지 과실은 그 판단요건이 아니다.[117] 그런데 판례는 공작물의 설치·보존상의 하자를 판단함에 있어 방호조치'의무'를 다하였는지 여부를 그 판단기준으로 삼고 있는바, 이는 공작물의 점유자·소유자에게 공작물의 위험성에 관한 방호조치'의무'가 있는 것을 전제로 하는 것으로서 마치 점유자·소유자에 대하여 설치·보존상의 귀책사유가 있음을 요구하는 것으로 보이기도 한다. 민법상 의무 위반이라는 개념은 과실을 전제로 하는 경우가 많기 때문이다. 나아가 이러한 판례의 태도에 의하면 그 방호조치의무의 발생근거가 무엇인지, 누구한테 부담하는 의무인 것인지, 그러한 의무가 점유자의 의무인지 소유자의 의무인지에 대하여 근본적인 논의가 필요한 것으로 보인다. 이러한 대법원의 태도에 대하여 점유자의 면책항변사유를 하자의 개념에 포함시켰다거나 공작물책임이 물건책임이라는 연혁적 인식이나 위험물이 내포한 손해의 책임이라는 인식과 맞지 않는다는 비판도 있다.[118] 대법원은 구체적인 사안에 위 법리를 적용함에 있어서도 점유자·소유자의 구체적인 방호조치'의무' 이행 여부를 기준으로 삼는 경우가 더러 보인다. 앞서 본 판례들 중 원인이 불분명한 자동차의 화재로 인하여 자동차 소유자에 대하여 책임을 묻는 사건에 관하여 소유자가 차량을 정상적으로 주차하였는지 여부, 차량 정비·점검을 이행하였는지 여부, 차량 정비·점검 당시 특이한 사항이 있었는지 여부 등을 그 기준으로 삼고 있는바,[119] 이는 차량 화재에 있어서 소유자의 과실을 요구하는 것과 다를 바 없다. 이러한 태도는 면책항변을 할 수 없는 소유자에 대하여도 면책항변을 인정하는 결과를 가져오게 된다. 이와 같이 공작물책임을 과실책임화하려는 경향이라고 볼

117) 민법주해[XIX] 채권(12), p. 6(유원규 집필 부분).

118) 김천수·이강웅, 스키 사고와 공작물책임-민법 제758조 공작물의 개념과 하자를 중심으로, 원광법학 제33권 제4호(2017), pp. 256-258.

119) 대법원 2019. 7. 10. 선고 2019다222522 판결, 대법원 2013. 5. 23. 선고 2013다1921 판결 등.

수도 있을 것인데, 그와 같은 판단의 정책적 타당성 유무를 별론으로 하고 현행 민법 규정 및 통설의 태도인 위험책임설 아래에서는 이와 같은 판시는 타당하지 않다는 생각이다. 따라서 공작물의 설치·보존상의 하자는 객관적인 의미에서 판단하여야 하는 것으로 점유자·소유자의 방호조치'의무'라는 관점보다는 물건 자체의 객관적 성질에 따라 그 하자 여부를 판단하여야 하고, 그 판단기준은 법령 위반 여부, 공작물 객관적인 형상, 이용 상황 및 주변 현황, 공작물의 효용성과 위험성의 교량 등의 종합적인 사정을 바탕으로 판단하여야 할 것이다. 앞서 본 바와 같이 일본민법의 토지공작물책임이나 독일민법의 건물책임에서 규정하는 설치·보존상의 하자 개념에 대하여도 그 객관적인 상태를 기준으로 판단할 뿐 점유자·소유자의 귀책사유를 요구하고 있지 않다. 대상판결에서 '방호조치의무' 대신 '의무'라는 단어를 제외한 '위험방지조치'라는 문구를 사용한 것은 공작물 책임의 객관적 측면을 고려한 것이 아닌가 하는 생각이 든다.[120]

한편, '방호조치' 내지 '위험방지조치'를 언급하는 판례의 태도를 그러한 조치가 취해졌거나 취해지지 않은 상태의 객관적인 공작물의 성질을 의미하는 것으로 이해할 여지는 있다. 그러나 공작물의 하자 개념을 그와 같이 보는 경우 결국 공작물의 하자란 상태의 개념이 아닌 점유자·소유자의 방지조치 이행 여부 판단(행위의 개념)으로 귀결될 것이므로 과실책임과의 경계가 불분명해지게 되는 문제점이 있다. 따라서 공작물의 하자 개념은 추가적인 안전조치가 이루어졌는지 여부보다는, 공작물의 사고 당시의 상태, 성질 등이 어느 정도의 위험성을 가지고 있었는지 여부를 중심으로 판단하여야 하는 것이 무과실책임 법제 및 위험책임설에 부합한다고 할 것이나(예를 들어, 일본 및 독일에서는 정상적으로 유

120) 이에 대하여 공작물의 설치·보존상의 하자에 대하여 완전무결한 상태를 유지할 정도의 고도의 안전성을 요구하는 것이 아니고 당해 공작물의 설치보존자가 그 공작물의 위험성에 비례하여 사회통념상 일반적으로 요구되는 정도의 방호조치의무를 다하였는지를 따져 보아야 한다고 보면서 판례의 태도를 긍정하는 견해로는 윤진수, 전게논문(각주 73), p. 222 참조.

지·관리된 공작물의 경우 보통 사고가 발생하지 않을 것이므로 그러한 상태만으로도 일응 하자가 인정된다고 해석하는 경우도 있는바, 이는 공작물을 설치·이용함에 따른 편익을 얻는 점유자·소유자가 그로 인한 사고에 대한 위험책임을 진다는 위험책임설에 부합하는 해석이라고 판단된다), 현실적으로는 '상태의 흠'과 '행위의 흠'을 명확하게 구분하기 어려우므로 공작물의 하자 개념에 있어서 추가 안전조치 유무(점유자·소유자의 인식 여부를 불문하고)를 고려하지 않을 수 없을 것이다. 무과실책임인 공작물책임에 있어서 공작물 하자 개념 판단에 추가 안전조치 유무를 어느 정도까지 고려하여야 하는지, 고려하여야 할 추가 안전조치에는 어떠한 것이 있는지 등에 관한 향후 구체적인 논의가 필요할 것으로 보인다.

2. 민법 제758조 공작물책임 내지 일반 과실책임에 핸드 공식의 적용 가부 검토

가. 그렇다면 핸드 공식을 민법 제758조에 따른 공작물책임의 설치·보존상의 하자에 관하여 적용할 수 있을 것인가?

사견으로는 앞서 본 바와 같이 공작물책임의 설치·보존상의 하자는 객관적인 상태에 의하여 결정되어야 하는 것이므로 미국에서 행위자의 의무 위반을 전제로 한 과실 여부 판단 기준 법리로 발전해 온 핸드 공식을 그대로 적용할 수는 없다고 생각된다. 우리 판례의 태도를 공작물의 하자 개념을 추가 안전조치가 취해졌거나 취해지지 않은 상태의 객관적인 공작물의 성질을 의미하는 것으로 이해하고, (경제학적 분석에서 '행위의 흠'과 '상태의 흠'을 구별하기 어렵다는 관점에 따라) 추가 안전조치에 관한 객관적인 한계 비용을 계산하는 방법으로 핸드 공식을 공작물책임에 적용할 여지는 있다고 할 것이다. 그러나 앞서 본 바와 같이, 이와 같은 경우에 산정되는 책임 유무의 기준이 되는 최적의무 수준은 과실책임과 무과실책임인 공작물책임이 동일하다고 할 것이므로 결국 무과실책임인 공작물책임을 과실책임과 전혀 구분할 수 없게 된다. 물론 앞서 본 미국의 논의와 같이, 공작물책임의 경우에 추가 안전조치를 유무를 기준으로 하자 개념을 판단하되, 점유자 · 소유자의 하자 인식 여부는 문제가 되지 않으므로 그와 같이 점유자 · 소유자가 하자를 탐색하는 정보비용을 제외한 B-BK(Burden of Knowledge)<P · L의 기준을 적용하여 과실책임과의 차별화를 꾀할 수 있다고 할 것이나, 이러한 공식의 변형은 사회 전체적인 효율을 최대화하려는 (포즈너의 해석론에 따른) 핸드 공식의 원래 취지와는 부합되지 않음은 앞서 본 바와 같다. 따라서 B<P · L이라는 핸드 공식을 우리 공작물책임의 공작물 하자 개념에 그대로 적용하기는 어렵다고 판단된다.

만약 판례의 태도가 공작물책임을 과실책임으로 해석하려는 의도라면 핸드 공식의 적용도 긍정할 수 있을 것이나, 앞서 논의한 바와 같이 정책론적 타당성은 별론으로 하고 현행법 해석상으로는 이를 받아들이기 어렵다. 다만, 점유자의 책임은 중간책임으로 이는 입증책임이 전환된 중간책임에 해당되어 공작물의 설치 · 보존상의 하자 및 점유자의 면책항변을 함께 판단하는 과정에서 핸드 공식을 적용할 여지는 있을 것이다. 귀책사유 존부에 대한 입증책임이 누구에게 있는지 여부, 즉 입증책임에 따른 소송비용 내지 행정비용의 부담이 누구에게 돌아가는지 여부는 전체적인 사회적 부의 증감과는 별다른 관계가 없다고 할 것이고, 나아가 그런 사정이 포즈너의 해석론에 따른 핸드 공식을 적용하는 데 있어서도 특별한 문제가 되지 않는다. 그러나 소유자의 책임은 무과실책임이므로 핸드 공식을 적용할 수 없다고 할 것이고, 나아가 공작물의 점유자와 소유자가 동일한 경우에도 마찬가지라고 할 것이다.

한편, 앞서 본 포즈너의 해석론에 의하면 과실책임이든 무과실책임(또는 엄격책임)이든 연대주의의무 상황에서 행위자와 피해자의 의무가 대체할 수 없는 경우를 제외하고는 행위자가 최적의 주의의무를 이행하는 결과를 가져오지만, 행위자의 행위수준을 조절하는 것이 가장 효율적인 방법인 경우에 무과실책임(또는 엄격책임) 법제를 선택하는 것이 타당하다고 한다. 그런데 우리나라 공작물책임이 적용되는 사안은 그 행위수준을 제한하는 것이 효율적인 사안이라고 보기는 어렵다고 할 것이므로(대상판결의 사안과 같이 수영장 운영 업무를 제한하는 것이 효율적이라고 보기는 어렵다), 우리 입법자는 공작물책임을 무과실책임으로 채택하면서 포즈너 해석론에 따른 법경제학적 고려를 한 것으로 보기는 어렵다고 판단된다.

나. 나아가 우리 민법상 일반적인 과실에 따른 불법행위책임에 대하여 핸드 공식을 적용할 수 있을 것인가?

우리 법원이 일반 과실책임에 대하여 의식적으로든 무의식적으로든 핸드 공식을 적용하여 왔는지 여부, 즉 핸드 공식이라는 법경제학적 논증이 일반 과실책임에 있어서 실증적인가 하는 문제는 향후 더 많은 연구가 필요할 것으로 보인다. 판례 중에는 핸드 공식과 동일한 논리구조의 판시를 확인할 수 있다.[121] 다만, 뒤에서 살펴볼 Ⅶ. 보론 부분과 같이 핸드 공식에 따른 법경제학적 논증이 우리 법원의 과실책임 판단에 있어서 실증적이라고 보기는 부족한 측면도 있다. 나아가 핸드 공식이라는 법경제학적 논증이 과실책임 판단에 있어서 규범적이어야 하는가 문제에 관하여도 향후 많은 연구가 필요할 것으로 보이나, 민법 영역에 있어서 법경제학적 논증의 효용성을 긍정하는 전제에서 법원이 과실책임 판단에 있어 핸드 공식을 활용하는 것이 부정될 이유는 없다고 생각한다. 다만, 핸드 공식, 더 나아가서는 법경제학적 논증에 대한 일반적인 비판론으로 볼 수 있는 통약불가능성의 문제나, 법관의 역량, 소송의 경제, 사전적 판단의 사후적 판단으로의 대체 등으로 인해 법원이 이를 활용하기 어렵다는 문제 등에 관하여는 더욱 고민이 필요할 것으로 판단된다.

Ⅴ. 대상판결의 검토

1. 대상판결은 법경제학적 논증으로 평가되는 핸드 공식을 우리 민법 제758조 공작물책임 규정에서 요구하는 공작물의 설치·보존상의 하

121) 대법원 1992. 9. 14. 선고 92다3243 판결, 대법원 1992. 10. 27. 선고 92다27164 판결, 대법원 1995. 8. 25. 선고 94다47803 판결, 대법원 2001. 11. 9. 선고 2001다54045 판결 등. 이에 관한 자세한 내용은 윤진수, 전게논문(각주 73), pp. 237-241 참조.

자에 적용한 것으로 명시적으로 법경제학적 논증을 활용하였다는 점에서 큰 의미가 있는 판례라고 생각된다. 다만, 앞서 본 바와 같이 공작물의 설치·보존상의 하자를 객관설의 입장에서 보고 있고 공작물책임을 무과실책임으로 인정하고 있는 이상, 미국에서 과실 여부 판단기준으로 발전해 온 핸드 공식을 공작물 하자 판단 여부에 그대로 적용하기는 어렵다고 판단된다. 포즈너의 해석론에 의할 때 핸드 공식은 행위자의 최적 주의의무가 어떤 수준인지 판단하는 공식이라고 할 것인데 객관설에 따른 공작물의 하자 개념에 적용하기에는 적절하지 않고, 나아가 경제학적 분석에서 '행위의 흠'과 '상태의 흠'을 구별하기 어렵다는 관점에 따라 추가 안전조치 유무를 객관적인 개념으로 이해하여 핸드 공식을 적용할 수 있다고 하더라도, 무과실책임인 공작물책임과 과실책임과의 구별이 모호해지기 때문이다. 우리 법원은 근래에 공작물의 설치·보존상의 하자를 점유자 내지 소유자의 방호조치의무 위반 여부로 판단하고 있어 이를 과실 여부 판단에 준하여 보기도 하나, 이는 정책적인 타당성은 별론으로 하고 현행법의 해석에 부합하지 않음은 앞서 논의한 바와 같다. 대상판결의 경우 지자체인 피고가 수영장의 점유자임을 전제로 피고의 면책항변까지 포함하여 공작물책임 여부를 전체적으로 판단하는 기준으로서 핸드 공식을 사용하였다고 본다면 이는 타당한 판시라고 생각된다. 대상판결의 판시만으로는 피고가 수영장을 소유하고 있는지는 분명하지는 않으나 피고가 수영장을 소유하면서 운영하고 있다고 한다면 무과실책임인 소유자의 공작물책임에 핸드 공식을 적용하게 되는 것이므로 피고의 소유자 여부를 명확히 할 필요성이 있어 보인다.

2. 공작물의 설치·보존상 하자에 핸드 공식을 적용할 수 있다고 하더라도 핸드 공식을 적용하기 위하여는 한계 예방조치비용과 한계 사고발생확률을 적용하여야 한다. 대상판결은 예방조치비용과 관련해서 '성인용 구역과 어린이용 구역을 분리하여 설치하는 데 추가로 소요되는 비용'이라고 표현하여 한계 비용임을 나타내고 있으나,[122] 사고발생확률 또는

기대사고비용과 관련하여서는 성인에 대비한 어린이의 전체적인 익수사고 확률을 언급함으로써 마치 핸드 공식의 기대사고비용을 한계 기대사고비용이 아닌 총 기대사고비용을 의미하는 것으로 오해할 여지를 남기고 있다. 나아가 대상판결에서 드는 통계자료 중 2018. 7. 19. 발표자료는 수영장, 야외장소, 기타시설에서 발생한 전체 익수사고 중 수영장시설에서의 사고에 관한 통계자료이고, 2019. 6. 20. 발표자료는 전체 익수사고 발생자수 중에 9세 이하 어린이 발생자수에 관한 통계자료인바, 이는 앞서 본 핸드 공식 산정에 필요한 한계 사고발생확률과는 특별한 관련이 없는 자료라고 판단된다.[123] 따라서 대상판결이 핸드 공식이 한계 기대사고비용에 관한 것임을 명확히 하고, 그에 부합하는 자료를 근거로 판시하였으면 하는 아쉬움이 있다.

3. 대상판결은 핸드 공식을 언급하면서 그 공식에 따른 비용 등을 명확히 계산하고 있지는 않다. 법경제학적 논증이 수리·통계적인 검증이 가능하여야 한다는 본고의 입장에 의하면, 핸드 공식의 정확한 적용을 위하여는 한계 예방조치비용 및 한계 기대사고비용을 명확히 계산하여 피고가 최적 주의의무를 이행하였는지 여부를 판단하는 것이 바람직하다. 그러나 대상판결은 비용에 관한 정확한 계산 없이 피고에게 공작물책임이 인정된다고 판시하였는바, 향후 파기환송심에서 재판부의 적극적인 석명 및 당사자들의 구체적인 주장을 통해 핸드 공식이 요구하는 한계 비용을 명확히 계산하여 과연 피고에게 공작물책임을 물을 수 있을 것인지 판단하는 것이 타당하다고 생각된다.

---

122) 한편, 대상판결은 관련 법령에 의하면 성인 수영조와 어린이 수영조를 구분하여 설치하는 것을 전제로 규정되어 있다고 보고 있는바, 사견으로는 관련 법령에서 성인 수영조와 어린이 수영조의 완전한 물리적 분리를 요구하는 것으로는 보이지는 않는다. 또한 대상판결은 성인용 수영조와 어린이용 수영조를 코스로프로 분리한 것 자체가 공작물의 설치·보존상의 하자가 있다고 보고 있으나 모든 수영장에 대해 성인용 수영조와 어린이용 수영조의 완전한 물리적 분리를 요구하는 것이 현실적으로 타당한 것인지도 검토가 필요할 것으로 보인다.

123) 본고 발표 당시 전원열 교수님의 지적사항이다.

4. 대상판결은 법경제학적 논증을 명시적으로 공작물책임 사안에 적용한 것으로 아주 뜻깊은 판결이라고 생각된다. 향후에 우리 법원이 핸드 공식을 적극적으로 활용하는지 여부를 지켜볼 필요가 있다고 할 것이다. 이와 더불어 핸드 공식을 포함한 법경제학적 논증의 비판론(앞서 본 통약불가능성 문제, 법원의 역량부족 문제 등)을 어떻게 극복해 나갈 것인지도 구체적인 연구가 필요할 것이다.

Ⅵ. 보론 – 우리 법원 판결에 나타난 과실책임 및 무과실책임 관련 간단한 통계적 검정

1. 들어가면서

보충적 논의로서 포즈너의 해석론에 따른 핸드 공식이 우리 법원의 불법행위법 판단에 어떻게 활용되고 있는지 통계적인 검토를 하고자 한다. 이에 따라 우리 법원이 2010년 이후 현재까지 선고한 수영장 사고 관련 손해배상청구사건에 있어서, 운영자의 과실에 의한 불법행위책임에 따른 인용판결과 소유자로서의 공작물책임 내지 영조물책임에 따른 인용판결 사이에 통계적인 유의미성을 발견할 수 있는지 여부를 검토할 것이다. 만약 우리 법원이 ① 공작물의 설치·보존상의 하자를 객관설의 입장에 따라 일반적인 과실책임에 따른 귀책사유보다는 완화된 기준을 적용하거나 별도의 기준을 적용하고 있고, ② 의식적으로든 무의식적으로든 수영장 사고에 따른 운영자의 과실책임에 관하여 핸드 공식을 적용하고 있다는 조건을 충족한다면, 운영자의 과실책임에 따른 총 사고비용 D가 무과실책임인 소유자의 공작물책임 내지 영조물책임에 따른 총 사고비용 D보다 더 적을 것이고, 위 조건을 충족하지 못한다면 그 차이가 통계적으로 유의미하지 않을 것이다.[124] 이러한 가설은 과실책임에 있어서 핸드 공식을 적용하는 경우 피고의 최적 주의의무 수준인 y^* 미만인 경우($By > -p_yD$)에 인용판결이 날 것이고 그 이상인 경우($By \leq -p_yD$)에는 기

124) 후자를 귀무가설, 전자를 대립가설이라고 부를 수 있을 것이다.

각판결이 날 것인 반면, 무과실책임에 관한 판결의 경우 피고의 주의의무 수준이 최적 주의의무 수준보다 높은 경우에도 인용판결이 선고될 것이라는 가정에 근거한다. 물론 이는 한계 예방조치비용은 By와 한계 사고발생확률인 $-p_y$가 사안마다 동일한 수준임을 가정하여야 하는바, 이러한 이유로 수영장 사고 중에서도 수영장 내에서 발생한 사고에 따른 손해배상사건으로 검정의 범위를 한정하기로 한다.

2. 검정 방법

이와 같은 가설을 검증하기 위해 몇 가지 가정이 필요한데, 일단 한계 예방조치비용은 By와 한계 사고발생확률인 $-p_y$가 동일한 수준임을 가정함은 앞서 본 바와 같다. 그리고 총 사고비용 D는 사고가 발생하는 경우 발생하는 사회 전체적인 비용을 의미한다고 보아야 하므로 각 인용판결에서 책임제한이나 공제 등을 하는 경우에도 그것을 하기 이전의 손해액을 총 사고비용 D로 산정하기로 하고, 나아가 그 손해액에는 장례비, 정신적 손해에 따른 위자료를 모두 포함하여 산정하기로 한다. 이와 같이 조사한 자료는 상해사고와 사망사고를 분류하여 별도로 표를 만들었고, 이는 별지 1 상해사건 내역 및 별지 2 사망사건 내역과 같다.[125)]

수영장 운영자에 대하여 민법 제750조 내지 제756조 책임을 묻는 경우 이를 일반 과실책임으로, 수영장 소유자에 대하여 민법 제758조의 공작물책임 또는 영조물책임[126)]을 묻는 경우 이를 무과실책임으로 보고 위 두 표본에 대하여 평균의 차이가 유의미한지 살펴보기로 한다. 별지 1 상해사건 내역 중 순번 1, 8, 10, 13, 20, 22, 25, 27, 34[127)]를 무과실책임

125) 본고 발표일인 2020. 5. 18. 기준 내역이다.

126) 국가배상법상 영조물책임은 민법상 공작물책임과 특별한 차이점이 없으므로 영조물책임도 이에 포함시키기로 한다.

127) 판결문상 소유자가 불분명한 경우에도 특별한 사정이 없는 한 운영자가 수영장을 소유하면서 이를 운영하는 것으로 보고 소유자의 공작물책임으로 분류하기로 한다. 순번 34의 경우 소유자에 대하여 책임근거로 민법 제756조를 들고 있으나 점유자에 대한 책임근거를 민법 제758조로 들고 있고 그 점유자에 대한 사용자로서 소유자가 책임을 부담한다는 취지로 판단하고 있으므로 이를 무과실책임으로

으로, 나머지는 과실책임으로 분류하며, 별지 2 사망사건 내역 중 순번 5, 10을 무과실책임으로, 나머지를 과실책임으로 분류한다.

이와 같이 분류한 총 사고비용 D는 각 표본마다 정규분포임을 가정하고, 등분산성 여부를 F-검정을 통해 확인하며, 각 표본의 평균 차이에 대하여는 t-검정을 통해 통계적으로 유의미함을 확인할 수 있는지 본다.[128)]

3. 통계적 검정 결과

통계적 검정의 결과는 별지 3 상해사건 검정 결과, 별지 4 사망사건 검정 결과, 별지 5 통합 검정 결과와 같다.[129)] 상해사건의 검정 결과 과실책임의 평균이 801,572,735.9, 무과실책임의 평균이 822,470,637.8이고 단측 P값이 0.466으로 5%나 1% 유의수준에 의할 때에 유의하지 않은 결과를 가져 온다. 사망사건의 검정 결과 과실책임의 평균이 239,038,896, 무과실책임의 평균이 438,211,251이고 단측 P값이 0.014로 5% 유의수준에 의할 때에는 통계적으로 유의한 의미를 가지지만 1% 유의수준에 의할 때에는 유의하지 않은 결과를 나타낸다. 상해사건과 사망사건을 통합하여 분석한 결과로는 과실책임의 평균이 563,577,649.8, 무과실책임의 평균이 752,605,294.7이고 단측 P값이 0.160으로 5%나 1% 유의수준에서 유의하지 않은 결과를 나타낸다.

종합하면, 수영장 사고에 있어서 무과실책임으로 분류된 민법상 공작물책임 및 국가배상법상 영조물책임의 총 사고비용 D의 평균이 과실책임의 총 사고비용 D의 평균 보다 높은 것으로 나타나기는 하나 사망사건에 있어서만 5% 유의수준에서 유의한 차이를 보여 주었고 나머지 분석결과는 별다른 유의한 차이가 있다고 보기 어렵다. 사망사건에 있어서도 1% 유의수준에 있어서는 유의한 차이라고 보기 어렵고, 사망사건의

분류하기로 한다.

128) 그 계산 과정은 엑셀 프로그램을 이용하였다. 표본이 30개 이상인 경우에는 z-검정을 하여야 하나 t-검정 프로그램을 이용하여도 동일한 계산결과가 나오므로 전체적으로 t-검정을 이용하기로 한다.

129) F-검정 결과 모두 등분산으로 판단된다.

무과실책임의 표본이 2개에 불과한 것도 영향을 미친 것으로 볼 수 있는 점 등을 더하여 보면, 결국 우리 법원이 불법행위법 관련 사건에서 포즈너의 해석에 따른 핸드 공식을 적용하고 있는 것이라고 보기는 어렵다고 판단된다(다만, 이와 달리 위 결과를 위 ① 조건이 충족되지 않는 경우, 즉 우리 법원이 과실책임과 무과실책임인 공작물책임 및 영조물책임의 책임 인정기준을 동일하게 보기 때문이라고 해석할 여지도 있기는 하나, 우리 법원이 '방호조치의무'를 언급하였다고 하더라도 과실책임에서의 귀책사유와 공작물의 하자 개념을 완전히 동일하게 보고 있다고 가정하는 것은 무리가 있다고 보인다).

Ⅶ. 결 론

이상의 논의를 요약하면 다음과 같다.

1. 법학에 있어서 법경제학적 논증의 지위에 관하여는 다양한 견해가 있으나, 특별한 사정이 없는 한 법학 내지 민법에 있어서 법경제학적 논증의 규범성 내지 효용성을 부정할 필요는 없다고 보고, 대상판결이 법경제학적 논증을 명시적으로 도입한 것은 매우 긍정적인 현상이라고 보인다.

2. 미국 불법행위법의 과실책임 여부와 관련하여 발전하여 온 핸드 공식은 포즈너의 해석과 같이 한계 예방조치비용과 한계 기대사고비용을 비교하는 것이 타당하다. 미국에서는 핸드 공식을 합리적인 사람 기준과 동일하게 보는 견해도 있으나 경제학에서 말하는 한계 효용체감의 법칙이 적용된다고 보는 이상 이는 타당하지 않다.

3. 민법 제758조의 공작물책임은 위험책임설에 근거한 것으로 무과실책임일 뿐만 아니라 공작물의 설치·보존상의 하자는 객관설의 입장에서 점유자·소유자의 귀책사유 존부를 떠나서 객관적으로 판단되어야 한다. 이러한 점에 있어서 공작물의 설치·보존상의 하자 판단 여부에 핸

드 공식을 적용하기는 어렵다고 판단되고, 특히 핸드공식을 공작물책임에 적용하는 경우 과실책임과 무과실책임의 경계가 모호해진다. 다만, 향후 우리 법원이 일반 불법행위책임의 과실 여부 판단과 관련하여 핸드 공식을 적극적으로 활용할 것인지에 관하여는 지켜볼 필요가 있다.

4. 대상판결은 법경제학적 논증의 하나인 핸드 공식을 명시적으로 언급한 것으로서 매우 의미가 크다고 할 것이고, 대상판결을 계기로 향후 우리 법원의 법적 판단에 있어서 법경제학적 논증의 적극적인 활용에 대한 구체적인 논의가 이루어지기를 기대한다.

별지 1

상해사건 내역

상해	선고일	사건번호	사고내용	책임근거	손해액(D)	인용금액	확정여부
1	200408	서울중앙 2017가합522551	계곡에 설치된 수영장에서 다이빙하여 척수손상 등 상해	민758(점, 소)	817,547,594	498,528,556(책임제한 60%)	O
2	200212	서울고법 2019나2016367	코치의 지도에 따라 스탠드 스타트 입수 중 경추부손상 등 상해	민756, 750(민758 주장은 배척)	1,846,914,776	475,074,432(책임제한 30% 등)	X
3	190828	광주지법 2017가단18465	점프입수로 인해 경추 골절 상해	민750	37,959,884	27,321,918(책임제한 70%)	X
4	190828	서울북부 2018가합27717	펜션 수영장에서 점프입수로 인해 경수손상 등 상해	민756, 750	2,138,300,373	231,830,037(책임제한 10%)	X
5	190627	서울남부 2016가단218199	워터슬라이드로 인한 사고	민750	81,651,479	28,812,869(책임제한 25%)	O
6	190110	서울고법 2018나2010263	스타트다이빙으로 인해 경부척수손상 등 상해	민756, 750	1,178,949,445	216,575,914(책임제한 20% 등)	O
7	181221	서울중앙 2017나62510	수영장 놀이기구로 인해 인대 파열 등 상해	민750	79,747,817	54,323,471(책임제한 70% 등)	O
8	181207	밀양지원 2017가합10076	음식점 부대 수영장에서 다이빙으로 인해 척수손상 등 상해	민758(점, 소유자 여부는 불분명)	491,427,491	114,285,498(책임제한 20%)	X
9	180810	성남지원 2016가단224526	펜션 수영장에서 다이빙으로 경추골절 등 상해	민750	40,805,906	13,567,583(책임제한 30% 등)	O(강제조정)
10	180706	밀양지원 2017가합10007	펜션 수영장에서 경추골절 등 상해	민758(점, 소)	1,586,559,566	333,311,913(책임제한 20%)	O
11	180329	창원지법 2017나55296	인명구조요원 강습회 중 배수구에 발이 빠져 족관절 열상 등 상해	민750	29,157,835	14,063,134(책임제한 40%)	O
12	170926	인천지법 2016가합54434	학원 여름캠프 중 펜션 수영장에서 다이빙으로 인한 사고	민750	254,896,795	150,729,272(책임제한 60% 등)	O
13	170719	부산고법 2016나58591	펜션 수영장에서 입수 중 경추 골절 등 상해	민758(점, 소유자 여부는 불분명)	1,191,295,579	134,059,115(책임제한 20% 등)	O
14	170609	의정부지법 2016가합56462	펜션 수영장에서 입수 중 경추 척수손상 등상해	민750	491,972,487	76,940,289(책임제한 15% 등)	O(화해권고결정)
15	170518	서울남부 2016나62724	펜션 수영장에서 다이빙으로 인한 경추간 탈구 등 상해	민750	1,364,193,303	115,419,330(책임제한 10%)	O
16	161130	부산동부지원 2016가단213451	성인풀에서 수영 중 신체 일부가 깔판 사이에 끼는 사고	민750	11,267,850	10,414,280(책임제한 80%)	O
17	161014	수원지법 2015가합63421	펜션 수영장에서 다이빙으로 척수손산 등 상해	민750(민 758 주장은 배척)	1,171,700,039	205,505,005(책임제한 15%)	O
18	160601	서울고법 2014나2051051	청소년풀장에서 익수사고	민750	1,183,809,185	404,267,914(책임제한 50% 등)	O
19	160121	대구고법 2014나23141	스탠드스타트로 입수 과정에서 경추부 탈골 등 상해	민756, 750	2,014,313,666	1,063,406,833(책임제한 50%)	O
20	151015	부산고법 2014나53479	출발대를 이용한 입수로 인한 상해	민758(점, 소유자 여부는 불분명)	913,154,241	577,892,544(책임제한 60%)	O
21	150918	부산동부지원 2014가합2722	펜션수영장에서 다이빙 입수로 인해 경추체 골절 등 상해	민750	878,597,435	95,059,700(책임제한 10%)	O(조정성립)
22	150710	대구지법 2015가합200184	유원지 다이빙바위에서 익수사고	영조물책임	151,757,561	50,777,268(책임제한 30%)	O
23	150127	서울동부 2013가합780	유아풀장에서 성인풀장으로 이동하여 익사사고	민750	602,891,517	290,336,791(책임제한 50% 등)	O(화해권고결정)
24	150114	서울고법 2013나48519	경영풀에서 익사사고로 인해 저산소 허혈 뇌손상 등 상해	민756, 750	696,006,578	334,753,288(책임제한 50% 등)	O
25	150107	서울중앙 2014가합572340	야외수영장에서 다이입으로 경추 척수 손상 등 상해	민758(점, 소유자 여부는 불분명) 또는 750	1,816,068,630	330,157,836(책임제한 20% 등)	O
26	140429	성남지원 2013가합2357	스타트다이빙으로 인해 경추 방출성 골절 등 상해	민756, 750	1,352,113,969	651,056,984(책임제한 50% 등)	O(조정성립)
27	140129	대전고법 2012나5559	수영연습 중 익수사고	영조물책임	389,237,823	271,755,528(책임제한 70% 등)	
28	131219	고양지원 2012가단504327	스타트 강습 중 수영장 바닥에 충돌하여 안와골절 등 상해	민756, 750	7,109,017	4,304,508(책임제한 50%)	O
29	131129	의정부지법 2012가합10062	펜션 야외수영장에서 입수 중 경출 분쇄골절 등 상해	민750	1,246,107,125	199,666,068(책임제한 15%)	O(화해권고결정)
30	130531	서울고법 2012나76708	성인풀에서 익수사고로 인해 저산소성 뇌손상 등 상해	민756, 750	1,332,290,100	755,746,178(책임제한 70% 등)	O
31	130206	춘천지법 2012가합37	리조트 야외수영장에서 다이빙으로 목척추뼈 골절 등 상해	민750	181,236,816	38,665,363(책임제한 20%)	O(화해권고결정)
32	121213	서울고법 2012나25120	펜션 야외수영장에서 다이빙으로 경추 방출성 골절 등 상해	민750	1,034,598,741	172,189,811(책임제한 15%)	O
33	121212	서울고법 2012나3496	펜션 야외수영장에서 다이빙으로 경추 방출성 골절 등 상해	민750(민758 주장은 배척)	1,177,391,361	305,407,280(책임제한 25% 등)	O
34	120726	서울중앙 2011가합43483	수영장 내부 계단을 내려가다 다리가 빠져 요도 협착 등 상해	민758(점), 민756(소)	45,187,255	12,037,451(책임제한 20%)	O
35	110622	서울고법 2010나101921	다이빙스타트 강습 중 머리 부딪쳐 목 신경 손상 등 상해	민756, 750(민758 주장은 배척)	1,029,937,764	355,742,717(책임제한 40% 등)	O
36	110329	대구지법 2009가단53038	다이빙 스타트 중 머리 부딪쳐 경추 탈골 등 상해	민750(소유자에 대한 민758, 756 주장은 배척)	149,706,783	83853391(책임제한 50%)	O(화해권고결정)
37	101112	서울고법 2010나56199	대학 수영장에서 스쿠버강습 중 머리 부딪쳐 경추 골절 등 상해	민750	1,234,024,362	229,606,090(책임제한 25% 등)	O
38	100928	수원지법 2010나7734	리조트 수영장에서 다이빙 중 머리 부딪쳐 척추 골절 등 상해	민750	110,241,930	24,448,386(책임제한 20%)	O
39	100210	서울북부 2008가단17295	입수 중 머리 부딪쳐 목천수 손상 등 상해	민756, 750	1,089,287,740	446,147,292(책임제한 40% 등)	O

별지 2

사망사건 내역

사망	선고일	사건번호	사고내용	책임근거	손해액(D)	인용금액	확정여부
1	191205	서울중앙 2017가합536963	단독수영 중 사망	민750	396,873,001	224,436,497(책임제한 50%)	O
2	190510	서울동부 2018나23003	수중재활훈련 중 사망	민750	103,514,082	48,062,765(책임제한 30% 등)	O
3	181018	대전지법 2017가합107708	성인용 풀장에서 익사	민750	406,996,904	287,407,250(책임제한 65% 등)	O
4	180619	서울중앙 2017가합544384	펜션 유아용 간이 수영장에서 익사	민750	308,819,057	113,645,716(책임제한 30%)	O
5	171013	의정부지법 2016가합50341	식당에서 설치한 물놀이장에서 익사	민758(점, 소유자 여부 불분명)	342,437,773	123,731,331(책임제한 30%)	O
6	171012	서울남부 2016가합105009	리조트 수영장에서 익사	민750	309,231,651	265,385,320(책임제한 80%)	O
7	170315	의정부지법 2015가합400	성인용 수영조에서 익사	민750	330,000,000	45,000,000(위자료만 구함)	O
8	161222	대전지법 2015가합103337	수영 중 의식 잃어 사망	민750	187,955,541	77,000,000(책임제한 약 30%)	O
9	151209	대전고법 2014나14380	펜션 수영장에서 익사	민750	248,837,540	39,297,970(책임제한 50% 등)	O
10	150710	대구지법 2015가합200184	유원지 다이빙바위에서 입수 후 익사	영조물책임	533,984,729	181,195,418(책임제한 30%)	O
11	141015	대구서부지원 2013가단18312	유아용 풀에서 익사	민750	269,601,472	20,000,000(공제 결과 위자료만 인정)	O
12	140530	마산지원 2013가합1846	개장하지 않은 야외수영장에서 익사	민750	247,329,665	108,131,866(책임제한 40% 등)	O
13	140514	목포지원 2013가단51696	수영장 내 걷기운동 중 사망	민750	34,871,320	21,122,792(책임제한 30%)	O
14	140422	서울중앙 2013가합76012	펜션수영장 물놀이 중 사망	민750	254,115,664	49,557,832(책임제한 50% 등)	O(조정)
15	130911	광주고법 (제주)2013나401	수영 중 사망	민750,756	112,006,168	28,857,935(책임제한 30%)	O
16	130425	충주지원 2011가합1798	수영 중 사망	민750	277,454,751	158,727,374(책임제한 50%)	O(강제조정)
17	130222	부산고법 2012나7489	수영강습 중 사망	민750	227,118,649	25,199,070(책임제한 90% 등)	O
18	120822	서울서부 2011가단56500	수영 중 사망	민750	25,639,010	14,605,987(책임제한 30%)	O
19	111124	서울남부 2010가합11058	걷기운동 중 사망	민750	160,767,735	72,708,756(책임제한 50% 등)	O
20	110901	서울고법 2010나116152	성인풀 및 유아풀 경계에서 사망	민750	500,051,789	324,031,072(책임제한 60%)	O
21	110713	서울고법 2010나109437	수영 중 사망	민750	203,796,480	75,138,944(책임제한 30%)	O
22	101202	부산동부지원 2009가합4922	강습 중 사망	민750	234,041,873	12,000,000(책임제한 80% 등)	O(화해권고)
23	100930	광주지법 2009가합12353	성인풀에서 사망	민750	230,919,247	196,735,396(책임제한 80%)	O(화해권고)
24	100319	김천지원 2009가합863	유아풀 가장자리에서 떨어져 사망	민756, 750	188,914,114	84,674,234(책임제한 30%)	O

별지 3

상해사건 검정 결과

F-검정: 분산에 대한 두 집단		
	변수 1	변수 2
평균	801572735.9	822470637.8
분산	4.20163E+17	3.83332E+17
관측수	30	9
자유도	29	8
F 비	1.096082888	
P(F<=f) 단측 검정	0.479823489	
F 기각치: 단측 검정	3.084395195	

t-검정: 등분산 가정 두 집단		
	변수 1	변수 2
평균	801572735.9	822470637.8
분산	4.20163E+17	3.83332E+17
관측수	30	9
공동(Pooled) 분산	4.122E+17	
가설 평균차	0	
자유도	37	
t 통계량	-0.085644282	
P(T<=t) 단측 검정	0.466105486	
t 기각치 단측 검정	1.68709362	
P(T<=t) 양측 검정	0.932210972	
t 기각치 양측 검정	2.026192463	

별지 4

사망사건 검정 결과

F-검정: 분산에 대한 두 집단		
	변수 1	변수 2
평균	239038896	438211251
분산	1.31701E+16	1.83451E+16
관측수	22	2
자유도	21	1
F 비	0.717909814	
P(F<=f) 단측 검정	0.251107151	
F 기각치: 단측 검정	0.2312249	

t-검정: 등분산 가정 두 집단		
	변수 1	변수 2
평균	239038896	438211251
분산	1.31701E+16	1.83451E+16
관측수	22	2
공동(Pooled) 분산	1.34054E+16	
가설 평균차	0	
자유도	22	
t 통계량	-2.329219554	
P(T<=t) 단측 검정	0.014714191	
t 기각치 단측 검정	1.717144374	
P(T<=t) 양측 검정	0.029428382	
t 기각치 양측 검정	2.073873068	

별지 5

통합 검정 결과

F-검정: 분산에 대한 두 집단		
	변수 1	변수 2
평균	563577649.8	752605294.7
분산	3.23093E+17	3.32662E+17
관측수	52	11
자유도	51	10
F 비	0.971234589	
P(F<=f) 단측 검정	0.432686455	
F 기각치: 단측 검정	0.494517163	

t-검정: 등분산 가정 두 집단		
	변수 1	변수 2
평균	563577649.8	752605294.7
분산	3.23093E+17	3.32662E+17
관측수	52	11
공동(Pooled) 분산	3.24661E+17	
가설 평균차	0	
자유도	61	
t 통계량	-0.999626649	
P(T<=t) 단측 검정	0.160720091	
t 기각치 단측 검정	1.670219484	
P(T<=t) 양측 검정	0.321440182	
t 기각치 양측 검정	1.999623585	

[Abstract]

The Economic Analysis of Structure Liability under Korean Civil Code § 758 – Focusing on Hand Formula

Lee, Jae Chan*

The Supreme Court of Korea made decision that, on deciding whether there is a defect in installation and preservation of structures under a sturcture liability of Korean Civil Code § 758 ①, a court can adopt Hand Formula(B<P · L) that the federal court judge Learned Hand suggested in Caroll Towing case. This decision is very meaningful and thoughts-provoking as it explicitly mentions 'economic analysis' on tort law case in Korea.

Though there are many different theories regarding the role of economic analysis of law, this article focuses on a fundamental concept of economic analysis of law in much narrower sense, as for discussing Hand Formula. That is, the economic analysis of law is an argument which has a goal of maximizing social and economic efficiency–it generally means Karldo-Hicks efficiency–, and its hypothesis can be verified by mathematical or statistical method.

Hand Formula is best explained under the theory of judge Richard Posner. According to Posner, Hand Formula is a formula structured under a concept of marginal cost, and it tries to find optimal due care level of each party upon a certain accident. Structure liability of Korean Civil Code § 758 ① is a strict liability(or a responsibility of risk), and a defect of installation and preservation of structure should be decided under objective criteria. Thus, Hand Formula, which has been developed to tell whether there is a negligence on American tort law, should not be adopted as a criterion on deciding whether there is a defect of installation and preservation of struc-

* Judge, Seoul High Court(duty station Chuncheon).

ture under Korean Civil Code § 758 ①. Though it would be a very hard task to differentiate between 'a defect of condition' and 'a defect of behavior' in a economic analysis sense, we should not break boundary between negligence and strict liability under Korean Civil Law system.

Under this perspective, we can criticize the decision as it uncritically adopted Hand Formula to a defect concept of structure liability under Korean Civil Code § 758 ①. Furthermore, the decision seems that it slightly misunderstood the concept of marginal cost in Hand Formula.

Meanwhile, this article performs simple empirical test on whether the Supreme Court of Korea has adopted Hand Formula on deciding tort law case. The result is that we cannot find any statistically significant result between negligence case and strict liability case. Thus, the Supreme Court of Korea empirically shows that it hasn't adopted Hand Formula.

In conclusion, the decision is very meaningful for the economic analysis of law on Korean tort law system, and I hope further vigorous studies on this subject to be performed in the future.

[Key word]

- law and economics
- economic analysis of law
- Hand Formula, Hand Rule
- Korean Civil Code § 758
- structure liability
- strict liability
- responsibility of risk,
- a defect of installation and preservation of structure
- social and economic efficiency
- marginal cost, cost-benefit test
- balancing approach, mathematical statistics
- t−test
- P value

참고문헌

[국 내]

곽윤직, 채권각론(민법강의 Ⅳ), 박영사(2001).

곽윤직 편집대표, 민법주해[XIX] 채권(12), 박영사(2005).

박세일, 법경제학(개정판), 박영사(2000).

송덕수, 채권법각론 제4판, 박영사(2019).

고학수, 법경제학적 관점에서 본 판례의 변경, 민사판례연구 제36권(2015).

권영준, 불법행위법의 사상적 기초와 그 시사점-예방과 회복의 패러다임을 중심으로, 저스티스 제109호(2009).

김성필, 공작물책임의 입법론적 검토, 법과 정책연구 제5집, 제2호, 한국법정책학회(2005).

김천수 · 이강웅, 스키 사고와 공작물책임-민법 제758조 공작물의 개념과 하자를 중심으로, 원광법학 제33권 제4호(2017).

송옥렬, 법경제학적 방법론의 유용성과 한계에 관한 소고, 서울대 법학 제55권 제3호(2014).

윤진수, 공작물책임의 경제적 분석-하자 개념과 핸드 공식(Hand Formula), 법경제학연구 제17권 제1호(2020).

______, 법의 해석과 적용에서 경제적 효율의 고려는 가능한가?, 서울대 법학 제50권 제1호(2009).

이동진, 정의 · 형평과 효율: 민사법의 경제분석에 국한하여, 법경제학연구 제17권 제1호(2020).

이인재, 공작물책임에서의 하자, 민사재판의 제문제 제7권(1993).

조홍식, 경제학적 논증의 법적 지위-배제적 실증주의의 관점에서, 서울대 법학 제48권 제4호(2007).

______, 경제학적 논증의 영역-드워킨의 견해에 대한 비판을 중심으로 하여, 민사판례연구 제30권(2008).

[해 외]

能見善久, 加藤新太郎, 論点体系 判例民法8 不法行爲II 第2版, 第一法規 (2013).

我妻榮, 有泉亨, 淸水誠, 田山輝明, 我妻・有泉コンメンタール民法-總則・物權・債券-第5版, 日本評論社(2018).

田中宏, 吹きつけアスベスト露出建物と工作物責任, 法學セミナ速報判例解說 vol. 17(2015).

Münchener Kommentar zum BGB Band 6, Schuldrecht Besonderer Teil IV, 7. Auflage(2017).

Restatement of the Law(Third) Torts－Liability for Physical and Emotional Harm, The American Law Institute(2010).

Restatement of the Law(Third) Torts－Liability for Physical and Emotional Harm vol. 2 § 37 to 65, The American Law Institute(2012).

Richard A. Posner, Economic Analysis of Law, 7th Edition, Aspen publishers (2007).

David G. Owen, The Five Elements of Negligence, 35 Hofstra L. Rev. 1671(2007).

Guido Calebresi, Some Thoughts on Risk and the Law of Torts, 70 The Yale Law Journal 4(1961).

Michael D. Green, Negligence=Economic Efficiency: Doubts >, 75 Tex. L. Rev. 1605(1996~1997).

Richard A. Posner, A Theory of Negligence, 1 The Journal of Legal Studies 1(1972).

Richard A. Posner, William M. Landes, Joint and Multiple Tortfeasors: An Economic Analysis, 9 The Journal of Legal Studies 3(1980).

Richard A. Posner, William M. Landes, The Positive Economic Theroy of Tort Law, 15 Georgia Law Review 851(1980).

Richard W. Wright, Hand, Posner, and the Myth of the “Hand Formula”, in Symposium, Negligence in the Law, 4 Theoretical Inq. L. 145(2003).

Stephen G. Gilles, On Determining Negligence: Hand Formula Balancing, the

Reasonable Person Standard, and the Jury, 54 Vand. L. Rev. 813(2001).

Thomas C. Jr. Galligan, Strict Liability in Action: The Truncated Learned Hand Formula, 52 La. L. Rev. 323(1991).

헬스클럽의 회비 임의변경조항에 관한 약관법적 문제*

김 진 우**

■요 지■

대상판결에서는 헬스클럽 회비 임의변경조항(가격조정조항)의 약관법적 유효성 여부에 관하여 다툼이 있는바, 본 연구는 그것의 유효성이 인정되기 위한 요건을 중심으로 살펴보았다. 논의의 주요 결과는 다음과 같다.

계속적 계약관계에서 사정변경에 따른 가격조정조항은 기본적으로 허용되지만, 그것은 일정 한계를 가져야 한다. 먼저 고객이 이해할 수 있는 방식으로 가격변경의 요건이 명시되어야 한다. 그러나 계속적 계약관계에서 장래사를 미리 정확히 내다보기는 어렵다는 점을 고려하면, 계약관계가 장기적일수록 가격조정조항의 추상성은 용인될 수 있을 것이다. 이 경우 가격조정이 이루어지기 전에 그리고 합리적인 기간 내에 적절한 방식으로 계약상대방에 대하여 가격조정에 관한 통지가 이루어진다면 가격조정조항의 추상성은 더 이상 약관법적으로 문제되지 않는다고 할 것이다. 그러나 어떠한 경우에도 가격조정조항은 사업자가 그에게 유리하게끔 급부와 반대급부의 계약적 등가관계를 후발적으로 변경할 수 있는 재량을 가지는 것으로 규정되어서는 안 된다.

---

* 이 글은 민사판례연구회 2020년 7월 월례회에서의 발표문을 수정·보완한 것이다. 당시 지정토론자로서 여러 가지 유익한 토론을 해 주신 서울고등법원 이재혁 부장판사님께 특히 감사의 뜻을 표한다. 또한 이 글은 서울법학 제28권 제3호에 같은 제목으로 게재된 글을 보완한 것이며, 민사판례연구에의 게재를 허락해 주신 서울시립대학교 법학연구소 측에 감사드린다.

** 한국외국어대학교 법학전문대학원 교수.

대상판결의 사안에서는 계속적 계약관계로서의 성질을 가진 회원제 체육시설 이용계약에서 사정변경에 따른 가격조정이 문제되었다. 합리적인 시장참여자는 계속적 계약관계에서 애초의 가격이 영구적으로 고정되리라고 기대하지 않을 것이다. 대상판결의 사안처럼 특별회원에 대한 평생무료이용계약이 체결된 바 없다면, 헬스클럽 시설의 증·개축으로 인한 회비 인상은 사정변경에 따른 것으로 가능하다고 보아야 한다. 대상판결의 사안에서는 급부변경의 기본적 요건이 명시되었을 뿐만 아니라 회비 인상에 즈음하여 수차례의 공청회 등을 통해 변경사유 및 변경범위가 통보됨으로써 가격조정조항의 투명성이 문제되지 않는다고 할 것이다. 나아가 대상판결의 사안에서는 원고들이 원래 약정된 급부를 제공받는 것에 대하여 특별히 보호의 가치가 있는 이익을 가진다고 볼 수 없다. 그리고 헬스클럽 시설의 증·개축으로 인한 시설의 편리성 증가는 일반적으로 그 회원에게 이익이 된다고 할 수 있다. 헬스클럽 시설의 증·개축 관련 비용은 사업자로서의 헬스클럽과 고객으로서의 회원이 분담해야 하고, 특별회원이 분담할 내용은 애초의 계약적 등가관계에 해당하는 비율적 금액이라고 할 수 있다. 따라서 대상판결의 사안에서 회비 인상은 가능하지만–대상판결이 판시하고 있듯이 특별회원에 대한 회비인상의 범위가 과도하여 본래의 등가관계를 해치고 있다. 결국, 대상판결의 사안에서 헬스클럽의 회비조정조항 자체는 약관법적으로 무효라고 할 수 없지만, 헬스클럽 측은 특별회원이 분담할 금액을 잘못 산정하여(실제로 발생한 비용보다 훨씬 많은 금액을 특별회원에게 전가함으로써) 애초의 계약적 등가관계가 파괴되었다. 평석자는 실질적으로 등가관계의 파괴를 지적하면서 파기환송을 한 대상판결에 대하여 결론적으로 공감하는 바이다. 다만 대법원은 헬스클럽 시설의 증·개축과 이로 인하여 특별회원이 새롭게 누리게 된 이익을 고려하여 적정히 인상된 회비의 '테두리'를 정할 수 있었을 것임에도 이에 관한 아무런 언급이 없이 파기환송한 것은 아쉽다. 회비변경조항에 의하여 인상된 회비는 본래의 반대급부라고 할 수 없고 부수적 대가이기 때문에 법원에 의한 적정한 회비 인상분 결정은 가능하다고 하겠다.

[주 제 어]

- 가격조정조항(가격인상조항)
- 회비 인상
- 계약적 등가관계
- 가격에 관한 부수적 약정
- 기대가능성
- 혼합계약
- 임대차계약

대상판결 : 대법원 2019. 12. 27. 선고 2015다78857 판결

[사안의 개요][1)]

1. 피고는 1985.경부터 "○○○ 스포렉스"라는 종합 스포츠센터(이하 '스포렉스'라고 한다)를 운영하고 있고, 원고들은 스포렉스 개관 무렵 또는 그 이후 피고와 사이에 특별회원 가입계약을 체결하면서 피고에게 입회비 및 보증금을 납부하거나, 피고에게 입회비 및 보증금을 납부한 자로부터 회원권을 양수받아 이용권한을 취득한 스포렉스의 특별회원(정회원 및 가족회원)들이다.

2. 피고가 1985.경 회원권을 분양할 당시의 가입비(입회비 및 보증금) 및 연회비는 다음과 같다.

		입회비	보증금	가입비 합계	연회비
특별회원	정회원	1,430,000원	3,180,000원	4,610,000원	없음
	1차 가족회원	715,000원	1,590,000원	2,305,000원	없음
일반회원	정회원	880,000원	1,280,000원	2,160,000원	360,000원
	1차 가족회원	440,000원	640,000원	1,080,000원	180,000원

3. 피고는 2011. 7.경 및 2011. 8.경 2차례에 걸쳐 스포렉스 회원을 대상으로 공청회를 실시한 후 스포렉스 본관 건물의 리모델링 공사를 시행하였고, 위 리모델링 공사가 완료된 2012. 1.경 및 2012. 2.경 원고들을 포함한 특별회원을 대상으로 2차례의 공청회를 실시하여 위 리모델링 공사의 실시 및 물가상승 등 제반 경제적 여건의 변화로 인하여 스포렉스의 특별회원에 대한 보증금을 추가로 부과할 것임을 통지하였다.

4. 피고는 스포렉스의 일반회원 중 정회원의 연회비를 2011. 기준 2,364,000원에서 2,860,000원으로 인상하였고, 2012. 7. 13. 원고들을 포함한 스포렉스의 특별회원들에게 "일반회원의 연회비를 기존 2,364,000원에서 2,860,000원으로 인상하였는바, 특별회원에게도 일반회원의 연회비 인상률에 상응하는 추가 회비(매년 연회비 1,910,000원 또는 1회의 추가 보증금 47,750,000원 중 선택, 납부기한 2012. 8. 31.)를 부과한다"는 내용 등의 통보를 하였다. 피고는 2012. 8. 2. "특별회원의 회비 산정기준은 일반회원 연회

---

1) 쟁점에 관한 논의에 필요한 범위 내에서 사실관계를 소개하였다.

비의 69.5%에 상당하는 금액으로 최초 회원 모집시 일반회원 연회비 대비 특별회원 보증금 이자 상당액 비중이고, 추가 보증금은 위 연회비에 연 금리 4%를 역산하여 산정한 것"이라는 취지를 공지하였다.

5. 이후 피고는 위 기간 내에 추가 회비를 납부하지 않은 특별회원에게는 월 1.5%의 연체료를 부과하고, 스포렉스 주차장의 무료이용을 제한할 것임을 공지하였다.

6. 이 사건 관련 스포렉스의 회칙(이하 '이 사건 회칙'이라고 한다) 규정은 아래와 같다.

제17조(회비의 변경조정) 스포렉스의 각종 회비는 공과금의 증액과 물가 및 기타 경제적 여건의 변동 등을 고려하여 조정할 수 있다. 단, 기 납부된 회비에 대하여는 그 권리를 인정한다. **제20조(발효)** 본 회칙은 1984. 11. 20.부터 그 효력을 발생한다.

7. 원고들은 이 사건 회칙 제17조가 약관으로서 피고로 하여금 채무의 이행에 관하여 상당한 이유 없이 급부의 내용을 일방적으로 변경할 수 있도록 권한을 부여한 조항이자, 고객에 대하여 부당하게 불리하고 고객이 예상하기 어려운 조항이므로, 약관의 규제에 관한 법률(이하 '약관법'이라 한다)에 위반되어 무효라고 주장하였다. 이 과정에서 원고들은 피고가 특별회원을 모집하면서 원고들 또는 그들에게 특별회원권을 양도한 종전 특별회원들에 대해 향후 보증금의 인상을 포함하여 평생 아무런 추가 부담이 없도록 하겠다는 내용의 약정을 하였다고 주장하였다. 나아가 원고들은 설령 피고가 이 사건 회칙 제17조에 기하여 원고들에게 추가 보증금 또는 연회비를 청구할 수 있다고 하더라도, 다음과 같은 이유로 피고가 고지한 금액이 지나치게 과다하여 인정할 수 없다고 주장하였다.[2)]

① 스포렉스의 건물과 시설의 노후로 인한 안전 및 설비상의 문제로 인한 사우나, 라커 교체공사는 체육시설을 운영하는 피고가 의무적으로 해야 할 통상적인 공사이고, 본관 리모델링 공사 및 시설 개설공사의 비용은 피고가 부담하거나 신규 일반회원 및 1년짜리 연회원을 모집한 자금으로 충당해야 하며, 특별회원들에게 부담시킬 부분이 있다면 회사가 특별회원들로부터 받은 보증금의 수익분으로 충당해야 하므로, 원고들에게 고액의 추가 보증금

---

2) 아래의 원고 측 주장은 주요한 것만을 간추린 것이다.

을 요구할 수 없다.

② 피고가 요구하는 원고들에 대한 추가 연회비 1,910,000원은 일반회원의 연회비를 과도하게 인상한 이후의 금액을 기준으로 산정한 것이다.

③ 2012.경 스포렉스 부지의 공시지가는 스포렉스의 개관 당시인 1985.경에 비하여 약 69배 상승하였는바, 원고들이 1985. 납부한 3,180,000원 내지 1,900,000원의 보증금에 대한 현재 화폐가치는 위 각 금액에 69를 곱한 219,420,000원 내지 131,100,000원이라고 할 것이므로, 원고들은 이미 추가 보증금 47,750,000원을 훨씬 초과하는 액수의 보증금을 납입하였다.

[소송의 경과]

1. 제1심 법원의 판단(서울중앙지방법원 2014. 5. 15. 선고 2012가합106282 판결) : 원고 청구 일부 인용

원고들은 피고에 대하여 추가 보증금 또는 연회비 지급채무는 존재하지 아니함을 확인하는 소를 제기하였다.[3)]

이에 대하여 1심 법원은 우선 이 사건 회칙 제17조의 규정 내용만으로는 위 규정이 고객에 대하여 부당하게 불리하고 예상하기 어려운 조항이라거나 채무의 이행에 관하여 피고에게 상당한 이유 없이 급부의 내용을 일방적으로 변경할 수 있도록 권한을 부여한 조항이라고 보기 어렵다고 하였다. 또한, 원고들이 피고와 사이에 평생무료회원 가입계약이 체결되었다는 것을 인정할 증거가 없다고 하였다. 나아가 헬스클럽의 시설주체가 공과금, 물가인상 기타 경제적 요인을 고려하여 클럽시설 이용의 대가인 연회비를 임의 조절할 수 있도록 클럽규약에 규정되어 있더라도 객관적으로 합리적인 범위 내에서만 그 연회비의 인상 여부 및 인상 범위를 정할 수 있는바, 이 사건에서는 피고가 산정한 액수가 객관적으로 합리적인 범위를 벗어나 과다하게 산정된 것이어서 부당하다고 하였다.

---

3) 원고들은 이외에도 피고에 대하여 원고들이 추가 보증금 채무 또는 연회비 채무를 이행하지 아니함을 이유로 하여 스포렉스 체육시설의 전부를 이용하는 것을 방해하거나 금지하여서는 아니 되고, 원고들이 스포렉스 부설 주차장을 무료로 사용하는 것을 방해하거나 금지하여서는 아니 되며, 원고들이 스포렉스 특별회원권을 제3자에게 양도·증여 등 처분하는 경우에 그에 따른 명의개서절차의 이행을 거부하여서는 아니 된다는 확인을 구하였으나 본 연구의 쟁점과 관련이 없으므로 생략하기로 한다.

결국, 제1심 법원은 피고에 대한 원고들의 추가 보증금 내지 연회비의 지급채무는, 정회원인 원고들과 가족회원인 원고들의 경우 피고가 정한 추가 보증금 및 연회비 금액 중 일정액을 초과하는 부분은 존재하지 아니한다고 할 것이고, 피고가 이를 다투는 이상 원고들에게 그 확인을 구할 이익이 있다고 보았다.

2. 항소심 법원의 판단(서울고등법원 2015. 11. 13. 선고 2014나32962 판결): 항소 기각

항소심 법원은 스포렉스의 시설주체인 피고가 이 사건 회칙 제17조에 따라 특별회원인 원고들에 대해 객관적으로 합리적인 시설이용대금 인상액의 범위 내인 추가 보증금 4,775만 원 또는 이에 갈음하는 연회비 191만 원의 납부를 요구함으로써 원고들은 피고에 대하여 위 금원 상당액의 지급채무를 부담하게 되었다고 보아야 할 것인바, 위 지급채무의 부존재 확인을 구하는 원고의 이 부분 청구는 이유 없다고 하면서 원고들의 항소를 모두 기각하였다.

3. 대법원의 판단: 파기환송

대법원은 원고들과 피고 사이에 평생무료회원 가입계약이 체결된 바 없다는 원심의 판단을 수긍하면서 다음과 같이 판시하였다.

[1] 헬스클럽의 시설주체가 공과금, 물가인상 기타 경제적 요인을 고려하여 클럽시설 이용의 대가인 회비를 임의 조절할 수 있도록 클럽규약에 규정되어 있다면, 일단 회비의 인상 여부 및 그 인상의 범위를 정할 수 있는 권한은 시설주체에게 위임되어 있다고 할 수 있지만, 그렇다고 하여 시설주체가 아무런 합리적인 근거 없이 임의로 회비에 관한 사항을 정할 권한을 가진다고는 해석할 수 없고, 오히려 다수의 회원과 시설이용계약을 체결한 시설주체로서는 객관적으로 합리적인 범위 내에서만 그 회비의 인상 여부 및 인상 범위를 정할 수 있다고 보아야 한다.

[2] 회원제 스포츠센터를 운영하고 있는 시설주체가 일반회원에 비해 2배가 넘는 가입비를 납부하는 대신 연회비를 면제받는 조건으로 가입한 특별회원들에 대하여 물가상승, 금리하락, 스포츠센터 시설의 증·개축, 일반회원의 회비인상 등의 사정을 들어 연회비를 매년 납부하거나 추가 보증금을 일거에 납부할 것을 요구한 사안에서, 스포츠센터가 개관된 때부터 시설의

증·개축 공사를 시작하기 전까지 사이에 물가가 상승하였고 금리가 하락하였음에도 시설주체는 특별회원들에게 회비의 인상을 요구하지 않았는데, 이는 특별회원들로부터는 일반회원의 2배가 넘는 가입비를 받아 스포츠센터의 개관에 필요한 초기 자금을 마련하였다는 사정을 감안하여 단순히 물가상승이나 금리하락만으로는 특별회원의 회비를 인상하지 않기로 하는 의사의 합치가 있었기 때문으로 보이고, 시설주체가 특별회원들에게 회비의 인상을 요구하게 되었던 것은 각종 공사를 통해 스포츠센터의 시설이 증·개축되면서 특별회원들이 회원계약 체결 당시에는 예상치 않았던 이익을 얻게 되었기 때문으로 보이는바, 피고로서는 특별회원들에게 스포츠센터의 시설을 증·개축하는 과정에서 발생한 비용 가운데 일부를 분담할 것을 요구할 수 있을 뿐이며, 특별회원들이 가입 당시 납부하였던 보증금이 일반회원들이 납부하였던 보증금과 연회비의 액수를 기초로 하여 비율적으로 산정되었다고 인정할 만한 근거는 보이지 않으므로, 일반회원들의 연회비가 인상되었다는 사정만으로 곧바로 특별회원들에게 회비의 인상을 요구할 수는 없고, 스포츠센터가 개관되었을 당시부터 시행되었던 회칙 제17조에는 "기 납부된 회비에 대하여는 그 권리를 인정한다"는 내용이 포함되어 있는데, 시설주체가 특별회원들에게 추가로 납부할 것을 요구하고 있는 회비에는 특별회원들이 가입 당시 보증금을 납부하였다는 사정이 반영되어 있지 아니한 점 등을 고려할 때, 시설주체가 특별회원들에게 추가로 부과한 회비는 객관적으로 합리적인 범위를 벗어난 것이다.

〔硏　究〕

Ⅰ. 들어가며

사업자는 계속적 계약관계에서 늘 시장의 상황 변화와 그에 따른 비용증가에도 불구하고 이윤을 유지할 수 있는 방법에 대하여 고민하게 된다. 신중한 계산에도 불구하고 실무상 사업자는 계속적 계약관계에서 가격을 조정해야 하는 경우가 발생한다. 이 경우 사업자는 그의 고객과 필요할 때마다 변경계약을 체결하기보다는 표준화된 가격조정조항(일정 사정이 발생하면 사업자가 일방적으로 가격의 인상 또는 인하를 할 수 있도록 하는 권한을 부여하는 약관조항)을 선호한다. 이는 대량거래에서 사업자의 시간과 노력을 절약하게 할 뿐만 아니라 장기적인 계산에 대한 경제적 위험을 최소화하는 기능을 갖는다.

그런데 가격조정조항에 따른 사업자의 가격조정은 일방적 급부변경에 해당하고 계약법의 대원칙인 계약준수(pacta sunt servanda)의 원칙을 훼손하면서 고객에게 부당한 불이익을 줄 우려가 있다. 사업자가 가격조정을 통해 계약적 등가관계를 훼손하면서 후발적으로 급부와 반대급부의 관계를 자신에게 유리하게 바꾸는 오남용의 가능성이 도사리고 있기 때문이다. 따라서 가격조정조항에 대하여는 일정 한계가 설정되어야 한다. 이와 관련하여 「약관의 규제에 관한 법률(약관법)」 제10조 제1호는 채무의 이행과 관련하여 "상당한 이유 없이 급부(給付)의 내용을 사업자가 일방적으로 결정하거나 변경할 수 있도록 권한을 부여하는 조항"을 무효로 선언하고 있다.

약관법 제10조 제1호 소정의 '급부'는 학설상 사업자가 제공하는 급부와 고객이 제공하는 급부를 모두 포함한다는 설[4]과 사업자가 제공하는 급부에 그친다는 설[5]이 대립하고 있는데, 우리 대법원은 종래 전자의 입장을 취하고 있다.[6]

독일에서는 고객의 반대급부에 관한 약관통제는 독일 민법 제309조 제1호[7] 및 제307조[8]에 따라 판단되어야 한다는 것이 통설이다.[9] 독일

4) 손지열, 후론[약관의 규제에 관한 법률], 편집대표 곽윤직, 민법주해 제12권, 1997, 381-382쪽. 윤진수, "한국법상 약관규제법에 의한 소비자 보호", 민사법학 제62호, 2013, 351쪽은 이를 전제로 한 것으로 보인다.

5) 이은영, 약관규제법, 1994, 286쪽. 이 학설은 대상판결의 사안에 대하여 내용통제의 일반규정인 제6조가 적용되는 것으로 볼 것이다.

6) 대법원 1996. 2. 27. 선고 95다35098 판결과 대상판결.

7) 독일 민법 제309조 제1호는 "단기의 가격 인상"이라는 표제 아래 계속적 채권관계가 아닌 계약의 체결 후 4개월 내에 공급 또는 제공되어야 할 물품 또는 급부에 대하여 대가의 인상을 정한 조항을 절대적으로 무효라고 선언한다.

8) 독일 민법 제307조는 "내용통제"라는 표제 아래 다음과 같이 규정되어 있다.
① 약관조항이 신의성실의 요청에 반하여 약관사용자의 계약상대방을 부당하게 불리하게 하는 경우에는 무효이다. 부당한 불리함은 그 조항이 명확하지 아니하고 이해될 수 없는 것이라는 사정에 기하여도 인정될 수 있다.

민법 제308조 제4호는 "약속한 급부를 변경하거나 다른 급부를 할 수 있는 약관사용자의 권리에 관한 약정이 약관사용자의 이익을 고려할 때 고객에 대하여 기대할 수 없는 경우에는 무효"라고 규정하고 있어 이 조항은 약관사용자의 급부(Leistung des Verwenders) 변경만을 규율대상으로 한다고 이해되고 있기 때문이다.

우리 약관법 제10조 제1호가 사업자가 제공하는 급부는 물론 고객이 제공하는 급부까지 포괄하는지 아니면 독일 민법 제308조 제4호처럼 사업자가 제공하는 급부만을 규율대상으로 하는 것인지에 관한 입법자의 정확한 규율 의도는 파악하기 어렵다. 그러나 약관법 제10조 제1호의 법문상 급부를 사업자 자신의 것으로 한정하여 해석할 필연성은 인정하기 어렵다. 나아가 약관법 제10조 제1호 또는 제6조의 어느 규정이 적용되든 급부와 반대급부의 균형 파괴와 관련하여 결과가 달라지지는 않을 것이다.[10] 약관법 제10조 제1호에 따른 상당한 이유 없는 일방적 급부변경

---

② 어느 조항이 다음 각 호에 해당되는 경우 의심스러운 때에는 부당한 불리함이 인정된다.

1. 그 조항이 법률규정과 달리 정하고 있는데 그 규정의 본질적인 기본사상과 합치하지 아니한 경우
2. 계약의 성질상 인정되는 본질적인 권리 또는 의무를 제한함으로써 계약의 목적 달성이 위태로운 경우

③ 제1항, 제2항 및 제308조, 제309조는 법률규정과 다른 내용 또는 그것을 보충하는 내용을 정하는 약관조항에 대하여만 적용된다. 그 밖의 조항은 제1항 제1문과 연계된 동항 제2문에 의하여 무효일 수 있다.

9) Becker in BeckOK BGB, 55. Ed. 1.5.2020, BGB § 308 Nr. 4 Rn. 5; H. Schmidt in Ulmer/Brandner/Hensen, AGB-Recht, 11. Aufl., 2011, BGB § 308 Nr. 4 Rn. 4; Wurmnest in MüKoBGB, 8. Aufl. 2019, BGB § 308 Nr. 4 Rn. 7; Dammann in Wolf/Lindacher/Pfeiffer, AGB-Recht, 6. Aufl., 2013, BGB § 308 Nr. 4 Rn. 6; Stoffels, AGB-Recht, 3. Aufl., 2015, Rn. 803. 이견: Coester-Waltjen in Staudinger, BGB, 2013, BGB § 308 Nr. 4 Rn. 2, 5.

10) 대법원 2008. 2. 14. 선고 2005다47106, 47113, 47120 판결은 "택배회사의 위탁영업소계약에서 운송수수료율은 영업소가 운송행위에 대한 대가로 어떠한 이득을 취득할 것인가라는 주된 급부에 관한 사항이고, 이러한 급부내용을 변경할 사정변경이 있는 경우에는 당사자 간의 합의에 따라 조정하는 것이 기본 법리이므로, 위 계약에서 사정변경에 따라 운송수수료율을 택배회사측이 일방적으로 변경할 수 있도록 규정한 경우, 이는 상당한 이유 없이 급부의 내용을 사업자가 일방적으로 결정하거나 변경할 수 있도록 권한을 부여한 조항으로 약관의 규제에 관한 법률 제

에 관한 유보조항은 약관법 제6조 제1항의 공정성을 잃은 약관조항이거나 약관법 제6조 제2항 제1호의 고객에게 부당하게 불리한 약관조항이기도 할 것이기 때문이다. 따라서 이하에서는 약관법 제10조 제1호의 급부는 사업자가 제공하는 급부와 고객이 제공하는 급부를 모두 포괄한다는 시각에 따라 살펴보기로 한다.

대상판결에서는 헬스클럽 회비 임의변경조항(가격조정조항)의 약관법적 유효성 여부에 관하여 다툼이 있는바,[11] 그것의 유효성이 인정되기 위한 요건을 중심으로 살펴보려고 한다. 먼저 우리 약관법 제10조 제1호의 특징을 뚜렷이 하기 위하여 관련 유럽 법제를 소개한다(Ⅱ). 이어 헬스클럽의 회비가 약관통제의 대상인지 여부를 파악한다(Ⅲ). 나아가 약관법 제10조 제1호의 취지(Ⅳ), 약관법 제10조 제1호의 상당한 이유(Ⅴ), 약관법 제10조 제1항 위반의 법적 효과(Ⅵ)의 순서로 살펴본다. 마지막으로 이상의 논의를 요약한다(Ⅶ).

한편 대상판결은 약관법 제5조(약관의 해석)도 참조 조문으로 들고 있지만, 실제로 대상판결에서 큰 비중을 차지하고 있는 것은 아닌 것으로 보여 논의를 생략한다.

Ⅱ. 유럽의 법제

1. 독일 민법 제308조 제4호

독일 민법 제308조 제4호에 따르면, 약속한 급부를 변경하거나 이로부터 일탈할 수 있는 사업자의 권리에 관한 약정이 사업자의 이익을 고려할 때 고객에 대하여 기대할 수 없는 경우에는 무효이다. 고객에게 사

10조 제1호에 해당하거나, 고객에 대하여 부당하게 불리한 조항으로 공정을 잃은 것으로 추정되는 경우에 해당하여 같은 법 제6조 제2항 제1호에 의하여 무효"라고 판시한다.

11) 앞의 [사안의 개요] 7.에서 언급하였듯 원고들은 이 사건 회칙 제17조는 약관으로서 피고로 하여금 채무의 이행에 관하여 상당한 이유 없이 급부의 내용을 일방적으로 변경할 수 있도록 권한을 부여한 조항이자, 고객에 대하여 부당하게 불리하고 고객이 예상하기 어려운 조항이므로, 약관법에 위반되어 무효라고 주장하였다.

업자의 일방적 변경권을 기대할 수 있는지는 양 당사자의 이익을 형량할 때에만 판단할 수 있다. 한편으로 사업자의 급부변경 가능성에 대한 이익을, 다른 한편으로 본래 약속된 급부를 수령할 수 있는 것에 대한 고객의 이익이 고려되어야 한다. 급부변경에 관한 사업자의 이익이 각 거래에 대한 상대방 당사자의 전형적인 이익보다 크거나 적어도 같다면 변경권 유보는 기대 가능한 것이라고 할 수 있다.[12] 이익형량은 전형적인 고찰방식을 통해 이루어져야 하며 개별 사안의 사정을 기반으로 하지 않는다.[13] 또한, 독일 판례[14]는 변경권 유보가 유효하기 위해서는 약관조항에 언급된 정당한 이유가 존재하고 가능한 변경의 범위와 고객이 이미 계약체결 시에 변경이 어떤 사정 아래 이루어지고 어떤 영향을 그에게 미칠 것인지를 알 수 있도록 구체적으로 기술할 것을 요구한다. 그리고 판례와 문헌은 등가관계의 변경은 흔히 변경에 대한 기대불가능성을 시사하는 것으로 본다.[15] 독일 민법 제308조 제4호는 비록 사업자 자신의 급부만을 대상으로 하지만, 위 언급이 고객의 급부라고 하여 특별히 달라지지는 않을 것이다.

2. 유럽연합의 불공정조항지침

1993년의 유럽경제공동체(현재의 유럽연합의 전신)의 불공정조항지침[16]의 부록 제1호 (j)는 사업자가 정당하고 계약에 명시된 이유 없이 계약조항을 일방적으로 변경할 수 있도록 하는 조항을 불공정조항으로 취급한다. 그리고 제1호 (k)는 사업자가 정당한 이유 없이 공급될 물품

12) BGH, NJW 2008, 362; Dammann, in Wolf/Lindacher/Pfeiffer, AGB-Recht, 6. Aufl., 2013, BGB § 308 Nr. 4 Rn. 24.

13) BGH, NJW 2008, 362; Bornhofen in AnwK AGB-Recht, 2. Aufl., 2015, BGB § 308 Nr. 4 Rn. 14; H. Schmidt, in Ulmer/Brandner/Hensen, AGB-Recht, 11. Aufl., 2011, BGB § 308 Nr. 4 Rn. 9; Dammann, in Wolf/Lindacher/Pfeiffer, AGB-Recht, 6. Aufl., 2013, BGB § 308 Nr. 4 Rn. 24; Stoffels, AGB-Recht, 3. Aufl., 2015, Rn. 797.

14) BeckOK BGB/Becker, 54. Ed. 1.5.2020, BGB § 308 Nr. 4 Rn. 18.

15) BeckOK BGB/Becker, 54. Ed. 1.5.2020, § 308 Nr. 4 Rn. 37과 여기에 소개된 판례 참조.

16) Directive 93/13/EEC.

이나 서비스의 특성을 일방적으로 변경할 수 있도록 하는 조항도 불공정한 것으로 본다. 이들 조항은 부록 제2호 (b)에 의하여 보완된다. 그에 따라 부록 제1호 (j)는 사업자가 소비자에게 계약조건의 변경에 관하여 적시에 알릴 의무를 부담하고 소비자가 그 계약을 자유롭게 해소할 수 있도록 하는 한 기간의 정함이 없는 계약조건을 일방적으로 변경할 수 있는 권리를 유보하는 조항과 상용한다고 한다. 나아가 부록 제1호 (l)은 물품의 매도인이나 서비스의 제공자가 공급 시에 가격을 정하거나 인상할 수 있도록 하는 것을 목표로 하거나 그러한 결과를 초래하는 약관조항은 최종가격이 계약체결 시에 합의된 가격에 비해 너무 높아졌는데 소비자가 계약을 해소할 수 있는 권리를 갖지 못한 때에는 불공정조항으로 취급한다.

3. 유럽공통매매법안 및 공통참조기준초안

불공정조항지침과 유사한 규율은 유럽공통매매법안(CESL) 제85조 (i)에 담겨 있다. CESL은 계약종료가 소비자에게 비용을 발생시키지 않아야 한다는 점을 분명히 하였다. 그에 반하여 유럽 재산법에 관한 공통참조기준초안(DCFR) Ⅱ.-9:410 제1항 (i)는 무상성에 관한 언급이 없다.

CESL 第85조(불공정한 것으로 추정되는 계약조항)

본 절에서 계약조항의 목적 또는 효과가 다음에 해당하면, 그 조항은 불공정한 것으로 추정한다:

(i) 사업자가 계약에 규정된 정당한 이유 없이 일방적으로 계약의 내용을 변경할 수 있도록 하는 경우; 다만 이는 사업자가 합리적인 통지로[17] 소비자에게 정보를 제공할 것이 요구되고, 소비자가 비용부담 없이 계약을 종료할 수 있다는 요건 아래 기간의 정함이 없는 계약조항을 변경할 권리를 사업자에게 유보하고 있는 계약조항에는 영향을 미치지 않는다.

(…)

---

17) 유럽공통매매법안(CESL) 제85조 (i)의 영문본은 "합리적인 통지로(with reasonable notice)"라고 자귀를 사용하고 있으나, 독문본은 "적시의 통지(rechtzeitig in Kenntnis zu setzen)"라고 하는 표현을 사용하고 있다.

DCFR II.-9:410(사업자와 소비자 사이의 계약에서 불공정한 것으로 추정되는 조항)

(1) 사업자와 소비자 사이의 계약에서 사업자에 의하여 제시되고 다음에 해당하는 조항은 본 절의 의미에서 불공정한 것으로 추정한다:

(i) 사업자가 계약에 규정된 정당한 이유 없이 일방적으로 계약의 내용을 변경할 수 있도록 하는 경우. 이는 금융서비스의 공급자가 정당한 이유가 있는 경우 소비자에 의하여 또는 소비자에게 지급될 이자율이나 금융서비스의 여타 수수료 액수를 통지 없이 변경할 권리를 유보하는 조항에 영향을 미치지 아니하지만, 공급자는 소비자에게 되도록 신속히 이를 알려야 할 의무가 있으며, 소비자는 계약을 자유로이 즉시 종료할 수 있다. 이는 또한 사업자가 존속기간의 정함이 없는 계약의 조건을 일방적으로 변경할 수 있는 권리를 유보한 조항에 영향을 미치지 아니하나, 사업자는 소비자에게 합리적인 통지를 통해 이를 알려야 하며, 소비자는 계약관계를 자유로이 종료할 수 있다.

(…)

4. 비교법적 시사점

우리 법상 사업자의 일방적 급부변경권은 약관법상 무효로 평가될 소지가 있으나, 불특정 법개념인 '상당한 이유'만으로는 계속적 계약관계에서의 사업자에 대하여 허용되는 급부변경과 허용되지 않는 급부변경의 경계획정에 어려움이 따른다. 유럽연합의 불공정조항지침, CESL, DCFR은 사업자의 일방적 급부변경을 위한 요건을 한층 세밀히 규정하여 법적용자나 수범자에 대하여 법적 안정성을 높이고자 하지만,[18] 대상판결의 당부를 판단하는 데 그다지 도움이 되지 않는다.

Ⅲ. 헬스클럽의 회비 임의조정조항이 약관 내용통제의 대상인지 여부

회원제 헬스클럽이용계약은 헬스클럽이 다수의 회원을 모집하여 회원들로 하여금 각종 시설 등을 이용할 수 있도록 서비스를 제공하고 회원들은

18) 대상판결과 위 유럽 법제나 모델법은 순수하게 또는 주로 아날로그 사안을 염두에 둔 것이다. 그러나 오늘날의 거래에서는 디지털콘텐츠나 디지털서비스를 공급하기로 하는 계약이 체결되는 경우가 흔하다. 이러한 디지털급부 공급계약의 존속 중 사업자가 디지털급부의 속성을 일방적으로 변경할 수 있는지가 문제된다. 이에 관하여는 김진우, "사업자의 일방적 디지털급부 변경권: 유럽연합 디지털지침 제19조와 우리 법에의 시사점", 비교사법 제89호, 2020, 183쪽 이하 참조.

그 대가로 대금을 지급하는 일종의 무명계약 내지 혼합계약(typengemischter Vertrag)이라고 할 수 있다. 여기서 회원들이 계약체결 시 헬스클럽에게 지급한 일정 금액의 입회보증금과 가입비 외에 그 계약에 따라 매년 지급하는 연회비도 위 계약상의 시설이용 및 서비스의 대가라고 할 수 있다.[19]

여기의 혼합계약은 운동기구나 시설의 이용이라는 측면에서 보면 민법상의 임대차에 가까운 것이라고 할 수 있고,[20] 트레이너가 제공하는 휘트니스 코스 또는 코칭을 받는다면 고용계약으로서의 성질도 가진다.[21] 그러나 회원제 체육시설이용계약은 민법상의 임대차와는 전형적인 차이점을 보인다. 민법상의 임대차에서는 임대차기간 동안 일반적으로 임차인이 임차물을 단독 사용한다. 그에 반하여 회원제 체육시설이용계약에서는 체육시설을 회원들이 공동으로 이용해야 한다는 점에서 상황이 다르다. 즉, 민법상의 임대차와 달리 회원제 체육시설이용계약의 당사자인 회원은 이 계약유형에 전형적인 이용상의 제약을 감수해야 한다.

급부와 반대급부에 관한 합의는 다음과 같은 이유에서 원칙적으로 약관법에 따른 내용통제를 받지 않는다고 해야 한다. 첫째, 어떤 급부가 어떤 가격에 합당한지에 관하여는 일반적인 법률적 지도형상 내지 규범적 통제기준은 존재하지 않는다. 둘째, 계약당사자는 계약체결 시에 급부와 반대급부에 관하여는 충분한 주의를 기울이는 까닭에 이에 관하여는 고객의 보호 필요성이 크지 않다. 셋째, 시장경제에서 급부와 반대급부의 주관적 등가관계는 관련 시장에서의 경쟁을 통해 형성되도록 맡겨져야 한다. 즉, 계약의 본질적 요소(essentialia negotii)인 주된 급부와 반대급부의 관계에 관한 국가의 간섭은 특별한 사정이 없는 한 시장경제를 유지하기 위하여 자제되어야 한다. 유럽연합 불공정조항지침의 입법이유는

---

19) 대법원 1996. 2. 27. 선고 95다35098 판결.

20) 독일 문헌의 일반적 시각이기도 하다. Dammann in Wolf/Lindacher/Pfeiffer, AGB-Recht, 6. Aufl., 2013, Klausel (F) Rn. F. 21.

21) Graf von Westphalen, in Graf von Westphalen, Vertragsrecht und AGB-Klauselwerke, Werkstand: 45. EL März 2020, Fitness- und Sportstudiovertrag Rn. 1; Christensen in Ulmer/Brandner/Hensen, AGB-Recht, 12. Aufl., 2016, Teil 2, (45) Sportstudioverträge, Rn. 1; Coester in Staudinger, BGB, 2013, BGB § 307 Rn. 600.

"이 지침의 목적을 위하여 (…) 계약의 주된 대상 또는 대금/급부관계는 불공정한 것으로 평가될 수 없다."라고 밝힌 바 있다. 그래서 최근 국내에서도 일정 급부가 어느 정도의 경제적 가치를 가지는지는 기본적으로 계약당사자가 결정할 문제라는 데 학설이 모이고 있다.[22)]

헬스클럽의 회비는 회원제 체육시설이용계약의 급부 또는 반대급부에 해당하므로 약관법에 따른 내용통제에서 배제되는 것은 아닌지가 문제된다. 계약체결 당시의 회비는 이용자의 회원제 체육시설이용에 대한 반대급부에 해당하고, 따라서 내용통제의 대상이 되지 않는다.[23)] 그러나 가격조정조항에 기반하여 새롭게 형성된 회비는 원래의 계약과는 내용을 달리하는 가격에 관한 부수적 약정이며, 그에 관한 조항은 부수적 대가조항으로서 항상 약관법에 따른 내용통제의 대상이 된다.[24)] 내용통제를 받지 않는 (주된) 대가약정(Preishauptabrede) 내지 대가조항과 내용통제를 받는 부수적 대가약정(Preisnebenabrede) 내지 부수적 대가조항은 구별되어야 한다.[25)] 대가는 계약상 합의된 본래의 반대급부를 말하고, 부수적

---

22) 김진우, "불공정조항의 내용통제에 관한 몇 가지 법적 문제점", 외법논집 제36권 제1호, 2012, 158쪽; 김진우, "금융거래에서의 부수적 대가조항의 내용통제", 외법논집 제41권 제3호, 2017, 111-112쪽; 박신욱, "시장관계에서의 약관의 효력 및 가격결정에 대한 내용통제 가능성에 대한 연구", 외법논집 제39권 제4호, 2015, 8쪽; 이동진, "은행거래 표준약관 근저당권설정비용부담조항의 직권 개정", 저스티스 제155호, 2016, 181쪽; 서희석, 소비자계약의 법리, 2018, 447쪽; 이병준, "법원에 의한 가격수정과 사적자치의 원칙", 법조 제729호, 2018, 421쪽 이하.

23) BGH NJW 2014, 2708; Graf von Westphalen, in Graf von Westphalen, Vertragsrecht und AGB-Klauselwerke, Fitness- und Sportstudiovertrag Rn. 14.

24) 독일의 확립된 판례 및 통설: BGH, NJW 2019, 48; BGH, NJW 2018, 535; BGH, NJW 2013, 995; BGH, NJW 2008, 361; BGH, NJW-RR 2005, 1717; BGH, ZIP 2007, 915; BGH, NJW-RR 2008, 135; BGH, NJW 2004, 1588; Wurmnest in MüKoBGB, 8. Aufl. 2019, BGB § 307 Rn. 98; Würdinger in MüKoBGB, 8. Aufl. 2019, BGB § 315 Rn. 22; Beckmann, Die Zulässigkeit von Preis- und Prämienanpassungsklauseln nach dem AGB-Gesetz, 1990, S. 30; Roloff in Erman, BGB, 12. Aufl. 2008, BGB § 307 Rn. 45, 47; H. Schmidt in BeckOK BGB, 55. Ed. 1.8.2020, BGB § 307 Rn. 91. 한편 독일 민법 제309조 제1호(단기의 가격 인상)는 계약체결 후 4개월 내에 공급되거나 제공되어야 할 물품 또는 급부에 대하여 대가의 인상을 정한 조항은 절대적 무효라고 선언하고 있는바, 가격조정조항을 일반적으로 통제할 수 없다면 이 금지는 무의미할 것이다.

25) 독일의 확립된 판례와 통설. 이에 관한 개관은 Kropf/Habl, Aktuelle Entwicklungen

대가는 계약상대방의 주된 급부의무에 대하여 예정된 본래의 반대급부 외의 부수적인 급부에 대하여 지급해야 할 대가를 말한다. 부수적 대가는 사업자가 추가적인 수익을 얻기 위하여 부수적 급부의 제공을 통해 본래 합의된 반대급부를 인위적으로 증가시킨다는 특징을 가진다. 다시 말해 사업자는 부수적 대가약정을 통해 그의 경영비용이나 법률상의 또는 계약상의 부수적 의무의 이행 또는 자신의 이익을 위한 그 밖의 활동에 드는 비용을 계약상대방에게 부담시킨다. 부수적 대가약정은 급부와 반대급부에 간접적인 영향을 미친다. 부수적 의무는 사업자의 주된 의무의 이행에 이바지하므로, 그것은 사업자의 이익에 해당하는 것이며 따라서 본래 반대급부로 포괄되어야 하고 기본적으로 무상으로 제공되어야 하며 예외적으로 일정 범위에서만 대가가 지급되어야 한다.[26] 대가약정과 부수적 대가약정의 구별은 사업자가 부수적 대가조항에 의하여 본래 그가 부담하는 의무나 자신을 위한 활동에 드는 비용을 고객에게 전가하지 못하게 하려는 데 그 취지가 있다.[27] 바꾸어 말하면, 대가조항과 부수적 대가조항의 구별은 사업자가 불투명한 약관조항을 통해 대가를 은폐하는 것, 즉 대가만을 보면 고객에게 유리한 것처럼 보이지만, 사업자가 부수적 대가조항을 통해 고객에 대하여 불투명한 방법으로 이익을 취하는 것을 방지하는 데 주된 목적이 있다.

요컨대 사업자가 자신 또는 제3자에게 고객의 급부를 일방적으로 변경할 수 있는 권리를 유보한 경우에는 항상 부수적 대가조항이 문제된다. 그러한 일방적 변경권은 법률행위에 의하여 채권관계를 발생시키거나 채권관계의 내용을 변경하기 위해서는 법률에 달리 정함이 없는 한 당사자 사이의 계약이 있어야 한다는 원칙으로부터 일탈한 것이기 때문

---

zur Zulässigkeit von Bankentgelten, BKR 2012, 141 ff.; Krüger in Tamm/Tonner, Verbraucherrecht, 2. Aufl., 2016, § 16 B. Rn. 29 ff.; Dammann in Wolf/Lindacher/Pfeiffer, 6. Aufl., 2013, BGB § 309 Rn. 16 ff.; Wurmnest in MüKoBGB, 8. Aufl. 2019, BGB § 307 Rn. 16 ff.; Stoffels, AGB-Recht, 3. Aufl., 2015, 443 ff.

26) Jerger, Kontrolle und Unwirksamkeit von Preisnebenabreden, NJW 2019, 3753.

27) 김진우, "근저당권설정비용의 부담에 관한 선택형 약관조항이 약관규제법 제6조의 의미에서의 불공정조항에 해당하는지 여부", 민사법학 제69호, 357쪽.

이다. 따라서 불문의 법원칙인 계약준수의 원칙을 일탈하는 급부변경조항 내지 가격조정조항은 내용통제를 받아야 한다.

Ⅳ. 약관법 제10조 제1호의 취지

약관법 제10조 제1호는 “상당한 이유 없이 급부의 내용을 사업자가 일방적으로 결정하거나 변경할 수 있도록 권한을 부여하는 조항”을 무효로 선언하고 있다. 이로 인하여 사업자는 체결된 계약에 대한 구속을 임의로 벗어날 수 없게 된다. 그 점에서 약관법 제10조 제1호는 계약준수의 원칙을 보호한다. 한편 약관법 제9조 제2호는 “사업자에게 법률에서 규정하고 있지 아니하는 해제권 또는 해지권을 부여하여 고객에게 부당하게 불이익을 줄 우려가 있는 조항”을, 제9조 제3호는 “법률에 따른 사업자의 해제권 또는 해지권의 행사 요건을 완화하여 고객에게 부당하게 불이익을 줄 우려가 있는 조항”을, 제9조 제4호는 “계약의 해제 또는 해지로 인한 원상회복의무를 상당한 이유 없이 고객에게 과중하게 부담시키거나 고객의 원상회복 청구권을 부당하게 포기하도록 하는 조항”을, 제9조 제5호는 “계약의 해제 또는 해지로 인한 사업자의 원상회복의무나 손해배상의무를 부당하게 경감하는 조항”을, 제9조 제6호는 “계속적인 채권관계의 발생을 목적으로 하는 계약에서 그 존속기간을 부당하게 단기 또는 장기로 하거나 묵시적인 기간의 연장 또는 갱신이 가능하도록 정하여 고객에게 부당하게 불이익을 줄 우려가 있는 조항”을 각 무효로 하고 있다. 약관법 제9조 제2호부터 제6호까지와 제10조 제1호는 계약이 체결된 후 사업자가 약속된 급부를 제공할 수 없거나 제공하지 않으려는 상황과 관련되어 있다. 약관법 제9조 제2호부터 제6호까지는 사업자가 계약을 벗어나는 것에 의하여 고객에게 부당한 불이익을 주는 상황을 규제하지만, 제10조 제1호는 사업자가 여전히 이행할 수 있고, 이행하려고 하는 상황에서 약속된 급부를 변경함으로써 고객에게 부당한 불이익을 주는 상황을 규제하는 것이다. 이러한 약속된 급부내용의 변경은 사업자가 계약으로부터 완전히 해방되는 것보다 고객에게 더 불리한 결과를 초래할 수 있다. 사업자가 계약을 해제하면 고객은 약속된 급부를 받지 못하지만, 반대급부도 제공할 필요가 없다. 반면, 사업자에 의한 급부내용의 변경은 고객이 약정된 바와 다르고 심지어 가치가 더 적은 급부를 수령하도록 강요받으면서도 완전한 반대급부를 제공해야 하는 사태를 초래할 수 있다. 이는 본래 합의된 급부와 반대급부의 계약적 등가관계를 현저히 무너뜨린다. 나아가 이것은 고객에 대하여 본래적 급부의 불이행으로 인한 손해배상청구의 가능성을 감소시킨다. 따라서 약관법 제10조 제1호는 제9조 제2호부터 제6호까지의 보호를 보완하는 성질을 가진다.

다른 한편 사업자는 현저한 사정변경이 있는 경우에 약속한 급부를 변경하는 데 정당한 이익을 가진다. 약관법은 이를 '상당한 이유'라고 표현한다. 결국, 약관법 제10조 제1호는 여하한 급부내용의 변경으로부터 고객을 보호하려는 것이 아니라 고객이 기대할 수 없는 급부내용의 변경으로부터 그를 보호하려는 취지를 가진다.

궁극적으로 가격조정조항의 취지는 계속적 계약관계에서 사업자의 경영·생산비용이 변경되는 경우에 계약적 등가관계를 유지하는 데 있다. 그 점에서 가격조정조항은 "특히 급부의 교환을 목적으로 하는 계속적 계약관계에서 가격과 급부 간의 균형을 유지하기 위한 적합하고 인정된 도구이다."[28] 약관조항이 사업자에게 상당한 이유 없이 일방적인 가격조정의 여지를 허용한다면, 이는 고객의 이익이 무시된 채 사업자의 이익만이 관철될 수 있으므로(이것은 원래의 계약에 구현되었던 등가관계를 파괴한다) 그 조항은 고객에게 부당하게 불리한 것이다.

Ⅴ. 약관법 제10조 제1호의 '상당한 이유'

급부내용의 일방적 변경에 상당한 이유가 있는지를 판단하기 위해서는 계약준수의 원칙을 출발점으로 하여 양 당사자의 이익을 형량해야 할 것이다. 한편으로 급부변경에 대한 사업자의 이익을 고려해야 하며, 다른

---

28) BGH, NJW 2012, 2189.

한편으로 원래 약속된 급부를 제공받는 것에 대한 고객의 이익을 고려해야 한다. 변경에 대한 사업자의 이익이 해당 거래에서의 상대방의 전형적인 이익보다 월등히 크다면 일반적으로 상당한 이유를 긍정할 수 있을 것이다. 이익형량은 개별 사안의 사정이 아닌 전형적인 고찰방식을 기반으로 해야 한다.[29] 상당한 이유의 존재에 대하여는 사업자가 주장·증명해야 한다.

상당한 이유의 존부를 판단하기 위하여 4가지 검토기준을 생각해 볼 수 있다. ① 가격조정조항의 투명성, 즉 이미 계약체결 당시에 적어도 추상적이나마 변경사유가 명시되어야 한다. ② 고객이 원래 약정된 급부를 제공받는 것에 대하여 (보호의 가치가 있는) 이익을 가져서는 안 된다. ③ 사업자 측에는 변경을 정당화하는 실체적 사유가 있어야 한다. ④ 변경이 결과적으로 급부와 반대급부의 등가성을 파괴하지 않아야 한다.

1. 가격조정조항의 투명성

독일 민법이 약관조항의 불명료성과 이해 불가능성을 부당한 불리함을 인정하기 위한 기준으로 명시하고 있음(제307조 제1항 제2문)에 반하여, 우리 약관법 제3조 제1항은 약관을 "한글로 작성하고, 표준화·체계화된 용어를 사용하며, 약관의 중요한 내용을 부호, 색채, 굵고 큰 문자 등으로 명확하게 표시하여 알아보기 쉽게 약관을 작성"할 것을 지시하고 있을 뿐이다. 이 조항은 "대부분 약관이 한자 및 전문용어를 많이 사용하고 있어, 고객이 약관의 내용을 이해하기 어려우므로, 사업자로 하여금 고객이 약관의 내용을 쉽게 알 수 있도록 한글 및 표준화·체계화된 용어를 사용하고, 약관의 내용 중 중요한 내용을 부호·문자·색채 등으로 명확하게 표시하여 약관을 작성하도록 하려는" 입법 취지를 가진다.[30] 이것은 궁극적으

29) BGH, NJW 2014, 1168 Rn. 39; Dammann in Wolf/Lindacher/Pfeiffer, BGB § 308 Nr. 4 Rn. 24; H. Schmidt in Ulmer/Brandner/Hensen, AGB-Recht, 11. Aufl., 2011, BGB § 308 Nr. 4 Rn. 9.

30) 국가법령정보센터의 홈페이지 "약관의 규제에 관한 법률 [시행 2007. 8. 3.] [법률 제8632호, 2007. 8. 3., 일부개정]의 제정·개정이유(http://www.law.go.kr/lsInfoP.do?lsiSeq=80022&ancYd=20070803&ancNo=08632&efYd=20070803&nwJoYnInfo=N&efGubun=Y&chrClsCd=010202&ancYnChk=0#0000).

로 고객이 계약체결 전에 계약의 내용, 즉 계약적 권리와 의무를 파악할 수 있도록 하려는 것이다. 그런데 이 조항을 위반한 경우의 효과는 약관법에 정면으로 규정되지 않았다. 따라서 약관법 제3조 제1항을 위반한 약관조항도 계약의 내용으로 편입된다고 할 것이나, 그것은 해석통제 차원에서 작성자 불이익의 원칙을 적용하거나(약관법 제5조), 경우에 따라서는 내용통제 차원에서 의외조항으로 취급하거나(약관법 제6조 제2항 제2호), 그밖에 불공정성을 시사하는 것으로 취급해야(약관법 제6조 제1항, 제6조 제2항 제1호) 입법 취지를 살릴 수 있을 것이다.[31] 그 점에서 약관법 제3조 제1항은 사업자에 대하여 그가 거래에 사용하는 약관을 고객이 잘 이해할 수 있도록 작성할 것을 지시하는 일종의 부진정의무 내지 책무(Obliegenheit)를 부과한 조항이라고 할 수 있다.

"사업자는 계약을 체결할 때에는 고객에게 약관의 내용을 계약의 종류에 따라 일반적으로 예상되는 방법으로 분명하게 밝히고, 고객이 요구할 경우 그 약관의 사본을 고객에게 내주어 고객이 약관의 내용을 알 수 있게 하여야" 한다(약관법 제3조 제2항). 이 역시 투명성 원칙을 천명한 것이라고 할 수 있는데, 그 위반 시 사업자는 해당 약관을 계약의 내용으로 주장할 수 없게 된다(약관법 제3조 제4항).

상당한 이유의 존부와 관련하여 투명성이 요청되는 이유는 가격'조정'이라는 미명 아래 약관사용자가 후발적으로 이익증대를 실현하지 못하도록 하여 본래의 계약적 급부와 반대급부의 등가관계를 유지하기 위함이다. 투명성과 관련하여 법학 교육을 받지 아니한 평균적인 고객이 '계약체결 시'에 약관조항의 문언을 통해 어려움이 없이 언제 변경을 예상해야 하는지, 약정된 급부의 어떠한 변경이 허용되는지를 쉽게 인식할 수 있어야 한다.[32] 급부변경을 위한 사정이 어느 정도로 구체적으로 언급되어야 하는지는 개별 분야의 특수한 사정과 계약기간의 장단을 고려하여 판단할 문제이다. 그러나 일반적으로 고객이 급부변경의 유형과 범위를 어느 정도 예상할 수 있도록 할 것이 필요하다.[33] 따라서 가능한 변경의

31) 다만 이에 관하여는 해석론상 논란이 있을 수 있으므로 (독일 민법 제307조 제1항 또는 DCFR Ⅱ.-9:402를 모범으로) 입법을 통해 이를 명시하는 것이 바람직하다.

32) Becker in BeckOK BGB, BGB § 308 Nr. 4 Rn. 19.

사유 및 범위를 완전히 열어 둔 조항은 원칙적으로 유효하다고 할 수 없다. 사업자가 그의 약관조항에 단순히 '상당한 이유가 있는 경우' 일방적으로 급부의 내용을 변경할 수 있다고 규정한 경우, 즉 약관법 제10조 제1호의 법문을 차용한 경우에 불과한 때에도 충분치 않다고 할 것이다.[34] 그러한 약관조항은 필요한 기본 수준의 계산가능성을 보장하지 않기 때문이다. 같은 맥락에서 단순히 '정당한', '실체적인', '영업상의' 이유, 또는 '불가피한 사정', 또는 '이례적인 사정'과 같은 자구만을 사용하여 급부내용을 변경할 수 있도록 하는 약관조항도 너무 모호하다. 고객이 예상되는 변경을 계산할 수 없는 일반적인 표현(예컨대 '주의 깊은 형량 후', '합당한 재량으로', '적절한 범위에서' 등)도 마찬가지이다. 가격조정조항은 고객이 합리적인 노력으로 변경에 관한 정보를 얻을 수 있는 방식으로 표현되어야 한다. 따라서 다른 곳에서 정보를 보아야 하거나, 인터넷에서 조사해야 하거나, 제3자와 접촉을 해야 한다면 이에 해당하지 않는다. 가령 항공사가 실질적으로 자유로운 재량에 따라 비행경로를 변경하거나, 다른 항공사로 하여금 비행하게 하거나, 다른 비행기를 투입할 수 있도록 유보하는 약관조항도 같다. 항공사가 변경권을 구체화함이 없이 본래 약정된 시간과 현저한 격차가 있는 여행시간을 자유롭게 변경할 수 있도록 한 약관조항도 여행자에 대하여 기대할 수 없다. 또한, 어학원이 수업횟수를 절반으로 줄이거나 코스형식의 변경을 유보하는 것은 충분한 구체성을 갖지 않는다. 나아가 '건축법 또는 건설 및 제조기술적' 이유에서 사업자가 건축계획을 일방적으로 변경할 수 있도록 하는 조립식 주택 공급자의 약관조항은 허용되지 않는다. 독일 연방대법원(BGH)은 스포츠센터가 어느 대도시에서 영업장소를 변경할 수 있도록 하면서 이 경우 고객의 해지권을 배제한 약관조항도 필요한 구체성이 결여된 것으로 판시하였다.[35]

다만 변경의 사유 및 범위는 계속적 계약관계에서 미리 내다보기

33) BGH, NJW 1994, 1063; BGH NJW 2008, 362.
34) OLG Hamburg, NJW-RR 1986, 1440; OLG Koblenz, BeckRS 2017, 111351 Rn. 19.
35) OLG Hamm, NJW-RR 1992, 445.

쉽지 않은 경우도 있을 수 있다는 점을 충분히 고려해야 할 것이다. 대상판결의 사안처럼 헬스클럽 개장 후 25년여가 지난 시점의 비전형적인 장래사를 약관조항을 통해 사전에 정밀하게 규율하기는 쉽지 않다. 그래서 독일 판례도 가격조정조항의 투명성과 관련하여 "모든 경우의 수를 다 포괄할 수 있고 개별 사안에서 전혀 의문의 여지가 없을 정도로 구체화할 필요는 없다"라고 한다.[36]

대상판결의 사안처럼 헬스클럽 개장 당시 25년 후의 증·개축에 따른 비용부담의 범위를 예측한다는 것은 쉬운 일이 아니다. 나아가 이 사건 회칙 제17조에는 변경사유가 완결적 열거가 아닌 개방적 형태로 추상적이나마 약관조항에 예시되어 있고("스포렉스의 각종 회비는 공과금의 증액과 물가 및 기타 경제적 여건의 변동 등을 고려하여 조정할 수 있다"[37]), 그것을 기반으로 수차례에 걸친 공청회, 회비 인상 통보 등을 통해 구체적인 변경사유와 변경범위를 원고들에게 통보함으로써 특별회원들의 계산가능성이 보장되었다. 헬스클럽 평생무료이용계약이 체결된 바 없다면, 회원들은 "기타 경제적 여건의 변동 등"이라는 자구를 통해 헬스클럽 개장 후 상당한 시간이 흐른 뒤 증·개축으로 인한 비용 발생이 있을 수 있다는 점을 계산에 넣었어야 한다. 비록 대상판결의 사안에서 가격조정조항이 추상적이라고 하더라도("기타 경제적 여건의 변동 등") 회비 인상이 이루어지기 전에 특별회원에 대한 공청회 및 회비인상 통지 등을 통해 투명성 문제가 희석된 것으로 볼 수 있다.

2. 고객의 본래적 급부수령에 대한 이익

사업자가 계속적 계약관계에서 일정 급부의 시장 여건의 변동으로 인하여 급부사양(仕様)을 일관하기 어려운 경우 급부변경의 필요성이 제

36) BGH, NJW 2016, 936 (Rn. 36).

37) 민법 제628조는 "기타 경제사정의 변동"을 차임증감청구의 사유로 들고 있는바, 이 사건 회칙 제17조의 "기타 경제적 여건의 변동 등"은 투명성 요청과 관련하여 문제되지 않는다고 할 것이다.

기된다. 사업자는 계약기간이 길수록 가령 변경된 모델 사양 또는 변경된 시리즈 색상과 같은 변화된 환경에 급부의무를 적응시킬 필요성이 커진다.

반면 고객은 여하한 변경 없이 계약상의 급부를 그대로 받는 것에 대한 이익을 가질 수 있다. 급부내용이 변경되면 계약의 목적을 달성할 수 없는 경우가 그러하다. 고객에게 원래 합의된 목적물 또는 고용계약의 경우 급부제공자가 누구인지가 중요시되는 경우에는 급부변경에 관한 상당한 이유가 없는 것으로 평가될 수 있다. 고객에게 그가 원치 않는 급부를 강요하는 조항은 효력이 없다고 해야 한다. 특정 색상의 물건을 구매하려는 고객에게 '품질과 가격 면에서 등가적인 그러나 다른 색상의 대체물'을 제공하는 것은 무의미하기 때문이다.[38] 골동품 수집의 경우도 마찬가지라고 할 것이다.

고도로 인격적인 급부제공과 관련된 가격조정조항은 특히 엄격한 기준의 적용을 받아야 한다. 가령 진료계약에서는 어떤 의사가 진료를 하는지가 중요하므로 병원 측이 일방적으로 다른 의사로 교체하여 진료할 수 있도록 유보하는 조항은 무효이다.[39]

독일 연방대법원은 가구(家具) 거래에서 "사용된 재료의 성질상 전시된 가구와 구조 및 색상에 있어 거래관행상의 편차가 있을 수 있습니다."라고 하는 약관조항을 유효한 것으로 보았다.[40] 이러한 편차는 실제로 피하기 거의 어려울 뿐만 아니라 그 유형(구조 및 색상), 원인(재료의 특성) 및 범위에 따라 (거래관행상) 약관에 충분히 정확하게 표시된 것으로 볼 수 있다는 것이다. 우리의 경우에도 반드시 특정 급부가 제공될 필요가 없는 경우에는 거래관행상의 편차가 허용될 수 있을 것이다.

대상판결의 사안에서는 특별회원들의 본래적 급부(기존 시설의 이용)에 대한 보호할만한 이익이 크다고 할 수 없고, 오히려 피고 측의 헬스

---

38) BGH, NJW 2005, 3569; OLG Frankfurt, MDR 2006, 920.
39) BGH, NJW 2008, 988.
40) BGH, NJW 1987, 1886.

클럽 증·개축을 통한 급부력 유지에 대한 이익이 더 큰 경우로 볼 수 있다. 고급 헬스클럽은 휘트니스 시장을 지속적으로 모니터링하여 시장 상황에 적응하며 생존해 간다. 예컨대 새로운 장비의 도입 또는 양질의 트레이닝 기법 및 건강 영역의 추가적인 개발과 같은 특별 서비스의 제공을 통해 스포츠 급부를 확장해 가지 않으면 시장에서 도태되기 쉽다.

3. 실체적 변경사유

약관법 제10조 제1호는 비록 명시적으로 언급하지 않지만, 약관법 제3조 제1항과 제2항에서 도출되는 일반적 투명성 요청과 급부내용의 변경유보는 계약준수의 원칙 및 그로부터 파생되는 계약적 합의는 양 당사자의 합의로만 변경할 수 있다는 원칙에 대한 예외를 이룬다는 점으로부터 약관에 실체적 변경사유가 적어도 추상적이나마 명시되어 있어야 한다. 계약체결 후 계약조건의 일방적 변경권은 그러한 근본적이고 중대한 원칙으로부터의 일탈을 의미하기 때문이다.

사업자의 일방적 급부변경은 사업자의 정당한 이익을 보호하거나 고객의 지위를 더 양호하게 만들기 위하여 불가피한 경우로 제한되어야 한다.[41] 따라서 가격조정이 사업자의 일반적 경제적 위험, 착오, 계산오류 또는 가격상승을 고객에게 전가하는 수단으로 사용되는 경우에는 상당한 이유를 인정하기 어렵다. 이러한 오류나 위험은 사업자의 위험영역에 속하기 때문이다.[42] 사업자의 비효율적인 경영으로 인한 비용증가도 가격인상을 정당화할 수 없다.[43]

계속적 계약관계에 해당하는 대상판결의 사안에서 “공과금의 증액과 물가 및 기타 경제적 여건의 변동 등”이라고 하는 자구에 대하여는 실체적 변경사유로서의 효력을 부여할 수 있을 것이다. 대상판결의 사안에서

---

41) BGH, NJW-RR 2009, 1641; Dammann, in Wolf/Lindacher/Pfeiffer, AGB-Recht, 6. Aufl., 2013, BGB § 308 Nr. 4 Rn. 24.

42) Wurmnest in MüKoBGB, BGB § 308 Nr. 4 Rn. 8.

43) BGH, NJW 2016, 3589 Rn. 33 f.

는 "기타 경제적 여건의 변동 등"이 문제되는 데, 사업자가 책임 있는 사유로 인한 비용증가를 고객에게 전가하는 경우는 여기에 포섭할 수 없다. 그러나 헬스클럽 개장 후 25년여가 지난 시점의 증·개축으로 인한 비용 발생은 이에 포함시킬 수 있다. 다만 향후에는 헬스클럽 회칙에 "공과금의 증액, 물가변동, 증·개축 및 기타 경제사정의 변동"이라고 명시하는 것이 다툼의 여지를 줄일 수 있는 첩경일 것이다.

4. 등가관계의 유지

가격조정이 계약체결 당시에 존재하던 급부와 반대급부의 등가성에 영향을 미쳐서는 안 된다. 계속적 채권관계에서 가격조정조항은 사업자에게 상황에 따라 가격을 인상할 수 있는 권한은 물론 가격을 인하할 의무도 부과해야 한다. 따라서 사업자의 급부가 변경을 통해 가치가 저하되는 경우 그 가치감소에 대한 보상이 따라야 한다.[44] 계속적 계약관계에서 사업자는 가격조정을 통해 추가적인 수익을 창출할 수 없다. 가령 계약체결 당시에 고객이 누렸던 가격 관련 유리한 지위는 특약이 없는 한 사용자에 의한 후발적이고 일방적인 가격 인상으로 박탈되어서는 안 된다. 계약체결 당시 이미 비용증가가 있었거나 그 당시 이미 비용증가를 확실하고 구체적으로 예견할 수 있었던 경우 가격 인상은 배제된다.[45] 이 경우 사업자는 그것을 원래의 가격 약정에 포함시킬 수 있었기 때문이다. 마지막으로 경우에 따라서는 가격 인상이 고객의 계산 및 거래 기준을 변경함으로써 계약적 구속을 더 이상 기대할 수 없는 경우에는 등가관계의 유지를 위하여 고객이 계약을 해소(해제·해지)할 수 있는 가능성을 가져야 한다.

독일 판례에 따르면, 감독관청의 인·허가를 받은 급부변경은 더 이상의 구체화를 필요로 하지 않는다고 한다.[46] 그러나 이 판례는 국가적

44) Becker in BeckOK BGB, BGB § 308 Nr. 4 Rn. 18.
45) Dammann in Wolf/Lindacher/Pfeiffer, BGB § 309 Nr. 1 Rn. 116, 117; Coester-Waltjen in Staudinger, BGB § 309 Nr. 1 Rn. 21.

감독은 계약당사자의 등가이익과 일치할 필요가 없는 공익에만 이바지하는 것이라는 점을 간과하고 있다. 따라서 행정당국의 인·허가는 기껏해야 약관법 제10조 제1호의 의미에서의 급부내용의 변경에 관한 상당성을 위한 간접증거에 불과하다고 할 것이다.[47]

요컨대 약관법 제10조 제1호의 상당성은 고객에게 부당한 불이익을 주는 것이 아니어야 하는데, 가격조정조항이 사업자의 이익을 후발적으로 증가시키는 도구로 사용된다면 그것은 원래의 계약적 등가관계를 파괴하는 것이어서 상당성을 인정할 수 없다. 등가관계의 파괴는 계약당사자의 이익의 균형을 도모하고자 하는 계약법적 메커니즘을 교란함과 동시에 계약의 실체적 정당성을 위태롭게 한다. 따라서 사업자 측의 원가변동 및 그 밖의 가격변동요인의 기회와 위험은 계약의 양 당사자에게 동등하게 분배되어야 한다.[48] 계약적 등가관계의 유지를 위해서는 가격 인상의 범위가 비용증가의 범위로 제한되어야 한다.

Ⅵ. 약관조항 무효의 법적 효과

가격조정조항의 내용통제와 별개로 그것이 약관법 제10조 제1항에 따라 무효로 판명된 경우의 나머지 계약의 법적 효과가 어떻게 될 것인지 살펴보아야 한다. 약관의 전부 또는 일부의 조항이 제6조부터 제14조까지의 규정에 따라 무효인 경우, 계약은 나머지 부분만으로 유효하게 존속하지만, 유효한 부분만으로는 계약의 목적 달성이 불가능하거나 그 유효한 부분이 한쪽 당사자에게 부당하게 불리한 경우에는 그 계약은 전부 무효로 한다(약관법 제16조). 계약이 나머지 부분만으로 유효하게 존속하는 경우 무효인 부분을 규율하는 임의법규가 적용된다. 그러나 헬스클럽 회비 인상과 관련하여 현행법은 무효가 된 가격조정조항과 기능적으로 동등한

46) BGH, NJW 1991, 2564.

47) Wurmnest in MüKoBGB, 8. Aufl. 2019, BGB § 308 Nr. 4 Rn. 12; Coester-Waltjen in Staudinger, BGB § 308 Nr. 4. Rn. 9.

48) BGH, NJW 2008, 2173.

법적 효과를 정한 규정을 알지 못한다. 약관법 제10조 제1호를 위반한 약관조항은 무효이므로, 원래 합의된 급부가 이행되어야 하거나,[49] 그것이 불합리한 결과를 초래한다면 보충적 해석을 통해 가격이 조정되어야 할 것이다.[50] 후자의 경우 법원은 합리적인 계약당사자들이 약관조항의 무효를 알았더라면 이해관계의 형량 아래 신의칙에 따라 합의하였을 가격을 탐지해야 한다.

다만 가격조정조항에 수개의 변경사유가 열거되어 있고, 그 중 일부만이 약관법 제10조 제1호 위반으로 평가되는 경우, 내용적·언어적 가분성이 있는 때에는 나머지 유효한 변경사유는 그대로 효력을 유지한다.[51]

대상판결에서 회비조정조항은 약관법 제10조 제1호를 위반한 것으로 볼 수 없어 약관조항 무효의 법적 효과는 문제가 되지 않았다.

Ⅶ. 나 오 며

헬스클럽 시설의 증·개축이나 기타 급부 확대는 자연스럽게 비용상승과 직결된다. 헬스클럽을 비롯한 많은 사업자는 이러한 비용증가를 감당하기 위하여 그의 약관에 가격조정조항을 두는 경우가 흔하다. 이것은 궁극적으로 계속적 계약관계에서 급부와 반대급부의 균형을 유지하려는 취지를 가진다. 이용자가 새로운 시설이나 새로운 서비스를 이용하지 않고 구 시설이나 기존의 서비스만을 선택적으로 이용할 수 있다면 가격인상은 크게 문제되지 않을 것이다. 그러나 헬스클럽 시설이 증·개축되거나 새로운 서비스가 기존의 서비스와 분리되지 아니한 상태로 제공된다면 이러한 선택은 불가능하고 이용자는 인상된 회비를 납부하면서 계

49) Bornhofen in AnwK AGB-Recht, BGB § 308 Nr. 4 Rn. 5; H. Schmidt in Ulmer/Brandner/Hensen, AGB-Recht, 11. Aufl., 2011, BGB § 308 Nr. 4. Rn. 11; Wurmnest in MüKoBGB, 8. Aufl. 2019, BGB § 308 Nr. 4 Rn. 15.

50) 정립된 독일 판례도 독일 민법 제306조 제2항에도 불구하고 계약의 보충적 해석의 가능성을 인정한다. BGH, NJW 1984, 1177; BGH, NJW 1985, 621; BGH, NJW 1986, 1610; BGH, NJW 1989, 3010; BGH, NJW 1993, 326; Würdinger in MüKoBGB, 8. Aufl. 2019, BGB § 315 Rn. 22.

51) Wurmnest in MüKoBGB, 8. Aufl. 2019, BGB § 308 Nr. 4 Rn. 15.

속 헬스클럽 시설 및 서비스를 이용하거나 헬스클럽의 이용을 단념해야 하는 상황이 발생한다.

계속적 계약관계에서 사정변경에 따른 가격조정조항은 기본적으로 허용되지만, 그것은 일정 한계[52]를 가져야 한다. 먼저 고객이 이해할 수 있는 방식으로 가격변경의 요건이 명시되어야 한다. 가격조정의 범위를 미리 획정할 수 있다면 그것도 명시되어야 한다.[53] 이러한 요구는 고객이 가격변동을 이해하고 검토할 수 있도록 하여 거래의 성부(成否)를 판단하는 데 도움을 주기 위하여 필요하다. 그러나 계속적 계약관계에서 장래사를 미리 정확히 내다보기는 어렵다는 점을 고려하면, 계약관계가 장기적일수록 가격조정조항의 추상성은 고도화될 수 있을 것이다. 이 경우 가격조정이 이루어지기 전에 그리고 합리적인 기간 내에 적절한 방식으로 계약상대방에 대하여 가격조정에 관한 통지가 이루어진다면 가격조정조항의 추상성은 더 이상 약관법적으로 문제되지 않는다고 할 것이다. 나아가 그 가격조정조항은 사업자가 그에게 유리하게끔 급부와 반대급부의 계약적 등가관계를 후발적으로 변경할 수 있는 재량을 가지는 것으로 규정되어서는 안 된다. 따라서 사업자는 가격조정에 앞서 가격 인상의 구체적 사유를 밝혀야 하며, 가격조정 메커니즘에 의하여 그의 이익이 후발적으로 증가하지 않도록 해야 한다. 고객이 예견할 수 없었던 비용위험을 전적으로 고객에게 전가시키는 것을 허용하는 가격조정조항은 효력이 없다. 결국, 본래적 등가관계의 유지가 가격조정조항의 적법성 판단에 핵심적 역할을 한다. 쌍무계약의 등가성은 급부 없이는 반대급부도 없다는 것을 의미한다. 이 원칙은 약관에 의하여 후발적으로 훼손되어서는 안 된다. 따라서 급부와 비례하지 않는 반대급부를 지급하도록 하는 약관조항은 약관법 제10조 제1호 또는 제6조에 따라 무효라고 해야 한다. 사업자가 자신의 법률상의 의무를 이행하는 데 대하여 대가를 지급

52) 대상판결은 "객관적으로 합리적인 범위 내"라는 자구를 사용하고 있다.

53) BGH, NJW 1980, 2519; BGH, NJW 1985, 856; BGH, NJW 2003, 509; BGH, NJW-RR 2008, 135.

하도록 하는 약관조항도 약관법 제6조에 따라 무효이다. 사업자 자신의 목적을 위한 비용을 고객에게 전가하는 약관조항도 이와 같다. 약관조항에 가격조정의 한계에 관한 명시적인 내용이 없더라도 사업자는 비용이 증가한 정도와 회원의 편익 증가분이 계산된 금액의 범위 내에서 회비를 조정할 수 있을 뿐이다.

대상판결의 사안에서는 계속적 계약관계로서의 성질을 가진 회원제 체육시설이용계약에서 사정변경에 따른 가격조정이 문제되었다. 거래당사자는 특약이 없는 한 계속적 계약관계에서 애초의 가격이 영구적으로 고정되리라고 기대하지 않을 것이다. 민법 제628조, 주택임대차보호법 제7조 및 상가건물 임대차보호법 제11조가 차임 등의 증감청구권을 명시적으로 인정한 점은 이를 웅변한다. 대상판결의 사안처럼 특별회원에 대한 평생무료이용계약이 체결된 바 없다면, 헬스클럽 시설의 증·개축으로 인한 회비 인상은 사정변경에 따른 것으로 기본적으로 가능하다고 보아야 한다. 헬스클럽이용계약이 임대차계약으로서의 성질을 가지는 이상 임대차계약에 관한 민법규정의 근본사상이 계약의 불공정성 여부를 판단함에 있어 기준이 될 것인데, 특히 이 사건 회칙 제17조는 민법 제628조의 근본사상과 어긋나는 것이라고 할 수 없다.

대상판결의 사안에서는 급부변경의 기본적 요건("공과금의 증액과 물가 및 기타 경제적 여건의 변동 등")이 명시되었을 뿐만 아니라 회비 인상에 즈음하여 수차례의 공청회 등을 통해 변경사유 및 변경범위가 통보되었다. 따라서 헬스클럽의 일방적 급부변경을 위한 약관조항의 투명성 요청은 물론 실체적 사유도 충족된 것으로 평가된다. 나아가 대상판결의 사안에서는 원고들이 원래 약정된 급부를 제공받는 것에 대하여 특별히 보호의 가치가 있는 이익을 가진다고 볼 수 없다. 그리고 헬스클럽 시설의 증·개축으로 인한 시설의 편리성 증가는 일반적으로 그 회원에게 이익이 된다고 할 수 있다.[54] 그래서 대상판결은 "스포츠센터의 시설이

54) 임대인은 계약존속 중 임대물의 사용, 수익에 필요한 상태를 유지하게 할 의무를 부담하므로(민법 제623조), 이러한 의무의 이행을 위한 비용을 임차인에게 전가해서는

증 · 개축되면서 특별회원들이 회원계약 체결 당시에는 예상치 않았던 이익을 얻게 되었"다고 판시한다. 헬스클럽의 증 · 개축 관련 비용은 사업자로서의 헬스클럽과 고객으로서의 회원이 분담해야 하고,[55] 특별회원이 분담할 내용은 애초의 계약적 등가관계에 해당하는 비율적 금액이라고 할 수 있다. 따라서 대상판결의 사안에서 회비 인상은 가능하지만−대상판결이 판시하고 있듯이("피고는 2005년부터 2012년까지 사이에 각종 공사를 하는 과정에서 43억 원가량의 공사비를 지출하였다. 그런데 600명의 특별회원으로부터 1인당 4,775만 원의 보증금을 추가로 지급받게 되면 그 액수는 286억 5,000만 원에 이르게 된다")−특별회원에 대한 회비인상의 범위가 과도하여 본래의 등가관계를 해치고 있다. 결국, 대상판결의 사안에서 헬스클럽의 회비조정조항 자체는 약관법적으로 무효라고 할 수 없지만, 헬스클럽 측은 특별회원이 분담할 금액을 잘못 산정하여(실제로 발생한 비용보다 훨씬 많은 금액을 특별회원에게 전가함으로써) 애초의 계약적 등가관계가 파괴되었다. 평석자는 실질적으로 등가관계의 파괴를 지적하면서 파기환송을 한 대상판결에 대하여 결론적으로 공감하는 바이다. 다만 대법원이 헬스클럽 시설의 증 · 개축과 이로 인하여 특별회원이 새롭게 누리게 된 이익을 고려하여 적정히 인상된 회비의 테두리를 정할 수 있었을 것임에도[56] 이에 관한 아무런 언급이 없이 파기환송한 것은 아쉽게

안 된다(그러한 비용전가를 허용하는 약관조항은 민법의 본질적인 기본사상을 일탈한 것으로 약관법 제6조 제2항 제1호에 따라 무효라고 할 것이다). 그러나 헬스클럽의 증 · 개축은 일반적으로 이러한 의무의 범위를 넘어서 시설의 편리성을 제공한다.

55) 대상판결은 "피고로서는 특별회원들에게 이 사건 스포츠센터의 시설을 증 · 개축하는 과정에서 발생한 비용 가운데 일부를 분담할 것을 요구할 수 있을 뿐"이라고 설시한다.

56) 대법원 2018. 3. 15 선고 2015다239508, 239515 판결은 "임대차계약을 할 때에 임대인이 임대 후 일정 기간이 경과할 때마다 물가상승 등 경제사정의 변경을 이유로 임차인과의 협의에 의하여 그 차임을 조정할 수 있도록 약정하였다면, 그 취지는 임대인에게 일정 기간이 지날 때마다 물가상승 등을 고려하여 상호 합의에 의하여 차임을 증액할 수 있는 권리를 부여하되 차임 인상요인이 생겼는데도 임차인이 그 인상을 거부하여 협의가 성립하지 않는 경우에는 법원이 물가상승 등 여러 요인을 고려하여 정한 적정한 액수의 차임에 따르기로 한 것으로 보아야 한다"고 판시한 바 있다(밑줄은 필자에 의함).

생각한다. 회비변경조항에 의하여 인상된 회비는 본래의 반대급부라고 할 수 없고 부수적 대가이기 때문에 법원에 의한 적정한 회비 인상분 결정은 가능하다고 하겠다.

[Abstract]

Price Increase Clauses in Gym (Fitness Studio) Contract

Kim, Chin Woo*

Some fitness contracts have so-called price increase clauses, according to which the gym can unilaterally increase the membership fees. The question arises whether these clauses contradict mandatory law. If the user reserves the right to unilaterally determine the performance of the other party to the clause, this is always a controllable supplementary price agreement. Price adjustment clauses give entrepreneurs the right to adjust prices during the term of the contract, i.e. usually to increase them. These clauses are fundamentally permissible in the case of continuing obligations. In the case of long-term contracts, it corresponds to the expectations of both parties that a price cannot be set in stone for all eternity. Price adjustment clauses serve, on the one hand, to relieve the user of the risk of long-term calculations and to secure his profit margin despite subsequent, onerous cost increases, and on the other hand, to protect the contractual partner from the fact that the user tries to absorb possible future cost increases as a precaution when the contract is concluded by risk surcharges. Such clauses are generally effective in terms and conditions. Anyone who wants to increase prices in current contracts must, however, clearly regulate the reasons and appropriateness in the contract conditions. The clause must state the occasion, requirements and scope of possible price increases and ensure that the price adjustment mechanism does not subsequently increase the entrepreneur's profit margin. An exception to the obligation to specify the cause and extent of the price increase exists in those cases in which suffi-

* Professor Dr. iur., Hankuk University of Foreign Studies Law School.

cient specification presents the user with insurmountable difficulties. In the context of content controls, it is important to prevent the user from misusing the adjustment mechanism to shift the negotiated equivalence ratio unilaterally in his favor.

[Key word]

- Price Adjustment Clause (Price Increase Clause)
- Contribution Increase
- Contractual Equivalence Ratio
- Ancillary Price Provisions
- Reasonableness
- Mixed Contract
- Lease

참고문헌

1. 단 행 본

서희석, 소비자계약의 법리, 부산대학교 출판부, 2018.
손지열, 후론[약관의 규제에 관한 법률], 편집대표 곽윤직, 민법주해 제12권, 박영사, 1997.
이은영, 약관규제법, 박영사, 1994.

Becker in BeckOK BGB, 55. Ed. 1.5.2020, BGB § 308 Nr. 4.
Beckmann, Die Zulässigkeit von Preis- und Prämienanpassungsklauseln nach dem AGB-Gesetz, 1990.
Bornhofen, in AnwK AGB-Recht, 2. Aufl., 2015, BGB § 308 Nr. 4.
Christensen in Ulmer/Brandner/Hensen, AGB-Recht, 12. Aufl., 2016, Teil 2, (45) Sportstudioverträge.
Coester in Staudinger, BGB, 2013, BGB § 307.
Coester-Waltjen in Staudinger, BGB, 2013, BGB § 308 Nr. 4.
Coester-Waltjen in Staudinger, BGB, 2013, BGB § 309 Nr. 1.
Dammann in Wolf/Lindacher/Pfeiffer, AGB-Recht, 6. Aufl., 2013, BGB § 308 Nr. 4.
Dammann in Wolf/Lindacher/Pfeiffer, AGB-Recht, 6. Aufl., 2013, Klausel (F).
Dammann in Wolf/Lindacher/Pfeiffer, AGB-Recht, 6. Aufl., 2013, BGB § 309.
Krüger in Tamm/Tonner, Verbraucherrecht, 2. Aufl., 2016, § 16 B.
Roloff in Erman, BGB, 12. Aufl. 2008, BGB § 307.
H. Schmidt in BeckOK BGB, 55. Ed. 1.8.2020, BGB § 307.
H. Schmidt in Ulmer/Brandner/Hensen, AGB-Recht, 11. Aufl., 2011, BGB § 308 Nr. 4.
Stoffels, AGB-Recht, 3. Aufl., 2015.
Graf von Westphalen, in Graf von Westphalen, Vertragsrecht und AGB-Klauselwerke, Werkstand: 45. EL März 2020.

Würdinger in MüKoBGB, 8. Aufl. 2019, BGB § 315.
Wurmnest in MüKoBGB, 8. Aufl. 2019, BGB § 307.
Wurmnest in MüKoBGB, 8. Aufl. 2019, BGB § 308 Nr. 4.

2. 논　문

김진우, "근저당권설정비용의 부담에 관한 선택형 약관조항이 약관규제법 제6조의 의미에서의 불공정조항에 해당하는지 여부", 민사법학 제69호.
_____, "금융거래에서의 부수적 대가조항의 내용통제", 외법논집 제41권 제3호, 2017.
_____, "불공정조항의 내용통제에 관한 몇 가지 법적 문제점: 유럽 및 독일 계약법과의 비교를 중심으로", 외법논집 제36권 제1호, 2012.
_____, "사업자의 일방적 디지털급부 변경권 : 유럽연합 디지털지침 제19조와 우리 법에의 시사점", 비교사법 제89호, 2020.
박신욱, "시장관계에서의 약관의 효력 및 가격결정에 대한 내용통제 가능성에 대한 연구", 외법논집 제39권 제4호, 2015.
백경일, "약관규제법의 규범적 정당성에 관한 고찰", 고려법학 제74호, 2014.
윤진수, "한국법상 약관규제법에 의한 소비자 보호", 민사법학 제62호, 2013.
이동진, "은행거래 표준약관 근저당권설정비용부담조항의 직권 개정 : 불공정성 판단기준과 표준약관 제도를 중심으로", 저스티스 제155호, 2016.
이병준, "법원에 의한 가격수정과 사적자치의 원칙", 법조 제729호, 2018.

Jerger, Kontrolle und Unwirksamkeit von Preisnebenabreden, NJW 2019, 3752.
Kropf/Habl, Aktuelle Entwicklungen zur Zulässigkeit von Bankentgelten, BKR 2012, 141.

3. 기　타

Council Directive 93/13/EEC of 5 April 1993 on unfair terms in consumer contracts (Directive 93/13/EEC로 인용).

상속 농지 관련 법적 쟁점*

송 재 일**

요 지

최근 대법원 2019. 2. 14. 선고 2017두65357 판결은 농지의 불법용도변경에도 불구하고 농지처분을 명할 수 없다고 판시하였다. 제1 · 2심 판결은 농지법 제6조 제2항의 '취득'과 그 후의 '소유'는 별개의 문제라는 전제에서 소유시점에서의 농지는 농업경영에 이용되어야 하고 정당한 이유 없이 농업경영에 이용하지 아니하는 경우에는 그 처분을 명할 수 있다고 판시하였다. 그러나 대법원은 소유시점에서도 경작의무를 부여한다고 볼 수 없다고 정반대의 결론을 내렸다.

대상판결이 선고된 이후 그 사회적 파장이 컸고 무엇보다 농지제도 실무의 근본적인 변화를 가져왔기에, 이를 정리하는 작업이 시급하고 중요하다고 본다. 대상판결에서는 (1) **상속농지의 경작의무가 있는지** 여부, (2) **불법전용농지는 농지인가**, 그리고 (3) **처분의무 대상은 어디까지인가**에 관한 법적 쟁점이 핵심이다. 법률의 해석과 관련하여 헌법에 부합된 해석을 하여야 하기에 (4) **헌법상 경자유전원칙과 재산권보장원칙의 조화문제**도 있다. 이 글에서는 이러한 해석의 문제를 살펴본 다음, 입법론으로 농지상속과 관련된 해외사례의 비교와 개선의견을 제시하였다.

---

* 이 글은 2020년 2월 17일 한국법학원에서 개최된 민사판례연구회 제428회 2월 정기월례회에서 발표한 글("상속농지 관련 법적 쟁점—대상판결 : 대법원 2019. 2. 14. 선고 2017두65357 판결—")을 수정·보완하여 발전시킨 것이다. 귀중한 조언을 아끼지 않은 당시 윤진수 회장님과 지정토론자이신 민성철 부장판사님, 그리고 참여하신 여러 회원님께 깊은 감사를 드린다.

** 명지대학교 법학과 부교수.

결론적으로 (1) 소유상한 이내의 농지에 대하여 비자경 상속인에게 소유를 허락한 입법취지는 농사를 직접 안 지어도 되지만, 농지로서 형상은 유지하는 것을 전제로 한 것이라고 본다. 불법전용된 대상 농지에 대한 처분명령은 유효하다. (2) 현행 농지법에서 상속과 이농에 대한 비농업인의 농지소유 허용은 일견 일본과 프랑스의 사례를 받아들인 것으로 보이는데, 일본과 프랑스가 별도로 구비하고 있는 구체적인 보완책(경영계약이나 선매권 등)이 없이 받아들인 것이다. (3) 민법상 균분상속원칙이란 한계 내에서 농업인인 상속인 또는 이해관계를 가진 피상속인 주변의 농업인에게 농장·농지가 상속될 수 있도록 상속인간의 계약이나 우선매수권의 부여가 이루어져야 한다. 농업경영, 농업활동의 정의나 농업인자격제도의 정비는 그 선결과제라 할 것이다.

[주 제 어]
- 농지 상속
- 경자유전원칙
- 재산권 보장
- 경작의무
- 상속계약
- 우선매수권

대상판결 : 대법원 2019. 2. 14. 선고 2017두65357 판결

[사안의 개요]

1. 사실관계

원고(농지소유자, 밑줄 또는 굵은 글씨는 강조를 위해 저자가 임의로 표시함. 이하 동일)는 개발제한구역 내에 소재한 부산 강서구의 답 2,158㎡(이하 '이 사건 농지')를 2008. 8. 7. 유증을 원인으로 하여 취득하였다. **피고**(**강서구청장**)는 2015. 9. 1.부터 11. 30.까지 **농지이용실태조사**를 한 결과, 원고가 이 사건 **농지를 농업경영에 이용하지 않고 공장부지나 물건적재 등의 용도로 사용**하고 있는 사실을 적발한 후, 2016. 6. 15. 원고에게 농지법 제10조 제2항에 따라 2016. 6. 15.부터 2017. 6. 14.까지 사이에 이 사건 농지를 처분하라는 내용의 **농지처분의무통지**(이하 '이 사건 처분')를 하면서, 위 기한 내 이 사건 농지를 처분하지 않을 경우 농지법 제11조의 규정에 따라 **처분명령 조치**가 이루어지고, 농지법 제62조에 따라 공시지가의 20/100에 상당하는 **이행강제금**이 매년 부과됨을 함께 통지하였다.

이에 원고는 **농지처분의무통지 취소소송**을 제기하면서, 다음과 같은 주장을 하였다.

첫째, 농지법 제6조 제2항 제4호, 제7조 제1항에 의하면 상속(유증 포함, 이하 같다)으로 농지를 취득한 경우에는 <u>농업경영을 하지 않더라도</u> 1만 제곱미터까지는 소유할 수 있는 것이므로, 유증을 원인으로 면적 1만 제곱미터 이하의 이 사건 농지(2,158제곱미터)를 취득한 원고에게 피고는 농지법 제10조 제1항에 따라 이 사건 **농지를 처분하여야 할 의무를 부과할 수 없다**.

둘째, 이 사건 농지는 현재 **콘크리트 포장**이 되어 있고, '태광제재소'라는 상호의 목재소(이하 '이 사건 사업소'라 한다)를 운영하면서 각종 시설과 자제 등이 적치되어 있는바, 사실상 농지로서의 원상회복이 불가능하여 더 이상 농지법 제2조 제1호에서 규정하고 있는 **'농지'에 해당하지 아니한다**.

셋째, 원고는 이 사건 농지에 대하여 불법형질변경 및 농지불법행위를 행하였다는 이유로 시정명령 및 이행강제금 부과처분을 받았다가, 피고의 안내에 따라 중소기업전용단지 용지매매계약을 체결하고 입주대상자로 선정되어 이행강제금의 부과유예를 받았음에도, 피고가 이 사건 처분을 하면서 이행강제금을 부과할 것임을 통지한 것은 **신뢰보호의 원칙**에 위배된다.

[그림 1] 대상 농지(출처: 구글 뷰)

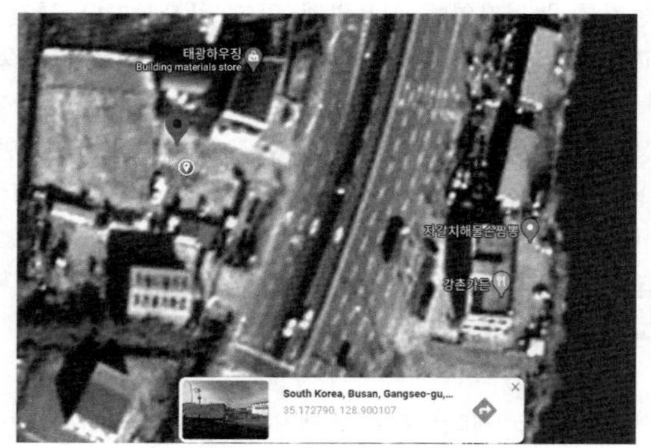

[그림 2] 대상 농지 위성사진(출처: 구글 뷰)

넷째, 원고가 위와 같이 중소기업전용단지의 매매계약을 체결하고 상당한 정도의 대금을 납부한 점, 이 사건 처분에 따라 원고가 현재 이 사건 농지에서 운영하고 있는 이 사건 사업소를 이전한 후 다시 중소기업전용단지에 입주할 경우 상당한 비용과 영업손실이 발생할 가능성이 있는 점 등에 비추어 보면, 이 사건 처분은 **비례의 원칙**에도 위배된다.

2. 제1심판결[1)]

제1심법원은 "헌법에서 정하고 있는 **경자유전의 원칙**과 이를 실현하기 위해 농지법에서 농업경영에 이용하지 않는 농지의 소유 및 이용에 대하여 여러 제한과 의무를 부과하고 있는 점에 비추어 볼 때 '자기의 농업경영 등

1) 부산지방법원 2017. 7. 7. 선고 2016구합22668 판결 [농지처분의무통지취소].

에 이용하지 아니할지라도 상속으로 농지를 취득하여 소유할 수 있는 경우'의 범위를 엄격하게 판단하여야 할 필요가 있는 점 등을 종합하여 보면, 상속으로 적법하게 취득한 농지이고 그 취득한 농지의 면적이 10,000㎡를 초과하지 아니한다고 하더라도, **해당 농지를 직접 자기의 농업경영에 이용하지 아니하거나, 임대차 또는 사용대차를 통해 농업경영에 이용하지 아니하면서 무단으로 다른 용도로 사용하는 경우에는 농지법 제10조 제1, 2항에 의한 농지처분의무를 부담한다**고 봄이 상당하다."고 판시하였다.

결국 원고가 이 사건 농지를 자기의 농업경영에 이용한다거나 임대차 또는 사용대차를 통하여 농업에 이용하지 아니하고, 농지전용허가 등 정당한 사유 없이 이 사건 농지를 무단으로 이 사건 사업소 부지로 이용하고 있음을 이유로 한 이 사건 처분은 적법하다.

3. 원심판결[2)]

농지법 제6조 제2항 제4호와 농지법 제7조 제1항은 상속으로 농지를 취득하여 '**소유**'하는 경우에 관하여 규정하고 있다. 그러나 아래와 같은 법령의 규정내용과 입법취지, 전반적인 체계와 문언내용 등에 비추어 보면, 농지법 제6조 제2항 제4호, 제7조 제1항 소정의 '소유'는 '**소유권 등에 변동이 있는 경우에 소유권을 취득 내지 보유할 수 있다**'는 의미로 해석될 뿐 '소유권 등에 변동이 있은 이후에 계속 소유 또는 계속 보유할 수 있다'는 의미로 해석되지 않는다. 한편 농지법 제6조 제2항 제4호, 제7조 제1항은 소유권 등의 변동시점을 기준으로 규율하고 있는 것으로서 그 이후의 소유권 계속 보유에 관하여 규율하고 있는 농지법 제10조 제1항과는 그 '**규율의 방향**'을 전혀 달리하는 것으로 해석된다.

따라서 농지법 제6조 제2항 제4호, 제7조 제1항에 따라 상속[3)]을 원인으로 농지 소유권을 '취득'하였다고 하더라도 당연히 농지 소유권을 '계속 보유'하게 된다고 볼 수는 없고, 그와 같은 경우에 농지처분의무에 관하여 규정하고 있는 농지법 제10조 제1항의 적용대상에서 제외된다고 볼 수도 없다. 이와 다른 전제에 서서 상속을 원인으로 농지 소유권을 취득한 경우에는 농업

---

2) 부산고등법원 2017. 10. 11. 선고 2017누22565 판결.

3) 농지법 제6조 제2항 제4호에 의하면, 농지법에서 규정하고 있는 상속에는 '상속인에게 한 유증'도 포함된다. 이 글에서는 상속과 상속인에 대한 유증을 구별하지 않고 모두 '상속'이라고만 기재한다.

경영을 하지 않더라도 농지 소유권을 계속 보유할 수 있다는 취지의 원고의 첫 번째 주장은 받아들일 수 없다.

4. 대법원판결

대법원은 먼저 그리고 상고이유 제2점 즉 농지인지 여부에 관하여 판단하였다. 어떤 토지가 농지법 제2조 제1호 (가)목 전단에서 정한 '농지'인지 여부는 **공부상의 지목과 관계없이** 그 토지의 사실상 현상에 따라 판단하여야 하지만, 농지법상 '농지'였던 토지가 현실적으로 다른 용도로 이용되고 있다고 하더라도 그 토지가 농지전용허가 등을 받지 아니하고 **불법 전용된 것이어서 농지로 원상회복되어야 하는 것이라면** 그 변경 상태는 일시적인 것에 불과하고 여전히 농지법상 '농지'에 해당한다고 보아야 한다(대법원 2018. 10. 25. 선고 2018두43095 판결 등 참조). 따라서 원심은 이 사건 농지가 적법한 절차에 의하지 아니한 채 불법전용된 것이어서 향후 복구되어야만 하는 상태에 있다는 등의 이유로 여전히 농지법에서 규정하고 있는 '농지'에 해당한다고 판단하였는데, 농지법상 농지에 관한 법리를 오해한 잘못이 없다.

다음으로 상속농지의 처분의무에 관한 상고이유 제1점에 관하여 판단하였다. **관계 법령의 문언, 체계, 연혁, 입법 취지 등을 종합하면**, 상속으로 취득한 1만㎡ 이하의 농지에 대해서는 농지법 제10조 제1항 제1호가 적용되지 않으므로 대통령령으로 정하는 정당한 사유 없이 자기의 농업경영에 이용하지 아니하더라도 처분의무가 있다고 볼 수 없다. 그 이유는 다음과 같다.

1) 농지법은 제2장에서 '**비자경 농지에 대한 소유금지'라는 원칙**을 규정하고(제6조 제1항), 그에 대한 **예외로 소유가 허용되는 경우**를 규정하면서(제6조 제2항), 예외적으로 소유가 허용되더라도 일정한 경우에 대해서는 **소유상한**을 정하는(제7조) 등 농지 소유에 관하여 규정하고 있다. 아울러 농지법은 농지 소유에 관한 농지법 제6조, 제7조에 대응하여 제10조 제1항 제1호에서 **비자경 농지에 대한 일반적 처분의무**를 규정하고, 제3호 내지 제6호에서 비자경 농지의 예외적 소유를 허용하는 근거의 존속 여부에 따른 처분의무를 규정하는 등 농업경영에 이용하지 않는 농지의 처분의무를 규정하고 있다. 따라서 처분의무에 관한 제10조 제1항의 적용 범위를 해석할 때에는 농지의 소유에 관한 제6조, 제7조의 내용을 함께 고려하여야 한다.

2) 농지법 제6조 제2항 제4호, 제7조는 별다른 조건 없이 상속한 비자경

농지의 소유를 허용하면서 면적 상한을 두고 있을 뿐이고, 이에 대응하여 제10조 제1항 제6호는 소유 상한을 초과한 농지에 대한 처분의무를 인정하는 규정을 두고 있다. 일정한 면적 범위 내에서 상속한 비자경 농지의 소유를 인정하는 근거는 **재산권을 보장**하기 위함인데, 상속 농지를 농업경영에 이용하지 않는다고 하여 **소유 상한 범위 내의 농지를 소유할 근거**가 사라진다고 보기 어렵다.

3) 농지법 제6조 제2항, 제7조 제1항은 농지의 '취득'과 '소유'를 구별하여 사용하고 있는 등 농지법 제6조, 제7조는 농지 취득뿐만 아니라 농지 취득 이후의 **계속 소유**까지 규율하는 조항으로 해석된다.

4) 상속 농지의 소유 상한을 정한 농지법 제7조 제1항은, 자기의 농업경영, 임대를 통한 경영을 구분하지 않고 '농업경영을 하지 아니하는 자'에게 1만m²까지 소유할 수 있도록 허용하고 있다. 또한 제7조 제4항은 '제23조 제1항 제7호에 따라 농지를 임대하거나 사용대(使用貸)하는 경우에는 제1항 또는 제2항에도 불구하고 소유 상한을 초과할지라도 그 기간에는 그 농지를 계속 소유할 수 있다'고 규정하고 있다. 따라서 상속 농지 중 1만m²까지는 농업경영을 하지 않더라도 소유할 수 있고, 이를 초과하는 면적은 제23조 제1항 제7호의 요건을 갖춘 경우 계속 소유가 허용된다고 보아야 한다.

5) 상속 농지의 경우 제6조 제2항 제4호에 따라 면적과 무관하게 취득하여 소유하는 것이 가능하다. 농업경영에 이용하지 않을 경우 모든 상속 농지가 처분의무의 대상이 된다고 본다면 굳이 제7조 제1항에서 소유 상한을 둘 필요가 없을 것이다. 제7조 제1항에서 농업경영을 하지 아니하는 자에 대하여 1만m²의 소유 상한을 두는 취지는 1만m²까지는 농업경영에 이용하지 않더라도 계속 소유할 수 있고, 처분의무의 대상도 되지 않기 때문으로 보는 것이 합리적이다.

6) 농지법 제10조 제1항 제1호가 그 대상 농지를 문언상 제한하지 않고 있다는 이유로 모든 농지를 그 적용 대상으로 삼을 수 있다면, 비자경 농지 소유를 허용하는 농지법 제6조 제2항 각호의 요건을 갖추었으나 자기의 농업경영에 이용하지 않는 정당한 사유에 관한 농지법 시행령 제9조에 해당하지 않는 경우에는 처분의무가 발생한다고 보게 되어 농지법 제6조 제2항을 둔 의의가 사라질 수 있다.

7) 농지법 시행령 제9조 제1항 제1호는 농지법 제10조 제1항 제1호의 자기의 농업경영에 이용하지 않는 정당한 사유 중 하나로 농지법 제23조 제1

항에 따라 소유 농지를 임대 또는 사용대(使用貸)하는 경우를 열거하고 있다. 그러나 농지법 제23조는 농지법 중 농지 소유에 관한 제2장이 아닌 '농지의 이용'에 관한 제3장에 위치하고, 상속으로 취득한 농지에 대한 적법한 임대 등 권한을 규정한 것일 뿐, 임대 등을 강제하는 규정이 아니다. 위와 같은 '정당한 사유'를 규정한 농지법 시행령 제9조는 농지처분의무 규정이 도입된 이후인 2002. 3. 30. 농지법 개정 당시 비로소 도입된 점을 고려하면, 상속으로 취득한 농지에 대하여 자경하지 않고 농지법 제23조 제1항에 따른 임대 등을 하지 않는다는 이유로 처분의무가 발생한다는 해석의 근거가 될 수는 없다.

8) 현행 농지법상 농지에 대한 상속이 계속되면 비자경 농지가 향후 점차 늘어나게 되는 문제가 생길 수 있다. 그러나 이러한 문제는 재산권 보장과 경자유전의 원칙이 조화되도록 입법적으로 해결할 문제이다. 농업생산성을 높인다거나 경자유전의 원칙을 관철하기 위하여 상속으로 취득하는 1만㎡ 이하의 농지에 대해서도 농업경영을 하지 않으면 농지처분의무가 있다고 새기는 것은 입법론은 별론으로 하더라도 현행 농지법의 해석론을 벗어나는 것이다. 게다가 농업인이 아닌 자가 상속으로 취득하게 된 **비자경 농지는 그 지목이 여전히 '농지'이므로, 농업인이 아닌 자가 계속하여 보유하더라도 그 농지로서의 성격을 잃게 되는 것도 아니다.**

따라서 원심판결에는 농지법상 농지처분의무에 관한 법리를 오해하여 판결에 영향을 미친 잘못이 있다.

〔研　　究〕

Ⅰ. 들어가며

법의 해석(解釋)과 적용(適用)은 법원의 직무라 할 것이다. 의회가 법을 만들지만, 법원도 법의 해석과 적용을 통해 법 창조에 기여한다. 이렇게 새롭게 형성된 법질서는 다시 입법과제로 등장하기도 한다. 최근 대법원 2019. 2. 14. 선고 2017두65357 판결은 농지의 불법용도변경에도 불구하고 농지처분을 명할 수 없다고 판시하였다. 이후 문제된 농지법 조항을 개정하려는 움직임이 있는데, 문제는 판결로 인한 문제점이 커지자 이를 보완하려는 성격의 입법이라는 데 있다.

제1 · 2심 판결은 농지법 제6조 제2항의 '취득'과 그 후의 '소유'는 별개의 문제라는 전제에서 소유시점에서의 농지는 농업경영에 이용되어야 한다고 하였다. 모든 상속농지에 대하여는 농지법 제10조 제1, 2항이 적용되기에 정당한 이유 없이 농업경영에 이용하지 아니하는 경우에는 그 처분을 명할 수 있다고 판시하였다. 그러나 대법원은 비자경 상속인이 1만 제곱미터의 상한 범위 내에 소유할 수 있다는 규정과 임대 등의 의무는 소유가 아닌 이용에 관한 장에서 규정하고 있음에 비추어 소유시점에서도 경작의무를 부여한다고 볼 수 없다고 정반대의 결론을 내렸다.

대상판결을 두고 판례평석이 이미 2개가 나와 있다. 사동천의 논문[4]과 허강무[5]의 논문이 그러하다. **사동천의 논문에서는 대상판결에 찬동**하면서 이는 농지법 자체의 모순이나 흠결이 있기 때문에 현행법에 따르면 논리적으로 문제가 없는 해석이라고 보았다. 즉 "농업인이 아닌 상속인이 1만 제곱미터의 농지를 상속받아 적법하게 소유할 수 있다는 농지법 제6조 제2항 제4호의 규정은 농업경영에 이용할 의무가 면제된다는 점을 전제하지 않으면 규정할 수 없는 내용임에 비추어 법 해석상 논란의 여지 없는 당연한 결론이다. 따라서 농업경영에 이용할 의무없는 자의 농지에 대해 휴경을 이유로 처분을 명한다면 논리모순이다. 이 사건에 대해서 관할청이 취할 수 있는 농지법상의 조치는 동법 제42조 제1항에 따른 원상회복명령과 제2항에 따른 대집행, 동법 제57조에 따라 고발할 수 있는 것이 전부일 뿐 농지처분 자체를 명할 수는 없다." 이어서 "비자경 상속인에게 일정한 범위의 농지소유를 인정하는 것은 헌법 제121조 제2항에 설시된 '불가피한 사유로 발생되는 농지'에 해당하기 때문이지, 헌법 제23조상의 재산권을 보장하기 위해서 규정된 것은 아니다. 헌법 제121조는

4) 사동천, "합법적으로 농지를 소유한 비농업 상속인이 농지를 불법적으로 용도변경한 경우 농지처분의 대상이 되는지 여부-대법원 2019.2.14. 선고 2017두65357 판결--", 홍익법학, Vol. 20, No. 2(2019), 555-577면.

5) 허강무, "헌법상 경자유전 원칙과 상속농지 관리의 법적 검토-대상판결 : 대법원 2019. 2. 14. 선고 2017두65357 판결-", 토지공법연구 87. 1(2019), 189-210면.

원칙적으로 농지를 농업생산수단으로서의 재산권만을 인정하고 있기 때문이다. 따라서 비농업 상속인의 무한 기간의 농지소유를 허용하는 농지법의 규정은 위임입법의 한계를 넘었다고 할 수 있다."라고 하면서 대법원의 헌법 원용에서 일부 잘못이 있음을 비판하고 헌법의 위임에 따른 농지법 개정을 주장하였다.

한편 **허강무의 논문은 대상판결에 반대**하면서 헌법상 경자유전 원칙의 의의와 농지법 입법 목적 및 기본이념에 비추어 농지법의 합헌적 해석과 대상판결의 위법성 판단 형식에서도 문제가 있음을 다음과 같이 지적하였다. "대상판결은 '법률의 해석'이라는 외피를 두른 '법 창조'이며, 헌법이 부여한 법원의 법률 해석 권한의 남용 내지 한계를 넘는 측면이 있다. 따라서 이 사건 조항을 두고 대상판결과 같이 해석하는 것은 대법원이 법 해석이라는 명분을 내세워 새로 법을 만드는 것이나 다름없어 국회의 입법권을 침해할 여지도 있다. 또한 법관이 법률의 문언이 명확하고 입법과정에서 나타난 입법자의 의사가 법률 문언과 일치하는 경우에는 사법부로서는 법률에 나타난 입법자의 의사를 존중하는 것이 삼권분립의 바람직한 모습이라고 사료된다."

생각건대, 위 두 판례평석은 대상판결에 대하여 찬반대립의 형태를 띠고 있지만, 자세히 들여다보면 농지법의 근거가 되는 헌법상 경자유전(耕者有田) 원칙이 훼손되는 상황을 우려한다는 점에서는 입장이 같다. 대상판결이 선고된 이후 그 사회적 파장이 컸고 무엇보다 농지제도 실무의 근본적인 변화를 가져왔기에, 이를 정리하는 작업이 시급하고 중요하다고 본다. 대상판결에서는 (1) **상속농지의 경작의무가 있는지** 여부, (2) **불법전용 농지는 농지인가**, 그리고 (3) **처분의무 대상은 어디까지인가**에 관한 법적 쟁점이 핵심이다. 법률의 해석과 관련하여 헌법에 부합된 해석을 하여야 하기에 (4) **헌법상 경자유전원칙과 재산권보장원칙의 조화문제**도 있다. 이 글에서는 이러한 해석의 문제를 살펴본 다음, 입법론으로 농지상속과 관련된 해외사례의 비교와 개선의견을 제시하는 것으로 글을 맺고자 한다.

Ⅱ. 상속농지 관련 해석론

1. 상속농지는 경작해야 하는가?

(1) 헌법상 경자유전원칙과 재산권보장원칙의 관계

대상토지는 농지(農地)이다. 농지에 관하여는 헌법 제121조가 다음과 같이 규율하고 있다. 헌법 제121조는 “국가는 **농지에 관하여 경자유전의 원칙이 달성될 수 있도록 노력**하여야 하며, 농지의 소작제도는 금지된다(제1항). **농업생산성의 제고와 농지의 합리적인 이용**을 위하거나 **불가피한 사정**으로 발생하는 농지의 임대차와 위탁경영은 **법률**이 정하는 바에 의하여 인정된다(제2항).”라고 규정하고 있다. 헌법이 말하는 법률이란 농지법이다. 농지법은 그 제1조(목적)에서 “이 법은 농지의 소유·이용 및 보전 등에 필요한 사항을 정함으로써 농지를 효율적으로 이용하고 관리하여 농업인의 경영 안전과 농업 생산성 향상을 바탕으로 농업 경쟁력 강화와 국민경제의 균형 있는 발전 및 국토 환경 보전에 이바지하는 것을 목적으로 한다.”라고 규정하는 한편, 그 제3조(농지에 관한 기본이념)에서 “농지는 국민에게 식량을 공급하고 국토 환경을 보전하는 데에 필요한 기반이며 농업과 국민경제의 조화로운 발전에 영향을 미치는 한정된 귀중한 자원이므로 소중히 보전되어야 하고 공공복리에 적합하게 관리되어야 하며, 농지에 관한 권리의 행사에는 제한과 의무가 따른다(제1항). **농지는 농업 생산성을 높이는 방향으로 소유·이용되어야 하며, 투기의 대상이 되어서는 아니 된다**(제2항).”라고 규정하고 있다.

이와 같은 헌법 제121조의 규정과 농지법 제1조, 제3조의 규정에 의하면, 농지 소유에 관한 농지법 관련 조항은 **경자유전 원칙과 농지에 관한 기본이념** 등이 달성될 수 있도록 해석함이 상당하다.

생각건대, 헌법 제121조와 맞닿아 있는 조항은 **농지법 제6조(농지 소유 제한)**이다. “농지는 자기의 농업경영에 이용하거나 이용할 자가 아니면 소유하지 못한다(제1항).”라고 규정하여 헌법 제121조 제1항을 구체화하며, 예외적으로 “다음 각 호의 어느 하나에 해당하는 경우에는 제1항에도 불구하고 자기의 농업경영에 이용하지 아니할지라도 농지를 소유할 수 있다(제2항).”거나, “이 법에서 허용된 경우 외에는 농지 소유에 관한 특례를 정할 수 없다(제4항).” 나아가 제23조(농지의 임대차 또는 사용대차)에서 “다음 각 호의 어느 하나에 해당하는 경우 외에는 농지를 임대하거나 사용대(使用貸)할 수 없다(제1항).”고 하여 헌법 제121조 제2항을 구체화하였다. 여기에 어긋난 경우 제10조(농업경영에 이용하지 아니하는 농지 등의 처분)를 두어 처분하도록 하였고, 그 사유로는 “1. 소유 농지를 자연재해·농지개량·질병 등 대통령령으로 정하는 정당한 사유 없이 자기의 농업경영에 이용하지 아니하거나 **이용하지 아니하게 되었다**고 시장·군수 또는 구청장이 인정한 경우” 등이다.

사동천의 논문에서 정확하게 지적하였듯이 농지의 소유와 이용에 관한 한 **헌법 제121조가 특별규정**이며, **헌법 제23조는 재산권으로서 농지에 대한 일반규정**에 해당한다.[6] 농지의 소유와 이용을 할 때는 경자유전 원칙이 우선적용되며, 농지가 수용되는 경우와 같이 더 이상 농지로서 이용될 수 없는 때에만 농지 소유자는 정당한 보상을 받아야 하고 이 경우는 재산권으로서 농지를 보는 헌법 제23조에 따른 것이다. 따라서 원칙적으로 모든 농지는 경작되어야 한다. 스스로 경작하든 타인에 의하여 경작되든 농업용도로 이용되어야 한다. 이것이 헌법 제121조 제1항과 제2항에서 말하는 경자유전의 원칙이다. **상속농지라 하더라도** 경작되지 않는다면, 이는 헌법상 경자유전원칙을 위반하는 것이 되기에, **자경이든 타경이든 농지로서 계속 형상을 유지할 수 있도록 경작되어야 한다**.

원심은 헌법 제121조를 원용한 반면, 대상판결은 헌법 제23조(재산권보장)를 제121조(경자유전원칙)보다 우선시하였다. 또한 대상판결은 상속인이 경작의무가 없다는 전제에서 관할청의 처분의무가 없다고 하였는데, 경작의무는 없을지라도 농지로서 형상을 유지하여야 농지를 계속 소유할 수 있다는 사실을 간과한 것이다.

6) 사동천, 앞의 논문, 566면.

(2) 농지법의 해석기준으로서 경자유전원칙

"모든 국민의 재산권은 보장된다. 그 내용과 한계는 법률로 정한다"(제23조 제1항). 고 규정하여 소유권 보장과 거래의 자유를 인정하고 있다. 한편 헌법에서는 "국가는 균형 있는 국민경제의 성장 및 안정과 적정한 소득의 분배를 유지하고, 시장의 지배와 경제력의 남용을 방지하며, 경제주체간의 조화를 통한 경제의 민주화를 위하여 경제에 관한 규제와 조정을 할 수 있"(제119조 제2항)고, "재산권의 행사는 공공복리에 적합하도록 하여야 한다"(제23조 제2항).고 하거나, "국민의 모든 자유와 권리는 국가안전보장, 질서유지 또는 공공복리를 위하여 필요한 경우에 한하여 법률로써 제한할 수 있으며, 제한하는 경우에도 자유와 권리의 본질적인 내용을 침해할 수 없다."고 규정하여, 이러한 거래의 자유에도 일정한 수정 또는 제한을 가하고 있다. 토지에 관하여도 제122조[7]를 두어 토지거래 제한의 근거를 두었고, 특히 농지에 관하여는 경자유전원칙 조항(제121조)[8]을 통해 농지에 대한 제한이 헌법적 근거를 가짐을 분명히 하였다.[9] 이는 농지가 지닌 공익적 측면 때문에 국가가 농지에 개입할 수 있는 근거가 된다. 따라서 농업인인 농지소유자로서는 농지에 대한 자신의 재산권 행사에서 제한을 받는 반면, 농지매매에서는 자경농지 양도소득세 감면 등 각종 세제혜택을 부여하는 근거로 작용한다.

헌법재판소[10]는 헌법 제121조의 규정과 관련한 사안에서 "전근대적

---

7) "국가는 국민 모두의 생산 및 생활의 기반이 되는 국토의 효율적이고 균형 있는 이용, 개발과 보전을 위하여 법률이 정하는 바에 의하여 그에 관한 필요한 제한과 의무를 가할 수 있다."

8) 경자유전원칙의 실정법적 규범화에 관하여는 이종수, "한국헌법상 경자유전의 원칙과 한계", 토지법학, 제24-2호, 2008, 1-22면 참조.

9) '경자유전의 원칙'이 명시적 규정으로 나타난 것은 1987년 현행 헌법부터이지만, 제헌헌법 제86조에서부터 줄곧 농지의 농민 분배와 소작제 금지를 통해 간접적으로 선언된 것이다; 경자유전원칙에는 자작농의 확보라는 본래의 목적에다가 오늘날에는 투기자본의 토지유입 방지와 이를 통한 장기적인 현실지가의 안정이라는 목적이 직접적인 규범화의 목적이라는 견해는 이종수, 위 논문, 13면 참조.

10) 헌재 2003. 11. 27. 2003헌바2(판례집 제15권 제2집 하, 281). 이는 자경농지의 양도소득세 면제대상자를 대통령령이 정하는 바에 따라 농지소재지에 거주하는 거주자라고 위임한 구 조세특례제한법 제69조 제1항 제1호의 위헌 여부와 관련된

인 법률관계인 소작제도의 청산과 부재지주로 야기되는 농지이용의 비효율성을 제거하기 위하여 경자유전의 원칙을 국가의 의무로 천명하고 있는 것"으로 보았다. 대법원[11]도 "제헌 헌법부터 현행 헌법까지 경자유전의 원칙을 거듭 천명하고 있음을 확인하고, 농지매매가 있을 경우에 농지개혁법에서 소재지 관서의 증명을 받도록 규정한 것은 헌법 제121조의 원칙을 구체적으로 실천하기 위한 것으로 그 합법성의 원칙은 존중되어야 한다."고 보고 있다.

한편 최근에 경작자가 아닌 비농업인이 농지를 소유하는 형태가 많아지고 있다는 농지소유 현실을 인정하고 아예 경자유전 원칙을 "경작자는 경작지를 경작지로서 소유 또는 점유한다."로 포괄적으로 해석하여 헌법해석을 통한 헌법변천을 시도하고, 이러한 헌법변천이 인정될 수 없다면 궁극적으로 헌법개정이 필요하다는 견해[12]가 있다. 이러한 견해는 임대차 등을 규정한 헌법 제121조 제2항으로 충분히 포섭될 수 있다. 나아가 경자의 범위 안에는 자연인인 농업인뿐만 아니라 농업법인도 포섭됨으로써 헌법변천에 따른 재해석과 상응하는 합헌적 법률해석이 이미 행해져 왔기 때문이다.[13]

생각건대, 경자유전원칙의 규범력을 약화시키는 이러한 시도는 헌법위반이라고 본다.[14] 경자유전원칙은 자작농의 창설과 소작제의 금지가 농지개혁법 시행 당시의 내용 또는 오늘날에도 유효한 근본 목적이라면, 제2항에서 규정한 "농업생산성의 제고와 농지의 합리적 이용"은 경자유전원칙이 달성하고자 하는 궁극적인 목적이며 본질적 내용이라고 할 수 있다. 경자유전원칙의 개정 또는 폐지론은 입법목적을 고려하지 않은 성급한 태도라고 본다. 더구나 이는 소유-점유 관계에 대한 민법법리에도 어

헌법소원 사안이었다.

11) 大判 2000. 8. 22. 99다62609, 62616(公 2000, 1998).

12) 김욱, "헌법상 '경자유전'의 과도기적 소유원칙, 그 발전적 이행을 위하여", 공법연구 제28집 제3호, 2000, 221면; 정종섭, 헌법학원론, 박영사, 2008, 208면에서도 경자유전원칙의 폐지를 주장한다.

13) 이종수, 위 논문, 12-13면.

14) 같은 견해로 이종수, 위 논문, 20면.

긋난다.

요컨대, 우리나라 농지문제에 관하여는 이념과 현실, 목적과 수단에서 서로 모순이 존재하는데, 이는 농지법제에서 입법의 취지,[15] 행정의 집행력,[16] 사법의 판단[17]이 유기적으로 이루어지지 못한 까닭이다. 과거에는 **경자유전원칙의 근대적인 내용인 소작제의 금지와 자작농의 창설**에 초점을 두어 농지개혁이 이루어졌다면, 이제는 **경자유전원칙의 현대적이고 실질적 내용인 '농업생산성의 제고와 농지의 합리적 이용'**,[18] 즉 '농업구조 개선'에 중점을 둔 농지법의 해석과 개정 논의가 필요하다.

(3) 경자유전원칙은 우리나라밖에 없다?

경자유전원칙을 언급한 헌법은 우리나라만이 아니라 여러 나라 헌법에서 찾아볼 수 있다. 대표적으로는 스위스헌법 제104조, 포르투갈헌법 제93~96조, 헝가리헌법 제P조, 터키헌법 제3장, 멕시코헌법 제27조 등이다. 이 중 스위스헌법 제104조는 농업조항인데, 지속가능성과 시장지향성의 강조, 다원적 기능에 대한 보상으로서 직접지불제 실시, 농업구조개선 등이 담겨져 있다. 특히 농업구조개선에 관한 동조 제3항 제6호는 "연방은 농업의 토지소유를 안정화하는 구조 개선에 관한 법률을 제정할 수 있다."고 규정하여 경자유전원칙의 핵심인 농업구조개선을 언급하고 있다.

한편 일본, 프랑스, 독일 등은 **법률 차원에서 경자유전원칙을 실효적으로 집행하는 나라들**이다. **독일**은 1955년 농업법[Landwirtschaftsgesetz

15) 농지매매증명과 농지취득자격증명에 관한 입법과정을 보면, 입법자료가 풍부하지 않고, 축조심의과정에서도 이에 관한 기록이 남겨져 있지 않다. 무엇보다 법률가의 참여가 미흡했다.

16) 농지매매증명과 농지취득자격증명의 발급이 행정관서의 능력에 따라 자의적이며, 농지관리위원회의 확인 절차가 요식적이었고 지금은 농지관리위원회 자체가 폐지되고 없다.

17) 주된 판례의 태도는 농지매매증명이 없는 농지매매계약도 채권적 효력은 유효하고, 물권적 효력만 무효라고 보았다. 大判(全) 1964. 10. 1. 64다563(集 12-2, 민 133) 등; 또한 농지취득자격증명의 경우에는 법률행위의 효력요건이 아니라고 보았다. 大判 1998. 2. 27. 97다49251(公 1998상, 897) 등.

18) 헌법 제121조 제2항에 규정된 "농업생산성의 제고와 농지의 합리적인 이용"은 농지정책에 관한 본질적인 목표라고 본다. 송재일, 농지거래에 관한 법적 연구, 서울대 박사학위논문, 2010, 2면.

v. 5. 9. 1955 (BGBl. I 565), 우리의 농업기본법에 해당[19]을 제정하였고, 농지는 토지거래법(GrdstVG), 농지임대차거래법(LPachtVG)으로 규율한다. **프랑스**는 1960/1962년에 제정된 농업기본법(농업의 방향 설정에 관한 법률, Loi d'orientation agricole)을 갖고 있으며 수범자인 국민을 위해 환경변화에 맞추어 수차례 개정하여 왔다. 농지와 관련하여서는 농수산법전(Code rural et de la pêche maritime)이 있다. **일본**도 1961년 제정된 구 농업기본법 이후 1997년 7월 제정된 식료농업농촌기본법(食料農業農村基本法)[20]이 있으며, 이 기본법에는 식량자급률이 명문화되어 있다(제15조). 농지와 관련된 특별법은 農地法이 있다. **미국**도 미 연방법전(U.S. Code)에 나타나는 여러 농업법률들, 그리고 특히 5~6년마다 새롭게 법률 명칭도 그때그때 달리 제정되는 한시법으로 직불제 등 예산조치가 담겨 있는 한시적 특별법인 농업법(Farm Bill)을 통해 **국가안보**(National Defence)**와 공공이익**(Public Interest) 차원에서 농업인이 자경하는 것을 우선시하고 있다.

요컨대, 경자유전원칙은 자작농의 창설에 이은 농업구조개선이 핵심으로 여러 나라에서 경제민주화, 사회민주화의 핵심이 되는 법제도로 우리나라에 특유한 것은 아니다.

(4) 원심과 대상판결의 농지법 쟁점 해석: 상속농지도 경작을 하여야 하는가?

그렇다면 상속농지도 경작의무가 있는가에 대한 해석에서 원심과 대상판결의 차이를 살펴보자.

먼저 법률의 해석방법론에서, 원심에서는 해당 법규정이 속하는 법체계 전체의 논리적 맥락에 따라 입법 목적을 고려하여 법률에 사용된 개념과 문언의 의미를 구체화하는 방법을 택하였다.[21] 이 사건처럼 당해

---

19) 원문은 독일연방정부 관보 참조. https://www.bgbl.de/xaver/bgbl/start.xav?start=//*%5B@attr_id=%27bgbl155031.pdf%27%5D#__bgbl__%2F%2F*%5B%40attr_id%3D%27bgbl155031.pdf%27%5D__1508961245640

20) http://www.maff.go.jp/j/kanbo/kihyo02/newblaw/newkihon.html

21) 이러한 해석방법론에 관하여는 대법원 2016. 10. 19. 선고 2014다46648 전원합의체 판결 참조.

법령 자체에 그 법령에서 사용하는 용어의 정의나 포섭의 구체적인 범위가 명확히 규정되어 있지 아니한 경우 법령상 용어의 해석은 그 법령의 전반적인 체계와 취지·목적, 당해 조항의 규정형식과 내용 및 관련 법령을 종합적으로 고려하여 해석하여야 한다.[22] 한편 대상판결도 법률의 해석에서 같은 방법을 취하고 있음을 알 수 있으나, 원심처럼 헌법상 경자유전원칙에 대한 자세하고 직접적인 언급은 별도로 없었다.

다음으로 상속으로 농지를 취득하여 '소유'하는 농지법 제6조 제2항 제4호와 농지법 제7조 제1항에 관한 해석에서는 뚜렷한 차이를 보이고 있다.

원심에서는 농지법 제6조 제2항 제4호, 제7조 제1항 소정의 '소유'는 '**소유권 등에 변동이 있는 경우에 소유권을 취득 내지 보유할 수 있다**'는 의미로 해석될 뿐 '소유권 등에 변동이 있은 이후에 **계속 소유 또는 계속 보유할 수 있다'는 의미로 해석되지 않는다**. 한편 농지법 제6조 제2항 제4호, 제7조 제1항은 소유권 등의 변동시점을 기준으로 규율하고 있는 것으로서 그 이후의 소유권 계속 보유에 관하여 규율하고 있는 농지법 제10조 제1항과는 그 '**규율의 방향**'을 전혀 달리하는 것으로 해석된다. 따라서 농지법 제6조 제2항 제4호, 제7조 제1항에 따라 상속을 원인으로 농지 소유권을 '취득'하였다고 하더라도 당연히 농지 소유권을 '계속 보유'하게 된다고 볼 수는 없고, 그와 같은 경우에 농지처분의무에 관하여 규정하고 있는 농지법 제10조 제1항의 적용대상에서 제외된다고 볼 수도 없다.

또한 농지법 제6조 제2항과 농지법 제10조 제1항의 문언내용을 비교하여 보면, 농지법 제6조 제2항은 '**소유권 등에 변동이 있는 경우에 농지를 소유(취득 내지 보유[23])할 수 있는지**'에 관한 규정인 반면에, 농지법

22) 대법원 2010. 6. 24. 선고 2010두3978 판결 참조.

23) 농지법 제6조 제2항 제2호, 제4호, 제9호 등은 변동시점에서의 소유권 '취득'에 관한 규정이고, 농지법 제6조 제2항 제5호는 변동시점에서의 소유권 '보유'에 관한 규정이다. 결국 농지법 제6조 제2항 본문 소정의 '소유'는 위와 같은 '취득'과 '보유'를 포괄하는 개념으로 사용된 것으로 해석된다.

제10조 제1항은 '**위와 같은 변동사유가 발생한 이후에 그 소유권을 계속 보유할 수 있는지**'에 관한 규정으로 해석된다. 이는 농지법 제6조 제2항 제2호, 제3호, 제7호와 이에 대응하는 농지법 제10조 제1항 제3호, 제4호, 제5호를 비교하여 보면 분명하게 드러난다. 즉 농지법 제6조 제2항 제2호와 달리 그 제3호와 제7호에는 '취득'이라는 문언이 포함되어 있지 않다. 그러나 농지법 제10조 제1항 제4호, 제5호에 의하면, 농지법 제6조 제2항 제3호, 제7호도 소유권을 '취득'하거나 농지전용에 따라 농지를 '취득'하는 경우에 관한 규정임이 명백하다.

〈표 1〉 농지법 제6조 제2항과 제10조 제1항의 비교

농지법 제6조 제2항		농지법 제10조 제1항	
제2호	「초·중등교육법」 및 「고등교육법」에 따른 학교, 농림축산식품부령으로 정하는 공공단체·농업연구기관·농업생산자단체 또는 종묘나 그 밖의 농업기자재 생산자가 그 목적사업을 수행하기 위하여 필요한 시험지·연구지·실습지·종묘생산지 또는 과수 인공수분용 꽃가루 생산지로 쓰기 위하여 농림축산식품부령으로 정하는 바에 따라 농지를 취득하여 소유하는 경우	제3호	제6조 제2항 제2호에 따라 농지를 **취득**한 자가 **그 농지를 해당 목적사업에 이용하지 아니하게 되었다고** 시장·군수 또는 구청장이 인정한 경우
제3호	주말·체험영농(농업인이 아닌 개인이 주말 등을 이용하여 취미생활이나 여가활동으로 농작물을 경작하거나 다년생식물을 재배하는 것을 말한다. 이하 같다)을 하려고 농지를 소유하는 경우	제4호	제6조 제2항 제3호에 따라 농지를 **취득**한 자가 자연재해·농지개량·질병 등 대통령령으로 정하는 정당한 사유 없이 **그 농지를 주말·체험영농에 이용하지 아니하게 되었다고** 시장·군수 또는 구청장이 인정한 경우
제7호	제34조 제1항에 따른 농지전용허가(다른 법률에 따라 농지전용허가가 의제되는 인가·허가·승인 등을 포함한다)를 받거나 제35조 또는 제43조에 따른 농지전용신고를 한 자가 그 농지를 소유하는 경우	제5호	제6조 제2항 제7호에 따라 농지를 **취득**한 자가 취득한 날부터 2년 이내에 **그 목적사업에 착수하지 아니한 경우**

농지법 제6조 제2항은 '소유권 등에 변동이 있는 경우에 농지를 소유할 수 있는지'에 관한 것으로서 그 '변동시점'을 기준으로 소유권 취득

내지 보유를 허용할 것인지에 관한 규정이다. 농지법 제6조 제2항 제4호도 "상속으로 농지를 **취득**하여 소유하는 경우에는 자기의 농업경영에 이용하지 아니할지라도 농지를 소유할 수 있다."라고 규정하고 있다. 위와 같은 규정 역시 농지를 '**취득**'하여 소유하는 경우에 관한 것으로서 그 '변동시점'을 기준으로 하고 있음이 분명하다. 결국 농지법 제6조 제2항 제4호의 규정은 피상속인의 사망으로 인하여 피상속인의 모든 권리의무가 상속인에게 포괄승계되는 상속의 특수성을 감안하여, 상속인이 자기의 농업경영에 이용하지 아니할지라도 농지 소유권을 취득할 수 있도록 그 **'변동시점'을 기준으로 예외를 인정한 것에 불과**하다. 따라서 농지법 제6조 제2항 제4호의 규정이 농업경영에 이용되는지를 불문하고 농지 소유권의 '계속 보유'를 당연히 허용하는 규정이라고 해석할 수는 없다.

한편 **농지법 제10조 소정의 농지처분의무 제도**는 농지 소유자로 하여금 농지를 농업경영에 계속 이용하도록 함과 동시에 농업인 또는 농업법인이 아닌 자의 **계속적인 농지 소유를 제한하려는 데에 그 입법취지가 있다**. 이와 같은 농지법 제10조의 입법취지에다가 농지법 제10조가 모든 농지를 그 대상으로 하고 있는 점 등에 비추어 보면, 농지법 제6조 제2항 제4호의 규정에 따라 취득한 농지라고 하더라도 농지법 제10조의 적용대상에서 제외된다고 볼 수는 없다. 여기까지가 원심의 논리이다.

반면 **대상판결**은 "농지법 제6조 제2항 제4호, 제7조는 별다른 조건 없이 상속한 비자경 농지의 소유를 허용하면서 면적 상한을 두고 있을 뿐이고, 이에 대응하여 제10조 제1항 제6호는 소유 상한을 초과한 농지에 대한 처분의무를 인정하는 규정을 두고 있다. 일정한 면적 범위 내에서 상속한 비자경 농지의 소유를 인정하는 근거는 **재산권을 보장하기 위함인데**, 상속 농지를 농업경영에 이용하지 않는다고 하여 소유 상한 범위 내의 농지를 소유할 근거가 사라진다고 보기 어렵다." 따라서 "농지법 제6조 제2항, 제7조 제1항은 농지의 '취득'과 '소유'를 구별하여 사용하고 있는 등 농지법 제6조, 제7조는 농지 취득뿐만 아니라 농지 취득 이후의 계속 소유까지 규율하는 조항으로 해석된다." 그리고 "상속 농지의 경우

제6조 제2항 제4호에 따라 면적과 무관하게 취득하여 소유하는 것이 가능하다. 농업경영에 이용하지 않을 경우 모든 상속 농지가 처분의무의 대상이 된다고 본다면 굳이 제7조 제1항에서 소유 상한을 둘 필요가 없을 것이다. 제7조 제1항에서 농업경영을 하지 아니하는 자에 대하여 1만㎡의 소유 상한을 두는 취지는 1만㎡까지는 농업경영에 이용하지 않더라도 계속 소유할 수 있고, 처분의무의 대상도 되지 않기 때문으로 보는 것이 합리적이다."라고 설시하였다.

(5) 소 결

농지법에 따르면, 상속인이나 유증을 받은 자(受遺者)가 비농업인일지라도 합법적으로 농지를 소유할 수 있도록 규정하고 있다(농지법 제6조 제2항 제4호). 다만, 이 경우 그 소유규모는 1만 제곱미터 이내의 농지를 넘지 않아야 한다는 소유상한 규정이 있다(농지법 제7조 제1항). 상속인이나 수유자가 비농업인인 경우 이러한 소유규모 제한 규정을 합법적으로 피할 수 있는 여지가 있다. 즉, **한국농어촌공사**[24] 및 기타 대통령령으로 정하는 자에게 농지를 임대하거나 사용대하는 경우 과거에는 2만 제곱미터까지만 허용하였으나, 2009년 농지법 개정 이후 오늘날에는 **초과 농지를 무한정 소유**할 수 있도록 터놓았기 때문이다.

오늘날 비농업인이 농지의 상속이나 유증을 받았으나, 한국농어촌공사 등에 위탁하여 임대 또는 사용대하지 않고 1만㎡를 초과하는 농지를 소유한 것이 판명된 경우에는 어떻게 법률관계가 처리되는지 살펴보자. 먼저 비농업인은 그 사유가 발생한 날로부터 1년 이내에 초과된 부분의 농지를 처분하여야 한다(농지법 제10조 제1항 제6호). 만일 1년의 처분의무기간 내에 처분하

---

24) 한국농어촌공사에서 담당하는 이러한 농지관리업무 담당 부서를 통상 '농지은행'이라고 부른다. 농지은행은 농지법 제6조(농지 소유 제한), 제7조(농지 소유 상한) 및 제23조(농지의 임대차 또는 사용대차), 그리고 '한국농어촌공사 및 농지관리기금법' 제10조(사업) 및 제24조의4(농지의 임대 등의 수탁)를 근거로 하여 2005년에 도입되었으며, 사업내용은 농지의 賃貸受託, 賣渡受託, 經營回生支援을 위한 農地買入, 農地買入備蓄의 4가지이다. 프랑스에서 농지관리를 담당하는 특별기구인 '농촌건설 및 농지정비 주식회사(SAFER: société d'aménagement focier et d'établissement rural)'를 모델로 한 것으로 프랑스법제를 수용한 것이다.

지 아니하면 농지법 제11조 제1항에 의하여 시장·군수 또는 구청장은 농지 소유자에게 6개월 이내에 그 농지를 처분할 것을 명할 수 있다. 이 처분명령을 받은 농지소유자는 해당 농지를 처분하거나 한국농어촌공사에 그 농지의 매수를 청구할 수 있다. 한편 처분의무기간에 처분대상 농지를 처분하지 아니한 농지소유자라도, 해당 농지를 자기의 농업경영에 이용하거나 한국농어촌공사나 그 밖에 대통령령으로 정하는 자와 해당 농지의 매도위탁계약을 체결한 경우에는 시장·군수 또는 구청장은 처분의무 기간이 지난날로부터 3년간 기존 처분명령을 직권으로 유예할 수 있다(농지법 제12조 제1항). 시장·군수 또는 구청장은 제1항에 따라 처분명령을 유예 받은 농지 소유자가 처분명령 유예 기간에 해당 농지를 자기의 농업경영에 이용하거나 한국농어촌공사나 그 밖에 대통령령으로 정하는 자와 해당 농지의 매도위탁계약을 체결한 것이 아닌 경우에는 지체 없이 그 유예한 처분명령을 하여야 한다(제2항). 농지 소유자가 처분명령을 유예 받은 후 제2항에 따른 처분명령을 받지 아니하고 그 유예 기간이 지난 경우에는 제10조 제1항에 따른 처분의무에 대하여 처분명령이 유예된 농지의 그 처분의무만 없어진 것으로 본다(제3항). 만약 처분명령을 이행하지 않는 경우에는 매년 해당농지가격의 20%에 해당하는 이행강제금을 부과함으로써 농업경영에 사용되지 않는 농지의 처분을 강제한다.

결국 농지를 상속받은 사람이 자신의 농업경영에 상속농지를 사용하지 않아도 1만㎡는 적법하게 농지를 소유할 수 있고, 초과 농지도 농지은행에 임대 또는 사용대하는 기간 동안 무한정 소유할 수 있다. 처분명령을 받아도 그 이행 기간 동안은 소유할 수도 있으며, 이후 다시 농업경영에 이용하는 경우 유예받을 수도 있다. 이러한 개정 농지법은 비농업인의 농지소유를 부추기며, 농지세분화를 방지하는 정책방향에도 반하는 문제점이 있다.[25]

그렇다면 **비농업인이 상속 또는 유증받은 농지는 어떻게 사용**, 수

---

25) 김수용·사동천·류창호, 『농지규제법제에 대한 입법평가』, 한국법제연구원, 2009, 81면.

익, 처분되는 것일까. 먼저 **사용 및 수익의 측면**을 살펴보자. 이러한 농지는 농지법 제23조에 따라 1만㎡ 이내의 농지는 다른 농업인에게 직접 임대하거나 사용대하는 것이 허용되며, 1만㎡를 초과한 농지는 농어촌공사 등에 위탁하여 임대 또는 사용대하는 것이 예외적으로 허용됨을 알 수 있다. 동일한 농지를 두고 1만㎡ 이내인지 초과된 농지인지 구분하는 것이 실무상으로는 그리 간단한 문제는 아니지만,[26] 법조항을 좇아 해석론을 전개하면 다음과 같을 것이다. 일단 1만㎡ 이내의 상속 농지는 농지법 제24조에 따라 임대 또는 사용대가 가능하며, **농지를 아예 묵히는 것도 물론 가능하다(休耕, 휴업에 해당). 경작의무가 따로 부과되지 않기 때문**이다. 다만 이렇게 상속 받은 농지가 묵전이 되는 경우, 우리나라가 농지에 대한 정의를 지목주의가 아닌 현상주의에 따르고 있다는 점을 감안하면, 이용 현황이 농지가 아닌 것이 되어 자연스럽게 비농지로 분류되어 관청의 허가 없이도 타용도로 전용될 수도 있다는 문제가 우려된다. 1만㎡를 초과한 농지는 농어촌공사 등에 위탁하여 무기한 임대, 사용대할 수 있다.

처분의 측면에서 살펴보면, 1만㎡ 이내의 농지는 상속인에게 양도, 상속의 자유가 보장된다. 1만㎡를 초과한 농지도 농어촌공사 등에 임대 또는 사용대하는 경우에는 상속인이 자유롭게 처분할 수 있어 그 양도성, 상속성은 보장된다. 농어촌공사 등에 임대 또는 사용대하지 않더라도 적어도 매도는 가능하며, 처분명령을 받아도 농업경영을 스스로 하겠다고 하면 농업인으로 일응 간주되어 그 이후 양도, 상속의 자유가 보장된다. 비농업인에 대한 농지상속 법률관계를 정리하여 도식화하면 〈표 2〉와 같다.

---

26) 예컨대, 3만㎡의 농지를 상속 또는 유증 받은 경우 누가 1만㎡의 농지와 초과 농지를 구분할 것인지가 문제될 수 있다. 상속인 또는 수유자가 임의로 정하는 것인가, 아니면 시·군·구청의 농지담당(산업계)가 심사 또는 결정하는 것인지가 불분명하다. 더구나 그 농지가 여러 필로 나뉘어져 각각 다른 작목, 시설원예, 영농형태가 상이할 때에는 어떻게 되는지 명확한 기준이 없는 것 같다.

〈표 2〉 비농업인에 대한 농지상속

<table>
<tr><th>구 분</th><th colspan="2">1만㎡ 이내</th><th colspan="5">1만㎡ 초과 농지</th></tr>
<tr><td rowspan="8">소유
측면</td><td rowspan="8">합법
소유
-
상속
이후
농업
경영
안함</td><td rowspan="8">합법
소유
-
상속
이후
농업
경영
함</td><td colspan="5">[농어촌공사 등에 임대 또는 사용대]</td></tr>
<tr><td>YES
⇓</td><td colspan="4">NO
⇓</td></tr>
<tr><td rowspan="6">그 기간
소유</td><td colspan="4">처분의무기간(1년)</td></tr>
<tr><td>[농업경영·매도
위탁계약체결]</td><td>↴ YES</td><td colspan="2" rowspan="2"></td></tr>
<tr><td>NO
⇓</td><td>처분명령유예
기간(3년)</td></tr>
<tr><td rowspan="3">처분명령기간
(6월)</td><td>[농업경영·매도
위탁계약체결]</td><td>↴ YES</td><td>↴ YES</td></tr>
<tr><td>NO
⇓</td><td>⇓</td><td>⇓</td></tr>
<tr><td>처분명령(6월)</td><td>[매도위탁]</td><td>[농업경영]</td></tr>
<tr><td>결론</td><td>**소유**</td><td>**소유**</td><td>**소유**</td><td>처분</td><td>처분</td><td>처분</td><td>**소유**</td></tr>
<tr><td>법적
지위</td><td>**[비농업인]**</td><td>**[농업인]**</td><td>**[비농업인]**</td><td>[비농업인]</td><td>[비농업인]</td><td>[비농업인]</td><td>**[농업인]**</td></tr>
<tr><td>사용
수익</td><td>**임대, 사용대
또는 묵전**</td><td>**임대,
사용대**</td><td>**임대 또는
사용대**</td><td>불가</td><td>불가</td><td>불가</td><td>**임대,
사용대**</td></tr>
<tr><td>처분</td><td>**양도·상속**</td><td>**양도·상속**</td><td>**양도·상속**</td><td>매도</td><td>매도</td><td>매도</td><td>**양도·상속**</td></tr>
</table>

출처: 송재일, "농지 상속에 관한 법적 연구-조합원 지위의 승계와 관련하여-", 『한국협동조합연구』, 29(3), 2011. 12.를 토대로 편집.

〈표 2〉에서 색깔이 입혀진 부분이 상속 개시 당시 비농업인이라 하더라도 농지에 대한 소유가 가능한 영역이다. 초과농지에 대하여 농어촌공사 등에 임대 또는 사용대하지 않더라도 직접 농업경영에 이용하겠다고 하는 경우에는, 비농업인이 농업인으로 법적 지위가 바뀌는 것으로 해석된다. 물론 농업경영이란 농지법상 개념이 헌법상 경자유전원칙에서 '경자(耕者)' 개념과 동일한가에 대한 학설의 논란을 일단 접어두고, 양자의 개념이 같다는 입장에서는 그러하다. 이 부분은 상속세나 농업인 개념과 관련하여 판례의 입장이 간결하지 않으며, 실무상 중요한 논의를 불러일으킨다.

요컨대, 농지법에 국한한 해석을 하더라도 동일한 결론에 이른다. 농지법 제10조에는 "소유 농지를 자연재해·농지개량·질병 등 대통령령으로 정하는 정당한 사유 없이 자기의 농업경영에 이용하지 아니하거나 이용하지 아니하게 되었다고 시장·군수 또는 구청장이 인정한 경우"에 처분의무가 부과되는 것이라고 되어 있다. 따라서 상속으로 소유권을 취득한 농지라도 대상 농지처럼 경작하지 않고 불법전용 등을 하여 자기의 농업경영에 이용할 가능성이 사라졌다면 처분의무가 부과되는 것이다.

2. 불법전용된 농지는 농지로서 성질을 상실하는가?

(1) 농지의 개념

농지는 일반적으로 "경작의 목적으로 이용되는 토지"를 말한다(일반적인 농지개념). 이와 같이 토지의 실제 이용현황을 기준으로 경작에 이용되면 농지라고 판단하는 방식을 농지 정의에서 '**현황주의**'라고 한다. 반면 지목이 전, 답, 과수원이면 농지라는 방식을 '지목주의'라고 한다.[27] 우리 농지법도 제2조 제1호 가목에서 그 토지의 지목(地目)에 상관없이 **실제 경작에 이용되는 토지**가 농지라고 하여 일단 현황주의를 따르고 있다. 그러나 우리 농지법은 이밖에도 농지법 제2조 제1호 나목에서 일정한 토지(**농업용 시설의 부지**)를 농지 개념에 추가하는 입법태도를 취하여 혼란을 주고 있다.[28] 대상농지처럼 더 이상 경작에 사용되지 않는 현황이 있다면, 농지인지 아닌지가 먼저 문제될 수 있다.

농지개념을 명확히 파악해야 하는 이유로는 첫째, 당해 토지가 농지인지 여부에 따라 농지거래에 수반하는 제한을 받는지 여부가 정해지기 때문이다. 법적 농지개념은 대부분 농지법이 적용되는 농지인가의 여부

---

27) 농지의 정의에 대하여 자세히는 송재일, 농지(農地)의 정의에 대한 문제점과 개선방안. 법학논총, 조선대학교, 20(2), 2013, 373-414면.

28) 이는 1990년 제정된 농어촌발전특별조치법의 농지 정의조항에서 토지개량시설(유지·양배수시설·수로·농로·제방 기타 농지의 보전이나 이용에 필요한 시설을 말한다)의 부지가 들어온 이후 온실, 버섯재배사, 비닐하우스, 특히 축사 등의 농축산물 생산시설의 부지를 농지에 포함시켜 달라는 민원에 따른 것이었다. 김홍상 외, 농지의 정의 개선 및 식량 위기시 농지활용방안, 한국농촌경제연구원, 2006. 10.에서는 특히 축산업계의 민원을 배경으로 축사 부지를 농지에 포함시켜야 한다는 논지를 전개하였다.

와 관련하여, 농지의 소재지관서(시 · 군 · 구)가 농지취득자격증명을 발급할 때, 또한 법원이 재판을 할 때, 그 선결문제로서 다루어진다. 둘째, 농지인지 여부는 농지가 경매 목적물로 나올 경우 경매에서 낙찰받은 매수인이 매수에 필요한 자격요건을 결정할 때도 선결문제이다. 셋째, 당해 토지가 농지인지 여부는 농지전용이나 농지보전부담금과 같은 규제법령에서도 당사자의 부담과 형벌 여부를 결정하는 중요한 구성요건해당성의 문제가 될 수 있기 때문이다.

현행 농지법에서 현황주의를 취하게 된 **연혁**을 살펴보면, 현황주의 방식은 농지개혁 당시 법정 지목이 설정되지 않은 토지까지 농지에 포함시켜 가능한 한 매수 및 분배 대상 농지를 많게 하려는 일종의 편법이었다.[29] 그 후 농지개혁사업이 완료되고 1960년 민법이 시행되면서 지적공부나 등기가 정비되기 시작하면서 정반대의 상황이 되었다. 즉, 오늘날 실제 농지취득자격증명의 발급과정에서도 행정관서는 해당 토지가 농지인지 여부를 일단 지목을 중심으로 판단하고 있으며, 지목이 농지가 아닌 경우에 실제 이용현황을 살피는 것은 행정인력의 부족, 토지소유자의 반발 때문에 어려운 실정이다. 농지인지 여부로 인해 쟁송이 되는 것도 지목이 농지이지만 거래당사자들이 비농지화되었다는 점을 들어 농지법상 농지가 아님을 주장하는 사안들이 대부분이다. 농지법 제정 당시에도 지목주의 방식을 채택하자는 논의가 있었으나, 법적 안정성을 이유로 무산되었다.[30]

요컨대 대법원은 "농지법 제2조 제1호 (가)목 전단"은 "전 · 답, 과수원, 그 밖에 법적 지목을 불문하고 실제로 농작물 경작지 또는 다년생식물 재배지로 이용되는 토지"를 '농지'로 정의하여, 어떤 토지가 농지인지 여부에 대하여 토지현황 기준을 원칙으로 하는 농지법의 현황주의 태도를 받아들이고 있다.[31] 또한 원상회복의 용이성 기준을 덧붙여 원상회복

---

29) 한국농촌경제연구원, 농지소유제도에 관한 조사연구, 1983, 172면.
30) 한국농촌경제연구원, 農地法制定白書, 1995, 223면.
31) 大判 1997. 12. 23. 97다42991(公 1998, 381)

이 용이하지 않은 경우에는 농지가 아니라고 판단한다.[32] 이에 터 잡아 보면, 대상농지는 이미 농지로서 원상회복이 용이하지 않은 상황이다.

(2) 불법전용된 농지

그럼 원고의 주장대로 대상 농지는 농지로서 현황을 상실하였으므로 농지가 아닌가? 일단 현황주의를 견지하면, 어떤 토지가 공부상 지목은 전, 답, 과수원에 해당하지만 그 토지의 현황 및 용도가 농지 이외의 상태로 이미 변경 또는 전용되어 원상회복이 용이하지 않은 경우에는 농지가 아니라고 판단된다. 다만, 농지법 제59조가 농지전용허가를 받지 아니하고 농지를 전용하는 행위를 형사처벌하도록 규정하고 있고, 제42조는 농지전용허가를 받지 아니하고 농지를 전용하거나 타 용도로 사용하는 경우에는 관계당국으로 하여금 원상회복명령을 내리고 그 명령을 이행하지 않을 경우 行政代執行에 의하여 원상회복을 할 수 있도록 규정하고 있는 점을 감안하면, 당해 토지가 농지의 전용허가 없이 농지 이외의 상태로 전용되어 있다고 하더라도 향후 原狀回復命令이 내려질 가능성이 있는 경우에는 농지로서의 상태를 상실하지 않았다고 보아야 한다. 이는 농지법 시행 이전에도 농지의 보전 및 이용에 관한 법률 제15조가 무허가 전용농지에 대한 원상회복을 규정하고 있었으므로 마찬가지였다.

대법원도 농지법 제42조 제1항, 제2항은 농지전용허가 등을 받지 아니하고 농지를 전용하거나 다른 용도로 사용한 경우 관할청이 그 행위를 한 자에게 기간을 정하여 원상회복을 명할 수 있고, 그가 원상회복명령을 이행하지 아니하면 관할청이 대집행으로 원상회복을 할 수 있도록 규정하여 농지가 불법 전용된 경우에는 농지로 원상회복되어야 함을 분명히 하고 있다. 따라서 어떤 토지가 농지법 제2조 제1호 (가)목 전단에서 정한 '농지'인지는 공부상의 지목과 관계없이 그 토지의 사실상 현상에 따라 판단하여야 하지만, 농지법상 '농지'였던 토지가 현실적으로 다른 용도로 이용되고 있더라도 그 토지가 농지전용허가 등을 받지 아니하고 불

32) 大判 2007. 6. 29. 2007마258(미간행); 同旨 大判(全) 2009. 4. 16. 2007도6703(公 2009상, 775).

법 전용된 것이어서 농지로 원상회복되어야 하는 것이라면 그 변경 상태는 일시적인 것에 불과하고 여전히 농지법상 '농지'에 해당한다."[33] 대상농지가 그러하다.

(3) 소 결

사건 토지를 농지로 본 대상판결의 판단은 타당하다. 다만 "농업인이 아닌 자가 상속으로 취득하게 된 **비자경 농지는 그 지목이 여전히 '농지'이므로, 농업인이 아닌 자가 계속하여 보유하더라도 그 농지로서의 성격을 잃게 되는 것도 아니다.**"라고 설시한 부분은 농지 개념에 대한 올바른 이해 위에 있는 것이 아니므로 유의해야 한다. 지목이 아니라 불법전용이 문제가 되어 원상회복을 하여야 할 농지이며, 상속한 농지로서 그 형상을 유지하여야 하는 것이다.

3. 처분의무 대상이 되는 농지의 범위 : 농지법 제10조의 적용대상 여부

(1) 비농민소유 농지의 문제

과거 **농지개혁법 하에서도 상속이나 이농의 경우 비농업인이 농지를 소유할 수 있었다는 오해**가 있다. 농지개혁법은 농지를 취득할 수 있는 자를 원칙적으로 기존농가 및 영농할 목적으로 농지를 취득하는 자에 한정하였고, 농지개혁법 제5조 제2항 나호의 단서와 제6조 1항에서 비농업인의 농지소유를 다음과 같은 예외에만 인정하였다.

① 질병, 공무, 취학등 사유로 인하여 소재지위원회의 동의를 받아 도지사가 일정기한까지 보유를 인허한 일시 이농한 자의 농지(제5조 2항 나호 단서),

② 비농가로서 소규모의 가정원예로 경작하는 500평 이내의 농지,

③ 정부, 공공단체, 교육기관 등에서 사용목적을 변경할 필요가 있다고 정부가 인정하는 농지,

④ 공인하는 학교, 종교단체급 후생기관 등의 소유로서 자경 이내의 농지,

33) 대법원 2018. 10. 25. 선고 2018두43095 판결 [농지보전부담금부과처분취소].

⑤ 학술, 연구 등 특수한 목적에 사용하는 정부 인허 범위 내의 농지,

⑥ 분묘를 수호하기 위하여 종전부터 소작료를 징수하지 아니하는 기존의 위토로서 묘 每 一位에 2반보 이내의 농지,

⑦ 미완성된 개간 및 간척농지,

⑧ 본법 실시 이후 개간 또는 간척한 농지(이상 제6조 제1항)는 비농민이라도 일정한 조건하에 소유할 수 있었다.

따라서 상속, 이농은 이러한 예외에 해당되지 않았다. 나아가 농지개혁법 제15조는 "분배받은 농지는 분배받은 농가의 대표자 명의로 등록하고 가산으로서 상속한다."라고 되어 있어서 "농업활동을 하는 농가"가 상속한다는 의미이지, 비농업인도 상속할 수 있다는 의미는 아니었다.[34) 家産이란 개념은 미국 법(Homestead Act)을 계수한 것이었지만, 우리나라는 농가가 세대개념으로 구성되어 있기에 가구 개념의 미국과 같은 효과를 거두지 못한 채 불완전한 모방에 그쳤다고 본다. 상속과 비슷하게, 이농의 경우에도 농지개혁법 제19조에서도 "상환 미완료한 농가가 **절가, 전업, 이주 등으로 인하여 이농케 되거나 또는 경작 능력의 변동 등으로 인하여 경작지의 전부 혹은 일부를 포기하려 할 때에는** 소재지위원회를 경유하여 정부는 좌[35)]의 가격 및 제8조 방법에 의하여 이를 매수한다.

1. 기상환액 전액으로 한다.

2. 립모 및 개량, 시설 등은 심사실비 금액을 첨가 보상한다.

3. 본법에 의하여 분배받지 않은 농지 및 상환을 완료한 농지는 소재지 관서의 증명을 얻어 당사자가 직접 매매할 수 있다."라고 되어 있어서, 이농의 경우에도 농지소유는 법적으로 불가능했다.

하지만 현실적으로 농지개혁법을 피할 수 있는 길이 있었다.[36)] 먼

34) '家産' 개념의 도입에 관하여 자세히는 농지개혁사연구, 앞의 책, 1127-1131면 참조. 여기서는 가산제도가 조선시대에도 없던 소유형태이며, 유럽의 세습농장제나 미국의 Homestead Act(1862. 5. 20.)에서 유래된 것으로, 미군정이 미국의 Bankhead-John's Tenant Purchase Act를 참조하여 만든 토지개혁법안 제16조에서 비롯되었다고 한다. 농지개혁법에 나타난 미국법의 계수현상의 일면이다.

35) 당시 법률이 세로쓰기가 되어 있어서 좌(左)란 표현이 자주 등장한다. 오늘날의 아래 또는 다음이란 의미이다.

저, 지주나 3ha이상 소유한 농가는 脫法行爲를 통해 농지개혁법을 통해서도 3ha 이상의 농지를 소유할 여지가 있었다. 농가당 소유한도가 3ha이므로, 소작인으로부터 소작권을 박탈하여 소유를 분산시키고 **자영을 가장**할 수도 있었다. 특히 제5조 제2호와 제6조 제2호에 따르면 과수원, 種苗圃, 桑田 기타 **다년성 식물을 재배하는 농지는 법의 적용대상에서 제외**되었기에, 기존의 밭에 대하여 그 소작권을 박탈하고 자영을 가장하면서 다년성 식물을 재배하면 법의 적용대상이 아니었다. 다음으로, 농지개혁법은 자작농 창설이 주목적이었고 이후 관리가 철저하지 못하였다. 즉, **이농자의 소유 농지나 비농민의 상속 농지는 비자경지로서 농지개혁법의 적용대상이지만, 매수규정이 따로 없었다**. 분배농지를 받은 이농자가 상환 이전에 이농한 경우는 제19조 제1항의 규정이 적용되었지만, 상환 완료된 분배농지나 분배농지 아닌 기존 자경농지에 대한 규정은 없었다. 마찬가지로 분배농지의 농지상속에 관하여는 제15조가 적용되고 판례[37]도 비농민의 농지상속을 인정하지 않았지만, 자경농지의 상속에 대하여는 규정이 없기 때문에 비농민이라도 의용민법에 따라 상속할 수 있었다. 또한 비농민의 농지취득에 대하여는 소재지관서의 증명을 얻어야 하므로 불가능한 것처럼 되어 있으나, 農地委員會의 확인절차나 행정관서의 증명이 형식적이고 허점이 많았다.[38]

이러한 탈법행위에 대한 현실적 타협안이 농어촌발전특별조치법(1993년 개정) 제43조의3이다. 여기서는 비농업인인 상속인이나 이농인이라도 신고를 한다면 3만㎡까지는 농지를 소유할 수 있도록 하는 예외조항을 두었다. 이를 받아들여 현행 농지법에서도 비농업인에게도 농지 상속을 인정하고, 이농의 경우에도 '행정기관의 인허가' 없이 그대로 농지취득을 인

36) 농지개혁법의 법적 문제점에 관하여는 尹喆洪, "농지개혁과 토지소유질서의 재편", 소유권의 역사, 법원사, 1995, 237-240면; 실증적 측면의 연구로는 농지개혁사 연구, 위의 책, 1113-1137면도 참조.

37) 大判 1974. 2. 12. 73다509(公 1974, 7757).

38) 농지임차지의 소유실태 조사(1984년) 결과, 경자유전원칙하의 자작농체제를 무너뜨린 가장 직접적인 원인은 이농, 상속, 농지매매라고 하였다. 농지개혁사연구, 위 책, 1121면 참조.

정해주고 있다.[39] 현행 농지법상 **상과 이농에 대한 비농업인의 농지소유 허용은 일본과 프랑스의 사례를 받아들인 것**이지만, 일본과 프랑스가 별도로 구비하고 있는 **구체적인 보완책(경영계약이나 선매권 등)이 없이 우리가 받아들인 것**이다. 이러한 문제점을 빼고는 현행 농지법은 종전의 농지개혁법과 개별법에서 산발적으로 인정되어 오던 예외적인 농지취득 자격을 통일적으로 규정한 것으로 그 범위도 확대된 것으로 볼 수 있다. 즉, 농지법 제6조 제2항과 제3항에서 상속과 이농 등 영농목적이 없더라도 농지를 취득할 수 있는 경우를 규정하여 비농업인과 준농업법인에 대한 농지취득을 예외적으로 인정하였다. 그리고 농지법에서 허용된 경우 외에는 농지소유에 관한 특례를 정할 수 없다고 규정하여 여러 법령에 산재하여 혼란을 가중했던 비농업인의 농지소유에 대한 문제를 입법적으로 정리하였다(제6조 제4항).[40] 한편 농지법 부칙 제4조에 따라 1996년 1월 1일 농지법 시행 이전에 소유하던 농지[41]는 취득원인의 적법, 불법을 불문하고 비농업인도 계속하여 소유할 수 있도록 기존의 불법적 농지 소유에 대하여 합법화하였다.

(2) 비자경 농지에 대한 사후규제

현행 농지법은 위와 같은 비농민 소유 농지에 대하여는 農地處分命令이나 履行强制金 등 사후관리제도를 두고 있다(제10조~제12조) 이러한 사후관리제도는 이전부터 있어 왔다. 즉 농지개혁법도 제25조에서 "본법 시행 후 此를 거부, 기만 또는 위반한 자는 그 농지를 무상 몰수 또는 그 농지의

39) 농지개혁법은 제19조 제1항에서 "상환을 완료하지 아니한 농지수분배자가 絕家·轉業·移居로 인하여 離農하거나 또는 농지의 전부 혹은 일부를 반환할 때에는 정부는 기상환액의 전액 혹은 일부, 지상물 또는 농지의 개량시설이 있을 때에는 전액을 보상하여야 한다."고 규정할 뿐, 이농에 대한 처리 규정은 따로 없었다.

40) 제170회 국회 농림수산위원회의 농지법안 심사보고서에는 "타 법률에 의하여 농지법의 적용을 배제하고 별도의 규정을 둔다면 농지법의 통일성이 저해되고, 농지법 제정의 의미가 감소됨"을 이유로 들었다.

41) 농지법 시행일 이전 소유농지는 토지대장에 등재된 면적을 보면 약 100만 ha로 전체 농지면적의 절반에 해당한다. 김수석·박석두·채광석·김창호·황연수·조가옥, 경제·사회여건 변화에 따른 농지제도 개편방안(1/2차 연도), 한국농촌경제연구원, 2008. 11, 24면.

경작권[42)]을 상실케 하고 백만 원 이하의 벌금을 병과할 수 있다. 대리인, 대표자 혹은 사용인이 전항의 행위를 범한 때에는 그 행위자에 대하여 1년 이하의 징역 또는 50만 원 이하의 벌금에 처한다."라고 규정하였다. 무상몰수 등에 대한 사후처리 규정이 있어서, 현행 농지법과 별 차이가 없음을 알 수 있다.

또한 사후처분의무는 1993년 6월 11일 개정된 농어촌발전특별조치법을 들 수 있고, 여기서 처음으로 이농, 상속 등에 의하여 취득한 비농가의 소유농지처분의무제도를 도입하였다.

(3) 1ha 이내도 해당되는지, 1ha 초과 부분만 해당되는지

대상농지가 농지법 제10조의 적용대상이 되는지는 가장 논쟁이 많은 부분이었다. 대상판결은 농지법에 국한하여 문리해석에 치중하였지만, 원심은 법령의 체계, 입법취지 등 논리해석을 가미하여 해석하였다.

살피건대, 헌법상 경자유전원칙이 상속, 이농의 경우에도 적용되기에 상속농지에 대하여도 농지로서 형상을 유지하는 것을 전제로 한다. 농지로서 형상을 유지하기 위하여는 자기 스스로 농업경영을 하든지 타인의 농업경영이 필요하다. 상속 시점이나 이후 타인의 농업경영을 위해서만 제공된 상속농지는 취득 후 소유면적에 상한을 두었고, 이후 이러한 상한 제한을 피하려면 농지은행에 임대 위탁을 하도록 하였다. 소유상한(1만㎡) 이내의 농지라도 농지로서 형상을 유지하여야 하기 때문에 묵전(휴경)은 가능하지만, 대상사건처럼 불법전용을 하는 것은 허용되지 않는다고 볼 것이다.

---

42) 농지개혁법 제25조에 '耕作權'이라는 개념이 나온다. 그 의미로 大判 1962. 11. 15. 62다607(集 10-4, 민 244)에서는 "농지 개혁법의 규정에 의하면 같은 법 시행 당시인 1949년 6월 21일 현재 자경하지 않는 농지는 정부에 매수되고 그 당시에 적법하게 경작하는 농가에게 제1순위로 분배하는 것이므로 정부에 매수되는 농지를 경작하는 농가는 정부로부터 분배 받을 때까지 당해 농지에 대한 경작권이 있다."라고 판시하였다. 한편 大判 1966. 12. 6. 66다1837(集 14-3, 민 310)에서는 "농지개혁법 제25조 제1항에서 말하는 경작권의 상실은 법원이 刑의 일종으로서 그러한 내용의 선고를 한 경우에 한한다."고 판시하였다.

Ⅲ. 상속농지 관련 입법론

1. 농업인과 농업경영의 개념

(1) 농업인 개념

헌법상 경자유전원칙은 농업인을 전제로 한다. 농업인인지 여부를 판단하는 것은 농업이라는 산업에 종사하는 사람, 농업정책자금의 대상자, 농지취득자격을 갖춘 자, 농축협 조합원이 될 수 있는 자, 농업소득에 대하여 세금 감면 대상자, 농업인법률구조사업을 받을 수 있는 자 등 등의 의미일 것이다.

문제는 선진국과 달리 우리나라에서 어떤 사람이 농업인이라는 것을 어떻게 확인하고 거래의 안전을 위해 공시할 수 있는지가 애매모호하다는 점에 있다. 농업활동의 정의나 농업인 정의가 우리 법에서는 **열거주의**로 되어 있기에 농업에 종사하는지 그만두는지 여부가 불명확하다. 즉, 현행 농업·농촌 및 식품산업기본법에서는 제3조에서 '농업'이란 농작물재배업, 축산업, 임업 및 이들과 관련된 산업으로서 대통령령으로 정하는 것을 말하며(제1호), '농업인'이란 농업을 경영하거나 이에 종사하는 자로서 대통령령으로 정하는 기준에 해당하는 자를 말하고 구체적으로 시행령 제3조에서는 1천제곱미터 이상의 농지(「농어촌정비법」 제98조에 따라 비농업인이 분양받거나 임대받은 농어촌 주택 등에 부속된 농지는 제외한다)를 경영하거나 경작하는 사람(제1호), 농업경영을 통한 농산물의 연간 판매액이 120만원 이상인 사람(제2호), 1년 중 90일 이상 농업에 종사하는 사람(제3호), 그리고 영농조합법인과 농업회사법인에서 농업관련 활동에 1년 이상 계속 고용(제3호, 제4호) 등으로 되어 있다. 농업인 확인과 관련하여서는 농축산부장관의 고시(농업인확인서발급규정)에 따라, 국립농산물품질관리원장이 확인서를 발급한다. 한편, 농지법 제2조에도 비슷한 농업인 정의조항이 별도로 있다.

그런데 농업에는 세금이 부과되는 경우가 드물어 연간판매액이 120만원 이상인지 판단할 근거가 명확하지 않다. 또한 연간 농업종사일수가 90일

이상인지 판단하기도 쉽지 않다. 농촌에서는 영농활동을 잠시 멈추고 다른 곳에서 일을 하는 사례가 많은데, 이를 이농으로 판단하기도 쉽지 않다. 농업인인지 여부가 농지를 소유, 이용하고 농업정책의 대상자가 될 수 있기에 중요한 문제이지만, 우리나라는 수범자인 일반 국민이 알아보기가 어렵다. 실무에서는 농지원부 여부, 농축협 조합원 여부 등으로 판단하는데, 판례의 태도는 이와는 다르다.

다른 나라의 경우를 살펴보면, 일본의 경우에는 법령에서 간단하게 영농에 종사하는 자라는 식으로 정의하고 구체적인 판단은 개별 사정에 맡긴다. 독일이나 프랑스의 경우, 법령에서 농업인보험에 가입한 자를 농업인자격으로 확정하는 방식을 취하고 있다.[43] 특히 프랑스의 사례를 보면, 농업과 농업인의 정의가 농수산법전에 규정되어 있다.[44] 우리나라의 열거식 정의방식과 달리 프랑스에서 농업과 농업인 정의는 포괄적 방식이어서 농업인 자격을 정할 때 융통성 있게 법을 적용 해석할 수 있다.[45] 예컨대 농업(activite agricole)은 제3편 농업(exploitation agricole)의 일반규정(총칙)에서 "동물 또는 식물의 생태적 주기에서 부가가치를 창출하는 일련의 활동"이라고 정의하고 있다(농수산업법전 제L.311-1조). 그리고 농업인(l'agriculteur)은 일반규정을 두지 않고 있다. 개별 조문에서 농업보조금을 수급할 수 있는 자격을 가진 농업인은 첫째, 영농활동을 위하여 근로시간의 50 이상을 투여할 것, 둘째, 총 소득의 50%를 농장에 기반을 두고 있으며, 이때 소득은 농림업 생산활동 또는 농촌관광 기타 농림업에서 연계된 활동으로 얻은 수입일 것, 셋째, 농업인건강보험(AMEXA)[46]에 가입되었을 것, 넷

43) 농업의 정의도 세세하게 열거하는 것보다는 포괄적으로 두는 것이 바람직하다. 일본의 사례처럼 '경작 또는 양축' 정도로 하거나, 프랑스의 사례처럼 '동식물 등 자연물에 부가가치를 투여하는 활동' 정도로 하고, 구체적인 해석은 개별 사례마다 판단하는 것이 타당하다. 자세히는 송재일, "지역사회 연대의 관점에서 본 농협의 조합원자격법제의 개선-유럽 및 일본의 법제를 중심으로", 『한국협동조합연구』, 30(3), 2012. 12, 117-118면 참조.

44) Isabelle Couturier; Edith Dejean, Code Rural Code rural et de la pêche maritime code forestier 2020, annoté et commenté, 40e édition, Dalloz, 2020. 6.

45) 정부령 96.462호, 1996. 5. 29. - 관보1996. 5. 30.

46) 일종의 농업인 자격증과 같은 역할을 하며, 독일에서는 농업인 산재보험과 같은

째, 농장의 총소득 중 25% 이상을 직접적인 생산활동을 통하여 획득할 것과 같이 개별 조문의 목적에 따라 필요한 특정 요건을 규정하고 있다(제R.3 43-5조). 이러한 입법방식은 우리의 입법개선에도 중요한 시사점을 준다 할 것이다.[47)]

(2) 농업경영의 개념

농업경영이란 농업인이나 농업법인이 자기의 계산과 책임으로 농업을 영위하는 것을 말한다(농지법 제2조 제4호). 농림부의 당시 입법 설명자료에는 농업경영은 자경뿐만 아니라 위탁경영을 포함하는 포괄적인 개념인데, 농가가 노동력 부족이나 농기계, 장비 등의 문제 때문에 소유농지를 자기의 노력만으로 경작하기 어려워 앞으로 영농규모가 확대될수록 농작업의 일부를 위탁경영하는 사례가 더 늘어날 것으로 보고 위탁경영도 포함하여 새롭게 입법한 것이라고 설명하였다.[48)] 민법상 개념으로 보면 위탁경영은 도급, 자영은 고용에 해당한다. 농지법상 자경 개념은 농업인과 농업법인의 경우에 조금 다르다. 농업인의 자경은 그 소유 농지에서 농작물 경작 또는 다년생 식물 재배에 상시 종사하거나 농작업의 1/2 이상을 자기의 노동력으로 경작 또는 재배하는 것이며, 농업법인의 자경은 그 소유 농지에서 농작물을 경작하거나 다년생 식물을 재배하는 것을 말한다(농지법 제2조 제5호).

문제는 이렇게 '농업경영'이란 개념이 도입되었는데도, 현 농지법은 여전히 '자경' 개념을 고수하고 있다(제2조 제5호). 이는 통작거리 폐지에 따라 자경 개념을 좀 더 명확하게 할 필요가 있었고,[49)] 각종 조세감면에서 자경과 위탁경영을 구별하여 자경에 더 많은 조세감면을 주기 위한 목적으로

유사한 형태로 존재하는 제도이다.

47) 금태환 · 송재일 · 왕승혜, 『글로벌 법제논의의 현황과 전망-농업현대화를 위한 국제농업규범의 법제적 쟁점을 중심으로-』, 한국법제연구원, 2018 참조.

48) 농림부, 농지법 해설, 1996, 43면 이하 참조. 여기서는 대만 土地法 제6조에서 자경이란 자신이 직접 경작하는 것으로, 일가족의 생활을 유지하기 위하여 직접 경작하는 경영을 自耕農이라 한다고 하면서, 대만 農業發展條例 제4조에서는 자신 스스로 경영하는 가정농장으로 농장생산과정의 전부 또는 부분 작업을 타인에게 위탁하여 대리실시하는 '委託代耕'을 실시하는 것도 자경으로 본다는 규정을 참조하였다고 한다.

49) 한국농촌경제연구원, 농지법제정백서, 1995, 340면.

보인다.[50)]

농지의 사용, 수익을 위한 방법을 아래 〈표 3〉으로 정리하였다. 농지법에서 농업인은 농업경영을 하는 자이다. 즉 자기의 계산과 책임으로 농업을 영위하는 것이므로, 임대차(사용대차)와 소작의 경우에는 경작자가 농업인이 되며, 자경, 자영, 위탁경영의 경우에는 소유자가 농업인이 되는 것이다. 그러나 경자유전원칙에는 자경과 자영만이 부합하며, 나머지(임대차, 위탁경영, 사용대차)는 부합하지 않아 예외적으로만 허용되며, 소작은 헌법유보 방식으로 헌법규정에서 전면 금지된다.

〈표 3〉 농지의 사용, 수익을 위한 방법

구 분	비용부담	경작책임	차임/보수	경자유전원칙	법적 성격	신규취농
임대차	경작자	경작자	유	예외적 허용	임대차	불가
사용대차	경작자	경작자	무	예외적 허용	사용대차	불가
소작	경작자	경작자	유	헌법상 금지	임대차	불가
위탁경영	소유자	소유자	무	예외적 허용	도급	불가
자영	소유자	소유자	무	형식적 부합	고용	선택
자경	소유자	소유자	-	완전 부합	(소유권)	선택

출처: 송재일, “농지거래에 관한 법적 연구”, 서울대학교 박사학위논문, 2010, 299면.

2. 농지의 상속

(1) 상속과 농지

상속이란 자연인(‘被相續人’)의 재산법상의 지위 또는 권리 의무(‘相續財産’)를 그 자의 사망개시시점에서 시간의 단절 없이 법률이나 사망자의 최종 의사에 의하여 특정인(‘相續人’)에게 포괄적으로 승계시키는 것을 말한다.[51)] 현행 민법에 따른 상속법제의 특징을 일별하면 다음과 같다. 유

50) 예컨대, 조세특례제한법(법률 제9671호 2009. 5. 21. 일부개정) 제69조에서는 8년 이상 자경한 농지를 양도하는 경우 양도소득세가 감면되며, 제71조에서는 자경농민이 영농자녀에게 농지를 증여하는 경우 증여세가 감면된다고 규정하고 있다.

51) 이경희, 『가족법』, 법원사, 전정판, 2008, 325면; 반면 郭潤直, 『상속법(民法講義 Ⅵ)』, 개정판, 博英社, 2004, 3면에서는 우리 민법하에서는 상속인 지정제도나 상속인 폐제제도가 없기 때문에 법정상속만 인정되고 유언상속은 인정되지 않는다는 주장을 펼친다. 그러나 이에 대하여 유증에 의해 상속인 이외의 자에게 유산승계

증이 없거나 무효인 경우에 보충적으로 적용되는 법정상속, 호주승계의 폐지, 재산상속에 관한 공동상속(제1000조 제2항), 嫡庶, 여자에 대한 상속분이 균등한 均分相續(제1009조 제1항), 배우자는 직계비속 또는 직계존속과 공동상속할 경우 그 상속분의 5할을 가산(제1009조 제2항), 상속인의 상속포기를 인정하는 임의상속(제1019조 이하), 기여분제도(제1008조 의2)와 재산분여제도(제1057조 의2), 유류분제도(제1112조 이하) 등이다.

농지상속은 일반적인 재산의 상속과는 차별화된 다음과 같은 의미를 지니기에, 국가의 섬세한 개입과 조정, 특별한 농지상속법제가 필요하다고 본다.[52)]

첫째, 농지상속은 **농업인 자격의 승계**를 수반한다. 상속에서 법적 지위의 승계라는 측면이 있음을 감안하면, 영농후계자의 경우 피상속인의 농지를 상속함으로써 농업이라는 家業을 승계하고 그 농업인 자격도 승계를 받는 것이다. 특히 우리나라와 같이 경자유전의 원칙이 헌법에 유보되어 있고(제121조), 농지법에서도 여러 규정(제3, 5, 6조 등)을 두어 이를 구체화하는 점을 감안하면, 농지는 단순히 공동균분상속을 하기보다는 영농후계자녀에게 일괄상속할 필요가 있는 것이다.

둘째, 농지상속은 **농가경영의 승계**라는 의미를 함께 지닌다. 상속에서 재산의 승계라는 측면을 염두에 두면, 농지뿐만 아니라 농업용 재산 등 유형의 재산, 그리고 피상속인인 경영주가 가진 경영능력, 특허 등 무형의 재산이 상속인인 영농후계자에게 계승되는 것이다. 피상속인인 농업인이 평생 습득한 농업경영 지식과 경험이 승계되지 못하고 사장되는 것은 국가사회적으로도 큰 손실이기에 이러한 측면에서 농지상속법제를 접근할 필요가 있다.

가 가능하고, 포괄적 유증을 받는 경우 상속인과 동일한 권리의무를 갖기에 일단 유언상속, 법정상속 양자를 인정하는 것으로 이 글에서는 논지를 전개한다. 이러한 입장에서도 좁은 의미의 상속은 법정상속만을 가리킨다.

52) 농지상속과 관련하여 자세히는 송재일, "농지 상속에 관한 법적 연구－조합원 지위의 승계와 관련하여－", 『한국협동조합연구』, 29(3), 2011. 12.

(2) 연　혁

농지개혁법이 시행된 기간(1950~1995년)에 농지상속법제로는 의용민법과 우리 민법 상속편 제2장 재산상속에 관한 규정(제997조~제1059조), 농지개혁법 제15조, 그리고 농업기본법(법률 제1871호 1967.1.16 제정) 제19조 등이 있었다. 해방 후에도 일본민법을 의용하였고, 1958년 2월 22일 민법(법률 제471호)이 제정되어 1960년 1월 1일부터 시행되었다.[53)] 조선시대의 次知와 같은 소유권 요소가 승계되지 못하고, 서구나 일본의 민법에 나타난 소유권 개념이 강제적으로 이식되었다.[54)] 농지거래에서도 전통법제를 승계한 조항들이 나타나지 못하였고, 농지상속과 관련된 분묘 등의 승계 조항(제996조)[55)] 외에는 일본민법이 적용되던 시절과 큰 차이가 없었다. 따라서 민법 중 재산상속에 관한 규정들이 재산상속에 관한 一般法이었으며, 농지개혁법 제15조는 '분배받은 농지'만 적용대상일 뿐만 아니라 '家産[56)]으로서 상속한다'라고만 규정하여 그 의미가 명확하지 않았다. 농업기본법 제19조[57)]는 기본법이라는 성격상 실체법으로서 의미보다는 상속으로 인한 농지 세분화 방지를 위한 정부의 기본시책의 방향을 규정하는 선언적 의미가 강했다.

나아가 농지개혁법 하에서 이 법이 자작농 창설이 목적이라면서 비농민의 소유농지를 매수하거나 비농민의 농지취득을 막을 법적 장치가

---

53) 우리 민법전의 제정과정에 관하여는, 梁彰洙, "민법안의 성립과정에 관한 소고", 민법연구 제1권, 박영사, 1991, 61면 이하 참조; 또한 정종휴, "한국민법의 제정과정", 곽윤직교수화갑논문집, 박영사, 1985, 1면 이하 참조.

54) 尹喆洪, 위 논문, 216-217면 참조.

55) 분묘 등의 승계 조항은 처음에는 "분묘에 속한 1정보 이내의 금양임야와 6백평 이내의 묘토인 농지, 족보와 제구의 소유권은 호주상속인이 이를 승계한다."고 규정하였으나, 1990. 1. 13. 개정 민법(법률 제4199호)에서는 "분묘에 속한 1정보 이내의 금양임야와 600평 이내의 묘토인 농지, 족보와 제구의 소유권은 제사를 주재하는 자가 이를 승계한다."라고 변경하였다.

56) '家産' 개념의 도입에 관하여는 한국농촌경제연구원, 농지개혁사연구, 1989. 11, 1127-1131면 참조. 여기서는 가산제도가 조선시대에도 없었던 소유형태이며, 유럽의 세습농장제나 미국의 Homestead Act(1862. 5. 20.)에서 유래된 것으로, 미군정이 미국의 Bankhead-John's Tenant Purchase Act를 참조하여 만든 토지개혁법안 제16조에서 비롯되었다고 한다. 농지개혁법에 나타난 미국법의 계수현상의 일면이다.

57) 농업기본법 제19조(농업경영의 세분화방지) 정부는 농업경영의 적정규모를 유지하기 위하여 농지의 세분화를 방지함에 필요한 시책을 강구하여야 한다.

없었다. 즉, 이농자의 소유 농지나 비농민의 상속 농지는 비자경지로서 농지개혁법의 적용대상이지만, 매수규정이 따로 없었다. 분배농지를 받은 이농자가 상환 이전에 이농한 경우는 제19조 제1항의 규정이 적용되었지만, 상환 완료된 분배농지나 분배농지 아닌 기존 자경농지에 대한 규정은 없었다. 마찬가지로 분배농지의 농지상속에 관하여는 제15조가 적용되고, 판례[58]도 비농민의 농지상속을 인정하지 않았지만, 자경농지의 상속에 대하여는 규정이 없기 때문에 비농민이라도 의용민법에 따라 상속할 수 있었다. 또한 비농민의 농지취득에 대하여는 소재지관서의 증명을 얻어야 하므로 불가능한 것처럼 되어 있으나, 農地委員會의 확인절차나 행정관서의 증명이 형식적이고 철저하지 못하였다.[59]

1990년 4월 7일 제정된 농어촌발전특별조치법(법률 제4228호)에서는 개방경제전환에 대비한 '농업구조개선'에 중점을 두고 계획적인 농어촌 개발을 하기 위해 일본식의 '農業振興地域制度'를 도입하였다. 이농, 상속 등에 의하여 취득한 비농가의 소유농지에 대하여는 비농가가 된 때로부터 60일 이내에 행정관서에 신고하고, 3년 이내에 3ha를 초과하는 부분을 처분하도록 하는 '사후처분의무' 제도를 도입하였다(제43의 3조).[60] 또한 농업진흥지역 안의 농지에 대하여는 농지의 세분화를 막기 위해 일괄하여 상속·증여 또는 양도되도록 지원한다는 규정을 두었다(제43의 4조).

현행 농지법이 시행된 이후(1996년~현재)에는 과거 농지개혁법 제15조와 같은 농지 상속 조항이 없다. 다만 농지법 제22조에 농지 소유의 세분화를 방지하기 위하여 국가와 지방자치단체가 농지를 어느 한 농업인이나 하나의 농업법인이 일괄적으로 상속, 증여 또는 양도받도록 필요한 지원을 해 줄 것을 규정하고 있다. 따라서 오늘날 농지의 상속은 민법 상속편에 따라서만 규율되며, 공동상속인은 각자의 상속분에 응하여

---

58) 大判 1974. 2. 12. 73다509(公 1974, 7757).

59) 농지임차지의 소유실태 조사(1984년) 결과, 경자유전원칙하의 자작농체제를 무너뜨린 가장 직접적인 원인은 이농, 상속, 농지매매라고 하였다. 농지개혁사연구, 위책, 1121면 참조.

60) 사후처분의무의 효시이며, 현행 농지법 제10조 이하의 규정으로 승계되었다.

피상속인의 농지에 관한 권리의무를 승계한다(민법 제1007조). 민법 제1009조에 따라 농지는 상속인에게 균분상속되며, 제1008조의2에 따른 기여분도 가능하다. 또한 민법 제1060조 이하의 유언이나 유증도 가능하며 이 경우 민법 제1112조 이하의 유류분 규정의 적용도 받는다. 상속인이 없는 경우 민법 제1057조의2에 따른 특별연고자에 대한 분여, 제1056조에 따른 상속재산의 청산, 제1058조에 따른 상속재산의 국가 귀속 등 규정이 적용된다. 특별한 농지로서 조상의 제사·봉행에 사용되는 600평 이내의 묘토(墓土), 즉 위토(位土)가 있다.[61] 상속인이 농업인에게는 상속·증여 세제상의 해택과 장기저리의 상속자금 융자방법도 이용되고 있다(조세특례제한법 62) 제71조).

2009년 5월 27일 농지법(법 제9721호)도 큰 폭으로 개정을 하였다. 비농업인이 상속농지의 소유한도를 초과하여 농지은행에 위탁하여 임대할 수 있는 농지의 규모가 2만㎡로 제한되어 있으나, 그 제한을 폐지하였다(제23조 제7호 가목).

요컨대 우리나라에서 농지상속에 관한 근거 법률은 일반법인 민법이라 할 것이다. 다만, 농지법에 따르면, 상속인이 농업인인가 농업인이 아닌가에 따라 그 소유 규모와 처분 권한을 구분하고, 특히 비농업인인 경우에 일정한 제한을 둘 뿐이다.

(3) 문　제

우리나라에서는 농지 상속에 관한 특별법은 없기에, 일반법인 민법을 따라 농지상속이 이루어진다. 여기서 많은 문제가 빚어진다. 여기서는 민법상 상속제도인 법정상속, 유류분, 균분상속이 농지에 적용되면 발생하는 문제점을 살펴보고, 농지 상속에서 지역 발전과 공동체의 유지를 위한 농업경영 승계의 관점에서 현 법제의 문제점을 검토해 보고자 한다.

---

61) 금양임야와 묘토에 관하여는 제사용 재산의 보존을 위해 필요하다는 견해도 있으나, 제사주재자에 대한 사실상 단독상속으로 민법상 균분상속원칙을 무너뜨리고 제사주재자가 누구인지 승계인 정하는 기준도 불분명하다는 등 입법론적으로 많은 비판이 있다. 자세히는 윤진수(편집대표), 『주해상속법(제1권)』, 박영사, 2019, 243-261면 참조.

62) 법률 제10890호, 2011. 7. 21., 타법개정.

먼저 상속인이 비농업인 경우 경자유전의 원칙을 엄격히 적용하면 농지를 소유하지 못한다. 그런데 우리 농지법은 다음과 같은 예외를 두어 허용하고 있다. 농지법 제6조에서는 비농업이라도 농업인인 피상속인의 사망으로 그 농지를 포괄적으로 승계하게 된다. 심지어 농지를 누구에게 주라는 유언을 남기고 사망한 경우(유증)의 경우에도 마찬가지로 보고 있다. 유증의 상대방은 법정상속인이 아닌 타인이 될 수도 있다. 그런데 농지법 제7조는 비농업인이 농지를 상속하는 경우, 그 소유상한을 1만㎡로 제한하고 있다. 하지만 이것도 농지은행에 임대 등을 위탁하면 제한을 전혀 받지 않는다.

더 큰 문제는 농지의 경우 특별법이 없어서 민법에 따라 상속인이 여러 명인 경우 아주 잘게 분할되어 소유될 수 있다는 점이다. 우리나라 농업의 특색 중 하나는 농업 경영 규모의 영세성이라고 할 수 있다. 우리 민법은 균분상속제도(민법 제1009조)를 채택하고, 유류분제도(민법 제1112조 이하)가 존재하여 유언을 통한 일괄상속은 가능하지 않다. 농지의 상속에서도 원칙적으로 균분상속이 이루어지고 있는데, 문제는 이러한 상속법제에 따라 농지가 세분화되어 농업규모의 영세화가 더 심화될 수 있다는 점에 있다. 전혀 농업구조개선과는 관련 없이 농지의 소유가 이루어질 수 있다. 설령 피상속인이 여러 자녀들에게 농장을 분할하지 말고 농업경영을 하라고 유언하더라도, 그것은 5년 동안만 유효하다(민법 제1012조). 그 후에는 언제든지 농장이 분할될 수 있는 것이다(민법 제1013조).

농지 소유의 세분화를 막고 영농후계자인 상속인이 농지를 상속하는 방법이 있을까. 다음과 같은 방법을 생각해 볼 수 있다. 민법에서는 공동상속인 중 영농후계자에 대하여는 그 자의 상속분에 피상속인의 재산의 유지 또는 증가에 특별히 기여한 가액만큼은 공동상속인 사이의 협의를 통하여(협의가 되지 않을 때에는 가정법원의 결정)에 추가해 주는 寄與分制度가 있다(제1008조의2). 또한 영농에 종사하지 않는 다른 공동상속인의 **상속포기**(제1019조 이하), **상속재산분할의 협의**(제1013조 이하) 등의 방법이 있다. 그러나 민법에 따르면 상속포기를 하여도 그 후순위 상속인들에게 계속 상속이 내려가 이를 실제 적용하기는 쉽지 않을 것이다. 이러한 문제의식에서 농지법 제22조에서는 농지소유의 세분화를 막기 위하여 **일괄 상속받도록 하는 경우 지원조항**[63]을 두고 있다. 그런데 이는 구속력이 없는 권고조항일 뿐이다. 농지법 제23조에서는 앞서 언급한 대로 농지은행을 이용하는 경우 비농업인인 상속인도 소유상한 초과 농지를 자유롭게 빌려줄 수 있으며, 그 동안은 농지를 소유한다.

(4) 해외 사례

1) **일본**의 경우, 일본 민법의 균분상속제도가 농지상속에도 적용되지만 농지법상 농지개혁의 지속적 추진을 통해 상속인 중 1인이라도 영농후계자가 되도록 유도하고, 가업인 농업을 승계할 수 있도록 하는 가족간 상속계약이 활성화되어 있다. 또한 '겸업농'이란 유연한 개념을 채택하여 주업이 농업이면서 부업을 겸하는 형태의 농업인을 용인하고, 농지상속을 규율하였다. 이로 인해 농촌인구가 유지되고, 지역경제도 활성화되는 부수적 효과를 거두었다.[64]

구체적으로 살펴보면, 일본 농지법에서는 이농이나 상속 등으로 농지소유자격이 상실된 非農業者의 농지에 대하여는 농지법에 따라서 국가가 매수하여 농민에게 분배하도록 함으로써 자작농체제의 존속을 기하였다(제6조). 예외적으로 이농자나 상속인이 *在村地主*[65]인 경우일 때에는, 일정 규모(北海道 4ha, 都道府県 0.5~1.5ha)의 농지에 대한 소유를 인정하였다(제7조).[66] **농지상속으로 不在地主가 되었을 경우에도, 농업생산법인에**

---

63) 제22조(농지 소유의 세분화 방지) ① 국가와 지방자치단체는 농업인이나 농업법인의 농지 소유가 세분화되는 것을 막기 위하여 농지를 어느 한 농업인 또는 하나의 농업법인이 일괄적으로 상속·증여 또는 양도받도록 필요한 지원을 할 수 있다.

64) 나아가 1995년 農業經營基盤强化促進法에 의해 농지를 특정 경영주체에게 집중시키기 위하여 전문적이고 규모화된 농업인에 해당하는 '認定農業者制度'를 만들고, 인정농업자와 농지보유합리화법인에게는 우량농지를 다른 농업인에 우선하여 취득할 수 있도록 하는 農地先買協議制度를 도입함으로써 농업규모화도 촉진하였다.

65) 농지가 농지 소유자의 주소와 동일한 시정촌의 구역 내에 있는 경우, 그 농지 소유자.

66) 재촌지주인 경우에만 소작지를 소유할 수 있게 하고, 농지가 속한 시정촌을 떠나는 경우 소유권을 국가에 이전해야 하는 농지법 조항으로 인하여, 일본은 농촌

임대하는 방법, 농지보유 합리화 법인에 임대하는 방법 또는 농업 경영 위탁에 의해서 임대하는 방법으로 농지를 계속 소유할 수 있다. 이러한 방법에 따르는 경우 小作地의 소유 제한의 적용은 없다. 또한 하한 면적 미만의 농지를 상속(유산분할 포함)하는 경우에도 농지법 제3조에 따른 관청의 허가는 불필요한 것으로 소유권을 이전할 수 있다. 유언을 통한다면 누구라도 농지를 상속받을 수 있다.

그러나 기본적으로 부재지주의 농지를 지속적으로 국가가 매수하여 농민에게 분배하는 것이 기본 정책방향이다. 이렇게 엄격한 농지상속법제로 인하여 자녀 중 1인은 반드시 농촌에 남아 가업인 농업을 승계하였다. 농지의 세분화를 막고 공동상속인 중 1인에게 일괄상속·증여되는 구체적인 방안은 父子契約과 家族協定과 같은 계약방식을 통해 영농에 종사하는 자녀에게 농지가 집중될 수 있도록 농업인인 부친이 자녀와 계약을 맺거나 가족간에 계약을 통해 비농업인인 자녀가 현금으로 보상받고 현물인 농지나 농업용 재산을 포기할 수 있도록 하는 것이다. 이밖에 민법의 상속포기나 유산분할협의를 이용하는 방안도 강구되었다. 이 경우 국가는 상속증여세제로 이러한 자발적인 노력을 지원하였다.[67)]

2) 독일의 경우에도 독일민법전에 균분상속의 원칙이 있어서 모든 상속재산은 원칙적으로 자녀에게 평등하게 분배된다. 유언 및 상속 계약은 가능하다. 독일에는 농지에 특화하여 그 소유, 이용, 보전 등을 전반적으로 다루는 우리나라 또는 일본의 농지법과 같은 단일법은 없는 대신, 농지의 매매와 임대차, 상속 등을 규율하는 법률이 각각 마련되어 있다. 즉 독일민법전 제903조, 제873조, 제925조 등은 농지거래에 관한 일반법으로 적용된다.[68)] 토지거래법은 농지와 임야, 그리고 농지와 임야로 이용될 수 있는 토지의 매매를 중심으로 한 거래에 적용된다. 농지의 임

지역이 속한 시정촌이 空洞化되지 않고 농업과 다른 직업을 겸하는 兼業農도 많아지게 되었다고 한다.

67) 加藤一郎, 『農業法』, 法律學全集 50, 有斐閣, 昭和 60(1985), 146면 이하.

68) George Turner/Klaus Werner, Agrarrecht : Ein Grundriß, 2. Auflage, Stuttgart; Ulmer, 1998, S. 29.

대차거래에 관하여는 임대차계약의 신고와 관할관청의 이의권고에 관한 사항만을 농지임대차거래법에서 규정하고, 나머지 일반적인 농지임대차에 관한 규정은 독일민법에서 규정하는 이원적 체계로 되어 있다. 농지상속에 대하여는 연방 농지상속법으로서 민법의 상속조항(BGB-Landguterbrecht)과 주 농지상속법(Höfeordnung, HöfeO), 농지단독상속법(Anerbenrecht)이 있으며, 이 밖에 토지거래법(GrdstVG) 제13조 이하의 법정분할절차(Zuweisungsverfahren)가 있다.

따라서 농지도 원칙적으로 민법상 법정상속이 이루어지는 한 점차 세분되지 않을 수 없게 되므로, 특별법상 農場一子相續法(Anerbenrecht)이 제도화되어 여러 차례 개정을 거쳐 왔다. 이에 따라 농지의 상속도 관할관청의 인가를 받아야 한다. 이 경우 다음 세 가지 경우에는 인가가 거부되거나 인가에 부담(Auflage)이나 조건(Bedigung)을 붙일 수 있다.[69] 첫째, 그 거래가 농지와 임야의 건전치 못한 분배(ungesunde Verteilung)를 의미하는 경우(제9조 제1항 제1호), 둘째, 공간적으로 또는 경제적으로 결부되어 있으며 양도인에게 귀속된 당해 토지의 전체나 대부분이 그 거래로 인하여 비경제적으로(unwirtschaftlich) 축소되거나 분할될 경우(제2호),[70] 셋째, 거래가격(Gegenwert)이 토지가치(Grundstückswert)에 비해 아주 불균형하게(in einem groben Mißvehältnis) 형성된 경우(제3호)[71]가 그러하다.

3) **프랑스**의 경우에도 민법상 균분상속원칙에 따라 상속이 이루어진

---

69) 다만 독일에서도 제9조 제1항에 "darf nur"라고 규정된 이유는, 동조의 3가지 인가거부사유(Versagungsgrund)에 해당하지 않는 경우, 인가를 해주어야 한다는 의미이다. Joachim Netz, Grundstückverkehrsgesetz-Praxiskommentar-, 4. Auflage, Agricola-Verlag GmbH, 2008. 7, S. 360.

70) 반대해석을 한다면, 분할되더라도 농지를 취득한 농민의 영농규모화에 기여한다면 이 규정의 적용에서 배제될 것이다. Joachim Netz, Grundstückverkehrsgesetz-Praxiskommentar-, 4. Auflage, Agricola-Verlag GmbH, 2008. 7, S. 435.

71) 계약가격과 실제가격의 차이가 클수록 비농민이 우선권자(주로 농민)를 배제하기 쉽다. 즉 높은 거래가격이 농지거래에서 일종의 진입장벽이 되는 것이다. 따라서 50% 이상 차이가 나는 경우에 가격이 불균형하다고 판단한다. 이 때 그 농지의 실제가격은 그 마을에 있는 당해 농지와 비슷한 농지가격과 비교한다. Wolfgang Winkler, Agricultural Land Use in the Federal Republic of Germany, p. 82; 관련 판례는 BGH, Beschluss vom 02.07.1968 - RdL 1968, S. 205; NJW 1968, S. 2056.

다. 다만, 1938년 법률은 오늘날 프랑스 민법 제832조로 규정되어 있는데, 농장에 대하여는 민법상 균분상속의 예외를 인정하여, 상속인 중 영농에 이미 종사하고 있는 한 명에게 상속될 수 있도록 법원에 지정권한을 부여하였다. 이 경우 농장상속인은 다른 상속인에게 금전보상을 해 주어야 하며, 공동상속인들이 토지이용의 효율성에 의문을 제기한다면, 법원은 그들 중 최적의 농업인을 선정할 수 있다.[72] 농지상속과 관련하여서는 賃金年給(salaire différé) 등 농업자산 상속제도를 정비하여 농업후계자가 추가적인 경영부담을 지지 않고도 농업경영체 전체를 안정적으로 승계할 수 있도록 하였다. 즉 민법에 따라 농업자산에 대한 균분상속이 이루어지더라도 다른 공동상속인과 임대차계약을 통해 경영체 전부를 농업후계자가 승계하도록 하는 특수한 형태의 임대차제도를 마련하였다.[73]

특이한 점은 프랑스에서는 상속 이외에 직계존속이 증여계약이나 유언을 통한 分給(partage)이란 제도, 이른바 "無償處分分給(libéralités-partages)" 제도가 있다.[74] 2006년 개정 민법전 제3권 제2편 제7장에는 "무상처분분급(libéralités-partages)"[75]이 있는데,[76] 이는 무상처분(libéralités)[77]과 partages의 혼합행위(acte mixte)로서, 피상속인이 사망하기 이전에 행하는 무상처분

72) Louis Lorvellec, Agrarian Law in France, pp. 51-52.

73) 이에 관하여는 농정연구포럼, 프랑스 농업구조정책의 전개와 98년 농업기본법 개정안의 함축, 1998. 8, 14면 참조.

74) 무상처분분급(libéralités-partages)에 관하여 자세히는 송재일, 프랑스 민법상 분할무상공여(libéralités-partages), 민사법학, (59), 2012. 6, 281-324면 참조.

75) Des libéralités-partages는 libéralités(無償供與 또는 無償處分; 이는 생전증여와 사인증여, 유증이 포괄된 개념, 법률행위이어야 하고, 무상이어야 함)와 partages(分割 또는 分給)가 결합된 개념으로 무상처분분급, 분할무상양여, 분할무상공여, 분할공여 등으로 번역될 수 있다.

76) 기존 민법전에는 흔히 직계존속의 분급(partages d'ascendant)이라 일컬어지는 "직계존속에 의해 행해지는 분급(partages faits par les ascendant)"이라는 제목의 제5장이 있었다.

77) libéralités는 무상공여 또는 무상처분으로 풀이되는데, 이는 사람이 타인을 위하여 자신의 재산 또는 권리의 전부나 일부를 무상으로 공여 또는 처분하는 행위이다(개정법 제893조 제1항). 이는 생전증여 또는 유언에 의해 이루어질 수 있다(동조 제2항). 이는 유류분반환청구의 대상이다.

과 분급을 말한다.[78] 무상처분분급은 크게 보아 제1076~1078-10조의 증여분급(donation-partage)[79]과 제1079~제1080조의 유언분급(testament-partage)[80]이라는 2가지 방식으로 행해진다.[81] (1) 분할증여는 피상속인이 생전에 자신의 추정상속인들에게 그 시점의 현재재산의 전부 또는 일부를 증여의 형식으로 분배하는 방법, 공정증서의 방식이다. 이 경우 수증자들은 상속개시 전에도 권리를 취득하고, 상속이 개시하면 증여받은 재산이 그들의 상속분이 된다. (2) 분할유증은 같은 내용의 분배를 유언에 의하여 실현하는 방식인데, 상속개시와 함께 상속재산은 유언이 정한 바에 따라 공동상속인들에게 귀속한다. 이러한 규정은 어떤 사람이 그의 자녀에게 산업적, 상업적, 기예적, 농업적 또는 자영업적 성격의 개별기원을 포함하는 그의 재산을 다른 사람들에게 증여분급하도록 허용하였다. 이는 전적으로 경제적인 취지였다. 인생의 황혼에 기업가(entrepreneur)는 그의 자녀가 경영할 수도 없고 경영을 원치 않는 경우, 제3자가 그 가업을 회수(reprise)하도록 장려한 것이다. 실제적으로는 부모(행위자)가 아직 생존해 있을 때 증여자의 손자들에게 어떤 기업을 양도하는 경우에 생겼다. 2006년 개정민법은 아들 대신 손자가 영농을 희망하는 경우, 바로 조부모로부터 손자에게 농지 및 농업경영이 승계되는 '초세대간 무상처분분급(libéralités-partages transgénérationnel)'도 허용한다.

요컨대, 프랑스는 농지(농장)상속에서 민법상 균분상속의 예외를 인정함으로써 농업경영체의 안정적인 승계를 통한 농업발전을 도모하고 개별 법령을 통해 농업생산성의 제고와 농지의 합리적인 이용이라는 농업구조개선에 도움이 될 수 있도록 섬세한 규율을 하고 있는 것이다. 특히 무상처분분급제도는 가업의 승계라는 점에서 상속제도가 갖는 한계를 극

---

78) Phillippe Malauri, Les successions. Les libéralités, 4e éd., Defrénois, 2010, p. 507.
79) donation-partage는 증여분급, 분할증여로 번역될 수 있다.
80) testament-partage는 유언분급, 분할유언, 분할유증으로 번역될 수 있다.
81) 김형석, "우리 상속법의 비교법적 위치", 『가족법연구』, 제23권 제2호, 2009, 109면에서는 이를 각각 贈與分給, 遺言分給이라는 번역을 하였다. 分給이란 용어는 과거 조선시대 分財記에도 나오는 용어로서 나눠 준다는 뜻이다.

복하고, 피상속인에게는 생전에 가업승계로 인한 부담을 줄이고 추정상속인들에게는 미리 생계의 보장이나 피상속인의 가업 노하우를 익힐 수 있는 장점이 많은 제도라 볼 것이다.

3. 소 결

대상판례에서도 농지법상 입법의 흠결을 지적하고 있다. 즉 "현행 농지법상 농지에 대한 상속이 계속되면 비자경 농지가 향후 점차 늘어나게 되는 문제가 생길 수 있다. 그러나 이러한 문제는 재산권 보장과 경자유전의 원칙이 조화되도록 입법적으로 해결할 문제이다. 농업생산성을 높인다거나 경자유전의 원칙을 관철하기 위하여 상속으로 취득하는 1만㎡ 이하의 농지에 대해서도 농업경영을 하지 않으면 농지처분의무가 있다고 새기는 것은 입법론은 별론으로 하더라도 현행 농지법의 해석론을 벗어나는 것이다."

생각건대, 상속으로 취득하는 1만㎡ 이하의 농지에 대하여도 농업경영을 하지 않을 뿐만 아니라 불법전용한 경우에는 당연히 처분해야 할 의무가 해석론상 발생한다 할 것이지만, 대상판결의 태도를 수용하여 적극적으로 농지법을 개정함으로써 법의 흠결을 보충하는 노력도 필요할 것이다. (1) 농지로 유지되는 경우 경자유전원칙에 맞도록 제3자인 농업인이 경작하게 하되, 상속인의 재산권도 보상해주어야 한다. (2) 농지로 유지되지 않는 경우, 비농업인인 상속인에게 처분의무가 있다. 농지는 한번 취득하면 영원히 소유하고 마음대로 전용할 수 있는 재산이 아니라, 매년 영농실태조사를 하여 적격 여부를 판단받고 불법전용하는 경우 처분하는 등 제한을 받는 특수한 재산인 것이다.

Ⅳ. 맺 음 말

최근 대법원 2019.2.14. 선고 2017두65357 판결은 농지의 불법용도변경에도 불구하고 농지처분을 명할 수 없다고 판시하였다. 제1·2심 판결은 농지법 제6조 제2항의 '취득'과 그 후의 '소유'는 별개의 문제라는 전제에서 소유시점에서의 농지는 농업경영에 이용되어야 하고 정당한 이유없이 농업경영에 이용하지 아니하는 경우에는 그 처분을 명할 수 있다고 판시하였다. 그러나 대법원은 소유시점에서도 경작의무를 부여한다고 볼 수 없다고 정반대의 결론을 내렸다.

대상판결의 논리를 따르면 나타나는 문제점은 그 동안 처벌받거나 처분을 하였던 사람들의 소송이 이어질 수 있다. 상속농지와 이농농지도 농지로서 형상을 유지해야 한다는 점에서 일반국민들의 법인식과 괴리가 발생할 수 있다는 점, 행정실무관행과의 괴리가 발생할 수 있다. 현재로서는 법의 흠결상황을 어떻게 할지가 문제이다. 또한 사동천의 논문에서 공법상 문제가 있어서 규제가 가능한데, 사법상 구제해 준다는 것은 법질서의 자기모순일 수 있다.[82] 소유상한 이내의 농지에 대하여 비자경 상속인에게 소유를 허락한 입법취지는 농사를 직접 안 지어도 되지만, 최소한 농지로서 형상은 유지하는 것을 전제로 한 것이다. 농지를 소유하라는 것이지 비농지를 소유하라고 하는 취지는 아니었다.

현행 농지법 제6조에서 상속(유증 포함)과 8년 이상 자경자에 대한 이농의 경우 비농업인도 농지소유를 할 수 있도록 규정하게 되었는데, 상속과 이농에 대한 비농업인의 농지소유 허용은 일견 일본과 프랑스의 사례를 받아들인 것으로 보이지만, 일본과 프랑스가 별도로 구비하고 있는 구체적인 보완책(경영계약이나 선매권 등)이 없이 우리가 받아들인 것으로 문제가 있다. 최근(2017. 12. 27.) 김현권 의원 대표발의안은 비농업인의 농지소유를 제한한다는 측면에서 경자유전원칙을 복원하는 의미가 크다 할 것이다. 현재 현행 농지 상속법제와 이농법제는 농업구조개선에 역행하기 때문이다. 상속의 경우 민법상 상속제도의 한계 내에서 농업인인 상속인 또는 이해관계를 가진 피상속인 주변의 농업인에게 농장·농지가 상속될 수 있도록 상속인간의 계약이나 우선매수권의 부여가 이루

---

82) 이른바 공사법이원론에 대한 비판에 관하여 자세히는 金載亨, “法律에 違反한 法律行爲-이른바 强行法規의 判斷基準을 중심으로-”, 民法論 Ⅰ, 博英社, 2004. 9. 참조.

어져야 하고, 이농의 경우 폐업에 준하여 국가가 농지를 매수하여 이해관계를 가진 농업인에게 우선 분배하여야 한다. 농업활동이나 농업인자격제도의 정비는 그 선결과제라 할 것이다.

[Abstract]

Legal Issues on Inherited Farmland

－Case Study: Supreme Court of Korea, Decision of 14 Feb. 2019, 2017 Doo65357－

Song, Jae Il*

Korean Supreme Court has recently sentenced that it was impossible for the government to order disposal against non-farmer despite his illegal use of farmland(Supreme Court of Korea, Decision of 14 Feb. 2019, 2017 Doo65357), which overruled the decision of the trial court and the appellate court. Their judgments are based on the premise that 'acquisition' in Article 6 (2) of the Farmland Act and 'ownership' thereafter are separate matters, so farmland should be continuously cultivated for agricultural management. If not, the inheritor got disposal order to be fined heavily and sell the farmland. Contrariwise, Korean Supreme Court resulted in the opposite conclusion that it could not be considered that the cultivation obligation was imposed even at the point of ownership. Over time, it gives rise to big challenging to the government charging in farmland inheritance practice. So it is urgent and important to build a new crystal clear guideline for Korean Justices asked to reform and fill the gap in the present farmland law.

Back to the case, the legal issues varied, as follow: (1) whether the inherited farmland is obligated to cultivate, (2) the illegally-dedicated farmland is still identical farmland, (3) how far the disposition obligation reached? (4) There is also a problem of harmonization of the principle of secure property rights and land to the tiller under the Constitution. In this article, after analyzing the problem of interpretation from the case, comparing with

* Associate Professor, Department of Law, Myongji University.

the differences of foreign countries, I suggested humble opinions for the improvement of farmland inheritance, even farm succession in the light of better farming.

To sum up, this paper include some meaningful suggestions: (1) Inherited farmland owners within the limit of 10,000㎡ ownership need to maintain the shape of farmland, although he doesn't have to cultivate for himself. (2) Under Korean law, the permission of non-farmers to own farmland for inheritance and migration resembles the Japanese or French model incompletely. Korean model need to add their specific supplementary measures (e.g. succession contract, preemptive rights, etc.). (3) Lastly, within the limits of the inheritance system under the Civil Law, a contract between the heirs or the right to purchase priority must be granted so that the farm or farmland can be inherited to the farmers near the heirs who are farmers or the heirs with qualified interests. More on those matters, agricultural activities or farmer qualification system will be the prerequisites.

[Key word]

- Farmland Inheritance
- Land to the Tiller
- Secure Property Rights
- Duty to cultivate
- Succession
- Preemption

참고문헌

[국내 문헌]

郭潤直, 『상속법(民法講義Ⅵ)』, 개정판, 博英社, 2004.
權五乘, "農地所有權에 관한 硏究", 서울대학교 석사학위논문, 1975.
______, "農地의 相續과 農地細分化의 防止", Fides, 제24권, 1979.
금태환 · 송재일 · 왕승혜, 『글로벌 법제논의의 현황과 전망-농업현대화를 위한 국제농업규범의 법제적 쟁점을 중심으로-』,한국법제연구원, 2018.
金相容, "農地賣買證明과 非農民의 農地所有", 民事判例評釋, 법원사, 1995.
______, "민법전 제정의 과정과 특징", 민사법연구(2), 법원사, 1997.
김상훈, "제사용재산의 승계에 관한 연구", 고려대학교 박사학위논문, 2008.
김수석 · 박석두 · 채광석 · 김창호 · 황연수 · 조가옥, 『경제 · 사회여건 변화에 따른 농지제도 개편방안(1/2차 연도)』, 한국농촌경제연구원, 2008. 11.
김 욱, "헌법상 '경자유전'의 과도기적 소유원칙, 그 발전적 이행을 위하여", 공법연구 제28집 제3호, 2000.
金載亨, "法律에 違反한 法律行爲-이른바 强行法規의 判斷基準을 중심으로-", 民法論 Ⅰ, 博英社, 2004. 9.
김형석, "우리 상속법의 비교법적 위치", 『가족법연구』, 제23권 제2호, 2009.
김홍상 외, 『농지은행제도 도입에 관한 연구』, 농림부 용역보고서, 2004. 10.
농림수산부, 『농지법 해설 및 문답』, 1996. 1.
朴秉濠, "한국민법상의 제사용재산의 승계", 토지법학 제12호, 한국토지법학회, 1997.
배병일, "위토의 소유권을 둘러싼 법률관계", 가족법연구, 제21권 제1호.
史東天, "농지소유제도에 관한 비판적 고찰", 법조, Vol. 626, 2008. 11.
______, 『농업법강의』, 홍익대학교출판부, 2007.
______, "합법적으로 농지를 소유한 비농업 상속인이 농지를 불법적으로 용도변경한 경우 농지처분의 대상이 되는지 여부-대법원 2019.2.14. 선고 2017두65357 판결-", 홍익법학 Vol. 20 No. 2, 2019.
송재일, "농지거래에 관한 법적 연구", 박사학위논문, 서울대학교, 2010.
______, "농지(農地)의 정의에 대한 문제점과 개선방안", 법학논총, 조선대학

교, 20(2), 2013.
______, “지역사회 연대의 관점에서 본 농협의 조합원자격법제의 개선-유럽 및 일본의 법제를 중심으로”, 『한국협동조합연구』, 30(3), 2012. 12, 117-118면 참조.
______, “농지 상속에 관한 법적 연구-조합원 지위의 승계와 관련하여-”, 『한국협동조합연구』, 29(3), 2011. 12.
______, “프랑스 민법상 분할무상공여(libéralités-partages)”, 민사법학, (59), 2012. 6.
沈羲基, “조선시대의 토지법과 토지소유관계”, 박병호환갑기념논문집(Ⅱ), 박영사, 1991.
梁彰洙, “민법안의 성립과정에 관한 소고”, 민법연구 제1권, 박영사, 1991.
윤석환, “농지선매협의제도 도입방안”, 농업경제동향 제5호, 농업기반공사, 2004.
윤진수(편집대표), 『주해상속법(제1권)』, 박영사, 2019.
尹喆洪, “농지개혁과 토지소유질서의 재편”, 소유권의 역사, 법원사, 1995.
이경희, 『가족법』, 법원사, 전정판, 2008.
이성호 · 김정호, 『농가의 상속과 경영승계에 관한 연구』, 농촌경제연구원, 1995. 12.
이종수, “한국헌법상 ‘경자유전(耕者有田)의 원칙’과 한계”, 토지법학, 제24-2호, 2008. 12.
전효중, “한국 지목분류체계에 관한 실증적 연구”, 박사학위논문, 경기대학교, 1998.
韓國農村經濟研究院, 『農地法制定白書』, 1995. 12.
______, 『農地賃貸借管理法白書』, 1987. 12.
______, 『農地改革史研究』, 1989. 12.
허강무, “헌법상 경자유전 원칙과 상속농지 관리의 법적 검토－대상판결 : 대법원 2019. 2. 14. 선고 2017두65357 판결－”, 토지공법연구 87. 1, 2019.
黃迪仁, 『經濟法叢書Ⅴ 農業法』, 三知院, 1999.

[외국 문헌]

George Turner und Klaus Werner, Agrarrecht: Ein Grundriß, 2. Auflage, Stuttgart: Ulmer, 1998.

Joachim Netz, Grundstückverkehrsgesetz-Praxiskommentar-, 4. Auflage, Agricola-Verlag GmbH, 2008. 7.

Isabelle Couturier; Edith Dejean, Code Rural Code rural et de la pêche maritime code forestier 2020, annoté et commenté, 40e édition, Dalloz, 2020. 6.

Phillippe Malauri, Les successions. Les libéralités, 4e éd., Defrénois, 2010, p. 507.

Wolfgang Winkler, Rechtliche Rahmenbedingungen für Pachten in der Landwirtschaft, AgraR, 1987.

加藤一郎,『農業法』, 法律學全集 50, 有斐閣, 昭和 60(1985).

仁瓶五郎,『農地賣買・轉用の法律』, 學陽書房, 昭和 63(1988); 平成 18(2006).

[기　　타]

국회 의안정보시스템(http://likms.assembly.go.kr/bill/)

국회 법률지식정보시스템(http://likms.assembly.go.kr/law/)

독일-JURIS (http://bundesrecht.juris.de)

프랑스-Legifrance (http://www.legifrance.gouv.fr/)

영미-Westlaw (http://web2.westlaw.com/)

日本 法令データ提供システム(http://law.e-gov.go.jp)

회사의 기부행위에 찬성한 이사들의 책임*

김 정 연**

■요 지■

2019년 대법원은 주식회사의 기부행위에 대한 이사의 손해배상 책임을 인정하는 취지의 대상판결을 선고하였다. 대상판결에 따르면 이 사건 기부행위를 결의한 것은 이사의 선관주의의무 위반에 해당하지만, 그러한 결의에 찬성한 이사들은 상법 제399조 제2항에 따른 손해배상 책임을 부담하고, 결의에 기권한 이사들은 책임에서 벗어난다. 이 사건 기부행위의 선관주의의무 위반에 대해서는 대법원이 기부행위의 당부를 판단하는 구체적인 기준을 제시한 점, 특히 회사의 규모에 비하여 이 사건 기부금액이 막대하다고 볼 수 없음에도 불구하고 주주간계약 당사자인 특정 주주의 요청에 따른 기부행위에 대해 엄격한 잣대를 적용한 점은 기존 판례에서 진일보한 것으로 평가할 수 있다. 특히 대상판결은 이사의 선관주의의무 위반과 관련하여 통상적인 사업과 관련된 판단에 적용되는 "경영판단의 원칙"에 머무르지 않고, 회사의 기부행위는 유상의 대가가 없는 출연행위로서 신중한 판단이 필요하다는 점, 이러한 기부행위가 특정한 주주가 지명한 이사의 요청에 따라 이루어진다는 점에서 이익충돌 문제에 대한 고려가 필요하다는 점을 전제로 엄격한 법리를 제시했다는 점에서 중요한 의의를 지닌다.

다만, 대상판결은 개별 이사의 책임 유무를 판단함에 있어서 이사회의 결의시 찬성 및 반대 여부가 가장 중요한 기준이 될 것이라는 오해를 불러

---

* 본 평석을 수정, 보완한 논문은 법학논집 제25권 제2호(2020. 12.)에 "주식회사의 기부행위에 찬성한 이사들의 손해배상 책임"이라는 제목으로 게재되었다.

** 이화여자대학교 법학전문대학원 교수.

일으킬 소지가 있다. 특히 대표이사의 경우에도 해당 안건의 상정을 막기 위한 노력의 유무, 이 사건 기부행위의 부당성에 대한 판단의 여부 및 다른 이사들을 설득하였는지 여부를 고려하지 않고 이사회의 기권을 면책의 근거로 삼은 점에 대해서는 비판의 여지가 있다. 대상판결을 계기로 이사의 감시의무의 이행 여부가 이사회의 결의시 어떠한 표결을 하였는지에 국한되지 않아야 할 것이다.

[주 제 어]

- 기부행위
- 선관주의의무
- 경영판단의 원칙
- 이사회 기권
- 감시의무

대상판결 : 대법원 2019. 5. 16. 선고 2016다260455 판결

[사실관계 및 법원의 판단]

1. 사실관계

가. 당사자들의 지위

(1) 원고의 설립

원고는 "폐광지역 개발지원에 관한 특별법"에 근거를 두고 1998. 6. 29. 카지노업, 관광호텔업 등을 목적으로 강원도 정선군에 설립된 주식회사 강원랜드이다. 1998. 6. 2. 자로 체결된 합작투자계약에 따르면 원고의 설립 자본금 일천억 원 가운데 석탄산업합리화사업단(이하 변경된 명칭에 따라 "한국광해관리공단")이 36%, 강원도개발공사가 6.6%, 정선군이 4.9%, 태백시와 삼척시가 각 1.25%, 영월군이 1.0%를 출자하고, 민간부문 출자자들로부터 49%를 출자받기로 하였다.[1) 한국광해관리공단, 강원도 개발공사, 정선군, 태백시, 삼척시, 영월군이 합작투자계약을 체결한 당사자(이하 "합작투자계약당사자")들이었다.

합작투자계약당사자들은 이사들을 지명할 권리를 갖는데, 한국광해관리공단은 전체 이사 중 과반수의 상근 또는 비상근이사를 지명할 수 있고 나머지 합작투자계약당사자들은 각 비상근이사 1명씩을 지명한다(합작투자계약서 제9조 제2항 2호).

(2) 피고들의 지위

이 사건 피고 B는 이하 기부결의가 문제된 2012. 7. 12. 자 제 111회 이사회 당시 원고의 대표이사였고, 피고 C는 당시 원고의 상임이사였다. 또 해당 이사회 당시 피고 D, G는 원고의 비상임이사로, 피고 E, F, H I, J 는 한국광해관리공단을 제외한 각 기초자치단체가 파견한 자들로서 원고의 사외이사로 재직하고 있었다.

---

1) 원고는 2001년 10월 25일에 코스닥 시장에 상장되었고, 2003년 9월 4일에 유가증권시장에 상장되었다. 금융감독원 전자공시시스템 및 원심 판결문의 사실관계에 따르면 2012년 말 기준 원고의 지분비율은 광해관리공단이 36.27%, 강원도 개발공사는 6.34%, 정선군은 4.9% 태백시와 삼척시는 각 1.25%, 영월군은 1.0%의 지분을 보유하여 설립 당시와 유사한 지분 구조를 유지하고 있다.

나. 태백시의 기부 요청 및 이사회의 기부 결의

(1) 기부의 배경 및 경과

태백시는 코오롱 등 민간사업자와 공동으로 출자한 태백관광공사가 2001년부터 설립·운영하는 오투리조트의 자금난을 해결하기 위하여 원고에게 운영자금을 대여 또는 기부해 주도록 요청하였다. 태백시가 지명한 사외이사인 피고 J는 2012. 3. 29. 개최된 원고의 제109차 이사회에 원고가 태백시에게 150억 원을 기부하는 안(이하 "이 사건 기부안")을 발의하였으나, 해당 이사회에서는 업무상 배임의 우려로 결의가 보류되었다. 피고 J는 2012. 6. 27. 개최된 원고의 제110차 이사회에 다시 이 사건 기부안을 발의하였으나 검토 시간 확보를 위하여 결의는 다음 이사회로 보류되었다.

(2) 이사회의 기부 결의

2012. 7. 12. 개최된 원고의 제111차 이사회에서 피고 J는 다시 이 사건 기부안을 발의하였고, 이 사건 기부안은 다음과 같이 가결되었다. 당시 재적이사 15명 가운데 12명이 출석하였는데, 출석이사 중 피고 D, E, F, G, H, I, J가 이 사건 기부안에 찬성하였고, 피고 B, C는 기권하였으며 다른 세 명의 이사들은 반대하였다. 이에 따라 이 사건 기부안에 대하여 출석이사 12명 중 찬성 7표, 반대 2표, 기권 3표로 이 사건 결의가 이루어진 것이다.

(3) 이후의 사정

원고는 이 사건 결의에 따라 태백시에 2012년 8. 14.부터 2013. 8. 21까지 4차에 걸쳐 합계 150억 원을 기부하였다(이하 "이 사건 기부"). 태백시는 이 사건 기부를 받아 태백관광공사에 전달하여 오투 리조트의 운용자금으로 사용하도록 하였다.

오투리조트는 태백관광공사직원들의 미지급임금채권을 신청채권으로 한 회생절차 개시신청에 따라 2014. 8. 27. 회생절차 개시결정을 받았다(2014회합100057).

다. 원고의 피고에 대한 손해배상 청구

원고는 이 사건 기부가 법령 또는 정관 위반 또는 이사의 임무 해태에 해당하기 때문에 이 사건 기부에 따라 원고에게 발생한 150억 원의 손해에 대하여 피고들이 공동으로 배상 책임을 지도록 청구하였다. 원고는 1심에서 이 사건 기부결의가 (i) 상법 제398조에 따른 자기거래에 해당함에도 재적이사 2/3 이상의 찬성을 득하지 못하였고, (ii) 태백시가 지방출자출연법을 위반하여 태백관광공사를 지원하도록 한 것에 해당하며, (iii) 이사들의 재량권의 범위를 넘어 선관주의의무를 위반하여 이루어진 것이라는 이유를 들어 피고들에게 상법 제399조에 따른 손해배상책임이 발생한다고 주장하였다.

2. 법원의 판단

가. 1심의 판단

1심에서는 원고의 위 세 가지 주장에 대한 다음과 같은 판단이 이루어졌다.[2] 첫째, 태백시가 원고의 주요주주기 때문에 이 사건 기부는 상법 제398조의 자기거래에 해당하므로 재적이사 2/3 이상의 결의가 필요하다. 이러한 사정을 간과하고 이 사건 결의를 토대로 이 사건 기부를 실행한 대표이사 B 및 대표이사에 대한 감시의무를 위반한 나머지 피고들은 상법 제399조에 따른 법령, 정관 위반에 대한 손해배상 책임을 부담한다. 둘째, 태백관광공사는 지방출자출연법의 적용대상이 아니므로 관련 주장은 이유 없다. 셋째 이 사건 기부는 이사의 선관주의의무를 위반한 것이므로 결의에 찬성하거나 기권한 피고들은 상법 제399조에 따른 임무 해태에 대한 손해배상 책임을 부담한다. 단, 이 사건 결의에 주도적인 역할을 한 피고 J의 손해배상 책임을 20%로, 나머지 피고 B, C, D, E, F, G, H, I의 손해배상 책임을 10%로 각 제한한다.

나. 원심의 판단

원심에서는 1심 판결에 대하여 다음과 같이 판단하였다.[3] 첫째, 원고의 1.25% 주식을 보유하고 비상임이사 1인의 지명권을 보유하는 태백시는 상법 제398조에 따른 가중된 이사회 승인을 필요로 하는 자기거래의 주체가 아니다. 따라서 이 사건 결의는 상법 제398조 적용대상이라고 볼 수 없다. 둘째, 이 사건 기부를 받은 태백관광공사는 지방출자출연법의 적용대상이 아니므로 원고의 관련 주장은 이유 없다. 셋째, 이 사건 결의는 기부행위와 관련된 이사의 선관주의의무를 위반한 것이므로 이에 찬성한 피고들과 기권한 피고들은 모두 상법 제399조 제1항의 이사의 임무해태에 대한 손해배상 책임을 부담한다. 손해배상 책임의 제한 범위에 관한 판단은 1심과 같다.

---

2) 서울서부지방법원 2015. 7. 16. 선고 2014가합37507 판결.

3) 서울고등법원 2016. 9. 23. 선고 2015나2046254 판결.

다. 대법원 판결

대법원에서는 (ⅰ) 이 사건 결의에 찬성한 이사들은 회사의 기부행위에 관한 선관주의의무를 위반한 것인지, (ⅱ) 이 사건 결의에 찬성한 이사들뿐만 아니라 기권한 이사들인 피고 B, C 또한 원고에 대한 손해배상 책임을 부담하는지가 주된 쟁점으로 다투어졌다. 대상판결은 첫째 쟁점과 관련해서는 원심의 판단을 지지하였다. "주식회사 이사들이 이사회에서 그 회사의 주주 중 1인에 대한 기부행위를 결의하면서 기부금의 성격, 기부행위가 그 회사의 설립목적과 공익에 미치는 영향, 그 회사 재정상황에 비추어 본 기부금 액수의 상당성, 그 회사와 기부상대방과의 관계 등에 관해 합리적인 정보를 바탕으로 충분한 검토를 거치지 않았다면 이사들이 그 결의에 찬성한 행위는 이사의 선량한 관리자로서의 주의의무에 위배되는 행위에 해당한다."는 결론을 제시하였다. 대상판결에 따르면 이 사건 기부행위는 그 액수 자체로는 과다하다고 보기 어렵지만, 기부행위가 원고의 이익 및 공익에 기여하는 정도가 크지 않고 기부의 대상 및 사용처에 비추어 방법의 상당성도 인정되지 않으며, 이사들에 의한 충분한 검토가 이루어지지도 않았다.

반면, 대상판결은 이 사건 결의시 기권한 피고 B, C의 책임에 관해서는 원심을 파기, 환송하였다. 상법 제399조 제2항에서는 "전항의 행위가 이사회의 결의에 의한 것인 때에는 그 결의에 찬성한 이사도 전항의 책임이 있다."고 규정하고, 같은 조 제3항은 "전항의 결의에 참가한 이사로서 이의를 한 기재가 의사록에 없는 자는 그 결의에 찬성한 것으로 추정한다."고 규정하고 있다. 대상판결은 이 사건 결의시 기권을 한 것으로 이사회 의사록에 기재된 피고 B, C의 경우는 상법 제399조 제3항의"이의를 한 기재가 의사록에 없는 자"에 해당하지 않고, 따라서 같은 조 제1항에 따른 책임을 부담하는 찬성이사로 추정되지 않는다고 판단하였다.

3. 법적 쟁점 및 본 발표문의 구성

대상판결의 법적 쟁점은 두 가지로 압축된다. 첫째는 피고들이 선관주의무에 위반하여 이 사건 기부행위를 결의했는지 여부이다. 둘째 피고 B, C는 이 사건 기부행위를 결의한 원고의 제111차 이사회에서 기권하였고, 그러한 사실이 이사회 의사록에 기재되어 있는데, 이들이 이 사건 기부안에 명시적으로 찬성한 나머지 피고들과 마찬가지로 회사에 대하여 손해배상 책임을 부

담하는지 여부이다.[4)]

본 평석에서는 위 두 가지 쟁점에 관하여 차례로 검토한다. 첫 번째 쟁점과 관련해서는 대상판결은 제시한 회사의 기부행위와 관련된 이사의 주의의무 기준을 제시하고 있다는 의의를 지닌다. 이하 Ⅰ.에서는 이 사건 기부행위와 관련된 법적 책임이 문제된 외국의 사례와 한국 대법원의 판례들을 분석하고 대상판결이 지니는 의의를 살펴보기로 한다. 이와 관련하여, 대상판결에서는 1심 및 원심에서 다투어졌던 이사의 자기거래와 관련된 쟁점을 다루고 있지는 않다. 본 발표문에서는 이 사건 기부행위가 상법 제398조의 자기거래에 해당하지 않더라도 충실의무 위반의 소지가 있다는 지점을 지적하고, 충실의무 위반이 문제되는 기부행위의 판단 기준에 관해서 검토할 예정이다. 두 번째 쟁점과 관련해서는 제399조 제3항의 "전항의 결의에 참가한 이사로서 이의를 한 기재가 의사록에 없는 자"의 해석론이 문제가 된다. 이하 Ⅱ.에서는 이사회에 참석한 이사의 찬성, 반대 또는 기권 표시 및 그에 따른 이사의 손해배상 책임과 관련된 미국과 일본의 법리를 바탕으로 대상판결에서 제시한 해석론을 검토 · 분석한다.

〔研 究〕

I. 회사의 기부행위와 이사의 주의의무 위반

1. 회사의 기부행위 관련 법적 쟁점

가. 회사의 기부행위와 대리문제

회사는 왜 단기적 유형적 이익을 가져다주지도 않는 기부를 하는가? 주식회사의 본질을 둘러싼 주주이익극대화설과 이해관계자설 어느 쪽에 따르더라도 회사의 기부행위는 정당화될 수 있다.[5)] 전자에 따르면 회사

4) 백숙종, 주식회사 이사들이 이사회에서 회사의 기부행위를 결의한 경우 선량한 관리자로서의 주의의무에 위배되는지 여부를 판단하는 기준, 대법원 판례해설 제119호, 법원도서관(2019), 93쪽.

5) 회사의 본질이 주주이익극대화인지 이해관계자이익추구인지에 관한 논의 전체를 소개하는 것은 이 글의 범위에서 벗어난다. 심지어 최근에는 회사의 목적에 관한 영미 학계의 관심이 급증하면서, "목적"이라는 것이 과연 존재하여야 하는가에 관해서 회의적인 질문을 던지는 연구도 등장한다. Jill Fisch and Steven Davidoff, Should Corporations Have a Purpose? Faculty Scholarship at Penn Law (2020). 2163.

의 기부행위는 단기적으로는 절세의 수단이 될 뿐만 아니라 장기적으로 회사의 브랜드 평판을 제고함으로써 명성자본을 축적하는 데 기여하는 것이 될 수 있고, 후자에 따르면 회사의 기부행위란 지역사회 등 넓은 범위의 회사 이해관계자들의 이익에 부합하는 것으로서 기업의 사회적 책임을 다하는 것이기 때문이다.[6] 그렇다고 해서 회사의 모든 기부행위가 정당화될 수 있는 것은 아니다. 기부는 유상의 대가를 제공받지 않고 회사의 재산을 출연하는 것으로서, 경영진 또는 주주가 기부를 통하여 실제로는 회사의 장기적 이익이 아니라 자신의 사적 이익을 추구하는 경우도 많기 때문이다.[7] 따라서 기부를 결의하는 경영진과 회사 간에는 대리문제(agency problem)가 존재할 수밖에 없고, 이를 통제하기 위한 회사법적 메커니즘이 필요하다.[8] 이러한 메커니즘으로는 기부에 대해서 주주들에게 공시하거나, 허용될 수 있는 기부의 종류와 범위에 관한 사전적인 기준을 확립하는 것과 함께 기부행위를 제안하고 이를 결의한 이사들에 대해서 사후적으로 책임을 묻는 방법 등이 있다.[9]

미국에서는 1935년 소득세법의 개정[10]을 통해 비영리목적의 기부금에 대한 공제를 허용한 이래로 기업의 기부행위가 활성화되었으며, 2018년 말 기준 법인의 비영리부문 기부금 총액이 200억 달러를 상회할 정도로 큰 규모에 이르고 있다.[11] 그런데 이러한 기부행위는 기업의 브랜드 소구력을 키워서 주주들의 이익에 기여하고, 지역사회와 같은 이해관계자

6) 송옥렬, 2019년 회사법 판례의 분석, 상사판례연구 제33집 제2권(2019), 53쪽.
7) Jill Fisch, "Questioning Philanthropy From a Corporate Governance Perspective" 41 New York Law School Law Review 1091 (1997), p. 1097.
8) Barnard, Jayne W., "Corporate Philanthropy, Executives' Pet Charities and the Agency Problem" 41 New York Law School Law Review 1147 (1997). p. 1167.
9) John Pearce The Rights of Shareholders in Authorizing Corporate Philanthropy 60 Villanova Law Review 215 (2015), p. 251.
10) Revenue Act of 1935, Pub. L. No. 74-407.
11) 2013년 말 기준 201억 달러, 2018년 기준 207.7억 달러에 이른다는 통계가 있다. Giving USA 2019: Americans gave $427.71 billion to charity in 2018 amid complex year for charitable giving (2019. 6. 18.), https://givingusa.org/giving-usa-2019-americans-gave-427-71-billion-to-charity-in-2018-amid-complex-year-for-charitable-giving/

들의 이익을 고려한다는 명목하에 회사의 이익을 위한 경영상의 판단에 근거하여 이루어질 수도 있지만, 실제로는 경영진의 사익추구 성격을 강하게 띠고 있다는 점을 증명하는 연구가 있다.[12] 실제로 이하에서 소개되는 기부행위와 배임죄와 관련된 국내의 선례들을 보더라도 회사의 대표이사 또는 그 배우자 등 특수관계인이 설립·운영하는 비영리단체에 회사에 자금을 출연하거나, 최고경영자가 퇴직 후 재직할 대학교에 회사자금을 기부하는 등의 행태가 만연하다. 이처럼 회사의 기부행위가 경영진 또는 특정 주주의 사익추구와 관련이 되어 있는 경우 그 당부를 판단하기 위하여 어떠한 기준을 적용해야 하는지에 관해서는 미국에서도 논란이 분분하다.[13] 이러한 논란은 경영진의 사익추구를 위한 기부행위로 회사에 손해가 발생할 경우 이사들에게 배상 책임을 묻기 위한 요건은 무엇인가라는 문제로 귀결될 것이고, 따라서 대상판결에서 다루고 있는 문제와 직접 관련이 있다.

나. 경영진의 기부행위의 적법성 판단 기준

(1) 미국의 논의

미국에서 20세기 초 무렵 적용되던 권한유월이론(ultra vires)에 따르면 정관에 명시적 근거가 없는 기부행위는 무효였다.[14] 1950년대까지도 대부분의 주(州)회사법에서는 회사의 기부행위가 회사의 설립목적과 직접 연관이 없는 경우에는 기부행위를 금지하고 있었다.[15] 이후 미국 대부분의 주의 회사법에서 회사가 공익목적의 기부행위를 할 수 있다는 점을 명시하는 조문을 두면서 더 이상 기부행위 자체의 가부에 대해서는 논란의 여지가 없게 되었다.[16] 미국에서는 비영리법인이 경제활동에서 차지

---

12) Ronald Masulis and Syed Reza, Agency Problems of Corporate Philanthropy 28(2) Review of Financial Studies 592 (2015).

13) James Kwak, Corporate Law Constraints on Political Spending 18 North Carolina Banking Institute 251 (2014), p. 265.

14) Harwell Wells, The Life (and Death?) of Corporate Waste, 74 Washington & Lee Law Review 1239 (2017), p. 1244.

15) John Pearce, 앞의 논문 (주 9), p. 253.

16) 미국에서 기업의 기부행위에 대한 법적 규제의 역사적 전개에 관해서는 Faith

하는 비율이 매우 크기 때문에 기업의 비영리목적 사업에 대한 기부행위를 금지한다는 것은 상상하기 어려운 일이다. 이에 따라 20세기 중반 이후 각 주 회사법은 회사의 기부행위의 목적이나 범위에 특별히 제한을 두지 않는 방향으로 개정이 이루어졌다.[17)]

미국의 판례도 회사의 기부행위를 폭넓게 허용하는 경향이 있다. 미국 법원은 밸브와 소화전 등을 제조하던 원고 회사가 스탠포드 대학을 위하여 연간 1,500달러를 기부하기로 결의한 A. P. Smith Manufacturing Co. v. Barlow 사건이나 철도회사가 자신이 출연하여 설립한 비영리법인에 5,000달러를 기부한 Union Pacific Railroad Co. v. Trustees, Inc. 사건, 회사가 자선신탁기관에 525,000달러를 기부한 Theodora Holding Corp. v. Henderson 사건 등에서 해당 기부행위가 합리적인 범위 내에 있다고 판단한 바 있다.[18)]

대상판결의 사안과 관련하여 특정 경영진의 이익을 우선적으로 고려하여 기부행위를 하였다는 점에서 주목할 만한 판례는 Kahn v. Sullivan 사건이다. Occidental Petroleum Corporation의 최고운영책임자이자 이사회 의장인 Armand Hammer는 사망 당시 개인적으로, 그리고 자신의 재단을 통하여 가액이 3천만~4천만 달러에 달하는 미술품을 소장하고 있었다. Occidental의 이사회는 Hammer의 미술품 컬렉션을 지원하는 기부행위를 결의하였으며, 특히 Hammer의 제안에 따라 그 컬렉션을 소장하기 위한 미술관의 건립을 승인하였다. Occidental의 소수 주주들이 이사회 결의와 관련하여 이의를 표명하였고, 회사가 화해안을 제시하였음에도 불구하고 델라웨어주 법원에 소송을 제기한 것이다. 델라웨어주 최고법원은 해당 기부행위를 제안하고 결의한 것은 경영판단의 원칙의 보호를 받는 것으로서, Occidental의 이사들은 정보에 기반한 판단을 하였으므로

Kahn, Pandora's Box, Managerial Discretion and the Problem of Corporate Philanthropy 44 UCLA Law Review 579 (1997), pp. 595-600.

17) 위의 논문, pp. 600-601.

18) John Pearce, 앞의 논문 (주 9), p. 259.

원고 주주들의 주장을 기각한다는 취지의 원심의 판단을 인용하였다.[19] 미국의 판례들은 기부행위를 결의한 이사들이 경영판단의 원칙의 보호를 받는 것으로 보고, 경영진이 충실한 정보에 기반한 판단을 한 것이라면 책임을 묻지 않는 경향이 있다고 평가된다.[20] 특히 다른 사업상의 판단과 달리 경영진의 사익추구를 위한 기부와 공익목적의 기부를 엄격하게 구별하거나 기부행위가 궁극적으로 회사에 손해를 발생시켰는지 여부를 엄격하게 따지지 않는다.[21]

(2) 한국의 판례

(가) 기부행위가 형사상 배임죄를 구성하는가

회사의 기부행위와 관련된 과거의 판례들은 문제가 된 기부를 주도한 경영진의 형사법적 책임 문제를 다루는 경우가 많다. 관련 판례에서 문제된 사실관계는 다음과 같다. (ⅰ) 현대상호신용금고 경영자인 피고인이 그 주주인 학교법인에 대해 그 주식비율보다 적은 비율로 기부금을 배분한 사안,[22] (ⅱ) 대한생명 대표이사인 피고인이 그 처가 이사장으로 있는 종교재단에 1년 남짓한 기간 동안 17회에 걸쳐 167억 1,000만 원을 기부한 사안,[23] (ⅲ) 광주은행장으로 재직 중이던 피고인이 자신의 퇴임이 결정된 직후 초빙교수로 재직할 전남대학교에 2억 원을 기부하게 한 사안,[24] (ⅳ) 일광공영 대표이사가 75억 원을 교회에 기부한 사안이 있었다.[25]

대법원은 위 (ⅰ), (ⅱ), (ⅲ) 사안과 관련해서는 해당 경영진이 주도한 회사의 기부행위가 “실질적 주주권의 침해”를 초래하였는지를 배임죄 성립을 위한 주된 판단 기준으로 보았다. 반면, 위 (ⅳ) 사안에 관해서는 채무초과 상태에 있는 회사의 재정상태에 비추어 과도한 금액을 기부한 것은 상당성을 결여한 것으로서 배임죄에 해당한다는 취지로 판단하였

---

19) Kahn v. Sullivan, 594 A.2d (Del. 1991). John Pearce, 앞의 논문 (주 9), pp. 260-265.
20) James Kwak, 앞의 논문 (주 13), p. 287.
21) Jill Fisch, 앞의 논문 (주 7), p. 1093.
22) 대법원 1985. 7. 23. 선고 85도480 판결.
23) 대법원 2005. 6. 10. 선고 2005도946 판결.
24) 대법원 2010. 5. 13. 선고 2010도568 판결.
25) 대법원 2012. 6. 14. 선고 2010도9871 판결.

다.[26] 이론상 배임죄가 성립하기 위해서는 주주가 아니라 회사의 손해를 기준으로 판단하여야 할 것이고, 전자의 법리로는 1인 회사 또는 주주의 동의가 있는 경우에는 배임죄로 의율하기가 어려워서 회사의 재무상태에 비춘 기부행위의 상당성을 따지는 것으로 법리가 변화한 것으로 해석된다.[27] 또 재무구조가 열악하여 어차피 배당받을 몫이 없는 회사라면 "주주이익의 실질적 침해" 기준을 적용하는 실익이 없으므로, 후자의 법리와 같이 기부금의 규모, 회사의 재정 상황 등을 전반적으로 고려해야 할 것이다.[28]

(나) 경영진의 손해배상 책임

대법원 판결들 가운데 회사의 대가 없는 출연행위에 대해 경영진의 손해배상 책임이 문제되었던 경우는 (ⅰ) 과거 한국전기통신공사의 이사들이 공사가 보유하던 한국이동통신 주식회사의 주식을 SK텔레콤에 매각한 대금을 정보통신진흥기금에 출연한 사안,[29] (ⅱ) 한국전력공사의 사장이 법령에서 정한 총괄원가에 미달하는 수준으로 전기요금을 결정한 사안[30]과 관련된 주주대표소송이 제기된 선례들이 있었다.[31]

위 (ⅰ) 사안에서는 출연행위 당시 한국전기통신공사가 정부투자기관관리기본법에 근거하여 정부부처의 감독을 받는 특수기업이라는 성격 및 해당 기부행위의 공익적 목적, 출연 결과 국산 CDMA 시스템이 개발되는 성과를 거둔 점을 토대로 이사들의 책임이 없다는 판단이 이루어졌다. (ⅱ) 사안에서는 공기업이자 전기판매사업의 독점적 사업자인 한국전

26) (ⅰ), (ⅲ) 사안은 배임은 무죄, (ⅱ) 사안은 배임죄 유죄로 판단되었다.
27) 백숙종, 앞의 논문 (주 4), 102쪽.
28) 위의 논문, 103쪽.
29) 대법원 2002. 8. 23. 선고 2002다2195 판결.
30) 대법원 2015. 3. 26. 선고 2013다210534, 210541 판결.
31) 해당 사안들은 공익목적의 출연행위로서 대상판결의 사실관계와 유사한 것으로 평가할 수는 있지만, 일반적인 계열사부당지원, 부실대출 사례들과 회사의 기부행위를 직접 비교하기는 어려울 것으로 생각된다. 2000년대 초반 제일은행의 한보철강 부실여신 제공, 삼성전자의 중앙일보 등 계열회사 지원 관련 손해배상 사건에 대한 평석으로는 김재형, 회사의 기부행위와 이사의 책임, 기업법연구 제15권(2003), 117-119쪽.

력공사가 별도의 자금출연행위를 하였다기보다는, 기업의 경영과 인사에 실질적 영향력을 미치는 지식경제부장관의 행정지도에 따라 전기요금이 국가경제와 국민생활에 미친 영향력을 감안하여 이를 낮게 책정한 결정을 한 점을 중요하게 감안하여 이를 결정한 이사들의 선관주의의무 위반이 없다고 판단되었다.[32]

(다) 소 결

국내에서도 기업의 사회적 책임이 점차 강조되는 상황에서 기업의 기부행위에 대한 법적인 기준을 마련할 필요성이 요구된다. 기부행위에 대한 사후적 평가는 기부금의 규모, 기부금으로 인하여 침해되는 주주들의 이익, 기부에 이르게 된 절차, 기부가 공익에 기여하는 정도 및 회사의 장기적 이익과의 관련성 등을 종합적으로 감안할 수밖에 없고, 공기업 또는 규제대상 사업의 정부시책에 따른 출연행위와 관련된 기존의 대법원 판례에서도 기부행위 또는 무상출연행위의 규모, 회사에 가져다주는 이익과 시책 불응시의 불이익, 판단에 이르기까지의 과정을 함께 고려하고 있다.

이하 상술하듯이 대상판결의 사안은 첫째, 특정 주주 또는 경영진의 이해관계가 회사의 기부행위를 이끌어 낸 주요한 계기였다는 점에서 기부행위의 형법상 배임죄 해당여부가 다투어진 위 (가)의 사례들과 유사성이 있다. 둘째, 지방자치단체의 요청에 따라 출연을 결정한 이 사건 기부행위는 공기업 또는 특수한 공적 기업에서 정부시책에 부응하기 위하여 회사의 자금을 출연한 결과 경영진의 손해배상 책임이 문제된 위 (나)의 사안들과도 유사성이 관찰된다. 그럼에도 불구하고 대상판결에서는 위 (나)의 선례들과 달리 기부행위에 찬성한 이사들의 책임을 인정하였다. 이하에서는 대상판결이 어떤 법적인 기준을 근거로 이 사건 기부행위의 정당성에 관하여 판단한 것인지 상세히 살펴보도록 한다.

---

32) 백숙종, 앞의 논문 (주 4), 98-99쪽.

2. 회사의 기부를 결의한 이사들의 의무위반 여부의 판단 기준

가. 대상판결이 제시한 기준

(1) 기부행위의 선관주의의무 위반 여부 판단

대상판결에서는 회사의 기부행위와 관련된 이사회 결의시 선관주의의무 위반이 있었다고 판단하였다. 대상판결이 제시한 선관주의의무 위반 여부를 판단하는 기준은 "기부금의 성격, 기부행위가 그 회사의 설립목적과 공익에 미치는 영향, 그 회사 재정상황에 비추어 본 기부금 액수의 상당성, 그 회사와 기부상대방의 관계 등에 관해 합리적인 정보를 바탕으로 판단했는지 여부"이다. 원심에서는 통상의 거래행위와 달리 이사의 기부행위로 인한 회사의 금전적 손실과 간접적, 장기적 이익을 충분히 비교, 고려하였는지를 기준으로 기부행위에 대한 선관주의의무 위반 여부를 판단해야 한다고 하면서, 구체적으로는 ① 기부행위가 공익에 기여하기 위한 목적으로 이루어졌는지, ② 기부행위가 공익에 기여하기 위한 상당하고 적절한 방법으로 이루어졌는지, ③ 기부행위를 통하여 회사의 이미지 제고 등 간접적, 장기적인 이익을 기대할 수 있는지, ④ 기부금이 회사의 재무상태에 비추어 상당한 범위 내의 금액인지, ⑤ 기부행위로 달성하려는 공익을 회사의 이익과 비교할 때 기부금액 상당의 비용지출이 합리적인 범위 내의 것이라고 볼 수 있는지, ⑥ 기부행위에 대한 의사결정 당시 충분한 고려와 검토를 거쳤는지 등을 고려해야 한다는 기준을 제시하였다.[33]

(2) 사안에의 적용

대상판결은 각 기준에 대한 원심의 판단을 지지하고 있다. 원심은 이 사건 기부는 공익에 기여하기 위한 목적으로 이루어진 것이고(기준 ①), 원고의 재무 상태에 비추어 과다하지 않다(기준 ④)고 보았다. 이 사건

33) 1심 판결에서는 원심에서 제시한 ①부터 ⑥까지의 기준 가운데 "② 기부행위가 공익에 기여하기 위한 상당하고 적절한 방법으로 이루어졌는지"를 제외한 다섯 가지의 기준을 적용하여 판단하였으며, 각 기준의 충족 여부에 대한 판단은 원심과 동일하다.

기부가 태백시의 재정위기를 막고 강원도 지역의 경제 진흥에 기여하는 공익을 위한 목적인 것은 분명하고, 2012년 말 기준 자산이 2조 9,066억 원, 부채가 5,346억 원, 자본이 2조 3,720억 원이고 당기순이익이 3,062억 원에 이르는 원고의 재무 상태를 감안할 때 150억 원이라는 규모는 지나치게 과다하다고 보기는 어렵기 때문이다.

한편, 이 사건 기부는 공익에 기여하기 위한 상당하고 적절한 방법으로 이루어진 것이 아니고(기준 ②), 회사의 장기적 이익에 도움이 된다고 볼 수 없으며(기준 ③), 피고들은 이 사건 기부안에 대하여 충분한 검토를 거치지 않았던 것(기준 ⑥)으로 판단되었다. 원고가 이미 강원도 내 다른 기관들 및 태백시를 대상으로 상당한 카지노 수익금을 투자하고 있는 상황에서 경영이 정상화 될 것은 전혀 기대되지 않는 오투 리조트 운영주체인 태백관광공사에 150억 원을 기부하기로 결정하는 것은 적절한 것으로 보기 어렵다는 이유에서다. 또 피고들은 이 사건 기부안을 검토하면서 이 사건 기부의 공익증진 효과, 태백관광공사의 회생계획안, 이 사건 기부의 유·무형적 이익에 따른 검토 없이 이 사건 기부가 원고에게 이익을 가져다주지 않을 것임을 알면서도 태백시의 일방적 요청에 따라 이 사건 기부를 결정한 것으로 판단되었다. 원심 및 대상판결에서는 기준 ⑤와 관련해서 별도의 언급을 하지는 않았지만, 이 사건 기부로 인하여 추가로 얻게 되는 회사의 유/무형적·장기적 이익이 별로 없다고 판단된 이상 기부금 지출의 합리성이 인정되기는 어렵다고 평가한 것으로 보인다.

(3) 이 사건 기부행위의 특수성

대상판결은 기부행위의 적절성을 판단하는 구체적인 기준을 여섯 가지 세부항목으로 나누어 설시하였고, 원고의 자산 규모 및 재무 상태, 기존의 기부금 지출 관행 등에 비추어 150억 원을 지급한 이 사건 기부행위가 그다지 큰 금액이 아님에도 불구하고 이를 허용한 이사들에 대하여 선관주의의무 위반을 인정한 의의가 있다고 평가된다.[34]

이와 관련하여 대상판결의 원심에서는 이사들이 이 사건 기부안에 대하여 충분한 검토를 거쳤는지(기준 ⑥)를 판단함에 있어서 태백시의 요청에 따라 의사결정이 이루어졌다는 점을 매우 중요하게 고려하였다는 특징이 있다. 1심 판결 및 원심 판결에서 밝혀진 사실관계에 따르면 사실 원고들은 이 사건 기부안에 대하여 검토를 하지 않았다거나 부실하게 검토를 했다기보다는 이 사건 기부행위로 지급된 금전이 원고에 이익을 가져다주지 않고, 오투리조트가 사실상 회생이 어렵다는 점을 충분히 알면서도 태백시의 강력한 요청에 따라 기부를 결정한 것에 가깝다. 이 사건 기부안을 상정한 원고의 이사회가 두 차례나 연기되었다는 사실은 피고들을 비롯한 원고의 이사들이 이 사건 기부행위에 선뜻 찬성하기 어려워서 숙고를 거듭하였다는 점을 방증하는 것이다. 또 원고는 이 사건 결의가 있기 전에 법무법인 두 곳으로부터 이 사건 결의가 이루어질 경우 원고의 이사들이 민·형사상 책임을 질 수 있다는 법률의견서를 받아 두기까지 하였다. 즉, 이사들이 단순히 시간을 들여 사안에 관한 검토를 하였다는 사실만으로 면책을 위한 절차적 정당성을 확보할 수 있는 것은 아니고, 검토를 한 결과 문제가 있다는 사실을 알 경우에는 결의에 찬성하면 안 된다는 점을 대상판결이 확인시켜 주는 것이다.

대상판결에 대하여 이사들이 이 사건 기부행위에 관한 충분한 검토를 하였음에도 불구하고 태백시의 강요에 따르는 것이 여러모로 (자신에게 또는 강원랜드에게) 이롭다고 판단하여 결의에 찬성한 것을 법원이 단죄하였다는 평가가 있다.[35] 이러한 견해에 따르면 태백시의 강력한 요청에 따른 기부 결의는 정부의 방침에 순응한 결과로 평가할 수 있으며, 그 결과 해당 판결은 정권의 요청에 따라 비자금을 조성하여 뇌물로 제공한 삼성전자 이건희 회장에 대해서 손해배상 책임을 인정한 선례에 비견될 수 있다.[36] 강원도의 기초자치단체가 운영 중인 리조트의 자금난을

34) 송옥렬, 앞의 논문 (주 6) 54쪽; 유사한 취지로 대상판결이 제시한 법리를 긍정적으로 평가한 연구로는 이철송, 회사의 비영리적 출연의 허용기준, 선진상사법률연구 통권 제89호(2020. 1.), 20쪽.

35) 송옥렬, 앞의 논문 (주 34), 55쪽.

36) 위의 논문, 55쪽. 대법원 2005. 10. 28. 선고 2003다69638 판결.

타개하기 위하여 자신이 1.25%의 지분을 보유한 회사에 대하여 자신이 지명한 사외이사를 통하여 기부안을 상정하도록 여러 차례 요청한 행위와 정부 · 여당이 불법 정치자금을 모집하기 위하여 뇌물을 달라고 요구한 행위를 같은 선상에서 평가할 수 있을지는 다소 의문이다. 강원랜드의 이사들이나 비자금을 조성하여 뇌물로 제공한 삼성전자의 이사들이나 그 목적이 자신의 자리를 보전하기 위한 것인 경우에는 선관주의의무 위반의 문제뿐만 아니라 충실의무 위반의 문제도 발생할 수 있다. 다만, 그러한 결정에 이르게 된 동기가 무엇이건 간에 외부적 요청 또는 강권에 굴복하여 회사에 손해를 발생시킨다는 점을 알면서도 기부에 찬성하였다면 그 자체로 이사의 주의의무 위반이 될 수 있다는 점을 지적하였다는 점에서 유의미한 평가라고 생각된다.

(4) 기부행위에 대한 경영판단의 원칙의 적용

피고들에게 이 사건 기부행위로 인하여 회사에 발생한 손해를 배상할 책임을 묻기 위해서는 이 사건 기부행위가 법령 및 정관을 위반한 위반 행위가 아니라고 할 때 기부행위를 결의한 이사의 행위가 선관주의의무 위반인지를 판단하여야 할 것이고(상법 제399조 제1항), 따라서 경영판단의 원칙을 적용할 수 있다고 보는 견해가 있다.[37]

대법원은 상법상 명문 규정은 없지만, 주식회사 이사의 선관주의의무 위반 여부를 판단함에 있어서 영국과 미국 판례법리를 토대로 발전한 '경영판단의 원칙(business judgement rule)'을 채택하고 있다.[38] 사안별로 약간씩 그 내용을 달리하기는 하나 판례상 인정된 경영판단의 원칙은 "합리적으로 이용 가능한 범위 내에서 필요한 정보를 충분히 수집 · 조사하고 검토하는 절차를 거친 다음, 이를 근거로 회사의 최대 이익에 부합한다고 합리적으로 신뢰하고 신의성실에 따라 경영상의 판단을 내렸고, 그 내용이 현저히 불합리하지 않은 것으로서 통상의 이사를 기준으로 할 때 합리적으로 선택할 수 있는 범위 안에 있는 것이라면, 비록 사후에

37) 백숙종, 앞의 논문 (주 4), 103-104쪽.

38) 김건식 · 노혁준 · 천경훈, 회사법 제4판, 박영사(2020), 414쪽.

회사가 손해를 입게 되는 결과가 발생하였다 하더라도 그 이사의 행위는 허용되는 경영 판단의 재량범위 내에 있는 것이어서 회사에 대하여 손해배상 책임을 부담한다고 할 수 없다."[39]는 것이다.

경영판단의 원칙의 역사적 기원에 관한 연구에 따르면 해당 원칙은 18세기 영국의 판례에서 형성되었고, 19세기 미국으로 건너가 오늘날 이해되는 바와 같은 주식회사 경영진의 위험감수 행위에 대한 사후적 면책 기준으로 자리 잡게 되었다.[40] 18세기 영국 판례에서 적용되던 경영판단의 원칙은 타인으로부터 권한의 행사를 위임받은 자가 신의성실하게(in good faith) 행위하는 이상 부실 경영을 이유로 법원이 사후적으로 개입하지 않는다는 억지적(prescriptive) 태도를 의미하는 것이었다. 20세기 미국의 델라웨어주의 Aronson v. Lewis 판결이나 Smith v. Van Gorkom 판결을 통해 정식화 되고 오늘날 회사법 학계에서 주류적으로 이해되는 경영판단의 원칙은 경영진의 판단이 절차적·내용적 합리성을 갖추도록 요구하는 것으로 해석된다.[41] 다만, 경영판단의 원칙에서 의미하는 내용적 합리성이란 회사의 최대의 이익을 가져다주는 결과를 초래할 것이 아니라, 현저히 불합리하지 않은 범위 안에 있을 것을 의미한다.[42] 이러한 경영판단의 원칙은 반드시 주식회사의 경영행위에 대해서뿐만 아니라 비영리법인 이사의 법인 운영과 관련된 판단에 대해서도 적용될 수 있다는 견해가 미국과 일본, 독일에서도 주류를 차지한다.[43] 다만 그 내용적 합리성과 관련해서는 비영리법인의 공익적 성격을 감안하여 영리법인의 이사보다 엄격한 기준을 적용해야 한다는 견해와 비영리법인의 이사에 대해서 영리법인과 마찬가지로 광범위한 재량을 인정해야 한다는 견해가 대립한다.[44]

---

39) 대법원 2007. 10. 11. 선고 2006다33333판결.

40) David Kershaw, The Foundations of Anglo-American Corporate Fiduciary Law, Cambridge University Press (2018), pp. 130-131.

41) 위의 책, p. 135.

42) 김건식·노혁준·천경훈, 앞의 책 (주 38), 416쪽.

43) 김정연, 비영리법인 이사의 주의의무에 관한 연구, 비교사법 제26권 제2호(2019), 396-400쪽.

생각건대, 회사의 기부행위에 대해서 경영판단의 원칙을 적용한다고 하더라도 그 내용적 정당성을 판단함에 있어서 수익을 창출하기 위하여 리스크를 감수해야 하는 통상적인 경영상의 행위와 비교할 때 더 엄격한 주의의무 기준이 적용되어야 할 것이다. 대상판결에서도 통상적 경영행위와 관련된 이사의 주의의무 위반과 관련해서 대법원이 적용해 오던 경영판단의 원칙보다는 다소 엄격한 기준을 적용한 것으로 평가할 수 있다. 첫째, 이사들이 절차적 측면에서 필요한 정보를 충분히 수집·조사하고 판단하였는지에 관해서는 판례상 인정된 경영판단의 원칙이나 대상판결에서 제시된 기부행위에 대한 판단기준이 별로 다르지 않다. 반면, 내용적 측면에서는 대상판결이 통상의 경영판단의 원칙보다는 엄격한 기준을 적용하고 있다. 대상판결에서는 기부행위가 가져다줄 공익, 회사의 이익과 지출 금액의 규모, 그리고 전자 대비 후자의 규모가 모두 상당성과 합리성을 갖출 것을 요구하고 있는 데 비하여, 판례에서 인정하는 경영판단의 원칙은 "그 내용이 현저히 불합리하지 않은 것으로서 통상의 이사를 기준으로 할 때 합리적으로 선택할 수 있는 범위 안"의 선택을 존중하고 있기 때문이다. 물론 삼성전자의 이천전기 인수로 인한 손해와 관련하여 이사가 '회사의 이익에 합당한 상당성 있는 판단'을 하도록 요구한 바와 같이 법원이 판단의 내용에 대하여 사후적으로 적극적 개입을 한 선례가 없는 것은 아니다.[45] 그러나 2000년대 중반 이후 주식회사 이사의 임무해태로 인한 손해배상 책임이 문제된 사안들을 통하여 경영판단의 원칙의 내용과 기준이 점차 구체화 되는 과정을 거치게 되었고, 현재로서는 이사의 판단이 현저히 불합리하다는 점을 원고가 증명하지 못하는 이상 이사는 책임을 지지 않는다는 법리로 수렴되었다. 이러한 점에 비추어 볼 때, 기부금의 규모나 공익적 목적에 비추어 전혀 근거가 없다고 보기는 어려운 이 사건 기부행위에 대해서 회사에 부합하지 않는다는 이유로 임무해태를 인정한 이 사건 판결은 통상의 경영판단보다는

44) 위의 논문, 397-398쪽.

45) 대법원 2005. 10. 28. 선고 2003다69638판결.

내용적으로 엄격한 기준을 적용한 것으로 해석될 여지가 있다.

나. 충실의무를 위반한 기부행위에 대한 평가

(1) 충실의무와 선관주의의무의 구별 : 판례와 학설

앞서 검토한 바와 같이 대상판결은 회사의 기부행위에 대해서도 경영판단의 원칙이 적용될 수 있다고 판단하였다. 미국에서도 경영판단의 원칙의 구체적 내용과 관련해서는 여러 견해가 대립하고 있으나, 미국법학원(American Law Institute, ALI)이 제시한 기업지배구조 원칙에 따르면 경영판단 대상에 이익충돌이 없을 것, 경영판단 대상에 관하여 그 상황 하에서 적절한 것으로 합리적으로(reasonably) 믿을 것, 경영판단이 회사의 최선의 이익에 합치한다고 이성적으로(rationally) 믿을 것이라는 세 가지 요건을 충족시키는 경우 선의로 경영판단을 한 이사는 주의의무를 이행한 것으로 본다고 규정하고 있다.[46] 즉, 미국 법원에서는 이익충돌이 개입된 경우에는 경영판단의 원칙이 아니라 보다 강화된 판단기준을 적용하고 있다.[47] 반면 국내 법원에서는 미국과 달리 경영판단의 원칙을 적용함에 있어서 이익충돌의 문제가 개입된 경우와 개입되지 않은 경우를 구별하지 않고 있다.[48]

상법상 회사와 이사와의 이익충돌의 문제를 일반적으로 규율하기 위하여 충실의무(제382조의3)를 두고 있는데,[49] 이를 구체화한 조문인 경업금지(제397조), 자기거래(제398조) 및 회사기회유용금지(제382조의2)를 위반한 경우가 아닌 경우에는 설령 충실의무 위반이 인정되더라도 선관주의의무 위반과 그 효과에 있어서 별로 차이가 없다. 판례도 충실의무 위반에 대한 판단 기준을 선관주의의무 위반에 대한 판단 기준과 구별하지 않고 있다.[50] 예컨대 회사가 사업기회를 포기하고 지배주주의 아들인 이사가 이용할 수 있도록

46) American Law Institute, Principles of Corporate Governance: Analysis and Recommendations (1994) § 4.01.

47) Weinberger v. UOP, Inc., 457 A2d 701, 710 (Del. 1983).

48) 김건식 · 노혁준 · 천경훈, 앞의 책 (주 38), 417쪽.

49) 천경훈, 회사에서의 이익충돌, 저스티스 통권 제159호(2017), 246쪽.

50) 김건식 · 노혁준 · 천경훈, 앞의 책 (주 38), 417쪽.

승인한 경우에도 대법원은 “회사의 이사회가 그에 관하여 충분한 정보를 수집 · 분석하고 정당한 절차를 거쳐 회사의 이익을 위하여 의사를 결정” 하였다면 “그 의사결정과정에 현저한 불합리가 없는 한 그와 같이 결의한 이사들의 경영판단은 존중되어야 한다.”고 경영판단의 원칙을 적용하고 있다.[51] 또, 영미 판례 법리에서는 충실의무 위반에 대해서는 손해가 발생하지 않더라도 이익의 환수(disgorgement)를 인정하는 반면 국내법상으로는 이사의 경업금지의무 위반에 대한 회사의 개입권(제397조 제2항) 등 제한적 사안을 제외하고는 손해배상만을 인정하기 때문에 구제수단의 측면에서도 선관주의의무 위반의 경우와 별반 다르지 않다. 이사가 적법한 이사회의 결의를 득하지 않고 경업 · 겸직을 하거나 자기거래 및 회사기회유용을 한 경우에는 정관 규정에 의한 책임 감면을 할 수 없고(제400조 제2항), 그 밖의 충실의무 위반이나 선관주의의무 위반에 대해서는 이사의 책임제한이 가능하다는 정도의 차이만이 있다.

이러한 논의는 궁극적으로 이사의 충실의무와 선관주의의무의 관계를 어떻게 설정할 것인가의 문제와 닿아 있다. 이사와 회사와의 관계는 민법상 위임계약에 관한 규정을 준용(상법 제382조 제2항)하므로, 이사는 회사에 대해서 민법상 수임인의 선관주의의무(민법 제681조)를 부담하고, 충실의무란 선관주의의무의 한 발현형태라고 이해하는 것이 대법원 및 학계의 통설적 견해이고 법체계상으로도 정합성을 갖춘 해석이다.[52] 한편, 상법학계에서 현재의 논의지형은 동질설과 이질설의 기계적 구분 보다는 이사의 충실의무가 가진 기능적 특수성을 인정하자는 견해가 점점 많은 지지를 얻고 있는 추세이다.[53] 특히, 충실의무는 경업금지, 자기거래 및 회사기회유용금지 등 구체적인 상법 조문이 적용되지 않는 사안이라고 하더라도 이사의 이익충돌이 문제되는 경우를 포괄적 · 보충적으로 규율하는 기능을 할

---

51) 대법원 2013. 8. 12. 선고 2011다57869 판결.

52) 김건식 · 노혁준 · 천경훈, 앞의 책 (주 38), 408쪽. 한국상사법학회, 주식회사법대계 Ⅱ, 법문사(2016), 902쪽.

53) 천경훈, 앞의 논문 (주 49), 259-260쪽.

수 있다. 이 경우 이사의 임무위배에 대한 판단 기준은 경영판단의 원칙이 아니라 이사가 회사의 이익을 위하여 충성(loyalty)을 다하였는지, 즉 자기 또는 제3자의 이익보다 회사의 이익을 중시하였는지 여부가 되어야 할 것이다.

(2) 기부행위를 통한 충실의무 위반이 가능한가

(가) 이 사건 기부행위의 자기거래 해당 여부

대상판결의 1심과 원심에서는 이 사건 기부행위가 상법 제398조에서 규정하는 자기거래에 해당하는지 여부가 다투어졌다. 회사와 상법 제542조의8 제2항 제6호에 따른 주요주주의 거래는 이사 3분의 2 이상의 수로써 이사회 승인을 받아야 한다(상법 제398조 제1호). 따라서 이 사건 기부행위의 상대방인 태백시(엄밀하게 말하면 태백시가 출자하여 설립한 태백관광공사)가 상법상 주요주주에 해당한다면 이 사건 기부행위는 상법 제398조의 적용을 받을 것이고, 따라서 이사 12명 중 7명의 찬성만을 얻은 이 사건 결의는 위법하게 된다. 상법 제542조의8 제2항 제6호에 따른 주요주주란 "누구의 명의로 하든지 자기의 계산으로 의결권 없는 주식을 제외한 발행주식총수의 100분의 10 이상의 주식을 소유하거나 이사·집행임원·감사의 선임과 해임 등 상장회사의 주요 경영사항에 대하여 사실상의 영향력을 행사하는 주주"로 정의되어 있다. 대상판결의 사실관계에 따르면 태백시는 원고의 지분 1.25%를 보유하고, 원고의 설립 전 체결한 합작투자계약에 따라 비상근이사 1인을 지명할 수 있는 권리를 갖는다. 따라서 태백시가 원고 발행주식총수의 100분의 10 이상의 주식을 소유한 주요주주는 아니므로, 이사·집행임원·감사의 선임과 해임 등 상장회사의 주요 경영사항에 대하여 사실상의 영향력을 행사하는 주주에 해당하는지가 관건이다.

1심에서는 합작투자계약의 당사자들이 갖는 이사지명권을 중시하여 태백시가 주요주주에 해당하고, 따라서 태백시에 대한 이 사건 기부행위는 상법상 자기거래 규제의 적용을 받는다고 판단하였다. 반면, 대상판결의 원심에서는 비상근이사 1인의 지명권만 가지고는 원고의 주요 경영사항에 대해서 자신의 의사에 부합하는 결정을 이끌어 낼 영향력이 없다고 보아 태백시는 주요주주에 해당하지 않고, 따라서 이 사건 기부행위는 상법 제398조에 따른 자기거래가 아니라고 판단하였다. 상고이유에는 자기거래에 관한 쟁점이 포함되어 있지 않았기 때문에 대법원에서는 해당 쟁점에 대한 판단이 이루어지지는 않았다.

(나) 자기거래에 해당하지 않으면 충실의무 위반이 문제되지 않는가

대상판결에 관한 여러 평석들에서는 대체로 대법원에서 다루지 않은 자기거래에 관한 쟁점을 별도로 분석하고 있지는 않으나,[54] 일부 평석에서는 대법원 판결의 결론에 영향을 미치지 않는다는 점을 전제로 이 사건 기부행위가 자기거래에 해당할 수 있다고 평가한다. 태백시가 합작투자계약에 따라 J를 사외이사로 지명하여 선임되도록 하였고, J는 태백시 공무원들이 기안한 내용을 토대로 이 사건 기부안을 이사회에 수차례 제출하여 결국 가결되도록 하는데 기여한 이상 태백시는 항소심 판결이 제시한 기준인 "자신의 의사에 부합하는 결정을 이끌어 낼 영향력이 있는" 주주이기 때문이다.[55]

이 사건 기부행위가 상법 제398조의 자기거래에 해당하지 않는다면 이를 찬성한 이사들에 대해서는 곧바로 선관주의의무 위반 여부를 판단하는 것으로 족하였을까. 그렇지 않다. 이 사건 기부행위가 이사와 회사와의 이익충돌 문제와 관련이 있을 경우에는 선관주의의무 위반 여부를 검토할 것이 아니라 충실의무 위반은 없는지에 관한 검토가 이루어져야 할 것이다. 상법 제382조의3에 규정된 충실의무는 1998년 상법 개정을 통하여 영미법상 충성의무(duty of loyalty)에 상응하는 취지로 도입되었으며, 회사와 이사의 이익충돌 문제에 관한 포괄적, 일반조항의 성격을 지닌다.[56] 앞서 검토한 바와 같이 판례와 학설이 사법체계의 정합성을 고려하여 충실의무는 선관주의의무에 포함된다는 소위 동질설의 입장을 고

54) 백숙종, 앞의 논문 (주 4); 송옥렬, 앞의 논문 (주 6); 정대익, 2019년 회사법 주요판례 평석, 안암법학 제60호(2020).

55) 김지환, 이사회 결의에 찬성 또는 기권한 이사의 책임-대법원 2019. 5. 16. 선고 2016다260455 판결을 중심으로, 상사판례연구 제32집 제4권(2019), 88쪽.

56) 천경훈, 앞의 논문 (주 49), 246쪽.

수하고 있으며, 충실의무 위반과 선관주의의무 위반에 대하여 주어지는 법률효과가 동일하다는 점에서 아직은 둘을 구별할 실익이 적다.

그러나 최근 대법원에서 과다한 이사의 보수 지급을 무효로 한 판결이 이루어진 이후 충실의무의 기능적 독자성을 인정해야 한다는 견해들이 나오고 있다.[57] 해당 판결에서는 설령 주주총회의 결의를 득하였다는 절차적 정당성을 확보했다고 하더라도 회사의 막대한 경영상 손실을 초래한 경영진이 고액의 보수를 수취하는 것은 충실의무에 위반한 배임적 행위로서 무효라는 결론을 내린다.[58] 해당 판결은 이사와 회사와의 이익충돌이 존재하는 경우에는 절차적 정당성을 갖추고 이사의 재량 범위 내에 있는 경영행위라 하더라도, 즉 이사의 선관주의의무에 위반되지 않는 행위라고 하더라도 이사 개인의 이익을 회사의 이익보다 우선시한 경우에는 임무위배가 인정될 수 있다는 취지이다.

주식회사의 기부행위를 결정함에 있어서도 이사가 회사의 이익을 우선한 것이 아니라 자기 또는 제3자의 이익을 우선적으로 고려했을 경우에는 충실의무에 위반한 행위가 된다. 현재 대법원 판례의 주류적 태도는 충실의무 위반에 대해서도 선관의무 위반과 마찬가지로 경영판단의 원칙이 적용될 수 있는 것처럼 설시하고 있으나, 충실의무의 독자적 성격을 감안하여 보다 엄격한 판단 기준을 적용하여야 할 필요성을 전혀 외면하고 있다고도 볼 수 없다.

(다) 이 사건 기부행위는 충실의무에 위반한 것인가

회사의 경영진이 특정한 경영행위를 하거나 이사회에서 찬성 또는 반대의 의사표시를 하는 경우 그 내심의 동기를 추정하여 이익충돌의 유무를 판단하는 것은 법원이 판단할 수 있는 영역 바깥의 문제이다. 이러

57) 대법원 2016. 1. 28. 선고 2014다11888 판결; 대표이사가 회사를 대표하여 채무이행을 구하는 소송 수행 중 그 채무를 면제하는 약정을 체결하는 경우 이는 충실의무에 위배되는 행위이므로 그 약정의 상대방은 회사를 상대로 약정의 유효를 주장할 수 없다고 한 판결도 충실의무의 독자성을 인정한 예로 거론된다. 대법원 2016. 8. 24. 선고 2016다222453 판결.

58) 천경훈, 앞의 논문 (주 49), 259쪽.

한 점에서 실제로 이익충돌이 발생하는 경우뿐만이 아니라 이익충돌이 발생할 소지가 있는 경우에 대해서도 충실의무를 적용할 필요가 있다.

대상판결의 사안에서 이사회에 이 사건 기부안을 제안한 피고 J는 회사의 이익보다 자신을 지명한 태백시의 이익을 우선시하거나 우선시할 우려가 있다. 또 피고 J는 강원랜드의 사외이사라는 자신의 직위를 유지하기 위하여 자신을 지명할 권리가 있는 태백시의 요청에 응한 것일 수도 있다. 한편 다른 피고들은 피고 J의 이익충돌 우려를 알면서도 이를 찬성하거나 기권하는 결의를 하였다. 따라서 피고 J 및 다른 피고들은 선관주의의무가 아니라 회사에 대한 충실의무를 위반할 우려가 있다.[59] 이사의 충실의무 위반에 대해서는 경영판단의 원칙 보다 엄격한 별도의 기준을 정립할 필요성을 인정한다면, 사안의 기부행위가 충실의무를 위반한 것인지 선관주의의무를 위반한 것인지를 준별하는 의의가 있을 것이다.

(라) 충실의무를 위반한 기부행위에 대해서는 어떤 판단 기준을 적용할 것인가

미국에서는 이사의 이익충돌이 문제되는 경우에는 경영판단의 원칙이 적용될 수 없고, 보다 엄격한 기준을 적용하여 이사의 신인의무(fiduciary duty) 위반 여부를 판단해야 한다는 판례가 일찍이 확립된 바 있다.[60] 이러한 맥락에서 이사의 이익충돌이 문제된 기부행위에 대해서까지 경영판단의 원칙을 적용한 Kahn v. Sullivan 판결에 대해서는 여러 차례 비판이 제기되었다.[61] 다만, 기부행위에서 전형적으로 드러난 이익충돌의 실체와 관련하여 통상적인 경영활동에서 발생하는 이익충돌과 마찬가지로 취급할 수 있는지는 의문이 제기될 수 있다. 즉, 전형적인 이사의 자기거래 등의 사안에서는 이사가 회사의 손해를 대가로 금전적 이익을 취하거나 취할 우려가 있다는 점이 문제되고, 따라서 해당 거래가 '완전한 공정성(entire fairness)'을 띨 것을 요구하는 것이 정당화될 수 있

59) 피고 J는 충실의무 위반 소지가 있고, 다른 피고들은 선관주의의무의 하위 범주인 감시의무를 위반할 여지가 있다고 볼 수도 있다. 같은 취지, 천경훈, 앞의 논문 (주 49), 259쪽.

60) Aronson v. Lewis, 473 A.2d 805, 812 (Del. 1984).

61) Jill Fisch, 앞의 논문 (주 7), p. 1096; James Kwak, 앞의 논문 (주 13), p. 275.

다.[62] 반면, 대상판결의 사안에서와 같이 기부행위시 문제되는 이익충돌은 (ⅰ) 경영진 또는 특정 주주가 기부를 통해서 세금을 감면받는 등 직접적·금전적 이익을 받는 경우, (ⅱ) 대법원 판례의 기부행위와 배임죄 관련 선례, 미국의 Kahn v. Sullivan 판례와 같이 경영진 및/또는 그 이해관계자에 대해 기금을 출연하는 경우, (ⅲ) 경영진 또는 특정 주주가 "지지하는" 공익단체 또는 정치단체에 회사의 기금을 출연하는 경우 등으로 다양하게 표출될 수 있다. (ⅰ)에서 (ⅲ)으로 갈수록 이익충돌의 양상이 금전적·직접적인 성격에서 비금전적·간접적인 성격을 띠고 있는데, 모든 사안에 관하여 일률적으로 완전한 공정성의 원칙을 적용하기는 어려울 것이다. 그렇다고 이익충돌이 개입된 사안에서 이사의 재량에만 맡겨둘 경우 회사의 이익과는 무관한 지출을 통제하기 어려울 것인바, 경영판단의 원칙과 완전한 공정성 사이에 있는 엄격한 합리성 기준을 확립·적용할 필요성이 제기된다.[63]

(마) 대상판결의 평가

피고 J가 이 사건 기부안을 여러 차례 제안한 것은 회사에 손해가 된다는 사정을 알면서도 자기를 지명한 제3자의 이익을 위하는 행위로서 충실의무에 위반한 것으로 볼 수 있다. 피고 J는 이 사건 기부가 이루어짐으로써 자신을 원고 회사의 사외이사로 지명한 태백시와의 관계에서 정치적 자산을 획득하게 되는 것이고, 추후 이를 통해서 정무직에 선임되거나, 태백시가 제공하는 사업기회를 획득할 가능성이 올라가는 것이 될 것이다. 즉, 피고 J의 행위는 충실의무를 위반한 것으로 판단되기는 하지만 이 사건 기부행위를 통해 직접적으로 경제적 이득을 얻는 것은 없으므로 여기에 대해서까지 완전한 공정성을 요구하는 것을 무리가 될 수 있다.

대상판결에서는 이 사건 기부행위가 선관주의의무 위반인지 여부를 판단하고 있으며, 경영판단의 원칙을 구체화 한 것으로 평가될 수 있는 기준들을 적용하고 있기 때문에 충실의무의 문제에 대해서는 일견 침묵

62) James Kwak, 앞의 논문 (주 13), p. 278.
63) 위의 논문, pp. 279-280.

하는 것으로 보인다. 그러나 대상판결의 원심에서 상세히 설시하듯이 피고들이 이 사건 기부행위에 관한 판단을 하는 데 태백시의 끈질긴 요청이 중요하게 작용했다는 점은 사안에서 충실의무 위반의 소지가 있다는 점을 적어도 원심법원은 충분히 인지하고 있었다는 점을 반증한다. 다시 말해서, 원심판결에서는 피고들이 이 사건 기부행위가 가져다줄 수 있는 이익과 손해에 대하여 충분히 검토하였는지, 즉 경영판단의 원칙에 따른 절차적 정당성을 심사하면서 실제로는 이 사건 기부행위가 내포하는 이익충돌의 문제를 엄중하게 고려한 것으로 보인다.

다. 소 결

이 사건 기부행위와 같이 이사와 회사 간의 이익충돌이 존재할 경우 구체적으로 어떤 강화된 기준을 어떻게 적용해야 하는지에 관해서는 아직까지 논의가 충분하지 않다. 이익충돌이 존재하는 경우 경영판단의 원칙의 적용을 배제한다는 데 대해 별다른 이론이 없는 미국에서조차 이익충돌이 문제되는 기부행위의 판단 기준이 명확하게 정립되지는 않았다.[64] 단, 대상판결의 원심에서와 설시하는 바와 같이 이익충돌이 문제되는 경우에는 단순한 충분한 시간과 노력을 들여 검토하여 절차적 정당성을 확보해야 한다는 점만으로는 부족하고, 판단의 내용에 있어서 회사의 이익에 대한 충분한 고려가 있었는지에 관해서도 충실한 검토가 이루어져야 한다는 법리가 정립될 필요성이 있다.

Ⅱ. 기부를 결의한 이사회에서 기권한 이사들의 책임

1. 외국의 법리

가. 미 국

(1) 법률의 규정

미국의 모범회사법은 “이사회 또는 위원회에 참석한 이사가 그 행위를 채택함에 대한 부동의 또는 기권이 회의록에 기재되어 있지 않은 경

64) 위의 논문, p. 265.

우 동의 한 것으로 추정한다."는 규정을 둔다[§ 8.24 (d)]. 또 미국 델라웨어주 회사법에는 "고의 또는 과실로 의무위반행위를 하는 이사회 결의에 결석한 이사 또는 그 행위에 반대한 이사나 그 행위 결의안에 반대한 이사는 그 결의안을 의결할 때 또는 그 결의안 직후 즉시 통지를 하여 이사회 의사록을 포함한 장부에 그 부동의를 기재함으로써 이사의 책임을 면할 수 있다."는 규정이 있다[§ 174(a)]. 미국 뉴욕주 회사법에서는 위법배당 또는 위법행위에 대한 이사의 책임과 관련하여, "출석한 이사가 그러한 위법 배당 또는 위법행위에 명시된 행위가 행하여진 때 이사회 의사록에 부동의가 기재되지 않거나 회의 종료 전에 회의 담당자에게 부동의 서면을 제출하지 않는다면 동의한 것으로 추정한다[§ 719(a)].

(2) 관련 판례

1987년 Tri-Star Pictures가 회사 보통주 약 7,500만 주와 코카콜라의 Entertainment Business Sector의 일부 자산을 교환하는 거래를 승인한 이사회의 결의와 관련하여 Tri-Star Pictures의 주주들이 해당 결의에 불참 또는 기권한 이사의 의무위반을 주장한 사건이 있었다. 델라웨어주 최고법원은 이사들이 기권하지 않을 의무를 부담하는 것은 아니지만 기권하거나 참석하지 않은 이사들의 책임이 무조건 면제되는 것은 아니라고 판단하였다.[65] 그 밖에도 기권한 이사들이라고 해서 책임이 면제되지는 않고, 실제 그 안건이 통과되기까지의 이사들의 구체적 역할을 따져서 책임을 판단하여야 한다는 미국 판례들이 다수 존재한다.[66]

미국의 판례들은 이사가 결석을 하였거나 기권을 하였다고 하여 이사회의 결의에 찬성한 이사들과 달리 책임에서 면제되는 것으로 볼 수는 없고, 오히려 그런 안건이 통과되기까지의 전 과정에서 아무런 역할을 하지 않았다면 그 자체로 이사의 의무위반이 있었다고 판단한 경우가 다수 발견된다.[67]

---

65) In re Tri-Star Pictures, Inc., Litigation, 643 A.2d 319 (Del. 1993).

66) Pereira v. Cogan, 294 B.R. 449 (S.D.N.Y. 2003); In re Oracle Corporation Derivative Litigation (Del. Ch. Mar. 19, 2).

67) 황운경 · 이유민, 이사의 기권행위와 선관주의의무 위반에 대한 대법원의 태도,

나. 일 본

(1) 법률의 규정

일본에서는 2005년 개정전 상법(이하 “일본 舊상법”) 제266조에 현행 상법 제399조 제2항 및 제3항과 유사한 조문을 두고 있었다. 일본 舊상법 제266조 제1항은 이사의 위법배당(제1호), 주주의 권리행사에 관한 이익공여(제2호), 이사에 대한 금전의 대부(제3호), 이익상반 거래(제4호), 법령 또는 정관에 위반하는 행위(제5호)를 한 이사는 회사에 손해가 발생한 경우 연대책임을 지도록 하고, 같은 조 제2항은 책임원인행위가 이사회 결의에 기한 것인 때에는 그 결의에 찬성한 이사는 그 행위를 한 이사로 간주하고 연대책임을 지도록 한다. 이때 이사록에 이의를 남기지 않은 결의참가 이사는 그 결의에 찬성한 것으로 추정된다(일본 舊상법 제266조 제3항). 2005년 회사법이 제정되면서 일본 舊상법 제266조 제2항에 해당하는 조항은 없어지고[68] 이사회의 결의와 관련된 제369조 제5항에서 “이사회의 결의에 참가한 이사로서 이사록에 이의를 제기하지 않은 자는 그 결의에 찬성한다.”는 조문을 두게 되었다.[69]

(2) 관련 판례

일본 회사법 제369조 제5항의 “이의를 제기하지 않은 자”의 의미가 직접적으로 다투어진 판결은 확인되지 않는다. 단 일본 舊상법 제266조와 관련하여 모회사로부터 부동산을 고가로 매수한 이사회 결의시 중립을 표한 이사회 의장은 결의에 찬성한 이사도 아니고, 결의에 찬성한 것으로 추정할 수도 없으며, 감시의무를 위반하였다고 보기 어렵다는 오사카 고등법원의 판결이 있었다.[70]

경제법 연구 제18권 제2호(2019), 140쪽.

68) 舊상법 제266조 제2항은 구시대적인 연좌제적 발상으로서 과실책임주의에 반한다는 취지에서 폐지되었고, 회사법 제정을 통해 경업거래금지 위반시 손해액의 추정(제432조 제2항), 이해상반거래에 대한 임무해태 추정(제423조 제3항) 등 이사의 책임을 강화하는 조항들을 신설하는 방향으로 개편되었다. 北村雅史, “競業取引 利益相反取引と取締役の任務懈怠責任”, 企業法の課題と展望 , 商事法務,(2009), 198-199頁.

69) 김지환, 앞의 논문 (주 55), 102쪽.

70) 1심에서는 피고의 감시의무 위반이 인정되었다. 神戸地裁尼崎支部 平成 7年 11月 17日

(3) 학　　설

일본에서도 위 오사카 고등법원의 판결과 관련하여 (ⅰ) 일본 舊상법 제266조 제2항이나 제3항의 규정은 이사의 감시의무를 담보하는 취지이기 때문에 기권을 포함하여 명시적으로 반대하지 않은 이사들도 찬성한 이사들과 같은 책임을 부담한다는 견해 및 (ⅱ) 출석하여 기권이라는 의사표시를 명료히 한 이사들에 대해서까지 찬성한 이사와 같은 책임을 물을 수 없다는 견해가 대립하고 있다.[71)]

2. 상법 제399조 제3항의 해석론

가. 기권한 이사는 “이사록에 이의를 한 기재가 없는 이사”에 해당한다는 견해

(1) 1심과 원심의 판단

대상판결의 원심에서는 기권한 이사 피고 B, C 또한 이사록에 이의를 한 기재가 없는 이사로서 이 사건 기부로 인하여 회사에 발생한 손해를 배상할 책임을 부담한다고 판단하였다. 원심이 판시한 바에 따르면 단지 기권한 것으로 기재되어 있을 뿐인 피고 B, C는 이의를 하였다는 사실을 스스로 입증하지 못했다.

(2) 학설상 근거

기권한 이사에 대해서 찬성을 추정하는 견해들이 제시하는 근거는 다음과 같다. 첫째, 상법 제399조는 적극적으로 찬성행위를 하지 않는 등 감시의무를 게을리한 이사에게도 책임을 부담하게 하려는 취지이다.[72)] 둘째, 이사회에서의 의사표시를 외부에서 알기는 어려우므로 이사가 스스로 결의에 반대하였다는 것을 입증해야 책임을 면할 수 있도록 하는 것이 조문의 취지에 부합한다.[73)] 셋째, 상법 제399조의 “이의”란 기권 사실

判決; 大阪高判 1998년 (平成10) 1月 20日 判決 (判タ981号, 238頁).

71) 高橋美加, “利益相反取引承認の取締役會と取締役の責任”, ジュリスト No. 1132 (1998), 158頁.

72) 백숙종, 앞의 논문 (주 4), 118쪽.

73) 한국사법행정학회, 주석 상법 [회사(Ⅲ)], 편집대표 정동윤(2014), 367쪽(제399조,

로만 증명될 수 있는 것은 아니고, 토의 과정에서 안건을 저지하고자 노력했는지 여부를 의미하는 것으로서 이사 스스로 입증해야 한다.[74] 넷째, 기권이 의결정족수에 반대표로 계산되는데 책임에 있어서는 찬성한 것으로 취급되더라도 모순은 아니다. 왜냐하면 이사회에서 찬성한 이사가 스스로 주의의무를 다하였음을 입증하여 책임을 면할 수도 있고, 이사회에서 이의를 제기한 이사라고 하더라도 감시의무 위반으로 책임을 부담하는 경우도 충분히 상정할 수 있기 때문이다.[75]

나. 기권한 이사는 "이사록에 이의를 한 기재가 없는 이사"에 해당하지 않는다는 견해

(1) 대법원의 판단

대상판결에서는 기권한 이사 피고 B, C는 이사록에 이의를 한 기재가 없는 자라고 볼 수 없다고 판단하였다. 상법 제399조 제3항은 문제가 되는 행위를 직접 수행한 이사뿐만 아니라 이를 결의한 이사회에서 찬성한 이사도 책임을 진다는 제399조 제2항을 전제로 하는 조문으로서 찬성하지 않았다는 점을 입증할 책임을 이사하게 전가시키는 기능을 한다. 따라서 기권으로 이사회 의사록에 기재된 이사는 찬성하지 않았다는 입증을 다 하였다는 취지이다.

(2) 학설상 근거

기권한 이사에 대해서 찬성한 이사로 추정할 수 없다는 견해의 주된 근거는 다음과 같다. 첫째, 상법 제399조 제2항이 찬성한 이사에 대해 책임을 묻는 조항인 이상 찬성을 하지 않았음이 명백한 경우에는 책임을 물을 수 없다. 둘째, 문언적 의미에 따를 때 기권이 "이의를 제기하지 않은 것"이라고 볼 수는 없다. 사전적 상으로도 기권은 참여할 수 있는 권리를 스스로 포기하고 행사하지 않는 것이고, 이의란 타인의 행위에 대하여 반대 또는 불복의 의사를 표시하는 것이기 때문이다.[76] 셋째, 상법

홍복기 집필부분).

74) 김지환, 앞의 논문, (주 55), 112쪽.

75) 위의 논문, 112쪽.

76) 황운경 · 이유민, 앞의 논문 (주 67), 127쪽.

은 '반대'와 '이의'라는 용어를 모두 사용하고 있는데 두 용어의 의미와 쓰임새는 일정하게 구별이 된다.[77] '반대'라는 용어를 사용한 경우는 이사회 의사록 기재(상법 제391조 제2항), 합병 등 반대주주의 주식매수청구권(상법 제360조의5, 제522조의3) 등이고, '이의'라는 용어를 사용한 경우는 합병에 대한 채권자 이의(상법 제232조) 및 각종 준용 규정들[78], 과태료 처분에 대한 이의(상법 제627조의2) 등이 있다.[79] 넷째, 법률적 효과의 측면에서 기권은 출석하여 반대한 것과 동일한 결과를 낳는다. 이 사건에서 기권한 이사들은 불출석한 이사들과 달리 의결정족수 계산시 출석 의결수에 포함되기 때문에 결과적으로 반대한 것과 같아진다.[80]

다. 평 가

(1) 상법 제399조 제3항의 해석

상법 제399조 제3항을 이사회에서 적극적으로 토론하고 회사의 손해가 예상되는 사안은 명시적으로 반대할 의무를 부과하는 취지로 해석하는 견해[81]에 따르면 이사는 기권한 사실 그 자체로 회사에 대한 손해배상 책임을 부담할 수 있다. 반면 대상판결에서와 같이 상법 제399조 제3항은 상법 제399조 제2항을 전제로 하는 것으로서, 기권한 이사는 결의

---

77) 위의 논문, 128쪽.

78) 상법상 합자회사, 유한책임회사, 주식회사, 유한회사의 합병 규정; 합명회사, 합자회사의 임의 청산; 주식회사, 유한회사의 자본감소, 주식회사와 유한회사 간의 조직변경 등.

79) 합병채권자의 이의제출과 관련해서는 특별한 방식에 제한이 없고, 구체적인 사유를 기재하지 않아도 된다. 김건식 · 노혁준 · 천경훈, 앞의 책 (주 38), 768쪽. 또 자본금 감소에 대한 이의와 관련해서도 그 자체에 대한 반대 외에 감소액, 감소방법 또는 감소 시기에 대한 이의제기도 가능하다고 본다. 이철송, 회사법 제26판, 박영사(2018), 929쪽. 이렇게 본다면 이의는 반대를 포함하는 더 넓은 개념이라는 해석도 가능하다.

80) 백숙종, 앞의 논문 (주 3), 119쪽. 기권을 출석과 동일하게 취급할 것인지 아니면 불출석과 마찬가지로 취급할지 여부는 나라에 따라 다르다. 일본과 한국에서는 출석하여 기권한 주주는 출석하여 반대한 주주와 마찬가지로 취급되지만 독일은 기권이 중립 또는 결정 보류를 핵심 내용으로 하기 때문 불출석과 마찬가지로 결의요건 충족 여부를 판단할 때 산입하지 않는다. Goette/Habersack/Kalls (Hrsg.), Münchener Kommentar zum Aktiengesetz, Bd. 2, 5. Aufl. (2019), AktG § 108 Rn. 2.

81) 김지환, 앞의 논문 (주 55), 112쪽.

에 대한 책임을 면한다고 보는 견해도 있다. 한편, 상법 제399조 제3항은 단순한 의사회 의사록의 기재에 관한 입증책임에 관한 조문이라는 견해도 있다.[82] 일본에서 회사법 제정시 일본 舊상법 제266조 제2항을 삭제하였음에도 불구하고 현 상법 제399조 제3항과 같이 이사회 결의의 찬성 추정과 관련된 조문을 제369조 제5항으로 남겨 둔 것을 볼 때, 상법 제399조 제3항이 이사의 책임 여부와 논리 필연적으로 연동되는지는 의문의 여지가 있다.

이처럼 상법 제399조 제3항의 취지 및 제2항과의 관계에서 대해서는 다양한 견해가 대립되지만, 1심 및 원심과 달리 출석하여 기권한 이사를 찬성한 이사로 추정할 수는 없다는 대상판결의 판시에 찬성하는 평석[83]이 반대하는 평석[84]보다 훨씬 많다. 결의안에 반대표결을 해야만 제393조 제3항에 따른 이의한 것에 해당한다는 것은 문언해석의 범위를 벗어난 것으로도 볼 수 있으므로 대상판결에서 제시한 해석론에 동의할 수 있다. 단, 대법원의 입장과 같이 해석할 경우 출석하여 기권하는 방식으로 책임을 회피하면서 적극적인 감시의무의 이행에 나서려는 유인이 줄어들게 된다는 한계는 존재할 수밖에 없다. 그러나 이러한 한계는 감시의무 위반 여부에 대한 별도의 주장과 입증을 통해서 극복되는 것이고, 현행 상법 조문하에서는 출석하여 기권한 이사를 찬성한 이사와 같이 취급할 수는 없을 것이다.

(2) 기권과 손해배상 책임의 유무

대상판결은 피고 B, C가 기권했기 때문에 "반대의 의사표시를 하지 않음으로써 찬성으로 추정"될 수는 없으므로 이 사건 기부행위에 대한 책임을 부담하지 않는다는 결론을 제시한다. 피고 B는 원고의 대표이사

---

82) 송옥렬, 앞의 논문 (주 6), 56-57쪽.

83) 송옥렬, 앞의 논문 (주 6), 56쪽; 정대익, 앞의 논문 (주 54), 326쪽; 황운경 · 이유민, 앞의 논문 (주 67), 130쪽; 노혁준, 2019년 회사법 중요판례평석, 인권과 정의, vol. 488(2020. 3.), 136쪽; 김홍기, "2019년 분야별 중요판례 분석 10. 상법", 법률신문(2020. 4. 3.).

84) 김지환, 앞의 논문 (주 55), 112-113쪽.

이고, 피고 C는 상임이사임에도 불구하고 단지 이사회의 결의에 '기권'하였다는 것이 회사에 발생한 손해에 책임을 지지 않는 근거가 된다는 판단의 타당성에 관해서는 의문이 있다. 기권한 이사의 책임이 배제되는 것은 해당 이사가 제399조 제2항의 추정을 받지 않는다는 데 불과하기 때문이다.[85)]

3. 감시의무의 이행 여부

회사에 손해를 발생시킨 이사의 책임과 관련하여, 미국과 일본의 판례에서는 각 이사가 이사회에서 어떠한 의사를 표시하였는지라는 쟁점과 해당 이사가 감시의무를 이행하였는지라는 쟁점을 별개로 판단하였다. 즉, 이사회에서 기권한 이사라고 하더라도 이사로서 요구되는 감시의무를 이행하지 않은 경우에는 회사에 대한 손해배상 책임을 부담할 수 있다는 것이다.

상법에서는 명시적으로 감시의무를 규정하고 있지는 않지만, 이사가 다른 이사들의 직무집행을 감시할 의무는 선관주의의무의 하위 유형으로 도출되며, 판례에서도 오래전부터 이사의 감시의무를 인정해 왔다.[86)] 이사의 감시의무는 이사회에 상정된 사항에 국한되지 않고, 사외이사도 상임이사와 마찬가지로 다른 이사의 직무집행에 대한 감시의무를 부담한다. 단, 이러한 감시의무의 구체적 내용은 회사의 규모, 업종, 이사의 지위 등에 따라 달라진다.[87)] 특히 대표이사는 "대외적으로는 회사를 대표하고 대내적으로는 업무 전반의 집행을 담당하는 직무 권한을 가지고 있는 만큼, 회사업무의 전반을 총괄하여 다른 이사의 직무집행을 감시·감독하여야 할 지위에 있다."고 인정되는 만큼 포괄적인 감시의무를 진다.[88)]

대상판결의 사안에서 대표이사 및 상임이사가 단지 기권했다는 이유

---

85) 송옥렬, 상법강의, 홍문사, 제10판(2020). 1078쪽.

86) 김건식·노혁준·천경훈, 앞의 책 (주 38), 421쪽. 대법원 1985. 6. 25. 84다카1954판결.

87) 위의 책, 422쪽.

88) 대법원 2004. 12. 10. 2002다60407, 60474 판결.

로 면책된다는 결론에는 수긍하기 어렵다. 피고 B, C는 상시적으로 회사의 업무집행을 감시·감독하면서 이 사건 기부안이 회사에 미칠 영향을 검토하고 안건이 상정되는 것을 제지할 정보와 권한을 가지는 것으로 기대되는 자들이다. 이 사건 기부안이 결의 되었을 당시 대표이사와 상임이사였다는 이유만으로 반대를 했음에도 불구하고 책임을 부담한다는 결론에 도달해서도 안 되지만, 이들이 구체적으로 어떻게 감시의무를 이행했는지에 관한 심사 과정 없이 제399조 제3항에 따라 면책된다고 보는 것도 타당하지 않다.

Ⅲ. 결 론

대상판결에 따르면 이 사건 기부행위를 결의한 것은 이사의 선관주의의무 위반에 해당하지만, 그러한 결의에 찬성한 이사들은 상법 제399조 제2항에 따른 손해배상 책임을 부담하고, 결의에 기권한 이사들은 책임에서 벗어난다. 이 사건 기부행위의 선관주의의무 위반에 대해서는 대법원이 기부행위의 당부를 판단하는 구체적인 기준을 제시한 점, 특히 회사의 규모에 비하여 이 사건 기부금액이 막대하다고 볼 수 없음에도 불구하고 주주간계약 당사자인 특정 주주의 요청에 따른 기부행위에 대해 엄격한 잣대를 적용한 점은 기존 판례에서 진일보 한 것으로 평가할 수 있다. 특히 대상판결은 이사의 선관주의의무 위반과 관련하여 통상적인 사업과 관련된 판단에 적용되는 "경영판단의 원칙"에 머무르지 않고, 회사의 기부행위는 유상의 대가가 없는 출연행위로서 신중한 판단이 필요하다는 점, 이러한 기부행위가 특정한 주주가 지명한 이사의 요청에 따라 이루어진다는 점에서 이익충돌 문제에 대한 고려가 필요하다는 점을 전제로 엄격한 법리를 제시했다는 점에서 중요한 의의를 지닌다.

다만, 대상판결은 개별 이사의 책임 유무를 판단함에 있어서 이사회의 결의시 찬성 및 반대 여부가 가장 중요한 기준이 될 것이라는 오해를 불러일으킬 소지가 있다. 특히 대표이사의 경우에도 해당 안건의 상정을 막기 위한 노력의 유무, 이 사건 기부행위의 부당성에 대한 판단의 여부 및 다른 이사들을 설득하였는지 여부를 고려하지 않고 이사회의 기권을 면책의 근거로 삼은 점에 대해서는 비판의 여지가 있다. 대상판결을 계기로 이사의 감시의무의 이행 여부가 이사회의 결의시 어떠한 표결을 하였는지에 국한되지 않아야 할 것이다.

[Abstract]

Is Director Liable for Damages from Corporate Donation?

Kim, Jung Yeun*

In 2019, Korean supreme court issued a decision on the directors' liability for the damages inflicted by corporate charitable activities. The supreme court decision provided that the board violated its duty of care when it decided that Gangwonland (hereunder "the company") should make donations to a near-bankrupt resort which had been founded and operated by one of the minor shareholders (1.25%) of the company. Considering that the company maintains assets which exceed 2 billion dollars, donation of 15 million dollars by the board decision could be relatively small. However, the supreme court applied strict standard for non-profit contribution which have been induced by the consistent request from the provincial government having minority shareholder position of the company. This supreme court decision suggest that the board members should behave more prudently by gathering sufficient information and making thorough investigation when making decision to donate to the relevant party.

In addition, supreme court provided that the directors who attended the meeting and approved the donation should be liable for the damages, whereas those directors who attended the meeting but expressed their "abstention" should not be found liable. According to the Article 399 Paragraph 3 of Korean Commercial Code, the directors who attends the board meeting but does not dissent pursuant to the board minute is presumed to have consented. This supreme court decision provided clear inter-

* Professor, Law School, Ewha Womans University.

pretation of this provision. The directors who explicitly showed their abstention should not be considered to have consented. This articles agrees on the interpretation of the relevant provision by the supreme court. However, whether the representative director and standing director performed their duty to monitor needs to be reviewed separately.

[Key word]

- Corporate Donation
- Business Judgment Decision
- Board Meeting Attendance
- Standard of Care
- Duty to Monitor

참고문헌

[국내문헌]

김건식 · 노혁준 · 천경훈, 회사법 제4판, 박영사(2020).

김정연, 비영리법인 이사의 주의의무에 관한 연구, 비교사법 제26권 제2호 (2019).

김재형, 회사의 기부행위와 이사의 책임, 기업법연구 제15권(2003).

김지환, 이사회 결의에 찬성 또는 기권한 이사의 책임–대법원 2019.5.16. 선고 2016다260455판결을 중심으로, 상사판례연구 제32집 제4권(2019).

김홍기, "2019년 분야별 중요판례 분석 10. 상법", 법률신문(2020. 4. 3.).

노혁준, 2019년 회사법 중요판례평석, 인권과 정의, vol. 488(2020. 3.).

백숙종, 주식회사 이사들이 이사회에서 회사의 기부행위를 결의한 경우 선량한 관리자로서의 주의의무에 위배되는지 여부를 판단하는 기준, 대법원 판례해설 제119호, 법원도서관(2019).

송옥렬, 2019년 회사법 판례의 분석, 상사판례연구 제33집 제2권(2019.)

______, 상법강의, 홍문사, 제10판(2020).

이철송, 회사법 제26판, 박영사(2018).

______, 회사의 비영리적 출연의 허용기준, 선진상사법률연구 통권 제89호 (2020. 1.).

정대익, 2019년 회사법 주요판례 평석, 안암법학 제60호(2020).

천경훈, 회사에서의 이익충돌, 저스티스 통권 제159호(2017).

한국사법행정학회, 주석 상법 [회사(Ⅲ)], 편집대표 정동윤(2014).

한국상사법학회, 주식회사법대계 Ⅱ, 법문사(2016).

황운경 · 이유민, 이사의 기권행위와 선관주의의무 위반에 대한 대법원의 태도, 경제법 연구 제18권 제2호(2019).

[외국문헌]

Barnard, Jayne W., "Corporate Philanthropy, Executives' Pet Charities and the Agency Problem" 41 New York Law School Law Review 1147 (1997).

David Kershaw, The Foundations of Anglo-American Corporate Fiduciary

Law, Cambridge University Press (2018).
Faith Kahn, Pandora's Box, Managerial Discretion and the Problem of Corporate Philanthropy 44 UCLA Law Review 579 (1997).
Goette/Habersack/Kalls (Hrsg.), Münchener Kommentar zum Aktiengesetz, Bd. 2, 5. Aufl. (2019).
Harwell Wells, The Life (and Death?) of Corporate Waste, 74 Washington & Lee Law Review 1239 (2017).
James Kwak, Corporate Law Constraints on Political Spending 18 North Carolina Banking Institute 251 (2014).
Jill Fisch and Steven Davidoff, Should Corporations Have a Purpose? Faculty Scholarship at Penn Law 2163 (2020).
Jill Fisch, "Questioning Philanthropy From a Corporate Governance Perspective" 41 New York Law School Law Review 1091 (1997).
John Pearce The Rights of Shareholders in Authorizing Corporate Philanthropy 60 Villanova Law Review 215 (2015).
Ronald Masulis and Syed Reza, Agency Problems of Corporate Philanthropy 28(2) Review of Financial Studies 592 (2015).

高橋美加, "利益相反取引承認の取締役會と取締役の責任", ジュリスト No. 1132 (1998).
北村雅史, "競業取引 利益相反取引と取締役の任務懈怠責任", 企業法の課題と展望 , 商事法務(2009).

재산소재지 특별관할에 관한 법리와 판례의 검토 및 입법론*

한 애 라**

■ 요 지 ■

국제사법 제2조 제1항은 국제재판관할의 판단기준을 "실질적 관련성"으로 명시하고 있고, 제2항은 "실질적 관련성" 판단에서 국내법상의 토지관할규정을 참작하되, 국제재판관할의 특수성을 고려하도록 규정하고 있다. 민사소송법 제11조는 재산권상의 소에서는 "압류할 수 있는 재산이 있는 곳"에 재판적이 있다고 규정하는데, 이를 국제재판관할 판단에서 어떻게 참작할 것인지가 문제된다. 이 글에서는 재산소재지 특별관할에 관하여 대법원 2019. 6. 13. 선고 2016다33752 판결(대상판결)을 포함하여 기존의 학설, 판례와 외국의 입법례를 검토하고, 재산소재지 특별관할을 명시한 국제사법 개정안 제5조 제2호가 타당한지 여부도 아울러 살펴본다.

대법원 2019. 6. 13. 선고 2016다33752 판결은 국제사법 제2조 제2항의 취지를 살려 국제재판관할 심사 시에 국내법상의 토지관할 규정을 우선적으로 고려하면서도, 원고의 청구가 피고의 재산과 직접적인 관련이 없는 경우에는 그 재산이 대한민국에 있게 된 경위, 재산의 가액, 원고의 권리구제 필요성과 판결의 실효성, 예측가능성 등을 고려하여야 한다고 판단하였다. 이러한 대상판결의 판단은 '실질적 관련성'이라는 단일기준에 따른 불확실성을 줄임과 아울러 재산소재지 관할에 대하여 합리적인 제한기준을 제시한 것으로서 바람직하다.

* 이 논문은 저스티스 2021년 2월호에도 게재되었다.

** 성균관대학교 법학전문대학원 교수.

그러나 가장 바람직한 것은 더 이상 국제사법 제2조의 일반조항에 의존하지 말고 구체적, 개별적인 국제재판관할 규정을 두는 것이다. 개정안 제5조 제2호는 재산소재지 특별관할을 구체적으로 명시하면서, 분쟁이 된 사안이 대한민국과 아무런 관련이 없거나 근소한 관련만 있는 경우 또는 그 재산의 가액이 현저하게 적은 경우를 예외로 삼고 있다. 재산소재지 관할에 과잉관할의 우려가 있기는 하지만, 타국 판결이 재산소재지국 판결만큼 확실하게 집행될 수 없는 것이 현실이고, 아직 판결의 자유로운 유통이 보장되어 있지 않고 주요국이 어떤 형태로든 재산소재지를 연결점으로 하여 관할권을 행사하고 있는 이상, 일정한 제한하에서 재산소재지 특별관할을 둘 필요성이 있다. 개정안 제5조 제2항은 이러한 점을 고려할 때 현실적으로 타당한 입법안으로 생각된다.

[주 제 어]

- 국제재판관할
- 실질적 관련
- 특별관할
- 재산소재지
- 국제사법 개정안

대상판결 : 대법원 2019. 6. 13. 선고 2016다33752 판결

[사안의 개요]

1. 사실관계

가. 원고는 중국 천진시에 거주하면서 사채업에 종사해 온 중국 국적자이고, 피고들(피고 1, 2)은 중국 산동성에 거주하면서 부동산개발사업에 종사해 온 중국 국적의 부부이다. 원고는 2014. 1. 18. 피고들을 상대로, 원고가 피고들에게 피고들의 중국 내 사업과 관련하여 2009. 5.부터 2011. 11.까지 총 500만 위안을 대여하였다고 주장하면서 이 사건 대여금청구의 소를 제기하였다.

나. 원고는 2014. 4. 대한민국 내에서 영업을 하기 위하여 대한민국에 입국하였다.[1] 한편 피고들은 2013. 3.경부터 2013. 6.경까지 대한민국과 중국을 수시로 오가며 그 무렵 제주도에 거주지를 마련하였다. 구체적으로, 피고 1은 2013. 3. 12. 제주시 소재 부동산을 매수하여 2013. 4. 8. 소유권이전등기를 하였고, 2013. 5. 21. 차량을 구입하여 소유권이전등록을 하였으며, 2013. 5. 28. 토지 1,584㎡와 그 지상 건물 1동을 매수하여 소유권이전등기를 하였다. 피고 2는 국내 은행 2곳에 예금채권을 가지고 있었다.

다. 피고 1은 대한민국-중국 간 출입국을 반복하다가 2013. 6. 12.경부터 이 사건 소 제기 시점까지 제주도에 계속 거주·생활하면서 자녀를 제주도 소재 국제학교에 입학시키고 양육하여 왔다. 피고 2도 2013. 3.부터 2013. 7.까지 10차례 대한민국에 입국하여 2~7일씩 머무르다가 중국으로 귀국하는 등 대한민국과 중국을 오가며 상당한 기간을 대한민국에 거주하면서 가족과 생계를 같이 하여 오다가, 2013. 7. 23. 마지막으로 중국으로 출국한 다음 중국에서 출국금지처분을 당하였다(따라서 소 제기 당시에 피고 2는 대한민국에서 거주하고 있지 않았다).

라. 피고들은 2013. 4. 4. 유효기간 1년의 관광통과(B-2) 비자를 취득하였다가 2013. 4. 15. 투자이민제에 따른 투자대상 부동산을 매수하였다는 이유로 거주자격 변경을 신청하여, 자녀와 함께 유효기간이 2년이고 향후 특별한 사정이 없으면 영주권 취득이 가능한 거주(F-2) 비자를 취득하였다. 그 후 원고는 위 대여금채권을 피보전채권으로 하여 위 2)항의 부동산과 차량, 예

---

1) 단 제1심 판결의 사실관계에는 원고의 대한민국 입국사실이 적시되어 있지 않다.

금채권 등에 관하여 가압류결정을 받았고, 이에 따라 피고들의 비자등급 및 유효기간이 하향조정되었다. 피고 1은 제1심판결 선고 후인 2015. 2. 대한민국을 출국하여 현재 중국에 거주하고 있다.

2. 법원의 판단

가. 제1심판[2)]

제1심은 국제사법 제2조의 실질적 관련성 유무에 관하여, 다음과 같은 이유를 들어 실질적 관련성이 없다고 보아 대한민국 법원의 국제재판관할을 부인하였다.

(1) 당사자와 대한민국 사이의 실질적 관련성

원고와 피고들은 모두 중국 국적으로서, 원고는 현재 중국에 거주하고 있고 피고들은 최근까지 중국에 거주하여 왔으며, 위 금전대여 및 변제 등과 관련된 증거는 대체로 중국에 있을 것으로 보인다. 따라서 대한민국 법원에서 재판을 진행하는 것이 당사자들에게 편리하지 않다. 나아가 피고들의 입장에서 대한민국과 무관한 지역에서 이루어진 금전차용과 관련하여 원고가 대한민국 법원에 소를 제기하리라고 예상하기 어려웠을 것으로 보인다. 피고들이 중국 내에서 전재산을 처분하고 개명한 후 제주도로 이주하였으며, 피고 1이 한국 내에서 부동산, 차량을 구입하였다는 등 원고가 주장하는 사정만으로는 피고들이 더 이상 중국에서 사회생활을 하지 않으면서 대한민국 내에서만 주소 또는 거소를 두고 사회생활을 하고 있다고 단정하기 어렵다. 피고 1이 대한민국 내에 부동산 및 동산을 소유하고 있다는 사정만으로는 피고들과 대한민국 사이에 실질적 관련성이 있다고 인정하기 부족하다. 더구나 피고 2는 대한민국 내에 부동산을 소유하고 있지도 않다.

(2) 분쟁이 된 사안과 대한민국 사이의 실질적 관련성

소비대차계약의 체결, 대여금의 수령, 차용금 중 일부의 변제 모두 중국에서 이루어졌고, 이 사건에서 문제되는 원피고들 간의 수회 다액의 금전거래에 관한 증거 또한 대체로 중국에 있어, 대한민국 법원에서는 이 사건을 신속하고 효율적으로 진행하기 어려워 보인다. 또 피고 1이 대한민국에 부동산을 소유하고는 있으나, 원고 주장만으로는 피고들이 중국에 재산이 없다고 단정하기 어려워 판결의 실효성 확보를 위해 대한민국 법원에 국제재판관할

2) 제주지방법원 2014. 11. 13. 선고 2014가합82 판결.

권을 인정할 특별한 필요가 없고, 중국에서 판결을 받더라도 대한민국에서 집행판결을 받아 위 재산에 강제집행할 수 있으므로, 대한민국 내에 집행가능한 재산이 있다는 것만으로는 국제재판관할권을 인정할 필요가 없다.

(3) 국내법 관할규정의 고려

피고들은 중국에 주로 거주하였으므로 대한민국에 보통재판적이 없다. 민사소송법 제8조에 의하여 피고들의 거소지에 특별재판적이 인정될 것이나, 피고들이 대한민국 내에만 거소를 두고 있다고 인정하기 어렵다. 한편 원고의 주된 거주지는 중국 천진시이므로, 민사소송법 제8조의 의무이행지는 중국 천진시이다.

피고 1이 대한민국에 부동산을 소유하고 있어 민사소송법 제11조에 따른 특별재판적이 일부 인정될 여지가 있기는 하나, 중국 내에 피고들의 재산이 없다고 단정하기 어렵고, 중국에서 판결을 받더라도 향후 대한민국에서 집행판결을 받아 피고 1 등의 국내재산에 강제집행할 수 있는 점에 비추어, 대한민국 내에 피고 1 소유 집행가능한 재산이 있다는 사정만으로 대한민국 법원에 국제재판관할권이 인정되지 않는다.

가압류관할이 본안관할을 창설하는 것은 아니므로, 원고가 피고 1 소유인 대한민국 내 부동산 및 차량에 관하여 가압류결정을 받았다는 사정만으로 대한민국 법원에 본안 관할이 창설되는 것도 아니다.

나. 원심판결[3)]

원심법원은 위 1항과 같은 사실을 인정한 후, 다음과 같은 이유로 대한민국 법원의 국제재판관할권을 인정하였다.[4)]

(1) 피고들이 대한민국에 있는 부동산과 차량을 구입하여 이를 소유·사용하고, 이 사건 소 제기 당시 대한민국에 생활의 근거를 두고 자녀를 양육하면서 취득한 부동산에서 실제 거주해 왔으며, 자녀를 대한민국에 있는 학교에 입학시키고 피고들과 자녀 모두 대한민국 영주권 취득의 전제가 되는 비자를 취득하였다. 당시 피고들이 중국을 떠나 대한민국에 입국하게 된 이

3) 광주고등법원(제주) 2016. 7. 6. 선고 2014나1166 판결. 원심은 본안에 관하여는 중국법을 준거법으로 하여 원고의 피고들에 대한 청구를 전부 인용하였다.

4) 원심판결은 국제재판관할권 인정의 이유로 총 14가지의 사정을 적시하였는데, 대상판결은 이를 다시 아래의 4개 항으로 요약정리하였다. 대상판결에서 정리된 내용이 원심판결의 핵심적인 논거를 거의 반영하고 있으므로, 여기에서는 후자를 인용한다.

유는 중국 거주 당시 민·형사 사건에 연루되어 더 이상 중국에 거주하기 어렵게 되자, 이와 관련된 분쟁을 회피하기 위한 것으로 보이고, 현재 피고들이 중국에서 거주하지만 이 또한 민·형사 사건과 관련하여 부득이 중국으로 귀국해야 했기 때문이다. 원고도 이 사건 소 제기 무렵 대한민국에 입국하였고 변론 당시까지 상당한 기간을 대한민국에서 거주하면서 향후 대한민국에서 영업활동을 수행할 계획을 가지고 있다. 이러한 사정을 종합하면 원고나 피고들이 이 사건 소 제기 당시 대한민국에 실질적인 생활 기반을 형성하였다고 볼 수 있다.

(2) 피고들은 분쟁을 회피하고자 중국을 떠난 뒤 대한민국에 생활 기반을 마련하고 재산을 취득하였으므로 원고가 자신들을 상대로 대한민국 법원에 이 사건 소를 제기할 것을 예상하지 못했다고 보기 어렵다. 피고들이 대한민국에 부동산과 차량 등 재산을 소유하고 있고 원고가 이를 가압류한 상황에서 이 사건 청구의 실효성 있는 집행을 위해서 원고가 대한민국 법원에 소를 제기할 실익이 있다.

(3) 중국 국적인 원고가 중국 국적인 피고들을 상대로 스스로 대한민국 법원에 재판을 받겠다는 의사를 명백히 표시하여 재판을 청구하고 있고, 피고들도 대한민국에서 소송대리인을 선임하여 응소하였다. 이 사건에 관하여 상당한 기간 대한민국 법원에서 본안에 관한 실질적인 변론과 심리가 이루어졌다. 이 사건의 요증사실은 대부분 계약서나 계좌이체 내역 등의 서증을 통해 증명이 가능하고 반드시 중국 현지에 대한 조사가 필요하다고 보기 어렵고, 대한민국에서 소송을 하는 것이 피고들에게 현저히 불리하다고 볼 수 없다. 반면 이 사건에 관하여 대한민국 법원의 국제재판관할을 부인하여 중국 법원에서 다시 심리해야 한다면 소송경제에 심각하게 반하는 결과가 초래된다.

(4) 이 사건 법률관계의 준거법이 중국법이라 하더라도 국제재판관할과 준거법은 서로 다른 이념에 의해 지배되는 것이므로 그러한 사정만으로 이 사건 소와 대한민국 법원의 실질적 관련성을 부정할 수는 없다.

다. 대상판결[5)]

대상판결은 국제사법 제2조 제1항의 '실질적 관련'의 판단기준에 관한 기존의 판시('실질적 관련'은 당사자 또는 분쟁이 된 사안과의 관련성을 뜻하고, 개인적인 이익과 법원이나 국가의 이익도 함께 고려하여야 한다는 등)[6)]

5) 대법원 2019. 6. 13. 선고 2016다33752 판결.

를 인용한 후, 국제사법 제2조 제2항 및 재산소재지 특별관할에 관하여 다음과 같이 판시하면서,[7] 대한민국 법원의 국제재판관할권을 인정한 원심의 판단을 수긍하였다.

(1) 국제사법 제2조 제2항은 "법원은 국내법의 관할 규정을 참작하여 국제재판관할권의 유무를 판단하되, 제1항의 규정의 취지에 비추어 국제재판관할의 특수성을 충분히 고려하여야 한다."라고 정하여 제1항에서 정한 실질적 관련성을 판단하는 구체적 기준 또는 방법으로 국내법의 관할 규정을 제시한다. 따라서 민사소송법 관할 규정은 국제재판관할권을 판단하는 데 가장 중요한 판단 기준으로 작용한다. 다만 이러한 관할 규정은 국내적 관점에서 마련된 재판적에 관한 규정이므로 국제재판관할권을 판단할 때에는 국제재판관할의 특수성을 고려하여 국제재판관할 배분의 이념에 부합하도록 수정하여 적용해야 하는 경우도 있다.

(2) 국제재판관할에서 특별관할을 고려하는 것은 분쟁이 된 사안과 실질적 관련이 있는 국가의 관할권을 인정하기 위한 것이다. 민사소송법 제11조는 "대한민국에 주소가 없는 사람 또는 주소를 알 수 없는 사람에 대하여 재산권에 관한 소를 제기하는 경우에는 청구의 목적 또는 담보의 목적이나 압류할 수 있는 피고의 재산이 있는 곳의 법원에 제기할 수 있다."라고 정한다. 원고가 소를 제기할 당시 피고의 재산이 대한민국에 있는 경우 대한민국 법원에 피고를 상대로 소를 제기하여 승소판결을 얻으면 바로 집행하여 재판의 실효를 거둘 수 있다. 이와 같이 피고의 재산이 대한민국에 있다면 당사자의 권리구제나 판결의 실효성 측면에서 대한민국 법원의 국제재판관할권을 인정할 수 있다. 그러나 그 재산이 우연히 대한민국에 있는 경우까지 무조건 국제재판관할권을 인정하는 것은 피고에게 현저한 불이익이 발생할 수 있다. 따라서 원고의 청구가 피고의 재산과 직접적인 관련이 없는 경우에는 그 재산이 대한민국에 있게 된 경위, 재산의 가액, 원고의 권리구제 필요성과 판결의 실효성 등을 고려하여 국제재판관할권을 판단해야 한다.

나아가 예측가능성은 피고와 법정지 사이에 상당한 관련이 있어서 법정지 법원에 소가 제기되는 것에 대하여 합리적으로 예견할 수 있었는지를 기

---

6) 대법원 2005. 1. 27. 선고 2002다59788 판결, 대법원 2008. 5. 29. 선고 2006다71908, 71915 판결 등.

7) 대상판결은 피고의 주소지에 관하여도 판시하였으나 이 부분은 뒤에서 간략하게만 살펴보기로 하고, 여기서는 생략한다.

준으로 판단해야 한다. 피고가 대한민국에서 생활 기반을 가지고 있거나 재산을 취득하여 경제활동을 할 때에는 대한민국 법원에 피고를 상대로 재산에 관한 소가 제기되리라는 점을 쉽게 예측할 수 있다.

(3) 국제재판관할권은 배타적인 것이 아니라 병존할 수도 있다. 지리, 언어, 통신의 편의 측면에서 다른 나라 법원이 대한민국 법원보다 더 편리하다는 것만으로 대한민국 법원의 재판관할권을 쉽게 부정할 수는 없다.

〔研 究〕

Ⅰ. 들어가며

국제사법은 제2조 제1항에서 '실질적 관련'을 국제재판관할의 단일한 판단기준으로 규정하고, 제2조 제2항에서는 다시 실질적 관련성 판단 시 국내법의 관할 규정을 참작하되, 국제재판관할의 특수성을 충분히 고려하여야 한다고 규정하고 있다.

다른 고려 없이 '실질적 관련성'만 가지고 국제재판관할을 판단하게 되면 법원의 재량이 지나치게 넓어지고 국제재판관할 판단의 예측가능성이 떨어지게 되는데, '국내법의 관할 규정'을 참작하면 이러한 불확실성을 상당 정도 감소시킬 수 있다. 2001년 국제사법 전부개정 시에 제2조에서 국제재판관할에 관하여 일반규정만을 둔 것도, 법원에 전적인 재량을 부여하려는 의도가 아니라, 당시 국제재판관할에 관한 통일적인 국제규칙 정립의 노력이 진행 중이었으므로, 그 상황을 지켜보기로 하고 일단 과도기적으로 일반원칙을 정한 것이었다.[8)]

그럼에도 대법원은 개정 국제사법의 시행 초기에 그 입법취지와는 달리 민사소송법의 관할 규정에 관한 정치한 심리 없이 그때그때 다양한 사정들을 종합하여 '실질적 관련성'을 판단한 두 개의 판결을 선고하였다.[9)] 이 판결들에 대하여는 국제재판관할의 인정에 관한 명확한 기준 없

8) 법무부, 국제사법 해설(2001), 13면; 석광현, 국제사법 해설 제2판, 지산(2003), 17-18면; 한충수, "국제사법의 탄생과 국제재판관할", 법조 제536호, 법조협회(2001), 40-44면.

이 '실질적 관련' 유무에 관한 법원의 자의적 판단에 의해 국제재판관할이 결정되므로 국제재판관할 판단에 관한 예측가능성이 현저히 저해된다는 비판이 이어졌다. 아울러 국제사법을 개정하여 좀 더 구체적이고 명확한 국제재판관할 규정을 두어야 할 필요성도 제기되었다.[10] 이에 법무부는 국제사법 중 국제재판관할 규정 개정의 선행작업으로 국제사법학회에 연구용역을 의뢰하여 그 연구보고서를 "국제사법 개정 방안 연구"로 발간하였고,[11] 이를 바탕으로 국제사법 개정작업에 착수하여 2018. 11. 구체적인 국제재판관할 규정을 신설한 국제사법 개정안을 정부안으로 발의하였다. 위 개정안은 20대 국회 회기 종료로 폐기되었으나, 21대 국회에서 법무부는 다시 거의 동일한 국제사법 전부개정안(이하 '개정안'이라고만 한다)을 재발의하였다.[12] 개정안은 제5조 제2호에서 분쟁이 된 사안의 대한민국과의 관련성 및 재산가액의 제한을 두어 재산소재지 특별관할을 허용하였으나, 이와 관련해서는 뒤에서 보는 바와 같이 많은 논란이 있다.

---

9) 대법원 2005. 1. 27. 선고 2002다59788 판결(도메인 이름 분쟁 사건); 대법원 2008. 5. 29. 선고 2006다71908, 71915 판결(냉동청어 사건). 그 후 대법원은 국제재판관할 판단에 있어 국내법상의 토지관할 규정을 우선적으로 고려한 일련의 판결들을 선고하여 왔고[대법원 2010. 7. 15. 선고 2010다18355 판결(중국항공 사건), 대법원 2012. 5. 24. 선고 2009다22549 판결 및 대법원 2012. 5. 24. 선고 2009다68620 판결(강제징용 사건), 대상판결 등], 현재 대법원의 태도는 국내법상의 토지관할을 우선적으로 고려하는 것이 주류라고 할 수 있다. 그러나 대법원은 그 사이에도 다시 '실질적 관련성'만을 종합적으로 고려한 판결을 선고하기도 하는 등[대법원 2014. 4. 10. 선고 2012다7571 판결(재일교포 간 대여금 사건), 2014. 5. 16. 선고 2013므1196 판결(스페인 거주 피고에 대한 이혼 사건)], 그 태도가 확고하게 정립되었다고 보기는 어렵다.

10) 한충수, "국내토지관할 규정의 국제적 정합성", 민사소송 제13권 제2호(2009), 128면 이하; 석광현, "계약사건의 국제재판관할에서 의무이행지와 실질적 관련", 법률신문 제3792호(2009. 11.); 손경한, "한국 국제재판관할법제의 발전", 국제사법연구 제18집(2012), 27면 이하; 장준혁, "한국 국제재판관할법상의 특별관할", 국제사법연구 제18집(2012), 118면 이하; 국제사법연구 편집부, "국제사법개정촉구결의문", 국제사법연구 제18집(2012), 551-566면 등.

11) 손경한 외, 국제사법 개정 방안 연구, 법무부(2014). 발표자는 해당 연구용역에서 자연인, 법인의 일반관할과 영업소 소재지 및 영업활동지 특별관할, 재산소재지 특별관할 부분을 맡아서 연구용역을 수행하였다.

12) 2020. 8. 7. 의안번호 2818.

2001년 국제사법 개정 이후로 하급심에서 재산소재지를 국제재판관할 연결점으로 검토하거나, 대법원이 재산소재지를 실질적 관련 유무의 고려요소 중 하나로 검토한 경우는 있었으나, 국제사법 제2조 제2항과 관련하여 정면으로 재산소재지를 국제재판관할 판단 시에 우선적으로 참작한 것은 대상판결이 최초이다. 대상판결은 현 국제사법과 민사소송법의 해석뿐만 아니라 개정안의 재산소재지 특별관할 인정 여부 및 제한기준에도 시사하는 바가 있다. 필자는 확실하고 효율적인 강제집행을 위해서는 일정한 제한을 두는 것을 전제로 재산소재지 특별관할이 인정되어야 한다고 주장한 바 있고,[13] 이러한 입장은 현재까지 변함이 없다. 같은 취지에서 개정안 제5조 제2호에 대해서도 큰 틀에서 찬성한다. 필자는 이러한 원칙적 찬성론의 관점에서, 대상판결을 포함하여 이 문제에 관한 각국의 입법례 및 국제협약, 국내의 해석론과 판례를 검토하고, 개정안 제5조 제2호를 두어야 할 필요성 및 그 내용의 타당성에 관하여 의견을 제시하고자 한다.

Ⅱ. 재산소재지 특별관할에 관한 비교법적 검토

1. 독　　일

우리 민사소송법 제11조는 1871년 독일 민사소송법(Civilprozeßordnung) 제24조가 일본을 거쳐 우리나라에 계수된 것이다. 1871년 독일 민사소송법 제24조는 독일 보통법 시대의 외국인가압류(Fremden Arrest)에서 유래한다. 외국인가압류 제도는 채권자가 독일인이고 채무자가 외국에 있는 경우, 채권자가 독일 내의 채무자 재산에 대하여 만족적 가압류를 할 수 있고, 이와 아울러 본안에 대해서도 독일 소재 재산에서 만족을 얻을 목적하에 독일 법원이 가압류를 근거로 본안관할을 행사할 수 있도록 한 것이었다. 1871년에 제정된 독일 민사소송법은 가압류 사건과 본안 사건

13) 한애라, "국제재판관할과 관련된 판결의 추이 및 국제사법의 개정방향－국제재판관할의 판단구조 및 법인에 대한 일부 과잉관할 쟁점과 관련하여－", 민사판례연구 제35권(2013. 2.), 1144면.

의 절차를 준별하여야 한다는 차원에서, 가압류 대신 독일 내 재산의 소재를 관할 연결점으로 하고, 종전 외국인가압류에서 요구되던 '독일 소재 재산에서 만족을 얻을 목적'과 '채권자가 독일인일 것'의 요건을 폐지하여, "독일제국 내에 주소가 없는 자에 대한 재산권상의 청구에 관한 소는 그 자의 재산 또는 청구목적물 소재지 법원의 관할에 속한다."는 규정을 두었다.[14] 위 규정은 독일에서는 국내법상의 토지관할과 국제재판관할 모두를 규율하는 이중기능을 가지면서,[15] 현행 독일 민사소송법(Zivilprozessordnung) 제23조에서도 그대로 유지되고 있다.

독일 민사소송법 제23조는 "재산 및 소송목적물의 특별재판적"이라는 표제하에, "국내에 주소가 없는 사람에 대한 재산권상의 청구를 위한 소에 관해서는 그 사람의 재산 또는 소로써 청구하는 목적물의 소재지 법원에 관할권이 있다. 채권의 경우에는 채무자의 주소를 재산소재지로 보고, 채권에 관하여 물건이 담보로 제공된 경우에는 그 물건 소재지도 역시 재산소재지로 본다."고 규정하고 있다. 오스트리아,[16] 스위스의 일부 주, 리히텐슈타인, 그리스, 스웨덴, 노르웨이, 덴마크, 일본, 캐나다 온타리오 및 퀘백주, 헝가리, 유고슬라비아, 러시아연방, 폴란드, 체코, 터키

---

14) 최공웅, "국내재산의 소재와 국제재판관할", 사법논집 제20집, 614-617면.

15) 독일 민사소송법상 토지관할규정의 이중기능에 관하여는, 오정후, "판례에 나타난 국제재판관할에 대한 이해에 관한 소고", 서울대학교 *法學* 제48권 제1호(2007), 57면 각주 8) 참조.

16) 오스트리아의 경우, 재판관할법(Jurisdiktionsnorm) 제99조에서 독일 민사소송법 제23조와 거의 유사한 재산소재지 특별관할 규정을 두고 있는데, 동조 제1항에서 "재산의 가치가 소송물의 가액을 현저하게 밑도는 경우" 관할을 부정한다는 명문의 규정을 두었다는 점에서 다르다.

오스트리아 재판관할법 제99조

① 국내에 보통재판적을 가지지 않은 자에 대하여는 재산법상의 청구권에 기하여, 그 관할구역에 그 자의 재산 또는 청구의 대상 자체가 존재하는 법원에 소를 제기할 수 있다. 그러나 국내에 있는 재산의 가치가 소송물의 가액을 현저하게 밑도는 경우에는 그러하지 아니하다. 그 산정에 관하여는 제55조 제3항(* 역주 : 일부청구의 소가 산정에 관한 조항이다)은 적용되지 않는다.

② 채권은 제3채무자의 주소 또는 상거소를 재산소재지로 본다. 제3채무자가 국내에 주소 또는 상거소의 어느 것도 가지지 못하였다면, 이 채권에 대한 담보로 제공된 물건이 국내에 존재하는 경우, 이 물건이 존재하는 곳이 재판적을 결정하는 기준이 된다.

등도 재산소재지 특별관할에 관한 독일의 법제를 따랐다.[17)]

제23조에 대해서는 찬반론이 갈린다. 찬성론의 근거로는, ① 통상 독일 내 소재하는 채무자의 재산만으로도 채권의 만족을 얻을 수 있고, 그렇지 않더라도 해당 판결로 나중에 채권의 만족을 얻을 가능성이 있으며, ② 각국마다 과잉관할의 성격을 띤 국제재판관할규정들이 있는데, 위 조항은 타국과의 국제재판관할 협상에서 유효한 협상의 도구가 될 수 있고, ③ 위 조항은 독일인이거나 독일에 거주하는 채권자를 보호하는데, 이는 독일 경제에 기여하고, ④ 가압류를 거치지 않고 바로 재산소재지 특별관할을 인정함으로써 국제재판관할을 인정받는 절차를 간소화하고, ⑤ 국제재판관할 판단이 비교적 용이하므로, 법 적용의 명확성과 확실성이 담보된다는 점이 주장된다. 반대론의 근거로는, ① 사건과 다른 관련 없이 우연한 재산의 소재만으로 관할을 인정하는 것은 부적절하고, ② 재산소재지 특별관할에 터 잡아 내려진 판결이 타국에서 승인·집행될 가능성이 낮아 결국 자국 내 재산을 초과하여 만족을 얻기 어려우며, ③ 타국 법원이 재산소재지 특별관할을 행사하여 판결을 내리면 독일 법원이 이를 승인·집행해야 한다는 점 등이 주장된다.[18)]

독일 연방헌법재판소는 재산소재지 특별관할에 대한 비판을 인식하면서도, 재산소재지를 근거로 국제재판관할을 인정하는 것이 국제법이나 독일 헌법에 반하지는 않는다고 보았다. 그 근거로는, 독일 내에 소재한 재산에 대한 관할권의 행사는 독일의 자국 내 자주적인 주권행사에 상응하고, 이러한 주권의 행사가 법정책적 또는 경제정책적으로 부적절한 결과로 이어질 우려가 있다고 보아 이를 제한할 것인지는 입법자에게 달려 있으나, 이러한 부적절한 결과는 신의성실의 원칙 등에 의한 제한을 통해 이미 충분히 통제될 수 있다고 하였다.[19)]

---

17) 유영일, "국제재판관할의 실무운영에 관한 소고－개정 국제사법과 헤이그신협약의 논의를 중심으로－", 법조 통권 제554호(2002. 11.), 84면.

18) 찬반론의 소개는, Christopher B. Kuner, Personal Jurisidiction Based on the Presence of Property in German Law: Past, Present, and Future, 5 Transna'l Law. 691 (1992) at pp. 700-703. Available at: https://scholarlycommons.pacific.edu/globe/vol5/iss2/5.

독일 연방대법원은 1991. 7. 2. 민사소송법 제23조에 대한 비판론을 의식하여, 독일 내 재산이 소재한다는 것만으로 독일 법원의 국제재판관할이 무조건적으로 인정되는 것은 아니고, 해당 법적 쟁송에 충분한 내국관련성이 있어야 한다고 보았다.[20] 이 사건에서 원고는 사이프러스 건설회사로부터 터키은행에 대한 예금채권을 양도받은 외국인으로서, 독일 슈투트가르트에서 터키은행을 상대로 소를 제기하였다. 피고 터키은행이 독일 내에 지점과 사무소를 가지고 있는 것 외에는 달리 해당 법적 쟁송이 독일과 아무런 관련이 없었다. 원심은 이를 들어 독일 법원의 국제재판관할을 부인하였고, 연방대법원도 이를 유지하였다.[21]

독일 판례는 재산소재지 특별관할을 정당화할 '법적 쟁송의 충분한 내국관련성'을 비교적 용이하게 인정하여 왔다. 먼저, 원고가 독일 내에 주소나 상거소를 두고 있으면 그것만으로도 충분한 내국관련성을 인정한다.[22] 다만 그 경우에도 독일 내 재산의 액수가 극히 적으면 관할이 부정되어야 하고, 적어도 강제집행 시 집행비용을 제외하고 채권자가 받아갈 여분의 금액이 있어야만 관련성을 인정할 수 있다고 본다.[23] 원고의 주소나 상거소가 독일 내에 없더라도, 원고의 국적 또는 피고의 현재 또는 과거의 국적이 독일이라면 관련성이 있다고 본다.[24] 피고가 독일 내에서 적극적으로 영업활동을 하고 있는 경우도 마찬가지이다.[25] 그 밖에 내국에서의 소송수행에 대한 원고의 보호할 만한 이익이 있는 경우에도

---

19) BVerfGE 64, 1 (19).

20) BGHZ 115, 90 = BGH NJW 1991, 3092.

21) 위 사건의 사실관계는 석광현, 국제재판관할에 관한 연구, 서울대학교 출판부(2001), 254~255면 참조.

22) BVerfGE 64, 1 (19 ff.); BGH NJW 1984, 2037; BGH NJW 1991, 3092 = WM 1991, 1692.

23) OLG Celle, NJW 1999, 3722 = IPRax 2001, 338. 이 사건에서 독일 소재 재산은 예금계좌에 있는 2,000 DM이었으나, 청구금액은 230,000 DM이었고, 법원은 2,000 DM으로는 집행비용을 충당하기에도 부족하다고 보아 관련성을 부인하였다.

24) BGH NJW-RR 1993, 5; OLG Hamburg NJW-RR 1996, 203; OLG Frankfurt / M. NJW-RR 1993, 257.

25) BGH WM 1991, 384.

내국관련성을 인정한다.[26]

2. 일 본

일본 구 민사소송법 제5조 제4호는 일본에 주소가 없는 사람(다만 법인의 경우에는 일본국 내에 사무소나 영업소가 없는 경우) 또는 주소를 알 수 없는 사람에 대한 재산권상의 소에서 청구의 목적 또는 담보의 목적이나 압류할 수 있는 피고의 재산이 있는 곳에 재판적을 인정하였다. 위 규정이 국내 재판적뿐만 아니라 국제재판관할의 근거도 될 수 있는지, 특히 '압류할 수 있는 피고 재산의 소재'만으로 국제재판관할을 인정할 수 있는지에 관하여는 우리나라와 마찬가지로 제한이 필요하다는 논의가 계속되었다. 개정안 성안 과정에서는 제한 없이 재산소재지 특별관할을 인정하는 방안,[27] 재산소재지 특별관할에 관하여 직접관할은 인정하되 간접관할은 부정하는 방안[법무성 '국제재판관할법제에 관한 중간시안'(平成21. 7. 10.) 乙案], 일본 내 피고 재산에 대해 가압류가 된 경우에만 재산소재지 특별관할을 인정하는 방안(위 중간시안 丙案),[28] 청구와 재산 간의 관련성을 요구하는 방안[29] 등이 제안되었는데, 최종적으로는 '그 재산가치가 현저하게 낮은 경우'를 예외로 부가하여 재산소재지 특별관할이 인정되었다.[30]

2011년에 개정된 일본 민사소송법 제3조의3 제3호는 재산권상의 소

26) OLG Stuttgart, 1990 RIW 829.

27) 社團法人 商事法務硏究會, 國際裁判管轄に關する調査・硏究報告書(平成20年 4月), 18-21頁. http://www.moj.go.jp/content/000012193.pdf [NBL 883号(2008. 6. 15.)~888号(2008. 9. 1.)에 공간되어 있음].

28) 國際裁判管轄法制部會資料 19(平成21年 7月 10日)－國際裁判管轄法制に關する中間試案(案) 3면. http://www.moj.go.jp/content/000012267.pdf (2020. 11. 10. 최종확인).

29) 國際裁判管轄法制部會資料 18(平成21年 6月 19日)－國際裁判管轄法制に關する中間とりまとめのためのたたき台(5), 2-3면. http://www.moj.go.jp/content/000012262.pdf (2020. 11. 10. 최종확인).

30) 國際裁判管轄法制部會資料 24(平成21年 11月 20日)－國際裁判管轄法制の整備に關する要綱案(第1次案), 2-3면. http://www.moj.go.jp/content/000012286.pdf (2020. 11. 20. 최종확인).

에 있어서는 “청구의 목적이 일본국 내에 있는 경우, 또는 해당 소송이 금전의 지급을 청구하는 경우에는 압류할 수 있는 피고의 재산이 일본국 내에 있는 경우(그 재산의 가액이 현저하게 적은 경우를 제외한다)” 국제재판관할을 인정한다. 압류 가능한 피고의 재산이 일본국 내에 있는 경우, 채권자인 원고가 일본에서 집행권원을 얻어 이로써 당해 재산에 강제집행할 수 있도록 함이 타당하다는 것을 그 근거로 한다. 피고의 일반재산에 대한 강제집행을 위한 것이므로, 청구는 재산권상의 소 중에서도 금전지급 청구로 한정한다.[31] 또 ‘압류 가능한 재산’이어야 하므로, 압류가 금지되는 동산이나 채권 등의 소재는 관할의 연결점에서 제외된다.[32]

‘재산의 가액이 현저히 적은 경우’를 어떻게 해석할 것인가가 문제된다. 이는 결국 법원이 정하여야겠으나, 기본적으로는 청구액과 재산가액의 상대적인 균형을 요구하는 것이 아니라, 절대적으로 강제집행비용을 제하고 남는 돈이 없으면 재산소재지 관할을 인정하지 않는다고 해석하는 것이 주류이다.[33] 다만 재산의 절대액은 작지 않으나 청구금액과 비교하여 아주 현저한 불균형이 있는 경우(일본국 내 재산가액은 1,000만 엔이고 청구금액은 100억 엔이어서 그 비율이 1/000에 불과한 정도)라면 ‘재산의 가액이 현저히 적은 경우’로 보아야 한다는 견해도 있다.[34] 또 재산의 현금화 가능성이 낮은 경우(예를 들어 환가하기 어려운 상품 견본이 소재하는 경우[35])에는 관할 연결점이 될 수 없다고 본다.[36]

31) 이에 대한 비판론은, 한국국제사법학회, “일본과 중국의 국제재판관할 규정에 관한 연구”(법무부 연구용역보고서), 법무부(2016. 8.), 32면(장준혁 집필부분) 참조.

32) 秋山幹男 外, コマンダータール民事訴訟法 (第2版追補版), 日本評論社(2014), 599-600頁.

33) 佐藤達文/古林康彦編, 一問一答・平成23年 民事訴訟法等改正—國際裁判管轄法制の整備—, 商事法務(2012), 45頁; 森下哲朗, “新しい国際裁判管轄ルール：営業所所在地・事業活動管轄, 債務履行地管轄を中心に”, 国際私法年報 15号(2013), 35-36頁.

34) 沢木敬郎/道垣内正人, 国際私法入門 [第7版], 有斐閣(2012), 174頁.

35) 東京地判昭和34. 6. 11. 判決(判例時報 191號 13頁).

36) 다른 예로는 ‘외국인이 일본여행 중에 일본 호텔에서 슬리퍼를 잃어버린 경우’를 들 수 있다. 후루타 요시마사/이호원, “일본 국제재판관할 법제에 관하여”, 민사소송 제20권 제2호(2016), 456-457면.

3. 미 국

미국의 경우 quasi in-rem jurisdiction(준대물관할)이라고 하여, 당초 원고(법정지주 내에 거주하는지 여부를 불문)가 법정지주 내에 있는 피고의 재산을 가압류하면 이에 기하여 준대물관할이 발생하고(따라서 이를 'attachment jurisdiction'이라고도 한다), 법정지주 법원은 당해 재산과 분쟁의 관련성 유무에 상관없이 관할권을 행사할 수 있다고 보았다.[37] 이에 대해 많은 비판이 제기되자, 결국 미국 대법원은 Shaffer v. Heitner 판결에서 quasi in-rem jurisdiction을 행사하기 위해서는 International Shoe 판결에서 천명된 기준(공정과 실질적 정의에 입각한 최소한의 접촉)에 따라 법정지주와 피고, 사안, 쟁점 재산 간에 법원이 관할을 행사하는 것이 합리적이라고 볼 수 있을 만한 관련성이 인정되어야 된다고 판시하였다.[38] 연방민사소송규칙 제4조(n)에 의하면, 재산의 소재에 따른 연방법원 관할이 인정되기 위해서는 원고가 법정지주 내의 피고의 재산을 가압류하고 그 가압류 사실을 통지하여야 한다.[39] 승소한 원고는 압류된 재산의 범위에서만 채권 만족을 얻을 수 있고, 위 판결의 효력이나 기판력을 타주에서 주장할 수는 없다.[40]

4. 중 국

중국은 민사소송법 제265조에서 "계약분쟁 또는 기타 재산권익에 관한 분쟁으로 인하여 중화인민공화국 영역 내에 주소가 없는 피고에 대하

---

37) Andreas F. Lowenfeld, International Litigation and Arbitration, West Group (2002), pp 225-226.

38) *Shaffer v. Heitner*, 433 U.S. 186. Lowenfeld는, 위 판결 이후로 quasi in-rem jurisdiction의 의미는 많이 축소되었으나, 집행판결과 관련해서는 계속적으로 의미가 있고, 소송물과 재산 간에 일정한 관계가 인정되면 여전히 quasi in-rem jurisdiction이 활용될 수 있다고 설명하고 있다. 상게서, pp. 236-240.

39) Federal Rules of Civil Procedure § 4(n) Asserting Jurisdiction over Property or Assets.

40) 김상균, "미국연방민사소송의 재산을 근거로 한 재판관할권", 법학연구 제45호 (2012), 238면 이하.

여 제기하는 소송은 계약이 중화인민공화국 영역 내에서 체결되거나 이행될 것인 때, 또는 소송목적물이 중화인민공화국 영역 내에 있거나 피고가 중화인민공화국 영역 내에 압류(구압)될 수 있는 재산을 가지고 있거나, 피고가 중화인민공화국 영역 내에 대표기관을 설치해 놓은 경우에는, 계약체결지, 계약이행지, 소송목적물소재지, 압류(구압)될 수 있는 재산의 소재지, 불법행위지 또는 대표기관주소지의 인민법원이 관할할 수 있다."고 규정하고 있다.[41)]

중국의 국내 토지관할 규정에는 재산소재지 재판적이 없는 반면에, 국제재판관할에서는 재산소재지 특별관할이 아무런 제한 없이 인정된다. 이러한 이중기준에 대하여는 많은 비판론이 있지만, 위 규정은 2012년 중국 민사소송법 개정 시에도 삭제되지 않고 그대로 유지되었다.[42)]

5. 국제협약 등

브뤼셀 I 규정 제3조 제2항 및 Annex I은 재산소재지 관할을 금지관할로 열거하였다. 브뤼셀 I 규정의 개정 논의 과정에서는 동산의 가치가 소송물 가액과 불균형하지 않고, 당해 분쟁이 법정지국과 충분한 관련을 가지는 것을 전제로 동산소재지 관할의 추가가 제안되기도 하였으나,[43)] 개정 브뤼셀 I 규정에서는 결국 채택되지 않았다. 헤이그 예비초안 제18조 2항 a)호 또한 피고 소유 재산의 해당국 내 소재 또는 압류에 기한 관할을 금지되는 일반관할로 열거하였다(다만 분쟁이 그 재산에 직접 관련된 경우는 제외). 2019년 헤이그 재판협약에서도 재산소재지 특별관할이 간접관할의 근거로 포함되어 있지 않다.[44)] 한편 ALI/UNIDROIT의 2004년

41) 번역은 국제사법학회, 앞의 보고서, 144면(김현아/천창민 집필부분)에 의함.

42) 김현아, "중국법상 재산관계사건에 관한 국제재판관할", 국제사법연구 제23권 제1호(2017), 352-353면.

43) European Commission, Proposal for a Regulation Of The European Parliament And Of The Council on jurisdiction and the recognition and enforcement of judgments in civil and commercial matters (Recast), Brussels, 14.12.2010 COM(2010) 748 final 2010/0383 (COD), 8면. http://eur-lex.europa.eu/LexUriServ/LexUriServ.do?uri=COM:2010:0748:FIN:EN:PDF (2020. 11. 10. 최종확인).

국제민사소송원칙(Principles of Transnational Civil Procedure)은 2.1.2.조에서 실질적 관련성이 인정되어 일반관할이 발생하는 경우로 당해 분쟁과 관련된 재산이 법정지국에 소재하는 경우를 적시하면서, 이와 별도로 2.2.2.에서 만약 합리적으로 가능한 다른 법정지가 없는 경우, 당해 재산과 분쟁 내지 법정지국 간의 관련성을 묻지 않고 재산 소재지 관할을 인정하되, 그 관할권 행사의 범위를 당해 재산 또는 그 가치로 한정시켰다.[45)]

즉 국제협약에서는 재산소재지 특별관할을 직접관할 또는 간접관할의 근거로 삼는 데 대체로 소극적이라고 할 수 있다.

Ⅲ. 재산소재지 특별관할에 관한 기존의 국내 학설 · 판례 및 대상판결의 분석

1. 쟁　　점

민사소송법 제11조는 "대한민국에 주소가 없는 사람 또는 주소를 알 수 없는 사람에 대하여 재산권에 관한 소를 제기하는 경우에는 청구의 목적 또는 담보의 목적이나 압류할 수 있는 피고의 재산이 있는 곳의 법원에 제기할 수 있다."고 규정하고 있다. '청구의 목적 또는 담보의 목적'이 대한민국 내에 있는 경우 그 자체로 사건관련성이 인정되므로 국제사법 제2조 제1항의 실질적 관련을 인정하는 데 큰 문제가 없으나, '압류할 수 있는 피고의 재산'이 대한민국 내에 있다는 것만으로 국제재판관할을 인정할 수 있는지에 관하여는 많은 논란이 있다.

특별한 제한 없이 재산소재지국의 국제재판관할을 인정한다면, 피고가 여러 국가에 걸쳐 재산을 소유하고 있는 경우 원고가 그 중 자신에게 가장 편리하고 유리한 나라를 골라서 소를 제기할 수 있게 된다. 반면에

---

44) 2019년 헤이그 재판협약 전반에 관해서는, 장준혁, "2019년 헤이그 외국판결 승인집행협약", 국제사법연구 제25권 제2호(2019) 참조.

45) Jurisdiction may also be exercised, when no other forum is reasonably available, on the basis of: Presence in the forum state of the defendant's property, whether or not the dispute relates to the property, but the court's authority should be limited to the property or its value.

피고의 재산소재지국 법원에 국제재판관할을 인정하지 않으면, 원고가 외국에서 승소확정판결을 받은 후 다시 재산소재지국 법원에서 강제집행을 하기 위한 집행판결 등 절차를 추가로 밟아야 한다. 재산소재지국 법원이 집행판결을 내려 주리라는 보장도 없고, 설령 집행판결을 무사히 받는다 해도 최종적인 채권의 만족 시까지 상당한 시간과 비용이 소요된다.[46] 따라서 원고로서는 가능한 한 재산소재지에서 소를 제기할 필요성과 정당성이 있다.

결국 재산소재지 특별관할에 관하여는 모두를 만족시키는 완벽한 정답이 존재하지 않고, 다양한 견해가 존재할 수밖에 없다. 이 문제에 관한 학설로는, 민사소송법 제2조 제2항의 '국제재판관할의 특수성'을 고려할 때 민사소송법 제11조 후단을 국제재판관할 근거로서 아예 참작할 수 없다는 견해와 참작할 수 있다는 견해가 대립하고, 참작하는 경우에도 어떠한 요건하에서 참작할 수 있는지에 관하여 여러 견해가 존재한다. 판례는 실질적 관련성 판단의 한 요소로서만 고려한 경우도 있고, 국제사법 제2조 제2항의 관점에서 재산소재지 특별관할을 우선적으로 고려한 경우도 있다(대상판결).

2. 학 설

먼저, 국내법상의 토지관할을 국제재판관할 판단에서 어떻게 고려하여야 하는가에 대한 일반론을 살펴본다. 구 섭외사법하에서는 역추지설(우리 법원에 국내법상 재판적이 있으면 바로 국제재판관할도 인정된다는 견해), 관할배분설(국제사건에 관하여 어느 나라에서 재판하는 것이 사건의 적정한 해결에 도움이 되고 당사자에게 공평하며 능률적인가를 고려하여 관할을 배분하여야 하며, 이를 위해 조리에 따라 국내법상의 토지관할 규정을 유추적용하거나 감안하여야 한다는 견해), 수정역추지설(원칙적으로는 역추지

46) 국내에서 판결을 받으면 가집행선고에 기하여 제1심판결에서만 승소해도 바로 피고 재산에 대한 강제집행에 착수할 수 있는 반면, 외국에서 받은 승소판결에 대하여 집행판결을 받기 위해서는 판결이 확정되어야 한다.

설에 따르되, 그 결과 우리 나라에서 국제재판관할을 인정하는 것이 재판의 적정, 공평, 신속 등의 소송법의 기본이념에 반한다는 특별한 사정이 있는 경우 국제재판관할을 부정할 수 있다는 견해) 등이 있었다.[47] 국제사법 제2조 신설 후에는 제2조 제2항에 따라 국내법상의 토지관할을 국제재판관할 인정 시에 어떻게 참작할 것인가와 관련하여 관할배분설(조리설)[48] 또는 수정역추지설(특별한 사정설)[49]이 주장되고 있다(역추지설을 주장하는 학자는 더 이상 없다).

구체적으로 민사소송법 제11조 후단의 재산소재지 재판적에 대하여는, '국제재판관할의 특수성'에 따른 수정 없이 그대로 이를 바탕으로 국제재판관할을 인정할 수 있다는 견해를 주장하는 국내 학자는 현재 없는 듯하다. 따라서 국내 학자들의 견해는 민사소송법 제11조 후단을 국제재판관할의 근거로 참작하여서는 안 된다는 견해와, 일정한 제한하에서 이를 참작할 수 있다는 견해로 나눌 수 있겠다.

먼저 재판소재지 특별관할을 인정해서는 안 된다는 견해가 있다. 피고의 재산이 어디에 소재하는가는 우연적인 사정에 불과하고, 재산의 소재만을 고려하는 것은 사건과 법원 사이의 관련성을 전적으로 무시하는 것이며 피고로서도 재산의 소재지에서 제소될 것을 예상하기 어려워 분쟁과 법정지 사이에 실질적 관련성이 인정되지 않고, 강제집행의 편의는 전적으로 원고의 이익만을 고려한 것으로서 피고의 소재지를 일반관할로 하는 원칙에 반하며, 재산의 가액도 전혀 고려하지 않고 있어서 피고의 신발 한 짝만 있는 국가도 국제재판관할을 갖는 불리한 결과가 발생한다는 등을 이유로 한다.[50] 2001년 국제사법 개정작업에 참여한 석광현 교

47) 섭외사법하의 학설의 소개로는, 석광현, 앞의 책(각주 21), 149면 이하 참조.

48) 김홍규/강태원, 민사소송법 제4판, 삼영사(2017), 71면; 정동윤/유병현/김경욱, 민사소송법 제8판, 법문사(2020), 123면 이하; 강현중, 민사소송법 제7판, 박영사(2018), 131면, 정영환, 신민사소송법, 개정신판, 박영사(2019), 169면 등. 국제사법 제2조에 대하여 비판적인 입장을 취하면서도, 그 해석 자체는 관할배분설에 의하여야 한다는 견해로는, 김연/박정기/김인유, 국제사법 [제3판 보정판], 법문사(2014), 73면 이하. 국제사법 제2조 제2항의 문언상 관할배분설이 타당하다 할 것이다.

49) 이시윤, 신민사소송법 제14판, 박영사(2020), 62면.

수도 국제사법 제2조의 해석과 관련하여 민사소송법의 관할규정을 ① 국제재판관할규칙으로 삼을 수 없는 것, ② 그대로 국제재판관할규칙으로 삼을 수 있는 것, ③ 수정을 거쳐 국제재판관할규칙으로 삼을 수 있는 것, ④ 토지관할규정이 없을 경우에도 국제재판관할이 인정될 수 있는 것으로 분류하면서, 재산소재를 근거로 하여 '재산권에 관한 소'에 관하여 일반관할 내지 광범위한 특별관할을 인정하는 것은 전형적인 과잉관할(exorbitant jurisdiction)에 해당하므로, 민사소송법 제11조 후단은 제1유형, 즉 아예 국제재판관할 근거에서 배제되어야 하는 것으로 보았다.[51] 또 과도기적으로는 각 국가가 부득이하게 제한적인 범위에서 재산소재지 특별관할을 둘 수밖에 없음을 인정하면서도, 장기적인 입법론으로는 재산소재지가 국제재판관할 근거에서 배제되어야 한다는 견해도 있다.[52]

일정한 제한하에서 재산소재지 특별관할을 인정하여야 한다는 견해들은 다시, 재산 소재의 일시성이나 우연성, 청구금액과 재산가액 간의 상당성, 재산과 당해 분쟁과의 관련성, 당사자 또는 사안과 대한민국 간의 관련성 등 다양한 제한기준을 제시하고 있다. ① 피고가 국내 호텔에 손가방을 두고 간 점에 터 잡아 거액의 금전청구를 하는 경우와 같이 극히 소액인 재산이 소 제기 당시 우연히 대한민국 내에 존재하였다는 점만으로 국제재판관할을 인정할 수는 없다고 하면서,[53] 원고의 청구금액에 상당하는 피고의 재산이 한국 내에 어느 정도 계속적으로 있을 것을 요구하는 견해가 있다.[54] ② 재산 자체를 기준으로 하는 다른 견해는, 재산 가액이 최소한 소송비용을 담보하여야 한다는 오스트리아의 사례를 소개하면서, 재산가액과 청구금액 간에 합리적 상관관계가 있을 것을 기준으로 제시한다.[55] ③ 재산 가액이 아닌 당해 재산과 당해 분쟁 간의

---

50) 이헌묵, "민사소송법의 관할규정을 고려한 국제계약분쟁에서의 일반관할과 특별관할에 관한 연구", 저스티스 제167호(2013), 78면 이하.

51) 석광현, 앞의 책(각주 21), 245면 이하.

52) 한충수, "국제민사소송의 국제적인 흐름과 우리의 입법 과제", 민사소송 제14권 제2호(2010), 81-82면.

53) 최공웅, 앞의 논문, 613면.

54) 최공웅, 국제소송 [개정판], 육법사(1988), 304-305면.

관련성을 요구하는 견해가 있다.[56] ④ 원칙적으로는 재산소재지 특별관할을 부정하면서도, 만약 재산소재지 특별관할을 인정하여야 한다면 독일 연방대법원[57]의 태도를 참고하여 재산의 소재에 더하여 당해 법적 쟁송의 충분한 내국관련성을 요구하고, 이에 더하여 압류할 수 있는 피고의 재산가액이 지나치게 낮지 않을 것까지 요구하는 견해도 있다.[58]

재산 가액이 청구금액에 상당하여야 한다는 견해에 대해서는, 국내 소재 재산이 원고의 판결채권의 '의미 있는 일부'를 만족시키는 데 충분한 경우에 왜 재산소재지관할이 배제되는지 설명하지 못하므로 이론적 일관성이 부족하다는 비판이 있다.[59] '관련성'을 요구하는 견해에 대해서는, 국제사법 제2조의 '실질적 관련성'과의 관계에서 그 의미가 명확하지 않다는 비판이 있다.[60]

3. 대상판결 전의 판례 및 하급심 판결례

재산소재지 특별관할에 관하여는 구 섭외사법 시절의 대법원 1988. 10. 25. 선고 87다카1728 판결이 "대한민국에 주소가 없는 자 또는 주소를 알 수 없는 자에 대한 재산권에 관한 소는 청구의 목적 또는 담보의 목적이나 압류할 수 있는 재산이 대한민국 내에 있을 때에는 그가 외국인이라 할지라도 그 재산소재지의 법원에 제기할 수가 있는 것인바, … 이와 같은 경우에는 그를 상대로 승소판결을 얻으면 이를 집행하여 재판의 실효를 거둘 수 있기 때문에 특히 그 재판관할권을 인정하는 것이다."라는 일반론을 설시함으로써 구 민사소송법 제9조가 바로 국제재판관할의 근거가 될 수 있음을 밝힌 바 있다.[61] 위 판결은 역추지설을 따른 것

55) 유영일, 앞의 논문, 85-86면.

56) 한충수, "민사소송법상의 국내토지관할 규정에 대한 재검토와 입법론", 민사소송 vol. 8-1(2004. 2.), 151-152면; 신창섭, 국제사법 제4판, 세창출판사(2018), 55면.

57) BGHZ 115, 90 = NJW 1991, 3092 = IPRax 1992, 160 = JZ 1992, 51.

58) 석광현, "한국의 국제재판관할규칙의 입법에 관하여", 국제거래법연구 제21집 제2호(2012. 12.), 162면 이하. 이 견해에 따라 개정안이 성안되었다.

59) 장준혁, 앞의 논문(각주 10), 147면.

60) 이헌묵, 앞의 논문(각주 50), 78-79면 등.

으로 이해된다.

2001년 국제사법 개정 이후의 판례를 살펴보면, 대상판결 이전까지는 정면으로 재산소재지 재판적을 주된 근거로 참작하여 국제재판관할을 인정한 경우는 없지만, 실질적 관련성을 인정하는 제반 요소 중의 하나로 재산소재지를 고려한 경우는 종종 보인다.

먼저 대법원 2010. 7. 15. 선고 2010다18355 판결(중국 항공기 김해추락사건)이 있다. 이 사건의 피고 회사는 중국 법인으로 대한민국 내에도 영업소를 두면서 국제항공운송사업 등을 영위하여 왔고, 중국인인 원고들은 피고 회사의 승무원인 망인의 부모로서, 피고 회사가 운항하는 북경발 김해행 항공기가 김해공항에서 추락하여 망인이 사망하자 한국인인 다른 피해자, 유가족들과 함께 피고 회사를 상대로 하여 대한민국 법원에 손해배상을 청구하는 소송을 제기하였다. 제1심 및 항소심 법원은 대한민국 법원의 국제재판관할을 부정하였다. 그러나 대법원은, "불법행위지(이 사건 사고의 행위지 및 결과발생지 또는 이 사건 항공기의 도착지) 및 피고 회사의 영업소 소재지가 속한 대한민국 법원에 민사소송법상 토지관할권이 존재하는데, 당사자 또는 분쟁이 된 사안이 대한민국과 실질적 관련이 있는지를 판단하는 데 있어서 민사소송법상 토지관할권 유무가 여전히 중요한 요소가 됨을 부인할 수 없다."라고 함과 아울러, 관할이익 중 법원의 이익을 판단함에 있어, "피고 회사의 영업소가 대한민국에 있음에 비추어 대한민국에 피고 회사의 재산이 소재하고 있거나 장차 재산이 형성될 가능성이 있고, 따라서 원고들은 대한민국에서 판결을 받

61) 위 사건에서 그리스 회사인 원고는 역시 그리스 회사인 피고에게 유조선 및 벙커씨유를 매각하였다. 그중 벙커씨유 대금 일부가 미지급인 상태에서 피고가 위 선박을 다시 일본 회사에 매도하고 선박을 인도하였으며, 위 일본 회사는 다시 이를 한국 해운회사에 매도하여 선박을 인도하는 과정에서 위 유조선이 부산항에 정박 중이었다. 원고는 미지급 유류대금채권을 피보전채권으로 하여 위 유조선을 정박항인 부산에서 가압류하고 피고를 상대로 유류대금청구의 소를 제기하였다. 대법원은 위 선박이 이 사건 소 제기 이전에 이미 해체되고 소멸되어 원고의 본소 제기 당시 피고의 재산이 국내에 없게 되어, 원고가 이 사건에서 승소한다고 하더라도 압류할 재산이 없으므로, 결과적으로 국제재판관할권을 인정할 수가 없다고 보았다.

아 이를 집행할 수도 있을 것이고, 원고들도 이러한 점을 고려하여 이 사건 소를 대한민국 법원에 제기한 것으로 볼 수 있다."고 하여 대한민국 내 피고 재산의 소재 또는 재산 형성의 가능성을 실질적 관련성 판단에 고려하였다.

대법원 2014. 4. 10. 선고 2012다7571 판결에서도 재산소재지가 언급되었다. 위 사건의 원고와 피고는 모두 일본에 거주하는 재일교포이지만, 원고는 대한민국 법원에 대여금 청구의 소를 제기하였다. 원심은 피고의 보통재판적과 의무이행지가 모두 일본이고, 이 사건 소가 민사소송법 제11조의 재산권에 관한 소이고 원고가 가압류를 집행한 피고 소유의 부동산 소재지가 대한민국이지만, 법정지인 대한민국과 당사자 또는 분쟁이 된 사안 사이에 실질적 관련성이 없다는 이유로 대한민국 법원의 국제재판관할권이 인정되지 않는다고 판단하였다.[62] 그러나 대법원은 '국내법상의 토지관할' 유무를 정치하게 심리하지 않은 채 제반 사정을 종합하여 위 사건이 대한민국과의 실질적 관련성이 있다고 보아, 원심을 파기하고 국제재판관할을 인정하였다. 대법원은 실질적 관련성을 긍정하는 요소로 "이 사건 대여금 청구 중 2003. 9. 11.자 5백만 엔은 대한민국 내 개발사업과 직접 관련이 있고, 원고가 가압류집행한 피고 소유의 부동산도 분쟁의 대상인 개발사업의 부지로서 당해 재산과 분쟁의 사안 사이에 실질적 관련도 있는 점"을 적시하였다.

대법원은 2014. 5. 16. 선고 2013므1196 판결에서,[63] 민사소송법상의 토지관할에 관한 우선적인 고려 없이 제반 사정을 열거하여 실질적 관련

62) 부산고등법원 2007. 10. 16. 선고 2006나21033 판결.

63) 위 사건의 원고는 대한민국 국적을 가지고 대한민국에 거주하고 있으며, 피고는 본래 대한민국 국적자였다가 스페인으로 이주하여 현재 스페인 국적을 가지고 있고 스페인에 거주 중이며, 사건본인은 대한민국과 스페인 국적을 모두 가지고 있으며 소 제기 현재 원고와 함께 대한민국에 거주하고 있었다. 원피고는 결혼식을 대한민국에서 마치고 그 후 대한민국과 스페인에서 혼인생활을 하다가 피고가 스페인에서 부정행위를 했다는 이유로 다투면서 원고가 사건본인과 함께 대한민국에 귀국하였고, 그 후 원고가 스페인에 있는 피고를 상대로 이 사건 이혼청구의 소를 제기하였다.

성을 판단하면서, 그 실질적 관련성의 인정요소로, "피고가 소유하고 있는 재산이 대한민국 내에 존재하고, 원고가 위 재산을 가압류한 상황에서 원고의 위자료 및 재산분할청구의 실효성 있는 집행을 위해서도 대한민국 법원에 이혼소송을 제기할 실익이 있는 점"을 적시하였다.

하급심 판결례 중에서도 재산소재지 특별관할을 언급한 경우가 종종 보인다.

먼저, 재산소재지 특별관할을 긍정한 경우를 소개한다. 서울고등법원 2006. 1. 26. 선고 2002나32662 판결(고엽제 판결)은 재산소재지의 국제재판관할 유무를 판단함에 있어는 국내법의 관할규정을 참작하되 당사자 또는 분쟁이 된 사안과 법정지인 대한민국 사이에 실질적 관련성이 존재하는지 여부도 고려하여야 하고, 원고의 청구가 당해 재산과 직접적인 관련이 있지는 않다 하더라도 적어도 피고의 재산이 국내에 일정기간 동안 계속적으로 소재하고 있다든가 대한민국 법률에 따른 일정한 절차를 거쳐 국내에서 인정받고 있어야 하고 또한 판결의 실효성을 위하여 그 재산의 가액이 청구금액이나 승소가 예상되는 금액에 상당하다는 등의 사정이 인정되는 경우에만 대한민국 법원에 국제재판관할이 인정된다고 보았다. 그러나 상고심인 대법원[64]은 주로 불법행위의 결과발생지와 예견가능성에 중점을 두고 실질적 관련성을 인정하면서, 별도로 재산소재지에 관하여는 언급하지 않았다.

부산지방법원 2008. 11. 13. 선고 2007가단105286 판결은, 피고 1이 대한민국에 유체동산인도청구권을, 피고 2가 예금 등 재산을 갖고 있고 원고가 이를 가압류한 점, 피고 1의 영업담당자가 대한민국에 주소를 두고 있으며, 이 사건 채무가 대한민국에서 선적된 이 사건 수산물의 하자로 인하여 야기되었으며, 원고가 수산물 매매대금을 피고 2의 위 한국외환은행 계좌로 송금하였던 점 등을 종합하여 볼 때, 원고와 피고들 사이의 이 사건 분쟁은 대한민국과 실질적 관련성이 있다고 인정된다고 보

64) 대법원 2013. 7. 12. 선고 2006다17539 판결.

아, 대한민국 법원의 국제재판관할을 인정하였다.[65]

재산소재지 특별관할을 부정한 경우도 있다. 인천지방법원 2003. 7. 24. 선고 2003가합1768 판결은, 정리회사(대한민국 법인)의 관리인인 원고가 일본 법인인 피고를 상대로 다른 소외 일본 법인으로부터 양수한 채권을 청구한 부분의 소에 관하여, 원고가 압류할 수 있는 재산인 피고의 다른 소외 한국 법인에 대한 채권의 소재지가 그 채무자의 주소지인 대한민국이어서, 양수금채권 청구부분에 관하여 민사소송법 제11조 소정의 재산소재지 재판적이 일단 우리나라에 존재한다고 할 수 있으나, 국내소재 재산과 당해 소송 사이에 재판관할을 인정하기에 족한 합리적 관련성을 인정할 수 없고, 대한민국 법원이 법정지가 될 수 있다는 점에 관한 피고의 예측가능성도 없다고 보아, 우리나라 법원의 국제재판관할권을 부정하였다.[66]

부산고등법원 2007. 10. 16. 선고 2006나21033 판결은, 신용장 매입은행인 원고(한국 법인)가 신용장 개설은행인 피고(일본 법인)을 상대로 신용장대금을 청구한 사건에서, 원고나 국내은행들이 피고에게 (별개의) 신용장대금 채무를 부담하고 있다고 하더라도, 이를 들어 재산소재지에 기한 국제재판관할을 인정하는 것은 신용장 거래에 관여하는 금융기관에 대하여 사실상 전 세계 어느 곳에서나 국제재판관할이 인정되는 결과가 될 뿐더러, 별개의 신용장대금지급 채무에 대한 압류·집행이 가벼이 인정된다면 이는 서류심사에 의한 신속한 대금결제를 목적으로 하는 신용장 거래의 근간을 흔드는 결과가 될 수 있어서 부당하다고 보아, 국제재판관할을 부정하였다.[67]

---

65) 피고가 항소하였으나 항소기각되었고(국제재판관할 판단 부분은 인용판결), 다시 피고가 상고하였으나 심리불속행기각되었다.

66) 인천지방법원 2003. 7. 24. 선고 2003가합1768 판결(확정).

67) 부산고등법원 2007. 10. 16. 선고 2006나21033 판결(확정). 이 사건의 제1심 판결인 창원지방법원 2006. 10. 19. 선고 2005가합9692 판결도 위 항소심 판결보다 간략하기는 하지만 거의 동일한 취지로 판시하면서 대한민국 법원의 국제재판관할을 부정하였다. 같은 피고 은행을 상대로 한 또 다른 신용장대금 청구사건에 대한 서울중앙지방법원 2007. 1. 26. 선고 2006가합10762 판결(확정)도 역시 재산 소재

4. 대상판결의 분석

가. 2001년 국제사법 개정 이후 대법원은 사실상 국제사법 제2조 제2항은 도외시한 채 국제사법 제2조 제1항을 유일한 기준으로 삼아 제반 사정을 뭉뚱그려 실질적 관련성을 판단하였다가,[68] 대법원 2010. 7. 15. 선고 2010다18355 판결부터 비로소 국제사법 제2조 제2항을 바탕으로 국내법상의 토지관할 규정을 먼저 참작하기 시작하였다.[69] 위 2010다18355 판결 및 이를 인용한 2009다22549 판결, 2009다68620 판결의 판시에 따르면, 대법원의 국제재판관할 판단구조는 ① 먼저 실질적 관련을 인정할 수 있는 어떤 기초적인 연결요소(connecting factor)가 있는지를 판단하는데, ② 이런 판단에는 국내법상의 관할규정을 참조하되, ③ 국내법상의 관할규정을 그대로 곧바로 국제재판관할 인정의 근거로 삼으라는 것이 아니며 국제재판관할의 특수성을 고려하여 판단하여야 하고, ④ 최종적으로 실질적 관련을 인정할지 여부에는 국제재판관할 배분의 합리성이라는 측면을 종합적으로 고려하는 것으로 설명될 수 있다.[70] 그러나 대법원은 그 후 국제사법 제2조 제2항을 고려하지 않고 제반사정을 뭉뚱그려 실질적 관련성을 판단하는 초기의 구조로 회귀하는 두 개의 판결을 선고함으로써 위 조항의 해석에 관하여 혼란을 초래하였다.[71] 대상판결은 이러한 혼란을 바로잡고, 다시 국제사법 제2조 제2항을 국제재판관할 판단의 근거로 삼아, "민사소송법 관할 규정은 국제재판관할권을 판단하는 데 가장 중요한 판단 기준으로 작용하되, 이러한 관할 규정은 국내적 관점

지 관할의 인정범위를 제한하였다.

68) 대법원 2005. 1. 27. 선고 2002다59788 판결(도메인 이름 분쟁 사건); 대법원 2008. 5. 29. 선고 2006다71908, 71915 판결(냉동청어 사건).

69) 대법원 2010. 7. 15. 선고 2010다18355 판결(중국항공 사건), 대법원 2012. 5. 24. 선고 2009다22549 판결 및 대법원 2012. 5. 24. 선고 2009다68620 판결(강제징용 사건).

70) 윤성근, "국제재판관할 결정의 일반적 기준으로서 실질적 관련의 원칙", 국제사법연구 제18호(2012), 58면.

71) 대법원 2014. 4. 10. 선고 2012다7571 판결(재일교포 간 대여금 사건), 2014. 5. 16. 선고 2013므1196 판결(스페인 거주 피고에 대한 이혼 사건).

에서 마련된 재판적에 관한 규정이므로 국제재판관할권을 판단할 때에는 국제재판관할의 특수성을 고려하여 국제재판관할 배분의 이념에 부합하도록 수정하여 적용해야 하는 경우도 있다."는 점을 명백히 하였다는 점에서 큰 의미가 있다.[72)·73)]

나. 대상판결은 민사소송법 제3조와 민사소송법 제11조를 '국내법상의 토지관할 규정'으로서 함께 고려하였다. 피고의 주소지가 대한민국 내에 있다면, 국내법상 보통재판적이 있을 뿐만 아니라 국제적으로 일반관할을 인정하는 데에도 아무런 문제가 없다. '피고의 주소지'는 국제재판관할의 특수성을 고려하여 수정 적용할 필요 없이 국제재판관할의 근거로서 그대로 참작될 수 있다. 여기에서 대상판결이 굳이 왜 재산소재지 재판적에 관한 민사소송법 제11조를 추가로 고려하였는지 의문이 생긴다.

이 글의 논점을 벗어나므로 간단하게만 살펴보자면, 제1심판결과 원심판결이 인정한 사실관계를 살펴볼 때, 법원이 피고 1과 피고 2 모두가 대한민국 내에 주소를 가졌다고 쉽게 단정하기 어려웠던 몇 가지 사정이 존재한다. 그 당부는 별론으로 하고, 우리 실무상으로는 실제 살고 있는 곳이 아니라 주민등록지를 주소로 취급하는 것이 일반적이다. 또 상거소에서는 주관적 요소가 요구되지 않는다고 보는 것이 일반적이나, 주소에 관하여 당사자의 정주의사(animus manendi)라는 주관적인 요건이 요구되는지는 각국마다 다르다.[74)] 이 사건에서 피고 1은 제주도 내에서 부동산을 매수하여 등기할 때 등기기록상의 주소지를 제주도 내로 한 것이 아니라 산동성 연태시 모평구로 하였다.[75)] 또 피고 1은 2013. 6. 이후 소

72) 석광현, "국제사법 제2조 제2항을 올바로 적용한 2019년 대법원판결의 평석: 일반관할과 재산소재지의 특별관할을 중심으로", 국제거래와 법 제29호(2020), 141면; 김경욱, "2019년 민사소송법 중요 판례 분석", 안암법학 통권 제60호(2020), 377면 이하. 다만 위 각 논문은 대법원이 국내법상 토지관할 규정을 국제재판관할 판단에서 '가장 중요한 기준'라고 표현한 것은 다소 지나치다고 지적한다.

73) 대법원이 결국 수정역추지설을 따른 것이라고 보는 견해로는, 김홍엽, "2019년 분야별 중요판례분석 ⑤ 민사소송법", 「법률신문」 2020. 2. 20., 12면; 이시윤, 앞의 책, 62면.

74) 최흥섭, "국제사법에서 일상거소의 의미와 내용", 국제사법연구 제3호(1998), 524-527면.

제기 시(정확하게는 소장 송달 시가 될 것이다)인 2014. 1. 당시까지 자녀와 함께 제주도에서 거주하여 왔지만, 제주도를 주소로 하여 공부상에 등록하였다는 등의 사정은 사실관계상 드러나지 않는다. 그렇다면 공부상 표시된 주소지가 중국에 있는 이상, 법원으로서는 '피고 1의 주소가 대한민국에 있었다'고 단정하기 어려웠을 것으로 짐작된다. 다음으로, 상거소는 민사소송법 제3조에 보통재판적의 근거로 명시되어 있지 않고(국제재판관할 판단 시에 민사소송법 제3조의 '주소'를 '상거소'로 유추적용할 수 있는지는 별론으로 한다), 단순 '거소'만으로 국제재판관할을 인정할 수 있는지에 관하여도 논란이 있다.[76] 더욱이 피고 2는 2013. 6. 말 중국으로 출국하여 그 후 대한민국에 입국한 바 없다. 피고 1은 몰라도 피고 2에 대하여 관련관할 등의 고려 없이 민사소송법 제3조에 기하여 국제재판관할을 바로 인정하는 것은 다소 무리라고 보인다. 이에 따라 원심판결도 민사소송법 제3조와 관련하여 피고 1, 2의 주소가 대한민국에 있다고 바로 판단하지 않은 채, 여러 사정을 고려하여 피고들이 "대한민국에 실질적인 생활 기반을 형성하였다"는 점을 인정하였고, 대상판결도 민사소송법 제3조의 취지에 비추어 "생활관계의 중심적 장소"를 중요한 고려요소로 삼을 수 있다면서 원심을 수긍한 것으로 보인다.

다. 대상판결의 사실관계가 민사소송법 제3조를 문언 그대로 충족하는지 다소 불분명하자, 대상판결의 원심은 민사소송법 제11조도 고려하였고(오히려 재산소재지 특별관할의 판단에 더 중점을 두었다), 대상판결도 이를 수긍하였다. 대상판결은 우선, 민사소송법 제11조가 국제재판관할의 판단 시에 참작될 수 있음을 명확히 하였고, 그 근거로는 '당사자의 권리구제 및 판결의 실효성, 예측가능성'을 들었다. 그러나 민사소송법 제11조를 수정 없이 그대로 국제재판관할의 근거로 삼지는 않고, 원고의 청구가 피고의 재산과 직접적인 관련이 없는 경우에는 다시 '그 재산이 대한민국에 있게 된 경위, 재산의 가액, 원고의 권리구제 필요성과 판결의

75) 제1심은 이 점을 들어 피고들이 대한민국에 주소가 없다고 판단하였다.

76) 한충수, 앞의 논문(각주 56), 146-147면.

실효성' 등을 추가로 고려하여야 한다는 기준을 제시하였다. 또한 국제재판관할권은 배타적인 것이 아니라 병존할 수도 있고, 다른 나라 법원이 대한민국 법원보다 더 편리하다는 것만으로 대한민국 법원의 재판관할권을 쉽게 부정할 수는 없다고 하여, 재산소재지 특별관할이 다른 국가에 국제재판관할이 없을 경우에만 보충적으로 인정되는 것이 아님을 밝혔다.

라. 대법원이 수긍한 원심의 사실인정 및 판단을 구체적으로 살펴보면 재산소재지 특별관할 판단과 관련하여 다음과 같은 특징이 있다.

① 원고와 피고들 간의 채권채무 관계는 대한민국과 아무런 관련이 없었다. 이 사건 채권은 모두 중국 국적자인 원고와 피고들이 중국에 거주하고 있을 때인 2009년에 중국 내의 사업과 관련하여 발생한 것이다. 또한 피고들이 변제항변을 한 데 대하여 원고가 피고에 대한 다른 채권을 변제받은 것이었다고 반박하였는데, 그 변제일자나 다른 채권의 발생일자도 모두 원피고들이 중국에 거주하고 있던 2009~2011년 사이에 걸쳐 있다. 당연히 준거법도 중국법이었다. 그럼에도 원심은 요증사실이 서증을 통해 증명 가능하고 중국 내의 증거조사가 필요하다고 보이지도 않는다는 점, 중국법이라는 점만으로 대한민국과의 실질적 관련성이 부정되는 것은 아니라는 점을 들어, 이러한 사정이 대한민국 법원의 국제재판관할을 배제할 사유가 되지 않는다고 보았다.

② 피고들이 대한민국에 재산을 취득한 것은 모두 이 사건 채권이 발생한 이후였다. 즉 피고들이 이 사건 채무를 부담할 당시에는 대한민국에서 소를 제기당하리라는 점을 예측할 수 없었다. 그러나 원심은 피고들이 그 후 분쟁을 회피하기 위해 대한민국에 생활의 기반을 마련하고 재산을 취득한 이상, 소 제기(더 정확하게는 소장 송달) 당시를 기준으로 하면 대한민국에서 소를 제기당하리라는 점에 대한 예측가능성이 있다고 보았다.

③ 원심은 피고들이 '실질적인 생활기반'을 대한민국에 형성하였음을 인정하는 외에, 원고가 소 제기 당시 대한민국에 입국하여 변론 당시까지 상당한 기간을 대한민국에서 거주하면서 향후 대한민국에서 영업활동

을 수행할 계획을 가지고 있었다는 점, 원고가 중국인임에도 중국이 아닌 대한민국을 선택하여 소를 제기하였고, 피고들도 소송대리인을 선임하여 응소한 점, 이미 대한민국 내에서 심리가 상당히 진행된 점까지도 고려하였다. 즉 원고 측의 사정과 소 제기 후의 사정까지도 함께 고려하였다. 이는 독일 판례가 재산소재지 특별관할을 인정하기 위한 '당해 쟁송의 내국관련성' 심사 시에 원고의 주소, 국적 등을 고려하는 것과도 일맥상통한다.

④ 피고들이 대한민국에서 취득한 재산이 청구금액에 상응하거나 이를 초과할 것이 요구되지도 않았고, 이 점이 심사되지도 않았다. 피고 1이 제주도에서 부동산과 차량을 취득한 사실, 피고 2가 제주도내 은행에서 예금채권을 취득한 사실은 인정되었으나, 그 가액이 심리되지는 않았으며, 청구금액인 500만 위안과 비교되지도 않았다. 대법원은 청구와 재산이 직접적인 관련이 없을 경우에는 '재산 가액'도 고려하여야 한다고 판시하면서도 원심이 재산 가액을 구체적으로 심리하지 않은 점을 잘못으로 지적하지는 않았는데, 이를 고려하면 '재산 가액'을 고려하더라도 대한민국에서 소를 제기할 정도로 유의미한 가액이면 족하고, 청구금액과의 다과를 구체적으로 심리할 필요는 없다는 것으로 보인다.

마. 대상판결과 원심의 판단을 전체적으로 종합하면, 대상판결은 대체로 '당해 쟁송의 내국관련성'을 재산소재지 특별관할의 제한기준으로 하는 독일 판례의 입장에 가까우나, '재산 가액'을 언급한 것으로 보아 일본 민사소송법 제3조의3도 의식한 것으로 보인다. 재산소재지 특별관할을 국제재판관할의 근거에서 완전히 배제할 수는 없는 반면, 민사소송법 제11조의 요건을 충족하였다는 것만으로 무조건 국제재판관할을 인정하는 것도 타당하지 않으므로, 대상판결의 태도는 재산소재지 특별관할을 인정하되 일정한 제한을 가할 필요가 있다는 학계의 논의와 세계적인 추세를 반영한 것으로서 긍정적으로 평가할 수 있다. 개정안이 통과되기 전까지는 대상판결이 국제사법 제2조 제2항에 따라 민사소송법 제11조를 참작함에 있어 합리적인 기준이 될 수 있을 것이다.

Ⅳ. 국제사법 개정안 제5조 제2호에 대한 검토

1. 문제점

국내법상의 토지관할 규정 중에서 그대로 국제재판관할규칙으로 삼을 경우 과잉관할의 소지가 있다고 지적되어 온 것은 외국법인의 영업소 소재지 보통재판적(민사소송법 제5조 제2항), 재산권에 관한 소에서의 의무이행지 특별재판적(민사소송법 제8조), 재산소재지 특별재판적 중 '압류할 수 있는 피고의 재산이 있는 곳'(민사소송법 제11조 후단)[77]이다. 개정안은 법인의 영업소 소재지 일반관할은 배제하고,[78] 의무이행지 특별관할은 계약에 관한 소로 한정하여 인정하며(개정안 제41조),[79] '피고 재산소재지'에 근거한 재산소재지 특별관할은 "압류할 수 있는 피고의 재산이 대한민국에 있는 경우. 다만, 분쟁이 된 사안이 대한민국과 아무런 관련이 없거나 근소한 관련만 있는 경우 또는 그 재산의 가액이 현저하게 적은 경우는 제외한다."(개정안 제5조 제2호)라는 규정을 두어 제한적으로 허용하였다.[80]

개정안 제5조 제2호와 관련하여 가장 먼저 살펴보아야 할 것은 과연 재산소재지 특별관할을 인정할 것인가이다. 다음으로 살펴보아야 할 것은, 현 개정안이 제한사유로 두고 있는 "분쟁이 된 사안이 대한민국과 아무런 관련이 없거나 근소한 관련만 있는 경우 또는 그 재산의 가액이 현저하게 적은 경우"라는 기준이 적절한가이다. 끝으로 일본 민사소송법 제3조의3과 같이 '금전지급 청구'로 한정할 필요는 없는지, 그리고 독일 민사소송법 제23조와 같이 재산소재지의 정의규정을 둘 필요는 없는지도 검토하고자 한다.

---

77) '보통재판적', '특별재판적', '일반관할', '특별관할'의 용어에 관하여는 논란이 많으나[석광현, 전게논문 3, 148면 이하 참조], 이 발표문에서는 국내법상의 재판적을 가리킬 때에는 '보통재판적', '특별재판적'을, 국제재판관할을 가리킬 때에는 개정안의 표현에 따라 '일반관할(general jurisdiction)', '특별관할(special jurisdiction)'을 사용하기로 한다.

78) 석광현, "2018년 국제사법 전부개정법률안에 따른 국제재판관할규칙: 총칙을 중심으로", 국제거래와 법 제21호(2018) 참조.

79) 석광현, "2018년 국제사법 전부개정법률안에 따른 국제재판관할규칙:각칙을 중심으로", 국제거래와 법 제23호(2018) 참조.

80) 석광현, 앞의 논문(각주 78), 68면 이하 참조.

2. 재산소재지 특별관할을 두는 것이 타당한지 여부

재산소재지 특별관할의 문제점과 필요성은 앞에서 이미 살펴보았으므로, 여기에서는 제한적 형태로라도 재산소재지 특별관할을 두어야 할 이유만을 제시하고자 한다.

첫째, 강제집행의 확실성과 신속성이다. 필자의 종전 논문에서도 같은 견해를 피력한 바 있지만,[81] 채권자가 재산소재지에서 확실하고 신속하게 강제집행을 하여 채권을 만족시키는 방법은 그 재산소재지 법원에서 판결을 받는 것뿐이다. 확실성의 측면에서, 피고의 재산이 대한민국에 있는데도 불구하고 타국에서 판결을 받는 경우, 그 판결이 대한민국 법원에서 확실하게 승인·집행되리라는 보장은 없다. 간접관할과 직접관할을 동일한 기준에 의하여야 한다는 것이 다수설이지만,[82] 실무적으로는 미묘한 온도차가 존재하는 것이 사실이다. 또 간접관할 요건(민사소송법 제217조 제1항 제2호)을 무사히 통과한다 하더라도, 민사소송법 제217조 제1항의 다른 요건을 충족하지 못하여 집행판결을 받지 못할 가능성도 적지 않다. 최근 발표된 논문에서 2000. 1. 1.부터 2019. 12. 31.까지 20년간의 집행판결청구 사건 하급심 판결 전체(151건)를 통계분석한 결과에 따르면,[83] 집행판결청구의 소가 전부 또는 일부각하된 비율은 22%이다(전부각하 17%, 일부각하 5%). 특히 우리나라와 법체계가 다른 미국 판결에 대한 집행판결청구의 소가 각하된 비율은 35%에 이른다.[84] 외국에서 승소판결이 최종 확정되었더라도 그 판결이 대한민국에서 집행되지 않을 확률이 이 정도라면 당사자로서는 피고의 재산이 있는 곳에서 소를 제기하는 것을 심각하게 고민해보지 않을 수 없다.

---

81) 한애라, 앞의 논문, 1144면 이하.

82) 최공웅, 앞의 책, 397면; 석광현, "간접적 국제재판관할(또는 승인관할)－한·일 국제민사소송법 공동연구 제4주제", 국제사법연구 제4호(1999), 512면 등.

83) 이혜민, "통계로 본 외국재판의 집행판결 20년사－2000~2019 외국재판 집행청구 각하사건을 중심으로－", 법조 제69권 제2호(통권 제740호), 406면 이하.

84) 위의 논문, 410면 이하.

강제집행의 신속성 측면에서도 재산소재지 특별관할이 필요하다. 대한민국에서 가집행선고부 이행판결을 받으면 제1심 승소판결만으로도 바로 대한민국 내의 재산에 대하여 강제집행을 할 수 있다. 그러나 외국판결은 확정되어야만 대한민국에서 집행판결을 청구할 수 있다. 집행허가에 대하여 가집행선고를 붙일 수 있다는 것이 다수설[85]이자 실무이지만, 그렇다 하더라도 제1심판결까지는 추가로 시간이 소요된다. 결국 대한민국에서 소를 제기하였다면 본안 제1심판결 시에 강제집행에 착수할 수 있었을 것을, 외국에서 확정판결을 받아 집행판결을 받으려면 외국의 불복절차를 모두 거쳐 대한민국에서 다시 제1심판결까지 받아야 한다. 헤이그 재판협약은 미확정의 집행 가능한 종국판결을 승인·집행의 대상으로 규정하고 있으나(제3조 제1항 b호), 피요청국은 미확정을 이유로 확정될 때까지 승인집행을 연기하거나 거절할 수 있어(제4조 제4항 제1문),[86] 헤이그 재판협약 가입도 이 문제에 대한 완전한 대안이 될 수 없다.

이에 대하여 강제집행의 편의는 전적으로 원고의 이익만을 고려한 것으로서 피고의 소재지를 일반관할로 하는 원칙에 반한다는 견해가 있으나,[87] 판결을 받는 것이 결국 채권의 만족을 얻기 위한 것임을 고려할 때 강제집행의 실효성을 도외시할 수는 없다. 대상판결도 같은 취지로 보인다.

둘째, 독일연방헌법재판소에서도 지적하였듯이, 자국 내에 소재한 재산에 대한 재판관할권의 행사는 자국 내의 자주적인 주권행사의 일환이다.[88] 자국 내 재산에 대한 주권행사를 정책적으로 제한하거나 혹은 조약·협약에 의하여 상호 포기하는 것은 별론으로 하고, 자국 내 재산에 대한 자국 법원의 영토주권 행사가 근본적으로 잘못되었다고 할 수는 없다.

셋째, 비교법적으로 볼 때 우리 민사소송법의 바탕이 된 독일 민사

85) 석광현, 국제사법과 국제소송 제1권, 박영사(2001), 350면; 이무상, "외국 판결의 집행", 인하대학교 법학연구, 제15권 제2호(2012), 348면 이하.

86) 장준혁, 앞의 논문(각주 44), 449면.

87) 이헌묵, 앞의 논문(각주 50), 78면 이하.

88) BVerfGE 64, 1 (19).

소송법이나 일본 민사소송법은 모두 일정한 제한하에서 재산소재지 특별관할을 인정하고 있으며, 독일 민사소송법의 영향을 받은 중부, 북부, 동부 유럽, 러시아 등 여러 국가도 마찬가지이다. 중국의 경우 일체의 제한 없는 재산소재지 특별관할 규정을 두었으며, 미국의 경우에도 '최소한의 접촉' 원칙에 따라 수정되기는 하였으나 재산소재지를 관할 연결점으로 한 준대물관할의 틀은 유지되고 있다. 이처럼 주요 국가에서 어떠한 형태로든 재산소재지 특별관할을 인정하고 있는 이상, 우리나라만이 먼저 나서서 재산소재지 특별관할을 포기하는 것은 우리 국민에 대한 보호를 방기하는 것이 될 수 있다.

앞서 보았듯이 각종 국제조약이나 국제규범이 재산소재지 특별관할을 배제하고 있는 것은 사실이나, 이는 체약국 또는 회원국 간에 상호주의적으로 외국 판결의 집행가능성이 보장되는 것을 전제로 한다. 브뤼셀 규정의 예를 보더라도, 유럽연합 회원국들 간에서는 재산소재지 특별관할이 배제되지만, 비회원국과의 관계에서는 내국법에 재산소재지 특별관할이 있는 경우 여전히 이를 적용한다. 결국 장차 전 세계 주요국가가 '확정되지 않았지만 집행 가능한 종국재판'의 자유로운 유통을 보장하는 국제협약에 가입한다면 재산소재지가 국제재판관할 근거에서 배제될 수 있겠으나, 그 전까지 과도기적으로는 각 국가가 부득이하게 제한적인 범위에서 재산소재지 특별관할을 둘 수밖에 없을 것이다.[89)]

넷째, 피고의 재산이 어디에 소재하는가는 우연적인 사정에 불과하고 예측가능성이 떨어진다는 비판이 있다.[90)] 예측가능성은 '법정지 법원에 소가 제기되는 것에 대한 피고의 합리적인 예측가능성'을 뜻한다.[91)] 그런데 앞서 보았듯이 재산소재지에 특별관할을 인정하는 것이 비교법적으로 특수한 것이 아니다. 피고가 자신의 재산을 여러 국가에 걸쳐 소유

89) 한충수, 앞의 논문(각주 52), 81-82면.
90) 이헌묵, 앞의 논문(각주 50), 78면 이하.
91) 이헌묵, "국제재판관할의 결정에서 피고의 예측가능성의 기능", 국제사법연구 제19권 제2호(2013), 238면 이하.

할 경우 피고는 자신의 재산소재지에 그러한 재산소재지 특별관할 규정이 존재하는지 및 그 곳에서의 피소 가능성을 미리 알 수 있으므로, 피고의 예측가능성이 떨어진다고 하기는 어렵다. 대상판결도 "피고가 대한민국에서 생활 기반을 가지고 있거나 재산을 취득하여 경제활동을 할 때에는 대한민국 법원에 피고를 상대로 재산에 관한 소가 제기되리라는 점을 쉽게 예측할 수 있다."고 하여 예측가능성을 인정하였다.

물론 피고의 재산이 채권이고 그 제3채무자가 피고가 예측하지 못한 곳에 주소나 상거소를 두게 된 경우, 혹은 피고의 재산인 동산이 피고의 의도와 관계없이 다른 국가로 옮겨진 경우 등 예측가능성이 떨어지는 특별한 경우가 있겠으나, 이는 뒤에서 보는 '관련성' 요건에 의하여 충분히 조율할 수 있을 것이다.

다섯째, 처분권주의 원칙상 원고가 가장 신속하고 확실하게 강제집행을 받기를 원하는 재산소재지를 선택하여 소를 제기하는 것은 원고의 자유이다. 판결국 내의 재산만으로도 채권 전부의 만족을 얻을 수 없는 경우 재산소재지 특별관할에 기한 판결이 타국에서 승인·집행될 가능성이 떨어질 수는 있지만, 그로 인한 위험은 원고가 스스로 판단하여 감수하여야 할 것이다. 또 타국에서 재산소재지 특별관할에 터 잡아 내린 판결에 대하여 대한민국 법원이 승인·집행 여부를 심사할 때에는 '재산가액' 또는 '관련성' 기준에 따라 적절한 통제가 가능할 것이다.

3. 개정안의 재산소재지 특별관할 제한기준에 대한 구체적인 검토

가. '관련성' 기준

재산소재지 특별관할의 제한기준으로는, 당해 청구와 당해 재산과의 관련성, 재산가액, 당해 쟁송의 내국관련성 등 여러 기준이 논의되어 왔다. 개정안은 그 중에서 관련성과 재산가액을 최종 선택하여, 소극적인 요건으로 '분쟁이 된 사안이 대한민국과 아무런 관련이 없거나 근소한 관련만 있는 경우' 및 '그 재산의 가액이 현저하게 적은 경우'를 두었다. 전자는 독일, 후자는 일본(및 오스트리아)을 참고한 것이다.

'분쟁이 된 사안의 대한민국과의 관련성'에 관해서는, '관련성'은 결국 실질적 관련을 요구하는 것으로 해석될 수 있고, 개정안 제2조는 특별관할의 발생요건으로 이미 '실질적 관련'을 요구하고 있으므로, 개정안 제5조 제2호의 '관련성'은 혼란만 야기하는 불필요한 조항이라는 비판이 있다.[92] 그러나 개정안 제5조 제2호의 '관련성'은 그 자체로 국제재판관할을 인정할 수 있는 개정안 제2조의 '실질적 관련성'보다는 약한 개념이다. 재산소재에 더하여, 분쟁이 된 사안과 대한민국 간에 '근소한 관련'조차도 없으면 재산소재지 특별관할이 부정되고, '근소한 관련보다는 더 크지만 실질적 관련까지는 아닌 관련'이 있으면 재산소재지 특별관할이 인정되며, '실질적 관련'이 있으면 그 자체로도 국제재판관할이 인정될 수 있는 것이므로, 개정안 제5조 제2호의 '관련성'은 제2조의 '실질적 관련성'과는 다르다.[93] 또한 개정안 제2조 제1항은 현 국제사법 제2조 제1항과 거의 유사하나, 제2항은 "이 법이나 그 밖의 대한민국 법령 또는 조약에 국제재판관할에 관한 규정이 없는 경우 법원은 국내법의 관할 규정을 참작하여 국제재판관할권의 유무를 판단하되, 제1항의 취지에 비추어 국제재판관할의 특수성을 충분히 고려하여야 한다."고 하여, 일반조항인 제2조는 보충적으로만 적용하여야 함을 명시하고 있다(당초 개정안을 추진한 것도 개별적인 국제재판관할규정을 두어 관할 인정의 기준을 명확히 하고 예측가능성을 높이기 위해서였다). 재산소재지 특별관할에 관하여 개정안 제5조 제2호를 두는 이상, 개정안 제2조 제2항은 적용될 여지가 없고, 재산소재지 특별관할의 인정여부는 제5조 제2호에 따라 완결적으로 판단되어야 한다. 이 점에서도 제5조 제2호의 '관련성'은 독자적 의미를 가진다.

'관련성'만으로는 부족하고 '당해 청구와 당해 재산과의 관련성'이 필요하다는 견해도 있다. 청구가 당해 재산을 목적으로 하거나 당해 재산을 담보로 하는 것에는 미치지 못하더라도, 그 재산이 청구와 무관하지는 않아야 한다는 것이다.[94] 그러나 대상판결은 청구와 대한민국 내 재

92) 이헌묵, 앞의 논문(각주 50), 78면 이하.
93) 석광현, 앞의 논문(각주 78), 71면.

산 간에 아무런 관련성이 없어도 재산소재지 특별관할을 긍정하였다. 강제집행의 실효성 관점에서는 청구와 재산 간의 관련성이 큰 의미가 없으므로, 이러한 태도가 타당하다고 생각된다. 앞서 본 바와 같이 판결의 실효성과 강제집행의 편의성 등을 고려할 때, '관련성' 요건은 당사자들도 대한민국과 무관하고 사안도 대한민국과 무관한 경우에까지 대한민국 법원이 국제재판관할권을 행사하는 것을 자제시키는 소극적인 요건으로서 작용하면 족하다고 할 것이다.

나. '재산 가액' 기준

일본은 '재산 가액이 현저하게 적은 경우'를 재산소재지 특별관할의 제한기준으로 채택하면서도 '관련성' 기준은 명시하지 않았다. 이와 관련하여, '재산 가액'에 더하여 '관련성' 기준까지 두는 것이 적절한지 의문이 제기될 수 있다. 그러나 일본 민사소송법 제3조의9는 '특별한 사정에 의한 소 각하' 규정을 두고 있어,[95] 일본과 관련성이 없는 사안에 대해서는 관할을 배제할 수 있으므로, 일본 민사소송법이 '관련성' 요건을 전혀 고려하지 않았다고 할 수는 없다. 그런데 특별사정론에 의존하는 것은 예견가능성과 법적 안정성을 해칠 수 있고, 간접관할에 대해서도 제3조의9가 적용될 수 있는가의 문제도 있으므로,[96] 개정안 제5조 제2호와 같이 '관련성' 기준을 재산소재지 특별관할 내에 자족적으로 명시하는 것이 입법기술적으로 더 우수하다고 생각된다.

다음으로, 대한민국 내의 재산 가액이 현저하게 적은 경우에는 그

94) 예를 들어 대법원 2014. 4. 10. 선고 2012다7571 판결은 대한민국 소재 재산인 부동산이 개발사업 부지이고, 청구된 금전채권은 그 개발사업과 관련한 것이라는 점을 '실질적 관련성'의 인정근거로 들었다.

95) 일본 민사소송법 제3조의9 [특별한 사정에 의한 소 각하] 재판소는 소에 대하여 일본 재판소가 관할권을 갖게 되는 경우(일본 재판소에만 소를 제기할 수 있다는 취지의 합의에 기하여 소가 제기된 경우를 제외한다)에도, 사안의 성질, 응소에 따른 피고의 부담 정도, 증거의 소재지 그 밖의 사정을 고려하여 일본 재판소가 심리 및 재판하는 것이 당사자 사이의 형평을 해하거나 적정하고 신속한 심리를 실현하는데 방해될 특별한 사정이 있다고 인정될 경우에는 그 소의 전부 또는 일부를 각하할 수 있다.

96) 한국국제사법학회, 앞의 보고서, 32-33면(장준혁 집필부분).

자체로 분쟁이 된 사안과 대한민국 간의 관련성이 부정될 수 있으므로, 재산 가액 요건과 관련성 요건을 중복적으로 두는 것은 불필요한 것이 아닌지 의문이 제기될 수 있다.[97] 그러나 '재산 가액' 요건은 재산소재지 특별관할의 취지상 적어도 강제집행 시 집행비용을 제외하고 채권자가 받아갈 유의미한 금액이 있어야만 재산소재지 특별관할을 인정할 수 있다는 명확한 일차적 기준으로 작용할 수 있다. 즉 대한민국 내 재산이 현저히 적은 경우에는 관련성 요건을 심사할 필요도 없이 재산소재지 특별관할을 부정하고, 이 단계를 통과하면 다시 분쟁이 된 사안이 대한민국과 약간의 관련이라도 있는지 아니면 전혀 무관한지를 심사함으로써, 재산소재지 특별관할에 대한 과잉관할의 우려를 경감시킬 수 있을 것이다.

다. '금전청구'로 제한할 필요는 없는지 여부

일본 민사소송법 제3조의3은 '압류 가능한 재산의 소재'에 따른 재산소재지 특별관할은 피고의 일반재산에 대한 강제집행을 위한 것이라고 보아, 그 대상 청구를 금전지급 청구로 한정한다.[98] 개정안 제5조 제2호 또한 '압류 가능한 재산'이라고 규정하고 있는데, 이 또한 재산에 대한 압류 및 현금화를 전제로 하므로, 그 청구도 일본과 같이 금전청구로 한정해야 하는 것이 아닌가 하는 문제가 제기될 수 있다.

일본 민사소송법이 청구를 금전청구로 한정한 데 대해서는, '상대방의 이행거절'을 주장하면서 손해배상을 청구하는 계약상 채권자는 재산소재지 관할을 주장할 수 있는 반면, 상대방의 선의를 믿으면서 동산의 인도, 역무의 제공 등을 청구하는 계약상 원고는 재산소재지관할을 원용할 수 없다는 것은 이해할 수 없다는 비판이 있다.[99]

살피건대, 금전청구의 소가 아닌 다른 재산권상의 소 또한 손해배상청구 등 금전청구로 변경되거나 간접강제가 부가될 가능성이 상존한다.

97) 독일 내 재산의 액수가 극히 적은 경우에 내국관련성을 부정한 예로, OLG Celle IPrax 2001, 338.

98) 이에 대한 비판론은, 한국국제사법학회, 앞의 보고서, 32면(장준혁 집필부분) 참조.

99) 위의 보고서, 33면.

그 경우 이행청구는 타국에서, 그 이행불능으로 인한 손해배상청구는 다시 재산소재지국에서 하라는 것은 소송경제나 판결 및 강제집행의 실효성을 고려할 때 바람직하지 않다. 오스트리아 재판관할법 제99조 제1항도 재산소재지 특별관할의 대상청구를 '재산법상 청구'로 하였을 뿐 굳이 금전청구로 한정하지 않았다. 금전청구화할 가능성이 전혀 없는 재산권상의 소라면(그런 경우를 상정하기는 어렵지만), '관련성' 요건에 의하여 적절하게 제한할 수 있을 것이다.

라. '재산소재지'의 정의규정을 둘 필요는 없는지 여부

독일 민사소송법 제23조는 "채권의 경우에는 채무자의 주소를 재산소재지로 보고, 채권에 관하여 물건이 담보로 제공된 경우에는 그 물건 소재지도 역시 재산소재지로 본다."고 규정하고, 오스트리아 재판관할법 제99조 제2항도 유사한 규정을 두고 있다. 개정안에도 재산소재지의 정의규정을 둘 필요는 없을까?

재산의 종류가 다양한 이상, 그 모두에 관하여 정의규정을 두기는 어려울 것이고, 결국 국내법상의 재판적 규정을 유추하여(예를 들어 채권의 경우 민사집행법 제224조에 따라 채무자의 보통재판적이 국내에 있으면 채무자의 보통재판적, 채무자가 국내에 보통재판적이 없으면 제3채무자의 보통재판적) 법리를 발전시켜 나갈 수밖에 없을 것이다.[100)]

Ⅴ. 결　　어

이상에서 재산소재지 특별관할에 관하여 대상판결 및 기존의 학설, 판례와 외국의 입법례를 검토하고, 개정안 제5조 제2호가 타당한지 여부도 아울러 살펴보았다.

대상판결이 국제사법 제2조 제2항의 취지를 살려 국제재판관할 심사 시에 국내법상의 토지관할 규정을 우선적으로 고려한 것은 '실질적 관련성'이라는 단일기준에 따른 불확실성을 줄이고 국제재판관할 판단의 예측

---

100) 각 재산별 재산소재지에 관하여는 한충수, 앞의 논문(각주 10), 142면 참조.

가능성을 높이는 것으로서 매우 바람직하다. 그러나 가장 바람직한 것은 더 이상 국제사법 제2조의 일반조항에 의존하지 말고 구체적, 개별적인 국제재판관할 규정을 두는 것이다.

개정안 제5조 제2호가 규정하는 재산소재지 특별관할에 대해서는 과잉관할이라는 비판이 있다. 그러나 타국 판결이 재산소재지국 판결만큼 확실하게 집행될 수 없는 것이 현실이고, 아직 판결의 자유로운 유통이 보장되어 있지 않고 주요국이 어떤 형태로든 재산소재지를 연결점으로 하여 관할권을 행사하고 있는 이상, 남용을 방지하는 제한하에서 재산소재지 특별관할을 둘 필요성이 있다 할 것이다. 제21대 국회에서는 국제사법 개정안이 통과되기를 기대한다.

[Abstract]

A Study on the Jurisdiction Based on the Location of the Property and Legislative Proposals

-Supreme Court Judgment of June 13, 2019, Docket No. 2016Da33752

Han, Ae Ra*

Article 2(1) of the Private International Law Act of Korea ("KPILA") provides that the international jurisdiction shall be determined by the standard of 'substantial connection' with the party or the action. Article 2(2) provides that in determining 'substantial connection', domestic venue rules should be considered based on the special nature of the international jurisdiction. Civil Procedure Code ("CPC") Article 11 stipulates on the venue based on the location of the property. In determining the international special jurisdiction, it is discussed whether the above Article 11 may be applied to without modification or should be restrictively applied, and in the latter case, what should be the standards of the restriction. This article reviews legislative history and precedents, theories and the laws of other countries on the jurisdiction based on the location of the property. It also comments on the related Draft Amendment of the KPILA Article 5(2).

The Supreme Court judgment ("Judgment") of June 13, 2019, Docket No. 2016Da33752 affirmed that the location of the property could be considered as a basis of the international jurisdiction, with modifications such as how the property came to be located in Korea, the value of the property, the necessity to protect the plaintiff's right, the effectiveness of the

* Professor, Sungkyunkwan University Law School.

judgment, and the defendant's predictability. The judgment reduced the uncertainty in determining the international jurisdiction and gave clearer standards in considering the location of the property as a jurisdictional connecting factor.

The more desirable solution, however, is to amend the KPILA with more specific provisions on the international jurisdiction. Under the 2020 Draft Amendment of the KPILA Article 5(2), the Korean court can exercise jurisdiction when the defendant's seizable assets are located in Korea, except that the case has no or little relations with Korea, or that the value of the property is too small. Although the jurisdiction based on the location of the property is criticized as an exorbitant jurisdiction, under the current realities where major countries has similar jurisdictional laws and the free flow or judgments has not been realized, it is necessary for Korea to allow jurisdiction based on the location of the property with reasonable restrictions.

[Key word]

- international jurisdiction
- substantial connection
- special jurisdiction
- location of the property
- amendment of the private international Act of Korea

참고문헌

[단 행 본]

강현중, 민사소송법 제7판, 박영사(2018).

김연/박정기/김인유, 국제사법 [제3판 보정판], 법문사(2014).

김홍규/강태원, 민사소송법 제4판, 삼영사(2017).

법무부, 국제사법 해설(2001).

석광현, 국제사법 해설 제2판, 지산(2003).

______, 국제재판관할에 관한 연구, 서울대학교 출판부(2001).

______, 국제사법과 국제소송 제1권, 박영사(2001).

손경한 외, 국제사법 개정 방안 연구, 법무부(2014).

신창섭, 국제사법 제4판, 세창출판사(2018).

이시윤, 신민사소송법 제14판, 박영사(2020).

정동윤/유병현/김경욱, 민사소송법 제8판, 법문사(2020).

정영환, 신민사소송법, 개정신판, 박영사(2019).

최공웅, 국제소송 [개정판], 육법사(1988).

한국국제사법학회, "일본과 중국의 국제재판관할 규정에 관한 연구"(법무부 연구용역보고서), 법무부(2016. 8.).

Andreas F. Lowenfeld, International Litigation and Arbitration, West Group (2002).

秋山幹男 外, コマンダータール民事訴訟法 (第2版追補版), 日本評論社(2014).

[논문 및 기타 자료]

김경욱, "2019년 민사소송법 중요 판례 분석", 안암법학 통권 제60호(2020).

김상균, "미국연방민사소송의 재산을 근거로 한 재판관할권", 법학연구 제45호(2012).

김현아, "중국법상 재산관계사건에 관한 국제재판관할", 국제사법연구 제23권 제1호(2017).

김홍엽, "2019년 분야별 중요판례분석 ⑤ 민사소송법", 「법률신문」 2020. 2. 20.

국제사법연구 편집부, "국제사법개정촉구결의문", 국제사법연구 제18집(2012).

석광현, “계약사건의 국제재판관할에서 의무이행지와 실질적 관련”, 법률신문 제3792호(2009. 11.).
______, “한국의 국제재판관할규칙의 입법에 관하여”, 국제거래법연구 제21집 제2호(2012. 12.).
______, “국제사법 제2조 제2항을 올바로 적용한 2019년 대법원판결의 평석: 일반관할과 재산소재지의 특별관할을 중심으로”, 국제거래와 법 제29호 (2020).
______, “2018년 국제사법 전부개정법률안에 따른 국제재판관할규칙: 총칙을 중심으로”, 국제거래와 법 제21호(2018).
______, “2018년 국제사법 전부개정법률안에 따른 국제재판관할규칙: 각칙을 중심으로”, 국제거래와 법 제23호(2018).
______, “간접적 국제재판관할(또는 승인관할)－한 · 일 국제민사소송법 공동 연구 제4주제”, 국제사법연구 제4호(1999).
손경한, “한국 국제재판관할법제의 발전”, 국제사법연구 제18집(2012).
오정후, “판례에 나타난 국제재판관할에 대한 이해에 관한 소고”, 서울대학교 法學 제48권 제1호(2007).
유영일, “국제재판관할의 실무운영에 관한 소고－개정 국제사법과 헤이그신 협약의 논의를 중심으로－”, 법조 통권 제554호(2002. 11.).
윤성근, “국제재판관할 결정의 일반적 기준으로서 실질적 관련의 원칙”, 국제 사법연구 제18호(2012).
이무상, “외국 판결의 집행”, 인하대학교 법학연구, 제15권 제2호(2012).
이혜민, “통계로 본 외국재판의 집행판결 20년사－2000～2019 외국재판 집행 청구 각하사건을 중심으로－”, 법조 제69권 제2호(통권 제740호).
이헌묵, “민사소송법의 관할규정을 고려한 국제계약분쟁에서의 일반관할과 특별관할에 관한 연구”, 저스티스 제167호(2013).
______, “국제재판관할의 결정에서 피고의 예측가능성의 기능”, 국제사법연구 제19권 제2호(2013).
장준혁, “한국 국제재판관할법상의 특별관할”, 국제사법연구 제18집(2012).
______, “2019년 헤이그 외국판결 승인집행협약”, 국제사법연구 제25권 제2호 (2019).
최공웅, “국내재산의 소재와 국제재판관할”, 사법논집 제20집.
최흥섭, “국제사법에서 일상거소의 의미와 내용”, 국제사법연구 제3호(1998).

한애라, "국제재판관할과 관련된 판결의 추이 및 국제사법의 개정방향－국제재판관할의 판단구조 및 법인에 대한 일부 과잉관할 쟁점과 관련하여－", 민사판례연구 제35권(2013. 2.).

한충수, "국제사법의 탄생과 국제재판관할", 법조 제536호, 법조협회(2001).

______, "국내토지관할 규정의 국제적 정합성", 민사소송 제13권 제2호(2009).

______, "국제민사소송의 국제적인 흐름과 우리의 입법 과제", 민사소송 제14권 제2호(2010).

______, "민사소송법상의 국내토지관할 규정에 대한 재검토와 입법론", 민사소송 vol. 8-1(2004. 2.).

후루타 요시마사/이호원, "일본 국제재판관할 법제에 관하여", 민사소송 제20권 제2호(2016).

Christopher B. Kuner, Personal Jurisidiction Based on the Presence of Property in German Law: Past, Present, and Future, 5 Transnat'l Law. 691 (1992).

社團法人 商事法務硏究會, 國際裁判管轄に關する調査・硏究報告書(平成20年 4月).

國際裁判管轄法制部會資料 19(平成21年 7月 10日)－國際裁判管轄法制に關する中間試案(案).

國際裁判管轄法制部會資料 18(平成21年 6月 19日)－國際裁判管轄法制に關する中間とりまとめのためのたたき台(5).

國際裁判管轄法制部會資料 24(平成21年 11月 20日)－國際裁判管轄法制の整備に關する要綱案(第１次案).

佐藤達文/古林康彦編, 一問一答・平成23年 民事訴訟法等改正一國際裁判管轄法制の整備一, 商事法務(2012).

森下哲朗, "新しい国際裁判管轄ルール: 営業所所在地・事業活動管轄, 債務履行地管轄を中心に", 国際私法年報 15号(2013).

沢木敬郎/道垣内正人, 国際私法入門 [第7版], 有斐閣(2012).

소송금지가처분(Anti-Suit Injunction)과 중재금지가처분

－대법원 2018. 2. 2.자 2017마6087 결정을 계기로－ *

조 인 영**

■요 지■

최근 국제중재사건이 대폭적으로 증가하면서, 중재와 소송이 교차하는 지점에서 발생할 수 있는 문제들에 대한 검토의 필요성도 증가하고 있다. 중재판정부와 법원이 상호 갈등을 빚을 수 있는 부분 중, 같은 분쟁 대상에 관하여 한쪽 당사자는 중재절차를, 다른 한쪽 당사자는 국내소송절차를 주장하여 두 가지 절차가 동시에 진행될 경우, 중재판정부가 당사자에 대하여 특정 법원에서의 소송을 진행하지 말라는 소송금지가처분(Anti-Suit Injunction)을 할 수 있는지, 반대로 법원이 당사자에 대하여 특정 중재절차를 진행하지 말라는 중재금지가처분(Anti-Arbitration Injunction)을 할 수 있는지가 문제된다.

소송금지가처분은 종래 영미법계에서 주로 인정되어 오던 것으로, 이러한 유형의 가처분을 인정하지 않는 대륙법계 국가들과 충돌을 일으켜 왔으며, 유럽사법재판소 역시 West Tankers 사건에서 영국 법원의 소송금지가처분은 브뤼셀협약에 위반된다고 판시한 바 있다. 그러나 실제 중재사례에 있어서는 이러한 논란에도 불구하고 중재판정부가 소송금지가처분을 명하는 사

---

* 이 논문은 저스티스 통권 제178호(2020. 6.) 및 사법연수원 어드밴스 논문집(2020. 4.)에 이미 게재된 것을 판례평석의 형식으로 내용을 축약·보완하여 편집한 것임을 밝혀 둔다. 본 논문의 보완점에 관하여 고견을 주신 노태악 대법관님, 석광현 교수님, 정선주 교수님, 이의영 부장님, 이승엽 판사님, 이혜민 판사님께 감사드린다.

** 연세대학교 법학전문대학원 부교수.

례가 존재해 왔고, UNCITRAL 모델 중재법과 중재규칙은 그러한 실무를 반영하여 이를 명시적으로 허용하는 방향으로 개정되었다. 우리 중재법 역시 2016년 개정 과정에서 UNCITRAL 모델 중재법의 내용을 반영하여 중재판정부의 임시적 처분에 관한 규정을 대폭 개정함으로써, 소송금지가처분은 개정 중재법이 허용하는 임시적 처분의 한 유형에 해당되기에 이르렀다. 유럽사법재판소 역시 Gazprom 사건에서 브뤼셀협약은 중재판정부에 의한 소송금지가처분에는 적용되지 않는다고 판시하였다. 다만, 개정법에 의하더라도 중재법은 중재지가 대한민국인 경우에 적용되고, 외국 중재판정부나 외국 법원의 소송금지가처분은 우리 법상 승인·집행의 대상이 되지 아니하므로, 당사자에게 사실상의 구속력만 가질 것으로 보인다. 반면 법원에 의한 중재금지가처분은 소송금지가처분에 대응할 일응의 필요성에도 불구하고 현행 중재법상 이를 인정할 근거가 부족하며, 우리 대법원 역시 중재금지가처분뿐만 아니라 중재절차위법확인소송 역시 부적법하다고 판시하였다. 대법원 2018. 2. 2.자 2017마6087 결정은 종래의 이러한 대법원의 태도를 확인한 것이다.

대륙법 체계를 기본으로 하는 우리 법제상 소송금지가처분이란 낯선 유형일 뿐만 아니라 재판받을 권리와 밀접히 연관되는 문제이므로 쉽게 남용하여서는 안 된다. 그러나 2016년 중재법 개정으로 중재판정부가 이러한 가처분을 할 수 있는 길이 열린 이상, 소송금지가처분의 배경 및 요건, 집행의 가능성에 대해 지속적인 논의와 검토가 이루어져야 할 것이다.

[주 제 어]

- 소송금지가처분
- 중재금지가처분
- 개정 중재법
- UNCITRAL 모델 중재법 및 중재규칙

대상판결 : 대법원 2018. 2. 2.자 2017마6087 결정

Ⅰ. 사안의 개요

1. 신청인 X 회사와 피신청인 Y 회사(X와 Y 회사는 모두 국내 법인이다)는 발전소 설치 및 시공계약을 체결하였는데, 위 계약에는 아래와 같은 내용의 분쟁해결조항이 포함되어 있었다.

> **제1.13조 분쟁해결 및 중재**
>
> 1.13.1 이 계약상에서 발생하는 사실문제가 계약당사자 간 합의에 의하여 해결될 수 없을 경우, 그 사실문제는 X(채권자, 이하 같다)가 결정한 바에 따른다. 동 결정은 Y가 X의 결정을 통지받은 날로부터 30일 이내에 X에 이의를 제기하지 않는 때에는 확정적인 효력을 가진다. Y가 X의 결정에 대해 이의를 제기하여 양 당사자 간에 합의하지 못하고 중재에 의하여 해결하겠다는 서면("분쟁통지")을 통지할 경우, 그 분쟁은 이 조항에 규정된 중재에 의하여 해결한다. 단, X가, 분쟁통지를 수령한 날로부터 30일 이내에 X의 전적인 재량에 따라, 분쟁을 대한민국 법률에 따른 대한민국 법원의 소송절차에 의해 해결하기로 선택하였음을 통지하는 경우, 그 분쟁은 이 조항에 불구하고 국제사법의 적용을 배제하고 서울중앙지방법원을 제1심 관할법원으로 하는 대한민국 법률에 따른 재판에 의한다.

2. Y 회사는 2016. 5. 24. 대한상사중재원에 추가공사비 및 손해배상금의 지급을 구함과 아울러 지체상금채무 부존재확인을 구하는 내용의 중재신청을 하였다. 그러자 X는 대한상사중재원에 '이 사건 조항 단서에 따라 X와 Y의 분쟁은 법원의 소송절차에 의하여야 하므로, Y의 중재신청은 부적법하다'는 취지의 답변서를 제출하였다.

3. X가 답변서를 제출한 이후에도 대한상사중재원에서의 심리기일이 계속 진행되자, X는 대한상사중재원이 중재절차를 강행하고 있다는 이유로, "중재절차위법확인 소송의 판결 확정시까지 대한상사중재원의 중재절차의 진행을 정지해 달라'는 취지의 중재절차정지 가처분을 신청하였다.

Ⅱ. 법원의 판단

1. 제1심 결정(서울중앙지방법원 2017. 7. 13.자 2017카합80375 결정, 각하)

제1심은 아래와 같은 이유로 이 사건 가처분신청을 각하하였다.

중재법 제17조, 제36조, 제37조를 종합하면 중재판정부의 관할권의 전제가 되는 중재계약의 유효성 및 범위에 대한 최종적인 판단권은 법원에 있지만, 법원이 중재절차에 개입할 수 있는 경우를 한정적으로 열거하고 있는 중재법 제6조 및 중재절차의 계속 중에도 법원에 소를 제기하거나 소송절차 계속 중에도 중재절차를 개시 또는 진행하거나 중재판정을 내릴 수 있도록 하는 중재법 제9조의 취지 등을 종합하면, 중재합의가 무효이거나 존재하지 않는다고 하더라도 이미 진행 중인 중재절차의 진행을 정지하여 줄 것을 가처분의 방법으로 법원에 신청하는 것은 중재법이 예정하지 않은 사법적 통제 방법으로서 허용될 수 없다.

또한 중재법 제10조는 중재합의의 당사자가 보전처분을 신청할 수 있다고 규정하고 있으나, 이는 중재의 대상인 권리에 관한 집행의 실효성을 확보하거나 그 권리의 침해로 인한 현저한 손해나 급박한 위험을 피하기 위한 보전처분을 의미하는 것이고, 중재절차 자체의 정지를 구하는 가처분신청을 할 수 있는 근거규정이 될 수는 없다.

2. 원심 결정(서울고등법원 2017. 10. 10.자 2017라20809 결정, 항고 기각)

원심에서 신청인은, ① 법원에 의한 중재절차정지의 가처분은 민사집행법 제300조 제2항, 중재법 제10조에 의해 허용되어야 하고, ② 중재법 제5조에 따른 이의신청권이 행사되면 중재판정부는 중재합의의 존부에 관한 심리 및 선결문제에 대한 결정만이 가능한데, 만약 중재판정부가 이러한 권한 범위를 넘어 위법한 중재절차를 진행하면 법원이 이를 정지할 수 있어야 하는 점, 중재법 제17조에는 중재판정부가 중재합의에 관한 당사자의 이의신청에 대해 선결문제로 결정하지 않거나 중간판정을 하지 않은 경우에 관하여 당사자가 이를 다툴 수 있는 규정이 전혀 없는바, 법원으로서는 이를 보완하기 위하여 중재절차를 한시적으로 정지할 수 있는 것으로 해석함이 마땅한 점 등을 고려하면, 헌법상 재판받을 권리와 신속한 재판을 받을 권리의 보장을 위해서는 중재절차정지가처분을 허용해야 한다는 주장을 추가하였다.

이에 대해 원심은 아래와 같은 이유로 추가 주장을 배척하고 항소를 기각하였다.

① 중재절차정지 가처분은 중재법이 예정하지 않은 사법적 통제방법에 해당하는 것이므로 민사집행법 제300조 제2항에 의하더라도 허용되지 아니한다.

② 중재합의 없이 진행된 중재절차의 위법성을 주장하는 당사자는 중재법 제17조 제6항에 의한 중재판정부의 권한심사 신청, 같은 법 제36조에 의한 중재판정 취소의 소나 중재법 제37조에 의한 중재판정 집행판결청구의 소를 통하여 법원의 심사를 받을 수 있고, 중재합의의 부존재를 주장하는 당사자는 중재절차의 진행과 무관하게 직접 법원에 권리의 구제를 구할 수도 있으므로,[1] 중재절차정지의 가처분이 허용되지 않는다 하더라도 그로 인해 헌법상 보장된 법관에 의한 재판을 받을 권리 및 신속한 재판을 받을 권리가 침해된다고 할 수 없다.

3. 대상 결정(대법원 2018. 2. 2.자 2017마6087 결정, 재항고 기각)

대상결정은 아래와 같은 이유로 재항고를 기각하였다.

① 중재법 제6조는 "법원은 이 법에서 정한 경우를 제외하고는 이 법에 관한 사항에 관여할 수 없다."라고 정하여 법원이 중재절차에 관여할 수 있는 범위를 '이 법에서 정한 경우'로 한정하고 있다. 이는 법원 밖에서 이루어지는 분쟁해결절차인 중재절차의 독립성을 제도적으로 보장하기 위한 것이다.

② 중재법 제9조 제1항은 '중재합의의 대상인 분쟁에 관하여 소가 제기된 경우에 피고가 중재합의가 있다는 항변을 하였을 때에는 법원은 그 소를 각하하여야 한다. 다만 중재합의가 없거나 무효이거나 효력을 상실하였거나 그 이행이 불가능한 경우에는 그러하지 아니하다.'고 정하고, 같은 조 제3항은 '위와 같은 소가 법원에 계속 중인 경우에도 중재판정부는 중재절차를 개시 또는 진행하거나 중재판정을 내릴 수 있다.'고 정하고 있다. 이는 중재합의의 부존재나 무효 등을 주장하는 사람이 중재절차 계속 중에도 중재합의의 대상인 분쟁에 관하여 소를 제기할 수 있고 법원 역시 소송절차에서 중재합의의 부존재나 무효 등을 판단할 수 있다는 것을 전제로 하면서도, 중재판정

1) 실제로, X는 2016. 12. 30. Y를 상대로 이 사건 계약에 관한 지체상금을 구하는 소를 제기하여 서울중앙지방법원에 소송이 계속 중이었다.

부는 법원에 계속 중인 소송절차로부터 영향을 받지 않고 독립적으로 중재절차를 개시 · 진행할 수 있음을 의미한다.

③ 한편 당사자가 중재판정부의 권한에 대하여 이의신청을 하면 중재판정부는 선결문제로서 그 권한의 유무를 결정할 수 있고(중재법 제17조 제1항 내지 제5항), 그 결정에 불복하는 당사자가 그 결정을 통지받은 날부터 30일 이내에 법원에 중재판정부의 권한에 대한 심사를 신청한 경우, 법원은 이에 따라 중재판정부의 권한을 심사한다(같은 조 제6항).

④ 중재판정부의 중재판정이 내려진 이후 중재판정에 대한 불복은 법원에 중재판정 취소의 소를 제기하는 방법으로만 할 수 있는데(중재법 제36조 제1항), 법원은 중재합의가 무효이거나 중재판정이 중재합의의 대상이 아닌 분쟁을 다루거나 중재합의의 범위를 벗어난 사항을 다룬 경우에는 중재판정을 취소할 수 있다[같은 조 제2항 제1호 (가)목, (다)목]. 중재판정을 받은 당사자가 중재법 제37조에 따라 중재판정에 대한 승인 · 집행결정을 신청하는 경우에도 법원은 그 절차에서 중재합의가 있었는지 여부를 심사할 수 있다(중재법 제37조, 제38조).

⑤ 위와 같은 중재법 제6조, 제9조, 제17조의 문언, 내용, 체계 등에 비추어 보면, 중재법이 법원이 중재절차에 관여할 수 있는 경우를 '중재법에서 정한 사항'으로 엄격하게 한정하면서 중재절차의 진행을 정지하는 가처분을 허용하는 규정을 두고 있지 않는 이상 중재합의의 부존재나 무효 등을 주장하면서 법원에 가처분의 방법으로 중재절차의 진행을 정지해달라고 신청하는 것은 허용되지 않는다.

⑥ 한편 중재법 제10조는 "중재합의의 당사자는 중재절차의 개시 전 또는 진행 중에 법원에 보전처분을 신청할 수 있다."라고 정하고 있다. 이 규정은 중재합의를 전제로 중재합의의 대상인 분쟁에 관하여 중재판정이 있기 전에 현상 변경을 막거나 다툼이 있는 권리관계에 끼칠 현저한 손해나 급박한 위험 등을 피하기 위하여 법원에 보전처분을 신청할 수 있도록 한 것으로 중재판정의 실효성을 확보하기 위한 것이다. 따라서 중재법 제10조는 중재합의의 부존재나 무효 등을 이유로 법원에 중재절차의 정지를 구하는 가처분신청을 할 수 있다는 근거가 될 수 없다.

〔研　　究〕

Ⅰ. 서　　론

최근 국제중재사건이 증가하면서 우리나라에서도 그 역할과 관심이 가속화 되고 있다. 그런데 국적이 다른 두 당사자가 개입하는 국제거래에서는 언제나 중재판정부와 국내법원과의 사이에서 최종적인 분쟁해결 권한을 두고 경쟁을 벌일 소지가 다분하며, 국제중재합의가 증가할수록 이러한 경우도 당연히 증가할 가능성이 크다. 특히 국가가 경제주체로서 전면에 나서는 양자 간 투자협정의 체결이 늘어나면서 투자자-국가 간의 분쟁(Investor-State Dispute, ISD) 해결 수단으로서 국제중재합의에 대한 관심이 대두되고 있는바, 국가를 대상으로 한 중재절차가 개시될 경우 그에 대한 심판을 소수의 외국 중재인들에게 맡기는 것이 공정하고 타당한지에 대한 의구심, 그리고 극단적인 경우 그러한 절차를 제지하고자 하는 조치들이 중재판정부와 국내법원 사이의 일종의 권한쟁의 양상으로 발전될 가능성이 크고, 실제로 외국에서는 그러한 사례들이 다양하게 존재해 왔다.

이와 같이 국제중재와 국내소송이 교차하는 지점에서 발생할 수 있는 권한 쟁의적인 문제로는 기존에 논의되어 온 중재판정의 취소 내지 승인 · 집행요건(특히 국제중재판정이 대한민국의 공서양속에 반한다고 보는 경우)에 관한 논의 외에도, 중재합의의 유효성, 두 개 절차가 동시에 진행된 경우 우선순위, 타 절차에 대한 중지가처분 등의 유효성, 국내 판결 등 사법작용의 타당성에 대해 제기된 국제중재[2] 등이 있을 수 있는데, 이러한 경우 법원이 사건을 어떻게 처리할 것인가는 다국적 기업이나 대기업의 첨예한 이익이 달린 소송, 국가가 당사자가 되는 소송 등에 있어서 매우 예민한 문제가 될 수 있을 뿐만 아니라, 우리나라를 국제중재지

2) 이에 대해서는 이혜민, “국제투자협정중재와 Denial of Justice”, 서울대학교 석사학위 논문(2013. 2.) 참조.

로 선택할 것인지 여부를 결정하는 데 있어 중요한 고려 요소가 될 수도 있다.

이 글에서는 위와 같이 중재판정부와 법원이 상호 갈등을 빚을 수 있는 부분 중 기존에 주로 논의되지 않았던 가처분절차, 즉 같은 분쟁대상에 관하여 한쪽 당사자는 중재절차를, 다른 한쪽 당사자는 국내소송절차를 주장하여 두 가지 절차가 동시에 진행될 경우, 한쪽 당사자가 다른 쪽 당사자를 상대로 다른 절차의 진행을 정지해 달라는 가처분을 신청할 수 있는지, 또는 그 절차가 실제로 진행되기도 전에 그러한 절차 자체를 금지해 달라는 가처분을 신청할 수 있는지 여부에 대해 살펴본다. 이러한 절차는 중재판정부의 입장에서는 중재판정부에서 명하는 외국 법원에서의 소송에 대한 소송금지가처분(Anti-Suit Injunction)[3]의 형태로, 소송절차에서는 법원에서 명하는 국제중재절차에 대한 중재금지가처분(Anti-Arbitration Injunction)의 형태로 나타나게 되는바, 그와 같은 가처분의 가능성, 요건, 범위, 상호 간의 관계 등이 문제될 수 있다. 이를 위해서 먼저 Ⅱ.에서는 중재판정부에 의한 소송금지가처분과 관련하여 그 이론적 · 법률적 근거와 실제 사례를 살펴보고, 현재 우리나라에서의 이와

---

3) 학설상으로는 '소송유지명령' 또는 '소송금지명령(석광현, 국제사법과 국제소송 제5권, 박영사, 2012; 이규호, "관할합의에 기초한 소송유지명령의 법적 쟁점", 국제사법연구 제25권 제1호, 한국국제사법학회(2019), '이중소송 정지명령(김용진, 국제민사소송전략-국제소송실무가이드, 신영사, 1997)', '再訴禁止假處分(유영일, "국제사법공조에 관한 연구", 서울대학교 대학원 법학박사학위논문(1995)', '제소금지를 명하는 임시적 처분' 또는 '제소금지 가처분(법원행정처, 중재재판실무편람, 2018, 53면 이하 참조)' 등의 다양한 용어가 사용되고 있고, 이 중 석광현 교수께서 상법 제402조의 '유지청구권'에 착안하여 사용한 '소송유지명령'이 가장 자주 사용되고 있는 것으로 보인다. 그런데 '유지(留止)명령'이라는 표현은 자칫하면 합의에 반하는 소송행위를 '중지 내지 금지'한다는(anti-suit) 의미가 아니라 오히려 그러한 소송을 '유지(維持)'시키는 취지로 오해될 소지가 있다. 반면, 개정 중재법은 제3장의2에서 '임시적 처분'이라는 용어를 사용하고 있고, 'anti-suit injunction'도 동조에서 규정하는 임시적 처분의 한 유형으로서의 가처분에 해당된다고 보이므로, 본 논문에서는 이러한 점들을 고려하여 '소송금지가처분'이라는 용어를 사용하기로 한다. 이에 대해서는 법원의 가처분과 중재판정부의 가처분은 구체적인 내용에서 차이가 있으므로, 전자의 경우에는 '소송금지가처분', 중재판정부의 경우에는 '소송금지 임시적 처분'으로 구분하여 칭하는 것이 보다 정확하다는 지적(정선주)이 있음을 밝혀 둔다.

같은 소송금지가처분의 가능성, 요건 및 특히 개정 중재법 시행 이후 집행 관련 쟁점을 검토해 본다. 다음 Ⅲ.에서는 법원에 의한 중재금지가처분의 가능여부 및 이를 인정한 사례들, 중재금지가처분과 관련된 우리나라 법제와 중재금지가처분을 인정하지 아니한 대법원 결정의 의미를 살펴본다. Ⅳ.에서는 이하의 논의를 요약하고, 향후 실무 방향과 법원의 역할에 대해 간략히 논의하기로 한다.

Ⅱ. 중재판정부에 의한 소송금지가처분(Anti-Suit Injunction)

소송금지가처분이란 당사자로 하여금 소송을 제기하지 못하게 하거나 진행 중인 소송을 중지하도록 하는 가처분을 말한다. 이러한 유형의 가처분은 종래 영미법계 국가에서 허용되어 오던 것으로 중재판정부뿐만 아니라 법원에 의해서도 내려질 수 있으나,[4] 이러한 유형의 가처분을 인정해 온 영미계 일부 국가 외에서는 그 타당성에 대한 반론이 꾸준히 제기되어 왔고, 최근 국제소송에 있어서 가장 논쟁적인 주제가 되어 왔다.[5] 그럼에도 불구하고 실제 중재판정부에서 이를 인정하는 사례들이 증가하면서, 2006년 개정된 UNCITRAL 모델 중재법은 임시적 처분을 대

---

4) 우리나라에서도 소송금지가처분이 제기되었다가 기각된 하급심 사례(서울고법 2016. 9. 8.자 2016라20160 결정 참조)가 있다. 이 사안에서 대한민국 법인인 채권자와 미국 법인인 채무자는 계약의 이행과 관련된 분쟁을 대한상사중재원에서 한국법을 준거법으로 하여 해결하기로 하였다. 이후 채권자가 대한상사중재원에 채무자를 상대로 물품대금을 구하는 중재신청을 하여 일부 승소판정을 받았다. 그런데 위 판정 이유에는 채무자는 채권자에 대한 자동채권과 그에 관한 상계를 받아들이는 내용이 기재되어 있었고, 이에 채무자는 미국에서 '이 사건 중재판정의 확인 및 승인명령'과 '이 사건 중재판정에 따른 11%의 마크업 수익채권 지급의무에 대한 판결의 등록' 등을 구하는 소송을 제기하였다. 채권자는 대한민국 법원에 미국 소송에 대한 소송금지가처분을 구하였으나, 법원은 미국에서의 소송은 단순히 중재판정의 확인 및 승인 명령과 판결등록을 구하는 소송으로서 위 소송의 제기가 중재합의에 위반한 것이라고 볼 수 없으며, 채권자가 주장하는 사유는 중재판정의 효력에 대하여 중재지국과 승인국의 소송법규가 정하는 바가 다를 경우 어느 국가의 기준을 따라야 하는지에 관한 문제일 뿐이라는 이유로 위 가처분 신청을 기각하였다.

5) George A. Bermann, International Arbitration and Private International Law, The Hague Academy of International Law, 2017, 284면.

폭 확대하고, 소송금지가처분을 명시적으로 허용하기에 이르렀다. 그러나 이러한 유형의 가처분에 대한 국내 논의는 아직까지 많지 않다. 이 장에서는 외국에서의 논의를 중심으로 하여 중재판정부가 내리는 소송금지가처분에 대한 이론적·법률적 근거 및 우리 법제에서의 가능성과 요건에 대해 살펴본다.

1. 소송금지가처분의 근거

(1) 이론적 근거

1) 긍 정 설

긍정설은 소위 'Kompetenz-Kompetenz'[6]라 하여, 중재재판부가 본안 판정 권한에 대해 스스로 판단할 권한을 갖는 이상, 가처분 재판 관할뿐만 아니라 중재 합의 위반에 대한 제재 또는 분쟁의 악화 방지를 위한 조치 역시 스스로 결정할 수 있다고 주장한다.[7] 긍정설은 중재합의의 효력을 위반하는 경우 그에 대한 직접적인 제재 조치를 가할 수 있는 중재판정부의 관할권(jurisdiction to sanction) 역시 인정되어야 한다고 주장하는데, 이는 동종의 배상(by equivalent or in kind)을 명할 수 있는 영미의 형평법상 논리에 의거한 것으로 보인다. 또한 긍정설은 다수의 분쟁해결 절차에서 서로 다른 판단을 내릴 경우 분쟁이 악화되고 중재판정의 효력이 저해될 우려가 있으므로, 중재판정부는 이를 방지하기 위해 필요한 조치를 취할 수 있다는 점도 논거로 든다.[8]

---

6) Kompetenz는 영어로 competence에 해당하는 독일어로, Kompetenz-Kompetenz란 '중재재판부가 그 관할과 합의의 유효성을 스스로 판단한다'는 국제법상의 원칙을 뜻한다. Kompetenz-Kompetenz 원칙에는 중재판정부가 직접 그 관할권을 결정할 수 있다는 적극적 Kompetenz-Kompetenz 원칙과, 법원은 중재판정부의 판단이 있기 전까지는 중재판정부의 판정 권한에 대해 판단을 할 수 없다는 소극적 Kompetenz-Kompetenz 원칙이 포함되는데, 긍정설은 적극적인 Kompetenz-Kompetenz의 원칙에서 더 나아가 중재판정부가 중재합의 위반에 대한 조치도 취할 수 있다는 것이다.

7) George A. Bermann. 각주 5), 284면 이하 참조.

8) 긍정설의 이론적 근거에 관한 자세한 논의에 대하여는 Emmanuel Gaillard, "Anti-Suit Injunctions Issued by Arbitrators", in International Arbitration 2006: Back to Basics?(edited by Albert Jan Van Den Berg), International Council for Commercial

한편, 긍정설 중에는 이러한 가처분이 논리적으로는 가능하지만, 실무적으로는 분쟁을 더욱 악화시킬 뿐이므로 부적당하다거나, 절차를 지연시키기 위한 소송절차의 남용 내지 사기 등의 경우에만 제한적으로 인정되어야 한다는 견해도 있다.[9)]

2) **부 정 설**

부정설은 중재판정부가 타국의 법원에 대한 관할권의 당부를 판단하는 것은 부적절하며, 타국 법원도 스스로 그 관할권을 판단할 권리가 있다고 지적한다.[10)] 부정설은 소송금지가처분은 국제예양(comity)에 반한다거나, '중재판정부가 일방 당사자에게 다른 중재절차 또는 법원의 소송절차에서 어떻게 행동하라고 명령함으로써 다른 중재판정부 또는 일국의 법원에게 무엇을 할지, 또는 중재판정부의 업무에 간접적으로 간섭할 수 있을지 아닐지를 명할 수 있는 것인지는 지극히 의심스러우'며,[11)] 만일 소송금지가처분이 인정되는 예외적인 경우라고 해도 중재인들은 이러한 조치로 인해 '법원에서 재판받을 권리'라는 당사자의 근본적인 권리를 침해하지 아니하도록 해야 한다고 주장한다.[12)] 또한 부정설은 국내법원 역시 Kompetenz-Kompetenz 원칙에 따라 그 스스로의 관할권에 대해 판단할 수 있고, 중재판정부는 그 스스로의 관할권에 대해서만 판단할 수 있으며, '이 중재판정부에 관할권이 있다'는 중재판정부 스스로의 판단 결과에 따라 당사자가 다른 법원이나 중재판정부에 분쟁을 회부하지 않게 되

Arbitration(ICCA) Congress Series No. 13, Kluwer Law International(2007) 237면 이하 참조. 위 논문은 https://www.arbitration-icca.org/ media/4/51236275887736/media012178544334520back_to_ basics_eg.pdf(2020. 2. 24. 최종 방문)에서도 확인할 수 있다.

9) Emmauel Gaillard, 각주 8), 262면 이하.

10) Emmauel Gaillard, 각주 8), 240면 이하.

11) Pierre Karrer, "Interim Measures Issued by Arbitral Tribunals and the Courts: Less Theory, Please", in International Arbitration and National Courts, the Never Ending Story(edited by Albert Jan Van Den Berg), ICCA Congress Series no.10, 2001. 97, 106면.

12) Laurent Levy, "Anti-suit Injunctions Issued by Arbitrators", in Anti-suit Injunctions in International Arbitration(edited by Emmanuel Gaillard), IAI Series on International Arbitration No. 2, Juris Publishing. 2005, 123면.

는 결과를 낳을 수 있을지언정, 중재판정부가 직접 당사자에게 이를 금지할 수는 없다고 한다.[13] 나아가 섣부른 소송금지가처분으로 인해 당사자의 청구권에 대한 소멸시효가 경과하여 추후에 구제를 받지 못하거나, 반소로서 제기할 수 있는 문제들에 대해 적절한 구제를 받을 수 없는 등 당사자에게 예기치 못한 손해가 발생할 수 있다는 점을 지적하기도 한다.[14]

그러나 이에 대해서는 중재합의가 있는 경우 당사자는 국내법원에서 재판받을 권리를 철회한 것으로 보아야 한다는 반론이 있다.[15] 소위 Kompetenz-Kompetenz 원칙에 따라 중재인은 관할권의 일차적인 판단자가 되어야 하고, 법원은 중재인의 판정이 있을 때까지 그 관할에 대한 판단을 유보(self-restraint)해야 한다는 것이다.

(2) 조약 및 법률적 근거

1) ICC(International Chamber of Commerce) 중재규칙

ICC 중재규칙 제28조(Conservatory and Interim Measures)에 의하면, 당사자가 달리 합의하지 않는 한, 중재판정부는 중재요청서를 받고 난 후 당사자의 요청이 있으면 판정 혹은 결정의 형태로 적절하다고 판단되는 잠정조치 내지 보전조치를 취할 수 있다.

2012년 개정된 동 규칙 제29조는 긴급중재인(Emergency Arbitrator) 제도를 도입하여, 중재판정부의 구성을 기다릴 수 없이 긴급한 조치를 필요로 하는 당사자는 긴급중재인 규칙(Emergency Arbitrator Rules)[16]에 따라 ICC 재판소에 긴급조치를 신청할 수 있도록 하고 있다. 이러한 긴급조치는 긴급 중재인에 의한 명령 형식을 취하고 있으며, 중재합의의 당사자는 달리 합의하지 아니하는 한 긴급중재인의 명령에 따르도록 하고 있다. 당사자는 긴급조치의 신청서에 '구하고자 하는 긴급조치가 무엇

---

13) Laurent Levy, 각주 12) 120면; Pierre Karrer, 각주 11), 106면.

14) Laurent Levy, 각주 12), 125면.

15) Emmanuel Gaillard, 각주 8), 241면 이하.

16) 이와 같은 긴급중재인제도는 최근 중재절차에서 급격히 확대되고 있으며, ICDR(2006), SCC, SIAC(2010), Swiss rules(2012), HKIAC(2013), LCIA, JCAA(2014)도 모두 이를 채택하고 있다.

인지'를 기재해야 하는데, 아래 살펴보는 UNCITRAL 모델법과 달리 ICC 규칙은 이러한 잠정조치 내지 긴급조치로서 어떠한 내용이 가능한 것인지에 대해서는 아무런 예시 내지 제한 규정을 두고 있지 않다. 다만 아래 2.항에서 살펴보는 바와 같이 ICC 중재규칙을 적용한 중재판정부의 실제 판정례들은 위 규정에 의해 소송금지가처분이 가능한 것으로 판단해 왔다.

한편, 동 규칙 제29조 제7항에 의하면 긴급중재인 관련 규정은 당사자가 관할권을 가진 여타의 사법기관으로부터 긴급조치를 구하는 것을 배제하지 않고, 그러한 긴급조치를 구하는 것이 중재합의를 철회하는 것으로 해석되어서도 아니 된다고 규정하는바, 이에 의하면 국내 사법기관의 보전조치와 긴급중재인에 의한 보전조치가 병행되거나 상호 배치되는 보전조치가 이루어질 가능성도 배제할 수 없다.

2) 워싱턴 협약[17] 및 ICSID(International Center for Settlement of Investment Dispute) 중재규칙

ICSID의 설립 근거가 된 워싱턴 협약은 제47조에서 '당사자가 달리 합의하는 경우를 제외하고 중재판정부는 필요하다고 인정하는 경우, 당사자의 권리를 보전하기 위한 잠정적 조치를 권고할 수 있다'고 규정하고 있고, ICSID 중재규칙 제39조는 '중재절차가 개시된 이후 어느 시점에서나 당사자는 중재판정부가 자신의 권리 보호를 위한 임시조치(Provisional Measures)를 권고하도록 신청할 수 있다. 그러한 신청에는 보호받고자 하는 권리, 권고를 요청하고자 하는 조치 및 그러한 조치를 필요로 하는 사유를 특정하여야 한다(제1항)'고 규정하고 있다. 중재판정부는 당사자의 신청이 없더라도 직권으로 그러한 임시조치를 내리거나 당사자가 신청한 외의 조치를 취할 수 있다(제3항).

이와 같이 '임시적 조치'가 가능하다는 ICSID 규칙의 원문만으로는

17) 본래 조약 명칭은 '국가와 타방국가 국민 간의 투자분쟁의 해결에 관한 협약[Convention on the Settlement of Investment Disputes between States and National of Other States]'이나 줄여서 워싱턴 협약으로 칭한다.

역시 위 임시적 조치에 소송금지가처분이 포함된 것인지 여부가 다소 애매할 수 있으나, ICSID 중재규칙에 따라 구성된 중재판정부 역시 아래 2. 항에서 살펴보는 바와 같이 위 규정에 의하여 소송금지가처분이 가능함을 전제로 판단해 왔다.

3) UNCITRAL 모델법 및 UNCITRAL 중재규칙

기존 1985년 UNCITRAL 모델법 및 중재규칙은 임시적 처분에 관한 규정을 두면서도 '분쟁의 대상'에 대해서만 임시적 가처분이 가능하다고 하여 그 범위 및 요건을 제한적으로 인정하고 있었다.[18] 그러나 2006년 개정된 모델법은 논의과정에서의 반대 의견에도 불구하고[19] 결론적으로 중재판정부의 임시처분 권한을 대폭 확대하여 소송금지가처분도 가능함을 명시하였고,[20] 예비명령(preliminary order) 제도를 도입하여 집행의 실효성을 확보하는 방향으로 개정되었다.

구체적으로, 개정된 모델법은 임시적 처분에 관한 제4장을 신설하여 기존에 한 개의 조문에 불과했던 임시적 처분에 관해 상세히 규정하고 있

---

18) Explanatory Note by the UNCITRAL Secretariat on the Model Law on Internatioal Commercial Arbitration, in UNCITRAL Model Law on International Commercial Arbitration 1985, with amendments as adopted in 2006, United Nations publication, Sales No. E.08.V4, (available at http://uncitral.org/pdf/english/texts/arbitration/ml-arb/ 07-86998_Ebook.pdf), Part Two, at para. 27. 임시적 처분을 '분쟁의 대상'에 대해서만 가능한 것으로 규정할 경우, 임시적 처분은 분쟁대상의 현상 동결이나 집행 확보를 위한 조치(가압류나 가처분 등) 등으로만 제한되고, 그 밖의 재산에 대한 가압류, 가처분이나 증거보전, 소송금지가처분 등은 할 수 없게 된다. 우리 중재법 개정 과정에서의 이에 대한 논의는 아래 3.항 참조.

19) 당시 실무작업반의 논의과정 중 대륙법계 국가에서는 일반적으로 이러한 가처분이 인정되지 아니하고, 헌법상 보장된 재판받을 권리를 가처분으로 금지한다는 것은 오히려 모델법의 채택에 방해요소가 될 것이라는 점이 지적되어 이에 대한 격렬한 논의가 있었다고 한다. 노태악, "UNCITRAL 모델중재법 및 중재규칙 개정에 따른 국내법 개정의 필요성 검토", 국제사법연구 제16호, 한국국제사법학회(2010. 12.), 128면.

20) UNCITRAL 모델법 개정과정에서도 소송금지가처분을 포함시킬 것인지에 대해서는 논란이 있었으나, 결국 이를 포함하는 방향으로 개정되었다. 석광현, "2016년 중재법에 따른 중재판정부의 임시적 처분－민사집행법에 따른 보전처분과의 정합성에 대한 문제제기를 포함하여－", 국제거래법연구 제26권 제1호(2017), 111-112면 참조.

다. 먼저 당사자가 그와 달리 합의하지 아니하는 한, 중재판정부는 당사자의 요청에 의하여 잠정적 조치(interim measure)를 취할 수 있다(제17조 제1항). 여기서 잠정적인 조치란 분쟁을 종국적으로 해결하는 판정이 내려지기 전에 판정 혹은 기타 형태로 취해지는 임시적인 조치로서, 중재판정부가 (a) 분쟁에 대한 결정을 앞두고 현재 상태(status quo)를 유지하거나 복구하는 것, (b) 중재절차를 현재 해하거나 해할 우려가 있는 활동, 또는 중재절차를 해할 우려가 있는 활동을 금지하거나 그러한 활동을 하지 못하도록 하는 행위를 명하는 것, (c) 판정을 집행할 수 있는 재산에 관한 보전 조치를 취하는 것, (d) 분쟁의 결정에 관련되고 중요한 증거를 보존하도록 명하는 것 등이 포함된다(제2항). 따라서 제17조 제2항 (b)에 의해, 당사자가 상대방이 중재합의에 위반하여 상대방 국가의 법원에 소를 제기하려 한다거나, 이미 제기하였다는 이유로 중재판정부에 소송금지(내지 정지) 가처분을 구할 경우, 중재판정부는 이를 금하는 내용의 가처분을 명할 수 있다. 다만 위와 같은 가처분을 함에는 합리적인 본안에서의 승소가능성이 인정되어야 하고(제17A조 제2항), 중재판정부는 담보를 명할 수 있으며, 추후 중재판정부가 임시적 조치가 허용되어서는 안 되는 사안이었다고 판단할 경우 상대방에게 비용과 손해를 배상하여야 하고, 중재판정부는 절차 중 언제든지 그러한 비용과 손해의 배상명령을 할 수 있다(제17E, 17G조).

뿐만 아니라, 모델법은 나아가 제17B조에서 예비명령 제도를 두어, 당사자가 달리 합의하지 아니하는 한, 당사자는 상대방에게 고지하지 아니하고 위와 같은 잠정조치와 함께 그 잠정조치의 목적을 해하지 아니하도록 명하는 예비명령을 신청할 수 있도록 하고(제1항), 중재판정부는 상대방에게 잠정조치의 신청 사실을 밝히는 것이 잠정조치의 목적을 해할 위험이 있다고 판단되면 일방적인 신청만으로 그러한 예비명령을 내릴 수 있도록 하고 있다(제2항). 이러한 예비명령은 잠정조치가 발령되기 전에 현재의 상태(status quo)를 유지시키는 것으로, 시간은 20일에 한정되고 집행의 대상이 되지 아니하는 등(제17C조 4, 5항)의 차이가 있다.

따라서 2006년 UNCITRAL 모델법에 의하면 중재판정부는 소송금지가처분을 명할 수 있을 뿐만 아니라, 가처분 전에 예비명령도 발할 수 있다. 소송금지가처분이 내려진 이후 당사자는 법원에 위 가처분의 집행을 신청할 수 있고(제17H조), 법원은 중재판정의 승인 및 집행 거부사유와 동일한 사유를 원인으로 그 승인 및 집행을 거부할 수 있다(제171조).

2010년 개정된 UNCITRAL 중재규칙은 2006년 개정된 모델법의 태도를 반영하여, 모델법과 동일하게 임시적 처분의 범위를 대폭 확대하고, 소송금지가처분과 같은 형태의 임시적 처분이 가능함을 명시하고 있으며(제26조), 가처분의 요건으로서의 본안의 승소가능성, 담보의 제공 및 가처분 사유 소멸시 비용 및 손해의 배상책임에 대해서도 동일하게 규정하고 있다. 그러나 예비명령에 대한 규정은 두고 있지 않으며, 가처분의 승인 및 집행과 관련하여서도 특별한 규정을 두지 않고 있다.

4) 기 타

앞서 소개한 중재규칙 외에 중재규칙으로 가장 자주 사용되는 미국중재협회(AAA, American Arbitration Association)의 상사중재규칙은 역시 임시적 처분의 구체적인 형태나 범위는 규정하지 않은 채 '어떤 형태의 임시적 처분(whatever interim measures)'도 가능하다고 규정하고 있고(제R-37조), 중재판정부의 구성 전에 긴급중재인에 의한 가처분도 가능하도록(제R-38조) 규정하고 있으며, ICDR(International Center for Dispute Resolution) 중재규칙 제24조 역시 재산의 보전 및 유지를 위한 가처분을 포함하여 당사자가 신청하는 잠정조치 및 보전조치가 가능하다고 규정하고 있다. 뿐만 아니라 홍콩과 싱가포르에서는 긴급중재인에 의한 잠정조치도 당연히 집행이 가능하도록 하여 집행의 신속성을 부여하고 있다.[21)]

반면, 런던상사중재원(LCIA, London Court of International Arbitration)의 중재규칙은 (a) 담보제공명령, (b) 분쟁 대상에 대한 보전, 보관, 분등 명령, (c) 본안 판정으로서 지급을 명하게 될 금원이나 재산 처분에

21) Lars Markert, "Interim Measures by emergency arbitrators-only effective with concurrent national arbitration legislation?", 2014 3rd Asia Pacific ADR Conference, 대한상사중재원(2014), 발표자료 참조.

대한 잠정적 지급명령 등의 임시적 처분이 가능하다고 규정하고 있어, 위 규칙 자체가 소송금지가처분을 허용하는 명시적인 근거가 된다고 보기는 어렵다(제25조). 그러나 런던상사중재원은 영미법상의 법리에 근거하여 중재규칙상 명시적 규정이 없이도 당연히 그러한 처분이 가능한 것을 전제로 판시하고 있다.

2. 소송금지가처분의 실제

앞서 살펴본 각종 중재규칙들에서는 비록 용어상으로는 interim measure, conservatory measure, provisional measure 등의 다양한 용어를 사용하고 있으나, 거의 예외 없이 중재판정부에 대한 임시적 처분을 허용하고 있다. 다만 '임시적 처분'이라는 일반적인 표현에 근거하여 소송금지가처분이 인정될 수 있는지는 논의의 여지가 있을 수 있는데, 실제 중재판정부에서는 다양한 사건에서 그러한 유형의 가처분을 허용해 왔다. 소송금지가처분이라는 제도가 아직 낯선 우리나라에서는 실제로 어떠한 사건에서 어떠한 형태의 소송금지가처분이 행해졌는지를 살펴보는 것이 이러한 유형의 가처분을 이해하는 데 도움이 될 수 있다. 이하에서 몇 가지 대표적 사례들을 살펴본다.

(1) ICSID 사례

1972년 Holiday Inns S. A. and others v. Morroco 사건[22]의 중재판정부는 양 당사자들에게 "본 계약과 양립하지 않는 어떠한 조치도 취하지 말고, 이미 행해진 행위라 하더라도 향후 계약상 의무에 반하는 어떠한 결과도 야기하지 않도록"할 것을 명하면서, "모로코 법원은 중재판정부가 분쟁에 대해 판결할 때까지 그 결정을 유보하여야 하며, 중재판정부가 이미 판정을 내린 경우 이를 따라야 한다. 그 외의 경우 모로코의 국가 책임이 문제되며 국제절차가 국내절차에 우선한다는 규칙을 해

---

22) ICSID Case No. ARB/72/1. Pierre LALIVE, "the First 'World Bank' Arbitration(Holiday Inns v. Morroco)-Some Legal Problems", British Yearbook of International Law Vol. 51, Issue 1, 1980, 123, 134면.

할 위험이 있다."고 판시하였다.

Maritime International Nominees Establishment(MINE) v. Guinea 사건에서는, 양 당사자가 회사를 설립하여 기니아의 철반석을 유럽과 북미에 수출하기로 하였다가 위 회사의 설립에 실패하자, 계약불이행의 책임이 누구에게 있는지 여부가 다투어 졌다. MINE은 미국법원에서 AAA에 의한 중재절차를 신청하여 기니아가 참석하지 아니한 상태로 승소 판정을 받았다. 이후 기니아는 'AAA 중재판정부는 관할권이 없다'면서 판정무효를 주장하였고, MINE은 결국 ICSID에 다시 중재신청을 하였다. ICSID 중재판정부는 MINE이 ICSID 전속적 중재합의를 위반하여 AAA 중재판정을 받았다고 판시하면서, MINE에 대하여 "국내법원에서의 모든 소송절차를 즉시 철회, 중지하고 향후 새로운 소송을 제기하지 아니할 것"을 권고하였다.[23)]

Société Générale de Surveillance S. A.(SGS) v. Islamic Republic of Pakistan 사건[24)]에서, 파키스탄 정부는 1994년경 스위스 법인인 SGS와 선적전 검사 계약(Pre-shipment Inspection Contract)을 맺었는데, 위 계약에는 이슬라마바드를 중재지로 하는 중재 조항이 포함되어 있었다. 이후 파키스탄 정부가 1996년경 SGS와의 계약을 해제하자 SGS는 부당해제를 원인으로 한 손해배상청구 소송을 스위스 법원에 제기하였으나, 스위스 법원은 관할이 없다는 이유로 이를 받아들이지 않았고, SGS는 1995년경 체결된 스위스와 파키스탄 간의 양자 간 투자협정(BIT)에 따라 ICSID에 중재신청을 하였다. 스위스 법원에서의 소송 진행 중 파키스탄은 파키스탄 법원으로부터 ICSID 중재절차에 대한 중재금지가처분 결정을 받았다. 그

---

23) Maritime International Nominees Establishment (MINE) v. Republic of Guinea, ICSID Case No. ARB/84/4, Award of 6 January 1988, 4 ICSID Rep. (1997), 59면. 위 사건의 중재판정부는 본안 판결에서 MINE이 기니아에게 AAA 중재판정에 기한 압류 해제 비용 및 소송비용을 배상할 것을 명했다.

24) ICSID Case No. ARB/01/13, Procedural Order No. 2 dated 16 Oct 2002, 181 ICSID Review -Foreign Investment Law Journal(2003, no.1), 293-306면. 결정원문은 http://icsidfiles.worldbank.org/icsid/ICSIDBLOBS/OnlineAwards/C205/DC621_En.pdf 참조(2020. 2. 24. 최종 방문).

러자 SGS는 반대로 ICSID 중재판정부에게, “파키스탄 정부가 모든 국내 법원에서의 소송절차를 즉시 철회하고 향후 소송을 제기하지 않으며, ICSID가 관할권에 대해 판단할 때까지 국내 중재절차를 정지시킬 것”을 명하는 내용의 긴급 임시조치(Urgent Provisional Measure)를 신청하였다. 위 사건에서 ICSID 중재판정부는 “파키스탄 법원에 의한 중재금지가처분은 종국 확정되어 더 이상 정지할 필요가 없으나, 그러한 가처분은 국제법상 ICSID 중재판정부에게 구속력이 없다.”고 하면서, “파키스탄 정부는 ICSID 중재판정부가 관할에 대해 결정할 때까지 이슬라마바드에서의 중재절차를 정지할 것”을 권고하였다. 이후 위 중재판정부는 ICSID 중재판정부가 스위스와 파키스탄 간의 양자 간 투자협정에 따라 이 사건에 대해 관할권을 가진다고 결정하였고, 사건은 양 당사자의 합의에 따라 최종 중재판정에 이르기 전에 종결되었다.[25)]

반면 Plama Consortium Limited v. Republic of Bulgaria 사건[26)]에서 ICSID 중재판정부는 신청인의 소송금지가처분 신청을 기각하였다. 위 사건에서 사이프러스 법인인 Plama Consortium Limited는 불가리아의 Nova Plama에 합작투자를 하였다가 Nova Plama가 파산절차에 들어가자, ‘불가리아는 불가리아 국내 법원 및 Nova Plama의 파산절차, 체납세금 관련 징수절차 등과 관련하여 관계 기관에 제기한 절차를 중단하고 향후 새로운 소를 제기하지 말 것을 명해 달라’는 내용의 임시적 처분을 신청하였다. 이에 대하여 중재판정부는 소송금지가처분은 가볍게 발령되어서는 안 되고, 분쟁에 관련된 모든 권리가 아니라 당사자들의 권리에 직접적으로 관련된 분쟁에 국한되어야 한다는 전제하에, 이 사건 신청인의 손해배상 관련 소송이 아니라 제3자인 Nova Plama의 파산 등과 관련된 불가리아에서의 위 절차들은 그 결과가 중재판정부의 분쟁 대상에 대한 판

25) 위 사건의 경과 및 관할권 관련 결정 원문은 https://icsid.worldbank.org/en/Pages/cases/ casedetail.aspx? CaseNo=ARB/01/13 참조(2020. 2. 24. 최종방문).

26) 원문은 ICSID Case No. ARB/03/24, http://icsidfiles.worldbank.org/icsid/ICSIDBLOBS/OnlineAwards/ C24/ DC522_En.pdf 참조 (2020. 2. 24. 최종 방문).

정에 영향을 미친다고 볼 수 없다고 판시하였다.

(2) ICC 사례

1982년 ICC Case No. 3896 사건[27)]에서, 프랑스 건설회사는 이란 정부를 상대로 중재를 신청하였다. 중재절차의 진행 중 이란 정부는 보증은행을 상대로 계약 이행보증금의 지급 정지를 명하였고, 프랑스 건설회사는 위 지급정지 명령을 본안 판정시까지 중지하는 내용의 가처분을 신청하였다. 반면 이란 국내법원은 보증은행에게 중재판정부의 최종 본안 판결이 있을 때까지 보증금을 지급하지 말라는 지급금지명령을 내렸다. 그러자 프랑스 건설회사는 위 국내법원에서의 행위가 소송남용적인 것으로서 무효임을 선언해 달라고 신청하였고, 중재판정부는 "당사자는 중재판정의 집행을 해할 우려가 있는 행위를 하여서는 아니 되며, 분쟁을 악화시키거나 연장시키는 행위 및 중재판정부의 업무를 복잡하게 하거나 종국 판정의 준수를 더 어렵게 하는 행위를 하여서는 아니 된다."고 판시하였다.

ICC Case No. 5650[28)]에서는 한 아프리카 정부[29)]가 자국 법원에서 미국 회사를 상대로 호텔 증축 공사계약의 불이행으로 인한 손해배상청구소송을 제기하자, 미국 회사는 아프리카 정부가 중재합의를 위반했다면서 중재절차를 신청하였다. 중재절차의 계속 중에 아프리카 국가는 국내법원에서의 소송을 취하하였고, 1989년 최종 판정에서 중재인은 "상대방은 국내법원에서의 소송을 취하하였다고 한다. 그러나 만일 소송절차가 계속 중이라면 신청인은 그 절차의 중단을 요청할 권리가 있다."고 판시하였다.

ICC Case No. 8887[30)] 사건에서는 이탈리아 회사가 터키 회사를 상

27) ICC Award No. 3896(1982. 12. 23.), 110 J.D.I.(1983), 914면; 위 사안의 구체적 사실관계와 판정 내용은 Emmanuel Gaillard, 앞의 논문(주 7), 253면 이하 참조.

28) 위 사안의 보다 구체적인 사실관계와 판정 내용은 Emmanuel Gaillard, 각주 8), 254면 참조.

29) ICC 중재절차의 밀행성(密行性)의 원칙상 구체적인 국가 이름은 밝혀지지 아니하였다.

30) 보다 구체적인 사안과 판정 내용에 대해서는 Emmanuel Gaillard, 각주 8), 254면 이하

대로 중재를 신청하자, 터키 회사가 터키 법원에 채무부존재 확인소송을 제기하고, 중재절차에서는 중재판정부가 해당 사건에 관한 관할권이 없다고 주장하였다. 중재인은 터키 회사에 터키 법원에서의 소송을 더 이상 진행하지 말라는 내용의 소송금지가처분을 명하였으나, 터키 회사는 이를 지키지 아니하고, 계속 중재합의의 무효와 중재절차의 정지를 주장하였다. 중재인은 최종판정에서 터키 법원은 뉴욕협약 제2조 3항에 따라 이 사건을 중재에 회부할 의무가 있고, 터키 회사는 이스탄불에서의 변호사 비용 등에 대한 배상책임이 있다고 판시하였다.

(3) 기 타

In E -systems Inc. v. The Islamic Republic of Iran, Bank Melli Iran 사건에서, 신청인은 이란 정부와 Melli Iran 은행을 상대로 계약위반에 의한 손해배상을 구하는 중재신청을 하였는데, 위 중재절차의 진행 중에 이란은 테헤란 법원에 신청인의 계약위반으로 인한 손해배상청구소송을 제기하였다. 이에 신청인은 Iran-US Claims Tribunal 중재판정부에 이는 위 중재절차에서 반소로 제기될 문제라면서, 이란에서의 절차를 기각하거나 정지하도록 명하는 가처분을 신청하였다. 그러자 위 중재판정부는 '이란 정부가 중재 절차가 완료될 때까지 테헤란 법원에 절차 중지 요청을 할 것'을 권고하였다.[31] 중재판정부는 Algiers 선언에 의하더라도 이란 정부는 자국 법원에 소를 제기할 권리가 있고, 해당 반소에 대한 중재재판부의 관할이 전속적인 것은 아니라고 보면서도, 중재판정부는 그 관할권과 권한의 유효성을 확보하고 당사자의 권리를 보호하기 위해 필요한 명령을 할 고유의 권한이 있다면서, 이란 정부에 대해 소송금지를 명하였다.

참조.

31) Feb. 4, 1983 Interim Award in Case No. 338, E-Systems, Inc. v. Iran, 2 Iran-U.S. Cl. Trib. Rep. 51, 57 (1983). Case No. 12118, Tadjer-Cohen Associates, Inc. v. Iran, 9 Iran-U.S. Cl. Trib. Rep. 302 (1985).

3. 우리나라 중재법

(1) 개정 전 중재법상의 논의

중재판정부에게 임시적 처분 권한을 부여하지 않는 일부 법제[32]와 달리, 개정 전 우리나라 중재법 제18조 제1항은 '당사자 간에 다른 합의가 없는 경우에 중재판정부는 어느 한쪽 당사자의 신청에 따라 결정으로 분쟁의 대상에 관하여 필요하다고 인정하는 임시적 처분을 내릴 수 있다'고 하여 중재판정부에 임시적 처분권한이 있음을 명시해 왔다. 그러나 어떠한 형태의 임시적 처분이 가능한 것인지에 대해서는 구체적인 규정이 없었고, 이에 대해 특별히 문제가 제기된 사례도 많지 않았다. 다만 일부 학설은 통상 국제상사중재에서 내려지는 임시적 처분의 유형은 그 목적에 따라 첫째, 손해를 회피하기 위하여 하는 처분(현상유지적 임시처분), 둘째, 장래의 중재판정의 집행을 촉진하기 위한 처분(자산동결처분 포함), 셋째, 중재절차의 진행을 촉진하기 위한 처분이 있는데, 개정 전 중재법상으로는 중재판정부의 임시적 처분권한이 명문의 규정상 '분쟁의 대상에 관하여' 필요한 처분에 한정되므로, 이를 넘는 그 밖의 현상유지를 위한 임시적 처분이나 세 번째 유형에 해당하는 소송금지가처분 등의 임시적 처분을 할 수도 없다고 하였다.[33]

(2) 2016년 개정 중재법의 내용

그러나 종전의 중재법에 기초한 논의는 2016년 중재법 개정으로 그 의미를 상실하게 되었다. 2016년 중재법 개정과정에서 임시적 처분에 관한 규정이 전면적으로 개정되어 임시적 처분의 요건과 변경, 담보제공, 승인 및 집행 등에 관한 구체적인 조문들이 제3장의2로 추가되었고, 특히 개정 중재법 제18조 제2항은 UNCITRAL 모델 중재법의 규정을 그대로

---

32) 예컨대, 중국 민사소송법상으로는 중재위원회는 임시적 처분을 할 수 없고, 다만 일방 당사자가 상대방 당사자의 재산에 대한 보전신청을 하면 중재위원회가 그 신청을 인민법원에 제출하도록 규정하고 있다고 한다. 윤진기, 중국중재제도, 경남대학교 출판부, 1998, 141면; 목영준, 상사중재법, 박영사, 2011, 제184면.

33) 석광현, 국제상사중재법연구 제1권, 박영사, 2007, 73면.

채택하여 중재절차 자체에 대한 영향을 방지하는 조치를 금지할 수 있도록 하고 있기 때문이다. 개정 중재법의 내용은 아래와 같다.

> 제18조(임시적 처분)
> ① 당사자 간에 다른 합의가 없는 경우에 중재판정부는 어느 한쪽 당사자의 신청에 따라 필요하다고 인정하는 임시적 처분을 내릴 수 있다.
> ② 제1항의 임시적 처분은 중재판정부가 중재판정이 내려지기 전에 어느 한쪽 당사자에게 다음 각 호의 내용을 이행하도록 명하는 잠정적 처분으로 한다.
> 1. 본안에 대한 중재판정이 있을 때까지 현상의 유지 또는 복원
> 2. 중재절차 자체에 대한 현존하거나 급박한 위험이나 영향을 방지하는 조치 또는 그러한 위험이나 영향을 줄 수 있는 조치의 금지
> 3. 중재판정의 집행 대상이 되는 자산에 대한 보전 방법의 제공
> 4. 분쟁의 해결에 관련성과 중요성이 있는 증거의 보전

앞서 UNCITRAL 모델 중재법의 개정 과정에서 설시하였듯이, UNCITRAL 모델중재법 및 중재규칙은 제한적인 가처분 규정에 관한 문제점을 해결하기 위해 '분쟁의 대상에 관한'이라는 표현을 삭제하고 그 범위를 확대하게 된 점, 우리나라에서도 종전의 제한적인 임시적 처분 규정으로 분쟁의 대상이 된 재산 이외의 재산에는 가압류가 어려워 임시적 처분의 실효성에 관한 문제가 제기되어 온 점,[34] 2016년 개정 중재법은 UNCITRAL 모델중재법을 그대로 채택한 점 등에 비추어 보면, 개정 중재법 제18조 제2항이 규정하는 '중재절차 자체에 대한 현존하거나 급박한 위험이나 영향을 방지하는 조치 또는 그러한 위험이나 영향을 줄 수 있는 조치의 금지'에는 소송금지가처분이 포함된다고 봄이 마땅하다.[35]

마찬가지로 대한상사중재원의 국내중재규칙[36] 제35조 제1항은 '중재

---

34) 목영준, 각주 32), 187면.

35) 같은 견해를 취한 논문으로는 이규호, "중재인의 임시적 처분 및 이에 대한 법원 역할의 비교법적 분석", 국제사법연구 제23권 제1호, 한국국제사법학회(2017), 446면; 박진수, "개정 중재법에 따른 임시적 처분의 활용범위 및 실무 개선방안", 개정 중재법의 실무적 쟁점 및 운영방안 심포지엄 자료집(2016. 11. 18.), 12면.

36) 개정 국내중재규칙은 2016. 11. 30. 이후 접수되는 사건에 적용된다.

판정부는 당사자 간에 다른 합의가 없는 경우에 일방 당사자의 신청에 따라 필요하다고 인정하는 임시적 처분을 내릴 수 있다'고 하면서, 제2항 제2호에서 '중재절차 자체에 대한 현존하거나 급박한 위험이나 영향을 방지하는 조치 또는 그러한 위험이나 영향을 줄 수 있는 조치의 금지'도 그러한 임시적 처분에 포함됨을 명시하고 있고, 대한상사중재원의 국제중재규칙 제32조 역시 동일한 내용을 규정하고 있다.[37)]

4. 소송금지가처분에 대한 구체적 고찰

(1) 소송금지가처분의 요건 및 효력 범위

앞서 살펴본 바와 같이, 각종 중재관련 규칙·협약 및 개정 중재법에 의하면, 중재판정부는 절차법상 우리나라 중재법이 적용되거나 당사자들이 해당 중재절차와 관련하여 소송금지가처분을 허용하는 법률을 적용하기로 합의한 경우, 당사자의 신청이나 직권에 의하여 소송금지가처분을 명할 수 있다.[38)] 다만, 중재판정부는 앞서 소송금지가처분의 이론상 근거에서 논의한 문제점을 고려하여, 당사자가 전속적인 중재합의에도 불구하고 이에 반하여 시간을 지연하거나 국내법원의 지원을 얻어 사안을 유리하게 이끌 목적으로 국내법원에 소를 재차 제기하는 등의 사정이 있을 때에 신중하게 이를 인정해야 할 것이다.

중재판정부의 임시적 처분은 중재절차의 당사자에게만 효력이 미친다. 모델법(제17조)과 달리 우리 중재법은 이를 명시하지 않지만, 이는 당사자 간의 합의에 의한 중재절차의 성질에 비추어 당연하다. 중재판정부의 실제 판정 사례를 보더라도 대부분의 경우 중재판정부는 'A에 대하여 … 절차에 관한 중지/취하 신청을 할 것을 명한다[order(recommend) A to move for a stay/withdraw of the current proceedings …']와 같이 중재 당사자에게 소송절차를 철회하거나 중지하도록 명령 내지 권고하는 형식을

---

37) 개정 국제중재규칙은 2016. 6. 1. 이후 접수되는 국제사건에 적용된다.

38) 통상 임시적 처분의 가능성 문제는 절차법의 문제로 분류된다. 목영준, 각주 32), 111면.

띄고 있을 뿐, 직접 한 국가 법원에게 절차를 중지하라는 등의 명령을 하지는 않고 있다. 중재판정부의 권한은 당사자의 합의에서 비롯된 것이나, 법원의 소송 관할권은 주권 및 법률상 당연히 인정되는 것이라는 점에서 중재판정부가 재판부에게 소송을 중단하라는 등의 직접적인 명령을 할 권한을 가질 수 없음은 당연하다고 할 것이다.39)

(2) 승인 및 집행결정

1) 개정 중재법 관련 규정 및 효력 범위

만일 위와 같은 가처분이 가능하다고 하더라도 실제 승인 및 집행을 어떻게 할 것인지가 문제된다. 일반적인 경우, 중재법이 개정되기 전에는 임시적 처분이 결정(제18조)의 형식으로 가능하다고 하고 있고, 법원의 집행판결이 되는 것은 '중재판정'으로 한정하고 있으므로(제37조), '결정' 형식의 임시적 처분은 원칙적으로 승인 및 집행의 대상이 되지 않는다는 것이 다수의 견해였다.40) 그러나 개정 중재법은 그러한 문제를 직접적으로 해결하기 위해 제18조의7에서 임시적 처분에 대한 승인 및 집행을 법원의 결정에 의해서 하도록 명시적으로 규정하고 있으므로, 승인 및 집행 가능성에 관한 종전의 문제는 더 이상 제기될 여지가 없게 되었다.41)

---

39) 이러한 측면에서, 소위 'anti-suit injunction'은 실제로는 외국 법원이 아니라 당사자에 대한 'restraining order'에 불과한데도 그 표현상 마치 타국 법원의 관할에 직접 영향을 미치는 것으로 보여 부정적인 인식을 형성할 수 있으므로, 'anti-pursuit of suit'라고 칭해져야 한다는 견해도 있다. Thomas Raphael QC, The Anti-Suit Injunction(2nd edition), Oxford Private International Law Series, Oxford University Press, 2019. 2면.

40) 석광현, 각주 33), 84면 이하; 이규호, 각주 35), 418면; 정선주, "중재절차에 있어서의 보전처분에 관하여(하)", 중재 제269호(1994. 9), 11면에서는 임시적 처분은 집행방법이 없으므로, 독일민사소송법 제1041조 제2항과 같이 결정 또한 집행할 수 있는 규정을 두어야 할 필요가 있다고 한다. 이와 달리 민병국, "중재인의 임시적 처분", 중재 제319호(2006 봄), 88면은 결정이든 판정이든 모두 중재판정부의 판정의 일종이므로 달리 볼 이유가 없다고 주장한다.

41) 박진수, 각주 35), 21-22면; 전병서, "중재판정의 집행결정절차에 관한 검토", 사법 제49호, 사법발전재단(2019), 제138면; 석광현, 각주 20), 132면 참조; 이와 달리, 구 중재법상 임시적 처분은 '결정으로' 할 수 있도록 되어 있었으나 현행 중재법에는 '결정으로'라는 문구가 삭제되어 판정의 형식으로도 임시적 처분을 할 수 있게 되었으므로, 판정의 형식으로 이루어진 임시적 처분은 승인 및 집행이 가능하며, 그 경우에도 최종적이며 확정적이지 않은 임시적 처분에 대해 형식적인 '판

개정 중재법의 관련 규정은 아래와 같다.

제18조의7(임시적 처분의 승인 및 집행)
① 중재판정부가 내린 임시적 처분의 승인을 받으려는 당사자는 법원에 그 승인의 결정을 구하는 신청을 할 수 있으며, 임시적 처분에 기초한 강제집행을 하려고 하는 당사자는 법원에 이를 집행할 수 있다는 결정을 구하는 신청을 할 수 있다.
② 임시적 처분의 승인 또는 집행을 신청한 당사자 및 그 상대방 당사자는 그 처분의 변경·정지 또는 취소가 있는 경우 법원에 이를 알려야 한다.
③ 중재판정부가 임시적 처분과 관련하여 담보제공 명령을 하지 아니한 경우나 제3자의 권리를 침해할 우려가 있는 경우, 임시적 처분의 승인이나 집행을 신청받은 법원은 필요하다고 인정할 때에는 승인과 집행을 신청한 당사자에게 적절한 담보를 제공할 것을 명할 수 있다.
④ 임시적 처분의 집행에 관하여는 「민사집행법」 중 보전처분에 관한 규정을 준용한다.

그러나 위와 같은 개정 중재법의 규정에도 불구하고, 외국의 중재판정부가 우리나라 법원에 제기된 소와 관련하여 내린 소송금지명령이 승인 및 집행의 대상이 되는지에 대해서는 여전히 의문이 있다. 예컨대, 우리 국민과 A국의 국민이 ICSID에 의한 중재절차를 진행하던 중 우리 국민이 우리 법원에 동일한 분쟁에 대한 소송을 제기했고, ICSID가 A국 국민의 신청을 받아들여 우리 국민에게 우리나라에서의 소송을 철회하라는 소송금지가처분을 결정의 형식으로 내렸다고 가정하자. 만일 A국 국민이 우리나라 법원에 이러한 ICSID의 가처분을 집행해 달라는 신청을 하였다면 그와 같은 결정은 어떻게 집행되는가?

중재법은 제2조 제1항에서 '이 법은 제21조에 따른 중재지가 대한민국인 경우에 적용한다. 다만, 제9조와 제10조는 중재지가 아직 정해지지

정'의 효력만으로 집행력을 부여하는 것은 부당하고, 종국적으로는 임시적 처분의 판단 형식에 구애받지 않고 집행이 가능하도록 하는 규정을 신설해야 한다는 견해로, 박준선, "상사중재 활성화를 위한 중재판정부의 임시적 처분 제도의 개선-2016년 개정 중재법을 중심으로-", 중재연구 제26권 제2호(2016. 6.), 125면 참조.

아니하였거나 대한민국이 아닌 경우에도 적용하며, 제37조와 제39조는 중재지가 대한민국이 아닌 경우에도 적용한다'고 규정하고 있다. 그런데 중재법 제39조는 '외국 중재판정'에 관한 것이고, 외국중재판정의 승인 및 집행에 관한 협약(1958년 뉴욕협약) 역시 그 대상을 '중재판정'에 한정하고 있기 때문에, 판정이 아닌 결정으로 이루어진 임시적 처분에 대해서는 위 조약이 자동적으로 적용될 여지가 없다. 모델법의 성안과정에서 사무국이 중재판정부가 법원에게 임시적 처분의 집행에 조력을 요청할 수 있다는 문언을 두었다가 논의과정에서 각국의 절차법이 규율하는 사항과 법원의 권한에 관련되므로 다수 국가들이 수용할 수 없을 것이라는 이유로 삭제된 경위[42] 등에 비추어 보면, 뉴욕 협약을 근거로 가처분 결정에 대한 직접적인 승인 및 집행판결(또는 결정)을 구할 수 있다고 보기도 어렵다.[43] 이러한 점에 비추어 보면, 외국 중재판정부의 소송금지가처분의 집행은 개정 중재법에 의하더라도 여전히 명시적 근거가 없다.[44]

참고로, 독일 민사소송법 제1025조 제4항은 외국 중재판정의 승인

42) 석광현, 각주 33), 84면.

43) 한민오, 국제상사중재에 있어서 중재판정부의 임시적 처분에 관한 연구, 서울대학교 석사학위 논문(2012), 68면 이하; 이에 반하여 독일 민사소송법 제1041조 제2항은 명시적으로 임시적 처분의 집행을 허용하고 있다. 목영준, 각주 32), 188면.

44) 2016년 중재법 개정 당시 외국에서 이루어진 임시적 처분에 대해서도 국내에서의 집행을 허용하자는 논의가 있었으나, 신중한 접근을 이유로 국내에서 이루어진 임시적 처분에 한하여 집행을 허용하는 방향으로 개정되었다. 법원행정처, 중재재판실무편람, 2018, 63면; 同旨, 석광현, "국제상사중재에서 중재합의와 소송유지명령", 선진상사법률연구 제50호(2010. 4), 33면; 석광현, 각주 20), 141면은 '2016년 개정 중재법의 취지는. 중재지가 외국인 경우 외국중재판정부의 임시적 처분의 승인 및 집행을 거부하려는 것이 아니라, 뉴욕협약 또는 민사소송법과 민사집행법에 의하여 해결하려는 것이므로, 외국에서 내려진 임시적 처분을 승인 및 집행할 수 없도록 하였다는 설명은 옳지 않다'고 한다. 그런데 앞서 설명한 바와 같이 뉴욕협약에서는 '중재판정'을 그 적용대상으로 하고 있고, 민사소송법과 민사집행법에는 외국의 확정판결 등에 관한 승인 및 집행 규정이 있을 뿐이므로, '결정' 형식의 임시적 처분에 대해서는 사실상 근거 규정이 없다고 보인다. 이와 관련하여, 뉴욕협약상 '중재판정'의 의미는 각국의 법률에 따라 해석하여야 하는데, 중재법 제3조 제1호에서 규정하는 '중재'의 개념에 비추어 임시적 처분은 결정이 아닌 판정의 형태로 행해진다고 해도 본안에 관한 것이 아닌 이상 뉴욕협약의 적용대상으로 보기는 어렵다는 견해(정선주)도 있다.

및 집행에 관해서는 1061조부터 1065조까지의 규정을 적용하도록 하고 있고, 동법 제1062조 제2항은 중재지가 독일 이외의 국가에 소재하는 경우, 중재인의 임시적 처분의 집행은 그 임시적 처분의 집행신청에 반대하는 상대방 당사자가 영업소 또는 상거소를 가지고 있는 곳을 관할하는 고등법원 또는 그 상대방 당사자의 재산, 계쟁물 또는 임시적 처분에 영향을 받은 재산이 소재하는 곳을 관할하는 고등법원이 갖도록 하고 있다. 그러나 이러한 규정에도 불구하고 외국 중재판정부의 임시적 처분은 최종성 또는 확정성이 인정되지 않기 때문에 승인 및 집행결정의 대상이 아니라고 보는 것이 독일의 통설이고,[45] 독일 법원은 영국법원의 소송금지가처분이 독일의 주권을 침해하는 것이라고 하여 헤이그송달협약(제13조 제1항)에 따른 송달을 거부한 바도 있다.[46]

2) 집행가능성

중재판정의 승인 및 집행 결정은 '신청인과 피신청인 사이의 ○○ 중재원 중재 ○○호 사건에 관하여 위 중재원 중재판정부가 20○○. ○. ○. 한 별지 기재 중재판정 주문 제1항을 승인하고 그에 기한 강제집행을 허가한다'와 같은 주문의 형태로 이루어진다. 다만, 이러한 주문의 형태로 결정이 이루어지더라도, '어떤 소송 절차에 관하여 중지/취하 신청을 하라'는 내용, 즉 의사의 표시를 강제하는 내용에 대한 승인 및 집행이 현실적으로 타당하고 민사집행법과의 관계에 비추어 집행이 가능한지에 관해 의문이 있을 수 있다. 소송금지명령이라는 제도 자체가 우리에게 생소하기 때문에 자연스럽게 받아들여지지 않는 까닭이다.

---

45) Musielak/Voit/Voit, ZPO, 16. Aufl. 2019, § 1061 Rn. 3, § 1062 Rn. 4, 5,; Rosenberg/Schwab/Gottwald, Zivilprozessrecht, 18. Aufl., 2018, § 183 Rn. 24; Ben Steinbrück, Die Unterstützung ausländischer Schiedsverfahren durch staatliche Gerichte : : eine rechtsvergleichende Untersuchung des deutschen, österreichischen, englischen, schweizerischen, französischen und US-amerikanischen Schiedsrechts, Tübingen : Mohr Siebeck, 2009. S. 443; Reinmar Wolff, Empfiehlt sich eine Reform des deutschen Schiedsverfahrensrechts?, Zeitschrift für Schiedsverfahren (SchiedsVZ), 2016, 297면 등 참조. 관련 부분에 대한 독일의 논의와 참고문헌에 관하여 알려 주신 정선주 교수님께 감사드린다.

46) 석광현, 각주 44), 16면.

그러나 위와 같은 결정의 현실적인 집행이 어렵다고 하더라도 소송금지가처분의 승인 및 집행결정에는 아무런 영향이 없다고 봄이 상당하다. 중재판정의 승인이란 집행 가능 여부와는 무관하며, 집행결정 역시 중재판정부의 처분에 대해 국내에서의 집행력을 부여하는 것일 뿐 실제로 그 집행결정에 의한 현실적 집행가능성을 요건으로 하는 것은 아니기 때문이다.[47)·48)] 만일 중재판정부의 어떠한 결정이 우리 법체계에 맞지 아니한다면 이는 공서양속 위반 등의 승인 및 집행 거부사유에 해당할 수 있을 것이나,[49)] 우리 개정 중재법이 명시적으로 중재판정부의 소송금지가처분을 허용한 이상, 이것이 우리 법이 허용하지 아니하는 유형의 처분이라고 보기도 어렵다.

나아가 중재판정부가 소송금지가처분의 실효성을 확보하기 위해서 소송금지가처분과 함께 '이를 위반할 경우 1일 당 얼마의 금원을 지급하라'는 내용의 간접강제결정을 하였다면, 그 간접강제 부분에 대해서도 집행이 가능하다고 보아야 한다.[50)] 우리 대법원 역시 특허권을 이전하고 이를 위반하는 경우 간접강제 배상금을 지급하라는 중재판정에 대해 집행판결을 신청한 사안에서, '특허권 이전과 같은 의사표시를 할 채무에 관하여 판결이 확정된 경우에는 민사집행법 제263조 제1항에 강제집행방

47) 중재판정의 주문 자체에서 그 집행대상이 특정되지 아니하여 집행이 불가능하다고 하더라도 집행가능 여부와는 무관하게 중재판정에 관한 집행판결을 구할 법률상 이익이 인정된다는 것으로, 서울고판 2014. 1. 17. 2013나13506 및 서울중앙지결 2018. 8. 24. 2017카합110 등 참조. 다만, 대법원은 대판 2017. 5. 30. 2012다23832에서 외국판결의 승인 및 집행과 관련하여, 특정이행명령(decree of specific performance)의 대상이 되는 계약상 의무가 충분히 특정되지 못하여 판결국인 미국에서도 곧바로 강제적으로 실현하기가 어렵다면 우리나라 법원에서도 강제집행을 허가하여서는 아니 된다고 판시한 바 있다.

48) 同旨, 안태준, "중재판정 집행결정절차의 심리대상으로서 중재판정 주문의 특정성 및 강제집행가능성이 가지는 의의: 최근 판례를 중심으로", 숭실대학교 법학연구소 법학논총 44(2019. 5.), 187-212면 참조.

49) 박설아, "외국중재판정에 대한 집행결정-집행가능성 요건을 중심으로-", 국제거래법연구 Vol. 27(1) (2018), 101면 이하 참조.

50) 다만, 중재판정부가 그러한 간접강제결정을 할 수 있는지에 대해서는 부정적인 견해도 있다. 석광현, 각주20), 114-116면.

법이 규정되어 있으므로 간접강제 보충성 원칙에 따라 특허권의 이전에 관하여는 간접강제가 허용되지 않으나, (중략) 간접강제 배상금의 지급을 명하는 부분이 집행을 거부할 정도로 대한민국의 공서양속에 반한다고 볼 수 없다'고 판시한 바 있다.[51)]

5. 효 과

소송금지가처분을 위반하는 경우, 중재판정부는 손해배상 내지 중재합의 준수 의무를 명하는 판결을 할 수 있고, 이때 손해배상액수는 가처분에도 불구하고 소송을 제기하여 당사자가 당해 소송에 응하게 됨으로써 지출하게 된 비용이 된다.[52)] 영국에서는 당사자가 소송금지가처분을 위반할 경우 법원 모욕죄로 처벌할 수 있고, 영국 1996년 중재법 제42조에 의하면 중재인에 의한 소송금지가처분 위반에 대해서도 위와 같은 규정이 적용되며, 스위스 법원도 이와 같이 형사상의 제재를 할 수 있다고 한다.[53)] 그러나 우리나라 현행법상으로는 이러한 제재는 불가능하다.

소송금지가처분에 대한 승인 및 집행결정에도 불구하고 당사자가 여전히 소송을 진행하는 경우, 중재판정부가 아니라 법원이 직접 위반행위에 대한 간접강제 내지 제재조치를 명할 수 있는가? 민사집행법 261조 제1항은 '채무의 성질이 간접강제를 할 수 있는 경우에 제1심 법원은 채권자의 신청에 따라 간접강제를 명하는 결정을 한다'고 규정한다. 그러나 이는 그 판결을 한 1심 법원이 내리는 결정이므로, 중재판정부에 의한 소송금지가처분의 경우에도 그 가처분을 한 중재판정부에 이를 별도로 신청할 수 있음은 별론으로 하고,[54)] 법원이 제재조치로서 간접강제를 신

51) 대판 2018. 11. 29. 선고 2016다18753 판결.

52) Emmanuel Gaillard, 각주 8), 239면 이하.

53) Laurent Levy, 각주 12) 참조.

54) 이에 대하여, 중재규칙이나 당사자들의 합의로 중재판정부에 이행을 강제하기 위한 강제금을 부과할 수 있는 권한을 부여한 경우에는 강제금을 부과할 수 있으나, 그렇지 않은 경우에는 법적 근거가 없는 이상 중재판정부는 임시적 처분으로 간접강제를 명할 수 없다고 보는 견해도 있다(법원행정처, 중재재판실무편람 2018, 54-55면).

청하거나 명하는 것은 어렵다고 할 것이다.

소송금지가처분에도 불구하고 당사자가 소송을 진행할 경우, 상대방은 여전히 해당 소송에서 본안 전 항변으로 유효한 중재합의가 있었음을 주장할 수 있다. 만일 법원이 중재판정부와 마찬가지로 중재합의가 유효하다고 판단하여 각하판결을 할 경우에는 앞서 살펴본 바와 같이 응소로 인한 비용에 대한 손해배상 문제만 남게 된다. 그러나 법원이 중재판정부와 달리 중재합의를 무효라고 판단하여 본안 판단에까지 이를 경우, 극단적으로는 본안에 대해 결론을 달리하는 중재판정과 법원의 판결이 병존할 수도 있겠지만, 중재판정을 집행하기 위해서는 법원으로부터 승인 및 집행결정을 받아야 하는데, 법원이 중재합의를 무효로 판단한 이상 이는 중재판정의 승인 및 집행 거부사유에 해당하므로(중재법 제38조, 제36조), 결국 그러한 중재판정에 기초하여 실제 집행에까지 나아가기는 어려울 것이다.

이러한 여러 가지 집행상의 문제에도 불구하고 소송금지가처분이 실무상 빈번하게 활용되는 가장 큰 이유는 소송금지가처분을 위반하는 경우 거래관계에서 입게 될 사실상 불이익 때문인 것으로 보인다. 예컨대 A국의 금융기관이 영국 금융기관과의 분쟁을 런던상사중재원에서 중재로 해결하기로 합의한 경우, 런던상사중재원의 소송금지가처분을 위반하면 런던에서의 각종 재보험 가입에 있어서 불이익을 받을 위험이라든지, A국 금융기관이 소송금지가처분에도 불구하고 결국 자국에서 소송을 제기하여 판결을 받았다면 결국 영국에서는 그 판결의 집행력을 인정받을 수 없다는 것이 그러한 사정에 해당할 것이다.[55)]

6. 소 결 론

이상에서 살펴보았듯이, 국제중재에서 절차법으로 가장 빈번히 사용되고 있는 각종 중재규칙들은 그 명문규정이나 중재판정례에 의하여 임시적 처분의 일종으로 소송금지가처분을 인정하고 있으며, UNCITRAL 모

---

55) 석광현, 각주 44), 12면 이하에 의하면, 소송유지명령을 위반한 경우 법정모욕죄에 따라 징역 또는 영국 소재 자산의 몰수를 초래할 수도 있다고 한다.

델법과 중재규칙 역시 이러한 흐름을 반영하여 2006년과 2010년에 임시적 처분과 관련한 대대적인 개정 작업을 마쳤다. 우리나라도 이러한 흐름을 반영하여 2016년 중재법 개정 당시 UNCITRAL 모델법의 관련 규정을 반영하였으므로, 이제 우리 법상으로도 중재판정부는 소송금지가처분을 명할 수 있다.

물론 중재판정이 있더라도 중재합의의 유효성 및 취소 여부, 집행 여부에 관해 법원이 다시 판단을 함으로써 중재판정을 무효화 할 최종 권한을 국내 법원에 부여하고 있는 국내 및 국제 중재법리를 고려하면, 어느 한 중재판정부가 최종 판단 권한자인 국내법원의 절차에 대해 관여하는 것은 일면 부당하게 느껴질 수 있다. 그러나 실제 사례를 살펴보면, 중재판정부가 소송금지가처분을 내린 데에는 그에 상응하는 이유가 있고, 국내 법원에 의한 병행절차가 실제로 당사자에 의한 소송지연책 내지 자국민 보호책으로 활용된 경우가 많다. 국가 대 사인 간의 투자협정으로 인한 분쟁 발생시에는 분쟁의 대상이 국가작용이라는 측면에서 소송금지가처분의 적용 및 집행을 보다 신중하게 해야 할 필요가 있겠지만, 통상의 사적 합의에 의한 중재절차에 있어서 병행 소송의 진행으로 인한 낭비와 소송지연을 막기 위해서는 소송금지가처분이 효과적인 권리구제수단이 될 수도 있을 것이다.

Ⅲ. 법원에 의한 소송금지 내지 중재금지가처분

이 장에서는 중재합의의 실효성을 확보하기 위한 법원에 의한 가처분을 살펴본다. 법원에 의한 이러한 유형의 가처분은 두 가지 목적으로 분류될 수 있다. 하나는 중재지에서 당사자들이 중재절차를 방해하는 타국 법원의 소송절차를 금지해 달라고 신청하는 경우, 즉 중재절차의 속행을 위해 내려지는 소송금지가처분(anti-suit injunction)이고,[56] 다른 하나

---

56) 예컨대, 우리나라 기업이 영국 기업과 런던 상사중재원에서의 중재합의가 포함된 계약을 체결하였는데, 이후 영국 기업이 런던에서 중재를 신청하고 우리나라 기업이 한국에서 소송을 제기하자, 영국 기업이 영국 법원에 한국에서의 소송을

는 중재절차를 금지 내지 중지시키기 위한 목적으로 당사자의 신청에 의해 중재지 또는 당사자의 자국 법원에서 이루어지는 중재금지가처분(anti-arbitration injunction)이다.[57] 이와 같이 국내법원에 의한 가처분이 허용될 수 있는지 여부는 각국의 민사소송제도와 법리에 달린 것이므로, 앞서 II.에서 살펴본 바와 같은 일률적인 설명은 불가능하다. 다만 이하에서는 우리나라 법에서의 논의와 중재실무상 가장 문제가 되고 있는 EU, 영국과 미국의 사례를 중심으로, 유사한 사안 발생시 고려해야 할 점들을 살펴본다.

1. 우리나라에서의 논의

(1) 관련 법률 및 학설

1) 관련 논의의 소개

중재법 제10조는 "중재합의의 당사자는 중재절차의 개시 전 또는 진행 중에 법원에 보전처분을 신청할 수 있다."고 하여 중재 사건과 관련되는 경우라고 하더라도 법원에 의한 보전처분이 가능하다는 점을 명시하고 있다.[58] 이와 같은 중재법 10조 내지 법원의 일반적인 임시적 처분 권한에 근거하여 법원이 중재금지가처분, 또는 중재합의에도 불구하고 진행되는 외국 법원에서의 소송금지가처분을 명할 수 있을까?

과거 학설 중에는, "중재인은 당사자가 법률상 유효한 중재계약이 성립하지 아니하였다는 것, 중재계약이 판정하여야 할 다툼에 관계가 없다는 것, 또는 중재인이 그 직무를 수행할 권한이 없다는 것, 기타 중재절차를 허용할 수 없는 것이라고 주장하는 경우에도 중재절차를 속행하여 중재판정을 할 수 있다."고 규정한 구 중재법(1999. 12. 31. 법률 제

금지하는 가처분을 신청하는 경우이다.

57) 위 각주 56)과 같은 사례에서, 우리나라 기업이 우리나라 법원에 런던에서의 중재를 금지해 달라고 중재금지가처분을 제기하는 경우이다.

58) 소송금지가처분이 아닌 통상의 보전처분에 있어서의 법원과 중재판정부와의 관계에 대해서는 이헌묵, "중재판정부의 임시적 처분과 법원의 보전처분의 관할의 충돌", 법조(2016. 1.) 참조.

6083호로 개정되기 전의 것) 제10조의 규정 및 이와 유사한 일본 민사소송법 제797조, 독일 민사소송법 제1037조의 논의를 토대로 부정설을 주장한 것도 있었다.[59)·60)]

그러나 구 중재법 제10조의 규정은 삭제되고, 개정 중재법 제6조는 "법원은 이 법에서 정한 경우를 제외하고는 이 법에 관한 사항에 관여할 수 없다."고 하여 예외적인 경우 외에는 법원이 중재절차에 사법적 통제를 가하지 못하도록 하고 있으므로, 구 중재법 제10조를 토대로 한 논의는 더 이상 타당하지 못하다. 그렇다면 현재 법 규정상으로는 법원의 위와 같은 가처분이 가능하다고 볼 것인가. 학설상으로는 법원에 의한 소송/중재 금지명령은 민사집행법 제300조 제2항의 임시지위를 정하는 가처분의 일종으로 허용되어야 한다는 견해,[61)] 원칙적으로 외국법원의 소송절차에 간접적으로 간섭하는 소송금지가처분은 허용될 수 없지만, 전속관할합의와 중재합의와 같은 분쟁해결합의 위반의 경우에는 소송금지 내지 중재금지 가처분이 가능하다는 견해,[62)] 우리 법제상 재판관할권이 없는 외국법원에서 소추당하지 않는다는 일반적인 권리는 없으므로 외국에서의 소송 자체의 중지를 청구할 수는 없다는 견해,[63)] 중재금지가처분은 불가능하지만 소송금지가처분은 가능하다는 견해[64)] 등이 있지만, 아직까지 이 부분에 대한 논의는 그다지 활발하지 않다.

2) 논의의 검토

생각건대, 이에 대해서는 중재판정부의 임시적 처분에 관한 제18조

---

59) 김수형, "법원에 의한 중재절차정지의 가처분이 가능한지 여부", 대법원 판례해설 제25호, 법원도서관(1996. 11.), 271-272면

60) 다만, 독일 민사소송법 제1032조 제2항은 "중재판정부를 구성할 때까지는 법원에 중재절차의 허용성 또는 불허용성의 확인의 신청을 제출할 수 있다."고 규정하고 있다.

61) 김동진, "국제재판관할의 경합에 있어 영미법상의 소송금지명령에 대한 검토", 해상·보험연구 제4호(2004. 3.), 112면; 정해덕, "미국해사소송에 있어서의 대한민국법상의 소멸시효와 소송중재명령", 한국해법학회지 제31권 제2호(2009. 11.), 86면 등.

62) 석광현, 각주 20), 143면 및 34면 이하; 이규호, 각주 3), 104면.

63) 김용진, 각주 3), 162면.

64) 김갑유, 중재실무강의, 박영사, 2012, 258면 및 266면.

의 규정과 법원의 임시적 처분에 관한 제10조의 규정을 비교해 보아야 한다. 개정 중재법은 중재판정부의 임시적 처분 대상에 관하여 '분쟁의 대상에 관한' 처분이라는 요건을 삭제하고 '필요한 처분'이라고만 규정하면서 그 유형의 하나로 '중재 절차 자체에 대한 현존하거나 급박한 위험이나 영향을 방지하는 조치'를 명시하고 있다. 그러나 법원이 중재절차에 관하여 내릴 수 있는 임시적 처분에 관한 제10조의 규정은 1999년 이후 여러 차례에 걸친 중재법의 개정 과정에서도 특별히 개정된 바가 없이 그대로 유지되고 있다. 그렇다면 이 부분의 법원의 임시적 처분은 종래 우리의 민사집행법이 예정하고 있는 통상의 보전처분, 즉 본안의 소송목적에 대한 현상 보존이나 위험 방지를 위한 처분에 한정된다고 보는 것이 상당하다.

민사집행법 제300조 제2항은 계속하는 권리관계에 끼칠 현저한 손해를 피하거나 급박한 위험을 막기 위하여 임시의 지위를 정하는 가처분을 할 수 있도록 하고 있고, 그 임시의 지위 유형에 제한을 두고 있지 않다. 그러나 '다툼이 있는 권리관계에 대한 임시적 지위'는 결국 본안으로서 확정되어야 할 지위, 즉 'A는 계약자 지위에 있음을 확인한다', 'A 결의는 무효임을 확인한다', 'A의 해고는 무효임을 확인한다' 등 권리관계에 관한 종국적인 지위를 정하는 소송에 있어서 '본안 판결시까지 그 지위를 유지한다'는 내용을 의미하는 것이다. 급박한 위험을 막기 위하여도 가처분을 할 수 있지만, 실체적 권리 관계를 형성하는 대상에 대한 가처분(예컨대, 일조권을 방해하는 공사에 대한 중지가처분, 주주권을 박탈하는 주주총회에 대한 개최금지가처분 등)이 아니라, 그러한 실체적 권리관계를 판단하기 위한 절차까지 가처분의 대상이 된다고 보기에는 무리가 있다.

뿐만 아니라 대상판결에서 언급한 중재법 제6조, 제9조, 제17조 등의 취지를 고려하면, 중재합의 및 관할에 관한 이의는 위 법에서 정하는 절차에 따라 제기하여야 하고, 법원에 의한 소송/중재금지가처분은 허용되지 않는 것으로 봄이 상당하다.[65] 만일 이를 인정하는 견해에 따른다고 하더라도, 당사자 사이의 소송에 대해 중지 내지 금지를 명하는 유형의 임시적 처분은, 중재합의가 부존재·무효이거나 효력을 상실하였거나 이행이 불가능한 경우, 당사자가 중재판정부에 선결문제로서 권한에 대한 이의를 제기하였으나 중재판정부가 이를 기각하고, 당사자가 그 결정을 통지받아 법원에 심사를 신청하여 그 합의의 부존재·무효 등을 입증한 경우에만 가능하다고 볼 것인데, 사실상 이와 같은 절차를 거친 뒤 중재합의의 부존재·무효를 입증하는 것은 결국 대부분의 경우 본안소송과 거의 유사한 정도의 노력과 시간을 요한다고 할 것이고, 그러한 결과를 거쳐 가처분을 받는다면 이미 중재절차 내지 타 법원에서의 소송이 상당부분 진행된 이후일 것이므로 그 실효성은 사실상 거의 없을 것으로 보인다.

(2) 판례의 태도

대법원은 구 중재법 사안에서, "중재인은 당사자가 중재절차를 허용할 수 없는 것이라고 주장하는 경우에도 중재절차를 속행하여 중재판정을 할 수 있다고 규정한 구 법 제10조의 취지에 비추어, (중략) 법원에 그 중재절차의 위법확인을 구하는 본안소송을 제기하거나 중재판정이 있은 후에 중재판정 취소의 소를 제기하여 중재절차의 위법을 다투는 것은 별론으로 하고, 곧바로 그 중재절차의 위법을 들어 법원에 중재절차정지의 가처분을 구할 수는 없다."[66]고 판시하여 중재절차정지 가처분이 불가능하다고 판시한 바 있다.[67]

그렇다면 위 판례에 의할 때, 중재절차의 위법확인을 구하는 본안

65) 모델법의 성안과정에서 법원이 중재절차를 중지시킬 권한을 가져야 한다는 견해도 있었지만 결국 분쟁의 신속한 해결을 위하여 절차의 병행을 허용하는 견해가 채택된 점 등에 비추어 보면, 중재판정부가 구성된 이상 중재절차를 중지하는 것은 중재판정부가 판단할 사항이고 법원은 그 중지를 명할 권한이 없다고 보는 견해로, 석광현, "중재절차에서의 법원의 역할", 변호사 제37집, 서울지방변호사회(2007. 1.), 60면 참조.

66) 대법원 1996. 6 .11.자 96마149 결정.

67) 영국 중재법(Arbitration Act 1996) 제1조 역시 우리 중재법 제10조와 유사하게 '이 법이 정하는 것 외에는 법원은 중재절차에 개입하지 아니한다'고 정하고 있으나, 영국 법원은 중재절차를 방해하는 소송을 금지하는 것은 중재절차에 개입하는 것이 아니라는 전제하에 아래 3.항에서 살펴보는 바와 같이 소송금지가처분을 인정하고 있다. Thomas Raphael, 각주 39), 177면.

소송은 가능한가? 대법원은 위 결정에서 '중재절차의 위법확인을 구하는 본안소송을 제기하거나 … (중략) 중재판정 취소의 소를 제기하여 중재절차의 위법을 다투는 것은 별론으로 하고'라고 설시하였으나, 이후 다시 이를 부정하는 취지의 판결을 한 바 있다. 대법원에 의하면, 중재합의 없이 중재절차가 진행되는 경우 중재법(1999. 12. 31. 법률 제6083호로 전문개정된 것)이 인정하고 있는 사법적 통제는 ① 제17조 제1항 내지 제5항에 의한 법원의 중재판정부의 권한에 대한 심사, ② 제36조에 의한 중재판정취소의 소, ③ 제37조에 따른 중재판정에 대한 승인 또는 집행판결 등 3가지가 있고, 이에 의하면 중재판정부의 관할권의 전제가 되는 중재계약의 유효성 및 범위에 대한 최종적인 판단권은 법원에 있지만, 한편 중재법 제6조는 '법원은 이 법이 정한 경우를 제외하고는 이 법에 관한 사항에 관여할 수 없다'고 규정하고 있어 법원이 중재활동에 개입할 수 있는 범위를 '이 법이 정한 경우'로 한정하고 있으므로, 중재합의가 없는 경우에도 중재법에서 허용하고 있는 위 3가지 경우를 제외하고는 법원은 중재절차에 대한 사법적 통제를 할 수 없고, 중재절차위법확인의 소는 중재절차에 대한 사법적 통제의 일종이라 할 것이어서 이는 중재법 제6조에 의하여 허용되지 아니한다는 것이다. 나아가 대법원은 중재절차위법확인의 소를 허용하지 않는다고 하여 헌법상 보장된 법관에 의한 재판을 받을 권리를 침해한 것이라 볼 수도 없다고 판시하였다.[68)·69)]

이처럼 우리 대법원은 종래 중재절차정지 가처분이나 중재절차 위법확인 소송의 형태로 중재절차에 관여하는 것에 대해 소극적인 태도를 취

68) 대법원 2004. 6. 25. 선고 2003다5634 판결. 위 판결과 중재절차금지가처분을 불허한 96년 사건이 상호 모순, 저촉되는 것은 아니라는 견해로, 조무제, "판례에서 보는 중재법", 중재 제319호(2006. 3.), 71면 참조; 위 대법원 판례로 인해 우리나라에서는 일부 중재후진국에서 보는 바와 같은 법원과 중재판정부 간의 영역다툼(turf war)이 더 이상 존재하지 않는다는 견해로는 석광현, 각주 65), 79면 이하 참조.

69) 독일 민사소송법 1032조 제2항은 중재판정부가 구성되기 전에는 법원에 중재절차 위법확인신청이 행해질 수 있다는 명시적 규정을 두고 있는바, 중재판정부 구성 전에는 중재판정부를 상대로 그 권한에 대한 심사를 청구할 수 없으므로, 당사자의 신속하고 효율적인 권리 구제를 위해서는 중재절차위법확인이나 중재금지 가처분을 허용하는 것이 필요하다는 견해(정선주)가 있다.

해 왔고, 대상 결정인 2018. 2. 2.자 2017마6087 결정에서 중재절차정지 가처분은 중재법상 허용될 수 없다는 취지로 판시함으로써 종래의 태도를 다시 한 번 명확히 하였다. 대상 결정은 중재합의의 부존재 또는 무효를 다투는 방법은 중재법에서 정하는 절차에 한정되어야 한다는 종래의 결정 이유에 더하여, 중재법 제10조에서 규정하는 임시적 처분은 중재판정의 실효성을 확보하기 위한 것일 뿐이므로 중재절차 자체의 정지를 구하는 내용은 이에 포함되지 않는다는 내용을 추가적으로 설시하고 있다. 앞서 가.항에서 살펴본 바와 같이, 기본적으로 중재합의를 존중하고 법원의 개입은 중재법에서 정하는 외에는 최소화하도록 하고 있는 중재법의 취지에 비추어 보더라도 위 결정은 타당하다고 보인다.[70)]

2. EU에서의 논의

(1) 논의의 배경

EU에서는 특히 소송이 더디게 진행된다고 알려진 벨기에나 이태리 법원에 소송을 제기하여 중재절차를 방해하려는 경우가 종종 있었다.[71)] 영국 법원은 이러한 소송절차에 대한 금지명령을 쉽게 발령함으로써 이러한 가처분을 인정하지 않는 대륙법계 EU 국가들과 갈등을 빚어왔다.[72)] 독일 뒤셀도르프 법원은 1996년에 영국의 소송금지가처분은 독일의 재판권을 침해하는 것이라고 하여 송달을 거부한 바 있고, 벨기에의 브뤼셀 법원은 1989년에 미국의 소송금지가처분이 벨기에의 공서양속과 유럽인권규약 제6조의 재판받을 권리를 침해하므로 승인될 수 없다고 판시한 바 있다.[73)]

---

70) 프랑스와 스위스 법원 역시 중재판정부는 Kompetenz-Kompetenz 원칙에 따라 중재판정부의 관할에 대하여 직접 판단할 권한이 있다는 전제하에 중재금지가처분에 대한 승인을 해 주지 않는 태도를 취하고 있다고 한다. George A. Bermann, 각주 5), 302면.

71) 이처럼 지연전략으로 제기하는 소송을 소위 'torpedo action'이라고 한다.

72) 또 다른 국제중재의 중심지인 프랑스 역시 이러한 유형의 가처분은 인정하지 않고 있다고 한다.

73) Civ Bruxelles (18 December 1989) RW 1990-91, 676; Re the Enforcement of an

한편, 민사 및 상사사건의 재판관할과 재판의 집행에 관한 유럽연합 이사회의 브뤼셀 규정[74]은 '동일한 청구에 관하여 동일한 당사자들 사이에 상이한 체약국들의 법원에 소송이 계속한 때에, 후소가 계속 중인 법원은 전소가 제기된 법원의 관할이 확정될 때까지 직권으로 소송을 중지하여야 하고, 전소가 제기된 법원의 관할이 확정된 때에는 다른 법원은 관할 없음을 선고하여야 한다. 당사자들이 전속관할합의를 한 경우에도 전소가 계속 중인 법원이 관할합의의 유효 여부를 판단해야 하고, 다른 법원은 비록 당사자들이 국제재판관할을 부여한 법원이더라도 그 때까지 소송을 중지해야 한다'고 규정하고 있는데, 영국법원의 소송금지가처분이 이러한 브뤼셀 규정에 어긋난다는 비판이 제기되었다. 이하에서는 이에 관한 유럽사법재판소의 판례를 소개한다.

(2) Turner v. Grovit 사건

소송금지가처분의 유효성에 대한 유럽사법재판소(European Court of Justice)의 최초 판례는 Turner v. Grovit Case[75]이다. 위 사안에서 영국인인 Turner는 영국에 설립된 Harada社를 상대로 1998. 3. 런던에서 부당해고로 인한 손해배상청구소송을 제기하였고, 영국 고용법원과 항소법원은 이를 인용하였다. 이후 Harada와 같은 계열사이자 스페인에서 설립된 Changepoint가 1998. 7. Turner를 상대로 마드리드 법원에 손해배상청구소송을 제기하자, Turner는 1998. 12. 영국 High Court에 Grovit, Harada와 Changepoint는 스페인에서의 소송을 진행해서는 안 된다는 내용의 소송금지가처분을 신청하여 이를 임시적으로 인용하는 결정을 받았으나 이를 연장하는 결정은 기각되었다. 이에 Turner가 항고하자, 항고법원은 1999. 5. 스페인에서 제기된 소송은 Turner를 괴롭힐 목적으로 악의적으로 제기된 것이라고 하면서 다시 소송금지가처분을 내렸다. 그러자 Grovit,

---

English Anti-Suit Injunction [1997] IL PR 73. George A. Bermann, 각주 5), 5면에서 재인용.

74) Brussels Regulation I-44/2001.

75) Case C-159/02, Turner v. Grovit, [2004], I.L.Pr. 25, [2004], All E.R.(EC) 485, [2004] 2 Lloyd's Rep. 169.

Harada와 Changepoint는 추밀원에 상고하였고, 추밀원은 유럽사법재판소에 영국법원의 소송금지가처분이 브뤼셀협약에 저촉되는 것인지에 대한 질문을 회부하였다. 유럽사법재판소는 영국법원의 가처분은 상호신뢰의 원칙을 해하는 것이며, 외국법원의 관할권을 침해하고, 이러한 가처분이 당사자에 대하여만 효력을 갖는다는 사실 및 상대방에 대한 절차의 남용을 방지할 의도를 가지고 있었다는 사실만으로는 정당화될 수 없다고 판시하였다. 뿐만 아니라 소송금지가처분이 복수 내지 저촉되는 재판의 위험을 최소화할 것이라는 주장은 소송경합에 관한 문제를 각국 국내법원의 판단이 아니라 브뤼셀협약이 정하는 바에 따라 해결하도록 하고 있는 브뤼셀 협약을 무기력하게 할 위험이 있고, 그러한 가처분에도 불구하고 다른 체약국에서 선고된 판결 또는 상호 저촉되는 소송금지가처분의 연쇄적 발령 등에 대해 브뤼셀 체제로는 해결될 수 없는 문제를 야기한다고 판시하였다.

(3) West Tankers 사건

중재합의가 있는 경우의 소송금지가처분에 관한 사건으로는 West Tankers Case[76]가 있다. 위 사건에서, Erg Petroli(이하 'Erg'라 한다)는 West Tankers 소유의 선박을 용선하였는데, 이후 위 선박이 Erg가 소유한 경비행기와 충돌하는 사고가 발생하였다. 그런데 이후 Erg가 보험사로부터 지급받은 보험금이 실제 위 사고로 인해 입은 손해액에 미치지 못하자, Erg는 런던에서 West Tankers를 상대로 초과 손해에 대한 배상금을 지급해 달라는 내용으로 중재를 신청하였다. 그동안 보험업자들은 이태리에서 West Tankers를 상대로 보험자 대위에 기하여 자신들이 Erg에게 지급한 보험금 상당의 금원을 지급하라는 내용의 손해배상청구소송을 제기하였다. 그러자 West Tankers는, 이태리에서 보험업자들에 의해 제기된 청구는 Erg가 제기한 청구에 부속되는 것에 불과하므로 용선계약상의 중재합의에 따라 런던에서의 중재절차로 해결되어야 한다고 주장하

76) Allianz Spa v. West Tankers, Case C-185-07 [10 Feb 2009], 2009 WL 303723.

면서, 이태리에서의 소송절차에 대한 소송금지가처분을 신청하였다. 영국 법원은 이를 인용하였고, 항소가 제기되자 House of Lords는 이와 같은 가처분이 Brussel Regulation에 부합하는 것인지 판단을 받기 위해 이 사건을 유럽사법재판소에 회부하였다.

유럽사법재판소는 영국 법원의 소송금지가처분은 중재합의에도 불구하고 브뤼셀 협약에 의해 금지된다고 판시하였다. 유럽사법재판소는 중재 자체는 브뤼셀 협약의 규율 범위가 아니지만, 중재합의의 유효성은 선결적인 문제로서 이태리 법원이 관할권을 갖는 문제이고, 유럽연합의 한 회원국이 자신의 관할권에 대해 결정하기 위하여 다른 회원국의 관할권을 배제할 권리는 없다고 판시하였다. 위 판결 이후 영국중재인들 사이에서는 런던 중재합의가 줄어들 것이라는 우려와 비판이 제기되었고, 실제로 미국을 중재지로 하는 중재합의가 늘어나고 있다는 견해도 제기되었다.[77] 또한 위 판결로 법원에 의한 소송금지가처분이 어렵게 되자, 중재판정부에 의한 소송금지가처분이 증가할 것이라는 전망도 제기되었다.[78]

(4) Gazprom 사건

West Tankers 판결이 있은 후 브뤼셀 규정은 개정[79]되어 2015. 1. 10.부터 시행되었는데, 개정된 브뤼셀 규정 제1조 2항 (d)는 '중재는 예외로 한다'고 명시하면서 동 규정에 관한 해설규정(Recital 12)을 마련하였다. 위 해설규정은 "1. 동 규칙은 회원국의 법원이 중재합의가 무효이거나 회원국의 국내법에 따라 이행할 수 없는 것인지에 관해 판단하는 것을 금지하지 아니한다. 2. 중재합의의 효력 및 존재 여부에 관한 회원국 법원의 판단은 중재 예외 규정에 포함되고, 법원이 이를 직접 쟁점으로 하였는지 부수적 문제로 판단하였는지 여부에 관계없이 브뤼셀 규정에서

77) Margaret Moses, Barring the Courthouse Door? Anti-Suit Injunctions in International Arbitration, Kluwer Arbitration blog, 2011. 11. 4. 참조, http://arbitrationblog.kluwerarbitration.com/2011/11/14/barring-the-courthouse-door-anti-suit-injunctions-in-international-arbitration (2020. 2. 25. 최종 방문).

78) 위 사안에 대한 비판에 대해서는 Thomas Raphael, 각주 39), 262면 및 268-280면 참조.

79) 1215/2012/EU.

말하는 승인 및 집행에 관한 규칙의 적용 대상이 되지 아니한다. 3. 브뤼셀 규정은 중재에 관한 부수적 절차 및 승인 및 집행 결정에 관한 어떠한 소송행위에도 적용되지 아니한다."고 규정한다. 위 규정에 의하면 중재절차를 방해하기 위한 소송행위는 다른 회원국의 법원이 중재합의의 유효성에 대해 판단하는 것을 금지하지 아니하며, 회원국 법원은 이 문제에 관한 다른 회원국의 결정에 구속을 받지 아니한다는 것이다.

이러한 브뤼셀 규정의 개정 후 유럽사법재판소가 West Tankers Case에 관한 태도를 바꿀 것인지는 중재 산업계의 초미의 관심의 대상이 되어 왔는데, Gazprom Case[80]에서 이 문제가 직접적인 쟁점이 되었다. 위 사건에서 러시아의 국영기업인 Gazprom사는 리투아니아 에너지부와 스웨덴 스톡홀름을 중재지로 하는 중재합의를 하였는데, 이후 리투아니아 에너지부가 Gazprom사를 상대로 리투아니아 Vilnus 지역 법원에 소를 제기하자, Gazprom사는 중재판정부에 위 소송을 취하하거나 제한하도록 명해줄 것을 신청하였고, 중재판정부는 이를 인용하였다. 이후 Gazprom이 리투아니아 법원에 위 중재판정부의 결정에 대한 승인 및 집행 신청을 하자, 리투아니아 대법원은 이와 같은 소송금지가처분이 브뤼셀 규정에 위반된다는 이유로 회원국이 그 승인 및 집행을 거부할 수 있는지에 관한 문제를 유럽사법재판소에 회부하였다. 유럽사법재판소의 법률자문관(Advocate General)은 2014. 12. 동 사안이 개정된 브뤼셀 규정이 적용되는 사안이 아님에도 '개정된 브뤼셀 규정에 관한 해설규정 12조는 소급적인 해석법이고 새로운 법률이 아니므로 위 규정이 본 사안에도 적용되어야 한다'고 하면서, 소송금지가처분은 위 해석규정에 따라 브뤼셀 규정이 적용되는 소송행위가 아니고, 따라서 회원국의 법원의 판단에 따라 그러한 처분을 할 수 있다고 하였다. 이후 유럽사법재판소는 2015. 5. 13. '중재판정부가 발령한 소송금지가처분은 브뤼셀 규정의 금지 대상에 해당하지 않는다'고 판결하였다. 그러나 위 재판소는 해석규정 12가 브뤼셀 규

80) Judgment of the Court of 13 May 2015, Gazprom, C-536/13, ECLI:EU:C:2015:316.

정에 적용되는지, West Tankers 사건의 판시를 바꾼 것인지에 대해서는 아무런 언급을 하지 않고, 다만 브뤼셀 규정은 중재판정부의 소송금지가처분에 대해서는 적용되지 않는다는 취지로만 판시하였다.[81] 따라서 위 판결 이후 중재판정부의 소송금지가처분이 유효하다는 점은 명확하나, 국가 간의 소송금지가처분은 위 판결에도 불구하고 West Tankers 사건에 따라 여전히 금지된다고 할 것이다.

3. 영국의 논의

영국법상 본래 소송금지가처분은 형평법 법원이 보통법 법원에서 병행소송을 추구하는 것을 금지함으로써 형평법 법원의 우위를 확립하기 위하여 가지는 특권이었으나, 오늘날에는 1981년 Senior Courts Act 제37조 제1항에 의하여 "High Court가 법원이 공정하고 편리하다고 판단되는 경우 언제나 명령으로 부작위를 명할 수 있"다고 규정함으로써 이러한 유형의 가처분을 허용하고 있다. 이에 따라 영국 법원은 수많은 사건에서, 주로 중재합의를 지지하는 관점에서 소송금지가처분 내지 중재금지가처분을 허용하거나, 타 국가 법원이 내린 위와 같은 처분의 유효성 내지 적법성을 판단해 왔다.[82]

중재합의를 위반한 경우에 대한 영국법원의 소송금지가처분의 대표적인 사례로는 Angelic Grace[83] 사건이 있다. 위 사건에서 신청인인 선박소유자는 상대방인 선박용선자가 본소가 진행 중인 런던 중재절차 외에서 반소를 제기하는 것을 금지하는 소송을 런던에서 제기한 뒤 런던에서 중재를 개시하였다. 위 중재신청서가 용선자에게 송달된 뒤 용선자들이 이탈리아 법원에 소송을 제기하자, 런던 법원은 이탈리아 법원의 소송에

81) West Tanker 및 Gazprom 판결에 대한 평석은 Thomas Raphael, 각주 39), 266면 이하 참조.

82) 영국법상 소송유지명령에 관하여는 석광현, 각주 44), 3면 이하; 석광현, "국제상사중재에서 중재합의와 소송유지명령(anti-suit injunction)", 국제사법과 국제소송 제5권(2012), 649면 이하 참조.

83) Aggeliki Charis Compania Maritima SA v. Pagnan SPA, [1995] 1Lloyd's Rep. 87 (C.A.) (Cheshire, North Fawcett, p. 474).

대한 소송금지가처분을 내렸고, 항소법원 역시 "당사자 간에 유효한 중재합의가 있고 외국법원에 소송이 계속 중인 경우 이는 계약위반에 해당하므로, 영국 법원은 외국소송절차 계속을 금지할 수 있다."고 판시하였다. 그러나 Toepfer v. Molino Boschi 사건에서는 이태리 소송이 상당히 진행되었고 원고의 귀책사유로 소송금지가처분이 늦게 신청되었다는 이유로 소송금지명령신청을 기각하기도 하였으며, 국제예양에 부합하게 행사되어야 한다는 것도 일반적인 요건으로 논의되고 있다.[84)]

AES Ust-Kamenogorsk Hydropower Plant LLP v Ust-Kamenogorsk Hydropower Plant[85)] 사건에서, 당사자들은 분쟁이 발생할 경우 런던에서 ICC 절차에 따라 중재에 의해 해결하기로 합의하였다. 그러나 피신청인은 카자흐스탄 법원에 소송을 제기하였다. 이 사건에서 신청인 및 피신청인 사이에는 아직 중재절차가 개시된 바가 없었으나, 영국 대법원은 항고심의 소송금지가처분을 유지하면서 중재합의는 그에 명시된 법정(forum)에서만 구제를 요청하겠다는 구속력 있는 의무이며, 마찬가지로 다른 법정에서는 구제절차를 삼가겠다는 의무의 표현이고, 신청인이 런던 중재절차를 시작하지 않았다는 것은 당사자의 합의를 유지시키는 법원의 권한 행사에 영향을 미치지 않는다고 판시하였다.

이러한 영국 법원의 태도는 Bannai v Erez 사건[86)]에서도 유지되었는데, 위 사건에서 당사자들은 분쟁발생시 영국법을 본안의 준거법으로 하여 런던에서 ICC 중재절차로 해결하기로 하는 내용의 중재합의를 하였다. 이후 이스라엘 법원에서 상대방 측에 대한 파산절차가 진행되자, 영국 상사법원(Commercial Court)은 이스라엘의 소송절차를 금지하면서, "중재합의 조항은 외국에서 소송절차를 제기하지 아니하겠다는 반대 약속을

84) [1996] 1 Lloyd's Rep. 510 (Q.B.D.), 석광현, 각주 44), 13-16면.

85) JSC [2013] UKSC 35, 결정문 원문은 https://www.supremecourt.uk/cases/docs/uksc-2011-0172-judgment.pdf 참조(2020. 2. 26. 최종 방문).

86) [2013] EWHC 3689 (Comm) 원문은 https://www.bailii.org/ew/cases/EWHC/Comm/2013/3689.html 참조(2020. 3. 30. 최종 방문); 위 결정의 경과와 배경에 대해서는 Tamar Meshel, "Bannai v. Erez and the jurisdictional race of the Israeli and English courts", Arbitration International, Vol. 32, Issue 1(March 2016) 참조.

포함하는 것이고, 중재절차의 현재 진행 여부나 소 제기 여부에 관계없이 이러한 반대의 약속을 적용 및 집행할 수 있다는 점은 영국법상 명확하다."고 판시하였다. 뿐만 아니라 위 사건에서 영국 상사법원은 기존 Angelic Grace 사건[87]에서 설시된 원칙을 인용하면서, '그러한 가처분을 인용할 법원의 관할권은 재량적이고, 의무적으로 행사하여야 할 것은 아니지만, 중재협정이 위반되고 있는 경우 왜 그러한 권한을 행사하지 아니할 것인지에 대해서는 마땅한 이유를 설시하여야 한다'고까지 설시하였다.

이처럼 영국은 주로 당사자 사이의 중재합의를 유지하는 견해에 서서, 그러한 중재합의에 반하는 소송에 대해 소송금지가처분을 인정하거나 타 법원에서 인정된 중재금지가처분의 효력을 부정하는 경향이 있다. 앞서 살펴본 유럽사법재판소의 West Tankers Case 판결에 따라 영국은 EU 및 유럽자유무역협정 국가(European Free Trade Association)의 법원에서 제기된 절차를 금지시켜 달라는 유사한 소송금지가처분 신청의 경우에는 비록 그것이 런던 중재 협정을 위반한 경우라고 하더라도 영국법원이 그러한 소송금지가처분을 명할 수 없다고 유럽사법재판소가 판시해 왔음에도, EU가 아닌 국가와의 소송에서는 계속 기존과 같이 타 법원 내지 중재판정부의 관할 여부를 영국 법원이 심사하는 태도를 유지하고 있는 것이다.[88]·[89]

4. 미국에서의 논의

미국은 오래전부터 뉴욕 남부지방법원을 중심으로 소송금지가처분을 인정해 왔고, 최근에도 당사자가 중재합의에 포함되는 청구를 그리스 법원에 제기한 경우, 소송금지 가처분을 인정한 사례가 있다.[90]

---

87) Angelic Grace [1995] 1 Lloyds Law Rep 87.

88) West Tankers Inc. v. Allianz Spa [2009], AC 1138.

89) 다만, Brexit 이후 브뤼셀-루가노 협약의 적용이 중지된다면 EU 국가들에 대해서도 다시 소송금지가처분을 제기할 수 있을 것이라고 한다. Thomas Raphael QC, 각주 39) 259-260면 참조. 영국법상 소송금지가처분의 요건에 대해서는 같은 책 78-116면에 잘 정리되어 있다.

90) Bailey Shipping Ltd. v. Am. Bureau of Shipping, No. 12 Civ. 5959(KPF), 2013

그러나 사안에 따라 이러한 소송금지가처분을 발하지 아니한 사례도 엿보인다. 일례로, 씨티그룹 사건[91]에서 소버린 웰스(soverign wealth fund)는 기존에 이미 ICDR 중재절차에서 자신에게 유리한 중재판정이 내려졌으므로 동일한 사안에 대한 중재절차를 금지해 달라는 소송금지가처분을 신청하였으나, 법원은 그의 말이 옳고 '중복제소금지'에 위배된다고 하더라도, 이는 중재인이 종국 판정으로서 판단할 문제이므로 소송금지가처분의 대상은 되지 않는다고 판시하였다. 또한 Sanofi-Aventis 사건[92]에서도, 미 연방항소법원은 캘리포니아 연방지방법원이 취리히의 ICC 중재절차를 금지해 달라는 소송금지가처분 신청을 기각한 결정을 유지하면서, '기존에 관련 특허분쟁에서 미국 법원이 판시한 사정이 있다고 해도 이는 ICC 중재법원이 종국 판정에 고려할 문제일 뿐'이라고 판시하였다.

Maroc Fruit 사건[93]에서, 원고는 매사추세츠주 연방지방법원에 물품판매계약 불이행을 이유로 한 소를 제기했고, 2013년 8월, 원고는 피고가 영국 법원에 런던 중재합의 위반을 이유로 소송금지가처분 신청을 준비하고 있다는 사실을 알게 되었다. 그러자 원고는 매사추세츠주 연방지방법원에 런던 법원에 소송금지가처분을 제기하지 말라는 가처분(이른바 anti-anti-injunction)을 신청하였다. 법원은 국제적인 소송금지가처분은 매우 엄격하게 적용되어야 한다는 이유로 이를 기각하면서, 미국 제1순회 연방항소법원 판결을 인용하여, 원고가 '당사자 및 쟁점의 유사성'이라는 소송금지가처분 요건을 충족하였다고 하더라도, 가처분을 해야 할 형평의 균형(balance of equities)를 입증하지 못했고, 아직 영국 법원이 소송금지가처분 절차를 진행하지 않고 있는 상황에서 '군비경쟁(arms-race)'을 할 필요가 없다고 덧붙였다.[94]

WL5312521(S.D.N.Y. Sep. 23, 2013).

91) Citigroup, Inc. v. Abu Dhabi Investment Authority, 13 Civ. 6073, 2013 U.S. Dist. LEXIS 167310 (S.D.N.Y. Nov. 25, 2013).

92) Sanofi-Aventis Deutschland GMBH v. Genentech, Inc. , 716 F. 3d 586(Fed. Cir. 2013).

93) Maroc Fruit Bd. S.A. v. M/V Almeda Star, No. 11-12091-JLR, 2013 WL 4407101 (D. Mass. Aug. 19, 2013).

한편, 중재절차와 관련된 사건은 아니지만, 미국 북부 캘리포니아 연방지방법원은 2019. 6. 노키아의 특허 관련 소송에서 독일 법원에 대한 소송금지가처분을 명하였는데, 이에 대해 독일 뮌헨 지방법원은 2019. 7. 미국법원에서의 소송금지가처분 절차를 철회하라는 anti-anti-suit injunction을 발령하였고, 독일 뮌헨 고등법원은 2019. 12. 1심 결정을 인용하면서 '사법절차를 진행할 수 있는 권리를 부정하는 앵글로 색슨계의 법리는 독일법에 존재하지 아니하지만, 그에 대한 방어적 조치로서 소송금지가처분에 대한 금지가처분을 구하는 것은 허용된다'는 취지로 판시한 바 있다.[95)]

5. 소 결 론

법원에 의한 소송금지 내지 중재금지가처분은 주로 영미법원, 특히 영국법원에서 가장 공격적으로 발령되어 왔다. 그러나 유럽사법재판소의 Turner 사건 및 West Tankers 사건 이후 영국법원에서의 소송금지가처분은 보다 조심스럽게 진행되는 것으로 보이고, 중재합의를 지지하는 목적에서의 소송금지가처분은 중재판정부 내지 긴급중재인에 의한 임시적 처분으로 확대되고 있는 것으로 보인다.

우리 법원에서는 법원에 의한 중재금지가처분이 불가능할 뿐만 아니라 중재절차위법확인소송도 불가능하다고 하여, 일단 중재의 합의가 있으면 중재판정부의 관할에 대한 판단 권한을 존중하고 있다. 또한 중재합의를 지지하는 목적에서의 소송금지가처분(예컨대, 대한상사중재원에서의 중재합의에 반하여 타국 법원에 제기된 소를 금지하라는 내용의 가처분)은 이론적 가능성에도 불구하고 다른 대륙법계 국가에서와 마찬가지로 현실적으로 낯선 유형으로서 실무적으로 쉽게 인정되기 어렵다.

---

94) 기타 미국법원에서의 소송금지가처분 및 중재가처분 기준 및 사례에 관해서는 하충룡, "국제상사중재에 있어 Anti-suit Injunction에 대한 미국 법원의 해석과 함의", 상사판례연구 제19권 제4호, 한국상사판례학회(2006) 참조.

95) Landgericht München, I, 21 O 9333/19 (결정문은 https://www.katheraugenstein.com/wp-content/uploads/2019/12/EN-21-O-9333-19.pdf 를 참조하였다. 2020. 3. 22. 최종방문); Oberlandesgricht München, 6 U 5042/19, (결정문은 http://eplaw.org/wp-content/uploads/2019/12/DE-AASI-HRC-Munich-6-U-5042-19-EN.pdf 를 참조하였다. 2020. 3. 22. 최종방문).

보론으로, 만일 영국 등 법원에서 우리 법원에서 진행 중인 소송에 대해 소송금지가처분을 발령하고, 그에 대해 우리 법원에 승인 및 집행을 요청하는 경우는 어떻게 처리하여야 하는가? 외국법원의 판결 및 승인에서 의미하는 판결은 통상 '확정판결'을 의미하는 것이고 보전처분은 의미하지 아니하므로, 외국법원에서 발령한 임시적 처분은 승인 및 집행의 대상이 되지 않는다. 따라서 중재지 법원에서 소송금지가처분을 받았다고 하더라도 우리나라에서 이를 집행할 수단은 없다.[96] 현실적인 집행방법이 없는 이상 그 법적인 실효성에는 의문이 있다. 다만, 앞서 중재판정부에 의한 소송금지가처분의 경우와 마찬가지로, 그러한 가처분 결정이 내려지는 경우 당사자들은 거래관계에서의 신뢰도 등 사실상의 불이익 등을 고려하지 않을 수 없을 것이다.

Ⅳ. 결　　론

국제중재의 확대와 함께 중재판정부의 임시적 처분권한을 확대하려는 논의는 연일 활발해 지고 있고, 싱가포르, 홍콩 등 중재산업에 있어서 우리나라의 경쟁국이라고 할 수 있는 국가들에서는 우리나라보다 훨씬 먼저 기존의 임시적 처분뿐만 아니라 긴급중재인 등에 의한 임시적 처분 및 임시적 처분의 집행절차까지 도입하여 중재산업을 더욱 활성화하기 위해 제도적으로 노력해 왔다. 우리나라에서도 2006년 UNCITRAL 모델법 태도를 수용하는 방향으로 2016년에 중재법을 개정하여 소송금지가처분과 같은 형태의 임시적 처분도 가능하도록 하였으므로, 우리나라 중재법을 절차법으로 하는 중재판정부는 필요한 경우 소송금지가처분을 발령할 수 있다.

그러나 반대로 법원에 중재절차의 금지를 명하는 내용의 가처분 신청은, 중재합의를 존중하고, 중재법이 정하는 예외적인 경우 외에는 그 개입을 허용하지 않는 중재법의 취지에 비추어 허용되어서는 안 된다고

96) 김상찬, "중재합의와 보전처분의 국제관할", 법학연구 제51집, 한국법학회(2013. 9.), 282면 이하; 법원행정처, 중재재판실무편람(2018), 63면 이하 참조.

봄이 타당하다. 중재법이 중재절차 전후에 법원에 의한 보전처분을 인정하고 있기는 하나, 이는 어디까지나 민사집행법이 규정하는 통상의 보전처분, 즉 분쟁의 대상 자체에 관한 현상 보전 내지 위험을 방지하기 위한 처분에 한정된다.

우리나라 역시 실무가들의 역량이 축적되면서 국제 중재 분야에서 상당한 위상을 확립해 가고 있으나, 대륙법 체계를 기본으로 하는 우리 법제상 소송금지가처분이라는 제도 자체가 익숙하지 아니하므로, 이와 관련된 신청이 제기될 경우 실무가들에게 당혹감을 불러일으킬 수 있다. 소송금지가처분이란 재판받을 권리와 밀접히 연관되는 문제이므로 어떠한 경우에도 남발하여서는 안 될 것이지만, 중재법의 개정으로 이러한 가처분을 할 수 있는 길이 열린 이상, 어떠한 제한적인 요건하에서 이러한 가처분을 인정할 것인지, 그러한 가처분이 실제로 내려질 경우 어떠한 효과를 인정할 것인지에 대해 보다 구체적이고 실질적인 논의가 이루어질 필요가 있다. 본 논문에서는 이를 인정해 온 국가들의 사례와 우리 법에서의 적용 요건에 대하여 소개하였는바, 향후 개정 중재법에 따른 소송금지가처분 신청이나 이에 대한 승인 및 집행신청, 기타 이와 관련한 사건이 발생하더라도 우리 법제상 다소 익숙하지 않은 가처분이라고 하여 도외시할 것이 아니라, 앞서 살펴본 바와 같은 이러한 가처분의 배경 및 논의, 집행의 가능성을 진지하게 검토함으로써, 중재의 확대와 가속화 추세에 걸맞은 실무의 인식 및 역할 제고를 위해 노력할 필요가 있을 것이다.

[Abstract]

Anti-Suit Injunction and Anti-Arbitration Injunction under Revised Korean Arbitration Law and Recent Supreme Court Cases

Cho, In Young*

With the rapid growth of international arbitration, chances of legal conflicts between arbitration and litigation have been also increasing. Such conflicts are more obvious when an arbitral tribunal issues an order to prevent a party from pursuing a parallel case in a court, referred to as an "anti-suit injunction", or when a court issues an injunction to prevent a party from pursuing a parallel case in an arbitration, referred to as an "anti-arbitration injunction."

Historically, anti-suit injunction has been granted in common law countries and caused conflicts with civil law countries where such type of injunction did not exist. In West Tankers Case, European Court of Justice adjudicated that English court's anti-suit injunction is in violation of the Brussels Convention. In spite of potential conflicts, many arbitral tribunals have ordered anti-suit injunctions in actual practice. The UNCITRAL Model Law and arbitration rule was revised in 2006 to reflect and approve anti-suit injunction. The Korean Arbitration Law was also revised in 2016, adopting most of the UNCITRAL Model Law, thus allowing anti-suit injunction by arbitral tribunals. In Gazprom case, the European Court of Justice adjudicated the Brussels Convention does not apply to the anti-suit injunction issued by arbitrators.

* Assistant Professor, Yonsei Law School.

While Korean Arbitration Law allows anti-suit injunction issued by arbitral tribunals, the current Korean legal scheme is interpreted not to permit anti-arbitration injunction issued by a court. Korean Supreme Court also ruled that anti-arbitration injunction or a suit seeking declaration of illegality of arbitration procedure is not permitted. As relevant articles for recognition and enforcement of anti-suit injunction under Korean arbitration law is applied only to domestic arbitration, an anti-suit injunction issued by an international arbitration tribunal cannot be enforced in Korea and have only de facto constraints to the parties.

Although anti-suit injunction is relatively unfamiliar to most legal practitioners in civil law countries and should not be overused, Korean lawyers should be more aware of the backgrounds, possibility, requirement and enforcement of such injunction as the revised Korean Arbitration Law now allow for such an injunction.

[Key word]

- Anti-suit injunction
- Anti-arbitration injunction
- Korean arbitration law
- UNCITRAL Model Law
- UNCITRAL arbitration rule

참고문헌

[국내문헌]

1. 단 행 본

김갑유, 중재실무강의, 박영사, 2012.

김용진, 국제민사소송전략-국제소송실무가이드, 신영사, 1997.

목영준, 상사중재법, 박영사, 2011.

법원행정처, 중재재판실무편람, 2018.

석광현, 국제상사중재법연구 제1권, 박영사, 2007.

______, 국제사법과 국제소송 제5권, 박영사, 2012.

윤진기, 중국중재제도, 경남대학교 출판부, 1998.

2. 논 문

김동진, "국제재판관할의 경합에 있어 영미법상의 소송금지명령에 대한 검토", 해상·보험연구 제4호(2004. 3.).

김상찬, "중재합의와 보전처분의 국제관할", 법학연구 제51집, 한국법학회(2013. 9.).

김수형, "법원에 의한 중재절차정지의 가처분이 가능한지 여부", 대법원 판례해설 제25호, 법원도서관(1996. 11.).

노태악, "UNCITRAL 모델중재법 및 중재규칙 개정에 따른 국내법 개정의 필요성 검토", 국제사법연구 제16호, 국제사법학회(2010. 12.).

민병국, "중재인의 임시적 처분", 중재 제319호(2006 봄).

박설아, "외국중재판정에 대한 집행결정-집행가능성 요건을 중심으로", 국제거래법연구 Vol. 27(1)(2018).

박준선, "상사중재 활성화를 위한 중재판정부의 임시적 처분 제도의 개선-2016년 개정 중재법을 중심으로-", 중재연구 제26권 제2호(2016. 6.).

박진수, "개정 중재법에 따른 임시적 처분의 활용범위 및 실무 개선방안", 개정 중재법의 실무적 쟁점 및 운영방안 심포지엄 자료집(2016. 11. 18.).

석광현, "2016년 중재법에 따른 중재판정부의 임시적 처분-민사집행법에 따른 보전처분과의 정합성에 대한 문제제기를 포함하여-", 국제거래법연구 제26권 제1호(2017).
______, “중재절차에서의 법원의 역할”, 변호사 제37집, 서울지방변호사회(2007. 1.).
______, “국제상사중재에서 중재합의와 소송유지명령”, 선진상사법률연구 제50호(2010. 4.).
______, “국제상사중재에서 중재합의와 소송유지명령(anti-suit injunction)”, 국제사법과 국제소송 제5권(2012).
안태준, “중재판정 집행결정절차의 심리대상으로서 중재판정 주문의 특정성 및 강제집행가능성이 가지는 의의: 최근 판례를 중심으로”, 숭실대학교 법학연구소 법학논총 44(2019. 5.).
유영일, “국제사법공조에 관한 연구”, 서울대학교 대학원 법학박사학위논문(1995).
이규호, “관할합의에 기초한 소송유지명령의 법적 쟁점”, 국제사법연구 제25권 제1호(2019).
______, “중재인의 임시적 처분 및 이에 대한 법원 역할의 비교법적 분석”, 국제사법연구 제23권 제1호(2017).
이헌묵, “중재판정부의 임시적 처분과 법원의 보전처분의 관할의 충돌”, 법조(2016. 1.).
이혜민, “국제투자협정중재와 Denial of Justice”, 서울대학교 석사학위 논문(2013. 2.).
전병서, “중재판정의 집행결정절차에 관한 검토”, 사법 제49호, 사법발전재단(2019).
정선주, “중재절차에 있어서의 보전처분에 관하여(하)”, 중재 제269호(1994).
정해덕, “미국해사소송에 있어서의 대한민국법상의 소멸시효와 소송중재명령”, 한국해법학회지 제31권 제2호(2009. 11.).
조무제, “판례에서 보는 중재법”, 중재 제319호(2006. 3.).
하충룡, “국제상사중재에 있어 Anti-suit Injunction에 대한 미국법원의 해석과 함의”, 상사판례연구 제19집 제4권(연도).
한민오, “국제상사중재에 있어서 중재판정부의 임시적 처분에 관한 연구”, 서울대학교 석사학위 논문(2012. 2.).

[외국문헌]

1. 단 행 본

Ben Steinbrück, *Die Unterstützung ausländischer Schiedsverfahren durch staatliche Gerichte : : eine rechtsvergleichende Untersuchung des deutschen, österreichischen, englischen, schweizerischen, französischen und US-amerikanischen Schiedsrechts*, Tübingen : Mohr Siebeck, 2009.

George A. Bermann, *International Arbitration and Private International Law*, The Hague Academy of International Law, 2017.

Reinmar Wolff, *Empfiehlt sich eine Reform des deutschen Schiedsverfahrensrechts?*, Zeitschrift für Schiedsverfahren (SchiedsVZ), 2016.

Thomas Raphael QC, *The Anti-Suit Injunction(2nd edition), Oxford Private International Law Series*, Oxford University Press, 2019.

2. 논　　문

Emmanuel Gaillard, "Anti-Suit Injunctions Issued by Arbitrators", in International Arbitration 2006: Back to Basics?(edited by Albert Jan Van Den Berg), *International Council for Commercial Arbitration(ICCA) Congress Series No. 13*, Kluwer Law International(2007).

Lars Markert, "Interim Measures by emergency arbitrators-only effective with concurrent national arbitration legislation?", *3rd Asia Pacific ADR Conference* 자료, 대한상사중재원(2014).

Laurent Levy, "Anti-suit Injunctions Issued by Arbitrators", in Anti-suit Injunctions in International Arbitration(edited by Emmanuel Gaillard), *IAI Series on International Arbitration No 2.*, Juris Publishing. 2005.

Margaret Moses, "Barring the Courthouse Door? Anti-Suit Injunctions in International Arbitration", *Kluwer Arbitration blog, 2011. 11. 4., (http://arbitrationblog.kluwerarbitration.com/2011/11/14/barring-the-courthouse-door-anti-suit- injunctions-in-international-arbitration, 2020. 2. 25. 최종 방문).*

Pierre Karrer, "Interim Measures Issued by Arbitral Tribunals and the Courts: Less Theory, Please", in International Arbitration and National Courts, the Never Ending Story(edited by Albert Jan Van Den Berg), *ICCA Congress Series no. 10*, 2001.

Pierre LALIVE, "the First 'World Bank' Arbitration(Holiday Inns v. Morroco)-Some Legal Problems", *British Yearbook of International Law Vol. 51, Issue 1*, 1980.

Tamar Meshel, "Bannai v. Erez and the jurisdictional race of the Israeli and English courts", *Arbitration International, Vol 32, Issue 1*, March 2016.

附　　錄

「醫療法의 諸問題」

附錄에 부치는 말

우리 연구회는 2020년 8월 22일 온라인으로 제43회 하계 심포지엄을 열고 “醫療法의 諸問題”라는 주제로 여러 쟁점들을 검토하고 논의하는 기회를 가졌다. 이 附錄은 그 모임에서 발표된 논문들을 다시 수정 · 보완한 것이다. 심포지엄은 다음과 같은 일정으로 진행되었다.

09:50～10:00 開 會 辭 ---------------------------------- 尹眞秀 會長

10:00～12:00 제1세션 : 主題發表와 討論

(1) 의료과실로 인한 손해배상소송에서 과실과 인과관계의 증명
-- 송혜정(서울고등법원 고법판사)

(2) 의사-환자 관계의 (사)법적 기초
-- 이동진(서울대학교 교수)

13:20～13:30 신입회원 소개

13:30～15:30 제2세션 : 主題發表와 討論

(3) 의약품 부작용과 손해배상
-- 송진성(대법원 재판연구관)

(4) 감염방지의무와 민사책임
-- 김천수(성균관대학교 교수)

15:50～17:50 제3세션 : 主題發表와 討論

(5) 임상시험에서의 의사의 선관의무
-- 이지윤(변호사)

(6) 종합토론

17:50～18:10 會員總會
18:10～18:15 閉 會 辭

의료과실로 인한 손해배상소송에서 과실과 인과관계의 증명*

–대법원 판례의 분석을 중심으로–

송 혜 정**

■요 지■

대법원은 의료과실로 인한 손해배상소송(이하 '의료소송'이라 한다)에서 의료행위의 전문성, 밀행성과 같은 특수성으로 인하여 환자 측이 의사의 의료행위상의 주의의무 위반과 손해 발생 사이의 인과관계를 의학적으로 완벽하게 입증한다는 것은 극히 어려우므로 환자 측의 증명책임을 완화할 필요가 있다는 점을 인정하고 있는데, 의료소송에서 과실과 인과관계의 증명에 관한 판례는 대법원 1995. 2. 10. 선고 93다52402 판결 이후 '일반인의 상식에 바탕을 둔 과실 증명 후 인과관계 추정 방식'(이하 '1그룹 판례'라 한다)과 '간접사실에 의한 과실 및 인과관계 동시추정 방식'(이하 '2그룹 판례'라 한다)의 두 갈래로 형성되어 왔다.

이 글에서는 1그룹 판례와 2그룹 판례의 기본적인 입장을 정리한 후 그 법리가 실제 사례에서 어떻게 적용되고 있는지를 요건별로 구체적으로 분석하여 살펴보고, 이를 기초로 1그룹 판례와 2그룹 판례 각각의 적용영역과 실제 요구하는 증명의 정도, 그리고 의료소송에서 인과관계의 특징을 살펴보았다.

우리 판례에 대하여는 법원이 환자의 증명책임을 경감하는 데에 인색하다는 비판도 있으나, 기본적으로 판례는 의료소송에서 환자 측의 증명책임을

---

* 이 글은 2020. 8. 22. 하계 심포지엄에서 발표한 글을 일부 수정한 것이다.

** 대전고등법원(청주재판부) 고법판사.

완화하면서도 의사 측에 과도한 책임을 지우지 않도록 균형을 잡으려 노력하고 있는 것으로 생각된다.

[주 제 어]
• 의료소송
• 의료과실
• 일반인의 상식
• 인과관계 추정
• 증명책임 완화

Ⅰ. 서 론

의료과실[1])로 인한 손해배상소송(이하 약칭할 때에는 '의료소송'이라 한다)에서는 의료행위의 전문성과 밀행성, 의료행위 관련 증거들의 편재성, 의료수준의 한계와 인체의 다양성으로 인한 불확실성, 의사의 진료방법 선택의 재량성과 같은 의료행위의 특수성으로 인하여 환자 측이 과실과 인과관계를 증명하기가 매우 어렵다.[2]) 대법원도 이러한 맥락에서 다수의 판례에서 '의료행위가 고도의 전문적 지식을 필요로 하는 분야이고, 그 의료의 과정은 대개의 경우 환자나 그 가족이 일부를 알 수 있는 외에 의사만이 알 수 있을 뿐이며, 치료의 결과를 달성하기 위한 의료기법은 의사의 재량에 달려 있기 때문에, 손해 발생의 직접적인 원인이 의료상의 과실로 말미암은 것인지 여부는 전문가인 의사가 아닌 보통인으로서는 도저히 밝혀낼 수 없는 특수성이 있어서 환자 측이 의사의 의료행위상의 주의의무 위반과 손해 발생 사이의 인과관계를 의학적으로 완벽하게 입증한다는 것은 극히 어려운 일'이라고 판시하면서 '손해의 공평 · 타당한 부담을 지도원리로 하는 손해배상제도의 이상에 비추어 환자 측의 증명책임을 완화할 필요가 있다'는 점을 인정하고 있다.[3]) 그러나

---

1) 의료과오, 의료과실 등 용어의 의미와 용례에 관해서도 견해가 통일되어 있지는 않다. 관련 용어에 관하여 다루고 있는 문헌으로는 김재윤, 의료분쟁과 법, 율곡출판사(2015), 3-10면; 김천수, "불법행위법의 확장과 의료과오책임의 현대적 동향", 사법 21호(2012), 138-139면; 박영호, 의료분쟁과 법, 법문사(2005), 28-38면; 손용근, "손해배상소송상의 의료과실(1)－논점의 분석과 제언에 중점을 두어", 법이론의 실무적탐구, 도서출판 오래(2011), 486-491면; 신현호 · 백경희, 의료분쟁조정 소송총론, 육법사(2011), 31-38면; 주석 민법 채권각칙(7) 4판(김천수 집필부분), 505면; 최재천 · 박영호, 의료과실과 의료소송, 육법사(2002), 41-50면 등 참조. 판례는 '의료과오', '의료과실'이라는 용어를 모두 사용하고 있는데(두 용어를 엄격하게 구분하여 사용하는 것으로 보이지는 않는다), 이 글에서는 기본적으로 '의료과실'이라는 용어를 사용하되, 판례나 다른 문헌을 인용할 때에는 원문의 용어를 그대로 사용한다.

2) 양창수 · 권영준, 민법Ⅱ(권리의 변동과 구제), 박영사(2015), 745-746면.

3) 대법원 1995. 2. 10. 선고 93다52402 판결(공1995상, 1281), 대법원 1999. 2. 12. 선고 98다10472 판결(공1999상, 517), 대법원 2015. 3. 12. 선고 2012다117492 판결 등.

의료소송에서 환자 측의 증명의 부담을 덜어 주어야 할 필요성과 더불어, 현대의학으로도 여전히 해명하기 어려운 병리현상이 많고, 의사에게 과도한 책임을 지우게 될 경우 소극진료(진료기피 등의 위축진료)나 방어적 진료(불필요한 검사시행 등의 과잉진료) 등의 문제가 나타나고 의학의 발전도 저해할 우려가 있어 결국 환자에게도 불이익할 수 있으므로, 환자 측의 입증 경감과 동시에 의사 측이 부당하게 취급받지 않도록 균형감각을 잃지 않아야 한다는 점도 여러 문헌에서 공통적으로 강조되고 있다.[4)]

이 글에서는 의료소송에서 과실과 인과관계의 증명에 관한 대법원 판례의 기본적인 입장을 정리한 후, 대법원이 일반론으로 판시한 법리가 실제 사례에서는 어떻게 적용되고 있는지를 구체적으로 분석하여 살펴보기로 한다.

Ⅱ. 과실과 인과관계의 증명에 관한 판례의 기본적인 입장

의료소송에서 과실과 인과관계의 증명에 관하여 판례는 대법원 1995. 2. 10. 선고 93다52402 판결 이후 크게 두 갈래의 흐름을 형성하고 있다.[5)]

---

4) 김도형, "인과관계의 부인과 의료상 과실에 대한 손해배상책임", 민사판례연구 30권(2008), 344면; 김만오, "의료과오에 관한 판례의 동향", 민사법학 27호(2005), 301면; 김용빈, "의료과오소송에 있어 입증책임 완화에 따른 의료과실의 의미와 판단기준", 의료법학 9권 1호(2008), 125면; 김재윤(주 1), 108면; 박종권, "의료과오의 인과관계에 관한 입증경감", 의료법학 5권 1호(2004), 618-619면; 범경철, "의료과오소송에 있어서의 입증책임", 의료법학 3권 1호(2002), 269면; 손용근, "의료과오소송의 입증경감에 관한 판례의 최근 동향", 민사법연구 7집(1999), 336면; 신은주, "의료과오소송 입증책임론의 전개와 발전", 의료법학 9권 1호(2008), 10-12, 50-51면; 전병남, "의료소송에서의 입증책임의 완화", 의료법학 2권 2호(2001), 341-342, 352면; 조재건, "의료과오소송에 있어서의 입증책임", 민사법연구 8집(2000), 323면; 최재천·박영호(주 1), 817-818면; 홍기문, "의료과오소송에 있어서 증명책임의 완화", 보건의료법의 현대적 과제, 도서출판fides(2006), 442-443면.

5) 사법연수원, 특수불법행위법 연구(2014), 260-269면; 문현호, "의료소송의 심리", 2020년도 법관연수 의료소송실무 자료집, 사법연수원(2020), 10-12면.

1. 일반인의 상식에 바탕을 둔 과실 증명 후 인과관계 추정 방식

가. 대법원 1995. 2. 10. 선고 93다52402 판결[6)]

「의료행위에 있어서 주의의무 위반으로 인한 불법행위 또는 채무불이행으로 인한 책임이 있다고 하기 위하여는 다른 경우와 마찬가지로 의료행위상의 주의의무의 위반, 손해의 발생 및 주의의무의 위반과 손해의 발생과의 사이의 인과관계의 존재가 전제되어야 한다고 할 것이다. 그러나 … (중략) … 이 사건에 있어서와 같이 환자가 치료 도중에 사망한 경우에 있어서는 피해자 측에서 일련의 의료행위 과정에 있어서 저질러진 일반인의 상식에 바탕을 둔 의료상의 과실 있는 행위를 입증하고 그 결과와 사이에 일련의 의료행위 외에 다른 원인이 개재될 수 없다는 점, 이를테면 환자에게 의료행위 이전에 그러한 결과의 원인이 될 만한 건강상의 결함이 없었다는 사정을 증명한 경우에 있어서는, 의료행위를 한 측이 그 결과가 의료상의 과실로 말미암은 것이 아니라 전혀 다른 원인으로 말미암은 것이라는 입증을 하지 아니하는 이상, 의료상 과실과 결과 사이의 인과관계를 추정하여 손해배상책임을 지울 수 있도록 입증책임을 완화하는 것이 손해의 공평·타당한 부담을 그 지도원리로 하는 손해배상제도의 이상에 맞는다고 하지 않을 수 없다.」

나. 후속 판례

1) 적용범위의 확대

위 93다52402 판결은 당해 사안의 사실관계에 따라 환자가 치료 도중에 사망한 경우를 전제로 판시하였으나, 그 후 판례는 치료 도중 하반신완전마비 등 사지부전마비증상이 발생한 경우,[7)] 전신마취 및 수술 도중에 심정지가 발생하여 뇌손상으로 인한 전신마비 등의 증세에 이른 경우,[8)] 거대아로 태어난 신생아에게 분만 직후부터 좌상완신경총마비증세

6) 이 글에서 판례상 밑줄 등은 모두 필자가 표시한 것이다.

7) 대법원 1995. 3. 10. 선고 94다39567 판결(공1995상, 1586), 대법원 1999. 4. 13. 선고 98다9915 판결(공1999상, 863).

8) 대법원 1996. 6. 11. 선고 95다41079 판결(공1996하, 2113).

가 나타난 경우[9)]를 전제로 판시하기도 하고, 당해 사안의 사실관계에 바탕을 둔 이러한 전제를 일반 법리를 설시할 때에는 아예 제외하거나,[10)] '의료사고가 발생한 경우',[11)] '의료행위상의 주의의무 위반으로 인한 손해배상청구에서',[12)] '환자가 진료를 받는 과정에서 손해가 발생하였다면'[13)]과 같이 적용범위를 포괄적으로 판시함으로써 의료사고 일반에 적용될 수 있는 법리임을 명확히 하였다.[14)]

2) "확립된 판례"

위 93다52402 판결의 법리에 대하여 대법원 2002. 8. 27. 선고 2001다19486 판결[15)]이 '대법원의 확립된 견해'라고 밝히고, 대법원 2003. 11. 27. 선고 2001다20127 판결[16)]이 위 법리와 같이 「의료상 과실과 결과 사이의 인과관계를 추정하여 손해배상책임을 지울 수 있도록 입증책임을 완화하는 것이 당원의 확립된 판례」라고 판시한 이래 대법원은 반복하여 위 법리가 대법원의 확립된 판례임을 명시적으로 밝히고 있다.[17)]

9) 대법원 1999. 6. 11. 선고 99다3709 판결(공1999하, 1381).

10) 대법원 1996. 12. 10. 선고 96다28158, 28165 판결(공1997상, 313), 대법원 2002. 5. 17. 선고 2001다703 판결, 대법원 2003. 6. 13. 선고 2003다5795 판결, 대법원 2005. 9. 30. 선고 2003다68512 판결 등.

11) 대법원 2002. 8. 27. 선고 2001다19486 판결(공2002하, 2284), 대법원 2005. 9. 30. 선고 2004다52576 판결(공2005하, 1689), 대법원 2010. 3. 11. 선고 2009다100234 판결 등.

12) 대법원 2003. 11. 27. 선고 2001다2013 판결(공2004상, 1), 대법원 2012. 1. 27. 선고 2009다82275, 82282 판결(공2012상, 314), 대법원 2018. 11. 29. 선고 2016다266606, 266613 판결(공2019상, 133) 등 다수.

13) 대법원 2003. 12. 12. 선고 2003다50610 판결, 대법원 2010. 5. 27. 선고 2007다25971(공2010하, 1212) 판결 등.

14) 김천수, "진료과오책임의 입증 및 설명의무의 이행－대법원 1999. 9. 3. 선고 99다10479 판결－", 의료법학창간호(2000), 298면도 같은 취지.

15) 공2002하, 2284.

16) 공2004상, 5.

17) 대법원 2006. 8. 25. 선고 2006다20122 판결, 대법원 2008. 2. 14. 선고 2006다48465 판결, 대법원 2010. 1. 14. 선고 2009다59558 판결, 대법원 2012. 1. 27. 선고 2009다82275, 82282 판결(공2012상, 314), 대법원 2015. 10. 29. 선고 2015다35508 판결, 대법원 2018. 11. 29. 선고 2016다266606, 266613 판결(공2019상, 133), 대법원 2019. 2. 14. 선고 2017다203763(공2019상, 738) 판결 등 다수.

2. 간접사실에 의한 과실 및 인과관계 동시추정 방식

대법원 2000. 7. 7. 선고 99다66328 판결[18]은 「전문가가 아닌 보통인으로서는 의사의 의료행위의 과정에 주의의무 위반이 있는지의 여부나 그 주의의무 위반과 손해발생 사이에 인과관계가 있는지 여부는 이를 밝혀내기가 극히 어려운 특수성이 있으므로, 이 사건에서와 같이 환자가 수술 도중에 사망의 원인이 된 증상이 발생한 경우에는 그 증상 발생에 관하여 의료상의 주의의무 위반행위를 제외한 다른 원인이 있다고 보기 어려운 여러 간접사실들을 입증함으로써 그와 같은 증상이 의료상의 주의의무 위반행위에 기한 것이라고 추정하는 것도 가능하다.」라고 판시하였다. 의료소송에서 간접사실들에 의하여 과실과 인과관계를 동시에 추정하는 판결들은 위 판결 이전부터 계속 있어 왔으나[19] 이를 일반론으로 판시한 것은 위 판결이 처음으로 보인다.[20]

간접사실에 의하여 과실 및 인과관계를 동시에 추정하는 방식도 모든 의료사고의 경우에 적용될 수 있다. 예를 들어 대법원 2007. 2. 22. 선고 2006다40140 판결에서는 「의료소송에 있어서는 어떠한 증상 발생에 관하여 의료상의 과실 이외의 다른 원인이 있다고 보기 어려운 간접사실들을 입증함으로써 그와 같은 증상이 의료상의 과실에 기한 것이라고 추정하는 것도 가능하다.」라고 판시하고 있다.

3. 원칙적인 증명책임

대법원은 위와 같이 의료소송에서 환자 측의 증명책임을 완화하는 입장을 취하면서도 기본적인 증명책임은 손해배상을 청구하는 환자 측에

18) 공2000하, 1878.

19) 대법원 1977. 8. 23. 선고 77다686 판결(공1977하, 10246), 대법원 1989. 7. 11. 선고 88다카26246 판결(공1989하, 1228), 대법원 1993. 7. 27. 선고 92다15031 판결(공1993하, 2381), 대법원 1995. 3. 17. 선고 93다41075 판결(공1995상, 1702) 등.

20) 박영호, “의료소송 관련 판례 정리”, 2020년도 법관연수 의료소송실무 자료집, 사법연수원(2020), 26면.

있다는 것을 강조하고 있다.[21] 환자 측의 증명책임을 강조한 판시로는 「일련의 의료행위 과정에 있어서 일반인의 상식에 바탕을 둔 의료상 과실의 존재는 환자 측에서 입증하여야 하는 결과 의료과정에서 어떠한 주의의무 위반의 잘못을 인정할 수 없다면 그 청구는 배척될 수밖에 없는 것이다.」,[22] 「의료행위상의 주의의무 위반으로 인한 손해배상청구에서 일반인의 상식에 바탕을 둔 의료상의 과실 있는 행위에 해당한다는 점에 대하여는 이를 주장하는 환자 측에서 입증하여야 한다. 따라서 의료행위의 특성상 보통인으로서는 의사의 의료행위상의 주의의무 위반과 손해 발생 사이의 인과관계를 입증한다는 것이 매우 어려운 일이라고 하더라도, 의료행위 이전에 실제 발생한 결과의 원인이 될 만한 건강상의 결함이 없었다는 사정을 증명한 것만으로는 의료상의 과실을 추정할 수 없고, 그 과실에 관한 증명책임이 의사에게 전환된다고 할 수도 없다.」,[23] 「의료행위의 특수성을 감안하더라도 일련의 의료행위 과정에 의료상의 과실 있는 행위가 있었고 그 행위와 손해의 발생 사이에 다른 원인이 개재되지 않았다는 점을 먼저 환자 측에서 증명하여야 한다.」[24] 등이 있다. 결과 발생을 추정할 수 있을 정도의 개연성이 담보되는 간접사실들을 증명해야 함을 강조하는 판시[25]도 환자 측의 증명책임을 강조하는 것으로 볼 수 있다.[26]

21) 판례가 증명책임을 명시적으로 의사 측에 부과하고 있는 것은 자기결정권을 보장하기 위한 설명의무와 관련하여 특별한 사정이 없는 한 의사 측에 설명의무를 이행한 데 대한 입증책임이 있다고 해석하고 있는 경우에 한정된다[대법원 2007. 5. 31. 선고 2005다5867 판결(공2007하, 949) 등 다수]. 판례는 진료기록의 가필 등 당사자 일방이 입증을 방해하는 행위를 한 경우에도 이를 하나의 자료로 삼아 자유로운 심증에 따라 방해자 측에게 불리한 평가를 할 수 있을 뿐 입증책임이 전환되거나 곧바로 상대방의 주장 사실이 증명된 것으로 보아야 하는 것은 아니라고 보고 있다[대법원 1999. 4. 13. 선고 98다9915 판결(공1999상, 863) 등 다수].

22) 대법원 2003. 11. 27. 선고 2001다20127 판결(공2004상, 5), 대법원 2006. 3. 9. 선고 2004다45912 판결 등.

23) 대법원 2009. 6. 23. 선고 2006다31436 판결.

24) 대법원 2010. 6. 24. 선고 2007다62505 판결, 대법원 2012. 2. 9. 선고 2011다4636 판결.

25) 대법원 2004. 10. 28. 선고 2002다45185 판결(공2004하, 1929), 대법원 2011. 7. 14. 선고 2009다54638 판결 등 다수.

이하에서는 편의상 '일반인의 상식에 바탕을 둔 과실 증명 후 인과관계 추정 방식'을 취한 판례들을 '1그룹 판례'라 하고, '간접사실에 의한 과실 및 인과관계 동시추정 방식'을 취한 판례들을 '2그룹 판례'라 한다. 한편, 판례는 의료소송에서 그 청구원인을 채무불이행책임으로 구성하든 불법행위책임으로 구성하든 과실과 인과관계의 증명책임에는 기본적으로 차이가 없다고 보고 있으므로,[27] 이하에서 판례를 분석할 때에는 채무불이행책임의 경우와 불법행위책임의 경우를 특별히 언급하거나 구분하지 않는다.

Ⅲ. 1그룹 판례의 분석

1. 일반인의 상식에 바탕을 둔 의료상의 과실 있는 행위

가. 구체적인 의미

1) 93다52402 판결이 선고된 이후 상당한 시간이 흘렀으나 '일반인의 상식에 바탕을 둔 의료상의 과실 있는 행위'의 의미를 대법원이 직접 구체적으로 설명한 판결은 아직 나오지 않은 것으로 보인다.[28] 후속 판례들 중 「그것이 과학적·전문적으로 의료상의 과실이라고 입증된 경우에 해당하는지의 여부는 별론으로 하고, 적어도 일반인의 상식에 바탕을 둔 의료상의 과실 있는 행위에는 해당한다고 봄이 상당」하다고 판시한 예,[29] 「피해자 측이 의사의 의료행위상 주의의무 위반과 손해발생과 사이의 인과관계를 의학적으로 완벽하게 입증할 필요는 없으나」라고 판시한 예,[30] 「먼저 환자 측에서 일반인의 상식에 바탕을 두고 일련의 의료

26) 김민규, "우리나라 의료과실과 인과관계의 증명책임에 관한 판례법리의 검토", 법학논총 21집 3호, 조선대학교 법학연구소(2014), 151-152면; 사법연수원(주 5), 268-269면.

27) 대법원 1988. 12. 13. 선고 85다카1491 판결(공1989상, 88), 대법원 2000. 9. 8. 선고 99다48245 판결(공2000하, 2074), 대법원 2006. 9. 22. 선고 2004다59966 판결, 대법원 2015. 3. 12. 선고 2012다117492 판결 등 참조.

28) 이러한 대법원의 태도에 대한 최근의 비판으로는 김태봉, "의료과오소송에서 증명책임의 경감－대법원 2019. 2. 14. 선고 2017다203763 판결을 중심으로－", 법학논총 39권 4호, 전남대학교 법학연구소(2019), 16, 18면.

29) 대법원 2000. 2. 11. 선고 98다9816 판결.

행위 과정에 의료상의 과실 있는 행위가 있었고 그 행위와 손해의 발생 사이에 다른 원인이 개재되지 않았다는 점을 입증하여야 한다 할 것」이라고 판시한 예[31]가 있고, 최근에 표현을 조금 달리하여 「피해자 측이 일반인의 상식에 바탕을 두고 일련의 의료행위 과정에 저질러진 과실 있는 행위를 증명하고」,[32] 또는「일반인의 상식에 비추어 의료행위 과정에서 저질러진 과실 있는 행위를 증명하고」[33]라고 판시한 예가 있는데, 이러한 판시들이 그 의미를 좀 더 명확히 이해하는 데에 도움을 줄 뿐이다.[34]

2) 대법원이 직접 '일반인의 상식에 바탕을 둔 의료상의 과실 있는 행위'가 무엇인지 명확한 견해를 밝히지 않았으므로 그 구체적인 의미에 관하여 그동안 다양한 해석이 제시되어 왔다. 93다52402 판결 선고 후 초기에는 그 의미를 의사의 주의의무의 기준과 연관시켜 파악하려는 견해도 제시되었으나,[35] 대법원은 93다52402 판결 선고 이후 1그룹 판례를 확립해 오면서도 「의사의 주의의무는 의료행위를 할 당시에 의료기관 등 임상의학 분야에서 실천되고 있는 의료행위의 수준을 기준으로 삼되, 그 의료수준은 통상의 의사에게 의료행위 당시 일반적으로 알려져 있고 또 시인되고 있는 이른바 의학상식을 뜻하므로, 진료환경과 조건, 의료행위의 특수성 등을 고려하여 규범적인 수준으로 파악해야 한다.」라고 반복

30) 대법원 2002. 5. 17. 선고 2001다703 판결, 대법원 2002. 12. 26. 선고 2001다46754 판결.

31) 대법원 1999. 4. 13. 선고 98다9915 판결(공1999상, 863), 대법원 2003. 12. 12. 선고 2003다50610 판결, 대법원 2006. 11. 9. 선고 2005다36816 판결.

32) 대법원 2018. 11. 29. 선고 2016다266606, 266613 판결(공2019상, 133), 대법원 2020. 2. 6. 선고 2017다6726 판결.

33) 대법원 2019. 2. 14. 선고 2017다203763 판결(공2019상, 738).

34) 주석 민법 채권각칙(7) 4판(김천수 집필부분), 528면에서도 1그룹 판례의 "일련의 의료행위 과정에 있어서 저질러진 일반인의 상식에 바탕을 둔 의료상의 과실 있는 행위를 입증하고"라는 문언은 증명도 완화의 취지를 고려하여 "일련의 의료행위 과정에 있어서 저질러진" 부분은 "의료상의 과실 있는 행위" 부분을 수식하고, "일반인의 상식에 바탕을 둔" 부분은 "일반인의 상식에 바탕을 두어"로 어미를 수정하여 "입증하고"를 수식한다고 보면 될 것이라고 설명하고 있다.

35) 의사의 주의의무의 기준과 연관시켜 파악하려는 견해의 소개는 박영호, "의료과실소송에 있어서 과실과 인과관계의 입증과 그 방법", 저스티스 77호(2004), 115-117면; 전병남(주 4), 347-348면 참조.

적으로 판시하면서 의사의 주의의무는 통상의 의사를 기준으로 판단한다는 입장을 분명하게 밝혀 왔으므로,[36)] 현재는 의사의 주의의무의 기준과는 별개로 과실 증명의 정도를 완화하려는 입장으로 해석하는 견해가 일반적이다.[37)]

3) 그러나 증명의 정도를 구체적으로 어떻게 완화한다는 것인지 또한 명확하지는 않은데, 이에 관하여 그동안 제시된 견해들을 살펴보면, 각각 표현은 조금씩 다르지만 기본적으로는 환자 측이 의료상의 과실 있는 행위를 증명함에 있어 의학적 엄밀성을 요구하지 않으며 일반인의 상식 수준에서 증명하도록 함으로써 증명의 정도를 완화한 것이라고 해석하는 입장을 공유하고 있다.[38)]

---

36) 대법원 1998. 7. 24. 선고 98다12270 판결(공1998하, 2216), 대법원 2010. 5. 27. 선고 2007다25971 판결(공2010하, 1212), 대법원 2018. 11. 29. 선고 2016다266606, 266613 판결(공2019상, 133) 등 다수. 판례가 제시하는 '의료수준'에 관한 논의는 김민규, "의료수준론", 법이론과 실무 4집, 영남민사법학회 · 영남민사소송법학회(2001); 박태신, "판례에 나타난 '의료수준'의 내용에 관한 연구", 홍익법학 17권 2호(2016); 이재경, "의료사고에 있어서 과실–과실판단에 대한 판례의 태도를 중심으로–", 의료법학 17권 2호(2016) 등 참조.

37) 박영호(주 35), 117면; 사법연수원(주 5), 265면; 양창수 · 권영준(주 2), 750-751면.

38) 김만오(주 4), 308면(환자의 입증의 정도를 의학적 지식에 바탕을 둔 엄격한 주의의무 위반의 입증에서 의료행위에 대하여 문외한인 일반인의 상식에 입각하여 납득할 수 없는 점을 주장 · 입증함으로써, 즉 환자 측이 행하는 진료과실 입증에 의학적 엄밀성을 요구하지 않음으로써 그 입증을 완화한 것으로 보인다); 김선중, "새로운 심리방식에 따른 의료과오소송의 심리와 실무상 제문제", 재판자료 97집, 법원도서관(2002), 269면(일반인의 상식에 바탕을 둔 의료상의 과실 있는 행위를 한 차원 높은 '원인력 있는 과실'로 보아 인과관계를 인정함으로써 결국 상식적인 과실의 입증으로 손해배상청구의 요건사실인 과실이 입증된 것으로 인정한 셈이니 과실의 입증책임을 경감시켰다고 볼 수 있다); 김영두, "의료소송에 있어서의 입증책임과 판례의 경향", 충남대학교 법학연구 18권 2호(2007), 81면(의사라는 전문가가 부적절하다고 판단하는 사실에 의해서 과실의 존재를 입증하는 것이 아니라 일반인의 상식적 차원에서 부적절하다고 판단하는 사실에 의해서 과실의 존재를 입증한다는 점에서 입증책임을 완화하고 있다); 김천수(주 1), 143면(과실의 증명은 일반인의 상식에서 설득력이 있으면 되고 의학의 관점에서 증명할 필요는 없다); 석희태, "의료과오소송 원고의 증명부담 경감–대법원 판례상 '일반인의 상식' 문언을 중심으로–", 의료법학 8권 2호(2007), 199-200면(일반인의 상식에 바탕을 둔 정도의 과실행위에 대한, 일반인의 상식에 바탕을 둔 정도의 주장증명이 이루어지면 법관의 심증이 형성되게 된다); 신은주(주 4), 24면(의사의 과실에 대하여 구체적으로 입증해야 하는 것이 아니라 추상적으로 일반인의 상식 수준의 주의의무 위반

그리고 좀 더 상세하게 93다52402 판결에서 처음 사용된 '일반인의 상식'이라는 표현의 유래와 연관시켜 그 의미를 해석하거나, 의학적 엄밀성을 요구하지 않는다면 구체적으로 어떤 증거방법을 사용할 수 있을 것인지 등에 관한 내용까지 포함시킨 견해로, ① 의학적·전문적인 지식에 비추어 과실 있는 행위일 필요가 없고, 일반적·상식적 수준에서 과실 있는 행위이면 족하며, 일반적·상식적 수준에서의 과실은 미국에서 인정되는 common knowledge[39]와 res ipsa loquitur[40] 등의 원칙에서 기본정

을 입증하도록 입증도를 완화하고 있는 것으로 해석하는 것이 타당하다); 양창수·권영준(주 2), 750-751면(환자의 진료과실 증명의 정도에서 의학적 엄밀성을 요하지는 않으며 환자의 증명책임 완화를 위해 궁극적으로 증명되어야 할 '고유한 의미의 의료상 과실'과 그 도구로서 증명되면 일단 충분한 '일반인의 상식에 바탕을 둔 의료상 과실'로 과실 개념의 분화가 일어난 셈이다); 한충수, 민사소송법(2판), 박영사(2018), 477면(일반인의 상식 수준에서 의료상의 과실이 존재하는 것을 입증하도록 요구한다); 한태일, "임플란트 시술상 의료과오의 소송상 쟁점에 관하여－계약의 법적 성격 및 입증책임 완화를 중심으로－", 의료법학 19권 1호(2018), 150면(의료과오소송에서 신체감정이나 진료기록부 감정을 통한 감정인의 전문적 지식에 의한 증명이 아니더라도, 환자 스스로 의료과실을 입증할 수 있는 가능성을 열어주었다는 점에서 증명책임의 완화라 할 수 있다); 호문혁, 민사소송법(13판), 법문사(2016), 521면(의료행위에 관한 전문적인 과실행위의 증명을 요구하지 않고 일반인의 상식을 기준으로 한다).

39) '일반인의 상식 이론(common knowledge theory)'은 미국의 의료소송에서 과실과 인과관계의 증명을 위하여 원칙적으로 요구되는 전문가 증언의 예외 중 하나로 인정된 것으로, 의사의 과실이 의사가 아닌 일반인이 보더라도 너무나 명백할 정도로 중대하거나, 원고가 주장하는 주의의무 위반이 일반 배심원들도 일반 상식과 경험에 의거하여 쉽게 이해할 수 있는 복잡하지 않은 진단이나 시술상의 문제와 관련되어 있는 경우에는 전문가 증언이 요구되지 않는데, 이 이론의 근거는 일반인이 보더라도 명백히 과실이 있는 행위는 의료행위의 전문가인 의사가 보면 더더욱 과실이 있는 것으로 인정되어야 하는데 이러한 경우에까지 불필요하게 전문가의 증언을 요할 필요는 없다는 점에 있다고 한다. 박영호(주 35), 94-96면; 이동신, "미국의 의료과오소송에 관한 최근 판례의 동향", 재판자료 80집, 법원도서관(1988), 622-623면.

40) 'Res Ipsa Loquitur'는 'The thing speaks for itself'라는 의미의 라틴어인데, 직접적인 증거는 거의 없으나 의미 있는 간접적인 또는 정황적인 증거가 있는 사건에서, ① 손해가 누군가의 과실 없이는 통상 발생하지 않는 것일 것, ② 손해가 피고의 배타적 지배하에 있는 사람 또는 시설에 의하여 발생된 것일 것, ③ 원고의 과실경합이 없을 것이라는 요건이 갖추어졌을 때 그러한 정황으로부터 과실을 추론하는 것으로, 미국에서는 의료소송에서 전문가 증언을 회피하는 가장 중요한 수단으로 활용되고 있다고 한다. 박영호(주 35), 97-99면; 이동신(주 39), 623-624면.

신을 유추하였을 것으로 추측된다는 견해,[41] ② 93다52402 판결은 미국의 common knowledge theory나 res ipsa loquitur 법리에 연혁을 두고 있는 것으로 볼 수 있으며, 위 판결에서 '일반인의 상식에 바탕을 둔 과실'은 전문가인 의료인의 감정이나 증언이 없고, 의료기록 감정촉탁에서 의료인의 과실이 없는 것으로 회신되는 경우라 하더라도, 의학교과서나 약품설명서, 기타 의학논문이나 법관의 통상적인 상식을 바탕으로 인정할 수 있는 과실로 해석함이 상당하다는 견해[42] 등이 있다.

4) 한편, 93다52402 판결이 선고된 후 초기에는 판결의 문언 그대로만 보면 '일반인의 상식에 바탕을 둔 의료상의 과실'이 손해 발생을 야기하기에 적합할 것임을 명시적으로 요구하지는 않는 것처럼 해석될 여지가 있다는 점이 지적되기도 하였으나,[43] 현재는 문제된 나쁜 결과를 유발할 수 있는 이른바 '원인력 있는 과실'에 해당되어야 한다는 것은 일반적으로 받아들여지고 있는 것 같다.[44] 93다52402 판결의 후속 판결들에서도 이 부분을 일반론으로 명확히 판시하고 있지는 않지만, ① 산모의 자궁근종을 모르고 있다가 제왕절개수술에 이르러 비로소 알게 된 점에 과실이 있고 태아의 사망과 인과관계가 있다는 주장에 대하여, <u>자궁근종은 신생아의 사망과 아무런 관련이 없다는 사실을 알 수 있으므로</u> 피고

41) 민유숙, "의료과오로 인한 손해배상소송에 있어서 인과관계 과실의 추정과 설명의무", 대법원판례해설 51호(2005. 6.), 283-285면.

42) 박영호(주 20), 24면; 박영호(주 35), 116-123면. 김태봉(주 28), 14-15면은 이러한 입장에 동의하면서, 종래 전문가 증언이나 감정에 의한 의료과실의 증명에 집착하던 실무계의 관행에 일반인의 상식에 바탕을 둔 의료상의 과실 있는 증명이라는 새로운 증명방법의 도입을 시도한 것이라고 한다.

43) 박형준, "의료과오소송의 심리상 문제점", 실무논단, 서울지방법원(1997), 246면.

44) 김선중(주 38), 269면; 이재운, 의료과오소송의 증명책임 경감에 관한 분석적 연구—적용 이론과 최근 판례를 중심으로—, 연세대학교 석사학위 논문(2016), 77-78면; 문현호(주 5), 11면 각주 39. 석희태(주 38), 202면도 같은 취지에서 판례가 취하고 있는 추정 이론이 근본적 일반적 타당성을 획득하기 위해서는 인과관계의 시발점인 주의의무 위반행위가 당해 의료행위와 관련하여 어떤 중대한 악결과를 유발할 수도 있는 중대한 수준의 것인지, 당해 주의의무 위반행위가 당해 악결과의 발생을 유발할 가능성이 일반적 통계적으로 인정되는 것인지가 고려되어야 한다, 요컨대, 피고에게 타원인 개재의 항변 외에 상당성 결여의 항변 기회도 부여되어야 한다고 설명하고 있다.

가 자궁근종을 뒤늦게 발견하였다는 점은 원심의 결과에 영향을 미칠 수 없다고 판단한 예,[45] ② 망인의 급성 심근경색증 여부의 진단 및 이를 위한 검사를 지체한 과실이 있다고 할 것이고, 이로 인하여 적절한 전원 치료가 지연됨으로써 망인의 사망원인이 되었다고 충분히 볼 수 있어, 위 과실과 망인의 사망 사이에 상당인과관계가 인정될 수 있다고 판단한 예,[46] ③ 피고가 원고의 출생 후 경과관찰을 소홀히 한 것이 과실이라고 할 수는 있겠으나, 그것이 원고의 악결과에 기여한 인과관계 있는 과실이 된다고 하려면, 조기에 경련을 인지하였더라면 원고에게 항경련제를 투약하는 등의 적절한 조치를 취할 수 있었을 것이고, 따라서 원고에게 악결과가 발생하지 않았을 것이라거나 그 악결과가 현재와 같은 정도로 악화되지는 않았을 것이라는 점을 심리·판단했어야 한다고 판시한 예[47] 등에 비추어 볼 때, 판례도 손해 발생에 기여할 수 있는 원인력 있는 과실이어야 한다는 점을 당연한 전제로 하고 있는 것으로 보인다.

나. 대법원 판례에서 인정한 일반인의 상식에 바탕을 둔 의료상의 과실 있는 행위

이하에서는 93다52402 판결과 그 후속 판결들에서 1그룹 판례의 법리에 따라 증명되었다고 인정한 '일반인의 상식에 바탕을 둔 의료상의 과실 있는 행위'는 구체적으로 어떤 경우인지 93다52402 판결의 사안부터 차례로 살펴본다. 아래 ② 내지 ㊳ 판결들은 모두 당해 대법원 판결에서 93다52402 판결의 법리를 동일하게 또는 표현만 약간 달리하여 그대로 판시하고 있는 사안들이다.

① 망인이 손바닥과 발바닥에 땀이 많이 나는 증상을 치료하기 위하여 09:40부터 14:30까지 제1흉추 및 제2흉추 안쪽에서 손으로 가는 교감신경 절제수술을 받았는데, 수술 후 16:45경 입에 거품을 물고 경련이 시작되었고 그 이래 의식을 찾지 못하였으며, 19:50경에는 미열이 발생하

45) 대법원 2002. 5. 17. 선고 2001다703 판결.
46) 대법원 2015. 6. 23. 선고 2014다15248 판결.
47) 대법원 2017. 5. 11. 선고 2016다279152 판결.

고 20:00경 다시 입에 거품을 물고 다리에 경련이 있었고, 21:00경 전신 경련을 일으키는 증상을 나타내어 신경외과 당직의가 항경련제를 투여하고 수술의사인 피고에게 연락을 해 피고가 23:00경 병원에 도착하여 용태를 본 후 중환자실로 옮겨 기관내삽관을 하고 산소호흡기를 부착한 후 집중치료를 하였으나 결국 뇌경색으로 사망한 사안에서, 피고가 수술의 일부분을 다른 의사들에게 맡기고 늦게 수술에 참여하여 수술 도중 피부 및 근육을 절개해 놓고 기다린 시간이 다소 많이 경과하는 등 수술과정에 있어 소홀한 행위와 수술 후 사후대처가 소홀한 행위[48]

② 망인이 계류유산으로 소파수술을 받은 후 패혈증으로 사망한 사안에서, 패혈증의 가능성을 예견하였음에도 감염 여부를 알아보기 위한 기본적인 검사나 고단위의 항생제 투여도 하지 않고, 소파수술 이후 수련의 등에게 세심한 관찰이나 적절한 처치 등을 지시하지도 않고 수련의 등을 통하여 망인의 상태를 점검하지도 아니하여 패혈증의 발생을 신속히 감지하지 못하고 따라서 신속하고 적절한 조치도 취하지 못한 행위[49]

③ 망인이 안과에서 백내장 수술을 받고 사후치료를 위하여 입원 중 십이지장천공에서 발전된 복막염으로 사망한 사안에서, 안과 전공의가 망인의 복통과 복부팽만증세가 점점 심해지는 것을 알았을 때에는 정확한 원인이나 병명까지는 몰라도 응급복부질환이라는 진단은 충분히 가능

48) 대법원 1995. 2. 10. 선고 93다52402 판결(공1995상, 1281). 이 판결에 대하여는 이 사건의 경우보다 훨씬 긴 시간 수술을 하는 경우에도 경련 등이 발생하는 경우는 거의 없다는 점에 비추어 보면, 과연 수술 도중 피부 및 근육을 절개해 놓고 기다린 시간이 다소 경과하였다는 것이 일반인의 상식에 바탕을 둔 의료상의 과실 있는 행위라고 할 수 있을 것인지, 설령 과실이라고 하더라도 경련이나 뇌경색을 일으킬 가능성이 있는 과실인지 의문이 든다는 비판도 있다[문현호(주 5), 11면 각주 39]. 위 판결의 원심인 서울고법 1993. 9. 2. 선고 93나7886 판결을 함께 살펴보면, 이 사건의 사실관계에서는 수술 도중 피부 및 근육을 절개해 놓고 기다린 시간이 길었다는 부분 외에 망인이 수술 후 이상한 반응을 보인 16:45경 그에 대한 적절한 대처가 전혀 행해진 바 없고 전신에 경련이 온 21:00경부터야 비로소 수술 후유증에 대한 대처가 시작되었다는 점도 상당히 중요하게 받아들여진 것 같다(과연 환자 측이 수술 후 어느 시점부터 경련 등 이상증상을 호소했는지, 또 16:45경 호소한 증상이 정말 의학적으로 의미 있는 이상증상이었는지에 대하여는 다툼이 있었던 것으로 보인다).

49) 대법원 1995. 12. 5. 선고 94다57701 판결(공1996상, 188).

하였다 할 것인데, 이러한 경우 엑스선촬영을 하거나 신속히 같은 병원의 내과 또는 외과 전문의의 진단을 받게 하는 등 필요한 최선의 처치를 행해야 함에도 이를 게을리하여 적기에 복막염 치료를 위한 수술을 받을 기회를 놓치게 한 행위[50]

④ 환자가 전신마취하에 왼쪽 목 뒷부분에 생긴 지방종 제거수술을 받던 중 심정지가 발생하여 결국 뇌손상으로 인한 전신마비 등에 이른 사안에서, 마취 전에 미리 심전도검사를 하지 않고, 마취 및 수술 중에 심전도감시장치를 부착시켜서 심기능을 항시 감시하는 조치를 취하지 않는 등 수술 전이나 수술 중의 검사를 소홀히 한 행위[51]

⑤ 신결핵에 따른 신장 적출수술 중 신장에서 약 1.5㎝ 떨어진 하대정맥에 1.5㎝ 가량의 열상이 생겨 과다출혈이 있었고 수술 후 저산소성 뇌손상에 의한 기질성 장애와 시각유발전위체계의 기능부전이 발생한 사안에서, 다량의 혈액이 통과하는 하대정맥에 수술시 보통은 발생하지 않는 정도의 커다란 열상을 가하여 과다출혈에 이르게 한 행위[52]

⑥ 피고 운영 내과에 망인(당시 만 14세)이 발열과 두통 증세로 내원하자 감기·몸살로 진단하고 진통제, 항생제 등을 처방하였는데, 그 후 망인이 증세 호전이 없으며 가렵고 음식을 삼키지 못하는 등의 증세가 나타남을 호소했음에도 3일 연속 동일한 처방을 계속하였다가, 3일째에 망인이 갑자기 의식을 잃고 간질지속상태, 호흡부전 등으로 장기간 치료를 받았으나 결국 사망한 사안에서, 진료 첫날 투약·치료한 뒤 증세가 호전되지 않은 채 새로운 증상을 호소할 때에는 원인분석을 위한 새로운 검사를 해 보거나, 약화(藥禍)나 시주상의 부작용 또는 과민반응 등을 항상 염두에 두어 즉시 그와 같은 치료방법을 중지 또는 변경하거나, 다른 분야의 병원 또는 좀 더 큰 병원으로 보내어 검사와 치료를 받도록 하는 등의 조치를 취하지 아니한 채 같은 방법으로 치료를 계속한 행위[53]

---

50) 대법원 1996. 5. 10. 선고 93다40454 판결.
51) 대법원 1996. 6. 11. 선고 95다41079 판결(공1996하, 2113).
52) 대법원 1996. 12. 10. 선고 96다28158, 28165 판결(공1997상, 313).
53) 대법원 1998. 2. 13. 선고 97다12778 판결.

⑦ 망인이 앉아서 수술하는 방법으로 두개골 개방에 의한 뇌낭종 제거수술을 받은 직후 혼수상태에 빠졌다가 7일 만에 사망한 사안(사인은 다발적 뇌혈전에 의한 뇌경색으로 추정)에서, 공기색전증의 사전 예방과 사후 제거를 위한 적절한 조치를 다하지 아니하고 또 수술 후의 관찰이나 산소투여 등의 조치를 태만히 하거나 지체한 행위[54)]

⑧ 망인이 만성간염으로 입원치료 중 식도진균증 감염이 발견되어 그 치료를 위해 항진균제인 니조랄 현탁액을 복용한 후 강력한 흉통, 발작, 혼수상태에 빠지는 현상이 반복되다가 약 나흘 후 심장마비를 일으킨 다음 결국 사망한 사안에서, 망인의 흉통, 발작, 혼수상태 등이 니조랄과 관련된 것인지 여부를 판단하여 투약을 중지시키거나 심장계통 등의 이상을 의심하여 이에 적절히 대처하는 등의 조치를 하지 아니한 채 방치하고, 반복되는 징후에 따라 예상되는 만약의 긴급사태에 대한 대비를 소홀히 한 행위[55)]

⑨ 정상분만으로 출산한 신생아가 거대아로서 좌상완신경총마비 증세가 나타난 사안에서, 담당 진료의나 분만의가 분만 전 정기진찰 과정이나 분만 당일 산전검사를 할 당시 태아가 거대아인지 여부의 측정을 제대로 하지 아니하여 거대아임을 예측하지 못한 행위[56)]

⑩ 망인이 제왕절개 수술 이후 폐색전증으로 사망한 사안에서, 망인이 통상적인 경우와 달리 제왕절개 수술 후 약 16시간 동안 마취에서 완전히 깨어나지 않았거나 다른 의학상의 원인으로 반혼수상태에 있었고, 체온 상승, 혈압 하강, 빈맥, 호흡 과다 등의 이상증세를 보였음에도 피

54) 대법원 1998. 10. 23. 선고 98다17992 판결 및 원심인 대구고법 1998. 4. 2. 선고 97나4396 판결.

55) 대법원 1999. 2. 12. 선고 98다10472 판결(공1999상, 517). 니조랄은 레지던트 1년차가 주치의와 상의하지 않고 임의로 구두 처방하였고, 진료기록부에도 기재되어 있지 않으며, 주치의는 사흘간 회진을 하지 않은 사안이다. 이 판결에 대한 구체적인 분석은 전병남(주 4), 353-355면 참조.

56) 대법원 1999. 6. 11. 선고 99다3709 판결(공1999하, 1381). 산모가 임신 8개월 무렵부터 유달리 배가 불러 분만 전 정기진찰을 받을 당시 담당 의사에게 태아가 거대아가 아닌지 의심스럽다는 의견을 수차례 전하기도 한 사안이다.

고 병원 의료진이 이를 방치하여 심부정맥 혈전증 및 폐색전증의 발병 사실 또는 그 가능성을 신속하게 감지하지 못하고, 조속한 진단 및 응급 치료 시기를 놓치게 한 행위[57)]

⑪ 생후 48일의 신생아가 항생제 정맥주사를 맞은 후 청색증을 일으켜 심폐소생술을 시행받고 호흡정지 및 저산소증 등으로 인한 후유증에 대하여 치료를 받았으나 심한 정신지체와 경직성 사지마비를 동반한 뇌성마비에 이른 사안에서, 위 신생아가 패혈증 의증으로 치료를 받고 있기는 하였으나 위급하지는 않은 상태에서 수련의(인턴)가 수유 후 10분밖에 지나지 않은 시점에 간호사도 찜찜해 하는 터에 정맥주사로 항생제를 투여한 행위 및 계속 울고 있는데도 상당한 시간 정맥주사를 강행한 행위[58)]

⑫ 진찰 결과 장파열, 복강내출혈 및 비장손상 등의 가능성이 있어 응급개복술의 시행이 필요한 부상자를 그 처의 요청으로 집 근처 병원으로 이송시키던 중 부상자가 복강내출혈 등으로 인한 허혈성 쇼크로 사망한 것으로 추정되는 사안에서, 당시 의식이 있었던 망인이나 보호자 등에게 망인의 상태가 조기에 수술을 하지 않으면 생명이 위험한 상황이 될 수도 있음을 충분히 설명하여 동의를 얻어 즉시 응급개복술을 시행하여야 함에도, 이러한 위급상황임을 알지 못한 채 망인의 처가 집 근처에서 수술받기를 희망했다는 이유만으로 만연히 자동차로 1시간 정도 걸리는 다른 병원으로 이송하도록 한 행위[59)]

⑬ 환자가 좌측 발목 경골골절 정복치환 수술을 받기 위하여 전신마취를 하던 도중에 갑작스런 기관지 경련이 일어나고 이로 인한 심정지가 발생하여 뇌손상으로 결국 사망에 이른 사안에서, 전신마취 시술에 부수되는 중대한 부작용의 결과를 감안하여, 심전도검사나 기타 사전 검사과정에서 조금이라도 심장 이상의 의문을 품을 만한 사정이 발견된 때

57) 대법원 2000. 1. 21. 선고 98다50586 판결(공2000상, 470).
58) 대법원 2000. 2. 11. 선고 98다9816 판결.
59) 대법원 2000. 9. 8. 선고 99다48245 판결(공2000하, 2074).

에는 심초음파검사 등을 통하여 심장 이상의 유무를 확인하여야 함에도 망인의 심장이 전신마취 시술에 지장이 없을 정도로 정상인지 여부를 확인하는 과정에서 심전도검사 이외에 추가검사를 하지 아니한 행위[60)]

⑭ 망인이 교통사고로 골절 등의 상해를 입고 수술 후 치료를 받던 중 다발성 장기부전으로 사망한 사안에서, 망인이 수술 이후 발열, 오한, 혈소판수치 감소, 피부괴사 등의 증상을 보였음에도 패혈증의 가능성을 전혀 생각하지 못하고 그때까지 투여해 오던 항생제를 단지 높은 열과 감기증세가 있다는 이유로 별다른 검사 없이 선불리 투여를 중단하고 패혈증의 진단에 필요한 혈액배양검사도 전혀 실시하지 아니한 채 상처부위의 소독과 일반적인 혈액검사 외의 별다른 조치를 취하지 않다가 뒤늦게 전원시킴으로써 패혈증의 진단 및 치료를 해태하고 지연시킨 행위[61)]

⑮ 태아가 거의 가사상태에서 출생한 후 소생술에도 불구하고 양수 및 태변 흡입에 의한 폐호흡 부전으로 사망한 사안에서, 산모가 나이, 임신성당뇨 등 이른바 위험군이었으므로 보통의 산모보다 더 주의를 기울여 지속적인 관찰을 하여야 하고, 태아 심박동상 태아곤란증 또는 태아가사증의 징후가 있었으므로 그 무렵 즉시 제왕절개수술을 할 필요가 있었는데도 관찰을 소홀히 하여 제왕절개수술을 지체한 행위[62)]

⑯ 질식분만 방식으로 분만을 유도하던 중 태아가 거대아인 관계로 견갑난산을 하게 되어 태아에게 상완신경총 손상이 발생한 사안에서, 당뇨 증세가 있는 경산부인 경우에는 거대아가 되어 견갑난산이 발생할 가능성이 높은데, 경산부인 산모가 산전 소변검사 결과 요당 약양성 반응을 보이는 등의 사정이 있음에도 임신성 당뇨검사를 실시하는 등의 조치를 취하지 아니한 행위[63)]

---

60) 대법원 2001. 3. 23. 선고 99다48221 판결(공2001상, 936). 피고 병원 의료진은 심전도검사에서 어느 정도의 이상이 나타나기는 하였으나 임상적으로는 정상의 범위에 속한다고 판단한 사안이다.

61) 대법원 2002. 5. 10. 선고 2000다67815 판결.

62) 대법원 2002. 11. 26. 선고 2002다4498 판결.

63) 대법원 2003. 1. 24. 선고 2002다3822 판결(공2003상, 705). 산모는 초산 당시 난산한 경험이 있고 초음파검사상 태아가 크다는 말도 들어 질식분만이 아닌 제왕

⑰ 제왕절개수술로 출생한 신생아가 저산소증으로 자궁 내에서 많은 양의 태변을 흡입함으로써 태변흡입증후군으로 사망한 사안에서, 산모의 협골반에 의한 아두골반불균형이 의심되고 태아곤란증도 의심되는 상황에서 주치의가 당직의사로부터 산모와 태아의 상태를 보고받고도 대기하지 않았다가 뒤늦게 다시 연락을 받고 출근하는 등으로 적절한 제왕절개수술 시기를 놓치게 한 행위[64)]

⑱ 산모가 제왕절개수술 후 폐부종으로 인한 심폐정지로 사망한 사안에서, 망인에게 자간전증을 비롯한 각종 임신합병증이 있었으므로 제왕절개수술 후에 생체활력징후를 꾸준히 감시하면서 자간전증이 악화되지 않는지 충분히 주의를 기울였어야 하고, 산후 자간증에 주의하여 산후자간증의 합병증의 하나인 폐부종의 발생을 막기 위한 적절한 조치를 취했어야 함에도 망인을 제대로 살피지 아니하고 통상적인 조치만을 취하여 폐부종의 임상적 징후를 뒤늦게 발견하여 결국 치료시기를 놓치게 한 행위[65)]

⑲ 태반조기박리로 응급제왕절개수술을 통해 태어난 신생아가 10여분만에 사망한 사안에서, 산모가 예정 내원일보다 앞당겨 단기간에 2회에 걸쳐 내원하여 심한 부종 등을 호소하면서 임신중독증을 염려하였음에도 소변검사 등을 통하여 임신 후반기의 산모에게 발생할 가능성이 높은 임신성 고혈압 여부에 대한 세심한 진단 및 경과관찰을 하지 아니하고, 1주일 후 다시 내원하였을 때에도 급격한 체중증가와 혈압상승에도 즉시 입원치료를 하지 아니하고 간단한 검사결과에만 의존하여 저염, 고단백식사만을 권유한 채 만연히 귀가하게 한 행위[66)]

⑳ 산모가 제왕절개술로 분만한 다음날 뇌실질 출혈 및 뇌실내 출혈을 일으켜 의식불명상태가 된 후 약 2주 만에 사망한 사안에서, 망인

절개술에 의한 출산을 희망하기도 한 사안이다.

64) 대법원 2003. 6. 27. 선고 2002다37528 판결.

65) 대법원 2003. 8. 22. 선고 2002다63862 판결.

66) 대법원 2003. 11. 27. 선고 2001다2013 판결(공2004상, 1). 산모가 다시 내원하였다가 귀가한 후 바로 다음날 태반조기박리로 응급제왕절개수술이 시행된 사안이다.

의 혈압과 태아발육상태 등에 미루어 자간전증의 발생 가능성을 의심해 보고 비교적 간단하게 알아볼 수 있는 소변검사를 하는 등의 방법으로 자간전증의 진단과 경과관찰을 위한 노력을 소홀히 하고, 망인이 두통과 구토에 시달리다가 진통을 느껴 내원하였을 때에도 만연히 다른 이유로 2차 진료기관으로 전원시킴으로써 적시에 자간전증을 진단해 내어 이에 필요한 조치를 취할 시기를 놓치게 한 행위[67]

㉑ 제왕절개수술로 태어난 신생아가 저산소증으로 자궁 내에서 많은 양의 태변을 흡입함으로써 태변흡입증후군으로 인한 저산소성 허혈성 뇌병증 등으로 사망한 사안에서, 피고 병원 의료진은 산모가 제왕절개수술이 필요한 아두골반불균형이 의심된다는 이유로 전원된 사실을 알고 있었으므로 분만진행 상황을 면밀하게 관찰하여 분만 2기가 과도하게 지연되거나 명백한 아두골반불균형으로 진단되는 경우에는 신속하게 제왕절개수술에 의한 분만을 시행하여야 함에도 유도분만을 강행하다가 제왕절개수술을 뒤늦게 시행한 행위[68]

㉒ 망인이 산재사고로 좌, 우측 각 제1, 2수지가 절단되어 수지절단 및 접합수술을 받은 후 심낭에 400cc 가량의 삼출물이 차서 심장을 압박하는 바람에 심폐기능에 갑작스런 장애를 일으켜 심장 탐포나데로 사망에 이른 사안에서, 수술을 전후하여 전신기능이 저하된 망인에게 적정 수액량을 초과하여 수액을 과다투여하고, 수액 투여 후 망인의 소변배출 여부와 배출량 등 망인의 신체상태를 제대로 관찰하지 아니한 행위[69]

㉓ 망인이 하지정맥류를 제거하기 위하여 전신마취수술을 받은 지 약 1시간 후에 갑자기 맥박이 떨어지면서 심정지상태에 이르렀다가 응급처치에도 불구하고 사망한 사안에서, 전신마취수술 후 회복실에서 망인의 의식상태·심전도 등에 관한 지속적인 관찰을 소홀히 하였고 심정지가 일어난 직후 심폐소생술을 시행함에 있어서도 즉각적인 기도확보와 충분

67) 대법원 2003. 12. 26. 선고 2003다13208, 13215 판결.
68) 대법원 2005. 9. 30. 선고 2003다68512 판결.
69) 대법원 2005. 9. 30. 선고 2004다52576 판결(공2005하, 1689).

한 산소공급 등을 위한 적절한 조치를 하지 못한 행위[70)]

㉔ 환자가 손가락 절단상에 대한 접합수술을 받기 위하여 국소마취제를 맞은 직후 저혈압과 서맥, 호흡정지에 이르러 의식을 회복하지 못하고 사지마비 등의 장해를 입은 사안에서, 피고 병원 의료진이 마취제를 주사함에 있어 주의의무를 위반하고 응급처치를 지체한 행위[71)]

㉕ 질식분만을 시도하다가 제왕절개술로 분만한 태아가 출생 후 12시간여 만에 사망한 사안에서, 태아의 심박동 측정 결과가 다양성심박동감소 양상을 나타내면서 그 최저점이 정상수치의 절반에도 미치지 못하는 등 상태가 점점 악화되었음에도 이를 태아의 안전에 별다른 영향이 없는 조기심박동감소로만 판단하여 집중적인 관찰과 처치를 소홀히 하고 나아가 제왕절개술을 결정하고서도 2시간이 넘어서야 시술을 함으로써 필요한 조치를 지체한 행위[72)]

㉖ 호흡곤란증이 있는 저체중 신생아에게 저산소성 뇌손상 및 이로 인한 뇌성마비가 초래된 사안에서, 원고가 출생 당시 태아곤란증 또는 신생아가사에 빠졌을 가능성을 충분히 예견할 수 있었음에도 혈액가스검사, 흉부방사선촬영 등 자세한 관찰 및 조치를 하지 않고, 산소공급이 짧게는 10분에서 길게는 1시간 40여분 동안 중단되게 하였으며, 전원할 때까지 약 8시간 반 동안 수유 등 영양공급을 전혀 하지 아니한 행위[73)]

㉗ 임신 39주 3일째 태어난 신생아에게 뇌성마비 증세가 나타난 사안에서, 산모가 분만 제1기 중 잠복기에 분만대기실에 있을 당시 적어도 30분 간격으로 태아의 심장박동수를 확인하여야 함에도 8시간 동안 약 1시간 간격으로 태아의 심장박동수를 확인하여 태아곤란증을 뒤늦게 발견한 행위[74)]

---

70) 대법원 2006. 8. 24. 선고 2004다33353 판결.

71) 대법원 2006. 8. 25. 선고 2006다20122 판결.

72) 대법원 2006. 10. 27. 선고 2004다2342 판결. 이 판결에 대하여 김영두(주 38), 82면에서는 일반인의 상식에 비추어 보아 곧바로 부적절한 의료행위라고 볼 수 있는가 하는 점에 의문의 여지가 있다고 한다.

73) 대법원 2008. 2. 14. 선고 2006다48465 판결.

74) 대법원 2010. 1. 14. 선고 2009다59558 판결.

㉘ 원고가 제4요추 후궁좌측부분절제술 및 제4-5요추간 추간판제거술(1차 수술), 제4-5요추간 후궁전절제술, 경막외 혈종제거 및 신경유착박리술(2차 수술)을 받은 후 심한 요통, 요추부의 심한 운동제한, 하지 진전 및 근력약화의 장애를 입게 된 사안에서, 1차 또는 2차 수술 시행과정에서 원고의 척수를 지나치게 견인하거나 수술기구를 잘못 조작하여 경막을 파열시키고 1차 수술시 절제한 추간판을 충분히 제거하지 아니하여 파열된 경막 안으로 혈액 및 염증물질이 유입되면서 지주막염을 발생시킨 행위와 1차 수술 후 경막 외 혈종의 발견 및 제거를 늦게 하고 2차 수술 후에는 경막파열의 증상에 대한 적절한 치료 등을 시행하지 않았으며 원고의 지주막염 발생이 밝혀진 이후에도 재수술 등의 적절한 치료를 하지 않고 장기간 보존적 치료만을 한 행위[75)]

㉙ 원고가 양배추를 칼로 채 썰다가 우측 제5수지를 깊이 베이자 같은 날 봉합술 등의 처치를 받았으나 우측 제5수지의 운동제한(강직)의 장해가 남은 사안에서, 감염 상처는 지연봉합이 원칙이고 수지 신전건의 파열은 비교적 확인이 쉽고 육안으로 확인이 힘든 상처는 양 끝단을 추가로 절개하여 시야를 확보하고 건의 파열 유무를 확인하는 것이 일반적임에도 피고가 신전건 파열 여부를 간과하고 감염 우려가 있음에도 지연봉합을 고려하지 않고 그대로 봉합수술을 한 행위[76)]

㉚ 망인에 대하여 프로포폴과 미다졸람으로 마취유도 후 소음순 절제술을 시행하던 중 갑자기 호흡이 정지되어 대학병원으로 이송하였으나 저산소성 뇌손상으로 사망한 사안에서, 마취제를 과다하게 투여하고 호흡관리를 제대로 하지 못한 행위[77)]

---

75) 대법원 2010. 9. 30. 선고 2010다38113 판결. 원심인 부산고법 2010. 4. 22. 선고 2009나14845 판결에 의하면, 전원한 병원에서 행한 추가 수술 당시 원고의 제4-5요추간 경막 부위에 1㎝ 가량의 결손과 위 경막 결손 부위에 추간판의 잔재가 위치하고 있는 것이 관찰되었다.

76) 대법원 2012. 1. 27. 선고 2010다69742 판결. 1심인 대전지법 2009. 11. 24. 선고 2008가단1290 판결에 의하면, 원고가 피고로부터 봉합술을 받은 후 통증이 계속되자 새로 내원한 병원에서 신전건이 완전 파열상태인 것이 발견되었다.

77) 대법원 2012. 1. 27. 선고 2009다82275, 82282 판결(공2012상, 314).

㉛ 망인이 심한 자간전증 등이 나타난 상태에서 응급제왕절개술로 분만한 후 자간증으로 진행되어 폐부종 등 각종 합병증이 발생하였고, 폐부종이 악화되어 급성호흡곤란증후군이 발생하고 호흡부전에 동반된 폐렴이 패혈증으로 악화되어 패혈성 쇼크로 사망한 사안에서, 산전진찰 과정에서 자간전증의 발생가능성을 의심할 만한 징후가 나타났으므로 이를 진단하기 위한 기본적인 검사인 단백뇨 검사를 시행함과 아울러 집중관찰을 위하여 적어도 3~4일 간격으로 외래로 방문하도록 하는 등 적극적인 조치를 취하였어야 함에도 별다른 조치를 취하지 아니한 행위[78)]

㉜ 망인이 피고가 처방한 한약을 2개월 여 복용하던 중 전격성 간부전으로 간이식 수술을 받았으나 약 4개월 후 사망한 사안에서, 망인이 황달 증세 등을 호소하고 피고도 이를 인식하였음에도 만연히 소화기관의 이상(변비로 인한 독성)이라고만 진단하여 한약(부작용이 우려되거나 독성 유무의 확인이 필요한 약재가 포함되어 있었다)의 복용을 중지시키거나 간기능 검사 및 치료를 위하여 양방 병원으로 전원시키는 등의 조치를 하지 아니한 행위[79)]

㉝ 만성폐쇄성폐질환 등으로 지속적으로 치료를 받던 망인이 다시 호흡곤란을 호소하며 응급실에 내원하여 치료를 받던 중 급성 심근경색증이 의심되자 대학병원으로 전원되어 스텐트삽입술 등을 받았으나 이틀 후 사망한 사안에서, 망인이 심근경색증의 전형적인 증상인 흉통을 호소하였음에도 그 진단에 필요한 심전도검사 등을 지체하여 전원 등 적절한 조치를 지연한 행위[80)]

㉞ 망인이 신장이식수술을 받은 후 문합되었던 동맥 부위의 출혈로 다시 개복술을 실시하여 문합 부위를 봉합하였으나 의식을 회복하지 못하고 사망한 사안에서, 피고 병원 의료진이 출혈성 경향이 증가한 말기 신부전 환자로서 출혈이 계속되고 있는 망인에게 항응고제를 계속 사용하고,

78) 대법원 2012. 7. 12. 선고 2010다12296 판결.

79) 대법원 2015. 3. 12. 선고 2012다117492 판결, 원심 대전고법 2012. 11. 27. 선고 (청주)2011나1737 판결 및 1심 청주지법 2011. 9. 7. 선고 2011가합488 판결.

80) 대법원 2015. 6. 23. 선고 2014다15248 판결.

응급상태에도 불구하고 수혈을 지연하였으며, 개복술을 지연한 행위[81)]

㉟ 원고가 복강경하 담낭(쓸개)절제술을 받은 후 패혈증 및 급성호흡부전증후군 등의 증상이 발생하고 우측 부전마비까지 발생한 사안에서, CT촬영 결과에 대한 판독을 잘못하여 담즙 누출을 확인하지 못하여 전원조치를 지연한 행위(그 결과 경피적 배액술이 적절한 시기에 이루어지지 못하였다)[82)]

㊱ 1982년생 여성이 양쪽 팔 부위 리프트와 지방흡입술을 받은 후 양쪽 겨드랑이에 창상파열이 발생하여 파열 부위의 치료를 받았으나 오른쪽 정중신경이 손상되고 왼쪽 겨드랑이에 반흔성 구축 증상 등이 남게 된 사안에서, 위 리프트와 지방흡입술 시행 당시 피부를 과다 절개하고 긴장 상태에서 절개 부위를 봉합한 행위 및 시술 부위의 파열에 대한 치료를 소홀히 한 행위[83)]

㊲ 원고가 뇌동맥류 파열에 따른 뇌지주막하출혈 치료를 위해 뇌동맥류 결찰술(1차 수술), 두개 감압술과 경막 성형술(2차 수술)을 받았으나 식물인간 상태에 이른 사안에서, 피고 병원 의료진이 뇌일반CT와 뇌혈관조영CT를 촬영하여 방사선학적 뇌혈관연축 상태를 확인하고도 임상적 뇌혈관연축의 발생 여부를 주의깊게 관찰하거나 그 예방을 위한 조치를 지속하지 아니하고, 원고의 이상증세에도 불구하고 즉시 필요한 조치를 취하지 아니한 행위[84)]

㊳ 유도분만으로 출생한 원고가 양측 대뇌의 전반적 뇌위축과 허혈성 뇌손상으로 인한 뇌성마비, 발달장애 등 증상을 보이는 사안에서, 태

---

81) 대법원 2015. 9. 15. 선고 2013다27060 판결.

82) 대법원 2015. 10. 29. 선고 2015다35508 판결 및 원심 대전고법 2015. 5. 12. 선고 (청주)2014나889 판결.

83) 대법원 2018. 11. 29. 선고 2016다266606, 266613 판결(공2019상, 133) 및 원심 서울고법 2016. 10. 27. 선고 2015나2050642(본소), 2015나2050659(반소) 판결. 원심 판결에 의하면, 원고가 새로 내원한 성형외과에서 좌측 겨드랑이에 10㎝ 길이의 피부결손, 우측 겨드랑이에 6×6㎝ 넓이의 피부결손이 발견되었고 위 성형외과 의료진은 이를 최초 수술 당시 피부를 너무 많이 제거함으로써 창상파열이 발생한 것으로 추정 진단하였다.

84) 대법원 2020. 2. 6. 선고 2017다6726 판결.

아였던 원고에게 주산기 가사, 호흡곤란증 등의 임상 상태가 있었는데도 산모와 태아 상태에 대한 경과관찰을 게을리하여 이를 제대로 발견하지 못하고 적절한 처치를 하지 못한 행위[85)]

한편, 93다52402 판결이 선고된 후 곧이어 선고된 판결 중에는 일반 법리로서는 93다52402 판결의 법리를 그대로 인용하고 있으나, 실제 구체적인 판단은 간접사실들에 의하여 과실과 인과관계를 동시에 추정하는 2그룹 판례에 해당되는 것으로 보이는 경우도 있다.[86)]

다. 검　토

1) 인정된 과실 있는 행위의 유형

가) 위에서 살펴본 대법원 판결들에서 일반인의 상식에 바탕을 둔 의료상의 과실 있는 행위로 인정한 행위 중 의료진이 적극적으로 어떤 잘못을 저지른 경우에 해당되는 사안은 신장 적출수술 중 하대정맥에 열상을 가한 경우(위 나.의 ⑤ 사건), 제4-5요추간 추간판제거술 중 절제한 추간판을 충분히 제거하지 아니한 경우(위 나.의 ㉘ 사건), 우측 제5수지 봉합술 과정에서 신전건 파열 여부를 간과하고 그대로 봉합수술을 한 경우(위 나.의 ㉙ 사건), 양쪽 팔 부위 리프트와 지방흡입술을 시행하면서 피부를 과다 절개하고 긴장 상태에서 절개 부위를 봉합한 경우(위 나.의 ㊱ 사건) 정도로 보이고, 그 이외의 경우는 대부분 필요한 검사를 소홀히 했다거나, 산모와 태아의 상태를 더 면밀히 감시하지 아니하여 제왕절개술 시행을 지체했다거나, 수술 후 경과관찰을 소홀히 하여 적시에 필요한 조치를 취하지 못했다는 등으로 소극적으로 제대로 살피지 않았거나 필요한 조치를 적시에 취하지 않은 경우이며, 그중 일부는 환자 측에서 이상 증세를 호소하였음에도 동일한 처방을 계속하거나(위 나.의 ⑥, ⑧,

85) 대법원 2020. 4. 9. 선고 2018다246767 판결.

86) 대법원 1995. 3. 10. 선고 94다39567 판결(공1995상, 1586). 이 판결이 구체적인 사안의 적용 단계에서 93다52402 판결 이전에 선고된 원심의 판단을 상당 부분 인용하고 있기 때문으로 추측된다. 박영호(주 35), 122-123면도 같은 취지. 민유숙(주 41), 287면도 이 판결을 과실을 사실상 추정한 판례로 분류하여 설명하고 있다.

㉜ 사건), 신속하게 세심한 추가 진단을 하지 않거나(위 나.의 ⑲ 사건), 산모가 먼저 거대아일 가능성을 염려하는 등(위 나.의 ⑨, ⑯ 사건) 의료진이 좀 더 주의를 기울일 만한 계기가 있었던 사안들이다.

나) 이와 같이 1그룹 판례에서 과실 있는 행위로 인정된 사안 중에 수술 중 적극적으로 어떤 잘못이 있었던 경우보다 주로 경과관찰 소홀 등 소극적으로 제대로 살피지 않은 경우가 훨씬 더 많은 것은 1그룹 판례의 경우 일단 환자 측에서 의료진의 구체적인 과실을 특정하여 증명하여야 하므로 과실 있는 행위가 일어난 그 시점에든 아니면 사후적으로 진료기록이나 환자의 신체상태 확인을 통해서든 외부에서 확인이 가능한 내용이어야 과실로 특정하여 증명하는 것이 가능하기 때문으로 생각된다. 통상 의료진만 있는 수술실 내에서 환자는 의식이 없는 상태에서 진행되는 수술 중에 발생한 일은 환자 측에서는 특정 자체가 거의 불가능하기 때문에(의료진 스스로도 정확하게 알 수 없는 경우도 물론 있다) 1그룹 판례를 적용하기가 쉽지 않은 것으로 보이는데, 위에서 본 수술 중의 과실 있는 행위가 인정된 사안들의 경우에는 수술 중 하대정맥 열상이 발견되어 봉합한 것이 수술기록지상 드러나거나, 문제된 수술 이후 다른 병원에서 후속 수술 등 치료를 받는 과정에서 절제한 추간판의 잔재가 남아 있는 것이 확인되거나, 수지 신전건 파열 상태가 확인되거나, 창상 파열 및 피부결손이 드러나는 등 수술 중 잘못으로 인한 결과가 분명히 확인되었기 때문에 특정하여 증명하는 것이 가능했던 것으로 생각된다.

2) 증명책임 완화[87]의 의미

가) 판례는 민사소송에서 사실의 증명은 추호의 의혹도 있어서는 아니 되는 자연과학적 증명은 아니나, 특별한 사정이 없는 한 경험칙에 비추어 모든 증거를 종합적으로 검토하여 어떠한 사실이 있었다는 점을 시인할 수 있는 고도의 개연성을 증명하는 것이고, 그 판정은 통상인이라

87) 증명책임의 개념상 '증명책임의 완화'란 있을 수 없다는 용어에 대한 비판도 있으나[석희태(주 38), 200면], 대법원은 다수의 판례에서 증명의 정도 내지 증명의 부담을 경감시킨다는 의미에서 '입증책임/증명책임의 완화'라는 표현을 사용하고 있다.

면 의심을 품지 않을 정도일 것을 필요로 한다는 입장을 취하고 있고,[88] 통설도 같은 입장이다.[89] 따라서 의료소송에서 과실의 증명도 원래는 평균적인 의사를 기준으로 주의의무를 위반했다는 사실에 대하여 의학적인 지식을 바탕으로 법관이 고도의 개연성 있는 확신을 얻도록 증명해야 한다고 할 것이나, 앞서 살펴본 것처럼 판례는 의료상의 과실을 증명함에 있어 의학적 엄밀성을 요구하지는 않는다는 입장으로 해석할 수 있고, 이러한 의미에서 환자 측의 과실에 대한 증명책임을 완화하고 있다.

나) 그런데 위 나.항에서 살펴본 38건의 대법원 판결들의 원심 판결 또는 1심 판결을 확인해 보면 실제로 대학병원이나 대한의사협회 등 전문적 의학지식을 갖춘 기관에 대한 진료기록감정촉탁이나 사실조회를 거치지 않은 경우는 거의 없는 것으로 나타나는바,[90] 대법원이 의료소송에서 과실의 증명에 의학적 엄밀성을 요구하지 않는다 하더라도 그 실제적인 의미가 '일반인의 상식'이라는 문언 자체가 의미하는 것처럼 아무런 전문적인 지식의 도움 없이 '일반인의 상식만으로' 판단할 수 있는 과실이면 충분하다고 보기는 어렵다.[91] 그러나 진료기록감정촉탁이나 사실조

---

88) 대법원 2010. 10. 28. 선고 2008다6755 판결(공2010하, 2141), 대법원 2016. 11. 24. 선고 2015두54759 판결 등.

89) 송상현 · 박익환, 민사소송법(신정7판), 박영사(2014), 506면; 이시윤, 신민사소송법(14판), 박영사(2020), 460; 한충수(주 38), 434, 459면; 호문혁(주 38), 474, 512면.

90) 예를 들면 93다52402 사건(위 나.의 ① 사건)에서는 교감신경 절제수술에 보조한 신경외과 전공의의 증언과 고려대학교병원 등에 대한 사실조회가 있었고(원심인 서울고법 1993. 9. 2. 선고 93나7886 판결 참조), 98다10472 사건(위 나.의 ⑧ 사건)에서는 서울대학교 의과대학 약리학교실, 주식회사 한국얀센 등에 대한 사실조회, 서울대학교병원에 대한 진료기록감정촉탁, 국립과학수사연구소에 대한 사인감정촉탁 등이 이루어졌으며(원심인 서울고법 1998. 1. 22. 선고 95나37959 판결 참조), 99다3709 사건(위 나.의 ⑨ 사건)에서는 분만담당의사의 증언 외에 대한산부인과학회에 대한 사실조회, 대한의사협회 등에 대한 진료기록감정촉탁이 이루어졌다(원심인 서울고법 1998. 12. 17. 선고 96나42545 판결 참조). 위 나.항에서 살펴본 38건 중 93다40454 사건(위 나.의 ③ 사건)의 경우에만 원심 판결에서 거시한 증거에 진료기록감정촉탁이나 사실조회 등이 포함되어 있지 않았다.

91) 대법원 판례 사안에서 정말 일반인의 상식만으로도 어렵지 않게 과실 여부를 판단할 수 있는 사안이 잘 보이지 않는 것은, 흔히 예를 드는 수술 후 환자의 몸속에 이물질을 남겨둔 것과 같은 사안의 경우, 요즘은 대부분 소송 제기 전에 당사자 사이에 해결되거나, 소송이 간혹 제기되더라도 대법원까지 다투는 경우는 거의

회의 결과 의사 측의 과실 여부에 대하여 불명확한 회신이 오는 경우에도 그 회신에 포함된 여러 가지 자문 내용과 그 밖의 의학교과서 등을 기초로 획득한 의학지식을 종합하여 의료상의 과실 있는 행위를 인정할 수 있으므로, '일반인의 상식에 바탕을 둔 의료상의 과실 있는 행위의 증명'이라는 1그룹 판례의 법리가 과실의 증명책임을 완화하는 효과가 없는 것은 아니다.[92] 결국 실제 의료소송에서 과실 자체의 증명책임의 완화는, 의학적인 해명을 위한 증거절차를 가능한 한 거치되 그러한 증거를 모두 종합하더라도 의학적으로 엄밀하게 과실이 증명되었는지 애매한 경우에 사안에 따라 일반인의 상식에 비추어 과실이 증명되었다고 보는 방식, 즉, 애매한 경우 중 일부 사안에서 증명의 정도를 낮추는 방식으로 적용되어 왔다고 볼 수 있다(위와 같은 증거절차에 따라 의학적으로 과실이 증명되었는지 애매한 사안 중 일부는 일반인의 상식에 비추어 보아도 과실 증명이 부족하다는 이유로 배척될 것이다).

다) 한편, 의학적인 엄밀성이 다소 부족한 경우에도 일반인의 상식에 비추어 과실 있는 행위가 증명되었다고 보는 경우, 대부분의 사안에서는 실제로 의학적인 기준으로도 과실 있는 행위가 있었으나 다만 그 증명이 현실적으로 어려운 경우에 증명의 부담을 완화시켜 줌으로써 과실 있는 행위를 인정한다는 의미가 될 것이나, 사안에 따라서는 의학적으로 정립되어 있는 기준보다 오히려 더 높은 수준의 기준을 설정하는 결과가 나타나는 경우도 있는 것 같다. 예를 들면, 위 나.의 ⑨ 판결(예측체중과 분만방법의 선택에 관한 99다3709 판결)과 ⑬ 판결(전신마취와 수술 전 검사에 관한 99다48221 판결)에 대하여는 의학교과서가 전형적인 경우에 검사의 시행 여부에 대하여 제시하고 있는 지침은 비록 간략하게 기술되어 있다 하더라도 검사의 민감도, 특이도, 유병률, 위양성 판정을 받은 환자가 부담하여야 할 수술 등의 비용과 합병증 등 다양한 요소를 종합적으로 고려하여 비용-효과 분석을 거친 결과임에도 법원이 이

없기 때문일 것이라고도 생각된다.

92) 박영호(주 35), 120-121면.

와 달리 불필요하게 이보다 강화된 기준을 적용하였다는 취지의 비판이 있다.[93)]

2. 다른 원인이 개재될 수 없다는 점

가. 구체적인 의미

1) 1그룹 판례에서 의사의 의료행위상 주의의무 위반과 손해 발생 사이의 인과관계를 추정하기 위해 환자 측이 증명해야 하는 또 하나의 요건인 '다른 원인이 개재될 수 없다는 점'에 관하여 대법원은 「그 결과와 사이에 일련의 의료행위 외에 다른 원인이 개재될 수 없다는 점, 이를테면 환자에게 의료행위 이전에 그러한 결과의 원인이 될 만한 건강상의 결함이 없었다는 사정을 증명한 경우」,[94)] 「그 결과와 사이에 일련의 의료행위 외에 다른 원인이 개재될 수 없다는 점을 증명한 경우」,[95)] 「그 결과 사이에 일련의 의료행위 외에 다른 원인이 개재되었다고 볼 사정이 없는 경우」[96)]와 같은 표현으로 판시하고 있다.

2) 이 요건에 관해서 별도로 논의하는 경우는 많지 않은데, 문제된 결과 발생에 대하여 환자의 요인이 존재하지 않을 것 또는 그 결과 발생은 의사의 배타적인 지배영역하에서 발생하였을 것 등을 의미하는 것으로 생각되나 기왕의 병력이 전혀 없는 건강한 사람이 수술을 받는 경우는 실제 발생하기 어려우므로 기왕의 병력과 중한 결과 사이의 상관관계를 어느 정도 요구할 것인가 하는 점이 문제될 것이라는 견해,[97)] 타원인 개재 불가능성에 대한 일반인의 상식에 바탕을 둔 증명을 요구하는 것이

93) 노태헌, "의료소송에서의 책임인정과 비용-효과 분석", 의료법학 5권 2호(2004).

94) 대법원 1995. 2. 10. 선고 93다52402 판결(공1995상, 1281), 대법원 2005. 9. 30. 선고 2004다52576 판결(공2005하, 1689), 대법원 2015. 3. 12. 선고 2012다117492 판결 등 다수.

95) 대법원 1995. 12. 5. 선고 94다57701 판결(공1996상, 188), 대법원 2003. 11. 27. 선고 2001다2013 판결(공2004상, 1), 대법원 2012. 1. 27. 선고 2009다82275, 82282 판결(공2012상, 314), 대법원 2019. 2. 14. 선고 2017다203763(공2019상, 738) 판결 등 다수.

96) 대법원 1996. 5. 10. 선고 93다40454 판결.

97) 민유숙(주 41), 289면.

라는 견해,[98] 직접적인 인과관계의 존재를 증명할 것을 요구하지 않고, 소극적으로 인과관계를 차단할 다른 사유가 없음을 증명하면 된다고 하여 입증의 부담을 완화한 것이라는 견해,[99] 치료행위와 결과 사이에 의료행위 외의 원인이 개입될 가능성이 없다는 소극적인 증명을 통해 인과관계를 추정하는 것이라는 견해[100] 등이 있다.

나. 구체적인 판단례

1) 일반인의 상식에 바탕을 둔 의료상의 과실 있는 행위가 증명되었다고 본 위 38건의 대법원 판결은 모두 그 의료상의 과실과 결과 사이의 인과관계를 추정하였고, 과실 있는 행위와 결과 사이에 일련의 의료행위 외에 다른 원인이 개재될 수 없다는 점에 관한 증명이 부족하다는 이유로 인과관계를 추정하지 않고 손해배상책임을 부정한 경우는 없었다. 그 중에는 다른 원인이 개재될 수 없다는 점에 관하여 별도로 특정하여 언급한 경우도 있고, 이 요건에 관하여 특별한 언급 없이 넘어간 경우도 있다.

2) 먼저, 위 38건의 대법원 판결 중 이 요건에 관하여 언급한 경우를 정리해 보면 다음과 같은데, 대부분 환자에게 발생한 나쁜 결과와 연관된 기왕의 병력이 없었다는 점이나, 검사 단계에서 특별한 이상을 보이지 않았고, 그 밖에 다른 원인이 개재되었을 가능성을 찾아볼 수 없다는 점을 지적하는 정도이다.

① 이 사건 수술과 망인의 사망 사이에 다른 원인이 개재되었을 가능성은 찾아볼 수 없고, 망인이 이 사건 다한증 외에는 특별한 질병 없이 정상적인 생활을 하여 왔으며, 수술 전 사전검사에서도 특이한 이상 증상이 나타나지 아니하였다.[101]

② 기록상 망인이 백내장 수술을 받기 전에 이미 십이지장궤양 등의 병에 걸려 있었다고 볼 사정이 없다.[102]

98) 석희태(주 38), 199면.
99) 호문혁(주 38), 521면.
100) 한충수(주 38), 477면.
101) 대법원 1995. 2. 10. 선고 93다52402 판결(공1995상, 1281). 위 나.의 ① 사건.

③ 이 사건 마취 및 수술과 원고의 뇌손상 사이에 다른 원인이 개재되었을 가능성은 찾아볼 수 없다.[103)]

④ 기록을 살펴보아도 원고의 뇌손상이 다른 원인으로 생겨났다고 볼 수 있는 특단의 사정을 찾을 수 없으며, 원고의 뇌손상이 결핵에 의한 혈관병변이나, 선천적 혈관이상에 기인한 것이라고 볼 자료가 없다.[104)]

⑤ 망인은 평소에 건강한 학생이었을 뿐만 아니라 간질상태의 병력이나 소인을 보인 적이 전혀 없고 이 사건 상해 이후의 진단이나 관찰에서도 간질의 소인이 될 만한 특별한 특성이 발견되지 아니하며 그 밖에 다른 원인이 개재될 수 없었다.[105)]

⑥ 이 사건 수술과 망인의 사망 사이에 다른 원인이 개재되었을 가능성은 찾아볼 수 없고, 망인은 이 사건 뇌낭종 이외에 특별한 질병 없이 정상적인 생활을 하여 왔으며, 수술 전 사전검사에서도 특이한 이상 증상이 나타나지 아니하였다.[106)]

⑦ 망인은 피고 병원에 입원할 당시 그 상태에 비추어 단기간 내에 사망에 이를 것이 예상되는 중증의 질환을 가지고 있었다고 보기는 어렵다.[107)]

⑧ 이 사건 분만 직전까지 산모나 태아 모두 특이소견 없이 정상상태였고, 분만 직후 좌상완신경총마비 증세의 발생에 다른 원인이 개재되었을 구체적인 가능성은 찾아볼 수 없다.[108)]

102) 대법원 1996. 5. 10. 선고 93다40454 판결. 위 나.의 ③ 사건.

103) 대법원 1996. 6. 11. 선고 95다41079 판결(공1996하, 2113). 위 나.의 ④ 사건. 이 판결이 인용한 원심 판결(부산고법 1995. 7. 27. 선고 94나3872 판결)의 내용 중에는 '전신마취의 경우 사전에 충분한 조사를 거쳐 건강한 사람으로 판명된 경우에도 알 수 없는 원인으로 심정지가 오고 그 후유증으로 뇌손상을 일으키는 경우가 전혀 없는 것은 아니나, 그 비율이 0.1% 이하로 극히 낮은 점'도 포함되어 있다.

104) 대법원 1996. 12. 10. 선고 96다28158, 28165 판결(공1997상, 313). 위 나.의 ⑤ 사건.

105) 대법원 1998. 2. 13. 선고 97다12778 판결. 위 나.의 ⑥ 사건.

106) 대법원 1998. 10. 23. 선고 98다17992 판결의 원심인 대구고법 1998. 4. 2. 선고 97다4396 판결. 위 나.의 ⑦ 사건.

107) 대법원 1999. 2. 12. 선고 98다10472 판결(공1999상, 517). 위 나.의 ⑧ 사건.

108) 대법원 1999. 6. 11. 선고 99다3709 판결(공1999하, 1381). 위 나.의 ⑨ 사건.

⑨ 원고의 위와 같은 급작스런 호흡정지에 다른 원인이 개재하였을 가능성에 관하여 살펴 보건대, 원고로부터 끝내 패혈증 원인균이 검출된 바가 없고 위 호흡정지 후로 패혈증에 대하여 치료를 한 흔적도 없으며 원고는 입원 이래 약간의 미열이나 보채는 정도였지 패혈증이 심화된 것도 아니었고 패혈증 의증으로부터 다른 어떤 합병증이 발생한 상태가 아니었던 점에 비추어 원고의 패혈증이 심화되어 위 호흡정지가 발생하였을 가능성은 배제할 수 있다 할 것이고, 기록상 달리 원고에게 위 호흡정지의 원인이 될 만한 건강상의 결함은 없었던 것으로 보인다.[109)]

⑩ 태아 사망에 다른 원인이 개재되었다고 볼 만한 사정이 없다.[110)]

⑪ 망인은 피고들 병원에 내원하기 전부터 경미하나마 만성 심낭염 증세가 있었으나 심장질환 등으로 치료받은 적은 없고, 피고 병원에 내원할 무렵에도 호흡곤란이나 흉통 등의 증상이 없었으며, 수술 전 피고 병원에서 행한 각종 검사에서도 별다른 이상이 발견되지 아니하였고, 부검 결과 망인의 폐포강 내에 삼출액이 가득 들어 있었으나 심장 또는 대동맥의 파열 또는 해리는 없었다.[111)]

⑫ 망인은 이 사건 하지정맥류 수술을 받기 이전에는 기왕증이 없었고 특이체질도 아니었다.[112)]

⑬ 피고가 원고1을 분만 전 정기적으로 산전진찰한 결과 경증 자간전증 외에 특별한 이상이 발견되지 아니하였고, 원고2의 뇌성마비의 원인이 된 허혈성 뇌손상을 야기할 만한 모체 또는 태아의 감염 등 다른 이상이 있었음을 인정할 아무런 자료가 없다.[113)]

⑭ 원고1, 원고2에 대한 산전진찰에서 아무런 이상증세가 없었고, 출산 전후를 통하여 달리 뇌성마비의 원인이 될 만한 모체 또는 태아의

109) 대법원 2000. 2. 11. 선고 98다9816 판결. 위 나.의 ⑪ 사건.
110) 대법원 2003. 11. 27. 선고 2001다2013 판결(공2004상, 1). 위 나.의 ⑲ 사건.
111) 대법원 2005. 9. 30. 선고 2004다52576 판결(공2005하, 1689) 및 그 원심 대구고법 2004. 8. 18. 선고 2003나2995 판결. 위 나.의 ㉒ 사건.
112) 대법원 2006. 8. 24. 선고 2004다33353 판결의 원심인 서울고법 2004. 5. 27. 선고 2003다53062 판결. 위 나.의 ㉓ 사건.
113) 대법원 2008. 2. 14. 선고 2006다48465 판결. 위 나.의 ㉖ 사건.

감염이나 유전질환 등 다른 이상이 있었음을 인정할 자료가 없다.[114)]

⑮ 이 사건 마취수술 당시 망인에게 뇌손상을 일으킬 만한 다른 원인이 없었다.[115)]

⑯ 피고의 의료상의 과실 이외에 망인의 기왕증, 소외 병원 담당의의 의료상의 과실 등 다른 원인이 개재되었다고 볼 만한 별다른 사정도 없다.[116)]

⑰ 망인에게 전격성 간부전의 원인이 될 만한 건강상의 결함이 없었다.[117)]

⑱ 산모와 태아의 상태는 분만 이전에 산모에게 임신성혈소판감소증이 있는 것 외에 모두 정상이었다. 임신성혈소판감소증은 산모와 태아에게 해로운 영향을 주지 않고 임신기간 중 특별한 치료가 필요하지 않다.[118)]

3) 한편, 1그룹 판례의 법리를 설시하면서 결과적으로 손해배상책임을 부정한 대법원 판결들은 대체로 의료상의 과실 있는 행위가 인정되지 않는다는 점만을 판시하거나, 과실이 부정되는 것을 전제로 하여 다른 원인의 개재가능성이나 인과관계에 관해서도 같이 판단하는 구조를 취하는 것으로 보인다.[119)] 손해배상책임을 부정한 대법원 판결 중에서 이 요

114) 대법원 2010. 1. 14. 선고 2009다59558 판결. 위 나.의 ㉗ 사건.

115) 대법원 2012. 1. 27. 선고 2009다82275, 82282 판결(공2012상, 314). 위 나.의 ㉚ 사건.

116) 대법원 2012. 7. 12. 선고 2010다12296 판결. 위 나.의 ㉛ 사건.

117) 대법원 2015. 3. 12. 선고 2012다117492 판결의 원심인 대전고법 2012. 11. 27. 선고 (청주)2011나1737 판결. 위 나.의 ㉜ 사건.

118) 대법원 2020. 4. 9. 선고 2018다246767 판결. 위 나.의 ㊳ 사건.

119) 대법원 1999. 4. 13. 선고 98다9915 판결(공1999상, 863), 대법원 1999. 7. 9. 선고 99다7237 판결, 대법원 1999. 9. 3. 선고 99다10479(공1999하, 2032), 대법원 2002. 5. 17. 선고 2001다703 판결, 대법원 2002. 8. 27. 선고 2001다19486 판결(공2002하, 2284), 대법원 2002. 10. 11. 선고 2002다9301 판결, 대법원 2002. 12. 26. 선고 2001다46754 판결, 대법원 2003. 6. 13. 선고 2003다5795 판결, 대법원 2003. 11. 27. 선고 2001다20127 판결(공2004상, 5), 대법원 2003. 12. 12. 선고 2003다50610 판결, 대법원 2005. 10. 28. 선고 2004다797 판결, 대법원 2006. 3. 9. 선고 2004다45912 판결, 대법원 2006. 11. 9. 선고 2005다36816 판결, 대법원 2007. 4. 12. 선고 2006다22500 판결, 대법원 2007. 5. 31. 선고 2005다41863 판결, 대법원 2007. 10. 12. 선고 2005다40976 판결, 대법원 2007. 11. 29. 선고 2005다60352 판결, 대법원 2008. 11. 27. 선고 2008다45804 판결, 대법원 2009. 6. 23. 선고 2006

건에 관하여 비교적 상세히 판단한 예로는 다음과 같은 것들이 있다.

① 환자는 인과관계의 추정을 받기 위하여 적어도 의료행위 이전에 그러한 결과의 원인이 될 만한 건강상의 결함이 없었다는 사정을 입증하여야 하는 것인데, 이 사건에서 선정자에게 위 사고 이전에 이미 치매를 표상하는 기질적 정신장애의 증세가 있었다는 사실은 위에서 본 바와 같으므로, 피고들에게 진료상의 과실이 있다고 할지라도, 현재 선정자의 치매증세와 이러한 과실 사이에 인과관계가 추정되지 아니한다.[120)]

② 망인은 중환자실에서 을의 치료를 받기 전에 이미 급성췌장염이 중증으로 악화된 상태였고, 급성췌장염이 중증으로 악화된 환자의 경우에 그중 30~50%는 췌장염의 합병증으로 사망에 이르게 되는 사실을 알 수 있는바, 그렇다면 을의 치료상의 과실이 없었다 하더라도 망인이 중증으로 악화된 췌장염의 합병증으로 인하여 사망에 이를 가능성이 있었음을 배제할 수 없으므로, 가사 을에게 치료상의 과실이 있었다 하더라도 을의 과실 있는 치료행위와 망인의 사망 사이에 인과관계가 추정된다고 볼 수 없다.[121)]

③ 기록에 의하여 인정되는 위 수술 당시의 원고의 척수 건강상태 등에 비추어 볼 때, 원고의 척수 후주가 위 수술과정에서 의료상의 과실이 개입되지 않았더라도 기능에 이상이 초래되어 그와 같은 증상이 나타났을 가능성을 배제할 수 없으므로, 그 치료행위와 위와 같은 결과 사이에 위 치료행위 외에 다른 원인이 개재될 수 없는 경우에 해당한다고 할 수 없다.[122)]

④ 원고2가 피고 병원에 내원하기 전에 이미 쌍태아 중 일측 태아의 사망으로 생존 태아에게 비가역적인 뇌손상이 발생하였을 가능성이

다31436 판결, 대법원 2009. 12. 10. 선고 2008다22030 판결, 대법원 2010. 5. 27. 선고 2007다25971 판결(공2010하, 1212), 대법원 2011. 7. 14. 선고 2009다101916 판결, 대법원 2019. 2. 14. 선고 2017다203763 판결(공2019상, 738).

120) 대법원 2002. 8. 27. 선고 2001다19486 판결(공2002하, 2284).

121) 대법원 2002. 12. 26. 선고 2001다46754 판결.

122) 대법원 2007. 4. 12. 선고 2006다22500 판결.

크다고 인정한 후, 원고1의 뇌성마비 발생에 대하여 피고 병원 의료진의 의료행위 이외에 다른 원인이 개재될 수 없다는 점을 원고들이 입증하지 못하고 있는 이상, 피고들의 과실과 원고1의 뇌성마비 사이의 인과관계를 추정할 수 없다고 판단한 원심은 정당하다.[123)]

3. 그 결과가 의료상의 과실로 말미암은 것이 아니라 전혀 다른 원인으로 말미암은 것

가. 구체적인 의미

1) 1그룹 판례는 원고가 '일반인의 상식에 바탕을 둔 의료상의 과실 있는 행위'와 '다른 원인이 개재될 수 없다는 점'을 주장·증명한 경우에는 「의료행위를 한 측이 그 결과가 의료상의 과실로 말미암은 것이 아니라 전혀 다른 원인으로 말미암은 것이라는 입증을 하지 아니하는 이상」[124)] 또는 「의료행위를 한 측이 그 결과가 의료상의 과실로 말미암은 것이 아니라 환자의 특이체질 등 전혀 다른 원인으로 말미암은 것이라는 입증을 하지 아니하는 이상」[125)] 의료상의 과실과 결과 사이의 인과관계를 추정하여 피고가 손해배상책임을 부담하도록 하고 있다.

2) 이 때 피고가 위 요건을 어느 정도로 증명해야 하는지에 관해서는 의사 측은 전혀 다른 원인이 있다는 것을 본증으로 입증해야 하고 그것이 인과관계가 존재한다는 판단에 반증으로 작용할 것이기 때문에 이러한 판례의 태도는 표현증명을 전제로 하지 않은 간접반증이론을 적용한 것으로 새길 수 있다는 견해,[126)] 환자의 사망이나 손해가 전혀 다른 원인에 기인한 것이라는 것을 간접반증의 방법(본증에 해당)으로 증명함

---

123) 대법원 2010. 5. 27. 선고 2007다25971 판결(공2010하, 1212).

124) 대법원 1995. 2. 10. 선고 93다52402 판결(공1995상, 1281), 대법원 2002. 8. 27. 선고 2001다19486 판결(공2002하, 2284), 대법원 2005. 9. 30. 선고 2004다52576 판결(공2005하, 1689) 등 다수.

125) 대법원 1996. 6. 11. 선고 95다41079 판결(공1996하, 2113), 대법원 1996. 12. 10. 선고 96다28158, 28165 판결(공1997상, 313), 대법원 2001. 3. 23. 선고 99다48221 판결(공2001상, 936) 등.

126) 호문혁(주 38), 521면.

으로써 책임을 면할 수 있게 된다는 견해,[127] 일응의 추정을 번복하기 위해 별개의 간접사실, 즉 의료상의 과실이 아닌 다른 원인에 의한 것이라는 점을 확신이 가게 증명해야 한다는 견해,[128] 의사의 과실과 결과 사이의 인과관계의 추정을 깨뜨리기 위해서는 의사의 반증(간접반증)이 필요하다고 이해하는 것이 타당하다는 견해,[129] 통상적인 사실상 추정의 경우와 달리 의료행위를 한 측이 그 결과가 의료상의 과실로 말미암은 것이 아니라 전혀 다른 원인으로 말미암은 것이라는 입증을 해야 한다는 견해,[130] 의사가 인과관계를 부정하기 위해서는 단순히 반증으로는 불충분하고 다른 원인에 의해서 손해가 발생했다는 점을 본증에 해당하는 정도로 입증해야 한다는 견해[131] 등이 있는데, 결국 문제된 나쁜 결과가 의료상의 과실이 아니라 전혀 다른 원인으로 인한 결과라는 점을 본증의 수준으로 증명해야 한다는 데에는 대체로 일치하는 듯하다.

나. 구체적인 판단례

제1그룹 판례들에서 구체적인 사실관계에 법리를 적용하여 판단하는 과정에서 이 요건을 피고가 증명했다고 명확히 판단한 사례는 잘 보이지 않는데,[132] 그 이유는 이 요건이 실제로는 대부분의 사건에서 원고측에서 증명해야 하는 '다른 원인이 개재될 수 없다는 점'과 동전의 양면과도 같은 성격을 갖기 때문인 것으로 생각된다. 피고 측의 의료상의 과실이 아닌 전혀 다른 원인에는 피고 병원 진료 후의 교통사고나 제3의 의료기관의 과실과 같은 사유도 있을 수 있으나, 주로 주장되는 사유는 원래 원고가 갖고 있던 건강상의 결함이나 특이체질 때문에 의료상의 과실과 상관없이 그와 같은 나쁜 결과가 초래될 수밖에 없었다는 점이

127) 한충수(주 38), 477면.
128) 이시윤(주 89), 521-556면.
129) 김민규(주 26), 153-154면.
130) 유현정, "병원감염 사건에서 사실상 증명책임 전환의 필요성 및 그 근거로서 안전배려의무에 관한 검토", 의료법학 15권 2호(2014), 131면.
131) 김영두(주 38), 83면.
132) 이 요건에 대한 피고의 주장을 명시적으로 배척한 예로는 대법원 2005. 9. 30. 선고 2003다68512 판결, 대법원 2012. 7. 12. 선고 2010다12296 판결.

므로,[133] 피고가 이 요건을 제대로 증명하면 원고는 위 다른 원인이 개재될 수 없다는 요건을 증명하지 못한 것이 되고, 피고가 이 요건을 주장했으나 제대로 증명하지 못하면 결국 원고가 증명해야 하는 다른 원인이 개재될 수 없다는 요건에 대한 반증에 성공하지 못하는 것이 되어 어느 쪽이든 실질적으로 그 판단이 위 '다른 원인이 개재될 수 없다는 점'에 관한 판단과 함께 이루어지게 되기 때문이다. 망아의 사망은 뇌동정맥기형이라는 망아의 특이체질에 기한 급성소뇌출혈로 인하여 발생한 것으로서 피고 병원 의료진에게 망아의 사망과 상당인과관계 있는 과실이 있다고 인정할 수 없다고 한 경우[134]는 실질적으로는 피고가 의료상의 과실이 아니라 전혀 다른 원인으로 말미암아 나쁜 결과가 발생한 것을 증명하는 데에 성공한 경우로도 볼 수 있을 것이다.

4. 의료상 과실과 결과 사이의 인과관계 추정

가. 추정의 의미

1) 의료소송에서 환자 측의 증명책임을 완화하기 위한 방안으로 논의되어 온 대표적인 방안으로는 개연성설, 사실상 추정론, 표현증명론(일응의 추정 또는 일응의 증명) 등이 있는데, 일반적으로 설명되는 내용을 간략하게만 요약하면, 개연성설은 당초 공해소송에서 인과관계의 증명을 경감하고자 연구된 것으로 고도의 개연성이 아니라 상당한 정도의 개연성을 증명하는 것으로 족하다는 견해이고, 사실상 추정론은 개연성설에서 좀 더 나아가 인과관계의 존재를 직접 입증할 필요 없이 간접사실들에 경험칙을 적용하여 추정할 수 있다는 견해이며, 표현증명론은 경험칙상 어떤 사실이 있으면 어떤 다른 사실이 생기게 되는 이른바 정형적 사상경과가 인정되는 경우에 어떤 사실로부터 다른 사실을 추정할 수 있다는 견해로 고도의 개연성이 있는 경험칙에 의하여 사실을 추인하는 일응의

133) 양창수 · 권영준(주 2), 751면도 현실적으로 이 입증이 매우 어려우므로, 인과관계를 부정하려는 피고의 증명은 의료행위 이전에 건강상 결함 등이 있었다는 사정의 존재에 집중되는 것으로 보인다고 하고 있다.

134) 대법원 2006. 9. 28. 선고 2004다61402 판결(공2006하, 1819).

추정론과 동일한 맥락으로 이해된다.[135)]

2) 1그룹 판례의 인과관계 추정에 대하여는 표현증명론(일응의 추정론)의 입장이라고 보는 견해도 있으나,[136)] 사실상 추정론에 해당하는 것으로 보는 견해가 좀 더 많은 것으로 보인다.[137)] 사실상 추정에 해당한다고 보는 견해는 보통 1그룹 판례가 고도의 개연성이 있는 경험칙이나 정형적 사상경과라는 요건을 필요로 하지 않는다는 점을 근거로 들고 있다.[138)] 대법원 1998. 2. 27. 선고 97다38442 판결[139)]은 원고가 체육실기시험으로 앞 · 뒤 구르기를 하고 난 직후부터 흉부 통증을 느끼기 시작하여 상당 기간 치료를 받고 난 후에도 외상에 의한 제4흉추 진구성 압박골절이 진단되고 제3 · 4흉추가 유합되어 있으며 그로 인하여 흉부동통 및 척추운동 제한의 장해가 남게 된 사안에서, 원고를 진료한 의사가 진료 당시 일단 흉추골절에 대하여도 의심을 가지고 그에 관한 정밀한 진단을 실시함과 아울러 그에 합당한 치료 방법을 시행하지 아니한 과실과 결과 사이의 인과관계가 '사실상 추정'된다고 판시한 바 있다. 사실상 추정론의 문제점으로 전혀 다른 원인으로 의료행위에 의한 악결과가 발생

135) 박영호(주 35), 102-110면; 손용근, "의료과오소송에 있어서 증명의 경감－대법원 최근 판례를 중심으로－", 비교사법 3권 1호(1996), 37-40면; 손용근(주 4), 336-342면; 신은주(주 4), 19-33면; 홍기문(주 4), 429-432면.

136) 노갑영, 의료법과 의료분쟁의 이해, 마인드탭(2018), 506면; 박수곤, "프랑스법상 의사책임분야에서의 인과관계와 소멸시효론에 관한 소고", 의료법학 15권 2호(2014), 367-368면; 박종권(주 4), 611면 각주 44; 석희태(주 38), 201면; 송상현 · 박익환(주 89), 548면; 이동진, "위험영역설과 증거법적 보증책임: 증명책임 전환의 기초와 한계", 저스티스 138호(2013), 196-197면; 이시윤(주 89), 553-554면.

137) 김재윤, "의료과실소송에서 과실과 인과관계의 입증－의료분쟁조정법상 인과관계 추정규정의 도입방안을 중심으로－", 일감법학 23호, 건국대학교 법학연구소(2012), 33-34면; 김천수(주 14), 305면; 김홍엽, 민사소송법(5판), 박영사(2014), 673-675면; 박영호(주 35), 119면; 손용근(주 4), 354-355면; 신은주(주 4), 52면; 전병남(주 4), 351-352면: 최재천 · 박영호(주 1), 851-852면; 홍기문(주 4), 441면. 전병서, 강의 민사소송법, 박영사(2018), 428면 각주 93에서는 판례의 추정이론이 사실상의 추정론을 채택한 것인지, 아니면 일응의 추정인지 좀 더 검토가 필요하다고 하고 있다.

138) 김천수(주 14), 305면; 손용근(주 4), 354-355면; 전병남(주 4), 351-352면: 최재천 · 박영호(주 1), 851-852면.

139) 공1998상, 872.

하였다는 것을 증명하는 것은 의료행위의 특성상 거의 불가능에 가깝기에 의사는 환자에게 생긴 중대한 악결과의 발생과는 무관한 경미한 과실이 있는 경우에도 환자 측에서 의료행위 이전에 아무런 결함이 없었음을 증명하면 악결과에 대하여 책임을 부담하게 되어 의사에게 불리한 결과가 발생할 가능성이 높다는 점이 지적되기도 하나,[140] 앞서 본 바와 같이 인과관계를 사실상 추정하는 전제가 되는 과실 판단 시 원인력 있는 과실에 해당하는지 여부를 검토하는 과정에서 이러한 문제는 어느 정도 해결될 수 있을 것으로 생각된다.[141]

3) 한편, 1그룹 판례가 의료행위를 한 측이 그 결과가 의료상의 과실로 말미암은 것이 아니라 전혀 다른 원인으로 말미암은 것이라는 입증을 하지 아니하는 이상 의료상 과실과 결과 사이의 인과관계를 추정하는 것은, 인과관계의 증명책임을 사실상 의료인에게 전환시킨 것으로 볼 수 있다고 평가되고 있다.[142] 대법원 2003. 1. 24. 선고 2002다3822 판결[143]은 「인과관계는 원고들이 입증하여야 하는 것이 아니라 피고에게 입증책임이 전환되어 있으므로 피고는 적어도 그 인과관계를 이루는 사실들 중 어느 하나의 부존재를 입증하여야만 그 책임을 면하게 된다.」라고 판단하기도 하였는데, 이는 원고들이 1그룹 판례에서 인과관계 추정의 전제가 되는 두 요건을 일단 증명한 경우에는 피고가 전혀 다른 원인으로 말미암아 나쁜 결과가 발생한 것이라는 점을 위에서 검토한 것처럼 본증의 수준으로 증명해야 한다는 점을 강조한 것으로 생각된다.[144]

---

140) 최재천 · 박영호(주 1), 855면.

141) 이재운(주 44), 104, 110면에서는 1그룹 판례가 일반인의 상식에 바탕을 둔 의료상의 과실 있는 행위가 악결과를 초래할 수 있는 실질적인 인과력을 가지고 있는지에 대하여는 엄격한 심사를 하지 않고 있는 것으로 보이므로 1그룹 판례 법리의 적용을 통하여 증명책임 전환론에서 목적하는 효과를 일부 달성하고 있다고 분석하였다.

142) 김영두(주 38), 83면; 김태봉(주 28), 14-15면; 박영호(주 20), 23면; 사법연수원(주 5), 264면; 석희태(주 38), 200-201면; 손용근(주 4), 361-362면.

143) 공2003상, 705. 손해배상책임을 인정한 1그룹 판례인 위 나.의 ⑯ 판결.

144) 신현호 · 백경희(주 1), 302-303면에서는 이 판결에 대하여 법원이 간접사실 등을 통하여 피고의 의료과실과 인과관계를 사실상 추정한 것을 넘어서 입증책임을

나. 정형적인 판단례

판례 중에는 분만 중의 원인으로 인한 뇌성마비로 추정할 수 있는지와 관련하여 정형적인 판시를 한 사례들이 있다. 대법원 2005. 10. 28. 선고 2004다13045 판결[145)]은 「뇌성마비는 대부분의 경우 그 원인을 밝혀내기 어렵고 분만 중의 원인은 6~8%에 불과하다고 할지라도 뇌성마비의 가능한 원인 중 하나가 될 수 있는 분만 도중 발생한 저산소성-허혈성 뇌손상을 표상하는 간접사실들이 인정되는 반면, 선천적 또는 후천적인 다른 요인의 존재를 추인하게 할 만한 사정은 발견되지 않는다면, 뇌성마비가 분만 중 저산소성-허혈성 뇌손상으로 인하여 발생하였다고 추정함이 상당하다.」고 판시하였는데, 그 후 위 판시를 거의 동일한 표현으로 반복하면서 손해배상책임을 인정한 사례들도 있고,[146)] 선천적 또는 후천적인 다른 요인의 존재를 추인하게 할 만한 사정이 있다는 이유로 손해배상책임을 부정한 사례들도 있다.[147)] 뇌성마비의 원인에 관한 위 판단을 일응의 추정 또는 표현증명에 해당한다고 보기도 하나,[148)] 위 판단은 고도의 개연성이 있는 경험칙이나 정형적 사상경과를 적용한 것이라기보다는 뇌성마비가 분만 중 원인으로 발생했는지 여부가 문제되는 사안에서 이를 둘러싼 여러 간접사실들과 통계적인 요인을 어떻게 평가할 것인지에 관한 일관된 기준을 정립하고자 한 것으로 생각된다.

전환하는 것이 가능할 수 있음을 직접적으로 설시한 것이라고 설명하고 있다.

145) 공2005하, 1854. 1그룹 판례나 2그룹 판례의 법리를 직접 인용하고 있는 판결은 아니다.

146) 대법원 2008. 2. 14. 선고 2006다48465 판결(위 1. 나.의 ㉖ 사건), 대법원 2010. 1. 14. 선고 2009다59558 판결(위 1. 나.의 ㉗ 사건), 대법원 2010. 5. 27. 선고 2006다79520 판결(공2010하, 1200, 이 사건은 조산사의 주의의무가 문제된 사안이다).

147) 대법원 2007. 11. 29. 선고 2005다60352 판결. 조산, 2kg 미만의 출생체중, 융모양막염 등의 사정을 이유로 분만 중 저산소성−허혈성 뇌손상으로 인한 뇌성마비로 추정하기 어렵다고 하였다.

148) 노갑영(주 136), 502-504면.

Ⅳ. 2그룹 판례의 분석

1. 개　　요

가. 2그룹 판례의 법리에 따라 과실과 인과관계의 추정 여부를 판단하기 위한 중요한 간접사실로는 의료행위와 결과 발생의 시간적 근접성, 치료부위와 나쁜 결과 발생의 원인이 된 신체부위의 근접성, 타원인 개재가능성의 배제, 의학적 개연성(의료행위의 준칙 위반), 통계적 관련성(일반적·통계적 인과관계) 등이 있고, 그 밖에 의료행위의 양과 결과발생률, 의료행위의 내용과 결과발생률, 의료행위와 생체반응의 생물학적 관련, 불가항력, 환자의 특이성, 의료행위에 내재된 위험성, 과실과 다른 원인의 상대적 확률 등도 논의된다.[149)·150)] 유의할 것은 의료행위와 나쁜 결과 사이의 인과관계가 곧 의료과실과 나쁜 결과 사이의 인과관계는 아니라는 점으로, 위 간접사실들 중 특히 시간적 근접성과 부위의 근접성은 의료행위와 나쁜 결과 사이의 인과관계를 추인하게 하는 사유에 불과하다.[151)]

---

149) 김선중, 의료사고 손해배상소송, 육법사(2014), 467-468면; 김재윤(주 1), 99면; 문현호(주 5), 7, 10면; 박종권(주 4), 597면; 범경철(주 4), 257-258면; 손용근(주 135), 38면; 신현호·백경희(주 1), 295면; 이덕환, 의료행위와 법(전정판), 현문사(2010), 67면; 최재천·박영호(주 1), 793-794면. 문현호(주 5), 10면 각주 36에서는 '통계적 관련성'과 관련하여, 통계를 해석할 때 이중성이 있다는 것을 유의할 필요가 있다고 하면서, 대부분의 의학통계는 과실 유무와 무관하게 조사한 통계이므로 어떤 수술 후 후유증의 발생확률이 높을수록 수술 자체의 위험성이 높다는 의미가 되어 수술상의 과실을 인정하기는 어려워지고, 반면 의료행위와 후유증 사이의 인과관계 인정은 쉬워지므로 후유증에 대한 설명의무의 필요성은 커진다고 설명한다.

150) 감염병의 예방 및 관리에 관한 법률 제71조에 의한 예방접종 피해에 대한 국가의 보상책임이 문제된 사안에서 '예방접종과 장애 등 사이의 인과관계를 추단하기 위해서는 특별한 사정이 없는 한 예방접종과 장애 등의 발생 사이에 시간적 밀접성이 있고, 피해자가 입은 장애 등이 그 예방접종으로부터 발생하였다고 추론하는 것이 의학이론이나 경험칙상 불가능하지 않으며, 장애 등이 원인불명이거나 예방접종이 아닌 다른 원인에 의해 발생한 것이 아니라는 정도의 증명이 있으면 족하다'고 판시한 대법원 2019. 4. 3. 선고 2017두52764 판결도 참고할 만하다.

151) 문현호(주 5), 7면. 김만오(주 4), 312면과 사법연수원(주 5), 267면은 시간적 근접성과 부위의 근접성 외에 타원인 개재가능성 배제도 의료행위와 나쁜 결과 사이의 인과관계를 추인하는 사유라고 설명하고 있으나, 이는 아래 2의 가. ①, ③, ⑤

나. 2그룹 판례의 간접사실에 의한 과실과 인과관계의 추정에 대하여도, 1그룹 판례의 인과관계 추정의 경우처럼, 환자 측의 증명책임을 경감하기 위한 여러 방안 중 사실상 추정론의 입장에 해당한다고 보는 견해가 많은 것으로 보인다.[152)]

2. 구체적인 판단례-과실과 인과관계의 추정을 인정한 사례들

여기서는 2그룹 판례의 법리에 따라 간접사실들에 의하여 과실과 인과관계를 동시에 추정한 사안들을 99다66328 판결부터 차례로 살펴본다. 한편, 아래 사례들의 경우에도 그 원심 판결이나 1심 판결에 의하면, 모두 대학병원이나 대한의사협회 등에 대한 진료기록감정촉탁이나 사실조회, 신체감정촉탁 등의 절차(경우에 따라서는 피고 병원에 대한 사실조회나 당해 사건 주치의 또는 의료사고 발생 이후 환자를 치료한 의사의 증언 등)를 거친 것으로 확인된다(아래 3.항에서 살펴보는 사례들도 마찬가지이다).

가. 사례 정리

① 망인이 심방중격결손증 진단을 받고 수술을 받던 중 발생한 대동맥박리현상으로 인하여 허혈성 심근손상으로 사망한 사안에서, 망인의 사망을 초래한 대동맥박리는 이 사건 ⓐ 심방중격결손 수술을 위한 캐뉼라 삽관 직후에 나타난 것으로서 이 사건 수술 이외에는 다른 원인이 개재하였을 가능성이 없고, ⓑ 그 발생 부위 또한 이 사건 캐뉼라 삽관과 연관하여 볼 수 있는 부위로 보이고, ⓒ 망인에게 이 사건 수술 전후로 대동맥박리를 초래할 만한 특별한 질환이나 증상이 관찰되지 않았으며, 한편으로는 ⓓ 대동맥에 캐뉼라를 삽입하는 과정에서 대동맥내막에 대한

의 사안처럼 의료행위와 결과 발생의 시간적 근접성으로 인하여 의료행위와 결과 사이에 다른 원인이 개재될 가능성이 없다는 측면에 주목한 설명으로 생각된다.

152) 김선중(주 149), 451-453면; 문현호(주 5), 6면; 박영호(주 35), 110-114면; 손용근(주 135), 47-48면; 신은주(주 4), 24-25면; 유현정(주 130), 132-136면. 1그룹 판례인 99다48221 판결(Ⅲ. 1. 나.의 ⑬ 판결)과 2그룹 판례인 99다66328 판결(Ⅳ. 2. 가.의 ① 판결)을 예로 들면서 의료과오소송에서 대부분 입증에 관해서는 입증의 전환에 가까운 개연성설을 취하고 있는 것으로 볼 수 있다는 견해는 범경철(주 4), 254-257면.

직접적인 열상이나 기계적인 압박 등 부적절한 시술로도 대동맥박리가 나타날 수 있는데다가, ⓔ 비록 심장수술 과정에서의 잘못 이외의 합병증으로 대동맥박리가 발생할 수 있는 확률도 0.16% 있지만 그와 같이 예외적으로 발생하는 경우도 주로 고혈압 등 혈관질환을 보유하고 있는 환자들에게서 나타난 것이라는 사정하에서라면, 망인에게 발생한 이 사건 대동맥박리는 결국 대동맥박리가 일어날 수 있는 원인 중에서 캐뉼라를 삽입하는 과정에서 대동맥내막을 손상시키는 등 부적절한 캐뉼라 삽관에 의하여 초래된 것이라고 추정할 수밖에 없다고 판단하였다.[153]

② 원고가 교통사고로 좌측 다리에 금속정 내고정술을 받았다가 골유합이 된 후 금속정 제거술을 시행받았는데 좌측 둔부에 화상을 입은 사안에서, 원심이 이 사건 금속정 제거술 시행 과정에서 원고는 척추마취를 하여 하반신 감각이 없는 상태였던 점, 피고 병원 의료진은 지혈을 위해 보비를 이용한 혈관소작을 시행하였고, 보비에 의한 지혈에 있어 환자의 둔부 등에 접지전극판을 깔아두게 되는데, ⓓ 접지전극판은 기구조작 미숙 등으로 인해 열이 발생될 수 있는 점, ⓐⓑⓒ 원고는 이 사건 금속정 제거술 전에 좌측 둔부에 아무런 상처가 없었으나 수술 후 화상으로 인한 수포가 발생한 점, ⓓ 이 사건 금속정 제거술이 수술과정상 필연적으로 수술환자의 둔부 부위에 화상을 입게 할 개연성이 있는 수술이 아닌 점, 피고도 위 좌측 둔부 화상이 보비에 의한 것임을 자인하고 있는 점 등을 종합하여 원고의 좌측 둔부의 화상은 피고 병원 의료진이 이 사건 금속정 제거술 당시 보비세트를 사용하면서 접지전극판을 적절한 위치에 두지 아니하였거나 접지전극판 또는 접지 상태의 불량 여부를 확인하지 아니한 과실로 인한 것이라고 판단한 것은 수긍할 수 있다고 하였다.[154]

③ 원고가 척추측만증 교정술을 받고 수술 직후 하지마비 장애가

153) 대법원 2000. 7. 7. 선고 99다66328 판결(공2000하, 1878).

154) 대법원 2007. 2. 22. 선고 2006다40140 판결 및 원심인 서울고법 2006. 6. 1. 선고 2005나65519 판결.

발생한 사안에서, ⓔ비록 척추측만증 교정술 과정에서 원인을 정확하게 알 수 없는 합병증으로 양하지 마비장애가 발생할 수 있는 가능성이 없는 것은 아니지만, ⓐ 원고의 양하지 마비장애는 1차 수술 직후에 나타난 것으로서 1차 수술 외에는 다른 원인이 개재하였을 가능성이 없고, ⓑ 그 발생 부위가 1차 수술 부위와 일치하며, ⓒ 원고는 1차 수술 전에 양하지의 근력과 감각이 정상이었고 당장의 신경학적 증상을 치료하기 위한 수술이 아니어서 1차 수술을 전후하여 양하지 마비장애를 초래하기 쉬운 내적 요인을 가진 신체상태에 있었다고 보기 어려운 점 등을 종합하여 보면, 1차 수술 직후에 원고에게 발생한 양하지 마비장애는 ⓓ 결국 척추측만증 교정술 후에 나타날 수 있는 하반신 마비의 원인 중에서 수술 중 고정기기나 수술기구에 의한 직접적인 신경손상이나 과도한 교정(신경견인)에 의한 신경손상에 의하여 초래된 것으로 추정할 수 있는 개연성이 충분하다고 판단하였다.[155)]

④ 피고 병원 의료진이 과거 상복부 수술을 시행받은 적이 있는 원고에게 복강경 담낭절제술을 시행하던 중 장기 및 조직의 심한 유착을 발견하고도 개복술로 전환하지 않고 복강경을 통해 유착된 조직을 박리하다가 원인과 부위를 알 수 없는 출혈이 발생하자 비로소 개복술로 전환한 후 신장 부근 정맥 혈관 손상을 발견하고 신장을 절제한 사안에서, 피고 병원 의료진은 복강경 수술 초기에 원고의 유착이 심하다는 것을 발견하였는바, ① 만약 원고의 장기 및 조직의 유착상태가 해부학적 구조를 알기 어려울 정도로 심하였다면, 상대적으로 더 섬세한 조작이 가능한 개복술로 전환하였어야 함에도 복강경 수술을 계속한 과실로 신정맥 손상 및 신장 절제 상태에 이르게 하였다고 볼 수 있고, ② 반대로 만약 유착상태가 해부학적 구조를 알기 어려울 정도가 아니어서 복강경 수술이 가능한 상태였다면, ⓓ 복강경에 의한 담낭절제술 과정에서 발생하는 후복막강의 중요한 혈관 손상은 수술 자체에 수반하는 객관적 요인

155) 대법원 2011. 7. 14. 선고 2009다54638 판결.

보다는 수술의사의 숙련도 등 주관적 요인이 작용하는 측면이 크고(ⓔ 복강경에 의한 담낭절제술 중 후복막강의 중요한 혈관이 손상되는 것은 약 0.1% 정도에서 발생하는 흔하지 않지만 중요한 합병증이다. 경험이 적은 외과의사에서 후복막강 중요 혈관의 손상 비율이 높고, 경험이 많은 외과의사의 경우 거의 발생하지 않았다는 통계도 있는 등 수술의사의 경험, 지식이 후복막강 중요 혈관 손상 예방에 중요하다고 알려져 있다), ⓓ 복강경에 의한 담낭절제술 과정에서 신정맥 손상으로 신장이 절제된 사례에 관하여 보고된 바도 없으며, 원고가 신정맥을 손상하지 않고는 수술할 수 없는 정도였다는 자료도 없는 점 등을 고려하면, 원고의 신정맥 손상 및 신장 절제는 피고 병원 의료진이 복강경 수술기구를 과도하게 조작하는 등의 과실로 인하여 발생하였다고 추정하는 것이 타당하다고 판단하였다.[156]

⑤ 원고가 피고 병원에서 요추5-천추1 척추전방전위증을 진단받고 후궁절제술, 추간판제거술, 기기고정술, 자가골 이식술을 받았는데 수술 이후 무수축성 방광 및 후장기능의 장애(배뇨·배변장애)가 발생한 사안에서, ⓒ 이 사건 척추수술 이전에 원고에게 배뇨나 배변장애를 유발할 수 있는 내적 요인이 있었다고 보기 어려운 점, ⓑ 원고의 신경 손상부위와 이 사건 요추수술 부위가 일치하고, ⓐ 수술 직후부터 배뇨장애가 발생하여 수술 이외에는 다른 원인이 개재할 가능성이 없는 점, ⓔ 척추수술 전에 배뇨나 배변장애를 자각할 수 있는 정도의 신경학적 이상이 없던 사람에게 수술 후 자연적으로 이 사건과 같은 무수축성의 배뇨·배변장애가 발생할 가능성은 매우 낮다고 보이는 점 등을 종합하여 보면,[157] 원고는 이 사건 수술과정에서 일어난 직접적인 척수신경 손상이 원인이 되어 이 사건 배뇨·배변장애에 이르렀다고 보아야 할 것이고,

---

156) 대법원 2012. 5. 9. 선고 2010다57787 판결(공2012상, 961).

157) 대한의사협회 진료기록 감정의는 제2천수에서 제4천수에 이르는 척수에 있는 방광 수축과 관련된 배뇨반사 중추가 손상될 경우 배뇨장애가 발생할 수 있는데, 이 사건 척추수술 기록지 내용으로 보아 수술과정 중에 그 척수신경이 손상되었을 개연성이 있고, 척추질환 자체가 배뇨이상을 나타내는 경우는 흔하나, 척수 수술 후 배뇨이상이 합병증으로 발생하는지는 문헌 보고가 많지 않으며, 국내의 한 보고에 의하더라도 약 1~2%에 불과하다는 의견을 밝혔다.

수술 후 시행된 검사 등에서 고정기기가 부정확한 위치로 삽입된 소견이 발견되었다거나 수술 중 과도한 출혈이 있었다는 소견은 보이지 아니하므로, ⓓ 결국은 척추수술 과정에서 수술기구 등에 의한 직접손상이나 과도한 신경견인에 의한 신경손상, 부종이나 혈종에 의한 신경압박 등의 가능성을 배제할 수 없다고 하면서, 원고의 주장을 배척한 원심을 파기하였다.[158]

⑥ 원고가 경추부 추간판탈출증 등을 치료하기 위하여 경추 5번 신경근차단술을 시술받은 후 경추 3번 이하의 모든 운동신경과 감각이 소실된 채 호흡부전, 연하장애, 사지마비 등의 증상이 고정된 사안에서, 원고는 이 사건 시술 전에 양팔, 목 부위의 통증 등을 호소하였을 뿐 ⓐⓑ 시술 직전까지도 스스로 보행하는 등 운동에 특별한 장애를 보이지 않다가 이 사건 시술 직후 시술 부위인 경추부 신경근동맥이 압박되거나 손상될 경우 나타나는 척수경색 및 이로 인한 마비 증상이 나타난 점, ⓒ 진료기록상 이 사건 시술 이전 원고에게 동맥경화 내지 혈전증의 기왕증이 있었던 것은 아닌 점, ⓒ 이 사건 시술 직전의 경막외 신경 차단술 등 시술 당시 원고에게 척수경색 등의 소견이 보이지 않은 점, ⓓ 원고에 대한 이 사건 시술 이전에 진단된 추간판탈출증 때문에 신경근차단술 도중 갑자기 척수경색이 발생할 가능성은 매우 적은 점, ⓔ 신경근차단술 도중 시술상의 잘못 이외에 알 수 없는 원인으로 인해 호흡곤란, 사지마비 등의 증상이 나타날 가능성 역시 매우 적은 점 등을 종합하면, 피고병원 의료진이 이 사건 경추부 신경근차단술을 시행하면서 원고의 신경근동맥을 바늘이나 조영제 등으로 지나치게 압박, 자극하여 동맥 수축이나 동맥 경련을 가져왔고, 이로 인해 발생한 척수경색으로 원고에게 사지마비 등의 장애를 입게 하였다고 추정된다고 판단한 원심은 정당하다고 하였다.[159]

---

158) 대법원 2015. 2. 12. 선고 2012다6851 판결.
159) 대법원 2015. 11. 27. 선고 2011다28939 판결(공2016상, 13) 및 원심이 인용한 1심 서울동부지법 2009. 11. 5. 선고 2007가합2921 판결.

⑦ 피고가 원고 병원에서 매몰법 방식의 두 눈 쌍꺼풀 수술을 받은 후 왼쪽 눈에 각막혼탁 및 외상성 백내장 진단을 받은 사안에서, 일련의 진료 경과, ⓐ 피고가 왼쪽 눈의 통증과 시력 저하를 호소한 시점, 피고의 왼쪽 눈에서 관찰되는 증상 및 ⓑ 그것이 발생한 부위 등에 더하여,[160] ⓓ 비록 각막열상이 정상적인 매몰법 방식의 쌍꺼풀 수술에서 나타날 수 있는 후유증이나 합병증은 아니지만 그 수술과정에서 의사가 과실로 각막열상을 가할 가능성은 얼마든지 있는 점, ⓒ 기록상 이 사건 수술 이전부터 피고가 각막혼탁이나 백내장 등의 질환을 앓고 있었다거나 이 사건 수술 외에 위와 같은 형태의 각막혼탁이 발생할 만한 수술을 받거나 사고를 당하였다는 사정도 찾아볼 수 없는 점 등을 종합하여 보면, 피고의 왼쪽 눈에 발생한 각막혼탁과 백내장은 이 사건 수술 도중 수술도구에 의해 가해진 각막열상 등의 손상으로 인하여 초래된 것으로 추정할 수 있는 개연성이 상당하다고 판단하였다.[161]

나. 검　토

1) 위 판결들은 모두 '수술이나 시술 중'에 있었던 과실을 추정하고 있다. 위 가.의 ②와 ⑦ 사례의 경우에는 전신마취 수술은 아니어서 환자가 수술 중에도 의식이 있었으나, 수술의 특성상 환자 측에서 의료진의 구체적인 과실을 특정하여 증명하기가 어려운 것은 마찬가지이므로, 이 경우에도 1그룹 판례의 법리가 아니라 2그룹 판례의 법리에 따라 판단이 이루어진 것으로 생각된다.

2) 위 판결들에서는 과실과 인과관계를 추정하기 위한 간접사실로 시간적 근접성(ⓐ), 부위의 근접성(ⓑ), 나쁜 결과를 초래할 만한 환자 측의 건강상 결함 등 다른 원인이 없었던 점(타원인 개재가능성 배제, ⓒ), 의학적 개연성(ⓓ), 통계적 고려요소(ⓔ)의 전부 또는 일부를 인정하고 있다.

---

160) 신체감정 당시 촬영된 피고의 왼쪽 눈 각막에 대한 단층촬영 영상에서 각막 전면에서 후면을 관통하는 가느다란 음영이 확인되었다.

161) 대법원 2018. 10. 4. 선고 2018다236296, 236302 판결.

3. 구체적인 판단례 – 과실과 인과관계의 추정을 부정한 사례들

가. 2002다45185 판결 및 후속 판결 – 증명책임 완화의 한계

먼저, 대법원 2004. 10. 28. 선고 2002다45185 판결에서 간접사실에 의하여 의료상의 과실과 인과관계를 모두 추정하는 것이 가능하다는 2그룹 판례의 법리에 이어 「그 경우에도 의사의 과실로 인한 결과 발생을 추정할 수 있을 정도의 개연성이 담보되지 않는 사정들을 가지고 막연하게 중한 결과에서 의사의 과실과 인과관계를 추정함으로써 결과적으로 의사에게 무과실의 입증책임을 지우는 것까지 허용되는 것은 아니라고 할 것이다.」라고 판시한 이래 위 판시를 인용하면서 과실과 인과관계가 추정되지 않는다고 본 사례들이 상당히 많다.[162] 2002다45185 판결의 사안부터 차례로 살펴본다.

① 망인이 심한 어지러움 등의 증세로 입원하여 뇌경색의 진단을 받고 뇌혈관의 이상 여부를 확인하기 위해 뇌혈관조영술 검사를 받던 중 의식을 상실하고 약 2주 후 사망한 사안에서, 피고의 책임을 인정한 원심을 파기하면서, 망인의 사망원인은 뇌경색으로 망인의 체내에 있던 혈전이나 동맥경화성 물질이 기저동맥을 막아서 발생한 것인바, 보다 안전한 조영제의 투여량과 방법이 있는지 등에 관하여 심리하지도 아니한 채 막연히 소외2가 조영제를 투여하면서 최대한의 주의를 기울였다고 인정

---

162) 아래에서 상세히 살펴보는 사례 이외에도 동일한 판시 아래 사실상 추정을 부정한 사례로는 대법원 2006. 4. 13. 선고 2005다76494 판결, 대법원 2006. 9. 22. 선고 2004다59966 판결, 대법원 2007. 1. 25. 선고 2006다13131 판결, 대법원 2014. 7. 24. 선고 2012다80842 판결, 대법원 2014. 7. 24. 선고 2012다54218 판결, 대법원 2014. 10. 30. 선고 2012다105222 판결, 대법원 2015. 1. 29. 선고 2012다41069 판결, 대법원 2015. 7. 9. 선고 2013다33485 판결(회음부의 과다절제 및 경과관찰상 과실 주장에 대하여는 이 판시를 들어 과실 부인, 그러나 전원의무 관련해서는 과실 인정하고, 인과관계가 있다고 봄이 타당하다고 판시), 대법원 2016. 2. 18. 선고 2014다67294, 67300 판결(이 사안도 흡입분만 시행상의 과실 주장에 대하여는 이 판시를 들어 과실 부인, 그러나 경과관찰을 게을리한 과실은 인정하고, 과실과 망아의 사망 사이에 인과관계가 인정된다고 한 원심이 타당하다고 판시) 등이 있다.

하기 부족하다는 등의 이유로 시술상의 과실을 추정할 수는 없다는 점, 소외2의 시술상의 과실이 아니더라도 이미 중증의 뇌경색 증세를 가진 망인의 체내에서 혈전 등이 떨어져 나와 혈류를 따라다니다가 기저동맥을 막을 가능성이 배제될 수 없다는 점을 지적하였다.[163)]

② 망인이 내시경적 역행성 담췌관 조영술(ERCP) 검사 후에 급성췌장염이 발생한 후 결국 급성 궤사성 출혈성 췌장염으로 인한 다발성 장기부전으로 사망한 사안에서, ERCP 검사 후의 급성췌장염은 검사 건수의 5% 정도에서 발생할 수 있고 특별한 병적인 상태가 없는 경우에도 발생할 수 있다는 점, 망인에 대한 ERCP 검사 경과 중에 문제가 될 만한 사정이 보이지 않는다는 점, 당시 망인의 상태에 비추어 급성췌장염의 발생기전이 망인에게 전혀 없다고 볼 수만도 없는 점 등을 고려하여 원심이 ERCP 검사 후 망인에게 급성췌장염이 발생하였다는 사실만으로 피고병원 의료진에게 그 검사과정에서 원고 주장과 같은 과실을 인정하기 어렵다고 판단한 것은 정당하다고 하였다.[164)]

③ 원고가 자궁탈출증 3도의 진단을 받고 자궁적출술을 시행받은 후 중추신경계의 탈수초성질환, 색전증 및 혈전증으로 인해 시각 손상, 구음장애 등의 증상을 보인 사안에서, 원고는 자궁적출술을 받기 전이나 그 수술을 받는 도중에 탈수초성질환이나 폐색전증을 의심할 만한 임상증상이나 징후를 보이지 않은 점, 원고는 수술이 끝날 때까지 마취 관련 합병증을 유발할 수 있는 내과적 이상 증상을 보이지 않았고, 폐색전증의 발생을 증가시킬 수 있는 혈액응고장애나 대량 출혈 증상도 보이지 않은 점, 자궁적출술 자체가 중추신경계의 탈수초성질환이나 폐색전증을 유발하거나 악화시키는 것으로 알려져 있지는 않은 점 등을 고려하여 자궁적출술 후 원고에게 탈수초성질환이나 폐색전증이 발생하였다는 사실만으로 피고들에게 그 수술과정의 과실을 인정하기 어렵다고 판단한 원심은 정당하다고 하였다.[165)]

---

163) 대법원 2004. 10. 28. 선고 2002다45185 판결(공2004하, 1929).
164) 대법원 2007. 5. 31. 선고 2005다5867 판결(공2007하, 949).

④ 원고가 안검하수 증상의 교정을 위하여 쌍꺼풀 재수술을 받은 후 우안이 약 4㎜ 정도 벌어지는 토안[166] 증상이 나타난 사안에서, 원심이 추정한 피고의 과실 중 수차례에 걸친 수술로 눈둘레근이 섬유조직화하였다는 점을 살펴보면, 눈둘레근의 섬유조직화는 수차례에 걸친 수술의 결과일 뿐이므로 이 사건 1차 수술에 피고의 과실이 있는 경우 등 특별한 사정이 없는 한 이를 피고의 수술상 과실로 볼 수는 없고, 또한 원심이 추정한 피고의 과실 중 눈둘레근(윗눈꺼풀올림근의 오기로 보인다)을 지나치게 올려 결찰하였다는 점에 관하여 보더라도, 원고의 경우 과거 두 차례의 윗눈꺼풀 수술과 이 사건 수술 등 수차례의 수술로 인한 흉터 조직의 발생 및 수축, 눈둘레근의 기능 약화 등으로 인하여 이 사건 토안이 발생하였을 가능성이 충분히 있으므로 피고에게 위와 같은 결찰상의 과실을 추정하기는 어렵다는 이유로 피고의 과실을 추정한 원심을 파기하였다.[167]

⑤ 원고가 3회에 걸쳐 요추부 경막외신경차단술과 방척수신경차단술 등을 시술받은 후 얼마 지나지 않아 황색포도상구균(MRSA) 감염증상을 보이기 시작하였고 그 후 증상이 악화되어 하지 완전마비에 이른 사안에서, 피고 의원 의료진이 이 사건 시술을 하면서 시술 부위에 대한 멸균 소독, 소독자의 세심한 손 세척, 주사기구에 대한 소독 등 당연히 요구되는 무균조치를 게을리하는 등의 과실을 인정할 증거가 부족하고, 비록 MRSA가 병원에 주로 상주하는 균으로서 병원감염이 감염의 주된 원인이기는 하나 접촉 이외에 지역사회에서 획득되는 MRSA를 배제할 수는 없는 점, 만일 오염된 주사바늘이나 오염된 손에 의하여 MRSA에 감염되었다면 지주막과 경막외 공간뿐 아니라 주사바늘이 침투되는 경로를 따라

165) 대법원 2008. 5. 8. 선고 2007다57763 판결 및 원심인 광주고법 2007. 7. 11. 선고 2005나3518 판결.

166) 토안(兎眼, Lagophthalmos)이란 눈을 완전히 감을 수 없는 상태를 의미하는 것으로 잘 때 눈을 감지 못하여 각막의 염증이나 궤양을 일으킬 수 있고 보기에도 좋지 않다.

167) 대법원 2010. 8. 19. 선고 2007다41904 판결.

피부면에 창상감염이 발생하여야 하나 지주막염 진단 당시까지 피부면의 감염은 관찰되지 않은 점 등 제반사정에 비추어 원고의 감염은 이 사건 시술 전후 이식된 MRSA가 원고의 방어기전 손상으로 증식되었을 개연성이 상당하며, 설령 이 사건 시술 과정에서 MRSA가 원고에게 침투하였다고 하더라도 병원감염은 그 발생 원인이 다양하고 이를 완전히 예방하는 것도 현대 의학기술상 불가능하므로, 원고에게 MRSA가 발생하였다는 사실 자체만을 들어 피고 의원에 감염관리에 관한 어떠한 의료상의 과실이 있다고 추정할 수는 없다고 판단한 원심이 정당하다고 하였다.[168)]

⑥ 원고가 요추천자를 통하여 뇌수조조영술을 받고 약 4일 후부터 하지마비 증상을 보이다가 그 후 유착성 지주막염으로 진단받은 사안에서, 유착성 지주막염의 일반적 원인, 원고의 임상경과,[169)] 뇌척수액검사 및 MRI검사 결과, 뇌수조조영술에 사용되는 동위원소의 부작용 등 다른 원인으로 인한 신경마비 가능성, 요추천자 및 뇌수조조영술이 시행된 장소의 감염관리실태 등에 비추어 볼 때, 원고의 유착성 지주막염이 위 시술을 시행하는 과정에서의 소독이나 무균조작을 소홀히 하는 등의 피고 병원 의료진의 잘못으로 지주막이 병원균에 감염 내지 오염된 데서 비롯된 것이라고 인정하기 어렵다고 판단한 원심이 정당하다고 하였다.[170)]

⑦ 피고(수술 당시 18세)가 우안 난시교정용 안내렌즈삽입수술을 받은 후 황반원공이 발생하여 시력을 상실한 사안에서, 원고의 과실을 추정한 원심을 파기하면서, 황반원공은 나이가 든 환자에서 특발성으로 발생하는 경우가 많지만, 고도근시가 있는 사람에게서는 망막조직이 약화되어 별다른 외상이 없이도 황반원공, 망막박리 등의 합병증이 발생할 수 있는데, 피고는 수술 전에 고도근시 및 난시가 있는 상태였던 사실, 외부충격에 의해 황반원공이 발생한 사례는 대체로 심한 정도의 충격이 있었

168) 대법원 2012. 3. 29. 선고 2011다42294 판결.

169) 원심인 서울고법 2011. 10. 25. 선고 2010나88912 판결에 의하면, 원고의 경우 열도 덜 나고 백혈구 수치도 크게 증가하지 않았으며 MRI 검사상 농이나 혈종도 보이지 않는 등 감염증상이 세균성이라고 보기 어려운 양상을 나타냈다.

170) 대법원 2012. 10. 11. 선고 2011다100138 판결.

던 사실, 라식수술 또는 백내장수술 이후 발생한 황반원공에 관한 논문에는 황반원공이 수술상 과실로 볼 사정과 관련되어 있다는 언급은 없으며, 오히려 라식수술 후 발생한 황반원공의 경우 황반원공의 발생시기는 평균 12.1개월로써 수술과는 상당한 시간적 간격이 있는 사실, 황반원공의 모양으로 황반원공의 발생원인을 구별하기는 어려운 사실, 제1심과 원심의 가톨릭대학교 서울성모병원장 등에 대한 사실조회에서는 난시교정용 안내렌즈삽입수술이나 난시축 교정시술은 수정체 앞쪽의 전안부에 국한된 시술이기 때문에 유리체나 황반부위에 영향을 끼치거나 일반적으로 황반원공의 발생기전으로 주장되고 있는 유리체망막견인을 일으킬 가능성은 거의 없다고 회신한 사실, 이 사건 수술과정이 녹화된 동영상을 조사한 제1심 신체감정의는 수술과정에서 비표준적 의료행위로 평가될 수 있는 부분은 없다고 회신한 사실을 바탕으로, 우선, 피고의 우안에서 발견된 황반원공의 크기가 상당히 크고 주변 테두리가 불규칙한 형태라고 하더라도, 위와 같은 황반원공의 크기 및 형태가 수술상 과실과 연관되어 있다는 아무런 자료가 없는 이상 위와 같은 황반원공의 크기 및 형태에 의하여 의료과실의 존재를 추정할 수는 없고, 이 사건 안내렌즈삽입수술은 안구의 앞부분을 절개하여 렌즈를 삽입하는 수술이므로, 수술과정에서 안구의 뒷부분에 있으면서 별다른 문제가 없던 망막에 황반원공을 만들 정도의 심한 충격을 준다고 생각하기는 어려울뿐더러 매우 미세한 충격이 가해져 수정체와 유리체가 약간 앞으로 이동되면서 유리체 파동이 생겨 황반원공이 발생하였다면, 황반원공은 의료과실에 의하여 발생한 것이라기보다 이 사건 안내렌즈삽입수술상 불가피한 것으로 볼 여지가 많다고 하였다.[171)]

⑧ 원고가 제5요추 후궁절제술 및 제5요추, 제1천추 기구고정 및 유합술을 받은 이후 양측 제5요추 신경근병증이 나타난 사안에서, 원고의 이 사건 신경근 증상은 이 사건 수술 이전부터 있던 원고의 기왕증인 신

171) 대법원 2013. 6. 27. 선고 2010다96010, 96027 판결.

경공 협착증이 이 사건 수술로도 완전히 치유되지 않아 점차 악화되어서 발생한 것이거나 이 사건 수술 이후 다른 원인에 의하여 발생한 것일 가능성을 배제할 수 없다는 이유로 피고의 책임을 인정한 원심을 파기하였다.[172)]

⑨ 원고가 피고로부터 임플란트 수술을 받은 이후 클렙시엘라 간농양과 이로부터 전이된 감염성 안구내염이 발생하여 우안을 실명한 사안에서, 이 사건 수술과 클렙시엘라 간농양이 확인된 때 사이에 다른 원인으로 감염되었을 가능성을 배제할 수 있을 정도로 시간적 근접성이 있다고 보기 어려운 점, 이 사건 수술 중 원고에게 임플란트 식립으로 인한 비강 천공 및 절치관의 손상이 있었는지는 확인되지 않은 점, 클렙시엘라균에 의한 간농양은 환자가 가지고 있던 장내 클렙시엘라균에 의한 것이 일반적이며, 임플란트 수술 후 클렙시엘라균에 의한 간농양이 발생하였다는 의학적 보고는 이제까지 없는 점 등에 비추어 피고의 과실과 인과관계를 추정한 원심을 파기하였다.[173)]

⑩ 원고가 제5요추-제1천추 추간판탈출증으로 내시경적 추간판절제술을 시행받은 후 제5요추 및 제1천추의 신경근병증에 따른 좌측 족무지 및 족관절 등 위약으로 보행장애가 남은 사안에서, 피고의 책임을 인정한 원심을 파기하면서, 일반적으로 근전도검사는 근육으로 가는 굵은 신경에 대한 검사인데 신경근 손상이 어느 정도 진행되어야 검사결과가 나타나기 때문에 근전도검사만을 가지고 신경근 손상 여부를 단정하기는 어렵고 시기적으로 근전도검사로 신경근 손상이 확인되지 않는 경우도 있는 점, 이 사건 수술 시행 후 약 2년과 4년이 경과한 후에 실시된 근전도검사에서 나타난 신경근병증은 이 사건 수술 전에 있었던 기왕증(추간판탈출증으로 인한 신경근 손상)의 자연적인 진행경과로 인하여 나타난 것이라고 볼 여지도 있는 점, 진료기록 감정의는 이 사건 수술 전에 신경근이 이미 손상되어 있는 경우에는 이 사건 수술 과정에서 정상적인 미세조작으로도 신경기능이 악화될 수 있다는 의견도 제시한 점, 이 사

172) 대법원 2014. 9. 4. 선고 2014다9939 판결.

173) 대법원 2015. 7. 9. 선고 2013다72596 판결.

건 수술 과정에서 내시경 등에 의해 신경근이 압박되거나 이 사건 수술 방법의 어려움으로 인하여 수술시간이 상당히 길어져 그 압박이 장기화됨에 따라 신경근이 원래대로 회복되지 못할 가능성이 있다 하더라도 이는 이 사건 수술에 내재된 위험이나 부작용이라 보이는 점 등을 지적하였다.[174)]

⑪ 망인이 직장암 수술의 한 방법인 저위전방절제술을 받던 중 과다출혈로 사망한 사안에서, 피고들의 책임을 인정한 원심을 파기하면서, 원심의 진료기록감정촉탁 결과에 기초하여, 출혈은 저위전방절제술을 포함한 복부장기에 대한 수술의 일반적인 합병증 중 하나라 할 것이고, 저위전방절제술을 통틀어 출혈의 발생 가능성이 평균 0.6%라 하더라도 수술부위의 유착이 심한 경우에는 출혈이 발생할 가능성이 그보다 높다 할 것이므로, 환자의 수술부위 조직의 유착 정도 및 그 박리 시의 출혈 가능성에 관하여 구체적으로 심리하지 아니한 채 전체 저위전방절제술의 평균 출혈 발생 가능성이 0.6%라는 점만을 들어 저위전방절제술 후 출혈이 발생하는 경우가 매우 드물다거나 이에 따라 출혈 발생은 피고2의 과실로 인한 것이라고 단정할 수는 없다는 점, 그리고 출혈 부위가 명확하지 않으면서 결찰이 불가능한 골성 출혈과 같은 경우에는 출혈 부위를 압박하여 지혈을 유도할 수 있으나 모든 경우에 지혈을 할 수 있는 것은 아니고 지혈이 불가능한 경우도 있으며, 이 사건과 같이 골반 깊숙한 부위에서 출혈이 있는 경우 지혈이 매우 어렵다는 것이므로, 이 사건 수술 중 골반 깊숙한 부위에서 골성 출혈이 발생하자 피고2가 지혈을 시도하였으나 지혈되지 않았다는 점만으로 피고2가 지혈과정에서 과실이 있었다고 단정할 수도 없다는 점을 지적하였다.[175)]

⑫ 원고가 부분마취 후 좌측 상·하악 제3대구치를 발치하는 시술을 받은 후 혀의 좌측 전방 2/3의 지각 둔마, 이상 감각 및 통증의 장애를 보이는 사안에서, 이 사건 시술 중 설신경을 손상시킨 과실을 추정한 원

174) 대법원 2015. 8. 27. 선고 2013다78495 판결.
175) 대법원 2015. 10. 29. 선고 2015다13843 판결.

심을 파기하면서, 이 사건 장애는 발치를 위한 마취 과정에서 피고가 국소마취를 위해 주사침을 하치조신경 부위가 아닌 설신경 방향 쪽으로 잘못 찌르는 등 주사침에 의하여 설신경이 손상되어 발생하였을 가능성도 있겠으나, 원고의 설신경이 설측 골판에 밀착하여 지나가는 경우 등 그 해부학적 원인 때문에 발치 과정에서 설측 골판이 파절되면서 일어난 불가피한 손상일 가능성 또한 배제할 수 없다고 보았다.[176)]

⑬ 원고가 우측 제3요추 하부 후궁절제술 등 요추부 수술(1차 수술)을 받은 이후 하지마비 등이 나타나 수술 부위 확인을 위한 2차 수술 및 경막 결손 부위를 봉합하는 3차 수술을 받았으나 하지마비와 배뇨장애 및 배변장애가 남은 사안에서, 원심의 진료기록감정촉탁 결과 및 사실조회회신 등에 의하면, 원고의 경우 1차 수술이 제3요추-제4요추 우측 부위에 대한 것임에도 양하지 전체에서 마비가 발생하여 시술상의 과실로 제3요추-제4요추 우측에 있는 신경근이 손상된 경우 발생할 수 있는 통상적인 경과와 다른 양상을 보인 점, 양하지마비, 배뇨기능 등의 저하는 중추신경계 병변에 의한 소견인데 원고가 받은 수술은 말초신경계에 대한 수술이므로 원고의 경우 시행받은 수술과 관련이 없는 신경 기능 손상일 것으로 추정되고, 신경근의 문제가 아닌 상부 신경 그리고 중앙 부위에서 척수경색으로 인한 것일 가능성이 높은 것으로 추정된다는 점 등에 비추어 의료상의 과실 이외에 척수경색 등 원고에게 현재의 이 사건 장애를 초래할 다른 원인이 없다고 인정하기 어렵다는 이유로 피고 병원 의료진의 1차 수술 당시 과실 및 인과관계를 추정한 원심을 파기하였다.[177)]

---

176) 대법원 2016. 3. 24. 선고 2014다10113 판결. 이 판결을 분석한 논문으로는 이덕구·김기영, “발치 시 설신경의 손상에 대한 치과의사의 책임에 대한 고찰-대법원 2016. 3. 24. 선고 2014다10113 판결(파기환송)을 중심으로-, 법학연구 25권 4호, 경상대학교 법학연구소(2017) 참조. 이 논문 175-176면에서는 이 사건에서 대법원의 견해에 동의하나, 대법원의 결론과 같이 치과의사에게 시술상의 과실을 추정할 수 없다고 하여 치과의사는 발치과정에서 설신경 손상에 대해 불가항력적인 것으로 무조건 판단해서는 안 되고, 설신경의 주행경로가 불규칙하고 다양하기 때문에 시술상의 주의의무의 기준을 더욱 강화하여 설신경 손상을 예방할 수 있도록 하는 노력이 필요하며, 사고의 예방을 위해 실무교육도 등한시해서는 안 된다는 점을 강조하고 있다. 참고로 이 논문의 주저자(이덕구)는 치과의사이다.

⑭ 피고 병원에서 출생한 원고에게 뇌성마비로 인지기능과 발달기능의 장애가 남은 사안에서, 기관 내 삽관 이후 산소포화도의 수치, 동맥혈가스검사 결과 심한 대사성 산혈증을 호흡이 보상하고 있는 것으로 보이는 점, 심초음파 결과가 폐조직에 이상소견이 있음을 시사하는 점 등에 비추어 원고의 산소포화도가 낮은 원인은 피고 병원의 호흡관리에 문제가 있었다기보다 기질적 원인에 의한 것일 가능성을 배제할 수 없다는 이유로 피고 병원 의료진의 과실로 원고에게 저산소성 뇌손상이 초래되어 뇌성마비 장애에 이르게 되었다고 판단한 원심을 파기하였다.[178)]

⑮ 원고가 응급제왕절개수술 후 뇌하수체저하증인 쉬한증후군 진단을 받은 사안에서, 원고의 경우 이 사건 수술 후 출혈량이 다소 많았던 것으로 보이기는 하나, 제왕절개수술 후 출혈량은 산모에 따라 그 차이가 상당히 크고, 실제 많은 경우 출혈량이 평균치를 상회하는 것으로 보고되고 있으며, 보통 체구에 혈색소가 10g/dℓ 이상이고 적절한 혈액량과 세포외액을 가진 산모라면 별 문제없이 2,000㎖의 출혈을 견딜 수 있는 것으로 알려져 있기도 한 점, 피고들이 수혈을 실시한 결과 원고의 헤모글로빈 수치가 점차 호전된 점 등을 종합하여 보면, 이 사건 수술 후 원고의 출혈량이 다소 많았다는 사정만으로 피고들이 이 사건 수술과정에서 지혈 및 봉합 조치를 소홀히 하고 외상성 손상을 가하였다거나 그 결과 원고에게 혈종과 농양, 급성 신부전에 따른 혈뇨, 쉬한증후군 등이 발생하였다고 인정하기에 부족하고 달리 이를 인정할 증거가 없다고 판단한 원심이 정당하다고 하였다.[179)]

⑯ 9세 아동이던 원고가 발열, 복통, 구토 등으로 내원하자 피고가 해열제와 트리민당의정 4mg을 처방하였는데, 그 후 원고에게 뇌염으로 인한 뇌병변 후유증으로 상하지의 근력저하와 강직, 언어장애, 과잉행동 등의 영구적인 장애가 남은 사안에서, 피고가 소아에게 투약이 금지된

177) 대법원 2016. 9. 23. 선고 2015다66601, 66618 판결.
178) 대법원 2017. 9. 21. 선고 2015다20582 판결.
179) 대법원 2018. 2. 8. 선고 2017다253430 판결.

트리민당의정을 처방한 것이 진료상 과실이라고 보면서도 이러한 과실이 위 장애의 원인이 되었다고 인정하기 부족하다고 보아 원고의 청구를 기각한 원심이 정당하다고 판단하였다.[180)]

나. 2007다76290 판결 및 후속 판결－후유장해와 합병증

다음으로, 2그룹 판례 중에는 대법원 2008. 3. 27. 선고 2007다76290 판결에서 「의료행위에 의하여 후유장해가 발생한 경우, 그 후유장해가 당시 의료수준에서 최선의 조치를 다하는 때에도 당해 의료행위 과정의 합병증으로 나타날 수 있는 것이거나 또는 그 합병증으로 인하여 2차적으로 발생될 수 있는 것이라면 의료행위의 내용이나 시술 과정, 합병증의 발생 부위, 정도 및 당시의 의료수준과 담당의료진의 숙련도 등을 종합하여 볼 때에 그 증상이 일반적으로 인정되는 합병증의 범위를 벗어났다고 볼 수 있는 사정이 없는 한, 그 후유장해가 발생되었다는 사실만으로 의료행위 과정에 과실이 있었다고 추정할 수 없다.」라고 판시한 이래 위 판시를 인용하면서 과실과 인과관계의 추정을 엄격하게 판단하는 사례들도 있다. 위 2007다76290 판결의 사안부터 차례로 살펴본다.

① 복강경에 의한 질식 자궁적출술 등을 시행받는 과정에서 좌측 요관이 손상된 사안에서, 복강경하 질식 자궁적출술 및 자궁부속기 제거술을 시행하는 경우 일반적인 합병증으로 요관에 직접적인 손상이나 열에 의한 손상이 따를 수 있고, 골반 내 유착이 심한 때에는 그 가능성이 더욱 증가하는 것으로 보고되고 있음을 알 수 있으므로,[181)] 피고가 골반

180) 대법원 2018. 11. 15. 선고 2016다244491 판결(공2019상, 14) 및 원심인 광주고법 2016. 7. 21. 선고 (전주)2015나100421 판결(뇌염의 진단과 치료를 지체한 공동피고에 대한 책임은 인정되었다). 원심 판결에 의하면, 트리민당의정 4mg은 수술 전후의 구토, 메니에르증후군에 의한 어지러움, 이명 등에 대하여 효능효과를 가지고 있는 약물로, 유소아에서는 추체외로증상 특히 운동장애가 나타나기 쉬우므로 투여하지 않고, 14세 이하의 소아에게 투여하는 것은 금기이다. 그러나 원심은 이 사건에서 트리민당의정의 투약으로 인하여 원고에게 추체외로증상이 발생하였다거나 그로 인하여 원고의 뇌염을 조기에 진단하지 못하게 되었다고 인정하기에는 부족하다고 보았다.

181) 1심인 대전지법 2005. 11. 29. 선고 2004가단47793 판결에 의하면, "위 합병증의 발생 빈도를 보면, 국내에서 1995. 8.경까지 복강경을 이용하여 시술한 부인과

내 유착이 심한 원고에게 위 수술을 시행하는 과정에서 원고의 요관이 손상되는 결과가 발생하였다 하더라도 그에 관하여 피고에게 과실이 있다고 하기 위하여는 원고에게 발생한 요관손상이 복강경하 질식 자궁적출술 과정에서 발생할 수 있는 일반적인 합병증의 범위를 벗어난 것으로 볼 만한 사정이 있다고 인정되어야 한다는 이유로 이를 심리하지 아니한 채 피고의 과실을 인정한 원심을 파기하였다.[182)]

② 원고가 우측 액와부에 척골신경으로부터 기원하는 양성 종양인 신경초종을 제거하는 수술을 받은 후 우측 손가락에 근위축 증세 등이 나타난 사안에서, 원고가 수술 전에는 우측 상지의 운동 및 감각 기능이 모두 정상이었으나 수술 직후부터 우측 손가락 끝마디의 감각 이상을 호소하였고, 피고가 수술하면서 메젠바움 가위와 전기소작기 등을 사용하였다는 사정들은 원고의 신경 손상에 대한 피고의 의료과실을 추정할 수 있을 정도의 개연성을 갖춘 사정들이라고 보기 어렵고, 가사 이 사건 수술과정에서 미세한 신경 손상이 발생하였다고 하더라도 이러한 손상은 의료과실에 의하여 발생한 것이라기보다 원고에게 발생한 신경초종이 일반적인 것과 달리 유착이 심한 상황이어서 수술과정에서 불가피하게 발생한 것으로 볼 여지가 많고,[183)] 또한 이 사건 수술 부위에 신경초종이 재발하는 경우 등 의료상의 과실 이외에 원고에게 현재의 근위축 등의

수술 총 5,644건 중 198건에서 합병증이 발생하여 약 3.47%의 발생 빈도를 보였고 그중 약 5%가 요관 손상의 합병증이었다는 통계 보고가 있고(대한산부인과학회 발간 '부인과학' 3판), 외국 문헌{Gilmour 보고(1999년판)}을 보더라도 산부인과 수술 중 합병증으로 인하여 요관 손상이 발생할 확률이 약 14.6% 내지 0.2%라고 보고되어 있으며, 감정결과(충남대학병원장)에 의하면 복강경술에 의한 수술을 시행할 경우 일반적인 해부학적 구조하에서도 요관에 대한 직접적인 손상 및 열이 가해진 손상을 합한 합병증이 발생할 비율이 약 5% 정도이고, 자궁내막증 등으로 심한 해부학적 구조의 이상이 있는 때에는 그 비율은 약 7.8% 정도까지 상승하는 것으로 보고"되어 있다.

182) 대법원 2008. 3. 27. 선고 2007다76290 판결(공2008상, 608). 이 판결을 분석한 논문으로는 김천수, "후유장해를 둘러싼 민사책임의 쟁점들－대법원 2008. 3. 27. 선고 2007다76290 판결을 중심으로－", 의료법학 10권 2호(2009).

183) 1심 법원의 진료기록감정촉탁 결과에 의하면, 신경 손상은 이와 같은 수술에서 가장 흔한 합병증 중의 하나이며 그 유병률이 50%에 육박한다.

증상을 초래할 다른 원인이 없다고 단정하기 어렵다는 이유로 피고의 책임을 인정한 원심을 파기하였다.[184)]

③ 원고가 흉추부 후종인대골화증 등의 진단을 받고 2회에 걸쳐 흉추부 척추 융합술 및 자가골 이식술을 시행받았는데 경직성 하지마비, 배뇨·배변 장애, 성기능 장애 등이 나타난 사안에서, 원고는 후종인대골화증의 점유율이 높고 1차 수술 전에 이미 척수 손상의 증상과 소견을 보이는 등 후종인대골화증이 상당한 정도 진행한 상태였으므로, 골화된 후종인대 부위와 경막의 유착 정도가 심하였을 가능성이 커 1차 수술 시 골화된 후종인대를 제거하는 과정에서 경막이 손상되어 뇌척수액이 누출되었다고 하더라도 이는 의료과실에 의하여 발생한 것이라기보다 수술과정에서 불가피하게 발생한 결과라고 볼 여지가 많고, 전방으로 접근하는 후종인대골화증 수술법이 가지고 있는 척수 손상의 위험성과 특히 흉추부 후종인대골화증 수술 후 척수 손상이 발생할 가능성의 정도,[185)] 원고의 수술 전 상태에 의해 예상되는 수술의 예후와 수술을 하지 않는 경우의 예후, 피고 병원 의료진이 수술에 앞서 원고에게 수술 후 마비가 발생할 가능성에 대해 여러 번 강조하여 설명한 점, 재활치료 등을 통하여 원고의 하지마비 등 증상이 상당한 정도로 호전되었다가 다시 악화된 점 등에 비추어 보면, 수술이나 경막 복원 과정에서 의료상의 과실 이외에 원고에게 척수 손상을 초래할 다른 원인이 없다고 단정하기는 어렵다는 이유로 피고의 책임을 인정한 원심을 파기하였다.[186)]

---

184) 대법원 2015. 2. 26. 선고 2013다27442 판결(공2015상, 532). 이 판결에서는 2그룹 판례의 기본 판시와 위에서 본 개연성이 담보되지 않는 사정들을 가지고 막연하게 중한 결과에서 의사의 과실과 인과관계를 추정할 수 없다는 판시를 함께 설시하고 있다. 이하의 후유장해 사안들도 모두 마찬가지이다.

185) 1심의 진료기록감정촉탁 결과와 원심의 사실조회 결과에 의하면, 피고 병원 의료진이 시행한 전방으로 접근하는 후종인대골화증 수술법은 골화된 후종인대를 직접 제거할 수 있는 등의 장점이 있는 반면, 수술 도중 척수 손상 또는 경막 파열에 의한 뇌척수액 누출의 위험이 있는데, 경막과 유착된 후종인대 골화 부위를 박리할 때 척수 손상의 가능성이 높은 것으로 알려져 있고, 연구자에 따라 흉추부 후종인대골화증 수술 후 척수 손상의 가능성을 23.8% 또는 30.8%로 보고하고 있다.

186) 대법원 2015. 10. 15. 선고 2015다21295 판결.

④ 원고가 전방 접근법으로 경추 6-7번 골유합술 등을 받은 후 반회후두신경이 손상되어 우측 성대가 마비된 사안에서, 반회후두신경 손상은 전방 접근법으로 경추수술을 하는 과정에서 수술 부위를 노출시키기 위하여 불가피하게 발생하는 견인 손상으로서 그로 인한 성대마비가 영구적이더라도 일반적으로 인정되는 합병증일 가능성을 배제할 수 없어 보인다는 이유로 피고의 책임을 인정한 원심을 파기하였다.[187]

⑤ 원고가 전방 경유 요천추 추간판 수술을 받은 후 상하복교감신경총 손상으로 사정장애와 역행성 사정이 영구적으로 계속될 가능성이 높다는 진단을 받은 사안에서, 이 사건 수술 중에 상하복교감신경총이 손상되어 역행성 사정의 후유증이 발생하였다고 보더라도 그것만으로 피고의 의료상 과실을 추정할 수는 없고, 제1심의 진료기록감정촉탁 결과 등에 비추어[188] 원고의 상하복교감신경총 손상은 전방 경유술 중 박리 과정에서 불가피하게 발생하는 손상이라거나 그로 인한 역행성 사정 등의 장해는 일반적으로 인정되는 합병증으로 볼 여지가 있다는 이유로 피고의 책임을 인정한 원심을 파기하였다.[189]

다. 검 토

1) 위 판결들도 위 가.의 ⑭ 사안(분만)과 ⑯ 사안(트리민당의정 처방)을 제외하고는 모두 수술 또는 시술 중에 의료진의 과실이 있었는지가 문제된 사안들이다.

2) 증명책임 완화의 한계에 관한 위 가.항 기재 판결들의 경우, ①, ④, ⑤, ⑥, ⑧, ⑫, ⑭ 사안에서는 나쁜 결과의 발생에 다른 원인이 개재되었을 가능성을 배제할 수 없다는 사정(환자의 기왕의 건강상태, 기질

187) 대법원 2017. 9. 26. 선고 2016다578 판결.

188) 척추수술 중 역행성 사정이 발생하는 빈도는 1984년 문헌에서 0.42%로, 1995년 문헌에서는 몇 가지 사례에서 5.9%까지라고 보고되었고, 신경의 손상 정도에 따라 예후가 다르지만 약 3~5% 정도는 영구 장애로 남는다.

189) 대법원 2019. 2. 14. 선고 2017다203763 판결(공2019상, 738). 원심은 위 각주 188의 통계적 수치에 비추어 원고의 영구적 역행성 사정장애를 이 사건 수술에서 통상적으로 발생할 수 있는 합병증으로 단정하기는 어렵다고 보았으나, 대법원은 이 부분도 달리 해석한 것으로 보인다.

적 원인, 해부학적 원인 등)을 주된 근거로 들고 있고, ③, ⑦, ⑨, ⑬, ⑮, ⑯ 사안에서는 의학적 개연성이 부족한 점을 주된 근거로 들고 있으며(⑦ 사안에서는 해당 수술의 불가피한 결과일 가능성, ⑨ 사안에서는 시간적 근접성과 부위의 근접성도 분명히 인정되지 않는 점도 들고 있다), ② 사안에서는 특별한 병적인 상태가 없는 경우에도 발생할 수 있고, 다른 원인이 개재되었을 가능성도 있다는 점을, ⑩ 사안에서는 시간적 근접성도 인정되지 않고, 다른 원인이 개재될 가능성도 있으며, 해당 수술의 내재된 위험으로 볼 수도 있는 점을, ⑪ 사안에서는 출혈은 해당 수술의 일반적인 합병증 중 하나이고, 골성 출혈의 경우 지혈이 불가능한 경우도 있다는 점을 각각 근거로 들고 있다. ⑤ 사안은 병원감염 사안으로 증명책임의 전환 필요성에 관한 논의도 있는 영역인데,[190] 판례는 병원감염 이외의 다른 원인을 배제할 수 없다는 사정에 더하여 병원감염을 완전히 예방하는 것이 현대 의학기술상 불가능하다는 점도 근거로 들면서 병원 측의 책임을 부정하였다.[191] 종합하면, 시간적 근접성이나 부위의 근접성부터 문제되는 사안도 일부 있으나, 대부분의 사안에서는 타원인 개재가능성을 배제할 수 없다는 점, 의학적 개연성이 부족하다는 점(일반적인 의학지식에 비추어 문제된 의료행위로부터 그 나쁜 결과가 발생할 가능성을 생각하기 어렵다), 해당 의료행위의 내재된 위험으로 인한 불가피한 결과일 가능성이 중요하게 고려되고 있는 점을 알 수 있다.

3) 합병증과 관련된 위 나.항 기재 판결들의 경우, 문제된 나쁜 결과가 해당 수술의 일반적인 합병증, 즉 해당 수술과정에서 불가피하게

---

190) 예를 들면, 유현정(주 130).

191) 1그룹 판례인 대법원 2003. 11. 27. 선고 2001다20127 판결(공2004상, 5)은 수술 중 세균 감염이 문제된 사안에서 피고의 책임을 인정한 원심을 파기하면서, 수술 도중 노출되는 수술 부위에 공기 중에 있는 세균의 침입에 의하여 감염이 발생할 수 있으나 그 확률은 피고 병원의 경우 1% 정도에 불과한 점, 현대의학에서 수술 도중 노출되는 수술 부위에 공기 중에 있는 세균의 침입에 의하여 이루어지는 감염을 100% 방지할 수 있다는 것인지, 이 점에 관하여 피고2가 취한 조치 이외에 의사가 취할 수 있는 조치는 과연 무엇인지 등에 관하여 원고들의 구체적인 주장 · 입증도 충분치 않다는 점 등을 언급하였다.

발생한 결과로 볼 여지가 있다는 점을 주된 근거로 하고 있고, 일부 사안에서는 타원인 개재가능성을 배제할 수 없다는 사정도 함께 근거로 들고 있는데, 결국 일반적인 합병증이나 후유장해는 위 가.항 기재 판결들이 말하는 '결과 발생을 추정할 수 있을 정도의 개연성이 담보되지 않는 사정'에 해당한다.[192] '그 증상이 일반적으로 인정되는 합병증의 범위를 벗어났다고 볼 수 있는 사정이 없는 한'이라는 판시에 비추어 대법원은 일반적인 합병증의 범위를 벗어났다는 사정도 환자 측에서 추가로 증명해야 한다는 입장으로 보이는데,[193] 이에 대하여는 타원인 개입가능성이나 일반적인 수술합병증의 범위 내라는 사실은 증거와의 거리 및 증명의 용이성 등의 측면에서 의사에게 증명책임을 지우는 것이 합리적이라는 비판이 있다.[194]

4) 간접사실을 통한 과실 추정을 제한하는 위 가.항 기재 판결들에 대하여는 판례가 주의의무 위반과 악결과 사이에 개연성이라는 요건을 제시하면서 그 구체적 해결에 있어서 다시 의학적 판단이 중요한 역할을 하게 되었고, 개개 사안에 대한 판단에서는 간접사실을 통해 과실과 인과관계를 추정하고자 하는 환자 측의 주장을 개연성이 없다는 이유로 부정하는 경우가 많아졌는데, 이른바 증명부담의 완화에서 한걸음 후퇴하고 있는 것으로 이해된다는 비판도 있고,[195] 반면, 의료소송에서 환자의 증명책임 경감을 위해 인과관계를 추정하기는 하지만 현대 임상의학의 실천수준에 비추어 과연 의학적 인과관계가 성립하는 과실이 존재하는지 불명확한 경우에는 그와 같은 추정이 제한될 필요가 있다고 하여 판례의 입장을 지지하는 견해도 있다.[196]

192) 박영호, "의료소송 최신판례"(슬라이드), 2020년도 법관연수 의료소송실무 자료집, 사법연수원(2020), 9면.

193) 백경희, 의료사고 민사책임의 성립과 범위에 관한 연구－새로운 쟁점을 중심으로－, 고려대학교 박사학위 논문(2008), 98-99면도 같은 취지. 수질오염 등 공해로 인한 손해배상을 청구하는 소송에서 가해자가 배출한 유해한 원인물질의 그 유해의 정도가 사회통념상 참을 한도를 넘는다는 사실에 관한 증명책임은 여전히 피해자가 부담한다는 판례[대법원 2019. 11. 28. 선고 2016다233538, 233545 판결(공2020상, 153)]도 같은 맥락으로 보인다.

194) 김태봉(주 28), 19, 21면.

195) 이재경(주 36), 47-48, 52면.

Ⅴ. 1, 2그룹 판례의 종합 검토

1. 1그룹 판례와 2그룹 판례의 적용영역

1그룹 판례의 법리와 2그룹 판례의 법리 중 대법원이 의료소송 분야에서 확립한 좀 더 의미 있는 법리는 '일반인의 상식에 바탕을 둔 의료상의 과실'의 증명을 전제로 인과관계를 추정하는 1그룹 판례의 법리라고 생각된다. 여러 간접사실들에 의하여 의료상의 과실과 인과관계를 동시에 추정하는 2그룹 판례의 법리는 의료소송에만 특유한 법리는 아니기 때문이다. 그러나 1그룹 판례가 확립된 이후에도 2그룹 판례가 여전히 의료소송에서 과실과 인과관계의 증명에 관한 매우 중요한 한 축을 담당하고 있는 것은 증명의 정도를 완화한다 하더라도 환자 측에서 구체적인 과실을 특정하여 증명하는 것이 사실상 불가능한 의료사고가 많기 때문으로 보인다. 앞에서 검토한 1그룹 판례와 2그룹 판례에서 각각 인정된 과실 있는 행위의 유형에서도 이러한 사정이 드러난다. 1그룹 판례에서 인과관계 추정을 위해 환자 측에서 '다른 원인이 개재될 수 없다는 점'도 증명하도록 하고 있기 때문에 건강상의 결함이 있는 사안에서는 1그룹 판례 법리의 적용이 어려우므로 2그룹 판례의 법리로 유사한 결론을 이끌어내는 것 같다고 해석하기도 하나,[197] 앞서 살펴본 판례들에 의하면, 실제로 나쁜 결과와 인과관계가 문제되는 수준의 건강상 결함이나 기질적인 요인 등이 있는 경우에는 2그룹 판례의 법리에 의하더라도 타원인 개재가능성을 배제할 수 없어 과실과 인과관계를 추정하기 어려우므로, 환자 측에 건강상의 결함이 있는지 여부가 1, 2그룹 판례의 법리 중 어느 쪽을 적용하는지에 큰 영향을 주는 것으로 보이지는 않는다. 실제로 판례 중에는 하나의 사안에서 1, 2그룹 판례의 법리를 모두 설시하고 판단하는 경우도 있다.[198] 결국 실제로 1그룹 판례와 2그룹 판례의 적용영

---

196) 백경희, "의료민사책임에서의 인과관계에 관한 소고", 의료법학 17권 2호(2016), 68면.

197) 민유숙(주 41), 284, 290면.

역을 나누는 가장 기본적인 기준은 소송에서 환자 측이 의료진의 과실을 구체적으로 특정하여 증명할 수 있는지 여부라고 생각된다.

2. 1그룹 판례와 2그룹 판례에서 요구하는 증명의 정도

가. 1그룹 판례와 2그룹 판례의 구체적인 적용과 관련하여, 증명책임을 완화시킨 1그룹 판례는 의료행위 가운데 일반인의 상식에 맞지 않는 모습을 증명할 수 있는 예외적인 경우에만 적용되고, 이러한 예외적인 경우가 아닌 일반적인 경우에는 과실 존부에 관한 논쟁이 전문성의 관점에서 이루어져야 한다는 사실을 간과해서는 안 된다고 설명하는 견해도 있고,[199] 법원은 '명확한 의료행위'로 인하여 중한 결과가 발생한 경우에는 일반인의 상식을 기준으로 의사의 과실행위 및 그 결과와 사이에 타 원인이 개입하지 않았다는 점을 입증하도록 하고, 반면 '밀행적 의료행위'로 인하여 중한 결과가 발생한 경우에는 의료상 과실 외 다른 원인이 있다고 보기 어려운 간접사실들을 증명토록 하되, 이 경우 법원은 '일반인의 상식'이라는 용어를 사용하고 있지 않다는 점에서 의사의 과실 여부를 직업적 평균인의 기준에서 판단하는 것으로 보인다고 설명하는 견해도 있는데,[200] 이러한 설명은 기본적으로 1그룹 판례와 2그룹 판례가 적용되는 사안이 전혀 다른 성격을 가진 두 그룹이고, 각각의 경우에 판례가 요구하는 증명의 정도에도 차이가 있다는 입장으로 보이고, 이는 판례의 문언, 특히 1그룹 판례의 '일반인의 상식에 바탕을 둔 의료상의 과실'이라

---

198) 대법원 2006. 11. 9. 선고 2005다36816 판결, 대법원 2009. 12. 10. 선고 2008다22030 판결, 대법원 2015. 6. 23. 선고 2014다15248 판결, 대법원 2019. 2. 14. 선고 2017다203763 판결(공2019상, 738).

199) 김천수(주 1), 146면.

200) 한태일, "의료소송상 환자보호를 위한 방안의 검토－입증부담의 경감방안 및 적극적 위자료 인정의 필요성을 중심으로－", 법학논집 21권 4호, 이화여자대학교 법학연구소(2017), 72면. 한태일(주 38), 149-151면에서는 '단순·명료한 의료의 경우'(상대적으로 의료행위 자체가 보다 개방적이거나 명백하여 환자 등 일반인도 과실 및 인과관계 등을 판단하기가 상대적으로 쉽다는 특징)와 '통상적인 의료의 경우'(수술실 등 폐쇄된 공간에서 행하여지거나 의료행위 자체가 대단히 복잡하고 전문적이어서 환자 입장에서 밀행적인 특징)라고 표현하고 있다.

는 문언과 그 연원에 기초한 해석이라고 생각된다.

나. 그러나 다음과 같은 점에 비추어 보면, 대법원이 개개의 사안에서 문제되는 과실의 유형에 따라 1그룹 판례와 2그룹 판례를 분명히 나누어서 적용하고는 있지만 그렇다고 하여 현재 1그룹 판례와 2그룹 판례가 요구하는 증명의 정도에 근본적인 차이가 있는 것으로 보이지는 않는다.

1) 결과 발생을 추정할 수 있을 정도의 개연성이 담보되지 않는 사정들을 가지고 막연하게 의사의 과실과 인과관계를 추정할 수 없다는 증명책임 완화의 한계를 설정한 2002다45185 판결의 판시는 2그룹 판례에서 주로 설시되기는 하지만, 1그룹 판례에서 함께 설시되기도 한다.[201)]

2) 앞서 짧게 언급한 것처럼 하나의 판결에서 1그룹 판례의 법리와 2그룹 판례의 법리를 일반론으로 모두 판시한 경우도 있는데, 그중에는 사실관계상 당해 사건에서 문제되는 과실의 내용에 따라 두 법리가 모두 필요한 것으로 보이는 경우도 있고(즉, 과실의 내용에 따라 쟁점별로 1그룹 판례 또는 2그룹 판례를 적용),[202)] 당해 사건의 사실관계상 구체적인 판단 내용은 주로 1그룹 판례의 '일반인의 상식에 바탕을 둔 의료상의 과실 있는 행위'가 있는지 여부에 해당하나, 결론적으로 피고 측의 책임을 부정하면서 1그룹 판례의 법리에 따라 과실이 증명되었다고 보기도 어렵고 그 밖에 기록에 나타난 사정을 모두 종합해 보아도 2그룹 판례의 법리에 따라 과실을 추정하기도 어렵다고 판단한 경우(즉, 어느 쪽 판례를 적용해도 책임을 인정하기는 어렵다는 취지)도 있다.[203)] 전자의 사안을 구체적으로 보면, ① 대법원 2015. 6. 23. 선고 2014다15248 판결[204)]에서는 1그룹 판례의 법리를 판시한 후, 이에 따라 망인이 심근경색증의 전형적

---

201) 대법원 2006. 3. 9. 선고 2004다45912 판결, 대법원 2007. 4. 12. 선고 2006다22500 판결, 대법원 2007. 5. 31. 선고 2005다41863 판결, 대법원 2007. 10. 12. 선고 2005다40976 판결.

202) 대법원 2015. 6. 23. 선고 2014다15248 판결 및 대법원 2019. 2. 14. 선고 2017다203763 판결(공2019상, 738).

203) 대법원 2006. 11. 9. 선고 2005다36816 판결 및 대법원 2009. 12. 10. 선고 2008다22030 판결.

204) 위 Ⅲ. 1. 나. ㉝ 판결.

인 증상인 흉통을 호소하였음에도 그 진단에 필요한 심전도검사 등을 지체하여 전원 등 적절한 조치를 지연한 행위를 일반인의 상식에 바탕을 둔 의료상의 과실 있는 행위에 해당한다고 보았고(급성 심근경색증 치료 및 전원에 관한 과실에 관하여), 다시 2그룹 판례의 법리를 판시한 후, 이에 따라 피고에게 망인에 대한 검사 및 진단과정에서 과실이 있다고 보기 어렵다고 판단한 원심을 수긍하였으며, ② 대법원 2019. 2. 14. 선고 2017다203763 판결[205]의 경우, 앞서 2그룹 판례 중 후유장해와 합병증 관련 항목에서 살펴본 부분은 수술 중 상하복교감신경총 손상을 시켰는지에 관한 것으로 2그룹 판례의 법리가 적용되는 부분이고, 그 밖에 "원심[206]은 피고가 이 사건 수술에서 박리를 위해 수술용 클립을 사용하였음을 전제로 신경손상 예방조치를 소홀히 하였다고 보았으나 수술용 클립은 지혈을 위한 도구일 뿐이므로 피고가 이를 박리에 사용하였다고 보기 어렵다. 그 밖에 원심이 든 사정은 피고의 주의의무 위반을 인정할 만한 사유로 보기 어렵다."라고 판단한 부분은 1그룹 판례의 법리 적용과 관계된 부분이라고 볼 수 있다.

3) 위 Ⅲ.항과 Ⅳ.항에서 살펴본 1, 2그룹 판례들의 원심 판결과 1심 판결에 의하면, 두 그룹에서 대학병원이나 대한의사협회와 같은 전문적 의료지식을 갖춘 기관에 대한 진료기록감정촉탁이나 사실조회 또는 증인신문과 같은 증거절차는 실질적으로 동일한 수준으로 진행되고 있다. 즉, 1그룹 판례의 경우에도 2그룹 판례보다 더 간이하고 신속, 용이하게 과실 있는 행위가 인정되지는 않고 있다.

4) 대법원이 '일반인의 상식에 바탕을 둔 의료상의 과실'을 의료소송에서 인과관계의 추정을 위한 하나의 간접사실로 채택하고 있다고 설명

205) 위 Ⅳ. 3. 나. ⑤ 판결.

206) 원심인 서울고법 2016. 12. 8. 선고 2016나2021634 판결은 전방 경유술 과정에서 추간판 노출을 위해 박리 내지 지혈 시 손상이 발생할 수 있으므로 이를 예방하기 위해서 손가락, 피넛볼(거즈 뭉치를 말은 박리기) 등 무딘 박리기를 사용하는 것이 권장되고 있는데, 피고가 무딘 박리기가 아닌 수술용 클립을 사용한 것을 일반인의 상식에 바탕을 둔 의료상의 과실 있는 행위에 해당하는 사유로 보았다.

하는 견해도 있는데,[207] 앞서 2그룹 판례 중 2002다45185 판결의 후속 판결로 살펴본 대법원 2018. 11. 15. 선고 2016다244491 판결[208]은 피고가 소아에게 투약이 금지된 트리민당의정을 처방한 것이 진료상 과실이라고 보면서도 이러한 과실이 원고의 장애의 원인이 되었다고 인정하기 부족하다고 보아 청구를 기각한 것으로 위와 같은 설명에 부합하는 예로 볼 수 있고(소아에게 투약이 금지된 약물의 처방 자체는 '일반인의 상식에 바탕을 둔 의료상의 과실 있는 행위'에 해당하는 것으로 볼 수 있는데, 그럼에도 의학적 개연성이 부족하다고 하여 책임은 부정한 것이다), 이렇게 본다면 1, 2그룹 판례는 더욱 밀접한 관계에 있게 된다.

다. 판례의 문언으로는 1, 2그룹 판례에 분명한 차이가 있음에도 실제 적용 단계에서는 증명의 정도에 큰 차이가 없는 결과가 나타나고 있는 이유는, 일단 인과관계의 추정 자체는 1, 2그룹 판례에서 개념상 별다른 차이가 없고, 판시상으로는 과실을 일반인의 상식에 바탕을 두고 증명할 수 있느냐 아니면 과실도 개연성 있는 간접사실들에 의하여 추정해야 하느냐에 더 큰 차이가 있는데 일반인의 상식에 바탕을 둔 의료상의 과실 있는 행위가 구체적으로 무엇인지에 관하여 상세한 기준이 제시된 바 없고, 실제로 문제되는 사안은 정말 일반인의 상식만으로 판단이 가능한 사안은 아닌 경우가 대부분이다 보니 1, 2그룹 모두 증거절차에서 가능한 한 전문가인 의사의 도움을 받아 판단의 근거자료(의학지식)를 최대한 확보한 후 이를 기초로 판단할 수밖에 없기 때문으로 보이는데, 이는 1그룹 판례와 2그룹 판례가 처음 형성될 무렵에 예상했던 것과는 다른 결과일 수도 있다. 다만, 앞서 본 바와 같이 1그룹 판례에서 일반인의 상식에 바탕을 둔 의료상의 과실 있는 행위가 일단 인정된 사안에서는 결과적으로 모두 손해배상책임이 인정된 점에 비추어, 비록 다른 원인이 개재될 수 없다는 점까지 증명해야 인과관계를 추정할 수 있다고 하더라도, 환자 측에서 과실을 특정하여 증명한 경우에는 과실부터 추정해야

---

207) 박영호(주 35), 119면; 유현정(주 130), 132면, 각주 26.

208) 위 Ⅳ. 3. 가. ⑯ 판결.

하는 사안보다는 조금 더 용이하게 환자 측이 증명에 성공할 수 있는 것 같다.

3. 의료소송에서 인과관계의 특징

가. 책임의 성립요건으로서의 인과관계(사실적 인과관계)의 강조

대법원은 불법행위나 채무불이행으로 인한 손해배상책임을 인정하기 위한 인과관계에 관하여 손해배상책임 성립의 문제와 범위의 문제를 구별하지 않고 상당인과관계설에 따라 판단해 왔고,[209] 이러한 입장은 의료과실로 인한 손해배상소송에서도 마찬가지이다.[210] 그러나 예를 들어 교통사고와 같은 경우 피해자의 손해가 그 교통사고로 인한 결과인지는 별로 문제되지 않고 피해자에게 생긴 손해 중 어느 범위의 손해가 당해 교통사고로 인한 손해인지가 주로 문제되는 것과 달리, 의료소송의 경우에는 과연 환자에게 발생한 나쁜 결과가 당해 의사의 과실로 인하여 발생하였는지 여부, 즉 책임 성립의 인과관계 내지 사실적 인과관계의 존부 판단이 매우 어렵고 중요하다는 점이 의료소송에서의 인과관계를 검토한 여러 문헌에서 공통적으로 강조되고 있는데,[211] 이러한 특징은 환자 측이 나쁜 결과 발생을 추정할 수 있을 정도의 개연성이 담보되는 사정들을 충분히 증명하였는지 엄격하게 판단하고 있는 앞에서 살펴본 판례들에서

---

209) 송덕수, 채권법총론(5판), 박영사(2020), 174면; 송덕수, 채권법각론, 박영사(2014), 494면; 양창수 · 권영준(주 2), 606면; 이은영, 채권각론(5판), 박영사(2005), 775면.

210) 용어 자체를 명시한 근래의 판결로는 대법원 2012. 1. 27. 선고 2009다82275, 82282 판결(공2012상, 314)(특별한 사정이 없는 한 피고1의 과실과 망인의 뇌손상, 나아가 사망 사이에 상당인과관계가 있다고 추정된다), 대법원 2018. 12. 13. 선고 2018다10562 판결(공2019상, 272)(주의의무 위반과 환자에게 발생한 악결과 사이에 상당인과관계가 인정되지 않는 경우에는 그에 관한 손해배상을 구할 수 없다) 등이 있다.

211) 김선중(주 149), 441-442면; 김재윤(주 1), 97-99면; 김천수(주 14), 303면; 박영호, "의료소송과 사실적 인과관계", 사법논집 35집, 법원도서관(2002), 148-149, 284-288면; 범경철, 의료과오소송에 관한 연구, 전북대학교 박사학위 논문(2001), 242, 243, 247면; 신현호 · 백경희(주 1), 184-186면; 이덕환(주 149), 66-67면; 이수경, "의료과오소송에서의 인과관계와 입증책임", 판례연구 22집, 서울지방변호사회(2008), 264-266면; 최재천 · 박영호(주 1), 784-787면.

도 찾아볼 수 있다.

나. 다른 영역과의 비교

우리 판례가 의료소송에서 인과관계 판단에 있어 법적·규범적 요소보다는 사실적 인과관계를 중요시하고 있다는 특징은 다른 영역 판례들의 판시와 비교해 보아도 드러난다. 예를 들면, 판례는 ① 공해소송에서는 「가해기업은 기술적·경제적으로 피해자보다 원인조사가 용이할 뿐만 아니라 자신이 배출하는 물질이 유해하지 않다는 것을 입증할 사회적 의무를 부담한다」거나,[212] 「공해문제에 관하여는 현재의 과학수준으로도 해명할 수 없는 분야가 있기 때문에 가해행위와 손해의 발생 사이의 인과관계를 구성하는 하나하나의 고리를 자연과학적으로 증명한다는 것이 매우 곤란하거나 불가능한 경우가 많으므로, 이러한 공해소송에 있어서 피해자에게 사실적인 인과관계의 존재에 관하여 과학적으로 엄밀한 증명을 요구한다는 것은 공해로 인한 사법적 구제를 사실상 거부하는 결과가 될 우려가 있는 반면에, 가해기업은 기술적·경제적으로 피해자보다 훨씬 원인조사가 용이한 경우가 많을 뿐만 아니라, 그 원인을 은폐할 염려가 있기 때문에, 가해기업이 어떠한 유해한 원인물질을 배출하고 그것이 피해물건에 도달하여 손해가 발생하였다면 가해자 측에서 그것이 무해하다는 것을 입증하지 못하는 한 책임을 면할 수 없다고 보는 것이 사회형평의 관념에 적합하다」고 판시하여[213] 공해문제 역시 현재의 과학수준으로도 해명할 수 없는 분야가 있다는 점을 인정하면서도 가해기업 측의 증명을 규범적으로 더 강하게 요구하고 있고, ② 의약품의 제조물책임이 문제된 사안에서는 「제약회사가 제조한 혈액제제를 투여받기 전에는 감염을 의심할 만한 증상이 없었고, 그 혈액제제를 투여받은 후 바이러스 감염이 확인되었으며, 그 혈액제제가 바이러스에 오염되었을 상당한 가능성이 있다는 점을 증명하면, 제약회사가 제조한 혈액제제의 결함 또는 제약회사

212) 대법원 2004. 11. 26. 선고 2003다2123 판결(공2005상, 20).

213) 대법원 2009. 10. 29. 선고 2009다42666 판결(공2009하, 1987), 대법원 2012. 1. 12. 선고 2009다84608, 84615, 84622, 84639 판결(공2012상, 233).

의 과실과 피해자의 감염 사이의 인과관계를 추정」할 수 있고, 「제약회사는 자신이 제조한 혈액제제에 아무런 결함이 없다는 등 피해자의 감염원인이 자신이 제조한 혈액제제에서 비롯된 것이 아니라는 것을 증명하여 추정을 번복시킬 수 있으나, 단순히 피해자가 감염추정기간 동안 다른 회사가 제조한 혈액제제를 투여받았거나, 수혈을 받은 사정이 있었다는 것만으로는 그 추정이 번복되지 않는다」고 하여[214] 타원인 개입가능성의 문제를 인과관계 추정 번복의 문제로 다루고 있는데,[215] 이는 앞서 살펴본 바와 같이 의료소송에서 2그룹 판례는 '타원인 개입가능성 배제'를 과실과 인과관계를 추정하기 위한 주요한 간접사실로 보고 있고, 1그룹 판례도 '다른 원인이 개재될 수 없다는 점'을 인과관계 추정을 위해 환자 측이 증명해야 할 요건으로 보고 있는 것과 차이가 있으며, ③ 그 밖에 보험약관상 '상해의 직접 결과로 사망하였을 때'에 해당하는지, '우발적인 외래의 사고'로 인하여 사망하였는지 등이 문제된 보험금 사안에서는 「민사분쟁에 있어서의 인과관계는 의학적·자연과학적 인과관계가 아니라 사회적·법적 인과관계이므로, 그 인과관계는 반드시 의학적·자연과학적으로 명백히 입증되어야 하는 것은 아니」라고 하여[216] 인과관계의 법적인 성격을 보다 강조하고 있다.

다. 검 토

판례가 의료소송에서 사실적 인과관계를 중요시한다는 것은 결국 의학적 인과관계를 중요시한다는 의미라고 볼 수 있는데, 이러한 입장을 취하게 된 이유는 엄밀한 수준의 의학적 인과관계의 판단과 법적 인과관계의 판단에는 차이가 있을 수밖에 없으나, 그렇더라도 가능한 한 그 간극을 줄이는 것이 결국은 객관적인 타당성을 확보하여 신뢰를 받을 수

---

214) 대법원 2011. 9. 29. 선고 2008다16776 판결(공2011하, 2197), 대법원 2017. 11. 9. 선고 2013다26708, 26715, 26722, 26739 판결(공2017하, 2280).

215) 문현호, "혈액제제 제조물책임 소송과 증명책임－대법원 2011. 9. 29. 선고 2008다16776 판결과 관련하여－", 의료법학 12권 2호(2012), 110-114면.

216) 대법원 2000. 3. 28. 선고 99다67147 판결(공2000상, 1059), 대법원 2010. 9. 30. 선고 2010다12241, 12258 판결(공2010하, 1975), 대법원 2014. 6. 12. 선고 2013다63776 판결, 대법원 2018. 8. 30. 선고 2018다228356 판결 등.

있고, 결과의 왜곡을 가져오지 않으며, 과실책임의 원칙에 충실하기 때문은 아닐까 생각된다.[217] 그리고 공해소송이나 제조물책임과 같은 영역과도 다소 차이가 있는 것은, 의사가 전문가로서 환자 측에 비하여 압도적인 전문적 지식을 보유하고 있어 증명과정에서 유리하다 하더라도, 의료소송은 기본적으로 당해 의료사고의 환자와 의사 내지 병원 사이의 1 대 1 구조이고, 의학지식의 한계 이외에 인체의 개별적인 특성과 예측불가능성도 문제된 나쁜 결과의 해명을 더욱 어렵게 하는 측면이 있으며, 의료소송의 출발점이 되는 의료행위는 대부분의 경우 환자의 생명과 신체 보호를 위하여 제공된 것이고, 환자 측의 증명의 어려움과 구제의 필요성을 고려하더라도 의사 측의 책임 인정 여부를 무과실책임에 가깝게 운용하는 것이 과연 정책적으로 바람직한 것인지에 관해서도 명확한 결론을 내리기 어려운 점[218]·[219] 등이 복합적으로 영향을 미치는 것으로 보인다.

---

217) 석희태(주 38), 202면 및 신현호·백경희(주 1), 314면도 같은 취지.

218) 법경제학의 측면에서 의료소송을 검토한 문헌으로는 이종인, 불법행위법의 경제학, 한울아카데미(2010), 275-300면; 이화연, "의료과오로 인한 손해배상책임에 관한 법경제학적 고찰－불확실성과 불법행위책임에서의 과실 판단 문제를 중심으로－", 2018년도 법관연수 어드밴스 과정 연구논문집, 사법연수원(2019).

219) 이러한 특성은 입법 현황에도 나타난다. 예를 들면, 환경정책기본법 제44조에서는 무과실책임을 규정하고 있고, 환경오염피해 배상책임 및 구제에 관한 법률은 제6조에서 사업자의 환경오염피해에 대한 무과실책임을, 제9조에서 인과관계의 추정을 규정하고 있으며, 제조물책임법은 제3조에서 제조물의 결함을 귀책의 근거로 삼고 있고 제3조의2에서는 결함 등의 추정에 관하여 규정하고 있는 것과 달리, 의료분야의 경우 의료사고 피해구제 및 의료분쟁 조정 등에 관한 법률이 2012. 4. 8.부터 시행되었으나 여기에는 제17대 국회에서 논의된 바 있는 의료진의 무과실책임규정(입증책임 전환에 관한 규정)은 포함되어 있지 않고, 2011년 제3기 민법개정위원회 제5분과위원회에서는 민법상 의료계약의 신설을 논의하면서 일련의 대법원 판결들에 근거하여 의료상 과실의 추정과 인과관계의 추정에 관한 규정을 제안하였으나, 2012년 제4기 민법개정위원회 실무위원회에서는 주의의무 위반으로 인한 손해배상책임을 규정할 필요는 있으나 현재의 판례법리가 그 이론적 근거나 적용범위의 면에서 확고하지 않은 상황에서 과실과 인과관계의 추정에 관하여 명문으로 규정하는 것에는 신중을 기할 필요가 있다는 입장을 제시하였다. 김재윤(주 137), 30면; 박수곤, "의료계약의 민법편입과 과제", 민사법학 60호(2012. 9.), 256-262면.

Ⅵ. 결 론

지금까지 대법원 1995. 2. 10. 선고 93다52402 판결이 선고된 이후 의료소송에서 과실과 인과관계의 증명에 관한 판례의 흐름을 1그룹 판례와 2그룹 판례로 나누어 상세히 살펴보고, 두 그룹의 적용영역과 실제 요구하는 증명의 정도, 의료소송에서 인과관계의 특징도 검토해 보았다. 우리 판례에 대하여는 법원이 환자의 증명책임을 경감하는 데에 인색하고 최근 그 완화 경향에 역행함으로써 보수화되어 가고 있다는 비판이 있고,[220] Ⅳ.의 3.항에서 살펴본 것처럼 실제로 2010년대에 결과 발생을 추정할 수 있을 정도의 개연성을 담보할 만한 사정이나 일반적으로 인정되는 합병증의 범위를 벗어났다고 볼 수 있는 사정 등을 강조하면서 의사 측의 책임을 인정한 원심을 파기한 대법원 판결이 상당히 많이 선고된 점에 비추어 위와 같은 비판에도 수긍이 가는 면이 있기는 하나, 기본적으로 판례는 의료소송에서 환자 측의 증명책임을 완화하면서도 의사 측에 과도한 책임을 지우지 않도록 균형을 잡으려 노력하고 있는 것으로 생각된다.

판례에서 가장 아쉬운 점은 일반론으로서는 의료소송에서 과실과 인과관계의 증명을 완화하는 법리를 확립하고 있으나, 실제 사안에 적용할 수 있는 기준 제시는 구체적이지 않고, 특히 '일반인의 상식에 바탕을 둔 의료상의 과실'의 의미가 여전히 모호한 면이 있으며,[221] '일반인의 상식에 바탕을 둔 의료상의 과실'이라는 문언 자체로 파악되는 의미와 실제로 그 법리가 적용된 대법원 판례에서 인정된 과실의 의미가 꼭 일치하지는 않아서 더 이해에 혼동을 주는 면이 있다는 점이다. 의료행위의 특성상 표현증명론 내지 일응의 추정론에서 말하는 고도의 개연성 있는 경험법

220) 김태봉(주 28), 19면. 신현호, "우리나라 의료판례 변화에 대한 비판적 고찰", 의료법학 15권 1호(2014), 93-105면도 같은 취지.

221) 김태봉(주 28), 16면; 박영호(주 35), 123면; 전병남(주 4), 349면; 한태일(주 200), 85면.

칙이나 정형적 사상경과를 찾아내기는 어려운 면이 있으나,[222] 이제 대법원 판례뿐만 아니라 다양한 의료행위의 분야별로 하급심 판례도 상당한 양이 축적되어 있는 만큼, 이를 체계적으로 잘 정리하고 분석하여 간접사실을 유형화하려는 노력,[223]·[224] 앞서 살펴본 뇌성마비에 관한 판시처럼 가능한 범위에서 분야별로 또는 쟁점별로 구체적인 판단기준을 정립해 나가는 노력이 필요하며,[225] 그 밖에 각종 통계적인 요소를 어떻게 해석하여 고려해야 하는지 등에 대한 정확한 이해를 높이는 노력도 필요할 것이다.

마지막으로 흥미로운 연구결과를 소개하면, 의료소송에 관한 판결례를 분석하여 의학적 관점에서의 분석과 판결의 결론으로 드러난 법률적 관점에서의 분석을 비교한 것으로, 의학적 관점에서는 예방할 수 있다고 분석되었으나 실제 판결에서 인정된 책임 비율은 낮은 불일치 사안이 약 30% 정도 나타났다고 하면서, 진료경과가 잘 드러나는 분만이나 수술과 같은 경우는 판례에서 엄격하게 심리된 것으로 보이나, 잘 드러나지 않고 잠복되어 있는 '진찰 및 진단, 그리고 검사단계'와 '처치 투약 단계'의 심리는 간과된 면이 있었다고 판단되고, 의학적 관점에서 예방가능하다고 본 사례 중에는 시스템적 요소에 문제가 있는 경우가 많았는데 법률적

222) 범경철(주 4), 266면; 신은주(주 4), 32-33면; 이덕환(주 149), 73면.

223) 박종권(주 4), 597-602면에서는 인과관계 판단은 '다른 원인과의 판별 문제'와 '회피가능성의 문제'라는 두 측면에서 각각 판단방향이 다르고 중요시되는 간접사실의 유형에도 차이가 있다고 설명하고 있다.

224) 과실과 인과관계의 판단을 위해 고려할 수 있는 제반사정이나 간접사실 또는 고려요소들이 의료과오의 유형마다 다른 것을 전제로, 2001. 1.부터 2005. 11.까지 판결례들을 분석하여 진단형 과오, 치료형 과오, 설명형 과오로 구분하여 각 유형별로 고려될 수 있는 제반사정이나 기타 고려요소를 정리한 것으로 박주현, 의료과오소송에 있어서 과실과 인과관계의 인정에 관한 연구, 서울대학교 박사학위 논문(2008)이 있고, 분야별로 판례를 분석한 예로는 최규연, "마취 관련 의료사고 시 주의의무–법원 판결 사례를 중심으로–", 의료법학 18권 1호(2017) 및 홍기만, "분만과 관련된 의료과오소송에서의 의료준칙", 청연논총 8집, 사법연수원(2011).

225) 다만, 의학지식이 계속 발전함에 따라 판단의 기준 자체가 변경될 수 있다는 사정 또한 고려되어야 할 것이다. 예를 들면, 통계적 수치를 포함한 앞서 본 뇌성마비에 관한 판시의 경우, 2010년까지 반복하여 판시되었으나 그 이후에는 잘 보이지 않는다.

관점에서는 시스템적 요소가 의료사고의 원인으로 영향을 미친 사실에 대한 고려를 상대적으로 덜한 것으로 평가되며, 감정절차에서 병원 내 시스템적 요소에 대한 것은 시스템 자체를 쟁점으로 삼지 않는 한 거의 배제되는데 이는 향후 법률적 관점에서도 깊이 다루어야 할 것으로 생각된다는 검토의견을 제시하였는바,[226] 경청할 필요가 있는 의견이라고 생각된다.

앞으로 어느 한쪽에 치우침이 없으면서도 적정하고 충분한 권리 구제가 이루어질 수 있도록 의료소송에서 과실과 인과관계의 증명에 관한 대법원 판례가 좀 더 구체적인 기준까지 제시하면서 발전해 나가기를, 그리고 지금까지 차곡차곡 쌓여 온 많은 판례들을 기초로 좀 더 세부적인 분야별 연구가 진행되기를 기대한다.

226) 윤성철, "감정이 의료분쟁 조정에 미치는 영향－의료소송 판례 분석을 통하여－, 분쟁해결 2권, 한국조정학회(2016), 55-60면. 이 글은 한국의료분쟁조정중재원 용역사업(2013)의 「예방적 관점에서의 의료분쟁 판례분석」에 기초한 것인데, 위 용역결과 자체를 직접 확인하지는 못하였다.

[Abstract]

The Proof of Negligence and Causation in Litigation for Damages Due to Medical Negligence

– Focused on Analyzing the Supreme Court Decisions –

Song, Hae Jung*

The Supreme Court admits that it is extremely difficult for the patient to perfectly prove the breach of the duty of care in medical treatment and causation between medical negligence and the patient's damages in medical sense due to the special nature of medical care, therefore the Supreme Court has taken the position that it is necessary to ease the patient's burden of proof. Since the Supreme Court Decision 93Da52402 delivered on February 10, 1995, the Supreme Court decisions on proving negligence and causation in litigation for damages due to medical negligence(hereinafter 'medical litigation') have formed two categories: one is to presume causation after proving negligence based on common knowledge(hereinafter 'first group'); the other is to presume both negligence and causation based on indirect facts(hereinafter 'second group').

This paper firstly reviews the basic contents of first group and second group, and then analyzes concretely how the legal principles the above two groups of Supreme Court decisions present are applied in real cases, and finally examines the areas to which each group is applied, the degree of proof actually required, and the characteristic of causation in medical litigation.

Some criticize that the Supreme Court is too strict to ease the patient's

* Judge, Daejeon High Court(Cheongju Branch).

burden of proof, but in my opinion, the Supreme Court is basically trying to balance between reducing the patient's burden of proof and not imposing excessive liability on the doctor.

[Key word]

- medical negligence
- common knowledge
- presumption of causation
- to ease the burden of proof

참고문헌

[단 행 본]

김선중, 의료사고 손해배상소송, 육법사(2014).

김용담(편집대표), 주석 민법 채권각칙(7) 4판, 한국사법행정학회(2016).

김재윤, 의료분쟁과 법, 율곡출판사(2015).

김홍엽, 민사소송법(5판), 박영사(2014).

노갑영, 의료법과 의료분쟁의 이해, 마인드탭(2018).

박영호, 의료분쟁과 법, 법문사(2005).

사법연수원, 특수불법행위법 연구(2014).

송덕수, 채권법각론, 박영사(2014).

______, 채권법총론(5판), 박영사(2020).

송상현 · 박익환, 민사소송법(신정7판), 박영사(2014).

신현호 · 백경희, 의료분쟁조정 소송 총론, 육법사(2011).

양창수 · 권영준, 민법 Ⅱ(권리의 변동과 구제), 박영사(2015).

이덕환, 의료행위와 법(전정판), 현문사(2010).

이시윤, 신민사소송법(14판), 박영사(2020).

이은영, 채권각론(5판), 박영사(2005).

이종인, 불법행위법의 경제학, 한울아카데미(2010).

전병서, 강의 민사소송법, 박영사(2018).

최재천 · 박영호, 의료과실과 의료소송, 육법사(2002).

한충수, 민사소송법(2판), 박영사(2018).

호문혁, 민사소송법(13판), 법문사(2016).

[논　　문]

김도형, "인과관계의 부인과 의료상 과실에 대한 손해배상책임", 민사판례연구 30권(2008).

김만오, "의료과오에 관한 판례의 동향", 민사법학 27호(2005).

김민규, "우리나라 의료과실과 인과관계의 증명책임에 관한 판례법리의 검토", 법학논총 21집 3호, 조선대학교 법학연구소(2014).

김민규, "의료수준론", 법이론과 실무 4집, 영남민사법학회 · 영남민사소송법학회(2001).

김선중, "새로운 심리방식에 따른 의료과오소송의 심리와 실무상 제문제", 재판자료 97집, 법원도서관(2002).

김영두, "의료소송에 있어서의 입증책임과 판례의 경향", 충남대학교 법학연구 18권 2호(2007).

김용빈, "의료과오소송에 있어 입증책임 완화에 따른 의료과실의 의미와 판단기준", 의료법학 9권 1호(2008).

김재윤, "의료과실소송에서 과실과 인과관계의 입증－의료분쟁조정법상 인과관계 추정규정의 도입방안 을 중심으로－", 일감법학 23호, 건국대학교 법학연구소(2012).

김천수, "불법행위법의 확장과 의료과오책임의 현대적 동향", 사법 21호(2012).

______, "진료과오책임의 입증 및 설명의무의 이행－대법원 1999. 9. 3. 선고 99다10479 판결－", 의료법학 창간호(2000).

______, "후유장해를 둘러싼 민사책임의 쟁점들－대법원 2008. 3. 27. 선고 2007다76290 판결을 중심으로－", 의료법학 10권 2호(2009).

김태봉, "의료과오소송에서 증명책임의 경감－대법원 2019. 2. 14. 선고 2017다203763 판결을 중심으로－", 법학논총 39권 4호, 전남대학교 법학연구소(2019).

노태헌, "의료소송에서의 책임인정과 비용-효과 분석", 의료법학 5권 2호(2004).

문현호, "의료소송의 심리", 2020년도 법관연수 의료소송실무 자료집, 사법연수원(2020).

______, "혈액제제 제조물책임 소송과 증명책임－대법원 2011. 9. 29. 선고 2008다16776 판결과 관련하여－", 의료법학 12권 2호(2012).

민유숙, "의료과오로 인한 손해배상소송에 있어서 인과관계 과실의 추정과 설명의무", 대법원판례해설51호(2005. 6.).

박수곤, "의료계약의 민법편입과 과제", 민사법학 60호(2012. 9.).

______, "프랑스법상 의사책임분야에서의 인과관계와 소멸시효론에 관한 소고", 의료법학 15권 2호(2014).

박영호, "의료과실소송에 있어서 과실과 인과관계의 입증과 그 방법", 저스티스 77호(2004).

______, "의료소송과 사실적 인과관계", 사법논집 35집, 법원도서관(2002).

______, "의료소송 관련 판례 정리", 2020년도 법관연수 의료소송실무 자료집, 사법연수원(2020).

______, "의료소송 최신판례"(슬라이드), 2020년도 법관연수 의료소송실무 자료집, 사법연수원(2020).

박종권, "의료과오의 인과관계에 관한 입증경감", 의료법학 5권 1호(2004).

박주현, 의료과오소송에 있어서 과실과 인과관계의 인정에 관한 연구, 서울대학교 박사학위 논문(2008).

박태신, "판례에 나타난 '의료수준'의 내용에 관한 연구", 홍익법학 17권 2호(2016).

박형준, "의료과오소송의 심리상 문제점", 실무논단, 서울지방법원(1997).

범경철, 의료과오소송에 관한 연구, 전북대학교 박사학위 논문(2001).

______, "의료과오소송에 있어서의 입증책임", 의료법학 3권 1호(2002).

백경희, "의료민사책임에서의 인과관계에 관한 소고", 의료법학 17권 2호(2016).

______, 의료사고 민사책임의 성립과 범위에 관한 연구-새로운 쟁점을 중심으로-, 고려대학교 박사학위 논문(2008).

석희태, "의료과오소송 원고의 증명부담 경감-대법원 판례상 '일반인의 상식' 문언을 중심으로-", 의료법학 8권 2호(2007).

손용근, "손해배상소송상의 의료과실(1)-논점의 분석과 제언에 중점을 두어", 법이론의 실무적탐구, 도서출판 오래(2011).

______, "의료과오소송에 있어서 증명의 경감-대법원 최근 판례를 중심으로-", 비교사법 3권 1호(1996).

______, "의료과오소송의 입증경감에 관한 판례의 최근 동향", 민사법연구 7집(1999).

신은주, "의료과오소송 입증책임론의 전개와 발전", 의료법학 9권 1호(2008).

신현호, "우리나라 의료판례 변화에 대한 비판적 고찰", 의료법학 15권 1호(2014).

유현정, "병원감염 사건에서 사실상 증명책임 전환의 필요성 및 그 근거로서 안전배려의무에 관한 검토", 의료법학 15권 2호(2014).

윤성철, "감정이 의료분쟁 조정에 미치는 영향-의료소송 판례 분석을 통하여-, 분쟁해결 2권, 한국조정학회(2016).

이덕구 · 김기영, "발치 시 설신경의 손상에 대한 치과의사의 책임에 대한 고찰－대법원 2016. 3. 2 선고 2014다10113 판결(파기환송)을 중심으로－, 법학연구 25권 4호, 경상대학교 법학연구소(2017).

이동신, "미국의 의료과오소송에 관한 최근 판례의 동향", 재판자료 80집, 법원도서관(1988).

이동진, "위험영역설과 증거법적 보증책임: 증명책임 전환의 기초와 한계", 저스티스 138호(2013).

이수경, "의료과오소송에서의 인과관계와 입증책임", 판례연구 22집, 서울지방변호사회(2008).

이재경, "의료사고에 있어서 과실－과실판단에 대한 판례의 태도를 중심으로－", 의료법학 17권 2호(2016).

이재운, 의료과오소송의 증명책임 경감에 관한 분석적 연구－적용 이론과 최근 판례를 중심으로－, 연세대학교 석사학위 논문(2016).

이화연, "의료과오로 인한 손해배상책임에 관한 법경제학적 고찰－불확실성과 불법행위책임에서의 과실 판단 문제를 중심으로－", 2018년도 법관연수 어드밴스 과정 연구논문집, 사법연수원(2019).

전병남, "의료소송에서의 입증책임의 완화", 의료법학 2권 2호(2001).

조재건, "의료과오소송에 있어서의 입증책임", 민사법연구 8집(2000).

최규연, "마취 관련 의료사고 시 주의의무－법원 판결 사례를 중심으로－", 의료법학 18권 1호(2017).

한태일, "의료소송상 환자보호를 위한 방안의 검토－입증부담의 경감방안 및 적극적 위자료 인정의 필요성을 중심으로－", 법학논집 21권 4호, 이화여자대학교 법학연구소(2017).

______, "임플란트 시술상 의료과오의 소송상 쟁점에 관하여－계약의 법적 성격 및 입증책임 완화를 중심으로－", 의료법학 19권 1호(2018).

홍기만, "분만과 관련된 의료과오소송에서의 의료준칙", 청연논총 8집, 사법연수원(2011).

홍기문, "의료과오소송에 있어서 증명책임의 완화", 보건의료법의 현대적 과제, 도서출판 fides(2006).

의사-환자 관계의 (사)법적 기초*

이 동 진**

■요 지■

이 글에서는 의사-환자 관계의 (사)법적 기초를 검토하였다. 이 관계는 의사의 치료적 침습을 소극적으로 정당화하는 동의와 그 대체물, 적극적 권리·의무를 부여하는 계약과 그 대체물로 나누어 볼 수 있다. 전자에 관하여는 우선 동의가 신체와 건강에 대한 인격권에서 도출되고, 기본적으로 법률행위에 해당한다는 점이 드러난다. 설명의무는 동의의 유효요건으로 볼 수도 있지만 별개의 의무로 볼 수도 있고, 오히려 별개의 의무로 보는 경우에 더 나은 규율을 제공할 수 있다. 환자에게 의사능력이 없어 동의를 할 수 없는 경우 후견인 등도 없다면 추정적 동의가 활용된다. 이러한 추정적 동의는, 치료에 대한 동의인 한, 사무관리법의 적용으로 파악된다. 다만, 사무관리에 관하여 보충성 요건과 공익 내지 객관적 이익의 고려가 추가되어야 한다. 후자에 관하여는 불법행위책임이 널리 인정되고 의료법 등 공법상 규제가 이미 광범위하게 가해지고 있는 상황에서 누가 계약 당사자인가 하는 점은 결국 비용부담관계의 문제임이 드러난다. 그 이외의 측면은 극히 드문 경우에 한하여 사적 자치에 맡겨지고 계약에 의하더라도 공법적 규제와 신인의무(信認義務)가 중심을 이룬다. 의식이 없다는 등의 이유로 계약이 인정되지 아니하는 경우 사무관리법이 개입하나 결과는 같다. 의료법상 체약강제가 있으므로 사무관리법도 위와 같은 제약을 존중하여야 한다. 당사자의 자기결정보다는 사실상의 치료의 인수와 그로부터 발생하는 신인의무가 결정적으로 작용하는

* 하계 심포지엄에서 지정토론자로 유익한 지적을 해 준 박인환 교수에게 감사드린다.

** 서울대학교 법학전문대학원 교수.

것이다. 의사-환자 관계는 인격권, 동의, 계약, 사무관리, 불법행위 등 전통적인 법리로 충분히 해명될 수 있지만, 그 결과 그러난 전체상은 오히려 신인관계에 기초하고 사법과 공법, 사회법 사이에 있는 하나의 사회적 제도로서 의료라고 할 수 있다.

[주 제 어]
• 의사-환자 관계
• 동의
• 추정적 동의
• 사무관리
• 계약 당사자 확정
• 신인의무

Ⅰ. 들어가며

의료행위에 있어서 환자의 자기결정권이 강조되고 다른 한편 의료서비스 제공에 대한 국가개입이 확대되면서 의사-환자 관계(Physician-Patient Relationship)도 중대한 현실적 변화를 겪어왔다. 이러한 현실적 변화는 의사-환자 관계의 법적 이해에도 영향을 주게 마련이다. 오늘날 한편으로는 의사-환자 관계에 관하여 보다 사법적(私法的)인 이해, 사적 자치를 강조하는 입장이,[1] 다른 한편으로는 의사-환자 관계를 전면적으로 공법적으로 구성하는 입장이[2] 동시에 주장되는 것을 이러한 관점에서 이해해볼 수 있다.

이 글에서는 의사-환자 관계의 (사)법적 기초를 규명하고자 한다. 의사-환자 관계의 법적 기초에 관한 논의는, 의료과오책임의 요건이나 그 증명에 관한 논의와 달리, 구체적 분쟁의 해결에는 드물게 관계할 뿐이다. 그러나 이는 개개의 법리들로부터 포괄적인 체계로 나아가려는 지성의 자연스러운 경향을 만족시켜줄 뿐 아니라, 적어도 몇몇 부수적 문제를 수미일관하게 해결하는 데도 도움을 준다. 다른 한편 이는 의사-환자 관계가 어떠하여야 하는가에 대한 일정한 관념을 전제한다. 이 문제가 다분히 이론적이지만 그런 만큼 본질적이기도 한 이유이다.

이 글의 구성은 다음과 같다. 먼저 Ⅱ.에서는 오늘날 의료행위의 법적 기초를 이루는 환자의 동의(consent; Einwilligung)의 법적 구성과 세부쟁점을 살펴본다. 이어 Ⅲ.에서는 의료행위에 관한 의사와 환자의 권리·

---

1) 그 대표적인 예로 근래 다시 대두하고 있는 의료계약의 법전화(法典化)론을 들 수 있다. 가령 김민중, "진료계약: 판례로 형성된 원칙에서 전형계약으로", 사법 제28호(2014), 48면 이하. 2009년부터 시작된 민법개정작업 중 2011년 제3기 민법개정위원회 제5분과위원회의 의료계약 민법편입 제안과 이를 둘러싼 위원회에서의 논의에 관하여는 박수곤, "의료계약의 민법편입과 과제", 민사법학 제60호(2012), 193면 이하.

2) 가령 이상덕, "재판권의 계륵(鷄肋)인 의료소송, 그 한계와 대안", 윤진수·한상훈·안성조 대표편집 법의 딜레마, 2020, 271면 이하; 동, "국민건강보험제도가 의료배상책임에 미치는 영향", 대한의료법학회 2019년 동계공동학술대회 자료집 의료기관 개설과 의료과오의 새로운 쟁점, 2019.

의무의 법적 기초를 살펴본다. Ⅱ.는 의료적 침습(侵襲)의 소극적 정당화, Ⅲ.은 의료행위에 대한 적극적 요청을 다룬다고 할 수도 있겠다. Ⅳ.에서는 의사-환자 관계의 여러 측면을 종합하고 오늘날 논의되고 있는 의료계약 입법론에 대한 소견을 밝힌다.

Ⅱ. 의사-환자 관계의 소극적 기초: 동의와 그 대용물

1. 동 의

가. 환자 자신의 동의

의료행위는 '의학적 전문지식을 기초로 하는 경험과 기능으로 진찰, 검안, 처방, 투약 또는 외과적 시술을 행하여 하는 질병의 예방 또는 치료행위'를 말한다.[3] 의학적 전문지식을 기초로 한 경험과 기능에 의한 개입인 이상 일정한 교육과 훈련을 갖추어 자격을 취득한 의료인(만)이 합법적으로 할 수 있고, 이 점에서 의료인의 직업상 행위이지만, 그것이 동시에 누군가의 신체적·정신적 건강의 유지·개선을 위한 개입인 이상 그, 즉 환자의 인격권에도 관계할 수밖에 없다. 오늘날 의료행위가 환자의 자기결정에 근거하고, 또 근거하여야 하는 까닭이다.

특히 의료행위가 그 목적을 달성하기 위하여 환자의 신체·건강을 침습(侵襲; ärztliche Heileingriff)하는 경우 이는 어떻게 보아도 그의 신체·건강에 대한 기본권적 방어권을 침해하는 행위이고, 따라서 별도의 법적 근거가 없는 한 그의 동의가 필요하다.[4] 다른 한편 자기결정의 대상인 기본권의 경우 별도의 법률규정이 없다 하더라도 일정한 요건 아래

---

3) 대법원 2005. 8. 19. 선고 2005도3102 판결 등. 의료행위는 '의료인이 행하지 아니하면 보건위생상 위해가 생길 우려가 있는 행위'로도 정의되곤 하나, 이는 본래적 의미의 의료행위는 아니다. 의료행위의 여러 개념에 대하여는 우선 이상돈·김나경, 의료법강의 제3판, 2017, 2면 이하 참조.

4) 분쟁 대상인 책임(liability)과 관련하여서는 이 측면이 중요하다. 그러나 이것이 동의를 받지 아니한 채 한 전단적 의료행위에 대하여 당연히 민·형사책임을 물어야 한다는 뜻은 아니다. 이에 관하여는 우선, 김나경, "전단적 의료행위의 형법이론적 구성", 형사법연구 제19권 제2호(2007), 103면 이하; 하태훈, "의사의 치료행위", 고시계 통권 제534호(2001), 37면 참조. 독일법상의 논의에 대하여는 Katzenmeier, Arzthaftung, 2002, S. 111 ff.

에 '포기'할 수 있다는, 그리하여 그 침해가 정당화될 수 있다는 점도 일반적으로 받아들여지고 있다.[5)]

이러한 동의(Einwilligungstheorie)의 법적 성격과 그 요건은 어떠한가. 동의는 처분할 수 있는 법익에 관한 자기결정이고,[6)] 바로 그렇기 때문에 존중된다. 하지만 주로 재산거래를 염두에 둔, 그리하여 가령 거래의 안전 등을 널리 배려하고 있는 의사표시 · 법률행위에 관한 규정은 여기에 그대로 적용하기에 적합하지 아니하다. 종래 학설이 동의를 법률행위가 아닌 준법률행위 내지 의사의 통지라고 본 이유이다.[7)] 그러나 이는 독일에서 최초로 동의이론(Einwilligung)을 정립한 치텔만(Zitelmann)이 동의의 요건과 효과 등을 동의가 법률행위라는 법적 성질론으로부터 무리하여 도출한 데 따른 반작용이다.[8)] 표의자의 자기결정에 법적 효력을 부여하는 것이 의사표시 · 법률행위가 아니라면 무엇이 의사표시 · 법률행위이겠는가? 동의도 의사표시 · 법률행위에 해당하나 그 처분대상이 처분이 매우 자유롭고 거래의 안전이 문제되는 재산적 법익이 아닌 처분자유가 다소 제한되고 거래의 안전이 거의 문제되지 아니하는 인격적 법익이므로 그 요건 및 하자와 관련하여 민법 총칙 규정의 수정이 필요할 뿐이라고 이해함이 옳다.[9)] 대표적으로 의사표시의 하자에 관한 규정은 일정한 수정이 필요하다. 무효와 취소의 구별, 제3자의 사기 · 강박의 인식 가능성, 착오의 중대성 등은 재산거래를 염두에 둔 것으로 인격적 법익의 침해에

---

5) 이때에는 법률유보와 비례의 원칙(헌법 제37조 제2항)이 아닌 일방의 이익의 (주관적) 흠결이 정당화의 근거가 된다는 점에서 별도의 고찰이 필요하다. 다만, 헌법학에서는 이때 기본권의 제한의 다양한 양상을 '기본권 포기'라는 너무 넓고 일반적인 개념범주로 다루는 경향이 있다. 우선 Ohly, „Volenti non fit iniuria" Die Einwilligung im Privatrecht, 2002, S. 89 ff. 기본권포기 일반에 대하여는 허완중, "기본권포기", 헌법학연구 제15권 제3호(2009), 517면 이하.

6) 형법 제20조: "처분할 수 있는 자의 승낙에 의하여 그의 법익을 훼손."

7) 가령 김천수, "의료행위에 대한 동의능력과 동의권자", 민사법학 제13 · 14호(1996), 234면 이하.

8) Ohly(주 5), S. 201 ff.

9) 비슷한 취지로, Ohly(주 5), S. 207 ff. 준법률행위의 효력은 의사에 따른 것이 아니다.

대한 동의에 그대로 적용하기가 적당하지 아니하기 때문이다.[10] 반면 공서양속(민법 제103조) 및 강행법규 위반의 동의는 당연히 무효이다. 대법원 2009. 5. 21. 선고 2009다17417 전원합의체 판결(이른바 김할머니 또는 세브란스 병원 사건)의 다수의견은 환자가 '회복불가능한 사망의 단계'에 이르렀을 때 자기결정권을 행사하여 연명치료를 중단할 수 있다고 하여 그러한 단계에 이르지 아니하는 한 동의로도 연명치료중단이 허용되지 아니한다는 입장인데, 이를 이러한 관점에서 이해할 수 있다.

의료행위에 대한 동의와 관련하여서는 의사의 위험설명 내지 자기결정설명의무가 특히 문제가 된다. 판례·통설은 그 존재를 동의의 요건으로 다룬다. 대법원 1993. 7. 27. 선고 92도2345 판결은 자궁외임신을 자궁근종으로 오진하여 (불필요한) 자궁적출술을 시행한 데 대하여 업무상과실치상의 죄책을 인정하면서, "소론은 위 피해자가 난소의 제거로 이미 임신불능 상태에 있어 자궁을 적출했다 하더라도 이는 업무상 과실치상죄 소정의 상해에 해당하지 않는다는 것이나, 그와 같은 사유만으로 자궁을 제거한 것이 신체의 완전성을 해한 것이 아니라거나 생활기능에 아무런 장애를 주는 것이 아니라거나 건강상태를 불량하게 변경한 것이 아니라고 할 수 없고 이는 업무상 과실치상죄에 있어서의 상해에 해당한다"고 하고, 다른 한편 "소론은 위 자궁적출술의 시행에 앞서 위 피해자로부터 그에 대한 승낙을 받았으므로 위법성이 조각된다는 취지이나, 기록에 의하면 피고인은 자신의 시진, 촉진결과 등을 과신한 나머지 초음파검사 등 피해자의 병증이 자궁외 임신인지, 자궁근종인지를 판별하기 위한 정밀한 진단방법을 실시하지 아니한 채 위 피해자의 병명을 자궁근종으로 오진하고 이에 근거하여 의학에 대한 전문지식이 없는 위 피해자에게 자궁적출술의 불가피성만을 강조하였을 뿐 위와 같은 진단상의 과

10) 형법에서 일반적으로, 또는 적어도 동의의 대상 자체에 관한 의사표시의 하자는 당연히 동의를 무효로 한다고 보는 까닭이 여기에 있다. 민법에서도 이러한 측면을 고려할 필요가 있을 것이다. 그러나 그로부터 위 모든 사유가 동의를 무효로 한다는 일률적인 결론이 도출되지는 아니한다. Ohly(주 5), S. 357 ff. 참조.

오가 없었다면 당연히 설명받았을 자궁외 임신에 관한 내용을 설명받지 못한 피해자로부터 수술승낙을 받은 사실을 인정할 수 있으므로 위 승낙은 피고인의 부정확 또는 불충분한 설명을 근거로 이루어진 것으로서 이 사건 수술의 위법성을 조각할 유효한 승낙이라고 볼 수 없다"고 하여, 의료적 침습 자체를 상해(형법 제257조, 제260조 제170조)로 보고 피해자의 승낙(형법 제24조)에 의하여 그 위법성이 조각된다는 논리구조를 취하면서도 설명의 흠을 들어 승낙을 무효로 보았다.[11] 대법원 1992. 4. 14. 선고 91다36710 판결은 같은 사건에 대하여 병원의 민사책임을 인정하면서 "자궁에 혹이 만져진다고 하여 자궁근종이라고 진단하고 더 이상의 보다 정밀한 확인 검사를 하지 아니한 잘못으로 자궁외 임신임을 알지 못함으로써 결과적으로 위 원고로 하여금 위와 같은 진단상의 착오가 없었다면 당연히 설명 받았을 판시와 같은 내용을 설명받지 못한 채 수술승낙을 하게 한 과실이 있다고 인정되므로 위 집도의사들이 설명의무를 다하지 못함으로써 원고 ○○○의 승낙권을 침해한 과실이 있다는 취지의 판단자체는 정당"하다고 하였다. 적절한 설명이 없으면 동의는 그 자체 무효가 된다는 취지이다. 그러나 의사의 위험설명 내지 자기결정설명을 동의의 유효요건으로 삼는 대신, 그러한 설명이 이루어지지 '아니하여' 동의하게 된 경우, 즉 설명의무위반으로 '인하여' 동의하게 된 경우에 악결과와 사이의 인과관계를 인정하여 책임을 묻는 접근도 생각할 수 있다.[12]

환자 자신의 동의가 의료행위를 (소극적으로) 정당화하는 제1의 요건이고, 이것이 설명으로 뒷받침되어야 한다는 점(informed consent)은 비교법적으로도 널리 받아들여지고 있다. 의사의 설명이 요구되는 것은 동의의 대상이 환자의 신체·건강이라는 고도로 인격적인 법익에 대한 침습이고, 의사와 환자 사이에 구조적 비대칭이 존재하기 때문이다.[13] 다만

11) 이를 정당행위(형법 제20조)의 문제로 접근한 판례도 있다. 예컨대 대법원 1978. 11. 14. 선고 78도2388 판결 참조.

12) 이동진, "의사의 위험설명의무 — 법적 기능, 요건 및 위반에 대한 제재 —", 의료법학 제21권 제1호(2020), 11면 이하. 두 구성은 의사의 설명의무위반과 동의 사이의 인과관계를 어떤 법리에 의하여 어느 범위에서 고려할 것인지와 관련하여 차이를 보인다.

13) 동의이론이 그 대상이 되는 법익을 고려하여 개별화되어야 한다는 점에 대하여

설명의무 위반이 동의의 효력에 어떤 영향을 주는지에 대하여는 나라마다 그 태도에 차이를 보인다. 독일의 판례·통설은 설명의무 위반 자체가 동의를 무효로 한다고 보나, 미국, 프랑스 등에서는 설명의무 위반은 별도의 의무위반으로 보고 동의의 효력에 직접 영향을 주지는 아니한다. 그 결과 동의가 설명의무 위반으로 '인한' 것인지 여부를 문제 삼고, 동의 자체가 무효가 된다고 보지는 아니하는 것이다.[14)]

나. 제3자의 동의

동의가 법률행위인지 여부와 관계없이, 행위능력에 관한 규정은, 적어도 인격권적 법익에 관한 동의에는, 적용 내지 유추되지 아니한다는 것이 통설이다.[15)] 즉, 제한능력자도 동의할 수 있다. 그러나 그것이 미성년자에 대하여 부모(친권자)에게 아무런 권한도 없다는 뜻은 아니다.

미성년자는 친권자의 친권에 복종한다. 이때 친권에는 신상에 관한 권한(민법 제913조 내지 제915조 참조)도 포함된다. 미성년자에 대한 의료행위의 결정권도 친권에 포함된다는 해석이 가능한 것이다. 미성년후견인은 피후견인의 신상(身上)에 관하여 친권자와 동일한 권리와 의무를 가지므로(민법 제945조 제1항) 미성년후견이 개시된 경우에도 같다. 미성년자를 친권자의 친권에 복종시키는 것은 미성년자에게 판단 및 결정능력이 결여되어 있거나 부족하기 때문만은 아니다. 미래 세대를 보호하기 위한 측면도 있다. 행위능력을 배제하더라도 여전히 친권이 존중될 필요가 있는 까닭이다. 그러나 미성년자라는 사정만으로 판단 및 결정능력이 결여되어 있다고 할 수는 없고, 신체·건강에 대한 결정은 법익주체와 분리할 수 없는 일이기도 하

는 Ohly(주 5), S. 187 ff. 형법에서 구성요건을 조각하는 양해와 위법성을 조각하는 피해자의 승낙도 (부분적으로) 이러한 측면을 반영한다. 생명·신체침해는 일반적으로 금지되어야 한다고 말할 수 있지만 타인의 주거에 들어가는 것이 일반적으로 금지되어 있다고 하기는 어려운데, 이러한 차이가 법익주체의 처분권행사의 요건 등에 반영될 필요가 있는 것이다. 민사법에서도 비슷한 구별이 필요하다는 지적으로, 같은 문헌, S. 124 ff.

14) 이동진(주 12), 14-16면.

15) 김천수(주 7), 234-235면. 이와 관련하여서는 다툼의 여지 없이 법률행위에 속하는 유언에 대하여 민법 제1062조, 제1063조가 행위능력에 관한 규정의 적용을 배제하고 있음도 참조.

므로 친권에 복종한다는 이유만으로 미성년자 본인의 결정권을 전적으로 배제하는 것도 곤란하다. 미성년자 본인과 친권자(·미성년후견인) 모두 동의 여부의 결정에 관여할 나름의 이유 내지 이익이 있는 셈이다. 문제는 양측이 동의하여야 하는가, 어느 하나만 동의하면 되는가, 나아가 어느 한 측만 권한을 가지는가, 양측의 의견이 다르면 어떻게 되는가 하는 점이다.

이러한 측면에서 참고할 만한 예로는 모자보건법과 생명윤리 및 안전에 관한 법률이 있다. 모자보건법 제14조는 인공임신중절수술에 본인과 (법률혼 또는 사실혼) 배우자의 동의를 요구하면서 본인이나 배우자가 "심신장애로 의사표시를 할 수 없을 때에는 그 친권자나 후견인의 동의"로 각각 "그 동의에 갈음할 수 있다"고 규정한다. 생명윤리 및 안전에 관한 법률 제16조 제2항, 같은 법 시행규칙 제14조 제1호는 인간대상연구에 있어서 연구대상자에게 "동의능력"이 없거나[16] 불완전하고, 그가 18세 미만인[17] 경우 "법정대리인"의 동의를 받도록 하면서, 그의 "동의는 연구대상자의 의사에 어긋나서는 아니 된다"고 정한다. 인공임신중절수술의 경우 (성년의제가 되지 아니한) 미성년자에 대하여 본인 동의만으로 충분하다는 취지인지 반드시 분명하지 아니하나, 인간대상연구의 경우 미성년자 본인이 충분한 "동의능력"을 갖추었다고 평가될 때에는 본인 동의로 족하다는 뜻으로 읽힌다. 다만 위 두 법이 규율하는 대상은 생명과 건강의 회복·유지·개선을 목적으로 하는 통상의 의료행위와 다소 성질을 달리하는 (의료적) 행위이므로 이를 일반화하는 데는 한계가 있다. 결국 각 의료행위의 성질과 위험의 정도 등에 비추어 미성년자의 단독결정, 친권자의 단독결정, 양자의 공동결정이 상황에 따라 달리 적용되어야 한다.[18] 이에 대하여는 비교법적으로도 다양한 접근이 관찰된다.[19]

---

16) 같은 법이 '동의능력'이라는 용어를 채택하고 있다는 점도 주의.

17) 아동복지법 제3조 제1호의 '아동'이다. 미성년자가 19세 미만인 것(민법 제4조)과 구별된다.

18) 이동진, "부모의 자녀에 대한 친권행사와 국가의 통제－의료행위와 교육 관련 의사결정을 중심으로－", 가족법연구 제30권 제3호(2016), 126-127, 135면 이하.

반면 성년자는 그의 신상에 관하여 단독으로 결정할 권한을 가진다. 의료현장에서 관찰되곤 하는, 이른바 보호자(에의 설명 및 그)의 동의는 법적으로는 의미가 없다.[20] 대법원 1994. 4. 15. 선고 92다25885 판결은 일반적으로 성년자에 대한 "의료행위에 대한 동의 내지 선택권은 환자[…]에게만 있고, 나머지 [가족]들은 설명의무의 상대방 내지는 동의, 승낙의 주체가 될 수 없"다고 하고, 1994. 11. 25. 선고 94다35671 판결은 "[환자 본인이] 성인으로서의 판단능력을 가지고 있는 이상 인척에 불과한 ○○○[시숙]의 승낙으로써 동인의 승낙에 갈음하는 것은 허용되지 아니한다"고 하여 이를 확인한다. 나아가 그 성년자에 대하여 성년후견절차가 개시된 경우에도 의료행위에 대한 동의권은 피성년후견인 본인에게 있는 것이 원칙이다. 2013년 개정 민법 제947조의 제1항은 "피성년후견인은 자신의 신상에 관하여 그의 상태가 허락하는 범위에서 단독으로 결정한다"고 규정하여 이를 확인한다. 비교법적으로도 성년자의 경우 행위능력은 문제 삼지 아니하고 후견인의 대행동의도 원칙적으로 인정하지 아니하는 것이 오늘날의 경향이다.[21]

그러나 미성년자든 성년자든 의사능력이 없는 사람의 동의에는 의료적 침습을 정당화하는 효력이 없다. 종래 학설은 동의능력(Einwilligungsfähigkeit)이라는 개념으로 이를 다루었으나 동의를 의사표시·법률행위로 보는 한 이는 결국 의사능력의 문제이다.[22] 행위능력제도가 동의에 적용되지 아

19) 특히 미성년인 자녀의 낙태 결정에 부모가 관여하여야 하는가 하는 점이 다투어진다. 이동진(주 18), 111-113, 117면. 또한, NBW 7:465 (1)-(3)도 참조.

20) 그러나 뒤에 보는 진료비·병실료·식대 등의 부담과 특히 사실상의 분쟁 발생 가능성에는 일정한 영향을 미친다.

21) 김천수(주 7), 236면 이하(미국·독일, 다만 그곳의 미국법이 행위능력을 문제 삼는다는 설명은 이후의 경향 변화로 더는 타당하지 아니하다); 이지민·제철웅, "신상영역에서의 의사결정능력－영국법을 중심으로－", 비교사법 제20권 제1호(2013), 108면 이하(영국); Furrow, Greaney, Johnson, Jost and Schwartz, Health Law. Cases, Materials and Problems, 7th ed., 2013, pp. 1577 ff.; Penneau, Médecine : réparation des conséquences des risques sanitaires, Répertoire de droit civil, 2013, n°s 103 et suiv. (명문 규정으로 Art. L.1111-4 al. 7 du Code de la santé publique); Ohly(주 5), S. 295 ff.

22) 의사능력에 관하여는 민법 제1063조, 민사소송법 제62조의2에 이미 실정법상 근

니한다 하더라도 의사능력 법리까지 적용되지 아니한다고 할 수는 없다. 의사능력이 없는 사람의 의사표시는 그의 자기결정으로 볼 수 없기 때문이다.[23] 이는 의학적 진단이나 정신장애를 전제하지 아니하므로 의사(무)능력이 유엔장애인권리협약(UN Convention on the Rights of Persons with Disabilities) 위반이라고 하기도 어렵다. 대법원 1980. 9. 24. 선고 79도1387 판결도 모(母)가 여호와의 증인 교리에 어긋난다는 이유로 만 11세의 딸의 수혈을 거부하여 딸이 실혈(失血)사한 사건에서 모(母)의 유기치사죄를 인정하면서, "사리를 변식할 지능이 없다고 보아야 마땅할 11세 남짓의 환자 본인이 가사 그 생모와 마찬가지로 위의 수혈을 거부한 일이 있다고 하여도 이것이 피고인의 위와 같은 수혈거부 행위가 위법한 것이라고 판단하는데 어떠한 영향을 미칠만한 사유가 된다고 볼 수는 없"다고 함으로써 환자에게 (동의·의사)능력이 없으면 그의 동의가 무효임을 시사한 바 있다. 이때 (동의·의사)능력의 판단기준은, 다른 경우의 의사능력 판단기준이 그러한 것처럼, 문제 된 행위의 내용과 성질에 비추어 개별·구체적으로 설정되어야 한다.[24]

본인이 동의할 수 없고 동의한 바도 없다면 어떻게 의료행위를 하여야 하는가? 미성년자의 경우 친권자나 미성년후견인이 존재하고 그에게 동의권이 있으므로 그가 단독동의하면 되어 큰 문제는 없다. 그러나 성년자의 경우 의사능력이 없어 본인이 동의할 수 없으면 다른 대행동의권자가 필요해진다. 이러한 경우를 위하여 가정법원은 성년후견인이 피성년후견인의 신상에 관하여 결정할 수 있는 권한범위를 정할 수 있다(민법 제938조 제2항). 이 때에는 성년후견인이 의료행위에 대신 동의할 수 있다(민법 제947조의2 제3항). 모자보건법이나 생명윤리 및 안전에 관한 법률상의 대행동의도 이 요건을 갖추어야 허용된다.[25] 또한, 이 경우에도 피성년후견인이 의료행위의 직접

거가 있다.

23) 의사표시의 해석의 관점에서 본다면, 의사무능력자의 '의사표시'는—상대방이 그러한 사정을 알 수 있었던 이상—아예 의사표시가 아니라고 '해석'될 수 있다.

24) 재산거래에 관한 것이지만, 대법원 2006. 9. 22. 선고 2006다29358 판결 등 참조.

25) 윤진수 편집대표 주해친족법 제2권, 2015, 1296-1297면(현소혜 집필부분).

적인 결과로 사망 또는 상당한 장애를 입을 위험이 있다면 가정법원의 허가를 받아야 한다.[26] 허가절차로 인하여 의료행위가 지체됨으로써 피성년후견인의 생명에 위험을 초래하거나 심신상 중대한 장애를 초래할 경우에 한하여 일단 동의하고 사후허가를 청구할 수 있을 뿐이다(민법 제947조의2 제4항).[27] 그밖에 성년후견인이 소재불명 또는 연락두절 등으로 동의권을 행사할 수 없다면 성년후견감독인이 (있으면 그가) 동의권을 대행한다(민법 제940조의6 제2항). 가정법원의 결정이 있었다 하여도 본인이 동의할 수 있는 한 성년후견인이나 성년후견감독인이 본인의 동의를 대행할 수는 없다.[28]

이러한 해결은 비교법적으로도 일반적이라고 보인다.[29] 다만, 몇몇 나라에서는 후견이 개시되지 아니한 경우 일정 범위의 가족·근친에게 의료행위 등에 한하여 법률상 대행동의권을 인정하고 있다. 가령 네덜란드 신민법전(NBW) 제7:465조 제3항 제2문은 동의 여부를 합리적으로 결정할 능력이 없는 성년의 환자에게 후견인 등이 없거나 그들이 필요한 조치를 취하지 아니하는 경우 배우자나 동거인이, 그 또한 없는 경우에는 부모, 자녀가 동의권을 가진다고 규정한다. 오스트리아일반민법과 스위스민법도 비슷한 규정을 두고 있고, 미국도, 주(州)에 따라, 비슷한 제도를 두고 있다. 반면 프랑스공중보건법전(Code de la santé publique)과 영국정신능력법(Mental Capacity Act)과 같이 가족 등의 대행결정을 인정하지 아니하는 예도 있다.[30] 가족은 종종 환자 본인과 이해관계가 상충된

26) 그 이외에 성년후견인이 피성년후견인을 치료 등의 목적으로 정신병원 등에 격리하는 경우에도 가정법원의 허가를 받아야 한다(민법 제947조의2 제2항). 이 규정의 문제에 대하여는 우선 이동진, "개정 정신건강복지법상 비자의입원 규제에 대한 입법론적 고찰－민법 제947조의2 제2항의 검토를 겸하여－", 의료법학 제19권 제2호(2018), 126면 이하. 이는 제1차적으로는 자유제한에 대한 동의이나, 실무상으로는, 그리고 아마도 이론적으로도, 정신병원 등에서 이루어지는 통상적인 의료행위에 대한 동의를 포함한다고 볼 여지가 상당하다.

27) 물론 사후 허가에 큰 법적 의미가 있는 것은 아니다. 현소혜(주 25), 1302면.

28) 민법 제947조의2 제1항 참조. 현소혜(주 25), 1286면.

29) 가령 NBW Art. 7:465 (1)-(3).

30) 김수정, "의료행위에 대한 동의에서 환자 보호자의 법적 지위와 역할－대행결정권과 공동의사결정을 중심으로－", 의료법학 제20권 제2호(2019), 51면 이하. 독일 또한 여러 입법제안에도 불구하고 이와 같은 제도를 도입하지 아니한다. 논의의 경과

다. 그러나 가족의 대행결정을 부정하면 매번 비싸고 시간이 걸리는 후견절차를 이용하거나 의사의 대행결정을 너그럽게 허용해야 한다. 어느 해결도 완전하지는 아니하다. 정신건강증진 및 정신질환자 복지서비스 지원에 관한 법률 제73조 제1항은, 정신의료기관에 입원한 사람에 대하여 하는 전기충격요법·인슐린혼수요법·마취하최면요법·정신외과요법 등 이른바 특수치료는 본인 또는 보호의무자에게 필요한 정보를 제공하고, 본인의 동의를 받되, 본인의 "의사능력이 미흡한 경우에는 보호의무자의 동의를 받아야 한다"고 규정함으로써, 원칙적으로 본인이 단독결정하나, 그의 "의사능력이 미흡한 경우에는" 가족·근친에게[31] 대행결정권을 부여하고 있고, 모자보건법 제14조 제3항이 본인이나 배우자가 "심신장애로 의사표시를 할 수 없"고 친권자나 후견인도 없을 때 그 "부양의무자의 동의로 각각 그 동의를 갈음할 수 있"다고 규정한다. 그러나 이러한 규정이 없는 경우 가족에게 대행동의권을 해석상 인정할 수는 없을 것이다.

성년자가 유효·적법한 동의를 할 수 없고, 신상에 관하여 권한 있는 대행동의권자도 지정되어 있지 아니하다면 원칙적으로 성년후견절차를 개시하여 권한을 부여하여야 한다. 그러나 이는 지나치게 번잡하므로 특정 의료행위를 위한 특정후견[32] 또는 가사소송법상 사전처분을 인정하여야 한다는 견해가[33] 있다. 앞의 견해가 타당하다. 민법이 특정후견인에 대하여 성년후견인의 신상에 관한 결정권한을 정하는 제938조를 준용하지 아니하고 있고(민법 제959조의9 제2항 참조) 이처럼 본안사건으로 임시의 조치를 취할 수 없는 한 사전처분도 근거가 없다는 반론이 있으나,[34] 체계적으로 성

는, Burchardt, Vertretung handlungsunfähiger volljähriger Patienten durch Angehörige, 2010, S. 6 ff.

31) 정신건강증진 및 정신질환자 복지서비스 지원에 관한 법률 제39조 제1항은 "민법에 따른 후견인 또는 부양의무자"를 보호의무자로 규정하므로, 후견인이 없는 경우 일정 범위의 가족 또는 근친이 보호의무자가 된다. 이때의 후견인은 신상에 관한 권한을 부여받은 후견인을 가리킨다고 해석된다. 결과적으로 매우 많은 경우 가족 또는 근친이 보호의무자가 되는 것이다.

32) 구상엽, 개정 민법상 성년후견제도에 대한 연구－입법배경, 입법자의 의사 및 향후 과제를 중심으로－(서울대학교 법학박사학위논문, 2012), 131면.

33) 김형석, "민법개정안에 따른 성년후견법제", 가족법연구 제24권 제2호(2010), 138면.

년·한정후견과 특정후견의 구분은 포괄적 지원이 필요한가 아니면 개별·구체적 특정사무에 국한된 지원이 필요한가에 있을 뿐이고 특정후견의 대상이 되는 업무의 종류를 제한하는 데 있지 아니하다.

대행동의권자가 부당한 결정을 하거나 부당하게 결정하지 아니하는 경우에는 그가 친권자인 때에는 친권의 일부 제한(민법 제924조의2)이나 동의에 갈음하는 재판(민법 제922조의2)에 의할 수 있다. 특히 그중 동의에 갈음하는 재판은 친권자가 종교적인 이유 등으로 부당하게 미성년 자녀의 의료행위에 대한 동의를 거절하는 경우를 전형적인 적용례로 상정하고 있다.[35] 후견에 대하여는 이러한 규정이 없으나 가정법원이 후견사무에 관한 처분을 명하는 방법으로 어느 정도 해결이 가능할 것이다(민법 제954조).[36]

마지막으로 현재 의사능력이 없거나 아예 의식이 없다 하더라도 과거 의사능력이 있을 때 특정 의료행위에 대하여 적법한 동의를 미리 해두었거나 자기 대신 결정할 사람을 정하였다면 그에 터 잡아 현재의 의료적 침습이 정당화될 수 있는가 하는 문제가 있다. 앞의 대안은 이른바 사전의료지시(Advance Directive), 뒤의 대안은 신상에 관한 임의후견의 문제이다. 뒤의 대안부터 본다. 본인이 결정할 수 있는 한 대리는 허용되지 아니한다고 봄이 옳다.[37] 그러나 그러한 결정이 불가능해졌을 때에도 (그 명칭이 무엇이든) 임의대리를 허용하지 아니할 까닭 또한 없다. 다만, 민법은 이미 이를 위하여 후견계약이라는 별도의 제도를 인정하고 있으므로(민법 제959조의14), 이러한 수권(授權)은 후견계약의 방식과 요건, 절차를 따라야 유효하다. 연명치료중단에 관하여는 이미 호스피스·완화의료 및 임종과정에 있는 환자의 연명의료결정에 관한 법률이 규정하고 있는데, 같

---

34) 현소혜(주 25), 1298-1299면.

35) 윤진수·현소혜, "부모의 자녀 치료거부 문제 해결을 위한 입법론", 법조 통권 제680호(2013), 84면; 윤진수 편집대표 주해친족법 제2권, 2015, 1112-1113면(권재문 집필부분).

36) 가정법원이 신상에 관한 처분을 명할 수 있다는 점에 대하여는 윤진수 편집대표 주해친족법 제2권, 2015, 1332면(현소혜 집필부분) 참조.

37) 그러한 대리를 인정할 필요 내지 이익이 존재하지 아니하기 때문이다. Ohly(주 5), S. 456 f.

은 법률의 규정체계에 비추어볼 때 같은 법 밖에서 허용되는 연명치료중단을 상정할 수 있을지 의심스럽고, 일반적으로 연명치료중단이 후견사무에 해당하는지에 대하여도 상당한 의문이 있으므로,[38] 후견계약으로 규율할 수 있는 범위에 연명치료중단은 포함되지 아니한다고 봄이 타당하다. 앞의 대안은 어떠한가. 위 대법원 2009. 5. 21. 선고 2009다17417 전원합의체 판결의 다수의견은 환자가 '회복불가능한 사망의 단계'에 이르렀을 때 자기결정권을 행사하여 연명치료를 중단할 수 있다면서, "환자가 회복불가능한 사망의 단계에 이르렀을 경우에 대비하여 미리 의료인에게 자신의 연명치료 거부 내지 중단에 관한 의사를 밝힌 경우(이하 '사전의료지시'라 한다)에는 비록 진료 중단 시점에서 자기결정권을 행사한 것은 아니지만 사전의료지시를 한 후 환자의 의사가 바뀌었다고 볼 만한 특별한 사정이 없는 한 사전의료지시에 의하여 자기결정권을 행사한 것으로 인정할 수 있다"고 하여 이를 인정한다. 그중 연명치료중단에 관한 부분은 2017. 8. 4. 호스피스·완화의료 및 임종과정에 있는 환자의 연명의료결정에 관한 법률과 함께 같은 법이 정하는 '사전연명의료의향서' 등의 제도에 흡수되어 그 방식, 요건, 절차를 거치지 아니하는 한 효력이 없게 되었다고 봄이 타당하다. 그러나 위 판결의 논리 중 문제되는 의료행위 시점에 환자의 의사가 바뀌었다고 볼 만한 특별한 사정이 없는 한 사전의료지시를 자기결정권의 행사로 볼 수 있다는 부분은 연명치료중단이 아닌 다른 의료행위에는 오히려 더 쉽게 적용될 수 있다. 이 부분은 새로운 성년후견법이나 호스피스·완화의료 및 임종과정에 있는 환자의 연명의료결정에 관한 법률과도 별 관련이 없다. 이러한 형태의 사전의료지시는, 그것이 연명치료중단에 관한 것이 아닌 한, 여전히 허용되고 유효하다고 봄이 옳다. 비교법적으로도 이를 허용하는 명문 규정을 두거나 그러한 규정이 없어도 해석상 사전의료지시의 효력을 인정하는 예가 많

38) 호스피스·완화의료 및 임종과정에 있는 환자의 연명의료결정에 관한 법률 제정 전의 것이지만 연명치료 또는 그 거부에 대한 결정도 후견사무에 포함된다는 견해도 있다. 우선 현소혜(주 25), 1295면의 개관 참조.

다.[39] 임의후견인에게 지시하는 방법도 있으나, 그 경우에도, 판례에 따르면 아래에서 보듯 의사의 설명을 듣고 하여야 하고, 설명을 듣는 것을 포기하더라도 그러한 포기가 자기결정으로 인정되어야 하므로, 진료기록에 남기는 것보다 더 낫다고 하기는 어렵다.

2. 추정적 동의와 이익형량

가. 판단기준

환자 본인이 의사능력이 없거나 아예 의식이 없고 문제 되는 의료행위와 관련하여 사전의료지시를 해두지도 아니하였으며 그에게 친권자나 의료행위 등에 관하여 권한 있는 후견인 등 대행동의권자가 없거나 연락이 되지 아니하고 대행동의권자를 선임하거나 대행동의권자와의 연락을 기다릴 만한 시간적 여유가 없는 경우에도 어떻게든 필수적인 의료행위 정도는 할 수 있어야 한다는 데 이론(異論)이 없다. 가령 응급의료에 관한 법률 제9조 제2항은 "응급환자가 의사결정능력이 없는 경우 법정대리인이 동행하였을 때에는 그 법정대리인에게 응급의료에 관하여 설명하고 그 동의를 받아야 하며, 법정대리인이 동행하지 아니한 경우에는 동행한 사람에게 설명한 후 응급처치를 하고 의사의 의학적 판단에 따라 응급진료를 할 수 있다"고 규정하고 있고, 앞서 본 대법원 1994. 4. 15. 선고 92다25885 판결도 "의사는 긴급한 경우 기타의 특별한 사정이 없는 한, 그 침습에 대한 승낙을 얻기 위한 전제로서 […] 환자의 의사결정을 위하여 중요한 사항에 관하여 사전에 설명함으로써 환자로 하여금 수술이나 투약에 응할 것인가의 여부를 스스로 결정할 기회를 가지도록 할 의무가 있고, 이러한 설명을 아니한 채 승낙없이 침습한 경우에는, 설령 의사에게 치료상의 과실이 없는 경우에도 환자의 승낙권을 침해하는 위법한 행위가 된다"면서, "위 원고가 생명이 위독한 상태하에서 의식이 회

39) § 1901a BGB; Art. L.1111-4 al. 6 du Code de la santé publique; Uniform Health-Care Decision Act 1993 sec. 2; Furrow, Greaney, Johnson, Jost and Schwartz(주 21), pp. 1582 ff.

복되기 전까지의 투약에 관한 한, 사전의 설명이 불가능하여 긴급한 경우에 해당한다 할 것이므로, 같은 취지에서 그 때까지 소외 1의 설명의무를 부인한 원심판단은 옳다"고 하여 결과적으로 긴급한 경우에는[40] 환자의 의사를 고려하지 아니한 채 의료행위를 정당화하였다. 다른 한편 앞서 본 대법원 2009. 5. 21. 선고 2009다17417 전원합의체 판결의 다수의견은, 환자가 사전의료지시 등을 하지 아니하였다 하여도 그의 "평소 가치관이나 신념 등에 비추어 연명치료를 중단하는 것이 객관적으로 환자의 최선의 이익에 부합한다고 인정되어 환자에게 자기결정권을 행사할 수 있는 기회가 주어지더라도 연명치료의 중단을 선택하였을 것이라고 볼 수 있는 경우에는 그 연명치료 중단에 관한 환자의 의사를 추정할 수 있다고 인정하는 것이 합리적이고 사회상규에 부합된다"고 하여 추정적 동의로도 의료행위가 정당화될 수 있음을 밝힌다. 그밖에 같은 판결 중 대법관 안대희, 양창수의 반대의견은 이러한 '가정적' 의사에 터 잡은 정당화는 자기결정권으로부터 도출될 수 없다면서 오히려 "법질서 일반의 관점에서 정당화"되어야 한다고 한다. 가령 "연명치료를 환자에게 강요하는 것이 오히려 환자의 인간으로서의 존엄과 가치를 해하게 되는가" 여부를 따져야 한다는 것이다.

양자를 종합함으로써 보다 일반적인 판단도식을 도출할 수 있다. 즉, 환자 본인이 결정할 수 없는 경우 환자 본인의 추정적 의사 또는 법질서 일반의 관점에서 의료행위가 정당화될 수 있는 것이다. 응급의료는 "즉시 필요한 응급처치를 받지 아니하면 생명을 보존할 수 없거나 심신에 중대한 위해(危害)가 발생할 가능성이 있는" 경우 그 회복 또는 위해의 제거를 위한 조치(응급의료에 관한 법률 제2조 제1호, 제2호)이므로, 회복불가능한 사망의 단계에 진입하지 아니한 이상 환자 자신의 생명에 대한 처분도 허용하지 아니하는[41] 우리 판례의 입장에서는 환자의 의사에 반하여서도 응급의료를 하

40) 당해 사안에서 환자는, 원심의 사실인정에 의하면, "생명이 매우 위중한 상황"에 있었고, 치료결과 "위급한 고비를 넘"겼다.

41) 대법원 2009. 5. 21. 선고 2009다17417 전원합의체 판결. 같은 판결에는 처분 가

여야 하고, 따라서 환자의 추정적 의사가 문제 되지 아니한다. 반면 연명치료를 중단할 수 있는 경우에도 연명치료를 중단할지 여부는 환자 자신의 결정에 맡겨져 있으므로, 연명치료의 경우 환자가 자기결정권을 행사하지 못하게 되었어도 가능한 한 그의 (추정적) 의사에 부합하게 결정함이 옳다. 문제는 환자 본인의 추정적 의사는 불완전하게만 파악되는 것이 보통이라는 점에 있다. 이때 추정 과정에 보통의 합리적인 환자의 추정적 의사가 의식적으로든 무의식적으로든 개입하는 일이 생기게 마련이고, 그러한 의사는 결국 객관적 이익형량과 일정한 관련을 맺게 된다. 형식은 갖추지 아니하였으나 매우 구체적이고 현실적인 사전의료지시에서부터 제법 구체적인 추정적 의사, 다소간 구체적이지만 충분하지는 아니하고 일반적인 이익형량의 결과가 고려된 결정, 주로 일반적인 이익형량에 터 잡은 결정에 이르기까지 환자의 주관적 의사 내지 선호와 객관적 이익형량이 서로 다른 정도로 결합될 수 있다. 연명치료중단은 생명·건강의 유지·개선이 아닌 (존엄유지를 위한) 생명의 중단을 결정하는 것이므로 환자 본인의 구체적 의사 내지 선호가 어느 정도 파악되어야 비로소 가능하고 이익형량에 터 잡아 이를 허용하는 것은 극도로 피하여야 한다는 입장('in dubio pro vita; 의심스러울 때에는 생명의 이익으로')도 생각할 수는 있다. 대법관 안대희, 양창수의 견해가 그러한 취지라고 이해된다. 그러나 생명·건강의 유지·개선이 문제 되는 통상의 의료행위에서는 생명과 비생명 사이가 아닌 서로 다른 확률과 이익·손해의 결합 사이의 선택이 문제 되므로 '의심스러울 때에는 생명의 이익으로'와 같은 추정이 별 기능을 하지 아니한다. 아무 조치도 취하지 아니하는 것이 가장 나쁜 선택지일 수

능성을 더 엄격히 제한하여야 한다는 취지의 대법관 이홍훈, 김능환의 반대의견이 있었다. 이들은 환자의 자기결정권을 인정하면서도, "'자기결정권'도 구체적인 권리의 하나이므로 타인의 권리를 침해할 수 없고 헌법질서에 위반되지 않는 범위에서만 보호받을 수 있는 내재적 한계가 있으며, 생명권의 주체라고 하더라도 자살의 경우와 같이 자기 생명을 자유롭게 처분하는 것은 헌법상 '자기결정권'의 한계를 벗어나는 것으로서 사회상규에 반하므로 허용될 수 없다"고 한다.

있다. 이 경우 환자 본인의 구체적 동의의사도 구체적 거부의사도 추정되지 아니한다면 객관적 이익형량으로 어느 한 의료행위를 정당화할 여지가 넓어지는 까닭이 여기에 있다.

물론 환자의 구체적 의사 내지 선호가 확인되는 한 이를 존중하는 것이 가장 바람직하다는 점에는 이론(異論)의 여지가 없을 것이다. 이와 관련하여 대법원 2009. 5. 21. 선고 2009다17417 전원합의체 판결의 다수의견은 "의사 추정은 객관적으로 이루어져야" 한다면서, "환자의 의사를 확인할 수 있는 객관적인 자료가 있는 경우에는 반드시 이를 참고하여야 하고, 환자가 평소 일상생활을 통하여 가족, 친구 등에 대하여 한 의사표현, 타인에 대한 치료를 보고 환자가 보인 반응, 환자의 종교, 평소의 생활 태도 등을 환자의 나이, 치료의 부작용, 환자가 고통을 겪을 가능성, 회복불가능한 사망의 단계에 이르기까지의 치료 과정, 질병의 정도, 현재의 환자 상태 등 객관적인 사정과 종합하여 환자가 현재의 신체상태에서 의학적으로 충분한 정보를 제공받는 경우 연명치료 중단을 선택하였을 것이라고 인정되는 경우라야 그 의사를 추정할 수 있"다고 한다. 호스피스·완화의료 및 임종과정에 있는 환자의 연명의료결정에 관한 법률 제17조도 환자가족의 진술 등을 "환자의 의사 확인"의 방법으로 인정한다.[42] 이는 실체적으로 규율하기 곤란한 의사 추정을 절차적으로 규율하기 위한 장치로서 의사 추정에 관한 법적 요청이고, 연명치료중단 외의 일반 의료행위에 대하여도 타당하다고 보아야 한다. 의사는 원칙적으로 환자의 구체적 선호를 파악하기 위하여 가족 등에게 문의하여야 하는 것

42) 대법원 2009. 5. 21. 선고 2009다17417 전원합의체 판결 중 대법관 안대희, 양창수의 반대의견은 다수의견이 가족 등의 의사를 고려한 데 대하여 "연명치료의 중단에 관한 환자 가족들의 의사는 원고의 '추정적 의사'라는 것을 통하여 우회적으로 관철될 것이 아니라, 뒤의 (4)에서 보는 대로 '환자의 자기결정'과는 무관하게 시인될 수 있는 또 하나의 연명치료중단청구의 허용 여부를 판단함에 있어서 정면으로 그 의미와 무게가 평가되는 것이 정도(正道)"라고 비판한다. 한편, 호스피스·완화의료 및 임종과정에 있는 환자의 연명의료결정에 관한 법률 제18조 제2호는 환자의 의사를 확인할 수 없는 경우에도 환자가족 전원의 합의로 연명의료중단 등 결정의 의사표시를 할 수 있게 하고 있다.

이다. 이러한 책무의 범위 내지 그 정도는 의료행위의 긴급성, 예상되는 위험의 중대성 등과 상관적으로 결정되어야 할 것이다.

나. 법적 근거와 보충성

이처럼 환자 본인의 자기결정도, 법령 또는 재판에 의한 수권(授權)도 없이 의사가 의료행위를 하는 것을 정당화해주는 법적 근거와 그 요건이 무엇인가? 형법학에서는 이를 추정적 동의(·승낙; mutmaßliche Einwilligung)의 문제로 다룬다. 피해자의 승낙이 없었다 하더라도 그에게 문의할 수 있었다면 승낙하였으리라고 추정되는 경우 위법성이 조각되는 바, 그러한 법리에 의하여 해결할 수 있다는 것이다.[43)]

판례는 이미 의료행위와 무관한 맥락에서 추정적 승낙에 의한 위법성조각을 인정해왔다.[44)] 또한, 대법원 1994. 4. 15. 선고 92다25885 판결은, "원고가 의식을 회복한 후에도 치료의 경과와 부작용의 가능성에 관한 설명의무가 없다고 판단한 것은" 수긍하기 어렵다면서, "① 원심 판시에 의하여도 설명을 할 시간적 여유가 없을 정도로 긴급한 사태가 존재하였다고 볼 근거가 없"고, "② 위 의약품 투여에 따른 부작용의 범위가 광범위"한 상황에서 "③ 환자가 의사로부터 올바른 설명을 들었더라도 위 투약에 동의하였을 것이라는 이른바 가정적(假定的) 승낙에 의한 의사의 면책은 의사측의 항변사항으로서 환자의 승낙이 명백히 예상되는 경우에만 허용된다 할 것인바, 기록에 의하면 피고 법인의 이에 관한 주장이 없을 뿐만 아니라 원심 판시와 같이 의사입장에서 달리 대체할 치료방법

43) 추정적 동의는 현실적 동의가 아예 없다는 점에서 동의가 있었으나 적법한 설명이 없었고 다만 적법한 설명이 있었다 하여도 결국 동의하였으리라는 가정적 동의(·승낙; hypothetischer Einwilligung)와 구별된다. 우선 Wiesner, Die hypothetische Einwilligung im Medizinstrafrecht, 2010. 가정적 동의 일반에 대하여는 김천수, "의사의 설명 해태와 환자의 가정적 동의－대법원 1999. 12. 21. 선고 98다29261 판결－", 대구법학 제5호(2002), 248면 이하; 이동진(주 12), 6-7, 14면 이하 참조. 이 용어법은 대법원 2009. 5. 21. 선고 2009다17417 전원합의체 판결 중 대법관 안대희, 양창수의 용어법과 다르다. 위 반대의견은 환자의 구체적 의사에 근거하는 경우를 추정적 내지 묵시적 의사, 존재하지 아니하는 동의를 가정하는 경우를 가정적 의사로 구분한다.

44) 대법원 1979. 9. 25. 선고 79도1300 판결; 1993. 3. 9. 선고 92도3101 판결 등.

이 없었다는 사유만으로 환자인 원고 1이 위 부작용을 고려하여 여러 가지로 대처할 선택의 가능성을 모두 배제하고 그 투약을 승낙했을 것이 명백하다고 추정하여 환자의 자기결정권 침해를 부정할 수는 없다"고 한다. 당해 사안에서 추정적 동의에 의한 면책을 부정한 것이기는 하나 동시에 의료행위의 맥락에서 추정적 동의에 의한 정당화를 인정하는 일반론을 전개한 민사판결이기도 하다.[45)]

그러나 이는 문제의 위치를 바꾼 것에 지나지 아니한다 추정적 동의(·승낙) 또한 실정법적 근거가 분명하지 아니하기는 마찬가지이기 때문이다. 형법학에서는 독자적 위법성조각사유로 보는 견해 외에 피해자의 승낙이라는 견해(즉 형법 제24조를 유추하여야 한다는 견해), 정당행위(형법 제20조) 라는 견해, 사무관리라는 견해 등이 주장되어왔다.[46)] 그 배경에는 크게 두 사정이 있다. 하나는 형법학에서 추정적 승낙이 피해자 자신을 위한 개입과 행위자나 제3자의 이익을 위한 행위 두 경우에 문제 된다는 점이고,[47)] 다른 하나는 특히 의료행위의 경우 자기결정권을 존중하여 좀 더 엄격한 요건을 정할 필요가 있다는[48)] 점이다. 추정적 동의(·승낙)가 문제 되는 두 유형은 나누어볼 필요가 있을 것이다. 행위자나 제3자를 위한 개입은 피해자의 이익의 흠결 또는 피해자의 이익과 행위자·제3자의 이익의 형량이 문제 되고, 피해자의 승낙과 긴급피난의 중간에 위치하는 특성이 있으나, 피해자 자신을 위한 개입의 경우 긴급피난이 문제 될 여지가 없고 피해자의 주관적 의사 내지 자기결정과 객관적 이익에 의한 보충이 문제 되기 때문이다. 그중 적어도 뒤의 유형의 추정적 동의(·승

---

45) 다만, 위 판결은 '추정적 동의·승낙'이라는 표현을 쓰지 아니하고 이 경우 의식회복 후에도 정당화가 가능한지와 관련하여 "환자가 의사로부터 올바른 설명을 들었더라도 위 투약에 동의하였을 것이라는 이른바 가정적(假定的) 승낙에 의한 의사의 면책은 의사측의 항변사항으로서 환자의 승낙이 명백히 예상되는 경우에만 허용된다"고 함으로써 오히려 이 문제를 가정적 동의(·승낙)의 일종으로 파악하는 듯한 인상을 준다. 그러나 이 부분 판시는 추정적 동의(·승낙)에서도 그러한 의사가 명백하여야 한다는 취지로 선해할 여지도 있다.

46) 학설의 개관은 우선 배종대, 형법총론 제14판, 2020, 294면.

47) 이기헌, "추정적 승낙", 형사판례연구[6](1998), 115면.

48) 관련 논의의 개관으로, Ohly(주 5), S, 214 ff.

낙)이 사무관리와 무관하다고 보기는 어렵다.

사무관리는 "의무없이 타인을 위하여 사무를 관리하는" 경우 그 관리자에게 "본인의 의사를 알거나 알 수 있으면 그 의사에", 본인의 의사를 알지 못하였고 알 수도 없을 때에는 "사무의 성질에 좇아 가장 본인에게 이익 되는 방법으로" 사무를 관리할 의무를 지우고(민법 제734조) 나아가 그 결과 취득한 이익이 있으면 본인에게 이전하며(민법 제738조, 제684조, 제685조), 그 대신 본인에게 비용상환의무를 지우는(민법 제739조) 제도이다. 당사자의 의사의 합치가 존재하지 아니하므로 준법률행위에 불과하고 법률행위는 아니나, 다른 한편 관리자에게 위임 유사의 특정 법률관계를[49] 지향하는 (관리)의사가 있어야 하고, 사무본인에게도 그러한 현실적 또는 추정적 의사가 있어야 하며, 그 결과 발생하는 법률관계도 계약과 유사하다는 점에서 준계약(quasi-contract)적 성격을 가진다.[50] 달리 말하면 이는 당사자의, 불완전하지만, 현실적 내지는 추정적인 의사에 터 잡은 제도이다. 그러므로 사무관리가 성립하는 한 관리자의 행위는 사무본인에 대하여 정당화된다고 봄이 옳다(Legitimationsfunktion). 논의가 많지는 아니하나, 비교법적으로도 사무관리가 인정되는 한 관리자의 행위가 정당화되어 사무관리로 취득한 것은 부당이득(민법 제741조)이 되지 아니하고 점유할 권리(민법 제213조 단서)도 있으며 의무를 이행하는 한 관리는 불법행위(민법 제750조)가 아니라고 보는 것이 일반적이다.[51] 법질서의 합법·위법 평가가 법역(法域)에 따라 달라질 수는 없으므로, 민사법에서 정당화되는 한 형사법적으로도 정당화(위법성이

49) 베르크만(Bergmann)은 이를 마르티넥(Martnek)의 계약법상 이익구조이론을 원용, 이익대립, 이익동공, 이익보호 중 마지막 유형, 즉 타인 이익을 보호하기 위한 종속관계(Subordinationsverhältnis)로 규정한다. Bergmann, Die Geschäftsführung ohne Auftrag als Subordinationsverhältnis. Die Rechtsinstitute der negotiorum gestio in subordinationsrechtlicher Betrachtungsweise, 2010, S. 47 ff.

50) Bergmann(주 49), S. 47 ff. und 91 ff.

51) 비교법의 개관은 Deppenkemper, Negotiorum gestio－Geschäftsführung ohne Auftrag. Zur Entstehung, Kontinuität und Wandel eines Gemeineuropäischen Rechtsinstituts, Teil 1, 2014, S. 662 ff. 독일에서는 사무관리의 (불법행위법 및 형법적) 정당화효에 반대하는 견해도 유력한데, 이들은 대체로 이미 추정적 동의(·승낙)에 의하여 해결되고 있다는 점을 든다. 가령 Bergmann(주 49), S. 94 f.

조각)된다고 보아야 한다. 누군가의 생명 · 신체 · 건강을 회복 · 유지 · 개선하기 위한 의료행위는 그 법익주체의 사무이고, 의료인이 그를 위하여 의료행위를 하는 것은 그의 사무의 관리이다. 따라서 본인의 의사를 알거나 알 수 있으면 그 의사에, 본인의 의사를 알지 못하였고 또 알 수도 없을 때에는 그의 이익에 좇아 의료행위를 한 이상 사무관리가 성립할 수 있고, 그로써 그러한 의료행위는 정당화되는 것이다.[52)]

사무관리법이 설정한 본인의 현실적 또는 추정적 의사와 (보충적 고려요소로서) 이익이라는 기준에는 별 문제가 없다. 환자 본인이 동의할 수 있는 한 그의 현실적 의사가 그 자신의 동의의 형태로 제1로 고려되는 것이 원칙이다. 후견인이 동의하는 경우에도 제3자의 대행동의는 가급적 그의 추정적 의사에 지향하여야 하며, 보충적으로도 그의 이익에 지향하여야 한다(민법 제947조). 이때에는, 환자의 생명 · 신체 · 건강이라는 법익의 특성상 추정적 의사가 불분명한 경우 이익에 터 잡은 결정이 제한될 수 있다.[53)] 이러한 평가는 사무관리법에도 그대로 수용될 수 있다. 사무관리에 필요한 사무본인의 추정적 의사의 정도와 이익에 의한 보충 가능성은 개입대상이 되는 사무의 성질에 따라 서로 다른 정도로 설정될 수 있다. 미성년자의 경우 사무본인에 미성년자와 친권자가 모두 포함된다고 볼 수 있으므로, 사무관리법에 따르더라도 양자의 추정적 의사를 모두 고려할 수 있고, 친권행사의 기준으로서 자녀의 최선의 복리(the best interest of the child, 민법 제912조 제1항)도 사무관리법에 수용될 수 있다.

문제는 결정권의 귀속이다. 법질서는 환자 본인이 결정할 수 없는 한 법률이나 법원의 수권(授權)재판에 터 잡아 특정인이 결정하게 한다.

---

52) Ohly(주 5), S. 214 ff.

53) 이 점과 관련하여서는 가정적 동의의 항변이 인정되려면 설명의무를 이행하였더라도 동의하였을 것임이 '명백'하여야 한다는 대법원 1994. 4. 15. 선고 92다25885 판결 등, 판례와 후견인에 의한 재판상 이혼청구와 관련하여 객관적 이익만으로는 족하지 아니하고 피후견인의 추정적 의사가 인정되어야 한다고 한 대법원 2010. 4. 29. 선고 2009므639 판결 참조.

그의 결정이 환자 본인의 추정적 의사와 이익에 지향되어야 함은 물론이나, 인적 사무일수록 추정적 의사와 이익의 객관적 확정 모두에 불확실성이 있다. 그 공백을 결정권자가 메운다. 누구에게 결정권이 있는가 하는 점이 중요한 까닭이다. 사무관리에 의한 정당화는 의료행위에 관하여 그러한 권한을 본인 기타 법이 정한 제3자로부터 의료인으로 옮기는 효과를 수반한다. 이는 사무관리법의 본질적 기능 내지 효과이기는 하나, 그 과정에서 전체 법질서의 평가 또한 고려되어야 한다. 그러므로 본인 이외에 이미 권한 있는 제3자가 지정되어 있고 그가 권한을 행사할 수 있는 경우는 물론이거니와,[54] 그러한 제3자가 지정되어 있지 아니하다 하더라도 적시(適時)에 그러한 제3자를 지정하여 그의 대행동의를 구할 수 있는 한 사무관리는 '그의 의사와 이익'에 부합하지 아니한다고 보아 그 성립을 부정하여야 할 것이다.

나아가 본인의 현실적 또는 추정적 의사에 반한다 하더라도 "공공의 이익에 적합한 때에는" 사무관리에 의한 정당화가 허용된다.[55] 그러한 경우 의료행위는 대개 법률규정에 의하여 정당화될 것이나,[56] 규정이 없을 때에는 사무관리가 고려될 수 있다. 가령 환자의 생명이 위험에 처한 경우 환자 자신의 처분권도 부정하는 판례의 입장에서는 연명치료중단의 요건을 갖추지 아니한 환자의 생명유지를 위한 필수적 치료를 '공공의 이익'에 적합한 관리행위로 보아 사무관리를 인정할 수 있고, 그 결과 사무관리에 터 잡은 정당화가 가능해진다.[57]

54) 이때에는 사무관리의 보충성에 의하여 사무관리가 배제된다는 주장으로, Bergmann (주 49), S. 176.

55) 민법 제734조 제3항 단서 참조.

56) 예방접종, 격리수용, 감염병 치료 등에 대하여는 법률상 근거규정을 두는 예가 많다. 구법에 관한 것이지만, 김병일, 의료계약법론, 2006, 49면 이하 참조.

57) 환자가 피아니스트인 경우 팔을 절단해야 할 필요가 있을 때 환자의 추정적 의사는 절단을 거부하는 쪽이라고 판단되어도 절단하여야 하고, 사무관리로 이를 정당화할 수 있는 주장으로, 김병일(주 56), 46-47면.

Ⅲ. 의사-환자 관계의 적극적 기초: 계약과 사무관리

1. 진료관계의 당사자

가. 법적 성격, 책임주체와 의료인 측 당사자

국내에 거주하는 국민은 원칙적으로 당연히 (국민)건강보험의 가입자 또는 피부양자로 편입된다(국민건강보험법 제5조 제1항 본문). 의료기관은 개설과 동시에 원칙적으로 당연히 요양기관에 편입된다(국민건강보험법 제42조 제1항).[58] 국민건강보험공단은 가입자와 피부양자의 질병, 부상, 출산 등에 대하여 진찰·검사, 약제(藥劑)·치료재료의 지급, 처리·수술 및 그 밖의 치료, 예방·재활, 입원, 간호, 이송(移送)의 요양급여를 실시한다(국민건강보험법 제41조 제1항)). 보건복지부장관은 업무나 일상생활에 지장이 없는 질환에 대한 치료 등 보건복지부령으로 정하는 사항에 한하여 비급여대상으로 할 수 있다(국민건강보험법 제41조 제4항). 이념적으로는 국민 건강에 필수적인 모든 의료행위가 요양급여대상이 되어 국민건강보험공단에 의하여 전국민에게 제공되는 것이다. 그 결과 현실에서 문제 되는 진료관계의 대부분이 국민건강보험법의 적용을 받게 된다.

주의할 점은 이때 국민건강보험공단이 가입자와 그 피부양자에게 보험금을 지급하는 것이 아니라 요양급여 자체를 제공한다는 점이다. 즉, 보험금이 아닌 의료행위가 보험급여로 규정되어 있는데, 이를 현물급여의 원칙(Sachleistungsprinzip)이라고 한다. 그러므로 보험진료의 경우 의료행위의 귀속주체는 국민건강보험공단이고, 진료관계는 국민건강보험공단과 가입자 및 피부양자 사이에 국민건강보험법에 터 잡아 인정되는 것이라는 이해도 가능하다.[59] 비교법적으로 대부분의 의료행위가 국민보건서비스(National Health Service; NHS)에 의하여 제공되는 영국은 물론, 상당수의 의료행위가 국가·지방자치단체에 의하여 제공되는 프랑스에서도 공

---

58) 이를 요양기관 당연지정제라고 하는데, 비교법적으로 극히 이례적인 태도이고, 수차례 헌법재판소가 그 위헌성을 심사하였으나 아직까지 위헌이라는 결정은 내려진 바 없다. 우선, 이동진, "건강보험과 의료과오책임법: 두 기준 사이의 긴장·갈등과 그 조정", 서울대학교 법학 제55권 제2호(2014), 11-12면 참조.

59) 그러한 방향으로 이상덕(주 2), 272면 이하.

공병원이 제공하는 의료행위에 대하여는 공법관계로 파악하고 있다.[60) 그러나 현실적으로 국민건강보험공단이 직접 운영하는 병원이 일산병원 정도에 그치고, 그 이외에는 대부분 사인(私人)인 의료기관 개설자가 개설한 의료기관을[61) 요양기관으로 편입하여 요양기관에게 요양급여를 제공하게 하는 대신 요양급여비용을 지급하는 방식을 취하고 있다는 점(국민건강보험법 제45조 이하)도 고려될 필요가 있다. 복수의 보험자를 두고 있고 요양기관 당연지정제를 취하지 아니하나 기본적으로 보험자와 의료행위를 제공하는 주체가 구별되는 독일에서는 이러한 사정을 고려하여 학설이 대립한다. 민사법학에서는 대개 의료기관과 환자 사이의 계약을 인정하는 반면, 사회법학에서는 대개 사회보험자인 질병금고(Krankenkassen)와 환자 사이의 공법관계를 인정하고 의료기관은 그 이행보조자로 본다.[62)

판례는 국민건강보험법의 맥락과 의료과오책임 및 진료비 등의 부담의 맥락에서 서로 다른 접근을 보인다. 예컨대 대법원 2012. 9. 13. 선고 2012다39103 판결은 "국민건강보험법상의 요양급여는 원칙적으로 요양기관에 의하여 질병 또는 부상이 치유되기까지 요양케 하는 현물급여의 형태로 이루어진다고 할 것이므로, 피보험자가 요양기관에서 치료를 받았을 때 현실적으로 보험급여가 이루어지고 국민건강보험공단은 그 보험급여의 한도 내에서 제3자에 대한 구상권을 취득한다"면서, 그로부터 요양기관이 피해자를 치료한 뒤 비로소 보험사가 피해자에게 직접 보험금을 지급한 경우 보험금 지급은 국민건강보험공단의 보험사에 대한 구상청구(국민건강보험법 제58조)에 영향을 주지 아니한다는 결론을 도출하나, 2018. 11. 15. 선고 2016다24491 판결은 "진료계약상 주의의무 위반으로 환자의 생명이

---

60) Swain, "Medical Liability in England and Wales", Hondius (eds) The Development of Medical Liability, 2010, pp. 34 ff.(영국); Taylor, "The development of medical liability and accident compensation in France", Hondius (eds) The Development of Medical Liability, 2010, pp. 70 ff.(프랑스).

61) 의료법이 규정하는 의료기관은 여러 면에서 영조물(Anstalt)의 성격을 가지나 법인격을 갖지는 아니한다. 법인격을 가지는 것은 의료기관 개설자이다.

62) 논의의 개관은, Eberhard, "Zivilrecht und Sozialrecht in der Beziehung von Kassenarzt und Kassenpatient", AcP 171 (1971), 287.

나 신체에 불이익한 결과를 초래한 경우 일반적으로 채무불이행책임과 불법행위책임이 성립할 수 있"는데, "이와 같이 생명 · 신체가 침해된 경우 환자가 정신적 고통을 입는다고 볼 수 있으므로, 진료계약의 당사자인 병원 등은 환자가 입은 정신적 고통에 대해서도 민법 제393조, 제763조, 제751조 제1항에 따라 손해를 배상해야" 하고 이때 소멸시효기간은 10년이라는 입장을 취하여 의사 측과 환자 사이의 사법(私法)상 계약을 인정한다. 학설로는 국민건강보험공단과 가입자 및 그 피부양자 사이의 공법관계를 인정하고 요양기관은 공무수탁사인(公務受託私人)으로 구성하는 견해,[63] 국민건강보험공단과 환자 사이의 공법상 계약과 의료기관과 환자 사이의 사법상 계약이 모두 있다는 견해도[64] 있지만, 다수설은 의료기관과 환자 사이의 사법상 계약(만)을 인정한다.[65]

의료행위는 사실행위로서 공법관계로 보든 사법관계로 보든 분쟁해결방법 등에 큰 차이가 생기지 아니하므로, 논의의 주실익은 국민건강보험공단도 의료과오에 대하여 책임을 지는가 하는 점에 있다. 공법관계로 보는 경우 의료기관이나 의료인에게 불법행위책임을 묻는 외에 국민건강보험공단에게 국가배상책임을 묻는 것이 가능해지는 것이다. 다른 나라에서도 개별 · 구체적 의료행위가 건강보험에 편입되어 경제성의 압박을 받는 한, 의료행위의 질(質)과 경제성 사이의 균형을 꾀할 책임이 있는 건강보험공단에게 의료행위의 흠으로 인한 책임도 내부화(internalize)시킴이 타당하다는 주장이 제기되곤 한다.[66] 그러나 이러한 해결은 비교적

63) 이상덕(주 2), 272면 이하.

64) 석희태, "의사와 환자간 기초적 법률관계의 분석", 판례월보 제179호(1985), 17면.

65) 이 견해에서는 건강보험공단은 비용을 부담할 뿐이라고 보게 된다. 가령 강남진, "의료계약에 관한 소고", 한도 정환담교수 화갑기념 민사법의실천적과제, 2000, 321면 이하; 이보환, "의료과오로 인한 민사책임의 법률적 구성", 재판자료 제27집(1985), 32면; 주호노, 의사법총론, 2012, 341면.

66) Havinghurst, "Vicarious Liability: Relocating Responsibility for The Quality of Medical Care", 26 Am. J. Law & Med. 7 (2000)(미국); Rabe, Ärzte zwischen Heilauftrag und Kostendruck, 2009, S. 153 ff.(독일); Loiseau, La maîtrise des dépenses de santé confrontée à la responsabilité médicale aux États-Unis et en France, 2005, n°s 541 et suiv.(프랑스).

의료를 강하게 사회화하고 있지만 의료「업」의 운영 자체는 사인(私人)에게 맡기는 우리 법질서의 기본구상과 조화되기 어렵다.[67] 의료기관이 개설과 동시에, 그 의사와 무관하게, 요양기관으로 편입됨에도 그 운영의 이익과 위험은 전적으로 개설자에게 맡겨져 있는 한, 의사-환자 관계를 전면적으로 공법관계로 구성할 수는 없고, 국민건강보험공단이 개개의 의료행위나 의료기관에 대하여 일정한 감독권한을 가진다고 하여서도 안 된다. 그렇게 하면 환자와 의사 각자에게도 심중하고 개별적인 의미를 갖는 생명 · 건강 문제의 판단기준이 체계에, 그 결과 경제성 명령 등에 과도하게 종속될 수 있다. 이처럼 의사와 의료기관의 자율성을 인정하는 한 개개의 의료행위의 흠에 대한 책임을 국민건강보험공단(또는 건강보험심사평가원)에 묻는 것도 적절하지 아니하다. 이는 현재의 의료의 질(質) 통제 장치의 전체 구도를 완전히 바꾸는 것이어서 정치적 내지 입법적 결단이 필요한 문제이기도 하다. 의사-환자 관계는 일응 사법(私法)관계이고, 국민건강보험공단은 이 관계에 보험자로서 관여할 뿐이며, 현물급여원칙은 국민건강보험공단과 가입자 사이의 관계를 규율할 뿐[68] 국민건강보험공단과 요양기관 사이, 요양기관과 환자(가입자 또는 그 피부양자) 사이의 관계에는 영향을 주지 아니한다고 봄이 옳다.

건강보험진료에서 의료인 측 당사자는 의료기관 개설자이다.[69] 비교법적으로는 진료 전반을 책임지는 의사와 환자 사이의 의사계약과 병원과 환자 사이의 병원계약의 병존을 일반적으로 인정하거나 병원만이 당사자가 되는 경우와 의사와 병원이 둘 다 당사자가 되는 경우가 모두 있다고 보는 예도 있고,[70] 우리나라에서도 이른바 특진, 즉 선택진료(의료법 제46조)

67) 이동진(주 58), 28면.

68) 즉, 국민건강보험공단은 요양기관 등을 통하여 요양급여를 현물로 제공할 방법을 확보하여야 한다.

69) 김천수, "진료계약", 민사법학 제15호(1997), 153면.

70) 독일 판례에 대하여는, Deutsch/Geiger, "Medizinischer Behandlungsvertrag. Empfielt sich eine besondere Regelung der zivilrechtlichen Beziehung zwischen dem Patienten und dem Arzt im BGB?" in : BMJ (hrsg) Gutachten und Vorschläge zur Überarbeitung des Schuldrechts Bd. II, 1981, S. 1060 ff.

의 경우 의료기관 개설자와 환자 사이의 계약 이외에 그 특정 의사와 환자 사이의 계약이 병존한다는 견해,[71] 이른바 개방병원 기타 비전속의가[72] 의료에 관여하는 경우에는 두 개의 계약이 병존한다는 견해가[73] 주장되고 있다. 그러나 본래 의사와 환자 사이의 계약과 병원과 환자 사이의 계약을 분리하는 것은 자유전문직(professional; Freiberuf)으로서 의료인의 직업적 자율성·독립성을 존중하고, 역사적으로 의료기관이 아닌 수용 및 요양시설에서 출발한 병원의 특성과 대개 비영리단체인 병원의 재정부담을 배려하기 위함인데, 우리나라에는 그러한 전통이 존재하지 아니하고 비교법적으로도 오늘날 병원 등의 사용자책임을 인정하는 데 별 이론(異論)이 없다는 점이 고려되어야 한다.[74] 의료인 측과 환자 사이에 사법상 계약이 존재하는 한 그 주된 내용에 보수(報酬) 기타 비용지급의무가 포함될 수밖에 없고, 국민건강보험공단은 이 채무를 법률규정에 의하여 면책적으로 인수하는 대신 요양급여비용청구권을 부여한다고 이해함이 타당한데, 이때 요양급여비용청구권은 요양기관, 즉 의료기관의 개설자에게 귀속한다(국민건강보험법 제47조 제1항, 제42조 제1항 제1호, 의료법 제33조 참조). 이 점은 선택진료나 개방병원의 경우에도 원칙적으로 같다. 요컨대 국민건강보험공단에 대하여 요양급여비용을 청구하고 이를 수령하는 것은 의료기관 개설자뿐이고, 그 특정 의사나 비전속의의 보수는 그들과 의료기관 개설자 사이의 내부관계의 정함에 따라 정산되는 것이다. 그렇다면 어느 경우든 진료관계의 당사자가 되는 것은 의료기관 개설자뿐이라고 봄이 옳을 것이다.

나아가 비보험진료에서도 진료관계에서 의료인 측 당사자가 되는 것

---

71) 강남진(주 65), 316면; 김민중, "의료계약", 사법행정 제32권 제1호(1991), 39면.

72) 개방병원이 아니라 하더라도 비전속의가 의료기관에서 진료하는 것이 허용되는 예가 있다. 마취과나 영상의학과의 경우가 그러하다.

73) 개방병원에 관하여, 비교법적 검토를 포함하여, 박주현, '개방병원'의 의료과오에서 의료기관 사이의 책임영역의 분할 (서울대학교 법학석사학위논문, 2004), 19면 이하, 51면 이하, 주로 개방병원에 초점을 맞추고 있으나 비전속의 일반에 관하여 그러한 취지로, 김병일(주 56), 114-115면.

74) Furrow, "Medical Malpractice Liability. Of Modest Expansions and Tightening Standards", Cohen, Hoffman and Sage (eds) The Oxford Handbook of U.S. Health Law, 2017, pp. 433 ff.; Swain(주 60), pp. 37 ff. 등.

은 원칙적으로 의료기관 개설자뿐이라고 봄이 옳다. 의료법 제33조 제1항은 "의료인은 이 법에 따른 의료기관을 개설하지 아니하고는 의료업을 할 수 없"다고 규정하고 있다.[75] 그러므로 영「업」의 수행으로 맺는 진료관계는 원칙적으로 그 의료인이 속한 의료기관(의 개설자)에게 귀속한다고 봄이 상당하다. 물론 비보험진료에서 진료관계는 원칙적으로 사법(私法)상 계약관계이므로, 이때 진료관계의 의료인 측 당사자의 결정은 계약해석의 문제이나, 위와 같은 규제법령과 그에 따른 통상적인 의료「업」의 수행방식은 계약해석에도 일정한 영향을 미치게 마련인 것이다. 다만, 개방병원의 경우 진료를 하는 비전속의가 소속된 의료기관과 사이의 진료계약과 시설 및 요양간호 등을 제공하는 병원과 사이의 병원계약이 분리될 가능성이 있다.

나. 비용지급의무와 환자 측 당사자

환자 측 당사자는 어떠한가? 진료관계에서 환자 자신 또는 그의 일정 범위의 근친(近親) 등이 의료인 측을 상대로 의료과오책임을 물을 수 있다는 데는 이론(異論)의 여지가 없다. 이때 법적 근거로는 계약책임도 원용되곤 하지만 주로 불법행위책임이 원용되고 있다. 더욱 중요한 점은 책임설정의 기준에 관한 한 두 책임 사이에 아무런 차이가 없다고 이해되고 있다는 사실이다.[76] 일반적으로 의료과오에서 계약책임이 불법행위책임보다 유리한 점으로는 과실 존부의 증명책임이 가해자가 아닌 피해자에게 있다는 점(민법 제390조 단서 참조)이 꼽혀왔으나, 이는 "진료채무는 수단채무"(obligation de moyens)라는 판례에[77] 반한다.[78] 이행보조자책임(민법 제391조)과 사용자책

75) 이 규정은 각 의료인이 자기 명의로 의료기관을 개설하여야 한다는 뜻이 아니라 의료행위를 업으로 하려면 어느 한 의료기관에 소속된 상태에서 하여야 한다는 뜻이다. 물론 앞서 본 바와 같이 이 규정에 대하여는 일정한 예외가 인정되고 있다.

76) 박영규, "의사의 주의의무의 일반적 기준", 한독법학 제11권(1995), 484-485면.

77) 가령 대법원 2015. 10. 15. 선고 2015다21295 판결 등 참조.

78) 김병일(주 56), 242면 이하. 이러한 증명책임의 배분이 진료관계를 형성하는 두 당사자, 특히 의료인 측의 일반적 의사에 부합하고, 그러한 관점에서 (계약법적으로도) 정당화될 수 있다는 점에 대하여는 이동진, "위험영역설과 증거법적 보증책임: 증명책임 전환의 기초와 한계", 저스티스 통권 제138호(2013), 187-189, 196면 이하.

임(민법 제756조) 사이에 현실적으로 큰 차이가 없음은 잘 알려진 바이고, 주로 인신(人身)손해에 대한 배상이 문제되는 의료과오책임 사건에서 (판례상 발전된 여러 법리를 고려할 때) 민법 제766조의 소멸시효가 계약책임의 소멸시효에 비하여 부당하게 불리하다고 하기도 어렵다. 남는 것은 계약책임의 경우 당사자 이외의 제3자의 손해, 대표적으로 위자료의 배상을 인정하는 데 좀 더 어려움이 있다는 점 정도이다. 비교법적으로도 의료과오에 대하여 계약책임과 불법행위책임을 다 인정하는 예가 많고, 그 경우 책임추궁은 주로 불법행위책임으로 이루어지고 있다. 불경합(non-cumul)을 원칙으로 하는 프랑스에서나 (사법상 계약에 의하는 경우) 계약책임을 묻는 것이 원칙일 뿐이다.[79] 환자 측 당사자가 누구인지를 정하는 주된 실익은 결국 진료비 등 비용지급의무의 귀속주체결정에 있다.[80]

(건강)보험진료의 경우 국민건강보험법 제44조는 이른바 본인부담금을 규정하고 있다. 이는 제3자 지급방식(third party payer)을 취하는 건강보험에서 과다하거나 불필요한 의료비지출을 막기 위한 장치로서[81] 건강보험체제의 일부를 이루나,[82] 그 자체 (공법관계로) "본인"에게 본인부담금지급의무를 지우는 규정은 아니고, 누가 "본인"인지를 정하는 규정도 아니다. 누가 본인부담금지급의무를 지는지는 원칙적으로 계약이 정한다. 비보험진료의 경우 누가 진료비 등 비용을 부담할지를 정하는 것이 진료계약임은 물론이다. 진료비 등의 부담은 사법(私法)상 채무이므로 이를 부담하는 것은 원칙적으로 사적 자치적 결정에 맡겨져 있기 때문이다. 진료관계의 환자 측 당사자의 결정이 계약 당사자 확정 문제일 수밖에

---

79) Swain(주 60), pp. 35 f.; Taylor(주 60), pp. 71-73; Katzenmeier(주 4), S. 94 ff. 등 참조.

80) 학설도 환자 측 의무로는 사실상 진료비 등 지급의무를 들 뿐이다. 가령 김병일(주 56), 211면 이하; 김상용, "의료계약", 아세아여성법학 제2호(1999), 233-234면; 김천수(주 69), 164면 이하.

81) 이동진(주 58), 9면.

82) 가령 국민건강보험법 제44조 제2항은 본인부담상한제를 채택하는데, 이는 연간 부담하는 본인부담금이 본인부담상한액을 초과하는 경우 국민건강보험공단이 해당 액을 상환하는 방식으로 실현된다. 이때 본인부담상한액 초과분의 상환관계가 공법관계임은 물론이다.

없는 이유가 여기에 있다. 대법원 2015. 8. 27. 선고 2012다118396 판결도 “환자가 의사 또는 의료기관(이하 ‘의료인’이라 한다)에 진료를 의뢰하고, 의료인이 요청에 응하여 치료행위를 개시하는 경우에 의료인과 환자 사이에는 의료계약이 성립”되고 그에 따라 “환자 측은 보수를 지급할 의무를 부담한다”면서 “계약의 당사자가 누구인지는 계약에 관여한 당사자의 의사해석 문제에 해당하고 이는 의료계약의 당사자가 누구인지를 판단할 때에도 마찬가지”라고 하여 이를 일반적으로 확인한다.

진료계약이 명시적으로 체결되었다면 별 문제가 없을 것이다. 그러나 훨씬 더 흔한 상황은 진료계약을 체결하는 형식적인 행위가 생략되고 환자의 내원 및 진료의뢰와 의료인 측의 사실상의 진료행위가 진행되는 경우, 특히 외래환자가 아닌 입원환자로 진료비 등이 상당한 액수에 이른 뒤 비로소 정산되는 경우이다.[83] 이때에는 통상 진료비 등을 부담하리라고 예상되는 사람이 의료기관에 내원하여 진료관계의 개시에 관여한 이상 원칙적으로 그가 비용을 부담할, 즉 진료관계의 당사자가 될 의사라고 해석함이 상당하다. 가령 환자가 미성년자이고 친권자 등을 대동한 경우 원칙적으로 내원한 친권자 등이 계약 당사자가 된다고 보아야 한다.[84] 부모 공동친권의 경우 미성년의 자녀의 진료비는 일반적으로는 일상가사에 해당할 것이므로 일방만 내원하였다 하더라도 진료비 등에 대

83) 대법원 2001. 11. 9. 선고 2001다52568 판결은 “민법 제163조 제2호 소정의 '의사의 치료에 관한 채권'에 있어서는, 특약이 없는 한 그 개개의 진료가 종료될 때마다 각각의 당해 진료에 필요한 비용의 이행기가 도래하여 그에 대한 소멸시효가 진행된다고 해석함이 상당하고, 장기간 입원 치료를 받는 경우라 하더라도 다른 특약이 없는 한 입원 치료 중에 환자에 대하여 치료비를 청구함에 아무런 장애가 없으므로 퇴원시부터 소멸시효가 진행된다고 볼 수는 없다”고 한다. 그러나 특히 입원환자의 경우 의료현장에서는 그때그때 진료비 등을 정산하기보다는 일정 기간이 지난 뒤 그 동안의 진료비 등을 모아서 중간정산을 요구하고 퇴원할 때 잔액을 정산하는 것이 보통이다.

84) 통설이다. 김민중, “의료계약의 당사자로서의 「환자」와 관련한 문제에 대한 검토”, 의료법학 제10권 제2호(2009), 256-257면; 김병일(주 56), 123-127면; 이보환(주 65), 26-30면; 주호노(주 65), 340면. 이에 대하여 미성년자 본인만 당사자가 된다는 견해로, 석희태(주 64), 9-10면, 미성년자 본인과 친권자가 모두 당사자가 된다는 견해로, 정용진, 보건의료법 · 의료분쟁, 1999, 122면.

하여는 연대책임(민법 제832조)이 인정된다. 환자가 성년의 의사능력과 행위능력이 있는 사람이라면 원칙적으로 그 자신이 계약 당사자가 되고 진료비 등도 부담한다. 다만 배우자가 있는 경우 앞서 본 바와 같이 진료비는 일반적으로는 일상가사에 해당할 것이므로 부부 중 일방만 내원하였다 하더라도 타방에게 연대책임(민법 제832조)이 인정된다. 환자가 피성년후견인이고 성년후견인이 대동한 경우 환자 자신이 당사자이고 성년후견인은 그를 대리하여 진료관계를 형성한다고 봄이 옳다.[85] 성년후견인은 피성년후견인의 비용으로 후견사무를 수행하는 것이고(민법 제955조의2 참조), 현행법상 성년후견인은 피성년후견인의 부양의무자가 아닐 수 있기 때문이다. 성년후견절차가 개시되지 아니하였고 의식이 있는 고령의 환자가 자녀를 보호자로 대동한 경우에도 마찬가지이다. 이들 보호자는 사실행위를 할 뿐이고 진료관계의 당사자는 원칙적으로 의사능력과 행위능력이 있는 환자 본인이라고 보아야 한다. 오늘날 고령의 환자와 그 자녀의 관계에서 자녀가 당연히 진료비 등을 부담할 것이라는 (사회적) 기대는 존재하지 아니한다. 보호자 등이 진료비 등 채무를 부담하기로 약정하였거나[86] 그러한 묵시적 의사가 있었다고 볼 만한 사정이 있는 때에는 보호자가 당사자가 될 수 있다.

전형적인 사안유형을 다룬 판례는 거의 찾아볼 수 없다. 대법원 1980. 10. 14. 선고 80다1779 판결은 교통사고의 가해자가 "자기 운전차

85) 통설이다. 문성제, "응급의료에서의 의사의 주의의무와 법적 책임", 한국의료법학회지 제18권 제1호(2010), 154면; 이덕환, 의료행위와 법 전정판, 2010, 33면; 전태식 · 윤준혁, "환자에 대한 민법상 보호의무자의 보증인적 지위로서의 권리와 의무－진료비 납부의무 및 손해배상 청구권을 중심으로－", 생명의료정책연구 제4권 제1호(2010), 61면. 그러나 성년후견인이 직접 당사자가 되어 환자를 위한 진료계약(제3자를 위한 계약)을 체결한다는 것으로, 석희태(주 64), 10면. 한편, 환자 본인이 의사능력이 없는 경우에는 법정대리인이 당사자가 된다는 것으로 이보환(주 65), 33면.

86) 병원실무에서는 입원신청서에 대동한 보호자의 (진료비 등 채무에 대한) 보증약정을 포함시키는 예가 흔했다. 이러한 실무는 여러 문제가 있었고[비판으로 홍관표, "입원약정서의 연대보증조항에 대한 환자의 건강권 측면에서의 검토", 한국의료법학회지 제23권 제2호(2015), 113면 이하], 오늘날 폐지되고 있다.

량에 부딪쳐서 우측 대퇴골 분쇄골절 뇌진탕 등 중상을 입은 피해자를 싣고 와서 그 치료를 의뢰하였다면 동 피고가 치료비를 부담할 것이 아님을 명시하는 등 특별한 사정이 없는 한 치료를 의뢰한 동 피고는 그 치료비에 대한 책임을 져야 함이 마땅"하다고 한다. 이 판결이 가해자를 진료관계의 당사자로 본 것인지 보증인으로 본 것인지는 분명하지 아니하나, 보증인으로 보았다고 이해하는 것이 보통이다.[87] 반면 위 대법원 2015. 8. 27. 선고 2012다118396 판결은 피고 복지법인과 원고 요양병원 사이에 피고 복지법인이 운영하는 요양시설에서 환자가 발생하면 요양병원에 후송하여 입원치료하되 간병비는 요양병원에 청구하지 아니하기로 하는 내용의 업무협약이 체결되었는데 피고 복지법인 운영 요양시설에 입소한 고령의 의사무능력자 소외 1이 요양시설에서 발생한 사고로 골절상을 입고 원고 요양병원에 후송되어 치료받는 과정에서 발생한 치료비 등을 부담하는 사람이 피고 복지법인인지 환자인지[88] 문제 된 사건에서, "환자가 아닌 자가 의료인에게 의식불명 또는 의사무능력 상태에 있는 환자의 진료를 의뢰한 경우 진료 의뢰자와 환자의 관계, 진료를 의뢰하게 된 경위, 진료

87) 김병일(주 65), 137면; 김학동, "보증채무에 관한 판례분석", 사법연구 제4집(1999), 151면; 박정제, "요양원에 입원한 의사무능력자가 요양원 직원의 과실로 골절상을 당해 요양원 직원이 의사무능력자를 병원에 입원시킨 경우 병원과 의료계약을 체결한 당사자가 누구인지 여부", 대법원판례해설 제105호(2015년 하, 2016), 166면.

88) 원고의 상고이유 중에는 환자의 가족들은 '소외 1의 보호자들로서 008. 11.경 소외 1의 이 사건 골절에 대한 치료가 마무리되어 가자 △△병원의 담당의사가 소외 1의 퇴원을 결정하였는데, 이들 보호자 중 한 명의 요청으로 소외 1이 △△병원에 계속 입원하게 되었으므로, 원고와 소외 1의 보호자 사이에 묵시적으로 이 사건 기존장애에 대한 진료계약이 성립되었고 따라서 원고는 진료계약에 기하여 소외 1의 상속인들인 피고 2, 피고 3, 피고 4에게 치료비를 청구할 수 있다'는 것이 있었다. 그러나 대법원은 "이 주장은 상고심에서 처음으로 주장된 것으로서 적법한 상고이유가 될 수 없다"고 하여, 이 부분 주장을 판단하지 아니하였다. 당해 사안에서 의료행위에 대한 동의 등은 물론 환자의 가족들이 하였으나 진료비 등을 부담하기로 하였다고 보기는 어려웠다. 2008. 10. 14. 망인은 중환자실(ICU)에서 노인병동인 '효병동'으로 이실되었는데, 병원 직원은 망인의 보호자에게 연락하여 효병동 서약서에 서명해 달라고 하였으나, 보호자는 이 사건 요양시설에서 발생한 안전사고라고 주장하면서 서약서에 서명하기를 거부하였다. 박정제(주 87), 149-150, 169면 이하.

의뢰자에게 환자의 진료로 인한 비용을 부담할 의사가 있었는지 여부, 환자의 의식상태, 환자의 치료과정 등 제반 사정을 종합적으로 고찰하여 진료 의뢰자와 의료인 사이에 환자의 진료를 위한 의료계약이 성립하였는지를 판단하여야 한다"면서 "① 피고 복지법인 요양보호사의 과실로 ○○원에서 요양 중이던 소외 1이 이 사건 골절상을 입었으므로 피고 복지법인은 그 진료비를 부담하여야 하는 상황이었던 점, ② 피고 복지법인은 ㅁㅁ정형외과에 소외 1을 입원시키고 이 사건 골절에 대한 수술을 계획하였으나 소외 1이 식사를 하지 못하는 등 전신 상태가 악화되어 수술을 할 수 없게 되자, 정형외과적 처치와 함께 소외 1의 전신에 대한 보존적 치료를 위하여 직원 소외 3으로 하여금 소외 1을 △△병원 중환자실에 입원시켜 치료를 받도록 한 것으로 보이는 점, ③ 당시 소외 1은 의사무능력자여서 소외 3이 입원약정서의 작성 등 입원치료에 필요한 절차를 처리하였는데 그 과정에서 원고에게 소외 1의 이 사건 골절에 대한 치료로 한정하여 진료를 위탁하였다고 볼 만한 증거가 없는 점, ④ △△병원도 소외 1이 중환자실에 입원한 다음 날 소외 1의 담당과를 정형외과에서 내과로 변경하여 △△병원 입원 초기부터 주로 소외 1의 전신에 대한 보존적 치료를 한 점, ⑤ 피고 복지법인도 현대해상과 체결한 영업배상책임보험으로 소외 1이 △△병원에서 진료를 받는 과정에서 발생한 비용을 부담할 의사가 있었던 것으로 보이는 점 등을 앞서 본 법리에 비추어 살펴보면, 원고와 사이에 소외 1의 진료를 위한 의료계약을 체결한 계약당사자는 소외 1이 아니라 피고 복지법인"이라고 보았다. 환자 본인이 의사무능력자였고, 복지법인이 치료 등에 관한 사무를 유상으로 인수하였으며, 복지법인의 지배영역에서 그 사무처리 중 이환되었다는 점이 고려된 것으로 보인다.

2. 진료계약의 내용형성과 사무관리에 의한 보충

가. 진료계약의 내용형성

진료계약의 내용은 어떠한가? 학설 중에는 진료계약의 내용은 당사자의 합의에 의하여 결정된다는 견해가 있다.[89] 그러나 이러한 설명에는 오해의 소지가 있다.

일반적으로 진료계약은 의료인 측에는 진료 및 설명, 진료기록작성, 비밀유지의무를, 환자 측에는 진료비 등 지급의무와 협력의무를 지운다고 설명되어왔다.[90] 그러나 의료인 측의 설명의무와 진료기록작성 및 비밀유지의무는 계약 이전에 법률상 의무이기도 하다(의료법 제19조, 제22조, 제24조의2 참조). 이들은 진료계약에 의하여 결정되는 것이 아니라 각각 그 근거규정(과 그 해석)에 따라 그것이 허용하는 한도에서 자율적 형성이 가능할 뿐이다. 다른 한편 환자 측의 협력의무는 학설도 지적하듯 실은 책무 내지 간접의무(Obliegenheiten)에 그치고, 손해배상법의 틀에서 고려되며, 부분적으로 자유로운 형성이 가능할지언정 그 자체 계약에 의하여 결정된다고 하기는 어렵다.

남는 것은 의료인 측의 진료의무와 환자 측의 진료비지급의무이다. 비보험진료에서는 진료의무의 내용도, 진료비도 당사자가 합의하여 정할 수 있다. 그러나 (건강)보험진료의 경우에는 반드시 그러하지 아니하다. 우선 진료비의 경우 법은 요양급여기준에 의하여 본인부담금을 정하고 있다(국민건강보험법 제44조). 그보다 더 많이 받는 것은 허용되지 아니한다.[91] 더 적게 받는 것도, 원칙적으로는, 허용되지 아니한다(의료법 제27조 제3항). 본인부담금

89) 김상용(주 80), 228면.

90) 김병일(주 56), 161면 이하; 김상용(주 80), 228면 이하; 김천수(주 69), 169면 이하 등 참조.

91) 이 점과 관련하여서는 국민건강보험법 제57조 제5항이 "요양기관이 가입자나 피부양자로부터 속임수나 그 밖의 부당한 방법으로 요양급여비용을 받은 경우 공단은 해당 요양기관으로부터 이를 징수하여 가입자가 피부양자에게 지체 없이 지급하여야 한다. 이 경우 공단은 가입자나 피부양자에게 지급하여야 하는 금액을 그 가입자 및 피부양자가 내야 하는 보험료등과 상계할 수 있다"고 규정하는 것도 참조. 이 규정의 가장 의심의 여지가 없는 적용대상은 보험진료대상인데도 비보험진료처럼 처리한 경우이지만, 그러한 경우가 이 규정의 적용대상에 포섭된다면 보험진료대상에 대하여 요양급여기준이 정하는 범위를 초과하는 본인부담금을 받은 경우도 이 규정에 포섭함이 상당하다. 다른 한편 이 규정에 의하여 부당이득의 징수 및 가입자 등에의 반환이 가능하다는 것은 논리필연적으로 진료계약 중 법이 허용하는 범위를 넘는 본인부담금 부분은 일부무효라는 뜻이 된다. 이동진(주 58), 13면 참조.

제도는 의료서비스에 대한 수요의 적정성 통제를 위한 유인체계로서 건강보험 체제하에서는 공적 이익을 위한 강행규정인 것이다. 의료행위에 대하여 지급되는 요양급여비용(酬價)이 요양급여기준에 의하여 정해져 있음은 물론이다. 보험진료의 경우 진료비에 관하여는 사적 자치가 거의 인정되지 아니하는 셈이다. 다음 진료의무는 어떠한가. 판례는 "진료계약에 따른 진료의 내용 및 범위는 그 의료계약 체결 당시에는 개괄적이고 추상적이다가, 이후 질병의 확인, 환자의 상태와 자연적 변화, 진료행위에 의한 생체반응 등에 따라 구체화"된다고 한다.[92] 이러한 설명의 배경에는 진료계약이 많은 경우 대략의 증상과 그 (가능한 범위의) 개선이라는 목표만을 정한 틀 계약(Rahmenvertrag)에 그친다는 사정이 있다. 의료인 측이 특정 환자의 특정 증상 등에 관계된 진료를 인수할 때 지는 의무는 진료의뢰의 대상이 된 증상을 중심으로 통상 기대되는 진단을 거쳐 그 과정에서 확인되는 질병 등에 대하여 당해 의료기관에서 할 수 있는 치료 등 대안을 제공하거나 필요한 때에는 다른 의료기관에 전원(轉院)할 것을 권할 의무이다. 그 뒤의 구체화는 적절한 진단과 의료적 전문지식 및 경험, 환자와의 치료대화와 환자의 선호 및 동의 여부, 요양급여기준[93] 등의 영향을 받고, 일의적(一義的)은 아닐지언정 의무에 구속되어 있다. 구체화 과정에서의 잘못에 대하여 불법행위책임을 물을 수 있는 까닭이 여기에 있다. 따라서 진료과정에서의 구체화에 일종의 사적 자치적 결정, 자기결정이 개입함은 사실이지만, 그것이 (개별)계약에 의하여 이루어지는 것은 오히려 극히 드문 예외라고 보인다. 진료관계는, 계약에

92) 대법원 2009. 5. 21. 선고 2009다17417 전원합의체 판결; 2015. 8. 27. 선고 2012다118396 판결.

93) 요양급여기준이 개개의 상황에 맞는 의료행위를 완전히 규율할 수 없는 한 자율의 공간이 일부 확보되는 것은 사실이나, 그 범위가 반드시 넓지는 아니할 뿐 아니라 의도하였던 의도치 않았건 요양급여기준이 허용한 범위에서만 가능한 일이기도 하다. 다만 진료비와 약제 · 치료재료에 대한 비용을 받지 아니하는 때에는 요양급여기준이 허용하지 아니하는 의료행위를 할 수 있다. 즉, 요양급여기준에 의한 의료행위의 규격화는 진료비 등 부담을 통한 간접적인 것이고, 의료인은 전통적으로 의료행위에 관하여 재량을 가진다. 이로 인한 몇 가지 문제에 대하여는 이동진(주 58), 14면 이하.

터 잡는 경우에도, 계약형성이 아닌 전문가로서 의사와 그에 자신의 생명 · 신체 · 건강을 맡긴 환자 사이의 신인의무(fiduciary duty)에 의하여 형성되는 것이다.

다른 한편, 비보험진료의 경우에도 진료계약에서는 다른 계약에서보다 계약자유가 인정되는 범위가 좁다. 진료계약은 전형적으로 소비자계약의 성격을 갖고 있어 환자 측을 보호할 필요가 크기 때문이다. 가령 의료기관은 법정 비급여 진료비용을 고시하여야 하고 그 금액을 초과하여 진료비 등을 징수할 수 없다(의료법 제45조). 또 판례는, 법이 허용하지 아니한 경우 비급여 진료에 대한 비용청구는 "① 진료행위 당시 시행되는 관계 법령상 건강보험의 틀 내의 요양급여 대상 또는 비급여 대상으로 편입시키거나 관련 요양급여비용을 합리적으로 조정할 수 있는 절차가 마련되어 있지 아니하였거나, 절차가 마련되어 있었다 하더라도 비급여 진료행위의 내용 및 시급성에 비추어 절차를 회피하였다고 보기 어려운 경우로, ② 진료행위에 의학적 안전성과 유효성은 물론, 요양급여기준을 벗어나 진료해야 할 의학적 필요성이 있었고, ③ 가입자 등에게 미리 내용과 비용을 충분히 설명하여 본인 부담으로 진료받는 데 대하여 동의를 받은 경우"에 해당하여야 가능하다고 한다.[94] 이들이 모두 비용에만 관계한다는 점에도 주의하여야 한다. 비보험진료에도 생명 · 신체 · 건강에 주로 관계하는 것과, 의료인이 하여야 하는 행위여서 의료행위에는 포함되지만 직접 생명 · 신체 · 건강에 관계하지는 아니하는 것이 있는데, 적어도 앞의 범주에 대하여는 앞서 보험진료에서 본 바와 같은 '구체화'과정과 의무가, 그 강도(强度)를 달리하여, 적용된다.

수단채무인 진료의무를 결과채무로 변경하는 약정은 일반적으로 허

94) 대법원 2012. 6. 18. 선고 2010두27639, 27646 전원합의체 판결의 다수의견. 이 판결은 직접적으로는 부당이득징수처분을 예외적으로 허용하지 아니하는 요건에 관한 것이지만, 간접적으로는 진료계약의 효력에 관한 것이기도 하다. 부당이득징수처분이 허용된다면 유상계약으로서 진료계약은 무효인 것이기 때문이다. 다만, 이 판결이 설정한 요건, 특히 위 ① 요건은 부당하다. 이동진(주 58), 29면 이하 참조. 그밖에 면책약정의 효력 제한에 관하여는 김상용(주 80), 235면. 또한, 대법원 1979. 1. 30. 선고 72다2319 판결.

용된다.[95] 비교법적으로도 의료과오책임과 관련하여 계약책임이 문제 되는 것은 주로 이러한 경우이다.[96]

나. 사무관리에 의한 보충

성년의 환자 본인에게 의식이 없는 상태에서 환자와 가족 · 친족관계도 없고 가해자도 아닌 일반 제3자가 후송 및 진료의뢰에 관여한 경우 성년의 환자 본인도 후송에 관여한 제3자도 진료계약의 당사자가 되지 아니한다.[97] 대법원 1994. 2. 22. 선고 93다4472 판결도 망인이 광양경찰서 광영파출소 내에서 분신(焚身)하여 전신화상을 입자 소속 경찰관들이 119 구급대 차량으로 원고 부속 광양병원에 후송하여 긴급구호조치를 취할 것을 요청하였고, 위 병원은 그 요청에 따라 입원치료를 하였으나 결국 망인이 사망하게 된 사안에서, "경찰관직무집행법에 의하면 경찰관이 병자, 부상자 등으로서 적당한 보호자가 없으며 응급의 구호를 요한다고 인정되는 자를 발견한 때에는 보건의료기관 또는 공공구호기관에 긴급구호를 요청할 수 있고, 이러한 긴급구호요청을 받은 보건의료기관이나 공공구호기관은 정당한 이유 없이 긴급구호를 거절할 수 없다고 규정하고 있을 뿐이고(경찰관직무집행법 제4조 제1항, 제2항), 응급의 구호를 요하는 자의 치료가 국가의 사무라거나 국가가 응급의 구호를 요하는 자에 대하여 응급의 구호에 필요한 치료의 의무를 부담한다는 규정을 두고 있지 아니하므로 경찰관이 응급의 구호를 요하는 자를 보건의료기관에게 긴급구호요청을 하고, 보건의료기관이 이에 따라 치료행위를 하였다고 하더라도 국가와 보건의료기관 사이에 국가가 그 치료행위를 보건의료기관에 위탁하고 보건의료기관이 이를 승낙하는 내용의 치료위임계약이 체결된 것으로는 볼 수 없다"고 하여, 대한민국에 대한 치료비 청구를 인용한 원심판결을 파기하였다.

---

95) 강남진(주 65), 314면 이하; 김병일(주 56), 202면 이하.

96) Swain(주 60), p. 35; Münchener Kommentar zum BGB/Wagner, 8. Aufl., 2020, Vor § 630a, Rn. 3-7.

97) 압도적인 통설이다. 강신웅, "진료계약의 성질과 의사의 책임에 관한 소고", 민법학의 현대적 양상: 나암서민교수정년기념논문집, 2006, 310-311면; 김민중(주 84), 267-268면; 김병일(주 56), 134-137면; 문성제(주 85), 155면; 석희태(주 64), 12면; 주호노(주 65), 340면.

이 경우에는 앞서 본 바와 같이 우선 환자 본인에 대한 사무관리가 성립한다. 환자에 대한 의료행위가 그의 사무로서 의료인에게 타인의 사무임은 분명하고, 진료를 개시하는 의료인 측의 의사는 규범적으로[98] 타인사무관리의사라고 보기에 부족함이 없기 때문이다. 한 가지 문제는 의료인은 진료의무(duty to treat; 의료법 제15조)가 있으므로 "의무 없이" 개입하였다고 할 수 없는 것 아닌가 하는 점인데, 의료인에게 인정되는 진료의무는 비용상환의무를 포함한 포괄적 규율이 아니므로 사무관리의 성립을 배제하는 의무라고 할 수 없는 것이다. 비교법적으로도 특히 의식불명자의 치료에 대하여는, 공법관계로 구성되지 아니하는 한, 일종의 사무관리 또는 그에 준하는 제도에 의하여 의사-환자 관계가 인정된다는 데 이론(異論)이 없다.[99] 다른 한편, 관리는 사무본인, 즉 환자의 현실적 또는 추정적 의사 및 이익에 부합하여야 한다. 자신의 생명 · 신체 · 건강에 관한 결정에 있어 자기결정이 갖는 의미에 비추어볼 때, 추정적 동의(· 승낙)가 그러한 것처럼 사무관리가 성립하는 범위도 제한될 수밖에 없다. 성형수술과 같이 특별한 사정이 없는 한 자기결정에 맡겨야 하는 의료행위를 사무관리로 할 수는 없다. 다만, 판례는 회복할 수 없는 사망 단계에 이르지 아니한 이상 생명에 대한 자기처분도 허용하지 아니하고 있고, 미성년의 자녀에 대한 의료행위의 결정은 그의 최선의 복리(the best interest)에 지향하여야 하므로, 이들을 위해서는 본인 의사에 반하는 의료행위도 사무관리가 될 수 있다(민법 제734조 제3항). 계약 체결이나 그 내용의 결정이 종종 공적 이익을 위하여 규제될 수 있는 것처럼, 사무관리도 관리대상인 사무의 성질에 따라서는 사무본인의 의사에 반하여 강제될 수 있는 셈이다.[100] 같은 이유에서 보험진료의 경우 요양급여기준 등 공법적 규

98) 사무관리의사의 규범성에 대하여는 우선, Bergmann(주 49), S. 155 ff. 참조.

99) Brennecke, Ärztliche Geschäftsführung ohne Auftrag, 2010, S. 59 ff. 미국법에서는 이른바 법률상 묵시적 계약(contract implied in law)을 인정한다. 이는 준(準)계약(quasi-contract)의 일종으로, 합리적 보수(reasonable payment)를 구할 수 있다. 가령 Cotnam v. Wisdom, 104 S.W. 164 (Ark. 1907).

100) 그러나 이러한 경우를 진정사무관리와는 다른 전승에 터 잡은 이질물로 보는 견해로, Bergmann(주 49), S. 415 ff.; Standinger/Bergmann, Neubearbeitung 2015,

제가 그에 반하는 환자 등의 현실적 및 추정적 의사나 그의 이익보다 우선할 수 있다.[101)]

사무관리가 성립하면 의료인 측은 환자 본인을 상대로 의료행위에 대한 비용(Aufwendung)의 상환을 구할 수 있다(제739조). 나아가 의료행위는 통상적인 보수(報酬)의 지급도 구할 수 있다고 봄이 옳다. 대법원 2010. 1. 14. 선고 2007다55477 판결은 “직업 또는 영업에 의하여 유상으로 타인을 위하여 일하는 사람이 향후 계약이 체결될 것을 예정하여 그 직업 또는 영업의 범위 내에서 타인을 위한 행위를 하였으나 그 후 계약이 체결되지 아니함에 따라 타인을 위한 사무를 관리한 것으로 인정되는 경우에 상법 제61조는 상인이 그 영업범위 내에서 타인을 위하여 행위를 한 때에는 이에 대하여 상당한 보수를 청구할 수 있다고 규정하고 있어 직업 또는 영업의 일환으로 제공한 용역은 그 자체로 유상행위로서 보수 상당의 가치를 가진다고 할 수 있으므로 그 관리자는 통상의 보수를 받을 것을 기대하고 사무관리를 하는 것으로 보는 것이 일반적인 거래 관념에 부합하고, 그 관리자가 사무관리를 위하여 다른 사람을 고용하였을 경우 지급하는 보수는 사무관리 비용으로 취급되어 본인에게 반환을 구할 수 있는 것과 마찬가지로, 다른 사람을 고용하지 않고 자신이 직접 사무를 처리한 것도 통상의 보수 상당의 재산으로서의 비용이 지출된 것이라 할 수 있으므로 그 통상의 보수에 상응하는 금액을 필요비 내지 유익비로 청구할 수 있다고 봄이 상당”하다고 하였고, 학설도 이에 찬성하고 있다.[102)] 의료인이 상인이라고 할 수는 없으나 의료「업」으로 의료행

---

§ 679 Rz. 1-2.

101) 물론 이 경우에도 비급여 진료가 허용되는 한, 그리고 그것이 필요한 이상, 비급여 진료를 환자 등의 현실적 및 추정적 의사와 이익에 좇아 고려하여야 한다.

102) 우선 박영규, “사무관리에 있어서 관리의사와 보수청구권”, 경희법학 제47권 제2호(2012), 179면 이하; 이병준, “사무관리의 성립과 노무 제공에 따른 보수청구권: 대법원 2010.1.14. 선고 2007다55477 판결에 대한 평석”, 안암법학 제34호(상)(2011), 399면 이하. 이 논점에 대한 역사적 및 비교법적 개관은 Deppenkemper, Negotiorum gestio-Geschäftsführung ohne Auftrag. Zur Entstehung, Kontinuität und Wandel eines Gemeineuropäischen Rechtsinstituts, Teil 2, 2014, S. 248 ff. 비교법적으로 원칙적인 태도는-위임의 예를 따라-관리자에게 보수를 인정하지 아니하는 것이나, 문

위를 한 경우에는 같이 봄이 상당하다. 문제 된 의료행위가 국민건강보험의 적용대상인 때에도 마찬가지이다. 국민건강보험에 의한 공법적 의무는 환자 본인에게 의식이 있는지 여부와 관계없이 적용될 수 있고, 본인부담금 등의 부담은 사무관리법에 의하여 확보되며, 국민건강보험공단은 그러한 보수지급의무를 인수하는 것으로 봄이 옳다.[103] 이처럼 관리행위가 유상(有償)으로 이루어지는 이상, 응급의료행위에 대하여 경과실 면책(민법 제735조)을 허용할 수는 없다.[104] 응급의료에 관한 법률 제5조의2는 "생명이 위급한 응급환자에게 다음 각 호의 어느 하나에 해당하는 응급의료 또는 응급처치를 제공하여 발생한 재산상 손해와 사상(死傷)에 대하여 고의 또는 중대한 과실이 없는 경우 그 행위자는 민사책임과 상해(傷害)에 대한 형사책임을 지지 아니하며 사망에 대한 형사책임은 감면한다"고 규정하면서 제1호 가목, 제2호에서 그 예외로 "응급의료종사자"가 한 응급처치와 그가 "업무수행 중 […] 한 응급의료"를 들고 있는데, 이를 이러한 취지에서 이해할 수 있다.

나아가 별도의 부양의무자가 존재하는 경우 의료인 측은 부양의무자를 위해서도 사무관리를 하였다고 봄이 상당하다. 이는 환자 본인에 대하여 사무관리가 성립하는 경우는 물론, 누군가와 사이에 진료계약이 성립한 경우에도 같다. 앞서 본 바와 같이 의료인에게는 진료거부금지가 적용되므로, 그는 누가 진료를 의뢰하였든 진료함이 원칙이고, 또 바람직하기도 하다. 이때 의료인에게는, 특히 생명 · 신체 · 건강에 중대한 영향을 미칠 필수적 의료행위의 경우, 사실상 체약(締約)이 강제되고 그 결과 계약 당사자 선택의 자유도 제한된다. 그러므로 이러한 경우에까지 사무관리의 요건으로서 보충성, 즉 "의무없이"(민법 제734조 제1항)를 문제 삼는 것은 부적절하다. 독일에서는 이 점에 대하여 하급심 재판례와 학설이 대립하나, 부양의무자를 위한 사무관리의 병존을 인정하는 견해도 유력하다.[105] 미

제는 예외를 인정할 수 있는지 여부이다.

103) Brennecke(주 99), S. 97 ff.

104) 김병일(주 56), 47-48면.

국에서는 사무관리는 아니나 우리의 일상가사에 대한 연대책임 등의 법리와 비슷한 기능을 하는 이른바 필수비용의 법리(doctrine of necessaries)를 처에서 부(夫), 미성년의 자녀로 확장한다.[106] 대법원 1981. 6. 23. 선고 80다1351 판결은 "압류를 허용하지 않는 권리는 채권자의 일반담보로 할 수 없는 것이어서 채권자대위권의 목적이 될 수 없다고 할 것이나, […] 이러한 의료인이 이러한 치료비 청구권에 기하여 국가에 대한 피해자의 같은 치료비 청구권을 대위행사하는 것은 위 법조의 규정에 불구하고 허용된다"고 하여 국가에 대한 (사실상의) 직접청구권을 인정한다. 이 판결이 예외적으로 금전채권에 대하여도 무자력요건을 완화하는 취지인지에 대하여는 견해가 갈리나,[107] 그 결론이 종국적 책임을 부담하는 사람을 상대로 의료기관이 직접 진료비 등을 청구할 가능성을 인정하는 것이라는 점에는 의문이 없다. 이처럼 진료계약이 체결된 경우에도 의료인 측에서는 그 체결을 거절하기 어려운 상황임에 비추면 그 비용의 종국적 부담자에게 직접 비용을 청구할 권한을 인정하여야 하는데, 우리 법에서는 이를 사무관리로 해결하는 것이 적절하리라고 보인다. 다만, 이때의 사무관리는 그와 환자 사이에 구체적 부양의무가 존재함을 전제하므로 문제 된 의료행위가 부양의 범위 내에 있다고 판단되고, 환자 자신에게 부양요건이 갖추어져 있어야 할 것이다. 이로써 의사능력은 있으나 고령의 경제적 능력이 없는 환자가 그 보호자를 대동하거나 혼자 내원한

---

105) Brennecke(주 99), S. 192 ff.; Standinger/Bermann, Neubearbeitung 2015, Verbem zu §§ 679 ff. Rz. 310. 주의할 점은, 독일의 경우 실정법상 진료의무가 규정되어 있는 것이 아니고 이것이 의사의 직업윤리의 일부로 이해되고 있다는 사실이다. 그럼에도 불구하고 의사로서는 누가 진료계약의 당사자로 나서든, 그에 대한 권리의 관철가능성에 대하여 어떻게 전망하든, 진료를 인수하는 것이 바람직하고, 또 그러한 (윤리적) 의무를 부담한다.

106) 가령 Ex parte Odem, 537 So.2d 919 (Ala. 1988); Miller, Problems in Health Care Law, 7th ed., 1996, p. 84.

107) 긍정하는 것으로, 최문기, "채권자대위권의 무자력요건에 관한 일고찰", 경성법학 제2호(1993), 84면 이하(이러한 이해를 전제로 판례에 반대한다), 부정하는 것으로 오수원, "우리나라 채권자대위권의 직접청구권화 문제", 법조 통권 제698호(2014), 22면.

경우 진료비 등의 부담, 미성년의 환자가 혼자 내원한 경우 진료비의 부담 등의 문제도 별 어려움 없이 해결할 수 있다.[108)]

한편, 대법원 2016. 1. 28. 선고 2015다9769 판결은 "환자가 의료인과 사이에 의료계약을 체결하고 진료를 받다가 미리 의료인에게 자신의 연명치료 거부 내지 중단에 관한 의사(이하 '사전의료지시'라 함)를 밝히지 아니한 상태에서 회복불가능한 사망의 단계에 진입을 하였고, 환자 측이 직접 법원에 연명치료 중단을 구하는 소를 제기한 경우에는, 특별한 사정이 없는 한, 연명치료 중단을 명하는 판결이 확정됨으로써 그 판결의 주문에서 중단을 명한 연명치료는 더 이상 허용되지 아니하지만, 환자와 의료인 사이의 기존 의료계약은 판결 주문에서 중단을 명한 연명치료를 제외한 나머지 범위 내에서는 유효하게 존속한다"고 하여 판결확정 이후 연명치료를 위한 진료비 부분을 기각하였다. 이 판결에는, 상고이유가 주장한 바와 같이, 연명치료부분의 계약해지 내지 진료계약의 내용변경이 환자의 의사표시가 그 상대방인 의료기관에 도달하였다고 볼 수 있는[109)] 소장부본 송달일이 아닌 판결확정일 이루어진 것으로 다루었다는 이론적 흠이 있다.[110)] 진료계약의 기능은 주로 진료비 등의 부담에 관한 것으로 각 당사자가 자유롭게 해지할 수 있으나(민법 제689조) 진료관계가 계속되는 한 여전히 의사-환자 관계는 사무관리에 터 잡아 존속할 수 있고, 이때 사무관리는 환자 본인의 현실적 또는 추정적 의사와 이익, 공공의 이익을

---

108) 종래 학설 중에는 제한능력자도 진료계약을 유효하게 체결할 수 있고, 취소할 수 없다고 주장하는 것이 있다. 김선중, 의료과오소송법 신정판, 2008, 47면; 이보환(주 65), 25면; 주호노(주 65), 337-339면. 그러나 진료비부담 여부라는 전형적인 사법(私法)적, 계약법적 효과에 관하여 제한능력의 법리를 적용하지 아니할 만한 근거는 존재하지 아니한다. 적용을 긍정하는 것으로, 김병일(주 56), 117면 이하.

109) 환자 본인은 의식불명이었으나 환자를 대리하여 재산을 관리하고 소송을 수행할 권한을 부여받은 사람(법정대리인)이 진료계약해지의 의사표시를 할 수 있다고 보아야 한다. 진료계약 자체는 재산법상의 법률관계로서 그 해지가 법정대리인의 권한에 속한다는 데 별 의문이 없기 때문이다.

110) 이에 대하여 이 소송이 형식적 형성의 소의 실질을 가진다는 설명으로, 박정제, "연명치료 중단과 기존 의료계약의 존속 여부", 대법원판례해설 제107호(2016년 상, 2016), 432-433면.

관리대상인 사무(생명유지)의 중대성에 비추어 충분히 판단하기 위한 범위에서는 계속된다고 봄이 옳을 것이다. 위 판결이 고려한 문제는 연명치료중단의 요건에 불명확한 점이 많은 반면 그 결과가 매우 중대하여 요건이 충족되었고 환자 측에서 계약해지의 의사표시를 하였다 하더라도 의료인 측에서는 요건이 충족되었음이 어느 정도 객관적으로 확인될 때까지 치료를 중단할 수 없고(판단을 잘못하면 형사처벌의 대상이 될 수도 있다), 그 사이 발생하는 진료비 등을 모두 의료인 측이 부담하는 것이 반드시 온당해 보이지 아니한다는 것이었다. 이는 당사자의 의사에 의한 계약관계 해소와 법에 의한 진료관계의 종료를 구분하고 위와 같은 사정이 존재하는 한 후자의 계속을 인정함으로써 적절히 대응할 수 있다.

Ⅳ. 나 가 며

의사-환자 관계는 한편으로는 생명의료윤리상의 요청이자 헌법상 기본권이기도 한 환자의 자기결정권 존중과 국가 또는 의료인에 의한 후견적 개입이, 다른 한편으로는 의료인과 환자의 사적 자치 및 자기책임과 국가에 의한 공법적 규제 및 국민건강보험체제상의 여러 요청, 가족 등의 책임이 길항(拮抗)하는 장(場)이다. 그중 넓은 의미에서 사적 자치 내지 자기결정과 관계하는 환자의 동의권과 진료계약은 환자 자신과 떼어내기 어려운 인격적 법익과 환자 자신과 어느 정도 떼어서 생각하는 것이 가능한 진료비부담 등 재산적 법익으로 서로 다른 측면에 관계한다. 의료행위 중 생명유지에 필수적인 영역과 같이 환자 자신의 명시한 의사에 반해서도 관철되(어야 한다고 판례가 보)는 것이 있는가 하면, 일반적으로 환자의 필수적 건강이익에 부합하여 환자 자신의 반대되는 명시 또는 추정적 의사가 확인되지 아니하는 한 국가의 개입과 가족 등의 책임이 인정되어야 하는 것도 있고, 환자 자신의 결정에 맡겨져 있어 제3자에 의한 대행동의 등은 고려되기 어려운 것도 있다. 환자 자신의 명시한 의사에 터 잡지 않으면 할 수 없거나 하더라도 진료비를 받을 수 없는 것도, 환자 자신의 명시한 의사에도 불구하고 보건의료법질서 전체

체계상 허용될 수 없거나 적어도 진료비를 받을 수는 없는 것도 있다.

근래 몇몇 나라에서 이루어진 진료 내지 의료계약 입법의 한계를 여기에서 찾을 수 있다. 이들 입법이 보여주는 것처럼 의사-환자 관계에는 계약법으로 완전히 흡수될 수 없는 인격권법적 및 사회법적 측면이 포함되어 있다. 다른 한편 의료계약을 전형계약으로 입법한 예가 특히 의식불명인 환자 등을 위한 의료행위에 계약관계를 의제하는 데서도[111] 알 수 있듯, 의사-환자 관계의 실질은 계약이든 계약이 아니든 별 차이 없고, 정작 문제 되는 의료과오책임은 오히려 주로 불법행위책임으로 추궁되고 있기도 하다.[112] 그러나 계약이든 사무관리든 부분적으로 당사자의 의사와 자율에, 부분적으로는 법규범에 좇은 어떤 관계가 전제되어 있고, 그러한 관계가 성립하기 전과 후의 상황은 다르다는 점은 부정할 수 없다. 가령 의사가 진료 중 과실로 환자에게 다른 해를 가한 것이 아니라 기대되는 건강개선을 달성하지 못하였을 뿐인 때에도 계약책임 이외에 불법행위책임(및 형사책임)을 묻는다면 여기에는 의사의 환자에 대한 고양(高揚)된 의무 내지 관계가 전제되어 있고, 이는 다시 의료인이라

---

111) 네덜란드신민법(NBW) 제7:464조 "(1) 의료업을 수행하는 과정에서 의료서비스계약에 터 잡지 아니한 채 의료서비스가 제공된 경우, 이 절 및 이 장 제1절 제7:404조, 제7:405조 제2항 및 제7:406조는 그 법률관계의 성질에 반하지 아니하는 한 이에 적용된다."

도이치/가이거 입법안 제1조 제2문: "계약은 치료의 요청과 인수 및 치료의 수행이 의사능력 없는 환자의 이익과 현실적 또는 추정적 의사에 부합하는 때에도 성립한다."

제6조: "환자가 의식이 없거나 기타 판단능력이 없고 법정대리인에게 연락할 수 없는 경우, 그것이 환자에게 이익이 되고 그의 현실적 또는 추정적 의사에 부합하는 때에는, 미룰 수 없는 검사 및 치료는 동의 없이도 허용된다. 제679조가 적용된다. 의사는 가능한 한 환자의 근친과 접촉하여 조사하여야 한다. 적절하다면 그들에게 치료의 고통과 경과 및 위험에 대하여 알려야 한다.

다음은 근친으로 본다: 실제 관계가 명백히 다른 순서를 지시하지 아니하는 한 배우자, 부모, 자녀, 형제자매. 환자의 삶의 형성에서 인식될 수 있는 한 환자에게 가까운 사람이 근친보다 우선한다."

112) 전형계약의 입법이 의사-환자 관계에 대한 사법(私法)적 내지 사적 자치적 이해를 촉진하거나 의료과오소송을 널리 계약책임으로 전환시키리라는 전망에는 별다른 근거가 없다. 우선, Katzenmeier, "Der Behandlungsvertrag-Neuer Vertragstypus im BGB", NJW 2013, 817, 822 ff. 참조.

는 직분·직업 이외에 진료관계의 개시와 의사-환자 관계의 성립을[113] 전제한다. 어떤 의미에서는 복잡한 법적 구성을 시도하는 것보다 이 관계의 일종의 신인관계(fiduciary relationship)로서의 실질을 있는 그대로 받아들이는 것이 이 제도를 올바로 파악하는 방법이 아닐까 생각한다.

113) 이른바 직업책임(Berufshaftung)에 대하여는 Katzenmeier(주 4), S. 89 ff. 진료를 개시하여 인수하여야 업무상 과실치사상 등도 따질 수 있다는 점에 대하여는, 이상돈, "진료거부와 응급의료거부-이론, 정책, 도그마틱-", 고려대 법학연구원 법학논집 제33집(1997), 501면 이하 참조.

[Abstract]

Foundation of Physician–Patient Relationship in Private Law

Lee, Dongjin*

The foundation of physician-patient relationship in private law consists of two parts—a patient's consent to the treatment or an alternative thereof and the physician's undertaking of the treatment. In this paper, the author analyzes both parts so as to illuminate the overall structure and nature of physician-patient relationship. The fundamental findings are as follows: The patient's consent as the legitimating factor of physician's battery is a sort of juridical act of non-patrimoninal character. The performance of duty to inform is not a prerequisite of the valid consent but an independent duty. If the patient lacks capacity to give a valid consent, its guardian can give consent on behalf of the ward. When there is no guardian, however, the physician can provide treatment based on the presumed consent or hypothetical consent, which can be regarded as an effect of benevolent interference of another's affair (negotiorum gestio). In this regard, the subjective preference of the patient as well as the objective balancing of the relevant interests should be taken into account. The physician-patient relationship shall be established either by contract or by, again, benevolent interference of another's affair (negotiorum gestio). Who the contractual parties of physician-patient relationship are or who the gestor and the principal of negotiorum gestio are is a problem of remuneration of the treatment. The duty to treat and corresponding right are not determined by the contract but by the fiduciary nature of the relationship. The physician-patient relationship can be

* Professor, Seoul National University School of Law.

analyzed fully by the traditional private law doctrines but it also shows its unique nature of a mixture of private, social and public law and institution.

[Key word]

- physicial-patient relationship
- consent
- hypothetical consent
- negotiorum gestio
- determination of contractual party
- fiduciary relationship

참고문헌

강남진, "의료계약에 관한 소고", 한도 정환담교수 화갑기념 민사법의 실천적 과제, 2000.

강신웅, "진료계약의 성질과 의사의 책임에 관한 소고", 민법학의 현대적 양상: 나암서민교수정년기념논문집, 2006.

구상엽, 개정 민법상 성년후견제도에 대한 연구–입법배경, 입법자의 의사 및 향후 과제를 중심으로–(서울대학교 법학박사학위논문, 2012).

김나경, "전단적 의료행위의 형법이론적 구성", 형사법연구 제19권 제2호(2007).

김민중, "의료계약", 사법행정 제32권 제1호(1991).

_____, "의료계약의 당사자로서의 「환자」와 관련한 문제에 대한 검토", 의료법학 제10권 제2호(2009).

_____, "진료계약: 판례로 형성된 원칙에서 전형계약으로", 사법 제28호(2014).

김병일, 의료계약법론, 2006.

김상용, "의료계약", 아세아여성법학 제2호(1999).

김선중, 의료과오소송법 신정판, 2008.

김수정, "의료행위에 대한 동의에서 환자 보호자의 법적 지위와 역할–대행결정권과 공동의사결정을 중심으로–", 의료법학 제20권 제2호(2019).

김천수, "의료행위에 대한 동의능력과 동의권자", 민사법학 제13 · 14호(1996).

_____, "의사의 설명 해태와 환자의 가정적 동의–대법원 1999. 12. 21. 선고 98다29261 판결–", 대구법학 제5호(2002).

_____, "진료계약", 민사법학 제15호(1997).

김학동, "보증채무에 관한 판례분석", 사법연구 제4집(1999).

김형석, "민법개정안에 따른 성년후견법제", 가족법연구 제24권 제2호(2010).

문성제, "응급의료에서의 의사의 주의의무와 법적 책임", 한국의료법학회지 제18권 제1호(2010).

박수곤, "의료계약의 민법편입과 과제", 민사법학 제60호(2012).

박영규, "사무관리에 있어서 관리의사와 보수청구권", 경희법학 제47권 제2호(2012).

_____, “의사의 주의의무의 일반적 기준”, 한독법학 제11권(1995).

박정제, “연명치료 중단과 기존 의료계약의 존속 여부”, 대법원판례해설 제107호(2016년 상, 2016).

_____, “요양원에 입원한 의사무능력자가 요양원 직원의 과실로 골절상을 당해 요양원 직원이 의사무능력자를 병원에 입원시킨 경우 병원과 의료계약을 체결한 당사자가 누구인지 여부”, 대법원판례해설 제105호(2015년 하, 2016).

박주현, ‘개방병원’의 의료과오에서 의료기관 사이의 책임영역의 분할(서울대학교 법학석사학위논문, 2004).

배종대, 형법총론 제14판, 2020.

석희태, “의사와 환자간 기초적 법률관계의 분석”, 판례월보 제179호(1985).

오수원, “우리나라 채권자대위권의 직접청구권화 문제”, 법조 통권 제698호(2014).

윤진수 · 현소혜, “부모의 자녀 치료거부 문제 해결을 위한 입법론”, 법조 통권 제680호(2013).

이기헌, “추정적 승낙”, 형사판례연구[6](1998).

이덕환, 의료행위와 법 전정판, 2010.

이동진, “개정 정신건강복지법상 비자의입원 규제에 대한 입법론적 고찰－민법 제947조의2 제2항의 검토를 겸하여－”, 의료법학 제19권 제2호(2018).

_____, “건강보험과 의료과오책임법: 두 기준 사이의 긴장 · 갈등과 그 조정”, 서울대학교 법학 제55권 제2호(2014).

_____, “부모의 자녀에 대한 친권행사와 국가의 통제－의료행위와 교육 관련 의사결정을 중심으로－”, 가족법연구 제30권 제3호(2016).

_____, “위험영역설과 증거법적 보증책임: 증명책임 전환의 기초와 한계”, 저스티스 통권 제138호(2013).

_____, “의사의 위험설명의무－법적 기능, 요건 및 위반에 대한 제재－”, 의료법학 제21권 제1호(2020).

이병준, “사무관리의 성립과 노무 제공에 따른 보수청구권: 대법원 2010. 1. 14. 선고 2007다55477 판결에 대한 평석”, 안암법학 제34호(상)(2011).

이보환, “의료과오로 인한 민사책임의 법률적 구성”, 재판자료 제27집(1985).

이상덕, “국민건강보험제도가 의료배상책임에 미치는 영향”, 대한의료법학회 2019년 동계공동학술대회 자료집 의료기관 개설과 의료과오의 새로운 쟁점, 2019.

_____, “재판권의 계륵(鷄肋)인 의료소송, 그 한계와 대안”, 윤진수 · 한상훈 · 안성조 대표편집 법의 딜레마, 2020.

이상돈, “진료거부와 응급의료거부 – 이론, 정책, 도그마틱 –”, 고려대 법학연구원 법학논집 제33집(1997).

이상돈 · 김나경, 의료법강의 제3판, 2017.

이지민 · 제철웅, “신상영역에서의 의사결정능력 – 영국법을 중심으로 –”, 비교사법 제20권 제1호(2013).

전태식 · 윤준혁, “환자에 대한 민법상 보호의무자의 보증인적 지위로서의 권리와 의무 – 진료비 납부의무 및 손해배상 청구권을 중심으로 –”, 생명의료정책연구 제4권 제1호(2010).

정용진, 보건의료법 · 의료분쟁, 1999.

주호노, 의사법총론, 2012.

최문기, “채권자대위권의 무자력요건에 관한 일고찰”, 경성법학 제2호(1993).

하태훈, “의사의 치료행위”, 고시계 통권 제534호(2001).

허완중, “기본권포기”, 헌법학연구 제15권 제3호(2009).

홍관표, “입원약정서의 연대보증조항에 대한 환자의 건강권 측면에서의 검토”, 한국의료법학회지 제23권 제2호(2015).

Bergmann, Die Geschäftsführung ohne Auftrag als Subordinationsverhältnis. Die Rechtsinstitute der negotiorum gestio in subordinationsrechtlicher Betrachtungsweise, 2010.

Brennecke, Ärztliche Geschäftsführung ohne Auftrag, 2010.

Burchardt, Vertretung handlungsunfähiger volljähriger Patienten durch Angehörige, 2010.

Deppenkemper, Negotiorum gestio – Geschäftsführung ohne Auftrag. Zur Entstehung, Kontinuität und Wandel eines Gemeineuropäischen Rechtsinstituts, Teil 1, 2, 2014.

Deutsch/Geiger, “Medizinischer Behandlungsvertrag. Empfielt sich eine besondere Regelung der zivilrechtlichen Beziehung zwischen dem Patienten und dem Arzt im BGB?” in : BMJ (hrsg) Gutachten und Vorschläge zur Überarbeitung des Schuldrechts Bd. II, 1981.

Eberhard, "Zivilrecht und Sozialrecht in der Beziehung von Kassenarzt und Kassenpatient", AcP 171 (1971), 287.

Furrow, "Medical Malpractice Liability. Of Modest Expansions and Tightening Standards", Cohen, Hoffman and Sage (eds) The Oxford Handbook of U.S. Health Law, 2017.

Furrow, Greaney, Johnson, Jost and Schwartz, Health Law. Cases, Materials and Problems, 7th ed., 2013.

Havinghurst, "Vicarious Liability: Relocating Responsibility for The Quality of Medical Care", 26 Am. J. Law & Med. 7 (2000).

Katzenmeier, "Der Behandlungsvertrag—Neuer Vertragstypus im BGB", NJW 2013, 817.

Katzenmeier, Arzthaftung, 2002.

Loiseau, La maîtrise des dépenses de santé confrontée à la responsabilité médicale aux États-Unis et en France, 2005.

Miller, Problems in Health Care Law, 7th ed., 1996.

Ohly, „Volenti non fit iniuria" Die Einwilligung im Privatrecht, 2002.

Penneau, Médecine : réparation des conséquences des risques sanitaires, Répertoire de droit civil, 2013.

Rabe, Ärzte zwischen Heilauftrag und Kostendruck, 2009.

Swain, "Medical Liability in England and Wales", Hondius (eds) The Development of Medical Liability, 2010.

Taylor, "The development of medical liability and accident compensation in France", Hondius (eds) The Development of Medical Liability, 2010.

Wiesner, Die hypothetische Einwilligung im Medizinstrafrecht, 2010.

의약품 부작용과 손해배상*

송 진 성**

■요 지■

현대 과학의 경험과 성과가 반영된 의약품의 사용으로 인류에게 질병의 치료와 건강상태의 개선이라는 혜택이 주어지고 있다. 그러나 의약품은 질병의 치료라는 혜택 이외에도 본질적으로 피할 수 없는 부작용도 내포한다. 각국은 부작용으로 인한 피해의 최소화를 위해 시장진입 규제나 시판 후 조사 등의 조치를 취하고 있으나, 부작용의 발생은 피할 수 없다. 부작용으로 인한 손해의 발생이 불가항력이라도 그 점이 사전에 알려진 것이었다면, 의약품의 종류와 사용 형태에 따라서 처방한 의사나 복약지도를 담당하는 약사 등이 손해를 배상해야 한다. 의약품에 결함이 있어 손해가 발생하는 경우도 있는데, 손해배상의 일반원칙을 그대로 적용해서는 결함으로 인한 부작용 피해자가 손해를 배상받기 쉽지 않다. 우리나라를 비롯한 여러 나라가 제조물 책임법을 통하여 피해자의 보호를 도모하고 있으며, 의약품도 제조물에 포섭되기 때문에 제조물 책임법을 통한 손해배상을 문의할 수 있는데, 이때 주로 설계상의 결함이나 표시상의 결함이 문제될 수 있다. 제조물 책임법이 제정·시행되기 이전에도 의약품의 부작용으로 인한 손해는 발생하여 왔다. 이러한 경우를 위해서 판례는 제조물 책임법과 유사한 법리를 발전시켜 왔고, 의약품 결함은 혈액제제와 관련하여 판례가 형성되어 왔다. 제

* 이 글은 2020년 민사판례연구회 하계 심포지엄에서 발표한 원고를 수정한 것이고, 같은 제목으로 의료법학 제21권 제3호(2020. 12.)에도 게재되었다. 심포지엄에서 지정토론을 맡아 주신 민성철 부장판사님과 유익한 논평을 주신 이봉민 판사님, 발표 전 여러 보완점을 지적해 주신 이동진 교수님께 감사드린다.

** 대법원 재판연구관(의사, 변호사).

조물 책임법 시행 이전에 제조된 의약품으로 인한 손해는 향후에도 발생할 수 있기에 판례 법리는 중요한 검토의 대상이다.

[주 제 어]

- 의약품 부작용
- 손해배상
- 제조물책임
- 의약품 결함
- 설계상의 결함
- 표시상의 결함
- 혈액제제
- 복약지도

Ⅰ. 들어가며

문화적 전통에 따라서 다소간의 차이는 있겠으나 의사는 자신의 의료지식과 문진·시진·촉진·타진 등을 통하여 환자에게서 얻은 정보를 더해 건강상태를 평가·진단하고 환자에게 필요한 치료를 적용하는 임상적 추론 과정을 거친다. 이때 의약품[1)]과 의료기기[2)]가 진단과 치료 등에 이용된다.

어느 시점에 사용되는 의약품과 의료기기는 당시 사회가 얻어 온 경험과 과학적 성과가 투영된 것이다. 수학을 필두로 하는 과학혁명 이후 물리학, 화학, 기계공학 등은 눈부신 발전을 통한 성과를 나타내고 있고, 이에 영향을 받은 생리학, 약리학 등의 기초의학과 임상의학도 매우 빠른 변화를 보이고 있다. 의약품의 개발·사용에도 이러한 발전과 변화가 반영되어 기존에는 상상할 수 없던 다양한 모습과 방식이 질병의 진단과 치료에 적용된다.

불행하게도 다양한 의약품의 출현은 사용자들에게 질병의 치료나 건

---

1) 약사법은 "ⅰ) 대한민국약전(大韓民國藥典)에 실린 물품 중 의약외품이 아닌 것, ⅱ) 사람이나 동물의 질병을 진단·치료·경감·처치 또는 예방할 목적으로 사용하는 물품 중 기구·기계 또는 장치가 아닌 것, ⅲ) 사람이나 동물의 구조와 기능에 약리학적 영향을 줄 목적으로 사용하는 물품 중 기구·기계 또는 장치가 아닌 것"의 어느 하나에 해당하는 물품을 의약품으로 정의한다(약사법 제2조 제4호).

2) 과거에는 "사람 또는 동물의 질병의 진단·치료·경감·처치 또는 예방의 목적에 사용되는 것과 사람 또는 동물의 구조·기능에 영향을 주기 위한 목적으로 사용되는 기구·기계 또는 장치로서 식품의약품안전청장이 지정하는 것"(상해 또는 장애의 진단·치료·경감 또는 보정의 목적으로 사용되는 제품과 임신조절의 목적으로 사용되는 제품이 제외된 것으로 개념적으로 의료기기의 그것보다 협소한 것이다)을 약사법에서 의료용구(醫療用具)로 정의하며 의약품과 함께 규율하였었는데, 2003. 5. 29. 법률 제6909호로 의료기기법이 제정되면서 약사법상의 의료용구라는 개념정의는 삭제되어 더 이상 사용되지 않는다. 그러나 여전히 의약품과 의료기기에 대한 규율은 큰 틀에서 유사성을 보이고 있고, 손해배상에 있어서 의약품과 별도의 의료기기만의 독자적인 취급이 있는 미국(이에 대한 글로, 김장한, "의료기기의 결함으로 인한 손해배상책임과 미국 연방법 우선 적용 이론에 관하여", 의료법학 제15권 제2호, 2015)과 달리 우리는 손해배상과 관련하여 의료기기 특유의 논의가 있지 않은 상황이므로, 이하에서는 의약품을 중심으로 본다.

강상태의 개선과 같은 혜택만을 주는 것이 아니다. 의약품은 화학·약리적 반응을 통하여 인체에 영향을 끼치는 것으로서 그 효능이라는 유효성이 있는 반면에 본질적으로 피할 수 없는 부작용도 수반하는 성질이 있다. 과학과 기술의 변화속도가 빠르지 않았던 시절에는 의약품이 널리 오래 사용되면서 용법과 효능, 수반하는 위험성과 이에 대한 주의점 등을 경험적으로 획득하게 되고 이를 다시 사용에 반영하였지만, 오늘날에는 이러한 대중적인 사용경험의 축적을 통한 정보획득 방법만으로는 상황변화에 민감하게 대응하기 어렵게 되었다.

이러한 점을 고려하여, 약사법은 의약품의 자유로운 시장진입을 허용하지 않고 사전적으로 위험과 효능에 대한 정보를 획득하기 위한 여러 절차를 거친 이후에 시장에 진입하는 것을 원칙으로 하며, 시판 후에도 부작용 보고 등을 통하여 안전성을 확보하기 위한 방안을 마련하고 있다.[3)] 그러나 이러한 제도를 운용하더라도 의약품의 모든 위

---

3) 의약품은 안전성과 유효성을 증명할 목적으로 해당약물의 약동·약력·약리·임상적 효과를 확인하고 이상반응을 조사하기 위하여 사람을 대상으로 실시하는 시험 또는 연구인 임상시험(clinical trial)을 거쳐야 하는데, 각 단계별 목적에 따라 분류하면 『제1상 임상시험』(후보 물질의 전임상(preclinical) 동물실험에 의해 얻은 독성, 흡수, 대사, 배설 및 약리작용 자료를 기반으로 한정된(통상 20~80명, 때로는 20명 이하) 인원의 건강한 사람에게 후보물질을 투여하고 그 약물동태(pharmacokinetics), 체내에서의 약리작용, 부작용과 안전하게 투여할 수 있는 투여량 등을 결정하는 것을 목적으로 한다), 『제2상 임상시험』(후보 물질의 유효성과 안전성을 검증하기 위한 단계로, 약리효과의 확인, 적정용량 또는 용법을 결정하기 위한 목적이다. 통상 면밀히 평가될 수 있는 환자에 대해 한정된 인원수의 범위에서 행해지며 대상 인원은 100~200명 내외이나, 항균제와 같이 다양한 적응증을 대상으로 하는 후보물질의 경우에는 훨씬 많은 환자 수에서 진행되기도 한다), 『제3상 임상시험』(후보물질의 유효성이 어느 정도 정립된 후에 수행되며, 시판허가를 얻기 위한 단계에서는 마지막 임상시험으로서 비교대조군과 시험군을 동시에 설정하여 용량, 효과, 효능과 안전성을 비교 평가하는 시험이다. 대상 환자는 약물의 특성에 따라서 차이가 있는데, 보통 1/1000의 확률로 나타나는 부작용을 확인할 수 있는 있도록 대상 환자를 설정하는 것이 바람직하다), 『제4상 임상시험』(신약이 시판·사용된 후 장기간의 효능과 안전성에 관한 사항을 평가하기 위한 시험이다. 신약의 부작용 빈도에 대해 추가정보를 얻기 위한 시판 후 조사(post-marketing surveillance), 특수 약리작용 검색연구, 약물사용이 이환율 또는 사망률 등에 미치는 영향의 검토를 위한 대규모 추적연구, 시판 전 임상시험에서 검토되지 못한 특수한 환자군에 대한 임상시험, 새로운 적응증 탐색을 위한 시판 후 임상연구 등이 포함된다)

험을 예방하는 것은 불가능하기에 사용자의 일부는 의약품 부작용[4]을 겪게 되고, 이로 인해 건강 · 신체 · 생명이 침해되는 손해가 발생할 수 있다.

의약품 부작용이 대중에게 공포와 분노를 일으키고 다양한 방법을 통한 규율을 요구하는 계기가 된 대표적인 것으로 탈리도마이드(Thalidomide)[5]와 설파닐아미드(Sulfanilamide) 재앙[6]이 있었는데, 이는 사용자층이 특정한 적응증을 가진 환자들로 국한되는 의약품들과 관련된 것이었다. 반면에 혈액과 혈액제제는 일반적인 의약품과 달리 전체 인구집단이 다양한 의료적 상황에서 사용이 고려될 수 있는 특징이 있다. 예를 들어 사람면역결핍 바이러스(이하 'HIV'라 한다)가 혼입된 혈액과 혈액제제로 인한 감염과 이에 대한 손해배상 등이 여러 나라에서 문제되었다.[7] 우리나라에서도 의약품의 부작용이 문제된 사례들이 있었고 그 해결을 위해서

으로 나눌 수 있다. 이와 관련하여 보다 자세한 내용은 식품의약품안전처, 『2019 식품의약품안전백서』, 583-584면 참조.

4) 순수한 의미에서의 의약품 부작용은 의약품의 약리작용에 의해 발생하는 원하지 않은 신체반응을 의미한다고 볼 수 있으나, 그 외에도 의약품 제조과정에서 혼입된 병원체나 첨가물에 의하여 신체에 원하지 않은 증상이나 감염 등이 발생하는 경우도 있을 수 있다. 이러한 경우를 총칭하여 약해(藥害)나 약화(藥禍)라는 개념으로 지칭하기도 하나, 이 글에서는 약사법 제68조의3 등에서 사용하고 있는 용어인 의약품 부작용으로 이 모든 것을 포괄하고자 한다.

5) 1950년대에 수면제로 출시되었던 약물로 임산부의 입덧에도 효과가 좋아 널리 사용되었는데, 이를 복용한 산모들의 신생아들이 심각한 신체결손이 발생하는 문제점이 있었고, 이는 의약품의 유효성분 그 자체의 부작용이다. 이에 대한 정리와 의학적 설명을 담은 것으로 Vargesson, Neil. Thalidomide-induced teratogenesis: History and mechanisms. Birth Defects Research Part C: Embryo Today: Reviews 105.2, 2015, 140-156pp. 참조.

6) 설파닐아미드는 항생제(antibiotics)가 사용되기 이전 감염에 사용되었었는데, 미국의 한 제약회사가 어린이가 쉽게 복용하기 어려운 정제(tablet)를 액상(syrup) 형태로 만들기 위해 용매로 디에틸렌 글리콜(diethylenhe glycol)을 사용하여, 이를 복용한 환자 100명 이상이 사망하는 사고가 있었다. 이는 유효성분의 부작용이 아니라 첨가물에 의한 사고라 할 수 있다. 이와 관련하여 미국 의약품 규율의 변화를 기술한 것으로 Ballentine, Carol. Sulfanilamide disaster. FDA Consumer magazine, 1981, 5p. 참조.

7) 독일, 프랑스 등에서 혈액과 혈액제제로 인한 HIV 감염에 대한 상황과 논의를 정리한 것으로 문현호, "혈액제제 제조물책임 소송과 증명책임", 『의료법학』 제12권 제2호(2011), 86-103면 참조.

상고심을 문을 두드린 것들이 있다. 대표적인 것으로 페닐프로판올아민(Phenylprophanolamine, 이하 'PPA'라 한다)을 함유한 일반의약품과 출혈성 뇌졸중(hemorrhagic stroke)의 문제를 다룬 사례,[8] 수혈 후 HIV 감염이 문제된 사례,[9] 혈액제제 투여 후 HIV 감염[10]이나 C형 간염 바이러스(이하 'HCV'라 한다) 감염[11]이 문제된 사례이다.

의약품 부작용으로 발생하는 피해를 손해배상이 아니라 피해구제급여를 통해 보상하는 최근의 신설 제도,[12] 의약품의 설계와 제조, 표시에 대한 제조업자의 과실이나 관계관청의 허가과정에서 관계 공무원의 과실이 인정될 경우의 형사책임과 국가배상 등도 의약품 부작용과 관련하여 논의할 수 있는 사항들이지만, 이 글은 의약품 부작용에 대한 제조물책임을 논의의 대상으로 하며, 제조물책임 손해배상에 관련된 논의들 가운데 하나를 집중하기 보다는 위 PPA 등의 대표 사례에서 문제된 의약품과 대법원의 판단을 짚어나가는 과정을 통하여 의약품 부작용에 대한 손해배상과 관련된 여러 쟁점을 살피고자 한다. 이에 앞서 의약품의 사용과 밀접한 지위에 있는 의사 등의 의료제공자가 의약품 부작용과 관련하여 현재의 법상황에서 손해배상책임을 부담하게 될 모습을 수여(授與)나 판매 형태별로 나눠 보고(Ⅱ), 다음으로 현재 시행되고 있는 제조물 책임법과 외국의 입법례를 살펴본다(Ⅲ). 마지막으로 의약품 부작용과 관련한 위 대표적 판례에서 문제된 의약품들과 관련해서 대법원의 판단과 그 근거가 된 의학적 지견 등을 분석한다(Ⅳ).

8) 대법원 2008. 2. 28. 선고 2007다52287 판결.

9) 대법원 1995. 8. 25. 선고 94다47803 판결, 대법원 1998. 2. 13. 선고 96다7854 판결.

10) 대법원 2011. 9. 29. 선고 2008다16776 판결.

11) 대법원 2017. 11. 9. 선고 2013다26708, 26715, 26722, 26739 판결.

12) 약사법 제86조 내지 제86조의8을 지칭하는 것이다. 이 제도에 관한 전반적인 설명은 양민석, "의약품 부작용 피해구제 제도, 『대한내과학회지』 제93권 제1호, 2018, 5-13면 참조.

Ⅱ. 의약품 부작용과 관련한 의료제공자 등의 책임

약사법은 의약품을 전문의약품과 일반의약품 두 종류로 분류한다.[13] 분류상 일반의약품에 속하지만 주로 가벼운 증상에 시급하게 사용하며 환자 스스로 판단하여 사용할 수 있는 것으로서 해당 품목의 성분, 부작용, 함량, 제형, 인지도, 구매의 편의성 등을 고려하여 20개 품목 이내에서 보건복지부장관이 정하여 고시하는 의약품[14]을 안전상비의약품이라고 하며(약사법 제44조의2 제1항) 약국이 아닌 장소에서의 판매가 허용된다.

의사는 전문의약품과 일반의약품을 처방할 수 있고,[15] 약사는 의사의 처방전에 따라 전문의약품과 일반의약품을 조제하여야 하며(약사법 제23조 제3항), 약국개설자[16]는 의사의 처방전에 따라 조제하는 경우 외에는 전문의약품을 판매하여서는 안 된다(약사법 제50조 제1항 본문). 이러한 약사법의 규정을 고려하여, 의사의 처방이 매개된 의약품 부작용, 약국에서 판매된 일반의약품 부작용, 약국이 아닌 곳에서 판매된 안전상비의약품 부작용의 각 경우를 나누어 살펴본다.[17]

---

13) 먼저 오용·남용될 우려가 적고, 의사나 치과의사의 처방 없이 사용하더라도 안전성 및 유효성을 기대할 수 있는 의약품(약사법 제2조 제9호 가목), 질병 치료를 위하여 의사나 치과의사의 전문지식이 없어도 사용할 수 있는 의약품(약사법 제2조 제9호 나목), 의약품의 제형과 약리작용상 인체에 미치는 부작용이 비교적 적은 의약품(약사법 제2조 제9호 다목) 중에서 보건복지부장관과 협의하여 식품의약품안전처장이 정하여 고시하는 기준에 해당하는 의약품을 일반의약품으로 정하고(약사법 제2조 제9호), 의약품 중에서 일반의약품을 제외한 나머지를 전문의약품으로 분류하고 있다(약사법 제2조 제10호).

14) 보건복지부고시 제2016-156호 안전상비의약품 지정에 관한 고시 [별표]에서 그 품목을 정하고 있는데, 성분과 용량을 규정하는 것을 넘어 상품명을 특정하여 13종을 정하고 있다.

15) 처방은 의사가 환자에게 필요한 의료행위를 특정하여 결정하는 것이고, 처방전은 의약품의 조제와 관련하여 의사 자신이 조제하지 않고 약사가 조제를 담당하게 할 때 처방 의약품의 명칭을 기재한 문서를 말한다.

16) 약사나 한약사가 수여(授與)할 목적으로 의약품 조제 업무를 하는 장소인 약국(약사법 제2조 제3호)을 개설한 사람과 그 약국에 근무하는 약사 또는 한약사를 포함하는 지칭이다.

17) 이 부분의 논의는 결함이 있는 것으로 평가되지 않는 의약품의 부작용이 발생한 경우를 대상으로 한다.

1. 의사의 처방이 매개된 경우

의사는 다양한 처방을 통하여 환자를 치료하는데, 외래 환자에게 하는 내복약 처방, 입원환자에게 내복약과 주사제를 처방하는 것, 영상학적 검사를 위한 조영제 처방, 수술을 위해 마취제를 처방·투여하는 등의 다양한 의료행위 국면에서 그 중심을 이루는 것은 의약품을 처방하는 것이다. 의약품을 환자에게 처방하기에 앞서 의사는 환자 상태에 비추어 의약품이 사용되어야 하는 이유, 기대할 수 있는 효능, 주의사항 및 부작용 등을 설명할 의무가 있다.[18] 이 의무는 단순한 것이 아니다. 의사의 설명은 그 부작용의 가능성이 희소하다는 사정으로 면제되지 않으며,[19] 의료수준에 비추어 환자의 의사결정을 위하여 중요하다고 생각되는 사항을 구체적으로 설명해야 하고,[20] 이러한 사항을 충실히 반영하여 설명의무를 이행하였다는 사실의 증명도 의사가 부담한다.[21]

의사가 설명의무를 위반하였을 때 그 배상의 범위에 대하여 판례는 설명의무와 각 손해 사이의 상당인과관계의 증명을 요구하고 있다. 환자가 의료행위에 앞서 선택의 기회를 상실한 것에 대한 위자료만을 청구하는 경우에는 설명의무가 이행되지 않았다는 사실과 자기결정권을 행사할 기회가 상실되었다는 점의 증명으로 충분하지만,[22] 위자료에 더해 적극적·소극적 손해 모두를 배상받기 위해서는 중대한 결과와 설명의무 위반 사이의 상당인과관계까지 증명해야 하고, 문제되는 설명의무 위반은 수술·진단과 같은 구체적 치료과정에서의 과실에 준할 정도의 것이어야

18) 이러한 의사의 설명의무와 관련하여 하나하나 언급하기 어려울 정도로 수많은 선행연구들이 있다. 이 글에서 그 다양한 논점을 모두 논할 수는 없고, 의약품 부작용과 관련된 조언설명의무의 한도에서 언급한다.

19) 대법원 2004. 10. 28. 선고 2002다45185 판결 등.

20) 대법원 1999. 12. 21. 선고 98다29261 판결 등.

21) 대법원 2007. 5. 31. 선고 2005다5867 판결 등.

22) 설명의무의 이행 사실에 대한 증명은 의사가 부담하기에, 환자는 설명의무가 이행되지 않았다는 주장을 하는 것으로 위자료 배상을 위한 모든 주장·증명을 다 한 것이다.

한다.[23)]

의사가 처방을 스스로 이행하지 않고 처방전을 발행하여 조제를 약사에게 맡기는 경우, 약사의 책임이 어떠한지에 대한 대법원의 태도는 분명하지 않다. 대법원 판결례 중 "의약품을 조제하여 판매함으로써 환자로 하여금 복용하도록 하는 경우에도 원칙적으로 설명의무가 적용(된다.)"라고 한 것[24)]이 있으나, 약사가 스스로 진단하고 진단에 맞추어 의약품을 조제한 사안에 대한 것이어서, 처방은 의사가 조제는 약사가 담당하는 의약분업이 확립된 지금 상황에서도 대법원이 같은 태도를 보일지는 명확하지 않다. 약사법상 의사의 처방에 따른 약사의 조제에 적용되는 것으로 복약지도[25)]가 있는데, 복약지도의 구체적인 모습,[26)] 복약지도 내역을 보관해야 하는 의무(약사법 제30조 제1항)를 고려할 때, 약사는 처방전에 따라 조제한 의약품을 환자에게 교부할 때 의사와 마찬가지로 설명의무를 부담한다고 보아야하고, 그 설명을 이행하였다는 사실의 증명도 약사가 부담해야 한다.

의사가 환자에게 적합하지 않은 잘못된 처방을 한 경우라면, 처방전이 다른 사람과 바뀐 것임이 분명한 등의 예외적인 사유가 없는 한 약사는 책임이 없고 의사 단독으로 책임을 부담하나,[27)] 의사의 잘못된 처방과 더불어 예외적으로 약사의 책임이 인정되는 사안 내지 처방은 환자의 상병에 적합한 의약품이 되었으나 의사와 약사 모두 설명의무를 위반하고 환자에게 부작용이 발생한 사안에서는 의사와 약사에게 공동불법행위가 성립한다고 보아야 한다.[28)]

---

23) 대법원 2007. 5. 31. 선고 2005다5867 판결 등.

24) 대법원 2002. 1. 11. 선고 2001다27449 판결.

25) 의약품의 명칭, 용법 · 용량, 효능 · 효과, 저장 방법, 부작용, 상호 작용이나 성상(性狀) 등의 정보를 제공하는 것이다(약사법 제2조 제12호 가목).

26) 약사는 의약품을 조제하면 환자 또는 환자보호자에게 필요한 복약지도(服藥指導)를 구두 또는 복약지도서(복약지도에 관한 내용을 환자가 읽기 쉽고 이해하기 쉬운 용어로 설명한 서면 또는 전자문서를 말한다)로 하여야 한다(약사법 제24조 제4항).

27) 전병남, "의료분업과 신뢰의 원칙", 『의료법학』 제4권 제1호, 2003, 147-148면.

28) 문성제, "의약품사용과 의료과오의 제 문제", 『의료법학』 제3권 제2호, 2002, 238면.

2. 의사의 처방 없이 약국에서 일반의약품이 판매된 경우

최근 하급심 판결례 중 약국에서 판매한 일반의약품을 복용하고 중한 부작용이 발생한 사안을 다룬 것이 있다.[29] 원고는 약사가 일반의약품을 판매하면서 주성분의 위험성, 부작용 등에 관하여 설명하지 않은 의무위반이 있다고 주장하였다. 법원은 이에 대하여 의무위반을 부정하면서 다양한 판단의 근거를 제시하였는데, 그중 일반의약품을 판매할 때의 복약지도 이행은 환자의 주소(主訴, chief complaint)에 부합하는 의약품을 권유하는 것으로 충분하다는 부분, 일반의약품을 판매하는 경우에는 구매자가 첨부문서를 참조하여 의약품의 구체적인 부작용을 스스로 알아야 한다는 부분이 있다.

약사법이 조제의 경우[30]와 일반의약품을 판매하는 경우[31]의 복약지도를 다르게 규정하고 있다. 그러나 이러한 차이를 둔 것은 의사의 처방에 따라서 일반의약품을 조제하는 경우에 조제료 외에 별도로 복약지도료[32]를 인정하고 있는 것과의 형평의 문제를 의식한 것으로 보이지, 이를 통해 약사와 일반의약품 구매자 사이에서 조제의 경우와 판매의 경우의 사법상의 권리의무를 규정하려는 목적이 있다고 보기는 어렵다. 약국에서 일반의약품을 구매하는 경우에, 부작용의 파악은 첨부문서를 통하여 환자가 스스로 해야 한다는 견해는, 환자가 스스로 판단하여 사용할 수 있는 안정상비의약품을 지정하고, 그 이외의 일반의약품에 대하여 약국의 독점적 판매를 규정하는 약사법의 구조에 맞지 않는다.

---

29) 서울고등법원 2017. 4. 4. 선고 2013나2010343 판결.

30) 약사법 제24조 제4항 약사는 의약품을 조제하면 환자 또는 환자보호자에게 필요한 복약지도(服藥指導)를 구두 또는 복약지도서(복약지도에 관한 내용을 환자가 읽기 쉽고 이해하기 쉬운 용어로 설명한 서면 또는 전자문서를 말한다)로 하여야 한다.

31) 약사법 제50조 제4항 약국개설자는 일반의약품을 판매할 때에 필요하다고 판단되면 복약지도를 할 수 있다.

32) 구체적인 내용은 보건복지부고시 제2020-118호 건강보험 행위 급여·비급여 목록표 및 급여 상대가치점수 참조.

3. 안전상비의약품의 부작용

안전상비의약품 판매자로 등록을 하고자 하는 사람은 약사법이 정하는 등록기준을 갖추고(약사법 제44조의2), 교육을 받으며(약사법 제44조의3), 일정한 준수사항을 지켜야 하지만(약사법 제44조의4), 의약품 고유의 부작용이 환자에게 발생한 경우에 대해서는 아무런 책임을 부담하지 않은 것으로 보아야 한다(의약품을 지정된 방법과 달리 잘못되게 관리하거나 1회 판매 수량 제한을 위반하여 다량 복용으로 발생한 손해에 대한 책임은 논외로 한다).

이러한 점을 고려하면 안전상비의약품의 제조업자는 의사나 약사나 관여되지 않음을 전제로 환자가 첨부문서 등을 통하여 스스로 이해할 수 있도록 합리적인 설명 · 지시 · 경고 또는 그 밖의 표시를 해야 한다.

Ⅲ. 제조물책임

의약품 부작용으로 발생한 손해를 배상받고자 의약품 제조업자의 과실을 주장할 때, 유용성과 부작용을 함께 가진 제조물이라는 의약품의 특성과 생명 · 신체 · 건강 침해라는 손해, 일반이 이해하기 어려운 의약품에 대한 전문적인 지식 등은 보통의 과실불법행위와는 다른 제조물책임이라는 틀에서 주장 · 판단이 이루어지게 하였다. 이러한 제조물책임 아래에서 의약품, 특히 혈액이 제조물에 해당하는지 여부, 결함의 정의, 의약품의 특성을 고려한 결함의 판단방법도 본다.

1. 결 함

가. 외국의 경우

1) 미 국

1998년의 미국법학원(American law institute) 불법행위 제3차 리스테이트먼트: 제조물책임[33] 제19조(a) 제1문은 사용이나 소비를 위하여 상업적으로 공급된 유체 동산을 제조물로 보고, 부동산이나 전기와 같은 다

---

33) Restatement (third) of torts: products liability(이하 '3차 리스테이트먼트'라 한다).

른 물건은 그 유통과 사용이 유체 동산의 유통 및 사용과 충분히 유사한 한도에서 제조물로 정의하고 있다. 동 리스테이트먼트 제2조[34]는 매도나 유통 시에 제조상의 결함,[35] 설계상의 결함[36] 혹은 부절적한 지시나 경고로 결함[37]이 있게 된 것을 결함 있는 제조물로 보면서, 처방의약품과 의료기기에 대한 결함[38]은 이에 더하여 「제6조(c)에서[39] 정의된 설계상의 결함에 의해 합리적으로 안전하지 않게 된 것[40]」, 「제6조(d)에서[41] 정의한 부적절한 지시나 경고에 의해 합리적으로 안전하지 않게 된 것[42]」을 추가 정의하고 있다(제6조 (b)).

2) 유럽연합

유럽공동체 이사회(Council)는 1985년 역내시장에서 회원국들에 따라

34) 이 문장에서 조문만을 표시한 것은 3차 리스테이트먼트의 조문이다.

35) 제조물의 조달 및 판매에 있어 가능한 모든 주의를 기울였음에도 제조물이 의도한 설계에서 이탈한 것[제2조(a)].

36) 판매자나 유통업자 또는 상업적 유통망의 전단계에 해당하는 자(Predecessor)가 합리적인 대체 설계를 채택함으로써 제조물이 야기하는 위해의 예측 가능한 위험이 감소 또는 회피될 수 있었지만, 그 대체 설계가 결여되어 제조물이 불합리하게 안전하지 않게 된 것[제2조(b)].

37) 판매자나 유통업자 또는 상업적 유통망의 전단계에 해당하는 자에 의한 합리적인 지시나 경고를 제공함으로써 제조물이 야기하는 위해의 예측 가능한 위험이 감소 또는 회피될 수 있었지만, 그 지시나 경고가 결여되어 제조물이 불합리하게 안전하지 않게 된 것[제2조(c)].

38) 오로지 의료제공자의 처방에 의해서만 합법적으로 판매나 유통될 수 있는 것으로 한정된다.

39) 국문번역은 다음과 같다. "의약품이나 의료기기가 야기하는 위해의 예측되는 위험이 치료이익과 비교하여 충분히 커, 그러한 예측되는 위험과 치료이익을 알고 있는 합리적인 의료제공자가 어떤 상태의 환자에게도 의약품이나 의료기기를 처방하지 않을 것이라면, 의약품이나 의료기기는 설계상의 결함으로 합리적으로 안전하지 않은 것이다."

40) 3차 리스테이트먼트 제6조(b)(2).

41) 국문번역은 다음과 같다. "위해의 예측 가능한 위험을 다루는 합리적인 지시나 경고가 그에 따라 위해의 위험을 줄일 수 있는 지위에 있는 처방자 기타 의료제공자에게 제공되지 않거나, 의료제공자가 환자에게 지침이나 경고에 따라 위해의 위험을 줄일 수 있는 지위에 있지 않음을 제조업자가 알거나 알아야 할 이유가 있는 경우에는 처방의약품이나 의료기기는 부적절한 지시나 경고에 의해 불합리하게 안전하지 않게 된 것이다."

42) 3차 리스테이트먼트 제6조(b)(3).

차이가 있는 제조물에 대한 책임규율의 조화를 위해 지침(이하 '유럽 제조물지침'이라 한다)을[43] 마련하였다. 위 지침 제2조는 다른 동산이나 부동산에 일부가 되었는지를 불문하고, 농산물(Primary agricultural products)과 수렵물(Game)을 제외한 모든 동산과 전기를 제조물로 보았다. 이때 농산물은 1차 가공을 거친 것을 제외한 농산·축산·수산물을 말한다. 이후 광우병 파동의 영향으로 농산물과 수렵물을 모두 포함하는 것으로 제조물의 정의를 변경하면서,[44] 모든 회원국이 2000. 12. 4.까지 이 변경조치를 적용할 것을 요구하였다.[45] 유럽 제조물지침은 제조물의 표시, 제조물이 놓일 합리적으로 예상되는 사용행태, 제조물이 유통에 놓인 시점을 포함하는 모든 사정을 고려하여 예상할 수 있는 안전성을 제공하지 않은 제조물은 결함이 있다고 하며,[46] 더 우월한 제조물이 나중에 유통되었다는 이유만으로 결함을 간주해서는 안 됨을 규정하고 있다.[47] 별도로 결함의 유형을 구분하여 규정하지는 않는다.

3) 독 일

독일의 제조물 책임법(Gesetz über die Haftung für fehlerhafte Produkte) 제3조가 결함을 규정하고 있는데, 유럽 제조물지침을 충실히 수용한 것이다(유럽 제조물지침 독일어 판본의 그것과 매우 유사하다). 제조물의 정의규정인 동법 제2조가 다른 동산이나 부동산의 일부를 구성하는 것을 포함하여 모든 동산과 전기를 제조물로 정의하고 있다. 그러나 의약품 유통에 관한 법률(Gesetz über den Verkehr mit Arzneimitteln, 이하 '독일 의약품법'이라 한다)이 정하는 바에 따라 허가를 얻거나 허가의무를 면한 의

43) Council Directive 85/374/EEC of 25 July 1985 on the approximation of the laws, regulations and administrative provisions of the Member States concerning liability for defective products.

44) Directive 1999/34/EC of the European Parliament and of the Council of 10 May 1999 amending Council Directive 85/374/EEC on the approximation of the laws, regulations and administrative provisions of the Member States concerning liability for defective products Article 1(1).

45) Directive(각주 43) Article 2(1).

46) Directive(각주 43) Article 6(1).

47) Directive(각주 43) Article 6(2).

약품(사람에게 사용하는 것으로 한정된다)이 소비자에게 판매되어 생명 · 신체 · 건강이 침해된 경우에는 제조물 책임법의 규정들은 적용하지 않는 것으로 하고 있다(독일 제조물 책임법 제15조).

독일 의약품법에서 의약품의 결함으로 인한 책임을 다루고 있는 것은 제84조이다. 1976년의 개정으로 제약사의 위험책임(Gefährdungshaftung)을 규정하고는 있었지만, 1980년대 말 HIV가 혼입된 혈액제제로 인해 혈우병환자들에게 감염 피해가 다수 발생하는 상황에서 인과관계를 증명하기 어려운 점 등으로 인하여 피해자들의 구제에 도움이 되지 못하는 한계를 드러냈다. 1994. 10. 21. 연방의회 HIV위원회의[48] 보고서는 피해자의 높은 증명이 부담이 지워지는 것을 비판하는 한편 인과관계가 불확실한 경우나 제약회사가 책임보험을 가입하지 않은 경우 등을 대비하여 기존의 개별적 책임제도를 보상기금(Entschädigungsfond)을 통한 집단적 보상제도로 보완할 것인지에 대한 논의를 제안하였다.[49] 같은 시기 독일 연방정부도 법무부가 주도하는 다부처간 실무반(Arbeitsgruppe)을 설치하였는데, 실무반은 기존의 제도를 유지하면서 정보청구권, 결함에 대한 증명책임의 전환, 위자료를 도입하는 부분적 변경을 제안하였다.[50] 독일 13대 국회가 끝나갈 무렵, 독일 의약품법과 관련하여 연방정부의 개정안과[51] 사민당의 개정안이[52] 제출되었는데, 전자는 그 내용이 미흡하다는 측면에서, 후자는 보상기금, 결함이나 인과관계에 대한 증명책임의 전환이 유럽 제조물지침에 저촉될 소지가 있다는 각 문제점이 지적되었다.[53] 독일 14대 국회에서 보다 효과적으로 피해자를 보호하는 의약품책임을 도

48) Untersuchungsausschuss des Deutschen Bundestages "HIV-Infektionen durch Blut und Blutprodukte."

49) Kügel · Müller · Hofmann, Arzneimittelgesetz, 2.Aufl., 2016, Vor §§ 84-94a Rn. 4.

50) Kügel · Müller · Hofmann(각주 49), Rn. 5.

51) Entwurf eines Zweiten Gesetzes zur Änderung schadensersatzrechtlicher Vorschriften (Drucksache 13/10435).

52) Entwurf eines Gesetzes zur Reform des Arzneimittelhaftungsrechts(Drucksache 13/10019).

53) Kügel · Müller · Hofmann(각주 49), Rn. 6.

입하면서도 책임법 전통 및 유럽 제조물지침과의 조화도 고려하여 보상기금의 도입은 철회하며, 인과관계에 대한 증명책임의 전환은 증명책임을 추정하는 것으로 변경하는 등의 내용을 담은 사민당 정권의 정부안이[54] 제출되었고, 약간의 사소한 수정만을 거쳐 연방의회를 통과하였다.[55]

위와 같은 과정을 거쳐 현행 독일 의약품법 제84조 제1항 제1문에서 의약품에 의한 생명·신체·건강침해에 대하여 제약사가 손해를 배상할 의무가 있다는 원칙을 규정하고, 제2문에서 의학적 지식에 비추어 허용될 수 있는 정도를 상회하는 부작용이나, 의학적 지식에 상응하지 않는 표시, 전문적 정보, 사용상의 주의사항으로 인한 손해에 한하여 제약기업이 배상의무를 부담한다는 제한을 규정하고 있다. 제84조 제2항 제1문은 발생한 손해가 문제된 의약품으로 발생할 수 있기에 적합(Eignung)하면, 손해에 대한 인과관계가 추정되는 것으로 규정하며, 제2문은 조제의 방식, 용량, 시간적 관계 등 적합성을 판단함에 고려할 사항들을 기술한다. 제3문은 구체적인 사안에서 다른 사정이 손해를 야기하기에 적합한 경우에 인과관계의 추정은 적용되지 않음을 규정하면서도, 다수의 의약품들이 손해를 야기하기에 적합한 경우 의약품제조사들이 책임을 서로 미루는 것을 방지하고자 손해를 야기하기에 적합한 다른 의약품의 사용은 말하는 다른 사정에 속하지 않음을 제4문에서 규정하고 있다.

4) 일 본

일본의 제조물 책임법 제2조 제2항은 “이 법률에서 「결함」이란 해당 제조물의 특성, 그 통상 예견되는 사용형태, 그 제조업자 등이 해당 제조물을 인도한 시기 및 그 밖의 해당 제조물과 관련된 사정을 고려하여 해당 제조물이 통상적으로 가지는 안전성을 결여하고 있는 것을 말한다.”라고 규정하며, 유럽연합이나 독일과 마찬가지로 별도로 결함의 유형을 세분화하지 않는다. 동법 제2조 제1항은 “이 법률에서 「제조물」이란 제조

---

54) Entwurf eines Zweiten Gesetzes zur Änderung schadensersatzrechtlicher Vorschriften (Drucksache 14/7752).

55) Kügel · Müller · Hofmann(각주 49), Rn. 7.

또는 가공된 동산을 말한다."라고 규정하고 있고, 추가로 제조물 개념정의에 대하여 더하거나 감하는 규정은 없다.

나. 우리 제조물 책임법의 정의

제조물 책임법에서[56] 제조물은 "제조되거나 가공된 동산(다른 동산이나 부동산의 일부를 구성하는 경우를 포함한다)"(제조물 책임법 제2조 제1호 57))으로 정의되며, 결함은 제조상의 결함,[58] 설계상의 결함,[59] 표시상의 결함,[60] 그 밖에 통상적으로 기대할 수 있는 안전성이 결여되어 있는 것(제2조 제2호)으로 세분된다.

결함을 제조상·설계상·표시상의 결함으로 구분하는 것은 3차 리스테이트의 그것과 유사하고, 위 3가지 결함에 이외에도 통상적인 안정성 기대에 부합하지 못하는 결여가 있는 경우를 통일적으로 규정하는 것은 유럽 제조물지침, 독일·일본 제조물 책임법의 그것과 유사한 것으로 볼 수 있다. 당초 우리나라의 제조물 책임법 정부안은 유럽 제조물지침 등의 예처럼 종류를 구분하지 않고 결함을 규정하는 것이었다고 한다.[61] 제조물 책임법에서 제조업자의 고의·과실을 언급하지 않고 결함을 책임발생의 요건이라 정하고 있으므로 제조물책임을 무과실책임으로 생각할 수 있다. 제조상의 결함은 법문언이 "주의의무를 이행하였는지에 관계없이"라고 기술하고 있으므로, 무과실책임이 아니라고 할 여지가 없다. 그러나 설계상의 결함, 표시상의 결함과 관련하여 제조업자가 합리적인 대

56) 제조물 책임법의 입법경위는 윤진수, "한국의 제조물책임", 『민법논고Ⅲ』, 2009, 55-57면 참조.

57) 이하에서 조문만을 적는 것은 제조물 책임법의 조문을 의미하는 것이다.

58) 제조업자가 제조물에 대하여 제조상·가공상의 주의의무를 이행하였는지에 관계없이 제조물이 원래 의도한 설계와 다르게 제조·가공됨으로써 안전하지 못하게 된 경우(제2조 제2호 가목).

59) 제조업자가 합리적인 대체설계를 채용하였더라면 피해나 위험을 줄이거나 피할 수 있었음에도 대체설계를 채용하지 아니하여 해당 제조물이 안전하지 못하게 된 경우(제2조 제2호 나목).

60) 제조업자가 합리적인 설명·지시·경고 또는 그 밖의 표시를 하였더라면 해당 제조물에 의하여 발생할 수 있는 피해나 위험을 줄이거나 피할 수 있었음에도 이를 하지 아니한 경우(제2조 제2호 다목).

61) 윤진수(각주 56), 59면.

체설계나 설명 · 지시 · 경고 또는 그 밖의 표시를 실제로 할 수 있었는지 여부를 전혀 고려하지 않는다는 말하기는 어렵고, 따라서 제조물책임 전반이 과책과 완전히 결별하여 무관하게 된 것은 아니다. 이와 관련하여 결함에 대한 정의가 우리 제조물 책임법과 유사한 3차 리스테이트먼트 제2조의 Comment A.는 “설계에 결함이 있거나 적절한 경고나 지시가 없고 그로 인하여 합리적으로 안전하지 않게 된 것에 대하여 책임을 부과하는 제2조(b)와 제2조(c)는 과실에 근거를 둔 책임의 그것과 동일한 일반 목표를 달성한다.”라고 말한다.

2. 의약품의 결함

가. 의약품의 제조물 해당성

3차 리스테이트먼트에서 의약품 일반의 제조물 해당성에 대한 별도의 규정은 없으나, 처방의약품(Prescription drug)과 의료기기에 대한 별도의 규율을 담은 제6조에 비추어 보면 의약품 일반을 제조물로 전제한 것으로 이해할 수 있다. 인간의 혈액은 신체조직과 마찬가지로 제조물의 정의에 부합하지만, 그것이 상업적으로 제공된 것이더라도 3차 리스테이트먼트의 적용에서 제외됨을 명시하고 있다(3차 리스테이트먼트 제19조(c)). 독일은 앞서 본 바와 같이 의약품의 제조물 해당성은 긍정하나, 제조물 책임법의 적용을 배제하고 독일 의약품법에 대한 별도의 규율을 마련하고 있다. 일본 최고재판소의 특정 비(非) 소세포폐암을 일으키는 세포를 치료하는 표적항암제 이레사(성분명: Gefitinib)의[62] 부작용과 관련하여 제조물 책임법을 적용하여 판단한 사례는[63] 의약품의 제조물 해당성을 전제한 것이다. 한편 일본의 제조물 책임법 입법과정에서 수혈용 혈액을 제조물에 해당하는 것으로 볼지에 대해서는 논란이 있었지만, 혈액제제는 제조물에 해

62) 이 의약품을 일본에서는 ‘이렛사(イレッサ)’라고 부르고 있으나, 같은 의약품의 국내 상품명인 이레사(영문 상품명은 Iressa이다)를 사용한다.
63) 2013. 4. 12. 제3소법정판결(判時2189号53頁´ 判タ1390号146頁)(이하 ‘이레사 판결’이라 한다).

당하는 것으로 의견이 일치되었다고 한다.[64)]

우리나라에서 제2조 제1호에서 말하는 "제조되거나 가공된 동산"인 제조물에 의약품이 해당한다는 점에 대해서는 이론(異論)이 없는 것으로 여겨진다.[65)] 감초(甘草, Licorice)나 강활(羌活, Ostericum Root)처럼 가공 없이 그 자체가 의약품으로 수록된 일부 예외는 있으나 대한민국약전이 그 수록한 물품들의 각 화학적 성질과 가공의 일환인 제법(製法)을 규정하고 있는 점에 비추어 보더라도 의약품을 제조물로 파악하는 이러한 통설적인 이해는 합당한 것으로 보인다.

한편 혈액제제를 제조물로 보는 것에는 별다른 이의가 없는 것으로 보이나, 혈액(신체 내부의 것이 아닌 채혈된 혈액을 말한다)을 제조물로 포섭시킬지 여부에 대하여는 이를 부정하는 견해와[66)] 긍정하는 견해[67)] 모두가 존재한다. 피검사자의 혈액 중에서 백혈구, 적혈구 등의 수치를 검사하거나 병원균의 존재를 확인하기 위한 배양검사 등을 목적으로 채혈을 통해 얻어진 혈액이라면 제조물성이 없다고 할 수 있겠지만, 산소를 운반하는 적혈구의 생리적 기능을 필요로 하는 사람에게 수혈할 목적이나 혈액 각 성분을 나눈 분획제제의 원료로 사용할 목적으로 전혈을[68)]

---

64) 塩野隆, 『薬害過失と因果関係の法理』, 2013, 13-14頁.

65) 연기영, "의약품사고와 제조물책임", 『의료법학』 제3권 제2호, 2002, 13-14면; 안법영, "독일 의약품법과 제조물 책임법 : 결함 있는 의약품에 대한 제조물 책임법의 적용을 위한 소고", 『의료법학』 제3권 제2호, 2002, 136면; 박동진, "제조물 책임법상 제조물의 개념", 『비교사법』 제10권 제4호, 2003, 306면; 김천수, "제조물책임법상 제조물의 개념－미국 제조물책임 리스테이트먼트와 비교하여－", 『성균관법학』 제16권 제1호, 2004, 62면; 전병남, "제조물 책임법상 제조물로서의 의약품의 개념", 『의료법학』 제7권 제2호, 2006, 334면; 김민동, "의약품의 설계상 결함으로 인한 제조물책임－미국의 리스테이트먼트와 판례이론을 중심으로", 『고려법학』 제56호, 2010, 96면; 서여정, "의약품(혈액제제) 제조물책임에서의 증명책임 완화", 『재판과 판례』 제21집, 2012, 253면; 윤진수, "제조물책임의 주요 쟁점 : 최근의 논의를 중심으로", 『민법논고 Ⅵ』, 2015, 405면.

66) 전병남, "제조물 책임법상 제조물로서 의약품의 결함", 『의료법학』 제8권 제1호, 2007, 355면.

67) 윤진수(각주 65), 405면. 김천수(각주 65), 54-55면.

68) 전혈(Whole Blood)은 적혈구, 백혈구, 혈소판과 혈장을 모두 포함하는 것으로, 적혈구의 산소운반능과 혈장에 의한 혈액량확장이 동시에 요구될 때 직접 사용되거나, 농축적혈구, 농축백혈구, 혈액응고인자제제 등의 혈액 분획제제의 원료로 사

채혈하는 경우에는 가공이 반드시 수반되기 때문에[69] 혈액의 제조물 해당성을 부정하기는 어렵다 여겨진다. 혈액을 제공하는 사람 스스로가 다시 이용하는 자가 수혈(Autologous transfusion)의 목적으로 채혈된 혈액도 타가 수혈 목적으로 채혈된 혈액과 동일한 가공이나 세척과 여과 등의 추가적인 가공을[70] 거치므로 마찬가지로 제조물에 해당한다.

나. 설계상의 결함

제조물을 설계하고, 설계에 따라서 제조하며, 소비자에게 전달해야 하는 위험과 주의사항 등을 소비자가 용이하게 인식할 수 있는 방법으로 표시하여 제조물을 유통시키는 일련의 과정을 전제할 때, 설계에서부터 결함이 있다면 더 나아가 제조공정 수행이나 첨부문서를 고안하는 후속 조치를 살펴볼 필요가 없을 것이다. 설계상의 결함을 어떻게 판단할 것인가라는 문제에 대하여 각각 소비자 기대기준(consumer expectation test)과 위험-효용기준(risk-utility test)을 제시하는 견해가 대립한다. 전자는 제조물에 대한 소비자의 지식과 기대를 근거로 하는 것이고, 후자는 제조업자를 포함하여 당대의 전문적인 과학지식을 종합하여 제조물이 주는 효용과 위험을 비교하여 결함 유무를 판단하는 것이다.

소비자가 제조물에 대하여 어느 정도의 지식을 가지고 있고, 어느 정도까지의 위험을 감수하면서 효용을 기대할 것인지를 구체적으로 확정하는 것은 곤란한 일이다. 특히 폭넓은 소비자층을 대상으로 하는 제조

용된다.

69) 혈액의 응고방지와 보존기간의 향상을 위해 항응고보존액이 포함되어 있는 채혈백의 사용이 채혈과정에서 필요적으로 요구되고(이는 가공의 일환인 첨가로 볼 수 있다), 채혈백 내에서 혈액과 항응고제보존액이 잘 섞이도록 혈액혼합장치의 사용도 수반된다. 현재 사용되고 있는 CPDA-1 항응고보존액의 경우 혈액 100mL당 14mL가 사용되고 있으므로 그 양도 적지 않다. 자세한 것은 한규섭·박경운·송은영, 『수혈의학(제4판)』, 14-16면 참조.

70) 자가 수혈의 방법의 하나인 수술 전 혈액예치(preoperative autologous deposit)는 타인에 대한 수혈을 위해 혈액을 제조하는 방법과 차이가 없고, 수술 중 혈액회수(salvage)나 수술 후 혈액회수의 경우에도 모두 수술 중에 유출된 혈액을 회수하여 세척과 여과 등의 가공을 한 이후에 실혈자에게 다시 투여하는 것이다. 자세한 것은 한규섭·박경운·송은영(각주 69), 86-90면 참조.

물의 경우에는 더욱 그러하다. 의약품의 소비자는 건강상태를 유지하다가, 기존에 없던 질환·질병에 이환되어 의약품을 소비하게 되는데, 이때 치료라는 제시된 효능에는 관심을 가지고 주목하지만, 의약품에 의해서 오히려 자신의 생명이나 건강이 침해될 수 있음을 기대하기는 어렵다. 그렇다면 소비자의 기대기준만으로 의약품의 결함을 판단하는 것은 결함을 과다하게 인정하는 문제가 있을 수 있다.[71] 또한 제4조 제1항 제2호가 "제조업자가 해당 제조물을 공급한 당시의 과학·기술 수준으로는 결함의 존재를 발견할 수 없었다는 사실"을 제조자가 입증한 경우에는 손해배상책임을[72] 면한다는 소위 기술위험의 항변을 규정하는 점을 고려하면,[73] 설계상의 결함은 의약품이 대상으로 하는 적응증,[74] 제조 당시의 과학지식과 기술수준을 기본전제로 하면서도 경제성, 의약품에 대한 소비자의 지식과 기대도 더하여 종합적으로 판단하여야 할 것이다.

다. 제조상의 결함

의약품 투여 후 어떠한 부작용이 발생하였을 때, 그 부작용의 정도가 설계상의 결함이 있다고 볼 평가할 정도의 것이라면 추가로 제조상의 결함을 밝힐 실익이 적다. 피해나 위험을 줄이거나 피할 수 있는 설계는

71) 그렇다고 해서 소비자 기대기준이 위험-효용기준에 비해서 언제나 결함을 용이하게 인정하는 것이라고 단정할 수는 없다. 혈우병 환자에게는 예전부터 치료를 위하여 혈액의 투여가 이루어졌는데, 그 과정에서 혈액을 통해 감염이 일어날 수 있다는 사정은 혈우병 환자에게는 잘 알려져 있던 지식이라 할 수 있고, 새롭게 설계된 혈우병 치료제가 기존에 사용되던 치료제와 비교하여 감염을 유발하는 정도가 더 크지 않다면, 소비자 기대기준에 의할 때 결함이 있다고 보기는 어려울 것이다.

72) 제4조 제1항에서 "이 법에 따른" 손해배상책임을 면한다고 규정하고 있으므로 결함이 아닌 제조업자의 고의·과실의 증명을 통하여 불법행위책임을 물을 수도 있을 것이다. 그러나 후술하는 2007다52287 판결에서 본바와 같이, 대법원은 이미 기술위험의 항변을 반영한 판단기준을 제시하고 있어, 불법행위의 주장으로 다른 결과를 이끌어 내기는 용이하지 않을 것이다.

73) 물론 제4조 제1항 제2호가 인정된 결함에 대하여 책임을 면하게 하는 것이라고 이해할 수도 있다.

74) 의약품이 대상으로 하는 적응증 자체의 의학적 중증도와 감수할 수 있는 부작용의 종류와 그 정도는 비례관계에 있다고 할 수 있다. 치료하지 않으면 생명을 상실할 수밖에 없는 악성종양을 대상으로 하는 의약품에서 감수되는 부작용의 종류와 그 정도, 나타나는 빈도는 상당한 것이다.

아니었고, 의약품의 유용성이 압도적이어서 설계상의 결함으로 평가할 수 없는 경우, 그 설계에 따라 제조된 의약품을 복용하고 부작용이 발생하더라도 제조상의 결함이 있다고 볼 수 없다. 반면 의약품 투여 후 발생한 부작용이 설계와 전혀 무관한 사항, 예를 들어 최근에 문제가 되었던 타르함유 혈압약이나 어린이 타이레놀 함량과다와 같은 경우에는 특별한 판단을 거치지 않고도 제조상의 결함을 인정할 수 있다. 이러한 점을 고려하면 의약품 부작용이 문제되는 사건에서 제조상의 결함은 의약품 사용 후 발생한 손해가 설계상의 결함으로 인한 것인지 제조상의 결함으로 인한 것인지를 밝히기 어려운 상황을 제외하고는 설계상의 결함이나 표시상의 결함에 비하여 많은 주목을 받기 어려울 것으로 예상된다.

라. 표시상의 결함

첨부문서에 부적절한 표현을 사용하거나, 잘못된 정보를 담고 있었거나, 첨부문서 자체를 작성하지 않은 것은 표시상의 결함이 있는 것으로 보아야 할 것이다. 그렇더라도 첨부문서의 일부 기재나 표현 그 자체만으로 바로 결함이 있다고 볼 수는 없고, 첨부문서 전반을 통해 보았을 때 소비자에게 잘못된 정보를 전달하고 인식을 심어줄 상당한 정도의 가능성이 있어야 할 것이다. 어느 정도를 상당한 것으로 볼 것인지를 판단할 때, 정보전달을 담당하는 첨부문서 등을 누가 열람하는지가 중요하게 고려되어야 하고, 개별 의약품의 예정된 통상적인 용법과 사용형태를 기준으로 결함의 유무를 판단해야 한다. 의약품 첨부문서를 제작하는 주체는 이러한 불명확한 점을 고려하여 의약품을 주로 소비할 환자군의 연령, 지역, 소득, 교육수준 등을 반영한 표본을 설정하여 미리 첨부문서 가안을 열람하게 하고, 설문지법 등을 통하여 의도한 정보의 전달은 충분히 이루어졌는지 첨부문서에서 사용한 어휘나 개념은 이해하기 쉬운 것인지 등을 확인할 수 있고, 이를 기록으로 남겨 보관한다면 추후 표시상의 결함이 문제되었을 때 결함이 없다는 근거로 유용하게 제시할 수 있을 것이다.

첨부문서의 열람대상을 의사로 보거나 의약품이 의사에게 직접 공급되는 경우라고 하더라도, 이는 의사가 환자에게 적절한 지시와 경고를 설명하여 전달하리라는 점을 전제하고 있는 것인데, 임상에서 의사가 환자에게 전달을 잘 하고 있지 않은 상황을 제약회사도 인식하고 있었다면 첨부문서의 열람대상을 의사가 아니라 소비자인 환자로 보아야 한다.[75)]

3. 손 해

제조물 책임법은 제조물의 결함으로 인한 배상범위에 속하는 것을 생명·신체 혹은 제조물 그 자체를 제외한 재산에 발생한 손해로 정하고 있다(제3조 제1항). 각 손해의 구체적인 산정과 범위는 민법에 따른 방식에 의하여야 했으나(제8조), 제3조 제2항이 최근 신설되어 제조업자가 제조물의 결함을 알면서도 그 결함에 대하여 필요한 조치를 취하지 아니한 결과로 생명 또는 신체에 중대한 손해를 입은 사람이 있는 경우에는 법원이[76)] 손해의 3배를 넘지 않는 범위에서 배상책임을 지울 수 있다. 이는 우리법제가 채택하고 있지 않던 징벌적 손해배상을 일부 도입한 것이다. 제3조 제2항과 관련해서, 배상책임을 손해의 3배로 국한하는 정도로는 징벌적 손해배상제도의 억제기능이 제대로 작동하지 못할 것이라는 비판이 있다.[77)]

4. 인과관계와 추정

설계상, 제조상 내지 표시상의 결함이 있는 제조물을 제조하였다고 해서 바로 제조업자의 손해배상책임이 도출되는 것은 아니고, 생명·신체

---

75) 3차 리스테이트먼트 제6조(d)에서 의료제공자가 환자에게 지침이나 경고에 따라 위해의 위험을 줄일 수 있는 지위에 있지 않음을 제조업자가 알거나 알아야 할 이유가 있는 경우를 표시상의 결함으로 보는 것도 유사한 취지로 이해된다.

76) 이때 법원은 고의성의 정도, 해당 제조물의 결함으로 인하여 발생한 손해의 정도, 해당 제조물의 공급으로 인하여 제조업자가 취득한 경제적 이익, 해당 제조물의 결함으로 인하여 제조업자가 형사처벌 또는 행정처분을 받은 경우 그 형사처벌 또는 행정처분의 정도, 해당 제조물의 공급이 지속된 기간 및 공급 규모, 제조업자의 재산상태, 제조업자가 피해구제를 위하여 노력한 정도(제3조 제1항 제1호 내지 제7호)를 고려하여 배상액을 정하여야 한다.

77) 이창현, "제조물책임과 징벌적 손해배상", 『저스티스』 제172호, 2019, 29면; 정하명, "징벌적 손해배상제도와 상당성의 원칙－자동차제조사의 3배 징벌적 손해배상제도의 문제점을 중심으로－", 『법학논고』 제58집, 2020, 53면.

또는 재산에 손해가 발생한 것이 제조물의 결함에 의해 발생한 것일 것, 즉 인과관계가 있음이 요구된다. 관련하여 제3조의2가 신설되었는데, 그 내용은 해당 제조물이 정상적으로 사용되는 상태에서 피해자의 손해가 발생하였다는 사실(제3조의2 제1호), 제1호의 손해가 제조업자의 실질적인 지배영역에 속한 원인으로부터 초래되었다는 사실(제3조의2 제2호), 제1호의 손해가 해당 제조물의 결함 없이는 통상적으로 발생하지 아니한다는 사실(제3조의2 제3호)을 피해자가 모두 증명한 경우에는 제조물이 공급되는 시점을 기준으로 해당 제조물에 결함이 있다는 사실과 이 결함과 피해자의 손해 사이에 인과관계가 있다는 사실을 함께 추정한다는 것이다. 이 추정을 깨드리기 위해서는 제조업자가 제조물의 결함이 아닌 다른 원인으로 인하여 그 손해가 발생한 사실을 증명하여야 한다(제3조의2 단서). 위 신설규정을 담은 제조물책임법 일부개정법률안(의안번호 2006505)의 제안이유에 따르면[78] 기존 대법원 판례의 취지를 입법화한 것이라고 한다. 제3조의2가 요구하는 세 가지의 사실을 의약품의 부작용 피해를 주장하는 자가 어느 정도로 증명해야 하고 그 난이도가 어떠할지는, 「피해자가 평소 복용하는 의약품이 없는 상황에서 일회적으로 특정 약물을 복용하고 부작용이 발생한 경우」와 「다양한 만성질환으로 여러 의약품을 장기 복용하고 있던 도중에 새로운 의약품을 복용한 다음에 부작용이 발생하는 경우」를 비교하여 생각해보면 의약품과 주어진 상황에 따라서 크게 다를 것임을 예상해 볼 수 있고, 그 구체적인 경향은 제3조의2를 적용한 판례가 충분히 집적

78) 제안이유의 원문은 다음과 같다. "제조물의 대부분이 고도의 기술을 바탕으로 제조되고, 이에 관한 정보가 제조업자에게 편재되어 있어서 피해자가 제조물의 결함여부 등을 과학적 · 기술적으로 입증한다는 것은 지극히 어려움. 대법원도 이를 고려하여 제조물이 정상적으로 사용되는 상태에서 사고가 발생한 경우 등에는 그 제품에 결함이 존재하고 그 결함으로 인해 사고가 발생하였다고 추정함으로써 소비자의 입증책임을 완화하는 것이 손해의 공평·타당한 부담을 원리로 하는 손해배상제도의 이상에 맞는다고 판시한 바 있음. 이에, 대법원 판례의 취지를 반영하여 피해자가 '제조물이 정상적으로 사용되는 상태에서 손해가 발생하였다는 사실' 등을 증명하면, 제조물을 공급할 당시에 해당 제조물에 결함이 있었고, 그 결함으로 인하여 손해가 발생한 것으로 추정하도록 하여 소비자의 입증책임을 경감하려는 것임."

된 다음에야 파악할 수 있게 될 것이다.

5. 소멸시효 등

제조물 책임법에 따른 손해배상의 청구권은 피해자 또는 그 법정대리인이 손해와 손해배상책임을 지는 제조업자를 모두 알게 된 날부터 3년간 행사하지 아니하면 시효의 완성으로 소멸하며(제7조 제1항), 제조업자가 손해를 발생시킨 제조물을 공급한 날부터 10년 이내에 행사하여야 한다(제7조 제2항 본문).[79] 3년의 소멸시효, 10년의 제척기간을 제조물이 신체에 누적되어 사람의 건강을 해치는 물질에 의한 손해, 일정한 제조물로 인한 손해가 잠복기간이 지난 후에 증상이 나타나는 경우에 그대로 적용한다면 피해자는 보호될 수 없다. 제7조 제2항 단서는 이러한 경우 손해가 발생한 날부터 기산하는 것으로 규정하고 있고, 의약품에 의한 손해가 이 조문에서 말하는 손해의 전형이다.

6. 적용시기

2000. 1. 2. 제정된 제조물 책임법은 그 부칙 규정에 따라 2002. 7. 1. 이후 공급된 제조물에 대하여 적용되고, 앞서본 3배 배상규정(제3조 제2항)이나 추정규정(제3조의 2)은 2018. 4. 19. 이후 공급된 제조물에 대하여 적용된다.

위 각 적용시기 이전에도 여러 제조물이 사용되어 왔고, 제조물의 결함으로 인한 손해 역시 발생하였다. 대법원은 예전부터 이를 불법행위로 구성하면서도 구체적인 내역은 변화·발달을 보여 왔다. 과실로 평가할 만한 구체적인 행위를 특정하고 인과관계에 대해 상당한 정도의 증명을 요구하던 것에서[80] 구체적인 특정을 하지 않더라도 일정한 요건 아래에서 결함과 인과관계를 추정할 수 있는 것으로 변화되었고,[81] 설계상의 결함,

---

79) 제7조 제2항 본문은 그 문언상 제척기간으로 보이며(제조물 책임법 제정 논의과정에서 국회 재정경제위원회에 제출된 전문위원 현성수의 법안 검토보고서 21면에서도 이를 제척기간으로 이해하고 있다), 제7조의 조문제목이 "소멸시효"가 아닌 "소멸시효 등"으로 되어 있는 것도 이러한 점을 반영한 것으로 여겨진다.

80) 대법원 1975. 7. 22. 선고 75다844 판결.

제조상의 결함, 표시상의 결함이라는 세분화된 결함의 개념도 정립하였다.[82] 제조물책임의 대상에 제조물 그 자체에 발생한 손해는 포함되지 않는다는 점,[83] 결함을 판단할 때 당시의 기술수준이나 제조물의 특성도 고려해야 한다는 점[84] 등도 모두 포함하여 보면, 제조물 책임법 시행 이전의 제조물에 대한 판례 법리는 뒤에서 볼 제조물 책임법이 정하고 있는 그것과 표현의 다소간의 차이가 있는 부분은 있으나 본질적인 상이함은 없는 것으로 여겨진다.

제조물 책임법이 시행되었어도 이러한 판례의 법리는 현재는 물론 앞으로도 유효하며, 추가적인 변화도 예상해 볼 수 있다. 여전히 제조물 책임법 시행 이전 시장에 공급된 제조물들의 일부는 사용되고 있고, 사용이 중지되었어도 과거의 사용으로 인한 손해가 아직 임계점을 넘지 않아 드러나지 않은 경우도 있을 수 있기 때문이다.

현재까지는 의약품 부작용과 관련하여 제조물 책임법이 직접 적용된 사안에 대한 대법원 판례는 보이지 않으며, 불법행위를 기본으로 한 판례의 법리가 적용되고 있다. 이하에서는 항을 바꾸어 이와 관련한 대법원의 대표적 판례의 구체적 내역을 살펴본다.

Ⅳ. 의약품 부작용에 대한 판례

1. PPA 판결[85]

가. 사실관계 및 관련 의학지식

44세 여성이 2003. 12. 1. PPA가 함유된 일반의약품(이하 'PPA 제제'라 한다) 1정을 복용, 다음날 출혈성 뇌졸중(hemorrhagic stroke)이 발생하고 8일 후 사망하였다.

PPA는 1940년대에 개발되어 감기약 및 식욕억제제로 사용되었는데,

---

81) 대법원 2000. 2. 25. 선고 98다15934 판결.
82) 대법원 2003. 9. 5. 선고 2003다17333 판결.
83) 대법원 1999. 2. 5. 선고 97다26593 판결.
84) 대법원 1992. 11. 24. 선고 92다18139 판결.
85) 대법원 2008. 2. 28. 선고 2007다52287 판결.

1979년 최초의 보고가[86] 나온 이래로 PPA를 복용한 사람에게 뇌출혈이 발생하였다는 사례보고 논문(Case report)의 발표가 계속되었다. 이러던 중 미국 예일대학교 의과대학의 연구진의 2000. 5. 10.자 출혈성 뇌졸중 프로젝트 최종 보고서(이하 '예일대 보고서')가[87] 나왔는데, 그 결론은 PPA가 출혈성 뇌졸중의 위험을 증가시킨다는 것이었다. 관련 내용이 유력 의학지인 The New England Journal of Medicine(이하 'NEJM'이라 한다)에 게재되어[88] 사회적 반향이 일자, 미국 식품의약품안전청(U. S. Food and Drug Administration, 이하 'FDA'라 한다)은 2000. 11. 3. PPA가 함유된 의약품을 제조한 제약회사의 대표이사나 이사의 의장을 대상으로 하여 서한을 발송하였다. 그 내용은 모든 의약품에서 PPA를 제거하도록 조치하고, 모든 제약회사에 대하여 PPA가 포함된 의약품을 시판하지 않도록 요청하였지만, PPA 함유 감기약의 강제 회수조치는 취하지 아니하는 것이었다.[89]

우리나라의 식약청도 2000. 11. 9. 국내 제조업체에 대하여 PPA를 함유한 의약품의 제조, 판매 중지를 권고하고, 2001. 7. 25. PPA를 함유한 의약품 중 식욕억제제, PPA만으로 구성된 단일제, PPA 1일 최대복용량이 100mg을 초과하는 복합제의 사용을 금지시켰으며, 식약청의 의뢰로 수행된 PPA 제제와 출혈성 뇌졸중의 관계에 대한 연구(이하 '국내 연구'라 한다)에서 PPA 제제가 출혈성 뇌졸중을 유발할 가능성이 충분하며 특히 여성에서 이러한 문제가 더하다고 보고하였고 PPA를 대체할 의약품이 있다는 점을 들어 2004. 8. 1. PPA 함유 감기약의 판매 중지 및 회수 폐

86) King, John. "Hypertension and cerebral haemorrhage after trimolets ingestion." The Medical journal of Australia 2.5, 1979: 258p.

87) Brass, Lawrence M., et. al., PHENYLPROPANOLAMINE & RISK OF HEMORRHAGIC STROKE: Final Report of The Hemorrhagic Stroke Project. Diss. Yale University, 2000.

88) Kernan, Walter N., et al., Phenylpropanolamine and the Risk of Hemorrhagic Stroke. The New England Journal of Medicine 343.25, 2000: 1826-1832pp.

89) 구체적인 내용은 〈https://www.fda.gov/drugs/information-drug-class/fda-letter-manufacturers-drug-products-containing-phenylpropanolamine-ppa〉에서 확인 가능하다(최종방문 2020. 11. 30.).

기를 지시하였다.

나. 소송의 경과

망인(당시 44세)의 유족들이 피고 유한양행을 상대로 PPA 제제가 뇌출혈을 유발하는 설계상의 결함과 이러한 위험이 제대로 표시되지 않은 결함이 있다는 주장을 펼쳤다. 제1심은[90] 원고들의 청구를 기각, 원심도[91] 원고들의 항소를 기각하였다.

다. 대법원의 판단

설계상의 결함과 관련하여 대법원은 "의약품은 통상 합성화학물질로서 인간의 신체 내에서 화학반응을 일으켜 질병을 치유하는 작용을 하는 한편 정상적인 제조과정을 거쳐 제조된 것이라 하더라도 본질적으로 신체에 유해한 부작용이 있다는 측면을 고려하여야 한다."라고 하면서 PPA 제제에 설계상의 결함이 없다고 보았다.

표시상의 결함과 관련해서는 "제조상 내지 설계상의 결함이 인정되지 아니하는 경우라 할지라도, 제조업자 등이 합리적인 설명, 지시, 경고 기타의 표시를 하였더라면 당해 제조물에 의하여 발생될 수 있는 피해나 위험을 피하거나 줄일 수 있었음에도 이를 하지 아니한 때에는 그와 같은 표시상의 결함(지시 · 경고상의 결함)에 대하여도 불법행위로 인한 책임이 인정될 수 있고, 그와 같은 결함이 존재하는지 여부에 대한 판단을 함에 있어서는 제조물의 특성, 통상 사용되는 사용형태, 제조물에 대한 사용자의 기대의 내용, 예상되는 위험의 내용, 위험에 대한 사용자의 인식 및 사용자에 의한 위험회피의 가능성 등의 여러 사정을 종합적으로 고려하여 사회통념에 비추어 판단하여야 한다."라는 판단기준을 제시하면서, PPA 제제에는 표시상의 결함 역시 없다고 판단하였다.

라. 검　　토

PPA와 뇌출혈의 상관관계에 대한 당시까지의 연구 결과, PPA의 대체제로 거론되는 다른 의약품에도 유사한 부작용의 우려가 있어 합리적

---

90) 서울중앙지방법원 2005. 12. 13. 선고 2004가합68644 판결.
91) 서울고등법원 2007. 6. 19. 선고 2006나9448 판결.

인 대체설계의 가능성이 없다는 점, 부작용을 수반하는 의약품의 특성을 고려하면 PPA 제제에는 설계상의 결함이 있다고 보기 어렵고, 대법원의 판단은 타당하다.

예일대 보고서나 국내 연구는 모두 PPA가 함유된 의약품을 복용한 군과 복용하지 않은 군을 비교하는 사례대조군연구(case-control study)로[92] 수행되었다. 예일대 보고서에는 흡연 여부, 고혈압 유병 여부, 인종, 교육수준을 보정하여 교정 교차비를 구하였는데, 식욕억제를 목적으로 한 PPA 제제를 여성이 복용한 경우에는 16.58(95% 신뢰구간의 하한 2.22, P-value 0.011),[93] PPA가 포함된 감기약을 여성이 복용한 경우에는 1.54(95% 신뢰구간의 하한 0.85, P-value 0.116)의 교정 교차비가 도출되었다.[94] 모두 교차비가 '1'을 초과하는 값이지만 감기약의 경우는 통계적으로 유의(有意)한 결과라고 할 수 없다.[95] 국내 연구에서는[96] 전체 대상자

---

92) 사례군과 대조군을 비교하여 얻은 교차비(odds ratio)를 통해 관련성을 파악하는 방법이다. 교차비가 1이면 특정 물질에 노출된 사례군과 대조군 사이에 차이가 없다. 교차비가 1보다 높으면 특정 물질에 대한 노출이 위험을 증가시킨다는 의미로 파악할 수 있고, 교차비의 값이 높아질수록 더 강한 관련성이 있다고 할 수 있다. 가령 흡연과 폐암의 종류별 교차비를 구한 연구(Khuder, Sadik A., et al., Effect of cigarette smoking on major histological types of lung cancer: a meta-analysis. Lung cancer, 2001, 31.2-3: 139.)를 보면 모든 종류의 폐암은 흡연과 관련이 있다고 볼 수 있지만 소세포암(small cell carcinoma)이나 편평세포암(sqaumous cell carcinoma)은 흡연군과 비흡연군 사이의 교차비가 10이 넘고, 샘암(adenocarcinoma)는 교차비가 4를 보여, 암의 종류에 따라서 관련성의 정도에 차이가 있음을 알 수 있다.

93) 어떠한 요인이 결과에 미치는 영향을 이론 없이 정확하게 판단하는 방법은 대상 인구집단을 전수조사하는 것이다. 그러나 이 방법은 현실적으로 불가능하므로 일정한 범위에서 대상을 선정하게 되는데, 선정대상에서 얻은 결과가 모집단인 전체 인구집단을 적절하게 대표하는 것인지를 알아볼 필요에 대응하기 위하여 95% 신뢰구간이나, P-value가 이용되고 있다. 95%의 신뢰구간 중에 '1'이 포함되거나 P-value가 0.05를 초과하면, 교차비가 통계학적으로 유의한 것이라고 말할 수 없다.

94) Brass, Lawrence M., et al., (각주 87), 41p. APPENDIX D. 참조.

95) 이 점을 다른 의과대학의 의료진들이 지적한 것과 예일대 보고서의 집필진이 자신들의 견해가 옳다며 논박하였던 것은 ERNST, Michael E., et al., Phenylpropanolamine and hemorrhagic stroke. Authors' replies. The New England journal of medicine 344.14, 2001: 1094-1095pp. 참조.

96) 국내 연구의 결과는 PPA의 판결의 원심인 서울고등법원 2007. 6. 19. 선고 2006나9448 판결에 기재된 것을 인용한 것이다.

의 교차비가 2.14(95% 신뢰구간 0.94~4.84), 남성의 교차비는 1.36(95% 신뢰구간 0.45~4.84), 여성의 교차비는 3.86(95% 신뢰구간 1.08~13.80)으로 나타나 적어도 PPA를 함유한 감기약과 여성 복용자의 관계에서는 통계적으로 유의한 결과가 있다고 볼 수 있다. 그러나 이 연구는 망인이 복용한 시점 이후에 수행된 연구결과이므로 이를 근거로 피고 유한양행이 PPA 제제를 제조하던 당시에 설계상의 결함이 있다는 결론을 도출하지 않은 대법원의 판단은 타당하다.

망인이 PPA 제제를 복용하던 시점의 첨부문서는 당시까지 알려진 의학지식이 숨김없이 충실히 기재된 것이므로 표시상의 결함이 없다고 본 대법원의 판단도 역시 타당한 것이다.

2. 혈액제제 판결[97)]

가. 사실관계 및 관련 의학지식

피고 녹십자는 1974년 냉동 건조 혈장을, 1989년 A형 혈우병과 B형 혈우병을 각 적응증으로 하는 혈액응고인자 농축제제들을 생산·공급하였는데, 최초 출시 및 상당 기간 병원체를 불활성화할 수 있는 공정을 적용하지 않았으나, 1987년 10월부터는 열처리를, 1989년 6월부터는 유기용매와 세척제를 이용하는 불활성화 공법(이하 'TNBP 공법'이라 한다)을,[98)]

---

97) 대법원 2011. 9. 29. 선고 2008다16776 판결(이하 'HIV 판결'이라 한다)과 대법원 2017. 11. 9. 선고 2013다26708, 26715, 26722, 26739 판결(이하 'HCV 판결'이라 한다)을 함께 다룬다. HIV 판결과 HCV 판결은 당사자, 문제가 제기된 의약품, 관련 쟁점 등에서 많은 공통점을 가지고 있다.

98) 바이러스는 유전자복제를 위해 필요한 기관을 스스로 보유하고 있지 않기 때문에, 숙주 세포 내로 침입하여 숙주의 세포소기관을 이용하여 자신의 유전자를 복제·생산하고 이를 다시 세포 외부로 배출하는 방식을 통하는데, 숙주 세포 내부로 침입하는 방법은 단순히 물리적으로 관통하는 것이 아니며, 바이러스 표면에 존재하는 특정 장치와 숙주세포에 존재하는 특정 수용체가 결합하는 방식(specific receptor binding)을 이용한다. HCV는 수용체와 결합하는 장치가 지질 외막(lipid envelope)에 있어, 지질 외막을 제거하면 HCV의 세포 내 침입 자체를 막을 수 있고, 남은 HCV 유전체와 잔존물만으로는 세포 내 침입, 유전체 복제 기능을 수행할 수 없다(수혈과 혈액제제 이용과 관련하여 크게 문제가 되는 HIV, B형 간염 바이러스도 HCV와 마찬가지이다). 따라서 인체에 감염을 일으키는 것도 불가능하

2000. 7.부터는 혈액응고인자를 냉침전법으로 1차 정제하고 TNBP 공법 처리 후 다시 면역친화성 크로마토그래피법으로 정제하는 방법을 도입·적용하여 원인 혈액제제를 생산·공급하였다.

A형 내지 B형 혈우병[99] 유병자인 원고들은 HIV[100]나 HCV[101]에 감염된 것이 확인되기 이전에 피고 녹십자가 제조한 냉동건조혈장이나 혈액응고인자 농축제제(이하 '원인 혈액제제'라 한다)의 투여를 받은 이력이

게 된다. 이러한 점에 착안하여, 트리-N-부틸 인산(Tri-n-butyl-phosphate)을 용매(solvent)로 사용하여 지질외막을 가지는 바이러스의 지질외막을 녹이고, 이에 도움을 주는 세척제(detergent)를 함께 사용하는 공법이 TNBP 공법이다. TNBP 공법에 대한 보다 자세한 설명과 TNBP 공법의 우수한 바이러스 불활성 능력에 대한 것은 Dichtelmüller, Herbert O., et al., Robustness of solvent/detergent treatment of plasma derivatives: a data collection from Plasma Protein Therapeutics Association member companies, Transfusion, 2009, 49.9: 1931-1943pp. 참조.

99) 출혈이 발생하면 혈소판에 의한 1차 지혈과 13종의 혈액응고인자가 작용하는 2차 지혈에 의하여 지혈이 이루어지는데, 혈우병 A는 혈액응고인자 Ⅷ의 활성 저하, 혈우병 B는 혈액응고인자 Ⅸ의 활성 저하가 원인이 되어 발생하는 병증이다. 원인이 성염색체 X에 위치한 유전자의 변형이기에 대부분의 경우는 유전에 의해 생래적으로 원인을 가지게 되며, 러시아 로마노프 왕조의 사례를 통해 일반적으로는 유전병으로만 알려져 있지만, 출생 후 돌연변이로 발생하는 경우도 있다. 치료방법은 부족한 혈액응고인자를 외부에서 보충해 주는 것이어서, 혈우병 환자들은 혈액이나 혈액제제에 병원체가 혼입될 경우 위험에 노출되는 매우 취약한 계층이다.

100) 1981년 미국에서 남성동성연애자들에게서 폐포자충폐렴과 카포시육종이 다수 발생하면서 후천성면역결핍증(AIDS)이 처음으로 인식되었고, 1983년 HIV가 동정된 후, 1984년 HIV가 AIDS의 원인임이 밝혀졌다. 1985년 혈청학적 검사법이 개발되어 HIV 감염 여부를 알 수 있는 길이 열렸다. 2011년 말을 기준으로 약 7,000만 명이 HIV에 감염되고 이 중 약 3,500만 명이 사망하였다. HIV 감염을 예방할 수 있는 방법은 고안되지 못하였지만, 1998년부터 시작된 고강도 항레트로바이러스 치료요법(highly acitve antiretroviral therapy)에 의해서 선진국에서는 AIDS 관련 사망률이 현저히 감소하였다.

101) A형, B형 간염바이러스의 혈청학적 진단법이 개발된 후 수혈관련 간염발생의 예방을 위해 공혈자에 대한 B형 간염바이러스 검사가 보편화되었음에도 간염이 계속해서 발병하여 A형도 B형도 아닌 형태의 원인 바이러스가 존재하리라는 인식이 의학계에 널리 퍼져 있었고, 이렇게 발생한 간염을 non-A, non-B hepatitis(NANBH)로 지칭하다가, 1989년 미국 NIH, CDC의 연구자들이 NANBH를 일으키는 간염바이러스 항원(antigen)을 분리하여 이를 HCV라고 명명하였고, 이후 HCV의 간염 여부를 확인하기 위한 시약들이 개발되어 사용되고 있다. HCV는 최근 전 세계적 우려와 공포를 자아내고 있는 코로나19 바이러스(SARS-CoV-2)처럼 복제과정에서 많은 변이가 발생하여 현재까지도 유효한 백신이 개발되지 못한 상황이다.

확인된다.

피고 녹십자가 원인 혈액제제의 원료로 사용한 혈액은 피고 적십자로부터 공급받은 것, 피고 녹십자 자체 혈액원을[102] 통하여 충당한 것(이 과정에서 헌혈이 아닌 매혈의 방식으로 혈액을 조달하기도 하였다), 해외에서 수입한 것으로 구성되었다. 피고 녹십자에게 매혈한 사람 중에서 HIV 감염이 확인된 사람이 보유한 HIV와 원인 혈액제제를 투여 받은 후 HIV 감염이 확인된 환자들이 보유한 HIV가 계통적으로[103] 밀접한 연관성이 확인되었다.

나. 소송의 경과

HIV 판결의 제1심은[104] 피고의 혈액제제 제조상의 과실로 HIV에 감염되었다고 주장하는 원고 중 환자 1명과 그 가족들의 청구를 일부인용하고, 나머지 원고들의 청구는 기각하였는데, 원심은[105] 원고들 청구를 전부 기각하였다.

HCV 판결의 제1심은[106] 피고 녹십자와 피고 적십자의 혈액조달 및 혈액제제 제조상의 과실로 HCV에 감염되었다고 주장하는 원고들의 청구를 모두 기각하였으나, 원심은[107] 일부 원고들의 청구를 일부 인용하였다.

다. 대법원의 판단 및 검토

HIV 판결과 HCV 판결은 모두 혈액제제 제조사의 설계나 제조상의 과실을 인정하는 취지로 원심을 파기하였다.

---

102) 수혈이나 혈액제제의 제조에 필요한 혈액을 채혈 · 검사 · 제조 · 보존 · 공급 또는 품질관리하는 업무(혈액관리업무)를 수행하기 위하여 보건복지부장관의 허가를 받은 자를 혈액원이라 하고(혈액관리법 제2조 제3호), 의료기관, 대한적십자사, 혈액제제 제조업자에 한하여 이 혈액관리업무를 수행할 수 있는데, 현행법에서는 혈액제제 제조업자가 혈액관리업무 중 직접 채혈을 수행하는 것을 금지하고 있다(혈액관리법 제6조 제1항).

103) 분자계통발생학적 분석을 근거로 HIV는 HIV-1, HIV-2의 두 유형으로 나눌 수 있으며, HIV-1은 다시 M, N, O, P의 네 군으로 나누어지며, 전 세계적으로 발견되는 M군은 다시 9가지 아형(subtype) 또는 계통분기(clade)로 나누어진다(A-D, F-H, J, K).

104) 서울동부지방법원 2005. 7. 1. 선고 2003가합1999 판결.

105) 서울고등법원 2008. 1. 10. 선고 2005나69245 판결.

106) 서울중앙지방법원 2007. 9. 19. 선고 2004가합61315 판결.

107) 서울고등법원 2013. 2. 13. 선고 2007나122010 판결.

1) 추정을 통한 증명부담의 경감

대법원은 "제약회사가 제조한 혈액제제를 투여받기 전에는 감염을 의심할 만한 증상이 없었고, 그 혈액제제를 투여 받은 후 바이러스 감염이 확인되었으며, 그 혈액제제가 바이러스에 오염되었을 상당한 가능성이 있다는 점을 증명하면, 제약회사가 제조한 혈액제제의 결함 또는 제약회사의 과실과 피해자의 감염 사이의 인과관계를 추정하여 손해배상책임을 지울 수 있도록 증명책임을 완화하는 것이 손해의 공평·타당한 부담을 그 지도 원리로 하는 손해배상제도의 이상에 부합한다. 여기서 바이러스에 오염되었을 상당한 가능성은, 자연과학적으로 명확한 증명이 없더라도 혈액제제의 사용과 감염의 시간적 근접성, 통계적 관련성, 혈액제제의 제조공정, 해당 바이러스 감염의 의학적 특성, 원료 혈액에 대한 바이러스 진단방법의 정확성의 정도 등 여러 사정을 고려하여 판단할 수 있다." 하여 환자들의 증명을 경감하여 주고 이때 고려하여야 하는 요소들을 제시하였다.

한편 추정된 결함과 인과관계를 번복하는 방법에 대해서는 "제약회사는 자신이 제조한 혈액제제에 아무런 결함이 없다는 등 피해자의 감염원인이 자신이 제조한 혈액제제에서 비롯된 것이 아니라는 것을 증명하여 추정을 번복시킬 수 있으나, 단순히 피해자가 감염추정기간 동안 다른 회사가 제조한 혈액제제를 투여 받았거나, 수혈을 받은 사정이 있었다는 것만으로는 그 추정이 번복되지 않는다."라고 하여 제약회사가 추정을 번복할 일말의 가능성은 열어 두었다.

의약품의 제조과정은 고도의 전문적 지식이 필요하기 때문에 사용자들이 의약품의 결함이나 제약회사의 과실을 주장하고 그에 부합하는 근거를 제시하기가 어려운 데다가, 장기간에 걸쳐 혈액제제의 투여가 이루어지는 혈우병의 특성과 각 바이러스에 대한 진단기술이 감염이 확대된 후 뒤늦게 만들어진 사정을 추가적으로 고려하면, 어느 시점에 생산된 혈액제제에 의하여 HIV나 HCV에 감염된 것인가를 밝히는 것은 사실상 불가능에 가까울 수 있다. 대법원이 일정한 요건 하에 환자들의 증명을 경감해주는 길을 제시한 것은 피해자의 구제라는 측면에서는 환영할 일이다. 그러나 추정의 번복을 위해서는 다른 원인에 의할 수 있다는 가능성의 제시가 아니라, 다른 원인에 의해서 피해자가 HCV에 감염된 것임을 제조업자가 증명할 것이 요구되고, 그 난도도 상당한 것이어서 사실상 추정이 번복되기는 어려울 것으로 예상된다. 경우에 따라서는 제약회사들에게 가혹한 배상책임이 부과될 우려가 있다.

2) 설계 · 제조상의 결함

원인 혈액제제 투여 후 바이러스 감염이 확인되었다는 사실에서 원인 혈액제제에 바이러스가 혼입된 결함이 있다는 사실을 바로 도출할 수는 없고, 원인 혈액제제가 제조될 당시의 과학지식과 기술수준 등을 고려하여 바이러스 감염을 최소화할 수 있는 혈액제제 생산방법 설계를 채택한 것인지를 보고 결함을 판단하였어야 할 것이다.

혈액제제의 생산 설계는 원료인 혈액을 채취하는 과정에서 시작하여 일정한 불활성화 처치를 거친 후 최종 생산품으로 포장하는 전반을 포함하는 것인데, HIV 판결이나[108] HCV 판결은[109] 모두 원료 혈액을 채취하는 과정에서 완전한 것은 아니더라도 바이러스를 가지고 있는 공혈자를 배제할 수 있는 조치와 관련하여 판단하는 부분이 있고, 이는 설계상의

108) HIV 판결에서는 1990년경 공혈자에게 사용한 "HIV 진단검사법인 제1세대 엘라이자(효소결합면역흡착검사, ELISA)는 위음성반응(양성임에도 음성으로 반응하는 것)이 나올 확률이 약 20%로 높았기 때문에, 실제 감염된 사람이 제공한 혈액에 대한 진단검사 결과가 음성으로 나와 혈액제제 제조에 사용되었을 가능성이 상당한 사실"을 판단근거의 하나로 들고 있는데, 위 진단검사법의 한계를 뛰어넘는 검사가 있음에도 이를 채택하지 않은 설계상의 결함이 있다는 것인지 아니면 당시의 기술수준에서 위와 같은 한계가 있었더라도 기술위험의 항변을 수용하지 않겠다는 것인지가 명확하지 않다.

109) HCV 판결에서는 1990년 이전까지는 우리나라에서 HCV를 진단하는 방법이 존재하지는 않았지만, HCV의 존재는 이미 인식되고 있었고, 헌혈이 아닌 매혈을 원료로 이용하는 것이 HCV 감염의 가장 중요한 위험요소라는 점도 알려져 있었으며, 매혈자의 HCV 양성률이 31%에 이르렀기 때문에 이러한 점을 문진을 통해 확인하지 않았다면 설계상의 과실이 있다고 보고, 문진을 수행하였다는 점도 제조사가 증명하도록 하였다. 반면, ALT 검사(간세포가 손상을 받는 경우에 혈중 수치가 증가하는 ALT 효소의 수치를 측정하여 간염을 측정하는 검사법)와 anti-HBc 검사(B형 간염 바이러스 항체의 유무를 확인하기 위한 검사법)를 시행하지 않은 것은 당시의 제반 사정을 고려하여 과실이 아니라고 판단하였다.

결함에 대한 판단으로 볼 수 있다.

바이러스 불활성화를 위해 적용하는 공정의 효과가 매우 탁월하다면 앞선 공혈자 선정과 관련하여 일부 문제가 있더라도 설계상의 결함은 없는 것으로 볼 여지도 있다. 원인 혈액제제는 아무런 바이러스 불활성화 처치를 하지 않은 것, 열처리를 한 것, TNBP 공법을 적용한 것으로 나눌 수 있는데 불활성화를 하지 않는 설계나 완벽하게 바이러스를 제거할 수 없는 열처리공법을 채택한 설계에서는 공혈자 선정 설계가 결함 유무 판단의 중요한 부분이지만, TNBP 공법이 HIV나 HCV를 완벽하게 불활성화하는 능력을[110] 가지고 있다 전제한다면 이를 채택한 설계는 설계상의 결함이 없다고 볼 수 있다.

이 경우에는 설계상의 결함이 아니라 제조상의 결함이 문제될 수 있다. HCV 판결에서 대법원은 TNBP 공법에 의해 HCV가 불활성화되었다는 점이 인정되기 위해서는(즉 제조상의 결함이 없다고 판단하기 위해서는) TNBP 공법이 그 원칙에 맞게 완벽하게 행해졌다는 점의 증명이 필요하다고 하면서, 피고 녹십자가 스스로 TNBP 공법의 실시에 관한 자체 검사를 통해 이 점을 증명할 수 있음에도 그 자료가 제출되지 않은 점을 지적하였는데, 소비자가 제조상의 결함이 있다는 점을 증명할 것이 아니라, 제조상의 결함이 없다는 점에 대해 제조업자가 증명책임을 부담하는 것을 밝혔다고 이해할 수 있다.

3) 표시상의 결함

HIV 판결에서는 표시상의 결함이 특별히 문제되지 않았으나, HCV

110) Dichtelmüller, Herbert O., et al.(각주 98), 1042p.는 피고 녹십자처럼 혈액제제에 TNBP 공법을 적용하는 7개의 회사들의 혈액제제에 대한 바이러스 검정 연구(virus validation study) 결과를 종합하여 HCV를 포함한 HIV, HBV, SARS-CoV 등을 완벽하게 불성화하는 것으로 결론내리면서도, TNBP 공법은 화학적 원리를 이용한 공법이므로 여느 화학반응과 마찬가지로 반응시간, 온도, 산도(pH), 용매의 농도, 용매와 용질의 접촉 용이성 등의 조건에 따라서 반응 결과에 차이가 있을 수 있어, 위 조건들을 기준과 달리 변경하여 실험한 데이터에서 반응시간, 온도, pH는 기준과 다르게 변경하여도 바이러스 불활성화능력에 문제가 없었지만, 용매와 세척제의 농도를 대폭 축소(drastically reduced)한 경우에는 불활성화능력에 문제가 있을 수 있다고 한다.

판결에서는 표시상의 결함과 관련된 판단 부분이 있었는데, 피고 녹십자가 생산한 원인 혈액제제의 첨부문서에는 '본 제품은 열처리과정을 거쳐 간염, AIDS 등의 감염 위험성을 완전히 배제시킨 혈우병 치료제'라거나 'B형 간염, C형 간염 및 AIDS 등의 전파위험이 없다'라는 기재 부분에 대한 것이다. 상술한 바처럼 열처리과정은 감염의 위험성을 완전히 배제시킬 수 없고, TNBP 공정을 적용하더라도 설계에 따라서 공법을 이행하지 않을 경우에는 HCV 등의 전파위험이 있을 수 있는데, 전문적인 기술과 의학지식에 밝지 못한 혈우병 환자들이 위 기재 부분의 문리적 의미를 믿고 제품물의 안전에 강한 신뢰를 형성하여 HCV가 혼입된 원인 혈액제제를 회피할 수 없게 하는 지시·경고의무 위반 내지 표시상의 결함이 있다고 볼 여지가 있다. 그러나 대법원은 결함이 아니라고 판단하였는데, 그 이유로 첨부문서의 부작용란에 '혈청 간염'(HCV 감염은 혈청 간염의 하나이다)이 기재되어 있거나 상세정보란에서 '비A형, 비B형 간염'의 위험을 경고하고 있고, 원인 혈액제제들은 주사제여서 그 주된 사용자가 혈액제제와 HCV 감염의 관련성에 대한 전문지식을 가지고 있는 의사이므로 의사들이 첨부문서를 일람하였을 때 위험성을 충분히 인식할 수 있으며, 혈우병 환자가 출혈이 심한 상황에서 원인 혈액제제를 사용하지 않으면 생명·신체에 큰 위험이 발생할 수 있어 사용의 회피가능성이 없다는 것을 들고 있다. 피고 적십자가 생산한 혈액이나 혈액제제는 지시나 경고를 담은 문서가 전혀 없는 것이었는데, 대법원은 이들 제조물은 의사에게 공급되는 것이고, 의사는 발생할 수 있는 위험이나 위험을 충분히 알고 있었을 것이므로 피고 녹십자가 지시·경고를 할 의무 그 자체가 없다고 한 원심을[111] 정당한 것이라고 보았다.

미국 제조물책임에서는 의약품의 사용에 의사 등의 전문 의료제공자의 매개가 수반되는 경우 '학식 있는 중간자의 원칙(the learned intermediary rule)'을 적용하여 의약품 제조업자가 제공하는 지시나 경고

111) 서울고등법원 2013. 2. 13. 선고 2007나122010, 122027, 122034, 122041 판결.

의 수신자를 환자가 아닌 의료제공자로 설정하며,[112] 일본 최고재판소가 이레사 판결에서 “첨부문서의 기재가 적절한 것인가는 위 부작용의 내용 내지 정도(그 발현빈도를 포함한다), 당해 의료용 의약품의 효능 또는 효과로부터 통상 상정되는 처방자 내지 사용자의 지식 및 능력, 당해 첨부문서에 있어서 부작용에 관한 기재의 형식 내지 체제 등의 제반 사정을 종합 고려하여 위 예견할 수 있는 부작용의 위험성이 위 처방자 등에게 충분히 명확하다고 말할 수 있는가 아닌가라는 관점으로 판단하여야 한다.”라고 한 것도 학식 있는 중간자의 원칙을 고려한 것이다.

원인 혈액제제는 주사제이므로 전문가인 의사의 처방에 의해 의료기관에서 환자에게 주사되는 것이 통상적인 사용형태로 여겨지며, 대법원이 이러한 점을 고려한 것은 타당하다. 그러나 대법원 1994. 4. 15. 선고 92다25885 판결에서야 투약 시에 환자에 대한 의사의 설명의무가 일반적으로 인정되기 시작하였고[113] 그 이전에는 가부장적 의료관이 우리사회를 지배하고 있었던 상황이었으므로, 학식 있는 중간자의 원칙을 적용하기에 앞서 실제로 의사가 원인 혈액제제를 혈우병 환자에게 투여하면서 설명을 하였는지 여부 등을 C형 간염 판결이 전혀 다루어지지 않은 것은 아쉬운 부분이다.

4) 소멸시효

HIV 판결은 HIV에 감염된 것과 AIDS 증상이 발생하는 것을 구별하였고, HCV 판결도 HCV의 감염 경과를[114] 구별하여 각 단계별로 소멸시

---

112) 3차 리스테이트먼트 제6조(d) 참조.

113) 이 판결 이전인 대법원 1979. 8. 14. 선고 78다488 판결과 대법원 1987. 1. 20. 선고 86다카1469 판결에서도 설명의무가 다루어지기는 하였으나, 양 판결은 모두 수술과 관련한 설명이 문제된 사안으로, 수술이 아닌 투약행위에도 설명의무가 있음을 인정한 것이라고 보기는 어렵다. 92다25885 판결도 이러한 사정을 고려하여 “환자에 대한 수술은 물론, 치료를 위한 의약품의 투여도 신체에 대한 침습을 포함하는 것이므로, 의사는 긴급한 경우 기타의 특별한 사정이 없는 한, 그 침습에 대한 승낙을 얻기 위한 전제로서 환자에 대하여 질환의 증상, 치료방법 및 내용, 그 필요성, 예후 및 예상되는 생명, 신체에 대한 위험성과 부작용 등, 환자의 의사결정을 위하여 중요한 사항에 관하여 사전에 설명함으로써 환자로 하여금 수술이나 투약에 응할 것인가의 여부를 스스로 결정할 기회를 가지도록 할 의무”를 판시한 것으로 여겨진다.

114) 감염 후 급성간염 단계만을 거치고 HCV가 박멸되는 사람이 있는가 하면, HCV를

효의 기산점을 판단하였다.

모든 HIV 감염자가 AIDS 단계에 이르지 않고, 어느 시점에 AIDS로 진행할지도 미리 알기 어려우며, HCV 감염 후 보이는 경과도 사람에 따라 다르며 어느 단계까지 나아갈지를 미리 알 수 없다. 각 바이러스에 감염된 것으로 추정되는 시기에서부터 모든 손해의 소멸시효가 진행하는 것으로 본다면, 감염 직후 손해배상소송을 제기하면 감염 자체 이외의 증상악화로 인한 손해는 발생가능성을 증명할 수 없어 기각을 피하기 어렵고, 증상악화로 현실로 발생한 이후 소를 제기하면 소멸시효가 완성되어 피해자들은 손해의 대부분을 배상받을 수 없게 된다. 따라서 증상의 발현과 진행의 정도에 따라서 소멸시효의 기산점을 구별하는 대법원의 태도는 타당한 것이다.

Ⅴ. 마 치 며

의약품의 처방과 투약에 의사와 약사가 개입, 부작용을 설명하고 복약지도할 의무를 부여하는 것은 부작용이 발생한 환자에게 손해배상을 할 사람을 두는 것을 목적으로 하는 것이 아니라, 구체적 환자의 자기결정이 작동하는 과정에서 적절한 결정을 위해 고려되어야 할 중요한 정보의 전달을 보장하기 위한 것이다. 이러한 측면에서 보면, 안전상비의약품을 환자가 스스로 선택할 때, 중요한 정보의 전달을 보장하기 위한 방안의 마련이 필요하다고 생각한다.

의약품의 효능을 최대화하면서도 그 부작용은 최소화한다는 이상을 달성하기는 쉽지 않다. 그렇더라도 사람의 생명이나 신체에 중대한 위협을 가할 수 있다는 점에서 의약품 부작용의 최소화를 위한 여러 법제도는 계속해서 작동하고, 문제점에 면밀히 대응하여 변화해 나가야 한다. 의약품 부작용의 최소화를 위해 시판 전 임상시험과 시판 후 조사가 계속되고 있지만, 이를 통해 모든 것을 여과할 수는 없다. 그 틈을 피해 부

효과적으로 박멸하지 못해 만성 C형 간염으로 진행하였다가 시간의 경과로 간경화(cirrhosis) 내지 간세포암(hepatocellular carcinoma)으로 발전하는 경우도 있다.

작용은 앞으로도 발생할 것이고, 그 피해자들은 구제가 필요하다.

의약품 부작용 피해구제사업이 시작되기 전 중추를 차지한 것은 손해배상이었고, 손해배상의 지위는 이후에도 크게 변화하지는 않을 것이다. 피해자가 그 부작용이 제약업자의 어떠한 과실로 인해 발생하였다는 점을 주장하고 그에 부합하는 근거를 들기에는 높은 현실적, 법제도적 장벽이 있었다. 판례가 변화하고 제조물 책임법이 제정되며 피해자의 부담을 덜어 주고는 있지만, 여전히 피해자가 손해배상을 받기에 어려움이 적지 않음은 앞으로의 손해배상 사건에서도 간과해서는 안 될 것이다.

[Abstract]

A Liability for Damage Caused by Drug

Song, Jin Sung*

The use of drugs that reflect the experiences and achievements of modern science has given human being the benefits of treating diseases and improving health conditions. However, in addition to the benefits of those, medicines have inherently inevitable adverse reactions. Many countries are taking measures such as market entry regulations or post-marketing surveillance to minimize damage caused by drug side effects, but the occurrence of side effects cannot be eliminated. Although the damage is force majeure, in some cases, the doctor who prescribed the drug or the pharmacist who administered the drug may have to compensate for the damage. The liability depends on whether the side effects were known in advance, the type of medicine, etc. On the other hand, in some cases, drug manufacturer may have to take liability for the side effect itself. As it is not easy for victims to be compensated for damages in those cases, many countries, including Korea, are setting to protect victims through the Product Liability Act. Drugs are also one of the products, so liability set by the Product Liability Act may apply. Even before the enactment and enforcement of the Product Liability Act, damage caused by drug has occurred. To resolve them, precedents have developed case law, which have many similarities with the Product Liability Act, but also have differences. Damage caused by drug manufactured prior to the enforcement of the Product Liability Act may occur in the future. In this context, the legal principles of the case laws will remain valid and be applied. This is an important reason to review the case law of precedents.

---

* Supreme Court of Korea(Judicial Researcher).

[Key word]

- adverse drug reaction
- side effect
- liability for damages
- product liability
- design defect

참고문헌

[단 행 본]

식품의약품안전처, 『2019 식품의약품안전백서』, 2019.

한규섭 · 박경운 · 송은영, 『수혈의학(제4판)』, 2014.

塩野隆, 『薬害過失と因果関係の法理』, 2013.

Kügel · Müller · Hofmann, Arzneimittelgesetz, 2. Aufl., 2016.

[논 문]

김민동, "의약품의 설계상 결함으로 인한 제조물책임－미국의 리스테이트먼트와 판례이론을 중심으로", 『고려법학』 제56호, 2010.

김장한, "의료기기의 결함으로 인한 손해배상책임과 미국 연방법 우선 적용이론에 관하여", 『의료법학』 제15권 제2호, 2015.

김천수, "제조물 책임법상 제조물의 개념－미국 제조물책임 리스테이트먼트와 비교하여－", 『성균관법학』 제16권 제1호, 2004.

문성제, "의약품사용과 의료과오의 제 문제", 『의료법학』 제3권 제2호, 2002.

문현호, "혈액제제 제조물책임 소송과 증명책임", 『의료법학』 제12권 제2호, 2011.

박동진, "제조물 책임법상 제조물의 개념", 『비교사법』 제10권 제4호, 2003.

서여정, "의약품(혈액제제) 제조물책임에서의 증명책임 완화", 『재판과 판례』 제21집, 2012.

안법영, "독일 의약품법과 제조물 책임법 : 결함 있는 의약품에 대한 제조물 책임법의 적용을 위한 소고", 『의료법학』 제3권 제2호, 2002.

양민석, "의약품 부작용 피해구제 제도", 『대한내과학회지』 제93권 제1호, 2018.

연기영, "의약품사고와 제조물책임", 『의료법학』 제3권 제2호, 2002.

윤진수, "제조물책임의 주요 쟁점 : 최근의 논의를 중심으로", 『민법논고 Ⅵ』, 2015.

______, "한국의 제조물책임", 『민법논고 Ⅲ』, 2009.

이창현, "제조물책임과 징벌적 손해배상", 『저스티스』 제172호, 2019.

전병남, "의료분업과 신뢰의 원칙", 『의료법학』 제4권 제1호, 2003.
______, "제조물 책임법상 제조물로서의 의약품의 개념", 『의료법학』 제7권 제2호, 2006.
______, "제조물 책임법상 제조물로서 의약품의 결함", 『의료법학』 제8권 제1호, 2007.
정하명, "징벌적 손해배상제도와 상당성의 원칙－자동차제조사의 3배 징벌적 손해배상제도의 문제점을 중심으로－", 『법학논고』 제58집, 2020.

Brass, Lawrence M., et al., "PHENYLPROPANOLAMINE & RISK OF HEMORRHAGIC STROKE: Final Report of The Hemorrhagic Stroke Project". Diss. Yale University, 2000.
Dichtelmüller, Herbert O., et al., Robustness of solvent/detergent treatment of plasma derivatives: a data collection from Plasma Protein Therapeutics Association member companies. Transfusion, 49.9, 2009.
Ernst, Michael E., et al., Phenylpropanolamine and hemorrhagic stroke. Authors' replies. The New England journal of medicine 344.14, 2001.
Kernan, Walter N., et al., Phenylpropanolamine and the Risk of Hemorrhagic Stroke. The New England Journal of Medicine 343.25, 2000.
Khuder, Sadik A., et al., Effect of cigarette smoking on major histological types of lung cancer: a meta-analysis. Lung cancer 31.2-3, 2001.
King, John. Hypertension and cerebral haemorrhage after trimolets ingestion. The Medical journal of Australia 2.5, 1979.
Vargesson, Neil. Thalidomide-induced teratogenesis: History and mechanisms. Birth Defects Research Part C: Embryo Today: Reviews 105.2, 2015.

[기타 자료]

Ballentine, Carol. Sulfanilamide disaster. FDA Consumer magazine, 1981.

감염방지의무와 민사책임*

김 천 수**

요 지

이 논문은 감염병과 관련하여 그 전파로 인한 피해를 구제하는 방법에 관한 것이다. 전파를 막을 법률적 의무가 있는 사람이 그 의무를 위반한 경우 피해자에게 지는 손해배상책임에 관한 논의인 것이다. 우선 그러한 의무 즉 감염방지의무는 구체적으로 어떠한 내용인지를 감염병예방법을 중심으로 분석하였다. 그리고 그 위반으로 인한 손해배상책임의 성립요건, 그 책임의 범위와 배상액의 산정을 구분하여 논의하였다. 성립요건에 관련하여서는 조건적 인과관계를 중심으로 살펴보았다. 그 증명의 어려움을 언급하면서 공동불법행위의 법리가 어떠한 맥락에서 원용될 수 있는지 논의하였다. 책임의 범위와 관련하여 감염방지의무를 설정하는 규범이 보호하고자 하는 법익을 분석하였다. 특히 감염병의 진단 및 치료의 비용을 전적으로 부담하면서 그 예방 및 방역 비용 그리고 그 과정에서 피해를 입은 국민들의 손실을 보전하여야 할 국가나 지방자치단체의 재정지출로 인한 재산적 법익 침해를 보다 깊게 다루었다. 산정과 관련하여서는 피해자의 잘못이 기여한 바를 배상액 감액사유로 하는 점과 경과실 위반자의 배상액을 경감하는 법리를 언급하였다. 그 밖의 쟁점들로 감염방지의무의 위반과 국민건강보험공단의 요양급여의 관계, 감염방지의무 위반자의 행태와 요양급여 제한의 관계, 재정을 지출한 국가나 지방자치단체와 감염방지의무 위반자 사이의 구상 및 손해배상청

---

* 이 글은 2020. 8. 22. 민사판례연구회 하계 심포지엄에서 발표한 것으로서 연구회의 허용에 따라 연구실적이 인정되는 학술지(법조 제69권 제5호)에 먼저 게재한 것을 일부 삭제하여 여기에 재수록하는 것이다.

** 성균관대학교 법학전문대학원 교수, 법학박사.

구의 관계 등을 다루었다. 결어에는 경과실을 범한 감염방지의무 위반자는 손해배상책임을 면제하고 고의나 중과실을 범한 위반자에게는 무거운 과징금을 부과하는 제도를 논의하자는 제안 등을 담았다.

[주 제 어]

- 코로나19
- 감염병
- 피해구제
- 감염방지의무
- 손해배상
- 법익
- 손해배상의 범위
- 손해배상액의 경감
- 사회적 거리두기

Ⅰ. 서 설

우리는 백신이나 치료제의 전망이 밝지 않은 감염병 코로나19[1)]를 우리의 일상에서 가까이 해야 하는 상황이다. 이에 감염병을 '정복'하는 관점으로부터 감염병에 '적응'하는 관점으로 인식과 사고를 전환하는 것이 필요하다. 보건당국의 권고를 준수하는 시민의식이 필요하며,[2)] 자신과 타인이 감염되지 않도록 조심해야 하는 자세가 일상화되어야 한다. 이러한 공동체 구성원으로서의 자세에 대하여 민사법적 접근을 시도하는 것, 즉 감염방지의무라는 법적 의무 개념을 설정하고 그 의무 위반에 따른 민사법적 효과로서 민사책임 가운데 손해배상책임을 논의하고자 한다.

Ⅱ. 감염방지의무의 개념과 근거 및 내용

1. 감염방지의무의 개념

가. 감 염 병

감염병예방법[3)]은 감염병의 일반개념을 정의하지 않고, 그 유형을 10개로 나누어, 각 유형별로 개념 지표를 규정하고 있을 뿐이다. 코로나19는 신종감염병증후군 또는 청장 지정 감염병에 해당하는 것으로 볼 수 있는데, 보건 당국은 신종감염병증후군으로 분류하여 대처하고 있다.[4)]

---

1) 질병관리청의 공식표기 '코로나바이러스감염증-19'의 약칭이며, 세계보건기구(WHO)의 공식표기는 Coronavirus disease(COVID-19)이다. 우리 질병관리청의 홈페이지〈http://www.cdc.go.kr/〉 및 세계보건기구 홈페이지〈https://www.who.int/〉 참조(2020. 9. 25. 방문).

2) 코로나19에 대한 우리나라 시민의식을 모범사례로 본 프랑스 상원 공화당의 보고서 참조 〈https://news.joins.com/article/23770640〉(2020. 9. 4. 방문).

3) 이하에서 언급되는 이 법률 관련 법령은 2020. 8. 12. 개정되어 조항에 따라 9. 12. 또는 10. 13.자로 시행될 법률과 2020. 6. 2. 개정되어 2020. 9. 5.자로 시행될 그 시행령 그리고 2020. 6. 4. 개정되어 2020. 9. 5.자로 시행될 시행규칙이다.

4) 건강보험심사평가원〈https://www.hira.or.kr〉의 '신종감염병증후군(신종코로나바이러스감염증) 관련, 요양급여(격리실 입원료 등) 적용 기준 및 청구 방법 안내' 등 참조(2020. 8. 20. 방문).

나. 감염방지의무의 개념 범위의 제한

이 글에서는 '감염의 방지'란 두 측면 즉 '자신의 감염' 및 '타인에의 전염'의 방지로서 개인의 의무에 한정하여, '감염방지의무'란 공동체 구성원 개인의 관점에서 스스로 감염병에 감염되지 않도록 하며 타인에게 감염병의 전파를 야기하지 않도록 할 의무라고 정의한다. 감염방지의무에 의무자 자신의 감염을 방지할 의무를 포함시켰다.[5)]

2. 감염방지의무의 근거와 내용

가. 사회생활상 의무인 감염방지의무

사회의 모든 구성원은 타인에게 손해를 야기하지 않는 범위에서만 행동의 자유를 향유한다.[6)] 하지만 자유의 범위를 넘어서는 행동으로 손해가 발생하였다고 하여도, 피해자가 그 입은 손해를 타인에게 전가하려면 사회적으로 합의된 전제가 필요하다. 감염병으로 인한 피해의 경우라면 감염방지의무가 바로 그 전제이고, 이를 기초로 하여 손해배상책임의 성립요건이 구비되면 비로소 그 위반자의 책임이 인정되는 것이다. 그 성립요건 구비 여부의 첫 쟁점이 바로 감염방지의무인데, 이 의무는 우선 사회생활상 의무의 하나로 인정될 수 있다. 이 사회생활상 의무의 구

---

5) 뒤에서 보는 바와 같이 감염방지의무 위반자 자신의 감염병 진료에도 국가 등의 재정이 지출되는데 이 경우 국가 등이 그 지출에 따른 손해배상을 위반자에게 청구하려면 그가 자신의 감염을 방지할 의무를 위반한 행위자로 설정되어야 하기 때문에 자신의 감염을 방지할 의무가 감염방지의무의 개념 범위에 포함되어야 한다.

6) 가령 교회의 예배를 제한하는 것이 포함된 집합금지 명령에 대하여, 종교의 자유를 위해서는 목숨조차 버린다고 하면서 이의를 제기하는 모습에는 두 가지 점에서 오류가 있다. 우선 목숨조차 버린다고 할 정도로 지켜야 하는 종교의 자유란 내심의 자유인 '신앙의 자유'이다. 신앙의 자유를 침해할 정도로 종교적 행위의 자유를 제한하는 경우가 아님에도 목숨을 운운하는 것은 신앙의 자유와 종교적 행위의 자유를 구분하지 못함에서 비롯된 것이다. 또한 종교의 자유 가운데 신앙의 자유를 위해 버린다는 목숨은 타인의 목숨이 아니라 '자신의 목숨'이어야 한다. 종교의 자유라는 미명하에 감염방지의무 위반으로 타인의 생명까지 위태롭게 하는 행태를 정당화하는 것은 잘못이다. 종교의 자유에 관하여는 권영성, 『헌법학원론』, 법문사(1992), 396-399면; 김철수, 『헌법학개론』, 박영사(1993), 429-430면; 장영수, 『헌법학』, 홍문사(2012), 639-642면; 한수웅, 『헌법학』, 법문사(2011), 694-699 면 등 참조.

체적 내용은 조리나 신의칙이라는 민법 조항을 경유하며 이를 통해 사회생활상 의무 위반이 민사책임의 근거로 기능하게 되는 것이다. 이렇게 접근할 경우에는 감염방지의무 위반이라는 구체적 행동 하나하나에 대하여 조리나 신의칙이라는 추상적 기준을 가지고 의무 위반에 따른 책임의 존부를 판단하는 것이다.

나. 감염병예방법상 개인의 감염방지의무

감염방지의무는 이에 관한 실정법을 분석함으로써 그 구체적인 내용의 일부를 파악할 수도 있다. 감염병 관련 기본법인 감염병예방법은 감염방지 관련 조항들을 두고 있다. 일반국민 내지 개인을 수범자로 하는 조항의 내용만을 정리하여 소개한다.

(1) 협조의무

감염병예방법은 국민에게 협조의무를 부과한다. 동법 제6조 제4항은 “국민은 치료 및 격리조치 등 국가와 지방자치단체의 감염병 예방 및 관리를 위한 활동에 적극 협조하여야 한다.”고 규정하고 있다. 이 협조의무의 위반에 대한 제재 규정은 없다.

(2) 신고 등 조치의무

감염병예방법 제12조는 세대주 등의 신고 기타 조치의무를 규정한다. 즉 동조 제1항 제1호에 따라 “일반가정에서는 세대를 같이하는 세대주” 또는 “세대주가 부재 중인 경우에는 그 세대원”은 “제1급감염병부터 제3급감염병까지에 해당하는 감염병 중 보건복지부령으로 정하는 감염병이 발생한 경우” “의사, 치과의사 또는 한의사의 진단이나 검안을 요구하거나” “해당 주소지를 관할하는 보건소장에게 신고하여야” 하며, “감염병환자등[7] 또는 감염병으로 인한 사망자로 의심되는 사람을 발견”한 사람

7) 감염병예방법상 ‘감염병환자등’이란 감염병환자, 감염병의사환자 및 병원체보유자를 통칭함; ‘감염병환자’란 감염병의 병원체가 인체에 침입하여 증상을 나타내는 사람으로서 일정한 진단[제11조 제6항의 진단 기준에 따른 의사, 치과의사 또는 한의사의 진단]이나 검사[제16조의2에 따른 감염병병원체 확인기관 실험실의 검사]를 통하여 확인된 사람; ‘감염병의사환자’란 감염병병원체가 인체에 침입한 것으로 의심이 되나 감염병환자로 확인되기 전 단계에 있는 사람; ‘병원체보유자’란 임상적인 증상은 없으나 감염병병원체를 보유하고 있는 사람; ‘감염병의심자’란 위 ‘감

도 "보건소장에게 알려야 한다."[8] 이를 어긴 사람은 200만원 이하의 벌금에 처한다(법 제81조).

(3) 역학조사 관련 일정 행위 금지 준수의무

모든 국민은 역학조사에 관하여 '부당한 역학조사 거부 · 방해 · 회피', '허위의 진술 · 자료제출', '고의적 사실 누락 · 은폐' 등 일정한 행위가 금지된다. 감염병예방법 제18조 제3항은 "질병관리청장, 시 · 도지사 또는 시장 · 군수 · 구청장이 실시하는 역학조사"에서 금지되는 행위로 "정당한 사유 없이 역학조사를 거부 · 방해 또는 회피하는 행위", "거짓으로 진술하거나 거짓 자료를 제출하는 행위" 및 "고의적으로 사실을 누락 · 은폐하는 행위"를 규정하고 있다. 이들 금지된 행위를 한 사람은 2년 이하의 징역 또는 2천만원 이하의 벌금에 처한다(법 제79조 제1호).

(4) 주의 이상 재난단계의 일정 행위 금지 준수의무

"감염병에 관하여 「재난 및 안전관리 기본법」 제38조 제2항에 따른 주의 이상의 예보 또는 경보가 발령된 후", "의료인"에게 "의료기관 내원(…[9]) 이력 및 진료이력 등 감염 여부 확인에 필요한 사실에 관하여", "거짓 진술"을 하는 행위, "거짓 자료를 제출"하는 행위, "고의적으로 사실을 누락 · 은폐"하는 행위가 금지된다(법 제35조의2).[10] 이들 금지된 행위를 한 사람

염병환자등', 검역관리지역 또는 중점검역관리지역[「검역법」 제2조 제7호 및 제8호]에 체류하거나 그 지역을 경유한 사람으로서 감염이 우려되는 사람, 감염병병원체 등 위험요인에 노출되어 감염이 우려되는 사람[법 제2조 제13호～15호의2].

8) 이러한 의무는 "지체 없이" "서면, 구두(口頭), 전보, 전화 또는 컴퓨터통신의 방법"으로 이행해야 하며, 포함되어야 할 내용은 "신고인의 성명, 주소와 감염병환자등 또는 사망자와의 관계", "감염병환자등 또는 사망자의 성명, 주소 및 직업", 그리고 "감염병환자등 또는 사망자의 주요 증상 및 발병일"이다[시행규칙 제9조].

9) 국가법령정보센터 상 이 부분의 한자 內院은 來院의 오류임.

10) 재난 및 안전관리 기본법 제38조(위기경보의 발령 등) ② 제1항에 따른 위기경보는 재난 피해의 전개 속도, 확대 가능성 등 재난상황의 심각성을 종합적으로 고려하여 관심 · 주의 · 경계 · 심각으로 구분할 수 있다. 다만, 다른 법령에서 재난 위기경보의 발령 기준을 따로 정하고 있는 경우에는 그 기준을 따른다.; 제3조(정의) … 1. "재난"이란 국민의 생명 · 신체 · 재산과 국가에 피해를 주거나 줄 수 있는 것으로서 다음 각 목의 것을 말한다. … 나. 사회재난: …「감염병의 예방 및 관리에 관한 법률」에 따른 감염병…의 확산…에 따른 미세먼지 등으로 인한 피해

에게는 1천만원 이하의 과태료가 부과된다(법 제83조 제1항 제4호).

(5) 입원 · 자가 · 시설 치료를 받을 의무

일정한 범위의 사람은 일정한 방법에 의한 치료를 받을 의무가 있다. 즉 감염병예방법 제41조는 제1항에서 "감염병 중 특히 전파 위험이 높은 감염병으로서 제1급감염병 및 보건복지부장관과 협의하여 질병관리청장이 고시한 감염병에 걸린 감염병환자등은 감염병관리기관에서 입원치료를 받아야 한다."고 규정하며, 동조 제3항에서 "질병관리청장, 시 · 도지사 또는 시장 · 군수 · 구청장은" "입원치료 대상자가 아닌 사람" 또는 "감염병환자등과 접촉하여 감염병이 감염되거나 전파될 우려가 있는 사람"에게 "자가(自家) 또는 감염병관리시설에서 치료하게 할 수 있다."고 규정하며, "자가치료 및 입원치료의 방법 및 절차 등"의 구체적 사항에 관한 규정을 위임받은(동조 제4항) 동법 시행령 제23조는 그 별표 2에서 "자가치료 및 자가격리의 방법"을 정하고 있다.[11] 이러한 의무를 위반한 사람은 1년 이하의 징역 또는 1천만원 이하의 벌금에 처한다(법 제79조 의3).

(6) 감염병 관련 강제처분에 따를 의무

감염병예방법은 제42조에서 감염병에 관한 장관 등의 강제처분 근거 규정을 두고 있으며 이를 위반한 사람은 동법 제79조의3과 제80조에 따른 형사처벌을 받는다.

(가) 질병관리청장 등[12]은 해당 공무원으로 하여금 일정한 범위의[13]

---

11) 별표 2의 가. 1) 자가치료 및 자가격리 기간 동안 샤워실과 화장실이 구비된 독립된 공간에 격리하는 것을 원칙으로 하되, 장애인 · 영유아의 경우 등 불가피한 경우에는 함께 거주하는 사람 등과 공동 격리할 수 있다. 2) 자가치료 및 자가격리 중인 사람은 자가치료 및 자가격리 장소를 이탈하거나 이동하지 않아야 한다. 다만, 조사나 진찰 등 외출이 불가피한 경우에는 미리 관할 보건소에 연락하고 그 지시에 따라야 한다. 3) 자가치료 및 자가격리 중인 사람은 가능하면 다른 사람과 별도의 화장실을 사용해야 하고, 분비물 및 배설물 등은 철저히 관리해야 하며, 화장실 및 오염된 물품은 소독해야 한다. 4) 의료진, 관계 공무원 등 출입자를 최소한으로 제한하고, 출입자에 대해서는 1회용 장갑, 마스크 등의 개인보호구를 착용하게 해야 하며, 손 씻기 등 감염병 전파를 차단하기 위한 적절한 조치를 하게 해야 한다. 5) 자가치료 및 자가격리 중인 사람이 사용한 1회용 물품은 폐기물 용기에 넣어 용기 외부 전체를 소독하여 폐기처분하고, 체온계 등의 물품은 자가치료 및 자가격리 중인 사람 전용으로 사용한 후 소독해야 한다.

감염병환자등이 있다고 인정되는 장소[14]에 들어가 필요한 조사나 진찰을 지시하여, 그 진찰 결과 감염병환자등으로 인정된 사람을 동행하여 치료받게 하거나 입원시킬 수 있다(법 제42조 제1항). 이러한 입원 또는 격리 조치를 거부한 사람은 1년 이하의 징역 또는 1천만원 이하의 벌금에 처한다(법 제79조 의3).

(나) 질병관리청장 등은 제1급감염병이 발생한 경우 해당 공무원으로 하여금 감염병의심자에게 자가(自家) 또는 시설에 격리시킬 수 있고, 감염병의 증상 유무를 확인하는[15] 조치를 취할 수 있다(법 제42조 제2항).[16] 이러한 격리조치를 거부한 사람은 1년 이하의 징역 또는 1천만원 이하의 벌금에 처하며(법 제79조 의3), 기타 위반자는 300만원 이하의 벌금에 처한다(법 제80조).

(다) 질병관리청장 등은 위 조사나 진찰 결과 감염병환자등으로 인정된 사람을 치료받게 하거나 입원시킬 수 있으며 이 경우 해당 공무원과 동행시킬 수 있다(법 제42조 제3항). 이러한 입원이나 격리조치를 거부한 사람은 1년 이하의 징역 또는 1천만원 이하의 벌금에 처한다(법 제79조 의3).

(라) 질병관리청장 등은 거부자[17]에 대해서 해당 공무원으로 하여금 감염병관리기관에 동행하여 필요한 조사나 진찰을 받게 하여야 한다(법 제42조 제4항).[18]

---

12) 시·도지사 또는 시장·군수·구청장을 포함함(강제처분의 이하 내용에서도 동일함). 한편 법 제76조에 따른 권한의 위임 및 위탁을 유의.

13) 제1급감염병, 제2급감염병 중 결핵, 홍역, 콜레라, 장티푸스, 파라티푸스, 세균성이질, 장출혈성대장균감염증, A형간염, 수막구균 감염증, 폴리오, 성홍열 또는 보건복지부장관이 정하는 감염병, 제3급감염병 중 보건복지부장관이 정하는 감염병, 세계보건기구 감시대상 감염병.

14) 주거시설, 선박·항공기·열차 등 운송수단 또는 그 밖의 장소.

15) 유선·무선 통신, 정보통신기술을 활용한 기기 등을 이용하여 확인함.

16) 이 경우 해당 공무원은 감염병 증상 유무를 확인하기 위하여 필요한 조사나 진찰을 할 수 있다.

17) 제42조 제1항·제2항에 따른 조사·진찰이나 제13조 제2항에 따른 검사를 거부하는 사람.

18) 이상의 조사·진찰·격리·치료 또는 입원 조치를 하거나 동행하는 공무원은 그 권한을 증명하는 증표를 지니고 이를 관계인에게 보여주어야 한다. 그리고 보건복지부장관 등은 조사·진찰·격리·치료 또는 입원 조치를 위하여 필요한 경우에는 관할 경찰서장에게 협조를 요청할 수 있다. 이 경우 요청을 받은 관할 경찰서장은 정당한 사유가 없으면 이에 따라야 한다.

이를 위반한 사람은 300만원 이하의 벌금에 처하거나(법 제80조), 아래의 조치를 받을 수 있다.

(마) 질병관리청장 등은 위 거부자를 자가 또는 감염병관리시설에 격리할 수 있으며, 조사·진찰 결과 감염병환자등으로 인정될 때에는 감염병관리시설에서 치료받게 하거나 입원시켜야 한다(법 제42조 제7항).[19)·20)·21)] 이러한 입원 또는 격리 조치를 거부한 사람은 1년 이하의 징역 또는 1천만원 이하의 벌금에 처한다(법 제79조 의3).

(7) 감염병환자등의 일정 업무 종사 금지 준수의무

일정한 범위의[22)] 감염병환자등은 일정기간[23)] "업무의 성질상 일반인과 접촉하는 일이 많은 직업"[24)]에 종사하는 것이 금지된다(법 제42조 제1항).[25)] 이를 위반한 사람은 300만원 이하의 벌금에 처한다(법 제80조).

(8) 건강진단 및 예방접종 조치를 따를 의무

질병관리청장 등은 건강진단이나 예방접종을 받게 하는 강제조치를 취할 수 있으며, 그 대상은 감염병환자등의 가족 또는 그 동거인, 감염병 발생지역에 거주하는 사람 또는 그 지역에 출입하는 사람으로서 감염병에 감염되었을 것으로 의심되는 사람, 감염병환자등과 접촉하여 감염병에

---

19) 이 경우 보건복지부장관 등은 거부자의 보호자에게 통지하여야 한다. 이 경우 통지의 방법·절차 등에 관하여 필요한 사항은 제43조를 준용한다.

20) 보건복지부장관 등은 감염병의심자 또는 조사거부자가 감염병환자등이 아닌 것으로 인정되면 격리 조치를 즉시 해제하여야 한다. 정당한 사유 없이 격리 조치가 해제되지 아니하는 경우 감염병의심자 및 조사거부자는 구제청구를 할 수 있으며, 그 절차 및 방법 등에 대해서는 「인신보호법」 을 준용한다. 이 경우 "감염병의심자 및 조사거부자"는 "피수용자"로, 격리 조치를 명한 "보건복지부장관 등"은 "수용자"로 본다(다만, 「인신보호법」 제6조 제1항 제3호는 적용을 제외한다).

21) 조사·진찰·격리·치료를 하는 기관의 지정 기준, 제2항에 따른 감염병의심자에 대한 격리나 증상여부 확인 방법 등 필요한 사항은 대통령령으로 정한다.

22) 콜레라, 장티푸스, 파라티푸스, 세균성이질, 장출혈성대장균감염증, A형간염[영 제33조].

23) 감염력이 소멸되는 날까지[영 제33조].

24) 「식품위생법」 제2조 제12호에 따른 집단급식소, 「식품위생법」 제36조 제1항 제3호 따른 식품접객업[영 제33조].

25) 성매개감염병 관련 업무종사 제한에 대하여는 별도의 규율을 함[법 제45조 제1항 및 제81조].

감염되었을 것으로 의심되는 사람 등이다(법 제46조).[26] 이러한 조치를 거부하거나 기피하는 사람은 200만원 이하의 벌금에 처한다(법 제81조).

(9) **방역조치를 따를 의무**

감염병 유행시 모든 사람에게 부과되는 의무로서, 질병관리청장 등은 감염병 유행 시 그 전파를 막기 위하여 이동의 자유 등을 제한하는 방역조치를 취할 수 있다. 그 조치의 내용은, "감염병환자등이 있는 장소나 감염병병원체에 오염되었다고 인정되는 장소"에 대한 출입 금지, 이동 제한과 기타 통행차단, 감염병의심자의 입원 또는 격리, 감염병병원체에 오염되었거나 오염되었다고 의심되는 물건의 사용 · 접수 · 이동 · 폐기 · 세척 · 소각 금지, 감염병병원체에 오염된 장소에 대한 소독 및 기타 조치의 명령, 일정한 장소에서의 세탁 금지, 일정한 장소에서의 오물 처리 명령 등이다(법 제47조). 이 가운데 입원 · 격리 조치를 위반한 사람은 1년 이하의 징역 또는 1천만원 이하의 벌금에 처하며(법 제79조의3), 기타 위반자는 300만원 이하의 벌금에 처한다(법 제79조의4).

(10) **예방조치를 따를 의무**

감염 및 전염을 예방을 위하여 모든 사람에게 부과되는 의무로서, 감염병 예방을 위해 보건복지부장관 및 질병관리청장[27] 등은 다음과 같은 조치를 취할 수 있다. 관할 지역 교통의 제한 · 차단, 흥행 · 집회 · 제례 · 다중집합의 제한 · 금지, 감염병전파위험 시설 등에 대한 출입자명단 작성 · 마스크착용 등 방역지침 준수명령, 감염병전파위험 운송수단에 관한 마스크작용 등 방역지침 준수명령, 감염병전파우려 지역에 일정기간 마스크착용 등 방역지침 준수명령, 건강진단의 실시, 감염병 전파 매개물의 소지 · 이동의 제한 · 금지나 그 물건의 폐기 · 소각 · 기타처분의 명령, 감염병병원체에 오염된 건물의 소독 · 기타조치의 명령, 감염병의심자의

26) 이 경우 보건복지부장관 등은 시행령 별지 제23호 서식의 건강진단(예방접종) 명령서를 발급함[영 제34조].

27) 법 제49조는 각호의 조치를 취할 권한을 질병관리청장에게 부여하면서 제2호의 조치에 대하여는 보건복지부 장관에게도 권한을 부여하고 있다.

입원 · 격리 등이다(법 제49조). 이 가운데 입원 · 격리 조치를 위반한 사람은 1년 이하의 징역 또는 1천만원 이하의 벌금에 처하며(법 제79조의3), 나머지 위반자는 300만원 이하의 벌금에 처한다(법 제80조).

다. 사회적 거리두기와 감염방지의무

소위 '사회적 거리두기'(social distancing) 운동은 "지역사회 감염 차단을 위해" "많은 사람들이 모이는 행사 및 모임 참가 자제, 외출 자제, 재택근무 확대 등"의 내용으로 시작하였다.[28) 이는 2009년 세계보건기구에서 제안한 것이며, 우리나라는 2020년 대한예방의학회와 대한의사협회가 그 실천을 제안했고 중앙방역대책본부 부본부장도 이를 강조한 바 있다.[29) 이에 중앙재난안전대책본부장의 "15일간 강도 높은 사회적 거리 두기 대책"이 발표되어, "3월 22일부터 5월 5일(어린이날)까지의 사회적 거리 두기 강화 기간 동안 감염 위험이 높은 종교시설을 비롯한 일부 시설과 업종의 운영을 제한하는 조치를 함께 실시한다"는 중앙재난안전대책본부의 발표가 나왔고, 이에 따라 보건복지부장관이 3월 21일 "각 지방자치단체에 행정명령 '집단감염 위험시설 운영제한 조치'를 통보"하기에 이르렀다.[30) 이후 이러한 사회적 거리두기를 중앙재난안전대책본부는 단계를 나누어 감염병의 상황과 경제활동 유지의 상반 가치를 고려하면서 조치의 단계를 조정하고 있다.

이 운동이 민사책임과 관련하여 갖는 의미를 본다. 사회적 거리두기는 국가나 지방자치단체(이하에서는 '국가 등'이라고 함)가 감염병예방법상의 권한을 구체적으로 실행하는 것이다. 한편 '사회적 거리두기' 대책 발표의 내용은 위에서 언급한 사회생활상 의무가 구체화되어 조리나 신의칙을 경유하여 감염방지의무의 구체적 내용으로 편입됨으로써 가해행위

---

28) 〈https://terms.naver.com/entry.nhn?docId=5928099&cid=43667&categoryId=43667〉(2020. 6. 25. 방문).

29) 〈https://terms.naver.com/entry.nhn?docId=5928090&cid=42107&categoryId=42107〉(2020. 6. 25. 방문).

30) 〈https://ko.wikipedia.org/wiki/%EC%82%AC%ED%9A%8C%EC%A0%81_%EA%B1%B0%EB%A6%AC%EB%91%90%EA%B8%B0〉(2020. 6. 25. 방문).

라는 요건에서 그 위반의 행위성을 인정하는 근거가 될 수도 있다. 발표된 행위수칙의 내용은 개인의 인식가능성을 추정하는 근거가 될 수도 있고, 이러한 의무 내용의 인식가능성은 유책성이라는 요건과 관련하여 결국 그 위반으로 인한 법익침해에 관한 예견 및 회피의 가능성을 인정하는 근거로도 작용할 수 있다.

Ⅲ. 감염방지의무 위반과 손해배상책임

1. 손해배상책임의 논의체계 일반론

감염병 관련 손해배상책임을 계약책임의 관점에서 논의할 상황이 없지 않다. 가령 진료계약의 당사자인 환자가 감염병 관련 정보를 상대방 당사자에게 제대로 제공하지 않아서[31] 의사 등 의료기관 종사자나 다른 환자에게 감염시킨 경우가 그러하다.[32] 이 글에서는 불법행위책임으로 한정하여 논의한다.

손해배상책임에 관한 논의에서는 '요건론'(손해배상책임의 성립요건에 관한 논의), '범위론'(손해배상의 범위에 관한 논의) 그리고 '산정론'(손해배상액의 산정에 관한 논의)이라는 세 영역이 중심이다.[33] 손해배상책임의 성립요건이 구비되면 그 효과는 손해배상책임의 발생이다. 이 효과론은 손해배상의 범위에 관한 논의와 손해배상액의 산정에 관한 논의라는 두 영역을 중심으로 하고, 기타 소멸시효 등의 쟁점을 포함한다. 이 글에서

---

31) 의료계약상 환자측(의료수령자)의 종속적 부수의무로서 '상대방을 감염시키지 않을 의무'에 대하여, 편집대표 김용담, 『주석민법[채권각칙(5)]』, 한국사법행정학회(2016), [의료계약](김천수 집필 부분), 299면 참조.

32) 의료계약 상대방인 환자의 감염방지의무위반으로 인하여 감염된 의사측이 자신의 다른 환자에게 전염시켜서 그 손해배상책임을 지게 된 경우 의사측은 그와 관련된 계약책임을 계약상대방인 환자에게 물을 수도 있다.

33) 이들 세 영역을 구분하지 않으면 '범위에 관한 논의'(가령 규범적 손해설)나 '산정에 관한 논의'(가령 차액설)를 성립론에 속하는 손해개념론에서 언급하는 오류를 범한다. 가령 대판 2008. 10. 23. 2007다44194의 "재산상 손해는 위법한 가해행위로 인하여 발생한 재산상 불이익, 즉 그 위법행위가 없었더라면 존재하였을 재산상태와 그 위법행위가 가해진 현재의 재산 상태의 차이를 말하는 것이다."라는 언급이 그러하다.

는 이들 논의체계의 일반론을 자세히 언급할 것은 아니고,[34] 다만 손해배상책임에 관한 이 글의 논의 체계를 먼저 일별하고 각 개별 쟁점들을 구체적으로 논의한다.

2. 감염방지의무 위반으로 인한 손해배상책임의 성립요건

가. 성립요건 일반론

불법행위로 인한 손해배상책임의 성립요건은 크게 셋, 가해행위·위법성·유책성으로 나눌 수 있는데, '가해행위'가 중심요건이고, 가해행위는 '위법성'과 '유책성'이라는 성질을 가져야 한다. 첫째, '가해행위'는 손해를 야기한 행위로서 세 요소, 즉 '행위'와 '손해' 그리고 양자 사이의 '조건적 인과관계'[35]로 구성된다.[36] 가해행위의 첫 요소인 '행위'에는 작위와 부작위 두 가지가 있다. 부작위의 행위성은 작위의무를 전제로 한다.[37] 가해행위의 다음 요소인 '손해'란 법익침해 자체이다.[38] 법익의 구

34) 이에 관한 자세한 언급은 김천수, "기왕증을 포함한 피해자의 신체적 소인 및 진단과오가 불법행위책임에 미치는 영향", 성균관법학(제16권 제3호), 성균관대학교 법학연구소(2004), 42면; 김천수, "우리 불법행위법의 소묘－그 자화상과 미래상", 민사법학(제52호), 한국민사법학회(2010), 533-550면; 편집대표 김용담, 『주석민법[채권각칙(7)]』, 한국사법행정학회(2016), [의료과오](김천수 집필 부분), 507-513면 등 참조. 이와 유사한 독일 논의체계에 대하여는 Erwin Deutsch, Hans-Jürgen Ahrens, Deliktsrecht, Carl Heymanns Verlag KG, (2002), Rn. 13-16; MüKoBGB/Wagner § 823, Rn. 1. 등 참조.

35) 우리 다수설과 판례는 손해배상책임의 성립요건인 인과관계와 손해배상의 범위를 획정하는 기준으로서의 인과관계를 구별하지 않고 일원적으로 판단하는 상당인과관계설에 입각하고 있지만, 필자는 양자를 구별하여 이원적으로 접근하는 것이 타당하다는 입장을 취하여, 전자의 인과관계는 조건적 인과관계로 구비되는 것이며, 후자는 규범목적설에 기초한 고유 견해에 입각함은 후술한다.

36) 국내 교과서 가운데에는 여기서 말하는 '행위'에 해당하는 경우를 "가해행위"라고 하거나{송덕수, 『채권법각론』, 박영사(2019), 525면 참조}, 유책성을 포함하여 사용하거나 유책사유인 고의·과실의 논의 속에 포함시키는 경우도 있음{곽윤직, 『채권각론』, 박영사(2000), 472면; 김상용, 『채권각론』, 화산미디어(2011), 613면 등 참조}에 유의해야 한다.

37) 곽윤직, 위의 책, 473면; 김주수, 『채권각론』, 삼영사(1992), 647면; 송덕수, 위의 책, 504면 등. 그런데 이은영, 『채권각론』, 박영사(1999), 757면에서 "과실을 주의의무의 해태로 파악하는 경우 작위와 부작위의 구별은 큰 의미를 갖지 않는다."는 언급은 부작위의 전제로서의 작위의무를 과실의 전제로서의 주의의무와 마찬가지

조는 주체를 중심으로 하는 세 동심원(同心圓)으로 그릴 수 있다. 인격적 법익이라는 중심원과, 그 다음에 재산적 법익이라는 원, 그리고 가장 바깥에 환경적 법익이라는 원이다. 인격적 법익은 정신적 인격법익과 신체적 인격법익이라는 두 개의 작은 동심원으로 구성된다. 이들 각 법익의 침해가 바로 추상적 손해로서, 가해행위의 한 요소인 손해이다. 이 추상적 손해가 구체화된 손해, 즉 법익침해의 결과로서 재산상 적극손해와 재산상 소극손해 그리고 정신상 손해는 효과론인 손해배상의 범위와 손해배상액의 산정에 관한 논의에서 비로소 다뤄지게 된다.[39] 가해행위의 마지막 요소, 즉 행위와 법익침해라는 손해 사이의 '조건적 인과관계'에서 조건이란 필요조건이다. 즉 그 행위가 없었다면 법익침해라는 손해도 없

로 취급하는 태도를 전제로 한 것으로 이해되는바, 과실의 전제로서의 주의의무란 법익침해를 예견·회피할 의무이고 부작위의 전제로서의 작위의무는 그 내용이 이와 다르다. 가령 설명을 아니 한 부작위가 행위로 평가되기 위한 전제로서의 작위의무란 설명을 할 의무이며, 이 위반자가 속하는 모집단의 평균인이 그 부작위의 결과로서 누군가의 법익이 침해될 것임을 예견·회피할 가능성이 있었으면 그 위반자의 부작위는 이 예견·회피의 주의의무를 위반하여 과실이 인정되는 부작위가 되는 것이다. 이처럼 양자는 다른 것이다. 김상용, 앞의 책, 613-614면; 김증한/김학동, 『채권각론』, 박영사(2006), 779면; 송덕수, 앞의 책, 504면 등 참조. 작위를 대상으로 책임을 묻는 것이 보통이지만, '사회적 상당성이 결여된 부작위'에도 책임을 물을 수 있다는 언급 역시 마찬가지이다. 즉 선행행위의 결과가 타인의 법익을 침해할 위험이 있는 경우 그 결과를 제거할 의무 등 사회생활상 의무로서의 작위의무를 위반한 경우가 사회적 상당성이 결여된 부작위가 될 것이다. Erwin Deutsch, Haftungsrecht Erster Band: Allgemeine Lehren, Carl Henmanns Verlag KG, (1976), SS. 125-133 참조.

38) 김증한/김학동, 앞의 책, 804면; 이은영, 앞의 책, 762면. 유의할 것은 손해의 개념에 관하여 흔히 언급되는 차액설은 재산상 손해액의 '산정'에 관한 학설로 이해해야 한다.

39) 종래 '법익'과 '그 침해 결과로서의 구체적 손해'를 구별하지 않아서 논의가 혼란스럽게 되는 경우가 있다. 가령 민법 제751조의 "타인의 신체, 자유 또는 명예를 해하거나 기타 정신상고통을 가한 자"는 '타인의 신체, 자유 또는 명예를 해하거나 기타 인격적 법익을 침해하여 정신상 고통(손해)을 가한 자'로 표현을 바꾸는 것이 적절하다. 또 대판 1998. 7. 10. 96다38971의 "재산상의 손해로 인하여 받는 정신적 고통은 그로 인하여 재산상 손해의 배상만으로는 전보될 수 없을 정도의 심대한 것이라고 볼 만한 특별한 사정이 없는 한 재산상 손해배상으로써 이는 위자된다 할 것인데"라는 부분인데, 여기의 "재산상의 손해"는 '재산적 법익의 침해'로 표현을 바꾸어야 한다.

었을 것이라는 조건관계가 인정되어야 한다. 가해행위의 첫 요소인 행위가 법익침해라는 결과의 필요조건이어야 한다.[40]

둘째, 가해행위에 '위법성'이 있어야 한다는 요건은, 결과불법론에 입각할 때,[41] 전술한 바 법익침해 요소를 포함하고 있는 가해행위라는 요건의 충족으로 일단 구비되며, 다만 정당방위 등의 항변사유로 피고측이 그 미비를 주장할 수 있다.[42] 셋째, 가해행위에 '유책성'이 있어야 한다는 요건은 흔히 이를 구비하는 사유, 즉 유책사유 또는 귀책사유라는 요건으로 표현되는데, 그 사유의 대표적인 것이 고의 · 과실이다. 손해배상책임에서 언급되는 고의 · 과실은 손해에 관한 것인데, 이 손해 역시 가해행위에서 말하는 손해 즉 추상적 손해인 법익침해이지 그 법익침해의 후속결과인 구체적 손해가 아니다. 과실의 전제인 주의의무에서 언급되는 예견 · 회피 가능성은 법익침해를 예견하고 회피할 가능성을 말한다. 가령 구체적인 손해의 발생을 예견하지 못하였어도 그 전제인 법익침해를 예견할 수 있었으면 예견가능성이 인정되는 것이다. 자신의 행위, 즉 작

---

40) 이는 흔히 구미언어로 'sine qua non', 'but for', 'if not', 'wenn nicht' 등으로 표현되는 것이다. 이 필요조건을 엄격하게 요구할 경우 이 조건이 구비되지 않는 많은 경우의 피해자를 민법 제760조 공동불법행위 규정이 구제하고 있다.

41) 결과불법론에서 '결과'란 전술한 가해행위의 요소인 손해 즉 법익침해라는 결과를 의미한다. 따라서 가해행위가 증명되면, 즉 법익침해가 증명되면 일단 위법성이 인정되며, 다만 위법성 조각사유의 증명으로 위법성이 부인되는 것이다. 이러한 결과불법론은 의무규범상 보호법익의 구체적 열거 여부와 무관하다. 사실의 문제로서 보호 대상인지 여부를 불문하고 피해자의 법익이 침해되었다는 사실에서 인정될 뿐이다. 그 법익이 보호법익인지 여부는 손해배상의 범위[범위론]에서 탐구되어야 하는 것이다. 그런데 그 범위론에서도 가령 민법 제750조와 같은 구체적 규범에서 보호대상 법익이 명시적으로 열거되어 있는지 여부와 무관하다. 해당 규범의 보호법익은 결국 해석의 문제이다. 한편 이들 규범에는 계약도 포함됨은 물론이다.

42) 행위불법론에 대한 간명한 소개로는 김주수, 앞의 책, 631면 참조. 결과불법론에 대한 비판으로 이은영, 앞의 책, 801-803면 등 참조. 독일 학설과 판례상 결과불법론(Lehre vom Erfolgsunrecht)이 지배적인 견해이다. Hein Kötz, Deliktsrecht, Alfred Metzner Verlag, (1988), Rn. 94 참조. 그래서 위법성을 손해배상책임의 독립적 요건으로 서술하지만, 인간의 행위, 권리 및 법익 침해, 책임성립의 인과관계로 이루어지는 객관적 구성요건이 구비되면 일단 위법성이 인정된다. Hans Brox, Wolf-Dietrich Walker, Besonderes Schuldrecht, Verlag C. H. Beck, (2002), SS. 452-453 참조.

위나 작위의무위반(부작위)으로 인하여 타인의 법익이 침해될 수 있다는 점에 대한 예견·회피 가능성이 인정되면, 과실이 일단 인정되어 법익침해의 조건인 행위 즉 가해행위는 유책성을 띤다. 그런데 부작위의 행위성이 인정되기 위한 전제로서의 작위의무를 과실의 전제개념으로서의 주의의무로 오해하여서는 안 된다. 이 작위의무는 그 위반 즉 부작위에 행위성을 부여하기 위한 전제일 뿐이고 그 위반 자체가 과실은 아니다. 작위의무를 위반한 부작위라는 행위로 인하여 법익침해가 발생한 경우, 평균인이 그 결과를 예견하고 회피할 수 있었음이 증명되어야 비로소 과실이 인정되어 그 가해행위의 유책성이라는 요건이 충족되는 것이다. 또한 법익침해에 관한 예견·회피 가능성의 유무를 불문하고, 가해자는 행위시의 책임무능력을 증명하여 가해행위에서 유책성을 배제할 수도 있다.[43] 고의·과실이라는 유책사유에 의하여 가해행위에 유책성이 인정되었지만, 책임무능력이라는 항변사유가 인정되면 다시 가해행위의 유책성이 부인되는 것이다.[44]

감염방지의무로 인한 손해배상책임의 성립에서 가장 중요한 것이 가해행위라는 요건의 증명이며, 그 세 요소 가운데 조건적 인과관계의 증명이 특히 어렵다. 감염방지의무 위반으로 인한 손해배상책임이 인정될지 여부는 이 조건적 인과관계의 증명이 관건이라고 하여도 과언이 아니다.

나. 감염방지의무 위반과 법익침해 사이의 조건적 인과관계 관련 쟁점

가해행위 요건에서 '손해'라는 요소는 그 행위를 조건으로 이루어진 '법익침해'인데, 그러한 법익 가운데 논의의 필요성이 큰 것이 인격적 법

---

43) 책임무능력의 항변으로 손해배상책임이 면제되는 것이 손해배상책임 요건에서 책임무능력자의 행위에 유책성이 배제되는 것이라는 시각에 대한 비판적 견해로 이은영, 앞의 책, 808-809면 참조.

44) 곽윤직, 앞의 책, 482면; 김증한/김학동, 앞의 책, 800면 등에서는 책임능력을 유책사유인 고의·과실 자체의 전제로 이해한다. 이보다는 고의·과실이라는 유책사유의 존재로 인정되는 유책성을 배제하는 사유로 책임능력의 요건론상 위상 내지 기능을 이해하는 것이 타당하다. 이렇게 접근함으로써 객관적 과실론과 주관적 책임능력의 모순이라는 취지의 비판[김형배, 『민법학연구』, 박영사(1986), 285-290면 참조]에 대한 해명이 가능해 지며, 과실상계에서 피해자의 과실을 인정함에 피해자의 책임능력 유무를 묻지 않는 입장을 취해도 모순이 없게 된다.

익과 재산적 법익이다. 이들 법익을 침해한 결과인 구체적 손해로서 재산상 및 정신상 손해의 논의는 뒤의 '범위론' 및 '산정론'에서 언급될 것이다. 이하에서는 인격적 법익 및 재산적 법익이 침해된 경우의 조건적 인과관계 문제 그리고 공동불법행위의 법리로 조건적 인과관계의 문제가 해결될 수 있는 경우를 논의한다.

(1) 신체적 인격법익이 침해된 경우

신체적 인격법익 보호 의무를 위반한 경우에 그 의무 위반인 행위가 인정되어도 그것이 신체적 법익 침해의 필요조건임이 증명되어야 비로소 행위·손해·조건관계로 구성되는 가해행위 요건이 구비되는 것이다. 그런데 감염방지의무 위반의 사안에서 이 조건적 인과관계의 증명은 쉬운 일이 아니다. 그 이유 가운데 하나는 호흡기 질환인 감염병의 경우 단순한 접촉만으로도 조건이 구비될 수 있다는 점이다. 감염으로 침해된 신체적 법익의 주체는 의무위반자인 '전염가능자'[45] 또는 전염가능자가 아니지만 전염가능자를 매개시킨 의무위반자에게 손해배상을 청구할 수

45) 이 글에서 전염가능자란 타인에게 전염시킬 정도로 병원체를 보유한 사람이다. 감염병예방법은 감염병환자, 감염병의사환자, 병원체보유자, 감염병의심자의 용어를 사용하면서 이들을 제2조에서 정의한다. 즉 동조 제13호는 감염병환자를 "감염병의 병원체가 인체에 침입하여 증상을 나타내는 사람으로서 제11조 제6항의 진단 기준에 따른 의사, 치과의사 또는 한의사의 진단이나 제16조의2에 따른 감염병병원체 확인기관의 실험실 검사를 통하여 확인된 사람", 동조 제14호는 감염병의사환자를 "감염병병원체가 인체에 침입한 것으로 의심이 되나 감염병환자로 확인되기 전 단계에 있는 사람", 제15호는 병원체보유자를 "임상적인 증상은 없으나 감염병병원체를 보유하고 있는 사람", 제15호의2는 감염병의심자를 "감염병환자, 감염병의사환자 및 병원체보유자(이하 "감염병환자등"이라 한다)와 접촉하거나 접촉이 의심되는 사람(이하 "접촉자"라 한다)"이거나 "「검역법」 제2조 제7호 및 제8호에 따른 검역관리지역 또는 중점검역관리지역에 체류하거나 그 지역을 경유한 사람으로서 감염이 우려되는 사람" 또는 "감염병병원체 등 위험요인에 노출되어 감염이 우려되는 사람"이라고 한다. 민사책임을 논의하는 이 논문에서 '전염가능자'이어야 의미가 있으므로, 제2조의 네 유형의 사람 가운데 병원체를 보유한 것으로 진단되어도 그 보유의 정도가 전염이 가능할 정도가 아니면 '전염가능자'의 개념에서 제외한다. 왜냐하면 감염방지의무를 위반했어도 전염가능자가 아니면, 위반으로 인한 감염병예방법상 제재를 받는 것은 별론으로 하고, 전염가능자를 매개시키지 않는 한 그 위반 행위는 법익침해의 필요조건이 될 수 없다. 이처럼 민사책임에서는 위 네 유형의 사람보다는 전염가능자의 개념이 더 필요하다.

있다. 감염병으로 말미암아 상해나 사망 등 신체적 인격법익이 침해된 사람은 타인으로부터 감염병의 병원체가 전염되었을 가능성이 매우 높다. 즉 대개 '전염가능자'와의 접촉이 피해의 필요조건이 된다. 해당 병원체의 보유 정도가 일정한 단계에 이르러야 비로소 전파가능성이 인정되는 감염병인 경우라면, 접촉 시점에 병원체보유자라고 하여도 전파가능한 정도로 그 병원체를 보유하지 않은 사람은 '전염가능자'의 개념 범위에서 제외된다. 현재 전파가 가능한 정도의 병원체를 보유하고 있음이 증명되어도 '과거의 그 접촉 시점에' 전파가 가능한 정도로 병원체를 보유하였음을 증명해야 비로소 그 사람은 '전염가능자'로 인정된다.[46] 접촉한 사람이 당시 '전염가능자'라는 사실을 증명하는 것은 통상의 신체침해[47] 사안에서 가해자를 특정하는 것보다 어려운데, 접촉자가 다수인 경우가 보통인 감염예방의무 위반의 사안에서 자신의 피해에 필요조건이 되는 행위를 한 자 즉 '전염가능자'를 특정하기가 특히 더 어렵다는 점이 감염방지의무위반 사안의 특징이다.

'전염가능자'라고 하여도 가해행위의 행위자가 아닌 경우도 있다. 감염방지의무를 위반하지 않은 '전염가능자'라면 그는 매개자일 뿐 행위자가 아님은 물론이다. 감염병예방법이 구체적이고 다양한 내용의 의무를 국민 일반이나 모든 사람 또는 일정 범위의 사람들에게 부과하고 있음은 전술한 바와 같다. 그 내용이 적극적인 행동을 요구하는 것인지 아니면 일정한 행동을 금지하는 것인지에 따라 작위의무인 경우도 있고 부작위의무인 경우도 있다. 그 특정된 '전염가능자'가 감염방지의무 위반에 해당하는 행위를 한 경우, 그 자신이 피해와 조건적 인과관계에 있는 행위의 주체 즉 행위자가 되고, 그 가해행위에 유책성이나 위법성의 요건이 충족되는 경우 피해자는 그 '전염가능자'인 행위자에게 자신의 피해를 전가할 수 있게 된다.

---

46) 의학적으로 현재의 병원체 보유 상태에 따라 과거 접촉의 시점에 실질적으로 전파 가능한 정도로 병원체를 보유하였을 것인지 여부를 추단할 수 있다면 그러한 의학적 기준에 따라 이 점은 증명될 수도 있겠다.

47) '신체침해'는 신체적 인격법익의 침해의 축약이며 이하에서도 마찬가지이다.

피해자가 피해를 타인에게 전가하기 위해서 감염방지의무의 위반자가 모두 위 '전염가능자'이어야 하는 것은 아니다. 가령 전술한 신고의무가 타인의 신체적 인격법익을 보호하는 것으로 평가되는 경우라고 하여도 신고의무자인 세대주 등 그 위반자는 '전염가능자'가 아닌 경우가 많다. 하지만 이러한 경우에 신고의무 위반이 '전염가능자'를 매개로 하여 피해자의 법익침해에 대한 필요조건임이 인정되면 그 신고의무 위반자는 '전염가능자'가 아니어도 감염방지의무 위반으로 인한 손해배상책임에서 행위자가 되는 것이다. 감염병 전파의 가능성 내지 위험을 방지하기 위하여 '전염가능자'가 아닌 사람에게도 감염예방법이 의무를 부과함은 전술한 바와 같다. 그러한 공법상 의무를 위반한 사람은 '전염가능자'가 아니지만 피해자가 '전염가능자'와 접촉하여 법익의 침해를 당함에 필요조건이 되는 신고의무 위반만으로도 가해행위의 행위자가 될 수 있는 것이다. 이러한 경우는 신고대상인 전염가능자를 매개로 하여 신고의무위반이 법익침해의 필요조건이 되는 것이다. 즉 신고의무위반이라는 행위와 법익침해 사이에는 조건적 인과관계가 인정될 수 있지만, 그 매개자의 행태에 따라 인과관계 단절의 법리가 적용될 수 있음에 유의해야 한다.

(2) 정신적 인격법익이 침해된 경우

감염방지의무의 위반으로 인하여 타인의 신체가 격리되거나 타인의 영업장소가 폐쇄되는 결과를 가져올 수 있다. 전술한 감염방지의무 가운데 그 위반으로 이러한 결과를 초래할 수 있는 의무라면, 그 보호범위에는 타인의 '신체의 자유' 및 '영업의 자유'라는 정신적 인격법익이 포함된다. 이러한 경우 피해자가, 그 행위자로부터 감염병이 전염되지 않아서 신체침해를 당하지 않았더라도 그 행위자로 말미암아 자신이 격리되거나 그 영업장소가 폐쇄됨으로써 정신적 인격법익이 침해되었다면 역시 가해행위라는 요건은 구비된다. 감염되었을 가능성으로 인하여 격리조치를 받은 피해자가 진단 결과 감염병 병원체가 없다는 사실이 밝혀진 경우에도 그와 접촉한 의무위반자가 면책되는 것은 아니다. 이러한 경우 그 특정된 위반자가 '전염가능자'가 아니어도 무방하다. 그의 위반이 피해자의 격리나 영업장 폐쇄를 초래하였다면 그것으로 충분하다.

유의할 것은 격리나 영업장소 폐쇄로 인한 소득의 상실이라는 재산상 손해는 가해행위에서 말하는 손해로서의 법익침해가 아니다. 이들 소득상실은 그 법익침해에서 파생하는 손해로서 이들을 배상범위에 넣을 것인지 여부는 민법 제393조를 중심으로 하는 범위론에서 언급되어야 한다. 감염병환자의 동선으로 공개되어 방역을 마친 뒤의 매출감소나 격리해제 이후 겪을 수 있는 주변의 기피 등 사회적 상실도 마찬가지로 가해행위의 법익침해가 아니라 그 후속손해이다.

(3) 재산적 법익이 침해된 경우

감염예방의무 위반으로 개인의 재산적 법익이 침해되는 경우를 상정하기는 어렵다. 전술한 신체침해나 정신침해로 인한 손실의 일부만이 국가 등의 재정에 의하여 충당된 경우, 그 잔여손실 부분은 역시 신체적 또는 정신적 인격법익 침해의 후속손해로서 범위론에서 논의될 대상이지 가해행위의 법익인 재산적 법익의 침해가 아님에 유의해야 한다. 감염예방의무 위반자에 의한 전염으로 감염병환자가 되어서 그 신체적 인격법익이 침해된 경우에 발생할 진료비용은 그 법익 침해를 기초로 구체화된 손해이다. 그런데 이 비용을 감염병예방법은 바로 아래에서 상술하는 바와 같이 국가 등이 부담하도록 규정하고 있다. 따라서 진료비용 등을 개인 피해자가 직접 부담한다고 하여도 감염방지의무 규정의 보호법익에 포함될 피해자의 법익은 신체적·정신적 인격법익이지 재산적 법익이 아니다.

감염병예방법은 국가 등이 감염병으로 인하여 재정을 지출하는 근거규정을 두고 있다. 감염병예방법 제6조에 따라 감염병으로 격리 및 치료 등을 받은 국민은 이로 인한 피해를 보상받을 수 있으며, 국민은 의료기관에서 감염병에 대한 진단 및 치료를 받을 권리가 있고, 국가 등은 이에 소요되는 비용을 부담하여야 한다. 한편 동법 제41조의2에 따라 입원 또는 격리기간 동안 유급휴가를 준 사업주에게 국가는 그 비용을 지원할 수 있다. 이것은 의무조항이 아니므로 침해라고 볼 것인지 모호하다. 하지만 방역을 위해 국가 등이 유급휴가를 명하는 조치를 취할 수밖에 없는 경우에는 역시 침해로 볼 수 있다. 기타 동법 제64조 내지 제68조에서 국가 등이 부담하거나 보조하여야 하는 경비나 방역비용 등에 대한 규정들이 있다.[48] 또한 제70조 이하에 따라 보건복지부 장관이나 질병관리청장[49] 등은 일정한 절차에 따라 각종 손실을 보상해야 하며, 의료인 등에 대한 재정적 지원을 할 수 있고 감염병환자등에 생활 기타 재정 지원을 할 수 있거나 해야 한다. 감염방지의무 위반자의 위반행위와 국가 등의 부담 사이에 조건적 인과관계가 인정될 것이다. 국가 등의 재정 지출로 침해된 재산적 법익은 감염방지의무 규정의 보호법익에 포함된다고 보아야 한다. 이러한 침해와 감염방지의무 위반 사이에 조건적 인과관계가 인정된다.

위 국가 등 재정 부담 근거 규정 가운데 "할 수 있다"는 문구로 되어 있는 조항이 있다. 이러한 규정에 기초하여 국가 등이 재정 지출을 임의적으로 한 경우에, 그러한 재정 지출과 위반행위 사이에 조건적 인과관계가 되는 것에 의문이 있을 수 있다. 그 재정지출을 결정한 동기나 감염병 확산으로 인한 여러 상황 등을 고려하여 그 지출결정이 사실상 불가피하였다고 판단되면 조건적 인과관계는 유지되는 것으로 보아야 할 것이다. 더구나 조건적 인과관계를 단절하는 '중간 사건'은 결과에 대하여 일응 인정되는 조건의 원인력을 배제할 정도의 영향력이 있는 것이어야 하는데, 재정지출 결정권자의 결단을 그러한 고의나 중과실에 의한 또 다른 가해행위와 같은 '중간 사건'으로 볼 것은 아니다.[50]

---

48) 감염병예방법 제64조(특별자치도 · 시 · 군 · 구가 부담할 경비), 제65조(시 · 도가 부담할 경비), 제66조(시 · 도가 보조할 경비), 제67조(국고 부담 경비) 및 제68조(국가가 보조할 경비) 참조.

49) 질병관리청장이 지원을 결정할 권한을 가지는 경우로 감염병예방법 제70조의3 등 참조.

50) 중간사건이 선행사건과 최종결과 사이의 인과관계를 단절시키는지 여부에 관한 판례의 태도에 관하여는, 중간사건이 선행사건을 조건으로 하는 경우 그 단절을 부인하는 취지의 대판 1979. 4. 24. 79다156, 중간사건 행위자의 고의나 중과실이 있으면 그 단절을 인정하는 취지의 대판 2000. 9. 8. 99다48245 등 참조.

(4) 조건적 인과관계와 공동불법행위의 법리

코로나19와 같이 접촉만으로도 호흡기로 병원체가 전파되는 감염병의 경우 가해자를 특정하기 어려워 조건적 인과관계를 증명하기가 쉽지 않다. 이러한 감염병의 경우 전염가능자를 다수 접촉할 가능성이 많으므로, 공동불법행위의 법리가 적용되지 않으면 조건적 인과관계의 증명이 어려워서 손해배상을 받지 못하게 될 가능성이 많다. 또한 감염방지의무 위반자가 근로자인 경우 사용자의 교사나 방조가 인정되는 경우도 적지 않을 것이다.[51] 한편 신고의무 위반자와 그 신고대상 전염가능자 사이에도 공동불법행위의 구조가 존재할 수 있으며 이에 대하여는 전술한 바와 같다.

(가) 감염방지의무 위반과 민법 제760조 제1항 및 제2항

다수의 전염가능자를 접촉한 경우는 몇 가지의 유형으로 나눌 수 있다. 피해자가 동시에 다수의 전염가능자를 접촉한 경우[동시 다수 접촉], 시기를 달리하여 다수의 전염가능자를 접촉한 경우[이시 다수 접촉], 전염가능자가 순차적으로 단독 연결되면서 피해자는 마지막 전염가능자만을 접촉한 경우[순차 단독 접촉], 순차 접촉인데 어느 단계의 전염가능자가 다수인 경우[순차 다수 접촉] 등이 있다. '동시 다수 접촉'의 경우나 '이시 다수 접촉'의 경우는 그 가운데 누구의 병원체가 피해를 야기한 것인지 판별하기 어려워서, 법익침해의 필요조건에 해당하는 행위자를 특정하는 것이 거의 불가능하다. 법익침해의 충분조건에 해당하는 전염가능자가 다수이면 피해자는 필요조건에 해당하는 행위자를 특정하여 조건적 인과관계 요건을 충족시키는 것 자체가 불가능하다. 다만 다수 가운데 누군가로부터 전염되었다는 점이 인정되면 민법 제760조 제2항(가해자 불명의 공동불법행위)을 적용함으로써 조건적 인과관계를 개별적으로 증명하여야 하는 부담을 벗게 될 것이다. 다만 '이시 다수 접촉'의 경우 그 선후가 증명되는 경우, 최초의 감염가능자와 피해자의 사이에 조건적 인과관계가 인정되지만, 예외적으로 중간 전염가능자들의 행태에 따라서는 인과관계

51) 감염방지의무 위반에 가정적 인과관계나 추월적 인과관계의 법리를 적용하는 논의는 생략한다.

단절론의 법리에 따라 선행 전염가능자가 피고에서 제외될 가능성도 배제할 수 없다. '순차 단독 접촉'의 경우 유의할 것은 피해자를 직접 접촉한 최후 전염가능자만이 손해배상책임을 지고 그 앞의 전염가능자들은 피해자에 대하여 책임을 면하는 것이 아니라는 점이다. 순차적으로 접촉한 각 전염가능자 모두가 피해자의 법익침해에 대하여 필요조건이 되는 행위자들이기 때문이다. 민법 제760조 제1항의 "공동"에 관하여 객관적 공동설을 취할 경우 이들 전염가능자 모두는 민법 제760조 제1항이 적용될 것이다.[52] 다만 이 경우 중간 전염가능자들의 행태에 따라서 인과관계 단절의 법리가 적용될 수 있다. 한편 '순차 다수 접촉'의 경우에는 전염가능자가 다수인 단계와 그 이전의 전염가능자들에게는 민법 제760조 제2항이 적용될 것이고 그 이후의 단독 접촉자들에게는 민법 제760조 제1항이 적용될 것이다.

(나) 감염방지의무 위반과 민법 제760조 제3항

전염가능자의 감염방지의무 위반 행태에 영향을 줄 수 있는 타인이 존재하는 경우가 있다.[53] 가령 전염가능자가 근로자인 경우 직업 수행과정에 대한 사용자의 업무상 지시 등이 근로자의 감염방지의무 위반을 유발할 수 있다. 그 위반행위에 실질적 영향을 줄 수 있는 법률상·계약상·사실상 지위에 있는 사람(이하 '실질적 영향자'는 이를 의미함)에 대한 책임 귀속도 문제이다. 그 실질적 영향의 정도가 그 영향을 받은 위반자들에게 행위제어능력이 박탈할 정도라면 이들 실질적 영향자의 지시만이 가해행위의 행위로 인정될 수도 있다. 하지만 그 지시 등이 근로자의 행위제어능력을 박탈할 정도가 아니라면 근로자인 의무위반자와 실질적 영

52) 주관적 공동설(김증한/김학동, 앞의 책, 861면 등)에 입각하거나 절충설(이은영, 앞의 책, 826면 등)을 취하면 이들은 민법 제760조 제1항의 공동불법행위자는 아니다. 견해에 따라서는 주관적 공동이 없는 경우를 동조 제2항의 공동불법행위로 보며 이 경우를 부진정연대채무로 규율한다[이태재, 『채권각론』, 진명문화사(1985), 506-507면. 이 견해는 동조 제1항과 제3항의 경우를 연대채무, 제2항의 경우를 부진정연대채무로 보며, 이를 지지하는 유력한 견해로 정태윤, "공동불법행위법에 관한 연구", 법학박사학위논문, 서울대학교(1994. 8.), 302-305면이 있음].

53) 이러한 모습은 근로자와 사용자, 교인과 목사 등의 관계에서 볼 수 있다.

향자 모두에게 공동불법행위의 법리를 적용할 수 있다. 그 지시 등 실질적 영향자의 행태에 대한 해석에 따라 민법 제760조 제3항의 교사·방조에 의한 공동불법행위의 법리가 적용될 수도 있다.

다. 위법성 및 유책성 관련 쟁점

(1) 위법성 관련 쟁점

결과불법론에 따를 때 가해행위의 위법성은 위 가해행위 요건이 충족되면 일단 추정된다. 보다 정확하게 언급한다면 가해행위의 법익침해요소라는 결과의 존재로 말미암아 그 가해행위의 위법성은 추정되는 것이다. 정당행위 등 위법성조각사유의 구체적 적용 외에는 위법성 요건 관련하여 감염방지의무 특유의 법리상 쟁점은 없는 것 같다. 감염방지의무 위반의 위법성 조각 사유로서 긴급피난을 생각할 수 있지만 긴급피난의 요건을 구비할 수 있는 경우를 상상하기 어렵다. 가령 근로자가 마스크 착용이 기존의 호흡기질환을 악화시키거나 마스크를 착용하면 숨이 막혀 죽을지 모른다는 공포를 야기하여 착용하지 못함에도 사용자의 출근 지시에 대하여 달리 적절한 대안이 없어서 따라서 마스크 착용하지 않고 출근한 경우를 들 수 있는데, 이것이 민법 제761조 제2항의 긴급피난 요건을 충족할 수 있는지 의문이다. 특히 "부득이"한 피난이라는 요건이 구비되려면, 대체방법이 없어야 하고, 피난목적과 피난행위로 인한 손해 사이에 사회관념상의 균형이 인정되어야 한다.[54] 감염으로 인한 사망 가능성도 있는 코로나19와 같은 감염병의 상황에서 이러한 요건을 구비한 것으로 인정되는 것은 쉽지 않다.

(2) 유책성 관련 쟁점

행위·손해(법익침해)·조건관계의 세 요소로 구성되는 가해행위에 과실을 사유로 하여 그 유책성을 인정하는 논리의 과정은 다음과 같다. 행위 시점에 행위자와 동일한 모집단(母集團)의 평균인이 그 행위로 말미

54) 긴급피난의 경우도 정당방위와 마찬가지로 이익과 피해 사이의 '사회관념상의 균형'(상당성)을 요구한다. 곽윤직, 앞의 책, 498-499면; 김증한/김학동, 앞의 책, 789-790면; 이은영, 앞의 책, 808면 등 참조.

암아 위에서 언급한 법익침해 즉 추상적 손해를 예견할 수 있었고 회피할 수 있었다면 과실이 인정되어 가해행위의 유책성이라는 요건이 일단 충족된다. 여기서 유의할 것은 예견의 대상이 법익침해이지 그 침해로 말미암은 구체적인 손해는 아니라는 점이며, 또한 구체적 피해자까지 예견해야 하는 것도 아니다. 그 위반한 의무가 무엇인가에 따라 과실 인정의 구체적인 과정이 달라질 것이다. 가령 전술한 신고의무를 위반한 행위자의 과실과 '전염가능자'인 위반자의 과실을 인정하는 각 과정을 비교한다면, 전자의 과실은 자신의 의무위반이 중간 매개자인 전염가능자를 통해 타인의 법익을 침해할 가능성이 있다는 사실을 예견 · 회피할 수 있을 때 인정될 것이고, 후자의 과실은 자신의 의무위반으로 직접 타인의 법익이 침해될 가능성을 예견 · 회피할 수 있을 때 인정될 것이다.

감염방지의무 위반 자체를 과실로 이해하면 안 된다는 점은 위 가해행위 부분에서 언급한 바와 같다. 위반한 규범의 내용이 일정한 행위를 금지하는 것이라면 그 위반은 작위이며 이 작위에 행위성이 인정되는 것은 어렵지 않게 이해된다. 그런데 흔히 표현의 오류가 발견되는 경우가 부작위에 관한 것이다. 부작위가 그 자체만으로는 행위가 될 수 없지만, 위반한 규범의 내용이 작위의무를 부과하는 것이라면 그 위반은 부작위이고 그 작위의무가 있기 때문에 비로소 행위로 인정된다. 이 작위의무를 부여한 감염방지의무 규정은 그 위반으로서의 부작위에 행위성을 부여할 뿐이고, 그 의무위반 자체가 과실이 되는 것은 아니다. 이들 작위의무 위반인 부작위 행위 시점에 그 행위로 인한 법익침해의 예견 · 회피 가능성이 있을 때 비로소 위반자의 과실이 인정되어 그 행위의 유책성이 인정되는 것이다. 따라서 손해배상 사안에서 종종 접하게 되는 바 가령 '… 의무를 위반한 과실'이라는 표현은 그 문리해석상 의무 위반 자체를 과실로 인정하는 표현이라고 이해되는데, 이때 그 의무가 위 법익침해의 예견 · 회피의무라는 주의의무라면 맞는 표현이지만 그렇지 않고 부작위에 행위성을 부여하는 작위의무라면 맞지 않는 표현이다.[55)]

3. 감염방지의무 위반으로 인한 손해배상의 범위에 관한 쟁점

가해행위의 세 요소 그리고 그 행위의 위법성 및 유책성이 인정된 감염방지의무 위반행위를 이유로 하는 손해배상의 범위를 살펴본다. 범위론은 그 위반행위로 야기된 법익침해에서 후속할 구체적 손해 항목들의 연속 고리를 어느 선에서 차단하여 위반자가 부담해야 할 책임의 범위가 무한히 확대됨을 막고자 하는 것이다. 어느 감염방지의무 위반행위로 말미암은 각 단계, 즉 역학조사 및 방역을 위한 단계, 진단과 치료를 위한 단계, 예방을 위한 단계 등에 지출되는 비용과 기타 초래되는 손실의 항목들을 나열하면 끝이 없다. 격리에 따른 개인과 직장의 피해, 진단과 치료 및 방역에 소요된 국가 등의 인적 물적 자원 손실, 감염병보유자 및 접촉자들의 동선에 있는 영업 장소나 시설의 폐쇄 및 방역의 비용과 영업 이익의 손실, 감염으로 인한 사망 등으로 피해가 계속 확산되어 가는 것이 감염병의 특성이다. 이들 가운데 손해배상의 범위에 속할 손해 항목을 제한하는 범위론의 일반적 구조를 서술하고 개별적인 쟁점 몇 개를 살펴본다.

가. 범위론의 두 단계

주지하듯이 손해배상의 범위에 관한 민법 제393조를 이해하는 태도는 다양하다.[56] 민법 제393조의 기본 목적은 필요조건을 고리로 하여 무한히 연쇄될 손해배상의 범위를 제한하는 것이다. 다수설과 판례인 상당인과관계설에서는 의무위반이라는 '원인'[감염방지의무 위반]과 법익침해(손

---

55) 가령 '적절한 사후조치를 하지 않은 과실'이라거나 '다른 접촉자를 파악하기 위한 조치를 하지 않은 과실'과 같이 작위의무의 내용을 풀어서 과실을 수식하는 경우도 마찬가지이다.

56) 민법 제393조에 관한 다양한 해석은 편집대표 김용담, 『주석민법 [채권총칙(1)]』, 한국사법행정학회(2013), 제393조[손해배상의 범위] (이기택 집필부분), 828면 이하 참조. 한편 동조는 "상당인과관계가 아니라 통상손해·특별손해를 기준으로 해서" 손해배상의 범위를 제한한다는 취지의 언급에서 동조를 상당인과관계설에 입각해서 이해하는 것에 비판적이면서 공평의 원칙을 고려하여 타당한 해결을 꾀하자는 견해도 있다. 김증한/김학동, 앞의 책, 807 및 910면.

해)라는 '결과' 사이의 '일반적' 관계 및 '구체적' 관계의 존부를 탐구하게 된다. 구체적 관계가 없으면 손해배상책임은 부인되며, 그 구체적 관계가 인정되어도 원인과 결과 사이의 '일반적' 관계가 존재할 때 비로소 '상당성'이 인정된다. 그런데 이러한 상당성 판단은 대체로 경험칙에 의존하여 형성된 심증을 기초로 하여 상당성[상당인과관계]이 있다거나 없다고 단정하는 것이 판례의 일반적 설시 태도이다. 이러한 '일반적' 관계 내지 '상당성'이라는 판단에 의존하는 것보다 상대적으로 더 구체적인 접근을 하는 규범목적설에서는 의무 근거 규범을 탐구하고 그 규범이 보호하려는 법익을 탐구하는 등 보다 구체적인 논증을 시도한다. 생각건대 규범목적설에 따라 손해배상의 범위를 설명하는 것이 가장 무난하다고 하겠다. 이에 따라 손해배상의 범위를 제한하는 것은 두 단계로 진행된다고 하겠다. 첫 단계는 민법 제393조를 적용하기 위한 준비단계로서, 규범목적 범위 내의 법익침해로 배상범위를 제한하는 것이다. 위법성 및 유책성이 확정된 어떤 의무 위반 행위가 야기한 것으로 인정된 피침해법익이 그 의무를 설정한 규범이 보호하고자 하는 범위 내의 법익인지 여부를 검토해야 할 것이다. 그 검토 결과 보호범위에 포함되는 법익이라고 인정된다면 비로소 두 번째 단계, 즉 민법 제393조를 적용하여 그 배상범위에 들어갈 구체적 손해 항목을 제한하는 단계로 들어간다. 즉 그 법익침해의 결과로서 구체화된 재산상 및 정신상 손해의 각 항목들에 대하여 민법 제393조를 적용하는데, 각 항목 가운데 특별손해로 분류한 항목들은 그 손해를 야기한 특별한 사정에 대하여 가해자에게 인식(가능성)이 있었는지를 검토하여 그렇다고 인정되는 것들만 모아서 통상손해와 함께 배상의 범위를 설정한다. 이렇게 함으로써 범위론의 단계는 마무리된다.

나. 범위론의 두 접근방법

범위론에서 배상범위의 제한에 접근하는 방법으로 두 가지를 생각할 수 있다. 첫째 방법은 원고가 피고에게 전가할 구체적 '손해'를 찾아가는 것이다. 반면에 둘째 방법은 원고가 어느 구체적 손해를 전가할 '피고'를 찾아가는 것이다.[57] 첫째의 접근방법은 전술한 바와 같이 규범목적설의 이론상 감염병예방법상 각 감염방지의무 규정이 보호하고자 하는 법익을 적극적으로 설정하여 배상범위내의 법익을 지정하는 것이다. 그래서 그 법익의 침해에서 파생되는 구체적 손해들에 대하여 민법 제393조를 적용하여 그에 따라 통상손해와 특별손해로 분류하고 후자에 대하여 인식(가능성) 유무를 판단하여 손해배상의 범위를 최종적으로 제한하는 것이다. 이러한 접근을 실제 분쟁이나 소송 과정에 적용한다면, 피고의 행위를 조건으로 하여 발생한 각 손해들의 배상을 청구한 원고가 그 구체적으로 열거한 손해들을 파생시킨 법익을 확인하고 그 법익이 보호범위에 들어가면 다시 그 법익에서 파생한 각 손해 항목들을 통상손해와 특별손해의 두 유형으로 분류하여 통상손해이면 바로 배상의 범위에 포함시키고 특별손해이면 인식(가능성)이 인정되는 것에 한하여 배상의 범위에 포함시키는 것이다. 또 다른 접근방법은 영미법의 소위 근접원인론이다.[58] 즉 어느 구체적 손해에 조건적으로 연결되는 일련의 사실상 원인들(causes in fact) 가운데 근접원인(proximate cause)을 야기한 사람을 찾아서 그(피고)에게 손해를 전가하는 것인바, 손해의 조건이 되는 사유들을 역으로 추적해 가면서 귀책시킬 원인을 찾아가는 방법이다. 앞의 접근방법에서는 원고의 침해된 법익이 피고 행위를 규율하는 규범의 보호범위 내의 것인지 여부를 탐구하며, 뒤의 접근방법에서는 해당 법익 침해[손해]의 사실상 원인들 가운데 피고가 과연 근접원인을 야기한 자인지 여부를 탐구한다. 우리의 배상범위론이나 민법 제393조는 전자의 접근방법이다.[59]

다. 감염방지의무 위반자 자신의 감염에 재정을 지출한 국가 등의 재산적 법익

감염병예방법 몇몇 조항을 보면 감염방지의무 위반자 자신이 감염되

---

57) 아래에서 구체적으로 설명하는 바와 같이 영미의 불법행위법에서 볼 수 있는 접근방법이다. 가령 Dominick Vetri, Lawrence C. Levine, Lucinda M. Finley, Joan E. Vogel, *Tort Law and Practice*, LexisNexis, (2003), pp. 45-46 참조

58) General Editor W. Page Keeton, *Prossor and Keeton on the Law of Torts*, West Publishing Co, (1984), pp. 263-280 참조.

59) 인과관계론에 관한 영미법계와 대륙법계 사이의 비교에 대하여는 H. L. A. Hart and Tony Honoré, *Causation in the Law*, Clarendon Press, (2002 reprint) 참조.

거나 격리되고 영업장이 폐쇄된 경우에도, 그 관련 규정에 따라 국가 등에 재정적 부담이 지워질 수 있는 것으로 해석된다. 즉 위반자 자신도 국가 등에 진료 등에 따른 비용을 청구할 수 있는 국민으로 보아야 한다. 그러한 위반자를 배제함으로써 진료를 소홀히 하여 공동체에 감염이 확산되는 피해를 방치할 수 없는 것이 감염병의 특징이다. 그래서 "국민은 의료기관에서 이 법에 따른 감염병에 대한 진단 및 치료를 받을 권리가 있고, 국가와 지방자치단체는 이에 소요되는 비용을 부담하여야 한다."는 감염병예방법 규정(법 제6조 제3항)에서 "국민"은 감염방지의무를 위반한 그 국민도 포함하는 것으로 보아야 할 것이다. 나아가서 입원이나 격리된 피용자에 대한 사업주의 유급휴가 비용을 국가가 지원하는 근거 규정(법 제41조의2)을 두고 있으며, 감염병예방법 제10장에는 국가 등의 경비 부담이나 보조에 관한 조항들이 있다.[60] 이들 조항을 근거로 국가 등은 의무 위반자에 대하여도 재정을 지출하여야 하거나 할 수 있다고 보아야 한다. 감염병 전파의 확산을 방지하기 위하여 그 대상자의 의무 위반 여하를 묻지 않고 재정을 지출하도록 할 필요가 있는 것이다.

이러한 해석을 전제로 두 가지 쟁점을 살펴본다. 자신의 감염을 방지할 의무를 어떻게 평가할 것인가의 문제와 국가 등의 재정 지출을 민사책임의 관점에서 어떻게 이해할 것인가의 문제이다. 두 쟁점을 종합하여 살펴보면 이렇다. 가령 방역 관련 조치를 위반한 자가 그 의무 위반으로 자신이 감염되었고 그로 인하여 자신의 신체적 인격법익이 침해(?)되었거나 격리나 영업장소 폐쇄 등으로 인하여 정신적 인격법익이 침해(?)될 수 있다. 이러한 법익의 침해로부터 국가 등이 진료비 등을 지출하거나 기타 비용을 부담하였다는 구체적 손해가 파생하였다고 보아도 이를 논거로 국가 등의 손해배상청구권을 인정할 수는 없다. 침해된 법익이 없는 자의 손해배상청구는 인정될 수 없는바,[61] 손해배상청구가 인

60) 특별자치도 · 시 · 군 · 구가 부담할 경비에 관한 규정[법 제64조], 시 · 도가 부담할 경비에 관한 규정[법 제65조], 시 · 도가 보조할 경비에 관한 규정[법 제66조], 국고 부담 경비에 관한 규정[법 제67조], 국가가 보조할 경비에 관한 규정[법 제68조], 손실보상에 관한 규정[법 제70조] 등.

정되려면 그 청구권자는 침해된 법익의 주체이며 그로부터 파생한 구체적 손해의 피해자이어야 한다. 따라서 감염방지의무 위반자가 스스로의 법익을 침해(?)한 결과 국가 등의 재산상 손해를 야기한 경우에도 국가 등이 그 재산상 손해의 배상을 민사책임의 일반논리로 의무위반자에게 청구하려면 국가 등이 피침해법익의 주체로 상정되어야 한다. 따라서 자신의 감염을 방지할 의무가 보호하고자 하는 법익에는 그 위반으로 인하여 재정을 지출함에 따라 침해될 국가 등의 재산적 법익이 포함된다고 보아야 할 것이다. 이로써 국가 등은 의무 위반자를 위하여 재정을 일단 지출하고, 그 지출로 인하여 입은 재산상 손해에 관하여 불법행위를 청구원인으로 하여 그 위반자에게 배상을 청구할 수 있게 된다. 위반자는 결국 자신의 감염도 방지해야 할 의무가 있고 그 의무를 위반한 행위자로서 국가 등의 재산적 법익을 침해한 불법행위를 범한 것이다.

라. 피해자인 무증상 전염가능자의 신체적 · 정신적 인격법익과 후속 손해

피해자가 타인의 감염방지의무 위반으로 전염되었지만 무증상인 채로 완치된 경우에도 침해된 법익이 있을 수 있다. 피해자가 감염의 후유증을 앓는 경우 신체적 인격법익의 침해가 인정될 것이며 그 후속손해로서 진료비용 및 소득상실 등의 구체적 손해가 발생할 수 있고,[62] 전염가능자와의 접촉이 확인되면 자가나 시설의 격리 조치 등을 받을 것이며 그로 인한 거주이전 내지 영업의 자유라는 정신적 인격법익이 침해되고 그로부터 재산상 손해와 정신상 손해가 파생하며 나아가서 일정기간 기피 당하는 등 사회적 손실에 따른 정신상 손해도 예상된다. 병원체의 숙주가 되고 있다는 점에서 신체적 인격법익의 침해도 고려할 수 있지만

---

61) 영미의 Economic Loss Rule도 이러한 사고 내지 관점에서 접근해야 이해가 가능하다. James M. Fischer, *Understanding Remedies*, Carolina Academic Press, (2016), pp. 92-99; Robby Bernstein, *Economic Loss,* Sweet & Maxwell, (1998), pp. 144-145 등 참조.

62) 소위 완치자의 후유증으로 brain fog 등을 호소하는 기사, 박현 교수 "난생 처음 본 후유증…완치란 말에 속지말라"라는 제목의 기사에 의하면 완치된 환자가 겪는 후유증도 무시할 수 없다. 〈https://news.joins.com/article/23851602〉(2020. 9. 25. 방문).

이 법익침해로 파생된 재산상 손해는 거의 없을 것이다. 이들 법익 침해로 인한 재산상 손해 가운데 국가 등으로부터 보전(補塡)을 받지 못한 부분만 배상범위에 포함될 것이다.

4. 감염방지의무 위반으로 인한 손해배상액 산정의 쟁점

가. 산정론 일반

범위론에서 설정된 손해배상 범위에 들어온 손해 항목들을 금전으로 평가하고 그 액수에 책임제한 사유를 적용하는 등 공제의 단계를 거쳐서 감염방지의무 위반자가 피해자에게 지급해야 하는 배상액을 확정하는 것이 산정론이다. 손해액을 증명해야 할 피해자는 산정할 수 없는 손해는 배상받지 못함이 원칙이다. 하지만 그러한 손해도 "법원은 변론 전체의 취지와 증거조사의 결과에 의하여 인정되는 모든 사정을 종합하여 상당하다고 인정되는 금액을 손해배상 액수로 정할 수 있다."는 민사소송법 제202조의2에 따라 배상받을 가능성이 있다. 물론 이 규정에 따라 배상받으려면 "손해가 발생한 사실"이 증명되어야 하고 "구체적인 손해의 액수를 증명하는 것이 사안의 성질상 매우 어려운 경우"이어야 한다. 이 민사소송법 조항에 따라 법원이 손해배상에 개입하는 단계는 범위론이 아니라 산정론이며, 이 조항의 적용에는 "사안의 성질"에 대한 판단이 관건이 될 것이다.

나. 책임의 제한과 사회적 거리두기를 위반한 피해자의 과실

피해자의 과실이 쉽게 인정될 수 있는 감염방지의무 위반의 사안에서 그로 인한 손해배상책임은 대부분의 경우 책임제한 사유가 인정될 것이다. 책임제한 사유로서 피해자의 과실은 자신의 법익이 침해될 가능성에 대한 예견 및 회피의 가능성을 기본적인 전제로 하겠지만 그 가능성은 가해자의 과실 인정에서와 같이 평균인을 기준으로 하지 않고 그보다 아주 낮은 기준을 설정되기 때문에 더욱 그러하다.[63)]

---

63) 자세한 것은 오종근, "불법행위법상 과실상계의 적용요건에 관한 연구", 법학박사학위논문, 서울대학교(1995. 2.), 73면 이하 참조. 피해자의 과실 기준을 이렇게

중앙재난안전대책본부의 '사회적 거리두기'(social distancing) 지침에 따라 가령 KF94 마스크 착용이 권고된 공간에서, 전술한 '전염가능자' 및 그와 접촉한 피해자가 모두 KF94 마스크를 착용하지 않았고 피해자의 감염이 그가 접촉한 전염가능자로부터의 전염에 기인한 경우가 있을 수 있다. 해당 공간에서의 사회적 거리두기 권고가 설사 감염예방법상 명시된 감염방지의무의 내용이 아니라고 하여도 일정 공간에서의 KF94 마스크 착용은 적어도 사회생활상 의무로서의 감염방지의무라고 볼 수 있다.[64) 따라서 자신이 전염가능자임을 알았음에도 마스크를 착용하지 않은 부작위는 작위의무 위반으로서의 행위이고, 그를 필요조건으로 피해자의 감염이 발생하여서 가해행위라는 요건이 구비되었으며 달리 위법성조각 사유가 없을 경우 그 가해행위는 위법성이 인정된다. 또한 사회적 거리두기 지침이 있다는 사실과 그 지침의 이유는 공지사실이라고 보아야 하므로 해당 공간에 함께 있는 타인의 법익침해를 예견하고 회피할 수 있었다는 점에서 과실이 인정되어 그 가해행위에는 유책성 요건이 구비될 것이다. 한편 피해자 자신의 사회적 거리두기 위반은 책임제한의 사유로 고려될 것이다. 이 경우 배상액은 마스크를 착용하지 않은 피해자의 기여도에 대한 법관의 판단에 따라 감액될 것이다.

손 씻기나 마크스 착용은 물론이고 외출 내지 집회를 자제하되 불가피하게 하여도 2m 간격을 유지하고 피곤하면 3~4일 휴식을 취하는 등 각 단계별 중앙재난안전대책본부의 지침 내지 권고를 지키면 접촉에 의한 감염은 거의 완벽하게 예방된다고 하겠다. 그렇다면 접촉으로 감염된 피해자는 거의 모두 이 지침 내지 권고를 완전하게 지킨 것은 아니라고 말해도 무방하여 피해자의 과실에 따른 배상액 감액이 거의 대부분

낮게 설정함은 자신의 잘못으로 야기되거나 확대된 부분을 가해자에게 전가함은 부당하기 때문이다. 그러한 부당성은 자신의 사소한 잘못으로 인한 경우에도 인정된다. 이러한 점에서 영미의 기여과실론(contributory negligence rule)이 비교과실론(comparative negligence rule)에 비하여 타당한 면도 있다.

64) 법 제49조 제2-2호 등에서 마스크 착용도 예방조치의 내용에 편입되었음은 전술한 바와 같다.

이루어질 것이다.[65] 더구나 피해자의 과실을 판단하는 기준을 가해자의 과실보다 낮게 설정하는 견해에 의한다면, 접촉에 의한 감염 피해자에 대한 가해자의 책임제한은 거의 모든 사안에서 인정될 것이다. 하지만 막연히 그렇다고 추정하여 감액되는 것은 아니고 피고인 가해자가 손해의 발생 및 확대에 대한 피해자의 기여 사실을 증명해야 할 것이다. 배상액 경감의 정도는 손해배상을 청구할 피해자가 증명하는 사실을 기초로 하되 경험칙에 의하여 법관이 적절하게 인정하지 않을 수 없다.

다. 경과실과 배상액의 감액

감염방지의무 위반으로 인한 감염병 전파 내지 확산의 범위가 큰 경우, 한 사람의 감염방지의무 위반으로 인하여 배상해야 할 손해의 액수는 막대하다. 감염병예방법에 따라 진단 및 치료 등으로 인한 비용을 지출하거나 격리조치로 인한 피해를 보상한 국가 등의 재정지출(법 제6조 제1항), 피해자 스스로 지출한 비용에 대한 국가 등의 전보(법 제6조 제3항), 그밖에 방역에 소요된 비용 등 감염방지의무 위반으로 인한 손해배상액에 산입될 손해의 항목은 다양하고 그 액수도 막대하다. 국가 등의 재정지출을 가해행위자의 책임으로 돌리는 경우 그 액수는 위반자에게 가혹한 규모가 될 수 있다. 이에 관한 구상권이나 손해배상청구권을 국가 등이 감염방지의무 위반자 개인에게 행사하도록 하는 것이 감염병의 예방과 관리에 도움이 될지도 의문이다. 적어도 위반자의 동선 파악을 포함한 전염 과정 조사에 대한 협조가 그 예방이나 관리에 절실한 경우가 많기 때문이다. 이러한 점에서 위반자의 행태가 경과실에 불과하다면 책임 감면 여부를 논의할 필요가 있다. 가해자의 배상액을 경감하는 것이 피해자의 관점에서 보면 능사는 아니겠지만 감염병 관련 사안의 경우 국가 등의 재정으로 피해자의 구제는 일단 보장된다는 점이 통상의 불법행위 사안과 다르다. 따라서 경과실 위반자에 대하여는 특별한 고려가 필요하다.

---

65) 이는 마치 대개 환자가 피해자로 되는 의료사고로 인하여 의사측 손해배상책임이 인정되는 경우에 환자의 (기저) 질환을 이유로 배상액이 거의 예외 없이 감액되는 모습과도 같다.

우선 생각할 수 있는 것이 민법 제765조이다. 경과실을 범한 정도에 불과한 위반자는 민법 제765조에 의하여 배상액 경감을 청구할 수 있을 것이다.[66] 또한 '실화책임에 관한 법률'(실화책임법)의 예와 같은 입법도 생각할 수 있다. 2009년 전부개정으로 실화책임법은 경과실 가해자의 구제를 제750조 적용 배제에 의한 '획일적 완전면책'에서 제765조와 같은 '배상액 경감'의 방식으로 전환하였다. 즉 실화책임법 제3조는 경과실의 배상의무자가 손해배상액의 경감을 청구하는 경우, 법원이 화재의 원인과 규모, 피해의 대상과 정도, 연소(延燒) 및 피해 확대의 원인, 피해 확대를 방지하기 위한 실화자의 노력, 배상의무자 및 피해자의 경제상태, 그 밖의 사정을 고려하여 배상액을 경감할 수 있도록 하였다. 감염병의 전파 모습은 공간적으로 볼 때 목조건물 실화의 연소 모습에 비하여 더 심각할 수 있고 그 피해 규모도 그러하다. 이러한 입법론에 입각하여 이러한 규정을 감염병예방법에 신설하는 것이 바람직하다. 다만 감염병예방법의 이러한 개정 논의에 있어서는 단순히 정책적인 사고로 접근하지 말고 민법 제765조 및 위 실화책임법을 함께 고려하면서 민사책임의 법체계상 중복이나 모순 또는 충돌이 없도록 신중하게 접근할 필요가 있음은 물론이다.

5. 기타 관련 쟁점

가. 감염방지의무 위반과 국민건강보험공단의 재산적 법익

감염병예방법상 국가 등의 재정지출 규정을 근거로 감염방지의무의 보호법익에 국가 등의 재산적 법익을 포함시킨다면, 요양급여비용을 지출하게 되는 국민건강보험공단(이하의 '공단'을 이를 지칭함)의 재산적 법익도 그 보호법익에 포함될 수 있는 것 아닌지 논의할 필요가 있다. 이를 논의하기에 앞서 국민건강보험법(이하에서는 '건보법'으로 줄임)의 관련 규

66) 민법 제765조와 관련하여서 상세한 서술은 편집대표 김용담, 『주석민법[채권각칙(8)]』, 한국사법행정학회(2016), [특수불법행위: § 765](이원 집필 부분), 732-742면 참조.

정을 살펴본다. 건보법은 공단이 요양급여를 제한하는 사유로 "고의 또는 중대한 과실로 인한 범죄행위에 그 원인이 있거나 고의로 사고를 일으킨 경우"(법 제53조 제1항 제1호)[67]를 들고 있다. 한편 건보법은 "제3자의 행위로 보험급여 사유가 생겨 가입자 또는 피부양자에게 보험급여를 한 경우" 공단에게 그 급여한 비용의 범위에서 제3자에 대한 구상권을 인정한다(법 제58조 제1항). 동 조항의 "그 급여에 들어간 비용 한도에서 그 제3자에게 손해배상을 청구할 권리를 얻는다."라는 문구의 해석과 관련하여 논란이 많지만,[68] 이는 공단에게 고유의 손해배상청구권을 부여한 것이 아니라, 동조의 표제인 "구상권"을 기초로 하여 공단이 가입자나 피부양자인 피해자의 손해배상청구권을 법정대위하는 것으로 이해하는 것이 민법상 변제자대위의 법리에도 부합한다. 또한 이렇게 이해하는 것이 타당한 근거는 동조 제2항 "제1항에 따라 보험급여를 받은 사람이 제3자로부터 이미 손해배상을 받은 경우에는 공단은 그 배상액 한도에서 보험급여를 하지 아니한다."는 규정과 동조 제1항을 체계적으로 해석함에서도 찾을 수 있다. 이들 규정에 따르면 공단은 가해행위자의 경과실로 인한 보험급여사유에 대하여는 그 급여를 거부하지 못하지만, 가입자 등의 가해자에 대한 손해배상청구권을 요양급여비용을 지급한 한도에서 대위한다.

한편 감염방지의무 위반자의 행태가 경과실인 경우 공단은 급여를 거부하지 못하며, 이 경우 불법행위에 따른 손해배상을 가해자에게 청구하는 것도 생각할 수 있다. 이는 민법 제750조의 보호법익에 공단의 재산적 법익이 포함된다고 보아야 가능하다. 민법 제750조의 불법행위 일반규정은 타인의 법익을 침해하지 못한다는 금지규정이며, 누군가 가입자 등을 상해하여 공단의 보험급여사유를 발생시킨 경우 그로 인하여 침해될 공단의 재산적 법익을 보호하는 것도 불법행위 일반규정의 규범목적

67) 이 글에서 인용되는 국민건강보험법은 2019. 12. 3. 개정되어 2022. 7. 1.에 시행될 법률임.

68) 자세한 것은, 김준래, "국민건강보험법상 제3자 행위로 인한 보험급여와 손해배상 조정 제도 등에 관한 연구", 법학박사학위논문, 고려대학교(2020. 2.), 50면 이하 참조.

에 포함된다고 하겠다. 따라서 불법행위의 피해자에게 요양급여를 하거나 해당 의료기관에 요양급여비용을 지급한 공단은 가해자가 공단 자신의 재산적 법익을 침해한 것으로 보아 가해자에게 불법행위로 인한 손해배상을 청구할 수 있다고 할 것이다. 그런데 위에서 본 건보법 규정들은 이러한 불법행위의 경우 민사책임이나 구상권 및 그에 기초한 대위의 법리를 명문규정으로 정리한 것이다. 건보법에 이들 규정을 둠으로써 민법 제750조에 공단 자신의 재산적 법익도 그 보호범위에 포함되는지 여부에 대한 논란 가능성을 없앨 수 있게 되었다. 마찬가지로 감염병 관련 국가 등의 재정 지출도 건강보험급여의 경우와 마찬가지로 감염병예방법에 유사한 명문규정을 두면 복잡한 논란을 피할 수 있겠다.

나. 건보법 제53조 제1항과 감염예방법 제6조 제3항

건보법 제53조 제1항과 감염예방법 제6조 제3항의 관계를 살펴본다. 감염방지의무 위반행위가 범죄행위이고 그 위반자에게 고의나 중과실이 있는 경우 그로 인한 감염병 환자에게 공단은 위 건보법 제53조에 따라 요양급여를 제한할 수 있다고 할 것이다. 이와 관련하여 이러한 제한사유가 있는 감염병 환자를 방치하는 경우에 전염의 위험을 우려할 수 있겠지만, 아래의 관련 법령을 보면 그러한 우려는 없다고 하겠다.

「국민건강보험 요양급여의 기준에 관한 규칙」(이하에서는 '건보급여규칙'이라고 함) 제4조에 따르면 "요양기관은 가입자등이 법 제53조 제1항·제2항 또는 법 제58조 제2항에 해당되는 것으로 판단되는 경우에도 요양급여를 실시하"도록 되어 있다(동조 제1항). 다만 이 경우 요양기관은 지체 없이 급여제한여부조회서[69]에 의하여 공단에 급여제한 여부를 조회하여야 한다(동조 제1항). 이 제1항에 따라 조회 요청을 받은 공단은 7일 이내에 급여제한 여부를 결정한 후 요양기관에 급여제한 여부 결정통보서[70]로 회신하여야 하며, 회신을 받은 요양기관은 공단의 결정내용을 요양급여를 개시한 날부터 소급하여 적용하여야 하고(동조 제2항), 이 조회에 대한 회신이 있

69) 건보급여규칙 별지 제2호 서식.
70) 건보급여규칙 별지 제2호의2 서식.

기 전에 요양급여가 종료되거나 회신 없이 7일이 경과된 때에는 공단이 당해 요양기관에 대하여 요양급여를 인정한 것으로 보며, 다만, 공단이 7일이 경과된 후에 급여제한을 결정하여 회신한 때에는 요양기관은 회신을 받은 날부터 공단의 결정에 따라야 한다(동조 제3항). 물론 공단은 건보법 제53조 제1항·제2항 또는 건보법 제58조 제2항에 따라 요양급여를 제한하여야 함에도 불구하고 제3항의 규정에 의하여 요양급여를 받은 가입자 등에 대하여는 건보법 제57조에 따라 부당이득에 해당되는 금액을 징수한다(동조 제3항). 더구나 유의할 것은 요양급여의 제한으로 그 감염병환자는 건강보험의 요양급여를 받지 못하는 것에 불과할 뿐이고 이 환자에 대하여 의료기관이 진료를 거부하지 못함은 통상의 환자와 다를 바 없다.[71] 따라서 의료기관은 환자의 질병 원인이 범죄행위인지 여부를 불문하고 일단 진료를 착수해야 하며 그 이후 요양급여 문제는 요양기관과 공단 사이의 절차에 따르면 되고, 특히 질병 원인인 범죄행위가 경과실인 경우는 공단은 요양급여를 제공해야 한다.

감염방지의무 위반이 고의나 중과실에 의한 범죄행위인 경우 그로 인한 감염병환자에게 공단이 위 건보법 제53조에 따라 요양급여를 제한할 수 있다고 하여도 위에서 본 바와 같이 요양기관 등 의료기관은 요양급여로서 또는 비급여로서 일단 그 환자에 대한 진료를 실시한다. 다만 비급여인 경우 그 관련 진료비용은 공단이 부담하지 않고 궁극적으로 그 위반자가 부담하게 될 것이다. 그런데 건보법 제53조에도 불구하고 해당 환자가 위 해당 위반자 본인이거나 그 피해자라고 하여도 그러한 환자는 감염병예방법 제6조 제3항을 근거로 그 비용을 국가 등의 재정으로 충당을 요청할 수도 있다고 보아야 함은 전술한 바와 같다. 하지만 이 충당의 요청과 위반자에 대한 국가 등의 구상·손해배상청구 사이에 상계의 법리가 적용될 수 있음은 물론이다.

---

71) 의료법 제15조 및 응급의료에 관한 법률 제6조 참조.

다. 감염병 관련 비용을 충당한 국가 등과 관련 감염방지의무 위반자의 관계

감염방지의무 위반자로 말미암아 감염병 관련 비용을 충당한 국가 등은 그 위반자에게 두 개의 권리를 가진다. 국가 등이 불법행위 피해자로서 가지는 손해배상청구권과 위반자와의 관계에 따른 구상권이다.[72] 국가 등이 감염병예방법에 따라 격리나 영업장소 폐쇄 등으로 인한 피해를 보상하거나 감염병에 대한 진단 및 치료의 비용을 부담하고 방역 관련 비용을 부담하는 등을 내용으로 하는 비용충당의무(법 제6조, 제41조의2 및 제64조 이하)와 감염방지의무 위반자의 손해배상의무(민법 제750조 등) 사이의 관계와 구상 문제를 검토한다. 우선 감염병 관련 비용충당의무를 지는 국가 등과 해당 감염방지의무 위반자 사이에 공동불법행위가 인정되는 경우라면 구상 문제는 공동불법행위자 사이의 구상에 관한 학설과 판례의 태도에 따라 해결된다.[73] 즉 국가 등은 지출한 재정의 범위에서 의무위반자의 손해배상액을 한도로 그에게 부담부분에 한하여 구상할 수 있다. 가령 검역 관련 공무원이 검역을 소홀하게 하였고 그래서 입국이 허용된 감염병환자 등이 감염방지의무를 위반한 경우에 국가 등과 의무위반자 사이에 공동불법행위자의 지위를 인정할 수 있다면 그러하다.

하지만 그러한 공동불법행위를 인정할 수 없는 사안에서 국가 등이 지출한 재정에 관하여 감염방지의무 위반자에게 구상하는 근거가 있는지

---

72) '求償한다' 또는 '구상권을 행사한다'라는 표현에 해당하는 맥락에서 '구상권을 청구한다' 또는 '구상을 청구한다'는 표현이 사용되는 경우가 있는데, 이는 법리상 맞지 않을 뿐만 아니라 국어의 어법에도 맞지 않는 표현임에 유의해야 한다. 아마도 '구상금을 청구한다'라는 맞는 표현에서 '구상권을 청구한다'라는 틀린 표현이 나온 것 같다.

73) 대판 1989. 9. 26. 88다카27232 등 판례와 통설은 공동불법행위자 사이에 구상권을 인정한다. 곽윤직, 앞의 책, 530면; 김주수, 앞의 책, 716면; 김증한/김학동, 앞의 책, 881면; 이은영, 앞의 책, 837-840면 등 참조. 한편 송덕수, 앞의 책, 555-556면에서는 민법 제760조 제1항에 따라 "연대하여"지는 책임은 연대채무로서 당연히 행위자 상호간에 구상권이 인정된다고 한다. 연대채무 · 부진정연대채무 병존설을 취하는 견해에서는 연대채무의 성질을 띠는 공동불법행위자 상호간에는 연대채무 규정에 따라서, 부진정연대채무의 성질을 띠는 공동불법행위자 상호간에는 "형평"의 원칙에서 구상권을 인정한다. 정태윤, 앞의 논문, 311면.

여부를 살펴본다. 전술한 바와 같은 국가 등의 비용부담 규정은 감염병을 효율적으로 예방하고 관리하기 위한 것이다. 하지만 이 규정으로 인하여 감염방지의무 위반자의 책임이 궁극적으로 면제되어서는 안 될 것이다. 국가 등이 불법행위책임을 부담하지는 않지만 감염병예방법에 따라 감염병 관련 비용을 부담하는 경우 이 의무와 관련 감염방지의무 위반자의 민법 제750조 책임 사이에는 불가분 내지 부진정연대의 관계에 있다고 보아야 할 것이다. 흔히 이러한 관계를 부진정연대의 관계로 표현하지만,[74] 공동불법행위 규정인 민법 제760조의 "연대하여"라는 문구 때문에 동조를 적용하지 않는 이 경우에까지 부진정연대의 관계로 분석할 것은 아니다. 이들 사이를 이중배상금지의 원칙에 따라 이행의 절대효가 인정되어서 성질상 불가분채무에 준하는 것으로 보면, 이에 관하여 민법 제411조가 준용하는 제424조 내지 제427조에 따라 이들 사이에 구상관계를 인정하는 근거가 간명하다는 점에서, 이들 관계를 불가분채무 관계로 보는 것의 실익이 인정된다. 감염방지의무 위반자에게 불법행위책임이 인정되는 범위에서 국가 등이 지출한 비용에 관하여 구상권을 위반자에게 행사하는 경우 이를 불가분채무 관계로 보면 부담부분의 균등을 추정하는 민법 제424조가 국가 등과 감염방지의무 위반자 사이에도 적용될 것이다. 하지만 쌍방의 부담비율에 대한 증명 여하에 따라 위 균분추정의 효과가 번복되어 구상범위가 달리 결정될 수 있으며, 국가 등이 불법행위 책임 없이 단지 감염병예방법에 따라 비용을 지출한 경우 국가 등의 기여도가 부인되므로 그 전부에 관하여 구상권을 행사할 수 있는데, 이 구상권의 행사는 물론 위반자의 불법행위로 인한 손해배상책임범위 내에서 허용될 것이다.

국가 등의 비용지출액이 의무위반자의 피해자에 대한 손해배상액을 초과하는 경우, 이 초과 부분은 구상의 범위에서 제외됨은 물론이다. 하지만 전술한 재산적 법익의 논리에 따라 위반자는 국가 등의 재산적 법

74) 김증한/김학동, 앞의 책, 878면 등 참조.

익을 침해한 것이므로 그 초과부분에 관하여는 민법 제750조에 따라 국가 등은 고유의 손해배상청구권을 행사하여 충당할 수 있다. 이렇게 접근하는 경우 구상의 법리와 불법행위의 법리를 동시에 적용하는 불편함이 있을 것이다. 국가 등의 비용지출액이 위반자의 피해자에 대한 손해배상액을 초과하는 경우 차라리 위반자의 국가 등에 대한 불법행위를 청구원인으로 구성하여 불법행위의 법리 하나로 지출비용을 충당하는 것이 간명할 것이다. 이 불법행위를 위하여 감염방지의무 규정의 보호법익에 국가 등의 재산적 법익이 포함된다는 논리를 전개한 것이다.

한편 감염병예방법 제72조의 "국가는 예방접종약품의 이상이나 예방접종 행위자, 예방 · 치료 의약품의 투여자 등 제3자의 고의 또는 과실로 인하여 제71조에 따른 피해보상을 하였을 때에는 보상액의 범위에서 보상을 받은 사람이 제3자에 대하여 가지는 손해배상청구권을 대위한다."는 법정대위 규정은 역시 제3의 불법행위자에 대한 국가의 구상권을 기초로 하는 것으로 보아야 한다. 다만 이 규정은 동법 제24조 등 정부 주도의 예방접종과 관련한 사안에 한하여 적용되는데, 이를 전술한 건보법 제58조 등과 같이 감염방지의무 위반의 일반적 사안에도 적용이 가능하도록 개정할 필요가 있다.

Ⅳ. 결　　어

감염병 관련 재정을 지출한 국가 등은 그 지출로 인한 부담을 세금이라는 이름으로 온전히 국민 일반에게 부담시킬 것이 아니라 그 지출에 책임을 져야 마땅한 사람들에게 그 부담을 전가하는 것이 정의에 부합한다. 이 책임을 져야할 사람들이란 감염방지의무를 위반한 사람들이다. 이들에게 그 재정지출의 부담을 전가하는 방식은 우선 손해배상의 이름으로 할 수 있으며 그 일부는 구상 및 변제자 대위의 법리에 따라 피해자의 손해배상책임을 대위하여 충당할 수 있다. 위에서 감염방지의무 위반에 따른 손해배상책임의 문제를 손해 귀속에 관한 전통적 이론에 입각하여 그 특이점을 검토하였고 일부 쟁점에서는 입법론도 전개하였다.

손해배상책임의 법리를 엄격하게 적용할 경우 감염병의 특성상 감염방지의무 위반으로 인한 피해자는 증명의 어려움으로 손해를 전보받기가 쉽지 않다. 또한 노출되지 않거나 조건적 인과관계가 증명되지 않아서 소위 고의·중과실의 '수퍼전파자'라고 하여도 아무런 민사책임을 지지 않고 넘어가는 경우에 비하여, 노출되고 조건적 인과관계가 증명된 위반자는 경과실 위반자라고 하여도 손해를 책임져야 할 범위와 배상해야 할 액수가 개인에게 가혹할 정도라는 것은 형평에 맞지 않는다. 특히 국가 등의 피해에 관한 한 감염방지위무 위반으로 재정지출에 따른 재산상 손해를 전통적인 손해 귀속의 법리에 의존하는 것이 과연 적절한 것인지 재고할 필요가 있다. 경과실 위반자에 대하여는 국가 등의 손해에 대한 배상책임을 면제하여 그 경로 은닉으로 인한 감염병 확산의 요인을 막고, 그 대신 고의·중과실 위반자로부터는 손해배상의 법리와 무관하게 손해배상에 버금가는 액수의 과징금을 부과하여 지출된 재정에 충당하는 방안을 제안하고자 한다. 이는 입법론이라고 할 정도로 구체화된 것은 아니고 발상의 차원이다. 감염방지의무 위반자가 그 위반으로 자신이 이익을 적극적으로 취득하는 것은 아니지만 국가 등에 불이익을 끼치는 바가 크므로 국가 등 타인의 재산상 이익을 보전하기 위하여 고의·중과실 위반자에 대한 과징금 제도를 도입하자는 것이다.[75] 국가 등 손해에 대한 경과실 위반자의 면책은 손해의 분산이라는 손해귀속의 원리에서 접근할 수 있다. 우리는 이미 해당 피해자의 '감수'와 그 가해자로의 '전가'라는 구조를 넘어서서 개별 특정 피해자와 가해자 사이의 '분담'이라는 사고로 발전했으며, 이제 보험이라는 제도를 통해 이미 경험하고 있듯이 피해자와 가해자라는 개인 간 손해 귀속의 문제를 피해자와 가해자가 속한 공동체가 함께 지는 사회적 '분산'의 체제도 익숙하다.[76] 전통적 손해 귀속 구조에서 이러한 변화는 예외적 현상이지만, 감염병과 관련된 손해

75) 과징금의 예로는 「부동산 실권리자명의 등기에 관한 법률」 제14조 등 참조.

76) 이러한 시각에 대하여는, 김천수, 앞의 논문("우리 불법행위법의 소묘 – 그 자화상과 미래상"), 528-529면 참조.

귀속의 사안에서는 이러한 변화를 보다 적극적으로 모색해야 하지 않는가 생각된다. 경과실 위반자로 인한 국가 등의 피해는 국가 등의 재정으로 충당하여 조세구조로 분산시키고 고의나 중과실을 범한 자로부터 손해액 및 행태를 고려하여 산정한 액수의 과징금을 감염병 관련 재정 지출에 충당하는 것으로 하자는 것이다.

[Abstract]

Civil Liability for Breach of Legal Duty to Prevent Transmission of Infectious Diseases

Kim, Cheonsoo*

This paper is related with how to remedy the harm caused by transmission of infectious diseases. There is discussed the liability for damages owed to the victim by the person violating his legal duty to prevent the spread of infectious diseases. First of all, the content of such duty, that is, the duty to prevent infection, was analyzed focusing on Infectious Disease Control and Prevention Act. And then the requirements for the establishment of liability for damages due to the violation, the scope of damage, and the calculation of damages were discussed separately. Regarding the establishment requirements, the arguments focused on the causes in fact. With mention of the difficulty of the proof, it was discussed in what context the jurisprudence of joint tort can be applied. Regarding the scope of damage, the legal interests to be protected by the norms that establish the duty to prevent infection were analyzed. In particular, remedy of infringement of the legal interests related with properties, that is, redemption of the financial expenditure of the state or local government, which is responsible for the cost of diagnosis and treatment of infectious diseases, and the cost of prevention and quarantine, and the loss of the victims in the process was dealt with in more depth. Regarding the calculation, the fact that the contribution of the victim's fault should be taken into consideration as the reason for the reduction of the amount of compensation was found and the legal prin-

* Ph. D., Professor of Law in Sungkyunkwan University.

ciple to reduce the amount of damages for which the violator is liable, who is not intentional or reckless but only slightly negligent in causing the damage was analyzed. Other issues include the relationship between the breach of duty to prevent infection and the health care benefits of the National Health Insurance Corporation, the relationship between the behavior of the person violating the duty to prevent infection and the restriction of medical care benefits, the indemnification and claims for damages between the state or local government that has expended its finance and the person who caused the expenditure by violating his or her duty to prevent infection and so on. The conclusion included a proposal to discuss a system in which violators of the infection prevention obligation who commit a light negligence be exempt from liability for damages and a heavy administrative penalty be imposed on violators who commit the breach of duty intentionally or with gross negligence, and so on.

[Key word]

- Covid-19
- Damage
- Duty to prevent infection
- Infectious diseases
- Legal interest
- Reduction of damages
- Remedy of harm
- Scope of damage
- Social distancing

참고문헌

[단 행 본]

곽윤직, 『채권각론』, 박영사(2000).

권영성, 『헌법학원론』, 법문사(1992).

김상용, 『채권각론』, 화산미디어(2011).

김주수, 『채권각론』, 삼영사(1992).

김증한/김학동, 『채권각론』, 박영사(2006).

김철수, 『헌법학개론』, 박영사(1993).

김형배, 『민법학연구』, 박영사(1986).

송덕수, 『채권법각론』, 박영사(2019).

이은영, 『채권각론』, 박영사(1999).

이태재, 『채권각론』, 진명문화사(1985).

장영수, 『헌법학』, 홍문사(2012).

한수웅, 『헌법학』, 법문사(2011).

편집대표 김용담, 『주석민법[채권각칙(5)]』, 한국사법행정학회(2016), [의료계약] (김천수 집필 부분).

편집대표 김용담, 『주석민법[채권각칙(7)]』, 한국사법행정학회(2016), [의료과오] (김천수 집필 부분).

편집대표 김용담, 『주석민법[채권각칙(8)]』, 한국사법행정학회(2016), [특수불법행위: § 765](이원 집필 부분).

Dominick Vetri, Lawrence C. Levine, Lucinda M. Finley, Joan E. Vogel, *Tort Law and Practice*, LexisNexis, (2003).

Erwin Deutsch, *Haftungsrecht Erster Band: Allgemeine Lehren*, Carl Henmanns Verlag KG, (1976).

Erwin Deutsch, Hans-Jürgen Ahrens, *Deliktsrecht*, Carl Heymanns Verlag KG, (2002).

Hans Brox, Wolf-Dietrich Walker, *Besonderes Schuldrecht*, Verlag C. H. Beck, (2002).

Hein Kötz, *Deliktsrecht*, Alfred Metzner Verlag, (1988).

General Editor W. Page Keeton, *Prossor and Keeton on the Law of Torts*, West Publishing Co., (1984).

H. L. A. Hart and Tony Honoré, *Causation in the Law*, Clarendon Press, (2002 reprint).

James M. Fischer, *Understanding Remedies*, Carolina Academic Press, (2016).

Münchener Kommentar zum Bürgerlichen Gesetzbuch Band 5, 6. Auflage, Verlag C. H. Beck München, (2013) (각주에서 인용은 동 문헌의 요구대로 'MüKoBGB/*집필자* § 해당 조문, Rn. 해당 번호'로 하였음).

Robby Bernstein, *Economic Loss*, Sweet & Maxwell, (1998).

[논　　문]

김준래, "국민건강보험법상 제3자 행위로 인한 보험급여와 손해배상 조정 제도 등에 관한 연구", 법학박사학위논문, 고려대학교(2020. 2.).

김천수, "기왕증을 포함한 피해자의 신체적 소인 및 진단과오가 불법행위책임에 미치는 영향", 성균관법학(제16권 제3호), 성균관대학교 법학연구소(2004).

______, "우리 불법행위법의 소묘－그 자화상과 미래상", 민사법학(제52호), 한국민사법학회(2010).

오종근, "불법행위법상 과실상계의 적용요건에 관한 연구", 법학박사학위논문, 서울대학교(1995. 2.).

정태윤, "공동불법행위법에 관한 연구", 법학박사학위논문, 서울대학교(1994. 8.).

임상시험에서의 의사의 선관의무*

이 지 윤**

■요 지■

우리나라의 임상시험은 최근 10년간 그 규모가 성장하여 임상시험 산업의 주요 국가로 자리매김하였다. 임상시험은 의료수준의 발전 및 치료 가능성의 확대를 위해 중요한 의미를 지니고 있다. 그러나 임상시험은 의약품 등의 안전성과 유효성을 증명하기 위한 것으로서 본질적으로 위험성을 내포하고 있으므로, 적절히 통제되어야만 임상시험대상자의 건강과 자기결정권이라는 법익을 보호할 수 있다. 이를 위해 임상시험을 수행하는 의사의 선관의무 이행이 특히 중요하다. 약사법과 그 하위법령은 시험자인 의사가 준수하여야 할 여러 의무를 규정하고 있다. 이 중 대상자 보호의무와 설명의무는 의사의 임상시험대상자에 대한 주된 선관의무를 구성한다. 이는 통상적인 의사의 진료행위에 있어서의 주의의무 및 설명의무와도 본질적으로 그 보호법익과 내용이 유사하다. 임상시험의 경우 통상적인 진료행위의 경우보다 가중된 설명의무가 요구된다. 임상시험에서의 구체적인 주의의무 기준 설정은 향후 판결과 연구를 통해 이루어져야 할 것이나. 주의의무의 기준을 막연히 높이거나 입증책임을 전환하는 등으로 임상시험을 수행하는 의사의 책임을 가중시킬 경우, 자칫 임상시험의 발전 및 환자의 새로운 치료법에 대한 접근성을 저해하고 손해의 공평·타당한 분담이라는 원칙에 위배될 우

---

* 이 글은 2020. 8. 22. 민사판례연구회 하계 심포지엄에서 발표한 내용을 수정한 것이며, 의료법학 제21권 제2호(2020. 9.)로 이미 발간된 논문을 다소 형식을 바꾸어 게재한 것임을 밝혀 둔다. 유익한 토론을 해 주신 이봉민 판사님께 감사드린다.

** 법무법인 한남 변호사, 행정법학 박사, 의사.

려가 있다. 이러한 의무들 외에도 임상시험에 대한 법령은 의사에 대해 여러 의무를 규정하고 있는바, 이러한 법령의 위반이 선관의무[1] 위반에 해당하여 손해배상책임이 인정되는지의 문제는 해당 법령이 부수적으로라도 임상시험대상자의 안전과 이익을 보호하기 위한 것인지 여부, 대상자의 법익 침해의 유무와 정도, 법령위배행위의 태양 등을 종합적으로 고려하여 판단하여야 한다. 이와 같은 여러 의무의 충실한 준수가 이루어지도록 체계를 마련하고, 구체적 사안에서 임상시험대상자의 법익이 적절히 보호되도록 사법(司法)적, 행정적 통제를 함으로써 법익 보호를 효과적으로 담보할 수 있을 것이다.

---

1) '선량한 관리자의 주의의무'란 '채무자의 직업, 그가 속하는 사회적 지위 등에 있어서 일반적으로 요구되는 주의'를 의미하며, 축약하여 '선관주의의무' 또는 '선관의무'라고 일컫기도 한다(지원림, 『민법강의』 제9판, 2011, 906면 참조). 이는 최근 고도의 직업적 분화가 이루어지면서 단순한 개념으로 단정하기 어렵게 되었다(이선희, "비영리법인에 있어서 이사의 선관주의의무－사립학교법인 이사의 취임승인취소 등에 나타난 사례를 중심으로－", 『성균관법학』 제30권 제1호, 2018, 99-100면 참조).

진료행위에서의 의사의 선량한 관리자로서의 주의의무(이하 '선관의무'라 한다)는 민법에서 정하고 있는 여러 유형의 선관의무 중에서도 제681조에서 정하고 있는 수임인의 선관의무에 해당한다고 볼 수 있다. 의사의 선관의무라는 개념은 통상적으로는－자기결정권 보호를 위한 설명의무를 제외한－치유를 위한 주의의무만을 의미하여 사용되는 것으로 보이나(대법원 2015. 10. 15. 선고 2015다21295판결), 선관의무의 내용에 의사의 설명의무도 포함되는 것으로 여겨지기도 한다(서울고등법원 2005. 4. 21. 선고 2004나3445 판결). 이에 대해, 선관의무의 개념을 진료계약의 주된 급부의무인 진료채무에만 한정할 것인가 아니면 부수의무인 설명의무까지 포함하는 것으로 볼 것인가에 따라 달라지는 것이라고 볼 여지도 있다. 한편, 변호사의 설명의무도 일반적으로 주된 급부의무는 아니고 부수의무에 속하는 것인데(권혁종, "변호사의 설명의무에 관한 연구－법적구성과 유형화를 중심으로－", 강원대학교 법학박사학위논문, 2018, 79면 참조), 판례는 민법 제681조의 수임인의 선관의무에 기하여 변호사의 설명의무를 인정한 바 있다(대법원 2004. 5. 14. 선고 2004나7354 판결). 그렇다면 임상시험을 수행하는 의사의 설명의무 또한 이를 임상시험대상자에 대한 주된 급부의무로 보든지 부수의무로 보든지 선관의무의 범위에서 배제되는 것이라고 단정하기는 어렵다. 특히－본문에서 검토하는 바와 같이－약사법령에서 임상시험 시험자인 의사의 설명의무를 강조하며 상세히 규정하고 있고, 판례에 의해도 일반적인 진료행위에 비해 임상시험에서는 설명의무가 가중된다는 점을 고려하면, 더더욱 설명의무가 선관의무에서 제외된다고 단정하기 어렵다고 생각한다. 따라서 본 논문에서는 기본적으로 설명의무가 선관의무에 포함되는 것이라고 전제하에, 임상시험에서의 의사의 선관의무의 구체적인 내용을 검토하고자 한다.

[주 제 어]
- 임상시험
- 의사의 선관의무
- 보호의무
- 설명의무
- 손해배상책임

Ⅰ. 서　　론

우리나라의 임상시험은 1998년 42건에서 2018년 679건으로 16배 증가하였으며 2000년부터 2019년 1월까지 한국의 누적 임상시험 건수는 9,866건으로 지난 10여 년간 글로벌 임상시험 산업의 주요 국가로 자리매김 하였다.[2] 임상시험이 지니는 중요성 중 하나는 새로 개발되는 신약에 대한 환자들의 접근성을 높일 수 있다는 점이다. 2011년부터 2017년까지 개발된 220여 개 신약 중 미국 국민은 192개의 신약을 임상시험 등을 통해 접할 수 있었고, 일본은 108개의 신약을 접할 수 있었으나, 우리나라는 80개로 36%에 불과하였다. 이로 인해 기존의 의약품만으로는 치료의 한계가 있는 환자들이 아픈 몸을 이끌고 신약 접근성이 보다 용이한 해외로 찾아가는 상황이 발생하기도 한다.[3]

이처럼 임상시험은 의료수준의 발전 및 치료의 가능성 확대를 위해 중요한 의미를 지니고 있다. 그러나 임상시험은 의약품 등의 의료기술을 인체에 적용하여 그 안전성과 유효성을 증명하기 위한 목적으로 시행되는 것으로서(약사법 제2조 제15호), 임상시험이 적절히 통제되지 않을 경우 임상시험 대상자(이하 '대상자'라 한다)에게 심각한 건강상 침해 또는 인권 침해를 초래할 수 있다.[4] 따라서 임상시험대상자의 건강 및 자기결정권 등의 법익 보호를 담보하는 것이 필수적이며, 이는 임상시험 관련 법령의 주된 목적에 해당한다. 특히 대상자는 임상시험 참가과정에서 임상시험의뢰자(이하 '의뢰자'라 한다)인 제약회사를 직접 접하지 않고, 임상시험을 담당하는 의사를 만나 임상시험을 결정하고 그 과정을 진행하게 된다.[5] 따라서 임상시험을 수행하는 의사의 대상자에 대한 선관의무의 내용을 구체

---

2) 국가임상시험지원재단, 『한국임상시험백서』, 2019, 148-156면 참조.

3) 국가임상시험지원재단, 『한국임상시험백서』, 2019, 199-200면 참조.

4) 김성룡, "임상시험에서 피험자의 동의에 관한 국제기준과 관련 국내법의 개선방향", 『법학논고』 제63집, 2018, 322면 참조.

5) 건강인이 아닌 환자가 임상시험에 참여하는 경우, 통상 해당 환자의 주치의가 임상시험을 수행하는 의사가 될 것이다.

적으로 확정하는 것이 적절한 임상시험의 수행 및 대상자 보호에 있어 필수적이다.

본 논문에서는 구체적으로 임상시험에서의 의사의 선관의무의 내용을 고찰하기 위해, 관련 규정의 내용과 판례에서 나타난 쟁점들을 중심으로 검토해보고자 한다. 임상시험에서의 의사의 선관의무에 대한 대표적인 판결은 대법원 2010. 10. 14. 선고 2007다3162 판결(이하 '대상판결'이라 한다)이다. 이하에서는 임상시험의 의의 및 대략적인 구조, 대상판결에서 나타난 의사의 선관의무에 관한 주된 쟁점, 임상시험을 규율하는 법령상 의사의 의무에 관한 내용, 그리고 의사의 선관의무 위반에 따른 효과에 대해 고찰하고자 한다.

Ⅱ. 임상시험의 의의 및 구조

1. 의 의

가. 개 념

약사법은 '임상시험'이란 "의약품 등의 안전성과 유효성을 증명하기 위하여 사람을 대상으로 해당 약물의 약동(藥動)·약력(藥力)·약리·임상적 효과를 확인하고 이상반응을 조사하는 시험(생물학적 동등성시험을 포함한다)을 말한다"고 정의하고 있다(약사법 제2조 제15호). 약사법의 하위규정인 「의약품 등의 안전에 관한 규칙」(이하 「의약품안전규칙」이라 한다) 제30조 제1항의 [별표 4] 「의약품 임상시험 관리기준」(이하 「관리기준」이라 한다) 또한 약사법과 마찬가지로 정의하고 있다(「관리기준」 제2호 가목).

나. 임상시험의 범위 및 유형

임상시험의 가장 대표적인 유형은 약사법의 규율 대상인 의약품 임상시험이지만, 의약품에만 한정되지 않는다. 의료기기에 대한 임상시험은 의료기기법[6]에서 규율하고 있으며, 의료행위의 안전성과 유효성을 증명하기 위한 시험은 의료법상 신의료기술평가에 의하고

6) 「의료기기법」 제10조 및 「의료기기법 시행규칙」 제24조의 [별표 3] 「의료기기 임상시험 관리기준」 등에서 규율하고 있다.

있다(의료법 제53조). 이처럼 임상시험은 연구 대상에 따라서도 구분되고, 연구의 목적에 따라 국가의 의약품 시판허가를 얻기 위한 '허가용'과 그러한 허가와는 무관한 '연구용'으로 구분되기도 하며, 외부 의뢰자의 의뢰에 의한 것인지에 따라 의뢰자주도임상과 연구자주도임상[7]으로 나뉘기도 한다.[8]

또한 의약품 임상시험은 그 단계에 따라, 임상시험용 의약품을 최초로 사람에게 투여하는 제1상 임상시험(임상약리시험), 환자군에서 치료적 유효성을 탐색하여 가능한 용량과 투여기간 설정을 위한 다양한 정보 수집을 목적으로 하는 제2상 임상시험(치료적 탐색 임상시험), 의약품의 안전성과 유효성을 확증하기 위한 제3상 임상시험(치료적 확증 임상시험 등), 품목허가 후 허가사항의 범위에서 수행하는 제4상 임상시험(치료적 사용 임상시험)으로 나누어진다. 이 중 제1상은 대체로 건강한 사람들을 대상으로 하여[9] 오직 연구의 목적으로 이루어지고, 제2상부터 제4상은 환자들을 대상으로 이루어지며 연구의 목적과 치료의 목적을 동시에 지니게 된다.[10] 이처럼 의약품 임상시험 내에서도 임상시험의 목적 및 임상시험대상자의 유형에 따라 구분된다. 본 논문에서는 임상시험의 가장 대표적인 유형인 의약품에 대한 임상시험을 중심으로 하여 검토하고자 한다.

---

7) 「의약품 임상시험 계획 승인에 관한 규정」 제2조 제1항 제3호는 이를 "연구자임상시험(sponsor-investigator trials)"라고 하며, "임상시험자가 '외부의 의뢰 없이 안전성 · 유효성이 검증되지 않은 의약품 또는 허가(신고)되어 시판중인 의약품으로 수행하는 임상시험"이라고 정의하고 있다.

8) 강한철, "임상시험과 환자를 위한 구체적 의료행위의 구분기준에 관한 고찰－대법원 2010. 10. 14. 선고 2007다3162 판결에 대한 비판적 검토를 중심으로－", 『서울대학교 법학』 제54권 제1호, 2013, 191-192면 참조.

9) 식품의약품안전처, "건강한 사람을 대상으로 하는 제1상 임상시험 수행 시 주요 고려사항", 2015, 1면 참조.

10) 김수영, "임상시험에서 연구자의 주의의무", 『한국의료법학회지』 제23권 제2호, 2015, 228면 참조.

2. 구 조

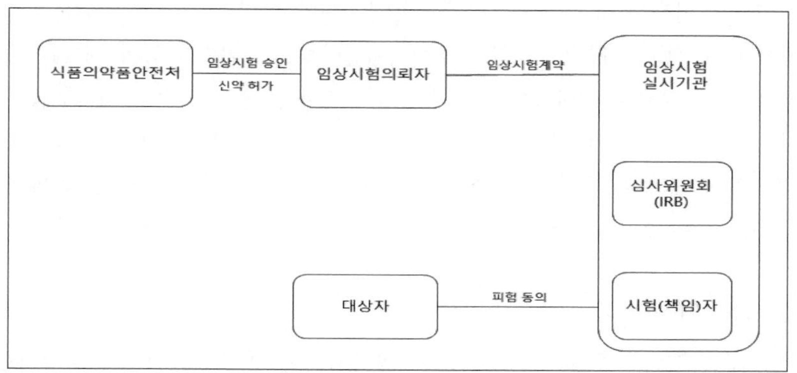

[그림] 임상시험 개요[11)]

의뢰자는 임상시험계획서를 작성하여 식품의약품안전처장의 승인을 받아야 한다(약사법 제34조). 승인을 받은 의뢰자는 전문지식과 윤리적 소양을 갖추고 해당 임상시험을 하기에 적합한 임상시험의 책임자(시험책임자)를 선정하여야 한다(「의약품안전규칙」 제30조 제1항 제3호). 시험책임자는 임상시험 실시 전 임상시험계획서, 동의서 서식 등의 문서를 임상시험 실시 전 임상시험실시기관 내 임상시험심사위원회(institutional review board, IRB, 이하 '심사위원회'라 한다)에 제출하여 검토를 받아야 한다(「관리기준」 제7호 라목 3)). 심사위원회가 임상시험계획서 등에 대해 승인을 하면, 의뢰자는 임상시험실시기관의 장과 임상시험계약을 체결한다(「관리기준」 제5호 가목). 임상시험계약의 내용에는 연구비의 지급에 관한 사항, 업무의 위임에 관한 사항과 함께 의뢰자와 임상시험실시기관의 의무사항으로서 「관리기준」, 관계 법령, 임상시험계획서 및 심사위원회의 승인 사항에 따라 임상시험을 실시할 것, 기록 및 보고절차를 준수할 것 등에 관한 합의가 포함되어야 한다(「관리기준」 제5호 가목 2) 및 제8호 아목 3)). 시험책임

11) 식품의약품안전처 홈페이지 참조(https://nedrug.mfds.go.kr/cntnts/13 2020. 7. 5. 방문).

자 또는 시험담당자에 해당하는 의사, 치과의사, 한의사는 대상자에게 임상시험에 대해 충분히 설명한 후 동의서를 받고,[12] 임상시험계획서에 따라 과학적이고 윤리적인 임상시험을 진행하여야 한다(「관리기준」 제7호). 임상시험 과정에 대해 식품의약품안전처장은 임상시험실시기관과 의뢰자 등이 「관리기준」에 따라 적절히 수행하였는지에 대해 실태조사를 실시할 수 있다(「관리기준」 제10호). 이러한 절차를 거쳐 실시된 임상시험을 통해 대상 의약품의 안전성과 유효성을 평가하여 신약 허가 여부가 결정되고, 신약 허가를 받은 후에 해당 의약품을 판매할 수 있다.[13]

Ⅲ. 대상판결의 개요[14]

대상판결은 줄기세포를 이용한 임상시험에 관한 사안으로, 임상시험 관련 의사의 설명의무의 내용을 제시하고 이에 대한 재산상 손해를 인정한 판결로서의 의의가 있다.[15] 피고들은 임상시험계획승인을 받지 않은 채 승인을 받지 않았다는 사실과 치료효과에 대한 충분한 설명을 제공하지 않고 원고들에게 줄기세포 이식수술을 시행하였으며, 원고들은 피고들에게 공동불법행위에 기한 손해배상을 구하였다. 1심 법원은 원고들의 줄기세포 구입비, 치료비 등의 재산상 손해와 위자료를 인정하였다. 2심 법원 또한 1심 법원과 마찬가지로 줄기세포 구입비, 치료비 등의 재산상 손해를 인정하였으며, 위자료의 액수를 증액하여 인정하였다. 원고 6과 피고들은 상고하였으나, 대법원은 상고를 모두 기각하였다.

---

12) 임상시험실시기관의 시험책임자가 임상시험대상자에게 임상시험에 대한 설명을 제공하고 임상시험에 참여하기로 동의를 얻는 관계를 지칭하는 법령상 명칭은 없으나, 이를 강학상 "피험자계약(Probandenvertrag)"라고 칭하기도 한다(김기영, "임상시험계약상 피험자의 민사법적 보호－의사의 진료와 의약품임상시험과의 구별을 중심으로－", 『법조』 제60권 제5호, 2011, 73면 참조).

13) 국가임상시험지원재단, 『한국임상시험백서』, 2019, 201면 참조.

14) 대법원 2010. 10. 14. 선고 2007다3162 판결(1심 판결: 서울동부지방법원 2005. 12. 1. 선고 2004가합8263 판결, 2심 판결: 서울고등법원 2006. 12. 14. 선고 2006나15474 판결).

15) 문현호, "줄기세포를 이용한 임상시험과 설명의무", 『대법원판례해설』 제85호, 2010, 250면 참조.

1. 사실관계

(1) 피고 의료법인은 한라병원을 설립 · 운영하는 법인이고, 피고 2는 한라병원의 병원장(이하 '피고 의사'라고 한다)이다. 피고 주식회사는 제대혈 보관기관인 탯줄은행을 운영하면서 줄기세포를 이용한 임상시험에 줄기세포를 제공하는 회사이고, 피고 4는 피고 주식회사의 대표이사이다.

(2) 원고 1, 2, 3, 4, 5, 7 및 소외 1은 간경화증 환자(이하 '원고 1 등'이랑 한다)이며, 원고 6은 다발성 경화증 환자이다(이하 '원고 1 등 환자'이라 한다). 원고 8, 9, 10은 소외 1의 가족들이다. 이 사건 환자들은 피고 주식회사가 공급한 줄기세포(이하 '이 사건 줄기세포')로 피고 의사에게 줄기세포 이식수술(이하 '이 사건 이식술'이라 한다)을 받았다.

(3) 피고 의사는 이 사건 이식술 전인 2003. 9.과 2003. 10.에 간경화증 환자인 소외 2와 소외 3에 대하여 줄기세포 이식수술을 시행하였다. 그리고 피고 4와 함께 기자회견을 열어 이식수술 결과 간 기능이 현저히 호전되었다는 취지의 발표를 하였다. 피고 의료법인은 '줄기세포 이식수술을 시행한 결과 소외 2와 소외 3의 간 기능이 현저히 호전되었으며, 특히 소외 2는 간경화증 말기였음에도 한라산 등반이 가능할 정도로 완치되었다', '이번 성공을 계기로 줄기세포의 효능이 입증되었다'는 내용의 글을 병원 홈페이지에 게재하였다. 피고 주식회사도 탯줄은행 홈페이지에 '줄기세포를 임상에 적용하여 간경화증 등의 치료에 성공하였다'고 게재하였다.

(4) 원고 1 등은 신문 · 방송, 홈페이지의 게재내용 등을 통해 줄기세포 이식수술에 대한 내용을 접하고, 피고 의사에게 이 사건 이식술을 받았다. 원고 1 등은 피고 의사의 소개를 통해 피고 주식회사에서 직접 구입하였다. 피고 의사나 줄기세포 관련 전담간호사는 원고 1 등에게 이식수술의 부작용으로 출혈, 염증 등이 발생할 수 있고, 줄기세포 이식수술의 치료효과에 대해서는 통계를 제시할 수 없다고 알려 주었으며, 이

와 같은 내용의 수술동의서도 받았다.

그러나 기존의 환자 2명의 결과는 학문적으로 의미 있는 임상결과라고 보기 어려우므로, 치료효과의 통계를 제시할 수 없는 정도가 아니라 시술효과가 확인된 임상사례가 존재한다고 보기도 어려운 상태임에도 피고 의사는 이에 대해서 충분히 설명하지 않았다. 또한 소외 2가 한라산을 등반할 정도로 건강을 회복한 사실이 없음에도, 이러한 내용에 대해 문의하는 환자들에게 사실과 다르다고 적극적으로 알려 주지 않았으며 해당 홈페이지 게시물을 삭제하도록 조치를 취하지도 않았다. 특히 이미 간경화증의 치료방법으로 인정받은 간이식수술과 관련하여, 피고 의사는 이 사건 이식술의 방법, 비용, 부작용, 치료효과 등을 간이식수술과 비교하면서 줄기세포 이식수술의 장점을 부각시키기도 하였다.

(5) 원고 6은 피고 회사를 우선 방문하여 줄기세포 공급계약을 체결한 후 피고 4의 소개로 피고 의사에게 방문하였다. 피고 의사는 다발성경화증에 대해서는 아무런 임상결과가 나온 것이 없으므로 신중히 결정하도록 조언하였으나, 원고 6은 줄기세포 이식수술을 강력하게 요청하여 이 사건 이식술을 받았다. 원고 6도 원고 1 등과 마찬가지로 줄기세포 이식수술의 부작용으로 출혈, 염증 등이 발생할 수 있다는 내용 및 치료효과의 통계를 제시할 수 없다는 내용의 설명을 들었으나, 시술효과가 확인된 임상사례가 존재한다고 보기 어렵다는 점에 대해서는 설명을 듣지 못하였다.

(6) 피고 의사와 피고 4는 식품의약품안전청장의 승인 없이 줄기세포를 이용하여 이식수술을 한다는 점에 대해 원고 1등과 원고 6에게 알려 주지 않았다. 다만, 보건복지부와 식품의약품안전청에서 2004. 3.경 세포치료제 실태조사에 들어가기 전까지는 줄기세포 제재에 대한 실태조사 및 형사처벌이 이루어진 사례가 없어, 피고 의사와 피고 4는 줄기세포 판매행위나 이식수술이 약사법에 위반된다는 명확한 인식을 지니고 있지 않았다.

(7) 이 사건 이식술로 인하여 원고 1 등과 원고 6에게는 어떠한 호

전이나 악화 또는 부작용도 관찰되지 않았다. 한편 피고 4는 식품의약품안전청장의 승인 없이 피고 의사를 통해 줄기세포치료제 임상시험을 하였다는 범죄사실에 대해 약사법위반죄(적용법조: 약사법 구법 제75조 제1항 제1호, 제36조의4 제1항[16])로 유죄판결을 받았다.

2. 쟁 점[17]

원고들은 피고들에 대하여, 치료를 빙자한 임상시험을 시행함으로써 원고들의 인격권과 적시에 치료받을 기회를 상실케 하였다는 이유로 공동불법행위를 원인으로 하는 손해배상을 구하는 소를 제기하였다. 피고들이 원고들에게 줄기세포를 공급하고 이식수술을 시행함에 있어 ① 약사법을 위반한 위법행위만으로 원고들에 대한 불법행위를 구성하는지, 그리고 ② 설명의무를 소홀히 함으로써 원고들의 자기결정권 등을 침해하여 손해배상책임이 인정되는지 여부가 주된 쟁점이 되었다.

3. 법원의 판단

가. 1심 판결

1심 법원은 손해배상책임의 발생 여부에 관한 판단의 전제로서 이 사건 이식술이 약사법 위반에 해당한다는 점을 확인하고, 설명의무 위반을 주된 이유로 하여 손해배상책임을 인정하였다. 임상계획승인을 받지 않은 것 자체만으로 불법행위를 구성한다고 명시적으로 판시하지는 않았다. 1심은 이 사건 이식술은 학문적으로 인정된 의료행위가 아닌 초기 연구단계의 시술이므로, 이와 같은 경우 통상적으로 인정되는 의료행위에 비하여 의사의 설명의무가 더욱 가중된다고 보았다. 임상시험에서 설명의무가 가중되는 것에 대한 근거로, 약사법 시행규칙상 임상시험계획의 승인 시 '피험자동의서 양식', '피해자 보상에 관한 규약', '피험자의 안전

---

16) 현행 약사법 제34조 제1항에 해당한다.

17) 줄기세포치료제가 임상계획승인을 받아야 하는 대상에 해당하는가도 쟁점에 해당하였으나, 본 논문에서는 이에 대한 논의는 제외하고자 한다.

보호에 관한 대책' 등이 포함되어 있는 점도 들었다.

그런데 피고 의사가 위와 같이 제공한 치료효과에 대한 설명만으로는 환자들이 시술 여부를 결정함에 있어 충분하지 않으며, 피고 4 또한 환자들과 직접 접촉하여 줄기세포를 판매하면서도 치료효과에 대한 피고 의사의 설명에 대해 묵비하거나 동조함으로써 환자들로 하여금 신중한 판단을 할 수 없게 하였다고 보았다. 1심은 피험자의 자기결정권을 보호하고 임상시험의 과학적 안전성과 유효성을 확보하기 위한 약사법 규정의 입법취지 등을 고려하면, 피고들은 원고들의 자기결정권 등을 위법하게 침해한 것이며 서로 객관적 관련공동성이 있으므로 공동불법행위가 인정된다고 보았다. 손해배상의 범위로는, 피고 의사와 피고 4가 환자들에게 승인을 받지 않은 채 임상시험에 해당하는 이 사건 이식술을 시행하는 것임을 알려 주었더라면 환자들이 부담하지 않았을 것으로 보이는 줄기세포 구입비와 치료비, 그리고 자기결정권 침해로 인한 위자료를 인정하였다.

나. 2심 판결

2심은 손해배상책임 발생을 약사법 위반과 설명의무 위반으로 나누어 판단하였다. 우선 2심은 이 사건 줄기세포가 의약품에 해당하여 약사법상 임상시험계획승인을 받아야 한다고 정하고 있음에도 피고들이 이 사건 이식술을 시행한 것은, 약사법에 위반되는 불법행위에 해당한다고 판시하였다.

이어서 2심은 시험적 시술행위에 있어서 담당 의사가 지켜야 할 의무에 대해 상세히 판시하였다. 즉, 임상시험에 비해 보다 안전성이 높은 다른 치료법이 있다면 그 방법을 선택하여야 하고, 부득이하게 시험적 치료가 필요할 경우 안전성과 효과를 충분히 검토할 뿐만 아니라 인적·물적 설비를 갖춘 의료기관에 한하여 그 실시가 허용되며, 환자의 자기결정권 보장을 위해 일반적인 의사의 설명의무에 더하여 당해 시험적 치료법에 포함된 시험적 요소로 인하여 발생할 수 있는 위험, 치료의 효과와 유효성, 방법의 논란성, 시술의 적법성 등을 상세하게 설명하고 환자로부터 명시적 동의를 받는 것이 필요하다고 하였다.

피고들이 임상시험계획승인을 받지 아니한 사실과 치료효과에 대해 충분히 설명하지 않아 환자들로 하여금 신중한 판단을 할 수 없게 한 점, 피고들에게 줄기세포제를 이용한 치료에 관한 전문적인 지식과 경험, 첨단시설을 갖추었다고 보기는 어려운 점, 피고들은 원고들을 상대로 이 사건 시술의 효과의 긍정적인 면만을 강조함으로써 적시에 치료를 받을 수 있는 기회를 상실케 한 점 등을 고려하면, 피고들이 설명의무를 다하지 않은 것은 자기결정권을 위법하게 침해한 불법행위에 해당한다고 판시하였다.

또한 설명의무 위반과 손해와의 인과관계에 관하여, 원고들이 임상시험계획승인을 받지 못한 사실을 피고 의사의 설명을 통해 알았더라도 이 사건 시술에 동의하였을 것으로 인정하기 어렵고, 이 사건 시술의 위법성 및 치료효과 등을 충분히 알았더라면 간이식수술을 받는 등 적시에 치료 받을 기회를 놓치지 않았을 것으로 보아 인과관계를 인정하였다. 손해배상의 범위로 줄기세포 구입비와 치료비, 그리고 1심보다 증액된 위자료를 인정하였다.

다. 대법원 판결

대법원 또한 불법행위의 성립 여부에 있어 약사법 위반과 설명의무 위반의 부분으로 나누어 판단하였으나, 원심과 달리 약사법 위반으로 인한 불법행위 성립은 인정하지 않았다. 대법원은 약사법을 위반하여 승인 없이 임상시험에 해당하는 의료행위를 하였더라도 그 자체가 의료상의 주의의무 위반행위가 되지는 않으므로, 당해 의료행위에 있어 구체적인 의료상의 주의의무 위반이 인정되지 아니한다면 그 것만으로 불법행위책임을 지지는 않는다고 보았다. 따라서 원심이 피고들의 약사법 위반행위만으로 곧바로 불법행위를 구성한다고 판단한 것은 잘못이나, 결과적으로는 피고들의 설명의무 위반으로 손해배상책임이 인정되므로 판결의 결론에 영향을 미치지 아니한다고 보아 상고를 기각하였다.

의사의 설명의무에 관하여, 특히 의료행위가 임상시험단계에서 이루어지는 것이라면 통상적인 진료행위에서의 의사의 설명의무 내용에 더하여 해당 의료행위의 안전성 및 유효성(치료효과)에 관하여 표준적 의료행위와 비교하여 설명할 의무가 있다고 판시하였다. 또한 의약품 공급자는 임상시험 단계의 의약품을 공급함에 있어 해당 의약품의 안전성 및 유효성 등 그 구입 여부의 결정에 영향을 미칠 수 있는 중요한 사정을 수요자에게 고지할 신의칙상 의무가 있다고 판시하였다. 그런데 피고 의사와 피고 4는 환자들의 의사결정에 중요한 영향을 줄 수 있는 치료효과에 관해 그릇된 정보를 제공하는 등 설명의무를 위반한 잘못이 있으며, 이들의 불법행위는 서로 객관적 관련공동성이 있어 공동불법행위를 구성한다고 판단하였다.

대법원 또한 원심과 마찬가지로, 피고 의사 등이 이 사건 시술의 치료효과에 대해 그릇된 정보를 제공하지 않았더라면 원고들이 고액을 지불하면서 이 사건 시술을 받지는 않았을 것이라고 보아, 설명의무 위반과 줄기세포 구입비 및 치료비 등의 재산상 손해 사이의 상당인과관계를 인정하였다.

4. 검 토

1심과 2심 그리고 대법원 모두 손해배상의 범위로서 위자료에 더해 줄기세포 구입비와 치료비를 포함한 재산상 손해를 인정하고 있다. 재산상 손해의 인정은 주의의무 위반과 손해와의 상당인과관계가 인정될 경우에 가능하다. 설명의무 위반에 대해 위자료뿐만 아니라 재산상 손해를 포함한 전 손해가 손해배상의 범위로 인정되려면, 그 설명의무의 위반이 구체적 치료과정에서 요구되는 의사의 주의의무의 위반과 동일시할 정도의 것이어야 하고 그러한 위반행위와 환자의 사망 등의 악결과 사이에 인과관계가 존재함이 입증되어야 한다.[18)]

그런데 1심과 2심 그리고 대법원은 재산상 손해의 인정근거를 다소

18) 대법원 1994. 4. 15. 선고 93다60953 판결.

상이하게 구성하고 있는 것으로 보인다. 1심은 손해배상책임 발생의 주된 원인을 설명의무 위반으로 판시하면서도 임상시험의 과학적 안전성과 유효성을 확보하기 위한 약사법 관련규정의 입법취지도 함께 고려하고 있어, 설명의무 위반으로 인한 전 손해배상책임을 인정하는 것인지 아니면 약사법 위반이라는 위법행위에 대해 손해와의 인과관계를 인정하여 손해배상책임을 인정하는 것인지 여부가 다소 불명확하다. 2심은 약사법 위반이라는 위법행위를 곧바로 불법행위로 인정하면서, 설명의무 위반에 대해서도 손해와 인과관계가 있다고 인정하였다. 대법원은 약사법 위반 행위만으로 곧바로 불법행위를 구성한다고 보기는 어려우나, 원심과 마찬가지로 설명의무 위반에 대해 손해와의 인과관계를 인정하여 전 손해배상책임을 인정하였다. 해당 사안에서는 임상시험계획에 대해 승인을 받지 않은 법령위반 외에도, 기존 환자 2명에 대한 보도내용이 잘못된 것이라는 것을 밝히지 않은 사정 등 설명의무를 위반하였다고 볼 만한 여러 사정이 존재하였고, 이러한 설명의무 위반과 재산상 손해 사이의 인과관계가 인정되어 결과적으로 원심과 대법원의 판결의 결론이 동일하게 되었다.

주목할 점은, 2심 판결에서는 임상시험계획승인을 받지 않은 사실 또한 의사의 설명의무의 대상이 된다고 하였고, 피고들이 임상시험을 시행하기 위한 전문적인 인적·물적 설비를 갖추었다고 보기 어렵다는 점도 설명의무 위반의 사정으로 보았다는 것이다. 그런데 임상계획의 승인은 적법한 임상시험의 요건이기는 하나, 약사법 및 「관리기준」은 승인 여부를 설명의무의 내용으로 명시하고 있지는 않다. 또한 약사법 및 「관리기준」은 인적·물적 설비의 확보를 임상시험실시기관과 시험책임자의 의무로 규정하고 있기는 하나, 이를 설명의 대상으로 규정하고 있지는 않다(현행 약사법 제34조의2 제1항, 「관리기준」 제7호 아목).

그렇다면 임상시험의 승인을 받지 않은 채 이를 알리지 않았거나 인적·물적 설비를 확보하지 않은 경우, 그리고 이러한 경우 외에도 약사법 및 「관리기준」에 규정된 여러 준수사항 중 일부를 위반한 경우, 의사가 대상자에 대해 설명의무 등의 선관의무를 위반하였다고 인정할 수 있는지 여부가 문제된다. 즉, 법령위반행위를 대상자에 대한 선관의무 위반으로 인정할 수 있는지 문제된다. 아래에서는 먼저 임상시험의 의의 및 법령에서 정하고 있는 임상시험에서의 의사의 의무, 그리고 이로부터 도출되는 의사의 선관의무의 내용을 살펴보고, 선관의무 위반에 따른 효과를 검토하고자 한다.

Ⅳ. 관련 규정 및 판례에 나타난 의사의 선관의무의 내용

1. 임상시험 관련 규정

임상시험을 규율하는 주된 법령은 약사법과 그 하위 규정인 총리령 「의약품안전규칙」과 동 규칙의 별표로 규정된 「관리기준」[19]이다. 「관리기준」은 임상시험이 「관리기준」, 헬싱키선언에 근거한 윤리규정, 및 관계 법령에 따라 임상시험을 실시하여야 한다고 정하고 있다(「관리기준」 제3호 가목). 따라서 아래에서는, 임상시험을 직접적으로 규율하고 있는 약사법, 「의약품안전규칙」, 「관리기준」상의 의사의 준수사항을 살펴보고, 「관리기준」에서 기본원칙으로서 정하고 있는 헬싱키선언에 근거한 윤리규정, 그리고 관계 법령에 대해서 검토하고자 한다.

가. 약사법 및 「의약품안전규칙」

약사법은 제34조 이하에서 임상시험에 대해 규정하고 있다. 동법 제34조는 임상시험의 승인의 요건 및 임상시험을 하려는 자가 준수하여야 할 사항을 정하고 있다. 여기서 '임상시험을 하려는 자'는 일반적으로 의뢰자[20]인 제약회사에 해당할 것이다. 의약품에 대해 임상시험을 하려는

---

19) 「관리기준」은 과거 식품의약품안전청고시로 규정되어 있었으나, 2011. 5. 6. 약사법 시행규칙(보건복지부령 제52호, 2011. 5. 6.)의 개정에 따라 동 시행규칙 제32조 [별표 3의2]로 규정되었다. 이후 정부조직 개편에 의해, 의약품 제조업, 의약품 표시·기재사항 등 의약품 안전에 관한 업무는 식품의약품안전처에서, 약사 면허, 의약품 판매업 등에 관한 업무는 보건복지부에서 각각 관장하도록 하는 등의 내용으로 약사법이 개정됨에 따라 2013. 3. 23. 총리령인 「의약품안전규칙」이 제정되면서 「관리기준」은 해당 규칙 제30조 [별표 4]로 규정되었다(법제처 홈페이지 「의약품안전규칙」 제정이유 참조).

자는 임상시험계획서를 작성하여 식품의약품안전처장의 승인을 받아야 한다(동법 제34조 제1항). 임상시험을 하려는 자는 임상시험실시기관에서 임상시험을 실시하여야 하고(동법 제34조 제3항 제1호), 총리령[21]에서 정하는 임상시험의 실시 기준을 준수하여야 한다(동법 제34조 제3항 제2호 및 제34조 제7항). 또한 대상자의 모집 공고 시 임상시험의 명칭, 목적, 방법, 대상자 자격과 선정기준, 의뢰자와 책임자의 성명 · 주소 · 연락처 및 예측 가능한 부작용에 관한 사항을 알려야 하고(동법 제34조 제3항 제3호), 대상자에게 발생할 수 있는 건강상의 피해를 배상 또는 보상하기 위해 보험에 가입하고, 보상절차를 준수하여야 한다(동법 제34조 제3항 제5호). 그리고 임상시험용 의약품에 대한 안전성 정보를 평가 · 기록 · 보존 · 보고하여야 한다(동법 제34조 제3항 제6호). 약사법 제34조를 위반하여 승인을 받지 않은 채 임상시험을 시행하거나, 지정된 임상시험실시기관에서 임상시험을 실시하지 않거나, 실시 기준을 준수하지 않을 경우 등에 대해서는 벌칙규정을 두고 있다(약사법 제94조 제1항 제3호 및 제3호의2). 또한 임상시험 대상자 모집 공고 시 고지의무를 위반한 경우에도 과태료 규정을 두고 있다(약사법 제98조 제1항 제4호의4).

약사법 제34조의2는 임상시험실시기관의 지정 및 임상시험실시기관이 준수하여야 할 사항을 규정하고 있다. 임상시험실시기관은 임상시험의 내용, 임상시험으로 인하여 발생 가능성이 있는 건강상 피해의 정도와 보상에 대해 임상시험 대상자에게 사전에 설명하고 서면 동의를 받아야 하며(동법 제34조의2 제3항 제2호), 임상시험 대상자의 의사표현능력 결여 등으로 동의를 받을 수 없는 경우 대리인의 서면 동의를 받아야 한다(동법 제34조의2 제3항 제3호). 또한 임상시험에 관한 기록을 작성 · 보관 · 보고할 의무가 있다(동법 제34조의2 제3항 제5호). 이 외에 임상시험실시기관의 운영과 관리 등에 있어 필요한 사항은 총리령에서 정하도록 위임하고 있다(동법 제34조의2 제5항). 약사법 제34조의2를 위반하여 지정을 받지 않고 임상시험을 실시하거나, 사전 설명을 하고 서

---

20) 「의약품안전규칙」 제24조 제2항 제14호에서도 "임상시험을 하려는 자(이하 "임상시험 의뢰자"라 한다)"의 정보, 시험책임자 성명 및 직책을 임상시험계획서에 포함시켜야 한다고 규정하고 있어, '임상시험을 하려는 자'는 통상적으로 의뢰자를 가리킨다고 할 수 있다.

21) 「의약품안전규칙」 제30조.

면 동의를 얻을 의무를 위반한 경우 등에 대해 벌칙규정을 두고 있다(약사법 제94조 제1항 제3호의3 내지 제3호의5).

총리령인 「의약품안전규칙」 제30조는 각 호의 기준과 [별표 4] 「관리기준」을 통해 약사법에서 위임한 임상시험 실시기준 및 임상시험실시기관의 준수사항을 정하고 있다. 동 규정에 의하면, 임상시험 의뢰자와 임상시험실시기관의 장은 임상시험을 식품의약품안전처장이 승인한 임상시험계획서에 따라 안전하고 과학적인 방법으로 실시하여야 하고, 의뢰자는 전문지식과 윤리적 소양을 갖추고 충분히 경험이 있는 자 중에서 임상시험 책임자를 선정하여야 한다. 임상시험실시기관의 시험책임자는 약사법 제34조의2에서 정하고 있는 임상시험의 내용, 발생 가능한 건강상 피해 및 보상에 대해 대상자 또는 대리인의 서면 동의를 받아야 한다. 이 외에도 「의약품안전규칙」은 식품의약품안전처고시인 「의약품 임상시험 계획 승인에 관한 규정」,「의약품 등 임상시험 실시기관 지정에 관한 규정」에 임상시험 승인절차의 세부사항, 임상시험실시기관의 지정요건 및 지정절차 등에 대해 정하도록 위임하고 있다(「의약품안전규칙」 제24조, 제30조 및 제34조).

나. 「관리기준」

「관리기준」은 의약품 임상시험에 필요한 임상시험의 준비, 실시, 모니터링, 점검, 자료의 기록 및 보고 등에 관한 기준을 정함으로써, 정확하고 신뢰할 수 있는 자료와 결과를 얻고 시험대상자의 권익 보호와 비밀 보장을 담보하는 것을 목적으로 하고 있다. 「관리기준」은 임상시험의 기본원칙을 제시하고, 임상시험심사위원회, 시험자, 임상시험 의뢰자, 식품의약품안전처장에 대해 요구되는 각 요건 및 기준을 정하고 있다. 「관리기준」의 기본원칙에 의하면, 임상시험은 헬싱키선언에 근거한 윤리규정, 관리기준 및 관계 법령에 따라 실시하여야 하고, 과학과 사회의 이익보다 대상자의 권리 및 안전이 우선시 되어야 하며, 식품의약품안전처장이 승인한 임상시험 계획서에 따라 임상시험이 실시되어야 하고, 대상자에 대한 의학적 처치 및 결정은 의사·치과의사 또는 한의사의 책임 하에 이루어져야 한다(「관리기준」 제3호).

(1) 「관리기준」의 법적 성격

「관리기준」은 총리령으로서 그 형식이 법규명령에 해당한다.[22] 규정의 내용 또한 임상시험 이해관계인인 임상시험실시기관의 장, 심사위원회, 시험자, 의뢰자 등이 임상시험을 수행함에 있어 지켜야할 사항을 정하고 있다. 따라서 「관리기준」은 임상시험에 관한 국민의 권리·의무관계를 추상적으로 규율하는 대외적 구속력이 있는 법규명령에 해당한다.

(2) 「관리기준」상 의사의 의무

임상시험에서 의사는 시험책임자 또는 시험담당자로서의 역할을 수행한다. '시험책임자(principal investigator)'란 시험기관에서 임상시험의 수행에 대한 책임을 갖고 있는 사람을 말한다(「관리기준」 제2호 초목). '시험담당자(Subinvestigator)'란 시험책임자의 위임 및 감독 하에 임상시험 관련 업무를 담당하거나 필요한 사항을 결정하는 의사, 치과의사, 한의사 및 그 밖의 임상시험에 관여하는 사람을 말한다(「관리기준」 제2호 코목).[23] 시험책임자와 시험담당자를 포괄하여 '시험자'라고도 칭한다(「관리기준」 제2호 버목). 「관리기준」 제7호에서는 시험책임자와 시험담당자에 관한 여러 요건 및 준수하여야 할 의무를 규정하고 있는데, 그 주요 내용은 다음과 같다.

1) 시험자의 자격요건 등

시험자는 임상시험 실시에 필요한 교육, 훈련 및 경험을 갖추어야 한다. 시험자는 「관리기준」 및 관계 법령을 자세히 알고, 이를 준수하여야 한다(「관리기준」 7호 가목).

---

22) 「관리기준」은 임상시험 이해관계인들의 의무에 대해 규정하고 있어, 그 내용이 행정규칙의 실질을 가진다고 보기도 어려우므로, '법규명령형식의 행정규칙'에 해당한다고 보기도 어렵다.

23) 「관리기준」의 문언만으로는 시험책임자와 시험담당자가 전부 의사 자격을 갖추어야 한다고 보기 어려우나, 시험책임자에게는 시험담당자에게 위임한 의학적 업무에 대해 감독할 책임이 있으므로 실무상 모든 시험책임자는 의사자격을 지닌 자에 해당한다(유선 질의 및 국민신문고 홈페이지 참조, https://www.epeople.go.kr/nep/pttn/gnrlPttn/pttnSmlrCaseDetail.npaid 2020. 7. 9. 방문). 이에 비해 시험담당자에는 의사 외에 간호사도 포함된다. 시험담당자인 의사는 의학적 결정, 임상시험에 대한 설명 및 동의를 구할 의무가 있으며, 시험담당자인 간호사는 투약 등 임상시험과 관련된 업무를 담당한다(유선 질의 참조).

2) 임상시험 실시에 필요한 자원 확보 의무

시험책임자는 임상시험을 적절하고 안전하게 실시하기 위하여 필요한 시험담당자 등의 인력과 시설 및 장비를 확보하여야 한다(「관리기준」 제7호 나목).

3) 시험자의 대상자 보호의무

대상자에 대한 임상시험과 관련한 모든 의학적 결정은 의사, 치과의사 또는 한의사(이하 '의사'라고 통칭한다)의 자격을 가진 시험책임자 또는 시험담당자가 한다. 시험책임자는 임상시험 중 또는 임상시험 이후에 임상시험에서 발생한 모든 이상반응에 대해 대상자가 적절한 의학적 처치를 받을 수 있도록 하여야 한다. 그리고 시험책임자가 알게 된 병발(併發) 질환이 의학적 처치가 필요한 경우 그 사실을 대상자에게 알려야 한다(「관리기준」 제7호 다목). 대상자의 건강을 보호할 의무를 명시적으로 규정하고 있고, 임상시험 중 발생한 이상반응뿐만 아니라 대상자의 병발질환에 대해서도 적절한 의학적 조치를 취할 것을 내용으로 하고 있다. 이는 통상적인 진료행위에서의 의사의 주의의무와 본질적으로 그 보호법익 및 내용이 동일하다고 할 수 있다.

4) 심사위원회와 시험책임자의 정보교환의무

시험책임자는 임상시험 실시 전에 임상시험계획서, 대상자 서면동의서 서식, 안전성 정보 등의 문서를 심사위원회에 제출하여 검토를 받아야 한다(「관리기준」 제7호 라목).

5) 임상시험 계획서 준수의무

시험자는 의뢰자와 서면합의하고 심사위원회 및 식품의약품안전처장의 승인을 받은 임상시험계획서를 준수하여 임상시험을 실시하여야 한다(「관리기준」 제7호 마목 1)). 시험책임자는 의뢰자와의 사전합의와 심사위원회 및 식품의약품안전처장의 변경승인을 받기 전에는 임상시험계획서와 다르게 임상시험을 실시해서는 안 된다. 다만, 대상자에게 발생한 즉각적 위험 요소의 제거가 필요한 경우는 예외로 한다. 이 때 시험책임자가 시행한 변경사항에 대하여 가능하면 빨리 해당 사실 및 실시 사유를 기록한 문서를 의뢰자, 심사위원회 및 식품의약품안전처장에게 제출하여 각각 합의 및 승인을 받아야 한다(「관리기준」 제7호 마목 2) 내지 4)).

6) 임상시험용 의약품의 관리의무

임상시험용 의약품은 시험책임자와 관리약사가 관리의 책임을 진다. 시험책임자는 임상시험용 의약품이 임상시험 계획서에 따라 투여되고 관리되는지를 확인하여야 한다. 시험책임자와 관리약사는 대상자에게 임상시험용 의약품의 정확한 투여방법을 설명하여야 하고, 대상자가 해당 지시 사항을 적절히 이행하고 있는지 확인해야 한다(「관리기준」 제7호 바목).

7) 무작위배정 및 눈가림해제 관련 의무[24)]

임상시험계획서에서 무작위배정절차를 정한 경우 시험책임자는 이에 따라야 하며, 임상시험 계획서에 명시된 절차에 의해서만 눈가림을 해제하여야 한다. 눈가림 방식의 임상시험에서 우발적으로 또는 중대한 이상반응으로 임상시험 완료 전 눈가림이 해제된 경우, 시험책임자는 이 사실을 기록하고 의뢰자에게 알려야 한다(「관리기준」 제7호 사목).

8) 대상자에게 설명을 제공하고 동의를 구할 의무

「관리기준」은 임상시험대상자에 대한 설명의무의 내용 및 대상자로부터 동의를 구하는 방식에 대해 상세히 정하고 있다. 시험책임자 또는 시험책임자의 위임을 받은 시험담당자인 의사[25)]는 임상시험대상자에게 임상시험의 내용, 임상시험으로 인해 발생 가능한 건강상의 피해 및 보

24) '무작위배정(randomization)'이란 임상시험에서 발생할 수 있는 편향(bias)을 줄이기 위해 확률에 따라 대상자를 각 치료군에 배정하는 것을 의미한다. '눈가림(blinding)'이란 임상시험에 관여하는 사람이 배정된 치료법에 대해 알지 못하도록 하는 방식을 의미한다(「관리기준」 제2호 로목 및 모목).

25) 「관리기준」 제7호 아목 5)에 의하면 시험책임자 또는 시험책임자의 위임을 받은 사람은 임상시험의 모든 측면에 대한 정보를 대상자에게 상세히 알려야 한다고 정하고 있어 해당 규정만으로는 설명을 제공하는 주체가 의사에 한정되지 않는 것처럼 보이나, 이하의 규정에서는 시험책임자 또는 시험책임자로부터 위임을 받은 의사, 치과의사, 한의사가 동의서에 서명하여야 하며 대상자 및 대상자의 대리인이 하는 모든 질문에 대해 상세하게 답변하여야 한다고 규정하고 있다[「관리기준」 제7호 아목 7) 및 8)]. 그렇다면 시험대상자에게 임상시험에 대해 설명을 제공하고 동의를 얻을 의무가 있는 자는 의사, 치과의사, 한의사이면서 임상시험의 시험책임자 또는 시험담당자의 지위에 있는 자로 봄이 타당하며, 실무상에서도 의사가 임상시험에 대해 설명을 제공하고 있다.

상 등 임상시험의 모든 측면에 대한 정보에 대해 충분히 설명을 제공하고, 서면의 방식으로 동의를 받아야 한다(약사법 제34조의2 제3항 제2호, 「의약품안전규칙」 제30조 제1항 제4호 및 「관리기준」 제7호 아목). 의사는 대상자의 동의를 받기 전에 대상자나 대상자의 대리인[26)]이 임상시험에 대해 상세히 질문하고 참여 여부를 결정할 수 있도록 충분한 시간을 주어야 하며, 임상시험에 관한 모든 질문에 대해 성실하게 답변하여야 한다. 설명을 제공한 의사는 동의서에 서명을 하고, 해당 날짜를 자필로 적도록 하여 임상시험 전에 설명이 충실히 이루어지도록 담보하고 있다.

「관리기준」은 임상시험에 관한 정보 중에서도 동의서 또는 시험대상자설명서[27)]에 기재되어야 할 사항들을 별도로 규정하고 있다(「관리기준」 제7호 아목 10)). 따라서 이는 필수적인 설명의무의 대상에 해당한다고 할 수 있다. 여기에는 임상시험의 목적, 검증되지 않은 임상시험이라는 사실, 대상자에게 미칠 것으로 예상되는 위험이나 불편, 임상시험을 통하여 대상자에게 기대되는 이익이 있거나 대상자에게 기대되는 이익이 없을 경우에는 그 사실, 대상자가 선택할 수 있는 다른 치료방법이나 종류 및 그 치료방법의 잠재적 위험과 이익, 임상시험과 관련한 손상이 발생하였을 경우 대상자에게 주어질 보상이나 치료방법, 대상자가 임상시험에 참여함으로써 받게 될 금전적 보상이 있는 경우 그 예상 금액, 대상자의 임상시험 계속 참여 여부에 영향을 줄 수 있는 새로운 정보를 취득하면 제때에 대상자 또는 대상자의 대리인에게 알릴 것이라는 사실 등이 포함된다(「관리기준」 제7호 아목 10)).

---

26) 대상자의 이해능력 · 의사표현능력의 결여 등으로 친권자 또는 후견인 등의 동의를 받아야 하는 경우, 시험책임자 및 시험담당자는 대상자에게 대상자 자신이 이해할 수 있는 정도까지 임상시험에 관한 정보를 주어야 하며, 가능하면 대상자는 동의서에 자필로 서명하고 날짜를 적도록 하여야 한다[제7호 아목 12)]. 사전에 대상자로부터 동의를 받는 것이 불가능한 응급 상황의 경우에는 동석한 대상자의 대리인의 동의를 받아야 하며, 대리인이 동석하지 않은 경우에는 심사위원회로부터 문서로 승인을 받아야 한다. 이 경우 시험책임자 및 시험담당자는 대상자나 대상자의 대리인에게 가능하면 빨리 임상시험에 대하여 알려야 하며, 임상시험에 계속 참여하는 것에 대하여 동의를 받아야 한다[제7호 아목 15)].

27) '시험대상자설명서'란 시험책임자가 임상시험대상자의 동의를 받기 위해 임상시험대상자에게 해당 임상시험과 관련한 모든 정보를 담아 제공하는 문서를 말한다(「관리기준」 제2호 저목).

9) 기록 및 보고의무

시험책임자는 의뢰자에게 보고하는 모든 보고서에 포함된 자료가 정확하고, 읽기 쉽고, 시기적절하도록 하여야 한다. 시험책임자는 기본문서 등 임상시험 관련 문서를 「관리기준」 제9호 및 관계 법령에 따라 보관하여야 한다(「관리기준」 제7호 자목). 시험책임자는 1년에 1회 이상 임상시험의 진행상황을 요약하여 서면으로 심사위원회에 제출하여야 하며, 대상자에 대한 위험이 증가하거나 임상시험의 실시 여부에 중대한 영향을 미치는 변화가 발생하였을 때에는 이를 의뢰자 및 심사위원회에 신속히 문서로 보고하여야 한다(「관리기준」 제7호 차목). 또한 시험책임자는 임상시험의 안전성과 관련한 보고를 할 의무가 있으므로, 모든 중대한 이상반응[28)]을 서면으로 신속히 의뢰자에게 보고하여야 한다(「관리기준」 제7호 카목).

다. 헬싱키선언에 근거한 윤리규정[29)]

세계의사회는 1964년 핀란드 헬싱키에서 개최한 총회에서의 헬싱키 선언 이후 2013년 제7차로 이를 개정하였다. 헬싱키 선언은 인간 대상의 의학연구에 대한 윤리 원칙을 제시하며, 「관리기준」에서도 이를 기본원칙의 근간으로 삼고 있다. 헬싱키 선언은 서문과 일반 원칙에 이어 비밀유지, 연구윤리위원회 운영 등에 관한 각론으로 구성되어 있다.

서문에서는 해당 선언은 의사에게 우선적으로 적용되지만, 인간 대상 의학연구에 관련된 다른 연구자들도 이 원칙을 준수하도록 권장한다고 하고 있다. 이어서 일반 원칙에 의하면, 의학연구의 근본적 목적은 새로운 지식 창출이지만 이러한 목적이 결코 연구대상자 개인의 권리와 이익보다 우선할 수 없다는 원칙을 천명하고 있다. 일반 원칙은 의학연구를 수행하는 의사는 연구대상자의 생명, 건강, 존엄, 자기결정권, 사생활 및 개인정보의 비밀을 보호할 의무가 있으며, 의사는 인간 대상 연구에

28) 이상반응 중 생명에 대한 위험이 발생한 경우, 입원할 필요가 있는 경우, 영구적이거나 중대한 장애 및 기능 저차를 가져온 경우, 태아에게 기형 또는 이상이 발생한 경우 등에 해당하는 이상반응을 의미한다(「관리기준」 제2호 하목).

29) 국가생명윤리정책연구원 번역, “세계의사회 헬싱키 선언: 인간 대상 의학연구 윤리 원칙”, 『대한의사협회지』, 2014, 899-902면 참조.

있어서 적용 가능한 국제적 규범과 기준뿐만 아니라 자국의 윤리적·법적·제도적 규범과 기준을 동시에 고려해야 한다고 규정하고 있다. 또한 의학연구와 진료를 겸하는 의사는 잠재적 예방, 진단 및 치료의 가치에 의해 연구가 정당화 될 수 있는 범위에서만, 그리고 연구 참여가 연구대상자가 되는 환자의 건강에 부정적으로 영향을 미치지 않을 것이라는 충분한 근거를 가지고 있는 경우에만 자신의 환자를 연구에 참여토록 해야 한다고 정하고 있다.

다음으로, 헬싱키선언의 각론에서는 보다 구체적으로 의사 및 연구자들의 선관의무를 규정하고 있다. 특히 '충분한 설명에 의한 동의' 항목에서는 의사는 연구 참여에 대해 충분한 설명에 의한 동의를 구하여야 하며, 이 때 잠재적인 연구대상자가 의사와의 의존적 관계에 의해 동의하게 되는 것을 특히 주의하여야 한다고 하고 있다. 또한 동의능력이 없는 연구대상자의 경우, 의사는 합법적인 대리인의 동의와 함께 본인의 찬성을 구하여야 한다고 정하고 있다. '임상 실무에서 입증되지 않은 시술' 항목에서는, 입증된 기존 시술이 없거나 효과적이지 않은 경우, 의사는 환자 또는 합법적인 대리인에게 충분한 설명 제공에 따른 동의를 얻어 입증되지 않은 시술방법을 사용할 수 있다고 정하고 있다.

대한의사협회가 제정한 의사윤리지침은 제40조 내지 제42조에서 의학연구 시 의사의 의무에 대해 규정하고 있다. 이에 의하면, 의사는 사람을 대상으로 하는 연구에서 연구참여자의 권리, 안전, 복지를 최우선으로 고려하여야 하며, 연구결과에 대해 제약회사 등으로부터 보상을 받아서는 안 되고, 진실에 부합하는 연구결과를 도출할 것을 정하고 있어,[30] 약사법 및 「관리기준」과 비교하여 그 취지와 내용이 크게 다르지 않다.

라. 관계 법령

임상시험의 기본원칙에 의하면, 임상시험은 헬싱키선언에 근거한 윤리규정, 「관리기준」 및 관계 법령에 따라 실시하여야 하며(「관리기준」 제3호 가목), 시험

30) 대한의사협회, "의사윤리지침", 2017 개정.

책임자와 시험담당자는 「관리기준」 및 관계 법령을 자세히 알고 이를 준수하여야 한다(「관리기준」 제7호 가목 3)). 여기서 '관계 법령'이 어떠한 법령을 의미하는지 확정이 필요하다.

「관리기준」의 정의규정에서는 "관련 규정(applicable regulatory requirement)" 이란 "임상시험에 관련된 약사법령 및 고시 등"을 의미한다고 정하고 있으며(「관리기준」 제2호 두목), 이러한 '관련 규정'은 곧 '관계 법령'을 의미하는 것으로 보인다.[31] 그런데 임상시험에 대해서는 비단 약사법령 및 그 하위 규정인 고시뿐만 아니라, 의료법령,[32] 국민건강보험법령,[33] 「생명윤리 및 안전에 관한 법률생명윤리법」(이하 '생명윤리법'이라 한다)[34] 등이 모두 적용될 수

31) 정의규정에서는 '임상시험의 준수', '점검', '모니터링'등에 대해서 각 행위가 '관련 규정'에 따라 이루어지는 것을 의미한다고 정하고 있으나 제7호와 제8호에서의 '임상시험의 준수', '점검', '모니터링'에 관한 개별 규정에서는 '관계 법령'에 따를 것을 규정하고 있어, '관련 규정'과 '관계 법령'을 사실상 동일한 의미로 사용하고 있는 것으로 보인다.

32) 의료법은 의료인 및 의료기관 종사자가 의약품공급자 및 의료기기공급자로부터 판매촉진을 목적으로 제공되는 경제적 이익을 받는 것, 이른바 '리베이트'를 금지하며 이를 위반하는 자에 대해서는 3년 이하의 징역이나 3천만 원 이하의 벌금에 처할 수 있도록 규정하고 있다(의료법 제23조의3 제1항, 제88조 제2호). 약사법에서도 이와 같은 취지로 의약품공급자가 경제적 이익을 제공하거나 약사 또는 한약사가 이를 제공받는 것을 금지하는 규정을 두고 있다(동법 제47조 제2항, 제94조 제1항 제5의2호). 그러나 의료법과 약사법에서는 임상시험 지원 등의 행위로서 보건복지부령으로 정하는 범위 안의 경제적 이익의 수여(受與)에 대해서는 예외로 하고 있다(의료법 제23조의3 제1항 단서, 약사법 제47조 제2항 단서). 해당 보건복지부령인 의료법 시행규칙은 식품의약품안전처장의 임상시험계획 승인을 받은 임상시험에 대해서는, 임상시험을 실시하는데 필요한 수량의 임상시험용 의약품과 적절한 연구비에 한하여 제공이 허용된다고 규정하고 있다(동 규칙 제16조의5 [별표 2의3]).

33) 국민건강보험법의 위임을 받는 「국민건강보험 요양급여의 기준에 관한 규칙」 제5조 제2항 및 [별표 1]의 제1호 자목에 의하면, 요양급여는 연구 또는 시험의 목적으로 이루어지는 의료행위 등에는 실시해서는 아니 되나, 보건복지부고시인 「임상연구의 요양급여 적용에 관한 기준」에 따라 이루어지는 임상연구의 경우 요양급여의 대상이 될 수 있다고 정하고 있다. 「임상연구의 요양급여 적용에 관한 기준」 제3조는 연구자 주도로 공익적 목적을 위하여 실시하는 임상연구, 또는 의뢰자 주도 임상연구 중 공중 보건위기 대응 등 긴급히 요양급여를 적용해야 할 필요성이 있거나 희귀난치성 질환 연구 등 공익적 목적이 큰 경우를 요양급여 적용 대상이 가능한 경우로 정하고 있다.

34) 생명윤리법은 인간과 인체유래물 등을 연구하거나 배아나 유전자 등을 취급할 때, 인간의 존엄과 가치를 침해하거나 인체에 위해를 끼치는 것을 방지함으로써

있다.[35] 이에 약사법령뿐만 아니라 의료법 등의 법령도 「관리기준」상의 '관계 법령'에 포함되는 것으로 보아야 한다는 견해도 있다.[36] 그러나 「관리기준」상의 '관계 법령'이란 임상시험에 관련된 '약사법령'으로 한정하고 있으므로, －의료법 및 국민건강보험법 등 타 법령에 의한 별도의 규율이 이루어질 것이나－「관리기준」상의 '관계 법령'은 임상시험을 규율하는 약사법 제31조 이하의 규정 및 하위 규정인 「의약품안전규칙」, 임상시험에 관한 식품의약품안전처고시에 한정되는 것이 법령상 문언에 부합하는 해석으로 보인다.

마. 검　　토

이처럼 임상시험을 규율하는 주된 규정인 「관리기준」에는 시험자로서의 의사가 준수하여야 할 여러 사항이 규정되어 있다. 그리고 이 중 뚜렷하게 대상자의 건강과 자기결정권을 보호하는 것을 목적으로 하고 있다고 볼 만한 내용으로는, 우선 대상자 보호의무, 그리고 대상자에게

생명윤리 및 안전을 확보하고 국민의 건강과 삶의 질 향상에 이바지함을 목적으로 하며(동법 제1조), 인간과 인체유래물 등을 연구하는 임상연구에 관한 기본원칙을 정한 기본법으로서의 성격을 갖는다. 따라서 인간을 대상으로 하는 연구인 임상시험에도 원칙적으로 적용된다고 할 것이다. 그러나 생명윤리법은 여러 차례의 개정을 거쳐, 현재는 배아 및 인체유래물에 대한 비침습적 연구에 대한 규율을 중심으로 구성되어 있다(이은영, "임상시험 관련 법제의 문제점과 개선방안", 『동북아법연구』 제13권 제3호, 2020, 165면 참조). 법의 적용범위에 대해서 '생명윤리 및 안전에 관하여는 다른 법률에 특별한 규정이 있는 경우를 제외하고는 이 법에 따른다'고 규정하고 있으므로(생명윤리법 제4조), 약사법령에서 규율되고 있는 의약품 임상시험에 대해서는 보충적인 규율로서의 의미를 지닌다고 할 수 있다.

35) 2020. 8. 28. 시행을 앞두고 있는 「첨단재생의료 및 첨단바이오의약품 안전 및 지원에 관한 법률」(약칭: 첨단재생바이오법)은 기존의 합성의약품과는 다른 인체세포 등을 이용하는 세포치료, 유전자치료 등의 첨단재생의료 및 세포치료제, 유전자치료제, 조직공학제제 등의 첨단바이오의약품의 특수성을 고려하여 별도로 규율하기 위해 제정된 법률이다. 첨단재생의료의 안전성 확보 체계 및 기술 혁신·실용화 방안을 마련하고 첨단바이오의약품의 품질과 안전성·유효성 확보 및 제품화 지원을 목적으로 하고 있다(제1조). 이로써 안전성과 유효성이 입증된 첨단바이오의약품의 빠른 시장진출을 돕고 환자들의 치료접근성 개선을 도모하고자 하는 것이다(이은영, "임상시험 관련 법제의 문제점과 개선방안", 『동북아법연구』 제13권 제3호, 2020, 170면 참조).

36) 강한철, "임상시험심사위원회(IRB)의 리베이트 통제 역할에 대한 소고", 『인권과 정의』 제434호, 2013, 17면 참조.

충분한 설명을 제공하고 서면동의를 구할 의무를 들 수 있다. 이는 의료행위에서 의사의 주의의무 및 설명의무와 그 보호법익 및 내용이 유사하다. 따라서 보호의무와 설명의무는 대상자에 대한 의사[37)]의 선관의무에 해당한다고 할 수 있다.

그런데 이 밖에도 시험자인 의사의 의무로 규정된 임상시험계획서의 준수의무 및 보고의무 등에 대해서는 대상자에 대한 의사의 선관의무로 볼 수 있는지 의문의 여지가 있다. 아래에서는 먼저 임상시험에서의 의사의 보호의무와 설명의무의 구체적인 내용을 검토한 후, 이 외의 규정된 의무가 의사의 선관의무를 구성할 수 있는지 여부를 검토하고자 한다.

2. 대상자 보호의무

앞서 본 바와 같이 「관리기준」에서 정하고 있는 시험자인 의사의 보호의무는 의료행위에서의 의사의 주의의무와 그 보호법익, 취지 및 내용이 본질적으로 동일한 것이라 볼 수 있다. 의료행위에서 의사의 과실 유무를 판단함에 있어, 판례는 "위험한 결과 발생을 예견하고 그 결과 발생을 회피하는 데에 필요한 최선의 주의의무를 다하였는지 여부를 따져 보아야 한다"고 판시함으로써[38)] 위험발생에 대한 예견의무와 회피의무를 주의의무의 내용으로 삼은 바 있다.[39)] 이러한 예견의무와 회피의무는 임상시험에서의 시험자의 의무에서도 그 내용을 구성한다. 임상시험에서의 의사의 보호의무는 '임상시험에서 발생한 모든 이상반응에 대해 대상자가 적절한 의학적 처치를 받을 수 있도록 하여야 하고, 시험책임자가 알게 된 대상자의 병발질환이 의학적 처치가 필요한 경우 그 사실을 대상자에게 알려야'하는 것인데, 이는 위험발생에 대한 예견의무 및 회피의무에 해당한다고 볼 수 있기 때문이다(「관리기준」 제7호 다목). 이뿐만 아니라, 임상시험을 위한 자원 확보의 의무로서 '시험책임자는 임상시험을 적절하고 안전하게

37) 대상자가 환자일 경우 시험자인 의사는 주치의에도 해당할 것이다.
38) 대법원 1998. 2. 27. 선고 97다38442 판결.
39) 김선중, 『의료사고 손해배상소송』, 육법사, 2012, 174-175면 참조.

실시하기 위하여 필요한 인원, 시험담당자, 장비 및 시설을 확보하여야'하는 의무도–특히 이러한 시설 등의 자원이 대상자의 안전을 위해 필수적인 요소일 경우–위험발생 예방을 담보하기 위한 것으로 볼 수 있다.[40] 「관리기준」은 건강한 사람을 대상으로 하는 제1상 임상시험에도 마찬가지로 적용되어야 하므로, 시험자의 대상자 보호의무 및 자원확보의무도 연구적 임상시험과 치료적 임상시험 모두에 요구된다.

치료적 임상시험에서 임상시험을 수행하는 의사는 시험자로서 지위와 치료자로서 전통적인 의사로서의 지위를 모두 지니게 된다. 따라서 환자가 지닌 질환에 대한 통상적인 의사의 주의의무와 임상시험에서의 의사의 주의의무가 모두 적용될 것이다.[41] 치료적 임상시험에서 피험자 계약의 주된 목적은 기존의 의료수준에 더해 그 이상의 새로운 의료수준을 찾는 것에 있다.[42] 기존의 통상적인 의료행위에 비하여, 임상시험의 경우 그 안전성과 유효성이 검증되지 않은 것이므로 대상자에게 예상하지 못한 부작용이 생길 수 있고 치료의 효과도 쉽게 예측하기 어려운 점이 있다.[43] 따라서 시험자인 의사로서는 기존의 의료수준에 따른 주의의무의 이행 외에도 임상시험에 있어 알려지지 않은 부작용 등 위험발생을 감소시키기 위한 주의를 기울여야 한다. 이와 관련하여, 적절하고 안전한 임상시험을 위해서 임상시험을 시행하기 위한 의학적 적응증에 대해 상세한 기준이 요구되므로, 임상시험계획서에 시험모집단의 선정기준, 제외기준 및 중도탈락기준을 상세히 설정하도록 하고 있다(「의약품안전규칙」 제24조 제2항 제5호)[44]·[45]

40) 김수영, "임상시험에서 연구자의 주의의무", 『한국의료법학회지』 제23권 제2호, 2015, 233면 참조.

41) 김수영, "임상시험에서 연구자의 주의의무", 『한국의료법학회지』 제23권 제2호, 2015, 230면 참조.

42) 김기영, "임상시험계약상 피험자의 민사법적 보호–의사의 진료와 의약품임상시험과의 구별을 중심으로–", 『법조』 제60권 제5호, 2011, 73면 참조.

43) 위계찬, "의약품 임상시험에서 피험자 보호", 『의료법학』 제13권 제2호, 2012, 84면 참조.

44) 임상연구정보서비스 홈페이지(https://cris.nih.go.kr/cris/search/search_result_st06.jsp?seq=3385<ype=&rtype= 2020. 7. 7. 방문).

45) 김기영, "임상시험계약상 피험자의 민사법적 보호–의사의 진료와 의약품임상시

이와 관련하여, 임상시험에 대해서는 통상의 의료수준에 따른 주의의무의 기준보다 더 높은 주의의무의 기준이 적용되어야 하고, 이에 따라 과실이 인정될 여지를 높이고 인과관계에 대한 입증책임을 전환하여야 한다고 보는 견해도 있다.[46] 즉, 이상반응의 예견과 회피에 대한 주의의무의 정도를 가중하여야 한다는 것이다. 그러나 다음과 같은 이유로 임상시험을 수행하는 의사의 주의의무 위반 여부를 판단함에 있어, 일반적인 의사의 주의의무의 수준보다 더 높은 주의의무를 적용하기는 어렵다고 생각한다. 의사의 주의의무는 의료행위를 할 당시 임상의학 분야에서 실천되고 있는 의료행위의 수준을 기준으로 판단하여야 하는데,[47] 임상시험의 경우 임상의학 분야에서 실천되고 있던 의료행위에 해당하지 아니하므로 당시 임상의학 분야에서의 수준보다 어느 정도로 주의의무의 기준을 높여야 하는지 그 기준의 명확한 설정이 어렵다.[48] 따라서 임상시험을 수행하는 의사의 주의의무 위반에 대한 판단 또한 구체적이고 보편적인 기준의 설정 없이 자의적으로 이루어질 우려가 있다. 의사에게 임상시험에 대해 막연하게 높은 주의의무를 요구할 경우, 자칫 임상시험의 위축을 초래함으로써 환자들의 임상시험에 대한 접근성이 사실상 제한되는 결과로 돌아올 우려도 있다. 이로 인해 기존의 치료방법이 효과적이지 않은 환자들은 많은 비용부담과 어려움을 겪으며 임상시험을 받기에 용이한 국가로 치료를 받으러 가거나, 이마저도 어려운 환자들은 새로운 의약품에 대한 시도조차 포기해야만 할 수도 있을 것이다.

또한 기존의 의료수준에 따른 주의의무의 기준에 의하더라도 위험성이 큰 의약품을 투여하는 경우 위험 발생을 예견하고 회피하여야 할 주

험과의 구별을 중심으로－",『법조』제60권 제5호, 2011, 73면 참조.

46) 김기영, "새로운 약제의 사용과 의사의 민사책임의 근거",『법조』제59권 제5호, 2010, 95-102면 참조.

47) 대법원 1998. 2. 27. 선고 97다38442 판결.

48) 임상시험에 대해 통상의 의료수준에 따른 주의의무보다 더욱 엄격한 기준에 의해야 한다고 보는 견해에서도, 구체적인 기준 설정이 실무적으로 어렵다는 문제가 있음을 인정하고 있다(김기영, "새로운 약제의 사용과 의사의 민사책임의 근거",『법조』제59권 제5호, 2010, 96-99면 참조).

의의무가 가중되므로, 임상시험에 대한 의사의 주의의무 위반 여부를 판단함에 있어 기존의 의료수준에 따른 주의의무를 기준으로 하여도 의사로 하여금 환자의 건강 보호를 위한 최선의 조치를 하도록 담보함에 있어 충분할 것으로 생각된다. 안전성과 유효성의 불확실성으로부터의 피해를 방지하기 위해서는, 다음에서 검토하는 바와 같이 설명의무의 가중을 통해 환자의 손해 발생을 최소화하고 자기결정권을 보호할 수 있다고 생각한다.

3. 의사의 설명의무

「관리기준」에 의하면 대상자에 대한 임상시험과 관련한 모든 의학적 결정은 의사 자격을 가진 시험책임자 또는 시험담당자가 하도록 규정하고 있으며, 시험책임자 또는 시험책임자의 위임을 받은 의사는 동의서에 서명하도록 규정하고 있다. 임상시험 대상자가 임상시험에 참여할 것인지에 대한 결정 또한 의학적 결정에 해당하며, 동의를 구할 의무의 주체도 의사로 규정하고 있으므로 의사가 임상시험에 관한 설명의무의 주체가 된다.[49]

건강인을 대상으로 하는 비치료적 임상시험이나 환자를 대상으로 하는 치료적 임상시험에서 연구를 목적으로 하는 임상시험이라는 점, 임상시험의 목적, 임상시험 대상자가 받게 될 각종 검사 및 절차, 검증되지 않은 임상시험이라는 사실, 대상자에게 미칠 것으로 예상되는 위험이나 불편, 임상시험과 관련한 손상이 발생하였을 경우 제공될 보상이나 치료방법 등에 대해 설명을 제공하고 서면으로 동의를 얻을 의무가 있다(「관리기준」 제7호 아목 10)).

치료적 임상시험의 경우, 이에 더해 기존의 표준적 의료행위와 비교하여 임상시험에 해당하는 의료행위의 안전성과 유효성을 설명할 의무가 요구된다.[50] 특히 기존의 의약품에 비해 임상시험용 의약품의 경우 안전

49) 김수영, "임상시험에서 연구자의 주의의무", 『한국의료법학회지』 제23권 제2호, 2015, 230면 참조.

50) 전병남, "의약품사고의 민사책임에 관한 연구", 연세대학교 법학박사학위논문, 2006, 207면 참조.

성과 유효성 측면에서 불확실성이 더욱 크기 때문에, 복용 방법 및 이상 반응이 발생하였을 때의 대처방법 등에 대한 지도설명의무와 자기결정권 보호를 위한 설명의무가 더욱 강화된다고 할 것이다.[51] 대상판결 또한 의료행위가 임상시험의 단계에서 이루어지는 경우, 통상적으로 요구되는 의사의 설명의무의 내용에 더해 해당 의료행위의 안전성 및 유효성을 기존의 표준적 의료행위와 비교하여 설명할 의무가 있다고 판시함으로써 임상시험에서의 의사의 설명의무를 강화한 바 있다.[52]

이와 같이 임상시험에서의 설명의무는 통상의 의료행위의 경우에 비해 설명의 내용이 더욱 강화될 뿐만 아니라, 반드시 서면동의에 의하여야 한다는 차이가 있다. 일반적인 의료행위의 경우 의사와 환자 사이에 구두에 의해 진료계약이 체결된다.[53] 민사상 손해배상책임과 관련해서도 설명이 반드시 서면으로 이루어져야 한다고 볼 수는 없다. 단지 설명의무의 이행에 대한 입증책임이 의사에게 있기 때문에, 입증의 수월함을 위해 대체로 서면에 의한 동의가 이루어진 것이다.[54]·[55]

---

51) 김수영, “임상시험에서 연구자의 주의의무”, 『한국의료법학회지』 제23권 제2호, 2015, 232면 참조.

52) 미용성형수술은 심미적 만족감을 주된 목적으로 하는 것으로서 의학적 긴급성이나 불가피성이 매우 약하므로 설명의무의 정도가 가중된다(대법원 2013. 6. 13. 선고 2012다94865 판결). 치료적 임상시험의 경우, 치료적 목적이 약하다고 할 수는 없을 것이다. 기존 치료법을 적용할 수 없거나 효과가 없었던 경우에는 임상시험의 의학적 불가피성은 기존의 통상적 의료행위의 경우와 가까울 것이나, 기존 치료법도 고려할 여지가 있을 경우에는 임상시험의 의학적 불가피성은 다소 낮아진다고 할 수 있다. 따라서 기존 치료법도 적용이 가능하였다고 인정될 경우, 미용성형수술에서 설명의무가 가중되는 것과 같이 임상시험에 대한 설명의무가 더욱 가중된다고 할 것이다.

53) 위계찬, “의약품 임상시험에서 피험자 보호”, 『의료법학』 제13권 제2호, 2012, 83-84면 참조.

54) 현두륜, “개정 의료법상 설명의무에 관한 비판적 고찰”, 『의료법학』 제18권 제1호, 2017, 20면 참조.

55) 다만, 의료법은 환자의 자기결정권 보장을 보다 강하게 보호하기 위해 2016년 의사의 설명의무 규정을 도입하여, 사람의 생명 또는 신체에 중대한 위해를 발생하게 될 우려가 있는 수술, 수혈, 전신마취를 하는 경우에 대해서는 서면동의를 받아야 한다고 정하고 있다(동법 제24조의2). 이는 수술 및 전신마취 등의 의료행위는 특히 신체에 중대한 영향을 미칠 수 있는 가능성이 크므로, 최소한 서면에 의한 설명의 제공이 이루어질 것을 보장하기 위한 취지로 보인다(이지윤, “신의료

4. 그 밖에 임상시험 규정에서 도출되는 의사의 선관의무

약사법 및 「관리기준」에 의하면, 시험자인 의사에게는 보호의무 및 설명의무 외에도 임상시험 실시에 필요한 자원확보의무, 임상시험계획서 준수의무, 임상시험용 의약품의 관리의무, 무작위배정 및 눈가림해제 관련 의무, 기록 및 보고의무 등 다양한 의무가 요구된다. 이러한 법령상 의무들을 의사의 선관의무의 내용으로 볼 수 있는지 여부가 문제된다. 대상판결은 피고들이 약사법을 위반한 행위만으로 곧바로 불법행위를 구성한다고 볼 수는 없다고 하였다. 반면, 대상판결의 2심은—약사법의 위반행위로써 곧바로 불법행위를 인정한 것 외에도—설명의무 위반 여부를 판단함에 있어서도 임상시험계획승인을 받지 아니한 사정, 그리고 인적·물적 설비가 불충분하였던 사정들을 모두 의사의 설명의무 위반의 사정으로 판시한 바 있다.[56] 그렇다면, 임상시험에 관한 법령상 의무를 위반한 경우 이를 의사의 선관의무 또는 주의의무 위반으로 보아 불법행위가 성립한다고 볼 수 있는지 문제된다.[57]

가. 법령위반행위에 따른 손해배상책임 유무에 관한 판례의 태도

판례에 의하면, '법령위반에 대해 손해배상책임을 인정하기 위해서는 법령에 위배된 행위와 제3자가 입은 손해 사이에 상당인과관계가 있어야 할 것이며, 이러한 상당인과관계를 판단함에 있어서는 결과발생의 개연성은 물론 법령의 입법목적과 보호법익, 법령위배행위의 태양 및 피침해이익의 성질 등을 종합적으로 고려하여 판단하여야 한다'고 판시하고 있

기술평가제도에 대한 행정법적 연구", 서울대학교 법학박사학위논문, 2020, 284-285면 참조).

56) 1심 또한 임상시험계획승인을 받기 위해서 임상시험 피해자 보상에 관한 규약, 동의서 서식, 대상자 안전보호 대책에 관한 서류를 제출하도록 하는 약사법 시행규칙의 입법취지를 고려하여 피고들의 공동불법행위를 인정하였다. 대법원은 설명의무 위반에 따른 전 손해배상책임을 인정하면서 해당 부분에 대한 원심의 판단은 배척하지 아니하였지만, 원심과 달리 설명의무 위반에 관한 판시에서 임상시험계획승인을 받지 아니한 점 등은 이유로 들고 있지 않다.

57) 문현호, "줄기세포를 이용한 임상시험과 설명의무", 『대법원판례해설』 제85호, 2010, 208면 참조.

다.[58] 이러한 상당인과관계의 판단에는 법령위반행위가 제3자에 대한 선관의무의 위반에 해당하는지, 그리고 해당 행위와 손해 발생과의 상당인과관계가 인정되는지의 두 단계 판단이 포함되어 있다고 볼 수 있다. 즉, ① '법령의 입법목적과 보호법익, 법령위배행위의 태양 및 피침해이익의 성질' 등에 비추어 법령상 의무를 제3자에 대한 선관의무로 볼 수 있고, ② 그 선관의무의 위반과 '결과 발생과의 개연성' 즉 상당인과관계가 인정된다면, 법령위반행위에 따른 제3자에 대한 손해배상책임이 인정될 것이다.

법령의 목적과 보호법익과 관련해서, 판례는 '공무원에게 직무상 의무를 부과한 법령의 보호목적이 사회 구성원 개인의 이익과 안전을 보호하기 위한 것이 아니고 단순히 공공일반의 이익이나 행정기관 내부의 질서를 규율하기 위한 것이라면, 가사 공무원이 그 직무상 의무를 위반한 것을 계기로 하여 제3자가 손해를 입었다 하더라도 공무원이 직무상 의무를 위반한 행위와 제3자가 입은 손해 사이에는 법리상 상당인과관계가 있다고 할 수 없다'고 판시한 바 있다.[59] 다만, '법령이 전적으로 또는 부

---

58) 대법원 1995. 1. 12. 선고 94다21320 판결: 상호신용금고의 대표이사가 상호신용금고법 제12조에 위배하여 초과대출을 한 것으로 인해 제3자가 손해를 입은 사안에서, 판례는 해당 법령의 취지가 제3자의 신뢰를 보호하고자 함에 있는 것이 아니라는 이유로 법령위반행위와 제3자의 손해 사이의 상당인과관계를 부정하였다.

59) 대법원 2001. 4. 13. 선고 2000다34891 판결: 판례는 '구 풍속영업의규제에관한법률(1999. 3. 31. 법률 제5942호로 개정되기 전의 것) 제5조에서 다른 법률에 의한 허가·인가·등록 또는 신고대상이 아닌 풍속영업을 영위하고자 하는 자로 하여금 대통령령이 정하는 바에 의하여 경찰서장에게 신고하도록 한 규정의 취지는 선량한 풍속을 해하거나 청소년의 건전한 육성을 저해하는 행위 등을 규제하여 미풍양속의 보존과 청소년보호에 이바지하려는 데 있는 것이므로, 위 법률에서 요구되는 풍속영업의 신고 및 이에 대한 수리행위는 오로지 공공 일반의 이익을 위한 것으로 볼 것이고, 부수적으로라도 사회구성원의 개인의 안전과 이익 특히 사적인 거래의 안전을 보호하기 위한 것이라고 볼 수는 없다'고 보았다. 따라서, 노래연습장의 시설 및 영업 일체를 양수한 후 구 풍속영업의규제에관한법률의 규정에 따라 영업주 명의변경을 위하여 경찰서장에게 풍속영업변경신고서를 제출하였으나, 위 노래연습장 건물에 이미 속셈학원과 컴퓨터학원이 있다는 것이 발견되어 전 영업주의 풍속영업신고서 수리행위가 잘못된 것으로 밝혀지자 경찰서장이 위 변경신고서를 반려한 경우, 경찰서장이 전 영업주의 영업신고서를 잘못 수리한 행위나 이를 즉시 시정하지 않은 행위와 영업변경신고서가 반려됨으로써 양수인이 입은 영

수적으로라도 국민 개개인의 안전과 이익을 보호하기 위하여 공무원의 직무상의 의무를 정하고 있는 경우, 소속 공무원이 그 직무상 의무를 위반하여 국민에게 손해를 가하면 상당인과관계가 인정되는 범위 안에서 국가 또는 지방자치단체가 배상책임을 부담'하게 된다.[60)]

의료행위 관련 사안에서도 마찬가지로, 판례는 의료인의 법령위반행위의 사정만으로 곧바로 환자에 대한 주의의무 위반 및 불법행위의 성립을 인정하기는 어렵다고 하고 있다. 판례는 한약업사에 불과한 피고가 의료법에 위반하여 의료행위를 하였다 하더라도 그 자체가 의료상의 주의의무 위반행위는 아니라고 하면서, 원고에게 한약을 복용하도록 하면서 독성이 강한 성분을 투여하는 등의 구체적인 주의의무를 위반하였는지 여부를 인정하기 어려우며, 한약 투여로 인해 원고의 모야모야병이 발병 또는 악화되었다고 보기도 어렵다고 판단한 바 있다.[61)] 또한 요양기관이 요양급여기준을 위반하여 원외처방을 한 사안에서도 판례는 '이러한 원외처방이 환자에 대해서는 최선의 주의의무를 다하기 위한 것으로서 가입자 등 환자에 대해서는 위법한 행위로 볼 수 없더라도, 국민건강보험 질서에 손상을 가하는 행위이므로 국민건강보험공단에 대해서는 민법 제750조의 위법행위에 해당하여 손해배상책임이 인정된다'는 취지로 판시함으로써,[62)] 처방이라는 하나의 행위가 의료법, 민법 또는 국민건강보험법에서 지니는 의미, 관련된 보호법익 및 이해관계인에 따라 불법행위 성립 여부가 달라질 수 있음을 확인한 바 있다.

그렇다면, 임상시험에서 의사의 법령위반행위를 대상자에 대한 선관의무를 위반한 것으로 볼 수 있는지 여부 또한 해당 규정의 취지 및 보

업상 손해 사이에 상당인과관계가 없다고 하였다.

60) 대법원 2006. 4. 14. 선고 2003다41746 판결: 판례는 하천법령에 따라 안양천의 유지·관리·점용허가 관련 업무를 맡고 있는 담당공무원의 직무상 의무는 부수적으로나마 사회구성원 개개인의 안전과 이익을 보호하기 위하여 설정된 것이라고 보아, 담당공무원이 하천법상 점검의무를 소홀히 한 행위와 원고들의 차량침수 피해 사이의 상당인과관계를 인정한 바 있다.

61) 대법원 2002. 10. 11. 선고 2002다36945 판결.

62) 대법원 2013. 3. 28. 선고 2009다78214 판결.

호법익, 법령위반행위의 태양, 대상자의 피침해이익의 성질 및 피해의 정도 등에 따라 달라질 것이다. 이를 토대로, 구체적으로 어떠한 경우에 법령상 의무를 의사의 대상자에 대한 선관의무의 내용으로 볼 수 있는지 검토하고자 한다.

나. 임상시험에서의 법령상 의무와 선관의무의 관계

약사법의 목적은 약사(藥事)에 관한 일들이 원활하게 이루어질 수 있도록 필요한 사항을 규정함으로써 '국민보건 향상에 기여하는 것'이다(제1조). 그런데 약사법의 문언상 목적만으로는 임상시험에 관한 법령들이 오로지 국민보건이라는 공공일반의 이익을 위한 것인지, 아니면 대상자 개개인의 이익과 안전도 보호하기 위한 것인지 여부가 명확하지 않다. 그런데 약사법의 위임을 받은 「의약품안전규칙」상의 「관리기준」은 "의약품 임상시험 실시에 필요한 기준을 정함으로써, 정확하고 신뢰할 수 있는 자료와 결과를 얻고, '시험대상자의 권익 보호와 비밀 보장'이 적정하게 이루어질 수 있도록 하는 것"을 목적으로 하고 있다. 그렇다면 「관리기준」상 규정의 목적이 부수적으로나마 대상자 개인의 권익 보호를 위한 것으로 볼 수 있을 경우, 이는 의사의 대상자에 대한 선관의무 또는 주의의무의 내용을 구성하는 것이라 볼 수 있고, 그 법령상 의무를 위반하여 제3자에게 손해를 끼쳤다면 대상자에 대한 손해배상책임을 인정할 수 있을 것이다.

우선, 법령이 대상자의 법익 보호에 관한 내용을 구체적으로 명시하고 있는 경우에는 해당 규정이 정하고 있는 의무는 대상자에 대한 선관의무의 내용을 구성한다고 볼 여지가 크다. 그러나 많은 규정의 경우 의뢰자와의 임상시험계약 관계에 있어 정확하고 신뢰할 수 있는 자료와 결과를 얻기 위한 목적과 대상자의 권익 보호를 위한 목적 모두가 혼재되어 있는 경우가 많으므로, 구체적 사안에서 법령위반의 내용이 대상자에 대한 선관의무 위반에 해당한다고 볼 수 있는지 여부는 개별 사안에서의 법령위반행위의 태양 및 피침해이익의 성질 등 구체적 타당성을 고려하여 판단하여야 할 것이다.

가령 인적·물적 설비의 확보의무의 경우, 구체적 사안에서 해당 설비가 대상자의 건강 보호를 위해 특히 중요한 요소에 해당하는 것이라면 확보의무의 위반이 선관의무의 위반을 구성할 여지가 커진다고 할 것이다. 임상시험계획서 준수의무에 따라 원칙적으로 시험자는 승인을 받은 계획서와 다르게 임상시험을 실시해서는 안 되지만, 예외적으로 대상자에게 발생한 즉각적인 위험을 제거하기 위해서는 그러하지 아니하다고 정하고 있다. 그렇다면 임상시험계획서 준수의무는 기본적으로 의뢰자와 체결한 임상시험계약상의 의무에 해당하나, 대상자에 대한 위험 회피의 목적 또한 임상시험계획 준수의무의 한계로서 규정하고 있다고 볼 수 있다. 기록 및 보고의무의 경우에도 마찬가지로 의뢰자에 대한 정확한 자료의 제공이 주된 목적이지만, 이중에서도 특히 중대한 이상반응의 보고는 대상자에 대한 선관의무에도 해당할 수 있을 것이다. 대상자에 대한 설명의무의 내용에는 '대상자의 임상시험 계속 참여 여부에 영향을 줄 수 있는 새로운 정보를 취득하면 제때 대상자 또는 대상자의 대리인에게 알릴 것이라는 사실'이 포함되는데, 어떠한 대상자에게 사망 등 중대한 이상반응이 발생하였다는 사실을 의뢰자에게 보고할 의무와 이를 대상자에게 알릴 의무는 구체적 사안에서 밀접하게 연관될 수 있기 때문이다. 가령, 만일 중대한 이상반응이 발생하였음에도 시험자가 이를 적시에 인지하지 못할 경우, 의뢰자에 대한 보고의무를 소홀히 하게 되며 대상자들에 대한 보호의무 및 설명의무 또한 해태하게 되는 결과를 낳게 된다. 또한 이러한 법령위반은 다른 시험자들로 하여금 의뢰자로부터 중대한 이상반응에 대한 정보를 적시에 제공받지 못하게 함으로써,[63] 여러 대상자들에 대한 보호가 적절히 이루어지지 못하는 결과를 초래할 수도 있다.

다음으로, 해당 임상시험의 특성에 따라 법령상 의무가 선관의무에 해당하는지 여부가 달라질 수 있을 것이다. 생각건대, 대상판결에서 대법원이 2심 법원과 달리 임상시험계획승인이 곧바로 불법행위에 해당하지

63) 의뢰자는 임상시험 의약품이 대상자의 안전을 위협하는 등의 정보를 취득한 경우 이를 시험자 및 식품의약품안전처장에게 신속히 보고하여야 하며, 중대하고 예상하지 못한 모든 약물이상반응을 시험자, 식품의약처장 및 심사위원회에 보고하도록 정하고 있다(「관리기준」 제8호 더목).

않는다고 판단하게 된 바탕에는 해당 줄기세포치료제로 인해 원고들의 건강이 심각하게 침해되지는 않았다는 사정도 영향을 미쳤을 것으로 보인다. 만일 임상시험 의약품이 매우 실험적이고, 위험성이 높은 의약품에 해당한다면, 임상시험을 수행하는 의뢰자나 시험자로서는 식품의약품안전처장의 임상시험계획승인에 대해 상당히 주의를 기울일 것으로 기대·요구되기 때문이다.[64)]

이 밖에 의사의 법령상 준수사항에 대한 실질적 개입 가능성에 따라서도 의사의 선관의무 위반 여부가 달라질 수 있을 것이다. 약사법 및 「관리기준」에 의하면 임상시험실시기관의 장과 시험책임자에게 인적·물적 설비를 갖추어야 할 의무가 있다. 따라서 임상시험을 수행하는 의사가 시험책임자가 아닌 시험담당자의 지위에 해당할 경우, 설비의 확보에 대한 개입 가능성이 시험책임자에 비해 낮다고 할 수 있다. 그러나 의사인 시험담당자는 모든 의학적 결정에 대해 책임을 지고 대상자에 대한 보호의무가 있다. 따라서 구체적 사안에서 어떤 설비의 부족이 대상자의 안전에 중대한 영향을 미칠 것이라는 사실 또는 위험성이 높은 임상시험용 의약품에 대해 의뢰자가 승인을 받지 않았다는 사실 등을 시험담당자인 의사가 인식하였음에도 이를 묵과한 채 임상시험을 진행한 경우, 여러 제반 사정을 고려하여 의사의 선관의무 위반을 인정할 여지도 있을 것이다.[65)]

마지막으로, 법령위반에 대한 벌칙규정의 존재 또한 선관의무의 위반에 해당하는지 여부에 있어 고려사항이 될 수 있다.[66)] 벌칙규정이 존

---

64) 비록 식품의약품안전처장으로부터 임상시험계획승인을 받아야 할 주체는 의뢰자이지만, 시험자인 의사 또한 관계 법령을 자세히 알고 이를 준수하여야 할 의무가 있고 '승인'을 받은 임상시험계획서를 준수하여 임상시험을 실시할 의무가 있으므로, 의사 또한 적법하게 승인을 받은 임상시험만을 수행할 의무에 구속된다고 보인다.

65) 대상판결에서와 같이, 구체적 경위에서 객관적 관련공동성이 인정될 경우 공동불법행위를 구성할 수 있을 것이다.

66) 약사법은 승인을 받지 않은 채 임상시험을 시행하거나, 임상시험에 관한 내용 및 피해보상에 대해 설명하고 동의를 받지 않고 임상시험을 시행하는 경우에 대해 벌칙규정을 두고 있다(동법 제34조 제1항 및 제4항, 제94조 제1항 제3호). 또한 임

재한다는 것은 그만큼 해당 법령이 추구하는 법익의 보호를 담보하는 것이 중요함을 의미하기 때문이다. 그러나 이 또한 절대적인 기준은 될 수는 없다. 대상판결에서와 같이, 약사법을 위반하여 임상시험에 대해 승인을 받지 않은 채 임상시험을 실시할 경우 3년 이하의 징역 또는 3천만원 이하의 벌금이라는 벌칙이 적용되지만, 이것이 곧바로 불법행위에 해당한다고 인정하기는 어렵기 때문이다. 만일 앞서 언급한 바와 같이 해당 임상시험 의약품이 높은 위험성을 지녔으며, 의뢰자나 시험자가 약사법에 위반됨을 명확히 인식 할 수 있었고, 결과적으로 임상시험 중 대상자에게 중대한 이상반응이 발생한 경우에는 시험자인 의사의 선관의무 위반 및 그로 인한 손해배상책임을 인정할 여지도 있을 것이다.

결국 법령위반을 의사의 대상자에 대한 선관의무 위반으로 볼 수 있는지 여부는 법령의 취지, 구체적 사안에서 법령위반에 의한 대상자의 법익 침해의 유무와 정도, 임상시험의 위험성, 법령상 의무사항에 대한 의사의 개입 가능성의 정도 등 여러 제반 사정을 종합적으로 고려하여 판단할 문제로 보인다.

Ⅴ. 선관의무 위반의 효과

1. 개 설

위에서 검토한 의사의 선관의무 위반이 인정되는 경우, 그 위반의 효과로서 손해배상책임의 발생 여부 및 손해배상 범위가 문제된다. 특히 임상시험은 그 위험이 알려지지 않은 경우가 많을 것이므로, 임상시험으로 인해 건강침해가 발생한 것인지의 개연성 또는 의료상 보호의무 위반으로 인해 건강침해가 발생한 것인지의 상당인과관계의 규명이 어려운 경우가

상시험이 승인 받은 사항에 위반되거나 임상시험에 대해 중대한 안전성·윤리성 문제가 제기되는 경우, 식품의약품안전처장은 임상시험을 중지하거나 해당 의약품을 회수·폐기하는 등의 필요한 조치를 명할 수 있으며, 이러한 명령을 위반할 경우에 대해 벌칙규정이 마련되어 있다(약사법 제34조 제6항 및 제94조 제1항 제3호). (김성룡, "임상시험에서 피험자의 동의에 관한 국제기준과 관련 국내법의 개선 방향", 『법학논고』 제63집, 2018, 340-341면 참조.)

많을 것이기 때문이다. 이러한 인과관계 입증의 어려움은 의사의 보호의무 또는 주의의무 위반에 따른 손해배상뿐만 아니라 설명의무 위반에 따른 손해배상의 범위에 있어서도 문제가 된다.

대상판결에서는 임상시험으로 인하여 원고들의 건강이 악화되는 등의 뚜렷한 건강상 침해가 발생하지는 않아 이로 인한 재산상 손해는 발생하지 않은 것으로 보이나, 임상시험에 소요한 비용이 재산상 손해로서 인정되었다. 아래에서는 의사의 설명의무 위반에 따른 손해배상의 범위에 대한 판례의 태도를 살펴보고, 임상시험에서의 재산상 손해 또는 위자료의 인정 여부에 대해 고찰하고자 한다.

2. 의사의 설명의무 위반으로 인한 손해배상의 범위

의사의 설명의무 위반으로 인한 손해배상의 범위는 다음과 같다. 의사가 설명의무를 위반한 채 수술 등을 하여 환자에게 사망 등의 중대한 결과가 발생한 경우에 있어서 환자측에서 선택의 기회를 잃고 자기결정권을 행사할 수 없게 된 데 대한 위자료만을 청구하는 경우에는 의사의 설명결여 내지 부족으로 선택의 기회를 상실하였다는 사실만을 입증함으로써 족하고, 설명을 받았더라면 사망 등의 결과는 생기지 않았을 것이라는 관계까지 입증할 필요는 없으나, 그 결과로 인한 모든 손해를 청구하는 경우에는 그 중대한 결과와 의사의 설명의무 위반 내지 승낙취득과정에서의 잘못과의 사이에 상당인과관계가 존재하여야 하며, 그 경우 의사의 설명의무의 위반은 환자의 자기결정권 내지 치료행위에 대한 선택의 기회를 보호하기 위한 점에 비추어 환자의 생명 신체에 대한 의료적 침습 과정에서 요구되는 의사의 주의의무 위반과 동일시할 정도의 것이어야 한다.[67] 그러나 통상적인 의료행위에서는, 설명의무를 이행하였더라도 해당 의료행위가 유일한 치료법에 해당하거나 의학적 필요성 또는 불가피성이 높은 경우가 많으므로 설명의무 위반에 대해 재산상 손해가 인

67) 대법원 1994. 4. 15. 선고 93다60953 판결.

정되지 않는 것이 원칙적인 모습이다.[68)]

설명의무 위반에 대해 전 손해배상을 인정한 사례로는, 미골통을 치료하기 위해 전신마취 하에 미골절제술을 시행하면서 마취제인 할로테인 부작용으로 사망한 사건이 있다. 판례는 '망인이 위 마취제를 사용한 결과 전격성 간염 등으로 사망'에 이르게 되었다고 인정하면서, '피고들은 망인이나 망인의 부모에게 위 미골절제술이 불가피한 수술이었는지 여부를 설명하여 주지 않았을 뿐만 아니라 할로테인의 부작용에 대한 설명도 하여 주지 아니하였는바, 이러한 경우 위 망인이나 원고들로서는 피고들로부터 위와 같은 설명을 들었더라면 위 수술을 받지 않았거나 위 마취방법에 동의하지 않았을 수도 있었을 것이므로, 피고들이 위와 같은 설명을 다하지 아니한 과실과 망인의 사망과의 사이에는 상당인과관계가 있다'고 판시하여 전 손해에 대한 배상책임을 인정하였다.[69)]

이처럼 설명의무의 위반에 따른 전 손해배상책임을 인정하기 위한 상당인과관계의 판단에는 ① 해당 의료행위로 인해 건강상 침해가 발생한 것인지, 그리고 ② 설명의무를 이행하였더라면 환자가 그 의료행위를 택하지 않았을 것인지의 두 가지 요소가 포함된다고 할 수 있다. 만일 환자에게 발생한 중대한 결과가 의사의 침습행위로 인한 것이 아니거나 환자의 자기결정권이 문제 되지 아니하는 사항에 해당하는 경우, 설명의무 위반이 문제되지 않는다고 보아[70)] 위자료지급의무조차 배척된다.[71)] 다만 의사의 주의의무 위반의 정도가 중하여 일반인의 처지에서 볼 때 수인한도를 넘어 현저하게 불성실한 진료를 행한 것이라고 평가될 정도에 이른 경우에는 그 자체로서 불법행위를 구성하여 환자가 입은 정신적 고통에 대한 위자료 배상을 명할 수 있지만,[72)] 이는 매우 예외적으로만 인정된다.[73)]

---

68) 문현호, "줄기세포를 이용한 임상시험과 설명의무", 『대법원판례해설』 제85호, 2010, 245면 참조.

69) 대법원 1996. 4. 12. 선고 95다56095 판결.

70) 대법원 2019. 8. 30. 선고 2017다239960 판결, 대법원 1995. 4. 25. 선고 94다27151 판결 등.

71) 문현호, "줄기세포를 이용한 임상시험과 설명의무", 『대법원판례해설』 제85호, 2010, 243면 참조.

3. 임상시험에 있어서 손해배상의 범위

가. 건강 침해에 따른 재산상 손해

임상시험에 의해 대상자의 건강침해가 발생하였다고 인정되는 경우,[74] 그 악결과가 의사의 보호의무 위반에 의한 것이라면 건강침해로 인한 치료비, 개호비 및 일실수입 등의 재산상 손해가 인정될 수 있을 것이다. 의사의 설명의무 위반에 대해 전 손해배상책임이 인정되는 경우에도 재산상 손해에 대한 책임이 인정될 것이다. 여기서 설명의무 위반과 악결과 사이의 인과관계에는 임상시험으로 인해 악결과가 발생하였을 것과 설명을 들었더라면 임상시험을 택하지 않았을 것이 모두 포함되어야 할 것이다. 다만 대상자에게 발생하는 피해에 대해 의뢰자가 이를 보상할 의무가 있으므로(약사법 제34조 제3항 제5호), 대상자가 의뢰자로부터 지급받는 보상금은 손해배상액에서 공제되어야 할 것이다.[75]

나. 임상시험 비용에 대한 재산상 손해

일반적으로 임상시험에서는 의뢰자가 임상시험의 비용을 부담하므로 대상자에게 임상시험 비용 지출로 인한 재산상 손해가 발생하는 경우는 드물 것으로 생각된다. 그런데 대상판결의 사안에서는 대상자들이 임상시험에 소요되는 줄기세포치료제 구입비 등의 비용을 부담하였다. 이처

---

72) 대법원 2009. 11. 26. 선고 2008다12545 판결.

73) 대법원 2009. 11. 26. 선고 2008다12545 판결에서도 결과적으로 일반인의 수인한도를 넘어 현저하게 불성실한 진료를 행한 것이라 단정할 만큼의 충분한 증명이 이루어진 것으로 보이게 의문이 있다고 판시하며 원심판결을 파기·환송하였으며, 이 외에도 대법원 판례에서 현저히 불성실한 진료를 인정하는 경우를 찾을 수 없었다. 다만, 하급심 판결 중 5시간 동안 주치의 및 당직의가 연락되지 않아 레빈튜브 삽입 등의 처치를 받지 못한 채 고통을 겪었으며 이후 이와는 인과관계가 없는 폐렴으로 환자가 사망한 사안에서 일반인의 수인한도를 넘어선 현저하게 불성실한 진료로 평가될 정도라고 보아 망인과 이러한 상황을 지켜본 아들이 입은 정신적 손해를 배상할 책임이 있다고 판단한 바 있다(서울고등법원 2012. 10. 11. 선고 2011나78707 판결).

74) 대상자가 건강인일 경우 인과관계의 추정이 비교적 용이할 것이나, 여러 기왕증을 앓고 있던 환자의 경우 인과관계의 추정이 어려울 수도 있으며, 책임 제한이 많이 될 가능성이 있다.

75) 사법연수원, “손해배상소송”, 2012, 200면 참조.

럼 대상자가 임상시험비용을 부담한 경우, 의사가 설명의무를 충실히 이행하였더라면 대상자가 임상시험을 받지 않았을 것으로 인정된다면 임상시험 비용이 손해배상의 범위에 포함될 수 있을 것이다.

다. 위 자 료

임상시험으로 인해 이상반응 등의 건강악화가 초래된 경우, 보호의무 위반과 악결과 사이의 인과관계가 인정되거나, 설명의무 위반으로 인한 자기결정권 침해가 인정되면 정신적 고통에 대한 위자료 지급의무가 인정될 것이다. 그런데 대상판결과 같이 임상시험으로 인해 건강악화가 발생하지 않은 경우, 위자료 지급의무가 발생하기 위해서는 의료행위로 인해 나쁜 결과가 발생하였을 것을 요구하는 판례의 태도[76]에 의하면 자기결정권 침해로 인한 위자료는 인정되기 어렵다고 볼 여지가 있다.[77]

그러나 난치병을 앓고 있던 원고들이 피고 의사로부터 설명을 듣고서 자신들의 질병이 치료될 것이라는 기대감을 가지며, 줄기세포치료제를 구입해 줄기세포이식술을 받기에 이르게 된 경위 등을 고려하면, 설명의무 위반으로 인해 그러한 기대가 상실되는 정신적 고통을 입었음을 인정할 수 있고 이는 지출한 임상시험 비용에 대한 재산상 손해의 전보만으로 회복할 수 없는 정신적 고통으로 볼 수 있을 것이다.[78] 또한 임상시험에서의 의사의 선관의무 위반이 그 자체만으로 일반인의 수인한도를 넘어 현저하게 불성실한 진료를 행한 것이라고 평가될 정도에 이른 경우에는—가령 기망에 가까울 정도로 임상시험의 효과만을 과장하고 중대한 합병증의 발생 위험을 고지하지 않았거나, 임상시험 과정에서 보호의무를 현저히 소홀히 한 경우를 상정해 볼 수 있을 것이다—위자료 지급의무를 인정할 수 있을 것이다.

---

76) 대법원 1995. 4. 25. 선고 94다27151 판결.

77) 문현호, "줄기세포를 이용한 임상시험과 설명의무", 『대법원판례해설』 제85호, 2010, 247면 참조.

78) 문현호, "줄기세포를 이용한 임상시험과 설명의무", 『대법원판례해설』 제85호, 2010, 247-248면 참조.

Ⅵ. 제안 및 결론

의학의 발전에서 임상시험이 갖는 중요성, 그리고 임상시험의 산업이 날로 커지고 있음을 고려할 때, 적절한 임상시험의 수행 및 대상자의 권익 보호를 위한 규율과 통제는 필수적이다. 특히, 대상자에 대한 의사의 선관의무의 내용을 확립하여 이를 구체적인 사안에 적용하는 것이 대상자 보호를 위해 중요하다. 대상자는 의사의 설명을 통해 임상시험 참여 여부를 결정하고, 임상시험 진행과정에서도 의사가 적절한 의학적 결정 및 판단을 하여 임상시험을 수행하여야 대상자의 건강을 보호할 수 있기 때문이다.

본 논문에서는 의약품에 대한 임상시험을 중심으로 검토하였다. 임상시험은 의약품의 안전성과 유효성을 증명하기 위해 시행하는 것으로서 본질적으로 불가피하게 안전성과 유효성의 불확실성을 내포하고 있어, 이로 인해 침해될 수 있는 대상자의 건강과 자기결정권 등의 보호를 담보하는 것이 중요하다. 약사법 및 그 하위법령인 「의약품안전규칙」의 「관리기준」에서는 시험자인 의사의 대상자 보호의무, 설명의무 및 그 밖의 의무들을 상세히 규정하고 있다. 이 중 시험자로서 의사의 보호의무는 그 중요성을 아무리 강조해도 지나치지 않으나, 임상시험 자체가 지니고 있는 불확실성으로 인해 임상시험에 대한 구체적인 주의의무의 기준의 설정은 쉽지 않다. 임상시험의 의학적 중요성, 기존의 의약품으로는 치료효과를 얻지 못하는 환자들의 임상시험 의약품에 대한 갈망, 위험의 불확실성을 완전히 예견·회피하기는 어려운 현 의학수준의 한계 등을 고려할 때, 임상시험에서 발생하는 위험에 대한 주의의무의 기준을 막연히 높이거나 무과실책임에 가까운 부담을 의사에게 지우는 것은 손해의 공평·타당한 부담 원리에 부합하지 않을 것으로 보인다.

임상시험에서는 대상자의 건강 및 자기결정권 보호를 위해 설명의무가 가중된다. 약사법 및 「관리기준」은 보호의무와 설명의무 외에도, 구체적 사안에서 부수적으로나마 대상자의 권익 보호를 목적으로 하고 있다고 볼 여지가 있는 임상시험계획서 준수의무, 보고의무, 인적·물적 설비의 확보의무 등 여러 의무를 정하고 있다. 이와 같은 의무들의 충실한 준수가 이루어지도록 담보하고, 구체적 사안에서 대상자의 법익이 이러한 의무의 이행을 통해 적절히 보호되는지에 대해 사법(司法)적, 행정적으로 통제함으로써 대상자들의 법익 보호를 효과적으로 담보할 수 있을 것이라고 생각한다.

[Abstract]

The Fiduciary Duties of Doctor in Clinical Trials

Lee, Ji Youn*

Korea has been positioned as the leading country in the industry of clinical trials as the clinical trail of Korea has developed for the recent 10 years. Clinical trial has plays a significant role in the development of medicine and the increase of curability. However, it has inevitable risk as the purpose of the clinical trial is to prove the safety and effectiveness of new drugs. Therefore, the clinical trial should be controlled properly to protect the health of the subjects of clinical trial and to ensure that they exercise a right of self-determination. In this context, the fiduciary duties of doctors who conduct clinical trials is especially important. The Pharmaceutical Affairs Act and the relevant regulations define several duties of doctors who conduct clinical trials. In particular, the duty to protection of subjects and the duty to provide information constitute the main fiduciary duties to the subjects. Those are essentially similar to the fiduciary duties of doctors in usual treatment from the perspective of the values promoted by the law and the content of the law. Nonetheless, clinical trials put more emphasis on the duties to provide explanation than in usual treatment. Further research and study are required to establish the concrete standard for the duty of care. However, if the blind pursuit of higher standards for the duty of care or to pass the burden of proof to doctors may result in disrupting the development of clinical trials, limiting the accessibility of patients to new treatment and even violating the principle of sharing damage equally and

---

* Attorney at law.

properly. In addition to these duties, the laws of clinical trials define several duties of doctors. Any decision on whether the violation of the law constitutes the violation of the fiduciary duty and justifies the demand for compensation of damages should be based on whether relevant law aims to protect the safety and benefit of subjects, even if in an incidental way, the degree to which such violation breaches the values promoted by the law and the concrete of violation of benefit of law, the detailed acts of such violation. The legal interests of the subjects can be protected effectively by guaranteeing compliance with those duties and establishing judicial and administrative controls to ensure that the benefit of subjects are protected properly in individual cases.

[Key word]

- clinical trial
- fiduciary duty of doctor
- duty to protect
- duty to inform, liability

참고문헌

[단 행 본]

국가임상시험지원재단, 『한국임상시험백서』, 2019.
김선중, 『의료사고 손해배상소송』, 육법사, 2012.
사법연수원, "손해배상소송", 2012.
지원림, 『민법강의』 제9판, 2011.

[논 문]

강한철, "임상시험과 환자를 위한 구체적 의료행위의 구분기준에 관한 고찰－대법원 2010. 10. 14. 선고 2007다3162 판결에 대한 비판적 검토를 중심으로－", 『서울대학교 법학』 제54권 제1호, 2013.
______, "임상시험심사위원회(IRB)의 리베이트 통제 역할에 대한 소고", 『인권과 정의』 제434호, 2013.
국가생명윤리정책연구원 번역, "세계의사회 헬싱키 선언: 인간 대상 의학연구 윤리 원칙", 『대한의사협회지』, 2014.
권혁종, "변호사의 설명의무에 관한 연구－법적구성과 유형화를 중심으로－", 강원대학교 법학박사학위논문, 2018.
김기영, "임상시험계약상 피험자의 민사법적 보호－의사의 진료와 의약품임상시험과의 구별을 중심으로－", 『법조』 제60권 제5호, 2011.
______, "새로운 약제의 사용과 의사의 민사책임의 근거", 『법조』 제59권 제5호, 2010.
김성룡, "임상시험에서 피험자의 동의에 관한 국제기준과 관련 국내법의 개선 방향", 『법학논고』 제63집, 2018.
김수영, "임상시험에서 연구자의 주의의무", 『한국의료법학회지』 제23권 제2호, 2015.
문현호, "줄기세포를 이용한 임상시험과 설명의무", 『대법원판례해설』 제85호, 2010.
위계찬, "의약품 임상시험에서 피험자 보호", 『의료법학』 제13권 제2호, 2012.

이선희, “비영리법인에 있어서 이사의 선관주의의무－사립학교법인 이사의 취임승인취소 등에 나타난 사례를 중심으로－”, 『성균관법학』 제30권 제1호, 2018.
이은영, “임상시험 관련 법제의 문제점과 개선방안”, 『동북아법연구』 제13권 제3호, 2020.
이지윤, “신의료기술평가제도에 대한 행정법적 연구”, 서울대학교 법학박사학위논문, 2020,
전병남, “의약품사고의 민사책임에 관한 연구”, 연세대학교 법학박사학위논문, 2006.
현두륜, “개정 의료법상 설명의무에 관한 비판적 고찰”, 『의료법학』 제18권 제1호, 2017.

[홈페이지]

국민신문고 홈페이지 참조(https://www.epeople.go.kr)
법제처 홈페이지(http://www.law.go.kr)
식품의약품안전처 홈페이지 참조(https://nedrug.mfds.go.kr)
임상연구정보서비스 홈페이지(https://cris.nih.go.kr)

[기타 자료]

대한의사협회, “의사윤리지침”, 2017 개정.
식품의약품안전처, “건강한 사람을 대상으로 하는 제1상 임상시험 수행 시 주요 고려사항”, 2015.

民事判例研究會 日誌

▣ 月例 研究發表會 ▣

○ 第427回(2020. 1. 20.)

1. 이창현 교수 : 제척기간이 경과한 채권을 자동채권으로 한 상계
2. 박종원 판사 : 배당이의하지 아니한 일반채권자의 부당이득반환청구건에 대한 소고

   지정토론 : 조병구 부장판사, 전원열 교수

○ 第428回(2020. 2. 17.)

1. 송재일 교수 : 상속농지 관련 법적 쟁점
2. 신세희 판사 : 자동차 파손 시 격락손해에 관한 연구

   지정토론 : 민성철 부장판사, 김상중 교수

○ 第429回(2020. 3. 23.)

1. 조인영 교수 : 소송금지가처분과 중재금지가처분
2. 지선경 판사 : 채권양도금지특약과 이를 위반한 채권양도의 효력

   지정토론 : 정선주 교수, 김수정 교수

○ 第430回(2020. 4. 20.)

1. 강현준 판사 : '사실상 대표자'의 행위에 따른 법인 및 비법인사단의 책임
2. 이계정 교수 : 소유물방해제거청구권 행사를 위한 방해의 현존

   지정토론 : 송호영 교수, 심승우 판사

○ 第431回(2020. 5. 18.)

1. 이선희 교수 : 장기공사계약과 관련된 불법행위에서 손해배상청구권의 소멸시효
2. 이재찬 판사 : 민법 제758조 공작물책임에 관한 법경제학적 논의-

핸드공식을 중심으로

지정토론 : 임정윤 판사, 이동진 교수

○ 第432回(2020. 6. 22.)

1. 정소민 교수 : 일부청구와 소멸시효의 중단
2. 이재민 판사 : 민법 제108조 제2항의 유추적용에 관한 연구

지정토론 : 구태회 고법판사, 정병호 교수

○ 第433回(2020. 7. 20.)

1. 김진우 교수 : 헬스클럽의 회비 임의 조절 조항에 관한 약관법적 문제
2. 황용남 판사 : 상가건물의 임대차에 있어 계약갱신 요구권과 권리금 회수기회 보호규정 사이의 관계

지정토론 : 이재혁 고법판사, 여하윤 교수

○ 第434回(2020. 9. 21.)

1. 김정연 교수 : 회사의 기부행위에 찬성한 이사들의 책임
2. 장선종 판사 : 인격표지에 기초한 재산적 이익의 보호에 관한 연구

지정토론 : 권태상 교수, 장윤선 부장판사

○ 第435回(2020. 10. 19.)

1. 김영희 교수 : 한국 민법에서의 총유
2. 한나라 판사 : 공유물의 소수지분권자들 사이의 공유물 인도청구

지정토론 : 박재영 고법판사, 이계정 교수

○ 第436回(2020. 11. 23.)

1. 한애라 교수 : 국제재판관할권의 판단 기준
2. 노재호 부장판사 : 임대주택의 보증금반환채권에 대하여 압류 및 추심명령이 있는 경우 임대차계약의 갱신에 관한 문제

지정토론 : 장준혁 교수, 제철웅 교수

▣ 夏季 심포지엄 ▣

○ 第43回(2020. 8. 22.) (온라인 진행)

主題 : 「醫療法의 諸問題」

1. 의료과실로 인한 손해배상소송에서 과실과 인과관계의 증명 (송혜정 고법판사)

   지정토론 : 박수곤 교수

2. 의사-환자 관계의 (사)법적 기초 (이동진 교수)

   지정토론 : 박인환 교수

3. 의약품 부작용과 손해배상 (송진성 재판연구관)

   지정토론 : 민성철 부장판사

4. 감염방지의무와 민사책임 (김천수 교수)

   지정토론 : 이지영 부장판사

5. 임상시험에서의 의사의 선관의무 (이지윤 변호사)

   지정토론 : 이봉민 판사

民事判例硏究會 2020年度 會務日誌

1. 月例發表會

ㅁ 2020년에도 하계 심포지엄이 열린 8월과 연말인 12월을 제외한 나머지 달에 빠짐없이 연구발표회를 개최하여 총 20명의 회원들이 그동안 연구한 성과를 발표하였다. 2020년 1월의 제427회 월례발표회부터 11월의 제436회 월례발표회까지의 발표자와 논제는 위의 월례연구발표회 일지에서 밝힌 바와 같다.

2. 윤진수 회장님 정년 기념 논문집 헌정식

ㅁ 2008년부터 연구회 회장을 맡으신 윤진수 회장님이 2020년 2월 정년을 맞이하신 것을 기념하여 2020. 5. 18. 회장님께 '민사판례연구 제42권'을 정년 기념 논문집으로 헌정하는 모임을 가졌다. 회장님의 눈부신 업적을 기리고 연구회를 위해 헌신하신 회장님께 회원 모두의 감사의 마음을 전달한 뜻깊은 시간이었다.

3. 제43회 夏季 심포지엄

ㅁ 2020년도 하계 심포지엄은 8월 22일 줌 프로그램을 이용하여 '의료법의 제 문제'라는 주제로 온라인으로 개최하였다. 코로나바이러스감염증-19로 인한 사회적 거리두기 준수를 위해 연구회 역사상 처음으로 온라인 방식으로 진행된 이번 심포지엄은 53명의 회원이 참석하여 성황리에 진행되었고 매우 유익한 발표와 토론이 이어졌다. 상세한 일정은 앞의 "부록에 부치는 말"에서 밝힌 바와 같다.

ㅁ 회원이 아니면서도 심포지엄에 참석하여 발표를 맡아 주신 송진성 재판연구관님, 이지윤 변호사님, 회원으로서 발표를 맡아 주신 송혜정

고법판사님, 이동진 교수님, 김천수 교수님, 지정토론을 맡아 주신 박수곤 교수님, 박인환 교수님, 민성철 부장판사님, 이지영 부장판사님, 이봉민 판사님과 심포지엄의 원활한 진행을 위하여 도움을 주신 모든 회원님들께 깊이 감사드린다.

4. 送年모임

ㅁ 2020년도 송년모임이 11월 13일(금) 서울 서초구 반포동에 있는 쉐라톤 서울 팔래스 강남 호텔 그랜드볼룸에서 개최되어 총 55명의 회원과 배우자들이 참석하였다.

ㅁ 송년모임의 연사로 서울대학교 물리천문학부의 윤성철 교수님을 모시고 '우리는 모두 별에서 왔다'라는 제목의 매우 흥미롭고 유익한 강연을 들었다.

ㅁ 바쁘신 가운데에서도 시간을 내어 강연을 해 주신 윤성철 교수님께 이 기회를 통해 다시 한 번 감사의 말씀을 드린다.

5. 회장 이 · 취임 등

ㅁ 제4대 윤진수 회장님이 정년에 즈음하여 회장직 사의를 표명하심에 따라 운영위원회 숙의 결과 서울대 법대 전원열 교수님을 후임 회장으로 추대하기로 결정하였다. 2020년 8월 22일 하계 심포지엄에 이어 개최된 정기총회에서 신임 회장에 대한 인준이 이루어져 전원열 교수님이 연구회 제5대 회장으로 취임하셨다. 폭과 깊이의 끝을 알 수 없는 학문에 대한 열정으로 모든 회원들의 모범이 되시고, 굳건히 연구회를 이끌어 주신 윤진수 전 회장님께 회원들을 대신하여 깊이 감사드린다.

ㅁ 같은 정기총회에서 천경훈 교수님, 한애라 교수님, 이현수 변호사님, 김창모 부장판사님이 운영위원으로 선임되었다.

ㅁ 전임 감사 송덕수 교수님을 이어 이연갑 교수님이 감사로 선출

되었다. 10년간 감사로서 연구회를 위해 봉사하신 송덕수 전 감사님께 회원들을 대신하여 깊이 감사드린다.

6. 會員動靜

□ 제4대 회장 윤진수 회장님께서 2020년 2월 영예로운 정년을 맞이하셨다.

□ 남형두 교수님이 2020년 2월 연세대학교 법학전문대학원장으로 취임하셨다.

□ 김천수 교수님이 2021년 1월 민사법학회 회장으로 취임하셨다.

□ 이동진 교수님이 2021년 1월 한국법학논문상을 수상하셨다.

7. 2021년도 新入會員

□ 학계의 이종혁(한양대), 전휴재(성균관대), 정준혁(서울대), 최우진(고려대), 현낙희(성균관대) 교수와 법원의 김선화, 김영석, 박민준, 양승우, 윤성헌, 이건희, 임윤한, 정우성 판사의 신청을 받아 2021년도 신입회원으로 맞이하였다.

(幹事 김 영 진)

民事判例研究會 2022年度 新入會員 募集 案內

우리 연구회에서는 2022년도 신입회원을 모집합니다. 민사법, 상사법, 민사소송법 분야의 판례 및 이론 연구에 높은 관심과 열의가 있으신 법학교수 및 법조인(판사, 검사 및 변호사 포함)으로서 우리 연구회에 가입하여 활동하기를 원하시는 분들께서는 2021. 10. 15.까지 아래 연락처로 문의해 주시기 바랍니다.

– 아　　래 –

주　　소 : 서울 서대문구 연세로 50 연세대학교 법학전문대학원
광복관 310호(조인영 교수)

이 메 일 : inyoung.cho@yonsei.ac.kr

전화번호 : (02) 2123-2994

民事判例研究會 定款

(2010. 8. 28. 제정)

제1장 총　칙

제1조(목적) 본회는 판례의 연구를 통하여 민사법에 관한 이론과 실무의 조화로운 발전에 기여하고 회원 상호간의 친목을 도모함을 목적으로 한다.

제2조(명칭) 본회는 「민사판례연구회」라고 한다.

제3조(주소지) 본회는 서울특별시에 그 주소지를 둔다.

제4조(사업) 본회는 제1조의 목적을 달성하기 위하여 다음 사업을 한다.

1. 판례연구 발표회 및 심포지엄의 개최
2. 연구지를 비롯한 도서의 간행
3. 그 밖에 본회의 목적을 달성함에 필요한 사업

제2장 회　원

제5조(회원) 회원은 본회의 목적에 동의하는 다음 각 호에 해당하는 사람으로서 가입신청을 하여 운영위원회의 승인을 얻어야 한다.

1. 민사법의 연구에 관심이 있는 대학교수
2. 민사법의 연구에 관심이 있는 법관, 검사, 변호사, 그 밖에 변호사 자격이 있는 사람

제6조(회원의 권리 · 의무) ① 회원은 본회의 운영과 관련된 의사결정에 참여하며, 본회의 각종 사업에 참여할 수 있는 권리를 갖는다.

② 회원은 정관 및 총회 결정사항을 준수할 의무를 지며 회비를 납부

하여야 한다.

제7조(회원의 자격상실) 다음 각 호의 1에 해당하는 회원은 그 자격을 상실한다.

1. 본인의 탈퇴 신고
2. 회원의 사망
3. 회원의 제명 또는 탈퇴 결정

제8조(제명 또는 탈퇴 결정) ① 회원이 본회의 명예를 심각하게 훼손한 때 또는 본회의 목적에 위배되는 행위를 하거나 회원으로서의 의무를 중대하게 위반한 때에는 총회의 의결로 제명할 수 있다. 제명에 관한 총회의 의결은 회원 3/4 이상의 출석과 출석회원 과반수의 찬성으로 한다.

② 회원이 정당한 사유없이 상당한 기간 동안 출석을 하지 아니하는 등 회원으로서 활동할 의사가 없다고 인정되는 경우에는 운영위원회의 의결로 탈퇴를 결정할 수 있다.

제 3 장 자산 및 회계

제9조(자산의 구성) 본회의 자산은 다음 각 호에 기재한 것으로 구성한다.

1. 회원의 회비
2. 자산으로 생기는 과실
3. 사업에 따른 수입
4. 기타 수입

제10조(자산의 종류) ① 본회의 자산은 기본재산과 보통재산으로 구분한다.

② 기본재산은 다음 각 호에 기재한 것으로 하되 이를 처분하거나 담보로 제공할 수 없다. 다만, 부득이한 사유가 있는 때에는 운영위원회의 의결을 거쳐 이를 처분하거나 담보로 제공할 수 있다.

1. 기본재산으로 하기로 지정하여 출연된 재산
2. 운영위원회에서 기본재산으로 하기로 결의한 재산

③ 보통재산은 기본재산 이외의 재산으로 한다.

제11조(경비지출) 본회의 경비는 보통재산에서 지출한다.

제12조(자산의 관리) 본회의 자산은 운영위원회의 의결에 의하여 운영위원회에서 정한 관리방법에 따라 회장 또는 회장이 지명하는 회원이 관리한다.

제13조(세입 · 세출 예산) 본회의 세입 · 세출예산은 매 회계연도개시 1개월 전까지 운영위원회의 의결을 얻어야 한다. 다만, 부득이한 사정이 있는 경우에 운영위원회의 의결은 새 회계연도 후 첫 회의에서 이를 받을 수 있다.

제14조(회계연도) 본회의 회계연도는 매년 1월 1일에 시작하여 12월 31일까지로 한다.

제15조(회계감사) 감사는 연 1회 이상 회계감사를 하여야 한다.

제16조(임원의 보수) 임원의 보수는 지급하지 아니한다. 다만 실비는 변상할 수 있다.

제4장 임　　원

제17조(임원의 인원수 및 자격) 본회에는 법률상 그 결격사유가 없는 자로서 다음과 같은 임원을 둔다.

1. 회장 1인
2. 운영위원 5인 이상 20인 이내
3. 감사 1인
4. 간사 2인 이내

제18조(임원의 선임) ① 회장은 운영위원회에서 선출하며 총회의 인준을 받는다.

② 운영위원은 회장이 추천하여 총회의 인준을 받는다.

③ 감사는 총회에서 선출한다.

④ 간사는 회장이 지명한다.

제19조(임원의 직무) ① 회장은 본회의 업무를 통괄하고 본회를 대표한다.

② 회장 유고시에 운영위원 중 연장자가 그 직무를 대행한다.

③ 감사는 본회의 업무 및 회계에 관한 감사를 한다.

④ 간사는 회장의 지시에 따라 본회의 실무를 수행한다.

제20조(임기) 회장, 운영위원 및 감사의 임기는 4년으로 하되 연임할 수 있다.

제21조(명예회장과 고문) ① 본회의 발전을 위하여 명예회장과 고문을 둘 수 있다.

② 명예회장과 고문은 운영위원회의 추천에 의하여 회장이 추대한다.

제5장 총　　회

제22조(총회) ① 총회는 본회의 최고의결기구로서 회원으로 구성한다.

② 회장은 총회의 의장이 된다.

제23조(총회의 소집) ① 총회는 정기총회와 임시총회로 나누되 정기총회는 년 1회 하반기에, 임시총회는 회장 또는 운영위원회가 필요하다고 인정한 경우에 각각 회장이 소집한다.

② 회장은 회의 안건을 명기하여 7일전에 각 회원에게 통지하여야 한다. 이 통지는 본회에 등록된 회원의 전자우편주소로 발송할 수 있다.

제24조(총회의사 및 의결의 정족수) 총회는 회원 30인 이상의 출석과 출석회원 과반수로서 의결한다.

제25조(표결의 위임) 회원은 다른 회원에게 위임하여 표결할 수 있다. 이 경우 그 위임을 증명하는 서면을 미리 총회에 제출하여야 한다.

제26조(총회에 부의할 사항) 총회는 다음에 기재하는 사항을 의결한다.

1. 정관의 제정 및 개정에 관한 사항
2. 임원의 선임과 인준에 관한 사항
3. 세입세출의 예산 및 결산의 승인
4. 기본재산의 처분·매도·증여·기채·담보제공·임대·취득의 승인
5. 본회의 해산
6. 그 밖에 주요사항으로서 운영위원회가 총회에 부의하기로 의결한 사항

제 6 장 운영위원회

제27조(운영위원회의 구성) ① 운영위원회는 회장과 운영위원으로 구성한다.

② 회장은 운영위원회의 의장이 된다.

제28조(운영위원회의 권한) 운영위원회는 다음 각 호의 사항을 심의 의결한다.

1. 회장의 선출
2. 회원의 가입과 탈퇴에 관한 사항
3. 운영계획에 관한 사항
4. 재산의 취득, 관리, 처분에 관한 사항
5. 총회의 소집과 총회에 회부할 의안에 관한 사항
6. 총회가 위임한 사항
7. 그 밖에 회장이 회부한 본회의 운영에 관한 중요사항

제29조(운영위원회의 소집) ① 운영위원회는 정기 운영위원회와 임시 운영위원회로 구분하고 회장이 소집한다.

② 정기 운영위원회는 년 1회 이상 개최한다.

③ 임시 운영위원회는 회장이 필요하다고 인정하거나 운영위원 1/3 이상 또는 감사의 요구가 있을 때에 회장이 소집한다.

제30조(운영위원회 의사 및 의결의 정족수) 운영위원회는 운영위원 5인 이상의 출석과 출석운영위원 과반수의 찬성으로 의결한다.

제 7 장 보 칙

제31조(정관의 변경) 본 정관은 총회에서 회원 1/3 이상의 출석과 출석회원 2/3 이상의 동의를 얻어 이를 변경할 수 있다.

제32조(해산, 잔여재산의 처분) ① 본회는 민법 제77조 및 제78조의 규정에 의하여 해산한다.

② 총회원 3/4 이상의 출석과 출석회원 2/3 이상의 찬성으로 본회를 해산할 수 있다.

③ 본회가 해산한 때의 잔여재산은 총회의 결의를 거쳐 유사한 목적을 가진 다른 단체에 출연할 수 있다.

제33조(시행세칙의 제정) 본 정관의 시행에 필요한 세칙은 운영위원회의 의결을 거쳐 정한다.

부 칙

제1조(시행일) 이 정관은 2010년 8월 28일부터 효력이 발생한다.

제2조(회원 및 임원 등) ① 이 정관의 효력 발생일 당시의 민사판례연구회의 회원은 본회의 회원으로 본다.

② 이 정관의 효력 발생일 당시의 회장은 이 정관에 의하여 선임된 것으로 본다. 그 임기는 본 정관의 규정에 의하되, 정관 효력발생일부터 개시된다.

제3조(기존의 행위에 관한 규정) 이 정관의 효력 발생 이전에 민사판례연구회가 한 활동은 이 정관에 따른 것으로 본다.

民事判例研究 간행규정

2005년 12월 27일 제정
2021년 2월 22일 개정

제 1 조(목적) 이 규정은 민사판례연구회(이하 연구회)가 발간하는 정기학술지인 『민사판례연구』에 게재할 논문의 제출, 작성 기준에 관한 사항을 규정함을 목적으로 한다.

제 2 조(삭제)

제 3 조(논문의 제출자격) 논문의 제출은 연구회의 회원인 자에 한하여 할 수 있다. 그러나 운영위원회의 승인을 받은 경우에는 회원이 아닌 자도 논문을 제출할 수 있다.

제 4 조(논문의 제출기일) ① 『민사판례연구』에 논문을 게재하고자 하는 자는 발간예정일을 기준으로 2개월 전에 원고를 이메일로 간사에게 제출하여야 한다.

② 연구회가 주최 또는 주관한 심포지엄 기타 학술모임에서 발표한 논문을 『민사판례연구』에 게재하는 경우에도 제 1 항에 의한다.

제 5 조(삭제)

제 6 조(원고분량의 제한) 논문은 200자 원고지 240매를 초과할 수 없다. 그러나 논문의 성격상 불가피하다고 인정될 경우에는 편집위원회의 승인을 얻어 게재할 수 있다.

제 7 조(논문불게재) 연구회는 운영위원회의 심의를 거쳐 제출된 논문을 게재하지 아니할 수 있다.

제 8 조(원고작성 기준) 게재를 위하여 제출하는 원고는 아래와 같은 기준

으로 작성한다.

1. 원고는 혼글 워드 프로그램으로 작성하여 제출하여야 한다.
2. 원고표지에는 논문제목(영문제목 병기), 필자의 인적 사항(성명, 영문성명, 소속, 직책) 및 연락처를 기재하여야 한다.
3. 논문의 저자가 2인 이상인 경우에는 주저자와 공동저자를 구분하고 주저자·공동저자의 순서로 표시하여야 한다.
4. 목차순서는 다음과 같이 기재한다.
   ㉠ 로마 숫자 예) Ⅰ.
   ㉡ 아라비아 숫자 예) 1.
   ㉢ 괄호 숫자 예) (1)
   ㉣ 괄호 한글 예) ㈎
   ㉤ 반괄호 숫자 예) 1)
5. 논문의 결론 다음에는 국문 및 국제학술어(영어, 독일어, 프랑스어)로 된 논문초록 및 10개 이내의 주제어를 기재하여야 한다.
6. (삭제)

제9조(원고제출 및 게재안내) ① 게재를 신청하는 원고의 접수 및 그에 관련된 문의에 관한 사항은 간사가 담당한다.

② 『민사판례연구』에는 다음 호에 게재할 논문의 투고 및 작성기준을 안내한다.

부 칙(2005년 12월 27일)

이 규정은 2006년 1월 1일부터 시행한다.

부 칙(2021년 2월 22일)

이 규정은 2021년 3월 1일부터 시행한다.

논문의 투고 및 작성기준 안내

1. 제출기일

민사판례연구회의 『민사판례연구』는 매년 1회(2월 말) 발간됩니다. 간행규정 제 4 조에 따라 위 정기 학술지에 논문이나 판례평석(이하 논문이라고 한다)을 게재하고자 하는 자는 발간예정일을 기준으로 2개월 전에 원고를 이메일로 간사에게 제출하여야 합니다. 연구회가 주최 또는 주관한 심포지엄 기타 학술모임에서 발표한 논문을『민사판례연구』에 게재하는 경우에도 마찬가지입니다.

2. 논문의 제출자격 등

논문의 제출은 연구회의 회원인 자에 한하여 할 수 있습니다. 그러나 운영위원회의 승인을 받은 경우에는 회원이 아닌 자도 논문을 제출할 수 있습니다.

연구회는 운영위원회의 심의를 거쳐 제출된 논문을 게재하지 아니할 수 있습니다.

3. 원고분량 제한

논문은 200자 원고지 240매를 한도로 합니다. 다만 논문의 성격상 불가피하다고 인정될 경우에는 운영위원회의 승인을 얻어 게재할 수 있습니다(간행규정 제 6 조 참조).

4. 원고작성 기준

게재할 원고는 아래와 같은 기준으로 작성하여 주십시오.

(1) 원고는 [흔글]워드 프로그램으로 작성하여, 원고표지에는 논문제

목(영문제목 병기), 필자의 인적 사항(성명, 영문성명, 소속, 직책, 학위) 및 연락처를 기재하여 주십시오.

(2) 논문의 저자가 2인 이상인 경우에는 주저자와 공동저자를 구분하고 주저자·공동저자의 순서로 표시하여 주십시오.

(3) 목차순서는 다음과 같이 하여 주십시오.

㉠ 로마 숫자(중앙으로) 예) Ⅰ.

㉡ 아라비아 숫자(2칸 들여쓰기) 예) 1.

㉢ 괄호 숫자(4칸 들여쓰기) 예) (1)

㉣ 괄호 한글(6칸 들여쓰기) 예) ㈎

㉤ 반괄호 숫자 예) 1)

(4) 논문의 결론 다음에는 국문 및 국제학술어(영어, 독일어, 프랑스어)로 된 논문초록 및 10개 이내의 주제어를 기재하여 주십시오.

(5) 마지막으로 참고문헌목록을 작성하여 주십시오.

5. 원고제출처

게재신청 원고의 접수 및 문의에 관한 사항은 실무간사인 김영진 판사에게 하시면 됩니다.

Tel: (02) 3480-6092

e-mail: yjinkim@scourt.go.kr

◇ 2022년 2월경 간행 예정인 민사판례연구 제44권에 투고하고자 하시는 분들은 2021년 11월 30일까지 원고를 제출하여 주십시오.

民事判例研究會 會員 名單

(2021. 2. 26. 現在, 271名, 가나다 順)

姓 名	現 職	姓 名	現 職
姜東郁	변호사	金旼秀	변호사
姜棟勛	제주지법 판사	金炳瑄	이화여대 법대 교수
康承埈	서울고법 부장판사	金相瑢	중앙대 법대 교수
姜永壽	인천지방법원장	金上中	고려대 법대 교수
姜志曄	대전지법 판사	金相哲	변호사
姜智雄	창원지법 마산지원 부장판사	金善和	서울중앙지법 판사
姜賢俊	부산지법 판사	金成昱	변호사
高錫範	전주지법 정읍지원 판사	金星泰	연세대 법대 명예교수
高唯剛	대전지법 서산지원 판사	金世容	사법연수원 교수
高銀設	인천지법 부장판사	金昭英	전 대법관
高弘錫	서울중앙지법 부장판사	金水晶	명지대 법대 교수
丘尙燁	창원지검 마산지청장	金延美	성균관대 법대 교수
具泰會	서울고법 고법판사	金永錫	대법원 재판연구관
權光重	변호사	金永信	전 명지대 법대 교수
權大祐	한양대 법대 교수	金煐晋	대법원 재판연구관
權珉瑩	서울중앙지법 판사	金榮喜	연세대 법대 교수
權英俊	서울대 법대 교수	金龍潭	전 대법관
權五坤	한국법학원장	金禹辰	울산지방법원장
權載文	서울시립대 법대 교수	金雄載	부산고법 판사
權 澈	성균관대 법대 교수	金裕鎭	변호사
權兌相	이화여대 법대 교수	金在男	대전지법 천안지원 판사
金敬桓	변호사	金廷娟	이화여대 법대 교수
金圭和	대구고법 판사	金志健	대전고법(청주) 판사
金琪泓	서울회생법원 판사	金鎭雨	한국외국어대 법대 교수
金度亨	변호사	金昌模	수원지법 부장판사
金文煥	국민대 법대 명예교수	金天秀	성균관대 법대 교수

姓　名	現　　職	姓　名	現　　職
金泰均	인천지법 부천지원 판사	朴在允	변호사
金兌宣	서강대 법대 교수	朴鍾垣	청주지법 판사
金兌珍	고려대 법대 교수	朴俊錫	서울대 법대 교수
金賢錫	변호사	朴之姸	서울고법 고법판사
金賢眞	인하대 법대 교수	朴鎭秀	서울중앙지법 부장판사
金炯錫	서울대 법대 교수	朴贊益	변호사
金滉植	전 국무총리	朴　徹	변호사
金孝貞	의정부지법 판사	朴哲弘	대전지법 판사
羅載穎	부산지법 판사	朴海成	변호사
羅眞伊	대법원 재판연구관	方泰慶	변호사
南馨斗	연세대 법대 교수	裵容浚	서울고법 고법판사
南孝淳	서울대 법대 교수	白慶一	숙명여대 법대 교수
盧榮保	변호사	白昌勳	변호사
盧柔慶	전주지법 군산지원 부장판사	范鐥允	수원지법 성남지원 판사
盧在虎	광주지법 부장판사	徐　敏	전 충남대 법대 교수
魯赫俊	서울대 법대 교수	徐乙五	이화여대 법대 교수
都旻浩	부산가정법원 판사	徐　正	변호사
睦榮埈	전 헌법재판관	徐靚源	대구지법 부장판사
睦惠媛	대전지법 천안지원 판사	石光現	서울대 법대 교수
文容宣	변호사	孫哲宇	양형위원회 상임위원
文準燮	변호사	孫台沅	부산고법 판사
閔聖喆	서울중앙지법 부장판사	宋德洙	이화여대 법대 교수
閔日榮	전 대법관	宋相現	전 ICC 재판소장
朴東奎	의정부지법 판사	宋永福	양형위원회 운영지원단장
朴珉俊	대법원 재판연구관	宋沃烈	서울대 법대 교수
朴庠彦	수원지법 안산지원 부장판사	宋宰馹	명지대 법대 교수
朴相漢	수원지법 성남지원 판사	宋惠政	대전고법(청주) 고법판사
朴雪娥	서울남부지법 판사	宋鎬煐	한양대 법대 교수
朴秀坤	경희대 법대 교수	申世熙	서울서부지법 판사
朴仁範	창원지법 밀양지원 판사	申元一	춘천지법 속초지원장
朴仁煥	인하대 법대 교수	申智慧	한국외국어대 법대 교수
朴宰瑩	서울고법 고법판사	沈承雨	사법연수원 교수

姓 名	現 職	姓 名	現 職
沈仁淑	중앙대 법대 교수	李啓正	서울대 법대 교수
沈俊輔	서울고법 부장판사	李恭炫	전 헌법재판관
安炳夏	강원대 법대 교수	李國鉉	수원지법 부장판사
安正鎬	변호사	李均釜	서울서부지법 판사
梁勝宇	서울고법(춘천) 판사	李均龍	대전고등법원장
梁栽豪	변호사	李東明	변호사
梁鎭守	서울고법 고법판사	李東珍	서울대 법대 교수
梁彰洙	한양대 법대 석좌교수	李茂龍	청주지법 판사
嚴東燮	서강대 법대 교수	李丙儁	한국외국어대 법대 교수
呂東根	춘천지법 영월지원 판사	李鳳敏	대법원 재판연구관
呂美淑	한양대 법대 교수	李祥敏	변호사
呂河潤	중앙대 법대 교수	李相元	변호사
吳大錫	수원지법 판사	李새롬	서울행정법원 판사
吳英傑	서울대 법대 교수	李宣憙	성균관대 법대 교수
吳泳俊	대법원 수석재판연구관	李承揆	변호사
吳姃厚	서울대 법대 교수	李丞鎰	수원지법 판사
吳宗根	이화여대 법대 교수	李承勳	의정부지법 판사
吳興祿	서울중앙지법 판사	李縯甲	연세대 법대 교수
庾炳賢	고려대 법대 교수	李仁洙	수원지법 성남지원 판사
劉아람	대법원 차세대전자소송 추진단장	李載根	변호사
柳元奎	변호사	李在敏	춘천지법 강릉지원 판사
柳濟瑉	법원행정처 사법지원실 사법정책심의관	李栽源	수원고법 판사
劉玄埴	대전지법 판사	李載璨	서울고법 고법판사
劉亨雄	청주지법 충주지원 판사	李在璨	인천지법 부천지원 판사
劉慧珠	대전지법 공주지원 판사	李在赫	서울고법 고법판사
尹聖憲	인천지법 판사	李政玟	서울행정법원 부장판사
尹榮信	중앙대 법대 교수	李貞兒	수원지법 안양지원 판사
尹楨雲	서울북부지법 판사	李政桓	변호사
尹智暎	대전지법 서산지원 판사	李鍾基	창원지법 진주지원 부장판사
尹眞秀	서울대 법대 명예교수	李鍾文	전주지법 부장판사
李健熙	수원지법 여주지원 판사	李鍾赫	한양대 법대 교수
李京珉	헌법재판소 파견	李準珩	한양대 법대 교수

姓 名	現 職	姓 名	現 職
李重基	홍익대 법대 교수	全烋在	성균관대 법대 교수
李芝姈	대법원 재판연구관	鄭璟煥	청주지법 제천지원 판사
李智雄	대전지법 공주지원 판사	鄭肯植	서울대 법대 교수
李鎭萬	변호사	鄭基相	창원지법 마산지원 부장판사
李彰敏	대법원 재판연구관	鄭多周	변호사
李昌鉉	서강대 법대 교수	丁文卿	서울고법 고법판사
李玹京	서울북부지법 판사	鄭炳浩	서울시립대 법대 교수
李賢洙	변호사	鄭仙珠	서울대 법대 교수
李惠美	수원지법 판사	鄭素旻	한양대 법대 교수
李慧民	수원지법 안양지원 판사	鄭洙眞	서울고법 고법판사
李孝濟	변호사	鄭宇成	수원지법 안양지원 판사
李興周	대전고법 고법판사	鄭煜都	대구지법 부장판사
林奇桓	서울중앙지법 부장판사	鄭載優	대전지법 천안지원 판사
林 龍	서울대 법대 교수	鄭晙永	서울고법 부장판사
任允漢	대법원 재판연구관	鄭俊爀	서울대 법대교수
林貞允	서울중앙지법 판사	鄭泰綸	이화여대 법대 교수
張德祚	서강대 법대 교수	鄭鉉熹	수원지법 성남지원 판사
張斗英	법원행정처 사법지원실 형사지원심의관	諸哲雄	한양대 법대 교수
張民河	대전지법 판사	趙敏惠	수원가정법원 판사
張輔恩	한국외대 법대 교수	趙炳九	서울서부지법 부장판사
張善鍾	광주지법 순천지원 판사	曺媛卿	변호사
張洙榮	부산지법 서부지원 부장판사	趙恩卿	대법원 재판연구관
張允瑄	서울중앙지법 부장판사	趙璘英	연세대 법대 교수
張允實	서울북부지법 판사	趙在憲	춘천지법 속초지원 판사
張埈赫	성균관대 법대 교수	趙弘植	서울대 법대 교수
張志墉	수원고법 고법판사	朱大聖	변호사
張智雄	청주지법 판사	朱宣俄	서울고법 고법판사
張哲翼	변호사	池宣暻	대구지법 서부지원 판사
張泰永	춘천지법 판사	池元林	고려대 법대 교수
全甫晟	서울중앙지법 부장판사	陳賢敏	서울고법 고법판사
全元烈	서울대 법대 교수	車永敏	서울중앙지법 부장판사
全宰賢	전주지법 정읍지원 판사	千景壎	서울대 법대 교수

姓 名	現 職	姓 名	現 職
崔文壽	대법원 재판연구관	許文姬	수원지법 안양지원 판사
崔文僖	강원대 법대 교수	許 旻	대구지법 김천지원 판사
崔俸京	서울대 법대 교수	許盛旭	서울대 법대 교수
崔瑞恩	대구지법 부장판사	玄洛姬	성균관대 법대 교수
崔秀貞	서강대 법대 교수	玄昭惠	성균관대 법대 교수
崔乘豪	춘천지법 속초지원 판사	胡文赫	서울대 법대 명예교수
崔宇鎭	고려대학교 법대 교수	扈帝熏	변호사
崔允瑛	수원지법 판사	洪承勉	서울고법 부장판사
崔竣圭	서울대 법대 교수	洪晙豪	변호사
韓나라	수원지법 판사	洪眞映	서울대 법대 교수
韓相鎬	변호사	黃勇男	대구지법 서부지원 판사
韓愛羅	성균관대 법대 교수	黃銀圭	대법원 재판연구관
韓政錫	서울중앙지법 부장판사	黃進九	대법원 선임재판연구관
咸允植	변호사		

民事判例研究 [XLIII]

2021년 2월 20일 초판인쇄
2021년 2월 28일 초판발행

편 자 전 원 열
발행인 안 종 만 · 안 상 준
발행처 (株) 博 英 社
서울특별시 금천구 가산디지털2로 53, 210호
(가산동, 한라시그마밸리)
전화 (733) 6771 FAX (736) 4818
등록 1959. 3. 11. 제300-1959-1호(倫)
www.pybook.co.kr e-mail: pys@pybook.co.kr

정 가 68,000원

ISBN 979-11-303-3919-1
978-89-6454-552-2(세트)
ISSN 1225-4894 44